2025
백광훈 통합 형사소송법

백광훈 편저

_____ 기본서

2권

메가 공무원 × 경단기

박영사

CONTENTS
| 차 례 |

CONTENTS
│ 차 례 │

PART 04 공 판

CHAPTER 01 공판절차

CHAPTER 02 증 거

PART 05 상소 · 비상구제절차 · 특별절차

CHAPTER 01 상 소

CONTENTS
| 차 례 |

출제경향 분석

구분	제1장 공판절차	제2장 증거	제3장 재판
경찰간부	13/200 (6.5%)	30/200 (15.0%)	4/200 (2.0%)
경찰승진	17/200 (8.5%)	46/200 (23.0%)	6/200 (3.0%)
경찰채용	7/160 (4.4%)	46/160 (28.8%)	1/160 (0.6%)
국가7급	17/100 (17.0%)	18/100 (18.0%)	5/100 (5.0%)
국가9급	16/115 (13.9%)	18/115 (15.7%)	5/115 (4.3%)
법원9급	17/125 (13.6%)	13/125 (10.4%)	8/125 (6.4%)
변호사	8/200 (4.0%)	31/200 (15.5%)	7/200 (3.5%)

PART

04

공판

구분	경찰간부					경찰승진					경찰채용					국가7급					국가9급					법원9급					변호사				
	19	20	21	22	23	20	21	22	23	24	20	21	22	23	24	19	20	21	22	23	20	21	22	23	24	19	20	21	22	23	20	21	22	23	24
제1절 공판절차의 기본원칙										2									1										1						1
제2절 공판심리의 범위										1																									
제3절 공판의 준비		1																1		1				1											
제4절 증거개시																	1		1				1												
제5절 공판정의 심리								1	1		1						1								1	1		1	1						
제6절 공판기일의 절차		1	1			1			2			2				1							1	1		1	1	1	1	1	1	1			
제7절 증인신문·감정과 검증	3		1			2		3	1		1	2					2	1	1	1		1	1	2	1	1	2	2	1	1				1	2
제8절 공판절차의 특칙	2	1	3				1	1	1			1				1		1		1	1	2						1	1		1	1		1	
출제율	13/200 (6.5%)					17/200 (8.5%)					7/160 (4.4%)					17/100 (17.0%)					16/115 (13.9%)					17/125 (13.6%)					8/200 (4.0%)				

제1절 | 공판절차의 기본원칙

01 공판절차의 의의

I 개념

공판절차는 말 그대로 공판(公判, Hauptverhandlung)의 절차를 말하는바, 공소제기 후 소송계속이 종료할 때까지 법원이 행하는 심리와 재판의 전 과정을 말한다. 공판절차는 공판기일의 절차와 공판기일 외의 절차로 나눌 수 있는데, 이 중 공판기일에 공판정에서 행하는 심리와 재판 즉, 공판기일의 절차만을 가리켜 협의의 공판절차라 한다. 협의의 공판절차에 공판준비절차, 법정 외의 증인신문 및 검증절차를 포함하는 개념을 가리켜 광의의 공판절차라 한다. 이러한 공판절차에는 공개주의, 구두변론주의, 직접심리주의, 집중심리주의의 원칙이 그 기본원칙으로서 요구되고 있다.

II 공판중심주의

1. 의의

형사사건의 실체에 대한 법원의 유죄·무죄의 심증 형성은 공판기일의 심리에 의하여 형성하여야 한다는 원칙이다. 공판중심주의는 직접심리주의와 구두변론주의를 전제로 한다.

2. 제도적 표현 [국가7급 10]

(1) **공소장일본주의** : 법관이 예단 없이 공판심리에 임하여야만 공판심리에 의하여 사건의 실체에 대한 심증 형성이 가능하게 된다.

(2) **공판기일의 증거조사** : 수사절차, 증거보전절차, 공판준비절차 등 공판기일 외에서 수집된 증거는 공판기일의 증거조사를 거쳐야 한다.

(3) **증거능력의 제한** : 수사단계에서 작성된 서류는 공판기일의 증거조사에 의하여 그 성립의 진정이 증명되어야만 증거능력이 인정된다. 나아가 2007년 개정에 의해 피고인 아닌 자의 진술을 기재한 서류의 경우 반대신문의 기회 보장을 증거능력 인정 요건으로 설정하고(제312조 제4항), 피의자신문조서의 증거능력 부여 요건을 엄격히 규정함과 동시에 조사자증언제도를 도입하여 법관으로 하여금 공판정에서의 조사자의 증언과 피고인의 진술을 직접 듣고 심증형성을 할 수 있게 하였고(제312조 제1항·제3항, 제316조), 위법수집증거배제법칙을 명문으로 규정하였다(제308조의2).

(4) **국민참여재판의 도입** : 공판절차에 국민들이 배심원으로 참여할 수 있도록 함으로써 형사사법에 대한 신뢰 회복과 정당성 확보를 도모하고 있다.

02 공판절차의 기본원칙

I 공개주의

1. 의의

(1) **개념** : 공개주의란 일반국민에게 법원의 심리와 재판과정에 대한 방청을 허용하는 원칙을 말하고, 공개재판의 원칙이라고도 한다. 헌법 제27조 제3항 후문은 "형사피고인은 상당한 이유가 없는 한 지체 없이 공개재판을 받을 권리를 가진다."라고 규정하여 형사피고인에게 공개재판을 받을 권리가 기본권으로 보장됨

을 선언하고 있고, 헌법 제109조와 법원조직법 제57조 제1항은 재판의 심리와 판결은 공개하되, 다만 심리는 국가의 안전보장·안녕질서 또는 선량한 풍속을 해할 우려가 있는 때에는 결정으로 이를 공개하지 아니할 수 있다고 규정하고 있으며, 법원조직법 제57조 제2항은 재판의 심리에 관한 공개금지결정은 이유를 개시하여 선고한다고 규정하고 있다. 이러한 공개주의는 밀행주의 및 당사자공개주의와 대립되는 개념이다. 다만, 공개재판원칙이 검사의 공소제기절차에 적용되는 것은 아니고, 판결 전 법원이 당사자에게 미리 그 내용을 알려주는 것을 의미하는 것은 아니다.

(2) 취지 : 법원의 심판절차를 국민의 감시하에 둠으로써 재판의 공정을 기하고 재판에 대한 국민의 신뢰를 유지할 수 있다.

대법원 2008.12.24, 2006도1427

헌법 제109조가 공소제기절차에 적용되는지 여부(소극) & 헌법 제109조의 재판공개 원칙이 판결 전 당사자에게 미리 그 내용을 알려줄 것을 의미하는지 여부(소극)

① 헌법 제109조는 재판공개의 원칙을 규정하고 있는 것으로서 검사의 공소제기절차에는 적용될 여지가 없고, 따라서 이 사건 공소가 제기되기 전까지 피고인이 그 내용이나 공소제기 여부를 알 수 없었다거나 피고인의 소송기록 열람·등사권이 제한되어 있었다고 하더라도 그 공소제기절차가 위 헌법 규정에 위반되는 것이라고는 할 수 없다. 또한 ② 헌법 제109조에 규정된 재판공개의 원칙이 법원이 판결하기 전에 당사자에게 미리 그 내용을 알려줄 것을 의미하는 것으로도 볼 수 없다.

---

2. 한 계

(1) 방청인의 제한 : 재판장은 법정의 질서유지를 위하여 방청석 수만큼 방청권을 발행하거나, 법정경위로 하여금 방청인의 의복·소지품을 검사하게 하고 위험물 기타 법정에서 소지함이 부적당하다고 인정되는 물품을 가진 자의 입정을 금지함으로써 방청인을 제한할 수 있다(법정 방청 및 촬영 등에 관한 규칙 −방청규− 제2조 제1호·제2호). [국가7급 14]

(2) 특수사건의 비공개 : 국가의 안전보장이나 질서유지 등이 문제된다면 공개재판원칙은 제한될 수 있으므로(헌법 제109조 단서), 법원은 **국가의 안전보장·안녕질서 또는 선량한 풍속을 해할 우려**가 있는 때에는 결정으로 '심리'를 공개하지 아니할 수 있다(법조 제57조 제1항). 단, **판결의 선고는 반드시 공개**하여야 한다. [법원9급 08, 경찰간부 12, 경찰채용 12 1차] 또한 재판의 공개금지의 사유는 엄격한 제한해석이 필요하다(대법원 2005.10.28, 2005도5854).

(3) 퇴정명령 : 재판장은 법정의 존엄과 질서를 해할 우려가 있는 자에 대하여 입정금지 또는 퇴정을 명할 수 있다(법조 제58조 제2항). 즉, 재판장은 ① 재판장의 허가 없이 녹화·촬영·중계방송(이하 '촬영 등 행위')을 하는 자, ② 음식을 먹거나 흡연을 하는 자, ③ 법정에서 떠들거나 소란을 피우는 등 재판에 지장을 주는 자에 대하여 이를 제지하거나 퇴정을 명령할 수 있다(방청규 제3조).

(4) 촬영 등의 제한 : 누구든지 법정 안에서는 재판장의 허가 없이 촬영 등의 행위를 하지 못하므로(법조 제59조), 재판장은 허가 없이 촬영 등 행위를 하는 자에 대하여 퇴정을 명할 수 있다(방청규 제3조). [국가7급 14, 경찰간부 12] 재판장의 허가를 받고자 하는 자는 촬영 등 행위의 목적·종류·대상·시간 및 소속기관명 또는 성명을 명시한 신청서를 재판기일 전날까지 제출하여야 하고, 재판장은 피고인의 동의가 있는 때에 한하여 허가를 할 수 있다(방청규 제4조 제1항). 다만, 피고인의 동의 여부에 불구하고 촬영 등 행위를 허가함이 **공공의 이익을 위하여 상당하다**고 인정되는 경우에는 허가할 수 있다(동조 제2항).

(5) 증인신문의 비공개 : ① 법원은 **범죄로 인한 피해자**를 증인으로 신문하는 경우 당해 피해자·법정대리인 또는 검사의 신청에 따라 피해자의 사생활의 비밀이나 신변보호를 위하여 필요하다고 인정하는 때에는 결정으로 심리를 공개하지 아니할 수 있다(제294조의3 제1항). [국가9급 14] 또한 ② 재판장은 증인 또는 감정인이 **피고인 또는 어떤 재정인**의 면전에서 충분한 진술을 할 수 없다고 인정한 때에는 그를 **퇴정**하게 하고 진술하게 할 수 있다. [국가7급 14] 피고인이 다른 피고인의 면전에서 충분한 진술을 할 수 없다고 인정한 때에도 같다(제297조 제1항). 다만, 이 경우는 추후 실질적인 반대신문의 기회가 보장되어야 한다(if not, 위법

수집증거, but 책문권포기-하자치유). 그리고 ③ 법원은 비디오 등 중계장치에 의한 **중계시설 또는 차폐시설을 통하여 증인을 신문**하는 경우, 증인의 보호를 위하여 필요하다고 인정하는 경우에는 결정으로 이를 **공개하지 아니할 수 있으며**, 증인으로 소환받은 증인과 그 가족은 증인보호 등의 사유로 **증인신문의 비공개를 신청할 수 있다**(규칙 제84조의6 제1항·제2항).

(6) **특별법상 비공개** : <u>소년보호사건</u>, 가정보호사건, 성폭력사건 등에 비공개 심리의 규정을 두고 있다.[1] [국가9급 14] 예컨대, **소년보호사건**의 심리는 친절하고 온화하게 하여야 하며, 심리는 공개하지 아니한다. 다만, 소년부 판사는 적당하다고 인정하는 자에게 참석을 허가할 수 있다(소년법 제24조)(cf. 소년형사사건의 경우 공개주의 적용 [국가9급 17]).

> **보충** 소년법 제48조(준거법례) 소년에 대한 형사사건에 관하여는 이 법에 특별한 규정이 없으면 일반 형사사건의 예에 따른다. 제57조(심리의 분리) 소년에 대한 형사사건의 심리는 다른 피의사건과 관련된 경우에도 심리에 지장이 없으면 그 절차를 분리하여야 한다(비공개 × [국가9급 17]).

3. 위반의 효과

공판절차에 있어서의 공개주의의 위반은 절대적 항소이유(**공판이관폐양재**, 제361조의5 제9호) 및 상대적 상고이유(제383조 제1호)가 될 뿐만 아니라, [국가7급 14] 그 절차에 의하여 이루어진 **증인의 증언의 증거능력도 인정되지 아니한다**(대법원 2013.7.26, 2013도2511). [경찰채용 10 1차, 변호사 24]

대법원 2013.7.26, 2013도2511 [국가9급 15, 경찰채용 21 1차]

공개금지사유가 없음에도 공개금지결정에 따라 비공개로 진행된 증인신문절차의 증언의 증거능력 유무(소극)

헌법 제27조 제3항 후문, 제109조와 법원조직법 제57조 제1항, 제2항의 취지에 비추어 보면, 헌법 제109조, 법원조직법 제57조 제1항에서 정한 공개금지사유가 없음에도 불구하고 재판의 심리에 관한 공개를 금지하기로 결정하였다면 그러한 공개금지결정은 피고인의 공개재판을 받을 권리를 침해한 것으로서 그 절차에 의하여 이루어진 증인의 증언은 증거능력이 없고(위법수집증거), 변호인의 반대신문권이 보장되었더라도 달리 볼 수 없으며, 이러한 법리는 공개금지결정의 선고가 없는 등으로 공개금지결정의 사유를 알 수 없는 경우에도 마찬가지이다.

Ⅱ 구두변론주의

1. 의 의

법원은 당사자의 구두에 의한 주장 및 입증과 같은 변론을 근거로 심리·재판해야 한다는 주의를 말하며, 구두주의와 변론주의를 그 내용으로 한다. 형사소송법에서는 "공판정에서의 **변론은 구두로** 하여야 한다."라고 하고(제275조의3), 재판에 있어서도 "**판결은** 법률에 다른 규정이 없으면 **구두변론(口頭辯論)을 거쳐서** 하여야 한다(필요적 변론, 제37조 제1항).[2]"라고 함으로써 구두변론주의를 원칙으로 명시하고 있다.[3] [경찰간부 12] 국민참여재판제도가 도입되면서 구두변론주의의 의미는 더욱 커졌다고 할 수 있다. 전문용어로 쓰여 있는 소송서류에 의하여 배심원들이 심증을 형성한다는 것은 사실상 어려운 일이기 때문이다.

2. 구두주의

(1) **의의** : 법원이 구술에 의하여 제공된 소송자료에 의하여 피고사건에 대한 실체판단을 행하는 주의를 말한다. 서면주의에 대립되는 개념이다.

---

1) [참고] ① 가정보호사건 : 판사는 가정보호사건을 심리할 때 사생활 보호나 가정의 평화와 안정을 위하여 필요하거나 선량한 풍속을 해칠 우려가 있다고 인정하는 경우에는 결정으로 심리를 공개하지 아니할 수 있다. 증인으로 소환된 피해자 또는 가정구성원은 사생활 보호나 가정의 평화와 안정의 회복을 이유로 하여 판사에게 증인신문의 비공개를 신청할 수 있다(가폭법 제32조). ② 성폭력사건 : 성폭력범죄에 대한 심리는 그 피해자의 사생활을 보호하기 위하여 결정으로써 공개하지 아니할 수 있다. 증인으로 소환받은 성폭력범죄의 피해자와 그 가족은 사생활보호 등의 사유로 증인신문의 비공개를 신청할 수 있다(성폭법 제31조 제1항·제2항).

2) [예외] 대법원판결에 대한 정정판결의 경우에는 구두변론에 의하지 아니한다(제401조 제1항).

3) [예외] (판결과는 달리) 결정이나 명령은 구두변론을 거치지 아니할 수 있다(임의적 변론, 제37조 제2항).

(2) **구두주의와 서면주의** : 구두주의는 태도증거의 확보 등으로 심판자에게 보다 신선한 인상과 사실적인 자료를 제공함으로써 실체진실발견에 공헌하므로 **실체형성행위에 대해서만 타당**하다. 따라서 형식적 확실성과 소송경제의 이념이 요청되는 **절차형성행위에 대해서는 서면주의**가 지배한다.

3. 변론주의

(1) **의의** : 변론(辯論)이라 함은 공판기일에 당사자를 관여시키거나 관여의 기회를 주어서 행하는 심리절차를 말하므로, 변론주의란 법원이 당사자의 주장과 입증 등의 변론에 의거하여 재판을 하는 주의를 말한다. 형식적 진실주의가 적용되는 민사소송절차에서의 변론주의는 당사자처분주의를 실현하는 것과는 달리, 실체적 진실주의가 적용되는 형사소송절차에서의 변론주의는 공판기일의 공판정에서 당사자의 대등한 공격 · 방어를 최대한 보장함으로써 실질적 **당사자주의**를 실현하는 의미를 가진다.

(2) **제도적 표현** : 당사자의 공판정 출석(제275조 제3항), 검사의 모두진술(제285조), 당사자의 증거신청권(제294조), 증거조사에 대한 이의신청권(제296조), 공소장변경(제298조), 증인신문에서의 교호신문제도(제161조의2) [경찰채용 12 1차], 검사의 논고(구형, 제302조), 피고인 · 변호인의 최후진술(제303조), 피고인의 심신상실로 인한 공판절차 정지(제306조) 등에서 변론주의는 구현되고 있다.

Ⅲ 직접심리주의

1. 의 의

법원이 공판기일에 공판정에서 직접 심리 · 조사한 증거만을 실체판단의 기초로 삼을 수 있다는 원칙을 말하고, 직접주의라고도 한다. 법관은 법정에서 직접 원본증거를 조사하는 방법을 통하여 사건에 대한 신선하고 정확한 심증을 형성할 수 있고 피고인에게 원본 증거에 관한 직접적인 의견진술의 기회를 부여함으로써 **실체적 진실을 발견하고 공정한 재판을 실현**할 수 있다는 점에서 직접심리주의는 공판중심주의의 한 요소로서 형사소송법에 채택되어 있는 것이다. 직접주의에는 형식적 직접주의와 실질적 직접주의가 있다.

2. 내 용

(1) **형식적 직접주의** : 수소법원이 재판의 기초가 되는 증거를 직접 조사해야 한다는 원칙을 말한다. 따라서 공판개정 후 판사의 경질이 있는 때에는 **공판절차를 갱신**하여야 한다(제301조, 단 판결의 선고만을 하는 경우는 예외임).

(2) **실질적 직접주의** : 법원은 면전에서 직접 조사한 증거만을 재판의 기초로 삼을 수 있고, 증명대상이 되는 사실과 가장 가까운 **원본증거**를 재판의 기초로 삼아야 하며, 원본증거의 대체물 사용은 원칙적으로 허용되어서는 안 된다는 원칙을 말한다(대법원 2010.6.24, 2010도3846 등). [경찰채용 12 1차] 따라서 **전문증거의 증거능력 제한을 규정한 제310조의2**는 영미법상 전문법칙뿐만 아니라 실질적 직접주의를 함께 규정하고 있는 것이다.

Ⅳ 집중심리주의

1. 의 의

(1) **개념** : 공판기일의 심리에 2일 이상을 요하는 사건은 중간에 시간적 간격을 두지 않고 연일 계속해서 심리해야 한다는 원칙을 말하고, 계속심리주의라고도 한다.

(2) **도입** : **2007년 개정 전 구법에서는** 민사소송법과 같은 집중심리에 관한 규정(민사소송법 제272조 제1항, 제293조)이 **없었고**, 실무상 구속사건의 경우에는 구속기간의 제한으로 인하여 집중심리가 어느 정도 이루어지는 데 비해, 불구속사건의 경우에는 심리를 집중적으로 하는 사례가 그리 많지 않았다. 다만, 특강법상 특정강력범죄의 심리에만 집중심리가 규정되어 있을 뿐이었다(특강법 제10조 제1항). 이에 **2007년 개정법**은 종래의 실무관행을 개선하기 위해 **집중심리주의를 명문화**하기에 이른 것이다(제267조의2).

(3) 취지 : 피고인의 신속한 재판을 받을 권리(헌법 제27조 제3항)를 보장하고 공판중심주의를 강화하여 공정한 재판을 실현하기 위함에 그 취지가 있다. 집중적인 심리를 하지 않으면 재판기일의 지연으로 인하여 법관의 심증 형성이 흐려질 우려가 있고, 경우에 따라서는 재판부의 경질 등 직접주의의 원칙이 흐트러짐으로써 공판중심주의의 원칙이 유명무실하게 될 수 있기 때문이다.

2. 제도적 표현

(1) 집중심리주의의 선언 : 공판기일의 심리는 집중되어야 하며, 심리에 2일 이상이 필요한 경우에는 **부득이한 사정이 없는 한 매일 계속 개정**하여야 한다(제267조의2 제1항 · 제2항). [법원승진 09, 경찰간부 12, 경찰승진 13, 경찰채용 11 2차/12 1차]

(2) 공판기일의 일괄지정 : 재판장은 여러 공판기일을 **일괄하여 지정할 수 있다**(동조 제3항).

(3) 차회 공판기일의 지정 : 재판장은 부득이한 사정으로 매일 계속 개정하지 못하는 경우에도 특별한 사정이 없는 한 **전회의 공판기일부터 14일 이내**로 다음 공판기일을 지정하여야 한다(동조 제4항). 다만 이는 **훈시규정**에 불과하다. [경찰간부 12, 경찰승진 13]

(4) 소송관계인의 협력의무와 재판장의 조치 : 소송관계인은 기일을 준수하고 심리에 지장을 초래하지 아니하도록 하여야 하며, 재판장은 이에 필요한 조치를 할 수 있다(동조 제5항). 이에 따라 재판장은 시기에 늦은 증거의 신청이나 기일을 준수하지 않는 등 심리에 지장을 초래하는 소송관계인에 대해서는 그가 신청한 증거를 채택하지 않거나 채택된 증거조사를 취소하는 등 절차상 적절한 조치를 함으로써 집중심리의 원칙이 잘 구현되도록 노력해 나갈 필요가 있다. 집중심리의 원칙은 검사, 피고인 또는 변호인 등 소송관계인의 이해와 협조 없이는 그 구현이 불가능함을 고려한 규정이다.

(5) 즉일선고 : 판결의 **선고는 변론을 종결한 기일에 하여야 함**이 원칙이다(즉일선고원칙, 제318조의4 제1항, 다만 특별한 사정이 있는 때에는 따로 선고기일을 지정하되 -동 단서, 변론종결 후 **14일 이내**로 지정- 동 제3항). 변론을 종결한 기일에 판결을 선고하는 경우에는 판결의 선고 후에 판결서를 작성할 수 있는데(동 제2항), 선고 후 **5일 내에 판결서를 작성**하여야 한다(규칙 제146조, 훈시기간).

> 보충 ① 판결선고시 선고일로부터 7일(14일 ×) 이내 판결서 등본 송달, 피고인 동의시 초본 송달 가능(2016.6.27. 개정규칙 제148조 제1항). ② 검사의 집행지휘 요하는 재판은 재판서 등을 10일(14일 ×) 이내 검사에게 송부(제44조).

(6) 특정강력범죄의 심리 : 법원은 특정강력범죄사건의 심리에 2일 이상이 소요되는 때에는 가능한 한 매일 계속 개정하여 집중심리를 하여야 한다(특강법 제10조 제1항). 특별한 사정이 없으면 **다음 공판기일은 7일 이내**로 지정하여야 한다.

3. 보 완

집중심리주의의 긍정적 · 효과적 운용을 위해 2007년 개정법에서는 증거개시제도(제266조의3 · 4) 및 공판준비절차(제266조의5 이하)를 도입하였다.

01   심판의 대상

I   형사소송의 소송물론

불고불리의 원칙에 의하여 법원의 심판의 대상은 공소장에 기재된 피고인과 공소사실로 제한되어야 하며, 이는 피고인의 방어권 행사를 보장하고 당사자주의의 실효성을 확보하기 위함에 그 취지가 있다. 그러나 공소의 객관적 불가분원칙에 의할 때, 공소제기의 효력은 공소장에 기재된 공소사실과 동일성이 있는 사실의 전부에 미치며(제248조 제2항) 판결의 기판력도 동일성이 인정되는 사건의 전부에 미친다. 이에 형사소송법상 법원의 심판의 대상, 즉 소송물(訴訟物)이 무엇인가가 문제된다.

II   심판의 대상

법원의 심판의 대상이 무엇인가에 대해서는 공소사실대상설 내지 범죄사실대상설, 소인대상설, 절충설 그리고 이원설(다수설·판례)이 제시되고 있다는 점과 각 학설의 내용에 대해서는 앞서 공소제기의 효과를 검토하면서 설명한 바 있고, 본서는 이원설을 따른다는 점도 이미 밝힌 바 있다. 따라서 법원의 **현실적 심판의 대상은 공소장에 기재된 공소사실**이고, 그 **공소사실과 동일성이 인정되는 사실은 공소장변경이 있어야만 비로소 심판의 대상이 된다**는 의미에서 **잠재적 심판의 대상**에 불과하다. 법원의 심판대상을 변경함에는 공소장변경이 필요하므로, 공소장변경의 한계가 어디까지인가를 정하는 것은 중요한 의미를 가진다.

02   공소장변경

I   의 의

1. 개 념

검사는 법원의 허가를 얻어 공소사실의 동일성을 해하지 않는 한도 안에서 **공소사실 또는 적용법조의 추가, 철회 또는 변경**을 할 수 있다(제298조 제1항). 이를 공소장의 변경이라 부른다. 이원설에 의할 때 공소장변경을 통해 법원의 심판대상이 현실적 심판대상에서 잠재적 심판대상으로 변경되므로 공소장변경은 곧 **심판대상의 변경**을 의미한다. 공소장변경에는 **추가, 철회, 변경**의 세 가지 형태가 있다.

2. 제도의 취지

(1) 피고인의 방어권 보장 : 피고인의 입장에서는 제1회 공판기일 5일 전 공소장부본을 송달받고 방어 준비를 할 수밖에 없으므로, 피고인의 방어범위를 특정하기 위해 공소장변경의 한계와 요건을 정하여 피고인에게 예측하지 못한 사실의 인정과 불의의 공격이 발생하는 것을 방지함으로써 피고인의 방어권을 보장하고자 하는 데 공소장변경제도의 가장 중요한 취지가 있다.

(2) 형벌권의 적정한 행사 : 피고인의 방어권을 보장해야 함과 동시에 소송의 동적·발전적 성격에 비추어 공소장에 기재되어 있지 않지만 피고인에게 인정되어야 할 범죄사실이나 적용법조가 발견될 가능성도 존재하므로 이 경우 이를 소송물로 포섭함으로써 형벌권의 적정한 행사를 도모할 수 있다.

3. 구별개념

(1) 추가기소·공소취소 : 추가기소는 새로운 범죄사실에 대한 심판을 구하는 것이요, 공소취소는 (서로 동일

성이 인정되지 않는) 실체적 경합범 중 일부사실을 철회하여 그 부분에 대한 소송계속을 종결시키는 제도라는 점에서, **공소사실의 동일성이 허용되는 범위 안에서** 소송계속을 지속시키는 공소장변경과는 차이가 있다. 공소장변경과는 달리 **추가기소·공소취소는 항소심에서 허용되지 않음**도 바로 여기에 기인한다.

> 보충 공소장의 변경은 제1심뿐 아니라 항소심(상고심에서 파기환송된 경우 포함)에서도 허용된다. 다만, 공소사실과 실체적 경합관계에 있는 범죄사실을 공소사실에 추가하거나 그것으로 교체하는 것은 공소장변경으로 허용되는 범위를 초과하여 공소사실의 동일성을 해하는 공소의 추가 제기에 해당하고, 1심과 달리 항소심에서는 그러한 취지에서의 공소장변경(추가기소·공소취소에 해당함)이 허용되지 아니한다. 포괄일죄에 해당함을 이유로 항소심에서 공소장의 변경을 허가하였다가 심리결과 포괄일죄에 해당하지 아니함이 밝혀짐으로써 사후적으로 공소장변경의 허가가 위법하게 된 경우도 같다. 또한 항소심에서는 공소취소가 허용되지 아니하므로(제255조 제1항) 실체적 경합범 중 일부를 삭제하는 내용의 공소장변경의 신청을 항소심에서 한 경우 이는 공소취소에 해당하는 것으로서 허용될 수 없고, 착오로 이를 허가하였다면 그 허가를 취소하여야 한다.

(2) **공소장정정·보정** : 공소장의 정정은 공소장의 명백한 오기·누락을 정정·보정하는 것에 불과하므로(예 피고인표시정정, 공소사실의 특정 요인─일시·장소·방법─에 관한 하자의 보정), ─공소장변경신청을 하였다 하여도─ 공소장의 정정·보정에는 **법원의 허가를 요하지 않으며** 검사의 신청이 없더라도 **법원이 직권으로 사실인정을 하면서 바로잡을 수 있다**. 따라서 법원의 심판대상의 실질적 변동을 일으킨다는 점에서 법원의 허가를 요하는 공소장변경과는 구별된다.

II 형 태

1. 추 가

공소장에 기재된 공소사실에 새로운 공소사실과 그에 대한 적용법조를 부가하는 것을 말한다.[1] 추가도 공소사실의 동일성을 해하지 않는 한도 안에서만 가능하므로 당초의 공소사실을 별도의 법적 관점에서 재구성하는 경우라든가 포괄일죄 또는 과형상 일죄를 이루는 공소사실을 추가하는 경우에만 허용된다. 전혀 별죄에 속하는 사실을 심판대상으로 하고자 하는 경우에는 **공소장변경**(추가)이 아니라 별건의 기소(추가기소)에 의하여야 한다.

2. 철 회

추가의 정반대로서 공소사실 중 일부를 심판대상에서 제외시키는 것을 말한다. 포괄일죄 또는 과형상 일죄를 이루는 여러 공소사실 중의 일부 또는 예비적·택일적으로 기재된 공소사실에 대하여 철회가 행해지는 것이 원칙이다. 따라서 공소장변경으로서의 공소사실의 철회와 공소사실의 동일성이 인정되지 않는 **공소취소와는 구별**되어야 한다. 공소사실의 전부를 철회하는 경우는 물론이고 경합범 중 일부를 철회하는 경우는 공소장변경으로서의 철회가 아니라, 공소의 취소에 해당하므로 공소취소절차에 의하여야 한다.

> 주의 검사가 경합범 중 일부의 철회를 위하여 공소장변경 신청을 하는 경우, 법원은 공소취소의 취지인지를 확인하고 공소취소절차의 요건을 충족하였다면 공소기각결정을 내려야 한다. 또한 항소심에서는 공소취소가 불가능하므로 일부 공소취소에 해당하는 공소사실 철회 신청은 허가될 수 없다.

3. 변 경

변경이란 말 그대로 공소사실의 내용을 변경시키는 것으로서 위의 추가와 철회를 한꺼번에 행하는 것을 의미한다. 예를 들어, 살인의 공소사실을 업무상 과실치사의 공소사실로 변경하는 것이 여기에 속한다.

III 공소장변경의 한계

1. 의 의

(1) **공소사실의 동일성** : 검사는 법원의 허가를 얻어 공소장에 기재한 공소사실 또는 적용법조의 추가, 철회 또는 변경을 할 수 있고, 법원은 **공소사실의 동일성을 해하지 아니하는 한도**에서 이를 허가하여야 한다(제

---

1) [참고] 추가에는 3가지 종류가 있다. ① 상습절도의 공소사실에 다른 절도의 공소사실을 추가하는 단순추가, ② 사기의 공소사실에 예비적으로 배임 또는 횡령의 공소사실을 추가하는 예비적 추가, ③ 사기의 공소사실에 택일적으로 횡령의 공소사실을 추가하는 택일적 추가가 그것이다.

298조 제1항). [법원9급 09/17] 여기서 공소사실의 동일성이란 공소사실의 단일성과 협의의 동일성을 포함하는 개념이다.

(2) 단일성 : 쉽게 말하자면 자연적 의미의 행위가 1개인 경우를 말하는바, 즉 **일정한 시점을 기준으로 하나의 사건**으로 파악됨을 말한다(객관적 자기동일성). 이는 곧 **소송법상 일죄**임을 의미한다. 단일성을 결정하는 기준은 형법상 죄수론이 아니라 형사소송법상의 행위(사실)개념이므로, 상상적 경합은 실체법상 수죄이나 1개의 행위로 범하는 것이어서 소송법상 일죄에 속하여 그 단일성이 인정된다.

(3) 협의의 동일성 : **시간의 경과에 따라** 소송의 동적·발전적 변화에 의하여 사실관계의 증감변경이 일어남에도 불구하고 **전후의 범죄사실이 동질성을 유지함**을 말한다(시간적 전후동일성). 실체적 경합은 수개의 행위로 범하는 것이나 전후의 동질성이 유지된다면 협의의 동일성이 인정될 수 있다(cf. 다만, 객관식 수험을 위해 개념을 잡을 때에는 실체적 경합은 동일성이 없다고 간단하게 정리).

2. 공소사실의 동일성의 기준

(1) 문제의 소재 : 공소장의 변경은 공소사실의 동일성을 해하지 아니하는 한도에서 이루어져야 하므로, 예컨대 전혀 별개의 경합범을 공소사실로 추가하는 취지의 공소장변경신청이 있는 경우 법원은 그 공소장변경신청을 허가하여서는 안 된다. 그렇다면 어느 정도 동일해야 공소사실의 동일성을 인정할 수 있는가, 즉 공소사실의 동일성의 기준이 중요한 문제가 된다.

(2) 학설·판례 : 기본적 사실동일설, 수정된 기본적 사실동일설, 죄질동일설, 구성요건공통설, 소인공통설이 대립하나,[1] 다수설은 기본적 사실동일설을 취하고, 판례는 종래 기본적 사실동일설을 지지하다가 1994년 대법원 전원합의체 판결에 의해 수정된 기본적 사실동일설을 판시한 이래 이 입장을 유지하고 있다.

① **기본적 사실동일설** : 공소사실의 기초가 되는 사회적 사실관계가 다소 차이가 있다 하더라도 그 기본적인 점에서 동일하면 동일성을 인정해야 한다는 입장이다(다수설 및 과거의 판례, 대법원 1982.12.28, 82도2156 등). 기본적 사실관계의 동일성 여부를 판단함에 있어서는 일체의 법률적 관점을 배제하고 순수하게 자연적·전법률적 관점에서 범죄사실의 동일성을 판단하고자 하는 것이고 규범적 요소는 고려되어서는 안 된다는 입장이다.

---

1) [참고] 공소사실의 동일성의 기준에 관한 학설의 내용·비판·결론
  ① 기본적 사실동일설 : 공소사실을 그 기초가 되는 사회적 사실로 환원하여 그러한 사실 사이에 다소의 차이가 있더라도 기본적인 점에서 동일하면 동일성을 인정해야 한다는 견해이다(다수설 : 송광섭, 신동운, 신양균, 이은모, 이/조, 정/백, 정/이, 진계호). 기본적 사실동일설에 대해서는 동일성의 범위가 지나치게 넓어진다는 비판이 있으나, 공소장변경의 범위가 넓어진다면 공소제기의 효력과 기판력의 범위에 있어서는 피고인에게 유리한 결과가 되므로 이를 일률적으로 단정할 수 없다.
  ② 죄질동일설 : 죄질의 동일성이 인정되어야만 공소사실의 동일성을 인정할 수 있다는 입장이나, 공소사실의 동일성의 범위가 지나치게 좁아지므로 공소장변경제도가 무의미하게 된다는 비판이 있다. 현재 지지자는 없다.
  ③ 구성요건공통설 : 구성요건이 상당 정도 부합한다면 공소사실의 동일성을 인정할 수 있다는 견해이다(종래의 다수설). 공소사실은 구성요건개념이 아니라 사실의 주장이라는 점에서 구성요건공통설은 죄질동일성과 유사한 단점을 가진다는 비판이 있다.
  ④ 소인공통설 : 소인(訴因)의 기본적 부분을 공통으로 한다면 공소사실의 동일성이 인정된다는 입장이다(강구진, 차/최). 일본과는 달리 우리 형사소송법에서는 소인개념을 인정할 수 없다는 비판이 있다.
  ⑤ 수정된 기본적 사실동일설(규범적 사실관계동일설) : 기본적 사실동일설을 취하면서도, 기본적 사실의 동일성 판단에 있어서는 규범적 요소도 고려해야 한다는 입장으로서 1994년 3월 전원합의체 판례 이후 대법원판례의 입장이다(권오걸, 임동규, 노/이). 판례가 제시하는 규범적 요소는 범죄의 일시·장소, 범죄사실의 내용과 행위의 태양, 보호법익과 죄질 등을 말한다. 다만, 기본적 사실동일설에 보호법익·죄질 등을 고려한다면 결국 이는 기본적 사실동일설과 죄질동일설을 결합한 입장일 수밖에 없다. 이에 수정된 기본적 사실동일설에 대해서는, ㉠ 범죄의 일시·장소는 규범적 요소가 아닐 뿐 아니라, ㉡ 범죄사실의 내용과 행위의 태양은 구성요건공통설의 구성요건이요, 보호법익과 죄질은 죄질동일설의 내용이므로 이미 기본적 사실동일설의 입장을 벗어난 것이고, ㉢ 기본적 사실동일설에 규범적 요소를 도입함으로써 공소제기의 효력 범위와 기판력의 범위를 축소시켰다(피고인에게 불리한 효과)는 비판이 제기된다.
  ⑥ 결론 : ㉠ 공소장에 기재된 공소사실을 기준으로 피고인의 방어권의 범위를 명확히 하고 ㉡ 공소장변경제도의 실효성을 고려하며 ㉢ 공소제기의 효력범위와 기판력의 범위를 확보함으로써 피고인 보호, 소송경제와 신속한 재판의 이념을 실현할 수 있다는 점에서, 결론적으로 기본적 사실동일설이 타당하다고 생각된다.
  ※ 결론의 보충 : 기판력의 문제는 단순히 소송법상의 개념에 그치는 것이 아니라 모든 국민은 동일한 범죄에 대하여 거듭 처벌받지 아니한다고 천명한 헌법규정(제13조 제1항 후단)을 구체화한 개념으로 받아들여지고 있음에 유념해 볼 때, 기판력의 한계를 설정하는 공소사실의 동일성 여부는 자연적, 전법률적 관점에서 사회 일반인의 생활경험을 기준으로 판단해야 한다는 것이 보다 제도의 근본취지에 가까운 개념설정이라고 할 수 있을 것이다(대법원 1994.3.22, 93도2080 전원합의체 판결의 반대의견).

대법원 1982.12.28, 82도2156

범행일시만이 다른 양사실을 공소사실의 동일성 범위 내로 볼 것인지 여부

① 최초의 공소사실과 변경된 공소사실 간에 그 일시만을 달리하는 경우, 사안의 성질상 2개의 공소사실이 양립할 수 있다고 볼 사정이 있는 경우에는 그 기본인 사회적 사실을 달리할 위험이 있다 할 것이므로 그 기본적 사실은 동일하다고 볼 수 없다 할 것이지만, ② 일방의 범죄가 성립되는 때에는 타방의 범죄의 성립은 인정할 수 없다고 볼 정도로 양자가 밀접한 관계가 있는 경우에는 그간의 시간적 간격이 긴 경우라도 양자의 기본적 사실관계는 동일한 것이라고 할 것인바, 최초의 공소사실이 피고인은 1981. 1.14. 19:00경 공소외 甲의 집에서 피해자 乙의 얼굴을 1회 때려 폭행했다는 것인데 그 일시만을 1979.12. 중순경으로 변경된 경우에 있어서 피고인 및 피해자의 진술과 증언에 의하여 공소사실과 같은 시비나 폭행을 1981.1. 중순경이 아니고 1979.12. 중순경에 있었던 일을 경찰에서 잘못 진술했다는 취지로 인정되고, 양 공소사실의 내용에 의하더라도 그 폭행한 장소, 수단, 방법, 부위, 회수나 피해자가 같아서 양 사실을 별개의 다른 사실이 아니고 1개의 동일한 사실이라고 보지 않을 수 없다면 양 공소사실은 동일성의 범위 안에 있다고 할 것이다(공소장변경 ○).

유사판례 대법원 2007.5.10, 2007도1048 : 일방의 범죄가 성립되는 때에는 타방의 범죄의 성립은 인정할 수 없다고 볼 정도로 양자가 밀접한 관계에 있는 경우에는 양자의 기본적 사실관계는 동일한 것이다. 검사는 이 사건 제1심의 제4회 공판기일에서 공소사실의 범행 일시와 편취 금액을 변경하는 내용의 공소장변경을 하였는바, 위 공소장변경은 피고인이 위조문서를 행사하는 기망행위에 의하여 공소외 1로부터 차용금 명목으로 금원을 편취한 범죄행위를 특정함에 있어 그 일시와 금액만을 달리 기재한 것에 지나지 아니하므로, 그 공소장변경 전후의 범행 중 한 쪽이 범죄로 성립되는 경우에는 다른 한 쪽은 범죄로 성립될 여지가 없는 것이어서 두 공소사실은 양립불가능한 관계에 있는 것이라 할 것이다.

📚 **사례문제**

甲(1994.4.15.생)은 2011.6.15. 중앙지법에서 폭처법위반(집단흉기등상해)죄로 징역 1년에 집행유예 2년을 선고받아 2011.6.22. 판결이 확정되었다. 甲은 19세 미만이던 2013.2.1. 11 : 00경 피해자(여, 55세)가 현금인출기에서 돈을 인출하여 가방에 넣고 나오는 것을 발견하고 오토바이를 타고 피해자를 뒤따라가 인적이 드문 골목길에 이르러 날치기수법으로 손가방만 살짝 채어 갈 생각으로 피해자의 손가방을 순간적으로 낚아채어 도망을 갔다. 甲이 손가방을 낚아채는 순간 피해자가 넘어져 전치 2주의 상해를 입었다. 甲은 같은 날 22 : 30경 주택가를 배회하던 중 주차된 자동차를 발견하고 물건을 훔칠 생각으로 자동차의 유리창을 통하여 그 내부를 손전등으로 비추어 보다가 순찰 중이던 경찰관에게 검거되었다. 당시 甲은 절도 범행이 발각되었을 경우 체포를 면탈하는데 도움이 될 수 있을 것이라는 생각에서 등산용 칼과 포장용 테이프를 휴대하고 있었다.

검사는 2013.2.15. 甲을 강도치상, 절도미수, 강도예비로 기소하였고 재판 도중에 강도예비를 주위적 공소사실로, 폭력행위 등 처벌에 관한 법률 제7조 위반을 예비적 공소사실로 공소장변경을 신청하였다. 제1심법원은 2013.3.29. 유죄 부분에 대하여 징역 단기 2년, 장기 4년을 선고하였다. 이에 대하여 甲만 항소하였는데, 항소심법원은 2013.6.28. 판결을 선고하였다. [변호사 14]

[참조 조문] : 폭력행위 등 처벌에 관한 법률 제7조(우범자) 정당한 이유 없이 이 법에 규정된 범죄에 공용될 우려가 있는 흉기 기타 위험한 물건을 휴대하거나 제공 또는 알선한 자는 3년 이하의 징역 또는 300만원 이하의 벌금에 처한다.

문제 강도예비의 공소사실과 폭력행위 등 처벌에 관한 법률 제7조 위반의 공소사실은 그 동일성의 범위를 벗어나므로 제1심법원은 공소장변경을 허가하여서는 아니 된다.

→ (×) 흉기를 휴대하고 다방에 모여 강도예비를 하였다는 공소사실을 정당한 이유 없이 폭력범죄에 공용될 우려가 있는 흉기를 휴대하고 있었다는 폭처법 제7조 소정의 죄로 공소장변경을 하는 것은, 그 휴대행위 자체에 의하여 폭처법 제7조에 규정한 죄의 구성요건을 충족한다 볼 수 있기 때문에 그 변경 전의 공소사실과 변경 후의 공소사실은 그 기본적 사실이 동일하므로 공소장변경은 적법하다(86도2396).

---

② **수정된 기본적 사실동일설** : 판례는 **1994년 3월 전원합의체 판결**을 내려 **기본적 사실동일설을 취하면서도 기본적 사실관계의 동일성을 판단함에 있어서는 보호법익 · 죄질 등의 규범적 요소도 아울러 고려**하여야 한다는 입장을 취하고 있다(대법원 1994.3.22, 93도2080 전원합의체 : 장물취득 대 강도상해 사건). [법원9급 15/17]

📚 **사례문제**

(장물취득 대 강도상해 사건) 피고인 甲은 1992.11.30. 서울형사지방법원에서 장물취득, 신용카드업법위반, 사기죄로 징역 장기 1년, 단기 10월의 형을 선고받고(공동피고인 乙 · 丙도 함께 같은 죄로 같은 형을 선고받았다) 항소하였다가 1993.2.3. 이 사건 강도상해죄로 공소가 제기되고 같은 해 3.11. 제1회공판을 한 후인 같은 해 3.18. 항소를 취하하여 확정되었는데, 유죄로 확정된 장물취득죄의 범죄사실은, 甲이 공동피고인 乙 · 丙(이 사건의 원심공동피고인이기도 한 바, 이들의 원심판결은 확정되었다)과 공모하여 1992.9.24.

02:00경 서울 서초구 방배동에 있는 공중전화박스 옆에서 공소외 丁 등이 전날인 같은 달 23. 23:40경 서울 구로구 구로동 노상에서 피해자 V로부터 강취한 V 소유의 국민카드 1매를 장물인 정을 알면서도 교부받아 취득하였다는 것이고(원래는 甲이 주범의 강취행위시 망을 본 다음, 약 2, 3시간 후 그 이동된 다른 장소에서 주범으로부터 장물의 일부를 교부받았다는 혐의로 당초 甲에게 강도의 공범인 여부를 추궁하였으나 구증이 어렵게 되자 장물죄로 의율하였던 것임), 원심이 유죄로 인정한 甲에 대한 이 사건 강도상해죄의 공소사실은, 甲이 공동피고인 乙·丙 및 丁 등과 합동하여 1992.9.23. 23 : 40경 서울 구로구 구로동 번지불상 앞길에서 甲·丙 등은 망을 보고 乙·丁 등은 술에 취하여 졸고 있던 피해자 V에게 다가가 주먹과 발로 V의 얼굴 및 몸통부위를 수회 때리고 차 V의 반항을 억압한 후 V의 상·하의 호주머니에서 V 소유의 국민카드 2매, 비씨카드 2매, 현금 60,000원, 주민등록증이 들어 있는 지갑 2개를 꺼내어 가 이를 강취하고, 그로 인하여 V에게 치료일수 미상의 안면부 타박상 등을 입혔다는 것이다.

문제 甲은 장물취득죄로 유죄판결을 받아 확정되었다 하더라도 위 강도상해죄의 공소제기에 대해서는 법원은 면소판결을 하여서는 아니 되고 별도로 실체재판을 하여야 한다.

→ (○) 피고인이 받은 장물취득죄의 확정판결의 기판력이 이 사건 강도상해죄의 공소사실에 미치는지 여부는, <u>사실의 동일성이 갖는 법률적 기능을 염두에 두고, 피고인의 행위와 그 사회적인 사실관계를 기본으로 하되 그 규범적 요소도 고려에 넣어 판단하여야 할 것이고</u>, 피고인에 대한 법적 안정성의 보호와 국가의 적정한 형벌권행사가 조화가 이루어질 수 있도록 하여야 할 것인바, 그렇게 본다면 위 장물취득죄의 범죄사실과 이 사건 강도상해죄의 공소사실은 그 기본적인 점에서 같다고 할 수 없고, <u>위 장물취득죄의 확정판결의 기판력은 이 사건 강도상해죄의 공소사실에는 미치지 않는다고 보는 것이 상당</u>하고 이와 같이 본다고 하여 이 사건에서 피고인을 동일한 범죄로 부당하게 거듭 처벌한다거나 피고인의 지위의 법적 안정성이나 권익을 부당하게 침해하는 것이라고 할 수 없을 것이다(93도2080 전원합의체의 다수의견).[1]

📚 사례문제

(이태원 살인 사건, 대법원 2017.1.25. 2016도15526) 검사는 1997.4.26. 이 사건 범행과 관련하여 乙(에드워드 리, 79년생)을 '살인'으로, 피고인 甲(아더 존 패터슨, 79년생)을 '폭력행위 등 처벌에 관한 법률 위반(우범자)과 증거인멸'(이하 '증거인멸죄 등')로 기소하였는데(이하 '선행사건'), 선행사건에서 甲에 대해서는 유죄로 인정되었으나(서울고등법원 1998.1.26. 97노2396), 乙에 대해서는 무죄로 판단되었다(대법원 1998.4.24. 98도421, 乙은 살인죄에 대하여 무죄 확정). 선행사건에서 피고인에 대하여 유죄로 확정된 '증거인멸죄 등'의 범죄사실의 요지는 "피고인은 1997.2. 초순부터 1997.4.3. 22:00경까지 정당한 이유 없이 범죄에 공용될 우려가 있는 위험한 물건인 휴대용 칼을 소지하였고, 1997.4.3. 23:00경 공소외 1이 범행 후 ○○○ 화장실에 버린 칼을 집어 들고 나와 용산 미8군영 내 하수구에 버려 타인의 형사사건에 관한 증거를 인멸하였다."라는 것이다. 그런데 2011년 공소가 제기된 이 사건 살인죄의 공소사실의 요지는 "피고인 甲은 1997.4.3. 21:50경 서울 용산구 이태원동에 있는 버거킹 햄버거 가게 화장실(이하 '버거킹 화장실')에서 V(홍익대학교 학생 조○○씨, 당시 22세)를 칼로 찔러 乙과 공모하여 V를 살해하였다."라는 것이다.

문제1 검사의 甲에 대한 살인죄의 공소제기는 공소권을 남용한 것이 아니다.

→ (○) 선행사건에서 피고인(甲)에 대한 공소사실에 관하여 다수의 증거가 수집되어 있었고, 선행사건에서 공소외 1(乙)에 대한 무죄판결이 확정된 다음, <u>보강 수사를 하여 새로운 증거가 추가로 수집된 사정에 비추어 보면, 검사가 피고인에 대한 유죄의 증거가 충분하지 않은데도 공소권을 남용하여 이 사건 공소를 제기한 것이 아니라고 해야 한다.</u>

문제2 선행사건에 대하여 유죄가 확정된 피고인 甲의 증거인멸죄 등에 대한 공소사실과 공소가 제기된 이 사건 살인죄의 공소사실은 서로 공소사실의 동일성이 인정되지 않는다.

→ (○) 형사소송절차에서 두 죄 사이에 공소사실이나 범죄사실의 동일성이 있는지는 기본적 사실관계가 동일한지에 따라 판단하여야 한다. 이는 <u>순수한 사실관계의 동일성이라는 관점에서만 파악할 수 없고, 피고인의 행위와 자연적·사회적 사실관계 이외에 규범적 요소를 고려하여 기본적 사실관계가 실질적으로 동일한지에 따라 결정해야 한다</u>(대법원 1994.3.22. 93도2080 전원합의체; 2006.3.23. 2005도9678 등). 원심이 유죄로 인정한 이 사건 <u>살인죄</u>와 선행사건에서 유죄로 확정된 <u>증거인멸죄 등</u>은 범행의 일시, 장소와 행위 태양이 서로 다르고, 살인죄는 폭력행위 등 처벌에 관한 법률 위반(우범자)이나 증거인멸죄와는 보호법익이 서로 다르며 죄질에서도 현저한 차이가 있다. 따라서 이 사건 살인죄의 공소사실과 증거인멸죄 등의 범죄사실 사이에 기본적 사실관계의 동일성을 인정할 수 없다. 원심이 같은 취지에서 증거인멸죄 등에 관한 확정판결의 기판력이 이 사건 살인죄의 공소사실에는 미치지 않는다고 판단한 것은 정당하다.

---

1) [참고 – 반대의견] 생활의 한 단면 내의 어느 한 행위(장물죄)에 대하여 재판절차를 마친 이상 피고인에게는 그 단면 내의 모든 행위에 대하여 소추 재판의 위험이 따랐다고 하여야 할 것인데 실제로 소추 재판된 행위(장물죄)가 같은 단면 내의 다른 행위(강도죄)와 비교하여 피해법익에 있어서 완전히 겹쳐지지 않는 부분이 있다는 이유만으로 그 다른 행위(강도죄)에 대해 다시 논할 수 있다는 것은 방대한 조직과 법률지식을 갖춘 국가 기관이 형사소추를 거듭 행함으로써 무용의 절차를 되풀이 하면서(다수의견에 따르면 강도죄와 장물죄 사이에 공소장변경이 허용되지 않음에 따라 재판절차진행 중에는 그 중 어느 한 죄에 대하여 공소를 취소하거나 무죄의 판결을 함과 아울러 다른 죄에 대하여 다시 소추할 수밖에 없을 것이다) 국민에 대해 정신적, 물질적 고통을 주게 하는 것이며, 한편으로는 수사기관으로 하여금 사건을 1회에 완전히 해결하려 하지 않게 함과 아울러 이를 악용하게 할 소지마저 있다고 할 것이다.

⚖ 판례연구 공소사실의 동일성을 인정한 판례의 예시

1. 대법원 1992.12.2, 92도2047; 2016.1.14, 2013도8118

일죄의 관계에 있는 여러 범죄사실 중 일부에 대한 기판력은 현실적으로 심판대상이 되지 아니한 다른 부분에도 미치므로, 그 일부의 범죄사실에 대하여 공소가 제기된 뒤에 항소심에서 나머지 부분을 추가하였다고 하여 공소사실의 동일성을 해하는 것이라고 볼 수 없으므로 법원은 이를 허가하여야 한다(단일한 모집계획 아래 등록 없이 수회에 걸쳐 1년 이내에 모집한 기부금품의 합계액이 1,000만원 이상인 경우에는 그 각 모집행위는 포괄하여 기부금품법 제16조 제1항 제1호 위반의 1죄가 성립하고, 이에 관한 공소장변경이 허가됨).

2. 대법원 1998.7.28, 98도1226

사기죄의 공소사실은 이미 확정판결로 배척된 횡령죄의 공소사실과 범행일시가 근접해 있고, 피해자도 동일하며, 범행의 목적물도 동일하여 서로 양립할 수 없는 관계에 있고, 단지 피고인이 한 영득행위에 대한 법적인 평가만이 다를 뿐이므로, 위 두 개의 공소사실은 그 기본적 사실관계가 동일하다.

> **보충** 특경법위반(사기)죄의 공소사실의 요지는 피고인이 피해자인 주식회사 대한상호신용금고로부터 금원을 대출받더라도 그 금원을 위 지소에 예치시킬 의사가 없음에도 금 500,000,000원을 대출해 주면 이를 위 지소에 예치시키겠다고 거짓말하고 이에 속은 피해자로부터 금 500,000,000원을 교부받아 이를 편취하였다는 것인바, 편취한 금 500,000,000원은 앞서 확정판결로 배척된 횡령죄의 횡령 목적물에 포함된 것이고, 범행일시도 1994.6.26.(이 사건 공소사실)과 같은 달 27.(횡령죄의 공소사실)로 근접해 있다면, 이 사건 사기죄의 공소사실은 이미 확정판결로 배척된 앞서 본 횡령죄의 공소사실과 범행일시가 근접해 있고, 피해자도 동일하며, 범행의 목적물도 동일하여 서로 양립할 수 없는 관계에 있고, 단지 피고인이 한 영득행위에 대한 법적인 평가만이 다를 뿐이므로, 위 두 개의 공소사실은 그 기본적 사실관계가 동일하다고 봄이 옳다. 같은 취지에서 이 사건 사기죄의 공소사실에 대하여 확정판결이 있은 때에 해당한다 하여 면소를 선고한 원심의 판단은 정당하고, 거기에 공소사실의 동일성과 기판력의 객관적 범위에 관한 법리오해의 위법이 없다.

> **유사판례** 대법원 1984.2.28, 83도3074(의약품대금 약국 수금 사건) : 피고인이 거래처로부터 돈을 수금하였다는 기본적 사실이 동일한 이상, 이를 수금하여 보관하던 중 횡령하였다고 하여 업무상 횡령으로 공소제기하였다가 다시 일부는 횡령, 일부는 수금권한이 없는데도 있는 것처럼 가장하고 수금하여 이를 편취하였다고 사기로 공소장변경을 하였다가, 다시 사기죄명을 철회하는 공소장변경을 하였다고 하여도 이는 동일한 기본적 사실에 대한 법률적 평가를 달리한데 불과하므로 공소장변경은 적법하다.

3. 대법원 1996.6.28, 95도1270

경범죄처벌법위반죄의 범죄사실인 음주소란과 폭처법위반죄(도끼 스친 2주 상해)의 공소사실은 범행장소가 동일하고 범행일시도 같으며 모두 피고인과 피해자 시비에서 발단한 일련의 행위들임이 분명하므로, 양 사실은 그 기본적 사실관계가 동일한 것이어서 이미 확정된 경범죄처벌위반죄에 대한 즉결심판의 기판력이 폭처법위반죄의 공소사실에도 미친다.

4. 대법원 2010.6.24, 2009도9593 [경찰채용 15]

검사가 공소사실 중 임차권 양도계약 중개수수료 교부자를 甲에서 乙로 변경하는 공소장변경 신청을 한 경우, 그와 같이 공소장을 변경하더라도 피고인이 공소사실 기재 일시 장소에서 위 계약을 중개한 후 법정 수수료 상한을 초과한 중개수수료를 교부받았다는 사실에는 변함이 없으므로, 공소사실의 동일성은 인정된다.

5. 대법원 2012.9.13, 2010도11338 [국가7급 19]

검사가 당초 의사인 피고인이 甲 병원의 실제 운영자인 乙에게 의사면허증을 대여하였다는 공소사실로 약식명령을 청구하였다가, 원심에서 의사인 피고인이 의사면허 없는 乙과 공모하여 乙이 피고인 명의로 甲 병원을 개설하였다는 내용으로 공소장변경을 신청한 경우, 위 공소사실은 서로 동일성이 인정된다.

6. 대법원 2013.2.28, 2011도14986

약식명령에 대하여 피고인만이 정식재판을 청구하였는데, 검사가 당초 사문서위조 · 동행사의 공소사실로 공소제기하였다가 제1심에서 사서명위조 · 동행사를 예비적으로 추가하는 내용의 공소장변경을 신청한 사례

약식명령에 대하여 피고인만이 정식재판을 청구하였는데, 검사가 당초 사문서위조 및 위조사문서행사의 공소사실로 공소제기하였다가 제1심에서 사서명위조 및 위조사서명행사의 공소사실을 예비적으로 추가하는 내용의 공소장변경을 신청한 경우, 두 공소사실은 기초가 되는 사회적 사실관계가 범행의 일시와 장소, 상대방, 행위 태양, 수단과 방법 등 기본적인 점에서 동일할 뿐만 아니라, 주위적 공소사실이 유죄로 되면 예비적 공소사실은 주위적 공소사실에 흡수되고 주위적 공소사실이 무죄로 될 경우에만 예비적 공소사실의 범죄가 성립할 수 있는 관계에 있어 규범적으로 보아 공소사실의 동일성이 있다고 보인다.

> **보충** 나아가 피고인에 대하여 사서명위조와 위조사서명행사의 범죄사실이 인정되는 경우에는 비록 사서명위조죄와 위조사서명행사죄의 법정형에 유기징역형만 있다 하더라도 법 제457조의2에서 규정한 불이익변경금지원칙이 적용되어 벌금형을 선고할 수 있으므로 불이익변경금지원칙 등을 이유로 공소장변경을 불허할 것이 아니다.

7. 대법원 2015.9.10, 2015도7081

동일한 예금통장·접근매체 양수와 예금통장·접근매체 갈취는 동일성이 인정된다는 사례

피고인은 2014.2.14. 인천지방법원 부천지원에서 "피고인이 2013.5.12.경 부천시 원미구 (주소 생략) 소재 새마을금고 앞에서 동네 후배인 이○○로부터 그 명의의 새마을금고 통장과 현금카드를 양수하였다."가 포함되어 있는 사실에 대한 전자금융거래법위반죄 등으로 징역 8월, 집행유예 3년의 형을 선고받고 그 판결이 2014.5.27. 확정되었다. 그런데 검사는 "피고인과 성명불상자가 공동하여 통장을 만들어주지 아니하면 위해를 가할 것처럼 행동하며 위협적인 말투로 통장을 만들어 달라고 겁을 주어 2013.5.12.경 부천시 원미구 (주소 생략) 소재 새마을금고에서 피해자 이○○로 하여금 자신들이 원하는 비밀번호를 설정하고 피해자 명의의 새마을금고 통장을 개설하게 하여 위 통장 및 접근매체를 갈취하였다."는 공소사실로 피고인에 대하여 공소를 제기하였다. 위 공소사실과 위 확정판결의 범죄사실은 그 범행일시, 장소, 상대방 및 범행대상인 접근매체가 동일하고, 피고인이 피해자에게 겁을 주어 접근매체를 갈취한 행위는 접근매체 양수를 위한 단일한 범의 아래 진행된 일련의 행위로서 위 양수의 원인이 되어서 위 양수행위와 불가분의 밀접한 관계에 있다고 할 것이므로, 위 공소사실과 위 확정판결의 범죄사실은 그 기본적 사실관계가 동일한 것이라고 하지 않을 수 없다(면소판결).

8. 대법원 2017.8.23, 2015도11679

동일한 질서위협 집회의 참가와 주최는 동일성이 인정된다는 사례

피고인이 공공의 안녕질서에 직접적인 위협을 끼칠 것이 명백하다는 등의 이유로 금지통고된 집회를 '주최'하였다는 집시법 위반 공소사실로 기소되었는데, 선행 사건에서 위 집회와 그 이후 계속된 폭력적인 시위에 참가하였다는 이른바 질서위협 집회 및 시위 '참가'로 인한 같은 법 위반죄 등으로 유죄 확정판결을 받은 경우, 집회 또는 시위의 주최자가 동일한 집회 또는 시위의 참가자도 되는 경우란 개념적으로 상정하기 어려워 동일한 집회를 주최하고 참가하는 행위는 서로 양립할 수 없는 관계에 있는 점, 금지통고된 집회 주최로 인한 집시법 위반죄(위 공소사실)와 질서위협 집회 참가로 인한 집시법 위반죄(선행 확정판결의 공소사실)는 모두 공공의 안녕질서 등을 보호법익으로 하는 점에서 각 행위에 따른 피해법익 역시 본질적으로 다르지 않은 점 등 사회적인 사실관계와 규범적 요소를 아울러 고려하면, 위 공소사실과 선행 확정판결의 공소사실은 기본적 사실관계가 동일한 것으로 평가할 수 있다.

9. 대법원 2017.9.21, 2017도7843

항소심에서의 공소장변경과 심급의 이익

형사소송법 제298조 제1항에는 검사의 공소장변경허가신청에 대하여 법원은 공소사실의 동일성을 해하지 아니하는 한도에서 허가하여야 한다고 규정되어 있고, 제370조에 따라 항소심에서의 공판절차에도 위 규정이 준용되지만 공소장변경의 시기에 관하여는 별도로 규정되어 있지 않다. 한편 형사소송법 제298조 제4항에는 법원은 공소장변경이 피고인의 불이익을 증가할 염려가 있다고 인정한 때에는 직권 또는 피고인이나 변호인의 청구에 의하여 피고인으로 하여금 필요한 방어의 준비를 하게 하기 위하여 결정으로 필요한 기간 공판절차를 정지할 수 있다고 규정되어 있다. 따라서 변경된 공소사실이 변경 전의 공소사실과 기본적 사실관계에서 동일하다면 그것이 새로운 공소의 추가적 제기와 다르지 않다고 하더라도 항소심에서도 공소장변경을 할 수 있다(대법원 1995.2.17, 94도3297 등). 항소심에서 공소장변경을 하더라도 제1심에서 판단한 공소사실과 기본적 사실관계가 동일한 범위 내에서만 허용되기 때문에 그 변경된 공소사실의 기초를 이루는 사실관계는 제1심에서 이미 심리되었으므로, 항소심에서의 공소장변경이 피고인의 심급의 이익을 박탈한다고 보기도 어렵다(헌법재판소 2012.5.31, 2010헌바128 참조).

10. 대법원 2022.10.27, 2022도8806

같은 날 저녁 식사 전·후에 이루어진 제1 무면허운전과 제2 무면허운전은 동일성이 인정된다는 사례

같은 날 무면허운전 행위를 여러 차례 반복한 경우라도 그 범의의 단일성 내지 계속성이 인정되지 않거나 범행 방법 등이 동일하지 않은 경우 각 무면허운전 범행은 실체적 경합 관계에 있다고 볼 수 있으나, 그와 같은 특별한 사정이 없다면 각 무면허운전 행위는 동일 죄명에 해당하는 수 개의 동종 행위가 동일한 의사에 의하여 반복되거나 접속·연속하여 행하여진 것으로 봄이 상당하고 그로 인한 피해법익도 동일한 이상, 각 무면허운전 행위를 통틀어 포괄일죄로 처단하여야 한다. 포괄일죄에서는 공소장변경을 통한 종전 공소사실의 철회 및 새로운 공소사실의 추가가 가능한 점에 비추어 공소장변경허가 여부를 결정할 때는 포괄일죄를 구성하는 개개 공소사실별로 종전 것과의 동일성 여부를 따지기보다는 변경된 공소사실이 전체적으로 포괄일죄의 범주 내에 있는지 여부, 즉 단일하고 계속된 범의하에 동종의 범행을 반복하여 행하고 피해법익도 동일한 경우에 해당한다고 볼 수 있는지에 초점을 맞추어야 한다(대법원 2006.4.27, 2006도514; 2018.10.25, 2018도9810). 검사가 공소장변경으로 철회하려는 공소사실(제2 무면허운전 혐의)과 추가하려는 공소사실(제1 무면허운전 혐의)은 시간 및 장소에 있어 일부 차이가 있으나, 같은 날 동일 차량을 무면허로 운전하려는 단일하고 계속된 범의 아래 동종 범행을 같은 방법으로 반복한 것으로 포괄하여 일죄에 해당하고 그 기초가 되는 사회적 사실관계도 기본적인 점에서 동일하여 그 공소사실이 동일하다고 보아, 공소장변경신청은 허가됨이 타당하다.

> 보충 甲은 저녁 시간에 회사에서 퇴근하면서 무면허인 상태로 차량을 운전하여 인근 식당까지 이동하고(제1 무면허운전 혐의), 약 3시간이 경과 후 식당 인근에서 시동이 켜진 위 차량에서 술에 취해 잠이 든 상태로 발견되어 경찰에 의해 음주측정을 받은 다음(제2 무면허운전 및 음주운전 혐의), 검사가 피고인에 대하여 위 발견 직전 제2 무면허운전 및 음주운전을 하였다는 혐의로 기소하였다가 원심에 이르러 제2 무면허운전을 제1 무면허운전으로 공소장변경 허가신청을 하였다. 이 경우 법원은 공소장변경을 허가하여야 한다는 사례이다.

⚖ 판례연구 공소사실의 동일성을 인정하지 않은 판례의 예시

1. 대법원 1994.3.22, 93도2080 전원합의체 [법원9급 15, 법원승진 12, 교정9급특채 12]

판결이 확정된 장물취득죄와 강도상해죄 사이에 동일성이 없다고 한 사례

공소사실이나 범죄사실의 동일성은 형사소송법상의 개념이므로 이것이 형사소송절차에서 가지는 의의나 소송법적 기능을 고려하여야 할 것이고, 따라서 두 죄의 기본적 사실관계가 동일한가의 여부는 그 규범적 요소를 전적으로 배제한 채 순수하게 사회적, 전법률적인 관점에서만 파악할 수는 없고, 그 자연적, 사회적 사실관계나 피고인의 행위가 동일한 것인가 외에 그 규범적 요소도 기본적 사실관계 동일성의 실질적 내용의 일부를 이루는 것이라고 보는 것이 상당하다. … 유죄로 확정된 장물취득죄와 이 사건 강도상해죄는 범행일시가 근접하고 위 장물취득죄의 장물이 이 사건 강도상해죄의 목적물 중 일부이기는 하나, 그 범행의 일시, 장소가 서로 다르고, 강도상해죄는 피해자를 폭행하여 상해를 입히고 재물을 강취하였다는 것인 데 반하여 위 장물취득죄는 위와 같은 강도상해의 범행이 완료된 이후에 강도상해죄의 범인이 아닌 피고인이 다른 장소에서 그 장물을 교부받았음을 내용으로 하는 것으로서 그 수단, 방법, 상대방 등 범죄사실의 내용이나 행위가 별개이고, 행위의 태양이나 피해법익도 다르고 죄질에도 현저한 차이가 있어, 위 장물취득죄와 이 사건 강도상해죄 사이에는 동일성이 있다고 보기 어렵고, 따라서 피고인이 장물취득죄로 받은 판결이 확정되었다고 하여 강도상해죄의 공소사실에 대하여 면소를 선고하여야 한다거나 피고인을 강도상해죄로 처벌하는 것이 일사부재리의 원칙에 어긋난다고는 할 수 없다.

2. 대법원 2006.3.23, 2005도9678; 2000.7.7, 2000도1899; 2004.4.28, 2003도7428

피고인이 이 사건 공소사실의 내용이 된 사기의 범행과 관련하여 유사수신행위의 규제에 관한 법률 제3조에서 금지하고 있는 유사수신행위를 하였다는 범죄사실로 2001.4.24. 징역 2년에 집행유예 3년의 형을 선고받아 그 판결이 2001.5.3. 확정되었음은 기록에 의하여 알 수 있으나, 위 법률에서 금지하고 있는 유사수신행위 그 자체에는 기망행위가 포함되어 있지 않고, 이러한 위 법률 위반죄와 이 사건 사기죄는 각 그 구성요건을 달리하는 별개의 범죄로서 서로 행위의 태양이나 보호법익을 달리하고 있어 그 기본적 사실관계에 있어서 동일하다고 볼 수 없으므로, 위와 같이 확정된 판결의 효력이 이 사건 사기의 각 공소사실에 미치지 아니한다.

3. 대법원 2010.10.14, 2009도4785

약사법 위반죄의 범죄사실과 보건범죄법 위반(부정의약품제조등)의 공소사실의 동일성이 없다는 사례

공소사실이나 범죄사실의 동일성 여부는 사실의 동일성이 갖는 법률적 기능을 염두에 두고 피고인의 행위와 그 사회적인 사실관계를 기본으로 하면서 규범적 요소 또한 아울러 고려하여 판단하여야 한다. [국가9급 13] … 약식명령이 확정된 '약사법 위반죄'의 범죄사실과 '보건범죄단속에 관한 특별조치법 위반(부정의약품제조 등)'의 공소사실은 그 행위의 태양과 보호법익 및 죄질이 전혀 다르고, 범행일시 및 장소도 극히 일부만 중복될 뿐이므로 상호 간에 동일성이 있다고 보기 어렵다.

4. 대법원 2012.4.13, 2011도3469 [국가7급 19]

검사가, 피고인들이 토지거래허가구역 내 토지를 미등기 전매한 후 매매대금을 지급 받고도 등기를 이전하지 않은 채 제3자에게 근저당권을 설정해 줌으로써 재산상 이익을 취득하고 매수인들에게 손해를 가하였다는 내용의 배임 공소사실로 기소하였다가, 원심에서 피고인들이 장차 설정될 예정이었던 근저당권을 말소하여 소유권이전등기를 넘겨줄 의사나 능력이 없고 산지전용허가가 취소될 것임을 알면서도 산지전용허가가 나 있다는 등으로 피해자들을 기망하여 매매대금을 편취하였다는 사기 공소사실을 예비적으로 추가하는 공소장변경신청을 한 경우, 위 각 범죄사실은 범행일시와 장소, 수단, 방법 등 범죄사실의 내용이나 행위 태양, 범죄의 결과가 다르고 죄질에도 현저히 차이가 있어 기본적 사실관계가 동일하다고 볼 수 없으므로 공소장변경을 허가할 수 없다.

5. 대법원 2017.4.28, 2016도21342 [국가7급 19, 국가9급 23]

포괄일죄 도중 동종범죄에 대한 확정판결이 있는 경우 확정판결 후 동종범죄사실에 대한 처리

① 포괄일죄인 영업범에서 공소제기의 효력은 공소가 제기된 범죄사실과 동일성이 인정되는 범죄사실의 전체에 미치므로, 공판심리 중에 그 범죄사실과 동일성이 인정되는 범죄사실이 추가로 발견된 경우에 검사는 공소장변경절차에 의하여 그 범죄사실을 공소사실로 추가할 수 있다. ② 그러나 공소제기된 범죄사실과 추가로 발견된 범죄사실 사이에 그 범죄사실들과 동일성이 인정되는 또 다른 범죄사실에 대한 유죄의 확정판결이 있는 때에는, 추가로 발견된 확정판결 후의 범죄사실은 공소제기된 범죄사실과 분단되어 동일성이 없는 별개의 범죄가 된다(대법원 2000.3.10, 99도2744; 2000.6.9, 2000도1411 등). 따라서 이때 검사는 공소장변경절차에 의하여 확정판결 후의 범죄사실을 공소사실로 추가할 수는 없고 별개의 독립된 범죄로 공소를 제기하여야 한다.

6. 대법원 2017.8.29, 2015도1968 [국가7급 19]

검사가 국립대학교 과학영재교육원장인 피고인에 대하여 '피고인이 여행업자 갑 등과 공모하여 위 교육원에서 실시하는 탐방행사와 관련하여 여행경비를 부풀려 과다 청구하는 방법으로 참여 학생의 학부모들을 기망하여 돈을 편취하였다'는 공소사실로 기소하였다가, 원심에서 '피고인은 위 교육원에서 주관하는 탐방행사 등 교육프로그램을 총괄하는 공무원으로서 탐방행사를 맡겨준 데 대한 사례금 명목으로 여행업자 갑으로부터 뇌물을 수수하였다'는 공소사실을 예비적으로 추가하는 내용의 공소장변

경허가신청을 한 경우, 당초의 공소사실(사기)과 예비적 공소사실(뇌물수수)은 기본적인 사실관계가 동일하다고 보기 어렵다.

7. 대법원 2017.9.21, 2017도9878

사기방조와 도박공간개설방조의 공소사실의 동일성이 없다는 사례

검사가 제1심에서 사기 방조 공소사실을 도박공간개설 방조 공소사실로 변경하였는데, 변경 전후의 공소사실 사이에 각 정범의 범죄를 구성하는 실행행위의 태양과 이에 대한 위 피고인들의 인식 내용이 전혀 달라 그 기본적 사실관계가 동일하지 아니하므로, 변경 전의 공소사실과 변경된 공소사실이 그 기초가 되는 사회적 사실관계가 기본적인 점에서 동일하다고 볼 수 없으므로 위 공소장변경은 부적법하다.

8. 대법원 2020.12.24, 2020도10814

사기죄와 범죄단체 조직 · 가입 · 활동죄의 동일성이 없다는 사례

피고인들에 대한 사기죄의 공소사실과 범죄단체 공소사실(보이스피싱 목적 범죄단체조직 · 가입 · 활동)은 범행일시, 행위태양, 공모관계 등 범죄사실의 내용이 다르고, 그 죄질에도 현저한 차이가 있다. 따라서 위 두 공소사실은 동일성이 없으므로, 공소장변경절차에 의하여 이 사건 공소사실에 위 범죄단체 공소사실을 추가하는 취지의 공소장변경은 허가될 수 없다.

9. 대법원 2022.9.7, 2022도6993

폭처법위반(단체 등의 구성 · 활동)의 공소사실과 범죄집단의 개별적 범행에 해당하는 폭처법위반(단체 등의 공동강요)의 동일성이 없다는 사례

범죄집단의 조직원의 범죄집단활동죄(폭처법위반,단체 등의 구성 · 활동)와 그 범죄집단에서 활동하면서 저지르는 개별적 범행들(단체 등의 공동강요)은 범행 목적이나 행위 등이 일부 중첩되는 부분이 있더라도 범행의 상대방, 범행 수단 · 방법, 결과, 보호법익, 실체적 경합 관계 등을 고려할 경우 각 공소사실이 동일하다고 볼 수 없어 공소장변경을 허가할 수 없고 그 죄수관계는 실체적 경합관계에 있다.

> 비교 폭처법 제4조 제1항의 범죄단체의 구성이나 가입은 범죄행위의 실행 여부와 관계없이 범죄단체 구성원으로서의 활동을 예정하는 것이고, 같은 조항의 범죄단체 구성원으로서의 활동은 범죄단체의 구성이나 가입을 당연히 전제로 하는 것이므로, 양자는 모두 범죄단체의 생성 및 존속 · 유지를 도모하는, 범죄행위에 대한 일련의 예비 · 음모 과정에 해당한다는 점에서 범의의 단일성과 계속성을 인정할 수 있을 뿐만 아니라 피해법익도 다르지 않다. 따라서 범죄단체를 구성하거나 이에 가입한 자가 더 나아가 구성원으로 활동하는 경우, 이는 포괄일죄의 관계에 있다(대법원 2015.9.10, 2015도7081).

10. 대법원 2022.12.29, 2022도10660

상습범 처벌규정이 신설되기 전의 범행과 상습범 처벌규정이 신설된 후의 상습범행은 포괄일죄가 아니라 실체적 경합관계에 있으므로 공소장변경이 허가될 수 없다는 사례

아동 · 청소년의 성보호에 관한 법률은 제11조 제1항에서 아동 · 청소년성착취물을 제작하는 행위를 처벌하는 규정을 두고 있다. 이 법은 2020. 6. 2. 법률 제17338호로 일부 개정되면서 상습으로 아동 · 청소년성착취물을 제작하는 행위를 처벌하는 조항인 제11조 제7항을 신설하였는데, 그 부칙에서 개정 법률은 공포한 날부터 시행한다고 정하였다. 당초 검사는 공소사실 중 청소년성보호법 위반(상습성착취물제작 · 배포등) 부분에 대해 '피고인은 2020. 11. 3.부터 2021. 2. 10.까지 상습으로 아동 · 청소년성착취물(총 19개)을 제작하였다'고 공소를 제기하였다가, 원심에서 같은 부분에 대해 '피고인은 2015. 2. 28.부터 2021. 1. 21.까지 상습으로 아동 · 청소년성착취물(총 1,910개)을 제작하였다'는 공소사실을 추가하는 공소장변경허가신청을 하였다. 그런데 위 개정 규정이 시행되기 전인 2015. 2. 28.부터 2020. 5. 31.까지 아동 · 청소년성착취물 제작으로 인한 청소년성보호법위반 부분에 대하여는 위 개정 규정을 적용하여 청소년성보호법 위반(상습성착취물제작 · 배포등)죄로 처벌할 수 없고 행위시법에 기초하여 청소년성보호법 위반(성착취물제작 · 배포등)죄로 처벌할 수 있을 뿐이며, 또한 청소년성보호법위반(상습성착취물제작 · 배포등)죄로 처벌되는 그 이후의 부분과 포괄일죄의 관계에 있지 않고 실체적 경합관계에 있다. 이에 따라 종전 공소사실과 기본적 사실관계가 동일하지 않은 2015. 2. 28.부터 2020. 5. 31.까지 부분을 추가하는 공소장변경은 허가될 수 없고 이는 추가기소의 방법으로 해결할 수밖에 없다.

> 유사 포괄일죄에 관한 기존 처벌법규에 대하여 그 표현이나 형량과 관련한 개정을 하는 경우가 아니라 애초에 죄가 되지 않던 행위를 구성요건의 신설로 포괄일죄의 처벌대상으로 삼는 경우에는 신설된 포괄일죄 처벌법규가 시행되기 이전의 행위에 대하여는 신설된 법규를 적용하여 처벌할 수 없고(형법 제1조 제1항), 이는 신설된 처벌법규가 상습범을 처벌하는 구성요건인 경우에도 마찬가지이다(대법원 2016.1.28, 2015도15669).

③ **결론** : 피고인의 방어권 보장, 공소장변경제도의 실효성 확보, 공소제기의 효력과 기판력의 범위의 확보를 통한 피고인 보호 및 신속한 재판을 통한 소송경제의 관점을 고려할 때, 기본적 사실동일설이 타당하다고 생각된다. 따라서 공소장변경 전후의 공소사실이 시간적 · 장소적으로 밀접한 관계에 있거나(**밀접관계**), 일방의 범죄가 인정되는 때에는 타방의 범죄성립을 인정할 수 없는 관계(**양립불가관계 : 택일관계**)에 있는 때에는 기본적 사실의 동일성이 인정된다(다만, 판례는 밀접관계와 양립불가관계의 개념을 혼용하여 사용함).

④ **판례의 정리** : 본서의 특성상 아래에서는 공소사실의 동일성에 대한 판례의 입장을 정리한다. 공소사

실의 동일성이 인정되면 공소장변경이 허용되고 그 범위 안에서 공소제기의 효력이 미치며 기판력이 발생한다(따라서 일부 판결확정 후 나머지 죄를 공소제기하면 면소판결). 반면 공소사실의 동일성이 인정되지 않으면 공소장변경이 허용되지 않으므로 기판력이 미치지 않게 된다.

표정리 공소사실의 동일성(공소장변경의 한계) 판례 요약 정리

동일성 인정(공소장변경 ○, 기판력 ○)

1. 살해하려고 목을 조르고 폭행한 사실에 대한 살인미수 → 강간하려고 위 폭행을 가했으나 미수에 그치고 상해를 입힌 사실에 대한 강간치상죄(대법원 1984.6.26, 84도666)

2. 참고인에 대하여 허위진술을 하여 달라고 요구하면서 행한 참고인에 대한 협박 → 겁을 먹은 참고인으로 하여금 허위진술케 함으로써 조사를 받고 있던 자를 증거불충분으로 풀려나게 하였다는 범인도피죄(대법원 1987.2.10, 85도897) [법원승진 12]

3. 감금죄의 공소사실 → 그 감금 상태에서 피해자 명의의 인감증명서를 이용하여 회사의 대표이사 명의나 회사 부지의 소유자 명의를 변경하여 경영권을 빼앗았다는 내용의 폭처법위반(공갈)죄(대법원 1998.8.21, 98도749) [교정9급특채 12]

4. 당초 공소제기된 명예훼손 → 변경허가신청된 공소사실이 모두 피고인이 같은 일시에 같은 장소에서 같은 청중들 앞에서 한 연설 중에 같은 피해자의 명예를 훼손하였다는 것이고 위 각 공소사실에서 적시된 바가 모두 피해자의 이단성에 관련된 것인 경우(대법원 1994.3.8, 93도2950)

5. 장물양여죄 → 절도죄(대법원 1964.12.29, 64도664)

6. 97.2.2. 00:00경 승합차에 대한 절도 → 97.2.2. 01:40경 승합차가 장물임을 알면서 운전하여 간 장물운반(대법원 1999.5.14, 98도1483) [교정9급특채 12]

7. 흉기를 휴대하고 다방에 모여 하였다는 강도예비 → 폭력범죄에 공용될 우려가 있는 흉기를 휴대하였다는 폭처법위반(대법원 1987.1.20, 86도2396)

8. 사기죄 → 공소사실 중 기망행위의 방법(약속어음 결제의사·능력이 없음에도 결제할 것처럼 가장하며 약속어음 할인)만을 추가(대법원 1999.4.13, 99도375)

9. 아파트 건축회사 협상대표 甲이 각 세대당 금 2백만원의 보상금지급요구 문제 등에 관한 협상권한을 위임받은 아파트입주자 대표 乙에게 보상금을 전체 금 2천만원으로 대폭 감액하여 조속히 합의하여 달라고 부탁한 사안에서, 乙이 甲으로부터 금원을 교부받은 사실 : 공갈죄 → 배임수재죄(대법원 1993.3.26, 92도2033)

10. 피해자에게 다방을 경영하게 해주겠다는 명목으로 금원을 수령한 사실 : 횡령죄 → 사기죄(대법원 1983.11.8, 83도2500; 1984.2.28, 83도3074 - 약국 수금 사건)

11. 인터넷설치업자에게 타인의 주민등록번호를 불러준 사실 : 사문서위조·동행사죄 → 인터넷설치업자의 휴대정보단말기에 타인명의를 서명한 사실 : 사서명위조·동행사죄(대법원 2013.2.28, 2011도14986)

12. 기본적 중요사실이 동일함이 명백한 변경 전 공정증서원본부실기재 및 동행사죄 → 강제집행면탈죄(대법원 1976.9.28, 74도1676) [교정9급특채 12]

13. 저작권법위반 → 항소심에서 공소사실 중 나머지 사실은 그대로 둔 채 공소사실의 피해자만 변경(대법원 2008.2.28, 2007도8705) [국가9급 09]

14. (고발도 객관적 불가분원칙은 인정되므로) 범칙사실(조세포탈) 일부에 대한 고발 → 그 과세기간 내의 조세포탈기간이나 포탈액수를 추가(대법원 2009.7.23, 2009도3282)

15. 법정중개수수료 상한 초과 수수료를 교부받은 부동산중개업법위반 → 임차권 양도계약 중개수수료 교부자를 甲에서 乙로 변경하는 공소장변경(대법원 2010.6.24, 2009도9593) [경찰채용 15]

16. 의사인 피고인이 甲 병원의 실제 운영자인 乙에게 의사면허증을 대여(약식명령청구) → (항소심) 의사인 피고인이 의사면허 없는 乙과 공모하여 乙이 피고인 명의로 甲 병원을 개설(대법원 2012.9.13, 2010도11338)

17. 전자금융거래법 위반 예금통장·접근매체 양수 → 동일한 예금통장·접근매체 갈취(대법원 2015.9.10, 2015도7081)

18. 저녁 식사 전에 이루어진 제1 무면허운전 → 같은 날 저녁 식사 후에 이루어진 제2 무면허운전(대법원 2022.10.27, 2022도8806)

동일성 부정(공소장변경 ×, 기판력 ×)

1. 장물취득죄 → 강도상해죄(대법원 1994.3.22, 93도2080 전원합의체)

2. 상해의 공소사실 → 폭처법위반(집단·흉기 등 협박) : 범행 장소와 피해자가 동일하고 시간적으로 밀접되어 있으나 수단·방법 등 범죄사실의 내용이나 행위태양이 다를 뿐만 아니라 죄질에도 현저한 차이가 있어 기본적인 사실관계가 동일하지 않음(대법원 2008.12.11, 2008도3656) [법원승진 12]

3. 경범죄처벌법상 음주소란 범칙행위 → 위험한 물건인 과도를 들고 협박하였다는 폭처법위반(집단·흉기등협박)죄(대법원 2012.9.13, 2012도6612)[1] [국가7급 14]

---

1) [참고] 경범죄처벌법상 범칙금제도는 형사절차에 앞서 경찰서장 등의 통고처분에 의하여 일정액의 범칙금을 납부하는 기회를 부여하여 그 범칙금을 납부하는 사람에 대하여는 기소를 하지 아니하고 사건을 간이하고 신속·적정하게 처리하기 위하여 처벌의 특례를 마련해 둔 것이라는 점에서

4. 과실로 교통사고를 발생시켰다는 교통사고처리특례법위반죄 → 고의로 교통사고를 낸 뒤 보험금을 청구하여 수령하거나 미수에 그쳤다는 사기 및 사기미수죄(대법원 2010.2.25, 2009도14263)

5. 아파트를 사전분양한 주택건설촉진법위반죄 → 건축·분양의사나 능력 없이 아파트분양대금을 편취하였다는 사기죄(대법원 2011.6.30, 2011도1651)

6. 피해자 등에게 187회 편취하였다는 사기죄 → 피해자와 금액을 추가하여 288회 편취하였다는 사기죄(대법원 2010.4.29, 2010도3092)

7. 사기죄의 확정판결 – 상습사기행위에 대한 기판력 없음(대법원 2004.9.16, 2001도3206 전원합의체)

8. 피고인이 甲에게 필로폰 약 0.3g을 교부하였다고 하는 마약류관리법위반(향정) → 피고인이 甲에게 필로폰을 구해 주겠다고 속여 甲 등에게서 필로폰 대금 등을 편취하였다는 사기(대법원 2012.4.13, 2010도16659)

9. 비자금 사용 업무상횡령의 점 → 비자금의 조성으로 인한 업무상 배임(대법원 2009.2.26, 2007도4784)

10. 공소외인으로부터 피해자를 위한 합의금을 교부받아 보관 중 이를 횡령 → 피해자를 기망하여 위임장 사본을 편취하였다는 사기(대법원 2001.3.27, 2001도116)(동일성 인정 10번과 구별)

11. 회사의 대표이사가 회사자금을 빼돌려 횡령 → 그 중 일부를 배임증재에 공여(대법원 2010.5.13, 2009도13463)

    비교 주식회사의 대표이사가 노조위원장에게 부정한 청탁을 하면서 회사공금을 노조위원장측에게 송금한 행위로 배임증재죄로 형 선고판결확정 → 같은 송금행위에 대해 업무상 횡령으로 기소 : 동일성이 인정되므로 확정판결이 있는 때(제326조 제1호)에 해당하여 면소판결(대법원 2008.11.13, 2006도4885)

12. 토지에 대한 매매대금을 지급받고도 제3자에게 근저당권 설정한 배임죄 → 소유권이전등기 의사·능력 없이 매매대금을 편취하였다는 사기죄(대법원 2012.4.13, 2011도3469) [국가7급 19]

13. 여행경비를 부풀려 과다 청구하는 방법으로 참여 학생의 학부모들을 기망하여 돈을 편취하였다 한 사기 → 공무원으로서 탐방행사를 맡겨준 데 대한 사례금 명목으로 여행업자 甲으로부터 뇌물을 수수(대법원 2017.8.29, 2015도19689) [국가7급 19]

14. 사기죄 → (사기죄와) 보이스피싱 목적 범죄단체조직·가입·활동(대법원 2020.12.24, 2020도10814)

15. 약식명령이 확정된 약사법위반죄 → 부정의약품제조 보건범죄특별법위반죄(대법원 2010.10.14, 2009도4785)

16. 2개월 내에 작위의무를 이행하라는 행정청의 지시를 이행하지 아니한 행위 → 7개월 후 다시 같은 내용의 지시를 받고 이를 이행하지 아니한 행위(주택건설촉진법위반죄, 대법원 1994.4.26, 93도1731)

17. 피고인 A주식회사의 실질적 운영자이자 개인사업자인 피고인 甲이 사기 기타 부정한 행위로써 A회사의 법인세 포탈 → 피고인 乙에 대한 종합소득세 포탈사실을 추가(대법원 2015.6.11, 2013도9330)

18. 폭처법 위반(단체 등의 구성·활동) → 범죄집단의 개별적 범행에 해당하는 폭처법 위반(단체 등의 공동강요)(대법원 2022.9.7, 2022도6993)

19. 상습성착취물제작·배포 → 위 상습범처벌규정이 신설되기 전 범한 행위까지 추가한 상습성착취물제작·배포(대법원 2022.12.29, 2022도10660)

Ⅳ 공소장변경의 필요성

1. 의 의

공소사실이나 적용법조에 변경이 생길 때마다 반드시 공소장을 변경해야 하는 것은 아니다. 여기에서 법원이 어떠한 범위에서 공소장의 변경 없이 공소장에 기재된 공소사실과 다른 사실을 인정할 수 있는가의 문제가 발생한다.

2. 학설·판례

공소장변경의 필요성을 결정하는 기준에 대해서는 동일벌조설·법률구성설·사실기재설이 있으나,[1] 공소장에 기재되어 있는 사실과 다른 사실을 인정함으로써 **피고인의 방어권 행사에 실질적으로 불이익을 초래하**

법원의 재판절차와는 제도적 취지 및 법적 성질에서 차이가 있다. 그리고 범칙금의 납부에 따라 확정판결에 준하는 효력이 인정되는 범위는 범칙금 통고의 이유에 기재된 당해 범칙행위 자체 및 그 범칙행위와 동일성이 인정되는 범칙행위에 한정된다. 따라서 범칙행위와 같은 시간과 장소에서 이루어진 행위라 하더라도 범칙행위의 동일성을 벗어난 형사범죄행위에 대하여는 범칙금의 납부에 따라 확정판결에 준하는 일사부재리의 효력이 미치지 아니한다(대법원 2002.11.22, 2001도849; 2011.4.28, 2009도12249 등 참조) [법원승진 12]. 범칙금납부와 기판력 인정에 관한 판례들은 다소 복잡한데, 음주소란 = 도끼스친상해(95도1270), 소란 = 강제집행 중 다발성타박상(2002도2642), 음주소란≠과도협박(2012도6612), 인근소란 ≠칼상해(2009도12249) 등의 판례들이 있으며, 자세한 판례는 재판의 확정의 효력(기판력) 부분에서 정리하기로 한다(경강상인, 운협칼공중기부).

1] [참고] ① 동일벌조설 : 구체적 사실관계가 다르더라도 그 벌조 또는 구성요건에 변경이 없는 한 공소장을 변경할 필요가 없다는 견해이다. ② 법률구성설 : 구체적 사실관계가 다르더라도 그 법률구성에 영향이 없을 때에는 공소장변경을 요하지 아니한다는 입장이다. ③ 사실기재설 : 공소장에 기재되어 있는 사실과 실질적으로 다른 사실을 인정할 때에는 공소장변경을 필요로 한다는 견해이다. 여기서 전후 사실 사이에 실질적 차이가 있느냐의 여부는 형식적으로 사회적·법률적으로 의미를 달리하고 실질적으로 피고인의 방어권 행사에 불이익을 초래하느냐를 기준으로 판단해야 한다고 설명한다. ④ 결론 : 동일한 벌조에 해당하거나 법률구성이 동일한 경우에도 범죄의 일시·장소·방법 등 공소사실이 서로 다른 사실을 공소장변경을 거치지 않고도 인정하는 것은 피고인의 방어권 행사를 보장하기 위해 마련된 공소장변경제도의 취지를 무의미하게 만든다는 점에서 동일벌조설과 법률구성설은 타당하지 않다. 결론적으로 사실기재설이 타당하다.

는 경우에는 공소장을 변경해야 한다는 **사실기재설**(통설·판례)이 타당하다. 피고인의 방어권 행사에 실질적으로 불이익을 초래할 염려가 존재하는지 여부는 공소사실의 기본적 동일성 이외에도 **법정형의 경중 및 그러한 경중의 차이에 따라 피고인이 자신의 방어에 들일 노력·시간·비용에 관한 판단을 달리할 가능성이 뚜렷한지 여부** 등 여러 요소를 종합하여 판단해야 한다.

★ 판례연구 공소장변경의 필요성의 기준에 관한 사실기재설

1. 대법원 1998.3.27, 97도3079 [법원9급 15/17, 국가9급 09/11/12/13, 경찰채용 11 1차]

피고인의 방어권 행사에 실질적인 불이익을 초래할 염려가 없는 경우에는 공소사실과 기본적 사실이 동일한 범위 내에서 법원이 공소장변경절차를 거치지 아니하고 다르게 인정하였더라도 불고불리원칙에 반하지 않는다.

2. 대법원 2006.5.25, 2004도393; 1999.4.15, 96도1922 전원합의체

법원은 공소사실의 동일성이 인정되는 범위 내에서 공소가 제기된 범죄사실에 포함된 보다 가벼운 범죄사실이 인정되는 경우에 피고인의 방어권 행사에 불이익을 초래할 염려가 없다고 인정되는 때에는 공소장이 변경되지 않았더라도 직권으로 공소장에 기재된 공소사실과 다른 공소사실을 인정할 수 있고(대법원 1999.11.9, 99도2530), 이러한 이치는 공소제기된 범죄는 친고죄나 피해자의 명시한 의사에 반하여 처벌할 수 없는 이른바 반의사불벌죄가 아닌 반면 법원이 직권으로 인정하는 범죄는 친고죄나 반의사불벌죄라 하여 달라질 것은 아니다.

3. 대법원 2008.9.11, 2008도2409

성폭법상 주거침입강간미수의 공소사실을 공소장변경 없이 같은 법의 주거침입강제추행죄로 인정할 수 없음

법원이 공소장변경 없이 직권으로 공소장에 기재된 공소사실과 다른 범죄사실을 인정하기 위해서는 공소사실의 동일성이 인정되는 범위 내이어야 할 뿐만 아니라 피고인의 방어권 행사에 실질적 불이익을 초래할 염려가 없어야 한다. … 성폭법의 주거침입에 의한 강간미수죄와 주거침입에 의한 강제추행죄의 법정형은 동일하지만, 전자의 경우 형법 제25조 제2항에 의한 미수감경을 할 수 있어 법원의 감경 여부에 따라 처단형의 하한에 차이가 발생할 수 있다. 따라서 법원이 성폭법상 주거침입강간미수의 공소사실을 공소장변경 없이 직권으로 같은 법의 주거침입강제추행죄로 인정하여 미수감경의 가능성을 배제하는 것은 피고인의 방어권 행사에 실질적인 불이익을 초래할 염려가 있어 위법하다.

4. 대법원 2013.6.27, 2013도3983

폭처법 제3조 제1항에서 "단체나 다중의 위력으로써 또는 단체나 집단을 가장하여 위력을 보임으로써" 범행하는 경우와 "흉기 기타 위험한 물건을 휴대하여" 범행하는 경우는 비록 같은 조항에서 함께 규정되어 있기는 하지만, 그 행위태양이 전혀 다르고 그에 대응할 피고인의 방어행위 역시 달라질 수밖에 없으므로, 흉기 등 휴대의 방법으로 타인의 재물을 갈취하였다는 공소사실을 법원이 다중의 위력 등의 방법으로 타인의 재물을 갈취하였다는 것으로 인정하려면 공소장변경의 절차를 거쳐야 할 것이다.

5. 대법원 2021.6.24, 2021도3791

뇌물을 토지매매 차액에서 등기할 수 없는 토지를 현금화한 이익으로 변경하는 경우 공소장변경이 필요하다는 사례

법원이 공소장의 변경 없이 직권으로 공소장에 기재된 공소사실과 다른 범죄사실을 인정하기 위해서는 공소사실의 동일성이 인정되는 범위 내이어야 할뿐더러 피고인의 방어권 행사에 실질적인 불이익을 초래할 염려가 없어야 한다. 군인인 피고인이 군 관련 납품업자에게 토지를 고가에 매도하여 '실거래금액으로 신고한 540,000,000원과의 차액인 155,150,000원을 뇌물로 수수하였다'고 공소제기되었는데, 법원이 공소장 변경 없이 '농지취득자격증명을 필요로 하여 본등기를 경료할 수 없는 토지를 처분하여 현금화하는 재산상 이익을 취득하여 뇌물로 수수하였다'라는 범죄사실을 유죄로 인정하였는데, 공소제기된 '차액 155,150,000원의 수수'와 원심이 인정한 '본등기를 경료할 수 없는 토지를 처분하여 현금화하는 재산상 이익의 취득'은 그 범죄행위의 내용 내지 태양이 서로 달라서 그에 대응할 피고인의 방어행위 역시 달라질 수밖에 없으므로, 원심의 조치는 피고인의 방어권 행사에 실질적인 불이익을 초래한 것으로 위법하다.

---

3. 유형적 고찰

(1) (사실인정은 다르지만) 구성요건이 같은 경우

① 범죄의 일시·장소의 변경 : ㉠ 공소사실의 특정을 위한 불가결한 요소이므로 명백한 오기가 아닌 한 공소장변경을 요한다는 것이 통설이다. 다만, ㉡ **판례**는 ⓐ 일시가 약간 다르거나 오기를 바로잡을 때에는 **원칙적으로 공소장변경을 요하지 아니하나,** ⓑ **그 차이가 피고인의 방어권 행사에 실질적 불이익을 초래할 염려가 있는 경우 공소장변경을 요한다**는 입장이어서, 통설과는 그 원칙에 있어서 차이가 있다.

★ 판례연구 범죄의 일시의 변경과 공소장변경의 요부

대법원 1982.12.28, 82도2156; 1992.10.27, 92도1824; 2017.1.25, 2016도17679; 2019.1.31, 2018도17656

공소사실과 인정되는 범죄사실 사이에 범행일시의 차이가 공소장변경을 필요로 하는 기준(= 방어권 행사에 실질적 불이익을 초래할 염려의 유무)
일반적으로 범죄의 일시는 공소사실의 특정을 위한 요건이지 범죄사실의 기본적 요소는 아니므로 동일범죄사실에 대하여 ① 일시가 다소 다르다거나 약간 다르게 인정하는 경우에도 반드시 공소장의 변경을 요하지 아니하나, ② 그 범행일시의 차이가 단순한 착오기재가 아니고 범죄의 시일이 그 간격이 길고 범죄의 성부에 중대한 관계가 있는 경우에는 피고인의 방어에 실질적 불이익을 가져다 줄 염려가 있는 경우에 해당하므로 공소장의 변경을 요하는 것이다.

공소장변경 필요 : 범죄단체가입의 일시가 서로 다른 경우

1. 피고인이 1985.5. 중순경 범죄단체(시라소니파)에 가입하였다는 공소사실 → 가입시기를 1986.5.경으로 인정(대법원 1992.12.22, 92도2596)
2. (범죄단체의 구성원으로 활동한 사실이 인정된다) 공소장에 기재된 시일 → 그 이전의 어느 시일을 범죄단체에 가입한 시일로 인정 : 범죄단체에 가입한 시일은 범죄사실을 특정하는 중요한 요건일 뿐만 아니라 범죄에 대한 공소시효가 완성되었는지 여부를 결정짓는 요소임(대법원 1993.6.8, 93도999)
3. 피고인이 1987.3.경 신양오비파에 행동대장으로 가입하여 신양오비파를 구성하였다(폭처법 제4조 제2호의 공소사실) → 피고인이 1988.9.경 신양오비파에 가입하였다(동 제3호의 범죄사실)(대법원 1992.10.27, 92도1824)

공소장변경 불요 : 일시의 오기임이 명백한 경우

1. 공소장 기재 공소사실은 첫번째 범죄의 시일이 "1982.10.2." → 첫번째 범죄의 시일을 "1982.10.20."로 인정 : "1982.10.20."의 오기임이 명백하고, 오기된 범죄의 시일을 바로잡는 것이 실질적 불이익을 주지 않는 이상 공소장변경 불요(대법원 1987.7.21, 87도546; 1980.2.12, 79도1032; 1989.5.9, 87도1801)

---

② **범죄의 수단·방법의 변경** : ㉠ 범죄의 수단·방법도 공소사실을 특정하기 위한 요소이므로 원칙적으로 공소장변경을 요한다는 것이 통설이다. 다만, ㉡ **판례**는 원칙적으로 공소장변경을 요하지 않으며, 피고인의 방어권 행사에 지장이 있는 경우에 요한다는 입장이므로, ⓐ **살인죄에 있어서 목을 조른 범행 도구가 달라진 것**은 공소장변경을 요하지 아니하나, ⓑ **사기죄의 기망의 방법이 서로 다른 경우나 신용카드사용으로 인한 사기에 있어서 신용카드 절취 여부가 서로 달라진 경우, 과실범의 과실의 내용이 서로 다른 경우**는 공소장변경을 요한다고 본다. [법원9급 12, 해경간부 12]

공소장변경 필요 : 사기죄의 기망의 방법, 과실범의 과실의 내용이 서로 다른 경우

1. 피고인 1과 2가 A로부터 매수한 크레도스 승용차의 할부금이 남아 있음에도 피고인 2가 마치 A인 것처럼 가장하면서 피해자 B에게 위 승용차에 남아 있는 할부금이 없다고 거짓말을 하여 이에 속은 피해자로부터 그 자리에서 매매대금 명목으로 금 9,500,000원을 교부받아 이를 편취 → 피고인 1과 2가 A의 대리권이 없으면서도 대리권이 있는 양 행세하여 B를 기망하였다는 사기 : 그 범행 내용에 있어서 위 공소사실 기재 사기죄와는 다른 것(대법원 1998.4.14, 98도23)
2. 절취한 신용카드를 사용한 사기의 공소사실 → 신용카드 절취 여부와 무관하게 신용카드 사용으로 인한 사기를 인정할 수 있다는 검사 주장의 범죄사실[1] : 범죄행위의 내용 내지 태양에서 서로 달라 이에 대응할 피고인의 방어행위 역시 달라질 수밖에 없어, 공소장변경 없이 공소사실과 다른 범죄사실을 인정할 수 없음(대법원 2003.7.25, 2003도2252)
3. 횡단보도 앞에서 횡단보행자가 있는지 여부를 잘 살피지 아니하고 또 신호에 따라 정차하지 아니하고 시속 50킬로미터로 진행한 과실 → 보조제동장치나 조향장치를 조작하지 아니하였다는 과실(대법원 1989.10.10, 88도1691) [법원9급 12]
4. 교통사고처리특례법 제3조 제2항 단서 제1호 위반사실(신호위반) → 같은 조항 단서 제6호의 위반(횡단보도에서의 보행자 보호의무 위반)(대법원 1992.10.13, 91도2674)
5. 폭처법 제3조의 단체·다중의 위력으로써 또는 단체나 집단을 가장하여 위력을 보임으로써 갈취 → 흉기 기타 위험한 물건을 휴대하여 갈취(대법원 2013.6.27, 2013도3983).

---

1) [참고] 검사는, 절취한 신용카드를 사용한 사기의 점에 관하여, 피고인이 위 신용카드를 절취한 사실이 인정되지 않는다 하더라도, 피고인은 위 신용카드 사용 당시 신용카드 가맹점의 담당직원들에게 피고인이 틀림없이 카드대금을 지급할 것처럼 행세하거나 또는 함께 카드를 사용한 위 신용카드의 소유자인 피해자가 카드대금을 지급할 것인 양 행세하여 위 직원들을 기망하였으므로, 신용카드 절취 여부와 무관하게 피고인에 대하여 위 신용카드 사용으로 인한 사기를 인정할 수 있다고 주장하였으나, 받아들여지지 않은 사례이다.

공소장변경 불요 : 살인죄의 목을 조른 범행에 사용된 도구가 서로 다른 경우

1. 피고인이 범행에 사용한 도구는 피고인이 신고 있던 양말(늘였을 때의 길이 약 70cm)임 → 이를 스카프로 잘못 인정 : 피고인의 방어권 행사에 아무런 지장이 없고 범죄의 성립이나 양형조건에도 영향이 없는 것이므로 위법이 아님(대법원 1994.12.22, 94도2511)

---

③ **범죄의 객체·피해자의 변경 :** ㉠ 범죄의 객체·피해자도 피고인의 방어권 행사에 영향을 미치는 중요한 사실이므로 원칙적으로 공소장변경을 요한다는 것이 통설이다. 다만, ㉡ 역시 판례는 원칙적으로 요하지 않지만 피고인의 방어권 행사에 불이익을 주는 경우에 한하여 필요하다는 입장이므로, ⓐ 사기죄 등 **재산죄의 객체**를 금원 등 **재물에서 이익**을 취득한 것으로 인정하거나 **재산죄의 객체는 같은데 피해자를 달리 인정**하거나(공소장에 기재된 사기·횡령 피해자와 실제 피해자가 달라 실제 피해자를 적시하는 경우 [경찰채용 13 1차]) **범죄의 객체 중 일부만을 인정**하는 경우에는 공소장변경을 요하지 아니하나, ⓑ **알선수재죄, 정당의 공천관련 금품수수죄, 뇌물수수죄** 등 국가적 법익에 대한 죄에 있어서 공소장에 기재된 금품 수수를 이익을 수수한 것으로 인정하는 경우, **횡령목적물의 소유자(위탁자)를 다르게 인정**하는 경우, **배임죄의 피해자를 전혀 다른 자로 인정**하는 경우에는 공소장변경을 거쳐야 한다.

공소장변경 필요 : 국가적 법익에 대한 죄의 객체, 횡령목적물의 소유자(위탁자), 배임죄의 피해자를 다르게 인정한 경우

1. 금품을 수수하였다는 알선수재죄의 공소사실 → 금융상의 편의제공을 받아 이익을 수수한 것으로 인정(대법원 1999.4.9, 98도667) [유사] 정당의 공직후보자 추천 관련 금품수수 → 금원을 대여함으로써 금융이익 상당의 재산상 이익 수수(대법원 2009.6.11, 2008도11042) [법원승진 10]
2. 군인인 피고인이 군 관련 납품업자에게 토지를 고가에 매도하여 '실거래금액으로 신고한 540,000,000원과의 차액인 155,150,000원을 뇌물로 수수하였다'는 공소사실 → '농지취득자격증명을 필요로 하여 본등기를 경료할 수 없는 토지를 처분하여 현금화하는 재산상 이익을 취득하여 뇌물로 수수하였다'는 범죄사실(대법원 2021.6.24, 2021도3791)
3. 공소사실 → 횡령목적물의 소유자(위탁자) 및 보관자의 지위, 영득행위의 불법성을 다르게 각 인정(대법원 1991.9.24, 91도1605)
4. 피해자가 A로 기재된 배임의 공소사실 → 피해자를 A가 아닌 B의 상속인들로 보는 배임 : 공소사실과 달리 B의 상속인들을 피해자로 인정할 경우 그에 대응할 피고인의 방어방법이 달라질 수밖에 없어 그의 방어권 행사에 실질적인 불이익을 초래할 염려가 있음(대법원 2011.1.27, 2009도10701)[1]

공소장변경 불요 : 사기죄의 객체나 사기죄·횡령죄의 피해자가 서로 다른 경우

1. 변제의사·능력 없이 피해자로부터 금원을 편취하였다는 공소사실 → 피해자에게 제3자를 소개케 하여 동액의 금원을 차용하고 피해자에게 그에 대한 보증채무를 부담케 하여 재산상 이익을 취득하였다고 인정 : 차용액, 기망의 태양, 피해의 내용이 실질에 있어 동일한 것(대법원 1984.9.25, 84도312)
2. 재물 편취의 사기죄로 공소를 제기 → 실제로는 이익 편취의 사기죄가 인정되는 경우 : 금액, 기망의 태양, 피해의 내용이 실질에 있어 동일(대법원 2004.4.9, 2003도7828 : 법원의 심판의무를 인정한 사례)
3. 공소장기재의 횡령피해자 → 다른 피해자 인정(대법원 1987.2.28, 77도3522)
4. 공소장기재의 사기피해자 → 다른 피해자 : 서로 다른 것이 판명된 경우에는 공소사실에 있어서 동일성을 해하지 아니하고 피고인의 방어권 행사에 실질적 불이익을 주지 아니하는 한 공소장변경절차 없이 직권으로 공소장기재의 사기피해자와 다른 실제의 피해자를 적시하여 이를 유죄로 인정(대법원 1987.12.22, 87도2168; 1992.10.23, 92도1983; 2002.8.23, 2001도6876) [경찰채용 13 1차/16 2차]

---

④ **기타 사항의 변경 : 단순한 상해 정도, 인과관계의 진행**에 차이가 있거나, **증뢰물전달자가 다른 경우** 등에는 공소장변경을 요하지 않는다.

공소장변경 불요 : 상해정도, 인과관계의 중간경로, 증뢰물전달자의 차이

1. 공소장에 약 4개월간의 치유를 요하는 상해라고 적시 → 약 8개월간의 치료를 요하는 것으로 인정 : 상해정도의 차이만 가지고는 기본적 사실의 동일성이 깨어진다고 볼 수 없음(대법원 1984.10.23, 84도1803) [경찰채용 13 1차]

---

1) [보충] 망(亡) 甲은 망 乙에게, 망 乙은 丙에게 각 토지에 관한 소유권이전등기절차를 순차 이행하여야 할 의무가 있고, 甲의 처인 피고인도 甲의 위와 같은 의무를 상속하였음에도 그 임무에 위배하여 위 토지를 제3자에게 처분하고 소유권이전등기를 마침으로써 위 토지의 시가 상당의 재산상 이익을 취득하고 丙에게 그에 해당하는 손해를 가하였다는 내용으로 기소된 경우, 乙과 丙 사이의 토지 매매는 자경 또는 자영할 의사가 없었던 매매로서 丙은 구 농지개혁법상 위 토지의 소유권을 취득할 수 없으므로, 피고인이 제3자에게 위 토지를 처분하고 소유권이전등기절차를 마쳤더라도 丙에 대하여 배임죄를 구성하지 아니한다는 사례이다.

2. 피고인이 위와 같은 내용의 과실로 피해자가 위험을 느끼고 당황하여 중심을 잃고 땅에 넘어지게 하여 사망케 하였다는 공소사실기재 → 피고인 운전의 트럭이 피해자 운전의 오토바이를 추월하기 위하여 우측으로 너무 근접하여 운행한 과실로 위 트럭 왼쪽 뒷바퀴부분으로 위 오토바이의 오른쪽을 충격하여 피해자로 하여금 위 오토바이와 함께 넘어져 사망에 이른 것으로 인정 : 과실과 사망에 관한 인과관계의 중간경로를 설명한 데 불과하므로 그 중간사실에 차이가 있어도 과실과 치사 간에 인과관계가 있다면 공소장변경 요하지 않음(대법원 1989.12.26, 89도1557)

   유사 과실범의 주의의무위반의 내용이 다소 추가 · 부연된 경우(대법원 1994.12.9, 94도1888; 1998.3.27, 97도3079)

3. 세무서직원인 피고인 甲 · 乙이 공소외 관광회사 부사장으로부터 동 회사의 갑종근로소득세 등을 선처해 달라는 부탁과 함께 금 4천5백만원을 수뢰하여 그 중 5백만원을 상사인 피고인 丙에게 전달한 경우 : 피고인 丙에 대한 뇌물수수 공소장에 증뢰물전달자는 공범 중 1인인 乙 → 甲으로 바꾸어 인정(대법원 1984.5.29, 84도682)

4. 수뢰후부정처사의 점에 관하여 공소장에는 "피고인은 甲으로부터 1회에 30만원씩 5회에 걸쳐 합계 150만원을 교부받고" → "피고인은 甲으로부터 직접 또는 위 도박장에서 잔심부름을 하던 乙을 통하여 1회에 금 30만원씩 5회에 걸쳐 합계 금 150만원을 교부받고" (대법원 2003.6.13, 2003도1060)

(2) 구성요건이 다른 경우

① **원칙** : 공소사실과 다른 구성요건을 인정하고자 하는 것은 피고인의 방어에 영향을 미치므로 **원칙적으로 공소장변경**을 요한다. 특히 **구성요건을 달리하면서 무거운 범죄로 변경하는 경우**에는 공소장에 기재된 적용법조의 오기나 누락을 바로잡는 경우가 아닌 한 공소장변경이 필요한데 [경찰채용 16 1차], 예컨대 과실범을 고의범으로 인정하거나, 예비 · 음모를 미수로, 미수를 기수로, 단순범을 상습범으로(사기 → 상습사기, 대법원 2007.8.23, 2006도5041), 사실적시 명예훼손을 허위사실적시 명예훼손으로(대법원 2001.11.27, 2001도5008), 일반법(형법상 상습절도)을 특별법(특가법상 상습절도)으로 인정하는 경우 [변호사 12] 등이 그러하다.

   보충 공소장변경제도의 취지가 피고인의 방어권을 보장함에 1차적 목표가 있다는 점을 고려하면, 구성요건이 달라지는 경우에는 공소장변경절차를 거쳐야 하나, 판례는 상당히 넓은 예외를 인정하고 있다. 축소사실을 인정하는 경우와 법률평가만을 달리하는 경우가 바로 그것이다.

📚 **사례문제**

甲과 乙은 술에 취한 A가 모텔에서 혼자 투숙하고 있는 것을 알고 물건을 훔치기로 하여 甲은 밖에서 망을 보고 乙은 객실에 들어가 A의 가방을 뒤져 금목걸이를 가지고 왔다. 수차례의 절도전과가 있던 乙은 甲에게 "만약 경찰에 잡히면 나를 丙이라고 하라."라고 부탁하였다. (다툼이 있는 경우에는 판례에 의함) [변호사 12]

문제 만약 검사가 乙의 상습성을 인정하여 형법상의 상습절도죄로 기소한 경우라면, 구성요건이 동일하다면 공소장변경 없이도 형이 더 무거운 특가법상의 상습절도죄로 처벌할 수 있다.

→ (✕) 일반법과 특별법이 동일한 구성요건을 가지고 있고 그 구성요건에 해당하는 어느 범죄사실에 대하여 검사가 그 중 형이 가벼운 일반법의 법조를 적용하여 그 죄명으로 기소하였는데 그 일반법과 특별법을 적용할 때 형의 범위가 차이 나는 경우에는, 비록 그 공소사실에 변경이 없고 적용법조의 구성요건이 완전히 동일하다 하더라도, 그러한 적용법조의 변경이 피고인의 방어권 행사에 실질적인 불이익을 초래한다고 보아야 하며, 따라서 법원은 공소장변경 없이는 형이 더 무거운 특별법의 법조를 적용하여 특별법 위반의 죄로 처단할 수 없다(대법원 2007.12.27, 2007도4749).

⚒ **판례연구** 구성요건이 달라지므로 공소장변경을 요한다는 판례의 예시

1. 대법원 2015.11.12, 2015도12372

공소장 기재 적용법조의 오기 · 누락, 구성요건의 충족 여부와 공소장변경의 요부

공소장에는 공소사실의 법률적 평가를 명확히 하여 공소의 범위를 확정하는 데 보조기능을 하기 위하여 적용법조를 기재하여야 하는데(제254조 제3항), ① 적용법조의 기재에 오기 · 누락이 있거나 또는 적용법조에 해당하는 구성요건이 충족되지 않을 때에는 공소사실의 동일성이 인정되는 범위 내로서 피고인의 방어에 실질적인 불이익을 주지 않는 한도에서 법원이 공소장변경의 절차를 거침이 없이 직권으로 공소장 기재와 다른 법조를 적용할 수 있지만, ② 공소장에 기재된 적용법조를 단순한 오기나 누락으로 볼 수 없고 구성요건이 충족됨에도 법원이 공소장변경의 절차를 거치지 아니하고 임의적으로 다른 법조를 적용하여 처단할 수는 없다.

   보충1 폭처법 제2조 제1항의 '상습'이란 같은 항 각 호에 열거된 각 범죄행위 상호 간의 상습성만을 의미하는 것이 아니라, 같은 항 각 호에 열거된 모든 범죄행위를 포괄한 폭력행위의 습벽을 의미하는 것이고(대법원 2008.8.21, 2008도3657 등), 반면에 형법 제351조, 제350조에서 규정하는 상습공갈죄에서의 '상습'이란 반복하여 공갈행위를 하는 습벽으로서 행위자의 속성이므로(대법원 2005. 10.28, 2005도5774 등), 공소장변경의 절차를 거치지 아니하고 공소장에 기재된 폭처법위반(상습공갈)죄가 아닌 형법상 상습공갈

죄를 직권으로 적용한 원심의 조치에는 불고불리의 원칙을 위배하는 등 위법이 있다(폭처법상 상습공갈 ≠ 형법상 상습공갈, 판결이유 요약).

보충2 ① 공소장 제출 × : 공소제기의 불성립, ② 공소제기의 현저한 방식 위반 : 무효, 하자 치유 ×, ③ 공소사실의 불명확 : 검사 self or 석명권 행사 要(곧바로 공기판 ×), ④ 적용법조의 오기·누락·불충족 : 불이익 없는 한도에서 공소장변경 不要, ⑤ 적용법조의 오기·누락 아니고 충족도 됨 : 공소장변경 要.

2. 대법원 2016.10.27, 2016도11880; 2006.11.24, 2006도6451
상습특수협박죄는 특수협박죄보다 가중하여 처벌되므로, 특별한 사정이 없는 한 불고불리의 원칙상 법원이 특수협박죄로 공소가 제기된 범죄사실을 공소장변경 없이 상습특수협박죄로 처벌할 수 없다.

3. 대법원 2019.6.13, 2019도4608 [법원9급 21, 경찰채용 19 2차/21 1차]
단순음주운전으로 기소하였는데 법원이 삼진아웃규정을 적용하려는 경우
검사가 피고인을 도로교통법 위반(음주운전)으로 기소하면서 공소사실을 '술에 취한 상태에서의 운전금지의무를 2회 이상 위반한 사람으로서 다시 혈중알코올농도 0.132%의 술에 취한 상태로 자동차를 운전하였다'고 기재하고,[1] 적용법조를 '도로교통법 제148조의2 제2항 제2호, 제44조 제1항(단순음주운전)'으로 기재하였는데, 법원이 공소장변경 없이 직권으로 그보다 형이 무거운 '도로교통법 제148조의2 제1항 제1호, 제44조 제1항(소위 삼진아웃)'을 적용하여 처벌하는 것은 불고불리의 원칙에 반하여 피고인의 방어권 행사에 실질적인 불이익을 초래한다.

　② 예외1 : 축소사실의 인정
　　(가) 내 용
　　　㉠ 원칙 : 구성요건을 달리하는 사실이지만 **공소장에 기재된 공소사실 내에 포함된 사실을 인정하는 경우**에는 – 피고인의 방어권에 실질적 불이익을 주지 않는 한 – **공소장변경을 요하지 아니한다(大는 小를 포함한다)**. 예컨대 폭행치사의 공소사실을 폭행으로, 강간치상을 강간으로, 강간치상을 준강제추행으로, 강간·강제추행을 위력에 의한 간음·추행으로, 강도상해를 절도와 상해로, 강도치상을 절도로, 강도강간을 강도로, 수뢰후부정처사를 뇌물수수로, 특가법상 도주운전치상을 업무상 과실치상으로 인정하는 경우 등이 그렇다.

대법원 2014.10.15, 2014도9315
성폭법(장애인강간 및 장애인강제추행) → 성폭법(장애인위계등간음 및 장애인위계등추행) ○
피고인이 '자신의 승용차 안에서 뇌병변·지체장애 1급의 여성장애인 甲의 바지를 강제로 벗기고 욕설을 하며 甲을 1회 강간하였다'는 요지의 성폭법 위반(장애인강간) 및 '자신의 승용차 안으로 甲을 유인하여 강제로 甲의 손을 잡아당겨 자신의 성기를 만지도록 하는 등 甲을 강제추행하였다'는 요지의 성폭법 위반(장애인강제추행)으로 기소된 사안에서, 피고인이 甲의 항거를 현저히 곤란하게 할 정도의 폭행·협박을 한 것을 인정할 증거가 없고, 甲에게 위와 같이 유형력을 행사한 것은 성폭법 위반(장애인위계등간음)죄와 성폭법 위반(장애인위계등추행)죄의 '위력'에 해당하며, 피고인의 방어권 행사에 실질적인 불이익을 초래할 염려도 없으므로 공소장변경절차 없이 각각 성폭법 위반(장애인위계등간음)죄와 성폭법 위반(장애인위계등추행)죄로 인정한 것은 정당하다.

　　　㉡ 小를 인정함의 주의사항 : 축소사실을 인정하는 것이 **피고인의 방어권 행사에 실질적 불이익을 초래하는 경우**에는 공소장변경을 거쳐야 함은 물론이다. 따라서 ⓐ 과실범을 고의범으로 인정하고자 하는 경우는 물론이거니와 **고의범의 공소사실을 과실범으로 인정하는 경우**에도 주의의무위반을 문제삼는 검사의 과실범으로의 공격에 대한 피고인의 새로운 방어가 필요하므로 공소장변경을 거쳐야 하고 [경찰승진 10], ⓑ 예비·음모를 미수로 인정하는 경우는 물론이거니와 **미수를 예비·음모로 인정하는 경우**에도 예비죄의 성립요건은 별도로 검토해야 한다는 점에서 공소장변경을 거쳐야 하며(82도2939) [경찰승진 09], ⓒ 업무상 과실치사를 단순과실치사로 인정하는 경우에도 자동차운전자의 경우 교특법의 공소권면제특례가 배제되는 불이익이 있으므로 공소장변경을 거쳐야 한다(68도1998). [경찰채용 14 1차]

---

1) [참조조문] 당시 도로교통법 제148조의2(벌칙) ① 다음 각 호의 어느 하나에 해당하는 사람은 1년 이상 3년 이하의 징역이나 500만원 이상 1천만원 이하의 벌금에 처한다. 1. 제44조 제1항을 2회 이상 위반한 사람으로서 다시 같은 조 제1항을 위반하여 술에 취한 상태에서 자동차등을 운전한 사람 ② 제44조 제1항을 위반하여 술에 취한 상태에서 자동차등을 운전한 사람은 다음 각 호의 구분에 따라 처벌한다. 2. 혈중알코올농도가 0.1퍼센트 이상 0.2퍼센트 미만인 사람은 6개월 이상 1년 이하의 징역이나 300만원 이상 500만원 이하의 벌금

📌 판례연구 축소사실이거나 축소사실처럼 보이지만 이를 인정하려면 공소장변경을 요한다는 예외적 판례의 예시

1. 대법원 1968.9.29, 68도776

공소사실의 동일성이 인정되는 범위 내라 하더라도 검사가 그 주장을 변경하고 법원이 이를 허가함으로써 그 변경된 공소원인 사실이 법원의 심판대상이 되는 것임은 법 제298조의 취의라 할 것인데(대법원 1968.9.19, 68도995) 피고인이 V를 강간치상케 하였다는 사실을 본래적 공소사실(형법 제297조, 제301조)로 공소제기를 하고 예비적으로 동인에 대한 상해의 사실(폭처법 제2조 제2항)을 기소하였는바, 검사가 위 공소사실을 강제추행치상의 사실(형법 제298조, 제301조)로 변경신청한 흔적이 없음에도 불구하고 원심이 위 공소사실을 강제추행치상죄로 처단한 조치는 심판대상이 되지 아니한 사실을 심판한 위법이 있다(강-추-필). 따라서 피고인에 대한 이 사건 공소사실을 원심으로 하여금 다시 심판하게 하기 위하여 원심에 환송하기로 한다.

2. 대법원 1971.1.12, 70도2216 [경찰채용 12 1차]

폭행치상죄의 공소를 받고 공소장변경절차 없이 폭행죄로 단죄할 수 있는지의 여부
폭행치상죄의 공소를 받고 심리한 결과, 폭행사실만을 인정한 법원은 검사의 폭행죄로의 공소장변경절차 없이는 폭행죄로 단죄할 수는 없다고 해석함이 상당할 것이다. 이는 공소권을 독점하는 검사가 편의주의 공소권도 아울러 행사하는 점으로 미뤄, 폭행치상죄의 공소에 폭행죄가 포함되어 있다고 해석하기는 어렵다고 이해되기 때문이다. 원심이 같은 견해로 폭행치상죄로 기소되었을 뿐 폭행죄로의 공소장변경 절차를 아니 밟은 이 사건에서 단순폭행의 범행이 인정된다고 하면서도 공소사실에 무죄를 선고한 조치에 무슨 위법이 있다고 할 수 없다.

3. 대법원 1981.12.8, 80도2824

공소사실의 동일성이 인정되는 범위 내라 하더라도 검사가 공소사실 또는 적용법조를 변경하여 법원의 허가를 받음으로써 그 변경된 공소원인 사실이 법원의 심판대상이 되는 것인바, 이 사건에서 기록상 검사가 피고인에 대한 부정수표단속법 제2조 제2항 위반의 공소사실(고의범)을 원심이 인정한 바와 같은 같은 법 제2조 제3항 위반사실(과실범)로 변경 신청한 흔적이 없음에도 불구하고 위와 같이 처단한 원심의 조치는 필경 심판의 대상이 되지 아니한 사실을 심판한 위법이 있다고 할 것이다.

4. 대법원 1999.11.26, 99도2461 [경찰승진 09, 경찰채용 13 1차/14 1차/15 3차]

비지정문화재의 수출미수죄가 성립하기 위하여는 비지정문화재를 국외로 반출하는 행위에 근접·밀착하는 행위가 행하여진 때에 그 실행의 착수가 있는 것으로 보아야 한다는 전제하에, 이 사건 공소사실과 같이 수출할 사람에게 판매하려다가 가격 절충이 되지 않아 계약이 성사되지 못한 단계에서는 아직 국외로 반출하는 행위에 근접·밀착하는 행위가 있었다고 볼 수 없다고 판단한 것도 정당하고, 거기에 비지정문화재수출미수죄에 있어서 실행의 착수에 관한 법리를 오해한 위법이 있다고 할 수 없다. 그리고, 피고인의 행위가 그 주장하는 바와 같이 비지정문화재수출예비·음모죄에 해당한다고 하더라도 검사가 공소장을 변경하지 아니한 이상 원심으로서는 이에 관하여 심판할 수 없는 것이므로, 법원이 그 점에 관하여 공소장변경을 요구하지도 않고 이를 판단하지 아니하였다 하여 판단유탈의 잘못이 있다고 할 수도 없다.

ⓒ 小를 인정함의 석명의무 : 선택할 수 있는 축소사실이 여러 개인 경우에는 법원은 검사에게 석명 (釋明)을 구하여야 한다.

대법원 2005.7.8, 2005도279 [경찰채용 16 1차]

공소장변경 절차 없이도 법원이 심리·판단할 수 있는 죄가 한 개가 아니라 여러 개인 경우에는, 법원으로서는 그 중 어느 하나를 임의로 선택할 수 있는 것이 아니라 검사에게 공소사실 및 적용법조에 관한 석명을 구하여 공소장을 보완하게 한 다음 이에 따라 심리·판단하여야 할 것이다.

보충 헌법재판소의 위헌결정으로 실효된 폭처법 제3조 제2항 중 '야간에 흉기 기타 위험한 물건을 휴대하여 형법 제283조 제1항(협박)의 죄를 범한 자' 부분을 적용하여 기소된 공소사실에 관하여 폭처법 제2조 제2항, 형법 제283조 제1항 위반죄(야간협박)만 성립할 수 있다고 판단한 후 형사소송법 제327조 제6호에 의하여 이 부분 공소를 기각한 원심판결을, 위 공소사실 중에는 폭처법 제3조 제1항, 형법 제283조 제1항 위반죄(흉기휴대협박) 등 다른 죄의 공소사실이 포함되어 있으므로, 검사에게 공소사실 및 적용법조에 관한 석명을 구한 후 보완된 공소사실에 대하여 심리·판단하였어야 한다는 이유로 파기한 사례이다.

비교판례 대법원 1976.11.23, 75도363 : 공소사실의 동일성이 인정되는 범위 내의 사실에 대하여는 법원은 검사의 공소장기재 적용법조에 구애됨이 없이 직권으로 법률을 적용할 수 있다 할 것(대법원 1972.2.22, 71도2099)이며, 공소사실에 관하여 공소장에 기재된 적용법조는 특가법상 관세법위반죄이나 원심이 관세법 제182조 제1항만을 적용한 조치는 정당한 의율이다(축소사실을 인정한 경우이어서 법원의 적용법조 선택권이 강조됨).

(나) 법원의 축소사실 인정의무 여부 : **축소사실의 인정이 법원의 의무인가**에 대해서는 학설이 대립하나 (의무설, 권한설, 예외적 의무설), **판례**는 **사안이 중대하고 이를 처벌하지 않는다면 실체진실의 발견**이라 는 형사소송의 목적에 비추어 현저히 정의와 형평에 반하는 것으로 인정되느냐를 기준으로 하여(축소 사실의 **범죄성립의 명백성, 사안의 중대성, 형사처벌의 상당한 필요성**의 요건), ⓐ 이것이 인정되지 않을 때에는 축소사실 인정의무가 없으나(93도3058), ⓑ 인정될 때에는 축소사실 인정의무가 있다는 입 장이다(99도3674 : 필로폰투약죄의 기수에 대해 미수를 인정, 2007도616 : 살인죄에 대해 폭행·상해, 체 포·감금을 인정)(**예외적 의무설**).

🔨 판례연구 법원의 축소사실 인정의무를 인정하지 않은 원칙적 판례

1. 대법원 1984.11.27, 84도2089

검사는 피고인과 V가 시비를 할 때 피고인이 V의 가슴을 민 행위가 인정된다면 단순폭행죄는 인정하였어야 한다고 하나, 가사 피고인이 V의 가슴을 민 행위가 폭행죄를 구성하는 폭행이 된다고 하더라도 당초 피고인과 P2가 공동하여 P2가 V에 게 폭행을 가하여 동인을 사망케 하였다고 폭행치사죄로 공소가 제기되고 그 후 심리과정에서 공소장변경 등의 절차가 없었 던 이 사건에서 피고인에게 폭행죄를 인정하지 아니하였다고 하여 위법이 있다고 할 수 없다(폭행치사에 폭행은 공소장변경은 필요없으나 폭행 인정 불요).

정리 폭행치상 → 폭행 : 공소장변경 필요, 폭행치사 → 폭행 : 불요(but 폭행 인정 의무 ×)(사불/상필)

2. 대법원 1990.11.27, 90도1090

피고인과 甲이 공동하여 피해자에게 폭행을 가하여 동인을 사망케 하였다고 상해치사죄로 공소가 제기된 사건에서 피해자의 사망은 甲의 폭행으로 인한 것이며 피고인이 폭행한 사실은 인정되나 사망과는 관련이 없고 甲의 범행에 공동가공한 바도 없는 경우 공소장변경절차가 없었다면 피고인에게 상해죄 또는 폭행죄를 인정하지 아니하였다 하여 위법하다 할 수 없다.

3. 대법원 1993.12.28, 93도3058; 1997.2.14, 96도2234

공소가 제기된 범죄사실에 포함된 이보다 가벼운 범죄사실을 공소장변경 없이 직권으로 인정할 수 있는 경우라고 하더라도, 공소가 제기된 범죄사실과 대비하여 볼 때 실제로 인정되는 범죄사실의 사안이 중대하여 공소장이 변경되지 않았다는 이유로 이를 처벌하지 않는다면 적정절차에 의한 신속한 실체적 진실의 발견이라는 형사소송의 목적에 비추어 현저히 정의와 형평에 반하는 것으로 인정되는 경우가 아닌 한, 법원이 직권으로 그 범죄사실을 인정하지 아니하였다고 하여 위법한 것이라고까지 볼 수는 없다.

4. 대법원 2014.4.24, 2013도9162

설령 원심이 이 사건 특정범위반(사기)죄를 심리한 결과 피고인이 편취의 의사로 기망행위를 한 사실이 인정된다고 하더라도, 공소가 제기된 특정범위반(사기)의 범죄사실과 대비하여 볼 때, 원심이 특정범위반(사기) 미수의 범죄사실을 유죄로 인정하지 아 니한 것이 현저히 정의와 형평에 반하는 것이라고는 보이지는 아니한다.

5. 대법원 2015.9.10, 2014도12275

영업 성매알선행위의 단독범으로 공소가 제기된 경우, 법원은 공소장변경 없이도 영업 성매알선행위의 공동정범이나 간접 정범의 범죄사실을 유죄로 판단할 의무가 없다.

🔨 판례연구 법원의 축소사실 인정의무를 인정한 예외적 판례

1. 대법원 2009.5.14, 2007도616 [국가7급 11]

법원이 공소장변경 없이 직권으로 공소장에 기재된 공소사실과 다른 범죄사실을 인정하여야 하는 경우 : 살인 → 폭행·상해, 체포·감금

법원은 공소사실의 동일성이 인정되는 범위 내에서 심리의 경과에 비추어 피고인의 방어권 행사에 실질적인 불이익을 초래할 염려가 없다고 인정되는 때에는 공소장이 변경되지 않았더라도 직권으로 공소장에 기재된 공소사실과 다른 범죄사실을 인정 할 수 있고, 이와 같은 경우 공소가 제기된 범죄사실과 대비하여 볼 때 실제로 인정되는 범죄사실의 사안이 가볍지 아니하여 공소장이 변경되지 않았다는 이유로 이를 처벌하지 않는다면 적정절차에 의한 신속한 실체적 진실의 발견이라는 형사소송의 목적에 비추어 현저히 정의와 형평에 반하는 것으로 인정되는 경우라면 법원으로서는 직권으로 그 범죄사실을 인정하여야 한다 (대법원 2003.5.13, 2003도1366 등). … 공소사실 중 '피고인이 피해자를 베란다로 끌고 간 후 베란다 창문을 열고 피해자를 난간 밖으로 밀어 12층에서 떨어지게 하였다는 점'을 제외한 나머지 공소사실은 모두 인정되고, 피고인도 피해자를 때리고 양쪽 손과 발목을 테이프로 묶었다는 등 살인의 점을 제외한 나머지 공소사실을 전부 시인하고 있어 이 부분 범죄사실을 유 죄로 인정하여도 피고인의 방어권 행사에 실질적인 불이익을 초래할 염려가 없다. 그리고 피고인이 사실상 혼인관계에 있어

서로 신뢰하고 보호할 의무가 있는 피해자에 대하여 위와 같은 범행을 한 점, 그 구체적 행위의 태양이나 전·후의 경위, 피해자가 발이 묶인 채로 추락하기까지 한 사정을 종합하여 보면, 원심이 인정한 위와 같은 범죄사실만으로도 살인죄에 비하여 결코 사안이 가볍다고 할 수 없으므로, 이와 같은 경우 검사의 공소장변경이 없다는 이유만으로 위 공소사실에 포함된 나머지 범죄사실로 처벌하지 아니하는 것은 적정절차에 의한 실체적 진실의 발견이라는 형사소송의 목적에 비추어 현저히 정의와 형평에 반한다고 할 것이다. … 공소제기된 범죄사실에 포함된 그보다 가벼운 다른 범죄사실인 폭행이나 상해, 체포·감금 등의 죄에 해당하는지를 판단하여 그 죄로 처단하였어야 할 것임에도, 원심은 이에 이르지 아니한 채 피고인에게 무죄를 선고하였으니, 이러한 원심판결에는 공소장변경 없이 심판할 수 있는 범위에 관한 법리를 오해한 위법이 있고, 이는 판결결과에 영향을 미쳤음이 분명하다.

2. 대법원 2002.11.8, 2002도3881

향정신성의약품을 제조·판매하여 영리를 취할 목적으로 그 원료가 되는 물질을 소지한 것이라는 공소사실에 대하여 비록 영리의 목적이 인정되지 않더라도 무죄를 선고할 것이 아니라 위 공소사실에 포함된 향정신성의약품을 제조할 목적으로 그 원료가 되는 물질을 소지한 범죄사실을 공소장 변경 없이 유죄로 인정하여야 한다.

3. 대법원 2003.5.13, 2003도1366

공소제기된 장물취득의 점과 실제로 인정되는 장물보관의 범죄사실 사이에는 법적 평가에 차이가 있을 뿐 공소사실의 동일성이 인정되는 범위 내에 있으므로 따로 공소사실의 변경이 없더라도 법원은 직권으로 장물보관의 범죄사실을 유죄로 인정하여야 한다.

4. 대법원 2017.6.19, 2013도564

구성요건이 같아서 공소장변경은 필요 없으나 사기죄의 피해자만 달라지는 경우에는 그 피해자에 대한 사기죄로 처벌되어야 한다는 사례

기소된 공소사실의 재산상 피해자와 공소장에 기재된 피해자가 다른 것이 판명된 경우에는 공소사실의 동일성을 해치지 않고 피고인의 방어권 행사에 실질상 불이익을 주지 않는 경우, 법원은 공소장변경절차 없이 직권으로 공소장 기재의 피해자와 다른 실제의 피해자를 적시하여 이를 유죄로 인정하여야 한다.

[보충] 피고인 A는 피해자 甲에 대한 대여금 채권이 없음에도 甲 명의의 차용증을 허위로 작성하고 甲 소유의 부동산에 관하여 피고인 앞으로 근저당권설정등기를 마친 다음, 그에 기하여 부동산임의경매를 신청하여 배당금을 교부받아 편취하였다는 내용으로 기소되었다. 이 경우 공소사실에 따른 실제 피해자는 부동산 매수인 乙이므로 乙에 대한 관계에서는 사기죄가 성립한다. 그렇다면, 진정한 피해자가 누구인지를 가려내지 않은 채 무죄로 판단한 원심판결에는 법리오해의 잘못이 있다.

5. 대법원 2022.4.28, 2021도9041

청소년에 대한 위계에 의한 간음에 대한 판례의 변경을 반영하여야 한다는 사례

피고인이 연예기획사 매니저와 사진작가의 1인 2역을 하면서 청소년인 피해자에게 거짓말을 하여 피해자로 하여금 모델이 되기 위한 연기 연습 등의 일환으로 성관계를 한다는 착각에 빠지게 하여 위계로써 피해자를 간음하였다는 공소사실에 대하여, (원심은 피해자가 간음행위 자체에 대한 착오에 빠져 성관계를 하였다는 점의 증명이 부족하다고 보아 무죄로 판단하였으나) 피고인이 '간음행위에 이르게 된 동기' 내지 '간음행위와 결부된 비금전적 대가'에 관한 위계로 피해자를 간음한 것으로 볼 수 있는데, 이는 공소사실에 적시된 위계의 내용과 정확히 일치하지는 않으나, 공소사실의 동일성의 범위 내에 있고, 피고인의 방어권 행사에 실질적인 불이익을 초래할 염려도 없을뿐더러, 원심이 대법원 2020.8.27, 2015도9436 전원합의체 판결의 결과를 장기간 기다려 왔고 위 2015도9436 판결의 법리에 따르면 피고인의 행위는 위계에 의한 간음죄를 구성하는 것이므로 원심의 결론은 법원의 직권심판의무에 반한다.

법원의 축소사실 인정의무가 부정되는 경우 : 전자의 공소사실 부정 → 후자의 범죄 인정 不要(무죄판결)

1. 상해치사죄 → (폭행사실은 인정되나 인과관계 ×, 공동가공 ×) 상해죄 또는 폭행죄(대법원 1990.11.27, 90도1090)[1] [경찰승진 12]
2. 폭행치사죄 → (단순히 가슴을 민 행위에 대한) 폭행죄(대법원 1984.11.27, 84도2089)[2] [국가9급 11, 경찰승진 12]
3. 허위사실적시 명예훼손 → 사실적시 명예훼손(대법원 2008.10.9, 2007도1220) [국가7급 15]
4. 사기죄 → 사기미수죄(대법원 2014.4.24, 2013도9162) [국가9급 11]
5. 횡령죄 → (범죄성립도 분명치 않은) 배임죄(대법원 2008.6.26, 2007도11125)
6. 영업 성매매알선행위의 단독범 → 영업 성매매알선행위의 공동정범·간접정범(대법원 2015.9.10, 2014도12275)

1] [판례] 피고인과 甲이 공동하여 피해자에게 폭행을 가하여 동인을 사망케 하였다고 상해치사죄로 공소가 제기된 사건에서 피해자의 사망은 甲의 폭행으로 인한 것이며 피고인이 폭행한 사실은 인정되나 사망과는 관련이 없고 甲의 범행에 공동가공한 바도 없는 경우 공소장변경절차가 없었다면 피고인에게 상해죄 또는 폭행죄를 인정하지 아니하였다 하여 위법하다 할 수 없다(대법원 1990.11.27, 90도1090).

2] [판례] 검사는 피고인과 공소외 2가 시비를 할때 피고인이 위 소외인의 가슴을 민 행위가 인정된다면 단순폭행죄는 인정하였어야 한다고 하나 가사 피고인이 공소외 2의 가슴을 민 행위가 폭행죄를 구성하는 폭행이 된다고 하더라도 당초 피고인과 공소외 1이 공동하여 공소외 1이 공소외 2에 폭행을 가하여 동인을 사망케 하였다고 폭행치사죄로 공소가 제기되고 그 후 심리과정에서 공소장변경 등의 절차가 없었던 이 사건에서 피고인에게 폭행죄를 인정하지 아니하였다고 하여 위법이 있다고 할 수 없다(대법원 1984.11.27, 84도2089).

법원의 축소사실 인정의무가 인정되는 경우 : 전자의 공소사실 부정 → 후자의 범죄 인정 要(유죄판결)
1. 살인죄 → (12층에서 추락시킨 행위 ×) 폭행·상해, 체포·감금(대법원 2009.5.14, 2007도616)
2. 야간 또는 2인 이상이 공동하여 폭행·협박 → 폭행·협박(대법원 1990.10.30, 90도2022)
3. 특가법상 도주운전치상 → 업무상 과실치상(대법원 1990.12.7, 90도1238)
4. 청소년에 대한 위계에 의한 간음 → 판례의 변경에 의하여 범죄성립이 인정되는 경우(대법원 2022.4.28, 2021도9041)
5. 폭처법상 야간흉기휴대주거침입죄 → 주거침입죄(대법원 1990.4.24, 90도401)
6. 사기죄 → 피해자가 다른 사기죄(대법원 1987.12.22, 87도2168; 2002.8.23, 2001도6876; 2017.6.19, 2013도564)
7. 본범 습득 신용카드로 물건을 구입해주기로 하고 받은 장물취득 → 장물보관(대법원 2003.5.13, 2003도1366)
8. 필로폰 투약 기수 → 필로폰 투약 미수(대법원 1999.11.9, 99도3674)
9. 향정신성의약품을 제조·판매하여 영리를 취할 목적으로 그 원료가 되는 물질을 소지 → (영리목적 ×) 향정신성의약품 제조목적으로 원료물질 소지(대법원 2002.11.8, 2002도3881)

보충 위 2개 도표는 모두 공소장변경이 필요 없는 경우, 단 축소사실 인정의무에서만 차이.

③ 예외2 : (사실인정은 같으나) 법률평가만을 달리하는 경우
  (가) 법률적 평가만의 변경 : ㉠ 사실인정에는 변화가 없고 그 사실에 대한 법적 평가만을 달리하는 경우 **원칙적으로 공소장변경을 요하지 않는다**(예 a. 식당 주인의 수표 현금교환 심부름을 하게 된 식당 종업원의 수표를 영득한 행위에 대한 절도의 공소제기를 횡령으로, b. 배임죄를 횡령죄로(대법원 1999.11.26, 99도2651) 또는 횡령죄를 배임죄로(대법원 2008.11.13, 2008도6982; 2015.10.29, 2013도9481) [법원9급 12, 국가7급 10, 국가9급 16, 경찰간부 17, 경찰승진 08, 경찰채용 08 2차/13 1차/16 2차], c. 장물취득죄를 장물보관죄로 인정하는 경우). 다만, ㉡ 공소장에 기재된 적용법조보다 **법정형이 무거운 적용법조를 인정하는 경우**에는, **석명**을 통하여 피고인에게 적정한 방어권 행사의 기회를 제공한 경우가 아니라면(대법원 2011.2.10, 2010도14391), **공소장변경을 해야 한다**(대법원 2008.3.14, 2007도10601).
  (나) 범죄참가 형태만의 변경 : 정범·공범의 형태·종류에 대한 평가만을 달리하는 경우(예 단독정범 → 공동정범 또는 합동범, 공동정범 → 방조범 : 대법원 2001.11.9, 2001도4792)에는 **원칙적으로 공소장변경을 요하지 아니하나**, 만일 피고인의 방어권 행사에 **실질적 불이익을 초래할 염려가 있으면 공소장변경**을 거쳐야 한다.

🔨 판례연구 범죄참가형태만의 변경 관련판례

1. 대법원 2000.5.12, 2000도745
피고인과 공범자의 공동 범행 중 일부 행위에 관하여 피고인이 한 것이라고 기소된 것을 둘 중 누군가가 한 것이라고 인정하는 경우, 이 때문에 피고인에게 불의의 타격을 주어 그 방어권의 행사에 실질적인 불이익을 줄 우려가 있지 않는 한 공소장변경을 필요로 한다고 볼 수 없다.

2. 대법원 2018.7.12, 2018도5909 [법원9급 19]
단독범에서 공동정범으로 변경할 때 공소장변경은 필요없다는 사례
단독범으로 기소된 것을 다른 사람과 공모하여 동일한 내용의 범행을 한 것으로 인정하는 경우에 이로 말미암아 피고인에게 예기치 않은 타격을 주어 방어권 행사에 실질적 불이익을 줄 우려가 없다면 공소장 변경이 필요한 것은 아니다.

  (다) 죄수 평가만의 변경 : 죄수에 대한 법적 평가만을 달리하는 경우에는 **공소장변경을 요하지 아니한다**. 예컨대, 실체적 경합을 포괄일죄나 상상적 경합으로 인정하는 경우(대법원 1987.7.21, 87도546)뿐만 아니라, 포괄일죄나 상상적 경합을 실체적 경합으로 인정하는 경우(대법원 1987.4.14, 86도2075; 1987.5.26, 87도527)라 하더라도 공소장변경을 요하지 아니한다(cf. 누범 → 상습범 필요).

🔨 판례연구 인정된 사실은 같지만 법률평가만을 달리하므로 공소장변경을 요하지 아니한다는 판례의 예시

1. 대법원 2012.1.26, 2011도15356
검사가 존속상해 범행을 먼저 기소하고 다시 별개의 폭처법 위반(상습존속상해) 범행을 추가로 기소하여 병합심리하는 과정에서 전후에

기소된 각각의 범행이 포괄일죄로 밝혀진 경우, 법원의 판단방법

검사가 단순일죄라고 하여 존속상해 범행을 먼저 기소하고 다시 포괄일죄인 폭처법 위반(상습존속상해) 범행을 추가로 기소하였는데 이를 병합하여 심리하는 과정에서 전후에 기소된 각각의 범행이 모두 포괄하여 하나의 폭처법 위반(상습존속상해)죄를 구성하는 것으로 밝혀진 경우, 이중기소에 대하여 공소기각판결을 하도록 한 법 제327조 제3호의 취지는 동일사건에 대하여 피고인으로 하여금 이중처벌의 위험을 받지 아니하게 하고 법원이 2개의 실체판결을 하지 아니하도록 함에 있으므로, 위와 같은 경우 법원이 각각의 범행을 포괄하여 하나의 폭처법 위반(상습존속상해)죄로 인정한다고 하여 이중기소를 금하는 위 법의 취지에 반하는 것이 아닌 점과 법원은 실체적 경합범으로 기소된 범죄사실에 대하여 그 범죄사실을 그대로 인정하면서 다만 죄수에 관한 법률적인 평가만을 달리하여 포괄일죄로 처단하더라도 이는 피고인의 방어에 불이익을 미치는 것이 아니므로 공소장변경 없이도 포괄일죄로 처벌할 수 있는 점에 비추어 보면, 비록 폭처법 위반(상습존속상해)죄의 포괄일죄로 공소장을 변경하는 절차가 없었다거나 추가기소의 공소장의 제출이 포괄일죄를 구성하는 행위로서 먼저 기소된 공소장에 누락된 것을 추가·보충하는 취지의 것이라는 석명절차를 거치지 아니하였다 하더라도, 법원은 전후에 기소된 범죄사실 전부에 대하여 실체판단을 할 수 있고, 추가기소된 부분에 대하여 공소기각판결을 할 필요는 없다고 할 것이다.

요약 존속상해기소 + 상습존속상해기소 = 포괄일죄판명 – 석명 없이(주의) 공소장변경의제(공소기각판결 ×)
구별 단순사기 공소사실 → 상습사기로 변경 : 공소장변경 필요 판례(대법원 2007.8.23, 2006도5041)
유사 수개 협박 + 1개 협박기소 = 포괄일죄판명 – 석명 없이 공소장변경의제(대법원 2007.8.23, 2007도2595)
주의 단순사기 + 상습사기기소 = 상습사기포괄일죄판명 – 석명 후 공소장변경의제(대법원 1999.11.26, 99도3929)

2. 대법원 2015.10.29, 2013도9481; 2008.11.13, 2008도6982

법원은 공소사실의 동일성이 인정되는 범위 내에서 공소가 제기된 범죄사실에 포함된 것보다 무겁지 않은 범죄사실이 인정되는 경우 피고인의 방어권 행사에 실질적 불이익을 초래할 염려가 없으면 공소장변경 없이 직권으로 공소사실과 다른 범죄사실을 인정할 수 있다(대법원 2008.5.29, 2007도7260 등). 횡령죄와 배임죄는 다 같이 신임관계를 기본으로 하고 있는 같은 죄질의 재산범죄로서 그에 대한 형벌에서도 경중의 차이가 없고 동일한 범죄사실에 대하여 단지 법률적용만을 달리하는 경우에 해당하므로, 특별한 사정이 없는 한 법원은 횡령죄로 기소된 공소사실에 대하여 공소장변경 없이도 배임죄를 적용하여 처벌할 수 있다.

📚 **사례문제**

甲, 乙, 丙, 丁은 절도를 하기로 모의하였다. 빈집털이 경험이 풍부한 甲은 乙, 丙, 丁에게 빈집털이와 관련하여 범행대상, 물색방법, 범행시 유의사항 등을 자세히 설명하였다. 乙, 丙, 丁은 A의 집을 범행대상으로 정하고, 당일 14시 30분경 丙과 丁이 A의 집 문을 열고 침입하여 현금 800만원을 절취하였다. 丙과 丁이 A의 집 안으로 들어간 직후 밖에서 망을 보기로 한 乙은 갑자기 후회가 되어 현장을 이탈하였다. 검사 P는 丙과 丁을 특수절도죄, 甲을 특수절도죄에 대한 공동정범으로 기소하였으나 乙은 범행모의단계에서 기여도가 적고 절도범행이 개시되기 이전에 이탈했다는 점을 고려하여 기소유예처분을 하였다. (다툼이 있는 경우에는 판례에 의함)
[변호사 13]

문제 甲에게 특수절도죄에 대한 방조고의와 방조행위가 인정되고 실질적으로 甲의 방어권 행사에 불이익이 없는 경우 법원은 공소장변경 없이 甲을 특수절도죄의 종범으로 인정할 수 있다.

→ (O) 법원은 공소사실의 동일성이 인정되는 범위 내에서 공소가 제기된 범죄사실보다 가벼운 범죄사실이 인정되는 경우에, 그 심리의 경과 등에 비추어 볼 때 피고인의 방어에 실질적인 불이익을 주지 아니한다면 공소장변경 없이 직권으로 가벼운 범죄사실을 인정할 수 있다고 할 것이므로, 공동정범으로 기소된 범죄사실을 방조사실로 인정할 수 있다(대법원 2012.6.28, 2012도2628).

④ 판례의 정리 : 이상에 본 바와 같이, 구성요건이 다른 경우에는 공소장변경을 하는 것이 원칙이지만, 공소장변경이 불필요한 예외도 있다. 아래에서는 다소 무원칙하게 보이는 판례들을 일목요연하게 정리해보기로 한다.

구성요건이 달라지면 실질적 불이익이 있어 공소장변경을 요한다는 사례[1]

1. 고의범 → 과실범(대법원 1981.12.8, 80도2824)
2. 미수 → 예비·음모(관세포탈미수 → 관세포탈예비 : 대법원 1983.4.12, 82도2939,[국가7급 12/15] 비지정문화재수출미수 → 비지정문화재수출예비·음모 : 대법원 1999.11.26, 99도2461) [경찰승진 09, 경찰채용 13 1차/14 1차/15 3차]

---

1) [수험을 위한 조언] 대법원판례의 입장을 어떠한 원칙에 의하여 정리하기는 쉽지 않은 부분이므로, 축소사실로 보임에도 공소장변경을 요한다고 판시한 사례들에 집중할 것을 권고한다.

3. 살인죄 → 폭행치사죄(살인죄의 구성요건이 반드시 폭행치사 사실을 포함한다고 할 수 없음, 대법원 1981.7.28, 81도1489) [법원행시 03, 국가7급 10, 국가9급 08, 해경간부 12, 경찰승진 09]

4. 폭행치상죄 → 폭행죄(대법원 1971.1.12, 70도2216)(사불/상필) [경찰채용 12 1차]

5. 폭처법위반(집단·흉기 등 폭행) → 폭처법위반(집단·흉기 등 협박)(대법원 2008.3.27, 2007도8772)

6. 업무상 과실치사죄 → 단순과실치사죄(대법원 1968.11.9, 68도1998) [경찰채용 14 1차]

7. 특가법상 도주차량운전(치상)죄 → 도로교통법상 교통사고 후 구호조치불이행(유기)죄(교통사고에 업무상 과실이 인정되지 아니하는 경우임, 대법원 1991.5.28, 91도711; 대법원 1993.5.11, 93도656[1])(도-유-필)

8. 업무상 과실재물손괴 후 조치불이행 → 교통사고 미신고(대법원 1991.2.26, 90도2462)(도-미-필)

9. 특가법상 미성년자약취 후 재물취득미수 → 특가법상 미성년자약취 후 재물요구기수(대법원 2008.7.10, 2008도3747) [경찰채용 12 1차]

10. 강간치상죄 → 폭처법위반(상해)죄(대법원 1993.10.12, 93도1898)

11. 강간치상죄(예비적 : 상해) → 강제추행치상죄(대법원 1968.9.29, 68도776)(강-추-필) [국가7급 10, 경찰승진 09]

12. 성폭법상 주거침입강간미수죄 → 성폭법상 주거침입강제추행죄(대법원 2008.9.11, 2008도2409)(강-추-필)

13. 정신장애로 항거불능상태에 있는 피해자를 간음 또는 추행하였다는 성폭법상 장애인에 대한 준강간 등 죄 → 심신미약자에 대하여 위력으로 간음 또는 추행하였다는 형법 제302조의 위력에 의한 심신미약자간음죄 및 심신미약자추행죄(대법원 2014.3.27, 2013도13567)(준-위-필) [경찰간부 15, 경찰채용 16 2차]

14. 사실적시 명예훼손 → 허위사실적시 명예훼손(대법원 2001.11.27, 2001도5008) [경찰채용 14 1차]

15. 명예훼손죄 → 모욕죄(대법원 1972.5.31, 70도1859)(명-모-필) [해경간부 12, 경찰채용 08 1차/3차]

16. 특수절도죄 → 장물운반죄(대법원 1965.1.26, 64도681) [경찰채용 08 1차]

17. 특가법상 누범절도(제5조의4 제5항) → 특가법상 상습절도(제1항)(대법원 2005.11.25, 2005도6925)(누-상-필)[2]

18. 특수강도죄 → 특수공갈죄(대법원 1968.9.19, 68도695 전원합의체)(강-공-필) [경찰승진 09, 경찰채용 08 1차/14 1차]

19. 강도상해교사죄 → 공갈교사죄(대법원 1993.4.27, 92도3156)(강-공-필) [법원9급 09]

20. 사기죄 → 상습사기죄(대법원 2007.8.23, 2006도5041)

21. 폭처법상 상습공갈죄 → 형법상 상습공갈죄(대법원 2015.11.12, 2015도12372)(폭상-형상-필)

22. 장물보관죄(고의범) → 업무상 과실장물보관죄(과실범)(대법원 1984.2.28, 83도3334) [경찰채용 14 1차]

23. 강제집행면탈죄 → 권리행사방해죄(양죄는 그 행위태양 등 요건이 다름, 대법원 1971.5.31, 70도1859)

24. 증뢰물전달죄 → 뇌물수수죄(대법원 1965.10.26, 65도785)

25. 변호사법상 알선수재죄 중 금품수수죄 → 금품수수약속죄(대법원 1993.10.22, 93도735)

26. 공무집행방해죄 → 폭행·협박죄(대법원 1991.12.10, 91도2395)

27. 상표법위반죄 → 부정경쟁방지법위반죄(대법원 2011.1.13, 2010도5994)

구성요건이 다르지만 공소장변경을 요하지 아니한다는 사례

[축소사실의 인정]

1. 위력자살결의죄 → 자살교사죄(대법원 2005.9.28, 2005도5775)

2. 폭처법상 야간·공동 폭행·협박죄 → 폭행·협박죄(대법원 1990.10.30, 90도2022)

3. 특가법상 도주차량운전(치상) → 교특법상 업무상 과실치상(대법원 2007.4.12, 2007도828)(도-과-불)

4. 강간죄 → 폭행죄(대법원 2010.11.11, 2010도10512)

5. 강간치상죄 → 강간죄(대법원 2002.7.12, 2001도6777) [국가9급 11, 경찰승진 12/13]

6. 강간치상죄 → 준강제추행죄(대법원 2008.5.29, 2007도7260)(강-준-불) [국가7급 12, 국가9급 09/11, 경찰승진 12/13, 경찰채용 12]

7. 강간치사죄 → 강간죄(or 강간미수죄)(대법원 1969.2.18, 68도1601)

8. 강제추행죄 → 위력에 의한 추행죄(대법원 2013.12.12, 2013도12803)(강-위-불)

9. 장애인강간·강제추행죄 → 장애인위계등간음·추행죄(대법원 2014.10.15, 2014도9315)(강-위-불)

---

1) [보충] 자동차의 교통으로 인하여 형법 제268조의 죄를 범하고도 피해자를 구호하는 등 도로교통법 제50조 제1항의 규정에 의한 조치를 취하지 아니하고 도주한 것이라는 공소사실로서 특가법 제5조의3 제1항 제2호, 형법 제268조, 도로교통법 제50조 제1항 소정의 죄만으로 공소가 제기된 경우, 업무상 과실로 인하여 사람을 치상함으로써 형법 제268조의 죄를 범한 사실이 인정되지 아니하는 때에는, 차의 교통으로 인하여 물건을 손괴한 교통사고가 발생한 때에 도로교통법 제50조 제1항의 규정에 의하여 취하여야 할 필요한 조치를 하지 아니한 사실이 인정되더라도, 범죄사실의 증명이 없는 것으로 보아 무죄를 선고하여야지 공소장변경 없이 도로교통법 제106조, 제50조 제1항을 적용하여 처벌할 수 없다(대법원 1993.5.11, 93도656).

2) [보충] 특가법 제5조의4 제5항의 규정은 같은 조 제1항, 제3항 또는 제4항에 규정된 죄 가운데 동일한 항에 규정된 죄를 3회 이상 반복 범행하고 다시 그 반복 범행한 죄가 규정된 항 소정의 죄를 범하여 누범에 해당하는 경우에는 상습성이 인정되지 아니하는 경우에도 같은 조 제1항 내지 제4항 가운데 해당되는 항에 정한 법정형으로 처벌된다는 것이지만, 같은 조 제1항은 상습성을 요건으로 하는 반면에 같은 조 제5항은 범죄전력과 누범가중에 해당함을 요건으로 하고 있어 요건이 서로 다르고, 따라서 같은 조 제5항으로 기소되었는데도 공소장변경 없이 같은 조 제1항을 적용하여 처벌하는 것은 피고인의 방어에 실질적 불이익을 끼칠 우려가 있으므로, 같은 조 제5항으로 기소되었는데도 공소장변경 없이 같은 조 제1항을 적용하여 처벌할 수는 없다(대법원 2005.11.25, 2005도6925).

10. 강제추행치상죄 → 강제추행죄(대법원 1999.4.15, 96도1922 전원합의체) [법원행시 03, 법원9급 12]
11. 허위사실적시 명예훼손죄 → 사실적시 명예훼손죄(대법원 1996.6.28, 96도1232) [국가7급 10, 경찰승진 08]
12. 폭처법상 야간흉기휴대주거침입죄 → 주거침입죄(대법원 1990.4.24, 90도401)
13. 특수절도죄 → 절도죄(대법원 1973.7.24, 73도1256) [국가9급 05, 해경간부 12, 경찰채용 08 3차]
14. 특가법상 상습절도죄 → 절도죄(대법원 1984.2.28, 84도34) [국가9급 10, 경찰채용 08 3차]
15. 강도상해죄 → (야간주거침입)절도죄와 상해죄(대법원 1965.10.26, 65도599)
16. 강도상해죄 → 주거침입죄 및 상해죄(대법원 1996.5.10, 96도755)[3]
17. 강도강간죄 → (특수강도미수와) 강도죄(대법원 1987.5.12, 87도792) [경찰승진 08, 경찰채용 08 3차]
18. 성폭법상 특수강도강간미수죄 → 특수강도죄(대법원 1996.6.28, 96도1232) [경찰채용 08 1차]
19. 특가법상 누범준강도죄 → 준강도죄(대법원 1982.9.14, 82도1716, 82감도348)
20. 뇌물수수죄 → 뇌물수수약속죄(대법원 1988.11.22, 86도1223)
21. 수뢰 후 부정처사죄 → 뇌물수수죄(대법원 1999.11.9, 99도2530) [국가9급 11, 경찰승진 13]
22. 특가법상 수뢰죄 → 수뢰죄(대법원 1994.11.4, 94도129)

[법률적 평가만의 변경]

1. 배임죄 → 횡령죄(동일사실, All 신임관계위반죄이며 형의 경중 차이 없음, 대법원 1999.11.26, 99도2651)(cf. 2007도4784 : 비자금사용 횡령 ≠ 비자금조성 배임, 동일성 ✕) [법원9급 12, 국가7급 10, 경찰승진 08, 경찰채용 08 2차/13 1차]
2. 장물취득죄 → 장물보관죄(공소장변경 불요, 축소사실 인정의무 ○, 대법원 2003.5.13, 2003도1366)

[범죄참가 형태만의 변경]

1. 단독정범 → 공동정범(대법원 1991.5.28, 90도1977; 1999.7.23, 99도1911; 2007.4.26, 2007도309; 2013.10.24, 2013도5752[4])
   [법원9급 14, 국가7급 14, 국가9급 09, 경찰간부 15]
2. 공동정범 → 방조범(피고인의 방어권 행사에 실질적 불이익을 주지 않는 경우에 가능, 대법원 1995.9.29, 95도456; 2004.6.24, 2002도995; 2012.6.28, 2012도2628) [국가9급 11, 경찰간부 14, 경찰승진 13]
3. [비교] 공동정범으로 공소가 제기되었는데 단 한 번도 언급된 바 없는 방조사실을 공소장변경 없이 그대로 유죄로 인정하는 것은 위법이다(대법원 1996.2.23, 94도1684; 2001.11.9, 2001도4792; 2011.11.24, 2009도7166).

[죄수 평가만의 변경]

1. 실체적 경합 → 포괄일죄 or 상상적 경합(대법원 1987.7.21, 87도546) [경찰승진 10]
2. 포괄일죄 or 상상적 경합 → 실체적 경합(대법원 1987.4.14, 86도2075; 1987.5.26, 87도527; 2005.10.28, 2005도5996[5]) [국가7급 11]
3. 특가법상 관세포탈의 상습일죄 → 개개의 관세법 제180조 제1항의 포탈행위로 인정하여 경합범으로 처단(대법원 1980.3.1, 80도217)(cf. 누범 → 상습범 : 필요)

V 절 차

1. 검사의 신청에 의한 공소장변경

(1) 검사의 신청

① 검사의 공소장변경허가신청서 제출에 의한 신청 : 검사가 공소장변경을 하고자 할 경우에는 **공소장변경 허가신청서**를 법원에 제출하여야 한다. 이때 피고인의 수에 상응하는 **부본**을 첨부하여야 한다(규칙 제142조 제1항·제2항). 이 부본은 **즉시 피고인 또는**(= 공소장부본송달, ≠공판기일통지 : 및) **변호인에게 송달**하여야 한다(규칙 동조 제3항).

② 서면·구술 : 공소장변경은 원칙적으로 **서면**(공소장변경허가신청서)으로 하여야 한다(규칙 동조 제1항).

---

3) [보충] 피고인이 1995.4.24. 23 : 30경 피해자의 집에 재물을 절취할 목적으로 담장을 넘어 침입하여 그 대상물을 물색하다가 그 곳 마당에 쌓아놓은 빈맥주병 상자를 건드려 이를 넘어뜨리는 바람에 그 뜻을 이루지 못하고 미수에 그친 후 그 곳 화단 나무 뒤에 숨어 있다가 위 피해자가 자신을 발견하고 검거하려 하자 체포를 면탈할 목적으로 주먹으로 동인의 왼쪽 귀를 1회 때려 전치 2주의 좌측이부열상을 가한 경우, 피고인에게 절도의 범의가 있었음을 인정할 증거가 없다는 이유로 강도상해죄는 무죄라고 설시하고, 다만 위 강도상해의 공소사실의 범위 내에서 피고인을 주거침입죄 및 상해죄로 처벌한 사례이다(대법원 1996.5.10, 96도755).

4) [보충] 단독범으로 기소된 것을 다른 사람과 공모하여 동일한 내용의 범행을 한 것으로 인정하는 경우에는 이 때문에 피고인에게 불의의 타격을 주어 그 방어권의 행사에 실질적 불이익을 줄 우려가 있지 아니하는 경우에는 반드시 공소장변경을 필요로 한다고 할 수 없다(대법원 1999.7.23, 99도1911; 2007.4.26, 2007도309; 2013.10.24, 2013도5752).

5) [보충] 법원이 동일한 범죄사실을 가지고 포괄일죄로 보지 아니하고 실체적 경합관계에 있는 수죄로 인정하였다고 하여도 이는 다만 죄수에 관한 법률적 평가를 달리한 것에 불과할 뿐이지 소추대상인 공소사실과 다른 사실을 인정한 것도 아니고 또 피고인의 방어권 행사에 실질적으로 불이익을 초래할 우려도 없어서 불고불리의 원칙에 위반되는 것이 아니므로(대법원 1987.5.26, 87도527 참조), 가사 원심에서 적법한 공소장변경이 없었다고 하더라도 원심이 피고인의 공소외 1에 대한 부당대출죄와 공소외 2에 대한 부당대출죄를 포괄일죄로 보지 아니하고 실체적 경합범으로 인정한 것이 위법하다고 볼 수도 없다(대법원 2005.10.28, 2005도5996 : 배임죄의 포괄일죄 → 수개의 배임죄의 실체적 경합). [국가7급 11]

다만, 피고인이 **재정**하는 공판정에서는 **피고인에게 이익되거나 피고인이 동의하는 경우**에는 굳이 서면으로 할 필요는 없고 **구술**에 의한 공소장변경의 허가가 가능하다(규칙 동조 제5항). [국가7급 15] 이는 재판지연을 방지하기 위함에 그 이유가 있다. 공소의 취소가 공판정에서는 구술로도 가능한 것(제255조 제2항 단서)과 같은 취지이다. 그럼에도 불구하고, 검사가 구술로 공소장변경허가신청을 하면서 **전자적 형태의 문서로 저장한 저장매체를 제출한 부분은 허가신청이 된 것으로 볼 수는 없다.**

서 울 중 앙 지 방 검 찰 청

(530 – 3114)

제2016-134호   2016. 8. 10.

수 신   서울중앙지방법원(형사제1단독)   발 신   서울중앙지방검찰청

                                                          검 사   **사 연 생** (인)

제 목   공소장변경허가신청   사 연 생

귀원 2016고단2340호 피고인 김갑동에 대한 절도 피고사건의

                   ☐ 추가

공소장을 다음과 같이   ☐ 철회   하고자 합니다.

                   ☑ 변경

다 음

사 항	변 경 전	변 경 후
죄 명	절도	장물취득
적 용 법 조	형법 제329조	형법 제362조 제1항
공 소 사 실	별지와 같음	별지와 같음

                                        (인)

사법연수원, 검찰서류작성례, 2017년, p.389

1. 대법원 2016.12.29, 2016도11138

검사가 공소장을 변경하고자 하는 때에는 그 취지를 기재한 공소장변경허가신청서를 법원에 제출하여야 하고, 다만 피고인이 재정하는 공판정에서 피고인에게 이익이 되거나 피고인이 동의하는 예외적인 경우에 한하여 법원은 구술에 의한 공소장변경을 허가할 수 있다(규칙 제142조 제1항, 제5항). 따라서 검사가 구술에 의한 공소장변경허가신청을 하는 경우에도 변경하고자 하는 공소사실의 내용은 서면에 의하여 신청을 할 때와 마찬가지로 구체적으로 특정하여 진술하여야 하므로, 검사가 구술로 공소장변경허가신청을 하면서 변경하려는 공소사실의 일부만 진술하고 나머지는 전자적 형태의 문서로 저장한 저장매체를 제출하였다면, 공소사실의 내용을 구체적으로 진술한 부분에 한하여 공소장변경허가신청이 된 것으로 볼 수 있을 뿐이다. 그 경우 저장매체에 저장된 전자적 형태의 문서는 공소장변경허가신청이 된 것이라고 할 수 없고, 법원이 그 부분에 대해서까지 공소장변경허가를 하였더라도 적법하게 공소장변경이 된 것으로 볼 수 없다.

2. 대법원 2022.1.13, 2021도13108

검사가 공소장변경허가신청서를 제출하지 않고 공소사실에 대한 검사의 의견을 기재한 서면을 제출하였다고 하더라도 이를 곧바로 공소장변경허가신청서를 제출한 것이라고 볼 수는 없다.

③ 시기 : 검사는 **변론종결 전**에 공소장변경을 신청하여야 한다. 따라서 **적법하게 공판의 심리를 종결하고 판결선고 기일까지 고지한 후**에 이르러서 한 검사의 공소장변경신청에 대하여는, 그것이 변론재개신청과 함께 된 것이라 하더라도, 법원이 종결한 **공판의 심리를 재개하여 공소장변경을 허가할 의무가 없다**(대법원 2003.12.26, 2001도6484 등)(cf. 기피신청과 유사). [법원9급 12, 국가7급 09/12, 경찰채용 08 3차][1][2]

(2) 법원의 허가

① 사유의 고지(부본의 송달) : 공소장변경신청이 있을 때에는 법원은 그 사유를 신속히 **피고인 또는 변호인**에게 **고지**하여야 한다(제298조 제3항). 따라서 변호인 이외에 피고인에게 별도로 고지하지 않았다 하더라도 위법이 아니다(대법원 2001.4.24, 2001도1052; 2013.7.12, 2013도5165). 사유의 고지는 공소장변경허가신청서 **부본을 송달**함에 의한다(규칙 제142조 제3항). 피고인의 방어권을 보장하기 위한 것이다. 다만, 피고인에 대하여 **공소장변경신청서의 부본이 공판정에서 교부**되었다 하더라도 피고인이 그 법정에서 변경된 기소사실에 대하여 충분히 진술·변론한 이상 판결결과에는 영향이 없다(대법원 1986.9.23, 85도1041).

1. 대법원 2009.6.11, 2009도1830; 2018.12.13, 2018도16117

검사가 제출한 공소장변경허가신청서는 즉시 그 부본을 피고인에게 송달하여야 하므로, 이를 송달하지 않은 채 공판절차를 진행한 원심의 조치에는 절차상의 법령위반이 있다. 그러나 그러한 경우에도 피고인의 방어권이나 변호인의 변호권 등이 본질적으로 침해되었다고 볼 정도에 이르지 않는 한 그것만으로 판결에 영향을 미친 위법이라고 할 수 없다.

2. 대법원 2013.7.12, 2013도5165 [국가9급 15]

공소장변경허가신청서가 제출된 경우 법원은 그 부본을 피고인 또는 변호인에게 즉시 송달하여야 하는데(규칙 제142조 제3항), 피고인과 변호인 모두에게 부본을 송달하여야 하는 취지가 아님은 문언상 명백하므로, 공소장변경신청서 부본을 피고인과 변호인 중 어느 한 쪽에 대해서만 송달하였다고 하여 절차상 잘못이 있다고 할 수 없다.

② 의무적 허가 : **공소사실의 동일성이 인정되는 경우 공소장변경을 허가**하는 것은 법원의 재량이 아니라 **의무**이다(대법원 1999.5.14, 98도1438). 따라서 검사의 신청이 공소사실의 동일성을 해하지 아니한다면 법원은 이를 반드시 허가하여야 한다. [법원행시 04, 법원9급 15, 국가7급 07, 경찰승진 14] 나아가 불이익변경금지의 원칙

---

1) [보충] 법원이 종결된 변론을 재개하여 다시 공판심리를 하게 된 경우에도 검사는 적법하게 공소장변경신청을 할 수 있고 항소심 절차에서도 이를 할 수 있으며 법원은 필요한 경우 직권으로 증거조사를 할 수 있다고 할 것이므로, 항소심법원이 변론기일에 변론을 종결하였다가 그 후 변론을 재개하여 심리를 속행한 다음 직권으로 증인을 심문한 뒤 검사의 공소장변경신청을 허가하였다고 하더라도 이와 같은 항소심의 조처는 형사소송법의 절차나 규정에 위반하였다고 볼 수 없다(대법원 1995.12.5, 94도1520).

2) [참고] 다만, 법원이 종결된 변론을 재개한 경우에는 검사는 공소장변경신청을 할 수 있다(대법원 1995.12.5, 94도1520).

을 이유로 신청을 불허할 것도 아니다(대법원 2013.2.28, 2011도14986). 다만, 공소장변경허가결정을 하지 않은 위법이 판결에 영향이 미치지 않는 경우는 존재한다.

대법원 1999.5.14, 98도1438 [경찰채용 20 1차]

절도죄의 공소사실과 공소장변경허가신청으로 예비적으로 추가한 장물운반죄의 공소사실이 기본적 사실관계는 동일하지만 공소장변경을 허가하여도 주위적·예비적 공소사실 전부에 대하여 무죄를 선고할 것이 분명한 경우, 공소장변경을 허가하지 않은 위법은 판결 결과에 영향을 미친 것이 아니라고 해야 한다.

> 보충 원래의 공소사실인 절도의 점을 인정할 증거가 부족한 것과 마찬가지로 위 예비적 공소사실인 장물운반의 점을 인정할 증거도 부족하다고 보여지고, 달리 장물운반의 점만을 입증할 만한 다른 증거가 있다는 사정도 보이지 않는다(판결이유).

---

③ 허가결정 : 공판정에서 구술로 할 수 있고(공판조서에 기재), 공판정 외에서 할 수도 있으나(결정서의 작성 및 고지), 명시적인 허가결정을 하지 아니하였다 하여도 **변경된 공소사실에 대하여 심판하였다면 허가결정**이 있었다고 볼 것이다(대법원 2002.3.29, 2002도587).

④ 허가의 취소 : 공소사실의 동일성이 인정되지 않는 등 공소장변경의 허가결정에 위법사유가 있는 경우에는 **공소장변경 허가를 한 법원이 스스로 이를 취소할 수 있다**(대법원 2001.3.27, 2001도116). [국가7급 09, 국가9급 11/12, 경찰채용 08 2차]

⑤ 기각결정 : 검사의 신청이 **현저히 시기에 늦거나 부적법한 공소사실로 변경을 신청**하는 경우에는 법원은 공소장변경허가신청을 기각한다.

⑥ 불복 : 공소사실의 동일성이 인정됨에도 불구하고 법원이 공소장변경을 허가하지 않았다고 하여 **검사가 바로 이를 다툴 수는 없다.** [국가7급 09/13, 국가9급 09/12] 이 경우 법원의 결정은 **판결 전 소송절차에 관한 결정**이므로 이에 대해 독립하여 항고할 수 없기 때문이다(제403조 제1항). [경찰채용 16 1차] 다만, 위 결정의 위법이 판결에 영향이 미친 경우라면, 종국판결에 대한 상소절차를 통해 다툴 수 있을 뿐이다(대법원 1987.3.28, 87모17).

★ **판례연구** 공소장변경허가결정에 대한 불복

대법원 2023.6.15, 2023도3038

공소장변경허가결정에 대한 불복의 방식

판결 전의 소송절차에 관한 결정에 대하여는 특히 즉시항고를 할 수 있는 경우 외에는 항고를 하지 못하는데(형사소송법 제403조 제1항), 공소사실 또는 적용법조의 추가·철회 또는 변경의 허가에 관한 결정은 판결 전의 소송절차에 관한 결정으로서, 그 결정에 관한 위법이 판결에 영향을 미친 경우에는 그 판결에 대하여 상소를 하는 방법으로만 불복할 수 있다(대법원 1987.3.28, 87모17; 2001.7.13, 2001도1660; 2023.6.15, 2023도3038). 검사는 제1심판결에 대하여 양형부당을 이유로 항소한 다음 항소심의 제1회 공판기일이 열리기 전에 먼저 기소된 업무상횡령 공소사실과 상상적 경합관계에 있는 업무상횡령 공소사실을 추가하는 취지임을 밝히며 공소장변경허가신청서를 제출하였다. 이 경우 항소심 법원이 공판정 외에서 공소장변경허가신청에 대한 결정을 하지 않았을 뿐만 아니라 공판조서 등 기록에 원심에서 공소장변경허가 여부를 결정한 소송절차가 진행되었다는 내용이 없이(공소장변경허가결정을 공판정에서 고지한 사실은 공판조서의 필요적 기재사항임, 소송행위의 방식, 공판조서 부분 참조), 제1회 공판기일을 진행하여 변론을 종결하고 검사의 항소를 기각하여 제1심판결을 그대로 유지하였다. … 원심(항소심)은 검사가 서면으로 제출한 공소장변경허가신청에 대하여 허가 여부를 결정해야 하고, 나아가 상상적 경합관계에 있는 수죄 가운데 당초 공소를 제기하지 아니한 공소사실을 추가하는 내용의 공소장변경을 (기본적 사실관계가 동일하므로) 허가하여 추가된 공소사실에 대하여 심리·판단했어야 하므로, 이러한 조치 없이 검사의 항소를 기각한 원심판결에 법리오해 등의 잘못이 있다.

---

(3) 공소장변경 후의 절차

① 변경된 공소사실 등의 낭독 내지 요지의 진술 : 공소장의 변경이 허가된 때에는 검사는 공판기일에서 공소장변경허가신청서에 의하여 **변경된 공소사실·죄명 및 적용법조를 낭독**하여야 한다. 다만, 재판장은 필요하다고 인정하는 때에는 공소장변경의 **요지를 진술**하게 할 수 있다(규칙 제142조 제4항). 법 제298조 제3항은 공소장변경이 있는 경우 그 사유를 신속히 피고인 또는 변호인에게 고지하도록 규정하고 있는

데, 위 절차가 이행되는 이상 별도의 고지절차를 밟을 필요는 없다.[1][2]

② 공판절차의 정지 : 법원은 공소장변경이 **피고인의 불이익을 증가할 염려**가 있다고 인정한 때에는 **직권 또는 피고인이나 변호인의 청구**에 의하여 피고인으로 하여금 필요한 방어의 준비를 하게 하기 위하여 결정으로 필요한 기간 **공판절차를 정지할 수 있다**(임의적 정지, 제298조 제4항, cf. ≠ 심신상실·질병 : 필요적). [국가7급 09/11]

⚖ 판례연구 공소장변경이 실질적 불이익을 증가하지 않아 공판절차 정지를 하지 않은 사례

1. 대법원 1985.8.13, 85도1193

공소장변경허가신청의 요지가 경합범으로 기소되었던 수개의 범죄사실을 상습범으로 변경한 정도라면 공판절차를 정지할 정도로 피고인의 방어권 행사에 불이익을 초래하는 것이라 할 수 없어 공소장변경허가를 한 후 공판기일을 상당기간 연기하지 않은 것이라든지 사선변호인의 출정 없이 공판한 것이 위법이라고 할 수 없다.

2. 대법원 2015.11.12, 2015도6809 전원합의체

형사소송법 제298조 제4항은 공소사실의 변경 등이 피고인의 불이익을 증가할 염려가 있다고 인정될 때에는 피고인으로 하여금 필요한 방어의 준비를 하게 하기 위하여 공판절차를 정지할 수 있도록 규정하고 있으므로, 공소사실의 일부 변경이 있고 법원이 그 변경을 이유로 공판절차를 정지하지 아니하였다고 하더라도 공판절차의 진행상황에 비추어 그 변경이 피고인의 방어권 행사에 실질적 불이익을 주지 아니하는 것으로 인정될 때에는 이를 위법하다고 할 수 없다(대법원 1995.1.12, 94도2687). … 업무상 과실 선박매몰의 점 외에 주위적 공소사실로 [살인·살인미수의 점, 수난구호법 위반의 점], 예비적 공소사실로 [유기치사·치상의 점, 수난구호법 위반의 점]으로 기소된 피고인 2(총 20년 5개월의 승무경력을 가진 1급 항해사 자격면허 소지자로서 이 사건 사고 당시 1등 항해사로 세월호에 승선한 자)에 대하여, 제1 예비적 공소사실로 [특정범죄가중법 위반의 점]을 추가하고 당초의 예비적 공소사실을 제2 예비적 공소사실로 하는 검사의 공소장변경 신청을 허가한 다음, 제1 예비적 공소사실인 특정범죄가중법 위반의 점에 대하여 새로이 심리를 하고 피고인 및 변호인에게 최종 의견진술의 기회를 부여한 후 변론을 종결한 경우, 여러 사정에 비추어 보면 위 공소장변경이 피고인의 방어권행사에 실질적인 불이익이 없다는 취지에서 공판절차를 정지하지 아니한 원심의 조치는 수긍이 된다.

보충 특정범죄가중법 제5조의12 위반죄는 형법 제268조의 업무상 과실치사상죄 및 중과실치사상죄를 기본범죄로 하여 수난구호법 제18조 제1항 단서 위반행위 및 도주행위를 결합하여 가중처벌하는 일종의 결합범으로서 선박의 교통으로 인하여 형법 제268조의 죄를 범한 해당 선박의 선장 또는 승무원이 수난구호법 제18조 제1항 단서에 규정된 의무를 이행하기 이전에 사고현장을 이탈한 때에 성립하는 범죄이다.

---

③ 공판조서에의 기재 : 공소장변경허가결정을 공판정에서 고지하였다면 그 사실, 공소장의 변경에 관한 서면을 낭독(변경요지의 진술)하였다면 그 사실은 모두 공판조서의 필요적 기재사항이다(제51조 제2항 제6호·제14호).

(4) 공소장변경의 효과

① **심판대상의 변경** : 공소장변경에 의하여 잠재적 심판의 대상이 현실적 심판의 대상으로 변경된다. 따라서 법원은 변경된 공소사실에 대해서만 판단해야 하고, 당초의 공소사실에 대하여 판단을 해서는 안 된다. [국가9급 13]

② **하자의 치유** : 공소제기시 공소장에 기재된 공소사실이 특정되지 않아 무효인 경우, 어느 정도 구체적 범죄구성요건사실이 표시되어 있었다면 **공소장변경에 의하여 그 하자가 치유**될 수 있다. 또한 공소제기 당시에는 친고죄나 반의사불벌죄에서의 고소 등 여부, 이중기소, 공소시효 만료 등에 관한 위법이 있었다 해도, 그 후 **공소사실과 적용법조가 적법하게 변경되면 그 흠이 치유**된다. 소송의 진행을 거쳐 사실심리의 가능성 있는 최종시점인 판결선고시를 기준으로 이때 특정된 공소사실과 적용법조가 법원의 현실적인 심판대상이 되기 때문이다(대법원 1989.2.14, 85도1435; 1990.1.25, 89도1317; 2001.8.24, 2001도2902; 2011.5.13, 2011도2233 등).

---

1) [참고] 만약 변경신청서가 뒤늦게(공판기일 직전에) 제출되어 피고인 또는 변호인에게 부본을 송달하지 못하였고, 공판기일에도 불출석하였으나 불출석 개정사유가 있어 개정하여 허가결정을 하고 변경요지 진술까지 행한 경우라면 그 후에라도 변경허가신청서 부본과 공판조서 등·초본을 송달함으로써 고지하여야 할 것이다. 법원실무II, 305면.

2) [참고] 공소제기시에도 피고인에게 부본 송달 및 공판정에서의 공소장 낭독 절차를 밟는데, 이와 유사하다고 정리하면 된다.

③ 사건의 이송 : 단독판사의 관할사건이 공소장변경에 의하여 합의부 관할사건이 된 경우에 법원은 결정으로 **관할권 있는 법원인 합의부에 이송**한다(제8조 제2항).

④ 공소시효의 기준의 변경과 기준시점 : 변경된 공소사실에 대한 공소시효의 완성 여부는 공소장변경시가 아니라 **원래의 공소제기시를 기준으로 판단**한다. 따라서 변경된 공소사실에 대하여 공소제기 당시 기준 공소시효가 이미 완성되어 있는 경우에는 면소판결을 해야 한다.

2. 법원의 공소장변경요구

(1) 의의 : 법원이 심리의 경과에 비추어 상당하다고 인정할 때 공소사실 또는 적용법조의 **추가 또는 변경**을 요구하는 것을 말한다(제298조 제2항). 철회를 제외한 것은 공소권의 주체는 검사라는 점과 철회하지 않더라도 판결주문에는 영향이 없음에 기인한다.

(2) 취지 : 검사가 공소장변경을 하지 않음으로 인하여 명백히 유죄인 자에 대하여 무죄판결을 선고해야 하는 폐단을 방지하기 위함에 있다.

(3) 방식과 시기

① 방식 : 법원의 공소장변경요구는 **소송지휘에 관한 결정**의 성질을 가진다. [경찰승진 10] 따라서 공소장변경요구는 **공판정에서 구두에 의하여 고지**하는 것이 통례이다.

② 시기 : 공소장변경요구는 공판기일에 한하여 허용되므로 **제1회 공판기일 이전에는 허용되지 않는다**. 다만, 사실심이라면 제1심뿐 아니라 **항소심에서도 허용**되며 [경찰승진 10], 변론종결 후일지라도 이를 재개하여 요구할 수 있다.

(4) 성질(의무성) : 법 제298조 제2항에서는 "법원은 심리의 경과에 비추어 상당하다고 인정할 때에는 검사에게 공소장의 변경(추가 또는 변경에 한하고 철회는 제외한다)을 **요구하여야 한다.**"라고 규정하고 있으나, 그 성질에 대해서는 ① 의무설, ② 재량설, ③ 예외적 의무설이 대립하나,[1] **판례는 제298조 제2항의 문면(文面)에 불구하고 재량설**을 취한다. [법원9급 09/17, 국가7급 12, 국가9급 12, 경찰간부 16, 경찰채용 15 2·3차]

---

1. 대법원 1997.8.22, 97도1516

피고인이 이적표현물을 제작·반포한 사실은 부인하면서 이를 취득·소지한 것에 대하여는 자백하는 취지로 진술한다고 하여도 법원이 검사에게 공소장의 변경을 요구할 것인지 여부는 법원의 재량에 속하는 것이므로, 법원이 검사에게 그 표현물을 취득·소지한 것으로 공소장변경을 요구하지 아니하였다 하여 위법하다고 할 수 없다.

2. 대법원 2011.1.13, 2010도5994

법원이 피고인에 대한 상표법 위반의 공소사실을 부정경쟁방지 및 영업비밀보호에 관한 법률 위반으로 공소장변경을 요구하지 아니하거나, 직권으로 위 부정경쟁방지 및 영업비밀보호에 관한 법률 위반죄의 성립 여부를 판단하지 않은 것은 위법하지 않다.

---

1) [보충 : 법원의 공소장변경요구의 성질 - 의무성 - 에 관한 학설 및 판례 정리]
① 의무설 : 제298조 제2항의 문면에 근거하여 법원의 보충적 직권개입의무를 인정하는 입장이다(신양균). 이에 의하면 법원의 공소장변경요구를 하지 않고 무죄판결을 한 때에는 심리미진의 위법이 있다고 보게 된다. 의무설에 대해서는 검사의 공소제기가 있어야 법원이 심판한다는 탄핵주의 소송구조에 반한다는 비판이 있다.
② 재량설 : 공소사실의 변경은 검사의 권한이므로, 공소장변경요구는 법원의 소송지휘에 관한 결정이자 권리일 뿐 의무는 아니라는 입장이다(이/조, 차/최 등). 재량설에 대해서는 유죄임이 명백한 경우에도 실체진실의 발견을 포기할 수 있다는 비판이 있다.
③ 예외적 의무설 : 제298조 제2항의 문면에도 불구하고 법원의 공소장변경요구는 원칙적으로 법원의 재량에 속하나, 공소장변경요구를 하지 않고 무죄판결을 하는 것이 현저히 정의에 반하는 경우에 한하여 예외적으로 법원의 의무가 된다고 해석하는 입장이다(다수설). 예외적으로 법원의 의무가 되기 위한 기준으로는 증거의 명백성과 범죄의 중대성의 요건을 제시한다. 다만, 그 기준이 명백하지 못하다는 비판이 있다.
④ 판례 : 법원의 공소장변경요구는 재량에 속하므로 검사에게 공소장변경요구를 하지 않았다 하여도 위법이 아니라는 재량설의 입장이다(대법원 1990.10.26, 90도1229; 1997.8.22, 97도1516).
⑤ 결론 : 예외적 의무설이 타당하다. 이는 전술한 법원의 축소사실 인정의무를 인정하였던 것과 같은 결론이다(다만, 본서의 특성상 본문은 판례의 입장으로 정리).

(5) 효과 : ① 형성적 효력설, ② 권고적 효력설, ③ 명령적 효력설(다수설)의 대립이 있으나,[1] 법원의 공소장 변경요구는 법원의 소송지휘권에 기한 결정이므로 검사에게 복종의무를 인정하지 않을 수 없다는 점에서 **명령적 효력설**이 타당하다. 다만, 명령효설에 의하더라도 공소권의 주체는 검사이므로 검사가 이에 불응한 경우에도 그 의무이행의 강제가 허용되지 아니함은 물론, **공소장변경의 효과가 발생하는 것도 아니라는 것(형성효 부정)**이 일반적 견해이다.

> 정리 수험에서는 법원의 공소장변경요구의 형성효가 인정되지 않음에 유의할 것

3. 각 절차별 공소장변경 허용 여부

(1) 항소심 : **허용**된다. 항소심은 1심에 이은 사실심의 연속인 **속심**이고, 사후심적 요소는 소송경제를 위하여 부수적으로 인정하는 것에 불과하기 때문이다. 이는 **상고심에서 파기환송되어 열린 항소심**에서도 동일하다.
[국가7급 13/15, 국가9급 09, 경찰채용 15 3차] **판례도 긍정설**의 입장이다. [법원9급 09]

★ 판례연구 항소심에서 공소장변경이 허용된다는 사례

1. 대법원 1995.2.17, 94도3297
변경된 공소사실이 당초의 공소사실과 기본적 사실관계에서 동일하다고 보는 이상 설사 그것이 새로운 공소의 추가적 제기와 다를 바 없다고 하더라도, 현행법상 항소심의 구조가 오로지 사후심으로서의 성격만을 가지고 있는 것은 아니어서 공소장의 변경은 항소심에서도 할 수 있는 것이므로 이를 허가한 항소심 법원의 조치에 피고인의 제1심판결을 받을 기회를 박탈하여 헌법 제27조 제1항의 법률에 의한 재판을 받을 권리를 침해한 위법이 있다고 할 수 없다.

2. 대법원 2011.5.13, 2011도2233 [국가7급 18]
친고죄(반의사불벌죄 - 폭행)로 기소된 후 고소 취소되더라도 제1심이나 항소심에서 당초 기소된 공소사실과 동일성이 인정되는 범위 내에서 다른 공소사실(상해)로 공소장을 변경할 수 있는지 여부(적극)
친고죄에서 피해자의 고소가 없거나 고소가 취소되었음에도 친고죄로 기소되었다가 그 후 당초에 기소된 공소사실과 동일성이 인정되는 비친고죄로 공소장변경이 허용된 경우 그 공소제기의 흠은 치유되고(대법원 1996.9.24, 96도2151 등), 친고죄로 기소된 후에 피해자의 고소가 취소되더라도 제1심이나 항소심에서 당초에 기소된 공소사실과 동일성이 인정되는 범위 내에서 다른 공소사실로 공소장을 변경할 수 있으며 이러한 경우 변경된 공소사실에 대하여 심리·판단하여야 하는데(대법원 1990.1.25, 89도1317 등), 이는 반의사불벌죄에서 피해자의 '처벌을 희망하지 아니하는 의사표시' 또는 '처벌을 희망하는 의사표시의 철회'가 있는 경우에도 마찬가지로 보아야 한다(폭행에 대하여 고소취소되어도 상해로 공소장변경되면 실체재판 ○).[2]
> 정리 항소심에서 변경된 공소사실을 가지고 공소제기시를 기준으로 소송조건의 구비 여부를 따져보면, 상해죄는 친고죄·반의사불벌죄가 아니므로 공소제기시 소송조건 불비의 위법이 없다.

---

(2) 상고심 : 법률심인 사후심이므로 **허용되지 않는다.**

(3) 간이공판절차 : 증거능력·증거조사에 관해서만 특칙이 인정되는 외에는 공판절차 일반규정의 적용이 배제되지 아니하므로 공소장변경이 **허용된다.**

(4) 약식절차 : 서면심리에 의하여 진행되고 피고인의 소환을 요하지 않는 약식절차는 공판심리절차가 아니므로 공소장변경이 **허용되지 아니한다.** 즉결심판도 같다.

(5) 재심 : 이익재심원칙상 원판결보다 중한 형을 선고할 수 없으므로, 그 범위에서 공소장변경이 **허용된다.**

---

1) [보충 : 법원의 공소장변경요구의 효과에 관한 학설 정리]
  ① 형성효설 : 법원의 공소장변경요구가 있음에도 검사가 이에 불응하면 공소장변경의 효과가 발생한다는 입장이다. 이에 대해서는 공소장변경 신청권자를 검사로 규정한 법 제298조 제1항과 충돌할 뿐만 아니라 공소장변경요구의 형성효를 인정한 근거규정이 없다는 비판이 있다.
  ② 권고효설 : 공소장변경은 검사의 권한일 뿐이므로 공소장변경요구는 권고적 의미에 그친다는 입장이다.
  ③ 명령효설 : 법원의 공소장변경요구에 대하여 검사의 복종의무를 인정하는 입장이다. 다만, 명령효설에 의하더라도 공소장변경 신청의 주체는 검사라는 점에서 검사에게 그 이행을 강제할 방법은 없다는 점을 인정한다.
  ④ 결론 : 명령효설이 타당하다.
2) [보충] 공소사실 중 피해자 공소외인에 대한 상해의 점은 당초에 공소장에 죄명은 상해로, 적용법조는 형법 제257조 제1항으로 기재되어 있었으나 공소사실은 폭행으로 기재되어 있었던 사실, 위 피해자가 제1심에 피고인의 처벌을 희망하지 아니하는 의사표시를 하였으나 제1심은 공소장에 기재된 적용법조와 공소사실을 그대로 원용하여 유죄판결을 선고한 사실, 그 후 피고인의 항소로 진행된 원심에서 검사가 위 공소사실을 상해로 변경하는 내용의 공소장변경허가신청을 하여 원심이 이를 허가한 후 위 변경된 공소사실에 관하여 심리·판단하여 이를 유죄로 인정한 것은 정당하고 법 제327조 제6호에 관한 법리오해 등의 위법은 없다(대법원 2011.5.13, 2011도2233).

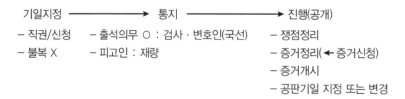

※ 공판준비기일(임의적)

기일지정 ──────→ 통지 ──────→ 진행(공개)

- 직권/신청   - 출석의무 ○ : 검사 · 변호인(국선)   - 쟁점정리
- 불복 X   - 피고인 : 재량   - 증거정리(◄ 증거신청)
                                                   - 증거개시
                                                   - 공판기일 지정 또는 변경

01 의 의

I 개 념

형사소송법은 법원 또는 소송관계인이 공판기일에서의 효율적이고 신속한 심리를 진행할 수 있게 하기 위하여, [법원승진 09] ① 공판기일 전에 공소장부본의 송달, 국선변호인의 선정, 제1회 공판기일의 지정과 피고인의 소환과 같은 **절차적 공판준비**와 ② 공판기일 전에 행하는 증거조사 준비와 같이 증거를 미리 수집·정리하여 공판기일에 신속한 실체심리가 이루어지도록 하는 **실체적 공판준비**, 그리고 ③ 법 제266조의5 이하에 규정된 (협의의) **공판준비절차**와 같은 규정들을 두고 있다. 이렇듯 (광의의) 공판의 준비 절차란 공판기일에서의 심리를 준비하기 위하여 공판기일 전에 수소법원에 의하여 행하여지는 일련의 절차를 말한다.

II 제도의 취지

공판의 준비 절차는 공판기일의 심리를 신속하고 능률적으로 하려는 데 그 제도의 목적이 있으므로 공판중심주의와 모순되지 않으며 오히려 공판중심주의를 실현하기 위한 수단이라 할 수 있다. 다만, 공판준비절차에서 실체심리가 지나치게 이루어지면 공판기일의 심리절차가 형식적으로 흐르게 된다. 공판기일 전 증거조사가 제한된 범위 내에서 행하여져야 하는 이유도 바로 여기에 있다. 공판중심주의를 실현하기 위하여, 공판기일은 단순히 증거조사만 하는 절차가 아니라 피고인의 주장을 법정에 상세히 현출하는 절차가 되어야 한다.

02 내 용

I 절차적 공판준비

1. 공소장부본의 송달

(1) 의의 : 법원은 공소제기가 있는 때에는 **지체 없이** 공소장부본을 **피고인 또는(및 × [국가9급개론 15])** **변호인**에게 송달하여야 한다. 단, **제1회 공판기일 전 5일**까지 송달하여야 한다(제266조). [법원9급 07/11, 국가9급 12, 경찰채용 11 2차] 국민참여재판 대상사건의 경우 공소장부본과 함께 국민참여재판 안내서를 송달하여야 한다(국참규 제3조 제1항).[1]

정리 5일이 법정기간인 경우 : ① 공소장부본 송달(제266조), ② 제1회 공판기일 유예기간(제269조 제1항), ③ 제2회 이후의 공

---

1) [참고] 제1회 공판기일 5일 전(예 기일이 12.15.일 경우 12.9. 이전)에 송달이 되도록 여유 있게 발송해야 한다.

시송달효력(제64조 제4항 단서)

[정리] 송달·통지받을 자의 또는 & 및 정리
① 피고인 또는 변호인에게 송달 : 공소장부본 송달, 공소장변경허가신청서부본 송달
② 피고인 및 변호인에게 통지 : 공판준비기일의 통지(cf. 공판기일의 통지 : 검사·변호인·보조인 모두에게 통지, 피고인·대표자·대리인은 소환)
③ 피의자 및 변호인에게 통지 : 구속전피의자심문기일·장소의 통지

(2) 취지 : 피고인은 공소장부본을 송달받기 전까지는 자신에 대한 공소사실, 즉 검사의 수사의 결론 내지 앞으로의 **법원에서의 심판대상이 구체적으로 어떤 것인지**를 알 수가 없으므로, 공소장부본을 송달받음으로써 비로소 이를 **알게 되어 방어책과 권리보호방법을 강구**할 수 있게 된다. 따라서 적법절차 및 피고인의 방어권을 실질적으로 보장하기 위해서는 위와 같이 공소제기된 공소사실을 당사자에게 미리 알려 주고, 이에 대한 방어의 기회를 보장해 주지 않으면 안 된다. 다만, 법은 공소장부본의 송달이 지체된 경우에 공소의 효력을 상실시키는 규정은 두고 있지 않으므로, 공소장부본의 송달은 **공소제기의 유효요건은 아니고** 공판개시의 절차적 요건이라고 할 수 있다.[1]

(3) 송달 하자에 대한 이의신청 : ① 공소장부본의 송달이 없는 상태에서 제1회 공판기일이 개시되거나, 제1회 공판기일 전 5일의 유예기간을 두지 아니하고 공소장부본을 송달한 경우에는, 피고인이나 변호인은 심리개시에 대하여 **이의신청**을 할 수 있고, 이 경우 법원은 공판기일의 지정을 취소하거나 이를 변경하여야 한다. 그러나 ② 피고인의 이의는 **늦어도 피고인의 모두진술 단계**에서 하여야 하며, 피고인이 이의하지 않고 사건의 실체에 관하여 진술한 때에는 그 하자는 치유된다. [국가9급 15]

> **대법원 2014.4.24, 2013도9498** [경찰간부 14, 경찰채용 15 1차]
> 제1심이 공소장 부본을 피고인 또는 변호인에게 송달하지 아니한 채 공시송달의 방법으로 피고인을 소환하여 피고인이 공판기일에 출석하지 아니한 가운데 제1심 공판절차가 진행된 경우, 항소심이 취해야 할 조치
> 법 제266조는 "법원은 공소의 제기가 있는 때에는 지체 없이 공소장의 부본을 피고인 또는 변호인에게 송달하여야 한다. 단, 제1회 공판기일 전 5일까지 송달하여야 한다."라고 규정하고 있으므로, ① 제1심이 공소장 부본을 피고인 또는 변호인에게 송달하지 아니한 채 공판절차를 진행하였다면 이는 소송절차에 관한 법령을 위반한 경우에 해당한다. 이러한 경우에도 ② 피고인이 제1심 법정에서 이의함이 없이 공소사실에 관하여 충분히 진술할 기회를 부여받았다면 판결에 영향을 미친 위법이 있다고 할 수 없으나(대법원 1992.3.10, 91도3272; 1962.11.22, 62도155), 제1심이 공시송달의 방법으로 피고인을 소환하여 피고인이 공판기일에 출석하지 아니한 가운데 제1심의 절차가 진행되었다면 그와 같은 위법한 공판절차에서 이루어진 소송행위는 효력이 없으므로, 이러한 경우 ③ 항소심은 피고인 또는 변호인에게 공소장 부본을 송달하고 적법한 절차에 의하여 소송행위를 새로이 한 후 항소심에서의 진술과 증거조사 등 심리결과에 기초하여 다시 판결하여야 한다.

2. 의견서 제출

(1) 의의 : 피고인 또는 변호인은 **공소장부본을 송달받은 날부터 7일 이내**에 공소사실에 대한 인정 여부, 공판준비절차에 관한 의견 등을 기재한 의견서를 법원에 제출하여야 한다(제266조의2 제1항 본문). 다만, 피고인이 진술을 거부하는 경우에는 그 취지를 기재한 의견서를 제출할 수 있다(동 단서). 비록 의견서 제출의무가 부과되어 있기는 하나 피고인에게는 진술거부권이 있으므로 의견서(진술을 거부한다는 취지의 의견서 포함)를 제출하지 않는다고 하여 이를 **강제하거나 불이익을 줄 수는 없다.**

(2) 취지 : 2007년 개정법은 공소사실에 대한 피고인의 입장을 조기에 확인함으로써 **심리계획의 수립을 쉽게 하고**, 피고인으로서도 공소장에 대응하는 의사표시를 할 기회로 활용함으로써 **방어에 도움**이 되도록 하기 위하여 의견서 제출제도를 도입하여 피고인에게 의견서 제출의무를 부과하였다. 의견서의 제출에 의하여 수소법원은 자백사건과 부인사건을 따로 모아 기일을 정하거나 공판준비절차 회부 여부를 정할 수 있고, 재판진행의 충실을 도모할 수 있으며, 피고인에게도 신중하고 명확한 입장 표명과 재판 준비를 하게 할 수 있다.

---

[1] 법원실무 | 466면.

(3) 제출 후 절차 : 의견서가 제출되면, 법원사무관 등은 의견서를 즉시 재판장에게 인계하고 **검사에게도 의견서 사본을 즉시 송부**하여야 한다. 의견서는 공판기록에 편철한다. 법원은 의견서의 검토가 끝나면 지체 없이 공판준비절차 회부 여부를 결정하여야 한다.

3. 국선변호인 선정에 관한 고지

국선변호사건(제33조) 또는 필요적 변호사건(제282조)에 있어서 피고인에게 변호인이 없는 경우에 재판장은 피고인에게 국선변호인을 선정하게 된다는 취지 또는 선정을 청구할 수 있다는 취지를 서면으로 고지한다(규칙 제17조).

4. 제1회 공판기일의 지정과 변경

(1) 공판기일의 지정

① 의의 : 공판기일(公判期日, Hauptverhandlungstermin)이란 법관·당사자 기타 소송관계인이 일정한 장소에 회합하여 소송행위를 하도록 정해진 때를 의미하는바, 공소장 부본이 송달되고 국선변호인 선정절차가 완료되면, **재판장은 공판기일을 지정**한다(제267조 제1항). 재판장이 공판기일 지정을 함에 있어서 한 기일에 여러 사건을 진행할 예정인 때에는 가능한 한 각 사건의 공판개정시간을 구분하여 지정하여야 한다(규칙 제124조).

② 성격 : 공판기일의 지정은 소송지휘권의 한 형태로 기일변경권이나 기일연기권을 포함하며, 그 법적 성격은 재판의 일종인 **명령**에 해당한다. 따라서 법원이 부당하게 변론기일 또는 공판기일을 변경하거나 그 기일을 지정하지 아니하는 경우에도 **변호인과 피고인은 수소법원에 공판기일 지정을 신청할 수 없다.**
[국가9급 12]

③ 유예기간 : 피고인 등에 대한 소환장의 송달에 소요될 기간을 예상하여 송달일로부터 **5일의 유예기간** 경과 후에 제1회 공판기일이 열리도록 여유 있게 지정하지 않으면 안 된다(제269조 제1항). [법원9급 11, 법원승진 09] 다만, 피고인이 이의 없는 때에는 위 **유예기간을 두지 않을 수 있다**(동조 제2항).

④ 신속기일 지정이 요구되는 사건 : 피고인이 소년인 형사사건은 다른 사건에 우선하여 제1회 공판기일을 지정하여야 한다(규칙 제179조). 또 선거범과 그 공범에 관한 재판은 다른 재판에 우선하여 신속하게 하여야 한다(공선 제270조).

(2) 공판기일의 변경

① 의의 : 먼저 지정한 공판기일을 취소하고 새로운 기일을 지정하는 것을 말하며, 기일 도래 전 새로운 기일을 지정하거나 기일이 도래하여 일단 개정을 한 후 실질적 심리에 들어가지 않고 다음 기일을 지정하는 연기까지를 포함한다. 공판기일의 변경은 재판장이 **직권**으로 할 수도 있고, **검사·피고인·변호인의 신청**에 의하여 할 수도 있다(제270조 제1항, 규칙 제125조). [법원9급 11, 경찰채용 11 2차] 기일의 속행(개정하여 실질적 심리에 들어간 후 심리 계속 위해 새로운 기일 지정)과는 구별된다.

② 변경신청 기각 : 공판기일 변경신청을 기각한 명령은 송달하지 아니한다(제270조 제2항). [법원9급 11] 따라서 기각한 명령을 별도로 송달하지 아니하고 지정되었던 기일에 그대로 진행하면 된다.

5. 공판기일의 통지 및 피고인 등의 소환

(1) 공판기일의 통지 : 공판기일이 지정 또는 변경되면 ―아래와 같이 피고인, 대표자 또는 대리인을 소환하는 이외에― **검사, 변호인과 보조인**(모두)에게 그 공판기일을 **통지**하여야 한다(제267조 제3항).[1] [경찰채용 11 2차] 검사, 변호인과 보조인에 대하여는 피고인의 경우와 달리 출석의무를 부담시켜 강요할 필요가 없기 때문에 **소환을 하지 않고 통지**를 하는 것이다.

> 비교 ① 공판기일이 지정·변경되면 검사·변호인·보조인에게 통지하고 피고인·대표자·대리인은 소환한다. ② (비교) 공판준비기일은 검사, 피고인 및 변호인에게 통지하여야 한다(제266조의8 제3항). 피고인은 출석의무는 없고, 출석권이 있다(출석권이 있으므로 반드시 통지).

---

1) [참고] 성폭력범죄 또는 아동·청소년대상 성범죄의 피해자 및 그 법정대리인이 변호사를 선임하거나 검사가 피해자를 위하여 국선변호사를 선정한 경우 그 변호사에게도 공판기일을 통지하여야 하고(성폭심리규 제4조 제1항), 배상신청이 있을 경우 신청인에게도 공판기일을 통지하여야 한다(소촉 제29조 제1항).

(2) 피고인 등의 소환

① **의의** : 공판기일에는 **피고인, 대표자 또는 대리인을 소환**하여야 한다(제267조 제2항). [경찰채용 11 2차]

> 정리 소환이라 함은 특정인에 대하여 일정한 일시에 일정한 장소로 출석할 것을 명하는 법원의 재판을 의미한다. [법원행시 03]

② **소환장의 송달**

(가) **원칙** : 피고인(대표자·대리인)을 소환함에는 소환장을 발부하여(제73조) 이를 송달하는 것이 원칙이다(제76조 제1항).

(나) **송달의 시기**(제1회 공판기일 유예기간) : ㉠ 제1회 공판기일은 소환장 송달 후 **5일 이상의 유예기간**을 두어야 하므로(제269조 제1항), 제1회 공판기일 5일 전(예 기일이 12.15.일 경우 12.9. 이전)에 송달이 되도록 여유 있게 발송해야 한다. [경찰채용 11 2차] 다만, ㉡ 피고인이 **이의하지 않으면** 제1회 공판기일 유예기간을 두지 않거나 5일 미만의 유예기간이 된다고 하여도 **유효**하다(동조 제2항). [법원9급 09] 여하튼 ㉢ **공소장부본이 송달되기도 전**에 제1회 공판기일소환장을 송달하는 일이 있어서는 안 된다(규칙 제123조). 이는 공소장부본이 송달되어 피고인이 자신에 대한 공소사실이 어떠한 내용인지를 알게 되기도 전에 공판기일소환장이 송달되어서는 안 된다는 것이다. 다만, **제1회 공판기일소환장과 공소장부본을 동시에 송달하는 것은 가능**하다.

> 비교 제2회 이후의 공판기일소환장은 늦어도 출석할 일시 12시간 이전에 송달하면 된다. 다만, 피고인이 이의를 하지 아니하는 때에는 그러하지 아니하다(규칙 제45조).

> 정리 소환의 주체는 ⓐ 법원(재판부)인 것이 원칙이지만(제68조), ⓑ 급속을 요하는 경우에는 재판장이 이를 하거나 합의부원으로 하여금 하게 할 수 있다(제80조). ⓑ의 경우에는 그 취지를 소환장에 기재하여야 한다(규칙 제47조).

대법원 1990.9.25, 90도922

공시송달의 효력발생일 이전의 날을 공판기일로 정하여 한 기일통지 및 그에 기한 공판절차의 적부(소극)

형사소송법 제64조 제4항에 의하면 제2회 이후의 공시송달은 5일을 경과하여야 그 효력이 생기는 것인바, 제2회 이후의 공시송달로서 공판기일을 통지함에 있어 그 공판기일이 공시송달한 날부터 5일 이내임이 역수상 명백한 경우에는 그 공판은 피고인에 대한 공판기일통지가 이루어지지 아니한 가운데 열린 것이 되어 위법하며, 따라서 위 공판기일에서 지정한 그 다음 기일에서의 공판절차 또한 위법하다.

(다) **소환장의 내용·형식** : 소환장에는 피고인의 성명, 주거, 죄명, 출석할 일시·장소, 정당한 이유 없이 출석하지 아니하는 때에는 도망할 염려가 있다고 인정하여 구속영장을 발부할 수 있음을 기재하고 재판장 또는 수명법관이 **기명날인 또는 서명**하여야 한다(제74조, 구법 : 기명날인, 2017.12. 12. 개정법 : 기명날인 또는 서명). [법원9급 08]

(라) **소환장 송달의 의제**

㉠ **법원의 구내에서의 기일통지** : 법원의 **구내**에 있는 피고인에 대하여 공판기일을 **통지**한 때에는 소환장 송달의 효력이 있다(제268조). [법원9급 07/10, 경찰채용 10 2차, 국가7급 19]

㉡ **출석한다는 서면의 제출** : 피고인이 어느 특정의 기일에 **출석하겠다는 취지를 기재한 서면을 제출한 때**에는 소환장의 송달과 동일한 효력이 있다(제76조 제2항 전단).[1] [법원9급 07/08]

㉢ **출석명령** : 어느 특정의 기일(공판기일, 증거조사기일 등)에 **출석한 피고인**에 대하여 **다음 기일**(동종의 기일일 필요는 없음)을 정하고 **출석을 명한 때**에는 소환장의 송달과 동일한 효력이 있다(동항 후단).[2] [법원9급 07/08] 마찬가지로, 공판준비기일이나 공판기일 전의 증거조사(제273조)가 시

---

1) [참고] 공판기일이 지정되고 아직 소환절차에 착수(소환장을 발송)하기 전에 피고인이 형사과 법원사무관 등에게 가서 공판기일이 언제인지를 물어서 알게 된 경우 피고인이 그 기일에 출석하겠다는 출석승낙서를 제출하면 다시 정식의 소환을 할 필요가 없는 것이다. 법원실무 I 495면.

2) [참고] 동행명령은 법원에 출석한 피고인에 대하여 법원 밖의 증거조사 또는 공판장소(법조 제56조 제2항)에 재판부 또는 수명법관과 함께 갈 것을 명하기 위한 것이다. 출석명령 및 동행명령은 검증이나 압수·수색영장의 집행 등에 피고인을 참여시킬 필요가 있다고 판단되는 경우 이를 이용할 수 있다.

행되어 피고인이 출석한 경우에는 그 기일에 다음 기일을 정하여 출석을 명하는 방법으로 소환을 할 수 있다. 이 경우 그 출석명령이 있었다는 사실은 그 기일의 **조서에 명확히 기재**하여야 한다(제76조 제3항). [법원9급 08]

    ㉣ 구금된 피고인의 소환 : 구금된 피고인에 대하여는 **교도관에게 통지**하여 소환해야 하고, **피고인이 교도관으로부터 소환통지를 받은 때**에는 소환장의 송달과 동일한 효력이 있다(제76조 제4항·제5항). [법원9급 07/08/12] 일반적으로 교도관에게 소환의 통지를 하면 교도관은 구금된 피고인에게 즉시 통지하는 것이 보통이겠으나, 교도관의 부주의로 피고인에게 통지를 하지 않았다면 소환의 효력은 없게 된다.

> |비교| 서류는 교도소장에게 전달하면 송달이 된 것으로 보지만, 소환장은 피고인이 교도관으로부터 소환통지를 받아야 송달의 효력이 있다. [교정9급특채 12]

  (마) 송달의 효과 : 소환당한 사람에게 **출석의무**를 부담시키고 정당한 이유 없이 이에 불응할 때에는 **구인**당하거나(제74조, 제152조) 소송비용의 부담, 과태료의 제재 또는 감치 등을 당하게 되는(제151조, 제177조, 제183조) 불이익을 부담시키는 효력이 있게 된다(예외 : 피고인 아닌 자의 신체검사를 위한 소환은 강제력이 없음, 제142조). 따라서 공판기일에 소환 또는 통지서를 받은 자가 질병 기타의 사유로 출석하지 못할 때에는 의사의 진단서 기타의 자료를 제출하여야 한다(제271조). [경찰채용 08 1차]

II 실체적 공판준비

1. 공판기일 전의 증거조사

(1) 의의 : 형사소송법은 공판기일에서의 효율적이고도 신속한 심리를 위하여 공판기일 전에 행하는 증거조사 준비에 관한 규정을 두고 있는바, 제273조가 규정하는 피고인신문, 증인신문, 검증, 감정, 번역 및 제274조가 규정하는 당사자의 서류·물건제출 등의 절차가 바로 그것이다(제272조의 공무소 등에의 조회 및 서류송부요구도 포함됨).

(2) 증거조사의 범위

  ① 당사자의 신청에 의한 증거조사 : 법원은 검사, 피고인 또는 변호인의 신청에 의하여 **공판준비에 필요하다고 인정한 때**에는 공판기일 전에 **피고인 또는 증인을 신문**할 수 있고 **검증, 감정 또는 번역**을 명할 수 있다(제273조 제1항). [법원9급 11, 경찰채용 11 2차] 다만, 공판기일 전 증거조사는 공판준비에 필요하다고 인정한 때에 한하여만 할 수 있으므로, 공판의 준비에 필요한 범위를 벗어나 이 절차 단계에서 공판기일에서의 피고인신문과 같은 사건의 실체에 관한 심리가 행하여지도록 하여서는 안 되고, 어디까지나 공판기일의 효율적 재판진행을 위하여 미리 쟁점이 되는 사항에 대한 증거결정을 하여 이를 기초로 공판준비를 하는 제한된 범위 내에서 허용될 뿐이다. 한편 재판장은 수명법관으로 하여금 증거조사를 하게 할 수 있다(동조 제2항). 신청을 기각함에는 결정으로 하여야 한다(동조 제3항).

  ② 당사자의 증거제출 : 검사, 피고인 또는 변호인은 **공판기일 전에 서류나 물건을 증거로 법원에 제출**할 수 있다(제274조). [법원9급 15, 경찰채용 11 2차]

(3) 공판기일 전의 의미 : 공소장일본주의에 기한 예단배제원칙·공판중심주의와의 관계상 위 원칙들과 상충될 우려가 있는 제1회 공판기일 전의 피고인신문·증인신문 등 절차는 이를 행하지 않아야 하므로, 제273조·제274조의 공판기일 전이라 함은 **제1회 공판기일 이후의 공판기일 전**을 의미한다고 해석해야 한다(다수설[1]). [법원9급 15]

> |정리| 제1회 공판기일 전에는 전술한 수사상 증거보전 또는 증인신문 청구를 활용할 것(제184조, 제221조의2).

2. 공무소 등에 대한 조회에 의한 보고 · 서류송부의 요구

(1) 의의 : 법원은 직권 또는 검사, 피고인이나 변호인의 신청에 의하여 **공무소 또는 공사단체에 조회하여 필요한 사항의 보고 또는 그 보관서류의 송부를 요구**할 수 있다. 신청을 기각함에는 결정으로 하여야 한다

---

1) [참고] 다만, 제1회 공판기일 전에도 증거조사가 가능하다는 견해로는 임동규, 378면 참조.

(제272조).[1] 다만, 개인에 대하여는 할 수 없다.

(2) 공무소 등의 협력의무(송부요구신청 및 신청인의 열람·지정) : 법 제272조에 따른 보관서류의 송부요구신청은 법원, 검찰청, 수사처 기타의 공무소 또는 공사단체(이하 "법원 등")가 보관하고 있는 서류의 일부에 대하여도 할 수 있다(규칙 제132조의4 제1항). 수소법원으로부터 위 서류의 인증등본 송부요구(동조 제2항)를 받은 법원 등은 당해 서류를 보관하고 있지 아니하거나 기타 송부요구에 응할 수 없는 사정이 있는 경우를 제외하고는 신청인 또는 변호인에게 당해 서류를 **열람**하게 하여 필요한 부분을 **지정**할 수 있도록 하여야 하며, **정당한 이유 없이 이에 대한 협력을 거절하지 못한다**(동조 제3항).

> **보충** 검사가 공소제기 후 수소법원 이외의 지방법원판사에게 청구하여 발부받은 압수·수색영장에 의하여 압수·수색을 하여 수집된 증거는 위법수집증거로서 증거능력이 없다(대법원 2011.4.28, 2009도10412)(공소제기 후 수사 참조). [경찰채용 23 1차] 이 경우 검사는 수소법원에 압수·수색에 관한 직권발동을 촉구하거나 사실조회(제272조)를 신청하여 증거 등을 확보할 수 있다(같은 판례의 판결이유). [변호사 16]

대법원 2012.5.24, 2012도1284 [국가9급 18]

형사소송법 제272조 제1항 등에서 법원이 공무소 등에 송부요구한 서류에 대하여 변호인 등이 열람·지정할 수 있도록 한 취지 및 서류의 열람·지정을 거절할 수 있는 '정당한 이유'의 해석방법

형사소송법 제272조 제1항, 형사소송규칙 제132조의4 제2항, 제3항에서 규정한 바와 같이, 법원이 송부요구한 서류에 대하여 변호인 등이 열람·지정할 수 있도록 한 것은 피고인의 방어권과 변호인의 변론권 행사를 위한 것으로서 실질적인 당사자 대등을 확보하고 피고인의 신속·공정한 재판을 받을 권리를 실현하기 위한 것이므로, 서류의 열람·지정을 거절할 수 있는 '정당한 이유'는 엄격하게 제한하여 해석하여야 한다. 특히 서류가 관련 형사재판확정기록이나 불기소처분기록 등으로서 피고인 또는 변호인이 행한 법률상·사실상 주장과 관련된 것인 때에는, "국가안보, 증인보호의 필요성, 증거인멸의 염려, 관련 사건의 수사에 장애를 가져올 것으로 예상되는 구체적인 사유"에 준하는 사유가 있어야만 그에 대한 열람·지정을 거절할 수 있는 정당한 이유가 인정될 수 있다(법 제266조의3 제1항 제4호, 제2항 참조).

> **보충** 따라서 이러한 경우 서류의 송부 요구를 한 법원으로서도 해당 서류의 내용을 가능한 범위에서 밝혀보아 서류가 제출되면 유·무죄의 판단에 영향을 미칠 상당한 개연성이 있다고 인정될 경우에는 공소사실이 합리적 의심의 여지 없이 증명되었다고 보아서는 아니 된다.

---

03 | 공판 전 준비절차 – 협의의 공판준비절차

I 의 의

1. 개 념

재판장은 효율적이고 집중적인 심리를 위하여 사건을 공판준비절차에 부칠 수 있다(제266조의5 제1항). [국가9급개론 17] (협의의) 공판준비절차는 공판기일에서의 심리를 준비하기 위하여 법원이 행하는 일련의 절차(광의의 공판준비절차) 중에서도 특히 집중심리를 위하여 사건에 대한 쟁점을 정리하고 입증계획을 수립하는 절차이다(2007년 개정법 제266조의5 이하).

2. 취지 및 협력의무

공판준비절차의 주목적은 쟁점정리와 입증계획의 수립이다.[2] 공소가 제기된 사건은 피고인이 자백하는 사건과 서로 유·무죄를 다투고 쟁점이 복잡한 사건 등 참으로 다양하므로, 수소법원에서는 당해 사건의 특성에 따라 기일을 지정하고 절차를 진행할 필요가 있고, 이를 위해서는 사전에 준비절차를 거칠 필요가

---

1) [참고] 실무상 흔히 행해지는 것은 전과사실, 출소일자, 가석방의 경우의 형기종료일자 등을 교도소에 조회하거나 사건의 실체에 관계되는 여러 사항을 관계 관청, 은행, 회사 등에 조회하는 외에 구속집행정지 여부, 보석허가 여부 등을 결정하기 위해 구치소 등에 건강상태를 조회하는 것 등 여러 가지가 있다. 법원실무 I 503면.

2) [참고] 민사소송과 달리 형사소송에서는 검사가 공소제기 전에 수사절차를 통하여 필요한 증거를 수집함으로써 당사자 사이에 사실관계에 대한 파악이 이루어졌고, 공소사실이라는 형태로 입증의 대상이 어느 정도 특정되어 있다. 따라서 쟁점정리의 측면은 민사소송과 비교하여 중요성이 낮은 편이다. 따라서 형사소송에서는 주로 입증계획의 수립에 중점을 두어 집중심리를 계획할 필요가 있다는 것이 실무의 설명이다. 법원실무 I 619면.

있으며, 이러한 공판준비절차가 제대로 이행되어야만 집중심리와 효율적인 재판진행을 도모할 수 있다.[1] 따라서 그 실효성 확보를 위해 검사, 피고인 또는 변호인은 증거를 미리 수집·정리하는 등 공판준비절차가 원활하게 진행될 수 있도록 협력할 의무를 진다(제266조의5 제3항). [경찰채용 10 1차]

3. 성격 – 임의적 절차

공판준비절차는 법원이 필요하다고 인정하는 경우에 거칠 수 있는 **임의적 절차**이다(제266조의5 제1항 : 부칠 수 있다). [법원9급 15, 국가7급 10/14, 국가9급 09, 경찰승진 11, 경찰채용 12 3차] 다만, 국민참여재판에서는 이를 필수적 절차로 규정하고 있다(국참 제36조 제1항 본문). [국가7급 09/10]

4. 방 법

공판준비절차는 주장 및 입증계획 등을 서면으로 준비하게 하는 방법(서면제출 공판준비절차)과 공판준비기일을 여는 방법(공판준비기일절차)으로 진행한다(제266조의5 제2항). [경찰채용 15 1차]

[정리] 수험에서는 공판준비기일절차에 포인트가 있다.

II 서면제출에 의한 공판준비절차

1. 서면의 제출

검사, 피고인 또는 변호인은 **법률상·사실상 주장의 요지 및 입증취지 등이 기재된 서면**을 법원에 **제출할 수 있다**(제266조의6 제1항). [국가7급 08] 재판장은 검사, 피고인 또는 변호인에 대하여 이에 따른 서면의 제출을 명할 수 있다(동조 제2항). 위 서면에는 증거로 할 수 없거나 증거로 신청할 의사가 없는 자료에 기초하여 법원에 예단 또는 편견을 발생하게 할 염려가 있는 사항을 기재하여서는 안 된다(규칙 제123조의9 제3항).

2. 송달 및 공판준비에 필요한 명령

법원은 제출된 서면의 부본을 상대방에게 송달해야 하고(제266조의6 제3항), 재판장은 공소장 등 법원에 제출된 서면에 대한 설명을 요구하거나 그 밖에 공판준비에 필요한 명령을 할 수 있다(동조 제4항).

III 공판준비기일절차

1. 직권 또는 신청에 의한 공판준비기일의 지정

법원은 검사, 피고인 또는 변호인의 의견을 들어 **공판준비기일을 지정할 수 있다**(직권에 의한 지정, 제266조의7 제1항). 또한 검사, 피고인 또는 변호인은 법원에 대하여 공판준비기일의 지정을 신청할 수 있으나, **당해 신청에 관한 법원의 결정에 대하여는 불복할 수 없다**(동조 제2항).[2] [법원9급 10/12, 국가7급 08/14, 경찰채용 10 1차/11 1차/12 3차/14 2차]

[정리] 수소법원의 판결 전 결정에 대하여는 구금, 보석, 압수나 압수물의 환부, 감정유치에 관한 결정(강제처분에 관한 결정)을 제외하고는(이상 보통항고 가능) 특히 즉시항고를 할 수 있는 경우 외에는 항고하지 못한다(제403조). 이에 공판준비기일의 지정에 대해서 즉시항고·보통항고할 수 없다.

2. 공판준비기일의 통지 및 국선변호인의 선정

(1) 공판준비기일의 통지 : 법원은 **검사, 피고인 및 변호인**에게(모두, ∴ 또는 ×) 공판준비기일을 **통지하여야 한다**(제266조의8 제3항)(cf. 공판기일 통지는 검사·변호인·보조인에게, 피고인·대표자·대리인은 소환).[3] [경찰채용 11 1차]

(2) 국선변호인의 선정 : 법원은 공판준비기일이 지정된 사건에 관하여 변호인이 없는 때에는 **직권으로 변호인**

---

1) [참고] 실무에서는, 공판준비절차는 원칙적으로 다투는 사건에서 활용하고, 자백하는 사건에 있어서는 중요한 양형요소에 관하여 의문이 있는 경우, 의견서 등에서 자백의 취지를 표현하고는 있으나 법률상 죄의 성립에 의문이 있는 경우 등에 한하여 활용한다. 전게서, 같은 면.

2) [참고] 다만, 검사·피고인 또는 변호인은 부득이한 사유로 공판준비기일을 변경할 필요가 있는 때에는 그 사유와 기간 등을 구체적으로 명시하여 공판준비기일의 변경을 신청할 수 있다(규칙 제123조의10).

3) [참고] 법원은 사건을 공판준비절차에 부친 때에는 집중심리를 하는 데 필요한 심리계획을 수립하여야 한다(심리계획의 수립, 규칙 제123조의8 제1항). 검사·피고인 또는 변호인은 특별한 사정이 없는 한 필요한 증거를 공판준비절차에서 일괄하여 신청하여야 한다(증거의 일괄신청, 동조 제2항). 법원은 증인을 신청한 자에게 증인의 소재, 연락처, 출석 가능성 및 출석이 가능한 일시 등 증인의 신문에 필요한 사항의 준비를 명할 수 있으며(동조 제3항), 재판장은 검사·피고인 또는 변호인에게 기한을 정하여 공판준비절차의 진행에 필요한 사항을 미리 준비하게 하거나 그 밖에 공판준비에 필요한 명령을 할 수 있다(기일 외 공판준비, 규칙 제123조의9 제1항).

을 선정하여야 한다(국선변호인, **영적준재즉참재…**, 동조 제4항). [법원9급 10/12/15, 국가7급 10, 국가9급 09, 경찰승진 11, 경찰채용 10 1차/12 3차] 이는 공판준비기일이 지정된 후에 변호인이 없게 된 때에도 같다(규칙 제123조의11 제2항).

3. 검사 및 변호인의 출석의무 및 피고인의 소환·출석

(1) **검사와 변호인의 출석의무** : 공판준비기일에는 **검사 및 변호인이 출석하여야 한다**(제266조의8 제1항). [법원승진 09, 국가7급 08, 국가9급개론 17, 경찰채용 12 3차] 공판준비절차의 목적이 쟁점정리와 입증계획의 수립에 있고, 이를 위해 당사자들에게 협력의무가 부여됨은 기술한 바와 같다.

(2) **참여사무관** : 공판준비기일에는 **법원사무관 등이 참여**한다(동조 제2항). [법원9급 08] 조서작성이 필요하기 때문이다.

(3) **피고인의 소환·출석** : 법원은 필요하다고 인정하는 때에는 **피고인을 소환할 수 있으며**, 피고인은 법원의 소환이 없는 때에도 **공판준비기일에 출석할 수 있다**(출석권 ○, 출석의무 ×, 동 제5항). [법원9급 08/10/12, 법원승진 09/14, 국가7급 09/10/14, 국가9급개론 17, 경찰승진 11, 경찰채용 10 1차/16 1차/14 2차]

4. 진술거부권의 고지 등 공판준비기일의 진행

(1) **진술거부권의 고지** : 재판장은 공판준비기일에 출석한 피고인에게 **진술을 거부할 수 있음을 알려주어야 한다** (제266조의8 제6항). [법원9급 08, 경찰채용 10 1차/14 2차]

(2) **주재** : 공판준비기일의 진행은 수소법원이 주재한다. 다만, 법원은 **합의부원**으로 하여금 공판준비기일을 진행하게 할 수 있다. [국가9급 09] 이 경우 **수명법관**은 공판준비기일에 관하여 **법원 또는 재판장과 동일한 권한**이 있다(제266조의7 제3항). [경찰채용 11 1차]

　　보충 증거보전청구(제184조), 수사상 증인신문청구(제221조의2)

(3) **공개** : 공판준비기일은 **공개한다**. [법원9급 12, 경찰채용 11 1차] 다만, 공개하면 **절차의 진행이 방해될 우려**가 있는 때에는 공개하지 아니할 수 있다(제266조의7 제4항, ∴ 반드시 공개하는 것은 아님). [법원9급 08, 법승 14, 법원승진 09, 국가7급 09, 경찰채용 16 1차/12 3차] 비공개의 결정은 법원의 재량이며, 당사자의 의사나 증거인멸의 우려를 요건으로 하지 아니한다. [법원9급 08]

(4) **쟁점의 정리** : 사건이 공판준비절차에 부쳐진 때에는 검사는 증명하려는 사실을 밝히고 이를 증명하는 데 사용할 증거를 신청하여야 하며(규칙 제123조의7 제1항), 피고인 또는 변호인은 검사의 증명사실과 증거신청에 대한 의견을 밝히고, 공소사실에 관한 사실상·법률상 주장과 그에 대한 증거를 신청하여야 한다(동조 제2항). [국가7급 06/08] 검사·피고인 또는 변호인은 필요한 경우 상대방의 주장 및 증거신청에 대하여 필요한 의견을 밝히고, 그에 관한 증거를 신청할 수 있다(동조 제3항). 또한 공판 전 준비절차에서도 검사, 피고인 또는 변호인은 증거조사 또는 재판장의 처분에 대한 이의신청을 할 수 있다(제266조의9 제2항, 제296조, 제304조).

(5) **심리계획의 수립** : 법원은 사건을 공판준비절차에 부친 때에는 집중심리를 하는 데 필요한 심리계획을 수립하여야 한다. [경찰채용 14 2차] 따라서 검사·피고인 또는 변호인은 특별한 사정이 없는 한 필요한 증거를 공판준비절차에서 **일괄하여 신청**하여야 한다(규칙 제123조의8 제1항·제2항). [경찰채용 10 2차]

(6) **열람·등사** : 검사, 피고인 또는 변호인은 공판준비 또는 공판기일에서 법원의 허가를 얻어 구두로 상대방에게 상대방이 보관하고 있는 서류 등의 **열람 또는 등사를 신청할 수 있다**(규칙 제123조의5 제1항).

(7) **영상공판준비기일** : 법원은 **피고인이 출석하지 아니하는 경우** 상당하다고 인정하는 때에는 검사와 변호인의 의견을 들어 비디오 등 중계장치에 의한 중계시설을 통하거나 인터넷 화상장치를 이용하여 공판준비기일을 열 수 있다(2021.8.17. 개정법 제266조의17 제1항). 이에 따른 기일은 검사와 변호인이 법정에 출석하여 이루어진 공판준비기일로 본다(동 제2항).[1]

1] [참고] 2021.8.17. 개정법 제266조의17 제1항에 따른 기일의 절차와 방법, 그 밖에 필요한 사항은 대법원규칙으로 정한다(동 제3항). 이에 형사소송규칙에서도 2021.10.29. 아래와 같은 내용이 신설되었다.
2021.10.29. 신설 규칙 제123조의13(비디오 등 중계장치 등에 의한 공판준비기일) ① 법 제266조의17 제1항에 따른 공판준비기일(이하 "영상공판준비기일"이라 한다)은 검사, 변호인을 비디오 등 중계장치에 의한 중계시설에 출석하게 하거나 인터넷 화상장치를 이용하여 지정된 인터넷주소

5. 공판준비의 내용

법원은 공판준비절차에서 수소법원으로서 다음 행위를 할 수 있다(제266조의9). 다만, 공소장일본주의와의 **관계상 신청된 증거에 대한 증거조사(및 이에 이은 판결선고)는 할 수 없다.** [경찰채용 09 1차] 또한 공판준비절차를 통하여 압수·수색영장의 발부에 관한 결정이나 증거보전청구·증인신문청구의 인용 여부에 관한 결정을 할 수는 없다. [국가9급 12] 이는 수임판사의 임무에 속하기 때문이다.

공소사실 등과 관련된 쟁점의 정리	1. 공소사실 또는 적용법조를 명확하게 하는 행위 2. 공소사실 또는 적용법조의 추가·철회 또는 변경을 허가하는 행위 : 공소장변경 ○ [법원9급 12, 법원승진 14, 국가7급 10, 국가9급 12, 국가9급개론 17, 경찰승진 11] 3. 공소사실과 관련하여 주장할 내용을 명확히 하여 사건의 쟁점을 정리하는 행위 4. 계산이 어렵거나 그 밖에 복잡한 내용에 관하여 설명하도록 하는 행위
증거신청 등을 통한 입증계획의 수립	1. 증거신청을 하도록 하는 행위 2. 신청된 증거와 관련하여 입증취지 및 내용 등을 명확하게 하는 행위 3. 증거신청에 관한 의견을 확인하는 행위 4. 증거 채부의 결정을 하는 행위 5. 증거조사의 순서 및 방법을 정하는 행위
증거개시에 관한 결정	1. 서류 등의 열람 또는 등사와 관련된 신청의 당부를 결정하는 행위 [국가9급 12]
공판절차 진행의 준비	1. 공판기일을 지정 또는 변경하는 행위 2. 그 밖에 공판절차의 진행에 필요한 사항을 정하는 행위

Ⅳ 공판준비절차의 종결

1. 종결사유

법원은 ① 쟁점 및 증거의 정리가 **완료**되거나 ② 사건을 공판준비절차에 부친 뒤 **3개월**이 지나거나 ③ 검사·변호인 또는 소환받은 피고인이 **출석하지 아니한 때**에는 공판준비절차를 종결하여야 한다. [법승 14, 경찰간부 12, 경찰승진 13] 다만, 위 ② **또는** ③에 해당하는 경우로서 공판의 준비를 계속하여야 할 **상당한 이유가 있는 때**에는 공판준비절차를 종결하지 아니할 수 있다(제266조의12).

2. 공판준비결과의 확인

법원은 공판준비기일을 종료하는 때에는 검사, 피고인 또는 변호인에게 쟁점 및 증거에 관한 **정리결과를 고지**하고, 이에 대한 **이의의 유무를 확인**하며, 쟁점 및 증거에 관한 정리결과를 **공판준비기일조서에 기재하여야 한다**(제266조의10). [법원승진 09, 법원승진 14, 국가7급 08]

3. 종결의 효과

(1) 원칙(실권효의 제재) : **공판준비기일에서 신청하지 못한 증거는 공판기일에 증거로 신청할 수 없음이 원칙**이다(제266조의13 제1항).

에 접속하게 하고, 영상과 음향의 송수신에 의하여 법관, 검사, 변호인이 상대방을 인식할 수 있는 방법으로 한다.
② 제1항의 비디오 등 중계장치에 의한 중계시설은 법원 청사 안에 설치하되, 필요한 경우 법원 청사 밖의 적당한 곳에 설치할 수 있다.
③ 법원은 제2항 후단에 따라 비디오 등 중계장치에 의한 중계시설이 설치된 관공서나 그 밖의 공사단체의 장에게 영상공판준비기일의 원활한 진행에 필요한 조치를 요구할 수 있다.
④ 영상공판준비기일에서의 서류 등의 제시는 비디오 등 중계장치에 의한 중계시설이나 인터넷 화상장치를 이용하거나 모사전송, 전자우편, 그 밖에 이에 준하는 방법으로 할 수 있다.
⑤ 인터넷 화상장치를 이용하는 경우 영상공판준비기일에 지정된 인터넷 주소에 접속하지 아니한 때에는 불출석한 것으로 본다. 다만, 당사자가 책임질 수 없는 사유로 접속할 수 없었던 때에는 그러하지 아니하다.
⑥ 통신불량, 소음, 서류 등 확인의 불편, 제3자 관여 우려 등의 사유로 영상공판준비기일의 실시가 상당하지 아니한 당사자가 있는 경우 법원은 기일을 연기 또는 속행하면서 그 당사자가 법정에 직접 출석하는 기일을 지정할 수 있다.
⑦ 법원조직법 제58조 제2항에 따른 명령을 위반하는 행위, 같은 법 제59조에 위반하는 행위, 심리방해행위 또는 재판의 위신을 현저히 훼손하는 행위가 있는 경우 감치 또는 과태료에 처하는 재판에 관하여는 법정등의질서유지를위한재판에관한규칙에 따른다.
⑧ 영상공판준비기일을 실시한 경우 그 취지를 조서에 적어야 한다.

(2) 예외 [법원9급 08, 국가7급 09, 경찰간부 12, 경찰승진 13]

    ① 증거신청이 가능한 경우 : 공판준비기일에서 신청하지 못한 증거이지만, ㉠ 그 신청으로 인하여 소송을 **현저히 지연시키지 아니하거나** ㉡ 중대한 과실 없이 공판준비기일에 제출하지 못하는 등 **부득이한 사유**를 소명한 때에는 예외적으로 공판기일에 증거로 신청할 수 있다(동항 제1호·제2호). [법원9급 15, 국가급 14, 국가9급개론 17, 경찰채용 16 1차]

    ② 직권 : 실권효의 제재에도 불구하고 **법원은 직권으로 증거를 조사**할 수 있다(동조 제2항). [경찰채용 15 1차] 실체진실의 발견을 위하여 법원에게는 직권조사의 의무까지 인정된다.

V 준용규정

1. 공판준비기일의 재개

공판준비기일이 종결되더라도 법원은 필요하다고 인정하는 때에는 직권 또는 검사, 피고인이나 변호인의 신청에 의하여 결정으로 종결한 공판준비기일을 재개할 수 있다. 이는 공판기일의 변론의 재개에 관한 제305조가 공판준비기일의 재개에 관해서도 준용되기 때문이다(제266조의14). [경찰간부 12, 경찰승진 13]

2. 기일간 공판준비절차

공판준비기일이 종결된 후, 법원은 쟁점 및 증거의 정리를 위하여 필요한 경우에는 **제1회 공판기일 후**에도 사건을 공판준비절차에 부칠 수 있다(제266조의15 제1문). [법원9급 15, 경찰채용 15 1차] 공판절차의 기본원칙 중 **집중심리주의에도 불구하고 기일간 공판준비절차의 진행이 가능**한 것이다. [법원9급 09, 국가9급 09, 경찰간부 12, 경찰승진 13, 경찰채용 16 1차] 이 경우 기일 전 공판준비절차에 관한 규정이 준용된다(동 제2문).

> 정리) 공소제기 – 공판 전 준비절차(제266조의5 이하, 공판준비기일의 진행, 협의의 공판준비절차, 증거정리 등 입증계획 수립) – 제1회 공판기일(증거조사) – 공판기일 전 증거조사(제273조·제274조)/기일간 공판준비절차(제266조의15) 가능 – 제2회 공판기일 – 위와 동일

제4절 | 증거개시

01 의 의

I 의 의

2007년 개정 전 구 형사소송법 제35조 제1항은 "변호인은 소송에 관한 서류나 증거물을 열람 또는 등사할 수 있다."라고 규정하고 있었다(2007년 개정법도 제35조 제1항은 유사함). 이는 공소제기 후 법원이 보관하는 서류 등에 대한 열람·등사규정이다. 그런데 공소장일본주의에 의하여 '소송에 관한 서류나 증거물'은 공소제기 후에도 검사가 보관하고 있게 된다. 이에 **검사가 공소제기 후 아직 법원에 증거로 제출하지 않은 관계 서류나 증거물, 또는 증거로 제출하지 않을 서류**도 포함되는지 여부에 관해서 논란이 있어 왔고, **헌법재판소는 이를 인정**하는 입장이었다(헌법재판소 1997.11.27, 94헌마60).

> 정리) (수사 부분에서 기술하였으나) 공소제기 전 수사서류에 대해서는, ① 영장실질심사 및 체포·구속적부심사에서 지방법원판사에게 제출된 구속영장청구서, 고소·고발장, 피의자의 진술을 기재한 서류와 피의자가 제출한 서류에 대한 변호인의 열람권(2000헌마474, 규칙 제96조의21 제1항, 제104조의2), ② 증거보전절차의 처분에 관한 서류와 증거물에 대한 검사·피고인·피의자·변호인의 열람·등사권(제185조), ③ 긴급체포 후 구속영장의 청구 없이 석방된 경우 검사가 법원에 통지한 긴급체포서 등 서류에 대한 피의자의 열람·등사권(제200조의4 제5항)이 명문으로 규정되어 있다.

[정리] 피해자 등의 공판기록 열람·등사에 대해서는, 소송계속 중인 사건의 피해자(피해자 사망·중대심신장애시 배우자·직계친족·형제자매 포함), 피해자 본인의 법정대리인(피해자가 의사무능력인 때) 또는 이들로부터 위임을 받은 피해자 본인의 배우자·직계친족·형제자매·변호사는 소송기록의 열람 또는 등사를 재판장에게 신청할 수 있다(제294조의4 제1항). [국가7급 17, 국가9급 12] 이는 피해자 등의 진술권(제294조의2), 피해자 진술의 비공개(제294조의3) 규정과 더불어 피해자 보호를 위해 2007년 개정법에서 마련된 조항들이다. 자세한 것은 증인신문 부분에서 후술한다.

헌법재판소 1997.11.27, 94헌마60 [국가7급 09]

검사보관의 수사기록에 대한 열람·등사권의 제한 및 다른 기본권과의 조화

검사가 보관하는 수사기록에 대한 변호인의 열람·등사는 실질적 당사자대등을 확보하고, 신속·공정한 재판을 실현하기 위하여 필요불가결한 것이므로 그에 대한 지나친 제한은 피고인의 신속·공정한 재판을 받을 권리 및 피고인에게 보장된 변호인의 조력을 받을 권리를 침해하는 것이다. … 다만, 수사기록에 대한 열람·등사권은 무제한적인 것은 아니며, 또한 헌법상 보장된 다른 기본권과 사이에 조화를 이루어야 한다. 즉, 변호인의 수사기록에 대한 열람·등사권도 기본권제한의 일반적 법률유보조항인 국가안전보장·질서유지 또는 공공복리를 위하여 제한되는 경우가 있을 수 있으며, 검사가 보관 중인 수사기록에 대한 열람·등사는 당해 사건의 성질과 상황, 열람·등사를 구하는 증거의 종류 및 내용 등 제반 사정을 감안하여 그 열람·등사가 피고인의 방어를 위하여 특히 중요하고 또 그로 인하여 국가기밀의 누설이나 증거인멸, 증인협박, 사생활침해, 관련사건 수사의 현저한 지장 등과 같은 폐해를 초래할 우려가 없는 때에 한하여 허용된다고 할 것이다.

2007년 개정법은 이러한 문제점을 입법적으로 해결하여, 피고인의 방어권을 충실히 보장하고 신속한 재판을 가능하도록 하기 위하여 피고인 또는 변호인이 공소제기된 사건과 관련된 검사 보관 서류나 물건을 열람·등사할 수 있도록 하는 규정을 제266조의3 이하에서 신설하였고, 더불어 검사도 피고인 또는 변호인의 일정한 주장과 관련된 서류 등의 열람·등사를 요구할 수 있도록 하는 규정을 제266조의11에 신설하였다. 이는 영미의 상호증거개시제도(discovery; disclosure)를 일부 수용한 것이다.

II 취 지

증거개시제도의 취지는 소송당사자가 서로 상대방이 보관하고 있는 증거자료를 취득함으로써 불의의 타격을 미연에 방지하고 당사자주의의 근간인 **실질적 무기평등**을 갖춘 **공정한 재판**[1]과 집중심리가 이루어지는 **신속한 재판**을 통해 궁극적으로 **실체적 진실발견**에 기여할 수 있게 함에 있다.

---

02   피고인 · 변호인의 열람 · 등사권

I 의 의

① 피고인과 변호인은 소송계속 중의 관계서류 또는 증거물을 열람하거나 복사할 수 있다(제35조 제1항). 또한 ② (변호인 없는) 피고인과 변호인은 검사에게 공소제기된 사건에 관한 서류 또는 물건의 목록과 공소사실의 인정 또는 양형에 영향을 미칠 수 있는 서류 등의 열람·등사 또는 서면의 교부를 신청할 수 있다(제266조의3 제1항). [법원9급 09/10]

II 내 용

1. 법원이 보관하고 있는 서류에 대한 열람 · 등사권

(1) 주체 : 피고인 · 변호인, 법정대리인 · 특별대리인 · 보조인 등이다. 즉, ① **피고인과 변호인**은 소송계속 중의 관계서류 또는 증거물을 열람하거나 복사할 수 있다(제35조 제1항). 변호인의 권한은 피고인과 중복하여

---

1) [참고] 일부 존재하는 자백 위주의 범죄수사와 조서 중심의 재판관행으로 인하여 피고인이 검사와 대등한 소송주체로서의 법적 지위를 보장받지 못하고 있을 뿐만 아니라 피고인이 적정한 방어권을 행사하는 데 상당한 한계가 있어 왔는바, 이러한 문제점을 해결하기 위하여 증거개시제도를 도입한 것이다(개정이유 중에서).

가지는 고유권에 해당하며, 재판장의 허가는 요하지 아니한다. 공소제기 후 검사 보관 서류 등과는 달리 법원이 보관하고 있는 서류 등에 대한 피고인과 변호인의 열람·등사권은 **제한받지 않는다**. [국가 7급 17] ② 피고인의 **법정대리인**, 특별대리인(제28조), 보조인(제29조) 또는 피고인의 배우자·직계친족·형제자매로서 **피고인의 위임장 및 신분관계를 증명하는 문서를 제출한 자**도 열람·복사권이 있다(동조 제2항). [국가9급 15]

(2) 객체 : 열람·등사가 허용되는 것은 **소송계속 중**(공소제기 후)의 관계서류·증거물에 한한다(**공소제기 후 + 법원 보관**). 따라서 공소제기 이전의 수사서류에 대해서는 열람·등사권이 인정되지 않는다.

(3) 사건관계인의 보호 : 재판장은 피해자·증인 등 사건관계인의 생명 또는 신체의 안전을 현저히 해칠 우려가 있는 경우에는 열람·복사에 앞서 **사건관계인의 성명 등 개인정보가 공개되지 아니하도록 보호조치**를 할 수 있다(비실명조치, 16.5.29. 신설 동 제3항). [국가7급 17]

2. 공소제기 후 검사가 보관하고 있는 서류 등에 대한 열람·등사권

(1) 주체 : **피고인 또는 변호인**이다. 다만, **피고인에게 변호인이 있는 경우에는 피고인은 열람만을 신청**할 수 있다 (제266조의3 제1항 단서). [법원9급 16, 법원승진 09/12/13, 법원승진 08, 국가7급 12/15, 국가9급 13, 경찰승진 10, 경찰채용 12 2차/13 2차/16 1차/12 2차/13 2차/14 2차] 따라서 피고인이 변호인을 선임하였다면 검사에 대하여 서류 등의 등사 또는 서면교부는 신청할 수 없다. [경찰승진 13, 경찰채용 11 2차/12 3차/14 1차]

(2) 시기 : 공소제기 후에 허용되며, 주로 제1회 공판기일 전을 의미하나, 제1회 공판기일 후에도 가능하다. [국가7급 08/15, 경찰채용 12 3차]

(3) 대상 : 2007년 개정법은 **검사가 신청할 예정인 증거 이외에 피고인에게 유리한 증거까지를 포함**하는 **전면적 개시**를 원칙으로 규정하여 다음과 같은 서류 등에 대하여 열람·등사 또는 서면의 교부를 신청할 수 있도록 하였다(제266조의3 제1항).

① 검사가 공소제기한 사건에 관한 서류 또는 물건의 목록 : 기록목록을 의미하고, 증거목록을 의미하지는 않는다.

② 공소사실의 인정 또는 양형에 영향을 미칠 수 있는 서류 등(제266조의3 제1항) : 서류 등은 도면·사진·녹음테이프·비디오테이프·컴퓨터용디스크, 그 밖에 정보를 담기 위하여 만들어진 물건으로서 문서가 아닌 특수매체를 포함한다(동조 제6항). [경찰승진 10, 경찰채용 12 2차]

　(가) 검사가 **증거로 신청할 서류** 등 : 예컨대 검사가 피해자를 조사한 참고인진술조서 등을 말한다. 검사가 신청할 예정인 증거라면 피고인에게 유리한 증거라도 검사의 증거개시의 대상에 해당된다. [국가9급 13]

　(나) 검사가 **증인으로 신청할 사람**의 성명·사건과의 관계 등을 기재한 서면 또는 그 사람이 공판기일 전에 행한 진술을 기재한 서류 등

　(다) 위 (가)(나)의 서면 또는 서류 등의 **증명력**(증거능력 ×)과 관련된 서류 등 : 예컨대 증명력을 탄핵할 수 있는 증거를 말한다.

　(라) 피고인 또는 변호인이 행한 **법률상·사실상 주장**과 관련된 서류 등 : 관련 형사재판기록, 불기소처분기록 등을 포함한다.[1]

　　정리 거/인/명/주를 보여줘

(4) 제 한

① 열람·등사·서면교부의 거부 : 검사는 **국가안보, 증인보호의 필요성, 증거인멸의 염려, 관련 사건의 수사에 장애**를 가져올 것으로 예상되는 구체적인 사유 등 열람·등사 또는 서면의 교부를 **허용하지 아니할 상당한 이유**가 있다고 인정하는 때에는 열람·등사 또는 서면의 교부를 거부하거나 그 범위를 제한할

1] [참고] 피의자신문과 참고인조사 과정에서 작성된 영상녹화물에 대한 열람·등사는 원본과 함께 작성된 부본에 의하여 이를 행할 수 있다(규칙 제123조의3).

수 있다(제266조의3 제2항). [법원9급 10, 국가7급 08, 경찰승진 10] 열람·등사의 범위를 제한하는 것뿐만 아니라 거부도 가능하다. [법원9급 09, 법원승진 12]

② 목록에 대한 열람·등사 거부 금지 : 검사는 **서류 등의 목록에 대하여는 열람·등사를 거부할 수 없다**(동조 제5항). [법원승진 09/10/12, 법원승진 08, 국가7급 08, 국가9급 12, 경찰승진 10, 경찰채용 12 3차/13 2차/16 1차] 따라서 서류 또는 물건의 **목록**에 대한 열람·등사를 신청한 경우에는 국가안보 또는 증인보호의 필요성이 있다고 인정하는 때라 하더라도 검사는 이를 거부할 수 없다. [국가7급 09] 증거개시제도의 실효성을 확보하기 위함이다.

> 정리 국/보/염/장은 안 보여줘도 돼. 다만 목록은 알려줘.

③ 특수매체 등사의 범위 : 특수매체에 대한 등사는 **필요 최소한의 범위**에 한하여 허용된다(동조 제6항 제2문). 특수매체는 사생활 침해 및 전파가능성이 매우 높은 것을 고려한 것이다. [법원승진 08, 경찰채용 16 1차/12 2차]

④ 제한시 이유의 통지 : 검사가 열람·등사·서면교부를 거부하거나 그 범위를 제한하는 때에는 지체 없이 그 **이유를 서면으로 신청인에게 통지**해야 한다(동조 제3항). [국가7급 12, 경찰채용 12 2차/14 2차/16 2차]

(5) 증거개시의 실효성 보장제도

① 검사의 제한 내지 미통지시 법원에 대한 신청 : 검사가 서류 등의 **열람·등사 또는 서면의 교부를 거부하거나 그 범위를 제한**하거나(제266조의4 제1항), 열람·등사 거부 등의 조치를 하였음에도 열람·등사·서면교부의 신청을 받은 때로부터 **48시간 이내에 그 이유를 서면으로 통지하지 아니하는 때**에는(제266조의3 제4항) 법원에 그 서류 등의 열람·등사·서면교부를 허용하도록 할 것을 신청할 수 있다. [법원9급 10, 법원승진 09, 경찰승진 13, 경찰채용 11 2차/13 2차] 신청은 서면으로 한다(규칙 제123조의4).

② 법원의 결정 : ㉠ 신청을 받은 법원(수소법원)은 열람·등사·서면교부를 허용하는 경우에 생길 폐해의 유형·정도, 피고인의 방어 또는 재판의 신속한 진행을 위한 필요성 및 해당 서류 등의 중요성 등을 고려하여 검사에게 열람·등사·서면교부를 허용할 것을 명할 수 있다. 이 경우 열람 또는 등사의 시기·방법을 지정하거나 조건·의무를 부과할 수 있다(제266조의4 제2항). ㉡ 법원은 열람·등사·서면교부의 결정을 하는 때에는 **검사에게 의견을 제시할 수 있는 기회를 부여**하여야 한다(**집보구간개**, 동조 제3항). ㉢ 또한 법원은 필요하다고 인정하는 때에는 검사에게 **해당 서류 등의 제시를 요구**할 수 있고, **피고인이나 그 밖의 이해관계인을 심문**할 수 있다(동조 제4항). 다만, 여기에서 **공소장일본주의와의 충돌**이 발생할 소지가 있다.

③ 법원의 결정의 효력 및 이에 대한 불복 : 법원의 결정에 대하여는 **즉시항고를 할 수 없다.** [국가7급 15, 경찰채용 14 2차] 따라서 법원의 열람·등사 허용결정은 그 결정이 고지되는 **즉시 집행력이 발생**한다(대법원 2012. 11.15, 2011다48452). 법 제402조의 **보통항고**가 허용되는가에 대해서는 견해의 대립이 있으나[1] **판례는 부정설**이다.

④ 검사의 증거신청금지 -실권효- : 검사가 열람·등사 또는 서면의 교부에 관한 법원의 결정을 지체 없이 이행하지 아니하는 때에는 해당 증인 및 서류에 대한 **증거신청을 할 수 없다**(제266조의4 제5항). [국가7급 12, 경찰승진 13, 경찰채용 11 2차/12 2·3차/14 2차] 이는 **검사가 위와 같은 불이익을 감수하기만 하면 법원의 열람·등사결정을 따르지 않을 수도 있다는 의미가 아니고**, 검사의 열람·등사거부행위가 분명히 **위헌**이라는 것이고, 이에 국가배상책임도 발생하게 된다.

---

1) [참고] ① 판결 전 소송절차에 관한 규정이 아니라 형사소송법 제402조에서 규정하는 일반규정으로서의 법원의 결정이므로 보통항고는 허용된다는 긍정설(학설의 다수견해)과 ② 이는 판결 전 소송절차에 관한 결정으로서 형사소송법 제403조의 보통항고를 할 수 있는 예외조항에 해당하지 않으므로 불복이 허용되지 않는다고 보는 부정설이 대립한다.

1. 헌법재판소 2010.6.24, 2009헌마257 : 용산참사사건 [국가7급 15, 경찰채용 13 2차]

법원의 수사서류 열람·등사 허용결정에 따르지 아니한 검사의 거부행위는 위헌이라는 결정례

형사소송법 제266조의4 제5항은 검사가 수사서류의 열람·등사에 관한 법원의 허용결정을 지체 없이 이행하지 아니하는 때에는 해당 증인 및 서류 등에 대한 증거신청을 할 수 없도록 규정하고 있다. 그런데 이는 검사가 그와 같은 불이익을 감수하기만 하면 법원의 열람·등사 결정을 따르지 않을 수도 있다는 의미가 아니라, 피고인의 열람·등사권을 보장하기 위하여 검사로 하여금 법원의 열람·등사에 관한 결정을 신속히 이행하도록 강제하는 한편, 이를 이행하지 아니하는 경우에는 증거신청상의 불이익도 감수하여야 한다는 의미로 해석하여야 할 것이므로 [경찰채용 13 2차], 법원이 검사의 열람·등사 거부처분에 정당한 사유가 없다고 판단하고 그러한 거부처분이 피고인의 헌법상 기본권을 침해한다는 취지에서 수사서류의 열람·등사를 허용하도록 명한 이상, 법치국가와 권력분립의 원칙상 검사로서는 당연히 법원의 그러한 결정에 지체 없이 따라야 할 것이다. 그러므로 법원의 열람·등사 허용결정에도 불구하고 검사가 이를 신속하게 이행하지 아니하는 경우에는 해당 증인 및 서류 등을 증거로 신청할 수 없는 불이익을 받는 것에 그치는 것이 아니라, 그러한 검사의 거부행위는 피고인의 열람·등사권을 침해하고, 나아가 피고인의 신속·공정한 재판을 받을 권리 및 변호인의 조력을 받을 권리까지 침해하게 되는 것이다.

2. 대법원 2012.11.15, 2011다48452

법원의 열람·등사 허용결정을 거부한 검사에게 국가배상법상 과실이 인정된다는 사례

법원이 형사소송절차에서 피고인의 권리를 실질적으로 보장하기 위하여 마련되어 있는 형사소송법 등 관련 법령에 근거하여 검사에게 어떠한 조치를 이행할 것을 명하였고, 관련 법령의 해석상 그러한 법원의 결정에 따르는 것이 당연하고 그와 달리 해석될 여지가 없는 경우라면, 법에 기속되는 검사로서는 법원의 결정에 따라야 할 직무상 의무도 있다. 그런데도 그와 같은 상황에서 검사가 관련 법령의 해석에 관하여 대법원판례 등의 선례가 없다는 이유 등으로 법원의 결정에 어긋나는 행위를 하였다면 특별한 사정이 없는 한 당해 검사에게 직무상 의무를 위반한 과실이 있다고 보아야 한다.[1]

3. 대법원 2013.1.24, 2012모1393 [경찰채용 14 2차]

법원의 증거개시결정에 대해서는 불복할 수 없다는 사례

법 제402조는 "법원의 결정에 대하여 불복이 있으면 항고를 할 수 있다. 단, 이 법률에 특별한 규정이 있는 경우에는 예외로 한다."라고 규정하고, 제403조 제1항은 "법원의 관할 또는 판결 전의 소송절차에 관한 결정에 대하여는 특히 즉시항고를 할 수 있는 경우 외에는 항고하지 못한다."라고 규정하고 있다. 그런데 법 제266조의4에 따라 법원이 검사에게 수사서류 등의 열람·등사 또는 서면의 교부를 허용할 것을 명한 결정은 피고사건 소송절차에서의 증거개시(開示)와 관련된 것으로서 제403조에서 말하는 '판결 전의 소송절차에 관한 결정'에 해당한다 할 것인데, 위 결정에 대하여는 형사소송법에서 별도로 즉시항고에 관한 규정을 두고 있지 않으므로 제402조에 의한 항고의 방법으로 불복할 수 없다고 보아야 한다. … 제1심법원이 변호인의 신청을 받아들여 검사에게 영상녹화물의 열람·등사를 허용할 것을 명하는 취지의 결정을 하였는데, 검사가 그 결정 중 등사를 허용한 부분에 불복한다는 취지로 보통항고를 제기하였는데, 영상녹화물의 열람·등사 허용 결정에 대한 검사의 보통항고는 '판결 전의 소송절차에 관한 결정'에 대한 것으로서 법률상의 방식에 위반한 항고이므로 제1심법원의 항고기각결정을 유지한 원심의 조치는 정당하다.

(6) 열람·등사된 서류 등의 남용의 금지 : 피고인 또는 변호인(피고인 또는 변호인이었던 자 포함)은 검사가 열람 또는 등사하도록 한 서면 및 서류 등의 사본을 **당해 사건 또는 관련 소송의 준비에 사용할 목적이 아닌 다른 목적**으로 다른 사람에게 교부 또는 제시(전기통신설비를 이용하여 제공하는 것을 포함)하여서는 아니 된다(제266조의16 제1항). 이를 위반하는 때에는 1년 이하의 징역 또는 500만원 이하의 벌금에 처한다(동조 제2항).

---

1) [참고] 법원의 기록열람·등사결정을 이행하지 않는 검사를 상대로 한 손해배상사건에서 국가배상법상의 과실이 인정된다고 보아 300만원의 정신적 피해배상을 명한 사건이다.

피고인 · 변호인의 증거개시의무

Ⅰ 의 의

검사는 피고인 또는 변호인이 공판기일 또는 공판준비절차에서 현장부재 등 일정한 주장을 한 때에는 피고인 또는 변호인에게 일정 서류 등의 열람 · 등사 · 서면교부를 요구할 수 있다(제266조의11). 여기에서 검사에게는 당해 서류에 대한 열람 · 등사권이 인정되고, 피고인 · 변호인에게는 제한적 증거개시의무가 발생하게 된다. 2007년 개정법은 이를 통해 영미식 상호 증거개시제도를 도입하고 있다.

Ⅱ 내 용

1. 시 기

공소제기 이후의 공판기일 또는 공판준비절차에 한한다.

2. 범위와 대상

(1) 범위(제한적 개시의무) : **피고인 또는 변호인이 공판기일 또는 공판준비절차에서 현장부재 · 심신상실 또는 심신미약 등 법률상 · 사실상의 주장을 한 때**, 검사는 증거개시를 요구할 수 있다(제266조의11 제1항). [국가7급 17, 국가9급 08] 이때 법률상 · 사실상 주장의 범위에 대해서는 견해가 대립하나, 피고인의 방어권 보장의 관점에서 **현장부재 · 심신상실 · 심신미약의 주장에 제한**된다고 보는 것이 통설이다(한정설). [법원승진 09/10/12, 법원승진 08, 경찰채용 14 2차] 즉, 피고인 · 변호인의 증거개시의무는 검사의 전면적 증거개시의무와는 달리 현장부재 등 일정한 사유를 전제로 하는 **제한적 개시**에 불과하다. [경찰승진 13, 경찰채용 11 2차]

(2) 대상 : 검사가 개시를 요구할 수 있는 대상은 ① 피고인 또는 변호인이 증거로 신청할 서류 등, ② 피고인 또는 변호인이 증인으로 신청할 사람의 성명, 사건과의 관계 등을 기재한 서면, ③ 위 ①의 서류 등 또는 ②의 서면의 증명력과 관련된 서류 등, ④ 피고인 또는 변호인이 행한 법률상 · 사실상의 주장과 관련된 서류 등이다.

3. 거 부

피고인 또는 변호인은 검사가 서류 등의 열람 · 등사 또는 서면의 교부를 거부한 때에는, 본인 역시 서류 등의 열람 · 등사 또는 서면의 교부를 거부할 수 있다. 다만, 법원이 피고인 · 변호인의 검사 보관 서류 등에 대한 열람 · 등사 · 서면교부 신청을 기각하는 결정을 한 때에는 그러하지 아니하다(동조 제2항).

4. 증거개시의 실효성 보장제도

검사는 피고인 또는 변호인이 증거개시 요구를 거부한 때에는 법원에 그 서류 등의 열람 · 등사 또는 서면의 교부를 허용하도록 할 것을 신청할 수 있다(동조 제3항). 이후 절차는 검사의 거부시 절차와 같다(동조 제4항 : 제266조의4 제2항부터 제5항까지의 규정의 준용). 따라서 검사뿐만 아니라 피고인 또는 변호인도 증거개시에 관한 법원의 결정을 지체 없이 이행하지 아니한 때에는 해당 증인 및 서류에 대한 증거신청을 할 수 없다. [경찰승진 10]

01 공판정의 구성

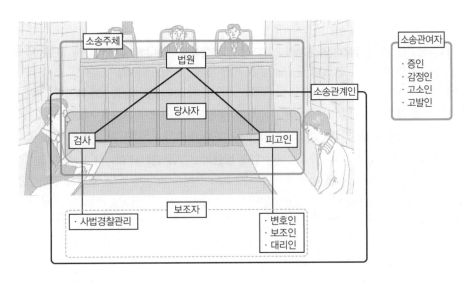

※ 공판정의 구성

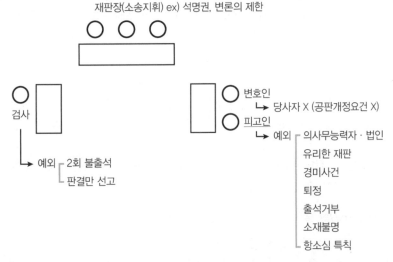

I 공판정의 구성요소

공판기일에는 공판정에서 심리한다(제275조 제1항). 공판정이란 공판기일의 절차가 행해지는 장소, 즉 공개된 법정을 말한다.[1] 공판정은 판사와 검사, 법원사무관 등이 출석하여 개정한다(동조 제2항). **검사의 좌석과 피고인 및 변호인의 좌석은 대등**하며(무죄추정원칙·당사자주의의 강화), **법대의 좌·우측에 마주보고 위치**하고 [경찰 채용 14 1차], 증인의 좌석은 법대의 정면에 위치한다. 다만, 피고인신문을 하는 때에는 피고인을 증인석에 좌석한다(동조 제3항).

---

1) [참고] 보통 '법정'이라고 할 때에는 일정한 시설을 갖춘 법원 청사 내의 장소라는 물리적·공간적 요소에 중점이 두어지는 데 비하여, '공판정'이라 할 때에는 공판기일에 절차 관계인이 출석하여 회동하는 공개된 장소라는 기능적·상태적 요소에 중점이 두어진다고 설명된다. 다만, 실제의 용어에서는 엄밀하게 구분되는 것 같지 않으며, '공판'이라는 개념이 형사소송에서 주로 사용되므로 형사절차에서는 '공판정', 민사절차 등에서는 '법정'으로 부르는 것이 일반적이다. 법원실무Ⅱ 29면 이하.

Ⅱ 검사의 출석

1. 원 칙

(1) 공판개정요건 : 검사의 출석은 공판개정의 요건이다(2007년 개정법 제275조 제2항). 이는 당사자주의를 잘 보여주는 개정법의 태도이다.

(2) 불출석 개정의 효과 : 검사의 출석 없이 개정한 때에는 소송절차에 관한 법령위반으로서 항소이유 또는 상고이유가 된다(제361조의5 제1호, 제383조 제1호).

2. 예 외

(1) 검사의 불출석 : 검사가 **공판기일의 통지를 2회 이상 받고 출석하지 아니하거나 판결만을 선고하는 때**에는 검사의 출석 없이 개정할 수 있다(제278조). [법원9급 15, 국가7급 11, 국가9급 09, 경찰채용 15 2차] 검사의 불출석으로 인한 심리의 지연을 방지하기 위한 규정으로서, 이는 검사가 **1회 기일에 불출석하고 2회 기일에도 불출석한 때에는 그 2회 기일을 바로 개정**할 수 있으며(대법원 1966.11.29, 66도1415), 나아가 그 **2회 기일에서 다음 기일을 고지하면 족하고 따로 기일통지를 할 필요도 없다**는 의미이다(대법원 1967.2.21, 66도1710; 2000.9.26, 2000도2879 등).

(2) 2회 이상 불출석의 의미 : 2회의 불출석이란 **연속 불출석일 것을 요하지 아니하고**, 연속되지 않더라도 전에 불출석한 사실이 있으면 다시 1회 불출석한 사실로도 충분하고(연속 불요) 검사가 2회에 걸쳐 불출석한 때에는 그 기일에 바로 개정할 수 있다는 의미이다. [국가9급 09/13] 한편 검사의 2회 이상 불출석으로 공판절차를 진행하는 경우에 재판장은 공판정에서 소송관계인에게 그 취지를 고지하여야 한다(규칙 제126조의 6). 검사가 출석하지 않은 상태에서 변론종결을 하여야 할 경우에는 공소장의 기재사항에 의하여 검사의 의견진술이 있는 것으로 간주한다(제302조 단서).

(3) 판결만을 선고하는 경우 : 검사가 2회 이상 불출석한 경우가 아니어도 판결만을 선고할 수 있다. 따라서 **판결선고기일에 검사의 출석 없이 개정**하였다거나, **검사에게 선고기일 통지를 하지 아니하였다**고 하여 판결에 영향을 미친 위법이 있다고는 할 수 없다(대법원 2008.7.10, 2008도3435의 판결이유).

Ⅲ 피고인의 출석

1. 원 칙

(1) 공판정출석권·출석의무 : 피고인이 공판기일에 출석하지 아니한 때에는 특별한 규정이 없으면 개정하지 못하므로(제276조 본문), 피고인의 출석은 공판개정의 요건이자, 피고인의 권리인 동시에 의무이다. [경찰채용 15 2차]

(2) 재정의무 : 피고인은 출석의무 외에 재정의무도 가지므로, 출석한 피고인은 재판장의 허가 없이 퇴정하지 못하며, 재판장은 피고인의 퇴정을 제지할 수 있다(제281조).

2. 예외(의/법/경-500즉결/유/퇴/불-구소항약/약/상/치)

(1) 피고인이 의사무능력자 또는 법인인 경우(의법)

① 의사무능력자 : 형법 제9조~제11조의 규정(형사미성년자·심신장애인·농아자)의 적용을 받지 아니하는 범죄사건(예 담배사업법[1])의 피고인이 **의사능력이 없는 경우(심신상실자)**에 그 **법정대리인 또는 특별대리인이 출석**한 때에는 피고인의 출석을 요하지 않는다(제26조, 제28조)(법정대리인의 포괄대리).

② 법인 : 법인 자체가 소송행위를 한다는 것은 있을 수 없으므로 기술한 바와 같이 그 **대표자**가 소송행위를 대표하고(제27조), 대표자가 없을 때는 법원이 선임한 **특별대리인**이 대표자의 임무를 행한다(제28조). 다만 출석에 있어서는 대표자나 특별대리인이 있더라도 다른 **대리인**을 출석하게 할 수 있다(제276조 단서).[2] [법원9급 15] 법인이 대표자·특별대리인의 대리인을 출석시키고자 할 때에는 그 **대리권**

---

1) [참고] 담배사업법 제31조(형법의 적용 제한) 이 법에서 정한 죄를 범한 자에 대해서는 형법 제9조, 제10조 제2항, 제11조, 제16조, 제32조 제2항, 제38조 제1항 제2호 중 벌금 경합에 관한 제한가중규정과 같은 법 제53조는 적용하지 아니한다. 다만, 징역형에 처할 경우 또는 징역형과 벌금형을 병과할 경우의 징역형에 대해서는 그러하지 아니하다.

2) [참고] 법인에 대한 사건은 벌금 또는 과료에만 해당하므로 형법상 형의 경중으로 보면 비교적 가벼운 사건에 속하고, 법인의 권리 보호를 위하여

수여 사실을 증명하는 서면을 법원에 제출하여야 한다(규칙 제126조).

(2) 경미사건 및 피고인에게 유리한 재판 등의 경우(경유) : 아래의 경우 피고인의 출석을 요하지 아니한다. 다만, **출석권이 상실되는 것은 아니므로 대리인을 출석하게 할 수 있다.**

① 경미사건(500/즉결)

(가) 다액 **500만원 이하의 벌금 또는 과료**에 해당하는 사건 : 피고인의 출석을 요하지 아니한다(제277조 제1호). [법원9급 07, 경찰채용 08 3차] **구류**는 자유형이므로 포함되지 아니하고, 인정신문시에도 피고인의 출석을 요하지 아니한다. [국가9급 09/13]

(나) **장기 3년 이하의 징역 또는 금고, 다액 500만원을 초과하는 벌금 또는 구류**에 해당하는 사건에서 **불출석이 허가된 경우** : 피고인의 불출석허가신청(공판기일에는 구술 or 공판기일 외에서는 서면)이 있고 법원이 피고인의 **불출석**이 그의 권리를 보호함에 지장이 없다고 인정하여 이를 **허가한 경우**에는 피고인의 출석을 요하지 아니한다(신청만 있어선 안 되고 허가를 받아야 함). [법원9급 07/08, 경찰채용 08 3차] 다만, 제284조에 따른 절차(**인정신문**절차)를 진행하거나 **판결을 선고**하는 공판기일(실형이 선고되면 즉시 집행해야 함)에는 출석하여야 한다. [법원승진 09]

> [정리] 다액 500만원 이하의 벌금 또는 과료는 인정신문·판결선고기일에도 불출석재판이 가능하나, 구류에 해당하는 사건은 인정신문·판결선고기일에는 출석해야 한다. 구류는 자유형에 속하므로 신병의 확보가 필요하기 때문이다. [국가9급 09/13]

(다) 즉결심판사건 : **즉결심판**에 의하여 피고인에게 **벌금 또는 과료**를 선고하는 경우에는 피고인의 출석을 요하지 않는다(즉심 제8조의2). 역시 **구류는 제외**한다.

> [정리] ① 다액 500만원 이하의 벌금·과료 및 즉결심판에 의한 벌금·과료 : 불출석재판, ② 장기 3년 이하의 징역·금고, 다액 500만원 초과 벌금, 구류 : 불출석허가에 의한 불출석재판(단, 인정신문·판결선고기일에는 출석 要)

② 피고인에게 유리한 재판을 하는 경우(공면/의질 – 무면공면)

(가) 공소기각·면소 : **공소기각 또는 면소**의 재판을 할 것이 명백한 사건에 관하여는 피고인의 출석을 요하지 아니한다(제277조 제2호). [법원9급 07/08, 국가9급 09, 경찰채용 13 1차] 형식재판에 불과하기 때문이다. 따라서 무죄판결이나 형면제판결, 형의 선고유예·집행유예판결과 같은 **실체재판**의 경우에는 여기에 해당하지 아니한다. [경찰채용 08 3차]

(나) 의사무능력·질병(공판절차정지 예외) : 피고인이 사물변별 또는 의사결정능력이 없는 상태에 있거나(**심신상실자**) 질병으로 인하여 출정할 수 없는 경우, (원칙적으로 이 경우에는 공판절차를 정지해야 하지만 – 제306조 제1항) 피고사건에 대하여 **무죄, 면소, 형의 면제 또는 공소기각의 재판**을 할 것이 명백한 때에는 피고인의 출정 없이 재판할 수 있다(제306조 제4항). [국가7급 10] 또한 위 네 개의 사유 중 면소와 공소기각의 재판을 할 것이 명백한 경우는 제277조 제2호에 의해 불출석 개정할 수 있으므로, 공판절차의 정지사유 있는 사건에 특유한 불출석 개정 사유는 무죄와 형의 면제의 재판을 할 것이 명백한 경우가 된다. **무죄와 형 면제 사유에 의하여 불출석 개정**하는 경우에 – 제277조와는 달리 제306조에서는 – 대리인 출석은 명문이 없으므로 허용되지 않는다. [경찰채용 15 2차]

> [정리] ① 공소기각·면소 : 불출석재판, ② 심신상실·질병사유 있으면 공소기각·면소뿐 아니라 무죄·형면제재판 시에도 불출석재판 可, ③ 의질 – 무면 : 대리인 출석 ×

(3) 피고인이 퇴정하거나 퇴정명령을 받은 경우(퇴)

① 무단퇴정 또는 퇴정명령 : 피고인이 재판장의 **허가 없이 퇴정**하거나 재판장의 질서유지를 위한 **퇴정명령**을 받은 때에는 피고인의 진술 없이 판결할 수 있다(제330조, cf. 증거동의 의제 – 방어권남용설, 판례). 더불어 공판심리도 가능하다. [경찰승진 11]

대표자가 항상 최적임이라고 하기는 어려우며, 오히려 사건 내용을 잘 아는 실무자를 출석시키는 것이 효과적인 경우가 많다. 따라서 형사소송법은 이 경우 대표자 또는 특별대리인이 있더라도 다른 대리인을 출석시킬 수 있는 길을 열어 놓았다(제276조 단서). 법원실무Ⅱ 51면.

② **일시퇴정** : 재판장은 증인 또는 감정인이 피고인의 면전에서 충분한 진술을 할 수 없다고 인정한 때에
는 그를 퇴정하게 하고 진술하게 할 수 있다. 피고인이 다른 피고인의 면전에서 충분한 진술을 할 수
없다고 인정한 때에도 같다(제297조 제1항). 피고인을 퇴정하게 한 경우에 증인, 감정인 또는 공동피고
인의 진술이 종료한 때에는 퇴정한 피고인을 입정하게 한 후 법원사무관 등으로 하여금 진술의 요지
를 고지하게 하여야 한다(동조 제2항).

(4) 피고인이 출석하지 않는 경우(구/소/항/약)

① **구속피고인의 출석거부** : 피고인이 출석하지 아니하면 개정하지 못하는 경우에 **구속된 피고인이 정당한
사유 없이 출석을 거부**하고, **교도관에 의한 인치가 불가능하거나 현저히 곤란**하다고 인정되는 때(출석거부와
인치현저곤란 사유 둘 다 要)에는 피고인의 출석 없이 공판절차를 진행할 수 있다(제277조의2 제1항). [법원
9급 15, 법원승진 11, 국가7급 11, 경찰채용 10 2차] 이 경우에는 출석한 **검사 및 변호인의 의견**을 들어야 한다(동조
제2항). [법원9급 08/10]

② **피고인의 소재불명 -소촉법상 제1심 공판의 특례-**

(가) 의의 : 제1심 공판절차에서 피고인에 대한 **송달불능보고서가 접수된 때부터 6개월**이 지나도록 재판
장의 피고인 소재 확인을 위한 소재조사촉탁, 구인장의 발부 기타 필요한 조치(소촉규 제18조 제2항)
및 검사에 대한 상당기간의 주소보정 요구(동조 제3항)에도 불구하고 피고인의 **소재(所在)를 확인할
수 없는 경우**에는, 그 후 피고인에 대한 송달은 **공시송달**의 방법에 의하는데(소촉규 제19조 제1항),
피고인이 위 공시송달에 의한 공판기일의 소환을 **2회 이상** 받고도 출석하지 아니한 때에는 **피고인
의 진술 없이 재판**할 수 있다(불출석재판)(소촉규 제19조 제1항)(단, 사형·무기 또는 장기 10년이 넘는
징역이나 금고에 해당하는 사건의 경우에는 예외)(소촉법 제23조 제1항). [국가7급 17]

[정리] 소촉법상 1심 불출석재판 : 불출석 → 소재조사 등에도 소재불명 → 송달불능보고서(소재탐지불능보고서) 접
수 → 소재조사 등에도 송달불능으로 6개월 경과 → 공시송달 2회 소환 → 재판

(나) 송달불능보고서 접수 : ㉠ 피고인 주소지에 피고인이 거주하지 아니한다는 이유로 **구속영장이 여러
차례에 걸쳐 집행불능**되어 반환된 바 있었다고 하더라도 이를 소촉법이 정한 **송달불능보고서의 접
수로 볼 수는 없다**는 것이 판례이다. 또한 피고인이 구치소나 교도소 등에 수감 중에 있는 경우는
피고인의 소재를 확인할 수 없는 경우에 해당한다고 할 수 없다. 반면, ㉡ **소재탐지불능보고서의 접수**는
송달불능보고서의 접수로 볼 수 있다.

1. 대법원 2014.10.16, 2014모1557 : 상소권회복기각결정에 대한 재항고 사건 [법원9급 16/20]

구속영장이 여러 차례에 걸쳐 집행불능되어 반환된 것을 소촉법상 '송달불능보고서의 접수'로 볼 수 있는지 여부(소극) 및 '소재탐지불능보고서의 접수'를 소촉법상 '송달불능보고서의 접수'로 볼 수 있는지 여부(적극)

소촉법 제23조와 같은 법 시행규칙 제19조 제1항에 의하면, 피고인의 소재를 확인하기 위하여 필요한 조치를 취하였음에도 불구하고 피고인에 대한 송달불능보고서가 접수된 때로부터 6월이 경과하도록 피고인의 소재가 확인되지 아니한 때에 비로소 공시송달의 방법에 의하도록 하고 있는데, 피고인 주소지에 피고인이 거주하지 아니한다는 이유로 구속영장이 여러 차례에 걸쳐 집행불능되어 반환된 바 있었다고 하더라도 이를 소송촉진 등에 관한 특례법이 정한 '송달불능보고서의 접수'로 볼 수는 없다. 반면에 소재탐지불능보고서의 경우는 경찰관이 직접 송달 주소를 방문하여 거주자나 인근 주민 등에 대한 탐문 등의 방법으로 피고인의 소재 여부를 확인하므로 송달불능보고서보다 더 정확하게 피고인의 소재 여부를 확인할 수 있기 때문에 송달불능보고서와 동일한 기능을 한다고 볼 수 있으므로 소재탐지불능보고서의 접수는 소송촉진 등에 관한 특례법이 정한 '송달불능보고서의 접수'로 볼 수 있다. … 피고인이 소송이 계속 중인 사실을 알면서도 법원에 거주지 변경 신고를 하지 않았다 하더라도, 잘못된 공시송달에 터 잡아 피고인의 진술 없이 공판이 진행되고 피고인이 출석하지 않은 기일에 판결이 선고된 이상, 피고인은 자기 또는 대리인이 책임질 수 없는 사유로 상소제기기간 내에 상소를 하지 못한 것으로 봄이 타당하다.

2. 대법원 2013.6.27, 2013도2714

구치소나 교도소 등에 수감 중인 피고인에게 공시송달의 방법으로 소송서류를 송달한 사례

피고인이 구치소나 교도소 등에 수감 중에 있는 경우는 형사소송법 제63조 제1항에 규정된 '피고인의 주거, 사무소, 현재지를 알 수 없는 때'나 소촉법 제23조에 규정된 '피고인의 소재를 확인할 수 없는 경우'에 해당한다고 할 수 없으므로, 법원이 수감 중인 피고인에 대하여 공소장 부본과 피고인소환장 등을 종전 주소지 등으로 송달한 경우는 물론 공시송달의 방법으로 송달하였더라도 이는 위법하다고 보아야 한다. 따라서 법원은 주거, 사무소, 현재지 등 소재가 확인되지 않는 피고인에 대하여 공시송달을 할 때에는 검사에게 주소보정을 요구하거나 기타 필요한 조치를 취하여 피고인의 수감 여부를 확인할 필요가 있다. 따라서 제1심법원이 별건으로 수감 중인 피고인에게 공시송달의 방법으로 소송서류를 송달한 다음 피고인의 출석 없이 재판을 진행하여 유죄를 선고하였는데, 그 후 피고인이 상소권회복결정을 받아 원심 공판기일에 출석한 경우, 제1심의 피고인에 대한 송달은 위법하고, 위법한 공시송달에 기초하여 진행된 제1심 소송절차는 모두 위법하므로, 원심이 제1심의 공시송달이 적법함을 전제로 공소장 부본의 송달부터 증거조사 등 절차진행을 새로이 하지 아니한 채 제1심이 채택하여 조사한 증거만으로 피고인에게 유죄판결을 선고한 것은 위법하다고 해야 한다.

(다) **재심** : 송달불능보고서 접수로부터 6개월이 경과하여 공시송달에 의한 2회의 소환을 받았음에도 출석하지 않아 이로 인한 불출석재판에서 유죄판결을 받고 그 판결이 확정된 자가 **책임을 질 수 없는 사유**로 공판절차에 출석할 수 없었던 경우, 재심청구권자(제424조)는 그 판결이 있었던 사실을 안 날부터 14일 이내(재심청구인이 책임을 질 수 없는 사유로 위 기간에 재심청구를 하지 못한 경우에는 그 사유가 없어진 날부터 14일 이내)에 **제1심 법원에 재심을 청구**할 수 있다(소촉법 제23조의2 제1항). 판례는 귀책사유 없이 제1심과 항소심의 공판절차에 출석할 수 없었던 피고인은 위 **재심 규정을 유추 적용하여 항소심 법원에도 재심을 청구할 수 있다**는 입장이다(also 상고권회복 ○, 대법원 2015.6.25, 2014도17252 전원합의체; 2015.8.27, 2015도1054). [경찰간부 16] 재심청구가 있을 때에는 법원은 재판의 집행을 정지하는 결정을 하여야 한다(동조 제2항)(재심에서 후술).

③ **항소심에서의 특칙** : 항소심에서 피고인이 공판기일에 출정하지 아니한 때에는 다시 기일을 정하여야 하는데, 만일 피고인이 정당한 사유 없이 다시 정한 기일에 출정하지 아니한 때에는 피고인의 진술 없이 판결을 할 수 있다(제365조). 항소심에서의 **2회 연속 불출석**시 불출석재판이 가능하다는 내용이다. 따라서 항소심의 제1회 공판기일에서는 불출석재판이 불가하다. [법원9급 11] 또한 이는 피고인의 해태에 의하여 본안에 대한 변론권을 포기한 것으로 보는 제재적 규정이므로 그 2회 불출석의 책임을 피고인에게 귀속시키려면 그가 **2회에 걸쳐 적법한 공판기일소환장을 받는 등 적법한 공판기일의 통지를 받았음**에도 정당한 사유 없이 출정하지 아니함을 필요로 한다(대법원 1988.12.27, 88도419; 2011.2.24, 2010도16538). [법원승진 11, 국가7급 11/17]

1. 대법원 2019.10.31, 2019도5426 [법원9급 22]

항소심에서 피고인이 불출석한 상태에서 그 진술 없이 판결하기 위한 요건

항소심에서도 피고인의 출석 없이는 개정하지 못하는 것이 원칙이다(법 제370조, 제276조). 다만 피고인이 항소심 공판기일에 출정하지 않아 다시 기일을 정하였는데도 정당한 사유 없이 그 기일에도 출정하지 않은 때에는 피고인의 진술 없이 판결할 수 있다(법 제365조). 이와 같이 피고인이 불출석한 상태에서 그 진술 없이 판결할 수 있기 위해서는 피고인이 적법한 공판기일 통지를 받고서도 2회 연속으로 정당한 이유 없이 출정하지 않은 경우에 해당하여야 한다. 피고인이 제1심에서 도로교통법위반(음주운전)죄로 유죄판결을 받고 항소한 후 원심 제1회, 제2회 공판기일에 출석하였고, 제3회 공판기일에 변호인만이 출석하고 피고인은 건강상 이유를 들어 출석하지 않았으나, 제4회 공판기일에 변호인과 함께 출석하자 원심은 변론을 종결하고 제5회 공판기일인 선고기일을 지정하여 고지하였는데, 피고인과 변호인이 모두 제5회 공판기일에 출석하지 아니하자 원심이 피고인의 출석 없이 공판기일을 개정하여 피고인의 항소를 기각하는 판결을 선고한 경우, 피고인이 고지된 선고기일인 제5회 공판기일에 출석하지 않았더라도 제4회 공판기일에 출석한 이상 2회 연속으로 정당한 이유 없이 출정하지 않은 경우에 해당하지 않아 형사소송법 제365조 제2항에 따라 제5회 공판기일을 개정할 수 없다는 이유로, 그런데도 피고인의 출석 없이 제5회 공판기일을 개정하여 판결을 선고한 원심의 조치에는 소송절차에 관한 형사소송법 제365조에 반하여 판결에 영향을 미친 잘못이 있다.

2. 대법원 2020.10.29, 2020도9475

코로나바이러스감염증-19 의심할 만한 사정을 밝히지 않은 채 항소심 공판기일에 불출석한 것이 정당한 사유에 해당하지 않는다는 사례

피고인이 항소심 공판기일에 출정하지 아니한 때에는 다시 기일을 정하고 피고인이 '정당한 사유 없이' 다시 정한 기일에도 출정하지 아니한 때에는 피고인의 진술 없이 판결할 수 있다(법 제365조). 피고인은 제1심에서 사기죄로 징역 2년을 선고받았으나, 법정구속되지 않은 상태에서 항소하였고, 선고를 위한 원심 제2회 공판기일 전날에 피해자와 합의를 위하여 기일연기신청을 하였으나 받아들여지지 않았다. 피고인은 제2회 공판기일인 2020.5.19. 코로나바이러스감염증-19 검사를 받을 예정으로 출석하지 못한다는 취지의 불출석 사유서를 제출한 채 출석하지 아니하였는데, 5주 후에 진행된 제3회 공판기일까지 코로나바이러스감염증-19 검사 결과 및 후속조치에 관한 자료를 제출하지 않았고, 제3회 공판기일에 출석하지도 아니하였다. 상고이유서에 첨부하여 제출한 자료에 의하면, 위 검사는 피고인이 스스로 비용을 부담하여 한 것으로 보이고, 그 검사 결과 음성으로 판명되었다. 이러한 사실관계에 비추어 보면, 코로나바이러스감염증-19 우려를 내세우며 선고가 예정된 원심 제2회 공판기일에 출석하지 아니한 것은 선고를 늦추기 위한 구실에 불과한 것으로 보일 뿐 정당한 사유를 인정하기 어려워, 2회에 걸쳐 정당한 사유 없이 공판기일에 출정하지 아니하였다고 보아, 피고인의 출석 없이 판결을 선고한 원심 소송절차에 법령위반의 위법이 없다.

3. 대법원 2022.11.10, 2022도7940

항소심에서 피고인의 2회 연속 불출석 시 불출석재판의 요건인 적법한 공판기일의 통지

항소심에서 피고인은 적법한 공시송달 결정 후 '공판기일 변경명령'에 따라 제2회 공판기일을 통지받았고 '소환장'에 따라 제3회 공판기일을 통지받았음에도 모두 불출석하였다. 피고인이 불출석한 상태에서 그 진술 없이 판결하기 위해서는 피고인이 적법한 공판기일 통지를 받고서도 2회 연속으로 정당한 이유 없이 출정하지 않은 경우에 해당하여야 한다. 이때 '적법한 공판기일 통지'란 소환장의 송달(법 제76조) 및 소환장 송달의 의제(법 제268조)의 경우에 한정되는 것이 아니라 적어도 피고인의 이름·죄명·출석일시·출석장소가 명시된 공판기일 변경명령을 송달받은 경우(법 제270조)도 포함된다(위 제3회 공판기일의 진행은 가능함).[1]

④ 약식명령에 대한 정식재판절차 : **약식명령에 대하여 정식재판**을 청구한 피고인이 정식재판절차의 공판기일에 출정하지 아니한 때에는 다시 기일을 정하여야 하고, 피고인이 정당한 사유 없이 다시 정한 기일에 출정하지 아니한 때에는 피고인의 진술 없이 판결할 수 있다(제458조 제2항에 의한 제365조의 준용). [법원승진 11, 국가7급 17] 약식명령에 대한 정식재판에 **2회 연속 불출석**시에도 항소심과 같다. [법원9급 08] 즉, 약식명령에 대한 정식재판청구사건에서는 전술한 소촉법 제23조 및 소촉규 제19조가 정한 송달불능보고서가 접수된 때로부터 6개월이 지나도록 피고인 소재불명시에 한하여 공시송달에 의한 불출석재판이 가능하다는 규정이 적용되지 않는다.

---

1) [조문] 형사소송법 제270조(공판기일의 변경) ① 재판장은 직권 또는 검사, 피고인이나 변호인의 신청에 의하여 공판기일을 변경할 수 있다.

🔨 판례연구 약식명령에 대한 정식재판에 있어서 피고인 불출석 재판

1. 대법원 2012.6.28, 2011도16166

약식명령에 대해 정식재판을 청구한 피고인이 공판기일에 출석하지 아니하자 차회 공판기일을 지정하였으나 피고인에게 따로 공판기일 통지를 하지 않은 사건

법 제370조, 제276조에 의하면 항소심에서도 피고인의 출석 없이는 개정하지 못하는 것이 원칙이다. 다만, 같은 법 제365조에 의하면 피고인이 항소심 공판기일에 출정하지 아니하여 다시 기일을 정하였는데도 정당한 사유 없이 그 기일에도 출정하지 아니한 때에는 피고인의 진술 없이 판결할 수 있으므로, 이와 같이 피고인이 불출석한 상태에서 그 진술 없이 판결할 수 있기 위해서는 피고인이 적법한 공판기일 통지를 받고서도 2회 연속으로 정당한 이유 없이 출정하지 아니한 경우에 해당하여야 한다. 따라서 약식명령에 대해 피고인만이 정식재판을 청구한 사건의 항소심에서, 원심법원이 피고인이 출석한 제1회 공판기일에 변론을 종결하고 제2회 공판기일인 선고기일을 지정하여 고지하였는데, 피고인이 출석하지 아니하자 선고기일을 연기하고 제3회 공판기일을 지정하였으나 피고인에게 따로 공판기일 통지를 하지 않은 경우, 제3회 공판기일에 대해서는 적법한 통지가 없었으므로 형사소송법 제365조가 적용될 수 없고 약식명령에 피고인만이 정식재판을 청구하여 법 제370조, 제277조 제4호에 따라 당초 지정한 선고기일에 피고인 출석 없이 판결을 선고할 수 있었으나(제453조 제1항에 따라 피고인만 정식재판 청구를 하여 판결을 선고하는 사건 −제277조 제4호− 의 경우에는 불이익변경금지원칙이 적용되므로), 굳이 그 기일을 연기하고 선고기일을 다시 지정한 이상 적법한 기일통지를 해야 하기 때문에, 피고인의 출석 없이 공판기일을 열어 판결을 선고한 원심의 조치는 위법하다고 해야 한다.

2. 대법원 2013.3.28, 2012도12843

약식명령에 대한 정식재판청구사건에서 소촉법상 불출석 재판 요건에 이르지 않아도 재판할 수 있다는 사례

약식명령에 대한 정식재판청구사건에 관하여는 법 제458조 제2항이 항소심에서의 피고인 불출석 재판에 관한 같은 법 제365조를 준용하고 있는데, 위 제365조는 피고인이 적법한 소환을 받고도 정당한 사유 없이 2회 이상 불출석하면 피고인의 진술 없이 판결을 할 수 있다고 정한다. 한편 소촉법 제23조 및 그 시행규칙 제19조는 피고인에 대한 송달불능보고서가 접수된 때부터 6개월이 지나도록 피고인의 소재를 확인할 수 없는 경우에 비로소 공시송달의 방법에 의하여 피고인의 진술 없이 재판할 수 있다고 정하고 있다. 이는 제1심 공판절차에서의 피고인 불출석 재판에 관한 특례규정으로서, 위와 같이 법 제458조, 제365조가 적용되는 약식명령에 대한 정식재판청구사건에서 제1심은 소촉법 제23조 및 그 시행규칙 제19조가 정하는 "피고인에 대한 송달불능보고서가 접수된 때로부터 6개월이 지나도록 피고인의 소재를 확인할 수 없는 경우"에까지 이르지 아니하더라도 공시송달의 방법에 의하여 피고인의 진술 없이 재판을 할 수 있다고 할 것이다.

(5) 약식절차 및 피고인의 출석이 부적당한 경우(약/상/치)

① **약식절차** : 서면심리에 의하여 진행되는 약식절차에서는 피고인의 소환을 요하지 아니한다. 또한 약식명령에 대하여 **피고인만 정식재판을 청구**하여 '**판결을 선고하는 사건**'에서는 불이익변경금지원칙이 적용되므로 피고인의 출석을 요하지 아니한다(제277조 제4호). [법원9급 07, 법원승진 09, 국가9급 15, 경찰채용 08 3차] 따라서 판결선고기일에 불출석하면 바로 판결을 선고할 수 있다. 다만, 피고인의 출석권까지 상실되는 것은 아니어서 대리인을 출석하게 할 수 있음(제277조 본문)은 기술한 바와 같다.

② **상고심** : 상고심은 법률심이므로 변호인 아니면 피고인을 위하여 변론하지 못하며, 변론능력 없는 피고인의 소환도 요하지 아니한다(제387조, 제389조의2).

　[비교] 단, 피고인에 대한 공판기일통지서의 송달은 해야 한다(규칙 제161조).

③ **치료감호** : 법원은 피치료감호청구인이 형법 제10조 제1항에 따른 심신장애(심신상실)로 공판기일에의 출석이 불가능한 경우에는 피치료감호청구인의 출석 없이 개정할 수 있다(치료감호법 제9조).

④ **참고−배상명령** : 피고인의 불출석이 아니라 배상신청인의 불출석 재판 규정도 있다. 즉, 법원은 배상신청이 있을 때에는 신청인에게 공판기일을 알려야 하는데(소촉 제29조 제1항), 신청인이 공판기일을 통지받고도 출석하지 아니하였을 때에는 신청인의 진술 없이 재판할 수 있다(동조 제2항). [법원승진 10]

Ⅳ 변호인의 출석

1. 원칙

변호인은 당사자가 아니므로 변호인의 출석은 공개개정의 요건이 아니다. 따라서 설사 사선변호인이 선

PART 04 재판

임되어 있다 하더라도 그 사선변호인이 불출석하였다면 필요적 변호사건 등이 아닌 한 그대로 개정할 수 있다.[1]

2. 예 외

(1) **필요적 변호사건** : 제33조 제1항 각 호의 어느 하나에 해당하는 사건(필요국선) 및 같은 조 제2항(청구국선)·제3항(재량국선)의 규정에 따라 변호인이 선정된 사건을 말한다(제282조 본문). 이 경우 변호인 없이 개정하지 못하며, 변호인이 없거나 출석하지 않은 때에는 법원이 직권으로 변호인을 선정하여야 한다(**국선변호인**, 제283조). [국가9급 09] 다만, 판결만을 선고할 경우에는 예외로 한다(제282조 단서). [법원행시 02]

(2) **필요적 변호사건의 변호인 불출석 재판의 효과** : 제282조의 필요적 변호사건에 해당하는 사건에서 제1심의 공판절차가 변호인 없이 이루어진 경우 **일체의 소송행위는 무효**이다. 따라서 항소심으로서는 변호인이 있는 상태에서 소송행위를 새로이 한 후 위법한 제1심판결을 파기하고, **항소심에서의 증거조사 및 진술 등 심리 결과에 기하여 다시 판결**하여야 한다(대법원 2011.9.8, 2011도6325 등). 이러한 법리는 국선변호인을 선정하지 않은 채 **필요적 변호사건에 해당하는 사건과 그렇지 않은 사건을 병합하여 심리한 경우에도 마찬가지로 적용**된다(대법원 2011.4.28, 2011도2279). 다만, 무효로 되는 것은 필요적 변호사건의 **변호인 불출석 기일의 소송행위에 한하므로**, 적법한 변호인 출석 기일의 소송행위까지 무효로 되는 것은 아니다(대법원 1999.4.23, 99도915).

(3) **필요적 변호사건의 변호인의 무단퇴정** : 필요적 변호사건이라 하여도 피고인이 재판거부의 의사를 표시하고 재판장의 허가 없이 퇴정하고 변호인마저 이에 동조하여 퇴정해 버린 것은 모두 피고인 측의 **방어권의 남용 내지 변호권의 포기**로 볼 수밖에 없으므로, 수소법원으로서는 법 제330조에 의하여 피고인이나 변호인의 재정 없이도 심리·판결할 수 있음(대법원 1991.6.28, 91도865)은 기술한 바와 같다.

대법원 1990.6.8, 90도646
필요적 변호사건의 변호인의 무단퇴정 및 재판방해로 인한 퇴정명령과 불출석 재판
필요적 변호사건에 있어서 변호인이 피고인의 명시적·묵시적 동의 아래 방어권 행사의 방법으로 재판장의 허가 없이 임의로 퇴정하여 버리거나 피고인과 합세하여 법정의 질서를 문란케 하여 재판의 진행을 방해하는 등의 행위를 하여 재판장으로부터 질서유지를 위한 퇴정을 명받는 경우와 같이, 변호인의 의무위반이 피고인 자신의 귀책사유에 기인할 뿐만 아니라 피고인 측의 방어권의 남용 내지 변호권의 포기로 보이는 경우에는, 신속한 재판 및 사법권의 옹호라는 측면을 중시하여 제330조의 규정을 유추적용하여 예외적으로 변호인 없이 개정·심리할 수 있다.

V 전문심리위원의 참여

법원은 소송관계를 분명하게 하거나 소송절차를 원활하게 진행하기 위하여 필요한 경우에는 **직권**으로 또는 검사, 피고인 또는 변호인의 **신청**에 의하여 결정으로 전문심리위원을 지정하여 공판준비 및 공판기일 등 소송절차에 참여하게 할 수 있다(제279조의2 제1항, cf. 검사-전문수사자문위원). 전문심리위원은 전문적인 지식에 의한 설명 또는 의견을 기재한 서면을 제출하거나 기일에 전문적인 지식에 의하여 설명이나 의견을 진술할 수 있다. 다만, **재판의 합의에는 참여할 수 없다**(동조 제2항). [국가9급개론 15] 또한 전문심리위원은 기일에 재판장의 허가를 받아 피고인 또는 변호인, 증인 또는 감정인 등 소송관계인에게 소송관계를 분명하게 하기 위하여 필요한 사항에 관하여 직접 질문할 수 있다(동조 제3항).[2]

법원은 상당하다고 인정하는 때에는 검사, 피고인 또는 변호인의 신청이나 직권으로 전문심리위원 지정·참여결정을 취소할 수 있다(제279조의3 제1항). 다만, **검사와 피고인 또는 변호인이 합의**하여 전문심리위원 지정·참여결정을 취소할 것을 신청한 때에는 그 **결정을 취소하여야 한다**(동조 제2항).

---

1) [참고] 다만, 이 경우 변호인 없는 상태에서 재판을 받을 것인지 피고인의 의견을 들어보는 것이 바람직하다는 것이 실무이다. 법원실무Ⅱ 58면.

2) [참고] 나아가 법원은 전문심리위원이 제출한 서면이나 기일에 이루어진 전문심리위원의 설명 또는 의견의 진술에 관하여 검사, 피고인 또는 변호인에게 구술 또는 서면에 의한 의견진술의 기회를 주어야 한다(동조 제4항). 한편 전문심리위원 또는 전문심리위원이었던 자가 그 직무수행 중 알게 된 다른 사람의 비밀을 누설한 때에는 2년 이하의 징역이나 금고 또는 1천만원 이하의 벌금에 처한다(업무상 비밀누설죄, 제279조의7).

> **대법원 2019.5.30, 2018도19051** [국가9급 23]
>
> 전문심리위원의 형사소송절차 참여와 관련하여 법원이 준수하여야 할 사항
>
> 형사소송법 제279조의2 이하 및 형사소송규칙 제126조의8 이하 등에서 전문심리위원의 형사소송절차 참여와 관련하여 상세한 규정을 마련한 것은, 전문심리위원의 전문적 지식이나 경험에 기초한 설명이나 의견이 법원의 심증형성에 상당한 영향을 미칠 가능성이 있음을 고려한 다음 그에 대응하여 전문심리위원이 지정되는 단계, 전문심리위원의 설명이나 의견의 대상 내지 범위를 정하는 과정, 그의 설명이나 의견을 듣는 절차에 피고인 등 당사자가 참여할 수 있도록 한 것이다. 그럼으로써 형사재판에 대한 당사자의 신뢰의 기초가 될 '형사재판의 절차적 공정성과 객관성'이 확보될 수 있기 때문이다. 따라서 형사재판의 담당 법원은 전문심리위원에 관한 위 각각의 규정들을 지켜야 하고 이를 준수함에 있어서도 적법절차원칙을 특별히 강조하고 있는 헌법 제12조 제1항을 고려하여 전문심리위원과 관련된 절차 진행 등에 관한 사항을 당사자에게 적절한 방법으로 적시에 통지하여 당사자의 참여 기회가 실질적으로 보장될 수 있도록 세심한 배려를 하여야 한다. 그렇지 않을 경우, 헌법 제12조 제1항의 적법절차원칙을 구현하기 위하여 형사소송법 등에서 입법한 위 각각의 적법절차조항을 위반한 것임과 동시에 헌법 제27조가 보장하고 있는 공정한 재판을 받을 권리로서 '법관의 면전에서 모든 증거자료가 조사·진술되고 이에 대하여 피고인이 방어할 수 있는 기회가 실질적으로 부여되는 재판을 받을 권리'의 침해로 귀결될 수 있다.

02 소송지휘권

I 의의

1. 개념

소송지휘권이란 심리를 원활히 하는 등 소송절차를 신속·정확하고 공평하게 진행할 수 있도록 법원에게 부여한 일정한 권한을 말한다. 일반적으로 소송지휘권은 사법권(헌법 제101조 제1항)에 내재하는 본질적이고 고유한 법원의 권한으로 이해된다.

2. 법정경찰권과의 구별

(1) **소송지휘권**: 소송지휘는 말 그대로 소송(공판) 자체를 지휘하는 작용이다. 따라서 소송지휘권은 피고사건의 실체심리와 직접 관계가 있는 재판작용이다(사법권).

(2) **법정경찰권**: 사건의 실체와는 관계없이 법정의 질서유지만을 목적으로 하는 사법행정작용으로서의 성질을 갖는다(사법행정권).

II 내용

1. 재판장의 소송지휘권

(1) **포괄적 위임**: 공판기일의 소송지휘는 재판장이 한다(제279조). 원래 소송지휘권은 수소법원의 권한이지만, 공판기일에 일어나는 상황에 신속하고 적정하게 대응하는 것이 소송지휘의 목적이므로 형사소송법은 재판장에게 포괄적으로 위임하고 있는 것이다.

(2) **내용**: **공판기일의 지정과 변경**(제267조·제270조) [국가9급 13], 진술거부권의 고지(제283조의2), 인정신문(제284조), **증인신문순서의 변경**(제161조의2 제3항·제4항), 증인신문사항의 제출명령(규칙 제66조), **피고인신문순서의 변경**(제296조의2 제2항·제3항), **피고인신문시 재정인 퇴정명령**(규칙 제140조의3) [국가9급 13], **불필요한 변론의 제한**(제299조), **석명권**(규칙 제141조) 등 주로 절차진행에 관한 사항이 재판장의 소송지휘권에 속한다. 반면, 증거신청에 대한 결정은 실체진실 발견을 위해 중요한 의미가 있으므로 재판장의 소송지휘권의 내용이 아니라 법원의 소송지휘권의 내용이다.

(3) **(불필요한) 변론의 제한**: 재판장은 소송관계인의 진술 또는 신문이 중복된 사항이거나 그 소송에 관계없는 사항인 때에는 소송관계인의 본질적 권리를 해하지 아니하는 한도에서 이를 제한할 수 있다(제299조) [국가9급 13] (cf. 심지어 피고인 최후진술도 제한 可).

(4) **석명권** : 석명(釋明)이란 풀어서 밝게 한다. 즉, 불명확한 것을 명확하게 하는 것을 말하는바, 재판장은 소송관계를 **명료하게 하기 위하여** 검사, 피고인 또는 변호인에게 **사실상과 법률상의 사항**(사실상 사항으로 제한되지 않음 [국가9급 13])에 관하여 석명을 구하거나 입증을 촉구할 수 있다(규칙 제141조 제1항). 또한 합의부원은 재판장에게 고하고 석명을 구하거나 입증을 촉구할 수 있다(동조 제2항). 한편 검사, 피고인 또는 변호인은 재판장에 대하여 석명을 위한 발문을 요구할 수 있다(동조 제3항).

2. 법원의 소송지휘권

(1) **의의** : 공판기일의 소송지휘라 할지라도 피고인의 방어권 보호나 실체적 진실발견을 위하여 중요한 의미가 있는 사항은 법률에 의하여 법원에 유보하고 있는바, 이를 법원의 소송지휘권이라 한다.

(2) **내용** : 국선변호인의 선정(제283조), 특별대리인의 선임(제28조), 공소장변경의 허가(제298조), 공소장변경 요구(제298조 제2항), 간이공판절차 개시결정(제286조의2), 공판기일 전 증거조사(제273조 제1항), 증거신청에 대한 결정(제295조), 증거조사에 대한 이의신청의 결정(제296조), 증인신문사항 미제출을 이유로 한 증거결정의 취소(규칙 제67조), 재판장의 처분에 대한 이의신청의 결정(제304조), 공판절차의 정지(제306조), 변론의 분리·병합·재개(제300조·제305조) 등이 법원의 소송지휘권에 속한다.

Ⅲ 행 사

1. 소송지휘권의 행사방법

(1) **재판장의 소송지휘권** : 명령의 형식에 의한다. 이 명령은 법률의 명문규정에 따라야 하고, 소송지휘권이 본래 법원의 권한이라는 점에서 법원(합의부)의 의사에 반하지 않는 범위 내에서 행사해야 한다.

(2) **법원의 소송지휘권** : 결정의 형식에 의한다.

2. 소송지휘권 행사에 대한 불복

(1) **재판장의 소송지휘권** : (처분의 합목적성에 대해서는 이의신청할 수 없고) 법률위반이 있는 경우에 한하여 당사자 등 소송관계인은 **이의신청을 할 수 있다**(제304조, 규칙 제136조). 이를 받은 수소법원은 즉시 결정을 하여야 한다(제304조 제2항, 규칙 제138조).

　　보충 재판장의 결정에 대한 준항고 : 압/구/보/감/비/과/기(제416조)

(2) **법원의 소송지휘권** : 판결 전 소송절차에 관한 결정이므로 대체로 **항고 및 이의신청이 허용되지 아니한다**(제403조 참조)(cf. 증거조사에 관한 결정 : 이의신청 可).

I 의 의

1. 개 념

법정경찰권이란 법정의 질서를 유지하고 심판에 대한 방해를 제지하거나 배제하기 위하여 법원이 행하는 권력적 작용을 말한다. 법정경찰권은 사건의 **실체심리와 직접 관계되지 않는다**는 점에서 소송지휘권과 구별됨은 기술한 바와 같다.

2. 주 체

법정경찰권은 본래 법원의 권한이나, 법정질서유지의 신속성을 기하기 위하여 재판장의 권한으로 정하고 있다(법조 제58조 제1항).

II 내 용

1. 방해예방작용

재판장은 **법정의 질서유지**를 위하여 필요한 예방조치를 취할 수 있다.

> **예** 법정의 존엄과 질서를 해할 우려가 있는 자의 입정금지·퇴정 등 법정의 질서유지에 필요한 명령(법조 제58조 제2항), 방청권의 발행과 소지품검사(법정 방청 및 촬영 등에 관한 규칙 제2조), 피고인에 대한 간수명령(제280조) 등

2. 방해배제작용

재판장은 법정의 질서를 회복하기 위하여 방해행위를 배제할 수 있다.

> **예** 피고인의 퇴정의 제지 및 법정질서 유지를 위하여 필요한 처분(제281조 제2항), 피고인 및 방청인에 대한 퇴정명령(제297조, 법조 제58조 제2항) [교정9급특채 11], 관할 경찰서장에 대한 경찰관의 파견요구(법조 제60조 제1항) 등

3. 제재작용

법원은 법정 내의 질서유지를 위해 재판장이 한 명령 또는 녹화 등의 금지규정에 위반되는 행위를 하거나 폭언·소란으로 법원의 심리를 방해하거나 재판의 위신을 현저히 훼손한 자에 대하여는 결정으로 20일 이내의 감치 또는 100만원 이하의 과태료에 처하거나 이를 병과할 수 있다(법조 제61조 제1항). 이 결정에 대해서는 항고 또는 특별항고를 할 수 있다(동조 제5항).

III 한 계

1. 시간적 한계

법정경찰권은 공판기일의 심리를 개시할 때부터 종료시까지(이와 근접·밀착한 전후시간 포함)에 한하여 행사될 수 있다. [교정9급특채 11]

2. 장소적 한계

법정경찰권은 법정 내에서만 행사되어야 하는 것은 당연하다. 다만, 법정에서의 심리와 질서유지에 영향을 미치는 범위 내에서는 법정 외의 장소까지도 행사될 수 있다[cf. 형법상 법정·국회회의장모욕죄(제138조)].

3. 인적 한계

법정경찰권은 소송관계인 등 심리절차와 관계있는 모든 자(방청인, 피고인·변호인·검사·법원사무관·배석판사 등)에게 미친다. 따라서 합의부원인 배석판사에게도 재판장의 법정경찰권이 행사될 수 있다. [교정9급특채 11]

제6절 | 공판기일의 절차

01 개 관

공판의 준비 절차가 끝나면 수소법원은 지정된 기일에 공판을 열어 제1회 공판기일의 절차를 시작하게 된다. 공판기일의 절차는 크게 ① 모두절차, ② 사실심리절차, ③ 판결선고절차의 3단계의 절차로 나눌 수 있다.

※ 공판기일의 절차

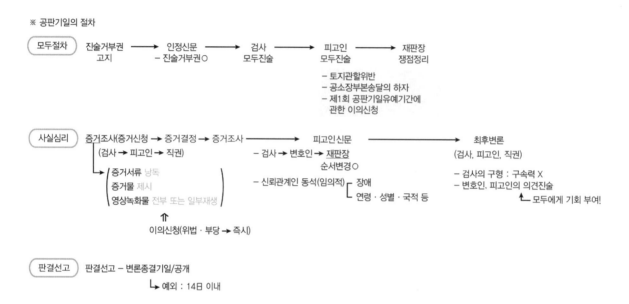

02 모두절차

I 개 관

모두절차(冒頭節次)는 ① 진술거부권 고지, ② 인정신문, ③ 검사의 모두진술, ④ 피고인의 모두진술, ⑤ 재판장의 쟁점정리 등의 5개의 절차로 이루어진다. 2007년 개정 이전에는 ③·④의 절차 중 피고인의 모두진술절차는 존재하지 않았고 검사의 모두진술절차도 필수적인 절차가 아니고 기소요지만 진술하도록 되어 있었던 것인데, 2007년 개정에 의해 필수적 절차로 규정된 것이다.

II 진술거부권의 고지

모두절차는 진술거부권의 고지에서부터 시작된다. 피고인은 진술하지 않거나 개개의 질문에 대하여 진술을 거부할 수 있고, 재판장은 피고인에게 진술을 거부할 수 있음을 고지하여야 한다(제283조의2). [법원9급 09]

III 인정신문

재판장은 피고인의 성명, 연령, 등록기준지(본적), 주거와 직업을 물어서 피고인임에 틀림없음을 확인하여야 한다(제284조). 이렇듯 공소장에 기재된 피고인과 공판정에 출석한 피고인의 동일성을 확인하는 절차를 인정신문(人定訊問)이라 한다. 2007년 개정법은 진술거부권 규정을 인정신문을 규정한 제284조의 앞으로 옮겨 규정함으로써, 진술거부권의 고지가 인정신문에 앞서서 행하여져야 할 뿐 아니라 **인정신문에 대하여도 진술을 거부**할 수 있도록 하였다. [법원승진 08, 경찰승진 11/12]

IV 검사의 모두진술

검사는 공소장에 의하여 공소사실·죄명 및 적용법조를 **낭독하여야 한다**(제285조 본문). 이는 종래 임의적 절차이었으나 2007년 개정법에 의하여 **필수적 절차**로 변경된 부분이다. 검사로 하여금 공소사실 등을 낭독하도록 한 것은, 구두변론주의 및 공판중심주의에 입각하여 심리에 들어가기 전에 사건의 개요와 입증의 방침을 명백히 하여 법원의 소송지휘와 피고인의 방어준비에 도움을 주기 위한 것이다. 다만, 재판장은 필요하다고 인정하는 때에는 검사에게 공소의 **요지**를 진술하게 할 수 있다(제285조). 또한 항소심과 상고심에서는 검사의 모두진술을 요하지 않는다.

V 피고인의 모두진술

1. 의 의

피고인은 검사의 모두진술이 끝난 뒤에 **공소사실의 인정 여부**를 **진술하여야 한다**. 다만, 피고인이 진술거부권을 행사하는 경우에는 그러하지 아니하다(제286조 제1항). [법원승진 08] 역시 2007년 개정에 의해 **필수적 절차**로 규정된 것이다. 피고인에게 공소사실의 인정 여부를 진술하게 하는 것은 피고인·변호인의 의견서 제출제도(제266조의2)와 더불어 신속하게 사건의 쟁점과 피고인이 공소사실을 다투는지 여부를 확인함으로써 심리의 효율을 도모하기 위한 것이다.

2. 내 용

(1) **피고인의 진술의무 부정** : 재판장은 검사의 모두진술 절차를 마친 뒤에 피고인에게 **공소사실을 인정하는지 여부를 물어야 한다**(규칙 제127조의2 제1항). [법원9급 09] 진술을 할 기회를 제공하면 족하고, 진술거부권이 있는 피고인에게 진술의무는 없다.

(2) **피고인·변호인의 이익사실의 진술** : **피고인 및 변호인**은 이익이 되는 사실 등은 진술할 수 있다(제286조 제2항). 재판장도 그 진술이 중복된 것이거나 소송과 관계없는 것이 아닌 이상 그 진술을 제한할 수 없다(제299조).[1]

(3) **공소사실의 인정** : 피고인이 위 이익사실 진술절차까지 공소사실을 인정하여 공판정에서의 자백이 요건이 갖추어지면 법원은 그 공소사실에 한하여 **간이공판절차**에 의하여 심판할 것을 결정할 수 있다(제286조의2).

(4) **모두진술에서의 신청** : 피고인은 모두진술에서 관할이전신청(제15조), 기피신청(제18조), 국선변호인 선정청구(제33조 제2항), 공판기일변경신청(제270조) 등을 할 수 있다.

(5) **이의신청** : 피고인은 모두진술을 통하여 **토지관할위반의 신청**(제320조 제2항), **공소장부본송달(제266조 단서)의 하자에 대한 이의신청**, 제1회 공판기일의 유예기간에 대한 이의신청(제269조) 등을 하지 않으면 그 하자가 치유된다.

VI 재판장의 쟁점정리와 당사자의 입증계획 진술

1. 재판장의 쟁점정리

재판장은 피고인의 모두진술이 끝난 다음에 피고인 또는 변호인에게 **쟁점의 정리**를 위하여 필요한 질문을 할 수 있다(제287조 제1항).

2. 당사자의 입증계획 진술

재판장은 또한 증거조사를 하기에 앞서 **검사 및 변호인**으로 하여금 **공소사실 등의 증명과 관련된 주장 및 입증계획 등**을 진술하게 할 수 있다(동조 제2항). 이 경우 검사 및 변호인은 증거로 할 수 없거나 증거로 신청할 의사가 없는 자료에 기초하여 법원에 사건에 대한 예단 또는 편견을 발생하게 할 염려가 있는 사항을 진술할 수 없다(동 단서). 증거조사에 들어가기 전에 법원이 증거능력이 없는 자료에 의하여 심증이 형성되거나 예단을 가지는 것을 방지하기 위한 규정이다.

---

1) [참고] 피고인 및 변호인은 공소에 관한 의견 그 밖에 이익이 되는 사실 등을 진술할 수 있다(규칙 제127조의2 제2항).

I 개 관

사실심리절차는 ① 증거조사(검사-피고인-직권), ② 피고인신문, ③ 최종변론(검사-변호인-피고인)의 3개의 절차로 이루어진다. 종래에는 피고인신문을 먼저 한 후 증거조사를 하였으나, 2007년 개정법에 의해 **증거조사를 먼저 하고 그 다음 피고인신문**을 하도록 하였다. [경찰승진 13, 경찰채용 10 2차] 이는 법관의 예단배제 및 피고인의 무죄추정의 권리를 강화한 것이다.

II 증거조사

1. 의 의

(1) **개념** : 공소장에 기재된 공소사실을 인정하기 위해서는 증거능력이 있는 증거를 채택하여(증거결정) 적법한 증거조사(증명력 감지)를 거쳐야 한다(증거재판주의, 엄격한 증명, 제307조 제1항). 증거조사란 넓게는 법원이 사건에 관한 사실의 인정과 양형에 관한 심증을 얻기 위해 진행하는 증거신청, 심리, 증거결정, 이의신청 그리고 (협의의) 증거조사 등 일련의 절차를 말한다(광의의 증거조사). 여기서 협의의 증거조사는 증거결정에 의하여 채택된 증거의 증명력을 조사하는 절차만을 가리킨다.

(2) **시기** : 증거조사는 제287조의 재판장의 쟁점정리 및 당사자의 입증계획 등 진술절차가 끝난 후**(모두절차가 끝난 후)에 실시**한다(제290조). 사실심리절차는 증거조사에 의하여 시작된다.

(3) **주체** : 증거조사의 주체는 **법원**이므로, 수사기관에 의한 증거수집이나 검증은 증거조사가 아니다.

(4) **방법** : 공판중심주의에 의해 증거조사는 **대상인 증거방법을 공판기일에 공판정에 현출**(제출 또는 출석)시켜 법원이 직접 시행하는 것이 원칙이다. 다만, 예외도 가능하다.[1]

(5) **기능** : 증거조사절차를 통하여 법원은 사실의 인정에 의해 피고사건에 대한 심증을 얻게 되고, 검사 및 피고인은 증거의 내용을 파악함으로써 공격·방어를 할 수 있게 된다.

2. 증거결정까지의 절차

(1) 당사자의 신청에 의한 증거조사

> **[(광의의) 증거조사 절차]** (전 과정에 대한 이의신청 가능, 단 증거결정에 대해서는 제한적)
> ① 증거신청(예 참고인진술조서 증거신청) → ② 심리(법원-증거능력) → ③ 결정(채택 or 기각)(법령위반만 이의신청) → ④ (협의의) 증거조사(예 낭독) → ⑤ 피고인의견 … 피고인신문

① 증거신청

   (가) **의의** : 증거신청 또는 증거조사의 신청이란 법원에 대하여 특정한 증거조사의 시행을 구하는 당사자의 소송행위를 가리킨다. 증거신청은 서류나 물건을 증거로 제출하고, 증인·감정인·통역인 또는 번역인의 신문을 신청하는 것을 말하고, 사실조회의 신청이나 공무소 등이 보관하고 있는 서류에 대한 송부요구의 신청(제272조, 규칙 제132조의4) 등도 포함된다.[2]

   (나) **신청권자** : ⊙ **검사·피고인 또는 변호인**은 서류나 물건을 증거로 제출할 수 있고, 증인·감정인·통역인·번역인의 신문을 신청할 수 있다(제294조). [법원9급 09] 재판장은 피고인에게 증거조사를 신청할 수 있음을 고지하여야 한다(제293조). 검사에게는 고지할 필요가 없다. 또한 ⓒ **법정대리인**이나 **보조인**도 피고인을 위하여 피고인의 의사에 반하지 않는 한 독립하여 증

---

1) [참고] 예외적으로 공판기일 외에서 증거방법을 조사하여 공판정에의 제출이 가능한 다른 증거방법으로 전환한 후 그 전환된 증거방법을 공판기일에 현출시켜 증거조사를 하는 것도 허용된다(예 공판기일 외에서 현장검증을 하여 검증조서를 작성한다든가, 중병을 앓고 있는 증인을 그 소재지에서 신문하여 증인신문조서를 작성한 후, 그 조서 등을 서증으로 조사하는 방법)(제291조, 제272조, 제273조). 법원실무II 73면.

2) [참고] 압수·수색 또는 제출명령(제106조 제2항)도 증거조사의 범위에 포함되나, 이는 법원이 행하는 증거의 수집과 보전의 방법이다.

거신청을 할 수 있다. 법 제28조의 **특별대리인**도 마찬가지이다. 나아가 ㉢ 범죄로 인한 **피해자** 또는 그 법정대리인(피해자 사망시 배우자·직계친족·형제자매 포함)의 신청이 있는 때에는 원칙적으로 그 피해자 등도 증인으로 신문하여야 한다(제294조의2 제1항).

(다) 신청시기 : ㉠ 제한이 없다. 공판기일의 공판절차에서 모두절차가 종료한 후에 신청하는 것이 원칙이지만, 제1회 공판기일 후 공판기일 전의 신청도 가능하다(제273조). 다만, ㉡ **공판준비절차**에서 이미 증거신청과 채부가 결정된 경우 신청하지 아니한 **새로운 증거의 신청**은 ⓐ 소송을 현저히 지연시키지 아니하거나 ⓑ 중대한 과실 없이 공판준비절차에서 제출하지 못하는 등 부득이한 사유를 소명한 때에만 공판기일에서의 신청이 가능하다(제266조의13 : 실권효, **실권-부지**). 검사·피고인 또는 변호인이 **고의로 증거를 뒤늦게 신청**함으로써 공판의 완결을 지연하는 것으로 인정할 때에는 직권 또는 상대방의 신청에 따라 결정으로 이를 **각하**할 수 있다(**실기한 신청의 각하**, 제294조 제2항).

(라) 신청순서 : 검사가 이를 먼저 한 후 다음에 피고인 또는 변호인이 하도록 한다(규칙 제133조 : **검사 → 피고인·변호인**). [법원9급 11, 경찰승진 13/14, 경찰채용 10 2차]

(마) 신청방식

㉠ 서면·구술 : 증거신청은 **서면 또는 구술**로 할 수 있으나(규칙 제176조), 법원은 필요하다고 인정할 때에는 서면의 제출을 명할 수 있다(규칙 제132조의2 제4항).

㉡ 서류·물건의 제출 : 검사, 피고인 또는 변호인은 서류나 물건을 증거로 제출함으로써 증거신청을 하는데(제294조 제1항), 제출은 상대방의 증거에 대한 의견을 구하기 위한 것이므로 증거능력이 인정된 이후의 증거조사를 위한 증거물의 제시와는 달리 서류·물건의 존재·형태, 서류의 기재내용 및 서명날인의 진위를 상대방이 충분히 확인할 수 있는 정도로 충분하다.

㉢ 일괄신청 : 검사·피고인 또는 변호인은 특별한 사정이 없는 한 필요한 증거를 **일괄하여 신청**하여야 한다(규칙 제132조). [법원9급 11, 법원승진 08, 경찰승진 13/14, 경찰채용 10 2차] 집중증거조사를 위해서는 공판준비절차에서 쌍방의 증거가 모두 일괄적으로 신청되도록 할 필요가 있기 때문이다. 증거의 일괄신청은 **공판준비절차에서도 마찬가지**이다(규칙 제123조의8 제2항).

㉣ 입증취지의 명시 : 증거신청을 함에 있어서는 그 **증거와 증명하고자 하는 사실(요증사실)과의 관계, 즉 입증취지**를 구체적으로 명시하여야 한다(규칙 제132조의2 제1항). 입증취지를 구체적으로 명시하지 않는 경우 법원은 증거신청을 기각할 수 있다(동조 제5항).[1]

㉤ 자백보강증거·정상증거 : 피고인의 자백을 보강하는 증거나 정상에 관한 증거는 **보강증거 또는 정상에 관한 증거라는 취지를 특히 명시하여 신청**하여야 한다(동조 제2항). 이를 위반하면 증거기각 결정의 사유가 된다(동조 제5항).

㉥ 일부 증거신청 : 서류나 물건의 일부에 대한 증거신청을 함에 있어서는 **증거로 할 부분을 특정하여 명시**하여야 한다(동조 제3항). [법원9급 11, 경찰승진 13, 경찰채용 10 2차] 이를 위반하면 역시 증거기각 결정의 사유가 된다(동조 제5항).

㉦ 영상녹화물의 조사신청 : 검사는 **피고인 아닌 피의자**의 진술을 영상녹화한 사건에서 피고인이 아닌 피의자가 그 조서에 기재된 내용이 자신이 진술한 내용과 동일하게 기재되어 있음을 인정하지 아니하는 경우 그 부분의 **성립의 진정을 증명하기 위하여 영상녹화물의 조사를 신청**할 수 있다(2020.12.28. 개정 형사소송규칙 제134조의2 제1항, 참고로 피고인의 진술의 대체증명 수단인 법 제312조 제2항이 삭제되어 관련 형사소송규칙에서도 피고인이 된 피의자 진술 영상녹화물에 대한 증거조사 절차 부분이 삭제된 것임). 또한 **피의자가 아닌 자**가 공판준비 또는 공판기일에서 조서가 자신이 검사 또는 사법경찰관 앞에서 진술한 내용과 동일하게 기재되어 있음을 인정하지 아니하는 경우에도 그 부분의 성립의 진정을 증명하기 위하여 영상녹화물의 조사를 신청할 수 있다(동규칙 제134조의3 제1항). 이 경우 검사는 피의자 아닌 자가 **영상녹화에 동의하였다**는 취지로 기재

---

1) [참고] 공소장일본주의와 증거분리제출제도가 정착된 현행 실무에서는 재판장은 검사가 제출하고자 하는 증거의 내용을 먼저 파악할 수 없기 때문에 특히 증거신청단계에서 요증사실과의 관련성, 즉 입증취지의 구체적인 명시를 요구할 필요가 있다. 입증취지는 신청된 증거의 채부결정의 판단자료가 되고 공격·방어의 쟁점을 명확히 하여, 법원의 증거결정에 관한 판단의 자료를 제공하기 위함은 물론 상대방의 방어준비를 위하여도 필요한 것이므로, 막연히 반대사실 또는 변소사실의 입증이라고 기재하는 정도로는 충분하지 않다. 법원실무II 89면.

하고 기명날인 또는 서명한 **서면을 첨부하여야 한다**(동 제2항).

(바) 신청의 철회 : 증거를 신청한 당사자는 이미 채택결정이 나 있는 경우에도 **증거신청을 철회할 수 있고**, 이때 법원은 **직권으로 조사할 증거가 아닌 한 증거결정을 취소**하여야 한다(즉, **직권으로 조사하는 것은 위법이 아님**, ∵ 자유재량설). 그러나 이미 조사를 마친 증거에 대한 증거신청의 철회는 있을 수 없다.[1]

대법원 1983.7.12, 82도3216 [경찰채용 16 1차]

피고인이 철회한 증인을 법원이 신문할 수 있는지 여부

증인은 법원이 직권에 의하여 신문할 수도 있고 증거의 채부는 법원의 직권에 속하는 것이므로 피고인이 철회한 증인을 법원이 직권신문하고 이를 채증하더라도 위법이 아니다.

---

② 증거결정

(가) 의의 : 법원은 증거신청(서류·물건의 제출 또는 증인 등의 신문이나 검증의 신청 등)에 대하여 증거조사를 할 것인지 여부를 결정해야 한다(제295조 전단). 이를 증거결정(증거채부결정)이라 한다. 이에는 신청된 증거조사를 하기로 하는 채택결정과 증거조사를 하지 않기로 하는 각하결정 및 기각결정이 있다.[2]

(나) 법적 성질 : 자유재량설과 기속재량설이 대립하는바,[3] **판례는 자유재량설**(법원의 자유재량)을 취한다(대법원 1995.6.13, 95도826 등). 따라서 판례에 의하면, 법원은 피고인이나 변호인이 신청한 증거에 대하여 **불필요하다고 인정할 때에는 증거조사를 하지 않아도 위법이 아니다.** [국가7급 13, 경찰간부 12, 경찰승진 10/11/12]

대법원 2014.2.27, 2013도12155; 2011.1.27, 2010도7947 [국가7급 15, 경찰승진 10/12]

증거신청의 채택 여부는 법원의 재량으로서 법원이 필요하지 아니하다고 인정할 때에는 이를 조사하지 아니할 수 있는 것이고, 법원이 적법하게 공판의 심리를 종결한 뒤에 피고인이 증인신청을 하였다 하여 반드시 공판의 심리를 재개하여 증인신문을 하여야 하는 것은 아니다.

(다) 절 차

㉠ 필요시 의견청취 : 법원은 증거결정을 함에 있어서 필요하다고 인정할 때에는 그 증거에 대한 검사·피고인·변호인의 의견을 **들을 수 있다**(임의적 의견청취, 규칙 제134조 제1항). 따라서 들어야 하는 것은 아니다. [경찰승진 10]

㉡ 상대방의 의견진술 : 법원은 서류 또는 물건이 증거로 제출된 경우에 이에 관한 증거결정을 함에 있어서는 제출한 자로 하여금 그 서류 또는 물건을 **상대방에게 제시**하게 하여 **상대방**으로 하여금 그 서류 또는 물건의 **증거능력 유무에 관한 의견을 진술하게 하여야 한다**(필요적 의견진술)(이 때 증거동의를 하면 증거능력 인정되어 증거조사 진행). 다만, 간이공판절차개시결정이 있는 사건에서 전문증거에 대하여 증거동의가 있는 것으로 간주되는 경우(제318조의3)에는 그러하지 아니하다(동조 제2항).

---

1) 법원실무II 91면.

2) [참고] 법원은 신청이 없더라도 직권으로 증거조사를 하는 결정을 할 수 있다(제295조 후단). 이는 법원의 직권에 의한 증거조사에서 후술한다.

3) [참고] 법원의 증거결정권의 법적 성격
  ① 자유재량설 : 법원의 증거결정은 법원의 소송지휘권에 근거하므로 신청한 증거에 대하여 불필요하다고 인정하는 때에는 조사하지 않을 수 있다는 입장이다(정/백, 임동규).
  ② 기속재량설 : 일정한 기준에 따라 합리적으로 행사되어야 할 재량권이라는 입장이다(다수설).
  ③ 판례 : 신청한 증인들에 대하여 증거조사를 하지 않아도 위법이 아니라는 자유재량설의 입장이다(대법원 1995.6.13, 95도826).
  ④ 결론 : 범죄로 인한 피해자 등의 신청이 있는 때에는 일정한 경우를 제외하고는 증인으로 신문하여야 한다고 규정한 개정법 제294조의2 제1항을 고려할 때 우리 형사소송법상 법원의 증거결정권도 일정한 요건에 의하여 구속이 되는 기속재량으로 파악하는 것이 자연스럽다. 기속재량설이 타당하다고 생각된다.

ⓒ 검사 작성 피고인에 대한 피의자신문조서의 성립의 진정에 관한 구체적 특정 규정의 폐지 : 종래 형사소송규칙 제134조 제3항에서는, 피고인 또는 변호인이 검사 작성의 피고인에 대한 피의자신문조서에 기재된 내용이 피고인이 진술한 내용과 다르다고 진술할 경우, 피고인 또는 변호인은 당해 조서 중 피고인이 진술한 부분과 같게 기재되어 있는 부분과 다르게 기재되어 있는 부분을 구체적으로 특정하도록 규정하고 있었다. 그런데, 2020.2.4. 형사소송법 제312조 제1항이 개정되어(검사 작성 피고인에 대한 피의자신문조서의 증거능력은 그 피의자였던 피고인 또는 변호인이 공판준비 또는 공판기일에 내용을 인정할 때에 한정하여 부여됨) 2022.1.1. 시행됨에 따라, 위 형사소송규칙 제134조 제3항도 **2021.12.31. 개정 형사소송규칙에 의하여 삭제**되었다.

ⓔ 증거 불채택시 제출금지 : 법원은 증거신청을 기각·각하하거나, 증거신청에 대한 결정을 보류하는 경우, 증거신청인으로부터 당해 증거서류 또는 증거물을 **제출받아서는 아니 된다**(동조 제4항).

[법원9급 11, 국가9급 13, 경찰승진 13, 경찰채용 10/15]

(라) 종 류

ⓖ 각하결정 : 법원은 검사, 피고인 또는 변호인이 **고의로 증거를 뒤늦게 신청**함으로써 공판의 완결을 **지연**하는 것으로 인정할 때에는 **직권 또는 상대방의 신청**에 따라 결정으로 이를 **각하**할 수 있다(실기한 신청의 각하, 제294조 제2항). [법원9급 09, 국가7급 09, 국가9급 13, 경찰채용 15 1차]

ⓛ 채택결정 : 무죄추정을 받는 피고인이 자신의 무죄를 입증하기 위하여 증거신청을 하는 경우 법원은 원칙적으로 이를 채택하여야 한다(기속재량설). 다만, 판례는 증거결정을 자유재량에 의한다는 것은 기술한 바와 같다.

ⓒ 기각결정 : ⓐ 증거신청이 법정의 방식에 위반한 경우(규칙 제132조의2 제5항),[1] ⓑ 신청된 증거가 증거능력이 없거나 관련성이 없는 경우, ⓒ 증거조사가 법률상·사실상 불가능한 경우, ⓓ 증거신청이 중복된 경우, ⓔ 증거조사로 인하여 공판절차가 현저히 지연될 우려가 있는 경우 등에는 법원은 증거신청을 기각할 수 있다.

(마) 불복 : 당사자의 증거신청에 대한 법원의 채택 여부의 결정은 판결 전의 소송절차에 관한 결정으로서 **이의신청**(증거결정이 법령에 위반된 경우에 한하여 이의신청 허용, 규칙 제135조의2)**을 하는 외에는 달리 증거결정에 관해서만 독립하여 불복할 수 있는 방법이 없고**(제403조), 다만 채증법칙 오인으로 말미암아 사실을 오인하여 판결에 영향을 미치기에 이른 경우에만 이를 상소의 이유로 삼아 상급심 법원의 통제를 받을 수 있을 뿐이다(대법원 1990.6.8, 90도646). 즉, 법원의 증거결정에 대해서는 항고할 수 없다.

(2) 법원의 직권에 의한 증거조사

① 의의 : 법원은 **직권으로 증거조사를 할 수 있다**(제295조 후문). [경찰승진 14] 법원에게는 실체적 진실을 발견해야 할 의무가 있고, 피고인의 불충분한 입증활동을 보충해야 할 필요가 있기 때문에 인정된다.

② 성질 : ㉠ 법원의 권한에 불과하다는 견해(권한설)와 ㉡ 법원의 권한인 동시에 의무가 된다는 입장(권한 및 의무설, 통설)이 대립하나, 실체적 진실의 발견은 형사소송의 목적임을 고려할 때 통설인 권한 및 의무설이 타당하다고 해야 한다. 따라서 법원이 직권증거조사를 충분히 하지 않은 경우에는 상대적 항소이유 및 상고이유가 된다. [법원행시 02] 다만, 판례는 법원의 직권에 의한 증거조사를 법원의 의무로 보고 있지는 않다(대법원 1977.4.26, 77도535; 광주고법 1979.7.26, 79노127).

③ 보충성 : 당사자주의 및 구두변론주의를 강화한 개정 형사소송법의 취지에 의할 때, 법원의 직권에 의한 증거조사는 당사자의 신청에 의한 증거조사에 대하여 어디까지나 **보충적·이차적 성격**을 가지는 데 불과하다. 따라서 법원은 당사자의 입증활동이 불충분할 경우에 석명권의 행사에 의하여 당사자에게 최대한의 입증을 촉구하고, 그것으로도 충분한 심증을 형성하지 못한 경우에 비로소 직권에 의한 증거조사를 하는 것이 바람직하다.

---

1) [참고] 방식을 위배한 증거신청의 경우 곧바로 신청을 기각할 것이 아니라 보정이 가능한 것은 우선 보정을 명하여야 한다. 법원실무Ⅱ 171면.

3. 증거조사의 실시

(1) 의의 : 증거조사(협의의 증거조사)라 함은 법원이 사건에 관한 사실인정과 양형에 관한 심증을 얻기 위하
여 각종의 **증거방법을 조사하여 그 내용을 감지(증명력 판단)**하는 소송행위를 의미한다. 즉, 증거신청 채택결
정 내지 직권에 의한 증거조사결정에 따라 채택된 각종 증거방법(조사대상이 되는 유형물 또는 사람)으로부
터 법에서 정해진 절차에 따라 증거자료(사실인정의 근거가 되는 내용, 문서의 내용, 증언 등)를 탐지하는 것
이다.

(2) 순 서

① 원칙 : ㉠ 거증책임 있는 **검사**가 신청한 증거를 먼저 조사한 후 ㉡ **피고인 또는 변호인**이 신청한 증거를
조사하고, ㉢ 법원은 검사와 피고인 또는 변호인이 신청한 증거에 대한 조사가 끝난 후에 **직권**으로 결
정한 증거를 조사한다(제291조의2 제1항·제2항 : 검사 → 피고인·변호인 → 직권). [법원승진 08/13, 경찰승진 12]
당사자의 신청에 의한 증거조사를 우선함은 우리 형사소송법이 당사자주의를 원칙으로 하고 있음을,
법원의 직권조사를 그 후에 함은 직권주의를 보충적으로 운용하고 있음을 보여준다.

② 예외 : 법원은 **직권** 또는 검사, 피고인 또는 변호인의 **신청**에 따라 증거조사의 순서를 **변경**할 수 있다
(동조 제3항 : 변경 可). [법원9급 09, 법원승진 08/13, 국가7급 09, 국가9급 13, 경찰채용 15 1차]

③ 자백진술조서 특칙 : 법 제312조 및 제313조에 따라 증거로 할 수 있는 피고인 또는 피고인 아닌 자의
진술을 기재한 조서 또는 서류가 피고인의 자백진술을 내용으로 하는 경우에는 범죄사실에 관한 **다른
증거를 조사한 후에 이를 조사**하여야 한다(규칙 제135조). [법원9급 11, 경찰승진 13, 경찰채용 10 2차, 법원9급 20] 이는 피고
인의 자백진술을 내용으로 하는 증거를 다른 증거보다 먼저 조사하는 경우 자칫 유죄에 대한 예단이
생길 수 있고, 피고인이 충분한 방어권을 행사하는 데 사실상의 제약이 생길 수 있음을 고려한 규정으
로서, 특히 피고인이 수사기관에서는 자백하였다가 법정에서는 부인하는 경우 그 의미를 가진다.[1]

(3) 일시·장소 : 증거조사는 **공판기일에 공판정에서** 수소법원이 하는 것이 원칙이다. 다만, 공판정 외에서의
증거조사도 예외적으로 허용된다. 이 경우 당해 증거조사에 의하여 작성된 조서는 차회 공판기일에 공판
정에서 조사하게 된다.

> **정리** ① 수소법원 이외의 수명법관이나 수탁판사가 행하는 증인신문·검증·감정도 증거조사에 포함되고, ② 공판준비기일이
> 나 기일간 공판준비기일에서도 예컨대 조서의 진정성립 증명을 위한 영상녹화물의 조사와 같이 공판절차의 진행에 필요
> 한 범위 내에서 이루어질 수도 있으며, ③ 제1회 공판기일 전이라도 제184조의 증거보전절차에서 검사나 피고인 또는 변
> 호인이 검증, 증인신문 또는 감정을 신청하여 수임판사가 행할 수도 있고, 제221조의2에 의하여 검사가 증인신문을 청구
> 하여 수임판사가 행하는 경우도 있으며, ④ 제273조에 의하여 제1회 공판기일 후 공판기일 전 증인신문, 검증, 감정 또는
> 번역을 신청하여 행하여질 수도 있다.

---

1) [참고] 검사가 제출한 범죄사실에 관한 다른 증거서류 등에 대하여 피고인이 부동의한 경우에는, 피고인의 검사 앞에서의 진술을 기재한 피의자신
문조서 등에 대하여 진정성립과 임의성 등을 인정하여 증거능력이 인정되는 경우에도, 피고인·변호인에게 증거조사 순서에 관한 의견을 물어
그 조서 등에 피고인의 자백진술이 포함되어 있다면 다른 증거서류 등에 대한 원진술자의 증언을 통하여 그 증거능력 유무를 확정짓고 그에 대한
증거조사를 먼저 마친 뒤 검사 작성의 피의자신문조서 등에 대하여 증거조사를 실시함이 상당하다. 법원실무 II 192면.

(4) 조사의 대상

① **의의** : 증거조사의 대상은 **증거능력 있는 증거**(증거방법)이다. 증거방법에는 사람의 진술내용이 증거로 되는 인적 증거(인증), 물건의 존부 또는 성상(性狀)이 증거로 되는 물적 증거(물증, 증거물), 서면의 의미내용이 증거로 되는 증거서류가 있는데, 인증에 대해서는 증인신문·감정·통역·번역에서 따로 후술하고, 여기서는 증거물과 증거서류 등에 대한 조사의 방식을 설명한다.

② **증거서류와 증거물인 서면의 구분** : 증거서류와 증거물의 증거조사방식이 서로 다르기 때문에 증거서류와 증거물인 서면을 어떻게 구별할 것인가에 대해서는 절차기준설, 작성자기준설, 내용기준설이 대립하나, 현재의 통설은 **내용기준설**이다. 내용기준설에 의하면 ⓐ 증거서류는 **서면의 내용**이 증거로 되는 것이고, ⓑ 증거물인 서면은 **서면의 내용과 동시에 그 존재 내지 상태도 증거**로 되는 것이다.[1] 판례도 내용기준설을 취한다.

대법원 2013.7.26, 2013도2511 : 왕재산 간첩단 사건

증거물인 서면의 증거조사 방식

법 제292조, 규칙 제134조의6에 의하면 증거서류를 조사하는 때에는 신청인이 이를 낭독함을 원칙으로 하되 재판장이 필요하다고 인정하는 때에는 이에 갈음하여 그 요지를 진술하게 할 수 있고 열람이 다른 방법보다 적절하다고 인정하는 때에는 증거서류를 제시하여 열람하게 하는 방법으로 조사할 수 있다. 한편 법 제292조의2 제1항에 의하면 증거물을 조사하는 때에는 신청인이 이를 제시하여야 한다. 위와 같은 규정들의 취지에 비추어 보면, 본래 증거물이지만 증거서류의 성질도 가지고 있는 이른바 '증거물인 서면'을 조사하기 위해서는 증거서류의 조사방식인 낭독·내용고지 또는 열람의 절차와 증거물의 조사방식인 제시의 절차가 함께 이루어져야 하므로, 원칙적으로 증거신청인으로 하여금 그 서면을 제시하면서 낭독하게 하거나 이에 갈음하여 그 내용을 고지 또는 열람하도록 하여야 한다. [법원9급 14, 경찰채용 1차 16]

---

③ **조사대상** : 소송관계인이 증거로 제출한 서류나 물건[2] 또는 공무소 등에의 조회(제272조), 공판기일 전 증거조사(제273조)에 의하여 작성 또는 송부된 서류[3]이다(제291조 제1항). 이외 규칙에는 서류는 아니지만 그 안에 들어있는 의미내용이 증거로 되는 영상녹화물, 녹음녹화매체, 컴퓨터용디스크 등의 증거조사 방식도 규정되어 있다.

(5) 조사의 방식

① **개관** : ⓐ 증거는 원칙적으로 **검사, 피고인 또는 변호인** 등 증거신청인이 주체가 되어 각자가 증거로 제출한 서류나 물건 또는 공무소 등에의 조회나 공판기일 전 증거조사에 의하여 작성 또는 송부된 서류 중 필요한 것을 **공판정에서 개별적으로 지시·설명하여 조사**하여야 한다(제291조 제1항). 따라서 서류 또는 물건의 표목을 특정하여 증거별로 이루어져야 하고 **개괄적·일괄적인 증거조사는 허용되지 아니하고**, 증거신청인은 자신이 제출한 개개의 증거를 특정하면서 증거서류나 증거물과 당해 사건의 쟁점사항과의 관련성, 입증취지 등을 진술한 뒤 각 증거방법에 따라 본격적인 증거조사를 하는 방식으로 진행된다. ⓑ 증거신청인 스스로 하지 아니하는 경우에도 **재판장이 직권**으로 그 절차를 취할 수 있다(동조

---

1) [참고] 실무에 의한 증거서류, 증거물인 서면, 증거물의 분류
  ① 증거서류 : 법원의 공판조서는 물론 수사기관 작성의 피의자신문조서, 진술조서, 검증조서, 감정서, 진술서 등은 당해 사건에 관하여 작성된 것이든 아니든 간에 모두 증거서류에 해당함.
  ② 증거물인 서면 : 그 서류의 존재 자체 또는 그 서류에 기재된 글자체, 필적 등을 증명하고자 하는 것 예컨대 위조죄의 위조문서, 무고죄의 허위고소장, 협박·공갈죄의 협박편지, 명예훼손죄의 명예훼손수단인 인쇄물, 음란문서반포죄의 음란문서 등
  ③ 증거물 : 어떤 증거물, 즉 그 존재 및 상태가 증거자료로 되는 것)이 서면이라고 해서 모두 '증거물인 서면'이 되는 것은 아니다. 예컨대 서류를 절취한 내용의 절도죄에 있어서 장물인 그 서류라든가 문서를 은닉한 내용의 문서손괴죄에 있어서 은닉된 그 문서 등은 모두 앞서 본 증거서류가 아님은 물론, 증거물인 서면도 아니고 오직 통상의 '증거물'일 뿐이다. 법원실무II 84면.

2) [참고] 법 제274조에 의하여 공판기일 전에 제출된 것과 제294조 제1항에 의하여 공판기일에 제출된 것의 두 가지 모두가 포함된다. 공판준비절차에서 제출된 증거가 있는 경우에도 공판기일 전에 제출된 것으로서 공판기일에 행하는 증거조사의 대상이 된다.

3) [참고] 공무소 등에의 조회 또는 서류송부의 요구에 의하여 송부되어 온 회보 문서나 송부 문서와 공판기일 전의 피고인신문·증인신문·검증·감정·번역 등 절차에 의하여 법원이 작성한 신문조서·검증조서·감정서·번역서 등을 가리킨다. 이러한 서류는 그 송부 또는 작성의 기초된 절차는 당사자의 신청에 의하여 이루어졌다고 하더라도, 그 서류 자체는 당사자에 의하여 '제출'되어 공판에 나타나게 되는 것이 아니라 다른 기관 또는 법원에 의하여 공판에 나타나는 것이므로, 그 나타나는 과정, 즉 증거조사에 착수하는 과정을 위의 제출과 구별하는 의미로 '현출'이라고 부르는 것이 보통이다. 법원실무II 191면.

제2항). © 한편, 증거는 공판정에서 조사하여야 하므로 공판기일 전에 작성 또는 수집된 증거에 대하여 **공판기일에 증거조사를 거치지 아니하면 공소사실을 인정하는 증거로 삼을 수 없다.**

② 증거서류 : ① 검사, 피고인 또는 변호인의 **신청**에 따라 증거서류를 조사하는 때에는 **신청인이 이를 낭독**하여야 한다(제292조 제1항). [법원승진 13, 법원승진 08, 국가7급 13] © 법원이 직권으로 조사하는 때에는 **소지인 또는 재판장이 낭독**하여야 한다(동조 제2항). [법원승진 08] © 다만, 재판장은 필요하다고 인정하는 때에는 **내용을 고지**(요지의 고지)하는 방법으로 조사할 수 있다(동조 제3항). [법원승진 08, 국가9급 15] ② 또한 재판장은 **법원사무관 등**으로 하여금 위와 같은 낭독 또는 고지를 하게 할 수 있다(동조 제4항). [법원승진 13] ◎ 재판장은 열람이 다른 방법보다 적절하다고 인정하는 때에는 증거서류를 **제시하여 열람**하게 하는 방법으로 조사할 수도 있다(동조 제5항). [법원승진 13, 법원승진 08, 국가7급 09]

③ 증거물 : ① 검사, 피고인 또는 변호인의 신청에 따라 증거물을 조사하는 때에는 **신청인이 이를 제시**하여야 한다(제292조의2 제1항). © 법원이 직권으로 증거물을 조사하는 때에는 소지인 또는 재판장이 이를 제시하여야 한다(동조 제2항). [법원승진 08] © 재판장은 **법원사무관 등**으로 하여금 제시를 하게 할 수 있다(동조 제3항). [국가9급 09]

④ 그 밖의 증거 : 도면·사진·녹음테이프·비디오테이프·컴퓨터용디스크, 그 밖에 정보를 담기 위하여 만들어진 물건으로서 문서가 아닌 증거의 조사방식은 대법원규칙이 정하도록 하고 있는데(제292조의3), 그 증거조사의 방식은 다음과 같다.

(가) 영상녹화물 : ① 법원은 검사가 영상녹화물의 조사를 신청한 경우 이에 관한 결정을 함에 있어 **원진술자와 함께** 피고인 또는 변호인으로 하여금 그 영상녹화물이 적법한 절차와 방식에 따라 작성되어 봉인된 것인지 여부에 관한 의견을 진술하게 하여야 한다(2020.12.28. 개정 형사소송규칙 제134조의4 제1항). © 법원은 공판준비 또는 공판기일에서 **봉인을 해체하고 영상녹화물의 전부 또는 일부를 재생**하는 방법으로 조사하여야 한다(동조 제3항).

(나) 컴퓨터용디스크 등 정보저장매체 : ① 컴퓨터용디스크 그 밖에 이와 비슷한 정보저장매체에 기억된 **문자정보**를 증거자료로 하는 경우에는 **읽을 수 있도록 출력하여 인증한 등본을 낼 수 있다**(규칙 제134조의7 제1항). [법원승진 08] © 증거조사를 신청한 당사자는 법원이 명하거나 상대방이 요구한 때에는 컴퓨터디스크 등에 입력한 사람과 입력한 일시, 출력한 사람과 출력한 일시를 밝혀야 한다(동조 제2항).

(다) 녹음·녹화매체 : ① 녹음·녹화테이프, 컴퓨터용디스크, 그 밖에 이와 비슷한 방법으로 음성이나 영상을 녹음 또는 녹화하여 재생할 수 있는 매체에 대한 증거조사를 신청하는 때에는 **음성이나 영상이 녹음·녹화 등이 된 사람, 녹음·녹화 등을 한 사람 및 녹음·녹화 등을 한 일시·장소를 밝혀야 한다**(규칙 제134조의8 제1항). © 증거조사를 신청한 당사자는 법원이 명하거나 상대방이 요구한 때에는 녹음·녹화매체 등의 녹취서, 그 밖에 그 내용을 설명하는 서면을 제출하여야 한다(동조 제2항). © 녹음·녹화매체 등에 대한 증거조사는 녹음·녹화매체 등을 **재생하여 청취 또는 시청**하는 방법으로 한다(동조 제3항). [법원승진 08]

대법원 2011.10.13, 2009도13846

녹음·녹화매체 등에 대한 증거조사 방법

피고인들이 금지통고된 옥외집회를 진행하던 중 3회에 걸쳐 자진 해산명령을 받고도 이에 불응하였다고 하여 관할 경찰공무원 등에 의해 체포되어 집시법 위반죄로 기소된 사안에서, 검사가 피고인들의 체포장면이 녹화된 동영상 CD를 별도의 증거로 제출하지 아니하고 CD의 내용을 간략히 요약한 수사보고서에 CD를 첨부하여 수사보고서만을 서증으로 제출하였는데, 법 제292조의3 및 규칙 제134조의8은 녹음·녹화매체 등에 대한 증거조사는 이를 재생하여 청취 또는 시청하는 방법으로 하도록 규정하고 있으므로, 원심이 CD에 대하여 형사소송규칙에서 정한 증거조사절차를 거치지 아니한 채 유죄의 증거로 채택한 조치는 잘못이다(다만, 증거능력이 인정되고 적법한 증거조사절차를 거친 나머지 증거들에 의하더라도 유죄를 인정하기에 충분함).

(라) 도면·사진 그 밖에 정보를 담기 위하여 만들어진 물건 : 문서가 아닌 이러한 증거의 조사에 관하여

는 특별한 규정이 없으면 형사소송법상 증거서류·증거물의 조사방식(법 제292조, 제292조의2)의 규정을 준용한다(규칙 제134조의9).

(6) 증거조사에 대한 피고인의 의견 : 재판장은 피고인에게 각 증거조사의 결과에 대한 의견을 묻고 권리를 보호함에 필요한 증거조사를 신청할 수 있음을 고지하여야 한다(제293조).[1] 따라서 **피고인은 증거조사의 결과에 대한 의견제시도 할 수 있다.** [국가7급 09] 검사에게는 의견을 물을 필요가 없다. 다만, 위와 같은 의견제시절차는 간이공판절차에는 적용되지 아니한다.

(7) 이의신청

① 의의 : **검사, 피고인 또는 변호인은 증거조사에 관하여 이의신청을 할 수 있다**(제296조 제1항). 법원은 이에 대해 **즉시 결정을 하여야 한다**(동조 제2항, 규칙 제138조). 이의신청이란 당사자가 법원 또는 소송관계인의 소송행위가 위법 또는 부당함을 주장하여 그 시정 또는 다른 조치를 상급법원이 아닌 당해 법원에 청구하는 의사표시를 말하는바, 이는 당사자가 소송에 적극적으로 참여하기 위한 한 방법으로서, 검사·피고인·변호인의 증거조사 이의신청권은 당사자주의 및 구두변론주의(제275조의3)가 잘 표현된 예이다. 증거조사에 관한 법원의 결정(판결 전 소송절차)에 대해서는 불복하는 절차가 없을 뿐 아니라 증거조사의 위법·부당함을 즉시 시정해야 한다는 점에서, 증거조사에 대한 소송관계인의 즉시 이의신청 및 이에 대한 법원의 즉시결정제도는 중요한 의미를 가진다.

> 정리 형사소송법상 이의신청 : ① 공판조서의 작성에 관한 이의신청(제54조 제3항), ② 증거조사 이의신청(제296조 제1항), ③ 재판장의 처분에 대한 이의신청(제304조 제1항),[2] ④ 형의 집행에 관한 이의신청(제489조)(다만, 이는 다른 3가지와는 그 성격이 다름)

② 대상 : 증거신청, 증거결정, 증거조사의 순서, 방법, 증거능력 등 널리 증거조사에 관한 모든 절차와 처분에 대하여 이의신청을 할 수 있다. 이의신청의 대상은 재판장의 행위이든 당사자의 행위이든 불문하고, 작위든 부작위든 가리지 아니한다.

③ 사유 : 이의신청의 사유는 **법령의 위반**이 있다는 것(때 증거능력이 없는 증거를 채택하는 증거결정에 대한 이의신청, 증인에게 유도신문을 한다는 것을 이유로 한 이의신청)뿐만 아니라 **상당하지 아니함(부당함)**을 이유로 하는 것(때 감정인이 부적당하다는 것을 이유로 한 이의신청)도 가능하다. [국가9급개론 17, 경찰채용 14 1차/15 1차] 다만, 증거신청에 대한 법원의 **증거결정**(제295조)에 대한 이의신청은 **법령위반**의 사유에 대해서만 가능하다(규칙 제135조의2 단서). [국가7급 09/13/14/15/20, 국가9급 13, 국가9급개론 17, 경찰승진 10]

④ 시기와 방법 : 이의신청은 개개의 행위·처분 또는 결정시마다 **즉시** 하여야 한다(규칙 제137조).[3] [국가7급 14] 이의신청은 절차상의 하자를 즉석에서 시정하여 절차를 공정·신속하게 진행시키기 위하여 소송관계인에게 부여된 권리이기 때문에 즉석에서 행사하지 않으면 실효성이 없게 되거나 절차상의 혼란이 초래될 수 있기 때문이다. 이의신청은 서면 또는 구두로 할 수 있으며(규칙 제176조) 그 **이유를 간결하게 명시**하여야 한다(규칙 제137조).[4] [법원승진 04]

⑤ 하자의 치유 : 이의신청은 즉시 해야 하므로 피고인 등 당사자의 본질적 권리를 해치는 중대한 하자가 아닌 한, **즉시 이의신청을 하지 아니하면 절차상의 하자가 치유**되는 효과가 부여될 수 있다. 즉, ㉠ **임의규정·훈시규정에 위반**한 경우(때 피고인이 신청한 증인을 검사가 먼저 신문한 경우 or 제1회 공판기일 소환장 송달 후 5일 이상의 유예기간을 두지 아니한 경우) 이의신청이 없으면 그 하자는 치유된다. 다만, ㉡ 그 **위법이 심리의 실질에 관한 것**인 때(때 증거능력 없는 증거를 조사하거나 적법한 증거조사를 하지 않은 경우)에는 하자의 치유

---

1) [참고] "이제 피고인신문 들어갑니다. 그 전에 증거조사에 대해 할 말 없습니까?"

2) [참고] 재판장의 처분에 대한 이의신청(제304조 제1항) : 법령위반의 경우로 한정함으로써(규칙 제136조) 절차의 안정을 도모하고 있다. 다만, 재판장의 처분이 재량권의 일탈·남용에 해당하는 경우에는 법령위반을 이유로 이의신청을 할 수 있다. 예컨대 법 제299조에 의한 진술 제한이 소송관계인의 본질적인 권리를 해친 것으로 인정되는 경우 등을 들 수 있다. 여기서 재판장의 처분이란 증거조사에 관한 것을 제외하고 재판장이 공판절차 또는 공판 외 절차에서 행하는 각종의 처분(재판의 형식이든 사실행위든 불문한다)으로서 소송지휘상의 처분(법 제297조, 제299조 등)이나 법정경찰상의 처분(법 제281조) 등을 들 수 있다. 작위이든 부작위이든 묻지 아니한다. 법원실무Ⅱ 289면.

3) [참고] 즉시라 함은 작위의 경우에는 그 작위의 진행 중 또는 그 종료 직후를 말하고, 부작위의 경우는 부작위인 채 그 다음 단계의 절차로 이행하는 시점을 말하며, 증거조사 실시 후 그 증거가 증거능력 없음이 밝혀진 때에는 그 시점을 말한다. 법원실무Ⅱ 290면.

4) [참고] "검사의 신문은 유도신문이므로 이의를 신청합니다." "증인의 증언은 전문사항이므로 이의를 신청합니다."

는 있을 수 없다.

⑥ 법원의 결정

(가) **기각결정** : 시기에 늦은 이의신청, 소송지연만을 목적으로 하는 것임이 명백한 이의신청은 이유의 유무를 판단할 필요도 없이 결정으로 이를 기각하여야 한다. 다만, 시기에 늦은 이의신청이 **중요한 사항**을 대상으로 하고 있는 경우에는 이유 유무에 대한 판단을 요하므로 시기에 늦은 것만을 이유로 하여 기각하여서는 아니 된다(규칙 제139조 제1항 단서). [경찰채용 14 1차] 또한 이의신청이 이유 없다고 인정되는 경우에는 결정으로 이를 기각하여야 한다(동조 제2항). 더불어 이의신청에 대한 결정에 의하여 판단이 된 사항에 관하여 다시 이의신청을 한 경우에도 기각한다(규칙 제140조). 이의신청이 부적법한 경우도 마찬가지이다.

(나) **인용결정** : 이의신청이 이유 있다고 인정되는 경우에는 결정으로 이의신청의 대상이 된 행위·처분 또는 결정을 중지·철회·취소·변경하는 등 그 이의신청에 상응하는 조치를 취하여야 한다(동조 제3항).

(다) **증거배제결정** : 증거조사를 마친 증거가 증거능력이 없음을 이유로 한 이의 신청을 이유 있다고 인정한 경우에는 그 **증거의 전부 또는 일부를 배제한다는 취지의 결정**(증거능력이 없음을 명시함과 동시에 그 증거로부터는 심증을 취하지 않도록 한다는 취지를 나타내는 내용)을 하여야 한다(동조 제4항). 증거배제결정은 이의신청이 없더라도 직권으로 할 수 있다. 이 경우 그 증거의 증거조사를 다시 하는 것은 아니다. [경찰채용 14 1차]

(라) **불복** : 이의신청에 대한 결정으로 판단된 사항에 대해서는 **다시 이의신청을 할 수 없다**(재이의신청의 금지, 일사부재리효, 규칙 제140조). [경찰채용 14 1차] 이의신청에 대한 법원의 결정은 판결 전 소송절차에 관한 결정이므로 그 결정에 대한 **항고는 허용되지 아니한다**(제403조 제1항). [국가7급 14]

⑦ **공판조서에의 기재** : 이의신청이 있었다는 사실, 그 사유 및 이에 대한 결정 등은 공판조서에 기재하여야 한다(법 제51조 제2항 제11호·제14호).

Ⅲ 피고인신문

1. 의 의

(1) **개념** : 검사 또는 변호인은 증거조사 종료 후 순차로 피고인에게 공소사실 및 정상에 관하여 필요한 사항을 신문할 수 있고, 재판장도 필요하다고 인정하는 때에는 피고인을 신문할 수 있는바(제296조의2 제1항·제2항), 이러한 피고인에 대해 필요한 사항을 직접 신문하는 절차를 피고인신문이라 한다. 피고인신문은 임의적 절차(신문할 수 있다)이므로 생략할 수 있으나, 피고인신문이 행해지면 피고인은 증거방법으로서의 지위를 가지게 된다. 다만, 피고인의 신분이 증인으로 바뀌는 것이 아니므로 엄연히 소송의 당사자인 피고인에게는 진술거부권이 보장되어야 함은 물론이다.

(2) **시기** : 피고인신문은 원칙적으로 증거조사가 모두 끝난 후에 실시하여야 한다(동조 제1항). [법원승진 08] 2007년 개정 이전, 증거조사를 하기 전에 피고인신문을 먼저 함으로써 피고인을 절차의 객체 또는 신문의 대상으로 보는 문제점을 개선한 것으로서 피고인을 명실상부한 형사재판의 한 당사자로 인정한 것이다. 다만, 재판장은 필요하다고 인정할 때에는 증거조사가 완료되기 전이라도 피고인신문을 허가할 수 있다(동 단서).

2. 순 서

(1) **검사와 변호인** : 증거조사 후 ① 검사와 ② 변호인은 순차로 피고인에게 공소사실과 정상에 관한 필요사항을 직접 신문할 수 있다(동조 제1항 본문). [경찰승진 14]

대법원 2020.12.24, 2020도10778 [변호사 24]

재판장이 피고인신문을 요청한 변호인에게 일체의 피고인신문을 허용하지 않은 사례

형사소송법 제370조, 제296조의2 제1항 본문은 "검사 또는 변호인은 증거조사 종료 후에 순차로 피고인에게 공소사실 및 정상에 관하여 필요한 사항을 신문할 수 있다."라고 규정하고 있으므로, 변호인의 피고인신문권은 변호인의 소송법상 권리이다. 한편

재판장은 검사 또는 변호인이 항소심에서 피고인신문을 실시하는 경우 제1심의 피고인신문과 중복되거나 항소이유의 당부를 판단하는 데 필요 없다고 인정하는 때에는 그 신문의 전부 또는 일부를 제한할 수 있으나(형사소송규칙 제156조의6 제2항) 변호인의 본질적 권리를 해할 수는 없다(형사소송법 제370조, 제299조 참조). 따라서 재판장은 변호인이 피고인을 신문하겠다는 의사를 표시한 때에는 피고인을 신문할 수 있도록 조치하여야 하고, 변호인이 피고인을 신문하겠다는 의사를 표시하였음에도 변호인에게 일체의 피고인신문을 허용하지 않는 것은 변호인의 피고인신문권에 관한 본질적 권리를 해하는 것으로서 소송절차의 법령위반에 해당한다.

(2) 재판장 : 재판장도 피고인신문을 할 수 있다. [법원9급 09] 종래에는 검사와 변호인의 신문이 끝난 뒤에 신문할 수 있었으나,[1] 2007년 개정에 의하여 **재판장은 필요하다고 인정하는 때에는 피고인을 신문**할 수 있으므로(동조 제2항) 이제는 증인신문처럼 **피고인신문에 있어서도 그 순서의 변경이 가능**하게 되었다(동조 제3항, 제161조의2 제3항). 또한 **합의부원은 재판장에게 고하고 신문**할 수 있다(재판장의 허가 불요, 동조 제3항, 제161조의2 제5항).

3. 방 법

(1) 교호신문 : 피고인신문에는 후술하는 **교호신문 등 증인신문의 방식이 준용**된다(제296조의2 제3항, 제161조의2 제1항). 따라서 원칙적으로 ① 검사가 주신문을 하면, ② 변호인이 반대신문하는 방식으로 진행한다. 다만, **재판장이 필요하다고 인정하면 신문순서를 변경**할 수도 있다(제296조 제3항, 제161조의2 제3항). 또한 피고인신문에서도 증인신문처럼 반대신문이 아닌 **주신문**에서 진술의 증명력을 다투기 위한 신문**(탄핵신문)이 허용**될 수 있다. [경찰채용 13 1차]

(2) 피고인의 좌석 : 피고인신문을 하는 때에는 피고인은 증인석에 좌석한다(제275조 제3항).

(3) 진술강요 등의 금지 : 피고인을 신문함에 있어서 그 진술을 강요하거나 답변을 유도하거나 그 밖에 위압적·모욕적 신문을 하여서는 아니 된다(규칙 제140조의2). 피고인은 무죄추정권을 가진 소송의 당사자이므로 심리의 객체로 전락되어서는 안 된다.

(4) 재정인의 퇴정 : 피고인이 다른 공동피고인 또는 그 밖의 **어떤 재정인의 면전에서 충분한 진술을 할 수 없다고 인정될 때**에는 재판장은 그 다른 공동피고인 또는 재정인을 퇴정하게 하고 진술시킬 수 있다(제297조 제1항 2문, 규칙 제140조의3). [법원9급 09] 이는 같은 조항의 증인신문의 경우와 같은 취지이다. [국가9급 13] 공동피고인을 퇴정하게 한 경우 피고인의 진술이 종료한 때에는 재판장은 퇴정시켰던 피고인을 입정시켜서 법원사무관 등으로 하여금 **진술의 요지를 알려 주게 하여야 한다**(제297조 제2항).

(5) 신뢰관계 있는 자의 동석 : 피고인신문시 ① 피고인이 **신체적 또는 정신적 장애**로 사물을 변별하거나 의사를 결정·전달할 능력이 미약한 경우 또는 ② 피고인의 연령·성별·국적 등의 사정을 고려하여 그 심리적 안정의 도모와 원활한 의사소통을 위하여 필요한 경우에는, **직권 또는 피고인·법정대리인·검사의 신청**에 따라 피고인과 신뢰관계에 있는 자를 **동석하게 할 수 있다**(제276조의2 제1항). 신뢰관계에 있는 자라 함은 피고인의 배우자, 직계친족, 형제자매, 가족, 동거인, 고용주 기타 피고인의 심리적 안정과 원활한 의사소통에 도움을 줄 수 있는 자를 말하며(규칙 제126조의2 제1항), 동석 신청에는 동석하고자 하는 자와 피고인과의 관계, 동석이 필요한 사유를 명시하여야 한다(동조 제2항). 동석자는 재판의 진행을 방해하여서는 아니 되며, 재판장은 동석자가 부당하게 재판의 진행을 방해하는 때에는 동석을 중지시킬 수 있다(동조 제3항).

IV 최종변론

1. 의 의

증거조사와 피고인신문이 끝나면 당사자의 의견진술, 즉 최종변론이 행하여진다. 이는 ① 검사의 의견진술(검사의 의견진술을 논고, 양형에 관한 의견을 구형이라 함)과 ② 변호인과 피고인의 의견진술(변호인의 최종변

---

1) [참고] 그래서 과거에는 검사와 변호인의 피고인신문을 주신문, 재판장의 피고인신문을 보충신문이라 하였다. 다만, 2007년 개정 이후에도 이 순서는 원칙적으로는 유지되므로 이러한 용어의 사용이 불가능한 것은 아니다.

론과 피고인의 최후진술)의 순서로 이루어진다(실무상 결심절차). 재판장은 소송관계인의 진술이 중복된 사항이거나 그 소송에 관계없는 사항인 때에는, 필요하다고 인정하는 경우 검사, 피고인 또는 변호인의 **본질적 권리를 해치지 아니하는 범위 내에서 의견진술의 시간을 제한할 수 있다**(제299조, 규칙 제145조). [법원9급 11]

2. 검사의 의견진술

(1) **논고**(論告) : 증거조사와 피고인신문이 종료한 때에는 검사는 사실과 법률적용에 관하여 의견을 진술하여야 한다. 단, 검사의 출석 없이 개정한 때(제278조)에는 공소장의 기재사항에 의하여 의견진술이 있는 것으로 간주한다(제302조). [법원9급 11] 따라서 검사의 불출석 사유가 없는 이상, 검사에게 의견진술의 기회를 부여하지 않고 변론을 종결하는 것은 위법이다. [법원행시 02] 다만, 의견진술의 기회를 부여하였다면 검사가 의견진술을 하지 않고 판결을 선고한 것이 공판절차의 무효사유에 해당하는 것은 아니다.

대법원 1977.5.10, 74도3293 [법원9급 19]

결심공판에 검사가 출석하였으나 공판조서에 검사의 의견진술이 누락된 경우 판결에 영향을 미치는가 여부
결심공판에 출석한 검사가 사실과 법률적용에 관하여 의견을 진술하지 않더라도 (검사에게 의견진술의 기회가 주어졌음이 명백한 이상) 공판절차가 무효로 되는 것은 아니며 위 공판조서에 검사의 의견진술이 누락되어 있다 하여도 이로써 판결에 영향을 미친 법률위반이 있는 경우에 해당한다고는 볼 수 없다.

---

(2) **구형**(求刑) : 양형에 관한 검사의 의견을 말한다. 다만, **법원에 대한 구속력은 없으므로** 법원은 구형을 초과하는 형을 선고할 수 있다. 또한 검사는 자신의 구형과 같은 형이 선고되어도 상소할 수 있다.

★ **판례연구** 법원은 검사의 구형에 기속되지 아니한다는 사례

1. 대법원 1984.4.24, 83도1789
검사의 구형은 양형에 관한 의견진술에 불과하고 법원이 그 의견에 구속되는 것은 아니므로 피고인에 대한 형을 정함에 있어 검사의 구형에 포함되지 아니한 벌금형을 병과하였다 하여 위법이 될 수 없다.

2. 대법원 1989.2.14, 88도2211
몰수나 추징은 일종의 형으로서 직권으로 하는 것이므로 검사가 추징을 구하는 의견을 진술하여야 선고할 수 있는 것은 아니다.

---

3. 피고인과 변호인의 의견진술

재판장은 검사의 의견을 들은 후 피고인과 변호인에게 최종의 의견을 진술할 기회를 주어야 한다(제303조).[1] 최종진술의 기회는 피고인과 변호인 모두에게 주어야 하며, **기회를 주지 않고 심리를 마치고 판결을 선고하는 것은 위법**이다(대법원 1975.11.11, 75도1010; 2018.3.29, 2018도327). [법원행시 02, 법원9급 11, 법원승진 13, 경찰간부 12] 다만, **변호인이 공판기일통지서를 받고도 공판기일에 출석하지 않아** 변호인의 최종의견진술 없이 변론을 종결한 경우에는 법령위반에 해당하지 않는다(대법원 1977.2.2, 76도4376).

4. 변론종결

피고인의 최후진술을 끝으로 변론이 종결되면 판결만을 기다리는 상태가 되는데, 이를 실무상 결심이라 부른다[재판장 : "이것으로 변론을 종결하고(또는 결심하고) ○월 ○일 ○시에 판결을 선고하겠습니다."]. 다만, 법원은 필요하다고 인정한 때에는 직권 또는 검사·피고인이나 변호인의 신청에 의하여 결정으로 종결한 변론을 재개할 수 있다(제305조).

---

1) [참고] 진술의 순서는 변호인에 이어 마지막으로 피고인이 하는 것이 관례이다.

I 의 의

피고사건에 대한 심리가 종결되면 법원은 판결을 위한 심의에 들어가게 된다. 단독판사의 경우 별도의 절차를 거침이 없이 판결의 내용을 정할 수 있지만, 합의부의 경우에는 합의부 법관 3인의 합의절차를 거친다. 심판의 합의는 공개하지 않는다(법조 제65조).

II 내 용

1. 판결선고의 방법

(1) **형식** : 판결의 선고는 공판정에서 재판서에 의하여야 한다(제42조).

(2) **주체와 선고방식** : 판결의 선고는 재판장이 하며, 판결을 선고함에는 주문을 낭독하고 이유의 요지를 설명하여야 한다(제43조).

(3) **상소기간과 법원의 고지** : 형을 선고하는 경우에는 재판장은 피고인에게 **상소할 기간과 법원**을 고지하여야 한다(제324조). 이 경우 재판장은 **상소장을 제출하여야 할 원심법원**도 함께 고지하여야 한다(제359조, 제375조).

(4) **훈계** : 재판장은 판결을 선고함에는 피고인에게 적절한 훈계를 할 수 있다. [법원9급 08]

(5) **공개** : 판결의 선고는 **반드시 공개**하여야 한다. 심리를 비공개하는 경우에는 판결선고는 공개가 필수이다.

2. 선고기일

(1) **즉일선고의 원칙** : 판결의 선고는 **변론을 종결한 기일**에 하여야 한다(제318조의4 제1항 본문). [국가9급 06] 변론을 종결한 익일에 하는 것이 아니다. [경찰간부 12] 변론을 종결한 기일에 판결을 선고하는 경우에는 판결의 선고 후에 판결서를 작성할 수 있는데(동 제2항), 이 경우 **5일 이내에 작성**하여야 한다(규칙 제146조).

(2) **예외** : 특별한 사정이 있는 때에는 따로 선고기일을 지정할 수 있으나(동조 단서), **변론종결 후 14일 이내**로 지정되어야 한다(동조 제3항). [국가9급 12] 다만, 이는 훈시규정이다.

★ 판례연구 사전 통지 없는 판결선고기일의 변경의 문제

대법원 2023.7.13, 2023도4371

선고기일로 지정되지 않았던 일자에 판결선고절차를 진행한 사건

형사소송법은 공판기일의 지정 및 변경 절차에 관하여 다음과 같이 규정한다. 판결의 선고는 변론을 종결한 기일에 하여야 하나, 특별한 사정이 있는 때에는 따로 선고기일을 지정할 수 있다(제318조의4 제1항). 재판장은 공판기일을 정하거나 변경할 수 있는데(제267조, 제270조), 공판기일에는 피고인을 소환하여야 하고, 검사, 변호인에게 공판기일을 통지하여야 한다(제267조 제2항, 제3항). 다만 이와 같은 규정이 준수되지 않은 채로 공판기일의 진행이 이루어진 경우에도 그로 인하여 피고인의 방어권, 변호인의 변호권이 본질적으로 침해되지 않았다고 볼 만한 특별한 사정이 있다면 판결에 영향을 미친 법령 위반이라고 할 수 없다(예외적 적법, 대법원 2009.6.11, 2009도1830). 원심이 제1회 공판기일인 2023.3.8. 변론을 종결하면서 피해자와의 합의서 등 피고인에게 유리한 양형자료 제출을 위한 기간을 고려하여 제2회 공판기일인 선고기일을 2023.4.7.로 지정하여 고지하였는데, 지정·고지된 바와 달리 2023.3.24. 피고인에 대한 선고기일이 진행되어 교도소에 재감중이던 피고인이 교도관의 지시에 따라 법정에 출석하였고, 원심이 피고인의 항소를 기각하는 판결을 선고하였다. 판결선고기일로 지정되지 않았던 일자에 판결선고절차를 진행하는 것은 공판기일의 지정에 관한 법령을 위반하여 판결에 영향을 미친 잘못이 있다고 할 것이고, 설령 재판장이 피고인이 재정한 상태에서 선고를 하겠다고 고지함으로써 선고기일이 변경된 것으로 보더라도, 양형자료 제출 기회는 방어권 행사의 일환으로 보호될 필요가 있고, 형사소송법 제383조에 의하면 10년 미만의 형이 선고된 사건에서는 양형이 부당하다는 주장은 적법한 상고이유가 될 수 없으므로 피고인에게는 원심판결의 선고기일이 양형에 관한 방어권을 행사할 수 있는 마지막 시점으로서 의미가 있는데, 원심법원이 변론종결시 고지되었던 선고기일을 피고인과 변호인에게 사전에 통지하는 절차를 거치지 않은 채 급박하게 변경하여 판결을 선고함으로써 피고인의 방어권과 이에 관한 변호인의 변호권을 침해하여 판결에 영향을 미친 잘못이 있다.

정리 법원이 변론종결시 고지되었던 선고기일을 피고인과 변호인에게 사전에 통지하는 절차를 거치지 않은 채 변경하여 피고인에게 불리한 판결을 선고한 것은 피고인의 방어권과 이에 관한 변호인의 변호권을 침해하여 판결에 영향을 미친 잘못이 있다.

---

3. 피고인의 출석

(1) 원칙 : 판결을 선고하는 공판기일에도 **피고인이 출석하여야 한다.** 따라서 판결선고기일을 통지한 바 없이 피고인의 불출석 상태에서 판결을 선고한 것은 위법이다. 검사와 변호인의 출석은 요하지 아니한다.

(2) 예외 : 피고인이 ① 진술하지 아니하거나, ② 재판장의 허가 없이 퇴정하거나, ③ 재판장의 질서유지를 위한 퇴정명령을 받은 때에는 피고인의 출석 없이 판결할 수 있다(제330조). ④ 피고인의 출석 없이 개정할 수 있는 경우에도 같다.

4. 선고의 효과와 선고 후 절차

(1) 공판절차의 종결 : 판결의 선고에 의하여 당해 심급의 공판절차는 종결되고, 상소기간이 진행된다.

(2) 조서에의 기재 : 판결을 선고한 사실은 공판조서에 기재하여야 한다(제51조 제2항 제14호).

(3) 소송계속의 종결 : 판결선고법원에서의 **소송계속의 종결은 판결의 선고가 있는 때 발생하지 않고,** 상소의 제기가 있거나 상소의 포기 또는 상소기간(7일)의 도과에 의하여 비로소 발생한다. 따라서 판결선고 후에도 법원은 소송기록이 상소법원에 도달하기 전까지는 피고인의 구속, 구속기간의 갱신, 구속취소, 보석취소, 구속집행정지 등에 관한 결정을 하여야 한다(제105조, 규칙 제57조).

대법원 1985.7.23, 85모12 [국가7급 19, 국가9급 24]

항소법원은 항소피고사건의 심리 중 또는 판결선고 후 상고제기 또는 판결확정에 이르기까지 수소법원으로서 형사소송법 제70조 제1항 각호의 사유 있는 불구속 피고인을 구속할 수 있고 또 수소법원의 구속에 관하여는 검사 또는 사법경찰관이 피의자를 구속함을 규율하는 형사소송법 제208조의 규정은 적용되지 아니하므로 구속기간의 만료로 피고인에 대한 구속의 효력이 상실된 후 항소법원이 피고인에 대한 판결을 선고하면서 피고인을 구속하였다 하여 위 법 제208조의 규정에 위배되는 재구속 또는 이중구속이라 할 수 없다.

---

(4) 판결서 등본의 송달 : 법원은 피고인에 대하여 판결을 선고한 때에는 **선고일로부터 7일**(14일 ✕) **이내**에 피고인에게 그 판결서 등본을 송부하여야 한다(피고인 동의시 **초본** 송달 가능). 다만, 불구속피고인과 법 제331조(무죄, 면소, 형면제, 형선고유예, 형집행유예, 공소기각판결, 벌금·과료판결)에 의하여 구속영장의 효력이 상실된 구속피고인에 대하여는 피고인이 송달을 신청하는 경우에 한하여 판결서 등본 또는 판결서 초본을 송달한다(2016.6.27. 개정 규칙 제148조).

제7절 | 증인신문 · 감정과 검증

01 증인신문

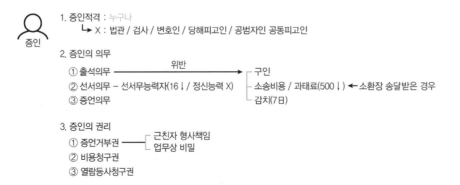

증인

1. 증인적격 : 누구나
   ↳ X : 법관 / 검사 / 변호인 / 당해피고인 / 공범자인 공동피고인

2. 증인의 의무
   ① 출석의무 ──── 위반 ───→ ┌ 구인
   ② 선서의무 - 선서무능력자(16↓ / 정신능력 X) ├ 소송비용 / 과태료(500↓) ← 소환장 송달받은 경우
   ③ 증언의무 └ 감치(7日)

3. 증인의 권리
   ① 증언거부권 ─ ┌ 근친자 형사책임
                 └ 업무상 비밀
   ② 비용청구권
   ③ 열람등사청구권

Ⅰ 의 의

증인(證人, witness)이란 법원(또는 법관)에 대하여 자기가 실제 체험한 사실을 진술하는 제3자를 말하고, 증인으로부터 그 체험사실의 진술을 듣는 절차, 즉 증인에 대한 증거조사절차를 증인신문(證人訊問, examination of a witness)이라고 한다. 증인은 직접주의 또는 공판중심주의의 요청 때문에 공판정에서 직접 법원(재판부)에 대하여 진술하는 것이 원칙이고, 특별한 경우에 한하여 공판기일 외 또는 법원 외에서 신문하는 것이 허용된다(제165조). 증인에게는 출석·선서·증언의무가 있으므로 불이행시 직접·간접의 강제가 가해지므로 증인신문은 증거조사인 동시에 강제처분의 성질을 가진다.

Ⅱ 증인의 의의와 증인적격

1. 증인의 의의

(1) **개념** : 법원 또는 법관에 대하여 자신이 과거에 경험한 사실을 진술하는 제3자를 말한다. 특별한 지식·경험에 의하여 지득하게 된 과거의 사실을 진술하는 **감정증인(예** 강간치상 피해자의 진단서를 발급해준 신경정신과 전문의)은 대체성이 없으므로 감정인이 아니라 **증인에 속한다**(제179조). [법원행시 04, 국가7급 13, 경찰채용 14 1차]

(2) **구별개념**

① **감정인(鑑定人)** : 증인은 비대체적인 자라는 점에서, 전문적 지식이나 특별한 경험에 근거한 판단의 결과를 보고하는 대체적(代替的)인 감정인과는 다르다. 따라서 증인에 대해서는 구인이 인정되지만, 감정인에 대해서는 구인이 인정되지 않는다.

구 분	증 인	감정인
차이점	① 대체성이 없어 구인 가능 ② 보수를 받을 수 없다. ③ 판단자료를 제공한다. ④ 선서 : 원칙 要, 예외 不要 ⑤ 구두로 보고	① 대체성이 있어 구인 불가능 ② 보수를 받는다. ③ 판단능력을 보충한다. ④ 반드시 선서가 필요하다. [경찰승진 10] ⑤ 서면으로 보고
유사점	① 여비·일당, ② 선서의무 有, ③ 기피제도 無, ④ 당사자 참여권 有(제163조 제1항, 제176조 제1항), ⑤ 증언거부권 (자기·근친자 형사책임, 업무상 비밀)(제148조·제149조, 제177조)	

② **참고인(參考人)** : 증인은 법원 또는 법관에 대하여 진술하는 자라는 점에서, 수사기관에 대하여 진술하는 참고인과 구별된다. 참고인조사는 임의수사이다.

2. 증인적격

(1) **의의** : 증인적격(證人適格, eligibility of witness)은 증인이 될 수 있는 자격이다. 증인적격이 있어야 증인신문을 할 수 있고 증인적격 없는 자의 증언은 증거능력이 없다. [경찰간부 12] 다만, 형사소송법에 의하면, 법원은 법률에 다른 규정이 없으면 누구든지 증인으로 신문할 수 있으므로(제146조), **증인적격에는 제한이 없음**이 원칙이다. 따라서 책임무능력자, 어린아이, 피고인의 친인척도 증인적격이 부정되지 아니한다. [경찰승진 10]

(2) **공무원의 증인적격** : **공무원 또는 공무원이었던 자**가 그 직무에 관하여 알게 된 사실에 관하여 본인 또는 당해 공무소가 직무상 비밀에 속한 사항임을 신고한 때에는 그 소속 **공무소 또는 감독관공서의 승낙 없이는 증인으로 신문하지 못한다**(제147조 제1항). 따라서 이 경우 **증언거부권자**가 된다. 다만, 그 소속 공무소 또는 당해 감독관공서는 **국가에 중대한 이익을 해하는 경우**를 제외하고는 승낙을 거부하지 못한다(동조 제2항). [법원9급 14]

(3) **법관·법원사무관 등의 증인적격** : 당해 사건(형사사건)을 심판하는 법관은 증인적격이 없으므로, 당해 법관이 증인이 된 경우에는 제척사유에 해당한다(제17조 제4호). 법원사무관 등(법원서기관~주사보)도 당해 사건의 공판절차에 관여하고 있는 한 증인적격이 없으며, 증인이 된 경우에는 그 사건의 직무집행에서 제척된다(제25조 제1항).

(4) 검사의 증인적격 : 당사자인 검사는 당해 소송의 제3자가 아니므로 증인적격이 부정된다(다수설). 다만, 공소유지에 관여하지 않은 수사검사에게는 증인적격이 인정된다(조사자증언, 제316조 제1항). 한편 검찰수사관·사법경찰관은 당사자가 아니므로 증인적격이 인정된다(대법원 1995.5.9, 95도535; 헌법재판소 2001.11.29, 2001헌바41). [법원행시 03, 경찰채용 13/20 2차]

(5) 변호인의 증인적격 : 변호인은 피고인의 보호자로서 변론을 통해서 실체적 진실발견에 노력하는 자이고 제3자가 아니므로 증인적격이 부정된다(다수설).

(6) 피고인의 증인적격

① **피고인 :** 소송주체이자 당사자인 피고인은 제3자성이 없으며, 피고인에게 증인적격을 인정하여 증언의 무를 과하면 피고인의 진술거부권이 침해될 우려가 있다는 점에서, 피고인의 증인적격은 부정된다(통설). 피고인의 법정대리인(제26조)·특별대리인(제28조)·대리인(제277조), 피고인인 법인의 대표자(제27조)·대리인(제276조 단서) 등도 동일한 이유로 증인적격이 부정된다.

② **공동피고인 :** 부정설, 긍정설, 절충설의 대립이 있으나, ㉠ **공범자인 공동피고인은 변론을 분리하지 않는 한** 당해 사건에 관한 피고인으로서의 진술거부권을 가지므로 증인적격이 없으나(대향범인 공동피고인의 경우에도 동일 : 대법원 2012.3.29, 2009도11249 [국가7급 15/20, 국가9급 14/15, 경찰간부 15]), [국가7급 09] ㉡ **공범자 아닌 공동피고인**(예 쌍방폭행 사건의 두 맞고소인)은 증인적격이 인정된다는 **절충설[1]**이 통설·판례이다. [법원9급 17]

> 정리 공범자인 공동피고인의 법정진술은 피고인의 반대신문권이 보장되어 독립한 증거능력이 있다는 것이 판례이다(대법원 1992.7.28, 92도917). 이에 상호 보강증거도 된다.

> 정리 공범자 아닌 공동피고인이 증인으로서 진술함에 있어서는 선서를 하여야 하므로, 서로 폭행을 하였다는 이유로 기소되어 병합심리 중인 공동피고인이 선서 없이 한 법정진술은 피고인에 대한 유죄의 증거로 사용할 수 없다. [국가7급 13]

⚖ **판례연구** 공동피고인의 증인적격

1. 대법원 1982.9.14, 82도1000 [국가7급 10, 교정9급특채 10, 경찰채용 10 1차/12 2차/14 1차]

피고인에 대한 사건과 다른 공소사실로 기소되어 병합심리된 공동피고인의 진술은 피고인에 대한 사건에 관하여는 증인의 지위에 있으므로 선서 없이 한 공동피고인의 법정진술은 그 증거로 할 수 없다.

2. 대법원 2008.6.26, 2008도3300; 2012.3.29, 2009도11249; 2012.12.13, 2010도10028 [법원9급 14/15/17, 국가7급 11/20, 국가9급 13/15, 경찰간부 13, 경찰채용 12 2차/21 1차]

공범인 공동피고인(게임장종업원)은 당해 소송절차에서는 피고인의 지위에 있으므로 다른 공동피고인(게임장운영자)에 대한 공소사실에 관하여 증인이 될 수 없으나(소송절차 분리 안 되면 게임장종업원은 증인적격이 없어 위증죄가 성립하지 않음), 소송절차가 분리되어 피고인의 지위에서 벗어나게 되면 다른 공동피고인에 대한 공소사실에 관하여 증인이 될 수 있다. 또한 이는 대향범인 공동피고인의 경우에도 다르지 않다.

3. 대법원 2012.10.11, 2012도6848

소송절차가 분리된 공범인 공동피고인이 증언거부권을 고지받은 상태에서 자기의 범죄사실에 대하여 허위로 진술한 경우 위증죄가 성립한다는 사례
제148조는 피고인의 자기부죄거부특권을 보장하기 위하여 자기가 유죄판결을 받을 사실이 발로될 염려 있는 증언을 거부할 수 있는 권리를 인정하고 있고, 증언거부권 보장을 위하여 제160조는 재판장이 신문 전에 증언거부권을 고지하여야 한다고 규정하고 있으므로, 소송절차가 분리된 공범인 공동피고인에 대하여 증인적격을 인정하고 그 자신의 범죄사실에 대하여 신문한다 하더라도 피고인으로서의 진술거부권 내지 자기부죄거부특권을 침해한다고 할 수 없다. 따라서 증언거부권이 고지되었음에도 불구하고 위 피고인이 자기의 범죄사실에 대하여 증언거부권을 행사하지 아니한 채 허위로 진술하였다면 위증죄가 성립된다고 할 것이다.

---

1) [참고] 절충설 내에서도 공범자인 공동피고인의 증인적격에 대해서는 다소 차이가 존재하나, 본서의 특성상 논의는 생략한다.

III 증인의 의무와 권리

1. 증인의 의무

(1) 출석의무

① 의의 : 증인적격이 있는 자로서 적법한 소환을 받은 자는 누구나 증인으로 출석할 의무가 있다. 출석의무는 공판기일뿐만 아니라 공판준비절차(제273조) · 증거보전절차(제184조)의 증인신문에 소환된 증인에게도 인정된다. [국가9급 08]

② 증인의 소환

(가) 방식 : ㉠ 법원은 소환장의 송달, 전화, 전자우편, 그 밖의 상당한 방법으로 증인을 **소환**한다(제150조의2 제1항). 이렇게 증인의 출석은 **소환**의 방법에 의하며, 소환장의 발부 · 방식 · 송달에 관하여는 피고인의 소환에 관한 규정이 준용된다(제153조, 제73조 · 제74조[1] · 제76조[2]). 증인의 출석의무는 소환이 **적법**한 경우에 한하여 인정된다. ㉡ 증인에 대한 소환장은 늦어도 **출석할 일시 24시간 이전에 송달**하여야 한다. 다만, **급속**을 요하는 경우에는 그러하지 아니한다(규칙 제70조). [국가9급 08] ㉢ 한편, 증인이 **법원의 구내**에 있는 때에는 소환함이 없이 신문할 수 있다(제154조). [국가7급 08] [3]

> **정리** ① 소환의 대상 : 피고인 · 증인 · 감정인 · 통역인 · 번역인
> ② 통지의 대상 : 검사 · 변호인 · 보조인 등

> **정리** 소환장송달은 피고인 1회기일 5일 전, 2회기일 이후 12시간 전(규칙 제45조, 피고인의 이의 없으면 예외 ○), 증인은 24시간 전(규칙 제70조, 급속시 예외 ○).

(나) 구인 : 정당한 사유 없이 소환에 응하지 아니하는 증인은 **구인할 수 있다**(제152조). 더불어 후술하는 불출석제재도 함께 내릴 수 있다. 다만, 증인에 대한 구인영장(구속영장; 구인장)을 집행함에 있어서는 법 제155조의 피고인구속 준용규정[4]에도 불구하고, 법 제85조 제3항이 준용되지 않으므로 **급속을 요하는 때라도 영장을 소지하지 않고서는 집행할 수 없고**, 법 제86조도 준용되지 않으므로 **호송 중의 가유치는 할 수 없다**.

(다) 출석의무 없는 자 : **증인거부권자**(공무원 · 제147조)는 증인적격이 부인되어 증인신문이 허용되지 않으므로 출석의무가 없다. 다만, **증언거부권자**(제148조, 제149조)는 증언은 거부할 수 있으나 **출석 자체를 거부할 수는 없다.** [교정9급특채 12]

(라) 증인신청인의 노력 : 증인을 신청한 자는 증인이 출석하도록 합리적인 노력을 할 의무가 있다(제150조의2 제2항).

(마) 동행명령 : 법원에 출석해 있는 증인에 대하여 법원 밖의 증인신문 장소까지 재판부 또는 수명법관과 함께 갈 것을 명하는 결정을 말한다. 법원은 필요한 때에는 결정으로 지정한 장소에 증인의 동행을 명할 수 있고,[5] 정당한 사유 없이 **동행을 거부하는 때에는 구인할 수 있다**(제166조, = 소환불응). **동행을 거부하는 경우 과태료 · 비용배상 · 감치 등은 허용되지 아니한다**(소환불응과의 차이).

> **정리** 증인을 구인할 수 있는 경우는 ① 정당한 이유 없이 소환에 불응하거나(제152조) ② 동행명령에 따른 동행을 거부하는 때(제166조 제2항)이다.

> **정리** ① 소환장 송달받은 증인의 소환불응 : 구인 ○, 소용비용부담 · 과태료 ○, ② (제165조의 공판정 외 증인신문을 위하여) 법원 외의 장소로 동행명령을 받은 증인의 동행거부 : 구인 ○, 소용비용부담 · 과태료 ×

---

1) 따라서 증인소환장에는 증인의 성명과 피고인의 성명(주거는 기재할 필요가 없다), 죄명, 출석 일시와 장소, 정당한 이유 없이 출석하지 아니할 경우에는 과태료에 처하거나 출석하지 아니함으로써 생긴 비용의 배상을 명할 수 있고, 또 구인할 수 있음을 기재하고 재판장 또는 수명법관이 기명날인한다(제74조, 규칙 제68조 제1항).

2) 소환할 증인이 다른 사건으로 구금 중인 때에는 피고인의 경우와 마찬가지로 교도관에 대한 통지(제76조 제4항)의 방식에 의할 수 있고, 소환장의 발부 · 송달을 요하지 아니한다.

3) [참고] 출석요구를 받은 증인이 기일에 출석할 수 없을 경우에는 법원에 바로 그 사유를 밝혀 신고하여야 한다(규칙 제68조의2).

4) 제73조, 제75조, 제77조, 제81조 내지 제83조, 제85조 제1항 · 제2항의 규정은 증인의 구인에 준용한다(제155조).

5) [참고] 동행명령은 피고인(제79조)과 마찬가지로 증인에 대하여도 할 수 있다(제166조 제1항). 당초에는 법원 안에서 신문할 예정으로 소환하였다가 방침을 바꾸어 법원 외에서 신문하기로 한 경우 활용될 수 있다. 당초부터 법원 외의 장소로 소환한 경우(증인의 법정 외 신문, 제165조)에는 활용될 여지가 없다. 법원실무Ⅱ 205면 참조.

③ 불출석에 대한 제재

(가) 소송비용의 부담과 과태료의 부과 : 법원은 **소환장을 송달받은 증인**이 정당한 사유 없이 출석하지 아니한 때에는 결정으로 ㉠ **당해 불출석으로 인한 소송비용을 증인이 부담**하도록 명하고,[1] ㉡ **500만원 이하의 과태료를 부과**할 수 있다(50만원 ×, 벌금 ×). [법원승진 08, 국가9급 10, 경찰승진 10/14] 이는 소환장의 송달과 동일한 효력이 있는 경우에도 같다(제151조 제1항). 다만, 소환장을 송달받은 경우 및 소환장의 송달과 동일한 효력이 있는 경우에 한하고, 전화나 전자우편, 그 밖의 상당한 방법으로 증인을 소환한 경우(제150조의2 제1항)에는 증인이 이를 거부하였다 하더라도 소송비용 부담이나 과태료 부과는 할 수 없다. [법원9급 11]

정리 증인이 기일에 출석한다는 서면을 제출하거나 출석한 증인에 대하여 차회기일을 정하여 출석을 명한 때(제76조 제2항)와 증인이 교도관으로부터 소환통지를 받은 때(동조 제5항) : 소환장의 송달과 동일한 효력이 있다(제151조 제1항 제2문).

정리 ① 전화, 전자우편, 모사전송, 휴대전화 문자전송 등의 방법을 이용하여 증인에게 출석요구를 한 경우와 ② 동행명령에 따른 동행을 거부한 때 : 소송비용 부담 또는 과태료 부과와 같은 법률상의 제재를 가할 수 없다.

(나) 감치 : 법원은 증인이 위 과태료 재판을 받고도 정당한 사유 없이 다시 출석하지 아니한 때에는 결정으로 증인을 **7일 이내의 감치**에 처한다(20·10일 이내의 감치 ×, 제151조 제2항).[2] [법원승진 08, 경찰승진 14] 이에 법원은 감치재판기일에 증인을 소환하여 과태료 재판을 받은 증인의 불출석에 정당한 사유가 있는지 여부를 심리하여야 한다(동조 제3항). 다만, 법원은 감치재판절차를 개시한 후 감치결정 전에 그 증인이 증언을 하거나 그 밖에 감치에 처하는 것이 상당하지 아니하다고 인정되는 때에는 법원은 불처벌결정을 하여야 하고(규칙 제68조의4 제2항), 감치의 재판을 받은 증인이 **감치의 집행 중에 증언을 한 때에는 즉시 감치결정을 취소하고 그 증인을 석방**하도록 명하여야 한다(제151조 제7항). [법원승진 08]

정리 감치 : ① 보석조건위반 피고인은 1천만원 이하 과태료 또는 20일 이내 감치(제102조 제3항), ② 증인불출석 제재로 500만원 이하의 과태료 받고도 불출석하면 7일 이내 감치

(다) 불출석 제재에 대한 불복 : 법원의 소송비용 부담·과태료·감치결정에 대해서는 **즉시항고**를 할 수 있다(**집공기참정상선비재재구감**). 다만, **재판의 집행은 정지되지 아니한다**(즉시항고의 집행정지효 ×, 제151조 제8항 후문). [국가9급 10, 경찰승진 14]

정리 즉시항고의 집행정지효가 없는 경우 : 기피신청에 대한 간이기각결정에 대한 즉시항고, 증인불출석제재결정에 대한 즉시항고

(라) 불출석한 증인에 대한 증인채택결정의 취소 : 핵심 증인이 불출석한 경우, 다른 증거나 증인의 진술에 비추어 굳이 추가 증거조사를 할 필요가 없다는 등 특별한 사정이 없고, 소재탐지나 구인장 발부가 불가능한 것이 아님에도 불구하고, **핵심 증인에 대한 소재탐지나 구인장 발부 없이 증인채택결정을 취소하는 것은 법원의 재량을 벗어나는 것**으로서 위법하다.

대법원 2020.12.10, 2020도2623 [국가9급 23]

불출석한 핵심 증인에 대한 증인채택결정을 취소한 사건

(공직선거법이 준용하는 「특정범죄신고자 등 보호법」상 범죄신고자가 수사기관에서 진술을 한 후 보복을 당할 우려가 있다는 이유로 제1심 법정에 증인출석을 하지 않을 경우, 법원이 소재탐지촉탁 또는 구인장 발부 없이 범죄신고자에 대한 증인채택 결정을 취소한 후 범죄신고자가 수사기관에서 한 진술 등에 대하여 증거능력을 부정한 사건[3]) 모든 국민은 법정에 출석하여 증

---

1) [참고] 증인의 불출석으로 인한 소송비용이란 소환장의 송달에 소요된 비용(우편료)이 보통이겠으나, 법원 외의 장소로 증인을 소환하고 재판부가 출장하였다가 증인 불출석으로 말미암아 신문을 하지 못한 경우에는 그 출장비도 위 비용에 포함된다. 법원실무 II 208면.

2) [법원직만 참고] 민사소송에서 증인 불출석시 감치의 제재를 가할 수 있도록 한 것(민소 제311조)과 동일한 취지의 규정이다. 다만, 민사법에 비하여, 형소법은 재판장의 명령에 따라 감치집행을 하는 사람에 **교도관**을 추가하여, 감치는 그 재판을 한 법원의 재판장의 명령에 따라 사법경찰관리·교도관·법원경위 또는 법원사무관 등이 교도소·구치소 또는 경찰서유치장에 유치하여 집행한다고 규정하고 있다(법 제151조 제4항). 법원실무 210면.

3) [사실관계] 이 사건 제보자는 피고인에 관한 이 사건 공소사실 기재 범죄혐의를 선거관리위원회에 제보한 뒤 수사기관에서 이에 관하여 진술하고

언할 의무를 부담한다. 법원은 소환장을 송달받은 증인이 정당한 사유 없이 출석하지 아니한 경우에 당해 불출석으로 인한 소송비용을 증인이 부담하도록 명하고, 500만 원 이하의 과태료를 부과할 수 있으며(형사소송법 제151조 제1항 전문), 정당한 사유 없이 소환에 응하지 아니하는 경우에는 구인할 수 있다(형사소송법 제152조). 또한 법원은 증인 소환장이 송달되지 아니한 경우에는 공무소 등에 대한 조회의 방법으로 직권 또는 검사, 피고인, 변호인의 신청에 따라 소재탐지를 할 수도 있다(형사소송법 제272조 제1항 참조). 이는 범죄신고자법이 직접 적용되거나 준용되는 사건에 대해서도 마찬가지이다. 형사소송법이 증인의 법정 출석을 강제할 수 있는 권한을 법원에 부여한 취지는, 다른 증거나 증인의 진술에 비추어 굳이 추가 증인신문을 할 필요가 없다는 등 특별한 사정이 없는 한 사건의 실체를 규명하는 데 가장 직접적이고 핵심적인 증인으로 하여금 공개된 법정에 출석하여 선서 후 증언하도록 하고, 법원은 출석한 증인의 진술을 토대로 형성된 유죄·무죄의 심증에 따라 사건의 실체를 규명하도록 하기 위함이다. 따라서 다른 증거나 증인의 진술에 비추어 굳이 추가 증거조사를 할 필요가 없다는 등 특별한 사정이 없고, 소재탐지나 구인장 발부가 불가능한 것이 아님에도 불구하고, 불출석한 핵심 증인에 대하여 소재탐지나 구인장 발부 없이 증인채택 결정을 취소하는 것은 법원의 재량을 벗어나는 것으로서 위법하다.

(2) 선서의무

① 의의 : 출석한 증인은 신문에 앞서 선서를 하여야 한다(제156조 본문). 선서(宣誓, oath)란 증인이 법원에 대하여 진실을 말할 것을 서약하는 것을 말한다. 선서능력 있는 증인이 선서 없이 한 증언은 증거능력이 없다(대법원 1979.3.27, 78도1031).

② 선서의 절차 · 방법

(가) 시기 : 증인에게는 신문 전에 선서하게 하여야 한다. [경찰채용 13 1차] 단, 법률에 다른 규정이 있는 경우에는 예외로 한다(제156조).

(나) 경고 : 재판장은 선서할 증인에 대하여 선서 전에 위증의 벌을 경고하여야 한다(제158조). 다만, 위증의 벌을 경고하지 않고 증언을 하더라도 해당 증언 자체가 무효가 되는 것은 아니고 위증죄도 성립한다.

(다) 선서서의 낭독 : 선서는 **선서서(宣誓書)에 의하여야 한다**(2020.12.8. 우리말 순화 개정법 제157조 제1항). 선서서에는 "양심에 따라 숨김과 보탬이 없이 사실 그대로 말하고 만일 거짓말이 있으면 위증의 벌을 받기로 맹세합니다."라고 기재하여야 한다(동조 제2항). 재판장은 증인에게 선서서를 낭독하고 기명날인하거나 서명하게 하여야 한다. 다만, 증인이 선서서를 낭독하지 못하거나 서명을 하지 못하는 경우에는 참여한 법원사무관 등이 대행한다(동조 제3항). [법원9급 11] 선서는 일어서서 엄숙하게 하여야 한다(동조 제4항).

(라) 개별선서 : 선서는 각 증인마다 하여야 하며, 대표선서는 허용되지 않는다.

(마) 횟수 : 동일심급에서 동일증인에 대한 선서는 1회로써 족하다. 따라서 증인이 선서를 한 후 신문이 중단되었다가 다시 속행하는 경우에도 다시 선서를 시킬 필요는 없다. 그러나 새로운 증거결정에 의하여 동일증인을 신문할 경우에는 별개의 증인신문이기 때문에 다시 선서하여야 한다.

③ 선서무능력자

(가) 의의 : 증인이 **16세 미만자 또는 선서의 취지를 이해하지 못하는 자**인 때에는 선서하게 하지 아니하고 신문하여야 한다(제159조). [법원9급 11/14/15, 법원승진 11, 국가9급 10, 경찰승진 14, 경찰채용 13 1차] 이 경우 증인이 선서의 취지를 이해할 수 있는가에 대하여 의문이 있는 때에는 선서 전에 그 점에 대하여 신문하고, 필요하다고 인정할 때에는 선서의 취지를 설명하여야 한다(규칙 제72조).

(나) 선서의 무효와 증언의 효력 : 선서무능력자에게 선서를 시키고 증언하게 하더라도 그 선서는 무효

공직선거법령에 따라 신원관리카드가 작성된 사람이고, 공소외 2는 그 사람의 가명이며, 이 사건은 이 사건 제보자의 제보로 수사가 시작되었다. 피고인이 이 사건 제보자 작성의 문답서 및 이 사건 제보자에 대한 경찰 진술조서 등(이하 '이 사건 증거들'이라 한다)에 대하여 부동의하자 검사는 2019. 1. 29. 제1심에 신원보호를 위하여 이 사건 제보자의 인적 사항을 밝히지 않고 증인신청을 하였고 제1심이 이를 채택하여 2019. 1. 31. 검사에게 이 사건 제보자에 대한 증인소환장이 송달되었다. 이 사건 제보자는 검사에게 '피고인이 자신의 신원을 알게 될 경우 자신에게 위해를 가할까 두렵다'며 2019. 3. 7. 및 2019. 4. 4. 제1심의 증인신문기일에 출석하지 않았다. 검사는 2019. 5. 29. 이 사건 제보자의 인적 사항을 밝히지 않은 채 제1심에 직권으로 소재탐지촉탁을 해줄 것을 신청하였으나 제1심은 소재탐지촉탁을 하지 않았다. 이 사건 제보자는 2019. 6. 13.과 2019. 7. 25. 공판기일에도 출석하지 않았고, 제1심은 2019. 7. 25. 이 사건 제보자에 대한 증인채택 결정을 취소하고 변론을 종결한 다음 2019. 8. 22. 무죄판결을 선고하였다. 검사는 이에 불복하여 항소하면서, 제1심의 위와 같은 증인채택 결정 취소가 위법한 절차진행에 해당하고, 실체적 진실발견이라는 형사소송법의 대원칙에 반한다는 취지를 항소이유로 주장하였고, 원심에서도 이 사건 제보자에 대한 소재탐지촉탁을 신청함과 동시에 구인장 발부를 요청하였다. 그러나 원심은 이를 받아들이지 않고 2020. 1. 14. 변론을 종결한 뒤 2020. 2. 4. 항소기각 판결을 선고하였다.

이므로 **위증죄는 성립하지 않는다.** 그러나 **증언의 효력에는 영향이 없다.** [법원행시 03, 국가7급 11, 국가9급 08, 교정9급특채 12]

④ 선서의무위반에 대한 제재 : 증인이 정당한 이유 없이 선서를 거부한 때에는 결정으로 **50만원 이하의 과태료**에 처할 수 있다(제161조 제1항). 민사소송법과 달리, 증인은 자기나 친족 등과 현저한 이해관계가 있는 사항에 관하여 신문을 받은 때라 하더라도 선서를 거부할 수는 없다.[1] [법원9급 14] 다만, 출석의무위반 시 제재보다는 과태료 액수는 경하며 비용배상이나 감치도 인정되지 않는다. 위의 결정에 대하여는 **즉시항고**를 할 수 있음(동조 제2항)은 불출석제재결정의 경우와 같다. [국가7급 11]

(3) 증언의무

① 의의 : 증인은 신문받은 사항에 대하여 양심에 따라 숨김과 보탬이 없이 사실 그대로 증언할 의무가 있음은 선서서에 기재된 바와 같다(제157조 제2항). 증언의무는 법원·법관의 신문뿐만 아니라 **검사·피고인·변호인의 신문에 대해서도 인정**되며, 주신문·반대신문을 불문한다.

② 증언능력

(가) 의의 : 증인 자신이 과거에 경험한 사실을 그 기억에 따라 진술할 수 있는 정신적인 능력을 말한다. 증인적격이 있는 자일지라도 이러한 증언능력이 없는 때에 그 증언은 증거능력이 없다.

(나) 책임능력·선서능력과의 구별 : **형사미성년자**(형법 제9조)나 **선서무능력자**도 증언능력이 인정될 수 있으며, **유아의 증언능력**의 유무도 단지 **공술자의 연령만에 의할 것이 아니라** 그 지적 수준에 따라 개별적·구체적으로 결정되어야 한다(대법원 2004.9.13, 2004도3161). [국가9급 14] 예컨대, **사고 당시 10세 남짓한 초등학교 5학년생**(대법원 1984.9.25, 84도619) [국가7급 13, 경찰승진 10, 경찰채용 14 1차], 사고 당시 만 3년 3월 남짓, 증언 당시 만 3년 6월 남짓 된 강간치상죄의 피해자인 여아(대법원 1991.5.10, 91도579), 사건 당시 만 4세 6개월, 제1심 증언 당시 만 6세 11개월 된 피해자인 유아(대법원 1999.11.26, 99도3786)의 증언능력도 인정된다.

③ 증언의무위반에 대한 제재 : 증인이 정당한 이유 없이 증언을 거부한 때에는 결정으로 **50만원 이하의 과태료**에 처할 수 있다(제161조 제1항). 이는 선서의무위반에 대한 제재와 같다. 여기서 정당한 이유란 법률상 증언을 거부할 수 있는 경우로서 증인에게 증인거부권(제147조)이나 증언거부권(제148조)이 있는 경우를 말한다. 위 결정에 대해서도 **즉시항고**를 할 수 있다(제161조 제2항).

2. 증인의 권리

(1) 증언거부권

① 의의 : 증언의무가 있는 증인이 일정한 법률상의 사유에 기하여 증언을 거부할 수 있는 권리를 말한다. 다만, 출석 자체를 거부할 수 없음은 기술한 바와 같다. 예컨대, 변호사가 업무상 알게 된 비밀에 대해서는 증언거부권이 있으나 그렇다 하여도 증인으로서의 출석을 거부할 수는 없다. [국가9급 08]

② 내용

(가) 자기 또는 근친자의 형사책임

㉠ 의의 : 누구든지 **자기나 친족이거나 친족이었던 사람 또는 법정대리인·후견감독인**에 해당하는 자가 **형사소추(刑事訴追) 또는 공소제기**[2]를 당하거나 유죄판결을 받을 사실이 드러날 염려가 있는 증언을 거부할 수 있다(2020.12.8. 우리말 순화 개정법 제148조). [법원9급 11/14, 법원승진 11] 다만, 형사소추(제148조)는 증인이 이미 저지른 범죄사실에 대한 것이므로 증인의 증언에 의하여 비로소 범죄가 성립하는 경우는 증언거부권 고지대상이 아니다(대법원 2011.12.8, 2010도2816). [국가7급 17, 국가9급 23]

1] [법원직만 필독 – 선서거부권제도는 형소법에 없음] 선서거부권에 관한 명문 규정을 두고 있는 민사소송법 제324조(또한 민소법 제311조는 선서면제제도를 규정함)와는 달리, 형사소송법에는 그러한 규정이 없으므로, 증언거부권이 있더라도 선서거부권은 인정되지 않는다고 해석된다. 따라서 증언거부권이 있다 하더라도 선서를 거부하고 증언을 하겠다고 함은 허용되지 아니하며, 그러한 취지의 진술이 있다면 이는 증언 자체를 거부한 것으로 보게 되어, 선서의무위반에 따르는 과태료결정을 내릴 수 있다.
[조문] 민사소송법 제323조(선서의 면제) : 제314조에 해당하는 증인으로서 증언을 거부하지 아니한 사람을 신문할 때에는 선서를 시키지 아니할 수 있다. 제314조(증언거부권) : 증인은 그 증언이 자기나 다음 각호 가운데 어느 하나에 해당하는 사람이 공소제기되거나 유죄판결을 받을 염려가 있는 사항 또는 자기나 그들에게 치욕이 될 사항에 관한 것인 때에는 이를 거부할 수 있다. 1. 증인의 친족 또는 이러한 관계에 있었던 사람. 2. 증인의 후견인 또는 증인의 후견을 받는 사람. 제324조(선서거부권) 증인이 자기 또는 제314조 각 호에 규정된 어느 한 사람과 현저한 이해관계가 있는 사항에 관하여 신문을 받을 때에는 선서를 거부할 수 있다.

2] 여기에서 형사소추 또는 공소제기라고 규정되어 있는데, 국가소추주의를 취하는 우리 법제하에서 양자는 동일한 의미를 가진다.

ⓛ 근거 : 자기의 형사책임에 관한 증언거부권은 헌법상의 진술거부권(불이익한 진술의 강요금지; 영미의 자기부죄거부특권에서 유래, 헌법 제12조 제2항)에 [경찰승진 14], 근친자의 형사책임에 관한 증언거부권은 신분관계로 인한 정의상 진실한 증언을 기대할 수 없다는 정책적 고려에 기인한다.

ⓒ 거부의 범위 : 거부할 수 있는 증언은 형사책임의 존부(⑩ 구성요건적 사실)와 양형에 불이익을 초래할 수 있는 모든 사실(⑩ 누범·상습범 인정의 기초될 사실, 집행유예의 취소사유에 해당하는 사실)에 미친다. 나아가 자신이 범행을 한 사실뿐 아니라 범행을 한 것으로 오인되어 유죄판결을 받을 우려가 있는 사실도 포함된다(대법원 2012.12.13, 2010도10028). [국가7급 17] 다만, **이미 유죄·무죄·면소판결이 확정**되어 더 이상 형사책임을 질 가능성이 없는 경우(일사부재리원칙)에는 증언을 거부할 수 없다.

⚖ **판례연구** 자기 또는 근친자의 형사책임에 관한 증언 거부권자 관련판례

1. 대법원 2011.11.24, 2011도11994 [법원9급 17, 국가7급 17, 국가9급 15/23, 경찰간부 16, 경찰승진 14, 경찰채용 12 2차/21 1차]

자신에 대한 유죄판결이 확정된 증인이 확정판결에 대하여 재심을 청구할 예정인 경우, 공범에 대한 피고사건에서 형사소송법 제148조에 의한 증언거부권이 인정되는지 여부(소극)

"누구든지 자기가 형사소추 또는 공소제기를 당하거나 유죄판결을 받을 사실이 발로될 염려 있는 증언을 거부할 수 있다." 라는 법 제148조의 증언거부권은 헌법 제12조 제2항에 정한 불이익 진술의 강요금지원칙을 구체화한 자기부죄거부특권에 관한 것인바, 이미 유죄의 확정판결을 받은 경우에는 헌법 제13조 제1항에 정한 일사부재리의 원칙에 의해 다시 처벌받지 아니하므로 자신에 대한 유죄판결이 확정된 증인은 공범에 대한 피고사건에서 증언을 거부할 수 없고, 설령 증인이 자신에 대한 형사사건에서 시종일관 그 범행을 부인하였다 하더라도 그러한 사정만으로 증인이 진실대로 진술할 것을 기대할 수 있는 가능성이 없는 경우에 해당한다고 할 수 없으므로 허위의 진술에 대하여 위증죄의 성립을 부정할 수 없다(대법원 2008.10.23, 2005도10101). 한편 자신에 대한 유죄판결이 확정된 증인이 재심을 청구한다 하더라도, 이미 유죄의 확정판결이 있는 사실에 대해서는 일사부재리의 원칙에 의하여 거듭 처벌받지 않는다는 점에는 변함이 없고, 형사소송법상 피고인의 불이익을 위한 재심청구는 허용되지 아니하며(법 제420조), 재심사건에는 불이익변경의 금지원칙이 적용되어 원판결의 형보다 중한 형을 선고하지 못하므로(법 제439조), 자신의 유죄 확정판결에 대하여 재심을 청구한 증인에게 증언의무를 부과하는 것이 형사소추 또는 공소제기를 당하거나 유죄판결을 받을 사실이 발로될 염려 있는 증언을 강제하는 것이라고 볼 수는 없다. 따라서 자신에 대한 유죄판결이 확정된 증인이 공범에 대한 피고사건에서 증언할 당시 앞으로 재심을 청구할 예정이라고 하여도, 이를 이유로 증인에게 형사소송법 제148조에 의한 증언거부권이 인정되지는 않는다.

보충 피고인이 마약류관리에 관한 법률 위반(향정)죄로 이미 유죄판결을 받아 확정된 후 별건으로 기소된 공범 甲에 대한 피고사건의 증인으로 출석하여 허위의 진술을 한 경우, 피고인에게 증언을 거부할 권리가 없으므로 증언에 앞서 증언거부권을 고지받지 못하였더라도 증인신문절차상 잘못이 없다(위증죄 성립). [국가9급 15]

2. 대법원 2012.12.13, 2010도10028 [국가9급 23]

형사소송법에서 증언거부권의 대상으로 규정한 '공소제기를 당하거나 유죄판결을 받을 사실이 발로될 염려 있는 증언'에는 자신이 범행을 한 사실뿐 아니라 범행을 한 것으로 오인되어 유죄판결을 받을 우려가 있는 사실 등도 포함된다고 할 것이다. 따라서 범행을 하지 아니한 자가 범인으로 공소제기가 되어 피고인의 지위에서 범행사실을 허위자백하고, 나아가 공범에 대한 증인의 자격에서 증언을 하면서 그 공범과 함께 범행하였다고 허위의 진술을 한 경우에도 그 증언은 자신에 대한 유죄판결의 우려를 증대시키는 것이므로 증언거부권의 대상은 된다고 볼 것이다. 다만, 그 경우는 자신이 하지 아니한 범행을 오히려 했다고 진술하는 것으로서 자기부죄거부의 특권이 인정되는 본래 모습과는 상당한 차이가 있으므로, 이는 증언거부권을 고지받았으면 증언을 거부하였을지 여부, 즉 증언거부권의 행사에 사실상 장애가 초래되었다고 볼 수 있는지를 판단함에 있어 중요한 요소로 고려함이 마땅하다(다만, 결국 위증죄의 성립은 인정한 판례임).

(나) 업무상 비밀과 증언거부권

㉠ 의의 : 변호사, 변리사, 공증인, 공인회계사, 세무사, 대서업자, 의사, 한의사, 치과의사, 약사, 약종상, 조산사, 간호사, 종교의 직에 있는 자 또는 이러한 직에 있던 자가 그 업무상 위탁을 받은 관계로 알게 된 사실로서 타인의 비밀에 관한 것은 증언을 거부할 수 있다. [국가7급 08] 단, **본인의 승낙이 있거나 중대한 공익상 필요 있는 때에는 예외**로 한다(제149조). [국가9급 08]

정리 업무상 비밀에 대한 압수거부권자(제112조)와 같음. cf. 세무사를 제외하면 형법상 업무상 비밀누설죄(형법 제317조)의 주체와 같음.

정리 공무상 비밀은 증인거부권, 업무상 비밀은 증언거부권

ⓛ 범위 : 증언거부권자는 제한적으로 열거된 것으로 보는 것이 통설이다. 따라서 교사·교수·법무사 등은 해당되지 아니한다.

③ 증언거부권의 고지
(가) 고지의무 : 증인이 증언거부권자에 해당하는 경우에는 재판장은 **신문 전에 증언을 거부할 수 있음을 설명**하여야 한다(제160조).
(나) 불고지의 효과 : 증언거부권을 고지하지 않고 신문한 경우에 그 **증언의 증거능력**을 인정할 것인가에 대해서는 **적극설(판례)**과 소극설(다수설)이 대립하나, 적정절차의 원칙에 비추어 소극설이 타당하다.

대법원 1957.3.8, 4290형상23 [국가9급 08]

증인신문에 당하야 증언거부권 있음을 설명하지 아니한 경우라 할지라도 증인이 선서하고 증언한 이상 그 증언의 효력에 관하여는 역시 영향이 없고 유효하다고 해석함이 타당하다.

(다) 불고지시 위증죄의 성부 : 증인이 증언거부권을 고지받지 못함으로 인하여 그 증언거부권을 행사하는 데 **사실상 장애**가 초래되었다고 볼 수 있다면 허위진술을 한 경우에도 위증죄는 성립하지 아니한다(대법원 2010.1.21, 2008도942 전원합의체). [국가9급 14] 다만, 사실상 장애가 초래되지 않았다면 위증죄가 성립한다.

④ 행사·포기
(가) 행사 : 증언을 거부하는 자는 **거부의 사유를 소명**하여야 한다(제150조). [국가7급 08, 경찰승진 14] 부당한 증언거부를 방지하기 위한 규정이다. 이는 피고인의 진술거부권과는 다른 점이다.
(나) 행사의 시기 : 신문 개시 전에도 행사할 수 있지만, 신문 도중 증언거부사유에 해당하는 신문이 나올 수 있으므로 개개의 신문시마다 행사할 수도 있다. 이때 증언거부하기 이전까지의 증언내용은 증거로 사용할 수 있다.
(다) 포기 : 증언거부권은 증인의 권리일 뿐 의무는 아니므로 증언거부권자도 **증언거부권을 포기하고 증언을 할 수 있다**(진술거부권과의 차이). 다만, 증인이 주신문에 대하여 증언한 후에 반대신문에 대하여 증언을 거부할 수 없다.

(2) 비용청구권 : **소환받은 증인**은 법률규정에 따라 여비·일당과 숙박료를 청구할 수 있다. 단, 정당한 사유 없이 선서 또는 증언을 거부한 자는 예외로 한다(제168조). [국가9급 08] 또한 재정증인(제154조)도 소환당한 자가 아니므로 비용청구권이 없다.

(3) 증인신문조서 열람·등사청구권 : 증인은 자신에 대한 증인신문조서 및 그 일부로 인용된 속기록, 녹음물, 영상녹화물 또는 녹취서의 열람·등사 또는 사본을 청구할 수 있다(규칙 제84조의2).

(4) 기타 증인보호제도 : ① 법원은 **성폭력범죄의 피해자가 19세 미만 피해자등**(19세 미만인 피해자나 신체적인 또는 정신적인 장애로 사물을 변별하거나 의사를 결정할 능력이 미약한 피해자를 말한다. 성폭법 제26조 제4항)인 경우 재판과정에서의 조력과 원활한 증인 신문을 위하여 직권 또는 검사, 피해자, 그 법정대리인 및 변호사의 신청에 의한 결정으로 **진술조력인**으로 하여금 증인 신문에 참여하여 중개하거나 보조하게 할 수 있다(2023.7.11. 개정 성폭법 제37조 제1항). 또한 ② 특정강력범죄사건의 증인이 피고인 측으로부터 생명·신체에 해를 받거나 받을 염려가 있다고 인정되는 때에는 검사가 관할 경찰서장에게 증인의 신변안전을 위하여 필요한 조치를 할 것을 요청하는 제도도 있다(특강법 제7조 제2항). 그리고 ③ 재판장 또는 판사는 검사에게 **특정강력범죄사건이나 성폭력범죄사건의 증인**의 신변안전을 위하여 필요한 조치를 하도록 요청할 수 있다(특정범죄신고자 등 보호법 제13조 제3항).[1] [법원승진 13] 또한 재판장은 소환된 증인 또는 그 친족 등이

---

1) [참고] 특정범죄신고자 등 보호법 제13조(신변안전조치) ① 검사 또는 경찰서장은 범죄신고자 등이나 그 친족 등이 보복을 당할 우려가 있는 경우에는 일정 기간 동안 해당 검찰청 또는 경찰서 소속 공무원으로 하여금 신변안전을 위하여 필요한 조치(이하 "신변안전조치"라 한다)를 하게 하거나 대상자의 주거지 또는 현재지(現在地)를 관할하는 경찰서장에게 신변안전조치를 하도록 요청할 수 있다. 이 경우 요청을 받은 경찰서장은 특

보복을 당할 우려가 있는 경우에는 참여한 법원서기관 또는 서기로 하여금 공판조서에 그 취지를 기재하고 해당 증인의 인적사항의 전부 또는 일부를 기재하지 아니하게 할 수 있고(동법 제11조 제2항), 이 경우 재판장 또는 판사는 범죄신고자 등으로 하여금 **선서서에 가명으로 서명·무인**하게 하여야 한다(동 제4항) (공판조서에는 인적사항 기재를 생략할 수 있으나 선서서에 기명날인 또는 서명하는 절차는 면제되지 않음, 단 **가명** 서명·무인은 가능 [법원승진 13]).[1]

📚 **사례문제**

甲과 乙은 쌍방 폭행사건으로 기소되어 공동피고인으로 재판을 받고 있으면서, 공판기일에 甲은 자신은 결코 乙을 때린 적이 없으며, 오히려 자신이 폭행의 피해자라고 주장하였다. 그러던 중 乙을 피고인으로 하는 폭행사건이 변론분리되었고, 그 재판에서 법원은 甲을 증인으로 채택하였다. 甲은 증인으로 선서한 후 乙에 대한 폭행 여부에 대하여 신문을 받았는데, 乙에 대한 폭행을 시인하면 자신의 유죄를 인정하는 것이 되기 때문에 증언거부를 할 수 있었고, 乙에 대한 폭행을 부인하면 위증죄로 처벌받을 수도 있는 상황이었다. 이와 같이 甲에게 증언거부사유가 발생하였음에도 재판장은 증언거부권을 고지하지 아니하고 증인신문절차를 진행하였다. 甲은 결코 乙을 때리지 않았으며, 오히려 자신이 피해자라는 종전의 주장을 되풀이하였으나 이후 甲의 증언이 허위임이 밝혀졌다. (다툼이 있는 경우에는 판례에 의함) [변호사 13]

문제 재판장으로부터 증언거부권을 고지받지 않고 행한 甲의 증언은 효력이 없다.
→ (X) 증인신문에 당하여 증언거부권 있음을 설명하지 아니한 경우라 할지라도 증인이 선서하고 증언한 이상 그 증언의 효력에 관하여는 역시 영향이 없고 유효하다(57도23).

Ⅳ 증인신문의 방법

1. 당사자의 참여권

(1) 의의 : 검사·피고인·변호인은 증인신문에 참여할 수 있다. [국가9급 09] 따라서 법원은 (**공판기일 외**에서 행하는[2]) 증인신문의 시일과 장소를 검사·피고인·변호인에게 미리 **통지**하여야 한다(출석 ×). 단, 참여하지 아니한다는 의사를 명시한 때에는 예외로 한다(제163조). 이외 감정인도 재판장의 허가를 얻어 증인의 신문에 참여할 수 있다(제174조).

> [정리] 공판기일에서의 증인신문은 당사자의 출석을 요하고, 공판기일 외에서의 증인신문은 법원이 당사자에게 시일·장소를 미리 통지해 줌으로써 족하다.

(2) 신문의 청구

① **신문청구권** : 검사·피고인·변호인이 증인신문에 참여하지 아니할 경우에는 법원에 대하여 **필요한 사항의 신문을 청구**할 수 있다(제164조 제1항). 공판기일 외 증인신문절차 자체가 공판중심주의의 예외로서 부작용을 낳을 수 있기에 당사자의 신문청구권을 보장해준 것이다.

② **불이익증언의 통지** : 피고인 또는 변호인의 참여 없이 증인을 신문할 경우에 피고인에게 예기하지 아니할 불이익의 증언이 진술된 때에는 반드시 그 진술내용을 피고인 또는 변호인에게 알려주어야 한다(동조 제2항).

(3) 침해의 효과

① **시일·장소의 불통지** : 증인신문의 시일과 장소를 당사자에게 통지하지 않고 실시한 증인신문은 위법하므로 그 증언은 **증거능력이 없다**(위수증, 제308조의2).

별한 사유가 없으면 즉시 신변안전조치를 하여야 한다. ② 재판장 또는 판사는 공판준비 또는 공판진행 과정에서 검사에게 제1항에 따른 조치를 하도록 요청할 수 있다. (이하 생략)

1) [참고] 동법 제13조(증인 소환 및 신문의 특례 등) ⑤ 증인으로 소환된 범죄신고자 등이나 그 친족 등이 보복을 당할 우려가 있는 경우에는 검사, 범죄신고자 등 또는 그 법정대리인은 법원에 피고인이나 방청인을 퇴정(退廷)시키거나 공개법정 외의 장소에서 증인신문을 할 것을 신청할 수 있다. ⑥ 재판장 또는 판사는 직권으로 또는 제5항에 따른 신청이 상당한 이유가 있다고 인정할 때에는 피고인이나 방청인을 퇴정시키거나 공개법정 외의 장소에서 증인신문 등을 할 수 있다. 이 경우 변호인이 없을 때에는 국선변호인을 선임하여야 한다. ⑦ 제6항의 경우에는 법원조직법 제57조(재판의 공개) 제2항·제3항 및 형사소송법 제297조(피고인 등의 퇴정) 제2항을 준용한다.

2) [참고] 증인신문을 공판기일에 행하는 경우에는 검사, 피고인, 변호인이 공판기일 자체에 출석할 권리가 있으며 항상 공판기일 통지가 미리 행해지므로 법 제163조가 적용될 여지가 없다. 따라서 이는 공판기일 외에서의 증인신문에 관해서만 적용되는 규정이다.

② 피고인의 참여권 침해 : **피고인이 참여를 신청한 때**에는 변호인이 참여하였을지라도 **피고인의 참여 없이 실시한 증인신문은 위법**하다(대법원 1969.7.25, 68도1481).

③ 하자의 치유 : 피고인의 참여 없이 증인신문이 이루어진 경우나 당사자에게 통지하지 않은 경우에도 차회 공판기일에 공판정에서 당해 증인신문조서에 대한 증거조사를 하면서 그 증인신문결과를 고지하였는데 **피고인·변호인이 이의를 하지 아니한 때에는 책문권의 포기로서 하자가 치유**된다(대법원 1974. 1.15, 73도2967).

2. 증인에 대한 신문방법

[증인신문 절차의 예]

증거신청(검사의 목격자 증인신청) → 심리(법원-증인적격) → 결정(채택 or 기각)(법령위반만 이의신청) → 증거조사(증인신문) → 검사주신문(탄핵신문 ○, 유도신문 원칙 ×/예외 ○)-피고인반대신문-검사재주신문-(재판장 허가에 의한) 피고인재반대신문

(1) 증인신문의 시기 : 증인신문은 모두절차에서 재판장의 쟁점정리절차를 마친 뒤 증거조사절차에서 이루어진다. 다만, 법원은 검사·피고인·변호인의 신청에 의하여 공판준비에 필요하다고 인정한 때에는 1회 공판기일 이후의 공판기일 전에도 증인을 신문할 수 있다(공판기일 전 증거조사, 제273조).

(2) 준비절차

① 증인의 동일성 확인 : 재판장은 증인으로부터 주민등록증 등 신분증을 제시받거나 그 밖의 적당한 방법으로 증인이 틀림없음을 확인하여야 한다(규칙 제71조). 피고인 인정신문과는 달리 증인 인정신문 단계에서는 증언거부권을 행사할 수 없다.

② 위증경고·선서·증언거부권 고지 : 재판장은 선서 전 위증의 벌을 경고하여야 하고(제158조), 선서무능력자가 아닌 한(제159조) 신문 전 선서를 하게 하며(제156조, 단 다른 법률에 규정이 있으면 사후선서 可), 증언거부권자(제148조·제149조)에게는 증언거부권을 고지하여야 한다(제160조).

(3) 개별신문과 대질

① 개별신문의 원칙 : 증인신문은 **각 증인에 대하여 신문**하여야 한다(제162조 제1항). 따라서 신문하지 아니한 증인이 재정한 때에는 **퇴정**을 명하여야 한다(동조 제2항). 다만, 이때의 퇴정명령은 **법원의 재량**에 속하므로, 다른 증인의 면전에서 증인신문이 이루어져도 위법은 아니다.

② 대질 : 필요한 때에는 증인과 다른 증인 또는 피고인과 대질[1]하게 할 수 있다(동조 제3항). [경찰채용 07 1차]

(4) 증인의 신문방법

① 구두주의 : 반대신문을 위해서 증인신문은 **구두로 함이 원칙**이다. 다만, 증인이 들을 수 없는 때에는 서면으로 묻고, 말할 수 없는 때에는 서면으로 답하게 할 수 있다(규칙 제73조).

② 개별적·구체적 신문 : 증인신문은 가능한 한 개별적이고 구체적이어야 하므로(규칙 제74조 제1항), 포괄적이고 추상적인 질문은 허용되지 않는다.

③ 금지되는 신문 : 증인에 대한 **위협적이거나 모욕적인 신문은 절대적으로 금지**된다(규칙 제74조 제2항 제1호). 또한 전의 신문과 중복되는 신문, 의견을 묻거나 의논에 해당하는 신문, 증인이 직접 경험하지 아니한 사항에 해당하는 신문도 원칙적으로 금지된다. 다만, 정당한 이유가 있는 경우에는 예외로 한다(동조 제2호~제4호).

④ 서류·물건·영상녹화물의 제시 : 증인에 대하여 서류 또는 물건의 성립, 동일성 기타 이에 준하는 사항에 관하여 신문을 할 때에는 그 서류 또는 물건을 제시할 수 있으며(규칙 제82조 제2항), 증인의 기

---

1) [참고] 대질이란 증인 상호 간의 증언 또는 증인의 증언과 피고인의 진술이 일치하지 않고 그 중 어느 것을 믿을 것인지를 판단하기 위하여 필요한 경우에 증인 여러 명을 재정시키거나 증인과 피고인을 함께 재정시켜서 동시에 신문함으로써 서로 모순 저촉되는 부분에 관하여 해명을 구하는 방식의 신문을 말한다. 법원실무II 221면.

억이 명백하지 아니한 사항에 관하여 **기억을 환기시켜야 할 필요가 있을 때**에도 제시하는 서류의 내용이 증인의 진술에 부당한 영향을 미치지 않는 범위 내에서 **재판장의 허가**를 얻어 서류 또는 물건을 제시하면서 신문할 수 있다(규칙 제83조 제1항·제2항). [국가9급 15] 이외 **증인의 진술을 내용으로 하는 영상녹화물**은 증인이 진술함에 있어서 기억이 명백하지 아니한 사항에 관하여 기억을 환기시켜야 할 필요가 있다고 인정되는 때에 한하여 **증인에게 재생**하여 시청하게 할 수 있다(법 제318조의2 제2항).[1]

⑤ 피고인·재정인의 퇴정과 피고인의 반대신문권

(가) 피고인 등의 퇴정에 의한 직접적 증인대면의 제한 : 재판장은 증인 또는 감정인이 피고인 또는 어떤 재정인의 면전에서 충분한 진술을 할 수 없다고 인정한 때에는 그를 **퇴정하게 하고 진술**하게 할 수 있다. 피고인이 다른 피고인의 면전에서 충분한 진술을 할 수 없다고 인정한 때에도 같다(제297조 제1항). 피고인을 퇴정하게 한 경우에 증인, 감정인 또는 공동피고인의 진술이 종료한 때에는 퇴정한 피고인을 입정하게 한 후 법원사무관 등으로 하여금 진술의 요지를 고지하게 하여야 한다(동조 제2항). 따라서 일정한 경우 **피고인의 직접적 증인대면의 제한이 가능**하다. 다만, 이 경우에도 **피고인의 반대신문권을 배제하는 것은 허용되지 아니한다.**[2] [경찰채용 14 1차]

(나) 피고인의 반대신문권과 하자의 치유 : 변호인이 없는 피고인을 일시 퇴정하게 하고 증인신문을 한 다음 피고인에게 실질적인 반대신문의 기회를 부여하지 아니한 채 이루어진 증인의 법정진술은 **위법한 증거로서 증거능력이 없다.** 다만, 차회 공판기일에서 재판장이 증인신문결과 등을 공판조서(증인신문조서)에 의하여 고지하였는데 **피고인이 이의 없다고 진술하여 책문권 포기 의사를 명시하면 하자가 치유**된다는 것이 판례이다(대법원 2010.1.14, 2009도9344).[3] [국가7급 13, 경찰간부 12, 경찰채용 13 1차/14 1차]

🔨 **판례연구** 피고인 퇴정 증인신문과 피고인의 반대신문권 침해

1. 대법원 2010.1.14, 2009도9344 [경찰채용 13 1차]

[1] 형사소송법 제297조에 따라 피고인을 퇴정하게 하고 증인신문을 진행하는 경우 피고인의 반대신문권을 배제할 수 있는지 여부(소극)

형사소송법 제297조의 규정에 따라 재판장은 증인이 피고인의 면전에서 충분한 진술을 할 수 없다고 인정한 때에는 피고인을 퇴정하게 하고 증인신문을 진행함으로써 피고인의 직접적인 증인 대면을 제한할 수 있지만, 이러한 경우에도 피고인의 반대신문권을 배제하는 것은 허용될 수 없다.

[2] 피고인에게 실질적인 반대신문의 기회를 부여하지 아니한 채 이루어진 증인의 법정진술은 위법한 증거로 볼 여지가 있으나, 피고인이 책문권을 명시적으로 포기함으로써 그 하자가 치유되었다고 한 사례

형사소송법 제297조에 따라 변호인이 없는 피고인을 일시 퇴정하게 하고 증인신문을 한 다음 피고인에게 실질적인 반대신문의 기회를 부여하지 아니한 채 이루어진 증인의 법정진술은 위법한 증거로서 증거능력이 없다고 볼 여지가 있으나, 그 다음 공판기일에서 재판장이 증인신문 결과 등을 공판조서(증인신문조서)에 의하여 고지하였는데 피고인이 '변경할 점과 이의할 점이 없다'고 진술하여 책문권 포기의사를 명시함으로써 실질적인 반대신문의 기회를 부여받지 못한 하자가 치유되었다고 해야 한다.

2. 대법원 2012.2.23, 2011도15608 [법원9급 19]

피고인의 퇴정을 명하고 증인신문을 진행하였지만 피고인의 반대신문권이 보장되었다는 사례

원심법원의 재판장이 피고인의 아청법 위반(강간등), 강요, 성폭법 위반(카메라등이용촬영) 범행의 피해자들을 증인으로 신문할 때 증인들이 피고인의 면전에서 충분한 진술을 할 수 없다고 인정하여 피고인의 퇴정을 명하고 증인신문을 진행하였는데, 증인신문을 실시하는 과정에 변호인을 참여시키는 한편 피고인을 입정하게 하고 법원사무관 등으로 하여금 진술의 요지를 고지하게 한 다음 변호인을 통하여 반대신문의 기회를 부여하였다면, 원심의 증인신문절차 등 공판절차에 어떠한 위법이 있다고 볼 수 없다.

---

1) [참고] 영상녹화물의 재생은 검사의 신청이 있는 경우에 한하고, 기억의 환기가 필요한 피고인 또는 피고인 아닌 자에게만 이를 재생하여 시청하게 하여야 한다(규칙 제134조의5 제1항). 따라서 증인의 기억환기를 위하여 영상녹화물을 재생하는 경우에도 증인에게 시청하도록 하는 것이지, 법원이 시청하는 것이 아니다. 법관이 증거능력 없는 영상녹화물에 의하여 심증형성에 영향을 받는 것을 방지하기 위한 것이다. 다만, 이 경우 검사의 신청은 조서의 진정성립 증명을 위한 영상녹화물의 재생 신청과 달리 서면에 의할 것을 요하지 아니한다(규칙 제134조의2 제2항, 제134조의5 제2항). 자세한 것은 전문법칙의 해당부분에서 후술한다.

2) [참고] 따라서 변호인이 있는 경우에는 변호인으로 하여금 반대신문을 하도록 하고, 변호인이 없는 경우에는 피고인에게 진술의 요지를 알려주고 반대신문할 사항을 물어본 후 재판장이 반대신문을 대신 하도록 하는 것이 실무이다. 다만, 그 어느 경우라도 반대신문은 피고인이 퇴정한 상태에서 해야만 위법이 아니다.

3) [참고] 위법수집증거이므로 책문권 포기의 대상으로 볼 수 없어 그 증거능력을 부정해야 한다고 봄이 타당하나, 본서의 특성상 판례에 의한다.

3. 교호신문제도

(1) **의의** : 증인은 신청한 검사, 변호인 또는 피고인이 먼저 이를 신문하고 다음에 다른 검사, 변호인 또는 피고인이 신문한다(제161조의2 제1항). [국가7급 09] 이렇게 증인에 대하여 당사자 쌍방이 **주신문 → 반대신문 → 재주신문 → 재신문(재반대신문)**의 순으로 신문하는 증인신문방식을 교호신문(交互訊問, cross examination, Kreuzverhör)제도라 한다. 재판장 및 합의부원은 위 당사자의 증인신문이 끝난 뒤에 신문할 수 있다(동조 제2항·제5항). 이는 증인신문에 관하여 당사자에 주도권을 인정하는 **당사자주의적 신문방식**으로서, 반대당사자의 반대신문권을 보장하는 데 그 제도적 의의가 있다. 다만, **재판장**은 필요하다고 인정하면 교호신문의 방식에도 불구하고 **어느 때나 신문할 수 있으며 순서를 변경할 수도 있다**(동조 제3항). [국가7급 12] **직권주의적 요소를 가미**한 것이다.

(2) **방 식**

주신문	반대신문	재주신문	재신문
① 증명할 사항 (증인신청한 이유) ② 탄핵신문 ○ ③ 유도신문 × : 예외 ○	① 주신문에 나타난 사항 ∴ 새로운 사항은 재판장 허가 要, 이 경우 주신문 ② 탄핵신문 ○ ③ 유도신문 ○	① 반대신문에 나타난 사항 ② 탄핵신문 ○ ③ 유도신문 ○	재판장의 허가 要

① 주신문

(가) **의의** : 증인을 신청한 당사자가 먼저 하는 신문을 말한다. 주신문의 목적은 증인신문을 신청한 당사자가 그 증인으로부터 유리한 증언을 얻는 데 있다.

(나) **범위** : 주신문은 **증명할 사항과 이에 관련된 사항**에 관하여 한다(규칙 제75조 제1항). 또한 주신문에서도 반대신문처럼 **증언의 증명력을 다투기 위하여 필요한 사항**에 관한 신문을 할 수 있다(규칙 제77조 제1항). [국가9급 14, 해경간부 12, 경찰채용 10 1차] 이러한 **탄핵신문**은 증인의 경험, 기억 또는 표현의 정확성 등 증언의 신빙성에 관한 사항 및 증인의 이해관계, 편견 또는 예단 등 증인의 신용성에 관한 사항에 관하여 한다. 다만, **증인의 명예를 해치는 내용의 신문을 하여서는 아니 된다**(동조 제2항). [해경간부 12, 경찰채용 10 1차]

(다) **유도신문의 원칙적 금지**

㉠ **원칙** : 주신문에 있어서는 증인에 대하여 신문자가 희망하는 답변을 암시하면서 신문하는 **유도신문**[1]**이 금지됨이 원칙**이다(규칙 제75조 제2항). [법원9급 17, 국가9급 10, 경찰채용 13 1차]

㉡ **예외** : 주신문에 있어서도 일정한 경우에는 허용되는데, ⓐ 증인과 피고인과의 관계, 증인의 경력, 교우관계 등 실질적인 신문에 앞서 미리 밝혀둘 필요가 있는 **준비적인 사항**에 관한 신문의 경우, ⓑ 검사, 피고인 및 변호인 사이에 **다툼이 없는 명백한 사항**에 관한 신문의 경우, ⓒ 증인이 주신문을 하는 자에 대하여 **적의 또는 반감**을 보일 경우, [국가9급 14] ⓓ 증인이 **종전의 진술과 상반되는 진술**을 하는 때에 그 종전진술에 관한 신문의 경우, ⓔ 기타 유도신문을 필요로 하는 **특별한 사정**이 있는 경우가 바로 그 경우이다(동 단서).

[정리] 주신문시 허용되는 유도신문 : 준비가 명백하면 적의 진술이 상반되는 특별한 사정이 생긴다(준비/명백/적의/상반/특별).

㉢ **제한** : 재판장은 허용되지 아니하는 유도신문은 제지하여야 하고, 유도신문의 방법이 상당하지 아니할 때에는 이를 제한할 수 있다(동조 제3항).

㉣ **허용되지 않는 유도신문에 의한 증언의 효력** : 주신문을 하면서 규칙상 허용되지 않는 유도신문을 하였으나, 그 다음 공판기일에 재판장이 증인신문 결과 등을 각 공판조서(증인신문조서)에 의

---

1) [참고] 유도신문이란 신문자가 바라는 답을 증인으로 하여금 암시하는 질문(예 甲과 乙의 성관계의 존재에 대하여 다툼이 있는 경우, 신문자가 증인에게 "증인은 甲과 乙이 성관계를 가진 것을 보았지요?"라는 식으로 질문)으로서, 주신문의 경우 신문자는 보통 증인과 우호적 관계에 있으므로 원칙적으로 이를 금지하는 것이다.

하여 고지하였음에도 피고인과 변호인이 '변경할 점과 이의할 점이 없다'고 진술하였다면, 피고인이 **책문권 포기의사를 명시함으로써 유도신문에 의하여 이루어진 주신문의 하자가 치유**된다는 것이 판례의 입장이다(대법원 2012.7.26, 2012도2937).

② 반대신문

(가) 의의 : 주신문 후에 반대당사자가 하는 신문을 말한다. 반대신문의 목적은 증언의 증명력을 탄핵하고 반대당사자에게 유리한 증언을 획득하는 데 있다.

(나) 범위 : 반대신문은 **주신문에 나타난 사항과 이에 관련된 사항** 및 **증언의 증명력을 다투기 위하여 필요한 사항**에 관하여 한다(규칙 제76조 제1항, 제77조 제1항). 반대신문의 기회에 **주신문에 나타나지 아니한 새로운 사항**에 관하여 신문하고자 할 때에는 **재판장의 허가**를 받아야 하고 [국가7급 12, 경찰채용 13 1차], 이 경우의 신문은 그 사항에 관하여는 **주신문**으로 본다(규칙 제76조 제4항·제5항).

(다) 유도신문의 허용 : 반대신문에 있어서 필요한 때에는 유도신문을 할 수 있다(**원칙적 허용**, 동조 제2항). [국가7급 12, 국가9급 10] 다만, 재판장은 유도신문의 방법이 상당하지 아니하다고 인정할 때에는 이를 제한할 수 있다(동조 제3항).

③ 재주신문 및 재판장의 허가에 의한 재신문

(가) 재주신문 : 주신문을 한 검사·피고인·변호인은 반대신문이 끝난 후 반대신문에 나타난 사항과 이와 관련된 사항에 관하여 다시 신문을 할 수 있다. 재주신문은 주신문의 예에 의한다(규칙 제78조 제1항·제2항). 재주신문의 기회에 반대신문에 나타나지 아니한 새로운 사항에 관하여 신문하고자 할 때에는 재판장의 허가를 받아야 하고, [국가7급 12] 이 경우의 신문은 그 사항에 관하여는 주신문으로 보는 것은 반대신문의 경우와 마찬가지이다(동조 제3항, 제76조 제4항·제5항).

(나) 재판장의 허가에 의한 재신문 : 지금까지의 검사·피고인·변호인의 주신문·반대신문 및 재주신문까지는 재판장의 허가를 받지 않고 할 수 있는 당사자의 증인신문권이었다면, 이후의 증인신문은 **재판장의 허가에 의한 재신문 또는 추가신문**이라 부르며 재판장의 허가를 얻어야만 다시 신문을 할 수 있다(규칙 제79조). 재신문(재반대신문) 이후의 재재주신문이나 재재반대신문 등의 추가신문도 모두 재판장의 허가를 얻어야 할 수 있다.

(3) 교호신문제도의 수정 및 예외

① 직권주의에 의한 수정

(가) 증인신문개입권·증인신문순서변경권 : 증인신문은 원칙적으로 당사자주의적 교호신문방식에 의하나, 재판장은 필요하다고 인정하면 당사자의 교호신문 도중일지라도 어느 때나 신문할 수 있으며 그 신문순서를 변경할 수도 있다(직권주의적 요소, 제161조의2 제3항).

(나) 직권증인신문권 : 법원은 직권으로 증인신문을 할 수 있고(제295조), 이 경우 증인의 신문방식은 재판장이 정하는 바에 의한다(제161조의2 제4항). 증인에 대하여 재판장이 신문한 후 검사·피고인·변호인이 신문하는 때에는 반대신문의 예에 의한다(규칙 제81조).

(다) 범죄피해자 증인신문의 방식 : 범죄로 인한 피해자 등의 신청이 있는 때에는 원칙적으로 그 피해자 등을 증인으로 신문하여야 하는데(제294조의2 제1항), 이 경우 그 증인의 신문방식은 **교호신문 방식에 의하는 것이 아니라 재판장이 정하는 바**에 의한다(제161조의2 제4항).[1] [국가7급 13] 이는 법원이 직권으로 증인을 신문하는 경우와 같다.

② 간이공판절차의 예외 : 간이공판절차에 있어서는 **교호신문의 방식에 의하지 않고 법원이 상당하다고 인정하는 방법**으로 신문할 수 있다(제297조의2). [경찰채용 13 1차]

(4) 증인신문사항의 제출

① 서면의 제출 : 재판장은 피해자·증인의 인적사항의 공개 또는 누설을 방지하거나 그 밖에 피해자·증인의 안전을 위하여 필요하다고 인정할 때에는 증인의 신문을 청구한 자에 대하여 사전에 **신문사**

---

1) [참고] 규칙 제134조의10(피해자 등의 의견진술) ① 법원은 필요하다고 인정하는 경우에는 직권으로 또는 법 제294조의2 제1항에 정한 피해자 등의 신청에 따라 피해자 등을 공판기일에 출석하게 하여 법 제294조의2 제2항에 정한 사항으로서 범죄사실의 인정에 해당하지 않는 사항에 관하여 증인신문에 의하지 아니하고 의견을 진술하게 할 수 있다. [경찰채용 16 1차]

항을 기재한 서면의 제출을 명할 수 있다(규칙 제66조).

② 증거결정의 취소 : 법원은 위 서면제출을 명령받은 자가 신속히 그 서면을 제출하지 아니한 경우에는 증거결정을 취소할 수 있다(규칙 제67조).[1]

4. 공판정 외의 증인신문

(1) 의의 : 법원은 증인의 연령·직업·건강상태 기타의 사정을 고려하여 검사·피고인 또는 변호인의 의견을 묻고 **법정 외에 소환하거나 현재지에서 신문**할 수 있다(제165조). 이와 같이 공판기일이 아닌 일시와 공판정이 아닌 장소에서 행하여지는 증인신문을 공판정 외 증인신문(법정 외 증인신문; 공판기일 외 증인신문)이라 한다.[2]

(2) 동행명령 : 법원은 필요한 때에는 결정으로 지정한 장소에 증인의 **동행을 명**할 수 있고, 정당한 사유 없이 동행을 거부하는 때에는 **구인**할 수 있다(제166조).

(3) 수명법관·수탁판사에 의한 신문 : 법원은 합의부원(수명법관)에게 법정 외의 증인신문(엄밀히는 공판기일 외 증인신문)을 명할 수 있고 또는 증인 현재지의 지방법원판사(수탁판사)에게 그 신문을 촉탁할 수 있다(제167조 제1항). 수탁판사는 증인이 관할구역 내에 현재하지 아니한 때에는 현재지의 지방법원판사에게 전촉을 할 수 있다(동조 제2항). 수명법관 또는 수탁판사는 증인의 신문에 관하여 법원 또는 재판장에 속한 처분을 할 수 있다(동조 제3항).

(4) 증거조사 : 공판기일 외에서 증인신문이 행하여지면 증인신문조서가 작성되는데, 이는 다시 공판기일에 낭독 등의 방식의 증거조사가 이루어져야 유죄의 증거가 될 수 있다. 따라서 소송관계인의 참여 없이 **법정 외에서 시행한 증인신문조서에 대하여 공판기일에서 증거조사 그 자체를 시행하지 아니하였다면 그 증인신문조서는 증거능력이 있을 수 없다**(대법원 1967.7.4, 67도613).

⚓ [판례연구] 공판정 외 증인신문 후 공판기일의 증거조사 관련사례

1. 대법원 1967.7.4, 67도613

법원은 법 제165조에 의하여 법정 외의 증인신문을 시행하기 위하여는 검사, 피고인 또는 변호인의 의견을 물어 증거결정을 하여야 하고, 같은 법 제163조 제2항에 의하여 증인신문에 참여권이 있는 피고인 또는 변호인에게, 그들이 참여하지 아니한다는 의사를 명시한 일이 없는 한 필요적으로 증인신문의 시일 및 장소를 통지하여야 되며, 절차상 위와 같은 사항에 대한 흠결이 있으면 그 절차에 있어서의 법정 외의 증인신문은 위법임을 면할 수 없다 할 것이다. 물론 위의 절차상의 흠결은 공판기일에서 당해 증인신문조서에 대한 증거조사를 시행함에 있어 관계인이 이의가 없다고 진술한 경우라면 이를 책문권의 포기로 보아 그 절차상의 흠결은 치유된다고 하겠으나, 그 증인신문조서에 대하여 공판기일에서 증거조사 그 자체를 시행하지 아니하였다면 그 증인신문조서는 증거능력이 있을 수 없는 것이다.

2. 대법원 2000.10.13, 2000도3265 [경찰채용 13 1차, 국가9급 23]

피고인 불출석 기일에 증인에 대하여 공판기일 외의 신문으로서 증인신문을 하고 다음 공판기일에 그 증인신문조서에 대한 서증조사를 하는 것이 증거조사절차로서 적법한지 여부(적극)

법원이 공판기일에 증인을 채택하여 다음 공판기일에 증인신문을 하기로 피고인에게 고지하였는데 그 다음 공판기일에 증인은 출석하였으나 피고인이 정당한 사유 없이 출석하지 아니한 경우, 그 사건이 형사소송법 제277조 본문에 규정된 다액 100만 원 이하의 벌금 또는 과료에 해당하거나 공소기각 또는 면소의 재판을 할 것이 명백한 사건이 아니어서 같은 법 제276조의 규정에 의하여 공판기일을 연기할 수밖에 없더라도, 이미 출석하여 있는 증인에 대하여 공판기일 외의 신문으로서 증인신문을 하고 다음 공판기일에 그 증인신문조서에 대한 서증조사를 하는 것은 증거조사절차로서 적법하다.

---

1) [참고] 다만, 법원의 편의를 위해 존재하는 증인신문사항의 서면제출 위반의 효과가 증거결정의 취소라는 것은 입법론상 문제가 있다. 본서의 특성상 자세한 논의는 생략한다.

2) [참고] 법원은 공판준비에 필요한 때에는 공판기일 전에, 즉 공판기일 외에서 증인을 신문할 수 있는데(제273조 : 1회 공판기일 이후 공판기일 전 증거조사－또는 공판기일 외 증거조사), 이것이 공판기일 외 증인신문이다. 공판정 외 증인신문과 공판기일 외 증인신문은 전자는 장소를, 후자는 시간을 기준으로 한 개념이기는 하나 대체로는 중복된 개념이다. 전술하였듯이 공판기일 외의 증인신문에 있어서는 법원이 미리 검사, 피고인, 변호인에게 신문기일과 장소를 통지해 주기만 하면 되고(제163조 제2항) 실제의 신문기일에 그들이 전혀 출석하지 아니했다 하여도 신문을 행함에는 지장이 없다(공판기일의 절차와의 차이). 중요한 것은, 공판기일에 당사자 불출석시 증인신문이 행해지면 공판기일 외 증인신문으로서 증인신문조서가 작성되는데, 차회 공판기일에서 이에 대한 적법한 증거조사가 행하여지면 유죄의 증거로 될 수 있게 된다는 점이다.

5. 비디오 등 중계장치 등에 의한 증인신문

(1) **의의** : 법원은 아동복지법 위반 일정범죄의 피해자, 아청법 위반 일정범죄의 대상이 되는 아동·청소년 또는 피해자, 범죄의 성질, 증인의 나이 등으로 인하여 '피고인 등'과 대면하여 진술하면 심리적인 부담으로 정신의 평온을 현저하게 잃을 우려가 있다고 인정되는 사람을 증인으로 신문하는 경우 상당하다고 인정할 때에는 검사와 피고인 또는 변호인의 의견을 들어 비디오 등 중계장치에 의한 중계시설을 통하여 신문하거나 가림시설 등을 설치하고 신문할 수 있다(2020.12.8. 우리말 순화 개정법 제165조의2 제1항). 이는 아동 등 일정한 범죄의 피해자가 피고인이나 방청인 앞에서 증언하는 경우에 입게 될 심리적 압박과 정신적 고충을 완화하기 위하여 2007년 개정법에서 도입된 제도이다.

(2) **대상** : ① 아동복지법상 아동매매죄 등 범죄(동법 제71조 제1항 제1호·제1호의2·제2호·제3호의 죄)의 피해자(법 제165조의2 제1항 제1호), ② 아청법상 아동·청소년강간·강제추행죄 등 범죄(동법 제7조, 제8조, 제11조부터 제15조까지 및 제17조 제1항의 규정에 해당하는 죄)의 대상이 되는 아동·청소년 또는 피해자(법 제165조의2 제1항 제2호), ③ 범죄의 성질, 증인의 나이, 심신의 상태, 피고인과의 관계, 그 밖의 사정으로 인하여 **피고인 등**과 대면하여 진술할 경우 **심리적인 부담으로 정신의 평온을 현저하게 잃을 우려**가 있다고 인정되는 사람(법 제165조의2 제1항 제3호)를 증인으로 신문하는 경우이다.[1] 한편 이외에도, 법원은 증인이 멀리 떨어진 곳 또는 교통이 불편한 곳에 살고 있거나 건강상태 등 그 밖의 사정으로 말미암아 법정에 직접 출석하기 어렵다고 인정하는 때에는 검사와 피고인 또는 변호인의 의견을 들어 비디오 등 중계장치에 의한 중계시설을 통하여 신문할 수 있다(2021.8.17. 개정 제165조의2 제2항).

(3) **결정시 고려사항 및 결정시기** : 법원은 위 대상자를 증인으로 신문하는 결정을 할 때 비디오 등 중계장치에 의한 중계시설 또는 가림시설을 통한 신문 여부를 함께 결정하여야 한다. 이때 증인의 나이, 증언할 당시의 정신적·심리적 상태, 범행의 수단과 결과 및 범행 후의 피고인이나 사건관계인의 태도 등을 고려하여 판단하여야 한다(규칙 제84조의4 제1항). 또한 법원은 증인신문 전 또는 증인신문 중에도 이를 결정할 수 있다(동조 제2항).

(4) **방법**

① **중계시설을 통한 증인신문** : 법원은 증인을 법정 외의 장소로서 비디오 등 중계장치가 설치된 증언실에 출석하게 하고, 영상과 음향의 송수신에 의하여 법정의 재판장, 검사, 피고인, 변호인과 증언실의 증인이 상대방을 인식할 수 있는 방법으로 증인신문을 한다. 다만, 중계장치를 통하여 증인이 피고인을 대면하거나 피고인이 증인을 대면하는 것이 증인의 보호를 위하여 상당하지 않다고 인정되는 경우 재판장은 검사, 변호인의 의견을 들어 **증인 또는 피고인이 상대방을 영상으로 인식할 수 있는 장치의 작동을 중지시킬 수 있다**(규칙 제84조의5 제1항). 이때 법원은 법원직원이나 비디오 등 중계장치에 의한 중계시설을 관리하는 사람으로 하여금 비디오 등 중계장치의 조작과 증인신문절차를 보조하게 할 수 있다(규칙 제84조의7 제2항).

② **차폐시설을 통한 증인신문** : ㉠ 법정 안에서 증인과 피고인 등 사이에 패널 스크린(panel screen) 등의 차단장치를 설치하고 증인을 신문하는 방법이다. 이 경우 법원은 차폐시설을 설치함에 있어 **피고인과 증인이 서로의 모습을 볼 수 없도록 필요한 조치**를 취해야 한다(규칙 제84조의9 제1항). ㉡ 비디오 등 중계장치에 의한 중계시설을 통하여 증인신문을 할 때 중계장치를 통하여 증인이 피고인을 대면하거나 피고인이 증인을 대면하는 것이 증인의 보호를 위하여 상당하지 않다고 인정되는 경우 재판장은 검사, 변호인의 의견을 들어 증인 또는 피고인이 상대방을 영상으로 인식할 수 있는 장치의 작동을 중지시킬 수 있다(동조 제2항). ㉢ 증인이 대면하여 진술함에 있어 심리적인 부담으로 정신의 평온을 현저하게 잃을 우려가 있는 상대방은 피고인인 경우가 대부분일 것이지만, **방청인 등 다른 사람**도 −규칙 제84조의9에도 불구하고− 상대방이 될 수 있다. 따라서 ㉣ **변호인에 대한 차폐시설 설치 증인신문**도 가능하나 이 경우 피고인 측의 반대신문권이 제한될 수 있으므로, 이미 인적사항 비밀조치가 취해진 증인이 변

---

1) [참고] 법원은 강간·유사강간·강제추행 등 성폭력범죄(성폭법 제2조 제1항 제3호부터 제5호까지의 범죄)의 피해자를 증인으로 신문하는 경우 검사와 피고인 또는 변호인의 의견을 들어 비디오 등 중계장치에 의한 중계를 통하여 신문할 수 있다(성폭법 제40조).

호인을 대면하여 진술함으로써 자신의 신분이 노출되는 것에 대해 심한 심리적 부담을 느끼는 등 특별한 사정이 있는 경우 **예외적으로 허용**될 뿐이다(대법원 2015.5.28, 2014도18006). [경찰채용 15 3차, 국가9급 23]

③ **신문의 (임의적) 비공개** : 법원은 비디오 등 중계장치에 의한 중계시설 또는 차폐시설을 통하여 증인을 신문하는 경우, 증인을 보호하기 위하여 필요하다고 인정하는 경우에는 결정으로 **심리를 공개하지 아니할 수 있고**(규칙 제84조의6 제1항), 증인과 그 가족도 증인신문의 비공개를 신청할 수 있다(동조 제2항).

④ **신뢰관계자의 증언실 동석** : 법원은 비디오 등 중계장치에 의한 중계시설을 통하여 증인신문을 하는 경우, 신뢰관계에 있는 자를 동석하게 할 때(법 제163조의2)에는 비디오 등 중계장치에 의한 중계시설에 동석하게 한다(규칙 제84조의7 제1항).

⑤ **피고인의 반대신문권** : 중계장치 · 차폐시설 증인신문제도에 의하여 피고인의 증인 대면권은 제한될 수밖에 없다. 다만, 피고인의 반대신문권은 보장되어야 한다.

Ⅴ 피해자의 진술권

1. 의 의

(1) 개념 : 법원은 범죄로 인한 **피해자 등의 신청**이 있는 경우에는 그 피해자 등을 **증인으로 신문하여야** 하고, 이 경우에는 피해자에게 당해 사건에 관한 의견을 진술할 기회를 주어야 한다(제294조의2 제1항 · 제2항). [국가7급 08, 국가9급 09] 따라서 신청이 있는 경우 법원의 재량으로 증인신문 여부를 결정하는 것이 아니라 증인신문을 해야 하는 것이다.

(2) 취지 : 형사피해자의 진술권은 헌법상 기본권인 재판청구권의 내용으로 보장되고 있음(헌법 제27조 제5항)[1] [경찰채용 15 1차]에도 피해자는 단순한 심리의 대상으로서 소송절차 안에서는 단지 검사를 통하거나 진정서 등에 의하여 의견을 진술할 수 있을 뿐이었다. 이는 피고인이 형사소송의 당사자로서의 역할을 인정받는 것과 대비되는 부분이었다. 사실 피해자의 지위 강화를 위해서는 이른바 합의 방식(메 제한적으로는 배상명령제도)에 의한 피해변상 내지 원상회복으로 손해를 전보하는 이외에도 형사소송절차 안에서 적극적인 역할을 부여하는 것이 필요한데, 2007년 개정법에서 종래의 피해자의 공판정진술권의 내용을 보다 확대하여 규정함으로써 이를 도모하고 있다.

📌 판례연구 피해자의 진술권 보장에 관한 헌법재판소 결정례

1. 헌법재판소 1999.12.23, 98헌마345

공판절차 없이 피고인을 벌금 등에 처할 수 있게 한 약식명령에 관한 법 제448조 제1항이 피해자의 재판절차진술권을 침해하지 않는다는 사례 : 합헌

헌법 제27조 제5항의 재판절차진술권을 보장하는 방법은 반드시 피해자가 공판정에 출석하여 법관의 면전에서 직접 진술하는 형태에 한정되는 것이 아니다. 즉, 공판절차뿐 아니라 그 이외의 모든 재판절차에서 직접 진술이거나 진술조서 등에 기재된 간접 진술이거나를 가리지 않는다. 한편 약식명령절차는 벌금이나 과료에 처할 경미한 사건으로서 범증이 명백한 경우 공판절차를 거치지 않고 원칙적으로 서면심리만을 거치는 간이한 형사절차를 말한다. 약식명령절차는 형사재판의 신속을 기하며 공개재판에 따르는 피고인의 심리적 · 시간적 · 경제적 부담을 덜어준다는 점에 제도의 존재이유가 있다. 약식명령절차에서는 피해자가 공판정에서 진술할 기회를 가질 수는 없으나, 수사기관에서 한 피해자의 진술조서가 형사기록에 편철되어 오는 것이 보통이고, 그렇지 아니한 경우에도 피해자는 자신의 진술내용을 기재한 진술서나 탄원서 등을 법원에 제출함으로써 간접적으로 당해 사건의 재판절차에서 진술할 기회를 가질 수 있다. 또 피해자의 요청이나 독자적인 판단에 따라 법관은 약식명령으로 청구된 사건이 약식명령으로 하는 것이 적당하지 아니하다고 인정되면 정식재판절차에 회부할 수도 있으므로(법 제453조 제1항), 약식명령이 청구되었다고 하여 피해자의 공판정에서의 진술권이 완전히 배제되는 것은 아니다.

---

1) [참고] 헌법 제27조 제5항은 "형사피해자는 법률이 정하는 바에 의하여 당해 사건의 재판절차에서 진술할 수 있다."라고 규정하여 형사피해자의 재판절차진술권을 규정하고 있다. 형사피해자의 재판절차진술권은 피해자 등에 의한 사인소추를 전면 배제하고 형사소추권을 검사에게 독점시키고 있는 현행 기소독점주의의 형사소송체계 아래에서 형사피해자로 하여금 당해 사건의 형사재판절차에 참여하여 증언하는 이외에 형사사건에 관한 의견진술을 할 수 있는 청문의 기회를 부여함으로써 형사사법의 절차적 적정성을 확보하기 위하여 이를 기본권으로 보장하는 것이다. 그런데 헌법 제27조 제5항에 의하면 재판절차진술권의 구체적인 내용은 법률로 정하도록 하고 있다. 헌법 제27조 제5항이 정한 법률유보는 법률에 의한 기본권의 제한을 목적으로 하는 자유권적 기본권에 대한 법률유보의 경우와는 달리 기본권으로서의 재판절차진술권을 보장하고 있는 헌법규범의 의미와 내용을 법률로써 구체화하기 위한 이른바 기본권형성적 법률유보에 해당한다(헌법재판소 1993.3.11, 92헌마48). 위 법률유보에 따라 형사소송법 제294조의2는 피해자의 진술권을 규정하고 있는데 그 제1항은 법원은 범죄로 인한 피해자의 신청이 있는 경우에는 그 피해자를 증인으로 신문하여야 한다(헌법재판소 1999.12.23, 98헌마345).

2. 헌법재판소 2009.2.26, 2005헌마764

교특법상 공소권면제조항과 교통사고로 중상해(상해 ×)를 당한 피해자의 재판절차진술권

교통사고처리특례법 제4조 제1항 본문(이하 이 사건 법률조항) 중 업무상 과실 또는 중대한 과실로 인한 교통사고로 말미암아 피해자로 하여금 중상해에 이르게 한 경우 동법 제3조 제2항 단서조항(이하 단서조항)에 해당하지 않는 한 공소를 제기할 수 없도록 하였는데, 이 사건 법률조항으로 인하여 단서조항에 해당하지 아니하는 교통사고로 중상해를 입은 피해자를 단서조항에 해당하는 교통사고의 중상해 피해자 및 사망사고의 피해자와 재판절차진술권의 행사에 있어서 달리 취급한 것은, 과잉금지원칙에 위반할 뿐 아니라 단서조항에 해당하지 아니하는 교통사고로 중상해를 입은 피해자들의 평등권을 침해하는 것이다.

(3) 개정법의 방향 : 2007년 개정법은 피해자 진술권을 증인신문의 방식으로 보장하는 행태는 그대로 유지하되, ① **피해자 진술권 신청주체의 확장(피해자 이외의 자)**, ② **배제사유의 축소(수사절차에서의 충분한 진술 ×)**, ③ **진술내용의 확대 등**을 통하여 그 내용을 확대하였으며, ④ 피해자에 대하여 **검사의 처분결과 등을 통지**하도록 하고(제259조의4), ⑤ **공판기록열람 · 등사권**을 인정하며(제294조의2), ⑥ 공판절차 및 수사절차에 **신뢰관계에 있는 자를 동석**할 수 있게 함(제163조의2, 제221조 제3항)으로써 절차적으로도 피해자의 공판정진술권 행사를 원활히 하고자 도모하고 있다.[1] [법원승진 08]

2. 피해자의 정보권

(1) 검사의 처분결과 등 통지 : **검사(법원 ×)**는 범죄로 인한 피해자 또는 그 법정대리인 등(피해자 사망 시 : 배우자 · 직계친족 · 형제자매 포함)의 **신청**이 있는 때에는 당해 사건의 **공소제기 여부, 공판의 일시 · 장소, 재판결과**(재판의 진행경과 ×), **피의자 · 피고인의 구속 · 석방 등 구금에 관한 사실 등을 통지**하여야 한다(제259조의2). [법원9급 11, 국가7급 17]

(2) 공판기록열람 · 등사권 : ① 소송계속 중인 사건의 피해자(피해자 사망 or 심신에 중대한 장애시 : 배우자 · 직계친족 · 형제자매 포함), 피해자 본인의 법정대리인(피해자가 의사무능력자인 경우) 또는 이들로부터 위임을 받은 피해자 본인의 배우자 · 직계친족 · 형제자매 · 변호사는 소송기록의 열람 · 등사를 재판장에게 **신청**할 수 있다(제294조의4 제1항). [국가7급 08/12, 경찰채용 15 1차/15 3차] ② 재판장은 위의 신청이 있는 때에는 지체 없이 검사 · 피고인 · 변호인에게 그 취지를 통지하여야 하며(동조 제2항), ③ ㉠ 피해자 등의 권리구제를 위하여 필요하다고 인정하거나 그 밖의 정당한 사유가 있는 경우(**예** 피해자의 손해배상청구를 용이하게 하기 위한 경우) 또는 ㉡ 범죄의 성질 · 심리의 상황 그 밖의 사정을 고려하여 **상당하다고 인정하는 때에는 열람 · 등사를 허가할 수 있다**(임의적, 동조 제3항). 피고인의 경우에는 방어권 보장 차원에서 무조건 열람 · 등사권을 인정하는 데 비해, 피해자의 경우에는 공판정진술권 차원에서 마련된 제도이므로 일정한 사유가 있는 때에 한하여 **임의적 열람 · 등사**를 하게 한 것이다. ④ 재판장은 등사를 허가하는 경우에 등사한 소송기록의 사용목적을 제한하거나 적당하다고 인정하는 조건을 붙일 수 있다(동조 제4항). ⑤ 위와 같은 재판장의 열람 · 등사 허가 및 사용목적의 제한과 조건 부과의 재판에 대하여는 **불복할 수 없다**(동조 제6항). [법원9급 11, 법원승진 08, 국가7급 10]

(3) 신뢰관계에 있는 자의 동석

① **임의적 동석** : 법원은 범죄로 인한 피해자를 증인으로 신문하는 경우 증인의 연령, 심신의 상태, 그 밖의 사정을 고려하여 **증인이 현저하게 불안 또는 긴장을 느낄 우려가 있다고 인정되는** 때에는 직권 또는 피해자 · 법정대리인 · 검사의 신청에 따라 피해자와 신뢰관계에 있는 자를 **동석하게 할 수 있다**(제163조의2 제1항). [법원9급 15, 경찰채용 15 1차]

② **필요적 동석** : 법원은 범죄로 인한 피해자가 **13세 미만**이거나 **신체적 또는 정신적 장애**로 사물을 변별하거나 의사를 결정할 능력이 미약한 경우에 재판에 지장을 초래할 우려가 있는 등 **부득이한 경우가 아닌 한** 피해자와 신뢰관계에 있는 자를 **동석하게 하여야 한다**(동조 제2항). [국가9급 09]

정리 불안은 혼자 할 수 있는데, 13장은 함께 해야 한다(참고인조사시 신뢰관계인 동석과 동일).

---

1) [참고] 이외에도 범죄피해자에 대한 실질적 보호는 형사소송법을 비롯한 향후 우리나라의 형사정책학의 과제에 속한다. 예를 들어, 사인소추제도의 도입이나 피해자의 당사자 인정, 성폭력피해자에 대하여 제한적으로 도입되어 있는 변호사 대리제도의 확대 등에 대한 입법론적 논의가 그것이다.

③ 신뢰관계자의 범위와 의무 : 동석할 수 있는 신뢰관계에 있는 자는 피해자의 심리적 안정과 원활한 의사소통에 도움을 줄 수 있는 사람을 말하는데, 그 범위·절차 등에 관하여 필요한 사항은 대법원규칙으로 정한다(동조 제4항).[1] 동석한 신뢰관계자는 법원·소송관계인의 신문 또는 증인의 진술을 방해하거나 그 진술의 내용에 부당한 영향을 미칠 수 있는 행위를 하여서는 아니 된다(동조 제3항).

> **정리** 신뢰관계자의 동석 : ㉠ 피의자신문(제244조의5), ㉡ 참고인조사(제221조 제3항), ㉢ 피고인신문(제276조의2), ㉣ 증인신문(제163조의2)

3. 절 차

(1) 신청 및 결정

① 신청주체 : 종래에는 공판정진술권의 주체는 피해자로 한정되어 있었다. 이 경우 피해자는 반드시 형사실체법상 보호법익을 기준으로 한 피해자개념에 한정되지 아니하고, **직접적 보호법익의 향유주체로 해석되지 않는 자라 하더라도 문제된 범죄행위로 말미암아 법률상 불이익을 받게 되는 자**를 말한다. 그런데 2007년 개정법은 피해자 진술권의 신청주체를 **피해자** 외에 **법정대리인**으로 확대하고, 피해자가 사망하는 때에는 그 **배우자, 직계친족 또는 형제자매**를 포함하도록 하였다(제294조의2 제1항). [법원9급 11, 법원승진 08, 국가7급 09/12, 경찰채용 15 3차] 따라서 피해자의 신청이 있는 경우에 한하여만 증인신문이 가능한 것은 아니다.

헌법재판소 1993.3.11, 92헌마48 [경찰승진 10, 경찰채용 14 1차]

헌법 제27조 제5항에 의한 재판절차진술권이 보장되는 형사피해자의 범위

헌법 제27조 제5항에서 형사피해자의 재판절차진술권을 독립된 기본권으로 보장한 취지는 피해자 등에 의한 사인소추를 전면 배제하고 형사소추권을 검사에게 독점시키고 있는 현행 기소독점주의의 형사소송체계 아래에서 형사피해자로 하여금 당해 사건의 형사재판절차에 참여할 수 있는 청문의 기회를 부여함으로써 형사사법의 절차적 적정성을 확보하기 위한 것이므로, 위 헌법조항의 형사피해자의 개념은 반드시 형사실체법상의 보호법익을 기준으로 한 피해자개념에 한정하여 결정할 것이 아니라 형사실체법상으로는 직접적인 보호법익의 향유주체로 해석되지 않는 자라 하더라도 문제된 범죄행위로 말미암아 법률상 불이익을 받게 되는 자의 뜻으로 풀이하여야 할 것이다. 따라서 교통사고로 사망한 사람의 부모는 형사소송법상 고소권자의 지위에 있을 뿐만 아니라, 비록 교통사고처리특례법의 보호법익인 생명의 주체는 아니라고 하더라도, 그 교통사고로 자녀가 사망함으로 인하여 극심한 정신적 고통을 받은 법률상 불이익을 입게 된 자임이 명백하므로, 헌법상 재판절차진술권이 보장되는 형사피해자의 범주에 속한다.

---

② 법원의 결정 : 피해자의 진술도 증인신문절차에 의하므로 피해자가 진술을 하려면 신청과 이에 대한 법원의 결정이 필요하다. 물론 법원의 직권에 의한 증거조사도 가능하다(제295조).

③ 법원의 의무 : 법원은 위 요건을 갖춘 경우에는 일정한 경우를 제외하고는 그 피해자 등을 **증인으로 신문하여야 한다**(원칙적 의무, 제294조의2 제1항 본문). [경찰승진 12] 이는 피해자의 공판정진술권이 헌법상 보장된 기본권임을 잘 보여주는 부분이다.

(2) 방 식

① 출석통지 : 신청인이 **출석통지**를 받고도 정당한 이유 없이 출석하지 아니한 때에는 그 **신청을 철회한 것으로 본다**(제294조의2 제4항). [경찰채용 14 1차] 피해자 등의 진술권 행사에 대해서는 소환이 아니라 출석통지에 의하므로, **불출석시 구인할 수 없고** 신청을 철회한 것으로 보는 것인데, 이는 보통의 증인소환의 경우(제150조의2, 제152조)와 다른 점이다.

② 의견진술기회 부여 : ㉠ 법원이 피해자 등을 증인으로 신문하는 경우에는 피해의 정도 및 결과, 피고인의 처벌에 관한 의견 그 밖에 당해 사건에 관한 **의견을 진술할 기회를 주어야 한다**(제294조의2 제2항). [국가7급 09/10/14, 국가9급 09, 경찰채용 14 1차] 이에 ㉡ 법원은 필요하다고 인정하는 경우에는 직권으로 또는 피해자 등

---

1) [참고] 규칙 제84조의3(신뢰관계에 있는 사람의 동석) ① 법 제163조의2에 따라 피해자와 동석할 수 있는 신뢰관계에 있는 사람은 피해자의 배우자, 직계친족, 형제자매, 가족, 동거인, 고용주, 변호사, 그 밖에 피해자의 심리적 안정과 원활한 의사소통에 도움을 줄 수 있는 사람을 말한다.
② 법 제163조의2 제1항에 따른 동석 신청에는 동석하고자 하는 자와 피해자 사이의 관계, 동석이 필요한 사유 등을 명시하여야 한다.
③ 재판장은 법 제163조의2 제1항 또는 제2항에 따라 동석한 자가 부당하게 재판의 진행을 방해하는 때에는 동석을 중지시킬 수 있다. [법원9급 20]

의 신청에 따라 피해자 등을 공판기일에 출석하게 하여 피고인의 처벌에 관한 의견 등 위 사항으로서 범죄사실의 인정에 해당하지 않는 사항에 관하여 **증인신문에 의하지 아니하고 의견을 진술**하게 할 수 있다(규칙 제134조의10 제1항). [국가7급 15] 재판장은 재판의 진행상황, 그 밖의 사정을 고려하여 피해자 등에게 위 의견진술에 갈음하여 의견을 기재한 **서면을 제출**하게 할 수 있다(규칙 제134조의11 제1항). **위 진술과 서면은 범죄사실의 인정을 위한 증거로 할 수 없다**(2015.6.29. 신설 규칙 제134조의12). [국가7급 15]

③ 진술의 비공개 : 법원은 범죄로 인한 피해자를 증인으로 신문하는 경우 **당해 피해자·법정대리인 또는 검사의 신청**에 따라 결정으로 **심리를 공개하지 아니할 수 있다**(제294조의3 제1항). [국가7급 09, 국가9급 10, 경찰승진 14, 경찰채용 14 1차/15 3차] 위 비공개결정은 이유를 붙여 고지한다(동조 제2항). [법원승진 13] 다만, 법원은 위 비공개결정을 한 경우에도 적당하다고 인정되는 자의 **재정을 허가할 수 있다**(동조 제3항).

④ 재판장이 정하는 방식 : 피해자 등의 진술도 증인신문의 절차에 의하여 행하여지며, 변론종결 전에는 언제든지 가능하고, 증인신문의 방식은 **교호신문방식에 의하지 아니하고 재판장이 정하는 바**에 의한다(제161조의2 제4항). 공판정진술권을 행사하는 범죄피해자는 검사·피고인·변호인이 신청한 증인이 아니기 때문이다.

(3) 제 한

① 신청의 기각 : ㉠ 피해자 등이 이미 당해 사건에 관하여 **공판절차(수사절차 ×)에서 충분히 진술**하여 다시 진술할 필요가 없다고 인정되는 경우 또는 ㉡ 피해자 등의 진술로 인하여 **공판절차가 현저하게 지연될 우려**가 있는 경우에는 피해자를 증인으로 신문할 필요가 없다(제294조의2 제1항 단서). [경찰승진 10, 경찰채용 06 1차/ 15 1차] 즉, 이 경우에는 증인신문이 의무적인 것은 아니다. 다만, 피해자 등의 진술권은 헌법과 법률이 보장하는 권리이므로 원칙적으로는 신문하게 하여야 한다.

② 수의 제한 : 법원은 동일한 범죄사실에서 신청인이 여러 명인 경우에는 **진술할 자의 수를 제한**할 수 있다(동조 제3항). [국가7급 09, 경찰채용 06 1차/14 1차]

대법원 1996.11.14, 96모94

법 제294조의2 제1항, 제3항 규정에 의하여, 법원으로서는 동일한 범죄사실에 대하여 피해자 진술신청을 한 자가 수인인 경우에는 피고인과의 관계, 피해의 정도와 그 결과, 신청인들이 진술하려는 취지와 내용, 재판절차가 지연될 가능성 등 여러 사정을 고려하여 그 신청인들 중에서 가장 적합하다고 여겨지는 자의 신청만을 받아들이고 그 나머지 자의 신청은 이를 기각할 수 있다.

---

4. 기타 피해자보호제도

(1) 성폭력피해자 보호 및 진술의 영상물 촬영·보존

① 성폭력피해자에 대한 수사 및 재판절차에서의 배려 : 수사기관과 법원 및 소송관계인은 성폭력범죄를 당한 피해자의 나이, 심리 상태 또는 후유장애의 유무 등을 신중하게 고려하여 조사 및 심리·재판 과정에서 피해자의 인격이나 명예가 손상되거나 사적인 비밀이 침해되지 아니하도록 주의하여야 하고(성폭법 제29조 제1항), 수사기관과 법원은 성폭력범죄의 피해자를 조사하거나 심리·재판할 때 피해자가 편안한 상태에서 진술할 수 있는 환경을 조성하여야 하며, 조사 및 심리·재판 횟수는 필요한 범위에서 최소한으로 하여야 한다(동조 제2항). 또한 수사기관과 법원은 조사 및 심리·재판 과정에서 19세 미만 피해자등(19세 미만인 피해자나 신체적인 또는 정신적인 장애로 사물을 변별하거나 의사를 결정할 능력이 미약한 피해자를 말한다. 성폭법 제26조 제4항)의 최상의 이익을 고려하여 19세 미만 피해자등의 진술을 듣는 절차가 타당한 이유 없이 지연되지 아니하도록 하는 등의 보호조치[1]를 하도록 노력하여

---

1) [참조조문] 성폭법 제29조(수사 및 재판절차에서의 배려) ③ 수사기관과 법원은 조사 및 심리·재판 과정에서 19세 미만 피해자등의 최상의 이익을 고려하여 다음 각 호에 따른 보호조치를 하도록 노력하여야 한다. 〈신설 2023. 7. 11.〉
   1. 19세 미만 피해자등의 진술을 듣는 절차가 타당한 이유 없이 지연되지 아니하도록 할 것
   2. 19세 미만 피해자등의 진술을 위하여 아동 등에게 친화적으로 설계된 장소에서 피해자 조사 및 증인신문을 할 것
   3. 19세 미만 피해자등이 피의자 또는 피고인과 접촉하거나 마주치지 아니하도록 할 것
   4. 19세 미만 피해자등에게 조사 및 심리·재판 과정에 대하여 명확하고 충분히 설명할 것
   5. 그 밖에 조사 및 심리·재판 과정에서 19세 미만 피해자등의 보호 및 지원 등을 위하여 필요한 조치를 할 것

야 한다(2023.7.11. 개정 성폭법 동조 제3항).

② **19세 미만 피해자등 진술 내용 등의 영상녹화 및 보존 등**: ㉠ 검사 또는 사법경찰관은 **19세 미만 피해자등의 진술 내용과 조사 과정을 영상녹화장치로 녹화**(녹음이 포함된 것을 말하며, 이하 "영상녹화"라 함)**하고, 그 영상녹화물을 보존하여야 한다**(2023.7.11. 개정 성폭법 제30조 제1항). 영상녹화를 함에 있어서는 미리 영상녹화사실을 알려주어야 하며, 조사의 개시부터 종료까지의 전 과정 및 객관적 정황을 영상녹화하여야 한다(동 제9항, 형사소송법 제244조의2 제1항 후단). ㉡ 검사 또는 사법경찰관은 19세 미만 피해자등을 조사하기 전에 조사 과정이 영상녹화된다는 사실과 영상녹화된 영상녹화물이 증거로 사용될 수 있다는 사실을 피해자의 나이, 인지적 발달 단계, 심리 상태, 장애 정도 등을 고려한 적절한 방식으로 피해자에게 설명하여야 한다(동 제2항). 다만 ㉢ 19세 미만 피해자등 또는 그 법정대리인(**법정대리인이 가해자이거나 가해자의 배우자인 경우는 제외**한다)이 이를 원하지 아니하는 의사를 표시하는 경우에는 영상녹화를 하여서는 아니 된다(동 제3항). ㉣ 검사 또는 사법경찰관은 위 영상녹화를 마쳤을 때에는 **지체 없이 피해자 또는 변호사 앞에서 봉인하고 피해자로 하여금 기명날인 또는 서명**하게 하여야 한다(동 제4항). ㉤ 검사 또는 사법경찰관은 위 영상녹화 과정의 진행 경과를 조서(별도의 서면 포함)에 기록한 후 수사기록에 편철하여야 한다(동 제5항).[1] ㉥ 검사 또는 사법경찰관은 19세 미만 피해자등이나 그 법정대리인이 신청하는 경우에는 영상녹화 과정에서 작성한 조서의 사본 또는 영상녹화물에 녹음된 내용을 옮겨 적은 녹취서의 사본을 신청인에게 발급하거나 영상녹화물을 재생하여 시청하게 하여야 한다(동 제7항). ㉦ 누구든지 제1항에 따라 영상녹화한 영상녹화물을 수사 및 재판의 용도 외에 다른 목적으로 사용하여서는 아니 된다(동 제8항)(이후 피해자에 대한 피고인의 반대신문의 기회가 보장되는 등의 요건을 갖추면 증거능력이 부여되는데 이에 관한 설명은 전문법칙, 진술조서, 영상녹화물 부분에서 후술).

(2) 성폭력피해자를 위한 국선변호사 선임: 검사는 성폭력범죄의 피해자에게 변호사가 없는 경우 국선변호사를 선정하여 형사절차에서 피해자의 권익을 보호할 수 있는데, **19세 미만 피해자등에게 변호사가 없는 경우에는 국선변호사를 선정하여야 한다**(2023.7.11. 개정 성폭법 제27조, 아청법 제30조).

cf. 위 피해자의 변호사는 피해자를 위한 의견진술, 열람·등사 등 포괄적인 대리권을 행사한다.

★ **판례연구** 성폭력범죄 피해자의 변호사의 포괄적인 대리권

대법원 2019.12.13, 2019도10678 [경찰채용 20 2차]
반의사불벌죄에서 처벌을 희망하는 의사표시의 철회 또는 처벌을 희망하지 않는 의사표시는 제1심판결 선고 전까지 할 수 있다(형사소송법 제232조 제1항, 제3항). 처벌불원의 의사표시의 부존재는 소극적 소송조건으로서 직권조사사항에 해당하므로 당사자가 항소이유로 주장하지 않았더라도 원심은 이를 직권으로 조사·판단하여야 한다. 성폭력범죄의 처벌 등에 관한 특례법 제27조는 성폭력범죄 피해자에 대한 변호사 선임의 특례를 정하고 있다. 성폭력범죄의 피해자는 형사절차상 법률적 조력을 받기 위해 스스로 변호사를 선임할 수 있고(제1항), 검사는 피해자에게 변호사가 없는 경우 국선변호사를 선정하여 형사절차에서 피해자의 권익을 보호할 수 있으며(제6항), 피해자의 변호사는 형사절차에서 피해자 등의 대리가 허용될 수 있는 모든 소송행위에 대한 포괄적인 대리권을 가진다(제5항). 따라서 피해자의 변호사는 피해자를 대리하여 피고인에 대한 처벌을 희망하는 의사표시를 철회하거나 처벌을 희망하지 않는 의사표시를 할 수 있다.

---

(3) 배상명령신청: 피해자는 제1심 또는 제2심 공판의 변론종결시까지 사건이 계속된 법원에 피해배상을 신청할 수 있다. 인지의 첨부는 요하지 아니한다(소촉 제26조 제1항).

(4) 판결공시: 피해자의 이익을 위하여 필요하다고 인정할 때에는 피해자의 청구가 있는 경우에 한하여 피고인의 부담으로 판결공시의 취지를 선고할 수 있다(형법 제58조 제1항). [법원9급 11/14]

cf. 한편 무죄·면소판결시에는 피고인의 청구를 요하지 아니한다(동조 제2항·제3항).

---

1) [참조조문] 성폭법 제30조(19세 미만 피해자등 진술 내용 등의 영상녹화 및 보존 등) ⑥ 제5항에 따라 영상녹화 과정의 진행 경과를 기록할 때에는 다음 각 호의 사항을 구체적으로 적어야 한다.
1. 피해자가 영상녹화 장소에 도착한 시각
2. 영상녹화를 시작하고 마친 시각
3. 그 밖에 영상녹화 과정의 진행경과를 확인하기 위하여 필요한 사항

(5) 범죄피해자구조 : 타인의 범죄행위로 인하여 생명·신체에 대한 피해를 입은 국민은 법률(범죄피해자구조법)이 정하는 바에 의하여 국가로부터 구조를 받을 수 있다(헌법 제30조).

---

02 감정·통역·번역

I 감정

1. 의의

(1) 개념 : 법원은 학식경험 있는 자에게 감정을 명할 수 있다(제169조). 여기서 감정이란 특수한 지식·경험을 가진 제3자가 그 지식·경험에 의하여 알 수 있는 법칙(경험법칙) 또는 그 법칙을 적용하여 얻은 판단을 법원에 보고하는 것을 말한다. 주로 신체감정이나 인영, 필적, 지문 등의 감정 등이 있을 수 있다. 감정인이란 법원으로부터 이러한 감정의 명을 받은 자를 말한다. 감정인신문은 증거조사의 성질을 가지고 그 진술이 증거로 되는 점에서 증인과 유사하므로, 증인신문에 관한 규정은 구인에 관한 규정을 제외하고는 감정에 대하여 준용된다(제177조).

(2) 감정인과의 구별개념

① **감정수탁자** : 수사기관으로부터 감정위촉을 받은 자를 말한다(제221조 제2항). 감정인과 감정수탁자를 비교하면 아래와 같다.

구 분	감정인	감정수탁자
명령자·위탁자	법원·법관	수사기관
선서의무	○	×
허위감정죄	적용 ○	적용 ×
소송관계인의 참여권	○	×

② **증인** : 증인은 자신이 과거에 체험한 사실을 진술하는 자로서 비대체적이나, 감정인은 전문지식이나 경험을 가진 자이면 족하므로 대체성을 띤다.

③ **감정증인** : 특별한 전문지식에 의하여 알게 된 과거에 경험한 사실을 진술하는 자로서 비대체적이므로 증인에 해당한다. 따라서 증인신문에 관한 규정의 적용을 받는다(제179조).[1]

2. 절차 및 방법

(1) 감정인적격과 감정거부권 : 감정인적격은 학식경험 있는 자이면 인정된다(제169조). 감정인은 법원이 지정한다(동조).[2] 감정인적격 및 감정거부권에 대해서는 증인적격 및 증언거부권에 관한 규정이 준용된다(제177조).[3]

(2) 소환과 감정인신문

① **소환** : 증인소환의 방법에 의하므로 감정인에 대해서도 **소환이나 동행명령**을 발할 수 있고, 이에 불응하면 **비용의 배상 및 과태료**를 명할 수도 있다(제177조, 제151조). 그러나 감정인은 증인이 아니므로 **구인은 허용되지 않는다**(제177조).

---

1) [참고] 감정인이 감정을 하여 감정서(제171조 제1항)를 제출한 경우에 그 기재된 의견에 관한 설명을 추가로 듣는 절차(동조 제4항)는 감정인신문이지만, 감정처분행위(예 사체해부, 신체검사 등) 당시에 목격 등으로 체험한 사실에 관한 진술을 듣는 절차는 증인(감정증인)의 신문에 해당한다. 법원실무Ⅱ 200면.

2) [참고] 소송관계인은 감정인의 신문을 신청할 수 있는데(제294조 제1항), 소송관계인에 의하여 감정인이 특정인이 가능한가에 대해서는 견해가 대립하나, 제294조 제1항의 취지를 고려하여 소송관계인이 감정인을 특정하여 감정인신문을 신청하는 것도 허용된다는 긍정설이 통설이다.

3) [법원직만 참고] 민사소송에서는 감정인에 대한 기피제도가 마련되어 있으나(민소 제336조), 형사소송에서는 그러한 제도가 없으므로 감정인에 대한 기피는 불가능하다.

② 선서 : 감정인에게는 감정 전에 선서서에 의하여 선서하게 하여야 한다(제170조 제1항·제2항). **선서하지 않은 감정인의 감정은 증거능력이 없다.**

③ 신문방식 : 감정인신문은 증인신문방식을 준용하므로 주신문, 반대신문, 재주신문의 순으로 행해진다(제177조, 제161조의2).[1]

(3) 감정의 실시

① 법원 외 감정(감정물의 교부) : 법원은 필요한 때에는 감정인으로 하여금 법원 외에서 감정하게 할 수 있다(제172조 제1항). 이 경우에는 감정을 요하는 물건을 감정인에게 교부할 수 있다(동조 제2항).

② 감정인의 권한

(가) 감정처분권(감정에 필요한 처분)

㉠ 내용 : 감정인은 감정에 관하여 필요한 때에는 법원의 허가를 얻어 타인의 주거, 간수자 있는 가옥·건조물·항공기·선차 내에 들어갈 수 있고, 신체검사·사체해부·분묘발굴·물건파괴를 할 수 있다(제173조 제1항). 이는 법원의 강제처분에 속한다.

> 정리 수사상 감정수탁자는 판사의 허가 要(제221조의4)

> 정리 감정에 필요한 처분 : 신체검사·사체해부·분묘발굴·물건파괴(신/사/분/물), 검증에 필요한 처분도 대체로 같다(기타 필요한 처분 추가, 제140조).

㉡ 법원의 허가 : 감정에 필요한 처분의 허가에는 피고인의 성명·죄명, 들어갈 장소, 검사할 신체, 해부할 사체, 발굴할 분묘, 파괴할 물건, 감정인의 성명과 유효기간을 기재한 **허가장(감정처분허가장)**을 발부하여야 하고(제173조 제2항), 감정인은 처분을 받는 자에게 허가장을 제시하여야 한다(동조 제3항). 그러나 **공판정에서 행하는 감정에 필요한 처분에는 허가장을 요하지 않는다**(동조 제4항).

㉢ 수명법관 : 법원은 합의부원으로 하여금 감정에 관하여 필요한 처분을 하게 할 수 있다(제175조).

(나) 열람등사권·참여권·신문권

㉠ 열람등사권·참여권 : 감정인은 감정에 관하여 필요한 경우에는 재판장의 허가를 얻어 서류와 증거물을 **열람·등사하고 피고인 또는 증인의 신문에 참여**할 수 있다(제174조 제1항).

㉡ 피고인신문권·증인신문권 : 감정인은 피고인 또는 증인의 신문을 구하거나 재판장의 **허가를 얻어 직접 발문**할 수 있다(동조 제2항).

(다) 비용청구권 : 감정인은 법률의 정하는 바에 의하여 여비·일당·숙박료 외에 감정료와 체당금[2]의 변상을 청구할 수 있다(제178조).

③ 당사자의 참여권 : 검사·피고인 또는 변호인은 감정에 참여할 수 있으므로(제176조 제1항), 감정처분을 행함에는 미리 처분의 일시와 장소를 검사, 피고인 또는 변호인에게 통지하여야 한다. 단, 참여하지 아니한다는 의사를 명시한 때 또는 급속을 요하는 때에는 예외로 한다(제176조 제2항, 제122조).

④ 감정의 보고 : 감정인은 감정의 경과와 결과를 **서면(구술 X)으로 제출**하여야 한다(서면보고의 원칙, 제171조 제1항). 즉, 감정보고는 **감정서의 제출**에 의해야 한다.[3] [법원9급 07] 감정인이 수인인 때에는 각각 또는 공동으로 제출하게 할 수 있다(동조 제2항). 감정인의 결과에는 그 판단의 이유를 명시하여야 한다(동조 제3항). 필요한 때에는 감정인에게 설명하게 할 수 있다(동조 제4항).

---

1) [참고] 다만, 실무에서는 재판장이 먼저 신문하는 것이 보통이다. 법원실무II 260면.

2) [참고] 체당금이란 감정을 하기 위하여 감정인이 지출한 비용을 말하며 수용비는 제외된다. 수용란, 감정유치에 의하여 피고인을 병원 기타 장소에 유치한 때 그 시설 관리자의 청구에 의하여 법원이 관리자에게 입원료 기타 수용에 필요한 비용을 지급하여야 하는데(금액은 법원이 결정으로 정함)(규칙 제87조), 이때의 수용에 필요한 비용을 말한다.

3) [정리] 감정인이 작성·제출한 감정서는 피고인 아닌 자의 진술서에 준하므로(제313조 제3항) 작성자의 자필이거나 그 서명 또는 날인이 있는 것(감정인이 작성하였거나 진술한 내용이 포함된 문자·사진·영상 등의 정보로서 컴퓨터용디스크, 그 밖에 이와 비슷한 정보저장매체에 저장된 것을 포함한다)은 공판준비나 공판기일에서의 그 감정인의 진술에 의하여 성립의 진정이 인정된 때 또는 그가 부인하는 경우 과학적 분석결과에 기초한 디지털포렌식 자료, 감정 등 객관적 방법으로 성립의 진정함이 증명되는 때 증거로 할 수 있다(동조 제1항 본문, 제2항 본문). 다만, 피고인 또는 변호인이 공판준비 또는 공판기일에 그 기재 내용에 관하여 감정인을 신문할 수 있었을 것을 요한다(동조 제2항 단서)(이상 2016.5.29. 개정). 이렇게 당해 감정서의 증거능력이 인정되면 그 증명력을 감지하기 위하여 증거조사(낭독, 내용고지 또는 제시 및 열람)를 하여야 한다.

3. 감정유치

(1) 의의 및 성질

① 의의 : 피고인의 정신 또는 신체를 감정하기 위하여 일정기간 동안 병원 기타 적당한 장소에 피고인을 유치하는 강제처분을 말한다(제172조 제3항). 감정유치는 피고인을 일정기간 계속적으로 병원 등의 시설에 수용하여 관찰할 필요가 있는 경우에 행하게 된다. [법원승진 08]

② 성질 : 감정유치는 감정을 목적으로 신체의 자유를 구속하는 강제처분이므로 법원이 발부하는 영장, 즉 감정유치장을 요한다.

(2) 절 차

① 감정유치장의 발부 : 감정유치를 함에는 수소법원은 **감정유치장을 발부**하여야 한다(동조 제4항). [법원승진 08] 감정유치장은 명령장의 성질을 갖는다.

② 감정유치장의 집행 : 구속영장의 집행에 관한 규정이 준용된다(동조 제7항). 감정유치시 필요한 때에는 법원은 직권 또는 피고인을 수용할 병원 기타 장소의 관리자의 신청에 의하여 사법경찰관리에게 피고인의 간수를 명할 수 있다(동조 제5항).

③ 감정유치기간 : 법정기간이 아니라 법원이 정하는 **재정기간**이다(동조 제1항). 이에 법원은 필요한 때에는 **유치기간을 연장하거나 단축**할 수 있다(동조 제6항). [법원승진 08]

④ 불복 : 법원의 피고인에 대한 감정유치에 관한 결정에 대하여는 **항고할 수 있다**(제403조 제2항, **압구보감**).

(3) 구속과의 관계

① 구속규정의 준용 : 구속에 관한 규정은 법률에 특별한 규정이 없는 한 감정유치에 관하여 이를 준용한다(동조 제7항 본문). 예컨대, 불구속피고인에 대하여 감정유치장을 발부하여 구속할 때에는 범죄사실의 요지와 감정유치의 이유, 변호인을 선임할 수 있음을 알려주고 변명할 기회를 주어야 한다. [법원9급 11] 단, 보석에 관한 규정은 그러하지 아니하다(동조 단서). 따라서 **감정유치된 자에 대한 보석은 인정되지 아니한다**(필요적 보석, 임의적 보석 모두 ✕). [법원9급 11, 경찰승진 13]

② 미결구금일수의 산입 : 감정유치는 **미결구금일수의 산입**에 있어서는 이를 구속으로 간주한다(동조 제8항). [법원9급 11, 법원승진 11]

③ 구속기간의 제외 : 구속 중인 피고인에 대하여 감정유치장이 집행되었을 때에는 피고인이 유치되어 있는 기간 동안 **구속은 그 집행이 정지된 것으로 간주**한다(제172조의2 제1항). [법원9급 11, 법원승진 11] 따라서 감정유치기간은 구속기간에 산입되지 않는다(구속기간 연장과 같은 효과). [법원승진 08] 감정유치처분이 취소되거나 유치기간이 만료된 때에는 구속집행정지가 취소된 것으로 간주한다.

4. 감정의 촉탁

법원은 필요하다고 인정되는 때에는 공무소, 학교, 병원 기타 상당한 설비가 있는 단체 또는 기관에 대하여 감정을 촉탁할 수 있다(법원의 감정촉탁, 제179조의2 제1항 제1문)(cf. 수사상 감정위촉 : 제221조 제2항). 특히 신체감정이나 인영, 필적, 지문 등의 감정에 관하여 감정촉탁의 방법에 의할 수 있다. 감정촉탁의 특성상 감정인 **선서에 관한 규정은 적용되지 아니한다**(동 제2문). [법원9급 11, 법원승진 11] 법원은 당해 공무소, 학교, 병원, 단체 또는 기관이 지정한 자로 하여금 감정서의 설명을 하게 할 수 있다(동조 제2항). [법원승진 08] 감정서의 설명을 하게 하는 때에는 검사, 피고인 또는 변호인을 참여하게 하도록 한다(규칙 제89조의3 제1항).

Ⅱ 통역과 번역

1. 통 역

법정에서는 국어를 사용한다(법조 제62조 제1항). 소송관계인이 국어가 통하지 아니하는 경우에는 통역에 의한다(동조 제2항). 즉, 국어에 통하지 아니하는 자(국어를 모르는 외국인)의 진술에는 통역인으로 하여금 **통역하게 하여야 한다**(의무, 제180조). 따라서 외국인이라도 국어로 의사소통이 되는 자인 경우에는 통역을 요하지 아니한다. 듣거나 말하는 데 장애가 있는 사람의 진술에 대해서는 통역인으로 하여금 통역하게 할 수 있다(2020.12.8. 우리말 순화 개정법 제181조). 감정에 관한 규정은 통역에 준용한다(제183조).

2. 번 역

국어 아닌 문자 또는 부호는 **번역하게 하여야 한다**(의무, 제182조). [법원9급 13] 감정에 관한 규정은 번역에 준용한다(제183조).

03 검 증

I 의의 및 성질

1. 의 의

검증이란 법관이 오관의 작용에 의하여 사물의 존재와 상태를 직접 실험·관찰하여 인식하는 증거조사방법을 말한다. 법관이 증인 등을 신문하거나 사건을 판단하기 위해서는 사건현장의 위치나 구조 등에 대한 정확한 이해를 가질 필요가 있다는 점에 인정되는 증거조사의 방법이다.

2. 성 질

검증은 증거조사인 동시에 강제처분이다. 즉, 물건·장소의 소유·보관·관리자 및 신체검사의 상대방은 검증에 응할 의무가 있다는 점에서 검증은 강제처분의 성질을 가지나, 법원이 직접 시행한다는 점에서 **영장주의가 적용되지 아니한다.** [경찰채용 09 2차]

II 절차와 방법

1. 요건 및 목적물

(1) 요건 : 법원은 사실을 발견함에 필요한 때 검증을 할 수 있다(제139조).

(2) 검증의 목적물 : 아무런 제한이 없다. 물건의 존재, 형태, 성상이 증거자료로 되는 경우라면 모두 검증의 객체가 된다. 고정물이건 유동물(물, 기름, 가스 등)이건 불문하며, 인체나 사체도 대상이 되고 일정한 장소(범죄현장 등)도 대상이 될 수 있다. 검증의 목적물이 누구의 소유 또는 소지에 속하는 것이건 관계없다.[1]

2. 준 비

(1) 기일지정 : 공판기일의 검증에는 별도의 절차가 필요하지 않다. 그러나 공판기일 이외의 일시·장소에서 검증을 하려면 검증기일을 지정하여야 한다.

(2) 일시·장소의 통지 : 검증을 실시함에는 재판장이 **미리 검증의 일시·장소를 검증참여권자인 검사·피고인·변호인에게 통지**하여야 한다. 다만, 검증참여권자가 **참여하지 아니한다는 의사를 명시한 때** 또는 **급속을 요하는 때**에는 예외로 한다(제145조, 제121조·제122조). 이는 압수·수색영장의 집행, 증인신문, 감정인신문의

---

1) [법원직 참고] 민사소송법 제366조(검증목적물의 제출절차, 서증 제출에 준함)와 같은 제한을 받지도 않는다.

경우와 동일하다. 한편 검증을 함에 있어서 피고인에게 증거조사기일을 통지하여 참여의 기회를 준 이상, 피고인이 실제로 참여하지 않았다고 하여도 그 증거조사결과를 증거로 채택한 것은 위법이라 할 수 없다. 피고인 등에게는 참여권이 있는 것이지, 참여의무가 있는 것은 아니기 때문이다.

(3) **소환** : 법원은 신체를 검사하기 위하여 피고인 또는 피고인 아닌 자를 법원 기타 지정한 장소에 소환할 수 있다(제68조, 제142조). 피고인에 대한 신체검사를 하기 위한 소환장에는 신체검사를 하기 위하여 소환한다는 취지를 기재하여야 한다(규칙 제64조).

3. 검증의 실시

(1) 내 용

① **검증에 필요한 처분** : 검증을 함에는 **신체검사ㆍ사체해부ㆍ분묘발굴ㆍ물건파괴 기타 필요한 처분**을 할 수 있다(제140조). 또한 검증을 함에는 자물쇠를 열거나 개봉 기타 필요한 처분도 할 수 있다(제145조, 제120조).

② **보조명령** : 검증에 필요한 때에는 사법경찰관리에게 보조를 명할 수 있다(제144조).

③ **출입금지** : 법원은 검증의 실시 중 타인의 출입을 금지할 수 있고, 이에 위배한 자에게는 퇴거하게 하거나 검증 종료시까지 간수자를 붙일 수 있다(제145조, 제119조). 퇴거명령에 불응하거나 검증을 방해하여 재판의 위신을 해친 자에 대하여는 감치 또는 과태료의 제재를 과할 수 있다(법조 제61조 제1항, 제58조 제2항).

④ **검증 현장의 압수** : 필요가 있으면 압수를 할 수 있으며, 이 경우 **영장은 발부할 필요가 없다**. 공판정 외에서 압수를 함에는 영장을 필요로 한다는 형사소송법 제113조의 규정은 다른 집행기관으로 하여금 집행시키는 것을 전제로 한 규정이고, 법원 자신이 집행하는 것을 전제로 한 규정은 아니다.

⑤ **검증 중지시 처분** : 검증을 중지한 경우에 필요한 때에는 검증이 종료될 때까지 그 장소를 폐쇄하거나 간수자를 둘 수 있다(제145조, 제127조).

⑥ **촉탁에 의한 검증** : 검증은 검증장소 또는 검증목적물 소재지를 관할하는 지방법원 판사에게 촉탁할 수 있고, 수탁판사는 전촉을 하지 않는 한 법원과 동일한 권한을 행사하여 검증을 행한 후(제145조, 제136조) 기록을 촉탁법원에 송부한다.

(2) 신체검사에 대한 특칙

① **주의사항** : 신체검사에 관하여는 검사를 받는 사람의 성별ㆍ나이ㆍ건강상태, 그 밖의 사정을 고려하여 그의 **건강과 명예를 해하지 아니하도록 주의**하여야 한다(2020.12.8. 우리말 순화 개정법 제141조 제1항).[1]

② **피고인 아닌 자** : **피고인 아닌 사람의 신체검사는 증거가 될 만한 흔적을 확인할 수 있는 현저한 사유**가 있는 경우에 한하여 할 수 있다(동조 제2항). 피고인 아닌 사람에 대한 신체검사를 하기 위해서도 소환장에 의한 소환이 필요하다(규칙 제65조).[2]

③ **여자** : 여자의 신체를 검사하는 경우에는 **의사나 성년 여자를 참여**하게 하여야 한다(동조 제3항).

④ **시체해부ㆍ분묘발굴** : 시체해부 또는 분묘발굴을 하는 때에는 예에 어긋나지 아니하도록 주의하고, 미리 유족에게 통지하여야 한다(동조 제4항).

(3) 제 한

① **야간검증의 제한** : 일출 전, 일몰 후에는 가주ㆍ간수자 또는 이에 준하는 자의 승낙이 없으면 검증을 하기 위하여 타인의 주거, 간수자 있는 가옥ㆍ건조물ㆍ항공기ㆍ선차 내에 들어가지 못한다(제143조 제1항 본문). 단, **일출 후에는 검증의 목적을 달성할 수 없을 염려가 있는 경우에는 예외**로 한다(동 단서). 검증

---

1) [참고] 피검사자가 신체검사를 거부하는 경우에 명문의 규정이 없으므로 강제할 방법은 없다. 건강과 명예에 관계없는 신체검사(예 지문채취, 외상 유무의 조사 등)인 경우는 별론으로 하고, 그 밖의 경우(예 수술의 시행, 치부의 관찰 등)에는 본인의 의사에 반하여 무리하게 행하는 일이 있어서는 안 된다. 법원실무Ⅱ 279면.

2) [참고] 피고인이 아닌 자에 대한 신체검사를 하기 위한 소환장에는 그 성명 및 주거, 피고인의 성명, 죄명, 출석일시 및 장소와 신체검사를 하기 위하여 소환한다는 취지를 기재하고 재판장 또는 수명법관이 기명날인하여야 한다(규칙 제65조). 다만, 소환에 불응한다 하더라도 구인하거나 과태료 등의 제재를 과할 수는 없다. 명문의 규정이 없기 때문이다.

은 강제처분이므로 가주 등의 의사에 반하여 들어갈 수 있음이 원칙이지만, 야간에 들어가는 것은 사생활의 평온을 해치는 것이 되므로 특히 제한을 둔 것이다. 그러나 ㉠ 야간이 아니면 **검증의 목적**을 달성할 수 없는 경우(동 단서, ≠압수−기재, 제125조), ㉡ **일몰 전 검증을 개시**하여 일몰 후까지 계속하는 경우(동조 제2항, ≠압수), ㉢ **도박 기타 풍속을 해치는 행위**에 상용된다고 인정되는 장소나 음식점, 여관처럼 야간에도 공중이 출입할 수 있는 장소(동조 제3항, 제126조)에는 가주 등의 승낙 없이도 검증을 할 수가 있다(제143조 제3항).

② 군사상 비밀을 요하는 장소 : 책임자의 승낙 없이는 검증할 수 없다(제145조, 제110조).

③ 책임자 · 주거주 등의 참여 : 공무소, 군사용 항공기 · 선박 · 차량 안에서 검증을 하는 경우에는 그 책임자에게 참여할 것을 통지하여야 하고, 타인의 주거, 간수자 있는 가옥 · 건조물 · 항공기 · 선박 · 차량 안에서 검증을 하는 경우에는 주거주(住居主) · 간수자 또는 이에 준하는 사람을 참여하게 하여야 한다(제145조, 2020.12.8. 우리말 순화 개정법 제123조).

Ⅲ 검증조서

1. 작 성

(1) 검증조서의 작성 : 검증에 관하여는 검증조서를 작성하여야 한다(제49조 제1항). 검증조서에는 검증 목적물의 현상을 명확하게 하기 위하여 도화나 사진을 첨부할 수 있다(동조 제2항).

(2) 공판정에서의 검증 : 공판정에서 행한 검증은 독립된 검증조서에 의하지 않고 공판조서에 기재된다(제51조 제2항 제10호).

2. 증거조사 및 증거능력

(1) 검증조서의 성격 : 검증조서는 오관의 작용에 의하여 인식한 결과를 기재한 보고문서임과 동시에 하나의 진술조서로서 전문증거로서의 성격을 가진다.

(2) 증거조사

① 공판기일의 검증 : 수소법원이 공판기일에 검증을 행한 때에는 직접주의와 공판중심주의의 요청을 모두 갖춘 것이므로 **검증결과, 즉 법원이 오관의 작용에 의하여 판단한 결과가 바로 증거**가 되며 **검증조서의 증거조사 문제는 생기지 않는다.**

대법원 2009.11.12, 2009도8949 [변호사 17]

수소법원이 공판기일에 검증을 행한 경우에는 그 검증결과, 즉 법원이 오관의 작용에 의하여 판단한 결과가 바로 증거가 되고, 그 검증의 결과를 기재한 검증조서가 서증으로서 증거가 되는 것은 아니다. 기록에 의하면, 원심이 2009. 1. 21.자로 실시한 CCTV 동영상에 대한 검증은 서울중앙지방법원 제370호 영상실에서 제6회 공판기일을 진행하면서 재판부 전원, 참여 사무관, 피고인, 검사, 피고인의 변호인, 송일국 대리인 등이 참석한 가운데 진행하였음을 알 수 있다. 따라서 위 검증은 검증결과가 바로 증거가 된다고 할 것이므로 설령 그 검증의 결과를 검증조서에 일부 기재하지 않았다고 하더라도 이에 관하여 원심에 심리미진의 위법이 있다고 할 수 없다.

---

② 공판기일 외 검증 : 공판기일 외에 검증을 행한 때에는 수명법관 · 수탁판사가 한 것이든, 수소법원이 한 것이든 가리지 않고 **검증결과가 바로 증거가 되는 것이 아니라 검증조서가 서증으로서 증거**가 된다.

(3) 증거능력 : 검증조서는 **법원 · 법관의 조서로서 무조건 증거능력**이 있다(제311조).

01 간이공판절차

Ⅰ 의의 및 특색

1. 의 의

간이공판(簡易公判)절차란 피고인이 공판정에서 자백한 경우에 형사소송법이 규정하는 **증거조사절차를 간이화**하고 **증거능력의 제한을 완화**하여 심리를 신속하게 진행하기 위한 공판절차를 말한다(제286조의2). [법원9급 15, 국가9급 10, 경찰채용 12 3차]

2. 특 색

입법연혁상 영미의 기소인부(起訴認否, arraignment)절차[1]에서 유래하는 간이공판절차는 피고인이 자백한 사건에 대하여 증거능력의 엄격한 제한을 완화하고, 증거조사절차를 간이화하는 데 그 특색이 있다.

> **[간이공판절차]**
> 1심 공판정에서의 피고인의 자백(구성요건, 위법성, 책임 모두 인정) → 간이공판절차 : 증거조사 간이화
>
> **[증거조사의 간이화]**
> 증거신청 → 심리 : 증거능력(전문증거만 인정) → 결정(채택) : 증거조사는 하되 방식은 간이화(증명력 제한은 그대로 유지 ∴ 자백보강법칙 ○) → 증거조사결과에 대한 피고인 의견도 생략
>
> **[주의 : 간이공판절차가 일반 공판절차와 다름없는 점]**
> 공소장변경 可, 증거조사 관련 당사자의 증거신청권, 증인의 선서, 증거조사에 대한 이의신청권, 당사자의 증거조사참여권 모두 ○. 자백보강법칙도 적용되므로 무죄판결 선고 可

Ⅱ 간이공판절차의 개시

1. 개시의 요건

(1) 제1심 관할사건

① 제1심 : 간이공판절차는 지방법원 또는 그 지원의 **제1심 관할사건에 대해서만 인정**된다. [법원9급 12, 국가9급 12/14] 항소심 및 상고심에서는 간이공판절차가 인정되지 않는다.

② 범위 : 제1심 관할사건이라면 사건의 경중을 가리지 아니하므로, 단독판사의 관할사건은 물론 **합의부 관할사건에 대해서도 간이공판절차**를 할 수 있다. [법원행시 04, 법원9급 08/12/13/15, 경찰승진 12/13, 경찰채용 13 2차/14 2차] 따라서 강도살인사건과 같은 강력범죄나 특정강력범죄 사건이라 하더라도 간이공판절차를 할 수 있다. [법원행시 02, 국가9급 10, 경찰승진 11]

③ 국민참여재판 : 간이공판절차가 적용될 수 없다(국참 제43조). 다만, 배심원단의 규모를 축소하는 간소한 형태가 있을 뿐이다(국참 제13조 제1항).

(2) 피고인의 공판정에서의 자백

① 자백의 주체

(가) 피고인의 자백 : 자백은 **피고인이 하여야** 한다. 나아가 피고인인 법인의 대표자(제27조) 및 의사무능력자인 피고인의 법정대리인(제26조)·특별대리인(제28조)도 자백의 주체가 될 수 있다.

---

1) [참고] 다만, 영미법의 기소인부절차는 피고인의 자백 여부만 확인하여 기소내용을 인정하는 경우에는 보강증거 없이 바로 유죄로 확정되고 공판도 열 필요가 없으며 중죄의 경우에는 양형자료 조사절차를 진행하지만 그렇지 않으면 즉시 형을 정하게 되어 있는 점에 우리 법의 간이공판절차와는 차이가 있다. 법원실무Ⅱ 311면.

(나) 변호인 · 대리인 : 변호인의 자백 및 피고인의 출석 없이 재판할 수 있는 사건에서 대리인에 의한 자백으로는 간이공판절차를 개시할 수 없다.

② 자백의 내용

(가) 공소사실에 대한 자백 : 피고인은 공소장에 기재된 현실적 심판대상인 공소사실에 대하여 자백하여야 한다. 공소사실에 대한 자백이란 자신의 죄책을 인정하는 것, 즉 **공소장에 기재된 범죄사실을 전부 인정하고 위법성조각사유나 책임조각사유의 원인되는 사실의 부존재를 인정**하는 것을 말한다. [법원승진 07, 국가7급 08/15, 전의경 09] 따라서 공소사실을 인정하면서도 **범의를 부인한다면 간이공판을 할 수 없다.** [법원행시 03] 다만, 반드시 **명시적으로 유죄를 인정하는 진술을 요하는 것은 아니고** [법원행시 04], **위법성조각사유 · 책임조각사유는 주장 내지 진술하지 않는 것으로도 충분**하다. [법원9급 12, 경찰승진 13, 경찰채용 13 2차]

(나) 범위 : 공소사실을 인정하면서 **죄명 · 적용법조만을 다투거나** [법원행시 03], **정상관계사유나 형면제의 원인되는 사실을 주장**하는 경우도 자백에 해당한다.

📚 사례문제

甲은 'A퀵서비스'라는 상호로 배달 · 운송업을 하는 자로, 과거 乙이 운영하는 'B퀵서비스'의 직원으로 일하던 중 소지하게 된 B퀵서비스 명의로 된 영수증을 보관하고 있던 것을 이용하여, 2010. 2. 1.부터 2011. 2. 1.까지 자신의 A퀵서비스 배달업무를 하면서 불친절하고 배달을 지연시켜 손님의 불만이 예상되는 배달 건에 대하여는 B퀵서비스 명의로 된 영수증에 자신이 한 배달내역을 기입하여 손님들의 불만을 乙에게 떠넘기는 방법으로 영업을 하였다. 乙은 甲의 행위에 의하여 자신의 신용이 훼손되었다는 이유로 2011. 10. 1. 甲을 고소하였다. 검사는 甲을 신용훼손죄로 기소하였다가, 공판 중 동일한 사실관계에 대하여 예비적으로 업무방해죄의 공소사실 및 적용법조를 추가한다는 공소장변경신청을 하였다. (다툼이 있는 경우에는 판례에 의함) [변호사 12]

문제1 甲이 공판정에서 위 사실관계를 완전히 인정하면서, 다만 乙의 신용을 훼손하거나 업무를 방해할 생각은 없었다고 그 범의만을 부인하는 경우 법원은 간이공판절차에 의하여 재판할 수 없다.

→ (O) 피고인이 공소사실에 대하여 검사가 신문을 할 때에는 공소사실을 모두 사실과 다름없다고 진술하였으나 변호인이 신문을 할 때에는 범의나 공소사실을 부인하였다면 그 공소사실은 간이공판절차에 의하여 심판할 대상이 아니다(97도3421).

문제2 공소장변경이 적법하게 이루어진 경우, 법원은 신용훼손죄에 대하여 판단하지 않고 업무방해죄의 성립여부만을 판단할 수 있다.

→ (×) 업무방해죄를 예비적으로 추가한 경우에도 먼저 주위적 공소사실을 판단해야 하므로 신용훼손죄를 먼저 판단하지 않고 업무방해죄만을 판단하는 것은 위법하다.

⚖️ 판례연구 자백에 해당되는 사례

대법원 1987.8.18, 87도1269; 1981.11.24, 81도2422 [국가7급 22]

법 제286조의2 간이공판절차 소정 '공소사실의 자백'의 의미

법 제286조의2가 규정하는 이른바 간이공판절차란 피고인이 공판정에서 공소사실을 자백하는 경우에 취하여지는 공판절차로서 증거조사절차의 간이화(법 제297조의2), 증거능력의 특례(법 제318조의3) 등을 그 내용으로 하는 것인바, 공소사실의 자백은 공소장 기재사실을 인정하고 나아가 위법성이나 책임의 조각사유가 되는 사실을 진술하지 아니하는 것으로 충분하고 명시적으로 유죄를 자인하는 진술이 있어야 하는 것은 아니다.

⚖️ 판례연구 자백에 해당되지 않는 사례

1. 대법원 1981.6.9, 81도775

피고인은 이 사건 공소사실에 관한 검사 등의 신문에 응하여 답변함에 있어 공소사실과 같이 음식 등을 먹고 그 대금을 지급하지 않거나 금원을 받은 사실은 인정하나 이는 외상으로 먹거나 차용한 것이지 이를 갈취한 것은 아니라고 진술하여 그 범의를 부인하고 있음이 명백하다면 이 사건 공소사실은 간이공판절차에 의하여 심판할 대상이 아니라 할 것이다.

2. 대법원 1998.2.27, 97도3421 [법원9급 14]

피고인이 공소사실에 대하여 검사가 신문을 할 때에는 공소사실을 모두 사실과 다름없다고 진술하였으나 변호인이 신문을 할 때에는 범의나 공소사실을 부인하였다면 그 공소사실은 간이공판절차 대상이 아니다.

3. 대법원 2004.7.9, 2004도2116 [법원9급 17, 국가7급 21, 국가9급 17, 경찰승진 12]

피고인이 법정에서 "공소사실은 모두 사실과 다름없다."고 하면서 술에 만취되어 기억이 없다는 취지로 진술한 경우에, 피고인이 음주상태로 운전하다가 교통사고를 내었고, 또한, 사고 후에 도주까지 하였다고 하더라도 피고인이 술에 만취되어 사고 사실을 몰랐다고 범의를 부인함과 동시에 그 범행 당시 심신상실 또는 심신미약의 상태에 있었다는 주장으로서 법 제323조 제2항에 정하여진 법률상 범죄의 성립을 조각하거나 형의 감면의 이유가 되는 사실의 진술에 해당하므로 피고인은 적어도 공소사실을 부인하거나 심신상실의 책임조각사유를 주장하고 있는 것으로 볼 여지가 충분하므로 간이공판절차에 의하여 심판할 대상에 해당하지 아니한다.

③ **자백의 신빙성** : 실체적 진실발견을 위하여 자백은 신빙성이 있어야 한다. 신빙성이 없는 자백은 간이공판절차의 취소사유에 해당하기 때문이다(제286조의3).

④ **시기와 장소**

(가) 시기 : 자백은 공판기일에 해야 하는데, 간이공판절차를 위한 피고인자백의 최종가능시점에 대해서는 피고인모두진술시설·변론종결시설·피고인신문종결시설이 대립하나, 2007년 개정법에 피고인의 모두진술단계에서 진술거부권을 행사하는 경우를 제외하고는 공소사실의 인정 여부를 진술하도록 규정되어 있고(제286조 제1항), 이익되는 사실도 진술할 수 있기 때문에(동조 제2항), 원칙적으로 피고인의 모두진술까지 자백해야 한다고 봄이 타당하다(**피고인모두진술시설**[1]). 이를 위해 재판장은 피고인의 모두진술이 끝난 다음에 피고인 또는 변호인에게 자백 여부를 확인하기 위해 필요한 질문을 할 수 있을 것이다(제287조 제1항).

(나) 장소 : 자백은 **공판정에서 해야** 한다. 따라서 수사절차나 공판준비절차 [국가9급 12]에서의 자백으로는 간이공판절차를 개시할 수 없다. [경찰채용 14 2차]

⑤ **일부자백**

(가) 원칙-불가능 : 1개의 공소사실의 일부만을 인정하는 경우에는 자백에 해당되지 아니한다. 마찬가지로 소송법상 불가분 관계의 일부에 대한 자백으로는 간이공판절차가 불가하다. 예컨대 **일죄, 포괄일죄, 과형상 일죄 또는 예비적·택일적 공소사실의 일부**에 대하여 자백하고 나머지 부분을 부인하는 경우에는 자백 부분만 특정하여 간이공판절차로 심판할 수 없다. [법원행시 02, 법원9급 14, 법원승진 10]

(나) 예외-실체적 경합 : **경합범**의 관계에 있는 공소사실 중 일부에 대해서만 자백한 경우에는 자백한 공소사실에 대해서만 간이공판절차가 가능하다. [국가9급 10, 경찰승진 11] 또한 수인의 피고인 중 일부만 자백한 경우에도, 자백피고인은 간이공판절차에 의하여 심판할 수 있다.

2. 개시결정

(1) 결정의 성질 : 간이공판절차의 개시요건이 구비된 때에는 법원은 그 공소사실에 한하여 간이공판절차에 의하여 심판할 것을 **결정할 수 있다**(제286조의2). [국가9급 10, 경찰채용 14 2차] 즉, 결정 여부는 **법원의 의무가 아니라 재량**에 속한다. [법원행시 02, 법원9급 12/13/15, 법원승진 10, 국가9급 12, 경찰승진 13, 경찰채용 12 3차] 따라서 피고인이 공판정에서 공소사실에 대하여 자백한 경우 간이공판절차에 의하여 심판하지 아니하였다 하여도 위법이 아니다.

(2) 결정의 방법 : 법원이 간이공판절차개시의 결정을 하고자 할 때에는 재판장은 미리 피고인에게 간이공판절차의 취지를 설명하여야 한다(규칙 제131조). 이는 재판장이 간이공판절차의 개시결정을 하기 전에 위 개시결정에 따라 증거조사가 간략하게 실시될 수 있음을 미리 설명하고 다시 한 번 피고인이 자유롭고 진지한 의사에 기하여 유죄를 인정하는지 확인하여야 한다는 취지이다. 개시결정은 공판정에서 구두로 고지하면 족하며, 그 결정의 취지를 공판조서에 기재하여야 한다.

(3) 불복

① 간이공판절차개시결정만에 대한 항고 불가 : 판결 전의 소송절차에 관한 결정이므로 이 결정에 독립하여 항고할 수 없다(제403조 제1항). [국가7급 15, 국가9급 10/17, 경찰채용 12 3차]

---

1) 동지 : 신동운 1084면. 법원의 실무도 같은 입장이다. 법원실무Ⅱ 313면.

② 본안판결에 대한 상소 가능 : 간이공판절차개시의 요건을 갖추지 못하였음에도 불구하고 그에 의하여 심판한 경우에는 판결에 영향을 미친 법령위반을 이유로 항소 또는 상고할 수 있다(제361조의5 제1호, 제383조 제1호). [국가9급 17]

Ⅲ 간이공판절차의 특칙

1. 증거능력 제한의 완화

(1) 전문법칙의 배제
① 증거동의의 의제 : 간이공판절차에 있어서는 법 제310조의2가 규정하는 전문증거(법 제311조 내지 제316 조에 규정된 것이 아닌 것) 및 법 제312조 내지 제314조 소정의 서류(검사 또는 사법경찰관 작성의 각종 조서 및 진술서와 진술 기재 서류, 감정서 등)와 법 제316조 소정의 전문진술에 대하여 **법 제318조 소정의 동의가 있는 것으로 간주**되어 제한 없이 증거능력이 있게 된다. [경찰채용 14 2차] 다만, **검사, 피고인 또는 변호 인이 증거로 함에 이의를 제기한 때**에는 그러하지 아니하다(제318조의3). [해경간부 12] 따라서 위의 각 전문 증거에 관한 증거신청이 있는 경우에 상대방이 이의를 진술하지 아니하면(답변하지 아니한 경우 포함) 동의로 간주되므로 바로 증거채택결정을 하고 증거조사를 할 수 있다.

② 동의의제의 근거 : 피고인이 자백한 이상 공소사실을 증명하기 위한 개개의 증거에 대하여 다툴 의사 가 없음이 추정되기 때문이다.

(2) 완화의 범위
① 증거능력 : 간이공판절차에서 증거능력의 제한이 완화되는 것은 **전문법칙에 한한다.** [국가9급 12/17] 따라서 **위법수집증거배제법칙 및 자백배제법칙과 같은 전문법칙 이외의 증거법칙은 그대로 적용**된다. [법원9급 12, 국가 9급 15]

② 증명력 : 간이공판절차일지라도 증명력의 제한이 완화되는 것은 아니므로 **자백의 보강법칙(제310조)은 그대로 적용**된다. [법원9급 12/15, 국가7급 08, 경찰승진 13] 따라서 간이공판절차라 하더라도 피고인의 자백이 유 일한 증거인 경우에는 유죄의 증거로 할 수 없다. [경찰채용 14 2차]

2. 증거조사방식의 간이화

(1) 상당하다고 인정하는 방법의 증거조사 : 간이공판절차에서는 정식의 증거조사방식에 의하지 않고 **법원이 상당하다고 인정하는 방법으로 증거조사**를 할 수 있다(제297조의2). [법원승진 10, 경찰채용 13 2차] 상당하다고 인정 하는 방법이란 공개주의의 원칙상 당사자 및 방청인이 증거내용을 알 수 있도록 하는 방법을 말한다. 다 만, 간이공판절차라 하더라도 **증거조사 절차 자체를 생략할 수는 없다.** [경찰채용 10 1차]

(2) 배제범위
① 배제되는 것 : 간이공판절차에서는 ㉠ 증인신문을 함에 있어 교호신문의 방식에 의할 필요가 없고(제161 조의2의 부적용), [법원승진 10] ㉡ 증거조사의 시기도 반드시 재판장의 쟁점 정리 및 검사·변호인의 증거관 계 등에 대한 진술 후일 필요가 없으며(제290조의 부적용), ㉢ 서류·물건의 증거조사시에도 개별적으로 지시·설명할 필요가 없고(제291조의 부적용), ㉣ 서류·물건의 증거조사 방법도 반드시 제시, 낭독, 내 용 고지, 열람 등에 의할 필요가 없으며(제292조의 부적용), ㉤ **증거조사의 종료시에 피고인에게 증거조사 결과에 대한 의견을 묻거나 증거신청권을 알려 줄 필요가 없고**(제293조의 부적용) [법원행시 04, 법원9급 08/13, 경찰 승진 10/12, 전의경 09], ㉥ 증인, 감정인, 공동피고인을 신문할 때 피고인을 퇴정시킬 필요도 없다(제297조의 부적용)(제297조의2).

② 배제되지 않는 것 : 증인의 선서(제156조), 당사자의 증거조사참여권(제163조), 당사자의 증거신청권(제 294조), 증거조사에 대한 이의신청권(제296조)은 간이공판절차에도 적용된다. [국가9급 17]

판례연구 간이공판절차에서의 증거조사방식의 간이화 관련판례

1. 대법원 1980.4.22, 80도333 [법원9급 14, 국가9급 20]

피고인이 공판정에서 공소사실을 자백한 때에 법원이 취하는 심판의 간이공판절차에서의 증거조사는 **증거방법을 표시하고 증거조사내용을 "증거조사함"이라고 표시하는 방법**으로 하였다면 간이절차에서의 증거조사에서 법원이 인정채택한 상당한 증거방법이라고 인정할 수 있다.

2. 대법원 1990.10.12, 90도1755

법원이 간이공판절차에 의하여 심판할 것을 결정한 사건의 공판조서에 대법원예규에 따라 그 공소사실에 대한 피고인신문의 내용이 검사 '공소사실에 의하여 피고인을 신문', 피고인 '공소사실은 모두 사실과 다름 없다고 진술'이라고 간략하게 기재되었다고 해서 소송사실에 대한 피고인의 구체적인 진술이 없었다고 할 수 없다.

3. 대법원 1998.2.27, 97도3421 [법원9급 08, 경찰승진 11, 경찰채용 13 2차, 전의경 09]

간이공판절차로 증거동의의제된 경우 항소심에서 범행을 부인하여도 항소심에서도 증거능력 유지

피고인이 제1심법원에서 공소사실에 대하여 자백하여 제1심법원이 이에 대하여 간이공판절차에 의하여 심판할 것을 결정하고, 이에 따라 제1심법원이 제1심판결 명시의 증거들을 증거로 함에 피고인 또는 변호인의 이의가 없어 형사소송법 제318조의3의 규정에 따라 증거능력이 있다고 보고, 상당하다고 인정하는 방법으로 증거조사를 한 이상, 가사 항소심에 이르러 범행을 부인하였다고 하더라도 제1심법원에서 증거로 할 수 있었던 증거는 항소법원에서도 증거로 할 수 있는 것이므로 제1심법원에서 이미 증거능력이 있었던 증거는 항소심에서도 증거능력이 그대로 유지되어 심판의 기초가 될 수 있고 다시 증거조사를 할 필요가 없다.

3. 공판절차에 관한 일반규정의 적용

(1) 의의 : 간이공판절차에서는 증거능력과 증거조사방식에 대한 특칙이 인정되는 이외에는 공판절차에 관한 일반규정이 그대로 적용된다.

(2) 내용 : ① 간이공판절차에서도 **공소장변경이 가능**하고 [법원행시 02, 국가7급 08, 경찰승진 10], ② 간이한 방식에 의한 재판서 작성은 허용되지 않으며, ③ 법원은 유죄판결 이외에 공소기각·관할위반의 재판은 물론 **무죄판결도 선고할 수 있다.** [법원행시 04, 경찰승진 10] 자백 이외의 다른 증거가 없다면 여전히 자백보강법칙이 적용될 수 있기 때문이다.

표정리 간이공판절차에서 배제되는 제도와 그대로 적용되는 제도

배제되는 제도	적용되는 제도
① 증인신문방식(제161조의2)	① 공소장변경
② 증거조사 시기 및 방식(제290조~제292조)	② 증인의 선서(제156조)
③ 증거조사결과에 대한 피고인의 의견과 고지(제293조)	③ 당사자의 증거조사참여권(제163조)·증거신청권(제294조)·증거사이의신청권(제296조)
④ 증인신문시 피고인의 퇴정(제297조)	④ 공소기각·관할위반·무죄판결

Ⅳ 간이공판절차의 취소

1. 의 의

법원은 간이공판절차 개시결정을 하였다 하더라도, **피고인의 자백이 신빙할 수 없다고 인정되거나 간이공판절차로 심판하는 것이 현저히 부당하다고 인정할 때**에는 검사의 의견을 들어 그 결정을 **취소하여야 한다**(제286조의3).
[법원9급 08/13, 국가7급 08]

2. 사 유

(1) 피고인의 자백이 신빙할 수 없다고 인정될 때

① **의의** : 피고인이 진의에 의하여 자백한 것이 아니라고 의심되는 때를 말한다. 자백의 임의성이 없는 경우도 이에 해당한다.

② 보강증거의 흠결 : 자백보강법칙은 적용되므로 이 경우 무죄판결을 선고할 수 있다. 따라서 간이공판절차의 취소사유에 해당하지 않는다.

(2) 간이공판절차로 심판하는 것이 현저히 부당하다고 인정될 때

　① 의의 : 간이공판절차의 요건을 갖추지 못한 경우(요건불비)나, 요건은 갖추었으나 간이공판절차에 의한 심판이 제도의 취지에 비추어 부당한 경우(부당)를 말한다.

　② 내 용

　　(가) 요건불비 : 처음부터 요건이 불비된 경우(원시적 흠결) 이외에 후발적으로 요건이 불비된 경우(후발적 흠결)도 포함된다.

　　　📕 자백을 철회한 경우, 공소장변경 후 변경된 공소사실에 대하여 피고인이 부인한 경우

　　(나) 부당 : 간이공판절차의 요건은 갖추었을지라도 간이공판절차에 의한 심판이 제도의 취지에 비추어 부당한 경우를 말한다.

　　　📕 공범 중 일부의 피고인, 또는 1인의 피고인의 수개의 공소사실 가운데 일부에 대해서만 간이공판절차를 개시하였으나, 증거조사 절차가 극히 복잡하게 되어 불편한 때와 같이 다같이 심판하는 것이 효율적인 경우

3. 절 차

(1) 취소결정 : 간이공판절차의 취소는 법원의 직권에 의한 결정으로 하되, 사전에 **검사의 의견을 들어야 한다**. 다만, 검사의 동의를 구해야 하는 것은 아니므로, 검사의 의견은 구속력이 없다. [법원9급 08/13, 국가7급 08/15]

　[정리] 검사 의견 필청 : 구속집행정지, 보석, 구속취소, 간이공판절차취소, 증거개시(집보구간개)

(2) 취소의 의무성 : 취소사유가 있는 때에는 법원은 **반드시 취소해야 한다**. [전의경 09]

4. 효 과

(1) 원칙 : 간이공판절차의 결정이 취소된 때에는 **공판절차를 갱신하여야 함이 원칙이다**(제301조의2 본문). [법원9급 08, 국가9급 10, 경찰채용 12 3차, 전의경 09] 따라서 정식의 증거조사절차에 의하여 다시 심판해야 한다. 여기서의 갱신이란 후술하는 판사의 경질에 의한 경우와 달라서 직접주의·구술주의의 요청에 의한 것이 아니고, 간이공판절차결정의 취소에 의하여 위법하게 된 종전절차를 제거하는 데 그 목적이 있다.

(2) 예외 : 검사·피고인 또는 변호인이 **이의가 없는 때에는 공판절차를 갱신할 필요가 없다**(동 단서). [법원9급 14/17, 법원승진 10, 경찰채용 12 3차] 이 경우에는 간이공판절차에서의 증거조사가 그대로 효력을 유지하며, 이미 조사된 전문증거의 증거능력도 그대로 유지된다. 이의가 없다는 의사를 명시하였다 함은 종전 조사결과를 그대로 유지해도 좋다는 의사의 명시로 해석하여야 하기 때문이다. 따라서 이 의사표시는 **적극적으로 명시**함을 요한다. 결국 이때는 취소 후의 소송절차만을 통상의 방식에 의하여 진행하면 된다.

표정리 간이공판절차 개시와 취소의 비교

구 분	요 건	검사의 의견	법원의 판단
간이공판절차 개시	피고인이 제1심 공판정에서 자백하는 때	불필요	법원의 재량
간이공판절차 취소	• 피고인의 자백이 신빙할 수 없다고 인정될 때 • 간이공판절차 심판이 현저히 부당하다고 인정될 때	들어야 한다	법원의 의무

02　공판절차의 정지와 갱신

Ⅰ 공판절차의 정지

1. 의 의

(1) 개념 : 공판절차의 정지란 일정한 사유가 발생한 경우에 법원이 **결정**으로 공판절차의 진행을 일시 정지하는 것을 말한다(제306조). [국가9급 10]

(2) 구별개념

　① **사실상의 공판절차 중단** : 공판절차의 정지는 법원의 재판에 의해서 법률상 공판절차의 진행이 정지된 다는 점에서 법원이 공판절차의 진행을 사실상 중단하고 하지 않은 것과는 구별된다.

　② **소송절차의 정지** : 공판절차의 정지는 법원이 공판절차정지의 의사를 나타내고 이를 결정한다는 점에 서 일정한 사유(**예** 기피신청)가 발생하면 당연히 소송절차의 진행이 정지되는 것과는 구별된다.

(3) 취지 : 피고인이 정상적인 방어활동을 할 수 없는 경우 공판절차의 진행을 일시 정지함으로써 **피고인의 방 어권 행사를 보장**하기 위함에 그 취지가 있다. [국가9급 10]

2. 사 유 [국가7급 14]

(1) 피고인의 심신상실과 질병

　① **원 칙**

　　(가) **심신상실** : 피고인이 **사물변별 또는 의사결정을 할 능력이 없는 상태**에 있는 때에는 법원은 **검사와 변 호인의 의견**을 들어서 **결정**으로 그 상태가 계속하는 기간 공판절차를 **정지하여야 한다**(제306조 제1 항). [법원승진 11, 국가7급 10, 경찰채용 09 1차] 이때 **의사의 의견**을 들어야 한다(동조 제3항). 다만, 피고인의 청구가 있어야 하는 것은 아니며, 이는 피고인의 상태를 감안할 때 당연한 것이다.

　　(나) **질병** : 피고인이 **질병**으로 인하여 출정할 수 없는 때에는 법원은 **검사와 변호인의 의견**을 들어서 결정으로 출정할 수 있을 때까지 공판절차를 **정지하여야 한다**(동조 제2항). [법원승진 11] 이때 **의사의 의견**을 들어야 한다(동조 제3항).[1] [법원9급 15] 역시 피고인의 청구가 필요하지 않다.

　② **예외** : 피고인이 심신상실이나 질병으로 인하여 출정할 수 없는 경우에도 피고인에게 유리한 재판 또 는 경미한 사건이라면 -불출석재판이 가능하므로- 공판절차의 정지 없이 재판할 수 있다.

　　(가) **유리한 재판** : 피고사건에 대하여 **무죄·면소·형의 면제 또는 공소기각의 재판을 할 것이 명백한 때** 에는 피고인의 출정 없이 재판할 수 있으므로 공판절차를 정지하지 않는다(**의질-무면공면**, 동조 제4항). [법원9급 15, 국가7급 10]

　　(나) **경미사건** : **경미사건**(㉠ 다액 500만원 이하 벌금·과료, ㉡ 공소기각·면소 명백, ㉢ 장기 3년 이하 징 역·금고, 다액 500만원 초과 벌금, 구류에서 피고인의 불출석허가신청이 있고 법원이 허가 -단 인정신 문절차 및 판결선고일에는 출석 要-, ㉣ 약식절차에서 피고인만 정식재판청구를 하여 판결을 선고)에 있어서 **대리인이 출석할 수 있는 경우**(제277조)에도 공판절차의 정지 없이 재판할 수 있다(제306조 제5항).

(2) 공소장의 변경 : 법원은 **공소장변경이 피고인의 불이익을 증가할 염려가 있다고 인정한 때**에는 **직권 또는 피고 인이나 변호인의 청구**에 의하여 피고인으로 하여금 필요한 방어의 준비를 하게 하기 위하여 결정으로 필 요한 기간 공판절차를 **정지할 수 있다**(불이익 증가시 **임의적(유일) 정지**, 제298조 제4항). [법원9급 15, 법원승진 11, 국 가7급 10, 국가9급 10, 경찰채용 09 1차] 공소장변경의 경우에는 **피고인 측에게 정지청구권이 인정**되고, **검사·변호인· 의사의 의견**을 들을 필요가 없으며, 공판절차를 정지해야 하는 것이 아니고 **정지할 수 있는 것**에 불과하다는 점에서 피고인의 심신상실·질병으로 인한 공판절차정지와 다르다.

　🔨 **판례연구** 공소장변경과 공판절차의 임의적 정지

1. 대법원 1985.8.13, 85도1193 [국가7급 10]

　경합범으로 기소되었던 수개의 범죄사실을 상습범으로 변경한 정도라면 공판절차를 정지할 필요가 없다.

2. 대법원 2005.12.23, 2005도6402

　법원이 공소장변경을 이유로 공판절차를 정지하지 않았다고 하더라도 공판절차의 진행상황에 비추어 그 변경이 피고인의 방어 권 행사에 실질적 불이익을 주지 않는 것으로 인정되는 경우에는 이를 위법하다고 할 수는 없다.

---

1) [참고] 그 밖에도 필요가 있으면 사실의 조사로서 담당 의사를 증인으로 신문하거나 다른 의사에게 감정을 명할 수 있다(제37조 제3항, 규칙 제24조).

정지결정	공판절차의 정지는 법원의 결정에 의함
직권 및 청구	① 심신상실 · 질병 : 법원의 직권 ② 공소장변경 : 직권 or 피고인 · 변호인의 청구
의견청취	① 심신상실 · 질병 : 검사 · 변호인 및 의사의 의견 [비교] 검사의견 : 집보구간개 ② 공소장변경 : ×(∵ 청구 O)
정지성질 · 기간	① 심신상실 · 질병 : 필요적 정지 ② 공소장변경 : 임의적 정지(유일) ③ 기간 제한 없음. 법원은 일정기간을 정하여 정지

(3) 소송절차의 정지 : 법원의 결정에 의한 공판절차정지의 경우가 아니라 일정한 사유가 있으면 소송절차가 정지되는 경우이다(다만, 소송절차의 정지에 따라 공판절차도 정지됨).

　① **기피신청** : 법관 등에 대한 **기피신청**이 있는 때에는 기피신청이 부적법하여 기각하는 경우(**간이기각결정**)를 제외하고는 소송진행을 정지하여야 한다. 단, **급속**을 요하는 경우에는 예외로 한다(제22조). [법원승진 11, 경찰채용 09 1차]

　② **관할의 병합심리신청 등** : 법원은 그 계속 중인 사건에 관하여 **토지관할의 병합심리신청, 관할지정신청 또는 관할이전신청**이 제기된 경우에는 그 신청에 대한 결정이 있기까지 소송절차를 정지하여야 한다. 다만, **급속**을 요하는 경우에는 그러하지 아니하다(규칙 제7조). [경찰채용 09 1차]

　③ **재심청구의 경합** : **재심청구가 경합된 경우**에 상소법원은 하급법원의 소송절차가 종료할 때까지 소송절차를 정지하여야 한다(규칙 제169조 제2항).

　④ **위헌법률심판의 제청** : 법원이 법률의 위헌 여부의 심판을 헌법재판소에 제청한 때에는 당해 소송사건의 재판은 헌법재판소의 위헌 여부의 결정이 있을 때까지 정지된다. 다만, 법원이 긴급하다고 인정하는 경우에는 종국재판 외의 소송절차를 진행할 수 있다(헌재 제42조 제1항).

　　[정리] ① 공판절차정지 : 심/헌/기/공/관/재 ② 피고인구속기간 제외 : 심/헌/기/공/보/구/도/피/감

3. 효 과

(1) 공판기일의 공판절차의 정지 : 정지되는 것은 공판기일의 공판절차에 한하므로 구속 · 보석에 관한 재판이나 공판준비는 정지기간 중에도 할 수 있다.

(2) 구속기간의 제외 : 공판절차가 정지된 기간은 ─관할병합심리신청 등을 제외하고는─ **법원의 구속기간에 산입하지 아니한다**(제92조 제3항). [국가7급 10]

(3) 항소이유 · 상고이유 : 공판절차의 정지사유가 있음에도 불구하고 공판절차를 진행하는 것은 항소이유(제361조의5 제1호) 또는 상고이유(제383조 제1호)가 된다.

(4) 공판절차의 재진행 : 법원이 공판절차정지결정을 취소하거나 정지기간이 경과한 경우에는 공판절차를 다시 진행하는데, 피고인의 **심신상실을 이유로 공판절차를 정지한 경우 이외에는 공판절차를 갱신**(다시 처음부터 진행)**할 필요가 없다**(규칙 제143조).

II 공판절차의 갱신

1. 의 의

(1) 개념 : 공판절차를 진행한 법원이 판결선고 이전에 이미 진행된 공판절차를 무시하고 다시 그 절차를 진행하는 것을 말한다.

(2) 구별개념

　① **파기환송 · 이송판결에 의한 공판절차** : 공판절차의 갱신은 판결선고 이전에만 가능하므로 파기환송 또는 이송판결에 의하여 원심법원이 공판절차를 진행하는 것과는 다르다. [경찰승진 12]

② 사건이송에 의한 공판절차 : 공판절차의 갱신은 공판절차를 진행한 법원이 다시 그 절차를 진행하는
  것이므로 사건의 이송(제8조, 제16조의2)에 의하여 이송받은 법원이 공판절차를 다시 진행하는 것과는
  다르다.

2. 사유

(1) 판사의 경질

① 의의 : 공판개정 후 판사의 경질이 있는 때에는 **판결의 선고만을 하는 경우를 제외**하고는 공판절차를 갱
  신하여야 한다(제301조). [법원9급 12, 경찰채용 09 1차/14 2차] 단독판사가 바뀐 경우는 물론이고, 합의부 구성원
  중 일부가 바뀐 경우도 포함하며, 경질의 이유도 불문한다. 다만, 판결의 선고만을 기다리는 경우에는
  이미 내부적으로 재판이 성립되어 있으므로 공판절차의 갱신을 요하지 아니한다.

② 이유 : 공판절차의 기본원칙 중 직접심리주의ㆍ구두변론주의에 근거하여, 공판심리에 관여하지 아니한
  법관은 판결에 관여할 수 없도록 함으로써 재판의 공정을 도모하여 형사 피고인의 권익을 보호해야
  함에 근거한다.

③ 위반 : 공판절차를 갱신하지 않은 때에는 사건의 심리에 관여하지 않은 판사가 판결에 관여한 경우로
  서 **절대적 항소이유**(제361조의5 제8호)가 된다. [법원9급 12]

(2) 간이공판절차의 취소 : 간이공판절차의 결정이 취소된 때에는 공판절차를 갱신하여야 한다. 단, 검사, 피
고인 또는 변호인(당사자 쌍방)이 **이의가 없는 때에는 그러하지 아니하다**(제301조의2). [법원9급 12, 경찰채용 09/14 2차]
공판절차를 갱신하지 않은 때에는 소송절차의 법령위반으로서 상대적 항소이유(제361조의5 제1호)가 된다.

(3) 심신상실로 인한 공판절차의 정지 : 피고인의 **심신상실로 인하여 공판절차가 정지**된 경우에는 그 정지사유가
소멸한 후의 공판기일에 공판절차를 갱신하여야 한다(규칙 제143조, [법원9급 15] 이때 **질병**으로 인하여 공판절
차가 정지된 경우는 포함되지 아니함).[1] [법원9급 12, 경찰채용 09/14 2차] 공판절차를 갱신하지 않은 때에는 역시 소
송절차의 법령위반으로서 상대적 항소이유(제361조의5 제1호)가 된다.

(4) 국민참여재판의 배심원 변경 : 국민참여재판의 경우 공판절차가 개시된 후 **새로 재판에 참여하는 배심원 또
는 예비배심원**이 있는 때에는 공판절차를 갱신하여야 한다(국참 제45조). [법원9급 11, 교정9급특채 12, 경찰채용 14 2차]

정리 간이/경질/심신/배심(간이 경질되면 심신이 배신(배심)하니, 다시 해라)(질병 ×)

정리 질병 및 공소장변경(불이익 증가 염려) : 공판절차의 정지사유이지 갱신사유가 아님.

3. 갱신절차

(1) 의의 : 공판절차의 갱신은 공판절차를 다시 진행하는 것이므로, 종래의 절차를 무효로 하고 **진술거부권 고
지절차부터 다시 시작**하여야 한다. [법원9급 13]

(2) 모두절차 : 진술거부권 고지, 인정신문, 검사의 모두진술(공소장 낭독 내지 요지의 진술), 피고인의 모두진술
(공소사실의 인정 여부 및 정상에 관한 진술할 기회)의 절차는 공판절차와 동일하게 진행한다(규칙 제144조
제1항 제1호ㆍ제2호ㆍ제3호).

(3) 증거조사 : 재판장은 원칙적으로 **다시 증거조사**를 하여야 한다(동 제4호ㆍ제5호). 다만, **증거능력 없다고 인정
되는 서류 또는 물건**과 증거로 함이 상당하지 아니하다고 인정되고 **검사, 피고인 및 변호인이 이의를 하지 아
니하는 서류 또는 물건**에 대하여는 그러하지 아니하다(동 제5호 단서). 증거조사는 정식의 증거조사방식에
의함이 원칙이나, **검사ㆍ피고인 및 변호인의 동의가 있는 때**에는 그 전부 또는 일부에 관하여 상당하다고
인정하는 방법으로 할 수 있다(동조 제2항).

---

1) [참고] 피고인의 소송능력 흠결로 인하여 소송행위가 무효일 가능성이 높고 무엇보다 피고인 자신이 공판절차 정지 전의 소송행위를 기억하지
못할 수 있기 때문에, 종전 절차를 피고인 앞에서 재현한 후 다음 절차를 속행함이 타당하다는 취지에서 신설된 조항이다. 따라서 직접주의ㆍ구술
주의와는 직접 관계가 없으므로 전술한 판사 경질에 의한 갱신과는 그 성질을 달리한다.

4. 갱신 전 소송행위의 효력

(1) 판사경질의 경우 : 직접심리주의·구두변론주의의 취지에 의하여, 증인신문·피고인신문 등 실체형성행위는 효력을 상실하나,[1] 변호인선임·증거결정 등 절차형성행위는 효력이 유지된다.

(2) 간이공판절차 취소의 경우 : 간이공판절차에 의한 심리가 부적법하나 상당하지 않다고 인정되는 경우이므로 실체형성행위뿐만 아니라 절차형성행위도 모두 효력을 잃는다(단, 검피변 이의 없으면 갱신 ×).

(3) 심신상실로 인한 공판절차정지의 경우 : 피고인의 소송능력 흠결로 인하여 소송행위가 무효일 가능성이 높은 경우이므로 실체형성행위뿐만 아니라 절차형성행위도 모두 효력을 잃는다.

---

03 변론의 병합·분리·재개

I 변론의 병합과 분리

1. 의 의

(1) 변론의 병합 : 수개의 관련사건(제11조)이 사물관할이 같은 **조직법상 동일법원**의 1개 또는 수개의 재판부에 계속된 경우에 1개의 재판부가 진행하는 하나의 공판절차에 수개의 사건을 병합하여 동시에 심리하는 것을 말한다(제300조). 이는 소송절차의 중복을 피함으로써 소송경제를 도모함과 동시에 피고인의 절차적 고통을 경감해주고자 함에 그 목적이 있다. [법원행시 04]

> 정리 수인의 피고인에 대한 변론이 병합된 경우에는 그 수인의 피고인은 공동피고인이 되며, 그 사이 공범관계가 인정된다면 증인적격은 부정된다.

(2) 변론의 분리 : 병합된 수개의 관련사건을 분리하여 조직법상 동일법원의 1개 또는 수개의 재판부에서 각각 별도의 절차로 심리하는 것을 말한다(제300조).

(3) 병합심리·분리심리와의 구별 : 변론의 병합·분리는 조직법상 동일법원을 전제하므로, 조직법상 서로 다른 법원의 수개의 재판부에 계속된 수개의 관련사건 간에 행해지는 **관할**과 관련된 병합심리(제6조, 제10조) 및 분리심리(제7조, 제9조)와는 구별된다.

2. 절 차

(1) 직권 또는 신청 : 변론의 병합과 분리는 **법원의 직권 또는 검사·피고인·변호인의 신청**에 의하여 **법원의 결정**에 의하여 행해진다(제300조).

(2) 법원의 재량에 의한 결정 : 변론의 병합·분리는 소송경제이념뿐 아니라 실체적 진실의 발견과 피고인의 이익의 보호도 고려하여 결정해야 하므로, 법원은 **재량**에 의하여 **필요하다고 인정한 때** 변론을 분리·병합할 수 있다(제300조). 따라서 동일한 피고인에 대하여 각각 별도로 2개 이상의 사건이 공소제기되었을 경우 반드시 병합하여 동시에 판결을 선고해야 하는 것은 아니므로, **별도로 공소제기된 사건을 병합심리하여 달라는 피고인의 신청을 꼭 받아들여야 하는 것은 아니다**(대법원 2005.12.8, 2004도5529).

> 🔨 **판례연구** 변론의 병합·분리는 법원의 재량에 의한다는 사례
>
> **1. 대법원 1990.6.22, 90도764** [법원9급 11]
> 공범관계 등에 있는 피고인들을 분리기소한 경우에 법원이 변론을 병합하지 아니한 조치의 적부(적극)
> 검사가 다수인의 집합에 의하여 구성되는 집합범이나 2인 이상이 공동하여 죄를 범한 공범의 관계에 있는 피고인들에 대하여 여러 개의 사건으로 나누어 공소를 제기한 경우에, 법원이 변론을 병합하지 아니하였다고 하여 형사소송절차에서의 구두변

---

1) [참고] 실체형성행위에 관한 것이더라도 종전 절차에서 증인신문, 검증, 피고인신문 등을 법원이 행한 경우에는 그 결과를 기재한 조서가 당연히 증거능력을 가지므로(제311조), 그 조서를 서증으로 조사하면 족하며, 새로이 종전의 절차를 반복할 필요는 없다. 법원실무Ⅱ 325면.

론주의와 직접심리주의에 위반한 것이라고 볼 수 없다.

2. 대법원 1994.11.4, 94도2354 [경찰채용 11 1차]

동일한 피고인에 대하여 각각 별도로 2개 이상의 사건이 공소제기되었을 경우 반드시 병합심리하여 동시에 판결을 선고하여야만 되는 것은 아니다.

★ 판례연구 변론의 병합·분리 여부를 결정함에 있어서 경합범 처벌로 인한 피고인의 이익이 고려되어야 한다는 사례

대법원 1998.10.9, 98모89

변론의 병합·분리 여부 결정에 있어서 피고인의 경합범 처벌 조항 적용의 이익, 공범 사이의 사건처리의 형평 등을 고려해야 한다는 사례

동일한 피고인에 대한 여러 개의 범죄사실 중 일부에 대하여 먼저 공소가 제기되고 나머지 범죄사실에 대하여는 별도로 공소가 제기됨으로써 이를 심리한 각 제1심법원이 공소제기된 사건별로 별개의 형을 선고하였으나, 그 사건이 모두 항소되어 항소심법원이 이를 병합심리하게 되었고, 또 그 여러 개의 범죄가 형법 제37조 전단의 경합범 관계에 있게 되는 경우라면 위 범죄 모두가 경합범에 관한 법률 규정에 따라 처벌되어야 한다. 따라서 이 경우 공소제기된 사건별로 별개의 형을 선고한 각 제1심판결에는 사후적으로 직권조사사유가 발생하였다고 보아야 하고, 설령 피고인이 어느 사건에 대하여 적법한 기간 내에 항소이유서를 제출하지 않았다고 하더라도 항소심법원은 제1심판결을 모두 파기하고 피고인의 각 범죄를 경합범에 관한 법률 규정에 따라 처벌하여야 한다.

보충 ∴ 항소심법원이 병합 부분을 다시 분리한 것은 위법하다.

II 변론의 재개

1. 의 의

법원은 필요하다고 인정한 때에는 직권 또는 검사, 피고인이나 변호인의 신청에 의하여 결정으로 종결한 변론을 재개할 수 있는데(제305조), 변론의 재개란 이렇게 일단 종결한 변론을 다시 여는 것을 말한다. 변론의 재개에 의하여 사건은 변론종결 이전의 상태, 즉 **검사의 의견진술**(제302조) **이전의 상태**로 돌아가 앞서의 변론과 일체를 이루게 된다. 따라서 필요한 심리를 마치고 변론을 종결한 때에는 검사의 의견진술, 변호인의 최종변론 및 피고인의 최후진술(제303조)이 다시 행해지게 된다.

2. 절 차

(1) 직권 또는 신청 : 변론의 재개는 법원의 직권이나 검사·피고인·변호인의 신청에 의하여 **법원의 결정**에 의하여 행해진다(제305조).

(2) 법원의 재량에 의한 결정 : (변론의 병합·분리와 마찬가지로) 법원의 **재량**에 속하므로, 법원은 필요하다고 인정한 때 변론을 재개할 수 있다(제305조). 따라서 변론종결 후 이루어진 변론재개신청을 법원이 받아들이지 아니하였다고 하여 위법하다 할 수 없다(대법원 2009.1.15, 2008도10365; 2014.4.24, 2014도1414).

★ 판례연구 변론의 재개는 법원의 재량에 의한다는 사례

1. 대법원 1994.10.28, 94도1756 [법원행시 04, 법원9급 11, 국가7급 09, 경찰채용 11 1차]

공소장변경이 가능한 시한과 변론의 재개

① 법 제298조 제1항에 의한 **공소장의 변경**은 그 변경사유가 변론종결 이후에 발생하는 등 특별한 사정이 없는 한 법원에서 공판의 심리를 종결하기 전에 한 것에 한하여 공소사실의 동일성을 해하지 아니하는 한도에서 허가하여야 하는 것이지, 법원이 적법하게 공판의 심리를 종결한 뒤에 이르러 검사가 공소장변경신청을 하였다 하여 반드시 공판의 심리를 재개하여 공소장변경을 허가하여야 하는 것은 아니다(대법원 1986.10.14, 86도1691; 1984.5.15, 84도564·84감도90 등). ② 이 사건에 있어서 검사는 특별한 사정 없이 항소심 변론이 종결되고 판결선고기일까지 고지된 뒤에 변론재개신청과 아울러 그 변론종결 전의 사유로 공소장변경신청서를 제출하였음이 기록상 명백하므로, 원심이 이 사건 공판 심리를 재개하여 검사의 공소장변경신청을 허가하지 아니하였다고 하여 여기에 법 제298조를 위반한 위법이 있다고 할 수 없다.

2. 대법원 1996.4.9, 96도173 [법원9급 11]

> 판결선고기일에 변론을 재개하고 같은 날 판결을 선고한 경우 재판을 받을 권리를 침해하였는지 여부(소극)
>
> 판결선고기일에 변론을 재개하고 바로 검사의 공소장변경허가신청을 허가하여 변경된 공소사실에 대하여 심리를 하고 이에 출석한 피고인과 피고인의 변호인이 별다른 이의를 제기하지 아니한 채 달리 신청할 증거가 없다고 진술함에 따라 피고인 및 피고인의 변호인에게 최종 의견진술의 기회를 부여한 다음 다시 변론을 종결하고, 같은 날 판결을 선고하였다고 하여, 피고인의 방어권을 제약하여 법률에 의한 재판을 받을 권리를 침해하였다고 할 수는 없다.

04 국민참여재판

I 의 의

1. 개 념

국민참여재판이란 국민의 형사재판 참여에 관한 법률에 의하여 도입된 배심원이 참여하는 형사재판을 말한다(국참 제2조 제2호).

2. 도 입

2008년 1월 1일부터 '국민의 형사재판 참여에 관한 법률'이 제정되어 시행됨에 따라 우리나라도 국민이 사법에 참여하는 제도가 도입되었다. 이는 사법권이 주권자인 국민으로부터 나온다는 것을 재확인한 것으로서, 국민들의 사법참여 열망을 반영하여 우리 사법사상 처음으로 도입되었다는 점에서 커다란 의의를 가지고 있으며, 사법의 민주적 정당성과 신뢰를 높이는 데 그 목표가 있다(국참 제1조).

3. 특 징

(1) **배심제와 참심제를 혼합한 국민참여재판** : ① 미국의 배심제는 일반 국민으로 구성된 배심원(12명)이 재판에 참여하여 직업법관으로부터 독립하여 유·무죄의 판단에 해당하는 평결을 내리고 법관은 그 평결에 기속되는 제도이고, ② 독일의 참심제는 일반 국민인 참심원(2명)이 직업법관과 함께 재판부의 일원으로 참여하여 직업법관(3명)과 동등한 권한을 가지고(예 법관과 참심원의 다수결에 의한 평결 및 양형) 사실문제 및 법률문제를 판단하는 제도이다. 우리의 국민참여재판은 어느 한 제도를 그대로 도입하지 아니하고 양 제도를 적절하게 혼합하였을 뿐만 아니라, 우리의 현실을 고려하여 양 제도에 일정한 수정을 가하였다는 점에 특색이 있다. 즉, **국민참여재판은 배심제와 참심제를 혼합한 제도**이다.

배심원의 수	① 원칙 : 법정형이 사형·무기형인 경우에는 9명, 그 이외 7명 ② 예외 : 피고인이 공소사실 인정시 5명 可 　　　* 다만, 검사와 피고인 측 동의시 9→7명 or 7→9명 可
배심원 평결방식	① 원칙 : 만장일치 ② 예외 : 만장일치 × → 판사의견 청취 후 다수결
배심원 평결의 기속력	• 기속 × 　* 배심원 평결과 다른 판결시 : 판사는 피고인에게 이유를 설명하고 판결서에도 이유 기재
배심원의 양형 관여	판사와 양형에 관하여 토의, but 의견만 개진

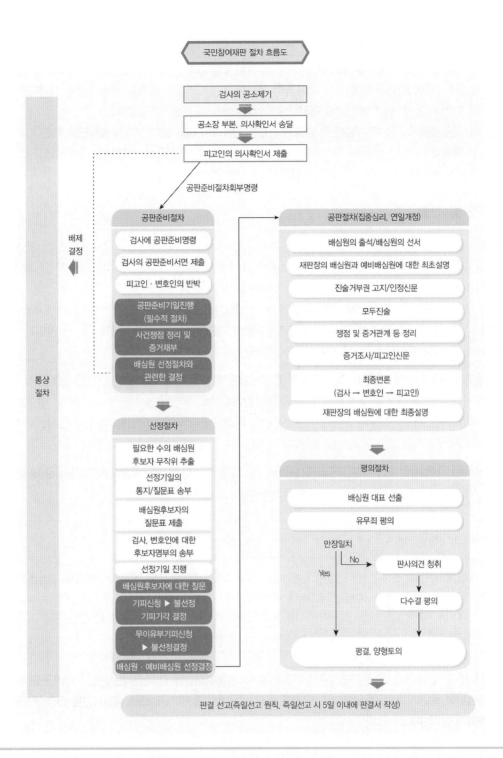

공소제기 → 부본송달(5일, 피고인 의사 확인서면) → 의견서(7일, 희망 여부) → 검사송부 → 공판 전 준비절차(필요적, 배심원 선정) → 기일지정, 통지, 출석 → [(배심원)배심원 선서 → 재판장 설명] → 진술거부권 고지 … → 피고인신문 → 변론종결 → [(배심원)재판장 설명 → 평의 → 평결] → 선고

(2) 구체적 특징

① 평결방식에 있어서의 만장일치와 다수결의 혼합 : 배심제는 만장일치제이고, 참심제는 법관과 참심원의 다수결에 의한다. 우리의 국민참여재판이 ㉠ 배심원은 원칙적으로 법관의 관여 없이 평의를 진행한 후 **만장일치**로 평결에 이르러야 한다는 점은 배심제적 요소이고, ㉡ 만약 만장일치의 평결에 이르지 못한 경우 법관의 의견을 들은 후 **다수결**로 평결을 할 수 있는 점은 참심제적 요소이다. 다만, 법관이 배심원에게 의견을 진술한 경우에도 평결에는 참여할 수 없는 점은 본래의 참심제를 수정한 것이다.

② 양형에 관한 의견의 개진 : 배심제는 배심원이 판사의 양형에 관여하지 못하나, 참심제는 양형에서도 법관과 동일한 표결권을 행사한다. 우리의 국민참여재판이 ㉠ 배심원이 심리에 관여한 판사와 함께 **양형에 관하여 토의**를 하는 것은 참심제적 요소이고, ㉡ 표결을 통하여 양형결정에 참여하는 것이 아니라 단지 양형에 관한 **의견만을 개진**할 수 있는 것은 배심제적 요소이다.

③ 배심원 평결의 기속력 : **배심원의 평결은 법원을 기속하지 않고 단지 권고적 효력만을 가진다.** 따라서 배심원 평결과 다른 판결을 할 경우에도 판사는 피고인에게 그 이유를 설명하고 판결서에도 그 이유를 기재하면 될 뿐이다. 이는 본래의 배심제를 수정한 것이다.

Ⅱ 대상사건 및 관할

1. 대상사건

(1) 범위 : 종래 국민참여재판의 대상사건을 일정한 범죄에 한정하고 있었으나, 2012년 개정으로 대상사건이 합의부 사건으로 확대되었다(국참 제5조). 개정법에 따라 현재 대상사건으로 되어 있는 것은 ① 법원조직법 제32조 제1항에 따른 **합의부 관할사건**(제2호의 민사사건 및 제5호의 제척·기피사건은 제외)(∴ **단독판사사건 ×**), ② 위 사건의 **미수죄·교사죄·방조죄·예비죄·음모죄**에 해당하는 사건, ③ 위 사건과 형사소송법 제11조에 따른 **관련사건**으로서 병합하여 심리하는 사건 등이다.

(2) 단독판사 관할사건에 대한 피고인 의사의 확인 : 합의부 관할사건에는 원래 단독판사 관할사건이지만 합의부에서 심판할 것으로 결정한 소위 **재정(裁定)합의사건**도 포함된다(법조 제32조 제1항 제1호). 이에 법원은 지방법원이나 그 지원의 단독판사 관할사건의 피고인에 대하여도 국민참여재판을 원하는지 여부에 관한 의사를 서면 등의 방법으로 확인할 수 있다(2015.6.2. 신설 국참규 제3조의2 제1항).

(3) 판단시점 : **대상사건 판단시점은 공소제기시**이므로, 합의부 관할사건이 **국참법 시행 당시 공소제기**된 것인가가 기준이 된다(국참 부칙 제2항). [법원9급 14, 법원승진 09, 경찰간부 15]

대법원 2014.6.12, 2014도1894 [법원9급 14, 경찰간부 15]

참여재판 대상사건인지는 공소제기시를 기준으로 판단한다는 사례
2012.1.17. 국민의 형사재판 참여에 관한 법률이 개정되면서 제5조 제1항에서 합의부에서 심판하기로 하는 결정을 거친 사건도 국민참여재판의 대상사건에 포함되는 것으로 바뀌었으나, 위 법률 부칙에서 위 법률의 시행일인 2012.7.1. 후에 최초로 공소를 제기하는 사건부터 이를 적용하도록 명시하고 있으므로 합의부에서 심판하기로 하는 결정을 거친 사건이라도 2012.7.1. 이전에 공소제기된 사건은 국민참여재판의 대상사건에 포함되지 않는다.

---

(4) 대상사건의 한정과 헌법상 재판청구권과의 관계 : **국민참여재판을 받을 권리는 헌법상 기본권인 재판청구권의 보호범위에 속한다고 할 수 없으므로, 일정한 중죄사건 내지 합의부사건으로 대상사건을 한정한 것은 평등권을 침해하지 아니한다.**

🔍 **판례연구** 참여재판 대상사건의 제한과 헌법상 재판청구권·평등권의 관계

1. 헌법재판소 2009.11.26, 2008헌바12

[1] 국참법이 정하는 국민의 참여재판을 받을 권리가 헌법상 재판청구권으로서 보장되는지 여부(소극)
　　우리 헌법상 헌법과 법률이 정한 법관에 의한 재판을 받을 권리는 직업법관에 의한 재판을 주된 내용으로 하는 것이므로 국민참여재판을 받을 권리가 헌법 제27조 제1항에서 규정한 재판을 받을 권리의 보호범위에 속한다고 볼 수 없다. [국가9급 16, 경찰승진 12/13]

[2] 국민참여재판의 대상사건을 제한한 재판참여법률 제5조 제1항이 청구인의 평등권을 침해하는지 여부(소극)
　　재판참여법률 제5조 제1항은 기존의 형사재판과 상이한 국민참여재판을 위한 물적, 인적 여건이 처음부터 구비되기 어렵다는 점을 감안하여 대상사건의 범위를 제한한 것으로서 목적의 정당성이 인정되고, 국민의 관심사가 집중되고 피고인의 선호도가 높은 중죄 사건으로 그 대상사건을 한정한 것은 위와 같은 목적을 위한 합리적인 방법이므로 청구인의 평등권을 침해하지 않는다. [경찰승진 13]

재판참여법률 부칙 제2항은 법원의 업무부담과 소송경제 등을 고려하여 그 대상사건을 한정할 필요가 있어 **국민참여재판의 대상시기를 법 시행일 당시의 공소제기 유무를 기준으로** 정한 것으로 목적의 정당성이 인정되고, 공소제기시점을 기준으로 법 적용 여부를 정한 이 조항의 경우 목적달성을 위한 합리적인 수단이라고 할 것이므로 이 조항 역시 청구인의 **평등권을 침해하지 않는다.** [법원9급 14, 경찰승진 13]

2. 헌법재판소 2015.7.30, 2014헌바447

기소된 범죄가 합의부 관할사건인 경우에만 피고인에게 국민참여재판 신청권을 부여한 이 사건 법률조항은 피고인에 대한 범죄사실 인정이나 유죄판결을 전제로 하여 불이익을 과하는 것이 아니므로 무죄추정의 원칙과 무관하다. … (또한) 형사사건의 다수를 차지하는 단독판사 관할사건(참고 : 합의부사건에 비해 약 12배로 연간 약 20여 만 건, 합의부사건은 약 2만 여 건)까지 국민참여재판의 대상사건으로 할 경우, 한정된 인적·물적 자원만으로는 현실적으로 제도 운영에 어려움이 있는 점, 합의부 관할사건이 일반적으로 단독판사 관할사건보다 사회적 파급력이 큰 점 등에 비추어 보면, **국참법 제5조 제1항**이 단독판사 관할사건으로 재판받는 피고인과 합의부 관할사건으로 재판받는 피고인을 다르게 취급하고 있는 것은 합리적인 이유가 있으므로 평등권을 침해하지 않는다.

(5) **필요적 변호사건** : 국민참여재판에 관하여 변호인이 없는 때에는 **법원은 직권으로 변호인을 선정하여야 한다**(국참 제7조). 따라서 국민참여재판의 대상사건은 모두 필요적 변호사건이다. [경찰채용 09 1차/11 1차/13 2차, 법원9급 15]

2. 관 할

(1) **참여심급** : **제1심 절차의 합의부사건**에 한한다. 따라서 상소심에서는 국민참여재판이 인정되지 아니한다.

(2) **지원 관할의 특례** : 지방법원 지원 합의부가 심판권을 가지는 사건 중 **지방법원 지원 합의부가 참여재판회부 결정**을 한 사건에 대하여는 **지방법원 본원 합의부가 관할권**을 가진다. 피고인이 국민참여재판을 원하는 의사를 표시한 경우 지방법원 지원 합의부가 배제결정을 하지 아니하는 경우에는 국민참여재판절차 회부 결정을 하여 사건을 지방법원 본원 합의부로 이송하여야 한다. [법원9급 14, 법원승진 09/11]

(3) **공소장변경에 의한 관할**

① 원칙 : ㉠ 법원은 공소장변경으로 대상사건이 된 사건에 대하여 피고인 또는 변호인에게 국민참여재판에 관한 안내서를 지체 없이 송달하여야 한다. ㉡ 법원은 **공소사실의 일부 철회 또는 변경으로 인하여 대상사건에 해당하지 아니하게 된 경우에도 이 법에 따른 재판을 계속 진행**한다. [법원승진 10/11/12, 법원승진 08, 국가7급 11/12, 교정9급특채 12, 경찰승진 12/13, 경찰채용 12 3차/13 2차]

② 예외 : 위 경우에도, 법원은 심리의 상황이나 그 밖의 사정을 고려하여 국민참여재판으로 진행하는 것이 적당하지 아니하다고 인정하는 때에는 결정으로 당해 사건을 지방법원 본원 합의부가 **국민참여재판에 의하지 아니하고 심판하게 할 수 있다**(국참 제6조 제1항). [법원승진 08] 이러한 법원의 결정에 대하여는 불복할 수 없으며(동조 제2항) [경찰채용 12 3차], 법원의 결정 전에 행한 소송행위는 그 결정 이후에도 그 효력에 영향이 없다(동조 제4항). 위 결정이 있으면 당해 재판에 참여한 배심원과 예비배심원은 해임된 것으로 본다.

Ⅲ 국민참여재판절차에의 회부

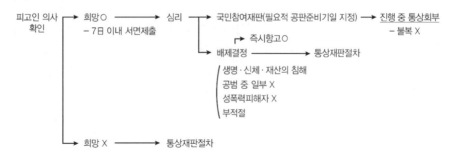

※ 국민참여재판

1. 피고인 의사의 존중

(1) **필수적 절차** : 국민참여재판 대상사건에 해당하는 사건에 대한 공소가 제기된 경우라도, 피고인이 국민참여재판을 원하지 아니하거나 국참 제9조 제1항에 따른 배제결정이 있는 때에는 국민참여재판을 하지 아니하므로(국참 제5조 제2항), [법원승진 08] 법원은 **국민참여재판 대상사건의 피고인에 대하여 국민참여재판을 원하는지 여부에 관한 의사를 서면 등의 방식으로 반드시 확인하여야 한다**(국참 제8조 제1항). [법원9급 14/15, 법원승진 11, 국가7급 13, 경찰승진 13, 경찰채용 11 2차/13 차] 따라서 법원은 국민참여재판 대상사건으로 공소가 제기된 경우에 피고인에게 공소장 부본과 함께 국민참여재판안내서, 국민참여재판 의사확인서를 송달하여 피고인의 의사를 확인하여야 한다(국참규 제3조). 다만, **국민참여재판 대상사건에 해당하지 아니하면 피고인의 참여재판 의사를 확인할 필요는 없다**(대법원 2012.2.23, 2011도15608). 피고인의 의사를 확인할 수 없는 경우에는 법원은 심문기일을 정하여 피고인을 심문하거나 서면 기타 상당한 방법으로 피고인의 의사를 확인하여야 한다(국참규 제4조 제1항).

① **서면의 제출** : 피고인은 **공소장 부본을 송달받은 날부터 7일 이내에 국민참여재판 희망의사가 기재된 서면을 제출하여야 한다.** [법원승진 08, 법원승진 08, 국가7급 11, 경찰승진 11, 경찰채용 09 2차/11 2차/13 1차, 전의경 09] 피고인이 서면을 우편으로 발송한 때, 교도소 또는 구치소에 있는 피고인이 서면을 교도소장·구치소장 또는 그 직무를 대리하는 자에게 제출한 때에는 법원에 제출한 것으로 본다(재소자특칙).

② **검사에 대한 통지** : 피고인으로부터 위 서면이 제출된 때에는 법원은 검사에게 그 취지와 서면의 내용을 통지하여야 한다(국참규 제3조 제3항).

③ **서면 미제출 시 효과** : 피고인이 위 **서면을 제출하지 아니한 때에는 국민참여재판을 원하지 않는 것으로 본다**(국참 제8조 제3항). [법원9급 11, 법원승진 08, 경찰채용 09 2차] 이러한 경우에도 법원은 심문 등을 통하여 피고인의 의사를 다시 확인할 수 있다(규칙 제4조 제1항 후문).

(2) **의사의 번복 및 제한**

① **의사의 번복이 가능한 경우** : 피고인은 공판준비기일종료시 또는 제1회 공판기일 전까지는 국민참여재판을 받을 것인지에 대한 **의사를 번복할 수 있다.** [법원승진 08] 따라서 ㉠ 당초 국민참여재판을 희망하지 않는다는 의사확인서를 제출한 피고인도 제1회 공판기일이 열리기 전까지 의사를 변경하여 국민참여재판을 신청할 수 있고, ㉡ **7일 이내에 의사확인서를 제출하지 아니한 피고인도 제1회 공판기일이 열리기 전까지는 국민참여재판 신청을 할 수 있다**(대법원 2009.10.23, 2009모1032). [법원9급 11, 법원승진 10, 국가7급 13, 국가9급 11, 경찰승진 13, 경찰채용 13 2차]

대법원 2009.10.23, 2009모1032 [국가7급 22, 법원9급 20]

의사의 번복이 가능한 사례

국참 제8조는 피고인이 공소장 부본을 송달받은 날부터 7일 이내에 국민참여재판을 원하는지 여부에 관한 의사가 기재된 서면(이하 '의사확인서')을 제출하도록 하고, 피고인이 그 기간 내에 의사확인서를 제출하지 아니한 때에는 국민참여재판을 원하지 아니하는 것으로 보며, 공판준비기일이 종결되거나 제1회 공판기일이 열린 이후 등에는 종전의 의사를 바꿀 수 없도록 규정하고 있다. 위 규정의 취지를 위 기한이 지나면 피고인이 국민참여재판 신청을 할 수 없도록 하려는 것으로는 보기 어려운 점 등에 비추어 볼 때, 공소장 부본을 송달받은 날부터 7일 이내에 의사확인서를 제출하지 아니한 피고인도 제1회 공판기일이 열리기 전까지는 국민참여재판 신청을 할 수 있고, 법원은 그 의사를 확인하여 국민참여재판으로 진행할 수 있다고 봄이 상당하다.

---

② **의사의 번복이 불가능한 경우** : 법원의 결정이 있거나 일정한 절차가 진행된 후에는 의사를 번복할 수 없다. 즉, ㉠ 국민참여재판을 하지 않기로 하는 법원의 결정(배제결정)이 있는 경우, ㉡ 국민참여재판 절차에 회부하는 지방법원 지원 합의부의 결정(회부결정)이 있는 경우, ㉢ 공판준비기일이 종결되거나 제1회 공판기일이 열린 경우(참여재판 개시 포함)에는 **종전의 의사를 바꿀 수 없다**(국참 제8조 제4항). 따라서 7일 이내에 국민참여재판을 희망하는 의사확인서를 제출한 피고인은 공판준비기일이 종결되면 -국민참여재판의 필수절차인 공판준비절차를 거친 경우이므로- 제1회 공판기일이 열리기 전이라 하더라도 종전의 의사를 변경할 수 없다.

검사는 甲, 乙에 대하여 공소를 제기하였고, 甲과 乙은 국민참여재판을 원하고 있다. 「국민의 형사재판 참여에 관한 법률」제8조는 피고인이 공소장 부본을 송달받은 날부터 7일 이내에 국민참여재판을 원하는지 여부에 관한 의사가 기재된 서면을 제출하도록 하고 있다. 그런데 甲, 乙은 공소장 부본을 송달받은 날부터 7일 이내에 국민참여재판을 원하는지 여부에 관한 의사확인서를 제출하지 못하였으나 그 후 제1회 공판기일 전에 국민참여재판 신청을 하였다. [변호사 14]

문제1 위 사실과 관련하여 법원은 甲, 乙의 신청을 받아들여 국민참여재판을 진행할 수 없다.
→ (✕) 공소장 부본을 송달받은 날부터 7일 이내에 의사확인서를 제출하지 아니한 피고인도 제1회 공판기일이 열리기 전까지는 국민참여재판 신청을 할 수 있고, 법원은 그 의사를 확인하여 국민참여재판으로 진행할 수 있다고 봄이 상당하다(2009모1032).

문제2 만일 甲, 乙이 국민참여재판을 원하지 않아 통상절차에 따라 재판하는 경우 제1심법원이 적법하게 간이공판절차에 의하여 심리할 것을 결정하였다면 사법경찰리가 작성한 X에 대한 진술조서는 甲이 증거로 사용하는 데 동의한 것으로 간주된다.
→ (○) 형사소송법 제318조의3.

(3) 서면제출 후 절차

① **국민참여재판으로의 진행** : 피고인이 **국민참여재판 희망의사 서면을 제출하면 법원은 사건을 국민참여재판 절차에 회부**하고 공판준비기일을 지정하여야 한다(필요적 공판준비기일지정). 이 경우 **별도의 국민참여재 판 개시결정을 할 필요는 없다.** [경찰승진 13] 더불어 제1심 법원이 국민참여재판으로 진행하기로 하는 결정을 한 경우 이에 대해서는 **항고할 수 없다**(대법원 2009.10.23, 2009모1032). [국가7급 12, 국가9급 11, 경찰승진 13]

대법원 2009.10.23, 2009모1032 [법원9급 11/16, 국가7급 12, 국가9급 11/12/16, 경찰간부 15, 경찰승진 13, 경찰채용 13 2차]
국민참여재판으로 진행하기로 하는 제1심 법원의 결정에 대하여 항고할 수 없다는 사례
제1심 법원이 국민참여재판 대상사건을 피고인의 의사에 따라 국민참여재판으로 진행함에 있어 별도의 국민참여재판 개시결정을 할 필요는 없고, 그에 관한 이의가 있어 제1심 법원이 **국민참여재판으로 진행하기로 하는 결정**에 이른 경우 이는 판결 전의 소송절차에 관한 결정에 해당하며, 그에 대하여 특별히 즉시항고를 허용하는 규정이 없으므로 위 결정에 대하여는 항고할 수 없다. 따라서 국민참여재판으로 진행하기로 하는 제1심 법원의 결정에 대한 항고는 항고의 제기가 법률상의 방식을 위반한 때에 해당하여 위 결정을 한 법원이 항고를 기각하여야 하고, 위 결정을 한 법원이 항고기각의 결정을 하지 아니한 때에는 항고법원은 결정으로 항고를 기각하여야 한다.

② **국민참여재판으로 진행하지 못하는 경우** : **피고인이 국민참여재판을 원하지 않는다면 법원이 그 필요를 인 정한다 하더라도 국민참여재판으로 진행할 수는 없다.** [법원9급 14] 따라서 피고인이 국민참여재판을 희망하지 않는 서면을 제출하거나, 7일 이내 희망서면을 제출하지 않거나, 법원의 배제결정이 있는 때에는 법원은 사건을 통상재판절차에 회부한다(이 경우 공판준비절차는 임의적).

(4) 의사확인절차 미이행시 소송행위의 무효와 하자의 치유

① **국민참여재판을 받을 권리** : 법에서 정하는 대상사건에 해당하는 한 피고인은 **원칙적으로 국민참여재판 으로 재판을 받을 권리를 가진다.** 따라서 피고인이 국민참여재판을 원하지 아니하거나 참여재판 배제결 정(국참 제3조 제1항)이 있어 국민참여재판을 진행하지 않는 경우는 어디까지나 예외에 해당한다. 후술 하는 참여재판 배제결정에 대해서는 즉시항고가 가능한 반면(국참 제9조 제3항), 참여재판 진행결정에 대해서는 불복수단을 규정하지 않은 것도 여기에 근거한다(대법원 2009.10.23, 2009모1032; 2011.9.8, 2011도7106).

② **소송행위의 무효** : 법원에서 피고인이 국민참여재판을 원하는지에 관한 의사 확인절차를 거치지 아니한 채 통상의 공판절차로 재판을 진행하였다면, 이는 피고인의 **국민참여재판을 받을 권리에 대한 중대한 침해로서 그 절차는 위법하고 이러한 위법한 공판절차에서 이루어진 소송행위도 무효**이다(대법원 2011.9.8, 2011도7106; 2012.6.14, 2011도15484). [법원승진 12, 국가7급 12, 경찰채용 13 1차]

③ **하자의 치유** : 위 ②의 경우에도, 피고인에게 **항소심에서 국민참여재판 절차 등에 관한 충분한 안내가 이루 어지고 그 희망 여부에 관하여 숙고할 수 있는 상당한 시간이 사전에 부여되었음에도 불구하고 피고인이 국민**

참여재판을 원하지 아니한다고 하면서 이러한 제1심의 절차적 위법을 문제삼지 아니할 의사를 명백히 표시한 경우에는, 그 하자가 치유되어 제1심 공판절차는 **적법**하게 된다(대법원 2012.4.26, 2012도1225). [법원9급 14, 국 가7급 13, 경찰채용 13 2차]

대법원 2012.4.26, 2012도1225 [법원9급 14, 국가9급 21]

[1] 참여재판 대상사건의 피고인이 참여재판을 원하는지에 관한 의사 확인절차를 거치지 아니한 채 통상의 공판절차로 재판을 진행한 경우, 위 공판절차에서 이루어진 소송행위의 효력(= 무효)

국민참여재판 실시 여부는 일차적으로 피고인의 의사에 따라 결정되므로 국민참여재판 대상사건의 공소제기가 있으면 법원 은 피고인에 대하여 국민참여재판을 원하는지에 관한 의사를 서면 등의 방법으로 반드시 확인하여야 하고(국참 제8조 제1 항), 이를 위해 공소장 부본과 함께 피고인 또는 변호인에게 국민참여재판의 절차, 국참법 제8조 제2항에 따른 서면의 제출, 제8조 제4항에 따른 의사번복의 제한, 그 밖의 주의사항이 기재된 국민참여재판에 관한 안내서를 송달하여야 한다(국참규 제3조 제1항). 만일 이러한 규정에도 불구하고 법원에서 피고인이 국민참여재판을 원하는지에 관한 의사 확인절차를 거치지 아 니한 채 통상의 공판절차로 재판을 진행하였다면, 이는 피고인의 국민참여재판을 받을 권리에 대한 중대한 침해로서 그 절차는 위법하고 이러한 위법한 공판절차에서 이루어진 소송행위도 무효라고 보아야 한다.

[2] 항소심에서 절차상 하자가 치유되기 위한 요건

제1심법원이 국민참여재판 대상이 되는 사건임을 간과하여 이에 관한 피고인의 의사를 확인하지 아니한 채 통상의 공판절차 로 재판을 진행하였더라도, 피고인이 항소심에서 국민참여재판을 원하지 아니한다고 하면서 위와 같은 제1심의 절차적 위법을 문제삼지 아니할 의사를 명백히 표시하는 경우에는 하자가 치유되어 제1심 공판절차는 전체로서 적법하게 된다고 보아야 하고, [법원9급 14] 다만 국민참여재판제도의 취지와 피고인의 국민참여재판을 받을 권리를 실질적으로 보장하고자 하는 관련 규정의 내용에 비추어 위 권리를 침해한 제1심 공판절차의 하자가 치유된다고 보기 위해서는 같은 법 제8조 제1항, 국민의 형사재판 참여에 관한 규칙 제3조 제1항에 준하여 피고인에게 국민참여재판절차 등에 관한 충분한 안내와 그 희망 여부에 관하여 숙고할 수 있는 상당한 시간이 사전에 부여되어야 한다.

유사판례 대법원 2012.6.14, 2011도15484 [경찰채용 13 2차] : 제1심법원이 참여재판 대상인 강제추행치상 사건의 피고인에게 국 민참여재판을 원하는지 확인하지 아니한 채 통상의 공판절차에 따라 재판을 진행하여 유죄를 인정하였는데, 원심법원이 제7회 공판기일에 국민참여재판으로 재판받기를 원하는지 물어보고 그에 관한 안내서를 교부한 후 선고기일을 연기한 다음 피고인이 답변 서와 국민참여재판 의사확인서를 제출하면서 '국민참여재판으로 진행하기를 원하지 않는다'는 의사를 밝히자 제8회 공판기일에 제1심 판결을 파기하고 무죄를 선고한 경우, 제1심이 피고인의 국민참여재판을 받을 권리를 침해하여 위법하게 절차를 진행하고 그에 따라 제1심 소송행위가 무효라 하더라도, 원심이 피고인에게 국민참여재판에 관하여 안내하고 숙고의 기회를 부여하였으며, 피 고인도 그에 따라 숙고한 후 제1심의 절차적 위법을 문제삼지 않겠다는 의사를 명백히 밝혔으므로, 제1심의 공판절차상 하자는 치유되었다고 해야 한다.

---

2. 통상재판절차에의 회부

(1) **의의** : 피고인이 국민참여재판을 원하지 아니한다면 국민참여재판을 하지 아니한다(국참 제5조 제2항). 또 한 법원은 피고인의 국민참여재판 희망의사에도 불구하고 일정한 사유가 있는 경우에는 **국민참여재판 배 제결정**(처음부터 참여재판을 하지 아니하는 결정, 국참 제9조 제1항)이나 **통상절차 회부결정**(참여재판을 하다가 통상 재판으로 하는 결정, 국참 제11조 제1항)을 통하여 국민참여재판에 의하지 아니하고 심판할 수 있다. 다만, 피고인이 국민참여재판을 신청하였는데도 법원이 **배제결정도 하지 않은 채 통상의 공판절차로 재판을 진행하는 것은 위법**이다(대법원 2011.9.8, 2011도7106). [국가7급 13]

대법원 2011.9.8, 2011도7106 [법원승진 12, 국가7급 12]

피고인이 법원에 국민참여재판을 신청하였는데도 법원이 배제결정도 하지 않은 채 통상의 공판절차로 재판을 진행하는 것은 피고 인의 국민참여재판을 받을 권리 및 법원의 배제결정에 대한 항고권 등 중대한 절차적 권리를 침해한 것으로서 위법하고, 이와 같이 위법한 공판절차에서 이루어진 소송행위는 무효이다.

---

(2) **국민참여재판 배제결정**

① **배제사유** : 법원은 다음의 어느 하나에 해당하는 경우 국민참여재판을 하지 아니하기로 하는 결정을 할 수 있다(국참 제9조 제1항, **침공성적**).

(가) 배심원·예비배심원·배심원후보자 또는 그 친족의 **생명·신체·재산에 대한 침해** 또는 **침해의 우려**가 있어서 출석의 어려움이 있거나 이 법에 따른 직무를 공정하게 수행하지 못할 염려가 있다고 인정되는 경우

(나) **공범관계에 있는 피고인들 중 일부가 국민참여재판을 원하지 아니하여** 국민참여재판의 진행에 어려움이 있다고 인정되는 경우 [법원9급 14, 국가7급 12/17, 경찰승진 13]

(다) 성폭법 제2조의 **성폭력범죄 피해자 또는 법정대리인**이 국민참여재판을 원하지 아니하는 경우

(라) 그 밖에 국민참여재판으로 진행하는 것이 **적절하지 아니하다**고 인정되는 경우

② 시기 : 법원은 위 배제사유가 있는 경우 **공소제기 후부터 공판준비기일이 종결된 다음 날까지** 국민참여재판을 하지 아니하기로 하는 결정을 할 수 있다(동조 제1항). [법원승진 10, 경찰승진 11, 경찰채용 08 1차/11 1·2차, 전의경 09] 공판준비기일 종결일이 아니라 그 다음 날까지로 하여 법원의 신중한 결정을 도모하고 있다.

③ 의견의 청취 : 법원은 배제결정을 하기 전에 **검사, 피고인 또는 변호인의 의견을 들어야 한다**(동조 제2항). 들을 수 있는 것이 아니라 들어야 한다. [경찰채용 09 2차] 다만, 당사자의 의견에 기속되는 것은 아니다.

④ 불복 : 국민참여재판 회부결정과는 달리, **참여재판 배제결정에 대해서는** 검사, 피고인 또는 변호인은 **즉시항고**를 할 수 있다(동조 제3항). [국가7급 11, 경찰채용 11 2차/15 3차]

(3) 통상절차 회부결정

① 회부사유 : 국민참여재판을 진행하는 중이라 하더라도, 법원은 피고인의 **질병 등**으로 공판절차가 장기간 정지되거나 피고인에 대한 **구속기간의 만료**, **성폭력범죄 피해자의 보호**, 그 밖에 심리의 제반 사정(후발적 사정)에 비추어 **국민참여재판을 계속 진행하는 것이 부적절**하다고 인정하는 경우에는, 사건을 지방법원 본원 합의부가 국민참여재판에 의하지 아니하고 심판하게 할 수 있다(국참 제11조 제1항, **병구성적**).

② 직권 또는 신청 : 통상절차 회부결정은 법원의 **직권 또는 검사·피고인·변호인의 신청**에 따라 할 수 있다(동조 제1항).

③ 의견의 청취 : 법원의 회부결정을 하기 전에 **검사·피고인 또는 변호인의 의견을 들어야 한다**(동조 제3항). 이는 참여재판 배제결정시 의견청취와 같은 의미이다.

④ 불복 : 참여재판 배제결정과는 달리, 참여재판 중 **통상절차 회부결정에 대해서는 불복할 수 없다**(동조 제3항).

⑤ 효과 : ㉠ 통상절차 회부결정이 있는 경우에는 당해 재판에 참여한 **배심원과 예비배심원은 해임**된 것으로 본다(동조 제4항, 제6조 제3항). 그러나 ㉡ 통상절차 회부결정 전에 행한 **소송행위는 그 결정 이후에도 그 효력에 영향이 없다**(동조 제4항, 제6조 제4항).

Ⅳ 배심원

1. 배심원의 종류

(1) 배심원 : 재판에 참여하여 평의와 평결을 하는 배심원을 말한다.

(2) 예비배심원 : 배심원의 결원 등에 대비하여 두는 배심원을 말한다. 예비배심원도 재판에는 참여하나 평의와 평결을 하는 것은 아니다. 배심원에 대한 사항은 그 성질에 반하지 않는 한 예비배심원에 대해서도 준용된다(국참 제14조 제2항).

2. 배심원의 수

(1) 원칙(9인·7인) : ① 법정형이 **사형·무기**징역 또는 무기금고에 해당하는 대상사건에 대한 국민참여재판에는 **9인**의 배심원이 참여하고, ② **그 외**의 대상사건에 대해서는 **7인**의 배심원이 참여한다(국참 제13조 제1항). [법원승진 10]

(2) 예 외

① 5인 : 법원은 피고인 또는 변호인이 **공판준비절차에서 공소사실의 주요내용을 인정**한 때에는 5인의 배심원이 참여하게 할 수 있다(동항). [경찰채용 10 1차]

② **7인 · 9인** : 법원은 사건의 내용에 비추어 **특별한 사정**이 있다고 인정되고 **검사, 피고인 또는 변호인의 동의**가 있는 경우에 한하여 결정으로 배심원의 수를 **7인**과 **9인** 중에서 위와 달리 정할 수 있다(동조 제2항).

(3) **예비배심원의 수**(5인 이내) : 법원은 국민참여재판 진행 중 배심원이 해임되거나 사임하여 결원이 생기는 경우 등에 대비하여 **5인 이내의 예비배심원**을 둘 수 있다(동조 제14조 제1항).

3. 배심원의 자격

(1) **자격** : 배심원은 **만 20세 이상**의 대한민국 국민 중에서 선정된다(국참 제16조). 19세 이상이 아니라 20세 이상이다. [법원9급 15, 법원승진 09, 경찰채용 10 1차]

(2) **결격사유** : 다음에 해당하는 사람은 배심원으로 선정될 수 없다(국참 제17조). [경찰승진 11, 경찰채용 12 1차]
  ① 피성년후견인 또는 **피한**정후견인 [경찰채용 12 2차]
  ② 파산자로서 **복권**되지 아니한 사람 [법원9급 15, 경찰채용 12 2차]
  ③ 금고 이상의 **실형**을 선고받고 그 집행이 종료(종료된 것으로 보는 경우를 포함한다)되거나 집행이 면제된 후 **5년**을 경과하지 아니한 사람 [경찰채용 21 1차]
  ④ 금고 이상의 형의 **집행유예**를 선고받고 그 기간이 완료된 날부터 **2년**을 경과하지 아니한 사람 [경찰채용 15 3차]
  ⑤ 금고 이상의 형의 **선고유예**를 받고 그 선고유예기간 중에 있는 사람 [경찰채용 12 2차]
  ⑥ 법원의 판결에 의하여 **자격**이 상실 또는 **정지**된 사람 [경찰채용 12 2차]
    [정리] 한/복/실5/유2/선유/자정(한복실오하는 유2와 선유는 배심원 안 되니 잠이나 자정)

(3) **직업 등에 따른 제외사유** : 일정한 직업 등에 있는 사람은 배심원으로 선정하여서는 아니 된다. 그 직업은 ① 대통령, ② 국회의원, 지방자치단체의 장 및 지방의원, ③ 입법부 · 사법부 · 행정부 · 헌법재판소 · 중앙선거관리위원회 · 감사원의 정무직 공무원, ④ 법관 · 검사, ⑤ 변호사 · 법무사, ⑥ 법원 · 검찰 공무원, ⑦ 경찰 · 교정 · 보호관찰 공무원, ⑧ 군인 · 군무원 · 소방공무원 또는 향토예비군설치법에 따라 동원되거나 교육훈련의무를 이행 중인 향토예비군이다(국참 제18조). [경찰채용 10 1차] 직업적으로 다른 배심원에게 영향을 줄 수 있어 배심원으로 선정하기에 부적당하기 때문이다.

(4) **제척사유** : 소송법상 일정한 지위에 있는 사람은 재판의 공정성에 영향을 줄 수 있으므로 당해 사건의 배심원으로 선정될 수 없다. ① 피해자, ② 피고인 또는 피해자의 친족이나 이러한 관계에 있었던 사람, ③ 피고인 또는 피해자의 법정대리인, ④ 사건에 관한 증인 · 감정인 · 피해자의 대리인, ⑤ 사건에 관한 피고인의 대리인 · 변호인 · 보조인, ⑥ 사건에 관한 검사 또는 사법경찰관의 직무를 행한 사람, ⑦ 사건에 관하여 전심 재판 또는 그 기초가 되는 조사 · 심리에 관여한 사람은 배심원에서 당연히 제척된다(국참 제19조).

(5) **면제사유** : 법원은 직권 또는 신청에 따라 다음 각 호의 어느 하나에 해당하는 사람에 대하여 배심원 직무의 수행을 면제할 수 있다(국참 제20조). [경찰승진 11/14] 다만, 면제사유에 해당한다고 결격사유가 있는 것은 아니다.
  ① 만 **70**세 이상인 사람 [경찰채용 12 2차]
  ② 과거 **5년** 이내에 배심원후보자로서 선정기일에 출석한 사람 [법원승진 09, 경찰채용 12 3차]
  ③ **금고** 이상의 형에 해당하는 죄로 기소되어 사건이 종결되지 아니한 사람
  ④ 법령에 따라 **체포 또는 구금**되어 있는 사람 [경찰채용 12 2차]
  ⑤ 배심원 직무의 수행이 자신이나 제3자에게 **위해**를 초래하거나 직업상 회복할 수 없는 **손해**를 입게 될 우려가 있는 사람
  ⑥ **중병 · 상해 또는 장애**로 인하여 법원에 출석하기 곤란한 사람
  ⑦ 그 밖의 부득이한 사유로 배심원 직무를 수행하기 어려운 사람
    [정리] 70세/5년/금/체/해/중병(70세에서 5년 금방 지나면, 체해도 중병이니, 배심원에서 면제해)

4. 배심원의 권리

(1) **의견제시권** : 배심원은 국민참여재판을 하는 사건에 관하여 **사실의 인정, 법령의 적용 및 형의 양정에 관한**

의견을 제시할 권한이 있다(국참 제12조 제1항). [국가9급 21, 경찰승진 10]

(2) 여비 · 일당 : 법원은 대법원규칙으로 정하는 바에 따라 배심원(· 예비배심원 및 배심원후보자)에게 여비 · 일당 등을 지급한다(국참 제15조).

(3) 공판절차상 권리
　① 신문요청권 : 배심원과 예비배심원 [국가7급 08, 전의경 09]은 **피고인 · 증인에 대하여 필요한 사항을 신문하여 줄 것을 재판장에게 요청**하는 행위를 할 수 있다(국참 제41조 제1항 제1호). 다만, 배심원이 피고인 · 증인에 대하여 필요한 사항을 **직접 신문할 수는 없다.** [국가7급 09] 신문요청은 피고인 또는 증인에 대한 신문종료 직후 서면에 의하여 한다(국참규 제33조 제1항).
　② 필기에 관한 권리 : 배심원 · 예비배심원은 필요하다고 인정되는 경우 **재판장의 허가를 받아 각자 필기를 하여 이를 평의에 사용**할 수 있다(국참 제41조 제1항).[1]

5. 배심원의 의무

(1) 법령준수의무 · 성실의무 : 배심원은 법령을 준수하고 독립하여 성실히 직무를 수행하여야 한다(국참 제12조 제2항).

(2) 비밀유지의무 · 공정의무 : 배심원은 직무상 알게 된 비밀을 누설하거나 재판의 공정을 해하는 행위를 할 수 없다(동조 제3항).

(3) 출석 · 선서의무 : 배심원과 예비배심원은 법률에 따라 공정하게 그 직무를 수행할 것을 다짐하는 취지의 선서를 하여야 한다(국참 제42조 제1항). 이에 따라 출석의무도 당연히 긍정된다. 이때 재판장은 배심원과 예비배심원에 대하여 배심원과 예비배심원의 권한 · 의무 · 재판절차, 그 밖에 직무수행을 원활히 하는 데 필요한 사항을 설명하여야 한다(동조 제2항).

(4) 공판절차상 의무 : 배심원과 예비배심원은 ① 심리 도중에 법정을 떠나거나 평의 · 평결 또는 토의가 완결되기 전에 재판장의 허락 없이 평의 · 평결 또는 토의 장소를 **떠나는** 행위, ② **평의가 시작되기 전**에 당해 사건에 관한 자신의 **견해를 밝히거나 의논**하는 행위 [법원승진 08], ③ 재판절차 외에서 당해 사건에 관한 정보를 수집하거나 조사하는 행위, ④ 국참법에서 정한 평의 · 평결 또는 토의에 관한 비밀을 누설하는 행위를 하여서는 아니 된다(국참 제41조 제2항).

6. 배심원의 선정

20세 이상 후보예정자명부 → 무작위 후보자결정 → 선정절차 - 질문 - 기피신청 → 배심원 · 예비배심원 선정
① 이유부기피신청 : 불선정결정 또는 기각결정, ② 무이유부기피신청 : 불선정결정

(1) 선정예비절차
　① 배심원후보예정자명부의 작성 : **지방법원장은 매년 주민등록자료를 활용하여 배심원후보예정자명부를 작성**한다(국참 제22조 제3항). 법무부장관이 아니라 지방법원장이 배심원후보예정자명부의 작성주체이다. [경찰승진 11, 경찰채용 08 1차, 전의경 09] 배심원후보예정자명부에는 당해 지방법원 관할구역 내에 거주하는 **만 20세 이상** 국민이 등재된다(동조 제1항).[2]
　② 배심원후보자의 결정 및 선정기일의 통지 : 법원은 배심원후보예정자명부 중에서 필요한 수의 배심원후보자를 **무작위 추출 방식**으로 정하여 배심원과 예비배심원의 선정기일을 통지하여야 한다(국참 제23조

---

1) [참고] 재판장은 공판 진행에 지장을 초래하는 등 필요하다고 인정되는 경우에는 법 제41조 제1항 제2호에 따라 허용한 필기를 언제든지 다시 금지할 수 있다. 또한 재판장은 필기를 하여 이를 평의에 사용하도록 허용한 경우에는 배심원과 예비배심원에게 평의 도중을 제외한 어떤 경우에도 자신의 필기 내용을 다른 사람이 알 수 없도록 할 것을 주지시켜야 한다(국참규 제34조).

2) [참고] 이를 위해 지방법원장은 배심원후보예정자명부를 작성하기 위하여 행정자치부장관에게 매년 그 관할 구역 내에 거주하는 만 20세 이상 국민의 주민등록정보에서 일정한 수의 배심원후보예정자의 성명 · 생년월일 · 주소 및 성별에 관한 주민등록정보를 추출하여 전자파일의 형태로 송부하여 줄 것을 요청할 수 있다(동 제22조 제1항). 요청을 받은 행정자치부장관은 30일 이내에 주민등록자료를 지방법원장에게 송부하여야 한다(동 제2항).

제1항). 법원은 선정기일통지서와 함께 **질문표**(결격사유, 직업 등에 따른 제외사유, 제척사유, 면제사유 또는 불공평한 판단을 할 우려가 있는지 여부 등을 판단하기 위함)를 송달할 수 있다(국참규 제16조 제2항).[1]

③ 배심원후보자의 출석의무 : 선정기일 통지를 받은 배심원후보자는 그 후 법원으로부터 **출석취소 통지**[2] **를 받지 않는 한 선정기일에 출석하여야** 하고(국참 제23조 제2항·제3항), 선정기일에 출석하지 못할 정당한 사유가 있는 경우에는 서면으로 출석하지 못하는 취지와 그 사유를 법원에 신고하여 이를 소명하여야 한다(국참규 제18조 제2항). 정당한 사유 없이 이를 위반할 경우에는 200만원 이하의 과태료가 부과될 수 있다(국참 제60조 제1항 제1호).

④ 후보자명부의 송부 : 법원은 **선정기일의 2일 전**까지 검사와 변호인에게 배심원후보자의 성명·성별·출생연도가 기재된 명부를 송부하여야 한다(국참 제26조 제1항).[3]

(2) 선정기일의 진행

① 선정기일의 참여자 : 법원은 **검사·피고인 또는 변호인**에게 선정기일을 통지하여야 한다(국참 제27조 제1항). **검사와 변호인은 선정기일에 출석하여야** 하며, **피고인은 법원의 허가를 받아 출석**할 수 있다(동조 제2항). 즉, 배심원 선정기일 출석의무가 있는 것은 검사와 변호인이며, 피고인은 아닌 것이다. [경찰채용 12 3차] 이는 배심원후보자가 피고인을 대면함으로 인하여 느낄 수 있는 심리적 부담을 최소화하고, 배심원후보자가 피고인에게 노출되는 경우에 위협·매수·보복 등의 위험이 발생할 수도 있음을 고려한 것이다. 법원은 변호인이 선정기일에 출석하지 아니한 경우 **국선변호인**을 선정하여야 한다(동조 제3항). [경찰승진 11]

② 진행방법 : 법원은 합의부원으로 하여금 선정기일의 절차를 진행하게 할 수 있다. 이 경우 **수명법관은 선정기일에 관하여 법원 또는 재판장과 동일한 권한**이 있다(국참 제24조 제1항). 선정기일은 공개하지 아니한다(동조 제2항).[4]

③ 후보자에 대한 질문 : 법원은 배심원후보자가 결격사유, 직업 등에 따른 제외사유, 제척사유, 면제사유에 해당하는지 여부 또는 불공평한 판단을 할 우려가 있는지 여부 등을 판단하기 위하여 배심원후보자에게 질문을 할 수 있다. **검사·피고인 또는 변호인은 법원으로 하여금 필요한 질문을 하도록 요청할 수 있고, 법원은 검사 또는 변호인으로 하여금 직접 질문하게 할 수 있다**(국참 제28조 제1항). 배심원후보자는 질문에 대하여 정당한 사유 없이 진술을 거부하거나 거짓 진술을 하여서는 아니 된다(동조 제2항).

④ 이유부기피신청 및 이에 의한 불선정결정과 기각결정

(가) 이유부기피신청 및 이에 의한 불선정결정

㉠ 이유부기피신청 : 국참 제28조 제3항에서 규정하는 배심원후보자에 대한 기피신청은 무이유부기피신청(국참 제30조)과 구별하여 이유부기피신청이라고도 한다. 법원은 배심원후보자가 **결격사유, 직업 등에 따른 제외사유, 제척사유, 면제사유에 해당**하거나 **불공평한 판단을 할 우려가 있다**고 인정되는 때에는 **직권 또는 검사·피고인·변호인의 기피신청**에 따라 당해 배심원후보자에 대하여 **불선정결정**을 하여야 한다(국참 제28조 제3항 제1문). [법원승진 11]

㉡ 불선정결정의 내용 : **불선정할 수 있는 배심원후보자의 수에는 아무런 제한이 없다.** 다만, 부적격 사유에 대한 충분한 근거가 제시되어야 한다.

---

1) [참고] 법원은 배심원후보자가 제28조 제1항에서 정하는 사유(결격사유, 직업 등에 따른 제외사유, 제척사유, 면제사유 또는 불공평한 판단을 할 우려)에 해당하는지의 여부를 판단하기 위하여 질문표를 사용할 수 있다(국참 제25조 제1항). 배심원후보자는 정당한 사유가 없는 한 질문표에 기재된 질문에 답하여 이를 법원에 제출하여야 한다(동조 제2항).

2) [참고] 법원은 제1항의 통지 이후 배심원의 직무 종사 예정기간을 마칠 때까지 배심원 결격사유, 직업 등에 따른 제외사유, 제척사유, 면제사유(동 제17조~제20조)까지에 해당하는 사유가 있다고 인정되는 배심원후보자에 대하여는 즉시 그 출석통지를 취소하고 신속하게 당해 배심원후보자에게 그 내용을 통지하여야 한다(동 제23조 제3항).

3) [참고] 법원은 선정절차에 질문표를 사용하는 때에는 선정기일을 진행하기 전에 배심원후보자가 제출한 질문표 사본을 검사와 변호인에게 교부하여야 한다(동 제26조 제2항).

4) [참고] 선정기일에는 배심원후보자의 명예가 손상되지 아니하고 사생활이 침해되지 아니하도록 배려하여야 한다(동 제24조 제3항). 법원은 선정기일의 속행을 위하여 새로운 기일을 정할 수 있다. 이 경우 선정기일에 출석한 배심원후보자에 대하여 새로운 기일을 통지한 때에는 출석통지서의 송달이 있었던 경우와 동일한 효력이 있다(동조 제4항).

(나) 이유부기피신청에 대한 기각결정

　　ㄱ 이유의 고지 : 법원은 검사·피고인 또는 변호인의 기피신청을 기각하는 경우에는 이유를 고지하여야 한다(동조 제3항 제2문).

　　ㄴ 기각결정에 대한 이의신청 : 이유부기피신청을 기각하는 결정에 대하여는 **즉시 이의신청**을 할 수 있다(국참 제29조 제1항).

　　ㄷ 이의신청에 대한 결정 : 이유부기피신청 기각결정에 대한 이의신청에 대한 결정은 기피신청 기각결정을 한 법원이 한다(동조 제2항).

　　ㄹ 불복 : 이의신청에 대한 결정에 대하여는 **불복할 수 없다**(동조 제3항). 이유부기피신청 기각결정에 대한 불복방법을 두지 않은 것은 기피신청에 대한 신속한 처리가 필요하며 검사와 변호인은 아래의 무이유부기피신청을 할 수 있기 때문이다.

⑤ 무이유부기피신청 및 이에 의한 불선정결정

　(가) 의의 : 국민참여재판에서는 배심원후보자에 대하여 아무런 기피 이유를 제시하지 않는 기피신청이 인정되는데, 이를 무이유부기피신청(절대적 기피, peremptory challenge)이라 한다. 다만, 이유부기피신청과는 달리 무이유부기피신청은 그 **횟수가 제한**되어 있다.

　(나) 내용 : 검사와 변호인은 각자 아래의 범위 내에서 배심원후보자에 대하여 이유를 제시하지 아니하는 무이유부기피신청을 할 수 있다(국참 제30조 제1항) : "1. 배심원이 9인인 경우는 5인, 2. 배심원이 7인인 경우는 4인, 3. 배심원이 5인인 경우는 3인." [국가9급 17, 경찰채용 13 1차]

　　　정리 배심원 총수의 과반수를 각자 절대적 기피할 수 있음.

　(다) 방법 : 법원은 검사, 피고인 또는 변호인에게 **순서를 바꿔 가며 무이유부기피신청을 할 수 있는 기회를 주어야 한다**(동조 제3항). 보통의 경우 검사, 변호인, 검사, 변호인의 순서로 행해진다.

　(라) 효과(불선정결정) : 무이유부기피신청이 있는 때에는 **법원은 당해 배심원후보자를 배심원으로 선정할 수 없다**(동조 제2항). [경찰승진 11, 전의경 09]

⑥ 배심원 및 예비배심원의 선정

　(가) 필요한 수의 배심원·예비배심원 후보자의 확정 : 법원은 출석한 배심원후보자 중에서 당해 재판에서 필요한 배심원과 예비배심원의 수에 해당하는 **배심원후보자를 무작위로 뽑고** 이들을 대상으로 **직권, 기피신청 또는 무이유부기피신청에 따른 불선정결정**을 한다(국참 제31조 제1항). 불선정결정이 있는 경우에는 그 수만큼 위 절차를 반복한다(동조 제2항). 그리하여 필요한 수의 배심원과 예비배심원 후보자를 확정시킨다(동조 제3항).

　(나) 배심원 및 예비배심원의 확정 : 필요한 수만큼의 배심원과 예비배심원 **후보자가 확정되면, 법원은 무작위의 방법으로 배심원과 예비배심원을 선정**한다. 예비배심원이 2인 이상인 경우에는 그 순번을 정하여야 한다(동조 제3항).

　(다) 선정결과의 고지 불요 : 법원은 배심원과 예비배심원에게 **누가 배심원으로 선정되었는지 여부를 알리지 아니할 수 있다**(동조 제4항).

7. 배심원의 해임과 사임

(1) 해임 : 배심원과 예비배심원이 의무를 위반하는 등 사유[1]가 있으면 법원은 **직권 또는 검사·피고인·변호인의 신청**에 따라 해임결정을 할 수 있다(국참 제32조 제1항). 이때 법원은 **검사·피고인 또는 변호인의 의견**

---

1) [참고] 배심원 해임사유는 다음과 같다(동 제32조 제1항)
　1. 배심원 또는 예비배심원이 제42조 제1항의 선서를 하지 아니한 때
　2. 배심원 또는 예비배심원이 제41조 제2항 각 호의 의무를 위반하여 그 직무를 담당하게 하는 것이 적당하지 아니하다고 인정되는 때
　3. 배심원 또는 예비배심원이 출석의무에 위반하고 계속하여 그 직무를 행하는 것이 적당하지 아니한 때
　4. 배심원 또는 예비배심원에게 제17조부터 제20조까지의 사유에 해당하는 사실이 있거나 불공평한 판단을 할 우려가 있는 때
　5. 배심원 또는 예비배심원이 질문표에 거짓 기재를 하거나 선정절차에서의 질문에 대하여 정당한 사유 없이 진술을 거부하거나 거짓의 진술을 한 것이 밝혀지고 계속하여 그 직무를 행하는 것이 적당하지 아니한 때
　6. 배심원 또는 예비배심원이 법정에서 재판장이 명한 사항을 따르지 아니하거나 폭언 또는 그 밖의 부당한 언행을 하는 등 공판절차의 진행을 방해한 때

을 묻고 출석한 당해 배심원 또는 예비배심원에게 **진술기회를 부여**하여야 한다(동조 제2항). 배심원 해임결정에 대해서는 **불복할 수 없다**(동조 제3항). [경찰채용 12 3차]

> 정리 검사 · 피고인 · 변호인의 의견을 물어야 하는 절차(참고) : 전문심리위원의 지정, 공판준비기일의 지정, 공판정 외 증인신문, 비디오 등 중계장치에 의한 증인신문, 참여재판 배제결정, 통상절차 회부결정, 참여재판 배심원의 해임 · 사임결정, 배심원 해임 · 사임에 따라 배심원 추가선정이 필요함에도 추가선정이 부적절한 부분이 있어 남은 배심원으로 참여재판을 진행하는 결정(cf. 검사 · 변호인 · 의사의 의견을 물어야 하는 절차 : 심신상실 · 질병 공판절차 정지)

(2) **사임** : 직무를 계속 수행하기 어려운 사정이 있는 때 사임을 신청할 수 있다(국참 제33조 제1항). 사임신청이 이유 있으면 **검사 · 피고인 또는 변호인의 의견을 묻고** 해임결정을 할 수 있다(동조 제2항 · 제3항). 역시 이에 대해서도 **불복할 수 없다**(동조 제4항).

(3) **추가선정** : 배심원의 해임 및 사임에 따라 배심원이 부족하게 된 경우 예비배심원은 미리 정한 순서에 따라 배심원이 된다. 이때 **배심원이 될 예비배심원이 없는 경우** 배심원을 추가로 선정한다(국참 제34조 제1항). 다만, 국민참여재판 도중 심리의 진행 정도에 비추어 배심원을 추가선정하여 재판에 관여하게 하는 것이 부적절하다고 판단되는 경우, ① **1인**의 배심원이 부족한 때에는 **검사 · 피고인 또는 변호인의 의견을 듣고**, 또는 ② **2인 이상**의 배심원이 부족한 때에는 **검사 · 피고인 또는 변호인의 동의를 받아** 남은 배심원만으로 계속하여 국민참여재판을 진행하는 결정을 할 수 있다. 다만, 배심원이 5인 미만이 되는 경우에는 배심원을 추가선정하여야 한다(동조 제2항).

8. 배심원의 임무의 종료

배심원과 예비배심원의 임무는 ① 종국재판을 고지한 때 또는 ② 공소사실의 일부 철회 또는 변경으로 인하여 대상사건에 해당하지 아니하게 되고 심리의 상황이나 그 밖의 사정을 고려하여 국민참여재판으로 진행하는 것이 적당하지 아니하다고 인정하거나(국참 제6조 제1항 단서) 통상절차 회부결정(국참 제11조)을 고지한 때 종료된다(국참 제35조).

9. 배심원의 보호

(1) **불이익 취급의 금지** : 누구든지 배심원 · 예비배심원 또는 배심원후보자인 사실을 이유로 해고하거나 그 밖의 불이익한 처우를 하여서는 아니 된다(국참 제50조).

(2) **배심원 등에 대한 접촉의 규제** : 누구든지 당해 재판에 영향을 미치거나 배심원 또는 예비배심원이 직무상 취득한 비밀을 알아낼 목적으로 배심원 · 예비배심원과 접촉하여서는 아니 된다(국참 제51조 제1항). 또한 누구든지 배심원 · 예비배심원이 직무상 취득한 비밀을 알아낼 목적으로 배심원 · 예비배심원의 직무에 종사하였던 사람과 접촉하여서는 아니 된다. 다만, 연구에 필요한 경우는 그러하지 아니하다(동조 제2항).

(3) **배심원 등의 개인정보 공개의 금지** : 법령에 정한 경우를 제외하고는 누구든지 배심원 · 예비배심원 · 배심원후보자의 성명 · 주소와 그 밖의 개인정보를 공개하여서는 아니 된다(국참 제52조 제1항). 다만, 본인이 동의하는 경우에는 공개할 수 있다(동조 제2항).

(4) **배심원 등에 대한 신변보호조치** : 재판장은 배심원 또는 예비배심원이 피고인이나 그 밖의 사람으로부터 위해를 받거나 받을 염려가 있다고 인정하는 때 또는 공정한 심리나 평의에 지장을 초래하거나 초래할 염려가 있다고 인정하는 때에는 배심원 또는 예비배심원의 신변안전을 위하여 보호, 격리, 숙박, 그 밖에 필요한 조치를 취할 수 있다(국참 제53조 제1항). 검사, 피고인, 변호인, 배심원 또는 예비배심원은 재판장에게 신변보호조치를 취하도록 요청할 수 있다(동조 제2항).

V 국민참여재판의 절차

1. 공판준비절차

(1) **필수적 공판 전 준비절차** : 재판장은 피고인이 국민참여재판을 원하는 의사를 표시한 경우에 사건을 **반드시 공판준비절차에 부쳐야 한다**(국참 제36조 제1항 본문). [법원9급 11/17, 법원승진 12, 교정9급특채 12, 경찰간부 12, 경찰승진 13,

경찰채용 15 1채 통상의 공판준비절차는 법원이 필요하다고 인정하는 경우에 거칠 수 있는 임의적 절차(법 제266조의5)인 반면, 국민참여재판에서는 일반시민들이 배심원이 되므로 이를 필수적 절차로 규정하고 있는 것이다.[1]

(2) 지원 합의부 이송사건 : 지방법원 본원 합의부가 지방법원 지원 합의부로부터 국참 제10조 제1항에 따라 이송받은 사건에 대하여는 **이미 공판준비절차를 거친 경우에도 필요한 때에는 공판준비절차에 부칠 수 있다**(국참 제36조 제3항).

(3) 예외 : ① 피고인이 국민참여재판을 원하는 의사를 표시하였으나 **참여재판 배제결정**(국참 제9조 제1항)을 한 경우에는 공판준비절차에 부칠 필요가 없고(국참 제36조 제1항 단서) [법원9급 11], ② 공판준비절차에 부친 이후라 하더라도 **피고인이 국민참여재판을 원하지 아니하는 의사를 표시**하거나 법원이 **배제결정**(국참 제9조 제1항)을 한 경우에는, (법원의 재량에 의해) 공판준비절차를 종결할 수 있다(국참 제36조 제2항).

(4) 소송관계인의 협력의무 : 검사·피고인 또는 변호인은 증거를 미리 수집·정리하는 등 공판준비절차가 원활하게 진행되도록 협력하여야 한다(동조 제4항).

2. 공판준비기일

(1) 필수적 지정 : 참여재판 공판절차에서 법원은 주장과 증거를 정리하고 심리계획을 수립하기 위해 **반드시 공판준비기일을 지정해야 한다**(국참 제37조 제1항). [국가급 11]

(2) 특징 : 국민참여재판에 있어서 공판준비기일의 지정은 ① 공판준비절차와 마찬가지로 일반 형사재판과 달리 필수적 절차라는 점과 ② 통상재판의 공판준비절차가 서면에 의한 방식과 기일을 지정하는 방식이 있음(법 제266조의5 제2항)에 비하여 **반드시 공판준비기일을 지정하는 방식에 의해야 한다**는 점이 그 특징이다.

(3) 진행 : 법원은 합의부원으로 하여금 공판준비기일을 진행하게 할 수 있으며, 이 경우 수명법관은 공판준비기일에 관하여 법원 또는 재판장과 동일한 권한이 있다(국참 동조 제2항), 이는 통상절차의 공판준비기일의 진행과 같다(법 제266조의7 제3항).

(4) 공개주의 : 공판준비기일은 **원칙적으로 공개**한다. 다만, 법원은 공개함으로써 절차의 진행이 방해될 우려가 있는 때에는 공판준비기일을 공개하지 아니할 수 있다(국참 동조 제3항). 이 점 역시 통상의 공판준비기일의 공개와 같다(법 제266조의7 제4항).

(5) 배심원의 참여 배제 : 공판준비기일에는 검사와 변호인, 법원사무관 등이 반드시 참여하여야 하지만(법 제66조의8 제1항·제2항), **배심원은 참여하지 아니한다**(국참 동조 제4항). [법원승진 10, 국가7급 09, 경찰승진 12] 이는 배심원의 예단을 방지하기 위한 것이다.

3. 공판절차

(1) 공판기일의 통지 : 공판기일은 배심원과 예비배심원에게 통지하여야 한다(국참 제38조).

(2) 공판정의 구성
① **출석** : 공판정은 **판사, 배심원, 예비배심원, 검사, 변호인**이 출석하여 개정한다(국참 제39조 제1항).
② **구성** : 검사와 피고인 및 변호인은 대등하게 마주보고 위치한다. 다만, 피고인신문을 할 때에는 피고인은 증인석에 위치한다(동조 제2항). **배심원과 예비배심원은 재판장과 검사, 피고인 및 변호인의 사이 왼쪽에 위치**한다(동조 제3항). 증인석은 재판장과 검사, 피고인 및 변호인의 사이 오른쪽에 배심원과 예비배심원을 마주 보고 위치한다(동조 제4항).

---

1) [참고] 법원은 국참 제24조에 따른 배심원 선정기일 이전에 공판준비절차를 마쳐야 한다. 다만, 법 제266조의15에 따라 공판기일 사이에 공판준비기일을 진행하는 때에는 그러하지 아니하다(국참규 제27조).

배심원석 / 증인석 / 속기석 / 참여사무관 / 변호인석 / 검사석 / 피고인석

(3) 속기 · 녹취 : 법원은 특별한 사정이 없는 한 공판정에서의 심리를 속기사로 하여금 **속기하게 하거나** 녹음 장치 또는 영상녹화장치를 사용하여 **녹음 또는 영상녹화**하여야 한다. 이렇게 만들어진 속기록 · 녹음테이프 또는 비디오테이프는 **공판조서와는 별도로 보관**되어야 하며, 검사 · 피고인 또는 변호인은 비용을 부담하고 **속기록 · 녹음테이프 또는 비디오테이프의 사본을 청구**할 수 있다(국참 제40조).

(4) 배심원과 예비배심원의 선서 : 배심원과 예비배심원은 법률에 따라 공정하게 그 직무를 수행할 것을 다짐하는 취지의 선서를 하여야 한다(국참 제42조 제1항). 재판장은 피고인에게 **진술거부권을 고지하기 전** 위 선서를 하도록 하여야 한다. 선서를 거부하는 경우에는 해임사유에 해당할 뿐 아니라(국참 제32조 제1항 제1호), 200만원 이하의 과태료를 부과받을 수 있다(국참 제60조 제1항 제2호).

(5) 재판장의 최초설명의무 : 재판장은 피고인에게 **진술거부권을 고지하기 전에**(국참규 제35조 제1항) 배심원과 예비배심원에게 **배심원과 예비배심원의 권한, 의무, 재판절차, 그 밖에 직무수행을 원활히 하는 데 필요한 사항**을 설명하여야 한다(국참 제42조 제2항). 변론종결 후 행하여지는 재판장의 설명(국참 제46조 제1항)과는 구별되는 것으로, 재판절차에 익숙하지 않은 배심원 등을 배려하는 차원의 설명이다. 다만, **아직 검사가 낭독하지 아니한 공소사실 등은 설명대상에 포함되지 아니한다.**

대법원 2014.11.13, 2014도8377

국참법은 제42조 제2항에서 재판장의 공판기일에서의 최초설명의무를 규정하고 있는데, 이러한 재판장의 최초 설명은 재판절차에 익숙하지 아니한 배심원과 예비배심원을 배려하는 차원에서 국참규 제35조 제1항에 따라 피고인에게 진술거부권을 고지하기 전에 이루어지는 것으로, 원칙적으로 설명의 대상에 검사가 아직 공소장에 의하여 낭독하지 아니한 공소사실 등이 포함된다고 볼 수 없다.

---

(6) 공판정 외의 증거조사 : 배심원 · 예비배심원은 공판정 외에서 검증 · 증인신문 등 증거조사가 이루어지는 경우에도 출석하여야 한다(국참규 제36조 제1항). 법원은 배심원 · 예비배심원에게 공판정 외 증거조사기일의 일시 · 장소를 통지해야 한다(동조 제2항).

4. 공판절차상 특칙

(1) 필요적 국선변호 : 국민참여재판에 관하여 변호인이 없는 때에는 **법원은 직권으로 변호인을 선정**하여야 한다(국참 제7조). [국가9급 21, 법원승진 08, 경찰채용 09 2차/11 1차]

(2) 간이공판절차 규정의 배제 : 국민참여재판에는 형사소송법의 간이공판절차(법 제286조의2)의 규정을 적용하지 아니한다(국참 제43조). 따라서 **참여재판절차에서는 피고인이 자백하여도 간이공판절차로 회부할 수 없다.** [법원승진 08, 국가7급 08/09/11, 국가9급 17, 경찰승진 10/11, 경찰채용 11 1차/13 2차] 국민참여재판의 경우 간이공판절차로 진행하게 되면 배심원과 예비배심원이 증거를 제대로 파악하기 어렵게 되기 때문이다.

(3) 배심원의 증거능력 판단 배제 : 배심원 또는 예비배심원은 **법원의 증거능력에 관한 심리에 관여할 수 없다**(국참 제44조). [법원9급 17, 법원승진 08, 국가7급 08/09, 경찰승진 10, 경찰채용 11 1차] 이는 법률전문가가 아닌 배심원이 증거능력 없는 증거에 접촉하여 영향받는 것을 미연에 차단하는 데 그 취지가 있다.

(4) 공판절차의 갱신 : 공판절차가 개시된 후 **새로 재판에 참여하는 배심원 또는 예비배심원이 있는 때에는 공판절차를 갱신**하여야 한다(국참 제45조 제1항). [법원9급 11, 법원승진 10, 국가9급 11, 교정9급특채 12] 이때 갱신절차는 새로 참여한 배심원 또는 예비배심원이 쟁점 및 조사한 증거를 이해할 수 있도록 하되, 그 부담이 과중하지 아니하도록 하여야 한다(동조 제2항).

5. 재판장의 설명과 배심원의 평의·평결·토의

(1) 재판장의 최종설명의무 : ① 재판장은 **변론이 종결된 후** 법정에서 배심원에게 **공소사실의 요지와 적용법조, 피고인과 변호인의 주장의 요지, 증거능력 그 밖에 유의할 사항**에 관하여 설명하여야 한다. 이때 필요한 경우에는 **증거의 요지**에 관하여 설명할 수 있다(국참 제46조 제1항). [법원승진 08] ② '그 밖에 유의할 사항'에 관한 설명에는 **피고인의 무죄추정, 증거재판주의, 자유심증주의의 각 원칙 등이 포함**된다(국참규 제37조 제1항). 검사, 피고인 또는 변호인은 재판장에게 당해 사건과 관련하여 설명이 필요한 법률적 사항을 특정하여 설명에 포함하여 줄 것을 서면으로 요청할 수 있다(동조 제2항). ③ 재판장의 최종설명은 배심원이 올바른 평결에 이를 수 있도록 지도하고 조력하는 기능을 담당하는 것으로서 배심원의 평결에 미치는 영향이 크기 때문에, 재판장의 설명은 배심원들로 하여금 재판장의 의견이 어떠한지를 추측할 수 없는 범위로 제한되어야 하나, **재판장이 최종설명의무가 있는 사항을 설명하지 않는 것은 원칙적으로 위법**하다. 다만, ④ **재판장의 최종설명에 일부 미흡한 부분**이 있다 하더라도 국민참여재판을 받을 권리 등을 본질적으로 침해하고 판결의 정당성마저 인정받기 어려운 정도에 이른 것인지를 **신중하게 판단**하여야 하므로, 그 전까지 절차상 아무런 하자가 없던 **소송행위 전부를 무효로 할 정도로 판결에 영향을 미친 위법이라고 쉽게 단정할 것은 아니다.**

대법원 2014.11.13, 2014도8377

참여재판 재판장의 최종설명의무와 최종 설명 때 공소사실에 관한 설명을 일부 빠뜨린 잘못

가. 참여재판 재판장의 최종 설명은 배심원이 올바른 평결에 이를 수 있도록 지도하고 조력하는 기능을 담당하는 것으로서 배심원의 평결에 미치는 영향이 크므로, 재판장이 국참 제46조 제1항, 국참규 제37조 제1항에 따라 설명의무가 있는 사항을 설명하지 않는 것은 원칙적으로 위법한 조치라 할 것이다.

나. 그러나 ① 위 최종 설명의 대상이 되는 사항 대부분은 공판 진행 과정을 통해 배심원이 참여한 법정에 자연스럽게 현출되는 것임에도 국참법이 재판장에게 최종 설명의무를 부과하는 것은 사건에 따라 배심원이 이해하기 어려운 사항이 있을 수 있으므로 이를 쉽고 간략하게 정리하여 재확인하도록 하는 취지인 점, ② 국참규 제37조 제2항은 "검사·피고인 또는 변호인은 재판장에게 당해 사건과 관련하여 설명이 필요한 법률적 사항을 특정하여 제1항의 설명에 포함하여 줄 것을 서면으로 요청할 수 있다."라고 규정하여 재판장의 최종 설명이 미흡할 경우 이를 보완할 방법을 마련하고 있는 점, ③ 국참 제46조 제2항 단서는 "배심원 과반수의 요청이 있으면 심리에 관여한 판사의 의견을 들을 수 있다."라고 규정하고, 동 제3항은 "배심원은 유·무죄에 관하여 전원의 의견이 일치하지 아니한 때에는 평결을 하기 전에 심리에 관여한 판사의 의견을 들어야 한다."라고 규정하고 있어, 재판장의 최종 설명이 미흡하다고 하더라도 평의 과정에서 재판장이 배심원들에게 의견을 제시하면서 최종 설명을 보완하거나 보충할 수 있는 점 등을 종합하여 보면, 재판장이 최종 설명 때 공소사실에 관한 설명을 일부 빠뜨렸거나 미흡하게 한 잘못이 있다고 하더라도, 이를 두고 그전까지 절차상 아무런 하자가 없던 소송행위 전부를 무효로 할 정도로 판결에 영향을 미친 위법이라고 쉽게 단정할 것은 아니고, 설명이 빠졌거나 미흡한 부분이 공판 진행과정에서 이미 드러났던 것인지, 공판 진행과정에서 이미 드러났던 것이라면 그 시점과 재판장의 최종 설명 때까지 시간적 간격은 어떠한지, 재판장의 설명 없이는 배심원이 이해할 수 없거나 이해하기 어려운 사항에 해당하는지, 재판장의 최종 설명에 대한 피고인 또는 변호인의 이의가 있었는지, 평의 과정에서 배심원들의 의견이 일치하지 않아 재판장이 국참 제46조 제3항에 따라 의견을 진술하면서 최종 설명을 보충할 수 있었던 사안인지 및 최종 설명에서 누락된 부분과 최종 평결과의 관련성 등을 종합적으로 고려하여, 위와 같은 잘못이 배심원의 평결에 직접적인 영향을 미쳐 피고인의 국민참여재판을 받을 권리 등을 본질적으로 침해하고 판결의 정당성마저 인정받기 어려운 정도에 이른 것인지를 신중하게 판단하여야 할 것이다.

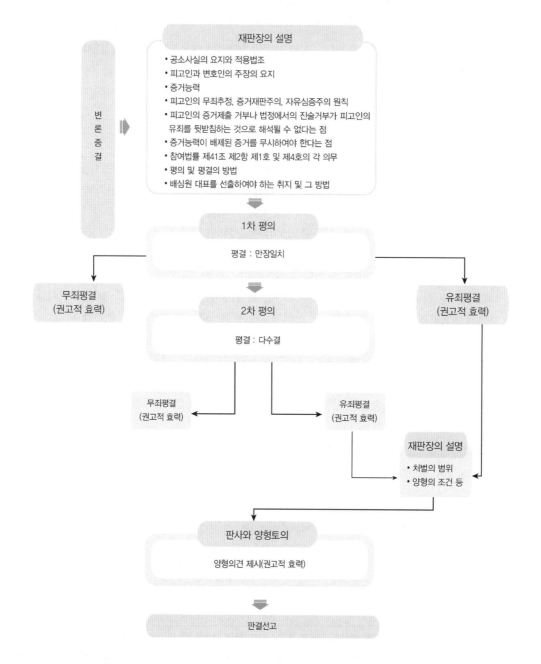

배심원의 평의 방식

재판장의 설명
- 공소사실의 요지와 적용법조
- 피고인과 변호인의 주장의 요지
- 증거능력
- 피고인의 무죄추정, 증거재판주의, 자유심증주의 원칙
- 피고인의 증거제출 거부나 법정에서의 진술거부가 피고인의 유죄를 뒷받침하는 것으로 해석될 수 없다는 점
- 증거능력이 배제된 증거를 무시하여야 한다는 점
- 참여법률 제41조 제2항 제1호 및 제4호의 각 의무
- 평의 및 평결의 방법
- 배심원 대표를 선출하여야 하는 취지 및 그 방법

변론종결

1차 평의
평결 : 만장일치

무죄평결 (권고적 효력)

유죄평결 (권고적 효력)

2차 평의
평결 : 다수결

무죄평결 (권고적 효력)

유죄평결 (권고적 효력)

재판장의 설명
- 처벌의 범위
- 양형의 조건 등

판사와 양형토의
양형의견 제시(권고적 효력)

판결선고

(2) 평의 · 평결 · 토의

① **만장일치평결** : 심리에 관여한 배심원은 재판장의 설명을 들은 후 유 · 무죄에 관하여 평의하고,[1] **전원의 의견이 일치하면 그에 따라 평결**한다. [법원승진 08] 다만, **배심원 과반수의 요청이 있으면 심리에 관여한 판사의 의견을 들을 수 있다**(국참 제46조 제2항).

---

1) [참고] 국참규 제39조(평의 등의 기일 지정과 비공개) ① 법 제46조 제2항부터 제4항까지에 따른 평의 · 평결 및 양형에 관한 토의는 변론이 종결된 후 연속하여 진행하여야 한다. 다만, 재판장은 평의 등에 소요되는 시간 등을 고려하여 필요하다고 인정하는 때에는 변론 종결일로부터 3일 이내의 범위 내에서 평의 · 평결 및 양형에 관한 토의를 위한 기일을 따로 지정할 수 있다. (중략) ④ 평의 · 평결 및 양형에 관한 토의는 공개하지 않는다.
국참규 제41조(평의의 방식) ① 배심원 대표는 평의를 주재하면서 배심원 각자가 충분하게 의견을 진술할 수 있는 기회를 동등하게 부여하여야 한다. ② 배심원은 평의를 진행하는 도중 필요한 경우에는 배심원 대표를 통하여 재판장에게 공소장 사본, 재판장 설명서가 존재하는 경우 그 사본, 증거서류 사본 및 증거물의 제공을 요청할 수 있다. (중략) ④ 재판장은 평의가 시작된 후 예비배심원이 배심원으로 추가 선정된 경우에는 배심원들로 하여금 평의를 처음부터 다시 시작하도록 하여야 한다. ⑤ 법 제46조 제2항 단서 및 제3항에 따라 심리에 관여한 판사가 의견을 진술하는 경우에도 유무죄에 관한 의견을 진술하여서는 아니 된다.

② 다수결평결 : 배심원은 유·무죄에 관하여 **전원의 의견이 일치하지 아니하는 때에는 평결을 하기 전에 심리에 관여한 판사의 의견을 들어야 한다.**[1] 이 경우 유·무죄의 평결은 **다수결**의 방법으로 한다. [법원9급 15] 심리에 관여한 **판사**는 평의에 참석하여 의견을 진술한 경우에도 **평결에는 참여할 수 없다**(동조 제3항).[2] [국가7급 09, 경찰채용 11 2차]

정리 ① 만장일치평결시 : 판사의 의견을 들을 수 있고, ② 다수결평결시 : 판사의 의견을 듣는 절차를 거쳐야 한다.

(3) 양형토의 : 배심원의 만장일치 또는 다수결평결이 유죄인 경우 **배심원은 심리에 관여한 판사와 함께 양형에 관하여 토의하고 그에 관한 의견을 개진**한다. [국가7급 15] 재판장은 양형에 관한 토의 전에 처벌의 범위와 양형의 조건 등을 설명하여야 한다(동조 제4항).

(4) 평의·평결의 권고적 효력 : 배심원의 평결과 양형에 관한 의견은 **법원을 기속하지 아니한다**(동 제5항). 이렇듯 국민참여재판에 있어서 배심원의 평결은 **권고적 효력**만 가지고 있을 뿐이며, 다만 판결을 선고할 때 배심원의 평결과 다른 판결을 선고하는 때에는 그 이유를 설명하고(국참 제48조 제4항) 판결서에의 이유 기재를 강제함(국참 제49조 제2항)으로써 심리적·간접적으로 법원을 구속하는 효과가 있을 뿐이다. [법원9급 17] 이는 배심제와는 다른 국민참여재판의 특징을 보여주는 부분이다.[3]

(5) 평결결과의 편철 : 평결결과와 의견을 집계한 서면은 소송기록에 편철한다(국참 제46조 제6항).

(6) 평의 등의 비밀유지 : 배심원은 평의·평결 및 토의 과정에서 알게 된 판사 및 배심원 각자의 의견과 그 분포 등을 누설하여서는 아니 된다(국참 제47조).

6. 판결의 선고

(1) 판결선고 및 판결서의 작성 : 판결의 선고는 원칙적으로 변론을 종결한 기일에 하되, 특별한 사정이 있는 때에는 변론종결 후 14일 이내에 따로 선고기일을 지정할 수 있다. 변론을 종결한 기일에 판결을 선고하는 경우에는 판결서를 선고 후에 작성할 수 있다(국참 제48조 제1항~제3항). 판결서에는 **배심원이 재판에 참여하였다는 취지를 기재하여야** 하고, **배심원의 의견을 기재할 수 있다**(국참 제49조). 즉, 배심원 의견의 판결서 기재는 임의적 사항이다.

(2) 평결결과 고지, 이유 설명, 판결서 이유 기재 : 재판장은 판결선고시 피고인에게 **배심원의 평결결과를 고지**하여야 하며, **배심원의 평결결과와 다른 판결을 선고하는 때에는 피고인에게 그 이유를 설명**하여야 한다(국참 제48조 제4항). 또한 배심원의 평결결과와 다른 판결을 선고하는 때에는 **판결서에 그 이유를 기재하여야 한다**(국참 제49조). [국가7급 08/11, 경찰채용 11 2차] 즉, 평결결과와 다른 판결선고시 판결서 이유 기재는 강제적 사항이다.

Ⅵ 벌 칙

국참법에서는 배심원 등에 대한 청탁(국참 제56조), 위협(제57조)과 배심원 등의 비밀누설(제58조), 금품수수 등(제59조) 행위를 형사처벌하는 규정을 두고 있다. 또한 배심원 등의 출석의무 위반, 선서거부, 선정을 위한 질문서에 대한 거짓 기재 및 질문에 대한 거짓 진술 행위에 대하여 법원의 결정으로 **200만원 이하의 과태료**를 부과하도록 규정하고 있다(제60조 제1항). 과태료 부과결정에 대해서는 **즉시항고**할 수 있다(동조 제2항).

정리 참여재판에서 불복이 가능한 사항들 : ① 참여재판 배제결정과 과태료부과결정에 대해서는 즉시항고 가능(집공기참정상선 비재재구감), ② 이유부기피신청 기각결정에 대해서는 이의신청 가능.

---

1) [참고] 판사가 개진할 수 있는 의견의 범위에 대해서는 견해의 대립이 있을 수 있으나, 본서의 특성상 생략한다.

2) [참고] 다수결평결시 판사의 평의참여 및 의견진술은 허용하되, 평결참여를 금지한 것은 독일의 참심제적 평결방식과는 다른 점이다.

3) [참고] 배심원의 평결과 양형에 관한 의견의 기속력을 부정한 것은 국민참여재판제도의 취지를 감퇴시키는 부분이나 아직 시행 초기임을 고려하면 불가피한 선택이라고 보아야 한다. 국민참여재판제도에 대해서 앞으로도 계속적인 진지한 논의가 이루어져야 하는 이유도 바로 여기에 있다.

CHAPTER

02 증 거

📂 5개년 출제경향 분석

구분	경찰간부					경찰승진					경찰채용					국가7급					국가9급					법원9급					변호사				
	19	20	21	22	23	20	21	22	23	24	20	21	22	23	24	19	20	21	22	23	20	21	22	23	24	19	20	21	22	23	20	21	22	23	24
제1절 증거법 일반	1		1				1	1	1	1					2					1														1	1
제2절 증명의 기본원칙	1	1				1		1	1	2	2	1	2	1	2	1		1	1		1	1			1		1							1	
제3절 자백배제법칙	1		1				1	1	1	1	2		1	1	2														1						
제4절 위법수집증거 배제법칙	1		1				1	2	3	3	1	3	2	1		2		1		1					1		1	1			2	1	1	2	1
제5절 전문법칙	1	2	2	4	1	3	1	3	3	4	1	3	5	2	3	2	2	1	2		1	2	3	2	1	1		1	1		3	4	3		1
제6절 당사자의 동의와 증거능력	1	2	2	1		1			1	1	1	1	1	1	1			1					1	1			1				1	1	1	1	1
제7절 탄핵증거		1	1				1		1	1							1							1	1									1	
제8절 자백의 보강법칙	1	1	1	1		1		1		1						1	1						1			1		1		1	1	1	1	1	
제9절 공판조서의 배타적 증명력																													1						
출제율	30/200 (15.0%)					46/200 (23.0%)					46/160 (28.8%)					18/100 (18.0%)					18/115 (15.7%)					13/125 (10.4%)					31/200 (15.5%)				

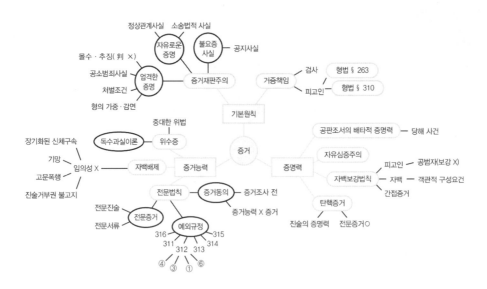

제1절 | 증거법 일반

01 증거의 의의

I 의의

1. 증거와 증명의 개념

형사소송에 있어서 사실의 인정에 사용되는 객관적인 자료를 증거(證據, evidence, Beweis)라 하고, 이러한 증거에 의하여 사실관계가 확인되는 과정을 증명(證明)이라 한다.

[보충] 증거법이란 광의로는 증거조사절차, 증거능력, 증명력에 관한 규정을 말하고, 협의로는 제307조 이하의 증거능력 및 증명력에 관한 규정을 말한다.

2. 요증사실과 입증취지

형사절차에서 증명하고자 하는 사실을 요증사실이라고 하고, 증거와 증거를 통해 증명하고자 하는 사실과의 관계를 입증취지라고 한다(규칙 제132조 제1항).

II 증거의 의미

1. 증거방법

(1) 의의 : 증인·증거물 등 사실인정에 사용될 수 있는 사람 또는 물건 그 자체를 말하며, 증거방법 (Beweismittel)은 증거조사의 대상이 된다. 예 증인, 감정인, 증거물, 증거서류

(2) 피고인의 증거방법으로서의 지위 : 피고인의 진술은 유죄·무죄의 증거로 되며, 그 신체는 검증의 대상이 된다. 따라서 피고인도 제한된 범위에서는 인적·물적 증거방법이 된다. [법원행시 03]

2. 증거자료

(1) 의의 : 증거방법을 조사하여 얻어진 내용 그 자체를 말한다. 예 (증인신문에 의하여 얻게 된) 증인의 증언, 감정인의 감정결과, (증거물의 조사에 의하여 얻게 된) 증거물의 성질과 상태, 서증의 의미내용, 피고인의 자백

(2) 증거조사 : 증거방법에 대한 증거자료를 획득하는 절차를 말한다.

02 증거의 종류

I 직접증거와 간접증거

1. 내 용

증거자료와 요증사실과의 관계에 따른 분류이다. [경찰간부 12] ① 직접증거란 요증사실을 직접적으로 증명하는 증거를 말하고(예 피고인의 자백, 범죄현장을 목격한 증인의 증언), ② 간접증거란 요증사실을 간접적으로 증명하는 증거를 말한다(정황증거)(예 범죄현장에서 채취된 피고인의 지문 [법원행시 03, 국가9급 08], 피고인의 옷에 묻은 피해자의 혈흔 [경찰간부 12], 상해사건에 있어 피해자의 진단서 [경찰간부 12]). [국가9급 08, 국가7급 07]

정리 자백 및 목격자의 증언 외에는 간접증거이다.

2. 구별의 실익

형사소송법은 증거의 증명력을 법관의 자유판단에 의존하는 자유심증주의를 채택하고 있기 때문에(제308조) **직접증거와 간접증거 사이에 증명력의 차이는 없다.** 다만, 간접증거에 의하여 요증사실을 인정하는 경우에는 특히 **논리칙과 경험칙을 적용하여 합리적 의심이 없을 정도로 증명**되어야 한다(대법원 1993.3.23, 92도3327; 1994.9.13, 94도1335). 따라서 **뚜렷한 확증도 없이 단지 정황증거 내지 간접증거들만으로 공소사실을 유죄로 인정**하는 것은 채증법칙을 위배하여 판결결과에 영향을 미친 사실오인의 위법이 있는 것이다(대법원 1987.6.23, 87도795). [국가7급 07, 경찰간부 12]

정리 직접증거에 높은 증명력을 인정하였던 법정증거주의 하에서는 구별의 실익이 있으나, 자유심증주의하에서는 구별의 실익이 없다. [경찰간부 12]

정리 피고인이 치사량의 모르핀을 소지하고 있는 것을 목격하였다는 증언 : 마약소지죄가 요증사실이면 직접증거, 살인죄가 요증사실이면 간접증거 ∴ 동일한 증거자료도 요증사실에 따라 직접증거가 될 수도 있고 간접증거가 될 수도 있음. [법원행시 03]

☆ 판례연구 간접증거 관련판례

1. 대법원 1976.2.10, 74도1519 [국가9급 09]

남녀간의 정사를 내용으로 하는 강간, 강제추행, 업무상위력 등에 의한 간음 등의 범죄에 있어서의 채증방법

남녀간 정사를 내용으로 하는 강간, 강제추행, 업무상 위력 등에 의한 간음 등의 범죄에 있어서는 행위의 성질상 당사자간에서 극비리에 또는 외부에서 알기 어려운 상태 하에서 감행되는 것이 보통이고 그 피해자 외에는 이에 대한 물적증거나 직접적 목격증인 등의 증언을 기대하기가 어려운 사정이 있는 것이라 할 것이니 이런 범죄는 피해자의 피해전말에 관한 증언을 토대로 하여 범행의 전후사정에 관한 제반증거를 종합하여 우리의 경험법칙에 비추어서 범행이 있었다고 인정될 수 있는 경우에는 이를 유죄로 인정할 수 있는 것이다.

정리 목격자가 거의 없는 성범죄의 경우 피해자의 진술을 중시하는 판례의 입장이다.

2. 대법원 1995.11.14, 95도1729

주관적인 요건은 간접증거만에 의하여 이를 인정할 수 있다는 사례

CD를 어음보관계좌에 보관하는 것이 금융실명거래및비밀보장에관한긴급재정경제명령 소정의 금융거래에 해당한다는 것을 피고인이 인식하고 있었는지와 같은 주관적인 요건은 피고인이 부인하는 한 이를 인정할 만한 증거가 있을 수 없는 것이므로, 경험법칙과 논리법칙에 위반되지 아니하는 한 법관의 자유판단에 따라 간접증거만에 의하여 이를 인정하더라도 무방하다.

3. 대법원 2006.3.9, 2005도8675 [경찰간부 12]

증명력 한계가 있는 간접증거만 존재하고 범행을 저지를 만한 동기가 발견되지 않는 경우의 증거평가방법

범행에 관한 간접증거만이 존재하고 더구나 그 간접증거의 증명력에 한계가 있는 경우, 범인으로 지목되고 있는 자에게 범행을 저지를 만한 동기가 발견되지 않는다면, 만연히 무엇인가 동기가 분명히 있는데도 이를 범인이 숨기고 있다고 단정할 것이 아니라 반대로 간접증거의 증명력이 그만큼 떨어진다고 평가하는 것이 형사 증거법의 이념에 부합하는 것이라 할 것이다.

4. 대법원 2008.3.13, 2007도10754

법정형이 무거운 범죄의 형사재판에 있어 간접증거의 증명력 및 시체가 발견되지 아니한 살인사건에서 피고인이 범행을 부인하는 경우, 살인의 죄책을 인정하기 위한 증명의 정도

살인죄 등과 같이 법정형이 무거운 범죄의 경우에도 직접증거 없이 간접증거만에 의하여 유죄를 인정할 수 있고 피해자의 시체가 발견되지 아니하였더라도 간접증거를 상호 관련하에서 종합적으로 고찰하여 살인죄의 공소사실을 인정할 수 있다 할 것이나(대

법원 1999.10.22, 99도3273; 2005.1.14, 2004도7028 등) [경찰간부 15], 그러한 유죄 인정에 있어서는 공소사실에 대한 관련성이 깊은 간접증거들에 의하여 신중한 판단이 요구된다. 또한, 시체가 발견되지 아니한 상황에서 범행 전체를 부인하는 피고인에 대하여 살인죄의 죄책을 인정하기 위해서는 피해자의 사망사실이 추가적·선결적으로 증명되어야 함을 물론, 그러한 피해자의 사망이 살해의사를 가진 피고인의 행위로 인한 것임이 합리적인 의심의 여지가 없을 정도로 증명되어야 한다.

5. 대법원 2009.3.12, 2008도8486; 2004.6.25, 2004도2221 [국가9급 12]

간접증거는 개별적·고립적으로 평가해서는 안 된다는 사례

형사재판에 있어 심증형성은 반드시 직접증거에 의하여 형성되어야만 하는 것은 아니고 간접증거에 의할 수도 있는 것이며, 간접증거는 이를 개별적·고립적으로 평가하여서는 아니 되고 모든 관점에서 빠짐없이 상호 관련시켜 종합적으로 평가하고, 치밀하고 모순 없는 논증을 거쳐야 한다.

II 인적 증거, 물적 증거, 증거서류

1. 인적 증거

(1) **의의** : 사람의 진술내용이 증거로 되는 것을 말한다(인증).

> 예 증인의 증언, 감정인의 진술, 피고인의 진술

(2) **증거조사방식** : 인적 증거에 대한 조사는 신문의 형식에 의한다.

> 예 증인신문. 감정인신문. 피고인신문

2. 물적 증거

(1) **의의** : 물건의 존재 또는 상태가 증거로 되는 것을 말한다(물증).

> 예 범행에 사용된 흉기, 절도죄의 장물, 위조문서, 무고죄의 고소장

(2) **증거조사방식** : 물적 증거에 대한 조사는 검증의 방법에 의한다.

3. 증거서류

(1) **서증**(증거서류와 증거물인 서면) : 서증에는 ① **증거서류**(서면의 의미내용이 증거로 되는 것 : 예 공판조서, 검증조서, 피의자신문조서, 참고인진술조서, 의사의 진단서 등)와 ② **증거물인 서면**(서면의 내용과 동시에 그 서면의 존재 또는 상태가 증거가 되는 것 : 예 위조죄의 위조문서, 무고죄의 허위고소장, 협박죄의 협박편지, 명예훼손죄의 수단인 인쇄물 등)이 있다.

(2) **증거서류와 증거물인 서면의 구별기준** : 내용기준설에 의함은 기술한 바와 같다. 즉, 서류의 내용만이 증거로 되는지(증거서류) 그 밖에 서류의 존재·상태도 증거로 되는지(증거물인 서면)를 기준으로 구별해야 한다.

(3) **증거조사방식** : 역시 전술한 바와 같이, ① 증거서류는 낭독(예외적으로 내용의 고지나 제시하여 열람)에 의하지만, ② 증거물인 서면은 그 본질이 증거물이지만 증거서류의 성질도 가지므로 제시와 낭독(예외적으로 내용고지 or 제시·열람)에 의할 것을 요한다(제292조, 제292조의2).

III 본증과 반증

거증책임의 부담에 따른 분류이다. ① 거증책임을 지는 당사자가 제출하는 증거를 본증(本證)이라 하고(보통은 검사 제출 증거), ② 본증에 의하여 증명될 사실을 부정하기 위하여 반대당사자가 제출하는 증거를 반증(反證, 보통은 피고인 제출 증거)이라 한다.

IV 진술증거와 비진술증거

1. 진술증거

(1) **의의** : 사람의 진술의 의미내용이 증거로 되는 것을 말하며, 진술과 그 진술이 기재된 서면을 포함한다. 사람의 진술이라 하더라도 그 의미내용이 아니라 당해 진술의 존재 자체가 문제될 때에는 진술증거가 아니라 비진술증거에 불과하다. 진술증거에 대해서는 **전문법칙**(제310조의2)이 적용된다.

(2) 종 류
① **원본증거** : 사실을 체험한 자가 중간의 매개체를 거치지 않고 직접 법원에 진술하는 것을 말한다(본래 증거). 예컨대 범행을 본 목격자의 진술은 직접증거이자 원본증거이다. [경찰간부 12]
② **전문증거** : 직접 체험한 자의 진술이 서면이나 타인의 진술의 형식으로 간접적으로 법원에 전달되는 것을 말한다. 전문법칙에 의하여 원칙적으로 증거능력이 부정된다.
③ **양자의 관계** : 전문증거는 **원진술의 내용이 요증사실**이고, 원본증거는 **원진술의 존재 자체가 요증사실**인 경우이다. 예컨대, 甲이 법정에서 "乙이 'A가 B를 강간하는 것'을 보았다고 하는 말을 들었다."고 진술한 경우, 甲의 진술은 A의 강간사건에서는 전문증거가 되고, 乙의 A에 대한 명예훼손사건에서는 원본증거가 된다.

2. 비진술증거

단순한 증거물이나 사람의 신체상태 등과 같이 진술증거 이외의 증거를 말한다. 비진술증거에 대해서는 **전문법칙이 적용되지 않는다.**

정리 ① 비진술증거는 적법성이 인정되면 증거능력이 있다. ② 진술증거 중에서도 ⊙ 원본증거는 적법성이 인정되면 증거능력이 있으나, ⓒ 전문증거는 전문법칙(제310조의2)에 의해 원칙적으로 증거능력이 없으며, 다만 적법성이 인정되고 전문법칙의 예외(제311조~제316조)에 해당되면 예외적으로 증거능력이 인정된다.

V 실질증거와 보조증거

주요사실의 존부를 직접·간접으로 증명하기 위하여 사용되는 증거를 실질증거라 하고, 실질증거의 증명력을 다투기 위하여 사용되는 증거를 보조증거라 한다. 보조증거에는 증명력을 증강하기 위한 보강증거(증강증거)와 증명력을 감쇄하기 위한 탄핵증거가 있다.

보충 살인사건의 목격자 甲의 증언은 직접증거·원본증거이자 실질증거인데, 증인 A가 현장에 있는 甲을 보았다고 증언하면 보강증거가 되고, 증인 B가 범행시각에 甲은 B와 함께 다른 곳에 있었다고 증언하면 탄핵증거가 된다.

표정리 증거의 종류 정리

종 류		내 용
① 증거자료와 요증사실의 관계	직접증거	요증사실을 직접적으로 증명하는 증거 예 피고인의 자백, 목격자의 증언
	간접증거	• 요증사실을 간접적으로 증명하는 증거 • 범죄정황에 관한 사실을 증명하는 자료(정황증거) 예 범죄현장에서 채취된 피고인의 지문, 상해사건의 피해자의 진단서
	비 교	• 직접증거와 간접증거는 그 증명력의 우열은 없다. • 간접증거로도 범죄사실의 증명을 할 수 있음(대법원 1998.11.13, 96도1783) • 같은 증거도 요증사실에 따라 직접증거 또는 간접증거가 될 수 있다.
② 증거조사의 방식	인 증	사람의 진술의 내용이 증거가 되므로, 신문에 의하여 증거조사
	물 증	물건의 존재·상태가 증거가 되므로, 제시하면 검증에 의하여 증거조사
	증거서류	서면의 의미·내용이 증거인 것으로 낭독(요지의 고지)에 의하여 증거조사 • 증거서류 : 서면의 내용만을 증거로 하는 서류(보고적 문서) – 낭독 예 수사기관 작성 진술조서, 법원의 공판조서 • 증거물인 서면 : 서면의 내용 및 그 존재·상태가 증거가 되는 것 – 제시 + 낭독 예 협박죄의 협박편지, 문서위조죄의 위조문서
③ 거증책임의 부담	본 증	거증책임을 부담하는 자가 제출하는 증거(원칙 : 검사)
	반 증	본증의 요증사실을 부인하기 위하여 제출하는 증거
④ 전문법칙의 적용	진술증거	사람의 진술이 증거가 되는 것으로 전문법칙 적용 • 원본증거 : 사실을 체험한 자가 직접 법원에 진술한 증거(본래증거) • 전문증거 : 직접 체험한 자의 진술이 서면 또는 타인의 진술로 법원에 전달되는 증거

	비진술증거	진술증거 이외의 증거물이나 사람의 신체상태 등인 증거로 전문법칙 ×
⑤ 증명의 직접성	실질증거	주요사실의 존부를 직접·간접으로 증명하기 위한 증거 예 목격자의 증언
	보조증거	실질증거의 증명력을 다투기 위한 증거로 보강(증강)증거와 탄핵증거 • 보강증거 : 목격자와 함께 현장에 있었던 자를 검사가 증인신청 • 탄핵증거 : 목격자와 함께 현장에 없었던 자를 피고인이 증인신청

03 증거능력과 증명력

Ⅰ 증거능력

1. 의 의

(1) 개념 : 유죄를 인정하려면 법률상 자격을 갖춘 증거를 법률이 규정한 방식에 의하여 조사함으로써 범죄사실을 증명하여야 하며, 이러한 증명의 방법을 엄격한 증명이라 한다(증거능력 있는 증거 + 증거조사 = 엄격한 증명). 증거능력(證據能力, admissibility of evidence, Beweisfähigkeit, admissibilité)이라 함은 증거가 바로 이러한 엄격한 증명의 자료로 사용될 수 있는 **법률상의 자격**을 말한다.

(2) 증거능력의 결정 : 증거능력은 **법률에 의하여 형식적으로 결정**되어 있다.

2. 내 용

(1) 증명의 기본원칙(엄격한 증명) : "사실의 인정은 증거에 의하여야 한다."라는 증거재판주의(제307조 제1항)를 기본원칙으로 한다.

(2) 증거법칙 : 위법수집증거배제법칙(제308조의2), 자백배제법칙(제309조), 전문법칙(제310조의2)이 적용된다.

Ⅱ 증명력

1. 의 의

(1) 개념 : 증명력(證明力, probative value −force−, Beweiskraft, force probante)이란 증거능력이 인정됨을 전제로, 요증사실을 증명할 수 있는 **증거의 실질적 가치**(신빙성)를 말한다.

(2) 증명력의 판단 : 법관의 주관적인 판단의 대상으로서, **법관의 자유판단**에 의한다.

2. 내 용

(1) 증명의 기본원칙 : "증거의 증명력은 법관의 자유판단에 의한다."라는 자유심증주의(제308조)를 기본원칙으로 한다.

(2) 증거법칙 : 자백의 보강법칙(제310조), 공판조서의 배타적 증명력(제56조) 등이 적용된다.

01 증거재판주의

I 의의

1. 개념 및 취지

(1) **개념** : 법 제307조 제1항은 "**사실의 인정은 증거에 의하여야 한다.**"라고 규정하고 있는데, 여기서 사실이란 범죄될 사실을 말하는바, 사실인정의 합리성은 증거능력의 요건에 관한 법률적 제한과 엄격한 증거조사 절차에 의하여 담보된다. 따라서 제307조 제1항의 증거재판주의는 규범적 의미에서 엄격한 증명의 법리를 규정한 것이다. 즉, 증거재판주의에 의하여 범죄될 사실을 인정하려면 증거능력이 있고 적법한 증거조사를 거친 증거에 의하여야 한다. 여기에 개정법은 "범죄사실의 인정은 **합리적인 의심이 없는 정도의 증명**에 이르러야 한다."라는 증명의 방법에 관한 원칙까지 명확히 규정하고 있는바(동조 제2항), 이는 종래 학설과 판례의 태도를 명문으로 확인한 것이다.

(2) **취지** : 형식적 진실주의를 취하는 민사소송법의 증거재판주의(민사소송법 제288조 본문)와는 달리, 실체진실발견을 목표로 하는 형사소송법의 증거재판주의는 범죄될 사실은 증거재판주의를 지킬 때에 한하여 비로소 인정된다는 규범적 의미를 가지게 되므로, 이를 통해 인권을 보장하고 국가형벌권의 적정한 실현을 도모할 수 있게 된다.

2. 증명(證明) : 사실의 인정

> 공소제기 → 1st 소송조건 → 2nd 유죄/무죄
> ① 소송조건 : 친고죄의 고소, 공소시효 등은 자유로운 증명의 대상
> ② 유죄 : 형벌권의 존부와 범위는 증거능력 있는 증거에 의한 엄격한 증명의 대상

(1) **증명의 의의** : 범죄사실의 인정에 관해서 우월한 증명력을 가진 정도로는 충분하지 않고 법관으로 하여금 **합리적인 의심의 여지가 없을 정도**(beyond a reasonable doubt)**의 확신**까지 가지게 하는 것을 말한다(제307조 제2항). [국가9급 08] 합리적 의심이라 함은 요증사실(예 사실1 : 2017.4.8. 19 : 00 동작구 노량진동에서 A가 B를 상해하였다. 사실2 : 2017.4.8. 23 : 00 甲은 乙을 칼로 찔러 살해하였다.)**과 양립할 수 없는 사실의 개연성에 대한 논리법칙과 경험법칙에 기하여 가질 수 있는 합리성 있는 의문**(예 합리적 의심1 : 그 시간 A는 양천구 목동에서 친구들과 식사를 하고 있었다. 합리적 의심2 : 乙의 사체 부검의의 감정보고서에 기재된 乙의 사인은 독극물 중독이다.)**을 의미하는 것**으로서, **사실의 인정과 관련하여 피고인에게 유리한 정황이 나타나는 이성적 추론에 그 근거를 두어야 하는 것**(예 1 : 알리바이가 있음. 2 : 다른 원인에 의하여 사망함.)을 말한다. 즉, 범죄사실의 인정에 필요한 증명은 공소사실을 배척할 만한 모든 가능한 의심을 배제할 정도에 이를 것까지 요구되는 것은 아니므로, 단순히 관념적인 의심이나 추상적인 가능성에 기초한 의심(예 1 : A가 B를 상해한 것 같지 않다. 2 : 甲이 乙을 살해한 것 같지 않다.)은 합리적 의심에 포함되는 것은 아니다. [국가9급 09/12]

> **판례연구** 합리적인 의심의 여지가 없을 정도의 확신
>
> **1. 대법원 1987.7.7, 86도586**
> 유죄의 증거의 증명력 정도
> 형사재판에 있어서 유죄의 증거는 단지 우월한 증명력을 가진 정도로서는 부족하고 법관으로 하여금 합리적인 의심을 할 여지가 없을 정도의 확신을 생기게 할 수 있는 증명력을 가진 것이어야 한다.

검사의 본증은 70%의 유죄의 증명력이 있고, 피고인의 반증은 30%의 합리적 의심을 주는 것(우월한 증명력)으로는 부족하고, 법관에게 합리적 의심을 배제할 정도의 확신을 주어야 한다는 의미이다.

2. 대법원 2009.3.12, 2008도8486; 2004.6.25, 2004도2221 [경찰승진 22, 국가9급 09/12]

주사기에서 마약성분과 피고인의 혈흔이 확인되어 필로폰을 투약한 사정이 적극적으로 증명되는 경우, 소변 및 모발검사에서 마약성분이 검출되지 않았다는 소극적 사정만으로 이를 쉽사리 뒤집을 수 없다고 한 사례

증거의 증명력은 법관의 자유판단에 맡겨져 있으나 그 판단은 논리와 경험칙에 합치하여야 하고, 형사재판에 있어서 유죄로 인정하기 위한 심증형성의 정도는 합리적인 의심을 할 여지가 없을 정도여야 하나, 이는 모든 가능한 의심을 배제할 정도에 이를 것까지 요구하는 것은 아니며, 증명력이 있는 것으로 인정되는 증거를 합리적인 근거가 없는 의심을 일으켜 이를 배척하는 것은 자유심증주의의 한계를 벗어나는 것으로 허용될 수 없다 할 것인바, 여기에서 말하는 합리적 의심이라 함은 모든 의문, 불신을 포함하는 것이 아니라 논리와 경험칙에 기하여 요증사실과 양립할 수 없는 사실의 개연성에 대한 합리성 있는 의문을 의미하는 것으로서, 피고인에게 유리한 정황을 사실인정과 관련하여 파악한 이성적 추론에 그 근거를 두어야 하는 것이므로 단순히 관념적인 의심이나 추상적인 가능성에 기초한 의심은 합리적 의심에 포함된다고 할 수 없다.

요증사실과 반대되는 정황에 대한 합리적인(타당한) 의심이 인정되지 않는다는 사례이다.

3. 대법원 2013.6.27, 2013도4172; 2013.2.14, 2012도11591 [국가7급 11, 국가9급 08, 국가7급 07, 경찰간부 12]

형사재판에서 유죄를 인정하기 위한 심증 형성의 정도 및 간접증거의 증명력

형사재판에 있어서 유죄의 인정은 법관으로 하여금 합리적인 의심을 할 여지가 없을 정도로 공소사실이 진실한 것이라는 확신을 가지게 할 수 있는 증명력을 가진 증거에 의하여야 하고 이러한 정도의 심증을 형성하는 증거가 없다면 설령 피고인에게 유죄의 의심이 간다 하더라도 피고인의 이익으로 판단할 수밖에 없다. 다만, 그와 같은 심증이 반드시 직접증거에 의하여 형성되어야만 하는 것은 아니고 경험칙과 논리법칙에 위반되지 아니하는 한 간접증거에 의하여 형성되어도 되는 것이며, 간접증거가 개별적으로는 범죄사실에 대한 완전한 증명력을 가지지 못하더라도 전체 증거를 상호 관련하에 종합적으로 고찰할 경우 그 단독으로는 가지지 못하는 종합적 증명력이 있는 것으로 판단되면 그에 의하여도 범죄사실을 인정할 수가 있다.

(2) 소명과의 구별

① **증명** : 법관이 어떤 사실의 존부에 관하여 증거에 의하여 확신을 얻는 것을 말한다. 일반적인 증명의 의의로서 협의의 증명의 개념이다.

② **소명(疏明)** : 법관이 어떤 사실의 존부에 관하여 확신은 얻지 못하지만, 사실의 존부를 **추측할 수 있게 하는 정도**('그럴 수도 있겠다')의 심증을 갖게 하는 것을 말한다. 소명의 대상은 특별히 법률에 정해져 있다.

> **예** 기피사유(제19조 제2항), 국선변호인 선정 청구사유(청구국선 피고인의 소명자료 제출, 규칙 제17조의2), 증거보전청구사유(제184조 제3항), 공판준비기일종료 후 실권효저지사유(제266조의13 제1항), 증인신문청구사유(제221조의2 제3항), 증언거부사유(제150조), 상소권회복청구사유(제346조 제2항), 정식재판청구권회복청구사유(제458조 제2항, 제364조 제2항)

> **정리** 증명을 요하지 않는 사실 : 공지의 사실, 추정된 사실, 초소송법적 이익에 의한 거증금지사실(공무상 비밀)

3. 증명의 방법

(1) 의의 : 형사절차상 피고인 보호의 관점에서는 모든 사실의 인정은 엄격한 증명에 의하여야 하나, 형사절차가 지나치게 지연되면 소송경제에 반할 뿐 아니라 피고인에게도 오히려 불이익한 결과를 초래할 수 있으므로, 자유로운 증명에 의하는 경우도 인정된다.

(2) 엄격한 증명 : **법률상 증거능력이 있고 적법한 증거조사를 거친 증거에 의한 증명**을 말한다. [법원9급 15] **형벌권의 존부와 그 범위에 관한 사실**(주요사실)이 그 대상이다.

(3) 자유로운 증명 : 증거능력 없는 증거 또는 적법한 증거조사를 거치지 아니한 증거에 의하여 사실을 증명하는 것을 말한다. 예컨대, 자백을 담은 증거의 신청이 있으면 자백의 임의성을 인정하여 증거로 채택할지를 결정함에 있어, 법관은 공판절차 외에서 제출된 서면이나 전화통화를 통하여 확인된 증거에 의해서도 사실을 인정할 수 있다.

(4) 증명의 정도

① **심증형성의 정도** : 심증형성의 정도는 통상인으로서의 '합리적 의심이 없을 정도의 확신(belief beyond a reasonable doubt)'을 요한다. 개정법이 범죄사실의 인정은 합리적인 의심이 없는 정도의 증명에 이르러야 한다고 규정하고 있는 것(제307조 제2항)은 이러한 의미에서 당연한 규정이다.

② **엄격한 증명과 자유로운 증명의 증명의 정도 : 엄격한 증명뿐만 아니라 자유로운 증명의 경우에도 법관의 합리적 의심이 없는 확신을 요한다.** [경찰승진 11] 즉, 엄격한 증명과 자유로운 증명은 증거능력의 유무와 증거조사의 방법에 차이가 있을 뿐이고, 심증의 정도에 차이가 있는 것은 아니다(증명의 방법만 차이, 증명의 정도는 동일).

Ⅱ 엄격한 증명의 대상

1. 일반적 기준

형사소송의 목적은 범죄의 유무와 이에 대한 형벌의 범위를 확정하는 데 있다. 따라서 **형벌권의 존부와 범위를 정하는 기초로 되는 사실, 즉 주요사실(구/위/책/처/형/간/경/법/보)**이 엄격한 증명의 대상이 되고, 그 이외의 사실(정/소/탄)은 자유로운 증명의 대상이 된다.

2. 공소범죄사실

(1) 의의 : 범죄의 특별구성요건을 충족하는 구체적 사실로서 위법성과 책임을 구비한 것을 말한다. 즉, 구성요건해당성·위법성·책임을 구성하거나 조각하는 사실(형법적 사실)에 대해서는 엄격한 증명이 필요하다(cf. 소송법적 사실 : 자유로운 증명으로 족하다).

(2) 구성요건해당사실 : 구성요건에 해당하는 사실(요소)은 객관적 구성요건요소인가 주관적 구성요건요소인가를 불문하고 모두 **엄격한 증명의 대상**이다. [국가9급 17, 경찰채용 09 1차]

① 객관적 구성요건요소 : 행위주체, 행위객체, 행위(예 교사범에 있어 교사의 사실 [법원행시 01, 경찰채용 09 1차]), 결과의 발생, 인과관계, 행위수단, 행위상황(예 야간주거침입절도의 일출·일몰시각)은 엄격한 증명의 대상이다.

② 주관적 구성요건요소 : 종래 판례는 범의의 증명은 엄격한 증명을 요하지 않는다고 하였으나(대법원 1969.3.25, 69도99),[1] 입장을 변경하여 **고의**(2001도2064; 2002도4229; 2002도3131; 2004도7359), **공모**(2000도1899; 2001도4947; 2002도603; 2001도606; 2012도16086), **목적**(2014도9030, 예 강제집행면탈죄의 강제집행을 면할 목적 [경찰채용 08 3차])과 같은 주관적 사실도 엄격한 증명을 요한다고 하고 있다. 즉, 고의·과실·목적·불법영득의사 등 주관적 구성요건요소는 모두 엄격한 증명의 대상이다(통설·판례).

🔨 판례연구 엄격한 증명의 대상인 구성요건해당사실

1. 대법원 1988.9.13, 88도1114 [국가9급 05/08, 경찰간부 13, 경찰승진 09/11, 경찰채용 09 1차/14 1차]
공모공동정범에 있어서 모의의 증명 및 판시의 정도
공모공동정범의 공모나 모의는 공모공동정범에 있어서의 "범죄될 사실"이라 할 것이므로 이를 인정하기 위하여는 엄격한 증명에 의하지 않으면 아니 되고 그 증거는 판결에 표시되어야 하며, 공모의 판시는 그 구체적 내용을 상세하게 판시할 필요는 없다 하겠으나 위에서 본 취지대로 성립된 것이 밝혀져야만 한다.

2. 대법원 2000.2.25, 99도1252 [경찰간부 12, 해경간부 12, 경찰승진 11]
교사범에 있어서의 교사사실(교사행위)은 범죄사실을 구성하는 것으로서 이를 인정하기 위하여는 엄격한 증명이 요구되지만, 피고인이 교사사실을 부인하고 있는 경우에는 사물의 성질상 그와 상당한 관련성이 있는 간접사실을 증명하는 방법에 의하여 이를 입증할 수도 있고, 이러한 경우 무엇이 상당한 관련성이 있는 간접사실에 해당할 것인가는 정상적인 경험칙에 바탕을 두고 치밀한 관찰력이나 분석력에 의하여 사실의 연결상태를 합리적으로 판단하는 방법에 의하여야 한다.

3. 대법원 2000.6.27, 99도128 [법원승진 12, 국가9급 08, 경찰간부 12, 전의경 09]
위드마크(Widmark) 공식을 사용하여 주취 정도를 계산함에 있어 그 전제사실을 인정하기 위한 입증 정도
범행 직후에 행위자의 혈액이나 호흡으로 혈중 알코올농도를 측정할 수 있는 경우가 아니라면 위드마크 공식을 사용하여 그

---

1) [참고] "범의에 관하여는 엄격한 증명을 요하지 아니하므로 피고인이 금편을 반입할 때 관세당국의 면허가 필요 없는 것으로 오인하였다 하더라도 그 오인을 정당화할 이유가 없는 한 무면허수입죄에 해당한다(대법원 1969.3.25, 69도99)." 통설은 이러한 판례의 입장과는 반대의 입장이었다.

계산결과로 특정 시점의 혈중 알코올농도를 추정할 수도 있으나, 범죄구성요건사실의 존부를 알아내기 위해 과학공식 등의 경험칙을 이용하는 경우에는 그 법칙 적용의 전제가 되는 개별적이고 구체적인 사실에 대하여는 엄격한 증명을 요한다 할 것이고, 위드마크 공식의 경우 그 적용을 위한 자료로는 음주량, 음주시각, 체중, 평소의 음주정도 등이 필요하므로 그런 전제사실을 인정하기 위해서는 엄격한 증명이 필요하다.

> 보충 위드마크공식 : ① 필연법칙적 경험칙, ② 전제사실인 음주량 등 : 엄격한 증명의 대상, ③ 근소한 차이 : 증명력 부정, ④ 피고인에게 가장 유리한 수치 : 증명력 긍정.

4. 대법원 2002.9.4, 2000도637

횡령죄에 있어 불법영득의사를 실현하는 행위로서의 횡령행위가 있다는 점은 검사가 입증하여야 하는 것으로서 그 입증은 법관으로 하여금 합리적인 의심을 할 여지가 없을 정도의 확신을 생기게 하는 증명력을 가진 엄격한 증거에 의하여야 하고, 이와 같은 증거가 없다면 설령 피고인에게 유죄의 의심이 간다 하더라도 피고인의 이익으로 판단할 수밖에 없다.

5. 대법원 2005.6.24, 2004도7212 [경찰간부 12, 전의경 09]

물적 설비에 의한 측정유도를 도로법 제54조 제2항에 정한 적재량 측정요구로 볼 수 있기 위한 요건

물적 설비에 의한 측정유도를 담당공무원에 의한 직접적인 측정요구에 준할 정도로 구체적이고 현실적인 측정요구라고 볼 수 있으려면, 그 측정유도가 도로의 구조를 보전하고 운행의 위험을 방지하기 위한 필요성에 따라 자신의 차량에 대하여 이루어지는 것임을 그 길을 통행하는 화물차량의 운전자가 명확하게 알 수 있었다는 점이 전제가 되어야 할 것이고, 그러한 측정요구가 있었다는 점은 범죄사실을 구성하는 중요부분으로서 이를 인정하기 위하여는 엄격한 증명이 요구된다.

6. 대법원 2011.5.26, 2009도2453 [법원승진 12, 경찰채용 14 1차]

뇌물죄에서 수뢰액은 다과에 따라 범죄구성요건이 되므로 엄격한 증명의 대상이 되고, 특가법에서 정한 범죄구성요건이 되지 않는 단순 뇌물죄의 경우에도 몰수·추징의 대상이 되는 까닭에 역시 증거에 의하여 인정되어야 하며, 수뢰액을 특정할 수 없는 경우에는 가액을 추징할 수 없다.

> 비교 ① 수뢰액 : 엄격한 증명의 대상, ② 몰수·추징 대상 여부 및 추징액 : 자유로운 증명의 대상.

7. 대법원 2013.11.14, 2013도8121 [법원9급 15, 변호사 23]

횡령죄의 위탁관계 및 금전의 목적과 용도는 엄격한 증명의 대상

목적과 용도를 정하여 위탁한 금전을 수탁자가 임의로 소비하면 횡령죄를 구성할 수 있으나(대법원 2002.10.11, 2002도2939; 2006.3.9, 2003도6733 등), 이 경우 피해자 등이 목적과 용도를 정하여 금전을 위탁한 사실 및 그 목적과 용도가 무엇인지는 엄격한 증명의 대상이라고 보아야 한다.

8. 대법원 2014.9.26, 2014도9030 [국가9급 15]

형사재판에서 공소가 제기된 범죄의 구성요건을 이루는 사실에 대한 증명책임은 검사에게 있으므로 특가법 제5조의9 제1항 위반의 죄의 행위자에게 보복의 목적이 있었다는 점 또한 검사가 증명하여야 하고 그러한 증명은 법관으로 하여금 합리적인 의심을 할 여지가 없을 정도의 확신을 생기게 하는 엄격한 증명에 의하여야 하며 이와 같은 증명이 없다면 피고인의 이익으로 판단할 수밖에 없다.

9. 대법원 2015.10.29, 2015도5355; 2004.5.14, 2004도74 등

[1] 고의의 존재에 대한 증명책임의 소재(= 검사) 및 유죄인정을 위한 증명/범행 결과가 매우 중대하고 범행 동기나 방법 및 범행 정황에 비난 가능성이 큰 사정이 있는 경우, 살인의 고의를 인정하는 방법

공소가 제기된 범죄사실의 주관적 요소인 고의의 존재에 대한 입증책임 역시 검찰관에게 있고, 유죄의 인정은 법관으로 하여금 합리적인 의심을 할 여지가 없을 정도로 공소사실이 진실한 것이라는 확신을 가지게 하는 증명력을 가진 증거에 의하여야 하므로, 그러한 증거가 없다면 설령 피고인들에게 유죄의 의심이 간다고 하더라도 피고인들의 이익으로 판단하여야 한다. 나아가 형벌법규의 해석과 적용은 엄격하여야 하므로, 비록 범행 결과가 매우 중대하고 범행 동기나 방법 및 범행 정황에 비난가능성이 크다는 사정이 있더라도, 이를 양형에 불리한 요소로 고려하여 그 형을 무겁게 정하는 것은 별론, 그러한 사정을 이유로 살인의 고의를 쉽게 인정할 것은 아니고 이를 인정함에 있어서는 신중을 기하여야 한다.

[2] 공동정범의 공동가공의 의사에 기한 상호 이용의 관계의 증명

공동정범이 성립한다고 판단하기 위해서는 범죄실현의 전 과정을 통하여 행위자들 각자의 지위와 역할, 다른 행위자에 대한 권유 내용 등을 구체적으로 검토하고 이를 종합하여 위와 같은 공동가공의 의사에 기한 상호 이용의 관계가 합리적인 의심을 할 여지가 없을 정도로 증명되어야 한다.

10. 대법원 2013.9.26, 2012도3722; 2011.4.28, 2010도14487

엄격한 증명이 요구되는 대상에는 검사가 공소장에 기재한 구체적 범죄사실 모두가 포함되고, 특히 공소사실에 특정된 범죄의 일시는 피고인의 방어권 행사의 주된 대상이 되므로, 범죄의 성격상 특수한 사정이 있는 경우가 아닌 한 엄격한 증명을 통하여 공소사실에 특정한 대로 범죄사실이 인정되어야 한다(대법원 2011.4.28, 2010도14487). 또한 공소사실의 내용 자체로 전후 연속되거나 견련되어 있는 여러 범죄사실에 대하여 그 중 일부는 무죄로 판단하면서도 나머지는 유죄로 인정하려면, 그와 같이 무죄로 본 근거가 되는 사정들이 나머지 부분의 유죄 인정에 방해가 되지 않는다는 점이 합리적으로 설명될 수 있어야 한다.

(3) 위법성과 책임에 관한 사실 : ① 구성요건해당성이 인정되면 위법성과 책임은 사실상 추정되지만, 사실상의 추정은 피고인이 이를 다투면 깨어지므로, 위법성조각사유와 책임조각사유의 부존재에 대해서는 검사가 엄격한 증명을 해야 유죄의 판결을 구할 수 있다(통설). 다만, ② 판례는 **명예훼손죄의 위법성조각사유**(형법 제310조)인 사실의 증명(공공의 이익 + 진실한 사실)에 대해서는 −거증책임을 행위자에게 부담시키는 대신− 자유로운 증명으로 족하다고 하며 [국가7급 14, 경찰간부 15], 형법 제10조의 심신장애와 관련하여 **심신상실이나 심신미약의 기초가 되는 사실** 등에 대하여도 자유로운 증명으로 족하다는 입장이다(대법원 1961.10.26, 4294형상590; 1971.3.31, 71도212). 이러한 판례에 대해서는 통설에 의한 비판이 제기된다.

🔎 판례연구 위법성조각사유 · 책임조각사유 중 자유로운 증명의 대상이라는 판례

1. 대법원 1996.10.25, 95도1473

명예훼손죄의 위법성조각사유(형법 제310조)에 대한 거증책임(행위자) · 증명방법(자유) · 전문법칙(적용 ×)

공연히 사실을 적시하여 사람의 명예를 훼손한 행위가 형법 제310조의 규정에 따라서 위법성이 조각되어 처벌대상이 되지 않기 위하여는 그것이 진실한 사실로서 오로지 공공의 이익에 관한 때에 해당된다는 점을 행위자가 증명하여야 하는 것이나(대법원 1988.10.11, 85다카29; 1993.6.22, 92도3160; 1996.5.28, 94다33828 등), 그 증명은 유죄의 인정에 있어 요구되는 것과 같이 법관으로 하여금 의심할 여지가 없을 정도의 확신을 가지게 하는 증명력을 가진 엄격한 증거에 의하여야 하는 것은 아니라고 할 것이므로, 이때에는 전문증거에 대한 증거능력의 제한을 규정한 형사소송법 제310조의2는 적용될 여지가 없다고 보아야 한다.

2. 대법원 1961.10.26, 4294형상590

심신상실(책임조각사유) 또는 심신미약(책임감경 ∴ 형의 감경사유)에 대한 증명의 정도

범인의 범행 당시의 정신상태가 심신상실이었느냐 심신미약이었느냐는 자유로운 증명으로서 족하나, 일반적으로는 전문가의 감정에 의뢰하는 것이 타당하다.

---

3. 처벌조건

객관적 처벌조건과 인적 처벌조각사유와 같은 범죄의 처벌조건은 공소범죄사실 자체는 아니나 형벌권의 발생에 직접 관련되는 사실이므로 **엄격한 증명을 요한다.** [법원행시 04] 따라서 사전수뢰죄(형법 제129조 제2항)의 공무원 또는 중재인이 된 사실, 파산범죄에서 파산선고의 확정 [경찰승진 10], **친족상도례**의 경우 일정한 친족관계(직계혈족 · 배우자 · 동거친족 · 동거가족 또는 그 배우자, 형법 제328조 제1항)의 부존재 [전의경 09]는 모두 엄격한 증명의 대상이 된다.

4. 형벌권의 범위에 관한 사실

(1) 법률상 형의 가중 · 감면의 이유되는 사실 : 범죄사실 자체는 아니지만, 형벌의 종류나 형량은 이에 못지않게 피고인의 이익에 중대한 영향을 미치므로, 형의 가중 · 감면사유에 해당하는 사실에 대해서는 엄격한 증명을 요한다.

> **예** 누범전과, 상습성 [법원승진 12, 국가9급 08, 경찰간부 13], **심신미약**(판례 : 자유), 장애미수, 중지미수의 자의성 [경찰채용 08], 불능미수, 자수 · 자복 등.

> **보충** 누범전과가 아닌 전과사실은 형의 양정을 위한 일반적 정상관계사실에 불과하므로 소송경제의 관점에서 엄격한 증명을 요할 필요가 없다(통설).

(2) 몰수 · 추징에 관한 사실 : 몰수 · 추징은 부가형으로서 형벌의 성질을 가지고 있으므로(형법 제41조 제9호) 엄격한 증명을 요한다는 것이 통설이나, 판례는 **몰수 · 추징의 대상이 되는지 여부나 추징액의 인정**은 엄격한 증명을 필요로 하지 아니한다는 입장이다(대법원 1993.6.22, 91도3346). [법원9급 07, 국가7급 14, 국가9급 05/07/08, 해경간부 12, 경찰승진 09/10, 전의경 09]

> **정리** 통설은 엄격한 증명의 대상으로 보지만, 판례는 자유로운 증명의 대상으로 보는 것 : ① 명예훼손죄의 위법성조각사유인 사실의 증명, ② 심신상실 · 심신미약, ③ 몰수 · 추징 대상 여부 및 추징액의 인정(명/심/몰에서는 자유롭게 증명해).

몰수, 추징의 대상이 되는지 여부나 추징액의 인정은 엄격한 증명을 필요로 하지 아니한다(대법원 1987.4.11, 87도399; 1982.2.9, 81도3040 등 참조). 따라서 원심이 수사기록에 첨부된 세관공무원의 시가감정서(이 사건 선박들의 범칙 당시의 국내도매물가를 산출한 것)에 근거하여 추징액을 결정한 제1심판결을 정당하다고 본 것은 수긍할 수 있다.

5. 간접사실 · 경험법칙 · 법규 · 보조사실

(1) **간접사실** : 주요사실의 존부를 간접적으로 추인하게 하는 사실을 말하는데, **주요사실이 엄격한 증명을 요한다면 간접사실도 엄격한 증명**의 대상이 된다. [국가9급 05/17] 따라서 피고인의 알리바이(현장부재)에 대한 증명의 경우에는, 피고인은 자유로운 증명으로 알리바이를 주장할 수 있으나, 이에 대한 **검사의 알리바이 부존재의 증명**은 결국 구성요건해당사실을 증명하는 것이므로 **엄격한 증명**의 대상이 된다. [교정9급특채 11]

(2) **경험법칙** : 인간의 경험에서 결과적으로 얻어진 사물의 성상이나 인과관계에 관한 법칙을 경험법칙이라 하는바, 이는 범죄를 구성하는 사실이 아니라 사실판단의 전제가 되는 지식에 불과하다. 이러한 경험법칙 중 ① 일반적 경험법칙(◙ 총을 쏘거나 독극물을 먹어서 사람을 살해할 수 있음)은 공지의 사실이므로 증명을 요하지 아니한다(불요증사실). 그러나 ② **특별한 경험법칙**(◙ 법관이 특별한 지식이 있어 개인적으로 알고 있는 법칙)과 같이 경험법칙의 내용이 명백하지 않고 그것이 엄격한 증명을 요하는 사실의 인정에 필요한 때에는 엄격한 증명을 요한다.

(3) **법규** : ① 법규의 존재와 내용은 직권조사사항이므로 불요증사실에 해당한다. 그러나 ② 외국법 · 관습법 · 자치법규와 같이 법규의 내용이 명백하지 않고 그것이 엄격한 증명을 요하는 사실을 인정하는 전제가 되는 경우에는 엄격한 증명을 요한다. 판례도 **외국법규의 존재는 엄격한 증명**의 대상이 된다고 판시하고 있다(형법 제6조의 '행위지의 법률에 의하여 범죄를 구성'하는가 여부 : 대법원 1973.5.1, 73도289). [해경간부 12, 경찰승진 10/11]

외국법규의 존재는 엄격한 증명을 요한다는 사례
형법 제6조 단행에 규정한 "행위지의 법률에 의하여 범죄를 구성"하는가 여부에 관하여는 이른바 엄격한 증명을 필요로 한다.

(4) **보조사실 중 보강사실** : 증거의 증명력에 영향을 미치는 사실로서 증거의 증명을 감쇄시키는 사실과 이를 보강하는 사실이 여기에 해당되는바, ① 증명력을 **감쇄시키는 사실**에 대해서는 증거능력이 부정되는 탄핵증거를 가지고도 입증할 수 있으므로 **자유로운 증명**으로 족한 데 비해, ② 주요사실에 대한 증거의 증명력을 **보강하는 보조사실에 대한 증명은 엄격한 증명**을 요한다.

　보충　보강증거 : 엄격한 증명, 탄핵증거 : 자유로운 증명

Ⅲ 자유로운 증명의 대상

1. 정상관계사실

(1) **의의** : 법률에 규정된 형의 가중 · 감면사유 이외에 형의 양정(양형)의 기초가 되는 정상과 관계된 사실을 말한다. 보통 **정상참작**의 '정상'에 해당하는 사실을 말한다.

◙ 피고인의 경력 · 전과 · 성격 · 환경, 범행 후의 정황(죄를 뉘우치는 정황) 등 형의 양형의 조건(형법 제51조), 작량감경(동법 제53조), 선고유예(동법 제59조) · 집행유예(동법 제62조)의 조건이 되는 사실 등.

(2) **원칙** : 형벌권의 범위에 관한 사실이기는 하나, 이러한 일반적인 정상관계사실은 복잡다단한 양상을 띠고 양형은 법관의 재량에 의한다는 점을 고려할 때 **자유로운 증명**으로 족하다(통설 · 판례). [교정9급특채 11]

> **대법원 2010.4.29, 2010도750** [국가7급 18]
>
> 정상관계사실은 자유로운 증명의 대상이라는 사례
>
> 양형의 조건에 관하여 규정한 형법 제51조의 사항은 널리 형의 양정에 관한 법원의 재량사항에 속한다고 해석되므로(대법원 2008.5.29, 2008도1816 등), 법원은 범죄의 구성요건이나 법률상 규정된 형의 가중·감면의 사유가 되는 경우를 제외하고는, 법률이 규정한 증거로서의 자격이나 증거조사방식에 구애됨이 없이 상당한 방법으로 조사하여 양형의 조건이 되는 사항을 인정할 수 있다. 나아가 형의 양정에 관한 절차는 범죄사실을 인정하는 단계와 달리 취급하여야 하므로, 당사자가 직접 수집하여 제출하기 곤란하거나 필요하다고 인정되는 경우 등에는 직권으로 양형조건에 관한 형법 제51조의 사항을 수집·조사할 수 있다.

(3) 예외 : 범죄의 수단·방법이나 피해의 정도는 오히려 공소범죄사실 자체의 내용에 속한다고 할 수 있으므로 엄격한 증명을 요한다.

2. 소송법적 사실

(1) 소송조건의 존부 및 절차진행의 적법성에 관한 사실 : 형벌권의 존부 및 범위와 직접 관계가 없고 소송의 존속과 유지를 위한 조건에 불과하므로 **자유로운 증명**으로 족하다.

> **예** 친고죄에 있어서 고소의 유무(대법원 1999.2.9, 98도2074) [법원9급 13/15, 법원승진 12, 해경간부 12, 경찰승진 11, 경찰채용 12 1차/14 1차/15 2차, 국가9급 22], 즉시고발사건에 있어서 고발의 유무, 친고죄의 고소취소 및 반의사불벌죄의 처벌을 희망하지 않는다는 의사표시 또는 처벌희망 의사표시의 철회의 유무나 효력 여부, 피고인의 구속기간, 공소제기, 관할권의 존재, 피고인신문의 적법성 등.

> ### 🔨 **판례연구** 소송조건 충족에 관한 증명의 정도
>
> **1. 대법원 1999.2.9, 98도2074** [경찰채용 22 2차]
>
> 소송조건은 자유로운 증명의 대상이라는 사례
>
> **친고죄에서의 고소 유무에 대한 사실은 자유로운 증명의 대상이 된다.**
>
> **2. 대법원 2010.10.14, 2010도5610**
>
> 반의사불벌죄에서 '처벌불원의 의사표시' 또는 '처벌희망 의사표시 철회'의 유무나 그 효력에 관한 사실이 엄격한 증명의 대상이 아니라는 사례
>
> 반의사불벌죄에서 피고인 또는 피의자의 처벌을 희망하지 않는다는 의사표시 또는 처벌희망 의사표시 철회의 유무나 그 효력 여부에 관한 사실은 엄격한 증명의 대상이 아니라 증거능력이 없는 증거나 법률이 규정한 증거조사방법을 거치지 아니한 증거에 의한 증명, 이른바 자유로운 증명의 대상이다(대법원 1999.2.9, 98도2074; 1999.5.14, 99도947 등).
>
> **3. 대법원 2001.2.9, 2000도1216; 2021.10.28, 2021도404** [경찰채용 23 1차]
>
> 출입국사범 사건에서 적법한 고발이 있었는지에 관한 증명의 방법
>
> **출입국사범 사건에서 지방출입국·외국인관서의 장의 적법한 고발이 있었는지 여부가 문제되는 경우에 법원은 증거조사의 방법이나 증거능력의 제한을 받지 아니하고 제반사정을 종합하여 적당하다고 인정되는 방법에 의하여 자유로운 증명으로 그 고발 유무를 판단하면 된다.**

(2) 증거의 증거능력 인정을 위한 기초사실 : **자백의 임의성, 진술서의 진정성립, 전문증거의 특신상태** 등을 말하는데, 학설의 대립은 있으나 이 또한 소송법적 사실에 속하므로 **자유로운 증명**으로 족하다는 것이 다수설·판례(대법원 1983.3.8, 83도328; 1986.11.25, 83도1718)이다.[1] 다만, 후술하듯이 거증책임은 검사가 부담한다.

---

1) [참고] 자백의 임의성 등 증거능력 인정의 기초사실에 대한 증명의 정도에 관한 학설
   ① 자유로운 증명설 : 소송법적 사실이므로 자유로운 증명으로 족하다는 입장이다(통설·판례).
   ② 엄격한 증명설 : 피고인에게 중대한 불이익을 초래하는 사실이므로 엄격한 증명의 대상으로 보아야 한다는 입장이다(권오병 176면; 정/백 162면).
   ③ 절충설 : 실체법적 사실과 소송법적 사실을 나누어 보는 것은 지나치게 형식적이므로, 고문, 폭행, 협박, 부당한 장기구속, 기망 등에 의한 자백의 임의성이 다투어지는 경우에는 엄격한 증명의 대상이 되고, 나머지 경우는 자유로운 증명의 대상으로 보아야 한다는 입장이다(신동운 1110면).

⚖ **판례연구** 증거능력 인정의 기초사실에 관한 증명의 정도

1. 대법원 1986.11.25, 83도1718 [국가9급 08, 국가7급 07, 경찰간부 12, 경찰승진 11, 경찰채용 14 1차, 전의경 09]

피의자의 진술에 관하여 공판정에서 그 임의성 유무가 다투어지는 경우에는 법원은 구체적인 사건에 따라 증거조사의 방법이나 증거능력의 제한을 받지 아니하고 제반사정을 종합 참작하여 적당하다고 인정되는 방법에 의하여 **자유로운 증명으로** 그 임의성 유무를 판단하면 된다.

2. 대법원 2001.9.4, 2000도1743 [법원9급 13/20, 교정9급특채 10, 해경간부 12, 경찰승진 11, 경찰채용 14 1차/23 1차]

피고인의 자필로 작성된 진술서의 경우에는 서류의 작성자가 동시에 진술자이므로 진정하게 성립된 것으로 인정되어 (구)형사소송법 제313조 단서에 의하여 그 진술이 특히 신빙할 수 있는 상태하에서 행하여진 때에는 증거능력이 있고, 이러한 특신상태는 증거능력의 요건에 해당하므로(전문증거의 예외요건) 검사가 그 존재에 대하여 구체적으로 주장·입증하여야 하는 것이지만, 이는 소송상의 사실에 관한 것이므로, 엄격한 증명을 요하지 아니하고 자유로운 증명으로 족하다.

> **보충** 위 판례는 피고인의 (수사과정 외) 자필 작성 진술서에 대하여 법 제313조 제1항이 규정한 예외요건(자필 또는 서명 또는 날인이 있을 것 + 성립의 진정의 증명)에서 추가로 특신상태를 검토한 판례이다. 학설에서는, 이 판례에 의하여 피고인의 진술서에 대해서도 특신상태가 요구된다는 입장과 그렇지 않다는 견해가 대립하고 있다.

⚖ **판례연구** 소송법적 사실이지만 엄격한 증명의 대상으로 본 사례

대법원 1970.10.30, 70도1936

소송법적 사실이지만 신분적 재판권에 대해서는 엄격한 증명의 대상으로 본 사례

민간인이 군에 입대하여 군인신분을 취득하였는가의 여부를 판단함에는 엄격한 증명을 요한다.

> **보충** 위 판례는 군인에 대해서는 일반법원이 재판권이 없다는 법률적용의 전제로서 군인신분을 취득하였는가를 엄격한 증명의 대상으로 본 것이다. 재판권의 존부의 문제는 소송조건이나, 현실적으로 중요한 문제임을 고려하여 엄격한 증명의 대상으로 판시한 사례이다. 따지고 보면, 판례는 외국법규의 존재에 대해서도 이것이 소송법적 사실인 재판권의 존부에 관한 사실임에도 엄격한 증명의 대상으로 보고 있다.

---

3. 보조사실 중 탄핵사실

전술하였듯이, 주요사실을 인정하는 증거의 증명력을 보강하는 자료가 되는 사실은 엄격한 증명을 요하나, **증거의 증명력을 탄핵(감쇄)하는 사실은 자유로운 증명**으로 족하다. [경찰간부 12, 경찰승진 11, 경찰채용 09 1차]

Ⅳ 불요증사실

1. 의 의

불요증사실(不要證事實)이란 증명이 필요 없는 사실, 즉 엄격한 증명은 물론 자유로운 증명도 필요 없는 사실을 말한다.

2. 공지의 사실

(1) 의의 : 역사상 명백한 사실이나 자연계의 현저한 사실과 같이 보통의 지식이나 경험이 있는 사람이면 누구나 의심하지 않고 인정하는 사실을 말한다.

(2) 내 용
 ① 상대적 개념 : 공지의 사실은 반드시 모든 사람에게 알려져 있음을 요하지 않고 일정한 범위의 사람에게 일반적으로 알려져 있으면 족하다(대법원 1993.9.28, 93도1730).
 ② 증명 및 반증 : 공지의 사실은 증명을 요하지 않는다. 다만, 반증이 금지되는 것은 아니다.

(3) 법원에 현저한 사실
 ① 의의 : 법원이 그 직무상 명백히 알고 있는 사실을 말한다.
  예 당해 재판부가 이전에 선고한 판결·결정 [경찰간부 13]
 ② 증명 : 형사소송에 있어서 법원에 대한 국민의 신뢰를 확보하고 공정한 재판을 담보하기 위해서는 법관이 알고 있는 사실이라 하더라도 증명을 요한다고 해야 한다(통설). 다만, 자유로운 증명으로 족하다.

3. 추정된 사실

(1) 법률상 추정된 사실 : 전제사실이 증명되면 반증이 없는 한 다른 사실을 인정하도록 법률에 규정되어 있는 경우를 말한다. 다만, 법률상 추정은 법관에게 추정된 사실의 인정이 강제되는 효과가 생기는바, 이는 실체적 진실주의, 자유심증주의 및 무죄추정의 원칙에 반하므로 형사소송에서는 **인정할 수 없다.**[1]

(2) 사실상 추정된 사실

① **의의** : 전제사실에 의하여 다른 사실을 추정하는 것이 논리적으로 합리적인 경우를 말한다.

> **예** 구성요건해당성 인정 → 위법성·책임 사실상 추정

② **증명** : 사실상 추정된 사실은 증명을 요하지 않는다. 그러나 당사자 간에 다툼이 있으면 추정은 즉시 깨지므로 이 경우 증명을 요한다.

4. 거증금지사실

(1) 의의 : 공무원의 직무상 비밀(법 제147조)과 같이 증명으로 인하여 얻게 될 소송법적 이익보다 더 큰 초소송법적 이익 때문에 증명이 금지된 사실을 말한다.

(2) 증명 : 원칙적으로 증명을 요하지 않는다.

V 증거재판주의의 위반

증거에 의하지 아니하고 공소사실 등을 인정하거나, 증거능력이 없는 증거에 의하여 공소사실 등을 인정하거나, 적법한 증거조사를 거치지 않은 증거에 의하여 공소사실 등을 인정하는 경우는 증거재판주의 위반에 해당한다. 이는 판결에 영향을 미친 법률위반에 해당하여 항소이유(제361조의5 제1호) 또는 상고이유(제383조 제1호)가 된다.

> **정리** 증명의 방법과 정도

엄격한 증명	구/위/책/처/형/간/경/법/보 ☆ 명/심/몰 : 자유로운 증명
자유로운 증명	정/소/탄 (정상/소송/탄핵)
불요증	공/추/거
증명의 정도	합리적 의심의 여지가 없는 확신

PART 04 양부

02	거증책임

I 의의

1. 개념 및 종류

(1) 개념 : 거증책임(擧證責任)이란 요증사실의 존부에 대하여 증명이 불충분한 경우에 그로 인하여 불이익을 받게 되는 당사자의 지위를 말한다(실질적 거증책임, 입증책임, 증명책임, burden of proof). 즉, 거증책임은 **소송의 종결단계에서의 증명불능이 있을 때 증명불능으로 인한 불이익**을 누구에게 부담시킬 것인가의 의미를 가진다. 이러한 거증책임은 **처음부터 고정되어 있는 지위**이므로 소송의 진행에 따라 변동되지 않는다.

(2) 종류 : 재판종결단계의 증명불능의 위험부담을 지는 고정적인 법적 지위인 거증책임을 실질적 거증책임이라 하는 데 비해, 재판절차가 진행됨에 따라 일정한 사실을 증명하지 않으면 불이익을 받을 당사자가 부담하는 책임을 형식적 거증책임(입증의 부담)이라 한다. 이는 절차의 진행에 따라 반대당사자에게 이전될 수도 있다.

---

1) [참고] 다만, 환경범죄의 단속에 관한 특별조치법에 따른 불법배출과 위험발생 간의 인과관계의 추정(동법 제11조), 공무원범죄에 관한 몰수특례법에 의한 불법재산의 입증(동법 제7조)에서는 법률상 추정이 인정된다.

CHAPTER 02 증 거 **605**

2. 기 능

거증책임은 당사자의 적극적인 입증활동과 법원의 직권에 의한 증거조사에도 불구하고 사실의 존부에 관하여 법원이 확신에 이르지 못한 경우에 재판불능의 상태에 빠지는 것을 방지하는 법적 장치이다.

3. 소송구조와의 관계

당사자주의하에서는 거증책임을 인정하는 것에 문제가 없다. 다만, 직권주의하에서 거증책임의 개념을 인정할 수 있는가에 대해서는 학설의 대립이 있으나, 당사자주의와 직권주의 소송구조가 다른 모습을 보이는 것은 소송의 진행단계인 반면, 거증책임은 종국판결시에 작용하는 위험부담을 의미하므로 직권주의하에서도 거증책임이 인정된다는 것이 통설에 속한다(거증책임긍정설).[1]

Ⅱ 거증책임의 분배

1. 원칙 – 검사부담

무죄추정의 원칙(제275조의2)과 in dubio pro reo(의심스러울 때에는 피고인에게 유리하게)의 원칙에 따라 범죄의 성립과 형벌권의 발생에 영향을 미치는 모든 사실에 대하여 **검사가 거증책임을 지는 것이 원칙**이다. [국가9급 12]

대법원 2003.12.26, 2003도5255 [법원9급 09, 국가9급 13, 경찰승진 14]

형사재판에 있어서 공소사실에 대한 거증책임 및 증명력의 정도와 민사재판상의 입증책임과의 관계

형사재판에 있어서 공소가 제기된 범죄사실에 대한 입증책임은 검사에 있고, 유죄의 인정은 법관으로 하여금 합리적인 의심을 할 여지가 없을 정도로 공소사실이 진실한 것이라는 확신을 가지게 하는 증명력을 가진 증거에 의하여야 하므로, 그와 같은 증거가 없다면 설령 피고인에게 유죄의 의심이 간다 하더라도 피고인의 이익으로 판단할 수밖에 없으며, 민사재판이었더라면 입증책임을 지게 되었을 피고인이 그 쟁점이 된 사항에 대하여 자신에게 유리한 입증을 하지 못하고 있다 하여 위와 같은 원칙이 달리 적용되는 것은 아니다.

---

2. 적용범위

(1) 공소범죄사실과 처벌조건인 사실

① 공소범죄사실

(가) 구성요건해당사실 및 위법성·책임의 존재 : 검사가 거증책임을 부담한다. [국가9급 13, 교정9급특채 10]

★ 판례연구 구성요건해당사실에 대한 검사의 거증책임

1. 대법원 2010.7.23, 2010도1189 전원합의체

목적범에서의 목적에 대한 거증책임을 검사가 부담한다는 사례

국가보안법 제7조 제5항의 죄는 제1, 3, 4항에 규정된 이적행위를 할 목적으로 문서·도화 기타의 표현물을 제작·수입·복사·소지·운반·반포·판매 또는 취득하는 것으로서 이른바 목적범임이 명백하다. 목적범에서의 목적은 범죄 성립을 위한 초과주관적 위법요소로서 고의 외에 별도로 요구되는 것이므로, 행위자가 표현물의 이적성을 인식하고 제5항의 행위를 하였다고 하더라도 이적행위를 할 목적이 인정되지 아니하면 그 구성요건은 충족되지 아니한다. 그리고 형사재판에서 공소가 제기된 범죄의 구성요건을 이루는 사실에 대한 증명책임은 검사에게 있으므로 행위자에게 이적행위를 할 목적이 있었다는 점은 검사가 증명하여야 하며, 행위자가 이적표현물임을 인식하고 제5항의 행위를 하였다는 사실만으로 그에게 이적행위를 할 목적이 있었다고 추정해서는 아니 된다.

2. 대법원 2014.6.12, 2014도3163

선행차량에 이어 피고인 운전 차량이 피해자를 연속하여 역과하는 과정에서 피해자가 사망한 사례

형사재판에서 공소가 제기된 범죄사실에 대한 증명책임은 검사에게 있고, 유죄의 인정은 법관으로 하여금 합리적인 의심을 할 여지가 없을 정도로 공소사실이 진실한 것이라는 확신을 가지게 하는 증명력을 가진 엄격한 증거에 의하여야 하며, 이러한 법리는 선행차량에 이어 피고인 운전 차량이 피해자를 연속하여 역과하는 과정에서 피해자가 사망한 경우에도 마찬가지로 적용되므로, 피고인이 일으킨 후행 교통사고 당시에 피해자가 생존해 있었다는 증거가 없다면 설령 피고인에게 유죄의 의심이 있다고 하더라도 피고인의 이익으로 판단할 수밖에 없다.

---

1) [참고] 부정설은 배/이/정 533면.

자동차 운전자인 피고인이, 甲이 운전하는 선행차량에 충격되어 도로에 쓰러져 있던 피해자 乙을 다시 역과함으로써 사망에 이르게 하고도 필요한 조치를 취하지 않고 도주하였다고 하여 특가법 위반(도주차량)으로 기소된 경우, 제출된 증거들만으로는 피고인 운전 차량이 2차로 乙을 역과할 당시 아직 乙이 생존해 있었다고 단정하기 어렵다고 본 판례이다. 따라서 이와 달리 보아 피고인에게 유죄를 인정한 원심판결에는 선행 교통사고와 후행 교통사고가 경합하여 피해자가 사망한 경우 후행 교통사고와 피해자의 사망 사이의 인과관계 증명책임에 관한 법리오해 등의 위법이 있다고 판시하였다.

(나) **범죄성립조각사유** : 피고인이 위법성조각사유나 책임조각사유를 주장하는 경우에는 그 부존재에 대해서 검사가 거증책임을 부담한다.

(다) **알리바이** : 피고인의 알리바이 주장에 대해서 법원이 확신을 갖지 못한 경우의 거증책임의 부담에 대해서는 피고인부담설과 검사부담설(다수설)이 대립하나,[1] in dubio pro reo의 원칙에 따라 **검사부담설**이 타당하다. [국가7급 14]

∴ 피고인이 알리바이 주장을 하면, 검사가 알리바이 부존재를 엄격한 증명으로 증명해야 한다는 설명은 앞서 엄격한 증명의 대상 중 간접사실 참조.

② **처벌조건인 사실** : 형벌권 발생의 요건이 되는 사실이므로 객관적 처벌조건의 존재 및 인적 처벌조각사유의 부존재에 대하여 검사가 거증책임을 부담한다.

(2) 형의 가중 · 감면의 사유가 되는 사실

① **형의 가중사유가 되는 사실** : 피고인에 불리한 사실이므로 무죄추정의 원칙상 검사에게 거증책임이 있다. 예 누범전과사실

② **형의 감면사유가 되는 사실** : 비록 형의 감경 · 면제사유이지만 형벌권의 범위에 영향을 미치는 사실이므로 **형의 감면사유의 부존재에 대해서는 검사에게 거증책임**이 있다. 예 심신미약, 자수

(3) 소송법적 사실

① **소송조건의 존부** : 소송조건은 증명의 정도에 있어서는 자유로운 증명의 대상이나, 거증책임의 분배에 있어서는 공소제기의 적법 · 유효요건이 되므로 **검사에게 거증책임**이 있다. 예 친고죄(반의사불벌죄)의 고소 및 그 취소, 공소시효의 완성, 사면 등.

② **증거능력의 전제사실** : 증거를 자기의 이익을 위해 이용하려는 당사자가 그에 대한 거증책임도 부담하는 것이 공평의 원칙에 부합하므로 거증책임은 증거를 제출한 당사자에게 있다(다수설). 따라서 검사가 피고인의 자필진술서(대법원 2001.9.4, 2000도1743) [법원9급 13], 의사의 진단서(대법원 1969.3.31, 69도179), 서증을 증거로 제출한 경우 그 **거증책임도 검사**가 진다. 또한 **자백의 임의성**을 의심할 만한 합리적이고 구체적인 사실에 대해서도 피고인이 증명할 것이 아니고 무죄추정원칙상 **검사가 그 임의성의 의문점을 해소하는 입증**을 해야 한다.[2] [법원9급 15, 국가9급 08/11/13/14/15, 교정9급특채 10]

과거의 판례는 진술의 임의성에 관한 증명은 자유로운 증명의 대상이므로 특별히 입증책임의 분배가 문제되지 않는다는 입장이었으나, 최근에는 위와 같이 자백의 임의성의 거증책임은 검사가 지도록 하고 있다.

🔎 **판례연구** 증거능력의 전제사실의 거증책임

1. 대법원 1970.11.24, 70도2109
서증의 증거능력을 부여하기 위한 입증책임은 그 서증을 증거로 제출한 검사에게 있다.

2. 대법원 2002.10.8, 2001도3931
임의성 없는 진술의 증거능력을 부정하는 취지 및 그 임의성에 대한 입증책임의 소재(= 검사)
임의성 없는 진술의 증거능력을 부정하는 취지는, 허위진술을 유발 또는 강요할 위험성이 있는 상태하에서 행하여진 진술은 그 자체가 실체적 진실에 부합하지 아니하여 오판을 일으킬 소지가 있을 뿐만 아니라 그 진위 여부를 떠나서 진술자의 기본적 인권을 침해하는 위법 부당한 압박이 가하여지는 것을 사전에 막기 위한 것이므로, 그 임의성에 다툼이 있을 때에는 그 임

---

1) [참고] 피고인부담설은 이재상 510면 참조.
2) [참고] 다만, 보다 근본적으로는 증거능력 인정의 전제사실에 대해서는 무죄추정원칙에 의하여 검사가 거증책임을 진다고 보는 것이 타당하다는 것이 근래의 유력설이다.

의성을 의심할 만한 합리적이고 구체적인 사실을 피고인이 입증할 것이 아니고 검사가 그 임의성의 의문점을 해소하는 입증을 하여야 한다. ⋯ 따라서 알선수재 사건의 공여자 등이 별건으로 구속된 상태에서 10여 일 내지 수십여 일 동안 거의 매일 검사실로 소환되어 밤늦게까지 조사를 받았다면 이들은 과도한 육체적 피로, 수면부족, 심리적 압박감 속에서 진술을 한 것으로 보여지므로 이들에 대한 진술조서는 그 임의성을 의심할 만한 사정이 있고, 검사가 그 임의성의 의문점을 해소하는 입증을 하지 못하면 위 진술조서는 증거능력이 없다고 해야 한다. [법원9급 15, 국가9급 08/11/13/14/15, 교정9급특채 10]

3. 대법원 2007.1.11, 2006도7228

증인 구인장 집행불능 상황을 구법 제314조의 기타 사유에 해당한다고 인정할 수 있는 요건

직접주의와 전문법칙의 예외를 정한 형사소송법 제314조의 요건 충족 여부는 엄격히 심사하여야 하고 전문증거의 증거능력을 갖추기 위한 요건에 관한 입증책임은 검사에게 있는 것이므로, 법원이 증인에 대한 구인장 집행불능 상황을 형사소송법 제314조의 '기타 사유로 인하여 진술할 수 없는 때'에 해당한다고 인정할 수 있으려면, 형식적으로 구인장 집행이 불가능하다는 취지의 서면이 제출되었다는 것만으로는 부족하고, 증인에 대한 구인장의 강제력에 기하여 증인의 법정 출석을 위한 가능하고도 충분한 노력을 다하였음에도 불구하고, 부득이 증인의 법정 출석이 불가능하게 되었다는 사정을 검사가 입증한 경우여야 한다.

III 거증책임의 전환

1. 의 의

(1) 개념 : 거증책임의 전환이란 원칙적으로 검사가 부담하는 거증책임이 예외적으로 피고인에게 전가되는 경우를 말한다.

(2) 허용 : 헌법상 무죄추정원칙(제27조 제4항)에 의해 검사가 부담하는 거증책임이 피고인에게로 전환되는 것은 ① **명문의 규정**과 ② **합리적 근거**를 갖춘 경우에만 허용된다.

2. 상해죄의 동시범의 특례

(1) 형법 제263조

① 의의 : "독립행위가 경합하여 상해의 결과를 발생하게 한 경우에 있어서 원인된 행위가 판명되지 아니한 때에는 공동정범의 예에 의한다."

② 내용 : 수사기관의 인과관계의 입증의 곤란을 구제하여 상해의 동시범 중 인과관계가 판명되지 않은 경우에도 상해죄의 기수범으로 처벌할 수 있는 규정이다.

(2) 법적 성격 : ① 법률상 추정설(실체법상 공동정범 의제설), ② 이원설(실체법상 공동정범 의제, 소송법상 거증책임 전환설), ③ 거증책임전환규정설(다수설)이 대립하나,[1] 법률상 추정설에 의하면 사실상 반증이 어려울 뿐만 아니라 실체적 진실주의와 자유심증주의에 의할 때 법률상 추정을 인정할 수는 없다는 점에서 법률상 추정설은 타당하다 할 수 없다. 결론적으로 형법 제263조는 빈번하게 발생하는 상해·폭행사건에 대하여 피고인에게 소송법상 거증책임을 부담시키는 정책적 예외규정으로 파악하는 **거증책임전환규정설**이 타당하다.

3. 명예훼손죄의 위법성조각사유

(1) 형법 제310조 : "제307조 제1항의 행위가 진실한 사실로서 오로지 공공의 이익에 관한 때에는 처벌하지 아니한다."

(2) 법적 성격 : ① 거증책임전환설[2]과 ② 부전환설(검사거증책임부담설, 위법성조각사유설, 통설)이 대립하나,[3] **판례는 거증책임전환설**의 입장이다. 판례에 의하면, **형법 제310조의 공익성과 진실성은 행위자가 증명**하여야 한다. 다만, 그 증명은 엄격한 증거에 의하여야 하는 것은 아니므로 전문증거에 대한 증거능력의 제한을 규정한 법 제310조의2는 적용될 여지가 없다(**자유로운 증명**, 대법원 1996.10.25, 95도1473). [국가9급 13, 교정9급특채 11]

---

1) [참고] 이외 사실상 추정설은 손동권 510면 참조.

2) 신동운 1127면; 임동규 477면. 이 견해는 형법 제310조를 실체법상으로는 위법성조각사유로, 소송법상으로 거증책임전환규정으로 파악한다.

3) [참고 – 학설평가] 형법 제310조는 명예훼손죄의 특별한 위법성조각사유를 정한 데 불과하고, 거증책임의 전환을 인정하기 위해서는 명문규정이 있어야 하는데 동조항은 증명문제에 대해서는 아무런 언급이 없으며, 피고인에게 유리한 규정이라 하여 이를 거증책임전환규정으로 보면 다른 위법성조각사유에 대해서도 유사한 문제가 발생할 수 있다는 점에서, 검사거증책임부담설이 타당하다고 생각된다. 다만, 본서의 특성상 판례로 정리한다.

대법원 1996.10.25, 95도1473 [국가9급 13/20, 교정9급특채 11]

형법 제310조의 위법성조각사유는 거증책임전환규정 : 재건축조합 유인물 사건

공연히 사실을 적시하여 사람의 명예를 훼손한 행위가 형법 제310조의 규정에 따라서 위법성이 조각되어 처벌대상이 되지 않기 위하여는 그것이 진실한 사실로서 오로지 공공의 이익에 관한 때에 해당된다는 점을 행위자가 증명하여야 하는 것이나(대법원 1988.10.11, 85다카29; 1993.6.22, 92도3160; 1996.5.28, 94다33828 등), 그 증명은 유죄의 인정에 있어 요구되는 것과 같이 법관으로 하여금 의심할 여지가 없을 정도의 확신을 가지게 하는 증명력을 가진 엄격한 증거에 의하여야 하는 것은 아니라고 할 것이므로, 이때에는 전문증거에 대한 증거능력의 제한을 규정한 형사소송법 제310조의2는 적용될 여지가 없다고 보아야 한다.

보충 학설에서는 거증책임 부전환설(검사거증책임부담설, 위법성조각사유설)이 통설이다. 통설은 ① 형법 제310조는 명예훼손죄의 특별한 위법성조각사유를 정한 데 불과하고, ② 거증책임의 전환을 인정하기 위해서는 명문규정이 있어야 하는데 동조항은 증명문제에 대해서는 아무런 언급이 없으며, ③ 피고인에게 유리한 규정이라 하여 이를 거증책임전환규정으로 보면 다른 위법성조각사유에 대해서도 유사한 문제가 발생할 수 있다는 점을 논거로 한다.

Ⅳ 입증의 부담과 증거제출책임(참고)

1. 입증의 부담

(1) **의의** : 소송이 진행되어 감에 따라 어느 사실이 증명되지 않음으로써 불리한 판단을 받을 가능성이 있는 당사자가 그 불이익을 면하기 위하여 당해 사실을 증명할 증거를 제출해야 할 부담을 말한다(형식적 거증책임). 기술한 거증책임은 소송의 진행과 관계없이 요증사실의 성질에 따라 고정되어 있으나, 입증의 부담은 소송의 발전에 따라 검사와 피고인 사이에 이전·반전되는 성질을 가진다.

(2) **입증의 정도**

① 검사 : 법관이 유죄의 확신을 갖게 할 정도로 입증해야 한다. 예컨대, 피고인이 자신의 알리바이를 증명하면 그 알리바이를 번복하기 위한 입증의 부담은 검사에게 있다(또한 최종적인 거증책임도 검사가 부담함은 기술하였음).

② 피고인 : 법관에게 확신을 갖게 할 정도로 증명할 필요는 없고, 반대사실의 존재를 의심하게 함으로써 법관의 심증을 방해할 정도이면 족하다.

2. 증거제출책임

(1) **의의** : 영미법상 유리한 사실을 주장하기 위해서 필요한 증거를 제출하여 배심원을 설득해야 할 의무를 말한다(burden of producing evidence). 이 의무를 다하지 아니하면 문제되는 사실의 판단에 있어서 반대사실이 인정되는 불이익을 받게 된다. 철저한 당사자주의에 의한 제도이다.

(2) **도입 여부** : 당사자주의를 강화하긴 하였으나 아직도 직권주의를 병행하고 있는 우리 형사소송구조하에서는 입증의 부담의 문제로 처리하면 족하므로 영미법상 증거제출책임제도를 도입할 필요는 없다(통설).

03 자유심증주의

Ⅰ 의의

1. 개념

(1) **자유심증주의** : **증거의 증명력을 법률로 정하지 않고 법관의 자유로운 판단에 맡기는 주의**를 말한다(증거평가자유원칙, 제308조). 제307조 제1항에 의해 법관은 증거에 의하여 사실을 인정하되(증거재판주의, 엄격한 증명의 원칙), 제308조에 의해 증거의 증명력은 법관의 자유판단에 의하도록 한 것(free evaluation of evidence, freie Beweiswürdigung)은, 법관이 증거능력 있는 증거 중 필요한 증거를 채택·사용하고 채택한 증거의 실질적인 가치를 평가하여 사실을 인정하는 것은 어디까지나 **법관의 자유심증**에 속한다는 의미이다. 따라서

충분한 증명력이 있는 증거를 합리적인 근거 없이 배척하거나 반대로 객관적인 사실에 명백히 반하는 증거를 합리적 근거 없이 채택·사용하는 등으로 **논리와 경험의 법칙에 어긋나는 것이 아닌 이상, 법관은 자유심증으로 증거를 채택하여 사실을 인정**할 수 있다.

(2) 구별개념 : **자유심증주의와 상반되는 개념이 법정증거주의**이다. 이는 증거의 증명력을 적극적 또는 소극적으로 법률로써 정해 놓는 주의를 말한다. [법원행시 03]

2. 평 가

(1) 법정증거주의 : 법관의 자의를 방지할 수 있는 장점이 있으나, 천차만별한 증거의 증명력을 획일적으로 규정하면 실체적 진실발견에는 부당한 결과를 초래할 수 있고 자백의 증명력을 최고로 보므로 강압수사가 행하여질 수 있다는 단점이 있다.

(2) 자유심증주의 : 법관이 사실을 인정하는 데 아무런 법률적 구속을 받지 아니하고 구체적으로 타당한 증거가치를 평가하여 사안의 진상을 파악함으로써 **실체적 진실발견에 기여할 수 있다는 장점**이 있다. [교정9급특채 10] 반면 사실의 인정이 법관의 자의에 흐를 위험성이 있으므로 이를 방지하기 위한 제도적 장치가 요구된다.

Ⅱ 내 용

1. 자유판단의 주체

(1) 법관 : "**증거의 증명력은 법관의 자유판단에 의한다**(제308조)." 즉, 증명력 판단의 주체는 수소법원인 합의부 또는 단독판사가 아니라 **개개의 법관**이 된다.

(2) 합의부 : 합의부에 있어서는 그 구성원인 각 법관의 자유심증의 결과를 합의의 방식으로 결정한다.

> [보충] 국민참여재판의 경우에는 각 배심원이 증명력 판단의 주체가 되나, 배심원의 평결은 법원을 기속하지 않는다(국참 제46조 제5항).

2. 자유판단의 대상

(1) 증명력

① 의의 : 증거능력의 요건은 법률에 규정되어 있으므로, 법관이 자유롭게 판단할 수 있는 것은 **증거의 증명력**이다. [국가급 08] 여기서 증명력이란 요증사실의 인정을 위한 증거의 실질적 가치를 의미하는바, 증명력은 다시 증거의 신용력과 협의의 증명력으로 나뉜다.

② 증거의 신용력 : 요증사실과의 관계를 떠나 증거 자체가 진실일 가능성을 말한다.

③ 협의의 증명력 : 증거의 신용력을 전제로 하여 증거가 요증사실의 존재를 인정하게 하는 힘(추인력)을 말한다.

(2) 증 거

① 증거의 범위 : 증거는 엄격한 증명의 자료로 사용되는 것뿐만 아니라 자유로운 증명의 자료로 사용되는 증거도 모두 자유심증주의에 의한 증명력 판단의 대상이 된다. 엄격한 증명의 경우에는 증거능력이 있고 적법한 증거조사절차에 의하여 법관에게 제출된 증거만이 증명력 판단의 대상이 되고, 자유로운 증명의 경우에는 이러한 제한이 없다.

② 변론의 전취지 : 증명력 판단의 대상은 '증거'이므로, 민사소송에 있어서와 같이 변론의 전취지(변론의 태도 등)의 참작에 의한 자유심증은 허용되지 않는다.

3. 자유판단의 의미

(1) 자유판단 : 법관이 증거의 증명력을 판단함에 있어서 **법률적 제한을 받지 않는다**는 것을 말한다. 즉, **증거의 취사와 이를 근거로 한 사실의 인정**은 그것이 경험칙에 위배된다는 등의 특단의 사정이 없는 한 **사실심법원의 전권**에 속한다(대법원 1988.4.12, 87도2709) [국가9급 09]. 따라서 법관은 증거능력이 있는 증거라 하더라도 증명력 없음을 이유로 배척할 수 있다. 다만, 자유심증주의를 규정한 제308조가 증거의 증명력을 법관의

자유판단에 의하도록 한 것은 그것이 실체적 진실발견에 적합하기 때문이라 할 것이므로, 증거판단에 관한 전권을 가지고 있는 사실심법관은 **사실인정에 있어 공판절차에서 획득된 인식과 조사된 증거를 남김 없이 고려**하여야 한다(대법원 2004.6.25, 2004도2221).

(2) **구체적 고찰** : 증인의 증언, 피고인의 진술, 감정인의 의견, 증거서류, 일부증거·종합증거, 간접증거 등의 증명력 판단에 대해서 모두 자유심증주의가 적용된다(아래에서는 각 증거별로 자유심증주의에 의하여 증명력을 인정한 판례들을 정리함).

① **피고인의 자백 등 진술** : 자백이라 하더라도 다른 증거에 비해 우월적 증거가치가 인정되는 것은 아니다. 따라서 법관은 **자백과는 다른 사실을 인정할 수도 있다.** 또한 반대로 공동피고인의 진술에도 불구하고 피고인의 부인진술을 신빙할 수도 있거나 피고인의 자백을 신빙하여 범죄사실을 인정할 수도 있다(대법원 1995.12.8, 95도2043). 한편 **검찰에서의 피고인의 자백**이 법정진술과 다르다거나 피고인에게 지나치게 불리한 내용이라는 사유만으로 자백의 신빙성이 의심스럽다고 할 수는 없다(대법원 2010.7.22, 2009도1151). 다만, 위와 같은 법리에도 불구하고, 허위자백의 위험을 배제할 수 없기 때문에, **자백은 보강증거가 있는 경우에 한하여 유죄의 증거**로 할 수 있을 뿐이다(헌법 제12조 제7항, 법 제310조)(자백보강법칙에서 후술함).

---

1. 대법원 2010.7.22, 2009도1151

검찰에서의 피고인의 자백이 법정진술과 다르거나 피고인에게 지나치게 불리한 경우의 증명력

검찰에서의 피고인의 자백이 법정진술과 다르다거나 피고인에게 지나치게 불리한 내용이라는 사유만으로는 그 자백의 신빙성이 의심스럽다고 할 수는 없는 것이고, 자백의 신빙성 유무를 판단함에 있어서는 자백의 진술 내용 자체가 객관적으로 합리성을 띠고 있는지, 자백의 동기나 이유가 무엇이며, 자백에 이르게 된 경위는 어떠한지 그리고 자백 이외의 정황증거 중 자백과 저촉되거나 모순되는 것이 없는지 하는 점 등을 고려하여 피고인의 자백에 법 제309조에 정한 사유 또는 자백의 동기나 과정에 합리적인 의심을 갖게 할 상황이 있었는지를 판단하여야 한다(대법원 2001.9.28, 2001도4091; 2008.6.26, 2008도1994 등).

2. 대법원 2016.10.13, 2015도17869

피고인이 수사기관에서부터 공판기일에 이르기까지 일관되게 범행을 자백하다가 어느 공판기일부터 갑자기 자백을 번복한 경우, 자백 진술의 신빙성 유무를 판단할 때 고려하여야 할 사항

자백의 신빙성 유무를 판단할 때에는 자백 진술의 내용 자체가 객관적으로 합리성이 있는지, 자백의 동기나 이유는 무엇이며, 자백에 이르게 된 경위는 어떠한지, 그리고 자백 외의 정황증거 중 자백과 저촉되거나 모순되는 것은 없는지 등 제반 사정을 고려하여 판단하여야 한다(대법원 1985.2.26, 82도2413; 2013.11.14, 2013도10277 등). 나아가 피고인이 수사기관에서부터 공판기일에 이르기까지 일관되게 범행을 자백하다가 어느 공판기일부터 갑자기 자백을 번복한 경우에는, 자백 진술의 신빙성 유무를 살피는 외에도 자백을 번복하게 된 동기나 이유 및 경위 등과 함께 수사기관 이래의 진술 경과와 그 진술의 내용 등에 비추어 번복 진술이 납득할 만한 것이고 이를 뒷받침할 증거가 있는지 등을 살펴보아야 한다(번복 진술을 신빙하지 않고 자백 진술을 신빙함).

---

② **증인의 증언** : ㉠ 증인의 성년·미성년, 책임능력, 선서의 유무를 불문하고 **증언의 증명력에는 법적 차이가 없다**(증언의 취사선택의 자유). 따라서 법관은 자유롭게 증거의 취사선택을 할 수 있고, 모순되는 증거 가운데 어떤 증언을 믿을 것인가도 자유롭게 결정할 수 있다. 예컨대, 선서한 증인의 증언과 선서하지 아니한 증인(선서무능력자)의 증언 중에서도 법관은 선서하지 아니한 증인의 증언의 증명력을 인정하여 **선서한 증인의 증언을 배척할 수 있고** [법원행시 03], 본래증거인 공판정 진술보다 **전문증거에 보다 높은 증명력**을 부여할 수도 있다. [경찰간부 14] 다만, ㉡ 피고인이 범죄사실을 부인하고 객관적 물증이 없는 사건에서 **유일한 증인의 증언은 합리적 의심을 배제할 만한 신빙성**이 있어야 한다(대법원 2014.4.10, 2014도1779). 물론 이 경우에도 ㉢ **증인이 수사기관에서의 진술을 법정에서 번복하였다 하더라도 수사기관에서의 진술의 신빙성은 그 자체로서 판단하여야 하며 이를 번복하였다는 이유로 신빙성을 부정할 수는 없다**(대법원 2015.8.20, 2013도11650 전원합의체).

⚖️ 판례연구 증인의 증언에 대한 법관의 자유판단

1. 대법원 1980.4.8, 79도2125 [국가7급 08/11]

증거보전 절차에서의 진술과 자유심증주의

증거보전 절차에서의 진술이 법원의 관여하에 행하여지는 것(∴ 증거능력 ○)으로서 수사기관에서의 진술보다 임의성이 더 보장되는 것이기는 하나 보전된 증거가 항상 진실이라고 단정지을 수는 없는 것이므로 법원이 그것을 믿지 않을 만한 사유가 있어서 믿지 않는 것에 자유심증주의의 남용이 있다고 볼 수 없다.

2. 대법원 1988.6.28, 88도740 [국가7급 11, 경찰승진 12]

같은 사람의 검찰에서의 진술과 법정에서의 진술이 다른 경우의 증거의 취사

증거의 취사와 사실인정은 채증법칙에 위반되지 아니하면 사실심의 전권사항에 속하는 것이고 같은 사람의 검찰에서의 진술과 법정에서의 증언이 다를 경우 반드시 후자를 믿어야 된다는 법칙은 없다고 할 것이므로 같은 사람의 법정에서의 증언과 다른 검찰에서의 진술을 믿고서 범죄사실을 인정하더라도 그것이 위법하게 진술된 것이 아닌 이상 자유심증에 속한다.

3. 대법원 1991.5.10, 91도579

선서무능력자의 증언도 신빙할 수 있다는 사례

사고 당시는 만 3년 3월 남짓, 증언 당시는 만 3년 6월 남짓된 강간치상죄의 피해자인 여아가 피해상황에 관하여 비록 구체적이지는 못하지만 개괄적으로 물어 본 검사의 질문에 이를 이해하고 고개를 끄덕이는 형식으로 답변함에 대하여 증언능력이 있음을 인정할 수 있다.

4. 대법원 2015.8.20, 2013도11650 전원합의체 : 전 국무총리 사건

증인이 수사기관에서의 진술을 법정에서 번복하였음에도 수사기관에서의 진술의 신빙성을 인정한 사례

국회의원인 피고인이 甲 주식회사 대표이사 乙에게서 3차례에 걸쳐 약 9억원의 불법정치자금을 수수하였다는 내용으로 기소되었는데, 乙이 검찰의 소환 조사에서는 자금을 조성하여 피고인에게 정치자금으로 제공하였다고 진술하였다가, 제1심 법정에서는 이를 번복하여 자금 조성 사실은 시인하면서도 피고인에게 정치자금으로 제공한 사실을 부인하고 자금의 사용처를 달리 진술한 경우, 공판중심주의와 실질적 직접심리주의 등 형사소송의 기본원칙상 검찰진술보다 법정진술에 더 무게를 두어야 한다는 점을 감안하더라도, 乙의 법정진술을 믿을 수 없는 사정 아래에서 乙이 법정에서 검찰진술을 번복하였다는 이유만으로 조성 자금을 피고인에게 정치자금으로 공여하였다는 검찰진술의 신빙성이 부정될 수는 없고, 진술 내용 자체의 합리성, 객관적 상당성, 전후의 일관성, 이해관계 유무 등과 함께 다른 객관적인 증거나 정황사실에 의하여 진술의 신빙성이 보강될 수 있는지, 반대로 공소사실과 배치되는 사정이 존재하는지 두루 살펴 판단할 때 자금 사용처에 관한 乙의 검찰진술의 신빙성이 인정되므로, 乙의 검찰진술 등을 종합하여 공소사실을 모두 유죄로 인정한 원심판단에는 자유심증주의의 한계를 벗어나는 등의 잘못이 없다.[1]

5. 대법원 2017.1.25, 2016도15526

이태원 살인사건

형사재판에서 유죄의 인정은 법관으로 하여금 합리적인 의심을 할 여지가 없을 정도로 공소사실이 진실한 것이라는 확신을 갖도록 할 수 있는 증명력을 가진 증거에 의하여야 한다. 여기에서 말하는 합리적 의심이란 모든 의문이나 불신을 말하는 것이 아니라 논리와 경험법칙에 기하여 증명이 필요한 사실과 양립할 수 없는 사실의 개연성에 대한 합리적인 의문을 의미한다. 따라서 단순히 관념적인 의심이나 추상적인 가능성에 기초한 의심은 합리적 의심에 포함되지 않는다. 법관은 반드시 직접증거로만 범죄사실에 대한 증명이 있는지를 판단하는 것은 아니고, 직접증거와 간접증거를 종합적으로 고찰하여 논리와 경험의 법칙에 따라 범죄사실에 대한 증명이 있는 것으로 판단할 수 있다. 피고인이 1997.4.3. 21:50경 이태원 버거킹 화장실에서 피해자 甲을 칼로 찔러 乙과 공모하여 甲을 살해하였다는 내용으로 기소된 경우, 甲은 피고인과 乙만 있던 화장실에서 칼에 찔려 사망하였고, 피고인과 乙은 서로 상대방이 甲을 칼로 찔렀고 자신은 우연히 그 장면을 목격하였을 뿐이라고 주장하나, 범행 현장에 남아 있던 혈흔 등에 비추어 乙의 주장에는 특별한 모순이 발견되지 않은 반면 피고인의 주장에는 쉽사리 해소하기 힘든 논리적 모순이 발생하는 점, 범행 이후의 정황에 나타난 여러 사정들 역시 피고인이 甲을 칼로 찌르는 것을 목격하였다는 乙의 진술의 신빙성을 뒷받침하는 점 등 제반 사정을 종합하면, 피고인이 甲을 칼로 찔러 살해하였음이 합리적인 의심을 할 여지가

---

1) [위 전원합의체 판결의 소수의견] ① 수사기관이 피고인 아닌 사람을 상대로 증거를 수집하면서 헌법과 형사소송법이 정한 절차에 따르지 아니하여 증거능력이 부정되는 정도에까지는 이르지 아니하였더라도, 피고인 아닌 사람을 소환하여 진술을 듣고 이를 조서로 작성하는 일련의 증거수집 과정이 수사의 정형적 형태를 벗어남으로써 실체적 진실 규명과 기본적 인권 보장을 목표로 하는 형사사법절차의 존재 의의와 목적에 비추어 수사의 상당성을 인정하기 어렵고 그 과정에 허위가 개입될 여지가 있을 경우에는, 진술조서의 진술기재의 신빙성을 인정하려면 그것을 뒷받침할 객관적인 증거나 정황사실이 존재한다는 특별한 사정이 있어야 한다. 그리고 ② 공판중심주의 원칙과 전문법칙의 취지에 비추어 보면, 피고인 아닌 사람이 공판기일에 선서를 하고 증언하면서 수사기관에서 한 진술과 다른 진술을 하는 경우에, 공개된 법정에서 교호신문을 거치고 위증죄의 부담을 지면서 이루어진 자유로운 진술의 신빙성을 부정하고 수사기관에서 한 진술을 증거로 삼으려면 이를 뒷받침할 객관적인 자료가 있어야 한다. 이때 단순히 추상적인 신빙성의 판단에 그쳐서는 아니 되고, 진술이 달라진 데 관하여 그럴 만한 뚜렷한 사유가 나타나 있지 않다면 위증죄의 부담을 지면서까지 한 법정에서의 자유로운 진술에 더 무게를 두어야 함이 원칙이다. → 이렇게 출제되면 틀린 지문임.

없을 정도로 충분히 증명되었다고 본 원심판단은 정당하다.

보충 한편 거짓말탐지기 검사 결과, 피고인의 진술에 대하여는 거짓으로 진단할 수 있는 특이한 반응이 나타나지 않은 반면, 공소외 1(乙)의 진술에 대하여는 거짓으로 진단할 수 있는 현저한 반응이 나타났다. 그러나 거짓말탐지기 검사 결과가 항상 진실에 부합한다고 단정할 수 없을 뿐 아니라, 검사를 받는 사람의 진술의 신빙성을 가늠하는 정황증거로서 기능을 하는 데 그치므로, 그와 같은 검사결과만으로 범행 당시의 상황이나 범행 이후 정황에 부합하는 공소외 1 진술의 신빙성을 부정할 수 없다. [국가7급 23]

6. 대법원 2018.10.25, 2018도7709

피해자 진술의 신빙성 판단

피해자 등의 진술은 그 진술 내용의 주요한 부분이 일관되며, 경험칙에 비추어 비합리적이거나 진술 자체로 모순되는 부분이 없고, 또한 허위로 피고인에게 불리한 진술을 할 만한 동기나 이유가 분명하게 드러나지 않는 이상, 그 진술의 신빙성을 특별한 이유 없이 함부로 배척해서는 아니 된다. … 강간죄에서 공소사실을 인정할 증거로 사실상 피해자의 진술이 유일한 경우에 피고인의 진술이 경험칙상 합리성이 없고 그 자체로 모순되어 믿을 수 없다고 하여 그것이 공소사실을 인정하는 직접증거가 되는 것은 아니지만, 이러한 사정은 법관의 자유판단에 따라 피해자 진술의 신빙성을 뒷받침하거나 직접증거인 피해자 진술과 결합하여 공소사실을 뒷받침하는 간접정황이 될 수 있다.

7. 대법원 2020.8.20, 2020도6965; 2020.9.3, 2020도8533; 2020.10.29, 2019도4047

성폭력범죄 피해자 진술의 신빙성 판단과 피해자다움의 문제

(제1심이 증인신문을 거쳐 신빙성을 인정한 성폭력범죄 피해자의 진술 등에 대하여 항소심이 추가 증거조사 없이 '피해자다움'이 나타나지 않는다는 등의 사정을 들어 신빙성을 배척하는 것이 타당한가의 문제) 성폭행 피해자의 대처 양상은 피해자의 성정이나 가해자와의 관계 및 구체적인 상황에 따라 다르게 나타날 수밖에 없다. 따라서 개별적, 구체적인 사건에서 성폭행 등의 피해자가 처하여 있는 특별한 사정을 충분히 고려하지 않은 채 피해자 진술의 증명력을 가볍게 배척하는 것은 정의와 형평의 이념에 입각하여 논리와 경험의 법칙에 따른 증거판단이라고 볼 수 없다(대법원 2018.10.25, 2018도7709). 범행 후 피해자의 태도 중 '마땅히 그러한 반응을 보여야만 하는 피해자'로 보이지 않는 사정이 존재한다는 이유만으로 피해자 진술의 신빙성을 함부로 배척할 수 없다.

유사 피해자라도 본격적으로 문제제기를 하게 되기 전까지는 피해사실이 알려지기를 원하지 아니하고 가해자와 종전의 관계를 계속 유지하는 경우도 적지 아니하다. 이러한 양상은 결속력이 강하고 폐쇄적인 군부대 내에서 벌어진 성폭력 범행의 경우 더욱 현저할 수 있으므로 범행 후 피해자의 행동을 가지고 범행에 대한 피해자 진술의 신빙성을 판단함에 있어서는 이러한 점이 충분히 고려되어야 한다(대법원 2022.9.29, 2020도11185).

보충 성폭력피해자의 피해자다움이 나타나지 않는다는 이유로 성폭력피해자 진술의 증명력(신빙성)을 함부로 배척할 수 없다는 판례는 최근에도 다수 내려졌다(대법원 2020.5.14, 2020도2433; 2020.8.20, 2020도6965, 2020전도74 병합; 2020.9.7, 2020도8016; 2020.9.24, 2020도7869; 2021.3.11, 2020도15259 등).

8. 대법원 2022.11.10, 2021도230

추행 즉시 행위자에게 항의하지 않은 사정 등과 피해자 진술의 신빙성 판단

누구든지 일정 수준의 신체접촉을 용인하였더라도 자신이 예상하거나 동의한 범위를 넘어서는 신체접촉을 거부할 수 있고, 피해상황에서 명확한 판단이나 즉각적인 대응을 하는 데에 어려움을 겪을 수 있다(대법원 2022.8.19, 2021도3451). 성추행 피해자가 추행 즉시 행위자에게 항의하지 않은 사정만으로 곧바로 피해자 진술의 신빙성을 부정할 것이 아니고(대법원 2020.9.24, 2020도7869), 피해자가 성추행 피해를 당하고서 즉시 항의하거나 반발하는 등의 거부의사를 밝히는 대신 그 자리에 가만히 있었다는 사정만으로 강제추행죄의 성립이 부정된다고 볼 수도 없다(대법원 2020.3.26, 2019도15994). … 범죄 피해자가 적극적으로 범행 관련 증거를 확보하고, 언론사에 관련 제보를 하거나 가해자에게 합의금을 요구하는 등 자신의 피해를 변상받기 위해 적극적으로 행동하는 것은 범죄 피해자로서 충분히 예상되는 행동이고 그 과정에서 통상적인 수준을 넘는 액수의 합의금을 요구하였다는 사정만으로 피해자 진술의 신빙성을 배척할 수는 없는바, 원심이 든 사정만으로 피해자 진술의 신빙성을 배척하기는 어렵다.

③ **감정인의 의견** : 법관은 감정인의 감정의견에 구속되지 않으므로, 법관은 **감정결과에 반하는 사실을 인정할 수 있고**(대법원 1971.3.31, 71도212; 1990.11.27, 90도2210; 1995.2.24, 94도3163) [법원행시 03], 감정의견이 상충된 경우에 **다수의견을 따르지 않고 소수의견을 따를 수 있고, 여러 의견 가운데 각각 일부를 채용**하여도 무방하나(대법원 1976.3.23, 75도2068), **상반된 과학적 분석기법을 사용한 감정에 대해서는 면밀한 심리**를 거쳐 증명력을 판단하여야 한다(대법원 2014.2.13, 2013도9605).

대법원 1976.3.23, 75도2068

감정의견의 판단과 그 채부에 대한 자유심증

감정의견의 판단과 그 채부 여부는 법원의 자유심증에 따르며 법원이 감정결과를 전문적으로 비판할 능력을 가지지 못하는 경

우에는 그 결과가 사실상 존중되는 수가 많게 된다 해도 감정의견은 법원이 가지고 있지 못한 경험칙 등을 보태준다는 이유로 항상 따라야 하는 것도 아니고 감정의견이 상충된 경우 다수 의견을 안 따르고 소수 의견을 채용해도 되고 여러 의견 중에서 그 일부씩을 채용하여도 무방하며 여러 개의 감정의견이 일치되어 있어도 이를 배척하려면 특별한 이유를 밝히거나 또는 반대감정의견을 구하여야 된다는 법리도 없다.

④ 증거서류 : 서증도 인적 증거와 마찬가지로 그 증명력은 자유판단의 대상이다. 따라서 **공판조서의 기재 내용이라 하더라도 공판정 외에서 작성된 조서의 기재내용보다 그 증명력이 강하지 않고**, 피고인의 공판정 진술도 증거서류에 기재된 내용보다 우월한 증명력을 가지는 것도 아니다. 다만, **수사기관이 원진술자의 진술을 기재한 조서는 원본증거인 원진술자의 진술에 비하여 본질적으로 낮은 정도의 증명력**을 가질 수밖에 없다는 한계도 지니고 있다(대법원 2006.12.8, 2005도9730 : 증거동의를 하였지만 반대신문이 이루어지지 못하여 증명력을 부정한 사례).

🔨 **판례연구** 증거서류의 증명력 판단

1. **대법원 1983.3.8, 81도3148**
   형사재판에 있어서 처분문서의 배척시 이유설시의 요부
   형사재판에 있어서는 (민사재판과는 달리-필자 주) 처분문서라 하여도 이를 배척하는 이유설시를 하여야 한다는 법칙이 없으며, 경험법칙 내지는 논리측에 위배되지 아니하는 한 그 증거취사는 사실심의 전권에 속한다.

2. **대법원 1986.9.23, 86도1547** [경찰채용 21 2차, 경찰간부 15]
   동일인의 경찰자신서, 검찰 피신조서, 다른 사건 공판조서 및 법정에서의 진술이 서로 다를 경우의 채증방법
   경찰에서의 자술서, 검사 작성의 각 피의자신문조서, 다른 형사사건의 공판조서의 기재와 당해 사건의 공판정에서의 같은 사람의 증인으로서의 진술이 상반되는 경우 반드시 공판정에서의 증언은 믿어야 된다는 법칙은 없고, 상반된 증언, 감정 중에 그 어느 것을 사실인정의 자료로 인용할 것인가는 사실심법원의 자유심증에 속한다.

---

⑤ 동일증거의 일부와 종합증거 : ㉠ 법관은 **하나의 증거의 일부만을 믿을 수도 있고** [국가9급 09/15, 경찰승진 09], ㉡ 단독으로는 증명력이 없는 여러 증거가 불가분적으로 결합하여 단일증거로는 인정되지 않던 증명력을 가지게 된 경우와 같은 **종합증거에 의한 사실인정도 가능**하다. [법원행시 03] 종합증거에 있어서는 그 가운데 모순되는 증거가 있거나 위법증거가 있는 경우가 문제되는바, 이러한 증거를 제외하고도 범죄사실을 인정할 수 있고 이것이 논리칙과 경험칙에 반하지 아니한다면 유죄의 증명력을 가질 수 있다.

🔨 **판례연구** 동일증거의 일부 및 종합증거의 증명력에 대한 자유판단

1. **대법원 1980.3.11, 80도145** [국가9급 09, 경찰승진 09/22]
   진술조서의 기재 중 일부만을 믿어도 무방함
   진술조서의 기재 중 일부분을 믿고 다른 부분을 믿지 아니한다고 하여도 그것이 곧 부당하다고 할 수 없다.

2. **대법원 1995.12.8, 95도2043** [국가9급 15]
   공동피고인 중 1인이 한 자백의 증명력 : 일부증거로도 사용 가능
   공동피고인 중의 1인이 다른 공동피고인들과 공동하여 범행을 하였다고 자백한 경우, 반드시 그 자백을 전부 믿어 공동피고인들 전부에 대하여 유죄를 인정하거나 그 전부를 배척하여야 하는 것은 아니고, 자유심증주의의 원칙상 법원으로서는 자백한 피고인 자신의 범행에 관한 부분만을 취신하고, 다른 공동피고인들이 범행에 관여하였다는 부분을 배척할 수 있다.

3. **대법원 1994.2.8, 93도1936**
   범죄사실 인정에 핵심적이고 유일한 진술증거의 모순된 진술 부분을 그대로 둔 채 이를 유죄의 증거로 삼을 수 있는지 여부 및 일부에 부분적으로 모순이 있는 증거를 종합하여 범죄사실을 인정할 수 있는 경우
   어느 범죄사실을 인정함에 있어 핵심적이고 유일한 진술증거가 그 내용에 있어 전후 모순되고 일관성이 없는 경우 그 어느 때의 진술이 신빙성이 있는지의 여부에 대한 심리 판단 없이 그 모순된 진술부분을 그대로 둔 채 이를 모두 유죄의 증거로 채택하는 것은 잘못이라 하겠고(대법원 1977.7.26, 76도2949), 핵심부분이 서로 모순되고 양립될 수 없는 증거를 취사선택함이 없이 이를 그대로 종합하여 하나의 사실을 인정하는 증거로 삼는 것도 원칙적으로 허용되어서는 안 될 것이나, 이 사건과 같이 여

러 개의 증거를 종합하여 범죄사실을 인정하는 경우 종합증거 중의 일부에 부분적으로 모순되는 점이 있다고 하더라도 이것이 핵심적인 것이 아니고 이를 제외한 나머지 증거를 종합하여 그 범죄사실을 인정할 수 있으며, 이것이 논리법칙이나 경험법칙에 반하는 것이 아니라면 위법하다고 할 수 없을 것이다(대법원 1961.7.13, 4294형상194).

4. 대법원 2015.5.14, 2015도119; 2004.9.13, 2004도3163

유죄의 심증이 반드시 직접증거에 의하여 형성되어야만 하는 것은 아니고 경험과 논리의 법칙에 위반되지 아니하는 한 간접 증거에 의하여 형성되어도 되는 것이며(대법원 1993.3.23, 92도3327; 1997.7.25, 97도974; 2000.2.25, 99도1252 등), 간접증거가 개별적으로는 범죄사실에 대한 완전한 증명력을 가지지 못하더라도 전체 증거를 상호 관련하에 종합적으로 고찰할 경우 그 단독으로는 가지지 못하는 종합적 증명력이 있는 것으로 판단되면 그에 의하여도 범죄사실을 인정할 수 있다.

> **보충** 다만, 원심은 자살이 아니라는 피해자의 진술과 포카리스웨트 PT병에 묻은 피고인의 지문 등에만 의존한 나머지 피고인이 피해자 몰래 유리잔에 농약을 따라 피해자로 하여금 마시게 하여 살해하였다는 이 사건 공소사실을 유죄로 인정하였으니, 이러한 원심판결에는 논리와 경험의 법칙을 위반하여 자유심증주의의 한계를 벗어나거나 이유가 모순되는 등의 위법이 있다(간접증거에 의하여더라도 종합적 증명력 ×, 2005도119).

⑥ 간접증거 : 법관의 심증은 반드시 직접증거에 의하여 형성되어야 하는 것은 아니므로, 주요사실을 추론하게 하는 관련사실을 증명하는 **간접증거(정황증거)에 의하여 사실을 인정할 수 있다**(대법원 2008.11.27, 2007도4977). 다만, 간접증거에 의하여 사실을 인정하기 위해서는 ㉠ 추리과정이 **논리칙과 경험칙에 반**하지 않아야 하고, ㉡ 간접증거를 **개별적·고립적으로 평가하여서는 아니 되고** 모든 관점에서 빠짐없이 **상호 관련시켜 종합적으로 평가**하고, **치밀하고 모순 없는 논증**을 하여야 함은 기술한 바와 같다(대법원 2009.3.12, 2008도8486; 2004.6.25, 2004도2221)(증거의 종류 참조). [국가7급 08]

대법원 2011.1.27, 2010도12728

상해의 피해자가 제출하는 '상해진단서'의 증명력

상해죄의 피해자가 제출하는 상해진단서는 일반적으로 의사가 당해 피해자의 진술을 토대로 상해의 원인을 파악한 후 의학적 전문지식을 동원하여 관찰·판단한 상해의 부위와 정도 등을 기재한 것으로서 ① 거기에 기재된 상해가 곧 피고인의 범죄행위로 인하여 발생한 것이라는 사실을 직접 증명하는 증거가 되기에 부족한 것이지만, ② 그 상해에 대한 진단일자 및 상해진단서 작성일자가 상해 발생시점과 시간상으로 근접하고 상해진단서 발급 경위에 특별히 신빙성을 의심할 만한 사정이 없으며 거기에 기재된 상해의 부위와 정도가 피해자가 주장하는 상해의 원인 내지 경위와 일치하는 경우에는, 그 무렵 피해자가 제3자로부터 폭행을 당하는 등으로 달리 상해를 입을 만한 정황이 발견되거나 의사가 허위로 진단서를 작성한 사실이 밝혀지는 등의 특별한 사정이 없는 한, 그 상해진단서는 피해자의 진술과 더불어 피고인의 상해 사실에 대한 유력한 증거가 되고, 합리적인 근거 없이 그 증명력을 함부로 배척할 수 없다고 할 것이다(대법원 2007.5.10, 2007도136).

---

⑦ 과학적 증거 : 유전자검사나 혈액형검사 등 과학적 증거방법은 그 전제로 하는 사실이 모두 진실임이 입증되고 그 추론의 방법이 과학적으로 정당하여 오류의 가능성이 전무하거나 무시할 정도로 극소한 것으로 인정되는 경우에는 **법관이 사실인정을 함에 있어 상당한 정도로 구속력**을 가지므로, 비록 사실의 인정이 사실심의 전권이라 하더라도 **아무런 합리적 근거 없이 함부로 이를 배척하는 것은 자유심증주의의 한계를 벗어나는 것으로서 허용될 수 없다**(대법원 2007.5.10, 2007도1950).

🔨 **판례연구** 과학적 증거의 높은 신빙성을 인정한 사례

1. 대법원 2004.2.13, 2003도6905

호흡측정기에 의한 음주측정치와 혈액검사에 의한 음주측정치가 불일치한 경우, 증거취사선택의 방법

도로교통법 제41조 제2항에서 말하는 '측정'이란, 측정결과에 불복하는 운전자에 대하여 그의 동의를 얻어 혈액채취 등의 방법으로 다시 측정할 수 있음을 규정하고 있는 같은 조 제3항과의 체계적 해석상, 호흡을 채취하여 그로부터 주취의 정도를 객관적으로 환산하는 측정방법, 즉 호흡측정기에 의한 측정이라고 이해하여야 할 것이고, 호흡측정기에 의한 음주측정치와 혈액검사에 의한 음주측정치가 다른 경우에 어느 음주측정치를 신뢰할 것인지는 법관의 자유심증에 의한 증거취사선택의 문제라고 할 것이나, 호흡측정기에 의한 측정의 경우 그 측정기의 상태, 측정방법, 상대방의 협조정도 등에 의하여 그 측정결과의 정확성과 신뢰성에 문제가 있을 수 있다는 사정을 고려하면, 혈액의 채취 또는 검사과정에서 인위적인 조작이나 관계자의 잘못이 개입되는 등 혈액채취에 의한 검사결과를 믿지 못할 특별한 사정이 없는 한, 혈액검사에 의한 음주측정치가 호흡측정기에 의한 음주측정치보다 측정 당시의 혈중알코올농도에 더 근접한 음주측정치라고 보는 것이 경험칙에 부합한다.

2. 대법원 2007.5.10, 2007도1950

DNA분석을 통한 유전자검사 결과의 증명력 : 높은 신뢰성 ○

DNA분석을 통한 유전자검사 결과는, 충분한 전문적인 지식과 경험을 지닌 감정인이 적절하게 관리·보존된 감정자료에 대하여 일반적으로 확립된 표준적인 검사기법을 활용하여 감정을 실행하고 그 결과의 분석이 적정한 절차를 통하여 수행되었음이 인정되는 이상 높은 신뢰성을 지닌다. 특히 유전자형이 다르면 동일인이 아니라고 확신할 수 있다는 유전자감정 분야에서 일반적으로 승인된 전문지식에 비추어 볼 때, 피고인의 유전자형이 범인의 그것과 상이하다는 감정결과는 피고인의 무죄를 입증할 수 있는 유력한 증거에 해당한다.

3. 대법원 2008.2.14, 2007도10937 [법원9급 19]

모발에서 메스암페타민 성분이 검출되었는지 여부에 관한 국립과학수사연구소장의 감정의뢰회보의 증명력

① 피고인 모발에서 메스암페타민 성분이 검출되었다는 국립과학수사연구소장의 감정의뢰회보가 있는 경우, 그 회보의 기초가 된 감정에 있어서 실험물인 모발이 바뀌었다거나 착오나 오류가 있었다는 등의 구체적인 사정이 없는 한, 피고인으로부터 채취한 모발에서 메스암페타민 성분이 검출되었다고 인정하여야 하고, 따라서 논리와 경험의 법칙상 피고인은 감정의 대상이 된 모발을 채취하기 이전 언젠가에 메스암페타민을 투약한 사실이 있다고 인정하여야 할 것이다(대법원 1994.12.9, 94도1680 참조). ② 그런데 모근에서부터 길이 5~9cm 가량의 모발검사결과 메스암페타민 성분이 전혀 검출되지 않았다는 피고인 모발에 대한 감정의뢰회보는 적어도 피고인은 모발채취일로부터 5~9개월 이내인 이 사건 판시 범행일자에는 필로폰을 투약하지 않았다는, 즉 피고인의 무죄를 입증할 유력한 증거에 해당한다고 볼 것이다.

4. 대법원 2014.2.13, 2013도9605

과학적 분석기법을 사용하여 제출된 것으로서 공소사실을 뒷받침하는 1차적 증거방법 자체에 오류가 발생할 가능성이 내포되어 있고 동일한 분석기법에 의하여 제출된 2차적 증거방법이 공소사실과 배치되는 경우

어떠한 과학적 분석기법을 사용하여 제출된 것으로서 공소사실을 뒷받침하는 1차적 증거방법 자체에 오류가 발생할 가능성이 내포되어 있고, 그와 동일한 분석기법에 의하여 제출된 2차적 증거방법이 공소사실과 배치되는 소극적 사실을 뒷받침하고 있는 경우, 법원은 각 증거방법에 따른 분석 대상물과 분석 주체, 분석 절차와 방법 등의 동일 여부, 내포된 오류가능성의 정도, 달라진 분석결과가 일정한 방향성을 가지는지 여부, 상반된 분석결과가 나타난 이유의 합리성 유무 등에 관하여 면밀한 심리를 거쳐 각 증거방법의 증명력을 판단하여야 한다. 이때 각 분석결과 사이의 차이점이 합리적인 의심 없이 해명될 수 있고 1차적 증거방법에 따른 결과의 오류가능성이 무시할 정도로 극소하다는 점이 검증된다면 1차적 증거방법만을 취신하더라도 그것이 자유심증주의의 한계를 벗어났다고 할 수는 없을 것이나, 그에 이르지 못한 경우라면 그 중 공소사실을 뒷받침하는 증거방법만을 섣불리 취신하거나 이와 상반되는 증거방법의 증명력을 가볍게 배척하여서는 아니 된다.

> [보충] (다만 이 사건에서는 증명력 부정) 고춧가루 원산지표시 위반에 관하여, 국립농산물품질관리원 직원(특별사법경찰관)이 고춧가루 시료 11점에 대한 1차 검정을 의뢰하여 국내산과 수입산이 혼합되어 있다는 판정결과를 받았는데, 제1심법원이 품질관리원 시험연구소에 2차 검정을 의뢰한 결과 종전에 '국내산'으로 판정된 것 중 3점은 '혼합'으로 변경되었고, 종전에 '혼합'으로 판정된 것 중 2점은 '국내산'으로 변경되는 검정결과가 나온 경우, 1차 검정결과와 2차 검정결과 사이에 분석결과의 차이점이 발생한 원인에 대하여 합리적 의심이 제거되지 아니하였을 뿐만 아니라 1차 검정결과만에 의한 오류가능성이 전혀 없거나 무시할 정도로 극소한 것이라고 보기도 어렵다.

4. 자유판단의 기준

(1) **합리적·과학적 심증주의** : 사실의 인정은 법관의 자유판단에 의하나, 통상인이면 누구도 의심하지 않을 정도록 보편타당성을 가져야 하므로, **증명력의 판단은 논리법칙과 경험법칙에 부합하여야 한다.** [법원행시 03]

(2) **논리법칙** : 인간의 추론능력에 비추어 보아 자명한 사고법칙을 말한다. 법관의 심증은 논리법칙에 따라 모순 없는 논증에 의하여 형성되어야 한다. 따라서 계산착오, 개념의 혼동, 판결이유의 모순은 논리법칙에 반한다.

(3) **경험법칙**

① **의의** : 개별적인 체험의 관찰과 그 귀납적 일반화에 의하여 경험적으로 얻어진 판단법칙을 말한다.

② **유 형**

(가) **필연법칙적 경험칙** : 예외를 허용하지 않는 물리학상의 원리나 자연법칙 등은 법관의 심증형성을 구속하므로 자유심증이 허용되지 않는다.

> **예** 혈액 감정에 의한 친자관계 확인, 혈중알코올농도 측정(위드마크공식[1])에 의한 음주운전 판단, DNA 분석을 통

---

1) [참고] 일반적인 혈중알코올농도의 감소수치에 근거하여 운전시점부터 일정 시간 경과 후 혈액 또는 음주측정기로 측정한 혈중알코올농도 수치에 따라 운전 당시의 혈중알코올농도 수치에 따라 운전 당시의 혈중알코올농도를 역추산하는 방식이다(대법원 2005.7.28, 2005도3904).

한 유전자검사에 의한 동일인 판단 등.

(나) **사회심리적 경험칙** : 개연성 또는 가능성의 정도에 불과하여 예외가 있을 수 있으므로 법관의 심증형성을 구속하지 않는다.

🗝 판례연구 증명력을 부정하거나 증명력 인정에 신중을 요한다는 판례 정리

[자백의 증명력]

1. 대법원 1980.12.9, 80도2656 [경찰승진 12]

경찰 자백 후 검찰에 송치되자마자 범행을 부인하고 연 4일 매일 한 장씩 진술서 작성은 부자연스럽다는 사례

피고인은 경찰에서 피의자신문을 받아 본건 방화사실을 자백하고 이어서 진술서를 작성·제출하고 그 다음 날부터 연 3일간 자기의 잘못을 반성하고 자백하는 내용의 양심서, 반성문, 사실서를 작성·제출하고 경찰의 검증조서에도 피고인이 자백하는 기재가 있으나, 검찰에 송치되자마자 경찰에서의 자백은 강요에 의한 것이라고 주장하면서 범행을 부인할 뿐더러 연 4일을 계속하여 매일 한 장씩 진술서 등을 작성한다는 것은 부자연하다는 느낌이 드는 등 사정에 비추어 보면 위의 자백은 신빙성이 희박하다.

2. 대법원 2003.2.11, 2002도6766 [경찰승진 09]

피고인이 평소 투약량의 20배에 달하는 1g의 메스암페타민을 한꺼번에 물에 타서 마시는 방법으로 투약하였다는 것은 쉽게 믿기 어렵고, 또 만약 그렇게 투약하였다면 피고인의 생명이나 건강에 위험이 발생하였을 가능성이 없지 않았을 것으로 보이므로 피고인의 자백을 신빙하기 어렵다.

3. 대법원 2010.7.22, 2009도1151

여러 정황에 비추어 피고인들의 검찰에서의 각 자백진술의 신빙성이 의심스럽다는 사례

형사재판에서 공소가 제기된 범죄사실에 대한 증명책임은 검사에게 있고, 유죄의 인정은 법관으로 하여금 합리적인 의심을 할 여지가 없을 정도로 공소사실이 진실한 것이라는 확신을 가지게 하는 증명력을 가진 증거에 의하여야 하므로, 그와 같은 증거가 없다면 설령 피고인에게 유죄의 의심이 간다 하더라도 피고인의 이익으로 판단할 수밖에 없다. 피고인들이 제1심 공판 이후 일관되게 범행을 부인하고 있고, 수사과정에서 다른 피고인들이 이미 범행을 자백한 것으로 오인하거나, 검사가 선처받을 수도 있다고 말하여 자백한 것으로 보이는 점 등 여러 정황에 비추어 피고인들의 검찰에서의 각 자백진술은 그 신빙성이 의심스럽다.

4. 대법원 1993.1.12, 92도2656

임의성 있는 자백의 증명력에 대한 판단방법

피고인의 자백이 임의로 진술한 것이어서 증거능력이 인정된다고 하여 자백의 진실성과 신빙성까지도 당연히 인정되는 것은 아니므로, 법원은 진술의 내용이 논리와 경험의 법칙에 비추어 볼 때 합리적인 것으로 인정되는지의 여부나 자백 이외의 정황증거들 중에 자백과 저촉되거나 모순되는 것이 없는지의 여부 등을 두루 참작하여 자유심증으로 자백이 신빙할 수 있는 것인지의 여부를 판단해야 한다(피고인의 검찰관 앞에서의 자백은 논리와 경험의 법칙에 반하거나 범행현장의 객관적 상황에 부합하는 정황증거들과 상치되어 믿을 수 없음).

[증인의 증언]

1. 대법원 1983.2.8, 82도2971 [경찰승진 11]

피해자의 증언만으로는 상해사실을 인정할 수 없다고 한 사례

피해자는 71세의 노인으로 피고인이 구타하고 넘어뜨려 부상하였다고 경찰과 법정에서 진술하고 있으나 이는 폭행을 당했다는 이해 상반하는 상대방의 일방적 진술에 불과하여 피해자증언만으로 상해사실을 인정할 수 없다.

(보충) 성폭력범죄의 경우 피해자의 증언만으로 범죄사실을 인정하는 경우도 있는데, 이와는 다른 판례이다.

2. 대법원 1984.12.11, 84도2058 [경찰승진 09]

비가 오는 야간에 우연히 지나다가 20~30명이 몰려있는 싸움현장을 목격했다는 사람이 1개월여가 지난 뒤에 가해자를 바로 지목하는 것과 경험칙상 그 확실성 여부

비가 오는 야간에 우연히 지나다가 20~30여명이 몰려 있던 싸움현장을 목격하였음에 불과한 사람이 그로부터 1개월여가 지난 뒤에 단순한 당시의 기억만으로 피해자를 때리려고 한 사람이 바로 피고인이었다고 지목하는 것은 경험칙상 그 확실성 여부가 의심스러운 것이다.

3. 대법원 2010.11.11, 2010도9633 [경찰승진 12]

피해자의 일련의 주장의 신빙성을 대부분 부정하면서 그중 일부 사실만 믿어 유죄를 인정하기 위한 요건

일정 기간 동안에 발생한 일련의 피해자의 강간 피해 주장에 대하여 이미 대부분의 피해 주장에 대하여는 그에 부합하는 피해자 진술의 신빙성을 부정하여 강간죄의 성립을 부정할 경우에 원심의 판단처럼 그 중 일부의 강간 피해 사실에 대하여만 피해자의 진술을 믿어 강간죄의 성립을 긍정하려면, 그와 같이 피해자 진술의 신빙성을 달리 볼 수 있는 특별한 사정이 인정되어야 할 것이다.

4. 대법원 2011.4.28, 2010도14487

금품수수 여부가 쟁점인 사건에서 금품공여자나 금품수수자로 지목된 자의 진술이 각각 일부는 진실을, 일부는 허위나 과장·왜곡·착오를 포함하고 있을 경우, 그 진술의 신빙성 유무를 판단할 때 고려하여야 할 사항

금품수수 여부가 쟁점이 된 사건에서 금품수수자로 지목된 피고인이 수수사실을 부인하고 있고 이를 뒷받침할 금융자료 등 객관적 물증이 없는 경우 금품을 제공하였다는 사람의 진술만으로 유죄를 인정하기 위해서는 그 사람의 진술이 증거능력이 있어야 함은 물론 합리적인 의심을 배제할 만한 신빙성이 있어야 하고, 신빙성이 있는지 여부를 판단할 때에는 그 진술 내용 자체의 합리성, 객관적 상당성, 전후의 일관성뿐만 아니라 그의 인간됨, 그 진술로 얻게 되는 이해관계 유무, 특히 그에게 어떤 범죄의 혐의가 있고 그 혐의에 대하여 수사가 개시될 가능성이 있거나 수사가 진행 중인 경우에는 이를 이용한 협박이나 회유 등의 의심이 있어 그 진술의 증거능력이 부정되는 정도에까지 이르지 않는 경우에도 그로 인한 궁박한 처지에서 벗어나려는 노력이 진술에 영향을 미칠 수 있는지 여부 등도 아울러 살펴보아야 한다(대법원 2002.6.11, 2000도5701; 2009.1.15, 2008도8137 등). 그리고 금품공여자나 피고인의 진술이 각기 일부는 진실을, 일부는 허위나 과장·왜곡·착오를 포함하고 있을 수 있으므로, 형사재판을 담당하는 사실심 법관으로서는 금품공여자와 피고인 사이의 상반되고 모순되는 진술들 가운데 허위·과장·왜곡·착오를 배제한 진실을 찾아내고 그 진실들을 조합하여 사건의 실체를 파악하는 노력을 기울여야 하며, 이러한 노력 없이 금품공여자의 진술 중 일부 진술에 신빙성이 인정된다고 하여 그가 한 공소사실에 부합하는 진술은 모두 신빙하고 이와 배치되는 피고인의 주장은 전적으로 배척한다면, 이는 피고인의 진술에 일부 신빙성이 있는 부분이 있다고 하여 공소사실을 부인하는 피고인의 주장 전부를 신빙할 수 있다고 보는 것과 다를 바 없는 논리의 비약에 지나지 않아서 그에 따른 결론이 건전한 논증에 기초하였다고 수긍하기 어렵다.

5. [유사판례] 대법원 2016.6.23, 2016도2889

금품수수 여부가 쟁점인 사건에서 여러 차례에 걸쳐 금품을 제공하였다는 사람의 진술 중 상당 부분의 신빙성을 배척하는 경우, 나머지 금품제공 진술로 유죄를 인정하기 위한 요건

① 금품수수 여부가 쟁점이 된 사건에서 여러 차례에 걸쳐 금품을 제공하였다고 주장하는 사람의 진술을 신뢰할 수 있는지에 관하여 심사해 본 결과 그중 상당한 진술 부분을 그대로 믿을 수 없는 객관적인 사정 등이 밝혀짐에 따라 그 부분 진술의 신빙성을 배척하는 경우라면, 여러 차례에 걸쳐 금품을 제공하였다는 진술의 신빙성은 전체적으로 상당히 약해졌다고 보아야 할 것이므로, 비록 나머지 일부 금품제공 진술 부분에 대하여는 이를 그대로 믿을 수 없는 객관적 사정 등이 직접 밝혀지지 않았다고 하더라도, 그 진술만을 내세워 함부로 나머지 일부 금품수수 사실을 인정하는 것은 원칙적으로 허용될 수 없다고 보아야 한다. 나머지 일부 금품수수 사실을 인정할 수 있으려면, 신빙성을 배척하는 진술 부분과는 달리 그 부분 진술만은 신뢰할 수 있는 근거가 확신할 수 있을 정도로 충분히 제시되거나, 그 진술을 보강할 수 있는 다른 증거들에 의하여 충분히 뒷받침되는 경우 등과 같이 합리적인 의심을 해소할 만한 특별한 사정이 존재하여야 한다(대법원 2009.1.15, 2008도8137 등). ② 금품수수 여부가 쟁점이 된 사건에서 금품을 제공하였다는 사람의 진술에 대하여 제1심이 증인신문 절차 등을 거친 후에 합리적인 의심을 배제할 만한 신빙성이 없다고 보아 공소사실을 무죄로 판단한 경우에, 항소심이 제1심 증인 등을 다시 신문하는 등의 추가 증거조사를 거쳐 그 신빙성을 심사하여 본 결과 제1심이 들고 있는 의심과 일부 어긋날 수 있는 사실의 개연성이 드러남으로써 제1심의 판단에 의문이 생긴다 하더라도, 제1심이 제기한 의심이 금품 제공과 양립할 수 없거나 그 진술의 신빙성 인정에 장애가 되는 사실의 개연성에 대한 합리성 있는 근거에 기초하고 있고 제1심의 증거조사 결과와 항소심의 추가 증거조사 결과에 의하여도 제1심이 일으킨 이러한 합리적인 의심을 충분히 해소할 수 있을 정도에까지 이르지 아니한다면, 그와 같은 일부 반대되는 사실에 관한 개연성 또는 의문만으로 그 진술의 신빙성 및 범죄의 증명이 부족하다는 제1심의 판단에 사실오인의 위법이 있다고 단정하여 공소사실을 유죄로 인정하여서는 아니 된다. 특히 항소심에서도 그 진술 중의 일부에 대하여 신빙성을 부정함으로써 그에 관한 제1심의 판단을 수긍하는 경우라면, 나머지 진술 부분에 대하여 신빙성을 부정한 제1심의 판단이 위법하다고 인정하기 위해서는 그 부분 진술만은 신뢰할 수 있는 확실한 근거가 제시되는 등의 특별한 사정이 있는지에 관하여 더욱 신중히 판단하여야 한다(대법원 2016.2.18, 2015도11428).

6. 대법원 2014.4.10, 2014도1779 [경찰간부 22, 국가9급 20]

마약류 매매 여부가 쟁점인 사건에서 매도인으로 지목된 자가 수수사실을 부인하고 이를 뒷받침할 객관적 물증이 없는 경우, 마약류를 매수하였다는 사람의 진술만으로 유죄를 인정하기 위한 요건

마약류 매매 여부가 쟁점이 된 사건에서 매도인으로 지목된 피고인이 수수사실을 부인하고 있고 이를 뒷받침할 금융자료 등 객관적 물증이 없는 경우, 마약류를 매수하였다는 사람의 진술만으로 유죄를 인정하기 위해서는 그 사람의 진술이 증거능력이 있어야 함은 물론 합리적인 의심을 배제할 만한 신빙성이 있어야 한다. 신빙성 유무를 판단할 때에는 진술 내용 자체의 합리성, 객관적 상당성, 전후의 일관성뿐만 아니라 그의 인간됨, 진술로 얻게 되는 이해관계 유무 등을 아울러 살펴보아야 한다. 특히, 그에게 어떤 범죄의 혐의가 있고 그 혐의에 대하여 수사가 개시될 가능성이 있거나 수사가 진행 중인 경우에는, 이를 이

용한 협박이나 회유 등의 의심이 있어 그 진술의 증거능력이 부정되는 정도에까지 이르지 않는 경우에도, 그로 인한 궁박한 처지에서 벗어나려는 노력이 진술에 영향을 미칠 수 있는지 여부 등을 살펴보아야 한다.

7. 대법원 2021.6.10, 2020도15891 [국가7급 23]

검사의 사전면담이 이루어진 증인의 법정진술의 신빙성 판단

검사가 공판기일에 증인으로 신청하여 신문할 사람을 특별한 사정 없이 미리 수사기관에 소환하여 면담하는 절차를 거친 후 증인이 법정에서 피고인에게 불리한 내용의 진술을 한 경우, 검사가 증인신문 전 면담 과정에서 증인에 대한 회유나 압박, 답변 유도나 암시 등으로 증인의 법정진술에 영향을 미치지 않았다는 점이 담보되어야 증인의 법정진술을 신빙할 수 있다고 할 것이다. 검사가 증인신문 준비 등 필요에 따라 증인을 사전 면담할 수 있다고 하더라도 법원이나 피고인의 관여 없이 일방적으로 사전 면담하는 과정에서 증인이 훈련되거나 유도되어 법정에서 왜곡된 진술을 할 가능성도 배제할 수 없기 때문이다. 증인에 대한 회유나 압박 등이 없었다는 사정은 검사가 증인의 법정진술이나 면담과정을 기록한 자료 등으로 사전면담 시점, 이유와 방법, 구체적 내용 등을 밝힘으로써 증명하여야 한다.

8. 대법원 2022.3.31, 2018도19472, 2018전도126 - 병합 -

같은 피해자에 대한 동종 범죄라 하더라도 피해자 진술의 신빙성이나 그 신빙성 유무를 기초로 한 범죄 성립 여부를 달리 판단할 수 있다는 사례

사실인정의 전제로 이루어지는 증거의 취사선택과 증명력에 대한 판단은 자유심증주의의 한계를 벗어나지 않는 한 사실심 법원의 재량에 속한다(형사소송법 제308조). 인접한 시기에 같은 피해자를 상대로 저질러진 동종 범죄라도 각각의 범죄에 따라 범행의 구체적인 경위, 피해자와 피고인 사이의 관계, 피해자를 비롯한 관련 당사자의 진술 등이 다를 수 있다. 따라서 사실심 법원은 인접한 시기에 같은 피해자를 상대로 저질러진 동종 범죄에 대해서도 각각의 범죄에 따라 피해자 진술의 신빙성이나 그 신빙성 유무를 기초로 한 범죄 성립 여부를 달리 판단할 수 있고, 이것이 실체적 진실발견과 인권보장이라는 형사소송의 이념에 부합한다(다른 상관인 함장에 대해서는 무죄로 판단한 원심을 파기환송함; 대법원 2022.3.31, 2018도19037).

9. 대법원 2023.1.12, 2022도14645

피고인이 범행한 것이라고 보기에 의심스러운 사정이 병존하고 증거관계 및 경험법칙상 의심스러운 정황을 확실하게 배제할 수 없는 경우, 유죄로 인정할 수 없다는 사례

(공소사실의 요지는 '피고인이 2020. 3. 30. 01:00경 자신의 집에서 필로폰 약 0.05g을 1회용 주사기에 넣어 공소외인의 오른팔 부위에 주사하여 필로폰을 사용하였다.'는 것이다.) 유죄의 인정은 범행 동기, 범행수단의 선택, 범행에 이르는 과정, 범행 전후 피고인의 태도 등 여러 간접사실로 보아 피고인이 범행한 것으로 보기에 충분할 만큼 압도적으로 우월한 증명이 있어야 하고, 피고인이 범행한 것이라고 보기에 의심스러운 사정이 병존하고 증거관계 및 경험법칙상 위와 같이 의심스러운 정황을 확실하게 배제할 수 없다면 유죄로 인정할 수 없다. 피고인은 무죄로 추정된다는 것이 헌법상의 원칙이고, 그 추정의 번복은 직접증거가 존재할 경우에 버금가는 정도가 되어야 한다.[1]

[증거서류]

1. 대법원 1983.2.8, 82도3021 [국가9급 15, 경찰간부 15, 경찰승진 14]

의사의 진술이나 진단서가 폭행, 상해 사실 자체에 대한 직접적인 증거가 될 수 있는지 여부(소극)

상해사건의 경우 상처를 진단한 의사의 진술이나 진단서는 폭행, 상해 등의 사실자체에 대한 직접적인 증거가 되는 것은 아니고, 다른 증거에 의하여 폭행, 상해의 가해행위가 인정되는 경우에 그에 대한 상해의 부위나 정도의 점에 대한 증거가 된다할 것이므로(직접증거 ×, 간접증거 ○) 의사의 진술이나 그가 작성한 진단서는 의사로서 피해자를 진찰한 결과 외력에 의하여 상처가 있었다는 소견을 나타낸데 불과하고 그것만으로 상해의 원인이 피고인의 폭행에 의한 것이라고 단정할 수 없다.

2. 대법원 2016.11.25, 2016도15018

형사사건에서 상해진단서는 피해자의 진술과 함께 피고인의 범죄사실을 증명하는 유력한 증거가 될 수 있다. 그러나 상해 사실의 존재 및 인과관계 역시 합리적인 의심이 없는 정도의 증명에 이르러야 인정할 수 있으므로, 상해진단서의 객관성과 신빙성을 의심할 만한 사정이 있는 때에는 증명력을 판단하는 데 매우 신중하여야 한다. 특히 상해진단서가 주로 통증이 있다는 피해자의 주관적인 호소 등에 의존하여 의학적인 가능성만으로 발급된 때에는 진단 일자 및 진단서 작성일자가 상해 발생 시점과 시간상으로 근접하고 상해진단서 발급 경위에 특별히 신빙성을 의심할 만한 사정은 없는지, 상해진단서에 기재된 상해 부위 및

---

1) [보충] 피고인의 일관된 진술 내용·태도에다가 범행 도구로 압수된 일회용 주사기 조각에서 피고인의 DNA가 검출되지 않은 상황에서 피고인이 이를 사용하였다고 볼 객관적·합리적인 근거가 없는 점, 공소외인의 진술 내용은 위 주사기 조각 및 모발 감정결과에 따라 수시로 변경되었을 뿐만 아니라 필로폰 투약 경험 여부에 관한 진술은 객관적 감정결과와도 명백히 배치되는 점, 이러한 상황에서 공소외인이 수사기관에 자필 진술서를 제출한 후 이 사건 공소사실과 동일한 혐의사실로 교육조건부 기소유예처분을 받았다는 사정은 자신의 필로폰 투약 사실을 부인하다가 객관적 감정결과로 인해 허위성이 드러나자 자신의 투약 사실을 인정하였다는 정도의 의미로 볼 수 있을 뿐, 추가적인 심리 및 증거조사도 없이 이를 넘어 이 사건 공소사실과 같이 '피고인이 공소외인에게 필로폰을 주사하여 사용하였다'는 부분에까지 객관적·적극적 증명력이 미친다고 보기 어려운 점 등에 비추어 보면, 비록 피고인의 주장·변명에 일부 석연치 않은 면이 있다 하더라도 유죄의 의심이 드는 정도에 불과하고 여전히 공소외인이 제1심 법정에서 증언한 바와 같이 스스로 필로폰을 투약하였을 가능성을 배제할 수 없다. 검사가 제출한 나머지 증거만으로는 피고인이 공소외인에게 필로폰을 주사하여 사용한 것으로 보기에 충분할 만큼 압도적으로 우월한 증명이 있다고 보기 어려워 증거관계상 의심스러운 정황이 확실히 제거되었다고 할 수 없으므로, 이 사건 공소사실을 유죄로 인정할 수 없다(위 판례의 판결이유).

정도가 피해자가 주장하는 상해의 원인 내지 경위와 일치하는지, 피해자가 호소하는 불편이 기왕에 존재하던 신체 이상과 무관한 새로운 원인으로 생겼다고 단정할 수 있는지, 의사가 상해진단서를 발급한 근거 등을 두루 살피는 외에도 피해자가 상해 사건 이후 진료를 받은 시점, 진료를 받게 된 동기와 경위, 그 이후의 진료 경과 등을 면밀히 살펴 논리와 경험법칙에 따라 증명력을 판단하여야 한다.

[간접증거]

1. 대법원 1984.3.27, 83도3067 [법원9급 13, 경찰간부 14, 경찰승진 10]
압수물의 현존사실과 유지의 증거
승객인 피고인이 운전사가 가스를 주입하기 위해 운전석을 잠시 비운 틈에 운전석옆 돈주머니에 있던 돈 7,000원 중 3,000원만을 꺼내 훔치고, 훔친 돈을 운전사가 돌아 올 때까지 손에 들고 있었다는 증언내용은 경험칙에 비추어 수긍하기 어렵다. … 압수물(피해품)은 피고인에 대한 범죄의 증명이 없게 된 경우에는 압수물의 존재만으로 그 유지의 증거가 될 수 없다.

2. 대법원 2008.3.13, 2007도10754
살인죄 등과 같이 법정형이 무거운 범죄의 경우에도 직접증거 없이 간접증거만으로 유죄를 인정할 수 있으나, 유죄 인정에 있어서는 공소사실에 대한 관련성이 깊은 간접증거들에 의하여 신중한 판단이 요구된다.

3. 대법원 2017.5.30, 2017도1549 [경찰채용 22 1차, 국가7급 21, 국가9급 18]
남편에게 거액의 보험금 수령이 예상된다는 이유만으로 교통사고를 내어 아내를 살해하였다고 기소된 사건에 있어서의 유죄의 증명
[1] 살인죄와 같이 법정형이 무거운 범죄의 경우에도 직접증거 없이 간접증거만으로도 유죄를 인정할 수 있으나, 그 경우에도 주요사실의 전제가 되는 간접사실의 인정은 합리적 의심을 허용하지 않을 정도의 증명이 있어야 하고, 그 하나하나의 간접사실이 상호 모순, 저촉이 없어야 함은 물론 논리와 경험칙, 과학법칙에 의하여 뒷받침되어야 한다(대법원 2010.12.9, 2010도10895; 2011.5.26, 2011도1902). 그러므로 유죄의 인정은 범행 동기, 범행수단의 선택, 범행에 이르는 과정, 범행 전후 피고인의 태도 등 여러 간접사실로 보아 피고인이 범행한 것으로 보기에 충분할 만큼 압도적으로 우월한 증명이 있어야 하고, 피고인이 고의적으로 범행한 것이라고 보기에 의심스러운 사정이 병존하고 증거관계 및 경험법칙상 고의적 범행이 아닐 여지를 확실하게 배제할 수 없다면 유죄로 인정할 수 없다. 피고인은 무죄로 추정된다는 것이 헌법상의 원칙이고, 그 추정의 번복은 직접증거가 존재할 경우에 버금가는 정도가 되어야 한다.
[2] 거액의 보험금 수령이 예상된다는 금전적 이유만으로 살해 동기를 인정할 수 있는지는 다른 간접사실들의 증명 정도와 함께 더욱 면밀히 살펴볼 필요가 있다. 한편 금전적 이득만이 살인의 범행 동기가 되는 것은, 범인이 매우 절박한 경제적 곤란이나 궁박 상태에 몰려 있어 살인이라는 극단적 방법을 통해서라도 이를 모면하려고 시도할 정도라거나 범인의 인성이 원래부터 탐욕적이고 인명을 가벼이 여기는 범죄적 악성과 잔혹함이 있는 경우 등이 대부분이다. 그렇지 않은 경우는 증오 등 인간관계의 갈등이나 치정 등 피해자를 살해할 금전 외적인 이유가 있어서 금전적 이득은 오히려 부차적이거나 적어도 금전 외적인 이유가 금전적 이득에 버금갈 정도라고 인정될 만한 사정이 있어야 살인의 동기로서 수긍할 정도가 된다. 더구나 계획적인 범행이고 범행 상대가 배우자 등 가족인 경우에는 범행이 단순히 인륜에 반하는 데에서 나아가 범인 자신의 생활기반인 가족관계와 혈연관계까지 파괴되므로 가정생활의 기반이 무너지는 것을 감내하고라도 살인을 감행할 만큼 강렬한 범행유발 동기가 존재하는 것이 보통이다.

[혈중알코올농도 측정, 유전자검사결과, 부검의 소견, 시료 분석결과 등 과학적 증거방법의 증명력]

1. 대법원 2005.7.28, 2005도3904
위드마크 공식에 의한 역추산 방식을 이용한 혈중 알코올농도의 산정에 있어서 주의할 점
음주운전에 있어서 운전 직후에 운전자의 혈액이나 호흡 등 표본을 검사하여 혈중 알코올농도를 측정할 수 있는 경우가 아니라면 소위 위드마크 공식을 사용하여 수학적 방법에 따른 계산 결과로 운전 당시의 혈중 알코올농도를 추정할 수 있으나, 범죄구성요건 사실의 존부를 알아내기 위해 과학 공식 등의 경험칙을 이용하는 경우에는 그 법칙 적용의 전제가 되는 개별적이고 구체적인 사실에 대하여는 엄격한 증명을 요한다고 할 것이고, 한편 위드마크 공식에 의한 역추산 방식을 이용하여 특정 운전시점으로부터 일정한 시간이 지난 후에 측정한 혈중 알코올농도를 기초로 하고 여기에 시간당 혈중 알코올의 분해소멸에 따른 감소치에 따라 계산된 운전시점 이후의 혈중 알코올분해량을 가산하여 운전시점의 혈중 알코올농도를 추정함에 있어서는, 피검사자의 평소 음주정도, 체질, 음주속도, 음주 후 신체활동의 정도 등의 다양한 요소들이 시간당 혈중 알코올의 감소치에 영향을 미칠 수 있는바, 형사재판에 있어서 유죄의 인정은 법관으로 하여금 합리적인 의심을 할 여지가 없을 정도로 공소사실이 진실한 것이라는 확신을 가지게 할 수 있는 증명이 필요하므로, 위 영향요소들을 적용함에 있어 피고인이 평균인이라고 쉽게 단정하여 평균적인 감소치를 적용하여서는 아니되고, 필요하다면 전문적인 학식이나 경험이 있는 자의 도움을 받아 객관적이고 합리적으로 혈중 알코올농도에 영향을 줄 수 있는 요소들을 확정하여야 할 것이고(대법원 2000.10.24, 2000도3307; 2000.11.10, 99도5541 등), 위드마크 공식에 의하여 산출한 혈중 알코올농도가 법이 허용하는 혈중 알코올농도를 상당히 초과하는 것이 아니고 근소하게 초과하는 정도에 불과한 경우라면 위 공식에 의하여 산출된 수치에 따라 범죄의 구성요건 사실을 인정함에 있어서 더욱 신중하게 판단하여야 할 것이다(대법원 2001.7.13, 2001도1929).
보충 피고인에게 가장 유리한 감소치를 적용하여 위드마크 공식에 따라 계산한 음주운전 적발시점의 혈중 알코올농도가 도로교통

법상의 처벌기준인 0.05%를 넘는 0.051%이었으나, 사건발생시간을 특정하는 과정에서 발생하는 오차가능성 등의 여러 사정을 고려할 때 피고인의 운전 당시 혈중 알코올농도가 처벌기준치를 초과하였으리라고 단정할 수는 없다고 한 사례이다.

2. [비교판례] 대법원 2005.2.25, 2004도8387

위드마크 공식에 의하여 운전시점의 혈중 알코올농도를 추정함에 있어서 피고인에게 가장 유리한 시간당 감소치를 적용하여 산출된 결과의 증명력

음주운전에 있어서 운전 직후에 운전자의 혈액이나 호흡 등 표본을 검사하여 혈중 알코올농도를 측정할 수 있는 경우가 아니라면 소위 위드마크 공식을 사용하여 수학적 방법에 따른 결과로 운전 당시의 혈중 알코올농도를 추정할 수 있고, 이때 위드마크 공식에 의한 역추산 방식을 이용하여 특정 운전시점으로부터 일정한 시간이 지난 후에 측정한 혈중 알코올농도를 기초로 하고 여기에 시간당 혈중 알코올의 분해소멸에 따른 감소치에 따라 계산된 운전시점 이후의 혈중 알코올분해량을 가산하여 운전시점의 혈중 알코올농도를 추정함에 있어서는, 피검사자의 평소 음주정도, 체질, 음주속도, 음주 후 신체활동의 정도 등 다양한 요소들이 시간당 혈중 알코올의 감소치에 영향을 미칠 수 있으나 그 시간당 감소치는 대체로 0.03%에서 0.008% 사이라는 것은 이미 알려진 신빙성 있는 통계자료에 의하여 인정되는바, 위와 같은 역추산 방식에 의하여 운전시점 이후의 혈중 알코올분해량을 가산함에 있어서 시간당 0.008%는 피고인에게 가장 유리한 수치이므로 특별한 사정이 없는 한 이 수치를 적용하여 산출된 결과는 운전 당시의 혈중 알코올농도를 증명하는 자료로서 증명력이 충분하다(대법원 2001.8.21, 2001도2823 등).

정리 위드마크공식 : ① 필연법칙적 경험칙, ② 전제사실은 엄격한 증명 要, ③ 근소하게 초과하면 신중하게 증명력 판단 要, ④ 가장 유리한 수치(시간당 0.008%)는 증명력 충분.

3. [관련판례1] 대법원 2017.9.21, 2017도661

음주측정 검사절차에서 위드마크공식을 고지할 의무가 없다는 사례

도로교통법 제44조 제2항, 제3항의 내용 등에 비추어 보면, 호흡측정 방식에 따라 혈중알코올농도를 측정한 경찰공무원에게 특별한 사정이 없는 한 혈액채취의 방법을 통하여 혈중알코올농도를 다시 측정할 수 있다는 취지를 운전자에게 고지하여야 할 의무가 있다고 볼 수 없다. 위드마크 공식은 운전자가 음주한 상태에서 운전한 사실이 있는지에 대한 경험법칙에 의한 증거수집 방법에 불과하다(대법원 2005.2.25, 2004도8387). 따라서 경찰공무원에게 위드마크 공식의 존재 및 나아가 호흡측정에 의한 혈중알코올농도가 음주운전 처벌기준 수치에 미달하였더라도 위드마크 공식에 의한 역추산 방식에 의하여 운전 당시의 혈중알코올농도를 산출할 경우 그 결과가 음주운전 처벌기준 수치 이상이 될 가능성이 있다는 취지를 운전자에게 미리 고지하여야 할 의무가 있다고 보기도 어렵다.

4. [관련판례2] 대법원 2022.5.12, 2021도14074

혈중알코올농도 측정 없이 위드마크 하강기 공식을 적용하려면 음주 시작 시점부터 알코올 분해소멸 시작으로 보아야 한다는 사례

범죄구성요건사실을 인정하기 위하여 과학공식 등의 경험칙을 이용하는 경우에 그 법칙 적용의 전제가 되는 개별적·구체적 사실에 대하여는 엄격한 증명을 요한다. 위드마크 공식은 알코올을 섭취하면 최고 혈중알코올농도가 높아지고, 흡수된 알코올은 시간의 경과에 따라 일정하게 분해된다는 과학적 사실에 근거한 수학적인 방법에 따른 계산결과를 통해 운전 당시 혈중알코올농도를 추정하는 경험칙의 하나이므로, 그 적용을 위한 자료로 섭취한 알코올의 양·음주시각·체중 등이 필요하고 이에 관하여는 엄격한 증명이 필요하다. … 만일 위드마크 공식의 적용에 관해서 불확실한 점이 남아 있고 그것이 피고인에게 불이익하게 작용한다면, 그 계산결과는 합리적인 의심을 품게 하지 않을 정도의 증명력이 있다고 할 수 없다(대법원 2000.11.24, 2000도2900 등). 혈중알코올농도 측정 없이 위드마크 공식을 사용해 피고인이 마신 술의 양을 기초로 피고인의 운전 당시 혈중알코올농도를 추산하는 경우로서 알코올의 분해소멸에 따른 혈중알코올농도의 감소기(위드마크 제2공식, 하강기)에 운전이 이루어진 것으로 인정되는 경우에는 피고인에게 가장 유리한 음주 시작 시점부터 곧바로 생리작용에 의하여 분해소멸이 시작되는 것으로 보아야 한다. 이와 다르게 음주 개시 후 특정 시점부터 알코올의 분해소멸이 시작된다고 인정하려면 알코올의 분해소멸이 시작되는 시점이 다르다는 점에 관한 과학적 증명 또는 객관적인 반대 증거가 있거나, 음주 시작 시점부터 알코올의 분해소멸이 시작된다고 보는 것이 그렇지 않은 경우보다 피고인에게 불이익하게 작용되는 특별한 사정이 있어야 한다. … 섭취한 알코올의 양, 음주시간, 체중 등 위드마크 공식의 적용을 위한 자료에 관한 엄격한 증명도 없는 상태로, 혈중알코올농도의 측정 없이 위드마크 공식을 적용하여 혈중알코올농도의 감소기에 운전이 이루어진 것으로 인정함에 있어 음주 시작 시점부터 곧바로 분해소멸이 시작되는 것으로 보지 않았음에도 운전 당시 혈중알코올농도가 0.03% 이상임을 전제로 유죄 판결을 한 것은 위법하다.

5. [관련판례3] 대법원 2023.12.28, 2020도6417

음주운전 교통사고 후 추가음주의 경우와 위드마크공식

일반적으로 범죄구성요건 사실의 존부를 알아내기 위하여 위와 같은 과학공식 등의 경험칙을 이용하는 경우에는 그 법칙 적용의 전제가 되는 개별적이고 구체적인 사실에 관하여 엄격한 증명을 요한다고 할 것이다. 시간의 경과에 의한 알코올의 분해소멸에 관해서는 평소의 음주정도, 체질, 음주속도, 음주 후 신체활동의 정도 등이 시간당 알코올분해량에 영향을 미칠 수 있으므로, 특별한 사정이 없는 한 해당 운전자의 시간당 알코올분해량이 평균인과 같다고 쉽게 단정할 것이 아니라 증거에 의하여 명확히 밝혀야 하고, 증명을 위하여 필요하다면 전문적인 학식이나 경험이 있는 사람들의 도움 등을 받아야 하며, 만일 공식을

적용할 때 불확실한 점이 남아 있고 그것이 피고인에게 불이익하게 작용한다면 그 계산결과는 합리적인 의심을 품게 하지 않을 정도의 증명력이 있다고 할 수 없다(대법원 2000.10.24, 2000도3307; 2000.10.24, 2000도3145; 2000.12.26, 2000도2185 등). 그러나 시간당 알코올분해량에 관하여 알려져 있는 신빙성 있는 통계자료 중 피고인에게 가장 유리한 것을 대입하여 위드마크 공식을 적용하여 운전시의 혈중알코올 농도를 계산하는 것은 피고인에게 실질적인 불이익을 줄 우려가 없으므로 그 계산결과는 유죄의 인정자료로 사용할 수 있다고 하여야 한다(대법원 2001.6.26, 99도5393 등). 이 사건의 경우와 같이, 형사처벌을 모면하기 위해 의도적인 추가음주를 하는 행위가 드물지 않게 발생하고 있다. 죄증을 인멸하기 위한 의도적인 추가음주행위를 통해 음주운전자가 정당한 형사처벌을 회피하게 되는 결과를 그대로 용인하는 것은 정의의 관념이나 음주운전에 대한 강력한 처벌을 통해 안전사회를 염원하는 국민적 공감대 및 시대적 흐름에 비추어 바람직하지 않다. 국민의 건강과 사회의 안전을 보호하고 의도적인 법집서교란행위에 대한 정당한 처벌이 이루어질 수 있는 방향으로 추가음주 사안의 현황과 문제점을 체계적으로 파악하여 이를 해결하기 위한 입법적 조치 등이 이루어질 필요가 있지만, 이러한 조치가 없는 현재의 상황에서는 죄형법정주의와 검사의 엄격한 증명책임이라는 형사법의 대원칙을 존중하여 판단할 수밖에 없다(의도적 추가음주가 있더라도 엄격한 증명의 원칙은 유지됨).

6. 대법원 2010.6.24, 2009도1856

피측정자가 물로 입 안을 헹구지 아니한 상태에서 호흡측정기로 측정한 혈중 알코올농도 수치의 신빙성

호흡측정기에 의한 혈중 알코올농도의 측정은 장에서 흡수되어 혈액 중에 용해되어 있는 알코올이 폐를 통과하면서 증발하여 호흡공기로 배출되는 것을 측정하는 것이므로, 최종 음주시로부터 상당한 시간이 경과하지 아니하였거나, 트림, 구토, 치아보철, 구강청정제 사용 등으로 인하여 입 안에 남아 있는 알코올, 알코올 성분이 있는 구강 내 타액, 상처부위의 혈액 등이 폐에서 배출된 호흡공기와 함께 측정될 경우에는 실제 혈중 알코올의 농도보다 수치가 높게 나타나는 수가 있어, 피측정자가 물로 입 안 헹구기를 하지 아니한 상태에서 한 호흡측정기에 의한 혈중 알코올농도의 측정 결과만으로는 혈중 알코올농도가 반드시 그와 같다고 단정할 수 없고, 오히려 호흡측정기에 의한 측정수치가 혈중 알코올농도보다 높을 수 있다는 의심을 배제할 수 없다(대법원 2006.11.23, 2005도7034 등).

보충 음주종료 후 4시간 정도 지난 시점에서 물로 입 안을 헹구지 아니한 채 호흡측정기로 측정한 혈중 알코올 농도 수치가 0.05%로 나타난 사안에서, 위 증거만으로는 피고인이 혈중 알코올농도 0.05% 이상의 술에 취한 상태에서 자동차를 운전하였다고 인정하기 부족하다고 한 사례이다.

7. 대법원 2011.5.26, 2011도1902

공소사실을 뒷받침하는 과학적 증거방법은 그 전제로 하는 사실이 모두 진실임이 입증되고 그 추론의 방법이 과학적으로 정당하여 오류의 가능성이 전혀 없거나 무시할 정도로 극소한 것으로 인정되는 경우라야 법관이 사실인정을 함에 있어 상당한 정도로 구속력을 가진다 할 것인비(대법원 2007.5.10, 2007도1950; 2009.3.12, 2008도8486 등), 이를 위해서는 그 증거방법이 전문적인 지식·기술·경험을 가진 감정인에 의하여 공인된 표준 검사기법으로 분석을 거쳐 법원에 제출된 것이어야 할 뿐만 아니라 그 채취·보관·분석 등 모든 과정에서 자료의 동일성이 인정되고 인위적인 조작·훼손·첨가가 없었음이 담보되어야 한다(대법원 2010.3.25, 2009도14772).

보충 피고인이 자신의 처(妻)인 피해자를 승용차 조수석에 태우고 운전하던 중 교통사고를 가장하여 살해하기로 마음먹고, 도로 옆에 설치된 대전차 방호벽의 안쪽 벽면을 차량 우측 부분으로 들이받아 피해자가 차에서 탈출하거나 저항할 수 없는 상태가 되자(1차 사고), 사고 장소로 되돌아와 다시 차량 앞범퍼 부분으로 위 방호벽 중 진행방향 오른쪽에 돌출된 부분의 모서리를 들이받아(2차 사고) 피해자를 살해하였다는 내용으로 기소되었는데, 피고인이 범행을 강력히 부인하고 있고 달리 그에 관한 직접증거가 없는 사안에서, 제1심과 원심이 들고 있는 간접증거와 그에 기초한 인정 사실만으로는 위 공소사실 인정의 전제가 되는 '살인의 범의에 기한 1차 사고'의 존재가 합리적인 의심을 할 여지가 없을 정도로 증명되었다고 보기 어려운데도, 피고인에게 살인죄를 인정한 원심판결에 객관적·과학적인 분석을 필요로 하는 증거의 증명력에 관한 법리를 오해하거나 논리와 경험법칙을 위반한 위법이 있다고 한 사례이다.

8. 대법원 2012.6.28, 2012도231 : 의사 만삭부인 살해 사건[1]

형사재판에서 부검의 소견에 주로 의지하여 유죄를 인정하기 위한 요건

부검은 사망 이전의 질병 경과나 사망을 초래한 직접 혹은 간접적 요인들을 자세한 관찰 및 검사를 통하여 규명하는 것으로서, 사망원인의 인정 내지 추정을 위하여는 단편적인 개별 소견을 종합하여 최종 사인에 관한 판단에 이르는 추론의 과정을 거쳐야 한다. 따라서 부검의가 사체에 대한 부검을 실시한 후 어떤 것을 유력한 사망원인으로 지시한다고 하여 그 밖의 다른 사인이 존재할 가능성을 가볍게 배제하여서는 아니 되고, 특히 형사재판에서 부검의의 소견에 주로 의지하여 유죄의 인정을 하기 위해서는 다른 가능한 사망원인을 모두 배제하기 위한 치밀한 논증의 과정을 거치지 않으면 아니 된다. [경찰승진 14] 더구나 사체에 대한 부검이 사망으로부터 상당한 시간이 경과한 후에 실시되고 그 과정에서 사체의 이동·보관에 따른 훼손·변화 가능성이 있는 경우에는 그 판단에 오류가 포함될 가능성을 전적으로 배제할 수 없다.

보충 대학 부속병원 전공의인 피고인이 자신의 집에서 배우자 甲의 목을 졸라 살해하였다는 내용으로 기소된 사안에서, 사건의 쟁

---

1) [보충] 위 판례는 부검의 소견만으로는 증명력을 인정할 수 없다는 파기환송판결이나, 이후 검찰의 증거 보강이 이루어져 결국 2013.4.26. 대법원 유죄판결이 확정된 사례이다.

점인 甲의 사망원인이 손에 의한 목눌림 질식사(액사)인지와 피고인이 사건 당일 오전 집을 나서기 전에 甲을 살해하였다고 볼 수 있는 정황이나 증거가 존재하는지에 관하여 치밀한 검증 없이 여러 의문점이 있는 부검소견이나 자료에만 증명력을 인정한 것은 위법하다는 사례이다. 다만, 위 파기환송판결 이후 검찰의 증거보강을 거쳐 위 사건은 2013.4.26. 유죄로 확정되었다.

9. 대법원 2018.2.8, 2017도14222

과학적 증거방법이 사실인정에서 상당한 정도의 구속력을 갖기 위한 요건

과학적 증거방법이 사실인정에 있어서 상당한 정도로 구속력을 갖기 위해서는 감정인이 전문적인 지식·기술·경험을 가지고 공인된 표준 검사기법으로 분석한 후 법원에 제출하였다는 것만으로는 부족하고, 시료의 채취·보관·분석 등 모든 과정에서 시료의 동일성이 인정되고 인위적인 조작·훼손·첨가가 없었음이 담보되어야 하며 각 단계에서 시료에 대한 정확한 인수·인계 절차를 확인할 수 있는 기록이 유지되어야 한다. 피고인이 메트암페타민을 투약하였다고 하여 마약류 관리에 관한 법률 위반(향정)으로 기소되었는데, 공소사실을 부인하고 있고, 투약의 일시, 장소, 방법 등이 명확하지 못하며, 투약 사실에 대한 직접적인 증거로는 피고인의 소변과 머리카락에서 메트암페타민 성분이 검출되었다는 국립과학수사연구원의 감정 결과만 있는 경우, 감정물이 피고인으로부터 채취한 것과 동일하다고 단정하기 어려워 그 감정 결과의 증명력은 피고인의 투약 사실을 인정하기에 충분하지 않다.

10. 대법원 2022.6.16, 2022도2236

구미 세 살 여아 살해 사건

법정형이 무거운 범죄의 경우에도 직접증거 없이 간접증거만으로 유죄를 인정할 수 있으나, 그러한 유죄 인정에는 공소사실에 대한 관련성이 깊은 간접증거들에 의하여 신중한 판단이 요구되므로, 간접증거에 의하여 주요사실의 전제가 되는 간접사실을 인정할 때에는 증명이 합리적인 의심을 허용하지 않을 정도에 이르러야 하고, 하나하나의 간접사실 사이에 모순, 저촉이 없어야 하는 것은 물론 간접사실이 논리와 경험칙, 과학법칙에 의하여 뒷받침되어야 한다(대법원 2011.5.26, 2011도1902 참조). 그러므로 유죄의 인정은 범행 동기, 범행수단의 선택, 범행에 이르는 과정, 범행 전후 피고인의 태도 등 여러 간접사실로 보아 피고인이 범행한 것으로 보기에 충분할 만큼 압도적으로 우월한 증명이 있어야 한다. 피고인은 무죄로 추정된다는 것이 헌법상의 원칙이고, 그 추정의 번복은 직접증거가 존재할 경우에 버금가는 정도가 되어야 한다(대법원 2017.5.30, 2017도1549). 그리고 범행에 관한 간접증거만이 존재하고 더구나 그 간접증거의 증명력에 한계가 있는 경우, 범인으로 지목되고 있는 자에게 범행을 저지를 만한 동기가 발견되지 않는다면, 만연히 무엇인가 동기가 분명히 있는데도 이를 범인이 숨기고 있다고 단정할 것이 아니라 반대로 간접증거의 증명력이 그만큼 떨어진다고 평가하는 것이 형사증거법의 이념에 부합하는 것이다(대법원 2006.3.9, 2005도8675 참조). … 유전자검사나 혈액형검사 등 과학적 증거방법은 전제로 하는 사실이 모두 진실임이 증명되고 추론의 방법이 과학적으로 정당하여 오류의 가능성이 없거나 무시할 정도로 극소하다고 인정되는 경우에는 법관이 사실인정을 할 때 상당한 정도로 구속력을 가진다(대법원 2009.3.12, 2008도8486 등 참조). 그러나 이 경우 법관은 과학적 증거방법이 증명하는 대상이 무엇인지, 즉 증거방법과 쟁점이 어떠한 관련성을 갖는지를 면밀히 살펴 신중하게 사실인정을 하여야 한다.

> 보충 S는 산부인과의원에서 자신의 딸인 K가 출산한 여아 B(피해자)를 다른 여아 C로 바꿔치기 하는 방법으로 C를 데리고 왔고 K가 C를 방치하여 사망케 하였는데, 유전자 감정 결과 C는 A의 딸이 아니라 S 자신의 딸이라는 결과가 나와, S는 현재 생사 및 행방이 불명인 피해자 B(A의 딸)에 대한 미성년자약취죄의 공소사실로 기소되었다. … 유전자 감정 결과가 증명하는 대상은 이 사건 여아(C)를 피고인의 친자로 볼 수 있다는 사실에 불과하고, 피고인이 쟁점 공소사실 기재 일시 및 장소에서 피해자(B)를 이 사건 여아(C)와 바꾸는 방법으로 약취하였다는 사실이 아니며, 피고인이 유전자 감정 결과에도 불구하고 자신이 범행을 저지르지 않았다는 점에 대하여 개연성 있는 설명을 하고 있지는 못하지만, 공소사실에 관한 목격자의 진술이나 CCTV 영상 등 직접적인 증거가 없고, 공소사실을 유죄로 확신하는 것을 주저하게 하는 의문점들이 남아 있으며, 그에 대하여 추가적인 심리가 가능하다고 보이는 이상, 유전자 감정 결과만으로 쟁점 공소사실이 증명되었다고 보기에는 어렵다.

[확정판결의 증명력]

1. 대법원 2008.5.29, 2007도5206; 2000.2.25, 99다55472; 2005.12.8, 2003도7655; 2012.6.14, 2011도15653; 2014.3.27, 2014도1200 [국가9급 15, 경찰승진 14]

형사재판에서 이와 관련된 다른 형사사건 등의 확정판결에서 인정된 사실은 ① 특별한 사정이 없는 한 유력한 증거자료가 되는 것이나, ② 당해 형사재판에서 제출된 다른 증거내용에 비추어 관련 형사사건의 확정판결에서의 사실판단을 그대로 채용하기 어렵다고 인정될 경우에는 이를 배척할 수 있다.

2. [비교] 대법원 2009.6.25, 2008도10096; 1995.1.12, 94다39215; 1999.11.26, 98두10424

형사재판에 있어서 이미 확정된 형사판결이 동일한 사실관계에 관하여 인정한 사실의 증명력

동일한 사실관계에 관하여 이미 확정된 형사판결이 인정한 사실은 유력한 증거자료가 되므로, 그 형사재판의 사실 판단을 채용하기 어렵다고 인정되는 특별한 사정이 없는 한 이와 배치되는 사실은 인정할 수 없는 것이다.

[범인의 식별에 관한 목격자의 확인] (1 대 1 대면 확인 : 원칙 ×, 예외 ○)(주로 경찰직에서 출제되었음)

1. 대법원 2007.5.10, 2007도1950 [경찰승진 09/10, 경찰채용 15 2차]

용의자의 인상착의 등에 의한 범인식별 절차 : 용의자 한 사람 or 용의자의 사진 한 장 ×

용의자의 인상착의 등에 의한 범인식별 절차에 있어 용의자 한 사람을 단독으로 목격자와 대질시키거나 용의자의 사진 한 장만

을 목격자에게 제시하여 범인 여부를 확인하게 하는 것은 사람의 기억력의 한계 및 부정확성과 구체적인 상황 하에서 용의자나 그 사진 상의 인물이 범인으로 의심받고 있다는 무의식적 암시를 목격자에게 줄 수 있는 가능성으로 인하여, 그 용의자가 종전에 피해자와 안면이 있는 사람이라든가 피해자의 진술 외에도 그 용의자를 범인으로 의심할 만한 다른 정황이 존재한다든가 하는 등의 부가적인 사정이 없는 한 그 신빙성이 낮다고 보아야 한다.

2. 대법원 2008.1.17, 2007도5201 [경찰승진 10/11]

용의자의 인상착의 등에 의한 범인식별 절차에서 범인 여부를 확인하는 목격자 진술의 신빙성을 높이기 위한 절차적 요건 및 그 적용범위
범인식별 절차에 있어 목격자의 진술의 신빙성을 높게 평가할 수 있게 하려면, 범인의 인상착의 등에 관한 목격자의 진술 내지 묘사를 사전에 상세히 기록화한 다음, 용의자를 포함하여 그와 인상착의가 비슷한 여러 사람을 동시에 목격자와 대면시켜 범인을 지목하도록 하여야 하고, 용의자와 목격자 및 비교대상자들이 상호 사전에 접촉하지 못하도록 하여야 하며, 사후에 증거가치를 평가할 수 있도록 대질 과정과 결과를 문자와 사진 등으로 서면화하는 등의 조치를 취하여야 할 것이고, 사진제시에 의한 범인식별 절차에 있어서도 기본적으로 이러한 원칙에 따라야 한다(대법원 2001.2.9, 2000도4946; 2004.2.27, 2003도7033; 2007.5.10, 2007도1950 등). 그리고 이러한 원칙은 동영상제시 · 가두식별 등에 의한 범인식별 절차와 사진제시에 의한 범인식별 절차에서 목격자가 용의자를 범인으로 지목한 후에 이루어지는 동영상제시 · 가두식별 · 대면 등에 의한 범인식별 절차에도 적용되어야 할 것이다.

[보충] 강간 피해자가 수사기관이 제시한 47명의 사진 속에서 피고인을 범인으로 지목하자 이어진 범인식별 절차에서 수사기관이 피해자에게 피고인 한 사람만을 촬영한 동영상을 보여주거나 피고인 한 사람만을 직접 보여주어 피해자로부터 범인이 맞다는 진술을 받고, 다시 피고인을 포함한 3명을 동시에 피해자에게 대면시켜 피고인이 범인이라는 확인을 받은 경우, 위 피해자의 진술은 범인식별 절차에서 목격자 진술의 신빙성을 높이기 위하여 준수하여야 할 절차를 지키지 않은 상태에서 얻어진 것으로서 범인의 인상착의에 관한 피해자의 최초 진술과 피고인의 그것이 불일치하는 점이 많아 신빙성이 낮다는 사례이다. [경찰승진 10]

3. [비교] 대법원 2009.6.11, 2008도12111 [경찰간부 15, 경찰승진 10]

피해자가 경찰관과 함께 범행 현장에서 범인을 추적하다 골목길에서 범인을 놓친 직후 골목길에 면한 집을 탐문하여 용의자를 확정한 경우, 그 현장에서 용의자와 피해자의 일대일 대면이 허용된다고 한 사례
일반적으로 용의자의 인상착의 등에 의한 범인식별 절차에서 용의자 한 사람을 단독으로 목격자와 대질시키거나 용의자의 사진 한 장만을 목격자에게 제시하여 범인 여부를 확인하게 하는 것은 … 부가적인 사정이 없는 한 그 신빙성이 낮다고 보아야 한다. … 그러나 범죄 발생 직후 목격자의 기억이 생생하게 살아있는 상황에서 현장이나 그 부근에서 범인식별 절차를 실시하는 경우에는, 목격자에 의한 생생하고 정확한 식별의 가능성이 열려 있고 범죄의 신속한 해결을 위한 즉각적인 대면의 필요성도 인정할 수 있으므로, 용의자와 목격자의 일대일 대면도 허용된다.

(4) 자유심증과 상소 : 증인의 증언의 신빙성에 대한 제1심의 평가를 항소심에서 어떻게 평가할 것인가 문제되는바, ① 제1심의 판단도 존중되어야 하므로 **항소심은 원칙적으로 제1심의 증명력 판단을 배척할 수 없다.** 따라서 항소심이 심리과정에서 심증 형성에 영향을 미칠 만한 객관적 사유가 새로 드러난 것이 없음에도, 제1심의 사실인정에 관한 판단을 재평가하여 사후심적으로 판단하여 뒤집을 수는 없는 것이 원칙이다. 다만, ② 예외적인 경우에는 항소심이 증언의 신빙성 유무에 관한 제1심의 판단을 번복할 수 있는데, ㉠ 제1심의 증명력 판단에 **논리법칙과 경험법칙에 위배되는 명백한 오류**가 있다고 볼 특별한 사정이 있는 경우, ㉡ 제1심의 증거조사 결과와 항소심 변론종결시까지 추가로 이루어진 **증거조사 결과를 종합하면** 제1심 증인이 한 진술의 신빙성 유무에 대한 **제1심의 증명력 판단을 그대로 유지하는 것이 현저히 부당**하다고 인정되는 경우가 여기에 속한다. 특히 제1심에서 신빙성을 배척한 증언을 항소심에서 채택하기 위해서는 진술의 신빙성을 배척한 제1심의 판단을 수긍할 수 없는 충분하고도 납득할 만한 현저한 사정이 나타나는 경우이어야 한다.

⚒ [판례연구] 자유심증주의와 제1심 판결의 증명력

1. 대법원 1996.12.6, 96도2461 [국가9급 15]

제1심이 채용한 유죄의 증거에 대하여 항소심이 그 신빙성에 의문을 가질 경우, 아무런 추가 심리 없이도 그 증거를 배척할 수 없다는 사례
형사재판에서 항소심은 사후심 겸 속심의 구조이므로, 제1심이 채용한 증거에 대하여 그 신빙성에 의문은 가지만 그렇다고 직접 증거조사를 한 제1심의 자유심증이 명백히 잘못되었다고 볼 만한 합리적인 사유도 나타나 있지 아니한 경우에는, 비록 동일한 증거라고 하더라도 다시 한 번 증거조사를 하여 항소심이 느끼고 있는 의문점이 과연 그 증거의 신빙성을 부정할 정도의 것인지 알아보거나, 그 증거의 신빙성에 대하여 입증의 필요성을 느끼지 못하고 있는 검사에 대하여 항소심이

가지고 있는 의문점에 관하여 입증을 촉구하는 등의 방법으로 그 증거의 신빙성에 대하여 더 심리하여 본 후 그 채부를 판단하여야 하고, 그 증거의 신빙성에 의문이 간다는 사유만으로 더 이상 아무런 심리를 함이 없이 그 증거를 곧바로 배척하여서는 아니 된다.

유사판례 대법원 2017.3.22, 2016도18031(1심의 판단을 2심이 함부로 뒤집을 수는 없다는 사례) : 현행 형사소송법상 항소심은 속심을 기반으로 하되 사후심적 요소도 상당 부분 들어 있는 이른바 사후심적 속심의 성격을 가지므로 항소심에서 제1심판결의 당부를 판단할 때에는 그러한 심급구조의 특성을 고려하여야 한다. 그러므로 항소심이 심리과정에서 심증의 형성에 영향을 미칠 만한 객관적 사유가 새로 드러난 것이 없음에도 제1심의 판단을 재평가하여 사후심적으로 판단하여 뒤집고자 할 때에는, 제1심의 증거가치 판단이 명백히 잘못되었다거나 사실인정에 이르는 논증이 논리와 경험법칙에 어긋나는 등으로 그 판단을 그대로 유지하는 것이 현저히 부당하다고 볼 만한 합리적인 사정이 있어야 하고, 그러한 예외적 사정도 없이 제1심의 사실인정에 관한 판단을 함부로 뒤집어서는 안 된다. 그것이 형사사건의 실체에 관한 유죄·무죄의 심증은 법정 심리에 의하여 형성하여야 한다는 공판중심주의, 그리고 법관의 면전에서 직접 조사한 증거만을 재판의 기초로 삼는 것을 원칙으로 하는 실질적 직접심리주의의 정신에 부합한다.

보충 항소심은 제1심이 채용한 증거의 신빙성에 의문이 있는 경우, 아무런 심리 없이 그 증거를 곧바로 배척하여서는 아니 되고, 이미 증거조사를 거친 동일한 증거라도 그 증거의 신빙성에 대하여 더 심리하여 본 후 그 채부를 판단하여야 한다. [국가9급 15]

2. **대법원 2013.4.26, 2013도1222; 2006.11.24, 2006도4994; 2009.1.30, 2008도7462; 2009.1.30, 2008도7917; 2010.6.24, 2010도3846; 2011.6.30, 2010도15765; 2019.7.24, 2018도17748; 2021.6.10, 2021도2726** [법원9급 08, 국가7급 11, 경찰승진 12]
증인 진술의 신빙성 유무에 대한 제1심의 판단을 항소심이 뒤집을 수 있는 경우
① 원칙 : 우리 형사소송법이 채택하고 있는 실질적 직접심리주의의 정신에 비추어, 항소심으로서는 제1심 증인이 한 진술의 신빙성 유무에 대한 제1심의 판단이 항소심의 판단과 다르다는 이유만으로 이에 대한 제1심의 판단을 함부로 뒤집어서는 아니된다. ② 예외 : 다만, 제1심 증인이 한 진술의 신빙성 유무에 대한 제1심의 판단이 명백하게 잘못되었다고 볼 특별한 사정이 있거나, 제1심의 증거조사 결과와 항소심 변론종결시까지 추가로 이루어진 증거조사 결과를 종합하면 제1심 증인이 한 진술의 신빙성 유무에 대한 제1심의 판단을 그대로 유지하는 것이 현저히 부당하다고 인정되는 예외적인 경우에는 그러하지 아니하다.

보충1 ① 원칙 : 항소심은 제1심의 증명력 판단 배척 불가, ② 예외 : 제1심의 판단이 명백히 잘못이라는 특별한 사정이나 1심의 증거조사 결과와 항소심의 추가증거조사결과를 종합하면 1심의 증명력 판단을 유지하는 것이 현저히 부당하다는 예외적인 경우에는 배척 가능.

보충2 특히 공소사실을 뒷받침하는 증인의 진술의 신빙성을 배척한 제1심의 판단을 뒤집는 경우에는, 무죄추정의 원칙 및 형사증명책임의 원칙에 비추어 이를 수긍할 수 없는 충분하고도 납득할 만한 현저한 사정이 나타나는 경우라야 한다(대법원 2010.3.25, 2009도14065; 2022.5.26, 2017도11582).

3. **대법원 2010.3.25, 2009도14065** [국가9급 12]
국민참여재판에서 배심원이 만장일치의 의견으로 내린 무죄의 평결이 재판부의 심증에 부합하여 그대로 채택된 경우, 증거의 취사 및 사실의 인정에 관한 제1심의 판단을 항소심에서 원칙적으로 뒤집을 수 없음
배심원이 증인신문 등 사실심리의 전 과정에 함께 참여한 후 증인이 한 진술의 신빙성 등 증거의 취사와 사실의 인정에 관하여 만장일치의 의견으로 내린 무죄의 평결이 재판부의 심증에 부합하여 그대로 채택된 경우라면, 이러한 절차를 거쳐 이루어진 증거의 취사 및 사실의 인정에 관한 제1심의 판단은 실질적 직접심리주의 및 공판중심주의의 취지와 정신에 비추어 항소심에서의 새로운 증거조사를 통해 그에 명백히 반대되는 충분하고도 납득할 만한 현저한 사정이 나타나지 않는 한 한층 더 존중될 필요가 있다.

보충 국민참여재판으로 진행된 제1심에서 배심원이 만장일치로 한 평결 결과를 받아들여 강도상해의 공소사실을 무죄로 판단하였으나, 항소심에서는 피해자에 대하여만 증인신문을 추가로 실시한 다음 제1심의 판단을 뒤집어 이를 유죄로 인정한 사안에서, 항소심 판단에 공판중심주의와 실질적 직접심리주의 원칙의 위반 및 증거재판주의에 관한 법리오해의 위법이 있다고 한 사례이다.

4. **대법원 2016.2.18, 2015도11428; 2016.4.15, 2015도8610; 2016.6.23, 2016도2889**
증언의 신빙성이 없다고 보아 무죄판결한 1심에 대해 항소심이 일부 반대되는 사실에 관한 개연성 또는 의문만으로 사실오인의 위법이 있다고 단정하여 유죄로 인정할 수 있는지 여부(원칙적 소극)
금품수수 여부가 쟁점이 된 사건에서 금품을 제공하였다는 사람의 진술에 대하여 제1심이 증인신문 절차 등을 거친 후에 합리적인 의심을 배제할 만한 신빙성이 없다고 보아 공소사실을 무죄로 판단한 경우에, 항소심이 제1심 증인 등을 다시 신문하는 등의 추가 증거조사를 거쳐 그 신빙성을 심사하여 본 결과 제1심이 들고 있는 의심과 일부 어긋날 수 있는 사실의 개연성이 드러남으로써 제1심의 판단에 의문이 생긴다 하더라도, 제1심이 제기한 의심이 금품 제공과 양립할 수 없거나 그 진술의 신빙성 인정에 장애가 되는 사실의 개연성에 대한 합리성 있는 근거에 기초하고 있고 제1심의 증거조사 결과와 항소심의 추가 증거조사 결과에 의하여도 제1심이 일으킨 이러한 합리적인 의심을 충분히 해소할 수 있을 정도에까지 이르지 아니한다면, 그와 같은 일부 반대되는 사실에 관한 개연성 또는 의문만으로 그 진술의 신빙성 및 범죄의 증명이 부족하다는 제1심의 판단에 사실오인의 위법이 있다고 단정하여 공소사실을 유죄로 인정하여서는 아니 된다. 특히 항소심에서도 그 진술 중의 일부에 대하여 신빙성을 부정함으로써 그에 관한 제1심의 판단을 수긍하는 경우라면, 나머지 진술 부분에 대하여 신빙성을 부정한 제1심의 판단이 위법하다고 인정하기 위해서는 그 부분 진술만은 신뢰할 수 있는 확실한 근거가 제시되는 등의 특별한 사정이 있는지에 관하여 더욱 신중히 판단하여야 한다.

(5) 증거요지의 명시 : 법관의 합리적 증거평가를 담보하기 위해서 **유죄판결의 이유에는 증거의 요지**(要旨)**를 명시**해야 한다(제323조 제1항). 다만, 증거의 요지만 명시하면 되므로(증거의 중요부분 표시 要) 증거를 취사한 이유까지 명시해야 하는 것은 아니다(증거 채부 이유 설시 不要). 이를 위반하면 절대적 항소이유가 된다(제361조의5 제11호).

Ⅲ 자유심증주의의 예외

1. 자백의 증명력 제한 : 자백보강법칙

증거능력이 있는 자백에 의해서 법관이 유죄를 확신하는 경우에도 보강증거가 없으면 유죄를 선고할 수 없으므로(제310조), 이는 자유심증주의에 대한 예외가 된다.

> 보충 다만, 이는 범죄의 객관적 구성요건요소에 한하고, 주관적 구성요건요소(메 고의, 과실, 목적 등) 등은 보강증거가 없어도 자백만으로 인정할 수 있다(자유심증주의 적용)(자백보강법칙에서 후술).

2. 공판조서의 배타적 증명력

공판기일의 소송절차로서 공판조서에 기재된 것은 그 조서만으로써 증명한다(제56조). 따라서 법관의 심증 여하를 불문하고 그 기재된 대로 인정해야 하므로 이는 자유심증주의에 대한 예외가 된다.

> 보충 다만, 공판조서에 기재되지 않는 것에 대해서는 (당해 소송행위 부존재는 추정되지 않고) 자유심증주의가 적용된다. 또한 동일한 사항에 관하여 서로 다른 내용이 기재된 수개의 공판조서가 병존하는 경우에는 법관의 자유심증에 따라 그 중 하나만을 믿을 수 있다.

3. 진술거부권 · 증언거부권의 행사

(1) 진술거부권의 행사 : 진술거부권은 헌법상 기본권(제12조 제2항)에 해당하므로, 피고인의 진술거부권의 행사를 피고인에게 불리한 간접증거로 사용하여 불리한 심증을 형성하는 것은 허용되지 아니한다. 진술거부권을 실질적으로 보장해야 하기 때문이다.

(2) 증언거부권의 행사 : 증언거부권(법 제148조 · 제149조)이 있는 증인의 증언거부를 피고인에게 불리한 정황증거로 인정하여 심증을 형성하는 것도 허용되지 않는다. 증언거부권은 가족관계나 일정한 신뢰관계 있는 자를 보호하기 위한 제도이기 때문이다.

Ⅳ 자유심증주의와 in dubio pro reo의 원칙

1. 심증형성의 정도

범죄사실의 인정을 위한 심증의 정도는 단지 우월적 증명력을 가진 정도로는 부족하고 합리적 의심이 없을 정도에 이르러야 한다(대법원 1996.3.8, 95도3081). 2007년 개정법 제307조 제2항이 "범죄사실의 인정은 합리적 의심이 없는 정도의 증명에 이르러야 한다."라고 규정한 것도 이러한 엄격한 증명을 통해 법관으로 하여금 합리적 의심을 할 여지가 없는 정도의 확신을 갖게 해야만 범죄사실을 인정할 수 있다는 것이다.

2. 의심스러울 때에는 피고인에게 유리하게

법원이 심리를 다하였으나 심증형성이 불가능한 경우에는 in dubio pro reo의 원칙에 의해 무죄판결을 선고할 수밖에 없다.

3. 적용범위

in dubio pro reo의 원칙은 사실판단의 최종적 기준이므로, 법률판단의 문제에는 적용되지 아니한다.

Ⅴ 자유심증주의 위반과 효과

1. 법령의 위반 – 채증법칙 위반 · 심리미진

① 증거의 증명력의 자유판단의 기준은 논리법칙과 경험법칙이고 이를 채증법칙(採證法則)이라 하며, 논리

법칙과 경험법칙에 위배되는 것을 채증법칙 위반이라 한다. 또한 ② 범죄의 유무 등을 판단하기 위한 논리적 논증을 함에 있어 그 전제는 논증에 반드시 필요한 사항에 대해서는 빠뜨리지 않고 심리를 다하는 것인데, 필요한 사항에 대한 심리를 다하지 않는 것을 심리미진(審理未盡)이라 한다. 이에 ③ 논리법칙·경험법칙을 벗어난 **채증법칙의 위반**은 자유심증주의(제308조)의 한계를 벗어나는 것이고, 필요한 사항에 대한 심리를 다하지 않은 **심리미진**은 실체적 진실발견과 적정한 재판이 이루어지도록 자유심증주의(제308조)를 규정한 형사소송법의 근본이념에 배치(背馳)되는 것이다. 결국 이러한 채증법칙 위반 내지 심리미진의 위법이 판결에 영향을 미친 경우는 **법령위반의 상소이유**(제361조의5 제1호의 **상대적 항소이유**, 제383조 제1호의 **상대적 상고이유**)에 해당하는 것이다.

[보충] 독자들이 대법원 판례를 읽다보면, 채증법칙 위반 또는 심리미진의 위법이 있다는 표현을 종종 보게 된다. 이는 법령위반에 해당하므로 판결에 영향을 미친 경우 상소이유가 되는 것이다.

대법원 2016.10.13, 2015도17869

자유심증주의의 의미, 한계, 위반 및 그 효과

형사소송법은 증거재판주의와 자유심증주의를 기본원칙으로 하면서, 범죄사실의 인정은 증거에 의하되 증거의 증명력은 법관의 자유판단에 의하도록 하고 있다. 그러나 이는 그것이 실체적 진실발견에 적합하기 때문이지 법관의 자의적인 판단을 인용한다는 것은 아니므로, 비록 사실의 인정이 사실심의 전권이라 하더라도 범죄사실이 인정되는지 여부는 논리와 경험법칙에 따라야 하고, 충분한 증명력이 있는 증거를 합리적 이유 없이 배척하거나 반대로 객관적인 사실에 명백히 반하는 증거를 근거 없이 채택·사용하는 것은 자유심증주의의 한계를 벗어나는 것으로서 법률위반에 해당한다(대법원 2007.5.10, 2007도1950; 2015.8.20, 2013도11650 전원합의체)(채증법칙위반). 또한 범죄의 유무 등을 판단하기 위한 논리적 논증을 하는 데 반드시 필요한 사항에 대한 심리를 다하지도 아니한 채 합리적 의심이 없는 증명의 정도에 이르렀는지에 대한 판단에 섣불리 나아가는 것(심리미진) 역시 실체적 진실발견과 적정한 재판이 이루어지도록 하려는 형사소송법의 근본이념에 배치되는 것으로서 위법하다. 그러므로 사실심 법원으로서는, 형사소송법이 사실의 오인을 항소이유로는 하면서도 상고이유로 삼을 수 있는 사유로는 규정하지 아니한 데에 담긴 의미가 올바르게 실현될 수 있도록 주장과 증거에 대하여 신중하고 충실한 심리를 하여야 하고, 그에 이르지 못하여 자유심증주의의 한계를 벗어나거나 필요한 심리를 다하지 아니하는 등으로 판결 결과에 영향을 미친 때에는, 사실인정을 사실심 법원의 전권으로 인정한 전제가 충족되지 아니하는 것이므로 당연히 상고심의 심판대상에 해당한다.

[연습] 사실심 법원이 자유심증주의의 한계를 벗어나거나 필요한 심리를 다하지 아니하는 등으로 판결 결과에 영향을 미친 경우는 당연히 상고심의 심판대상에 해당한다. (○) (∵ 단순한 사실오인이 아니라 법령위반이므로)

---

2. 사실의 오인

증명력 판단이 채증법칙 위반이나 심리미진은 아니지만 증거취사와 사실인정이 잘못된 경우는 사실의 오인에 해당한다. 사실의 오인이 판결에 영향을 미친 때에는 상대적 항소이유(제361조의5 제14호)에 해당하나, 상고이유에 해당하려면 사형·무기 또는 10년 이상의 징역·금고가 선고된 사건에 있어서 중대한 사실의 오인이 있어 판결에 영향을 미친 때이어야 한다(제383조 제4호 전단). 따라서 단순한 사실오인의 주장은 법령의 위반에는 해당하지 않으므로 법률심에 해당하는 상고심에서는 적법한 상고이유에 해당하지 아니한다.

대법원 2008.5.29, 2007도1755

구체적인 논리법칙·경험법칙 위반을 지적하지 아니한 채 원심의 증거취사와 사실인정만을 다투는 주장이 형사소송법 제383조 제1호의 상고이유가 될 수 있는지 여부(소극)

형사소송법 제308조는 증거의 증명력은 법관의 자유판단에 의하도록 자유심증주의를 규정하고 있으므로, 원심의 증거의 증명력에 관한 판단과 증거취사 판단에 그와 달리 볼 여지가 상당히 있는 경우라고 하더라도, 원심의 판단이 논리법칙이나 경험법칙에 따른 자유심증주의의 한계를 벗어나지 아니하는 한 그것만으로 바로 형사소송법 제383조 제1호가 상고이유로 규정하고 있는 법령위반에 해당한다고 단정할 수 없다. 또한, 원심의 구체적인 논리법칙 위반이나 경험법칙 위반의 점 등을 지적하지 아니한 채 단지 원심의 증거취사와 사실인정만을 다투는 것은 특별한 사정이 없는 한 사실오인의 주장에 불과하다.

01 자백의 의의와 효과

I 의의 및 요건

1. 개념 및 성질

(1) **개념** : 자백(自白, confession, Geständnis)이란 피의자 또는 피고인이 자기의 범죄사실의 전부 또는 일부를 인정하는 진술을 말한다.

(2) **성질** : 자백은 공소범죄사실을 직접 증명할 수 있는 직접증거이자, 전문증거에 대하여 원본증거가 되는 진술증거이다.

2. 요 건

(1) **주체** : **진술자의 법적 지위는 불문**한다. 따라서 피고인으로서의 진술뿐만 아니라 **피의자·참고인·증인 등의 지위에서 한 진술도 자백**에 해당한다. [국가7급 08, 경찰간부 14]

(2) **형식** : 구두·서면을 불문한다. [국가7급 08]

(3) **자백의 상대방** : 법원·법관·수사기관을 불문한다. 범죄사실을 일기장에 기재하는 것처럼 상대방이 없는 경우도 자백에 해당한다. [국가7급 08]

(4) **자백의 단계** : 자백은 반드시 공판정에서 행한 진술일 것을 요하지 아니하므로, 재판상의 자백과 재판 외의 자백을 가리지 아니한다.

(5) **자백의 내용** : **자기의 범죄사실을 인정하는 진술이면 족하고 형사책임까지 인정할 것은 요하지 않는다.** 따라서 구성요건해당사실을 인정하면서 위법성조각사유나 책임조각사유를 주장하는 것도 자백에 해당한다(간이공판절차 개시요건인 자백과의 차이). 다만, ① **모두절차에서 피고인이 "공소사실은 사실대로다."라고 진술**하였다 하여도 당연히 자백에 해당하는 것은 아니며(84도141; 83도2692 : 전후의 진술을 종합하여 자백인지 여부를 판단해야 함), ② **상업장부·항해일지·진료일지 또는 이와 유사한 금전출납부 등**과 같이 **범죄사실의 인정 여부와는 관계없이** 자기에게 맡겨진 사무를 처리한 사무내역을 **그때그때 계속적·기계적으로 기재한 문서** 등의 경우에는 그 안에 공소사실에 일부 부합되는 사실의 기재가 있다고 하여도 **별개의 독립된 증거자료일 뿐 범죄사실을 자백하는 문서라고는 볼 수 없다**(94도2865 전원합의체 : ∴ 자백의 보강증거 ○). [해경간부 12, 전의경 09]

> 정리 간이공판절차 개시요건인 자백은 ① 법관에 대하여 ② 공판정에서 ③ 구성요건해당성·위법성·책임을 모두 인정하는 것을 요건으로 하는 데 비하여, 여기서의 자백은 구성요건해당성을 인정하면 되고, 주체·형식·상대방·단계를 불문한다.

🔨 판례연구 자백의 의미

대법원 1984.4.10, 84도141
피고인의 공소사실에 대한 "예, 있습니다.", "예, 그렇습니다."라는 답변과 범행사실의 자백
검사가 피고인에게 공소장기재를 낭독하다시피 공소사실 그대로의 사실 유무를 묻자 "예, 있습니다", "예, 그렇습니다"라고 대답한 것으로 되어 있어 피고인이 상피고인과 공모하여 이 사건 사기범죄사실을 저지른 것으로 자백한 것처럼 보이나 계속되는 검사와 변호인의 물음에서나 그 이후의 공판정에서는 피고인이 상피고인의 부동산전매업을 도와주는 모집책이 아니고 단순한 고객일 뿐이라고 진술하고 있다면 위 상피고인이 피고인들과 공모하여 기망 내지 편취한 점까지 자백한 것이라고는 볼 수 없다.

Ⅱ 자백의 효과

1. 자백과 유죄의 인정

(1) 증거능력 인정의 요건

① 임의성 : 임의성이 없는 자백은 증거능력이 없으므로 유죄의 증거로 사용할 수 없다(자백배제법칙, 제309조).

② 적법성 : 자백을 획득한 절차가 위법하고 그 위법의 정도가 중대한 경우에는 증거능력이 부정되어 유죄의 증거로 사용할 수 없다(위법수집증거배제법칙, 제308조의2).

③ 실질적 진정성립 : 재판 외의 자백이 기재된 조서 기타의 서류는 공판절차에서 그 실질적 진정성립이 인정되지 않으면 유죄의 증거로 사용할 수 없다(전문법칙의 예외, 제312조 제1·3·4·5항, 제313조 제1·3항).

(2) 증명력의 요건

① 신빙성 : 자백의 임의성이 있어 증거능력이 인정된다고 하더라도 자백의 진실성과 신빙성까지 당연히 인정되는 것은 아니므로, 법관이 그 자백의 신빙성(신용성)을 인정하지 않으면 유죄의 증거로 되지 아니한다(자유심증주의, 제308조).

★ 판례연구 자백의 임의성이 있어도 증명력 판단은 별도로 해야 한다는 사례

1. 대법원 1980.12.9, 80도2656

연 4일 매일 한 장씩 진술서 작성 사례

피고인은 검찰에 송치되자마자 경찰에서의 자백은 강요에 의한 것이라고 구장하면서 범행을 부인할뿐더러 연 4일을 계속하여 매일 한 장씩 진술서 등을 작성한다는 것은 부자연하다는 느낌이 드는 등 사정에 비추어 보면 위의 자백은 신빙성이 희박하다.

2. 대법원 2008.2.14, 2007도10937

임의성 있는 자백의 증명력에 대한 판단방법

피고인의 자백이 임의로 진술한 것이어서 증거능력이 인정된다고 하여 자백의 진실성과 신빙성까지도 당연히 인정되는 것은 아니므로, 법원은 진술의 내용이 논리와 경험의 법칙에 비추어 볼 때 합리적인 것으로 인정되는지의 여부나 자백 이외의 정황증거들 중에 자백과 저촉되거나 모순되는 것이 없는지의 여부 등을 두루 참작하여 자유심증으로 자백이 신빙할 수 있는 것인지의 여부를 판단하여야 한다(피고인의 검찰관 앞에서의 자백이 논리와 경험의 법칙에 반하거나 범행현장의 객관적 상황에 부합하는 정황증거들과 상치되어 믿을 수 없다고 본 사례).

---

② 보강증거의 존재 : 증거능력 있는 자백이 신빙성이 있어 법관이 유죄의 심증을 얻은 경우에도, 보강증거가 없는 유일한 증거이면 자백한 범죄사실을 유죄로 인정할 수 없다(자백보강법칙, 제310조).

2. 간이공판절차에로의 진행

(1) 공판정에서의 자백 : 피고인이 공판정에서 당해 공소사실에 대하여 자백(구성요건해당성 인정 + 위법성·책임조각사유의 부존재 인정)한 경우에는 간이공판절차에 의하여 심판할 수 있다(제286조의2).

(2) 증거동의의 의제 : 간이공판절차에서의 전문증거에 대해서는 원칙적으로 피고인의 증거동의가 의제된다(전문법칙의 예외). 단, 검사, 피고인 또는 변호인이 증거로 함에 이의가 있는 때에는 그러하지 아니하다(제318조의3).

02 자백배제법칙

I 의 의

"피고인의 자백이 고문·폭행·협박, 신체구속의 부당한 장기화 또는 기망(이상 예시사유) **기타의 방법**으로 임의로 진술한 것이 아니라고 의심할 만한 이유가 있는 때에는 이를 유죄의 증거로 하지 못한다(제309조, 헌법 제12조 제7항)." 이처럼 임의성이 없거나 의심되는 자백은 증거능력이 부정된다는 법칙을 자백배제법칙이라고 한다.[1]

II 이론적 근거

1. 학 설

허위배제설, 인권옹호설, 절충설, 위법배제설, 종합설의 대립이 있으나,[2] 본서는 자백배제법칙은 자백취득과정에서의 **적정절차의 보장**을 확보하기 위한 증거법칙이므로 **자백취득과정이 위법하면 자백의 증거능력을 부정**해야 한다는 위법배제설을 따른다.

[보충] 위법배제설에 의하면, 자백배제법칙은 위법수집증거배제법칙의 특칙에 해당한다.

2. 판례의 태도 : 허위배제설 – 위법배제설 – 절충설

자백배제법칙의 이론적 근거에 관하여, 판례는 종래 허위배제설을 취하다가 위법배제설을 취하였으나, 근래에는 **절충설**을 취하고 있다.

★ [판례연구] 자백배제법칙의 이론적 근거에 관한 판례

1. 대법원 1977.4.26, 77도210

허위배제설을 취한 종래의 판례

피고인의 자백진술이 객관적 합리성이 결여되고 범행현장과 객관적 상황의 중요한 부분이 부합되지 않는 등의 특별사정이 있는 경우, 수사기관에서 자백하게 된 연유가 피고인의 주장대로 고문이 아니라 할지라도 다소의 폭행 또는 기타의 방법으로 자백을 강요하여 임의로 진술한 것이 아니라고 의심할 사유가 있다고 할 것이다.

---

1) [참고 – 자백배제법칙의 연혁] 자백배제법칙은 후술하는 위법수집증거배제법칙 및 전문법칙과 함께 주로 영미법에서 발달한 원칙이다. 종래에 자백은 증거의 왕이라고 하여 자백을 얻어내기 위한 고문 등의 위법·탈법적 수단이 자행되어 왔는바, 18세기 후반부터 영국에서는 고문·폭행·협박 등 수단으로 획득한 자백은 그 임의성이 의심된다는 허위배제의 관점에서 그 증거능력을 부정하기 시작하였다. 영국의 허위배제적 자백배제법칙은 미국에 계수되어 1940년대 이후 미연방대법원 판례들을 통해 위법수사의 배제에 근거한 자백배제법칙으로 확립되게 되는데, 1943년 맥냅 사건[McNabb v. U.S, 318 U.S. 332(1943)]과 1957년 말로리 사건[Mallory v. U.S, 354 U.S. 449(1957)] 판례에 의해 체포 후 법관에게 인치하지 아니하고 구금한 상태에서 획득한 자백의 증거능력을 부정하였고, 이후 1960년대에 들어 1961년 로저스 사건[Rogers v. Richmond, 365 U.S. 534(1961)], 1964년 에스코베도 사건[Escobedo v. Illinois, 378 U.S. 478(1964)], 1966년 미란다 사건[Miranda v. Arizona, 384 U.S. 436(1966)]의 판례를 통해 위법배제에 근거를 둔 자백배제법칙으로 확립되게 된 것이다.

2) [참고 – 자백배제법칙의 이론적 근거에 대한 학설]
   ① 허위배제설 : 임의성이 의심되는 자백은 허위일 가능성이 크다는 점에서 증거능력을 부정해야 한다는 입장이다(종래 판례). 이에 대해서는 임의성과 진실성을 동일시함으로써 증거능력과 증명력을 혼동하였고, 고문에 의한 자백이어도 내용이 진실하면 증거능력이 있다고 보게 된다는 비판이 있다.
   ② 인권옹호설 : 자백배제법칙은 진술거부권(묵비권)의 담보장치이므로 자기결정권(진술의 자유)을 침해한 자백은 인권의 보장을 위해서 증거능력을 부정해야 한다는 입장이다. 이에 대해서는 자백배제법칙과 진술거부권을 연혁을 달리하므로 양자를 동일시하는 것은 부당하고, 약속이나 기망에 의한 자백의 증거능력을 부정해야 하는 근거를 제시하지 못한다는 비판이 있다.
   ③ 절충설 : 허위배제설과 인권옹호설이 모두 자백의 증거능력을 제한하는 근거로 타당하므로, 고문 등에 의한 자백은 허위의 위험성이 많을 뿐만 아니라 그러한 자백의 강요는 인권보장을 위해 증거능력을 부정해야 한다는 입장이다(신양균, 정/백, 노/이 등). 이에 대해서는 허위배제설과 인권옹호설의 결함만을 결합하는 결과가 된다는 비판이 있다.
   ④ 위법배제설 : 자백배제법칙은 자백취득과정에서의 적정절차의 보장을 확보하기 위한 증거법상 원칙이므로 자백취득과정에 있어서 적정절차를 위반하여 획득한 자백은 그 위법성으로 인하여 증거능력이 부정된다는 입장이다(다수설). 이에 대해서는 제309조의 임의성을 도외시함으로써, 임의성 있는 경우와 임의성은 인정되나 자백획득절차가 위법한 경우의 질적 차이를 무시한다는 비판이 있다.
   ⑤ 종합설 : 자백배제법칙은 헌법상 기본권으로 규정되어 있다는 점에서 허위배제설, 인권옹호설, 위법배제설 모두 자백배제법칙의 근거가 되므로 이를 상호보완적으로 운용해야 한다는 입장이다(신동운). 이에 대해서는 자백배제법칙의 객관적 기준을 제시하지 못하고 각 학설의 결함만을 결합하는 결과가 될 수 있다는 비판이 있다.
   ⑥ 결론 : 자백의 증거능력을 배제하는 적정하고 명확한 기준을 제시함과 아울러 자백배제법칙의 적용범위도 확보된다는 점에서 위법배제설이 타당하다고 생각된다.

2. 대법원 1997.10.10, 97도1720
위법배제설을 취한 종래의 판례
진술의 임의성이라는 것은 고문·폭행·협박·신체구속의 부당한 장기화 또는 기망 기타 진술의 임의성을 잃게 하는 사정이 없다는 것 즉 증거의 수집과정 위법성이 없다는 것인데, 진술의 임의성을 잃게 하는 그와 같은 사정은 헌법이나 형사소송법의 규정에 비추어 볼 때 이례에 속한다 할 것이므로 진술의 임의성은 추정된다.

3. 대법원 1998.4.10, 97도3234; 1999.1.29, 98도3584; 2000.1.21, 99도4940; 2006.1.26, 2004도517; 2012.11.29, 2010도3029 등.
절충설(허위배제설 + 인권옹호설)을 취하는 근래의 판례
임의성 없는 자백의 증거능력을 부정하는 취지는, 허위진술을 유발 또는 강요할 위험성이 있는 상태하에서 행하여진 자백은 그 자체로 실체적 진실에 부합하지 아니하여 오판의 소지가 있을 뿐만 아니라(허위배제설) 그 진위 여부를 떠나서 자백을 얻기 위하여 피의자의 기본적 인권을 침해하는 위법·부당한 압박이 가하여지는 것을 사전에 막기 위한 것(인권옹호설)이다.[1]

Ⅲ 요 건

1. 자백의 임의성에 영향을 미치는 사유

고문, 폭행, 협박, 신체구속의 부당한 장기화 또는 기망 기타의 방법이다(제309조). 이러한 진술의 자유를 침해하는 위법사유는 **예시사유**에 해당한다(대법원 1985.2.26, 82도2413). [국가7급 07, 경찰승진 12]

대법원 1985.2.26, 82도2413
법 제309조에 규정된 피고인의 진술의 자유를 침해하는 위법사유들이 예시적인 것이라는 사례
형사소송법 제309조는 "피고인의 자백이 고문, 폭행, 협박, 신체구속의 부당한 장기화 또는 기망 기타의 방법으로 임의로 진술한 것이 아니라고 의심할 만한 이유가 있을 때에는 이를 유죄의 증거로 하지 못한다"고 규정하고 있는 바, 위 법조에서 규정된 피고인의 진술의 자유를 침해하는 위법사유는 원칙적으로 예시사유로 보아야 한다. (따라서) 고문, 폭행, 협박, 신체구속의 부당한 장기화 또는 기망방법 등은 일응 진술의 자유를 침해하는 위법사유의 예시에 불과함은 같은 법조의 문리적 해석의 당연한 귀결이라 할 것이며 문면상 "기타의 방법"은 또한 다종다양할 것임은 말할 나위도 없다.

(1) 고문·폭행·협박

① 의의 : 고문이란 사람의 정신·신체에 대하여 비인도적·비정상적인 위해를 가하는 것을 말한다. 폭행은 사람의 신체에 대한 직접적·간접적인 유형력의 행사이고, 협박은 사람에게 공포심을 일으키게 할 만한 해악의 고지를 말한다. 고문·폭행·협박의 형태에는 제한이 없다. 따라서 피고인이 직접 고문을 당하지 않았다 하더라도, 가족이나 다른 피고인 등 **타인이 고문당하는 것을 보고 자백**한 경우도 고문에 의한 자백에 해당한다. [경찰승진 15]

② 경찰고문 ─검찰자백 또는 수사기관가혹행위─ 법정자백의 임의성 : 고문·폭행·협박과 자백의 시점이 일치해야만 자백배제법칙이 적용되는 것은 아니다. 따라서 ㉠ 피의자가 경찰에서 고문에 의해 자백을 한 후 검사에게 동일한 자백을 한 경우, **검사 면전 자백이 경찰의 위법수사의 효과가 미치는 상태하에서 행해진 것이라면 그 증거능력이 부정**되므로(대법원 1981.10.13, 81도2160; 1992.11.24, 92도2409; 2009도1603; 대법원 2012.11.29, 2010도11788) [법원9급 09, 국가9급 15, 경찰간부 16, 경찰승진 10], 특히 **피고인을 조사한 경찰관이 검사 앞에까지 피고인을 데려간 경우**에는 검사 앞에서 임의성 없는 심리상태가 계속되었다고 해야 한다(91도1). [국가9급 15, 경찰승진 10] 다만, 그 사정이 검사의 수사과정에 영향을 미치지 않은 때에는 임의성 없는 자백이라고 할 수 없으므로(82도2943; 83도2436), 단순히 **검사의 피의자신문조서가 송치받은 당일에 작성된 것만으로 임의성이 없거나 특신상태가 없다고 할 수는 없다**(84도378). [경찰승진 10] 한편, ㉡ **수사기관에서 가혹행위 등으로 임의성 없는 자백을 한 후 법정에서도 그 심리상태가 계속되어 동일한 자백**을 한 것도 그 증거능력이 부정된다(2002도4469; 2009도1603; 2010도3029). [국가9급 15]

---

1) [참고] 다만, 최근 판례의 입장을 종합설로 평가하는 입장도 있다. 배/이/정/이, 601면.

(2) 신체구속의 부당한 장기화

　　① 의의 : 구속기간 만료 이후 부당한 장기구금이 계속된 경우뿐만 아니라 처음부터 불법구금이 행해진 경우도 포함된다. 따라서 위법한 긴급체포에 의한 유치 중 피의자가 자백한 경우 그 증거능력도 부정된다(대법원 2002.6.11, 2000도5701).

　　② 내용 : 구속의 부당한 장기화로 인한 자백은 임의성과 관계없이 구속의 위법성 때문에 그 증거능력이 부정된다(위법배제설). 다만, 구속기간이 단지 장기간이라는 이유만으로 자백배제법칙이 되는 것은 아니므로, 어느 정도의 부당한 구금이 자백의 증거능력 부인사유가 되는가는 구체적 사정을 기초로 구속의 필요성과 비례성을 기준으로 판단할 수밖에 없다. 판례는 **구속영장 없이 13여 일간 불법구속**되어 있으면서 고문이나 잠을 재우지 않는 등 진술의 자유를 침해하는 위법사유가 있는 증거의 증거능력을 부정한 예가 있다(대법원 1985.2.26, 82도2413). [경찰승진 15]

　　③ 경찰부당구속 – 검찰자백의 임의성 : 경찰에서 부당한 신체구속을 당하였다 하더라도 **검사 앞에서의 피고인의 진술에 임의성이 인정**된다면 그와 같은 부당한 신체구속이 있었다는 사유만으로 검사가 작성한 피의자신문조서의 증거능력이 상실된다고 할 수 없다(대법원 1986.11.25, 83도1718).

🗡 판례연구 고문·폭행·협박·부당신체구속 등으로 자백의 임의성이 부정된 사례

1. 대법원 1992.11.24, 92도2409; 2011.10.27, 2009도1603; 2012.11.29, 2010도11788

이전 수사기관에서 가혹행위로 인하여 임의성 없는 심리상태가 계속되어 이후 수사기관에서 동일한 내용의 자백을 한 사례

피고인이 검사 이전의 수사기관에서 고문 등 가혹행위로 인하여 임의성 없는 자백을 하고 그 후 검사의 조사단계에서도 임의성 없는 심리상태가 계속되어 동일한 내용의 자백을 하였다면 검사의 조사단계에서 고문 등 자백의 강요행위가 없었다고 하여도 검사 앞에서의 자백도 임의성 없는 자백이라고 볼 수밖에 없다.

2. 대법원 1992.3.10, 91도1

경찰에서의 임의성 없는 심리상태가 검찰에서 자백할 때에도 계속된 사례

검사 작성의 피고인에 대한 제1회 피의자신문조서의 기재는 그 자백 내용에 있어 그 자체에 객관적 합리성이 없고 검사 앞에서 조사 받을 당시는 자백을 강요당한 바 없다고 하여도 경찰에서의 자백이 폭행이나 신체구속의 부당한 장기화에 의하여 임의로 진술한 것이 아니라고 의심할 만한 상당한 이유가 있어서 경찰에서 피고인을 조사한 경찰관이 검사 앞에까지 피고인을 데려간 경우 검사 앞에서의 자백도 그 임의성이 없는 심리상태가 계속된 경우라고 할 수밖에 없어 검사 작성의 피고인에 대한 제1회 피의자 신문조서는 증거능력이 없다.

3. 대법원 2004.7.8, 2002도4469; 2011.10.27, 2009도1603; 2012.11.29, 2010도3029

피고인이 수사기관에서 임의성 없는 자백을 한 후 법정에서도 임의성 없는 심리상태가 계속되어 동일한 내용의 자백을 한 경우, 법정에서 자백의 임의성도 인정되지 않는다는 사례

피고인이 수사기관에서 가혹행위 등으로 인하여 임의성 없는 자백을 하고 그 후 법정에서도 임의성 없는 심리상태가 계속되어 동일한 내용의 자백을 하였다면 법정에서의 자백도 임의성 없는 자백이라고 보아야 한다.

4. 대법원 1985.2.26, 82도2413

구속영장 없이 13여일간 불법구속된 것은 신체구속의 부당한 장기화에 해당한다는 사례

피고인의 진술의 자유를 침해하는 위법사유는 개별 독립적이던 2개 이상 경합적이던 간에 임의로 진술한 것이 아니라고 의심할 만한 이유가 있을 때에는 이를 유죄의 증거로 하지 못할 것임은 분명하다. 피고인은 1981.8.4부터 적법한 절차에 따른 법관의 구속영장이 발부 집행된 1981.8.17까지 불법적으로 신체구속이 장기화된 사실을 인정하기에 충분하므로 수사경찰관의 피고인에 대한 고문이나 잠을 재우지 않는 등 경합된 진술의 자유를 침해하는 위법사유를 아울러 고려한다면 피고인의 경찰에서의 이건 공소사실에 부합하는 자백진술은 피고인이 증거로 함에 동의 유무를 불구하고 유죄의 증거로 할 수 없음은 헌법과 형사소송법의 법이념상 당연한 해석귀결이다.

🗡 판례연구 고문·폭행·협박·부당신체구속 관련 자백의 임의성이 긍정된 사례

1. 대법원 1984.5.29, 84도378

사건송치 당일에 작성된 검사에 의한 피의자신문조서의 증거능력이 인정된 사례

검사작성의 피고인에 대한 피의자신문조서가 사건의 송치를 받은 당일에 작성된 것이었다 하여 그와 같은 조서의 작성시기만으로 그 조서에 기재된 피고인의 자백진술이 임의성이 없는 것이라 의심하여 증거능력을 부정할 수 없다.

2. 대법원 1984.10.23, 84도1846 [경찰간부 12, 해경간부 12]

수사기관에 영장 없이 연행되어 약 40일간 조사를 받아오다가 구속 송치된 후 검사 앞에서 한 자백이지만 특히 신빙할 수 있는 상태에서 행해진 임의성 있는 진술이라고 본 사례

피고인이 국가보안법위반 등의 혐의를 받고 수사기관에 영장 없이 연행되어 약 40일간 조사를 받다가 구속영장에 의하여 구속되고 검찰에 송치된 후 약 1개월간에 걸쳐 검사로부터 4회 신문을 받으면서 범죄사실을 자백한 경우라도, 피고인이 1, 2심 법정에서 검사로부터 폭행·협박 등 부당한 대우를 받음이 없이 자유스러운 분위기에서 신문을 받았다고 진술하고 있고 검찰에 송치된 후 4차의 신문을 받으면서 범행의 동기와 경위에 관하여 소상하게 진술을 하고 있고 일부 신문에 대하여는 부인하고 변명한 부분도 있으며 그 자백내용이 원심인용의 다른 증거들에서 나타난 객관적 사실과도 일치하고 있다면 피고인들의 연령, 학력 등 기록에 나타난 제반사정에 비추어 피고인의 검사 앞에서의 자백은 특히 신빙할 수 있는 상태하에서 행하여진 임의성 있는 진술이라고 볼 수 있다.[1]

3. 대법원 1986.11.25, 83도1718 [경찰승진 22]

경찰에서의 부당한 신체구속에도 불구하고 검찰에서의 진술의 임의성이 인정된 사례

설사 경찰에서 부당한 신체구속을 당하였다 하더라도 검사 앞에서의 피고인의 진술에 임의성이 인정된다면 그와 같은 부당한 신체구속이 있었다는 사유만으로 검사가 작성한 피의자 신문조서의 증거능력이 상실된다고 할 수 없다.

(3) 기 망

① **의의** : 위계를 사용하여 상대방을 착오에 빠지게 한 후 자백하게 하는 것을 말한다.

② **내용** : 기망이라고 하기 위해서는 단순히 상대방의 착오를 이용하는 것으로는 부족하고, 국가기관에 대하여 신문방법이 정당하지 않음을 비난할 수 있을 정도로 **적극적인 사술**이 사용될 것을 요한다.

> 📖 공범자가 자백하였다고 거짓말을 하는 경우 [교정9급특채 11], 자백을 하면 피의사실을 불문에 붙이겠다고 한 경우 [국가9급 07], 증거가 발견되었다거나 목격자가 있다고 기망하여 자백을 받은 경우 등.

대법원 1985.12.10, 85도2182 [교정9급특채 10, 경찰승진 10/15]

피고인의 자백이 신문에 참여한 검찰주사가 피의사실을 자백하면 피의사실 부분은 가볍게 처리하고 보호감호의 청구를 하지 않겠다는 각서를 작성하여 주면서 자백을 유도한 것에 기인한 것이라면 기망에 의하여 임의로 진술한 것이 아니라고 의심할 만한 이유가 있는 때에 해당하여 제309조의 규정에 따라 증거로 할 수 없다.

---

(4) 기타의 방법

① **이익의 약속**

(가) **의의** : 국가기관이 자백의 대가로 이익을 제공하겠다고 약속하고 자백하게 하는 것을 말한다.

(나) **이익의 내용** : 형사처벌과 관련이 있는 이익(📖 기소유예·석방, 가벼운 법조의 적용)이 대표적이다. 예컨대, **특가법을 적용하지 않고 가벼운 형법상 단순수뢰죄로 처벌**되도록 하겠다고 약속하는 경우(83도2782)를 들 수 있다. [국가9급 09, 교정9급특채 10/11] 또한 세속적 이익(📖 가족 보호)도 포함된다. 그러나 사소한 편의제공(📖 식사, 담배, 커피)은 포함되지 않는다. 또한 이익은 구체적·특수적인 것이어야 하므로, 자백하는 것이 유리하다는 일반적인 약속은 포함되지 아니한다.

대법원 1984.5.9, 83도2782

이익의 약속 : 가벼운 형으로 처벌받도록 유도한 결과 얻어진 자백의 임의성 내지 신뢰성

피고인이 처음 검찰조사 시에 범행을 부인하다가 뒤에 자백을 하는 과정에서 금 200만원을 뇌물로 받은 것으로 하면 특정범죄가중처벌등에관한법률 위반으로 중형을 받게 되니 금 200만원 중 금 30만원을 술값을 갚은 것으로 조서를 허위작성한 것이라면 이는 단순수뢰죄의 가벼운 형으로 처벌되도록 하겠다고 약속하고 자백을 유도한 것으로 위와 같은 상황하에서 한 자백은 그 임의성에 의심이 간다.

---

1) [참고] 자백배제법칙의 이론적 근거에 관하여 인권옹호설, 절충설, 위법배제설의 관점에서 보면 자백의 임의성을 충분히 의심할 만한 상황으로 볼 수 있다.

(다) **이익의 약속과 자백과의 관계** : 법률상 허용되는 이익이라 하더라도 자백과의 교환이 신문방법의 정당성을 해칠 경우에는 그 자백은 증거능력이 없다. 그러나 약속에 의한 자백이 이익과의 교환에 의한 것이 아니라면 임의성이 없다고 할 수는 없다(이익의 약속과 자백 간의 인과관계 필요). 판례도 **증거가 발견되면 자백하겠다는 약속**이 검사의 강요·위계나 불기소 또는 경한 죄의 소추 등 **이익과 교환조건으로 된 것으로 인정되지 아니한다**면 임의성에 의심 있는 자백이라고 할 수 없다고 판시한 바 있다(대법원 1983.9.13, 83도712). [국가9급 14, 교정9급특채 11, 경찰간부 12, 경찰승진 10]

대법원 1983.9.13, 83도712 [경찰채용 23 1차]

약속에 의한 자백이나 이익과의 교환조건이 아닌 경우 : 일정한 증거 등이 발견되면 자백하기로 한 약속하에 된 자백의 임의성이 인정된 사례

일정한 증거가 발견되면 피의자가 자백하겠다고 한 약속이 검사의 강요나 위계에 의하여 이루어졌다던가 또는 불기소나 경한 죄의 소추등 이익과 교환조건으로 된 것으로 인정되지 않는다면 위와 같은 자백의 약속하에 된 자백이라 하여 곧 임의성 없는 자백이라고 단정할 수는 없다.

---

② **위법한 신문방법**

(가) **이론적 추궁** : 수사의 본질상 이론적 추궁에 의한 신문은 허용된다. 따라서 상대방의 논리의 모순을 이용하여 신문하는 것은 위법이 아니다.

(나) **야간신문** : 피의자는 신문을 받고도 자백을 하지 않는 일이 많을 것이므로 야간신문(철야신문) 그 자체가 위법한 것은 아니다. 단, 피의자가 **정상적인 판단능력을 상실할 정도의 수면부족상태에서의 자백**은 증거능력이 없다.

★ 판례연구 야간신문에 의한 자백

1. 대법원 1997.6.27, 95도1964 [국가9급 11, 교정9급특채 10, 경찰간부 15, 경찰승진 10]

위법한 신문방법에 해당하는 철야신문 사례

피고인의 검찰에서의 자백은 피고인이 검찰에 연행된 때로부터 약 30시간 동안 잠을 재우지 아니한 채 검사 2명이 교대로 신문을 하면서 회유한 끝에 받아낸 것으로 임의로 진술한 것이 아니라고 의심할 만한 이유가 있는 때에 해당한다고 보아(허위배제설) 법 제309조의 규정에 의하여 그 피의자신문조서는 증거능력이 없다.

2. 대법원 2006.1.26, 2004도517 [국가9급 11]

장시간에 걸쳐 많은 횟수의 야간신문에 의한 자백은 임의성에 의심이 있다는 사례

별건으로 수감 중인 자를 약 1년 3개월의 기간 동안 무려 270회나 검찰청으로 소환하여 밤늦은 시각 또는 그 다음 날 새벽까지 조사를 하였다면 그는 과도한 육체적 피로, 수면부족, 심리적 압박감 속에서 진술을 한 것으로 보이고, 미국 영주권을 신청해 놓았을 뿐 아니라 가족들도 미국에 체류 중이어서 반드시 미국으로 출국하여야 하는 상황에 놓여있는 자를 구속 또는 출국금지조치의 지속 등을 수단으로 삼아 회유하거나 압박하여 조사를 하였을 가능성이 충분하다면 그는 심리적 압박감이나 정신적 강압상태하에서 진술을 한 것으로 의심되므로 이들에 대한 진술조서는 그 임의성을 의심할 만한 사정이 있는데, 검사가 그 임의성의 의문점을 해소하는 증명을 하지 못하였으므로 위 각 진술조서는 증거능력이 없다고 해야 한다.

---

③ **기본권의 침해**

(가) **의의** : **진술거부권**(헌법 제12조 제2항, 법 제244조의3, 제283조의2)을 고지하지 않거나, **변호인선임권**(헌법 제12조 제5항, 법 제88조, 제209조, 제244조의3)이나 **변호인과의 접견교통권**(헌법 제12조 제4항의 변호인의 조력을 받을 권리, 법 제34조의 변호인의 접견교통권)을 침해하여 자백을 받는 경우를 말한다.

(나) **내용** : 피고인의 기본권을 침해하는 중대한 위법에 해당하므로 그 자백은 증거능력이 부정된다.

(다) 근 거

㉠ **자백배제법칙 적용설** : 자백배제법칙의 이론적 근거는 수사절차의 위법의 배제에 있으므로(위법배제설), 진술거부권과 자백배제법칙은 구별되지 않으며(불구별설), 위법수집증거배제법칙은 헌법 제12조 제1항의 적정절차의 보장과 법 제308조의2에 근거하는 일반원칙이고 자백배제법칙은 헌법 제12조 제7항과 법 제309조에 근거한 특별한 증거법칙이므로(자백배제법칙은 위법수집

증거배제법칙의 특칙), 진술거부권을 고지하지 않거나 변호인조력권을 침해하는 것을 자백배제법칙의 '기타의 방법'에 해당한다고 보아 자백배제법칙이 우선 적용되어야 한다는 입장이다(다수설).

ⓛ 위법수집증거배제법칙 적용설 : 진술거부권을 고지하지 않는 등의 위법한 절차에 의하여 획득한 자백의 경우 자백배제법칙이 아니라 위법수집증거배제법칙이 적용되어야 한다는 입장이다(소수설).[1] **판례도 위법수집증거배제법칙**에 근거하여 자백의 임의성이 인정된다 하더라도 그 증거능력이 부정된다는 내용으로 판시되고 있다(진술거부권 불고지는 대법원 1992.6.23, 92도682; 2009.8.20, 2008도8213; 2015.10.29, 2014도5939 [경찰채용 22 1차], 변호인선임권 침해는 대법원 2013.3.28, 2010도3359, 변호인과의 접견교통권 침해는 대법원 1990.9.25, 90도1586 [경찰승진 09]). 다만, **변호인 아닌 자와의 접견이 금지된 상태**에서 피의자신문조서가 작성된 것만으로는 임의성이 부정되지 아니한다(대법원 1984.7.10, 84도846). [국가9급 07, 교정9급특채 10, 경찰간부 12/13, 경찰승진 10/15, 경찰채용 14 1차]

🔨 **판례연구** 기본권 침해에 의한 자백에 대하여 위법수집증거배제법칙을 적용하는 판례

1. 대법원 1990.9.25, 90도1586 [경찰승진 09]

위법한 변호인접견불허 기간 중에 작성된 검사 작성의 피의자신문조서는 증거능력이 없다는 사례

헌법상 보장된 변호인과의 접견교통권이 위법하게 제한된 상태에서 얻어진 피의자의 자백은 유죄의 증거에서 실질적이고 완전하게 배제하여야 하는 것인바, 피고인이 구속되어 국가안전기획부에서 조사를 받다가 변호인의 접견신청이 불허되어 이에 대한 준항고를 제기 중에 검찰로 송치되어 검사가 피고인을 신문하여 제1회 피의자신문조서를 작성한 후 준항고절차에서 위 접견불허처분이 취소되어 접견이 허용된 경우에는 검사의 피고인에 대한 위 제1회 피의자신문은 변호인의 접견교통을 금지한 위법상태가 계속된 상황에서 시행된 것으로 보아야 할 것이므로 그 피의자신문조서는 증거능력이 없다.

2. 대법원 1992.6.23, 92도682 [법원9급 14, 국가7급 07, 국가9급 09, 경찰간부 14, 경찰승진 15]

진술거부권 불고지 획득 자백에는 위법수집증거배제법칙을 적용한다는 판례

진술거부권은 헌법이 보장하는 형사상 자기에 불리한 진술을 강요당하지 않는 자기부죄거부권리에 터잡은 것이므로 수사기관이 피의자를 신문함에 있어서 피의자에게 미리 진술거부권을 고지하지 않는 때에는 그 피의자의 진술은 위법하게 수집된 증거로서 진술의 임의성이 인정되는 경우라도 증거능력이 부인되어야 한다.

🔨 **판례연구** 변호인 아닌 자와의 접견

대법원 1984.7.10, 84도846

비변호인과의 접견금지상태에서 작성된 피의자신문조서의 임의성이 있다는 사례

검사의 접견금지 결정으로 피고인들의 (변호인 아닌 자와의) 접견이 제한된 상황 하에서 피의자 신문조서가 작성되었다는 사실만으로 바로 그 조서가 임의성이 없는 것이라고는 볼 수 없다.

---

④ 거짓말탐지기 · 마취분석

(가) 거짓말탐지기 : 거짓말탐지 검사결과를 토대로 획득한 자백은, 피검사자의 **동의**가 있는 경우 검사절차가 위법하다고 할 수 없으므로 당해 자백의 증거능력이 인정된다(**제한적 긍정설**, 다수설 · 판례).[2]

(나) 마취분석 : 약물을 투여하여 무의식상태에서 자백을 하게 하는 것은 인간의 의사결정능력을 배제하고 진술거부권을 침해하는 위법한 수사방법이므로 피분석자의 **동의 여하를 따지지 아니하고 그 증거능력이 부정**된다.

2. 인과관계의 요부

(1) 문제점 : 자백배제법칙을 적용하기 위하여 고문 · 폭행 등 자백의 임의성을 의심하게 할 사유와 자백 사이

---

1) 위법수집증거배제법칙에 의하여야 한다는 소수설은 신양균 758면; 정/백 189면 참조.

2) [참고] 인간의 존엄과 가치를 침해하는 방법이므로 증거능력을 부정하는 소수설은 신동운 1124면; 신양균 759면 등.

에 인과관계의 존재를 요하는가가 문제된다.

(2) 학설 : 허위배제설에 의하면 인과관계필요설을, 위법배제설에 의하면 인과관계불요설을 취하게 되나,[1] ① 다수설은 인과관계의 입증이 곤란하고 현행법은 자백의 임의성의 의심되기만 하면 증거능력을 부정하고 있다는 점에 근거하여 인과관계불요설을 취하고, ② **판례**는 임의성 의심사유와 자백 사이에 **인과관계가 존재하지 않는 것이 명백한 때에는 자백의 임의성이 인정**된다(대법원 1984.4.24, 84도135; 1984.11.27, 84도2252)고 하여 **인과관계필요설**을 취한다. [국가9급 14, 해경간부 12, 경찰채용 14 1차]

★ 판례연구 임의성 의심사유와 자백 사이의 인과관계의 필요 여부

대법원 1984.11.27, 84도2252

자백배제법칙의 적용에 관한 인과관계 필요설

피고인의 자백이 임의성이 없다고 의심할 만한 사유가 있는 때에 해당한다 할지라도 그 임의성이 없다고 의심하게 된 사유들과 피고인의 자백과의 사이에 인과관계가 존재하지 않은 것이 명백한 때에는 그 자백은 임의성이 있는 것으로 인정된다.

---

3. 임의성의 입증

(1) 임의성에 대한 거증책임 : 진술의 임의성을 잃게 하는 사정은 헌법이나 형사소송법의 규정에 비추어 볼 때 이례에 속하므로 진술의 임의성은 추정된다(대법원 1997.10.10, 97도1720). 그러나 임의성에 대한 다툼이 있을 때에는 **검사가 자백의 임의성의 의문점을 해소하는 입증**을 하여야 하고, 이를 하지 못하면 당해 진술증거의 증거능력은 부정된다(통설·판례, 대법원 1998.4.10, 97도3234; 1999.1.29, 98도3584; 99도4940; 2004도517; 2004도7900; 2007도7760 등). 즉, 자백의 임의성에 대한 거증책임은 검사에게 있다(피고인이 임의성 의심사유를 증명하는 것이 아님. 거증책임은 검사 부담 원칙). [국가9급 08/11] 이는 **피고인·변호인이 검사 작성 피의자신문조서의 임의성을 인정하였다가 이를 번복하는 경우에도 동일**하다(대법원 2008.7.10, 2007도7760). [법원9급 14/15, 국가9급 14, 경찰간부 14, 경찰승진 15, 경찰채용 22 1차]

★ 판례연구 자백의 임의성의 증명

1. 대법원 1998.4.10, 97도3234

임의성의 거증책임은 검사에게 있으며, 임의성 의심사유를 판단하지 않은 판결은 파기되어야 한다는 사례

임의성에 다툼이 있을 때에는 그 임의성을 의심할 만한 합리적이고, 구체적인 사실을 피고인이 입증할 것이 아니고 검사가 그 임의성의 의문점을 해소하는 입증을 하여야 한다. … 자백한 경위, 그 구체적 내용 및 자백 후의 정황 등에 비추어 볼 때, 검찰에서의 자백이 잠을 재우지 아니한 상태에서 임의로 진술된 것이 아니라고 의심할 만한 상당한 이유가 있음에도 그에 관하여 심리·판단 없이 이를 유죄의 증거로 삼은 원심판결은 파기되어야 한다.

2. 대법원 2008.7.10, 2007도7760 [법원9급 14/15, 국가7급 16, 국가9급 11/14/15, 경찰간부 13/14, 경찰승진 15]

피고인 또는 변호인이 검사가 작성한 피의자 신문조서에 대하여 임의성을 인정하였다가 증거조사 완료 후 이를 다투는 경우, 임의성의 증명책임 부담자(= 검사) 및 법원이 취해야 할 조치

검사 작성의 당해 피고인에 대한 피의자신문조서에 기재된 진술의 임의성에 다툼이 있을 때에는 그 임의성을 의심할 만한 합리적이고 구체적인 사실을 피고인이 증명할 것이 아니라 검사가 그 임의성의 의문점을 없애는 증명을 하여야 하고, 검사가 그 임의성의 의문점을 없애는 증명을 하지 못한 경우에는 그 조서는 유죄 인정의 증거로 사용할 수 없는데, 이러한 법리는 피고인이나 그 변호인이 검사 작성의 당해 피고인에 대한 피의자신문조서의 임의성을 인정하는 진술을 하였다가 이를 번복하는 경우에도 마찬가지로 적용되어야 한다. 따라서 증거조사를 마친 조서의 임의성을 다투는 주장이 받아들여지게 되면, 그 조서는 구 형사소송규칙 제139조 제4항의 증거배제결정을 통하여 유죄 인정의 자료에서 제외하여야 한다.

---

(2) 증명방법 : 견해의 대립이 있으나,[2] 다수설·판례는 자백의 임의성의 증명은 **자유로운 증명**으로 족하다고

---

1) [참고] 위법배제설에 의한 인과관계불요설이 다수설인 데 비하여, 고문·폭행·협박, 신체구속의 부당한 장기화 등 국가기관의 중대한 위법행위의 경우에는 인과관계가 필요 없으나 그 외의 사유와 자백 간에는 인과관계가 필요하다는 제한적 긍정설로는 신동운 1126면; 신양균 760면 참조.

2) [참고 – 자백의 임의성에 대한 증명방법]
① 엄격증명설 : 자백의 임의성의 기초가 되는 사실은 피고인에게 중대한 불이익을 초래한다는 점에서 순수한 소송법적 사실과는 다르므로 실체

보고 있다(대법원 1986.11.25, 83도1718; 1994.12.22, 94도2316). [국가9급 08/11/15, 경찰간부 12/13/14, 경찰승진 10/11] 따라서 자백의 임의성은 **여러 사정을 종합하여 법원의 자유로운 심증으로 판단**할 수 있다(대법원 1985.2.8, 84도2630; 1998.12.22, 98도2890). [국가9급 08/14, 경찰간부 12, 경찰승진 11/15]

🔨 **판례연구** 자백의 임의성의 증명의 방법

1. 대법원 1986.11.25, 83도1718

피의자의 진술의 임의성은 자유로운 증명에 의하여 판단하면 된다는 사례

피의자의 진술에 관하여 공판정에서 그 임의성 유무가 다투어지는 경우에는 법원은 구체적인 사건에 따라 증거조사의 방법이나 증거능력의 제한을 받지 아니하고 제반사정을 종합 참작하여 적당하다고 인정되는 방법에 의하여 자유로운 증명으로 그 임의성 유무를 판단하면 된다.

2. 대법원 1994.12.22, 94도2316

임의성 유무의 판단은 자유로운 증명에 의한다는 사례

피고인이 그 진술을 임의로 한 것이 아니라고 다투는 경우에는 법원은 구체적인 사건에 따라 당해 조서의 형식과 내용, 피고인의 학력, 경력, 직업, 사회적 지위, 지능정도 등 제반사정을 참작하여 자유로운 심증으로 그 진술을 임의로 한 것인지의 여부를 판단하면 될 것이다.

3. 대법원 2012.11.29, 2010도3029

피고인이 피의자신문조서에 기재된 진술과 공판기일에서 한 진술의 임의성을 다투면서 허위자백이라고 주장하는 경우, 진술의 임의성 유무 판단방법 : 자유로운 증명

임의성 없는 진술의 증거능력을 부정하는 취지는, 허위진술을 유발 또는 강요할 위험성이 있는 상태하에서 행하여진 진술은 그 자체가 실체적 진실에 부합하지 아니하여 오판을 일으킬 소지가 있을 뿐만 아니라(허위배제설) 그 진위를 떠나서 진술자의 기본적 인권을 침해하는 위법·부당한 압박이 가하여지는 것을 사전에 막기 위한 것이므로(인권옹호설)(이상 절충설), 그 임의성에 다툼이 있을 때에는 그 임의성을 의심할 만한 합리적이고 구체적인 사실을 피고인이 증명할 것이 아니고 검사가 그 임의성의 의문점을 없애는 증명을 하여야 하며, 검사가 그 임의성의 의문점을 없애는 증명을 하지 못한 경우에는 그 진술증거는 증거능력이 부정된다(대법원 2006.1.26, 2004도517 등). 한편 피고인이 피의자신문조서에 기재된 피고인의 진술 및 공판기일에서의 피고인의 진술의 임의성을 다투면서 그것이 허위자백이라고 다투는 경우, 법원은 구체적인 사건에 따라 피고인의 학력, 경력, 직업, 사회적 지위, 지능 정도, 진술의 내용, 피의자신문조서의 경우 그 조서의 형식 등 제반 사정을 참작하여 자유로운 심증으로 위 진술이 임의로 된 것인지의 여부를 판단하면 된다(대법원 2003.5.30, 2003도705 등).

IV 효 과

1. 임의성이 의심되는 자백의 증거능력

(1) 증거능력의 절대적 부정 : 임의성이 의심되는 자백은 증거능력이 없다. 따라서 피고인의 **동의가 있어도 증거능력이 생기지 않으며**(제318조의 배제) [법원9급 13, 경찰간부 13/14, 경찰승진 15] (대법원 2006.11.23, 2004도7900), **탄핵증거로도 사용할 수 없다**(제318조의2의 배제) [국가9급 07, 경찰간부 13, 경찰승진 11/12/15].

보충 헌법 제12조 제7항을 고려할 때, 임의성이 의심되는 자백의 증거능력 배제는 절대적이다. 예외 없이 증거에서 완전히 배제된다.

🔨 **판례연구** 임의성이 의심되는 자백의 증거능력과 법원의 임의성의 조사의무

대법원 2006.11.23, 2004도7900; 2013.7.11, 2011도14044

[1] 임의성 없는 진술의 증거능력을 부정하는 취지 및 그 임의성에 대한 증명책임의 소재(= 검사)

임의성 없는 진술의 증거능력을 부정하는 취지는, 허위진술을 유발 또는 강요할 위험성이 있는 상태하에서 행하여진 진술은 그 자체가 실체적 진실에 부합하지 아니하여 오판을 일으킬 소지가 있을 뿐만 아니라 그 진위를 떠나서 진술자의 기본적 인권을 침해하는 위법 부당한 압박이 가하여지는 것을 사전에 막기 위한 것이므로, 그 임의성에 다툼이 있을 때에는 그 임의성을 의심할 만한 합리적이고 구체적인 사실을 피고인이 증명할 것이 아니고 검사가 그 임의성의 의문점을 없애는 증명을 하여야

법적 사실에 준하여 엄격한 증명을 요한다는 입장이다(배/이/정/이 609면 등).
② 자유로운 증명설 : 소송법적 사실에 불과하므로 자유로운 증명으로 충분하다는 입장이다(이재상 578면 등 다수설 및 판례).
③ 절충설 : 소송법적 사실과 실체법적 사실을 구별하는 것은 지나치게 형식적이므로 위법사유의 중대성 정도에 따라 달리 보아야 한다는 입장이다(신동운 1182면).

할 것이고, 검사가 그 임의성의 의문점을 없애는 증명을 하지 못한 경우에는 그 진술증거는 증거능력이 부정된다. [법원9급 15, 국가9급 08/11/13/14, 교정9급특채 10, 경찰간부 14, 경찰승진 12/15]

[2] 기록상 진술증거의 임의성에 관하여 의심할 만한 사정이 나타나 있는 경우에 법원이 취하여야 할 조치

기록상 진술증거의 임의성에 관하여 의심할 만한 사정이 나타나 있는 경우에는 법원은 직권으로 그 임의성 여부에 관하여 조사를 하여야 하고 [법원9급 13], 임의성이 인정되지 아니하여 증거능력이 없는 진술증거는 피고인이 증거로 함에 동의하더라도 증거로 삼을 수 없다.

> **보충** 참고인에 대한 검찰 진술조서가 강압상태 내지 강압수사로 인한 정신적 강압상태가 계속된 상태에서 작성된 것으로 의심되어 그 임의성을 의심할 만한 사정이 있는데도, 검사가 그 임의성의 의문점을 없애는 증명을 하지 못하였으므로 증거능력이 없다고 한 사례이다.

(2) 상소이유 : 임의성이 의심되는 자백을 유죄인정의 자료로 삼은 경우에는 소송절차의 법령(제309조 및 제307조)위반에 해당하므로 상대적 항소이유(제361조의5 제1호) 및 상대적 상고이유(제383조 제1호)가 된다.
[경찰간부 14]

2. 2차적 증거의 증거능력

임의성이 의심되어 증거능력이 부정된 자백에 근거하여 획득된 다른 증거(2차적 증거, 파생증거)의 증거능력도 부정할 것인가가 문제되는바, 자백배제법칙(제309조)이 무의미하게 되지 않기 위해 그 진실성 여부를 불문하고 ―독수과실의 예외에 해당하지 않는 한― **2차적 증거의 증거능력도 부정**하여야 한다(통설).

제4절 │ 위법수집증거배제법칙

01 의 의

I 의 의

위법수집증거배제법칙(違法蒐集證據排除法則, exclusionary rule)이란 위법한 절차에 의하여 수집된 증거의 증거능력을 부정하는 증거법칙을 말한다.[1] 2007년 개정 형사소송법 제308조의2는 "적법한 절차에 따르지 아니하고 수집한 증거는 증거로 할 수 없다."라고 규정하여 위법수집증거배제법칙을 선언하고 있다.

II 도 입

1. 2007년 개정법 이전의 학설과 판례

명문의 규정이 없었던 2007년 이전 형사소송법 아래에서도 학설은 헌법상 적법절차원칙(헌법 제12조 제1항 제2문 후단, 제3항)에 근거하여 위법수집증거배제법칙을 긍정하고 있었다. 판례는, 진술증거의 경우 일찍부

---

1) [참고] 영미법계에서는 보이드(Boyd) 사건 미연방대법원 판례[Boyd v. U.S, 116 U.S. 616(1886)]에서 비롯되어 1914년 윅스 사건[Weeks v. U.S, 232 U.S. 388(1914)]에서 위법수집증거배제법칙은 적정절차의 법리를 이론적 근거로 연방헌법상 증거법칙으로 확립되었으며, 1961년 맵(Mapp) 사건[Mapp v. Ohio, 367 U.S. 643(1961)]에 의해 주 사건에도 적용되기 시작하였고, 이후 독수의 과실(fruit of the poisonous tree)이론으로 확대되었다. 독수과실이론은 1920년 실버튼(Silverthorne) 사건[Silverthorne Lumber Co v. U.S, 251 U.S. 385(1920)]에서 처음 인정되어 1939년 나돈(Nardone) 사건[Nardone v. U.S, 308 U.S. 338(1939)]에서 그 용어가 처음 사용되고, 이후 1963년 웡 순(Wong Sun) 사건[Wong Sun v. U.S, 371 U.S. 471(1963)]에서 위법한 압수·수색뿐만 아니라 위법한 체포로 획득한 자백과 증거물의 증거능력을 부정하였으며, 1964년 에스코베도(Escobedo) 사건[Escobedo v. Illinois, 378 U.S. 478(1964)]에서 미연방헌법 수정 제6조에 의한 변호권을 침해하여 획득한 진술을 기초로 하여 수집한 증거도 독수의 과실에 해당한다고 하였다. 더불어 이후 위법수집증거배제법칙의 예외이론으로서 선의(good faith)이론, 희석(purged taint, 오염순화의 예외)이론, 독립된 증거원(independent untainted source)이론, 불가피한 발견(inevitable discovery)이론 등이 제시되고 있다. 한편 대륙법계에서는 예컨대 독일의 증거금지론(Beweisverbote)이 등장하여 증거수집금지(Beweiserhebungsverbote)와 증거사용금지(Beweis-verwertungsverbote) 그리고 증거금지의 파급효과(Fernwirkung) 이론과 그 파급효과 제한이론 등으로 전개되고 있다.

터 위법수집증거배제법칙을 받아들여 왔으나, 비진술증거인 증거물에 관하여는, 압수물은 압수절차가 위법하다고 하더라도 물건 자체의 성질, 형상에 변경을 가져오는 것은 아니어서 그 형태 등에 관한 증거가치에는 변함이 없어 증거능력이 있다고 하여(성질·형상불변론, 대법원 1987.6.23, 87도705; 1996.5.14, 96초88 등) 위법수집증거배제법칙을 받아들이지 않는 태도를 보여 왔다.

2. 2007년 개정법에 의한 도입

2007년 개정법은 제308조의2의 규정을 신설함으로써 위와 같은 학설과 판례의 대립을 입법적으로 해결하여, 적법한 절차에 따르지 아니하고 수집한 '증거'는 증거로 될 수 없다고 규정하여, **진술증거뿐만 아니라 비진술증거에 대해서도 위법수집증거배제법칙이 적용**됨을 분명히 하였다(08.1.1. 시행). 그 후 대법원도 2007.11. 15, 2007도3061 전원합의체 판결(제주지사실 압수·수색사건)을 통하여 "헌법과 형사소송법이 정한 절차에 따르지 아니하고 수집한 증거는 원칙적으로 유죄인정의 증거로 삼을 수 없다."라고 판시함으로써 **종래의 성질·형상불변론을 폐기하고 위법수집증거배제법칙을 명시적으로 인정**하기에 이르렀다.

3. 근거 : 적정절차의 보장 및 위법수사의 억지 [국가9급 10]

(1) **이론적 근거 – 적정절차의 보장** : 형사소송의 목표가 실체진실의 발견에 있다 하더라도 이는 적정한 절차에 의하여 행하여져야 한다(헌법 제12조 제1항). 위법하게 수집된 증거의 증거능력을 인정하는 것은 수사기관의 위법수사를 인정하는 것과 다를 바 없으므로 적정절차의 보장과 사법의 청렴결백성(염결성, judical integrity)과 재판의 공정성을 유지하게 위하여 위법수집증거는 그 증거능력이 부정되어야 한다.

(2) **정책적 근거 – 위법수사의 억지** : 수사기관의 위법한 압수수색을 억제하고 재발을 방지하는 가장 효과적이고 확실한 대응책은 이를 통하여 수집한 증거는 물론 이를 기초로 하여 획득한 2차적 증거를 유죄 인정의 증거로 삼을 수 없도록 하는 것이다. 이를 통해 수사기관의 위법수사에 대한 동기형성을 미연에 차단할 수 있게 된다.

---

02 적용범위

I 일반원칙

1. 위법의 정도

위법수집증거배제법칙은 **증거수집의 절차에 중대한 위법이 있는 경우**에 한하여 적용된다. 따라서 형식적으로 위법한 증거수집의 경우에도 그 위법의 정도가 경미한 경우에는 증거능력이 부정되지 않는다. [국가9급 10]

2. 중대한 위법

(1) **의의** : 중대한 위법이란 적정절차의 기본이념에 반하는 경우를 의미한다. 중대한 위법인가의 여부는 수사기관의 증거수집 과정에서 이루어진 절차 위반행위와 관련된 모든 사정, 즉 절차 조항의 취지와 그 위반의 내용 및 정도, 구체적인 위반 경위와 회피가능성, 절차 조항이 보호하고자 하는 권리 또는 법익의 성질과 침해 정도 및 피고인과의 관련성, 절차 위반행위와 증거수집 사이의 인과관계 등 관련성의 정도, 수사기관의 인식과 의도 등을 전체적·종합적으로 고려하여 구체적·개별적으로 판단해야 한다(대법원 2007.11.15, 2007도3061 전원합의체).

★ **판례연구** 위법수집증거배제법칙의 의의

대법원 2007.11.15, 2007도3061 전원합의체 : 제주지사실 압수·수색사건 [법원9급 14/15/16, 국가7급 15, 국가9급 09, 경찰간부 12/13, 경찰채용 13 2차/15 1차]

40여 년간 유지한 성질·형상불변론의 폐기 : 헌법과 형사소송법이 정한 절차를 위반하여 수집한 압수물과 이를 기초로 획득한 2차적 증거

의 증거능력 유무(원칙적 소극) 및 그 판단기준

① 원칙 : 기본적 인권 보장을 위하여 압수수색에 관한 적법절차와 영장주의의 근간을 선언한 헌법과 이를 이어받아 실체적 진실 규명과 개인의 권리보호 이념을 조화롭게 실현할 수 있도록 압수수색절차에 관한 구체적 기준을 마련하고 있는 형사소송법의 규범력은 확고히 유지되어야 한다. 그러므로 헌법과 형사소송법이 정한 절차에 따르지 아니하고 수집한 증거는 기본적 인권 보장을 위해 마련된 적법한 절차에 따르지 않은 것으로서 원칙적으로 유죄 인정의 증거로 삼을 수 없다. [법원9급 15, 경찰간부 13, 경찰채용 09 1차]

② 예외 : 다만, 법이 정한 절차에 따르지 아니하고 수집한 압수물의 증거능력 인정 여부를 최종적으로 판단함에 있어서는, 실체적 진실 규명을 통한 정당한 형벌권의 실현도 헌법과 형사소송법이 형사소송 절차를 통하여 달성하려는 중요한 목표이자 이념이므로, 형식적으로 보아 정해진 절차에 따르지 아니하고 수집한 증거라는 이유만을 내세워 획일적으로 그 증거의 증거능력을 부정하는 것 역시 헌법과 형사소송법이 형사소송에 관한 절차 조항을 마련한 취지에 맞는다고 볼 수 없다. 따라서 … 전체적·종합적으로 살펴 볼 때, 수사기관의 절차 위반행위가 적법절차의 실질적인 내용을 침해하는 경우에 해당하지 아니하고, 오히려 그 증거의 증거능력을 배제하는 것이 헌법과 형사소송법이 형사소송에 관한 절차 조항을 마련하여 적법절차의 원칙과 실체적 진실 규명의 조화를 도모하고 이를 통하여 형사 사법 정의를 실현하려 한 취지에 반하는 결과를 초래하는 것으로 평가되는 예외적인 경우라면, 법원은 그 증거를 유죄 인정의 증거로 사용할 수 있다고 보아야 한다. [법원9급 15, 국가7급 09, 경찰간부 13, 경찰승진 10/11, 경찰채용 09 1차] 이는 적법한 절차에 따르지 아니하고 수집한 증거를 기초로 하여 획득한 2차적 증거의 경우에도 마찬가지여서, 절차에 따르지 아니한 증거 수집과 2차적 증거수집 사이 인과관계의 희석 또는 단절 여부를 중심으로 2차적 증거 수집과 관련된 모든 사정을 전체적·종합적으로 고려하여 예외적인 경우에는 유죄 인정의 증거로 사용할 수 있다.

> **보충1** 피고인 측에서 검사의 압수수색이 적법절차를 위반하였다고 다투고 있음에도 불구하고 주장된 위법사유가 적법절차의 실질적인 내용을 침해하였는지 여부 등에 관하여 충분히 심리하지 아니한 채, 압수절차가 위법하더라도 압수물의 증거능력은 인정된다는 이유만으로 압수물의 증거능력을 인정한 것은 위법하다고 한 사례이다. [경찰간부 12, 경찰채용 11 2차]

> **보충2** 위 판례에서 나타난 위법수집증거의 증거능력에 대한 원칙은 다음과 같이 요약할 수 있다 : "① 원칙적으로 위법수집증거의 증거능력 부정, ② 예외적으로 위법수집증거라 하더라도 절차위반이 적법절차의 실질적 내용을 침해하지 아니하고 증거배제가 정의실현의 취지에 반하는 경우에는 증거능력 인정."

(2) 일반적 기준 : 수사기관의 증거수집활동이 ① 헌법규정에 위반한 경우, ② 형벌법규에 저촉되는 경우, ③ 형사소송법의 효력규정에 위반한 경우(훈시규정 제외)는 중대한 위법에 해당한다.

Ⅱ 개별적 검토

1. 헌법정신에 반하여 수집한 증거

(1) 영장주의의 위반 : 영장 없이 한 강제처분, 영장 자체에 하자가 있는 경우, 영장의 발부나 집행절차에 중대한 위법이 있는 경우에는 그로 인하여 수집한 증거의 증거능력이 부정된다. [국가9급 10] 예컨대 **위법한 체포에 의한 유치 중에 작성된 피의자신문조서**(2000도5701; 2009도6717)나 **영장 없이 압수한 후 임의제출동의서를 받은 경우**(2009도14376, 독수과실에서 후술), **압수·수색영장 집행과정에서 이와 무관한 타인의 혐의사실을 발견하였음에도 별도의 영장을 받지 않은 경우**(대법원 2014.1.16, 2013도7101)는 증거능력이 부정된다. 나아가 판례는 **피고인 아닌 자에 대한 위법수집증거는 피고인에 대한 유죄의 증거로 삼을 수 없다**고 보아(대법원 2011.6.30, 2009도6717 등), 위법수집증거배제법칙을 주장할 수 있는 자는 위법수사로 인하여 기본권이 침해된 자로 제한된다는 미국 판례의 당사자적격이론(미연방대법원의 스탠딩 법리, standing to claim the exclusionary rule)을 수용하지 않는 우리 대법원의 독자적 이론(위법수집증거배제법칙 주장에 관한 당사자적격 부정설)을 구축하고 있다.[1]

> **★ 판례연구** 영장주의 위반의 위법수집증거 사례
>
> **1. 대법원 1984.3.13, 83도3006**
> 범행 직후 범죄장소에서 긴급검증 후 사후영장을 받지 않은 사례
> 이 사건 사법경찰관사무취급 작성의 검증조서에 의하면 동 검증은 이 사건 발생 후 범행장소에서 긴급을 요하여 법원판사의

---

1) [참고] 위법수집증거배제법칙을 주장할 수 있는 자를 제한하는 당사자적격의 개념을 인정할 것인가에 대해서는, ① 영미의 당사자적격이론을 수용하여 위법행위로 인하여 기본권이 침해된 자에 한정된다는 긍정설(노/이, 정/백 등)과 ② 우리 형사소송법에 명문의 규정이 없는 한 당사자적격을 인정할 수 없다는 부정설(심희기/양동철)이 대립한다. 판례는 부정설이다. 생각건대, 당사자적격의 개념을 긍정하면 위법수집증거배제법칙의 적용범위가 제한된다는 점에서 명문의 규정이 없는 우리 형사소송법상 부정설을 따를 수밖에 없다고 사료된다.

영장을 받을 수 없으므로 영장 없이 시행한다고 기재되어 있으므로 이 검증은 법 제216조 제3항에 의한 검증이라 할 것임에도 불구하고 기록상 사후영장을 받은 흔적이 없다면 이러한 검증조서는 피고인에 대한 유죄의 증거로 할 수 없다.

2. 대법원 2002.6.11, 2000도5701 [국가7급 09, 국가9급 10/11, 경찰간부 12, 경찰승진 11/12/15]

위법한 체포에 의한 유치 중에 작성된 피의자신문조서의 증거능력은 인정되지 않는다는 사례

긴급체포 당시의 상황으로 보아서도 그 요건의 충족 여부에 관한 검사나 사법경찰관의 판단이 경험칙에 비추어 현저히 합리성을 잃은 경우에는 그 체포는 위법한 체포라 할 것이고, 이러한 위법은 영장주의에 위배되는 중대한 것이니 그 체포에 의한 유치 중에 작성된 피의자신문조서는 위법하게 수집된 증거로서 특별한 사정이 없는 한 이를 유죄의 증거로 할 수 없다.

3. 대법원 2011.6.30, 2009도6717 [법원9급 18/22, 국가7급 12, 경찰채용 20 1차]

수사기관이 '피고인 아닌 자'를 상대로 위법하게 수집한 증거를 '피고인'에 대한 유죄 인정의 증거로 삼을 수 없다는 사례 : 미국의 스탠딩 법리의 부정

법 제308조의2는 "적법한 절차에 따르지 아니하고 수집한 증거는 증거로 할 수 없다."라고 규정하고 있는데, 수사기관이 헌법과 형사소송법이 정한 절차에 따르지 아니하고 수집한 증거는 유죄 인정의 증거로 삼을 수 없는 것이 원칙이므로, 수사기관이 피고인 아닌 자를 상대로 적법한 절차에 따르지 아니하고 수집한 증거는 원칙적으로 피고인에 대한 유죄 인정의 증거로 삼을 수 없다.

> 보충 우리 대법원의 입장과 달리, 미국 연방대법원은 피고인이 아닌 제3자에 대하여 위법한 방법으로 수사가 행해진 경우에는 그로 인하여 얻은 증거를 피고인에 대하여 사용할 수 있고, 피의자에 대한 위법한 수사결과 취득한 증거를 제3자에 대한 증거로 사용할 수 있다는 입장으로[Alderman v. U.S. 394 U.S. 165(1969)], 위법수집증거배제법칙은 위법수사로 인하여 기본권이 침해된 자에 대하여만 적용된다는 입장이다[심담(판사), 형사소송법 핵심판례110선 제3판, 133면].

> 유사판례 1 대법원 1992.6.23, 92도682 : 공범으로서 별도로 공소제기된 다른 사건의 피고인 甲에 대한 수사과정에서 담당 검사가 피의자인 甲과 그 사건에 관하여 대화하는 내용과 장면을 녹화한 비디오테이프에 대한 법원의 검증조서는 이러한 비디오테이프의 녹화내용이 피의자의 진술을 기재한 피의자신문조서와 실질적으로 같다고 볼 것이므로 피의자신문조서에 준하여 그 증거능력을 가려야 한다. 그런데 검사가 녹화 당시 甲의 진술을 들음에 있어 동인에게 미리 진술거부권이 있음을 고지한 사실을 인정할 자료가 없으므로 위 녹화내용은 위법하게 수집된 증거로서 증거능력이 없는 것으로 볼 수밖에 없고, 따라서 이러한 녹화내용에 대한 법원의 검증조서 기재는 유죄증거로 삼을 수 없다.

> 유사판례 2 대법원 2009.8.20, 2008도8213 : 검사가 국가보안법 위반죄로 구속영장을 발부받아 피의자신문을 한 다음, 구속 기소한 후 다시 피의자(B)를 소환하여 공범들(A등)과의 조직구성 및 활동 등에 관한 신문을 하면서 피의자신문조서가 아닌 일반적인 진술조서의 형식으로 조서를 작성하였는데, 진술조서의 내용이 피의자신문조서와 실질적으로 같고, 진술의 임의성이 인정되는 경우라도 미리 피의자에게 진술거부권을 고지하지 않았다면 위법수집증거에 해당하므로, 이를 당해 피고인 A에 대한 유죄인정의 증거로 사용할 수 없다.

4. 대법원 2014.1.16, 2013도7101 [법원9급 17, 국가7급 22, 국가9급 14]

압수·수색영장 집행과정에서 무관한 타인의 혐의사실을 발견한 사례

수사기관이 피의자 甲의 공직선거법 위반 범행을 영장 범죄사실로 하여 발부받은 압수·수색영장의 집행 과정에서 乙, 丙 사이의 대화가 녹음된 녹음파일(이하 '녹음파일'이라 한다)을 압수하여 乙, 丙의 공직선거법 위반 혐의사실을 발견한 경우, 압수·수색영장에 기재된 '피의자'인 甲이 녹음파일에 의하여 의심되는 혐의사실과 무관한 이상, 수사기관이 별도의 압수·수색영장을 발부받지 아니한 채 압수한 녹음파일은 형사소송법 제219조에 의하여 수사기관의 압수에 준용되는 형사소송법 제106조 제1항이 규정하는 '피고사건' 내지 같은 법 제215조 제1항이 규정하는 '해당 사건'과 '관계가 있다고 인정할 수 있는 것'에 해당하지 않으며, 이와 같은 압수에는 헌법 제12조 제1항 후문, 제3항 본문이 규정하는 영장주의를 위반한 절차적 위법이 있으므로, 녹음파일은 형사소송법 제308조의2에서 정한 '적법한 절차에 따르지 아니하고 수집한 증거'로서 증거로 쓸 수 없고, 그 절차적 위법은 헌법상 영장주의 내지 적법절차의 실질적 내용을 침해하는 중대한 위법에 해당하여 예외적으로 증거능력을 인정할 수도 없다.

📚 사례문제

(이 문제는 대법원 2011.6.30, 2009도6717 판례 −티켓영업 사건− 를 사례화한 것이다. 주제는 위법수집증거배제법칙과 당사자적격 부인 문제이다) 경찰관 P1·P2·P3·P4의 4명은 피고인 A가 운영하는 ○○유흥주점(종업원 B 등)에서 성매매가 이루어진다는 제보를 받고, 유흥주점 업주와 종업원인 피고인들이 영업장을 벗어나 시간적 소요의 대가로 금품을 받아서는 아니 되는데도 이른바 '티켓영업' 형태로 성매매를 하면서 금품을 수수한 식품위생법 위반 혐의를 수사하기 위하여, 2008.1.30. 21 : 30경부터 위 유흥주점 앞에서 잠복근무를 하다가 같은 날 22 : 24경 위 유흥주점에서 손님 甲과 위 유흥주점 종업원인 乙(女)이 나와 인근의 △△△ 여관으로 들어가는 것을 확인하고 여관 업주의 협조를 얻어 같은 날 22 : 54경 甲과 乙이 투숙한 여관 방문을 열고 들어갔다. 당시 甲과 乙 두 사람은 침대에 옷을 벗은 채로 약간 떨어져 누워 있었는데 경찰관들이 위 두 사람에게 '성매매로 현행범 체포한다.'고 고지하였으

나, 위 두 사람이 성행위를 하고 있는 상태도 아니었고 방 내부 및 화장실 등에서 성관계를 가졌음을 증명할 수 있는 화장지나 콘돔 등도 발견되지 아니하였다. 이에 경찰관들은 위 두 사람을 성매매로 현행범 체포를 하지는 못하고(성매매 미수는 처벌규정 없음) 수사관서로 동행해 줄 것을 요구하면서 그 중 경찰관 P3는 위 두 사람에게 "동행을 거부할 수도 있으나 거부하더라도 강제로 연행할 수 있다."고 말하였고, 수사관서로 동행과정에서 乙이 화장실에 가자 여자 경찰관 P4는 乙을 따라가 감시하기도 하였다. 甲과 乙은 경찰관들과 경찰서에 도착하여 같은 날 23：40경 각각 자술서를 작성하였고, 곧이어 사법경찰리가 2008.1.31. 00：00경부터 01：50경까지 사이에 甲과 乙에 대하여 각각 제1회 진술조서를 작성하였다. (다툼이 있는 경우에는 판례에 의함) [국가7급 12 유사]

문제1 사법경찰관이 피고인 아닌 甲과 乙을 경찰서에 데리고 온 것은 임의동행의 적법성이 인정된다.

→ (×) 형사소송법 제199조 제1항은 임의수사 원칙을 명시하고 있는데, 수사관이 수사과정에서 동의를 받는 형식으로 피의자를 수사관서 등에 동행하는 것은, 피의자의 신체의 자유가 제한되어 실질적으로 체포와 유사한데도 이를 억제할 방법이 없어서 이를 통해서는 제도적으로는 물론 현실적으로도 임의성을 보장할 수 없을 뿐만 아니라, 아직 정식 체포·구속단계 이전이라는 이유로 헌법 및 형사소송법이 체포·구속된 피의자에게 부여하는 각종 권리보장 장치가 제공되지 않는 등 형사소송법의 원리에 반하는 결과를 초래할 가능성이 크므로, 수사관이 동행에 앞서 피의자에게 동행을 거부할 수 있음을 알려 주었거나 동행한 피의자가 언제든지 자유로이 동행과정에서 이탈 또는 동행장소에서 퇴거할 수 있었음이 인정되는 등 오로지 피의자의 자발적인 의사에 의하여 수사관서 등에 동행이 이루어졌다는 것이 객관적인 사정에 의하여 명백하게 입증된 경우에 한하여, 동행의 적법성이 인정된다고 보는 것이 타당하다. … 비록 사법경찰관이 甲과 乙을 동행할 당시에 물리력을 행사한 바가 없고, 이들이 명시적으로 거부의사를 표명한 적이 없다고 하더라도, 사법경찰관이 이들을 수사관서까지 동행한 것은 위에서 본 적법요건이 갖추어지지 아니한 채 사법경찰관의 동행 요구를 거절할 수 없는 심리적 압박 아래 행하여진 사실상의 강제연행, 즉 불법체포에 해당한다고 보아야 할 것이다.

문제2 수사기관이 '피고인 아닌 자'를 상대로 위법하게 수집한 증거를 '피고인'에 대한 유죄 인정의 증거로 사용할 수 있는 것은 위법수집증거배제법칙에 위배되지 아니한다.

→ (×) 형사소송법 제308조의2는 "적법한 절차에 따르지 아니하고 수집한 증거는 증거로 할 수 없다."라고 규정하고 있는데, 수사기관이 헌법과 형사소송법이 정한 절차에 따르지 아니하고 수집한 증거는 유죄 인정의 증거로 삼을 수 없는 것이 원칙이므로, 수사기관이 '피고인 아닌 자'를 상대로 적법한 절차에 따르지 아니하고 수집한 증거는 원칙적으로 '피고인'에 대한 유죄 인정의 증거로 삼을 수 없다. [경찰채용 21 1차]

문제3 사법경찰관이 피고인 아닌 甲과 乙을 사실상 강제연행하여 불법체포한 상태에서 甲·乙 간의 성매매행위나 피고인 A·B의 유흥업소 영업행위를 처벌하기 위하여 甲·乙에게서 자술서를 받고 甲·乙에 대한 진술조서를 작성한 경우, 이를 피고인 A·B에 대한 유죄 인정의 증거로 사용할 수 없다.

→ (○) 위 각 자술서와 진술조서는 헌법과 형사소송법이 규정한 체포·구속에 관한 영장주의 원칙에 위배하여 수집된 것으로서 수사기관이 피고인 아닌 자를 상대로 적법한 절차에 따르지 아니하고 수집한 증거에 해당하여 형사소송법 제308조의2에 따라 증거능력이 부정되므로, 이를 피고인들에 대한 유죄 인정의 증거로 삼을 수 없다.

(2) **적정절차의 위반** : 수사기관이 **정당한 사유 없이 변호인을 참여하게 하지 아니한 채 피의자를 신문하여 작성한 피의자신문조서**(대법원 2013.3.28, 2010도3359), 수사기관이 **피압수자 측에게 참여의 기회를 보장하거나 압수한 전자정보 목록을 교부하지 않는** 위법한 압수·수색 과정을 통하여 취득한 증거(대법원 2022.7.28, 2022도2960), 야간압수·수색의 금지규정에 위반한 압수·수색, 당사자의 참여권과 신문권을 침해한 증인신문, 위법한 함정수사에 의하여 수집한 증거, **진술거부권을 고지하지 않고 작성한 피의자신문조서**[1] 등은 증거능력이 없다. 예컨대, **피의자신문**을 행하고 있는 경우에는 피의자신문조서가 아닌 일반적인 진술조서 형식으로 조서를 작성하더라도 미리 피의자에게 진술거부권을 고지하지 않았다면 위 진술조서는 위법수집증거에 해당한다(대법원 2009.8.20, 2008도8213; 2011.11.10, 2010도8294). 다만, **피의자의 지위에 있지 않은 자**에 대하여 진술거부권이 고지되지 않은 채 진술조서를 작성한 경우는 절차의 위법이 없으므로 나중에 참고인을 피고인으로 하여 공소가 제기되어도 위 진술조서를 위법수집증거라 할 수는 없다(대법원 2011.11.10, 2011도8125).

---

1) [비교] 다만, 진술거부권 행사 여부에 대한 피의자의 답변이 형사소송법 제244조의3 제2항에 규정한 방식에 위배된 경우, 사법경찰관 작성 피의자신문조서는 법 제312조 제3항이 정한 '적법한 절차와 방식'에 따라 작성된 조사에 해당하지 않아 그 증거능력이 부정된다는 것이 판례이다.
[판례] 헌법 제12조 제2항, 형사소송법 제244조의3 제1항, 제2항, 제312조 제3항에 비추어 보면, 비록 사법경찰관이 피의자에게 진술거부권을 행사할 수 있음을 알려 주고 그 행사 여부를 질문하였다 하더라도, 형사소송법 제244조의3 제2항에 규정한 방식에 위반하여 진술거부권 행사 여부에 대한 피의자의 답변이 자필로 기재되어 있지 아니하거나 그 답변 부분에 피의자의 기명날인 또는 서명이 되어 있지 아니한 사법경찰관 작성의 피의자신문조서는 특별한 사정이 없는 한 형사소송법 제312조 제3항에서 정한 '적법한 절차와 방식'에 따라 작성된 조서라 할 수 없으므로 그 증거능력을 인정할 수 없다(전문법칙의 예외요건 위반, 대법원 2013.3.28, 2010도3359).

🔎 **판례연구** 적정절차 위반의 위법수집증거 사례

1. 대법원 2013.3.28, 2010도3359 [법원9급 14/15, 경찰간부 15/22, 경찰승진 15]

정당한 사유 없이 변호인을 참여하게 하지 아니한 채 작성한 피의자신문조서의 증거능력 ×

헌법 제12조 제1항, 제4항 본문, 형사소송법 제243조의2 제1항 및 그 입법 목적 등에 비추어 보면, 피의자가 변호인의 참여를 원한다는 의사를 명백하게 표시하였음에도 수사기관이 정당한 사유 없이 변호인을 참여하게 하지 아니한 채 피의자를 신문하여 작성한 피의자신문조서는 형사소송법 제312조에 정한 '적법한 절차와 방식'에 위반된 증거일 뿐만 아니라, 형사소송법 제308조의2에서 정한 '적법한 절차에 따르지 아니하고 수집한 증거'에 해당하므로 이를 증거로 할 수 없다.

2. 대법원 2014.10.15, 2011도3509 [법원9급 17]

선거관리위원회 위원·직원이 관계인에게 진술이 녹음된다는 사실을 미리 알려 주지 아니한 채 진술을 녹음하였다면, 그와 같은 조사절차에 의하여 수집한 녹음파일 내지 그에 터 잡아 작성된 녹취록은 형사소송법 제308조의2에서 정하는 '적법한 절차에 따르지 아니하고 수집한 증거'에 해당하여 원칙적으로 유죄의 증거로 쓸 수 없다.

[보충] 수험에서는, 구 공직선거법 당시 선관위 위원·직원이 선거범죄 조사와 관련하여 관계자에게 질문을 하면서 미리 진술거부권을 고지하지 않은 경우 그 과정에서 작성·수집된 선관위 문답서의 증거능력은 긍정된다는 판례(대법원 2014.1.16, 2013도5441)와 구별하여야 한다.

3. 대법원 2022.7.28, 2022도2960

피압수자의 참여권이 보장되지 않은 압수에 의한 압수물의 증거능력

압수의 대상이 되는 전자정보와 그렇지 않은 전자정보가 혼재된 정보저장매체나 그 복제본을 압수·수색한 수사기관이 정보저장매체 등을 수사기관 사무실 등으로 옮겨 이를 탐색·복제·출력하는 경우, 그와 같은 일련의 과정에서 형사소송법 제219조, 제121조에서 규정하는 피압수·수색 당사자나 변호인에게 참여의 기회를 보장하고 압수된 전자정보의 파일 명세가 특정된 압수목록을 작성·교부하여야 하며 범죄혐의사실과 무관한 전자정보의 임의적인 복제 등을 막기 위한 적절한 조치를 취하는 등 영장주의 원칙과 적법절차를 준수하여야 한다. 만약 그러한 조치가 취해지지 않았다면 피압수자 측이 참여하지 아니한다는 의사를 명시적으로 표시하였거나 절차 위반행위가 이루어진 과정의 성질과 내용 등에 비추어 피압수자 측에 절차 참여를 보장한 취지가 실질적으로 침해되었다고 볼 수 없을 정도에 해당한다는 등의 특별한 사정이 없는 이상 압수·수색이 적법하다고 평가할 수 없고, 비록 수사기관이 정보저장매체 또는 복제본에서 범죄혐의사실과 관련된 전자정보만을 복제·출력하였다 하더라도 달리 볼 것은 아니다(대법원 2015.7.16, 2011모1839 전원합의체; 2021.11.18, 2016도348 전원합의체). 따라서 수사기관이 피압수자 측에게 참여의 기회를 보장하거나 압수한 전자정보 목록을 교부하지 않는 등 영장주의 원칙과 적법절차를 준수하지 않은 위법한 압수·수색 과정을 통하여 취득한 증거는 위법수집증거에 해당하고, 사후에 법원으로부터 영장이 발부되었다거나 피고인이나 변호인이 이를 증거로 함에 동의하였다고 하여 위법성이 치유되는 것도 아니다(위 대법원 2016도348 전원합의체). 사법경찰관은 피고인을 유치장에 입감시킨 상태에서 휴대전화 내 전자정보를 탐색·복제·출력함으로써 참여의 기회를 배제한 상태에서 이 사건 엑셀파일을 탐색·복제·출력하였고, 압수한 전자정보 상세목록을 교부한 것으로 평가할 수 없어, 위 엑셀파일은 위법하게 수집된 증거로서 증거능력이 없고, 사후에 압수·수색영장을 발부받아 압수절차가 진행되었더라도 위법성이 치유되지 않는다.

[보충] 수원지방법원 판사는 2021.4.2.경 피고인 甲에 대하여 「성매매알선 등 행위의 처벌에 관한 법률」 위반(성매매알선등) 혐의로 체포영장을 발부하면서, 피고인이 사용·보관중인 휴대전화(성매매여성 등 정보가 보관되어 있는 저장장치 포함) 등에 대한 사전 압수·수색영장을 함께 발부하였다. 경기남부지방경찰청 소속 사법경찰관 P는 2021.4.15. 13:25경 피고인을 체포하면서 피고인 소유의 휴대전화를 압수하였다. 피고인은 당일 21:36분경 입감 되었다. 경찰관은 2021.4.16. 09:00경 이 사건 휴대전화를 탐색하던 중 성매매영업 매출액 등이 기재된 엑셀파일을 발견하였고, 이를 별도의 저장매체에 복제하여 출력한 후 이 사건 수사기록에 편철하였다. 그러나 이 사건 휴대전화 탐색 당시까지도 피고인은 경찰서 유치장에 입감된 상태였던 것으로 보인다. 사법경찰관은 2021.4.17.경 이 사건 엑셀파일 등에 대하여 사후 압수·수색영장을 발부받았다. 그러나 이 사건 휴대폰 내 전자정보 탐색·복제·출력과 관련하여 사전에 그 일시·장소를 통지하거나 피고인에게 참여의 기회를 보장하거나, 압수한 전자정보 목록을 교부하거나 또는 피고인이 그 과정에 참여하지 아니할 의사를 가지고 있는지 여부를 확인할 수 있는 어떤 객관적인 자료도 존재하지 않는다. 그렇다면 위 엑셀파일의 증거능력은 인정되지 않는다.

2. 형사소송법의 효력규정을 위반하여 수집한 증거

증거수집절차나 증거조사절차가 위법하여 무효인 경우에 이로 인하여 수집한 증거는 **증거능력이 없다.**

📖 공무상 비밀 등 거절권을 침해한 압수·수색, (선서능력자의) 선서 없이 한 증인신문, 피고인에게 실질적인 반대신문의 기회를 부여하지 아니한 채 이루어진 증인신문(대법원 2010.1.14, 2009도9344)(책문권포기 → 하자치유), 변호인에게 반대신문권의 기회는 제공되었으나 반대신문사항을 모두 신문하지 못한 경우 증인의 법정진술이나 그 진술이 기재된 증인신문조서(대법원 2022.3.17, 2016도17054)(책문권 포기 → 하자치유), 위법한 공개금지결정에 의하여 피고인의 공개재판을 받을 권리가 침해된 절차에서 이루어진 증인신문(대법원 2005.10.28, 2005도5854) 등.

★ 판례연구 형사소송법의 효력규정 위반의 위법수집증거 사례

1. 대법원 2010.1.14, 2009도9344

피고인의 반대신문권의 배제에 따른 위법수집증거 및 책문권 포기에 의한 하자의 치유

형사소송법 제297조의 규정에 따라 재판장은 증인이 피고인의 면전에서 충분한 진술을 할 수 없다고 인정한 때에는 피고인을 퇴정하게 하고 증인신문을 진행함으로써 피고인의 직접적인 증인 대면을 제한할 수 있지만, 이러한 경우에도 피고인의 반대신문권을 배제하는 것은 허용될 수 없다. 따라서 법 제297조에 따라 변호인이 없는 피고인을 일시 퇴정하게 하고 증인신문을 한 다음 피고인에게 실질적인 반대신문의 기회를 부여하지 아니한 채 이루어진 증인의 법정진술은 위법한 증거로서 증거능력이 없다고 볼 여지가 있으나, 그 다음 공판기일에서 재판장이 증인신문 결과 등을 공판조서(증인신문조서)에 의하여 고지하였는데 피고인이 '변경할 점과 이의할 점이 없다'고 진술하여 책문권 포기 의사를 명시하였다면 실질적인 반대신문의 기회를 부여받지 못한 하자는 치유된 것이다.

2. 대법원 2022.3.17, 2016도17054 [경찰채용 23 1차]

피해자가 변호인의 반대신문을 절반가량 남겨둔 상황에서 속행된 증인신문기일에 출석하지 않고 이후 소재불명에 이른 사건

(반대신문권의 기회는 제공되었으나 반대신문사항을 모두 신문하지 못한 경우, 증인의 법정진술이나 그 진술이 기재된 증인신문조서의 증거능력을 인정할 수 없다는 사례) 피고인에게 불리한 증거인 증인이 주신문의 경우와 달리 반대신문에 대하여는 답변을 하지 아니하는 등 진술내용의 모순이나 불합리를 그 증인신문 과정에서 드러내어 이를 탄핵하는 것이 사실상 곤란하였고, 그것이 피고인 또는 변호인에게 책임있는 사유에 기인한 것이 아닌 경우라면, 관계 법령의 규정 혹은 증인의 특성 기타 공판절차의 특수성에 비추어 이를 정당화할 수 있는 특별한 사정이 존재하지 아니하는 이상, 이와 같이 실질적 반대신문권의 기회가 부여되지 아니한 채 이루어진 증인의 법정진술은 위법한 증거로서 증거능력을 인정하기 어렵다. 이 경우 피고인의 책문권 포기로 그 하자가 치유될 수 있으나, 책문권 포기의 의사는 명시적인 것이어야 한다(채무자 특수상해 혐의를 받은 폭력조직 두목에 대하여 증거 부족을 이유로 무죄판결을 내린 사례).

3. 대법원 2005.10.28, 2005도5854

증인신문절차의 공개금지결정이 위법하면 그 증인의 증언은 증거능력이 없다는 사례

원심이 증인신문절차의 공개금지사유로 삼은 사정이 '국가의 안녕질서를 방해할 우려가 있는 때'에 해당하지 아니하고, 달리 헌법 제109조, 법원조직법 제57조 제1항이 정한 공개금지사유를 찾아볼 수도 없어, 원심의 공개금지결정은 피고인의 공개재판을 받을 권리를 침해한 것으로서 그 절차에 의하여 이루어진 증인의 증언은 증거능력이 없다.

3. 경미한 위법절차에 의하여 수집한 증거

절차의 위반이 중대하지 않아 경미한 경우에는 획득한 증거의 **증거능력이 인정될 수 있다.**

> 예 하자 있는 증인소환절차에 따라 소환된 증인에 대한 증인신문, 위증의 벌을 경고하지 않고 한 증인신문, 증언거부권자에게 증언거부권을 고지하지 않고 한 증인신문(단, 위증죄는 성립하지 않을 수 있음), 검찰관이 형사사법공조절차를 거치지 아니한 채 외국 호텔에서 작성한 참고인진술조서(대법원 2011.7.14, 2011도3809) 등.

★ 판례연구 절차가 위법하지 않거나 절차의 위법이 중대하지 않아 위법수집증거는 아니라는 사례

1. 대법원 2011.7.14, 2011도3809 [법원9급 13, 국가9급 17, 경찰간부 14/15, 경찰승진 22, 경찰채용 12 1차, 변호사 23]

검찰관이 피고인을 뇌물수수 혐의로 기소한 후, 형사사법공조절차를 거치지 아니한 채 외국에 현지출장하여 그곳에서 뇌물공여자 甲을 상대로 참고인 진술조서를 작성한 사례

검찰관이 피고인을 뇌물수수 혐의로 기소한 후, 형사사법공조절차를 거치지 아니한 채(인터폴의 협조를 받아야 절차가 적법한 것은 아님, 다만 특신상태는 부정) 과테말라공화국에 현지출장하여 그곳 호텔에서 뇌물공여자 甲을 상대로 참고인 진술조서를 작성한 경우, 참고인조사가 증거수집을 위한 수사행위에 해당하고 그 조사 장소가 우리나라가 아닌 과테말라공화국의 영역에 속하기는 하나, 조사의 상대방이 우리나라 국민이고 그가 조사에 스스로 응함으로써 조사의 방식이나 절차에 강제력이나 위력은 물론 어떠한 비자발적 요소도 개입될 여지가 없었음이 기록상 분명한 이상, 위법수집증거배제법칙이 적용된다고 볼 수 없다.

> 보충 다만, 형사사법공조절차나 과테말라공화국 주재 우리나라 영사를 통한 조사 등의 방법을 택하지 않고 직접 현지에 가서 조사를 실시한 것은 수사의 정형적 형태를 벗어난 것이라고 볼 수 있는 점 등 제반 사정에 비추어 볼 때, 甲의 진술이 특신상태에서 이루어졌다는 점에 관한 증명이 있다고 보기 어려워 진술조서를 유죄의 증거로 삼을 수는 없다(위 판례). → 전문법칙에서 후술함.

2. 대법원 2013.9.12, 2011도12918

범죄 피해자인 검사 또는 압수·수색영장의 집행에 참여한 검사가 관여한 수사도 적법하다는 사례

범죄의 피해자인 검사가 그 사건의 수사에 관여하거나, 압수·수색영장의 집행에 참여한 검사가 다시 수사에 관여하였다는 이유

만으로 바로 그 수사가 위법하다거나 그에 따른 참고인이나 피의자의 진술에 임의성이 없다고 볼 수는 없다.

3. 대법원 2017.9.21, 2015도12400 [국가7급 19]

경미한 위법에 해당한다는 증명책임은 검사에게 있다는 사례

적법한 절차에 따르지 아니하고 수집한 증거는 증거로 할 수 없다(법 제308조의2). 다만 수사기관의 증거수집 과정에서 이루어진 절차 위반행위와 관련된 모든 사정을 전체적·종합적으로 살펴볼 때, 수사기관의 절차 위반행위가 적법절차의 실질적인 내용을 침해하는 경우에 해당하지 아니하고, 오히려 그 증거의 증거능력을 배제하는 것이 헌법과 형사소송법이 형사소송에 관한 절차 조항을 마련하여 적법절차의 원칙과 실체적 진실 규명의 조화를 도모하고 이를 통하여 형사 사법 정의를 실현하려고 한 취지에 반하는 결과를 초래하는 것으로 평가되는 예외적인 경우라면 법원은 그 증거를 유죄 인정의 증거로 사용할 수 있다. 그러나 구체적 사안이 위와 같은 예외적인 경우에 해당하는지를 판단하는 과정에서 적법한 절차를 따르지 않고 수집된 증거를 유죄의 증거로 삼을 수 없다는 원칙이 훼손되지 않도록 유념하여야 하고, 그러한 예외적인 경우에 해당한다고 볼 만한 구체적이고 특별한 사정이 존재한다는 점은 검사가 증명하여야 한다.

4. 대법원 2019.7.11, 2018도20504 [경찰채용 22 1차]

판사의 날인이 누락된 압수수색영장에 기초하여 수집한 증거 사건 : 영장은 위법, 증거능력은 인정

S지방법원 영장담당판사가 발부한 압수수색검증영장은 판사의 서명날인란에는 서명만 있고 그 옆에 날인이 없다. … 이 사건 파일 출력물이 위와 같이 적법하지 않은 영장에 기초하여 수집되었다는 절차상의 결함이 있지만, 이는 법관이 공소사실과 관련성이 있다고 판단하여 발부한 영장에 기초하여 취득된 것이고, 위와 같은 결함은 피고인의 기본적 인권보장 등 법익 침해 방지와 관련성이 적다. 이 사건 파일 출력물의 취득 과정에서 절차 조항 위반의 내용과 정도가 중대하지 않고 절차 조항이 보호하고자 하는 권리나 법익을 본질적으로 침해하였다고 볼 수 없다. 오히려 이러한 경우에까지 공소사실과 관련성이 높은 이 사건 파일 출력물의 증거능력을 배제하는 것은 적법절차의 원칙과 실체적 진실 규명의 조화를 도모하고 이를 통하여 형사 사법 정의를 실현하려는 취지에 반하는 결과를 초래할 수 있다. 요컨대, 이 사건 영장이 형사소송법이 정한 요건을 갖추지 못하여 적법하게 발부되지 못하였다고 하더라도, 그 영장에 따라 수집한 이 사건 파일 출력물의 증거능력을 인정할 수 있다.

5. 대법원 2020.1.30, 2018도2236 전원합의체

특별검사가 검찰을 통하여 또는 직접 청와대로부터 넘겨받은 청와대 문건 사건

대통령비서실장인 피고인이 대통령의 뜻에 따라 정무수석비서관실과 교육문화수석비서관실 등 수석비서관실과 문화체육관광부에 문화예술진흥기금 등 정부의 지원을 신청한 개인·단체의 이념적 성향이나 정치적 견해 등을 이유로 한국문화예술위원회·영화진흥위원회·한국출판문화산업진흥원이 수행한 각종 사업에서 이른바 좌파 등에 대한 지원배제를 지시하였다는 직권남용권리행사방해의 공소사실로 기소된 경우, 특별검사가 검찰을 통하여 또는 직접 청와대로부터 넘겨받아 원심에 제출한 '청와대 문건'은 '대통령기록물 관리에 관한 법률'을 위반하거나 공무상 비밀을 누설하여 수집된 것으로 볼 수 없어 위법수집증거가 아니므로 증거능력이 있다.

6. 대법원 2022.4.28, 2021도17103

외국인 체포 시 영사통보권 불고지와 체포·구속 이후 수집된 증거의 증거능력

① (수사기관이 외국인을 체포하거나 구속하면서 지체 없이 영사통보권 등이 있음을 고지하지 않았다면 수사절차는 위법함) 영사관계에 관한 비엔나협약(Vienna Convention on Consular Relations, 1977. 4. 6. 대한민국에 대하여 발효된 조약 제594호, 이하 '협약'이라 한다) 제36조 제1항 (b)호, 경찰수사규칙 제91조 제2항, 제3항이 외국인을 체포·구속하는 경우 지체 없이 외국인에게 영사통보권 등이 있음을 고지하고, 외국인의 요청이 있는 경우 영사기관에 체포·구금 사실을 통보하도록 정한 것은 외국인의 본국이 자국민의 보호를 위한 조치를 취할 수 있도록 협조하기 위한 것이다. 따라서 수사기관이 외국인을 체포하거나 구속하면서 지체 없이 영사통보권 등이 있음을 고지하지 않았다면 체포나 구속 절차는 국내법과 같은 효력을 가지는 협약 제36조 제1항 (b)호를 위반한 것으로 위법하다. … ② 적법한 절차에 따르지 아니하고 수집한 증거는 증거로 할 수 없다(형사소송법 제308조의2). 다만 수사기관의 절차 위반행위가 적법절차의 실질적인 내용을 침해하는 경우에 해당하지 않고, 오히려 그 증거의 증거능력을 배제하는 것이 헌법과 형사소송법이 형사소송에 관한 절차 조항을 마련하여 적법절차의 원칙과 실체적 진실 규명의 조화를 도모하고 이를 통하여 형사 사법 정의를 실현하려고 한 취지에 반하는 결과를 초래하는 것으로 평가되는 예외적인 경우라면 법원은 그 증거를 유죄 인정의 증거로 사용할 수 있다. 이 사건에서 사법경찰관이 피고인을 현행범인으로 체포할 당시 피고인이 인도네시아 국적의 외국인이라는 사실이 명백했는데도 피고인에게 영사통보권 등을 고지하지 않았으므로 이 사건 체포나 구속 절차는 협약 제36조 제1항 (b)호를 위반하여 위법하다. 다만, 이 사건에서 피고인이 영사통보권 등을 고지받더라도 영사의 조력을 구하였으리라고 보기 어려운 점, 수사기관이 피고인에게 영사통보권 등을 고지하지 않았더라도 그로 인해 피고인에게 실질적인 불이익이 초래되었다고 볼 수 없는 점 등에 비추어보면 이 사건 체포나 구속 절차에 협약 제36조 제1항 (b)호를 위반한 위법이 있더라도 절차 위반의 내용과 정도가 중대하거나 절차 조항이 보호하고자 하는 외국인 피고인의 권리나 법익을 본질적으로 침해하였다고 볼 수 없으므로 이 사건 체포나 구속 이후 수집된 증거와 이에 기초한 증거들은 위법수집 배제 원칙의 예외에 해당하여 유죄 인정의 증거로 사용할 수 있다.

4. 사인에 의한 위법수집증거

(1) **문제의 소재** : 위법수집증거배제법칙은 수사기관의 위법수사 억지에 그 이론적 근거를 두고 있으므로 **사인의 증거수집행위에 대해서는 원칙적으로 적용되지 아니한다.** 다만, 기본권의 대사인적 효력 및 국가의 기본권보호의무(헌법 제10조 후문)를 고려할 때, 사인 간의 사진촬영이나 비밀녹음 등 사인이 위법하게 수집한 증거에 대해서도 위법수집증거배제법칙이 적용되어야 하는가가 문제된다.

(2) **결론** : 견해의 대립이 있으나,[1] **효과적인 형사소추 및 실체진실발견의 공익과 개인의 인격적 이익 등 보호이익을 비교형량**하여 사인의 위법수집증거의 허용 여부를 결정하여야 한다(**제한적 긍정설 중 이익형량설**, 다수설 및 대체적인 판례).

🔎 판례연구 사인에 의한 위법수집증거의 증거능력 : 대체로 인정

1. 대법원 1997.3.28, 97도240 [경찰간부 14, 경찰승진 10/11/15, 경찰채용 08 3차]

피고인이 범행 후 피해자에게 전화를 걸어오자 피해자가 증거를 수집하려고 그 전화내용을 녹음한 경우, 그 녹음테이프가 피고인 모르게 녹음된 것이라 하여 이를 위법하게 수집된 증거라고 할 수 없다.

> **보충** 사인 간의 비밀녹음에 대해서는 전문법칙에 근거하여 그 증거능력을 제한하는 판례는 있으나(대법원 1997.3.28, 96도2417 : 실질적 진정성립의 인정이 없어 증거능력이 없다는 사례로서 전문법칙 중 제313조 제1항에서 후술함), 위 경우는 타인 간의 통화를 녹음한 경우(위수증 ∴ 증거 ×)가 아니고 자기와의 통화를 녹음한 경우에 속하므로 위법수집증거배제법칙은 적용될 수 없다는 판례이다. [경찰간부 15]

2. 대법원 1997.9.30, 97도1230 [법원행시 02, 국가7급 10, 국가9급 14, 경찰승진 10/15, 경찰채용 11 2차/12 1차, 경찰간부 23]

제3자가 공갈목적을 숨기고 피고인의 동의하에 나체사진을 찍은 경우, 나체사진의 증거능력 긍정

모든 국민의 인간으로서의 존엄과 가치를 보장하는 것은 국가기관의 기본적인 의무에 속하는 것이고, 이는 형사절차에서도 당연히 구현되어야 하는 것이기는 하나 그렇다고 하여 국민의 사생활 영역에 관계된 모든 증거의 제출이 곧바로 금지되는 것으로 볼 수는 없고, 법원으로서는 효과적인 형사소추 및 형사소송에서의 진실발견이라는 공익과 개인의 사생활의 보호이익을 비교형량하여 그 허용 여부를 결정하고, 적절한 증거조사의 방법을 선택함으로써 국민의 인간으로서의 존엄성에 대한 침해를 피할 수 있다고 보아야 할 것이므로(이익형량설에 의한 제한적 긍정설의 입장), 피고인의 동의하에 촬영된 나체사진의 존재만으로 피고인의 인격권과 초상권을 침해하는 것으로 볼 수 없고, 가사 사진을 촬영한 제3자가 그 사진을 이용하여 피고인을 공갈할 의도였다고 하더라도 사진의 촬영이 임의성이 배제된 상태에서 이루어진 것이라고 할 수는 없으며, 그 사진은 범죄현장의 사진으로서 피고인에 대한 형사소추를 위하여 반드시 필요한 증거로 보이므로, 공익의 실현을 위하여는 그 사진을 범죄의 증거로 제출하는 것이 허용되어야 하고, 이로 말미암아 피고인의 사생활의 비밀을 침해하는 결과를 초래한다 하더라도 이는 피고인이 수인하여야 할 기본권의 제한에 해당된다.

3. 대법원 2008.6.26, 2008도1584 [법원9급 13, 국가9급 18, 경찰간부 15, 경찰채용 23 1차, 변호사 24]

소송사기의 피해자가 제3자로부터 대가를 지급하고 취득한 절취된 업무일지의 증거능력 긍정

사문서위조·위조사문서행사 및 소송사기로 이어지는 일련의 범행에 대하여 피고인을 형사소추하기 위해서는 이 사건 업무일지가 반드시 필요한 증거로 보이므로, 설령 그것이 제3자에 의하여 절취된 것으로서 위 소송사기 등의 피해자측이 이를 수사기관에 증거자료로 제출하기 위하여 대가를 지급하였다 하더라도, 공익의 실현을 위하여는 이 사건 업무일지를 범죄의 증거로 제출하는 것이 허용되어야 하고, 이로 말미암아 피고인의 사생활 영역을 침해하는 결과가 초래된다 하더라도 이는 피고인이 수인하여야 할 기본권의 제한에 해당된다.

4. 대법원 2010.9.9, 2008도3990

간통 피고인의 남편인 고소인이 주거에 침입하여 획득한 휴지 및 침대시트 등에 대한 감정의뢰회보 ○

피고인 甲, 乙의 간통 범행을 고소한 甲의 남편 丙이 甲의 주거에 침입하여 수집한 후 수사기관에 제출한 혈흔이 묻은 휴지들 및 침대시트를 목적물로 하여 이루어진 감정의뢰회보에 대하여, 丙이 甲의 주거에 침입한 시점은 甲이 그 주거에서의 실제상 거주를 종료한 이후이고, 위 회보는 피고인들에 대한 형사소추를 위하여 반드시 필요한 증거이므로 공익의 실현을 위해서

---

1) [보충] 사인의 위법수집증거에 대하여 위법수집증거배제법칙이 적용되는가에 대해서는 부정설과 제한적 긍정설(절충설)이 대립한다. ① 부정설은 위법수집증거배제법칙은 수사기관에 대해서만 적용되고 사인에 대해서는 적용되지 아니하므로 ─사인이 수사기관에 고용되었거나 수사기관의 위임에 의하여 위법하게 증거를 수집한 경우가 아닌 한─ 사인에 의한 위법수집증거의 증거능력을 인정해야 한다고 주장한다(심희기, 쟁점강의 형사소송법, 511면; 이/조 589면). 한편 ② 제한적 긍정설에서는 ㉠ 침해된 권리의 중요성에 따라 기본권의 핵심적 영역을 침해하는 경우에는 위법수집증거배제법칙을 적용해야 한다는 입장(권리범위설 : 하태훈, "사인에 의한 증거수집과 그 증거능력", 형사법연구 제12호, 44면)과 ㉡ 효과적인 형사소추 및 실체진실발견의 공익과 피고인의 기본권의 사익을 교량하여 사익이 더 우월하다면 위법수집증거배제법칙을 적용해야 한다는 입장(이익형량설 : 다수설 및 대체적인 판례)이 제시되고 있다. 본서는 이익형량설을 따른다. [조언] 다만, 근래의 판례들을 보면 사인에 의한 위법수집증거의 증거능력을 대체로 긍정하는 경향이므로, 부정설과 제한적 긍정설의 차이는 거의 나타나지 않고 있다.

증거로 제출하는 것이 허용되어야 하고, 이로 말미암아 甲의 주거의 자유나 사생활의 비밀이 일정 정도 침해되는 결과를 초래하더라도 이는 甲이 수인하여야 할 기본권의 제한에 해당하므로, 위 회보의 증거능력은 인정해야 한다.

5. 대법원 2013.11.28, 2010도12244 [국가9급 24]

시청공무원이 시장에게 보낸 전자우편을 공직선거법위반죄의 증거로 제출한 사례

이 사건 형사소추의 대상이 된 행위는 구 공직선거법 제255조 제3항, 제85조 제1항에 의하여 처벌되는 공무원의 지위를 이용한 선거운동행위로서 공무원의 정치적 중립의무를 정면으로 위반하고 이른바 관권선거를 조장할 우려가 있는 중대한 범죄에 해당한다. 피고인이 제1심에서 이 사건 전자우편을 이 사건 공소사실에 대한 증거로 함에 동의한 점 등을 종합하면, 이 사건 전자우편을 이 사건 공소사실에 대한 증거로 제출하는 것은 허용되어야 할 것이고, 이로 말미암아 피고인의 사생활의 비밀이나 통신의 자유가 일정 정도 침해되는 결과를 초래한다 하더라도 이는 피고인이 수인하여야 할 기본권의 제한에 해당한다고 보아야 할 것이다. 따라서 원심이 이 사건 전자우편과 그 내용에 터 잡아 수사기관이 참고인으로 소환하여 작성한 공소외 2, 3, 4에 대한 각 진술조서들의 증거능력을 인정한 조치는 정당하다.

보충 X시 Y동장 직무대리의 지위에 있던 피고인 甲은 X시장 乙에게 X시청 전자문서시스템을 통하여 이 사건 전자우편을 보냈는데, 전자우편에는 Y동 1통장인 A 등에게 X시장 乙을 도와 달라고 부탁하였다는 내용이 포함되어 있었다. 그런데 X시청 소속 공무원인 제3자가 권한 없이 전자우편에 대한 비밀보호조치를 해제하는 방법을 통하여 이 사건 전자우편을 수집하여 경찰에 제출하였고, 이렇게 수집된 전자우편의 내용에 기초하여 경찰은 A 등을 참고인으로 소환하여 A 등에 대한 참고인 진술조서를 작성하였다. ① 이 사건 전자우편의 수집행위는 통신비밀보호법이 금지하는 '전기통신의 감청'에 해당하지 않고(∵ 이미 수신 완료), ② 이 사건 전자우편과 참고인 진술조서(제312조 제4항의 요건 갖춤)도 증거능력이 인정된다.

6. 대법원 2023.12.14, 2021도2299

휴대전화 자동녹음 애플리케이션 사건

甲의 배우자 乙은 甲 모르게 甲의 휴대전화에 자동녹음 애플리케이션을 실행해 두어 자동으로 녹음된 甲과 乙 사이의 전화통화 녹음파일이 있다. 그런데 수사기관은 甲의 휴대전화를 적법하게 압수하여 분석하던 중 우연히 이를 발견하여 압수하였다. … 증거수집 절차가 개인의 사생활 내지 인격적 이익을 중대하게 침해하여 사회통념상 허용되는 한도를 벗어난 것이라면, 단지 형사소추에 필요한 증거라는 사정만을 들어 곧바로 형사소송에서 진실발견이라는 공익이 개인의 인격적 이익 등 보호이익보다 우월한 것으로 섣불리 단정해서는 아니 된다. 그러나 그러한 한도를 벗어난 것이 아니라면 형사절차에서 증거로 사용할 수 있다(대법원 2013.11.28, 2010도12244; 2017.3.15, 2016도19843 등). 피고인의 배우자가 피고인의 동의 없이 피고인의 휴대전화를 조작하여 통화내용을 녹음하였으므로 피고인의 사생활 내지 인격적 이익을 침해하였다고 볼 여지는 있으나, ① 피고인의 배우자가 전화통화의 일방 당사자로서 피고인과 직접 대화를 나누면서 피고인의 발언 내용을 직접 청취하였으므로 전화통화 내용을 몰래 녹음하였다고 하여 피고인의 사생활의 비밀, 통신의 비밀, 대화의 비밀 등이 침해되었다고 평가하기는 어렵고, 피고인의 배우자가 녹음파일 등을 제3자에게 유출한 바 없으므로 음성권 등 인격적 이익의 침해 정도도 비교적 경미하다고 보아야 하는 점, ② 피고인의 배우자가 범행에 관한 증거로 사용하겠다는 의도나 계획 아래 전화통화를 녹음한 것이 아니고, 수사기관 역시 위 전화통화의 녹음에 어떠한 관여도 하지 않은 채 적법하게 압수한 휴대전화를 분석하던 중 우연히 이를 발견하였을 뿐인 점, ③ 반면 이 사건 형사소추의 대상이 된 행위는 수산업협동조합장 선거에서 금품을 살포하여 선거인을 매수하는 등 이른바 '돈 선거'를 조장하였다는 것이고, 선거범죄는 대체로 계획적·조직적인 공모 아래 은밀하게 이루어지므로, 구체적 범행 내용 등을 밝혀 줄 수 있는 객관적 증거인 전화통화 녹음파일을 증거로 사용해야 할 필요성이 높은 점 등을 종합하면, 전화통화 녹음파일을 증거로 사용할 수 있다.

Ⅲ 자백배제법칙과의 관계

1. 판례

판례는 **진술거부권을 고지하지 아니하고 작성된 피의자신문조서**(대법원 1992.6.23, 92도682) 및 **변호인의 접견교통권을 침해한 상태에서 작성된 피의자신문조서**(대법원 1990.9.25, 90도1586)와 같이 헌법상 기본권을 침해하여 획득한 자백에 대해서는 **위법수집증거배제법칙**을 적용하여 그 증거능력을 부정하는 입장이다.

2. 통설

자백배제법칙은 위법수집증거배제법칙의 특칙에 해당하므로(자백배제법칙의 근거에 관한 위법배제설), ① 임의성 없는 피고인의 자백, 진술거부권을 고지하지 않고 이루어진 자백, 변호인과의 접견교통권을 침해한 상태에서 이루어진 자백에 대해서는 자백배제법칙이 적용되고, ② 자백 이외의 증거와 비진술증거에 대해서는 위법수집증거배제법칙이 적용된다는 것이 통설이다.

03 관련문제

I 독수의 과실이론

1. 의 의

(1) **개념** : 위법하게 수집된 1차적 증거(독수 : 독이 든 나무)에 의하여 2차적 증거(과실 : 열매)가 발견된 경우 그 2차적 증거(파생증거)의 증거능력도 배제되어야 한다는 이론이다(독수독과이론). [경찰채용 15 1차]

★ 판례연구 독수과실이론의 의미

대법원 2008.10.23, 2008도7471 [법원9급 10/13, 국가7급 17/20, 경찰승진 10/15, 경찰채용 11 2차/12 1차/13 2차/15 2차]

독수과실 자체가 아니라는 사례 : 수사기관이 적법절차를 위반하여 지문채취 대상물을 압수한 경우, 그전에 이미 범행 현장에서 위 대상물에서 채취한 지문이 위법수집증거에 해당하는지 여부(소극)

신고를 받고 현장에 출동한 인천남동경찰서 과학수사팀 소속 경장 A는 피해자가 범인과 함께 술을 마신 테이블 위에 놓여 있던 맥주컵에서 지문 6점을, 물컵에서 지문 8점을, 맥주병에서 지문 2점을 각각 현장에서 직접 채취하였음을 알 수 있는바, 이와 같이 범행 현장에서 지문채취 대상물에 대한 지문채취가 먼저 이루어진 이상(소유자의 의사에 반하지 않은 지문채취, ∴ 적법), 수사기관이 그 이후에 지문채취 대상물을 적법한 절차에 의하지 아니한 채 압수하였다고 하더라도, 위와 같이 채취된 지문은 위법하게 압수한 지문채취 대상물로부터 획득한 2차적 증거에 해당하지 아니함이 분명하여, 이를 가리켜 위법수집증거라고 할 수 없다.

---

(2) **인정 여부** : 수사기관의 위법수사의 효과적 억지에 위법수집증거배제법칙의 근거가 있는바, 2차적 증거의 증거능력을 인정하면 위법수집증거배제법칙이 무의미하게 되므로 독수과실의 증거능력은 부정되어야 한다. **판례도 명시적으로 인정**하고 있다.

★ 판례연구 독수과실이론을 명시적으로 채택한 예

1. 대법원 2007.11.15, 2007도3061 전원합의체 [법원9급 10/14, 경찰간부 13/15]

위법수집 압수물과 이를 기초로 획득한 2차적 증거의 증거능력은 원칙적으로 없다는 사례

기본적 인권 보장을 위하여 압수수색에 관한 적법절차와 영장주의의 근간을 선언한 헌법과 이를 이어받아 실체적 진실 규명과 개인의 권리보호 이념을 조화롭게 실현할 수 있도록 압수수색절차에 관한 구체적 기준을 마련하고 있는 형사소송법의 규범력은 확고히 유지되어야 한다. 그러므로 헌법과 형사소송법이 정한 절차에 따르지 아니하고 수집한 증거는 기본적 인권 보장을 위해 마련된 적법한 절차에 따르지 않은 것으로서 원칙적으로 유죄 인정의 증거로 삼을 수 없다. 수사기관의 위법한 압수수색을 억제하고 재발을 방지하는 가장 효과적이고 확실한 대응책은 이를 통하여 수집한 증거는 물론 이를 기초로 하여 획득한 2차적 증거를 유죄 인정의 증거로 삼을 수 없도록 하는 것이다.

보충 검사는 제주도지사, 제주도청 소속 공무원 및 선거운동본부 책임자인 피고인들이 공모하여 2006.5. 제주도지사선거에 대비하여 지역주민 및 소속공무원들을 조직화하고 방송토론자료를 마련하는 등 선거운동 기획에 참여하였다는 내용으로 공소를 제기하면서, 도지사실 및 도지사 정책특별보좌관 사무실을 수색하는 과정에서 그 곳을 방문한 도지사 비서관이 소지한 서류뭉치를 압수하고 그 안에 있는 관련서류들을 증거로 제시하였다. 피고인들은 검사가 실시한 압수·수색은 압수·수색영장의 효력이 미치는 범위, 영장의 제시 및 집행에 관한 사전통지와 참여, 압수목록 작성·교부 등에 관하여 법이 정한 여러 절차 조항을 따르지 않아 위법한 것이어서 이를 통하여 수집된 압수물은 물론 이를 기초로 획득한 2차적 증거는 모두 유죄인정의 증거로 삼아서는 안 된다고 주장하였다[김진환(변호사), 선행절차의 위법과 증거능력(1) – 판단기준, 형사소송법 핵심판례110선, 제3판, 138면]. 이에 위법수집증거배제법칙이 적용된 것이다.

2. 대법원 2010.7.22, 2009도14376 [법원9급 18, 국가7급 13, 경찰간부 15]

사법경찰관이 영장 없이 물건을 압수한 직후 피고인으로부터 작성받은 압수물에 대한 임의제출동의서 ×

형사소송법 제215조 제2항은 "사법경찰관이 범죄수사에 필요한 때에는 검사에게 신청하여 검사의 청구로 지방법원 판사가 발부한 영장에 의하여 압수, 수색 또는 검증을 할 수 있다."라고 규정하고 있는바, 사법경찰관이 위 규정을 위반하여 영장 없이 물건을 압수한 경우 그 압수물은 물론 이를 기초로 하여 획득한 2차적 증거 역시 유죄 인정의 증거로 사용할 수 없는 것이고, 이와 같은 법리는 헌법과 형사소송법이 선언한 영장주의의 중요성에 비추어 볼 때 위법한 압수가 있은 직후에 피고인으로부터 작성받은 그 압수물에 대한 임의제출동의서도 특별한 사정이 없는 한 마찬가지라고 할 것이다. 따라서 경찰이 피고인의 집에서 20m 떨어진 곳에서 피고인을 체포한 후 피고인의 집안을 수색하여 칼과 합의서를 압수하였을 뿐만 아니라 적법한 시간 내

에 압수수색영장을 청구하여 발부받지도 않은 경우, 위 칼과 합의서는 위법하게 압수된 것으로서 증거능력이 없고, 이를 기초로 한 2차 증거인 '임의제출동의서', '압수조서 및 목록', '압수품 사진' 역시 증거능력이 없다.

3. 대법원 2011.4.28, 2009도2109

피고인의 동의 또는 영장 없이 채취한 혈액을 이용한 감정결과보고서(2차적 증거)의 증거능력 유무(소극)

사법경찰관이 범죄수사에 필요한 때에는 검사에게 신청하여 검사의 청구로 지방법원 판사가 발부한 영장에 의하여 압수·수색 또는 검증을 할 수 있고(법 제215조 제2항), 범행 중 또는 범행 직후의 범죄장소에서 긴급을 요하여 판사의 영장을 받을 수 없는 때에는 압수·수색·검증을 할 수 있으나 이 경우에는 사후에 지체 없이 영장을 받아야 하며(법 제216조 제3항), 검사 또는 사법경찰관으로부터 감정을 위촉받은 감정인은 감정에 관하여 필요한 때에는 검사의 청구에 의해 판사로부터 감정처분허가장을 발부받아 신체의 검사 등 법 제173조 제1항에 규정된 처분을 할 수 있도록 규정되어 있으므로(법 제221조, 제221조의4, 제173조 제1항), 위와 같은 형사소송법 규정에 위반하여 수사기관이 법원으로부터 영장 또는 감정처분허가장을 발부받지 아니한 채 피의자의 동의 없이 피의자의 신체로부터 혈액을 채취하고(1차증거) 더구나 사후적으로도 지체 없이 이에 대한 영장을 발부받지도 아니하고서 그 강제채혈한 피의자의 혈액 중 알코올농도에 관한 감정이 이루어졌다면, 이러한 감정결과보고서 등(2차증거)은 형사소송법상 영장주의 원칙을 위반하여 수집되거나 그에 기초한 증거로서 그 절차 위반행위가 적법절차의 실질적인 내용을 침해하는 정도에 해당하고, 이러한 증거는 피고인이나 변호인의 증거동의가 있다고 하더라도 유죄의 증거로 사용할 수 없다고 보아야 할 것이다.

> [보충1] 피고인이 운전 중 교통사고를 내고 의식을 잃은 채 병원 응급실로 호송되자, 출동한 경찰관이 영장 없이 의사로 하여금 채혈을 하여 채취한 혈액을 이용한 혈중알코올농도에 관한 감정서 등의 증거능력을 부정하여, 도로교통법 위반(음주운전)의 공소사실을 무죄로 판단한 원심판결을 수긍한 사례이다.

> [보충2] 범죄장소에서의 긴급압수(제216조 제3항)로 본다 하더라도 지체 없이 사후영장을 발부받지 않았고, 감정촉탁에 의한 감정처분(제173조 제1항)으로 검토해보아도 검사의 청구에 의해 판사가 발부한 감정처분허가장에 의하지 않은 경우이므로 강제채혈된 혈액은 위법수집증거에 해당하고, 그 혈액에 대한 감정결과보고서는 2차적 증거로서 독수과실에 해당하므로 증거능력이 없다는 사례이다.

4. 대법원 2013.3.14, 2010도2094 [법원9급 15, 국가7급 13, 국가9급 15/16, 경찰간부 15/16]

위법한 강제연행 상태에서 호흡측정 방법에 의한 음주측정이 이루어진 후 강제연행 상태로부터 시간적·장소적으로 단절되었다고 볼 수 없는 상황에서 피의자의 요구에 의하여 이루어진 혈액채취 사례

위법한 강제연행 상태에서 호흡측정 방법에 의한 음주측정(1차증거)을 한 다음 강제연행 상태로부터 시간적·장소적으로 단절되었다고 볼 수도 없고 피의자의 심적 상태 또한 강제연행 상태로부터 완전히 벗어났다고 볼 수 없는 상황에서 피의자가 호흡측정 결과에 대한 탄핵을 하기 위하여 스스로 혈액채취 방법에 의한 측정을 할 것을 요구하여 혈액채취가 이루어졌다(2차증거)고 하더라도 그 사이에 위법한 체포 상태에 의한 영향이 완전하게 배제되고 피의자의 의사결정의 자유가 확실하게 보장되었다고 볼 만한 다른 사정이 개입되지 않은 이상 불법체포와 증거수집 사이의 인과관계가 단절된 것으로 볼 수는 없다. 따라서 그러한 혈액채취에 의한 측정 결과 역시 유죄 인정의 증거로 쓸 수 없다고 보아야 한다. 그리고 이는 수사기관이 위법한 체포 상태를 이용하여 증거를 수집하는 등의 행위를 효과적으로 억지하기 위한 것이므로, 피고인이나 변호인이 이를 증거로 함에 동의하였다고 하여도 달리 볼 것은 아니다(위법수집증거는 증거동의의 대상 아님).

> [보충] 강제연행하에서 음주측정을 요구하지 않았더라면 피해자가 혈액채취측정도 요구하지 않았을 것이 어느 정도 추론되므로, 강제연행과의 인과관계 단절이 인정되지 아니한다. 독수과실이므로 증거능력 ✕

2. 독수과실이론의 예외

(1) **예외인정의 필요성** : 독수과실이론을 제한 없이 적용하게 되면 수사기관의 단 1회의 절차 위반의 위법수사 이후 획득한 모든 증거의 증거능력을 부정해야 한다. 그런데, 수사기관의 절차 위반행위가 적법절차의 실질적인 내용을 침해하는 경우에 해당하지 아니하고, 오히려 그 증거의 증거능력을 배제하는 것이 **적법절차의 원칙과 실체적 진실 규명의 조화**를 도모하고 이를 통하여 **형사사법의 정의**를 실현하려 한 취지에 반하는 결과를 초래하는 것으로 평가되는 예외적인 경우(대법원 2009.3.12, 2008도11437)라면, 독수과실이론을 제한하고 그 증거를 유죄 인정의 증거로 사용할 필요가 있다. 바로 여기에 독수과실이론에 대한 일정한 예외의 필요성이 존재한다.

(2) **판례의 태도** : 수사기관의 위법한 압수수색을 억제하고 재발을 방지하는 가장 효과적이고 확실한 대응책은 **이를 통하여 수집한 증거는 물론 이를 기초로 하여 획득한 2차적 증거를 유죄 인정의 증거로 삼을 수 없도록 하는 것**이다. [법원9급 10/14, 경찰간부 13/15] 이에 판례는 기술한 바와 같이 ① 위법수집증거를 기초로 획득한 2차적 증거의 증거능력을 **원칙적으로 부정**하나, 다만 ② "절차에 따르지 아니한 증거수집과 2차적 증거수집 사이의 **인과관계의 희석 또는 단절 여부**를 중심으로 2차적 증거수집과 관련된 모든 사정을 전체적·종합적

으로 고려하여 **예외적인 경우에는 유죄인정의 증거로 사용**할 수 있다."라고 하여 독수과실이론의 예외를 인정하고 있다.[1] [경찰간부 13, 경찰승진 10, 경찰채용 09 1차/15 1차] 따라서 적법절차를 위반한 수사행위에 기초하여 수집한 증거라 하더라도 **적법절차 위반행위의 영향이 차단되었거나 소멸**되었다고 볼 수 있는 상태에서 수집한 것이라면 유죄 인정의 증거로 사용할 수 있다. [국가9급 15, 국가9급개론 15]

⚖ 판례연구 판례의 독수과실이론의 예외이론

대법원 2009.3.12, 2008도11437 [법원9급 14/20, 국가7급 10, 경찰승진 10/12]

[1] 2차적 증거의 증거능력을 인정하기 위한 판례의 판단기준

법원이 2차적 증거의 증거능력 인정 여부를 최종적으로 판단할 때에는 먼저 ① 절차에 따르지 아니한 1차적 증거 수집과 관련된 모든 사정들, 즉 절차 조항의 취지와 그 위반의 내용 및 정도, 구체적인 위반 경위와 회피가능성, 절차 조항이 보호하고자 하는 권리 또는 법익의 성질과 침해 정도 및 피고인과의 관련성, 절차 위반행위와 증거수집 사이의 인과관계 등 관련성의 정도, 수사기관의 인식과 의도 등을 살펴야 한다(1차적 증거 수집의 위법의 중대성, 수사기관 의도 등 고려). 나아가 ② 1차적 증거를 기초로 하여 다시 2차적 증거를 수집하는 과정에서 추가로 발생한 모든 사정들까지 구체적인 사안에 따라 주로 인과관계 희석 또는 단절 여부를 중심으로 전체적·종합적으로 고려하여야 한다(1차적 증거와 2차적 증거 수집 사이의 인과관계 등 고려).

[2] 진술거부권 불고지 획득 자백 이후 진술거부권 고지, 석방, 변호인의 충분한 조력 하의 자발적 자백

진술거부권을 고지하지 않은 것이 수사기관의 실수일 뿐 자백을 이끌어내기 위한 의도적이고 기술적인 증거확보의 방법으로 이용되지 않았고, 그 이후 이루어진 신문에서는 진술거부권을 고지하여 잘못이 시정되는 등 수사 절차가 적법하게 진행되었다는 사정, 최초 자백 이후 구금되었던 피고인이 석방되었다거나 변호인으로부터 충분한 조력을 받은 가운데 상당한 시간이 경과하였음에도 다시 자발적으로 계속하여 동일한 내용의 자백을 하였다는 사정, 최초 자백 외에도 다른 독립된 제3자의 행위나 자료 등도 물적 증거나 증인의 증언 등 2차적 증거 수집의 기초가 되었다는 사정, 증인이 그의 독립적인 판단에 의해 형사소송법이 정한 절차에 따라 소환을 받고 임의로 출석하여 증언하였다는 사정 등은 통상 2차적 증거의 증거능력을 인정할만한 정황에 속한다.

보충 아래의 희석이론, 독립된 증거원이론, 선의이론 등이 나타나고 있는 것을 알 수 있다.

---

(3) 내 용

① 희석이론 : 위법수사로 획득한 1차적 증거의 오염(taint)이 그 후 피고인의 자발적 행위로 희석되어(순화되어, purged) 2차적 증거의 증거능력에는 영향을 미치지 않는다는 이론이다(오염순화에 의한 예외이론).(**예** 경찰관이 위법하게 피의자의 집에 침입하여 자백을 받은 며칠 후 피의자가 경찰서에 자진출석하여 자백서에 서명한 경우[2] 등). 판례도 ㉠ 진술거부권을 고지하지 않은 상태에서 임의로 행해진 피고인의 자백을 기초로 한 **2차적 증거 중 피고인 및 피해자의 법정진술은 공개된 법정에서 임의로 이루어진 경우** [법원9급 14], ㉡ 구속영장 집행 당시 영장이 제시되지 않았으나 구속적부심사 심문에서 구속영장을 제시받았고 이후 **변호인과의 충분한 상의를 거쳐 공소사실에 대하여 자백**한 경우 [경찰간부 14] 등에서 예외적으로 증거능력이 있다고 판시하고 있다.

정리 판례의 독수과실 예외 : ① 진술거부권 불고지 자백 획득 후 자발적 진술, ② 영장 없이 강제연행하여 1차 채뇨 후 압수영장에 의한 2차 채뇨, ③ 영장 없이 계좌정보 획득 후 석방 후 자백 or 임의제출 or 독립된 제3자의 진술에 의한 증거수집, ④ 영장 무관 압수 증거물을 환부한 후 임의제출받아 압수(단, 임의성은 검사 증명) 등.

⚖ 판례연구 희석이론 등이 표현된 판례

1. 대법원 2009.3.12, 2008도11437 [법원9급 14, 국가7급 10, 해경간부 12, 경찰승진 10/12, 경찰채용 12 1차/15 1차]

진술거부권 불고지 자백 획득 후 40여 일이 지난 후 변호인의 충분한 조력하의 진술

강도 현행범으로 체포된 피고인에게 진술거부권을 고지하지 아니한 채 강도범행에 대한 자백을 받고, 이를 기초로 여죄에 대한 진술과 증거물을 확보한 후 진술거부권을 고지하여 피고인의 임의자백 및 피해자의 피해사실에 대한 진술을 수집한 경우, 제1심 법정에서의 피고인의 자백은 진술거부권을 고지받지 않은 상태에서 이루어진 최초 자백 이후 40여 일이 지난 후에 변호인의 충분

---

1) [참고 및 조언] 대법원 판례는 미국의 독수과실의 제한이론 중 희석이론, 불가피한 발견이론, 독립된 증거원이론을 수용하고 있는 것으로 보인다. 본서의 특성상 자세한 논의는 생략하나, 수험을 위해서는 희석이론 위주로 이해하고 있으면 충분할 것이다.

2) Wong Sun v. U.S, 371 U.S. 471 (1963).

한 조력을 받으면서 공개된 법정에서 임의로 이루어진 것이고(희석이론), 피해자의 진술은 법원의 적법한 소환에 따라 자발적으로 출석하여 위증의 벌을 경고받고 선서한 후 공개된 법정에서 임의로 이루어진 것이어서(독립된 증거원이론) 예외적으로 유죄 인정의 증거로 사용할 수 있는 2차적 증거에 해당한다.

2. 대법원 2009.4.23, 2009도526 [경찰간부 14]

구속영장 집행 당시 영장 미제시 but 구속 중 수집한 피고인의 진술증거가 증거능력 있는 예외적인 경우

사전에 구속영장을 제시하지 아니한 채 구속영장을 집행하고, 그 구속 중 수집한 피고인의 진술증거 중 피고인의 제1심 법정진술은, 피고인이 구속집행절차의 위법성을 주장하면서 청구한 구속적부심사의 심문 당시 구속영장을 제시받은 바 있어 그 이후에는 영장 기재 범죄사실에 대해 숙지하고 있었던 것으로 보이고, 구속 이후 원심에 이르기까지 구속적부심사와 보석의 청구를 통하여 구속집행절차의 위법성만을 다투었을 뿐, 그 구속 중 이루어진 진술증거의 임의성이나 신빙성에 대하여는 전혀 다투지 않았을 뿐만 아니라, 변호인과의 충분한 상의를 거친 후 공소사실 전부에 대하여 자백한 것이라면, 유죄 인정의 증거로 삼을 수 있는 예외적인 경우에 해당한다.

3. 대법원 2013.3.14, 2012도13611 [국가7급 14, 경찰간부 15]

피고인을 영장 없이 강제로 연행한 상태에서 마약투약 여부의 확인을 위한 1차 채뇨절차가 이루어졌는데, 그 후 압수영장에 기하여 2차 채뇨절차가 이루어지고 그 결과를 분석한 소변 감정서 등이 증거로 제출된 사례

마약 투약 혐의를 받고 있던 피고인이 임의동행을 거부하겠다는 의사를 표시하였는데도 경찰관들이 피고인을 영장 없이 강제로 연행한 상태에서 마약 투약 여부의 확인을 위한 1차 채뇨절차가 이루어졌는데(1차증거-위법), 그 후 피고인의 소변 등 채취에 관한 압수영장에 기하여 2차 채뇨절차가 이루어지고 그 결과를 분석한 소변 감정서 등이 증거로 제출된 경우(2차증거-독수과실예외), 피고인을 강제로 연행한 조치는 위법한 체포에 해당하고, 위법한 체포상태에서 이루어진 채뇨 요구 또한 위법하므로 그에 의하여 수집된 '소변검사시인서'는 유죄 인정의 증거로 삼을 수 없으나, 한편 연행 당시 피고인이 마약을 투약한 것이거나 자살할지도 모른다는 취지의 구체적 제보가 있었던 데다가, 피고인이 경찰관 앞에서 바지와 팬티를 내리는 등 비상식적인 행동을 하였던 사정 등에 비추어 피고인에 대한 긴급한 구호의 필요성이 전혀 없었다고 볼 수 없는 점, 경찰관들은 임의동행시점으로부터 얼마 지나지 아니하여 체포의 이유와 변호인 선임권 등을 고지하면서 피고인에 대한 긴급체포의 절차를 밟는 등 절차의 잘못을 시정하려고 한 바 있어, 경찰관들의 위와 같은 임의동행조치는 단지 수사의 순서를 잘못 선택한 것이라고 할 수 있지만 관련 법규정으로부터의 실질적 일탈 정도가 헌법에 규정된 영장주의 원칙을 현저히 침해할 정도에 이르렀다고 보기 어려운 점 등에 비추어 볼 때, 위와 같은 2차적 증거 수집이 위법한 체포·구금절차에 의하여 형성된 상태를 직접 이용하여 행하여진 것으로는 쉽사리 평가할 수 없으므로, 이와 같은 사정은 체포과정에서의 절차적 위법과 2차적 증거 수집 사이의 인과관계를 희석하게 할 만한 정황에 속하고, 메스암페타민 투약 범행의 중대성도 아울러 참작될 필요가 있는 점 등 제반 사정을 고려할 때 2차적 증거인 소변 감정서 등은 증거능력은 인정된다.

> **보충** 강제연행 1차 채뇨는 위법하나, 압수영장에 기한 2차 채뇨에 대한 증거능력은 인정한 사례이다.

4. 대법원 2013.3.28, 2012도13607

수사기관이 법관의 영장에 의하지 아니하고 매출전표의 거래명의자에 관한 정보를 획득한 경우, 이에 근거하여 수집한 피의자의 자백이나 범죄 피해에 대한 제3자의 진술 등 2차적 증거의 증거능력

수사기관이 영장에 의하지 아니하고 매출전표의 거래명의자에 관한 정보를 획득하였다면(금융실명법 제4조 제1항 위반), 그와 같이 수집된 증거는 원칙적으로 형사소송법 제308조의2에서 정하는 '적법한 절차에 따르지 아니하고 수집한 증거'에 해당하여 유죄의 증거로 삼을 수 없다. … 그런데 수사기관이 법관의 영장에 의하지 아니하고 매출전표의 거래명의자에 관한 정보를 획득한 경우(1차증거-위법), 이에 터잡아 수집한 2차적 증거들, 예컨대 피의자의 자백이나 범죄 피해에 대한 제3자의 진술 등이 유죄 인정의 증거로 사용될 수 있는지를 판단할 때, 수사기관이 의도적으로 영장주의의 정신을 회피하는 방법으로 증거를 확보한 것이 아니라고 볼 만한 사정, 위와 같은 정보에 기초하여 범인으로 특정되어 체포되었던 피의자가 석방된 후 상당한 시간이 경과하였음에도 다시 동일한 내용의 자백을 하였다거나 그 범행의 피해품을 수사기관에 임의로 제출하였다는 사정, 2차적 증거 수집이 체포 상태에서 이루어진 자백 등으로부터 독립된 제3자의 진술에 의하여 이루어진 사정 등은 통상 2차적 증거의 증거능력을 인정할 만한 정황에 속한다고 볼 수 있다(2차증거-독수과실예외).

> **보충** 위법수사 후 석방 후 자발적인 자백은 2차적 증거의 증거능력이 인정되는 예외적인 경우이다.

5. 대법원 2016.3.10, 2013도11233 [경찰승진 22, 국가7급 17]

영장 무관 별개 증거 압수 후 별개의 증거를 환부하고 후에 임의제출받아 다시 압수한 경우, 제출의 임의성의 증명책임 소재(= 검사)와 임의로 제출된 것이라고 볼 수 없는 경우 증거능력을 인정할 수 있는지 여부(소극)

① 검사 또는 사법경찰관은 범죄수사에 필요한 때에는 피의자가 죄를 범하였다고 의심할 만한 정황이 있는 경우에 판사로부터 발부받은 영장에 의하여 압수·수색을 할 수 있으나, 압수·수색은 영장 발부의 사유로 된 범죄 혐의사실과 관련된 증거에 한하여 할 수 있으므로, 영장 발부의 사유로 된 범죄 혐의사실과 무관한 별개의 증거를 압수하였을 경우 이는 원칙적으로 유죄 인정의 증거로 사용할 수 없다(1차증거-위법). 다만, ② 수사기관이 별개의 증거를 피압수자 등에게 환부하고 후에 임의제출받아 다시 압수하였다면 증거를 압수한 최초의 절차 위반행위와 최종적인 증거수집 사이의 인과관계가 단절되었다고 평가할 수 있으나(2차증거-독수과실예외), ③ 환부 후 다시 제출하는 과정에서 수사기관의 우월적 지위에 의하여 임의제출 명목으로 실질적으로 강제적인 압수가 행하여질 수 있으므로, 제출에 임의성이 있다는 점에 관하여는 검사가 합리적 의심을 배제

> 할 수 있을 정도로 증명하여야 하고(임의제출의 임의성은 검사의 거증책임), 임의로 제출된 것이라고 볼 수 없는 경우에는 증거
> 능력을 인정할 수 없다.

② **불가피한 발견이론** : 위법수사에 의한 1차적 증거가 없었더라도 다른 합법적 수단을 통해 2차적 증거를 불가피하게 발견(inevitable discovery)할 수 있음이 증명된 경우에는 2차적 증거의 증거능력이 인정된다는 이론이다(불가피한 발견의 예외이론).

> 📖 경찰관이 피의자의 권리를 침해하는 위법한 신문을 하여 시체의 소재를 알게 되었으나 다른 방법에 의해서도 시체를 틀림없이 발견했을 것임이 증명된 경우[1] 등.

③ **독립된 증거원이론** : 위법수사가 현실적으로 행하여지던 중 2차적 증거를 발견하긴 하였지만 위법수사와는 독립하여 수집될 수 있었던 증거(independent untainted source)임이 증명된 경우 2차적 증거의 증거능력이 인정된다는 이론이다(독립된 증거원의 예외이론).

> 📖 위법한 수색에 의하여 피고인의 집에서 유괴된 소녀를 발견한 경우 그 소녀의 진술[2] 등.

④ **선의이론** : 수사기관이 압수·수색영장의 적법성·유효성을 신뢰하여 수색을 하다가 2차적 증거를 발견하였는데 그 후 당해 영장이 부적법·무효임이 밝혀진 경우에는 수사기관의 선의(good faith)를 근거로 2차적 증거의 증거능력이 인정된다는 이론이다(선의의 예외이론).[3]

Ⅱ 위법수집증거와 증거동의 및 탄핵증거

1. 위법수집증거와 증거동의

위법하게 수집된 증거에 대해서 당사자의 동의에 의하여 그 증거능력이 인정될 수 있는가에 대해서는 견해의 대립이 있으나,[4] **반대신문권의 포기가 문제되지 않는 위법수집증거에 대해서는 증거동의가 인정될 수 없다**고 해야 한다(**부정설**, 통설). 따라서 위법수집증거에 해당하면 당사자의 동의가 있어도 증거로 사용할 수 없다. [법원9급 15, 경찰채용 12 2차] **판례**도 적법한 절차에 따르지 아니하고 수집한 증거로서 증거능력이 없는 경우에는 피고인이나 변호인이 이를 증거로 함에 동의하였다고 하더라도 달리 볼 것은 아니라고 판시하여(대법원 2009.12.24, 2009도11401 – 체포현장 긴급압수 후 사후영장을 받지 않은 위법수집증거는 증거동의 대상 × –; 2010.1.18, 2009도10092 – 소유자 등 아닌 자로부터 제출받은 쇠파이프는 임의제출물 아닌 위법수집증거이어서 증거동의 대상 ×) **부정설을 원칙**으로 하고 있다.

> 📋정리 다만, 위법수집증거배제법칙 명문화 이전 판례는, 피고인·변호인의 참여권을 배제한 증거보전절차상 증인신문조서(대법원 1988.11.8, 86도1646) [경찰채용 12 3차] 및 검사의 공소제기 후 수사과정에서 작성한 증인의 공판정 증언을 번복시키는 내용의 참고인진술조서(대법원 2000.6.15, 99도1108 전원합의체) [법원9급 14/15, 경찰채용 14 2차]에 대해서는 증거동의의 대상이라고 판시하였음은 이미 기술하였다.

2. 위법수집증거와 탄핵증거

증거능력이 부정되는 위법수집증거를 증거의 증명력을 다투기 위한 탄핵증거로 사용할 수 있는가의 문제이다. 위법수집증거를 탄핵증거로 사용하는 것을 허용할 경우에는 위법수집증거가 법관의 면전에 제출되어 실체형성에 영향을 준다는 점에서, 위법수집증거는 **탄핵증거로도 사용할 수 없다**고 해야 한다(통설). [국가9급 10]

---

1) Nix v. Williams, 467 U.S. 431 (1984).

2) State v. O'Bremski, 423 P.2d. 530 (1967).

3) Massachusetts v. Sheppard, 468 U.S. 981 (1984). 또한 선의이론은 수사기관이 법률을 신뢰하여 당해 법률에 의하여 증거물을 압수하였으나 당해 법률이 위헌선언된 경우까지 확장되었다. Illinois v. Krull, 480 U.S. 340 (1987).

4) [참고] ① 증거동의의 본질을 당사자의 처분권 행사로 보아 위법수집증거도 증거동의의 대상이 될 수 있다는 긍정설(신양균, 심/양 등)과 ② 증거동의의 본질은 반대신문권의 포기에 있으므로 반대신문권 포기와 무관한 위법수집증거는 증거동의의 대상이 될 수 없다는 부정설(통설), ③ 위법의 종류 내지 정도에 따라 증거동의의 대상이 될 수 있다는 절충설(노/이 등)이 대립한다. 본서는 부정설을 따른다.

01 전문증거와 전문법칙

Ⅰ 전문증거

1. 의 의

(1) **개념** : 사실인정의 기초가 되는 경험사실을 경험자 자신이 직접 구두로 법원에 보고하지 아니하고 서면 또는 타인의 진술의 형식으로 간접적으로 법원에 전달되는 증거를 전문증거(傳聞證據, hearsay evidence)라고 한다.

(2) **구별개념** : 전문증거는 사실을 체험한 자가 중간 매개체를 거치지 않고 직접 법원에 진술하는 원본증거와 구별된다. 피고인의 공판정에서의 자백 [법원행시 02, 국가9급 08]이나 현행범을 체포한 경찰관이 범행을 목격한 부분에 관한 진술(95도535) [경찰승진 10/15, 경찰채용 20 2차]은 전문증거가 아니라 원본증거에 해당한다.

> [정리] 甲을 현행범으로 체포한 경찰관이 법정에서 증인으로 출석하여 甲의 범행을 목격한 부분에 관하여 진술하자, 甲이 경찰관의 목격진술의 내용을 부인하여도 증거능력이 인정된다. [교정9급특채 12]

2. 유 형

(1) **전문진술** : 사실을 직접 경험한 자의 원진술을 청취한 제3자가 그 원진술의 내용을 법원에 대하여 구두로 진술하는 경우이다. 전문증언이라고도 한다.

(2) **전문서류**

① **진술서** : 사실을 직접 경험한 자 자신이 경험한 내용을 서면에 기재한 후 그 서면을 법원에 제출하는 경우의 서면을 말한다. **예** 자술서, 진술서, 감정서, 진단서

② **진술녹취서** : 사실을 직접 경험한 자의 원진술을 청취한 제3자가 그 원진술의 내용을 서면에 기재한 후 그 서면을 법원에 제출하는 경우의 서면을 말한다. **예** 수사기관 작성의 피의자신문조서·참고인진술조서

Ⅱ 전문법칙

1. 의 의

(1) **개념** : 전문법칙(傳聞法則, hearsay rule)이란 전문증거는 증거가 아니라는 점에서(Hearsay is no evidence), 전문증거의 증거능력을 부정하는 증거법칙을 말한다. 전문법칙에 의하여, 증거능력이 부정되는 전문증거는 사실인정의 자료로 사용할 수 없을 뿐만 아니라 그에 대한 증거조사 자체도 허용되지 아니한다.[1]

(2) **현행법의 태도** : 법 제310조의2는 "제311조 내지 제316조에 규정한 것 이외에는 공판준비 또는 공판기일에서의 진술(원본증거)에 대신하여 진술을 기재한 서류(전문서류 : 진술서·조서)나 공판준비 또는 공판기일 외에서의 타인의 진술을 내용으로 하는 진술(전문진술)은 이를 증거로 할 수 없다."라고 규정하여 전문증거의 증거능력을 원칙적으로 부정하고 있다.

2. 이론적 근거

(1) **반대신문의 결여** : 진술증거에는 기억과 표현의 과정에서 오류가 개입될 위험이 있으며 이를 미연에 방지할 가장 효과적인 방법이 당사자의 반대신문이고, 이러한 의미에서 진술증거에 의해 불이익을 받게 될 당사자가 **반대신문을 통하여 그 오류를 바로잡을 권리**를 가지게 되는바, 이를 **반대신문권**이라 한다. 따라서 원진술에

---

1) [참고] 전문법칙은 영미 증거법에서 유래하는 원칙으로서, 영미의 전문법칙은 1675년부터 1690년 사이에 형성되어, 18세기와 19세기에 걸쳐 확립된 법칙이다. 이/조 594면.

대하여 반대신문의 기회가 보장되지 않은 증거는 증거능력이 부정된다. 영미법상 전문법칙의 이론적 근거인 **반대신문의 결여**(lack of cross examination)(반대신문권의 보장)야말로 전문법칙의 가장 중요한 근거이다.

(2) 신용성의 결여 : 전문증거는 선서의 결여(lack of an oath)와 전달과정의 와전가능성으로 인하여 원본증거에 비해 **신용성의 결여**(lack of trustworthiness)가 있을 수 있다.

(3) 직접주의와의 관계 : 법원은 공판기일에 공판정에서 직접 심리·조사한 증거만을 재판의 기초로 삼을 수 있으므로 전문증거는 증거능력이 부정되어(실질적 직접주의 내지 직접증거주의), 직접주의를 전문법칙의 이론적 근거로 제시하는 학설도 있다. 다만, 직접주의와 전문법칙은 그 연혁과 원리를 달리한다는 점에서 서로 구별되는 개념이고, 그 적용에 있어서도 상이한 점이 많다는 점에서 직접주의를 전문법칙의 이론적 근거로 삼을 수는 없다고 생각된다.

(4) 학설의 대립 및 소결 : 전문법칙의 근거를 무엇으로 볼 것인가에 대해서는 견해의 대립이 있으나,[1] 전문법칙은 반대신문의 결여를 그 주된 근거로 하면서 부수적으로 전문증거에는 신용성이 결여되었다는 점에서 그 증거능력이 배제된다고 본다(**반대신문결여·신용성결여 결합설**). 반대신문의 결여와 신용성의 결여에서 전문법칙의 근거를 찾는 것이 타당하다고 생각된다.[2]

3. 적용범위

전문법칙의 적용을 받는 전문증거는 ① 진술의 의미내용이 증거가 되는 증거(진술증거)로서, ② 원진술의 내용인 사실이 요증사실이 되는(요증사실관련성) 공판준비 또는 공판기일 외에서의 타인의 진술을 내용으로 하는 서류 또는 진술에 한한다.

(1) 진술증거

① 원진술의 형태 : 전문증거는 요증사실을 직접 체험한 자의 언어적 표현에 의한 진술을 내용으로 하는 **진술증거를 말하고, 전문법칙은 진술증거에 대해서만 적용된다.** 반대신문은 진술에 대해서만 가능하기 때문이다. 따라서 **비진술증거(에** 흉기, 지문, 위조문서)는 전문증거가 아니므로 전문법칙이 적용되지 않는다.

② 언어적 행동(어떤 행위를 설명하기 위한 말) : 원진술자의 행동의 의미를 설명하기 위하여 원진술자의 말을 옮기는 경우이다. 원진술자의 진술을 진술증거로 사용하는 것이 아니므로 전문증거가 아니고, 따라서 전문법칙이 적용되지 않는다.

---

1) [참고 – 전문법칙의 이론적 근거에 관한 학설] 제310조의2의 전문법칙의 근거에 대해서는, ① 반대신문권의 보장에 있다는 입장(강구진, 서일교, 신현주, 정/이), ② 신용성의 결여에 있다는 입장(신양균, 주광일), 그리고 ③ 반대신문권의 보장에는 주된 근거가, 신용성의 결여(선서의 결여와 부정확한 전달의 위험도 포함됨)에는 부수적 근거가 있다는 입장(반대신문결여·신용성결여 결합설 : 이재상, 임동규, 차/최 등), ④ 반대신문의 결여와 직접주의의 요청에 근거가 있다는 입장(반대신문결여·직접주의 결합설 : 배/이/정/이, 손/신, 신동운 등)이 제시되고 있다. 이 중 제1설·제2설·제3설은 영미법상 전문법칙의 근거를 인정하는 입장인 반면, 제4설은 영미법의 반대신문권 보장과 대륙법상 직접주의를 결합한 입장으로 볼 수 있다. 제4설은 전문법칙의 근거를 신용성의 결여에서 찾는 것은 전문법칙의 예외규정과 조화될 수 없다고 주장하나, 제3설에서는 직접주의와 전문법칙은 서로 다른 개념이며 현행법의 전문법칙의 예외규정들은 신용성의 정황적 보장과 필요성에 그 근거를 찾을 수 있다고 주장한다. 본서는 제3설을 따르고 있다.

2) [보충] 전문증거의 증거능력을 부정하는 것이 전문법칙인바, 본서는 전문법칙의 이론적 근거를 반대신문의 결여(따질 수 없다)와 신용성의 결여(믿을 수 없다)에서 찾고 있다. 한편 전문증거가 전문법칙의 예외요건을 갖추지 못한 경우에도 후술하는 증거동의(제318조)가 있으면 그 증거능력이 인정되는바, 증거동의는 반대신문권의 포기(따질 수 없음을 포기함)를 그 본질로 한다. 다만, 증거동의를 하였다 하더라도 법원이 진정성을 인정한 때에 한하여 당해 전문증거의 증거능력이 부여되는바(동조 제1항), 이는 반대신문권은 포기하더라도 신용성을 의심스럽게 하는 유형적 상황은 없어야 함을 의미한다. 즉, 법 제318조의 증거동의제도도 반대신문결여·신용성결여결합설을 일관하여, 당사자의 증거동의를 통해서 반대신문권이 포기되고 법원의 진정성 인정을 통해서 신용성이 회복되어야 증거능력이 있다는 의미로 새길 수 있다.

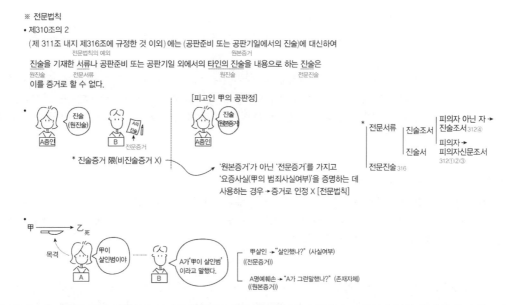

• 제310조의 2
  (제 311조 내지 제316조에 규정한 것 이외)에는 (공판준비 또는 공판기일에서의 진술)에 대신하여
  진술을 기재한 서류나 공판준비 또는 공판기일 외에서의 타인의 진술을 내용으로 하는 진술은
  이를 증거로 할 수 없다.

◉ 甲이 乙을 껴안은 것이 폭행인지 아니면 우정의 표현인지를 설명하기 위하여 그 당시에 甲이 한 말을 증언하는 경우 [경찰간부 13] : 예컨대 "가만 안 두겠어."라고 말을 하면서 껴안은 행위를 증언할 때, 위 말은 전문증거가 아니라 폭행이라는 행동의 의미를 설명하기 위한 간접증거인 비진술증거에 불과함.

(2) 요증사실과의 관련성

① **판단의 상대성** : 어떤 증거가 전문증거인가 또는 원본증거인가는 **요증사실과의 관계**에 따라 정하여진다. 즉, ㉠ 원진술자의 **진술내용의 사실 여부가 요증사실인 경우에만** 전문증거가 되고, ㉡ **원진술의 존재 자체가 요증사실인 경우에는 전문증거가 아니므로 전문법칙이 적용되지 않는다**(대법원 2008.9.25, 2008도5347; 2008.11.13, 2008도8007; 2014.2.27, 2013도12155)(기술한 증거의 종류 참조). [경찰간부 14/16]

⚖ 판례연구 전문증거인가 원본증거인가의 구별

1. 대법원 2012.7.26, 2012도2937 [경찰채용 21 1차/22 1차, 경찰간부 16, 변호사 21]

타인의 진술을 내용으로 하는 진술이 본래증거 또는 전문증거인지 판단하는 기준

타인의 진술을 내용으로 하는 진술이 전문증거인지 여부는 요증사실과의 관계에서 정하여지는바, 원진술의 내용인 사실이 요증사실인 경우에는 전문증거이나, 원진술의 존재 자체가 요증사실인 경우에는 본래증거이지 전문증거가 아니다. A 등은 제1심 법정에서 '피고인 甲이 88체육관 부지를 공시지가로 매입하게 해 주고 KBS와의 시설이주 협의도 2개월 내로 완료하겠다고 말하였다'고 진술하였는데, 피고인 甲의 위와 같은 원진술의 존재 자체가 이 부분 각 사기죄 또는 변호사법 위반죄에 있어서의 요증사실이므로, 이를 직접 경험한 A 등이 피고인으로부터 위와 같은 말을 들었다고 하는 진술은 전문증거가 아니라 본래증거에 해당한다.

2. 대법원 2019.8.29, 2018도13792 전원합의체; 2021.2.25, 2020도17109

"피해자로부터 '피고인이 추행했다'는 취지의 말을 들었다."는 증인의 법정진술에 대한 전문법칙의 적용 여부

(증인 양○○는 제1심 법정에서 "피해자 乙로부터 '피고인 甲이 나를 추행했다'는 취지의 말을 들었다."고 진술한 경우, 양○○의 위 진술이 피해자 乙의 진술에 부합한다고 보아 양○○의 위 진술을 피해자의 진술 내용의 진실성을 증명하는 '간접사실'로 사용하는 경우, 위 위 양○○의 진술은 전문증거에 해당한다는 사건) 다른 사람의 진술을 내용으로 하는 진술이 전문증거인지는 요증사실이 무엇인지에 따라 정해진다. 다른 사람의 진술, 즉 원진술의 내용인 사실이 요증사실인 경우에는 전문증거이지만, 원진술의 존재 자체가 요증사실인 경우에는 본래증거이지 전문증거가 아니다. 어떤 진술 내용의 진실성이 범죄사실에 대한 직접증거로 사용될 때는 전문증거가 되지만, 그와 같은 진술을 하였다는 것 자체 또는 진술의 진실성과 관계없는 간접사실에 대한 정황증거로 사용될 때는 반드시 전문증거가 되는 것이 아니다. 그러나 어떠한 내용의 진술을 하였다는 사실 자체에 대한 정황증거로 사용될 것이라는 이유로 진술의 증거능력을 인정한 다음 '그 사실을 다시 진술 내용이나 그 진실성을 증명하는 간접사실로 사용하는 경우'에 그 진술은 전문증거에 해당한다(법 제316조 제2항의 요건을 갖추지 못하므로 증거능력이 없음).

---

② **정황증거** : 전문진술이 **원진술자의 심리적·정신적 상황을 증명하기 위한 정황증거**로 사용되는 경우에는

전문증거가 아니므로 전문법칙이 적용되지 않는다.

> **예** 살인 피의자 乙이 범행 직후 "나는 신이다." "나는 악을 징벌하는 슈퍼맨이다. [경찰간부 13]"라고 말하는 것을 들은 甲이 이를 증언 : 피고인의 심신장애를 증명하는 정황증거일 뿐 전문증거가 아님.

> **정리** 어떠한 진술이 직접증거로 사용됨에 있어서는 전문증거가 된다고 하더라도, 그와 같은 진술을 하였다는 것 자체가 요 증사실인 경우 또는 그 진술의 진실성과 관계없는 간접사실에 대한 정황증거(그 행위를 했는지 안 했는지 밝혀주는 간접사실)로 사용됨에 있어서는 반드시 전문증거가 되는 것은 아니다(대법원 2000.2.25, 99도1252). [법원9급 14/16, 국가7급 15, 국가9급 16, 경찰간부 14/16, 경찰채용 14 1차]

대법원 2014.12.24, 2014도10199

제3자의 진술을 담고 있는 서류 등의 증거가 제3자의 진술 내용의 진실성이 범죄사실에 대한 직접증거로 사용될 때는 전문증거가 된다고 하더라도, 그와 같은 진술을 하였다는 것 자체로 사용되거나 그 진술의 진실성과 관계없는 간접사실에 대한 정황증거로 사용될 때에는 반드시 전문증거가 되는 것은 아니다.

---

③ 탄핵증거 : 증인의 신용성을 탄핵하기 위하여 증인의 공판정에서의 진술과 모순되는 공판정 외의 진술(공판정 외의 자기모순진술)을 사용하는 것은, 원진술의 내용이 된 사실의 존부를 증명하기 위한 것이 아니라 증인진술의 증명력을 다투기 위한 증거이므로 전문법칙이 적용되지 않는다(∴ 전문증거 : 탄핵증거 ○).

④ 증거동의 : 전문법칙의 예외라는 것이 종래 판례이나, 입증절차에서 당사자주의의 이념이 구현된 것에 불과하므로 전문법칙이 배제되는 경우이다(통설)(후술).

4. 배제되는 절차

전문법칙은 서면심리에 의하는 **즉결심판절차, 약식절차** [법원행시 02, 국가9급 08] 및 증거동의가 의제되는 **간이공판절차에는 적용되지 아니한다.**

III 전문법칙의 예외이론

1. 의 의

전문법칙이 적용되어 원칙적으로 증거능력이 없는 전문증거가 예외적으로 증거능력이 인정되는 경우를 전문법칙의 예외라 한다.

2. 예외 인정의 필요성

(1) 실체적 진실의 발견 : 전문법칙을 지나치게 고수하면 재판에 필요한 증거를 잃게 되므로 실체진실발견이 어렵게 된다.

(2) 소송경제의 도모 : 전문법칙을 예외 없이 지키게 되면 재판의 지연을 낳게 된다.

3. 예외 인정의 기준

(1) 신용성의 정황적 보장(circumstantial guarantee of trustworthiness) : 공판정 외에서의 원진술의 진실성이 여러 정황에 의하여 고도로 보장되어 있는 경우를 말한다. 현행법의 조문에서는 보통 원진술이 특히 신빙할 수 있는 상태하에서 행하여졌음(특신상태)이라는 문언으로 표현되고 있다. 다만, 신용성의 정황적 보장이라 함은 진술내용의 진실성을 의미하는 것이 아니라, 그 **진술의 진실성을 보장할 만한 구체적이고 외부적인 정황**이 있음을 의미한다(통설 · 판례, 대법원 2000.3.10, 2000도159).

🔨 판례연구 전문법칙의 예외 인정의 기준

대법원 1983.3.8, 82도3248

이른바 신용성의 정황적 보장의 존재 및 강약에 대한 판단기준

이른바 신용성의 정황적 보장이란 사실의 승인 즉 자기에게 불이익한 사실의 승인이나 자백은 재현을 기대하기 어렵고 진실성

이 강하다는 데 근거를 둔 것으로서 … "부지 불각 중에 한 말" "사람이 죽음에 임해서 하는 말" "어떠한 자극에 의해서 반사적으로 한 말" "경험상 앞뒤가 맞고 이론정연한 말" 또는 "범행에 접착하여 범증은폐를 할 시간적 여유가 없을 때 한 말" "범행 직후 자기의 소행에 충격을 받고 깊이 뉘우치는 상태에서 한 말"등이 특히 신용성의 정황적 보장이 강하다고 설명되는 경우이다. … 이러한 신용성의 정황적 보장의 존재 및 그 강약에 관하여서는 구체적 사안에 따라 이를 가릴 수밖에 없는 것이다.

(2) **필요성** : **원진술과 같은 가치의 증거를 얻는 것이 불가능하거나 현저히 곤란**하기 때문에 전문증거라도 사용하여 실체진실을 규명할 필요성이 있는 경우를 말한다.

[예] 원진술자의 사망·질병·외국거주·소재불명 등.

[보충] 신용성의 정황적 보장과 필요성은 상호 보완관계 내지 반비례의 관계에 있다. 다만, 필요성이 높다고 하여 전문증거의 증거능력을 인정하는 것에는 신중을 기해야 한다.

[정리] 전문법칙, 증거동의, 전문법칙의 예외

전문법칙 = 반대신문권의 결여 + 신용성의 결여 = ∴ 전문증거 ×   (따져 물을 수 없음) (믿어줄 수 없음) (전문증거의 증거능력 부정)
증거동의 = 반대신문권의 포기 + 법원의 진정성 인정 = 전문증거 ○   (당사자주의) (신용성 의심 정황 ×)
전문법칙의 예외 : 신용성의 정황적 보장 or 필요성

4. 현행법상 전문법칙의 예외(제311조~제316조)

전문서류에 대해서는 제311조부터 제315조까지에서, 전문진술에 대해서는 제316조에서 전문법칙의 예외규정을 두고 있다. 간단히 요약·정리해보면 아래의 도표와 같다.

[정리] 전문법칙의 예외 조문 총정리

법조문		제목(주제)	예외요건	적용대상 및 관련내용		
제311조		법원·법관 면전조서	절대적 증거능력 ○	공판준비/공판기일/검증조서/증거보전/증인신문		
제312조 20년 개정	①	검사 작성 피의자신문조서	적법성/내용인정	당해 피고인 공범자 ○	검사임석 × → 증거능력 × 간인 × → 증거능력 ×	
	③	사경 작성 피의자신문조서	적/내용인정		외국수사기관○	
	④	검사/사경 작성 진술조서	적/실/반대신문권/특	공범자 × 공범자 아닌 자 ○	화상서명불능 → × 검사작성 – 공피성립인정 → ○	
	⑤	수사과정 작성 사인진술서	검사수사과정 → 312 ① 사경수사과정 → 312 ③ 수사과정 참고인 진술서 → 312 ④	일기, 메모도 포함 디스켓 내용 포함		
	⑥	수사기관 작성 검증조서	적/성립진정	(영장주의)실황조사서	범죄장소검증(지체 없이 영장)	
제313조 16년 개정	①	피고인진술서	자필서명날인/성립진정 /(판례는)특신상태	정보저장매체(디지털증거) 포함(제313조 이하 동일) 진술 – 성립진정부인시 → 디지털포렌식 객관적 증명 ○		
		피고인 아닌 자 진술서	자/성/반대신문기회보장	성립진정부인시 → 객관적 증명 ○/반대신문보장 신설		
	②	피고인진술기재서류	자/성/특신상태	피고인진술에 불구하고 – 완화요건(성립진정부인) 성립진정 : 작성자(피고인 ×) 진술에 의함/객관 ×		
		피고인 아닌 자 진술기재 서류	자/성	성립진정 : 진술자 진술에 의함/객관 ×		
	③	감정서	자/성/반	감정인의 감정보고서/감정수탁자의 감정서 피고인 아닌 자 진술서에 준함		
제314조		제312조·제313조 증거 중 반대신문 결여된 증거	필요성 – 사망/질병/외국 거주/소재불명/그 밖 특 신상태	공범자 피신조서 × 외국수사기관 문서 ○	○ 치매 보복 재현 ×	× 출산 증언거부권 진술거부권
제315조		당연 증거능력 있는 서류	1. 공권적 증명문서	공정증서등본/외국공무원/가족관계기록사항증명서		
			2. 업무상 통상문서	성매매업소메모리카드/항해일지/금전출납부(댓글파일 ×)		
			3. 기타 특신문서	타사건공판조서/구속전피의자심문조서/구속적부심문조서		

PART 04 형법

제316조	①	피고인진술내용 피고인 아닌 자 전문진술	특신상태	피고인-당해 피고인만∴공범자 & 공동피고인 × 조사자증언 포함
	②	피고인 아닌 자 진술내용 피고인 아닌 자 전문진술	필요성-사/질/외/소/그 특신상태	피고인 아닌 자-공범자 & 공동피고인 ○/조사자증언 포함 ※ 재전문서류 ○/재전문진술 ×(단. 동의-○)

[관련문제] 사진/녹음테이프/영상녹화물/정보저장매체 : 존재/상태-원본동일성(최량증거법칙) + 내용진실성-전문법칙

02 형사소송법상 전문법칙의 예외

Ⅰ 법원 또는 법관의 면전조서

> **제311조(법원 또는 법관의 조서)** 공판준비 또는 공판기일에 피고인이나 피고인 아닌 자의 진술을 기재한 조서와 법원 또는 법관의 검증의 결과를 기재한 조서는 증거로 할 수 있다. 제184조 및 제221조의2의 규정에 의하여 작성한 조서도 또한 같다.

1. 의 의

법원이나 법관(수명법관·수탁판사 등)이 진술을 청취하고 그 결과가 조서로 작성되었다면 성립의 진정과 신용성의 정황적 보장이 고도로 인정되므로 전문법칙의 예외로서 당연히 증거능력이 인정된다. 이때 조서는 **당해 사건에 대한 조서**를 의미하므로, 다른 사건에 대한 조서는 제315조 제3호의 문서(특신문서)로서 증거능력이 인정된다(다수설[1]·판례).

2. 공판준비 또는 공판기일에 피고인의 진술을 기재한 조서

(1) **공판준비에서 피고인의 진술을 기재한 조서** : 공판준비절차에서 피고인신문이 행해진 결과 작성된 조서(제273조 제1항)와 공판기일 전의 법원의 검증조서 가운데 피고인의 진술이 기재된 부분을 말한다.

(2) **공판기일에 피고인의 진술을 기재한 조서** : 공판조서가 증거로 되는 경우이다.
   예 공판절차갱신 전의 공판조서, 파기환송 또는 이송 전의 공판조서

3. 공판준비 또는 공판기일에 피고인 아닌 자의 진술을 기재한 조서

(1) **공판준비에서 피고인 아닌 자의 진술을 기재한 조서** : 공판준비절차에서 증인·감정인·통역인·번역인 등을 신문한 결과 작성된 조서를 말한다.

(2) **공판기일에 피고인 아닌 자의 진술을 기재한 조서** : 피고인을 제외한 제3자(예 증인, 감정인, 공범자, 공동피고인)의 진술이 기재된 공판조서를 의미한다.
   예 공판절차갱신 전의 공판조서, 파기환송 또는 이송 전의 공판조서 등.

(3) **공동피고인의 진술을 기재한 조서**
   ① 공동피고인이 공범자인 경우 : **피고인의 동의가 없어도 증거능력이 있다**(66도316).
   ② 공동피고인이 공범자가 아닌 경우 : 피고인에 대한 사건과 다른 공소사실로 기소되어 병합심리된 공동피고인은 피고인의 사건에 관하여는 증인의 지위에 있으므로 선서가 없는 한 증거능력이 없다.

4. 검증조서

검증은 공평한 제3자인 법원·법관이 직접 행하는 증거조사이며, 검증시 당사자의 참여권이 인정되어 그 기재의 정확성이 담보되므로, 수소법원 이외의 법관이 검증을 행하고 이를 기재한 검증조서는 법원·법관 작성의 검증조서로서 당연히 증거능력이 있다. 역시 **당해 사건의 검증조서로 제한**된다.[2]

---

1) [참고] 제311조의 적용대상이 된다는 견해는 정/백, 정/이, 이/조.

2) [참고] 검증조서에 기재된 검증참여자의 진술을 어떻게 볼 것인가에 대해서는 견해가 대립하나, 현장지시(법관이 행하는 검증의 대상을 지시하는 진술)는 검증조서와 일체를 이루므로 제311조에 따라 증거능력이 인정되나, 현장진술(검증의 기회에 법관 면전에서 진행되는 현장지시 이외의 진

5. 제184조 및 제221조의2의 규정에 의하여 작성한 조서

증거보전절차(제184조)에 의하여 작성된 조서 및 제1회 공판기일 전에 검사의 신청에 의하여 행한 증인신문절차(제221조의2)에 의하여 작성된 조서는 당연히 증거능력이 있다. 다만, **증거보전절차에서 작성한 증인신문조서에 피의자의 진술이 기재되어 있는 경우**는 제311조에 의해 증거능력을 인정할 수 없다(대법원 1984.5.15, 84도508).

🔎 **판례연구** 수사상 증거보전절차에서 작성한 증인신문조서의 의미

1. 대법원 1966.5.17, 66도276
피고인이 수사단계에서 다른 공동피고인에 대한 증거보전을 위하여 증인으로서 증언한 증인신문조서는 그 다른 공동피고인에 대하여 증거능력이 있다.

2. 대법원 1984.5.15, 84도508 [법원9급 12]
증거보전절차에서 작성된 증인신문조서는 공판준비 또는 공판기일에 피고인이나 피고인 아닌 자의 진술을 기재한 조서도 아니고 위 조서 중 피의자가 당사자로 참여하여 자기의 범행사실을 시인하는 전제하에서 증인에 대한 반대신문 과정에서 한 진술기재에 관한 한 법 제184조에 의하여 작성된 증인신문조서도 아니므로 위 조서 중 피의자 진술기재 부분에 법 제311조에 의한 증거능력을 인정할 여지가 없다.

Ⅱ 피의자신문조서

1. 의 의

(1) 개념 : 피의자신문조서(被疑者訊問調書)란 수사기관인 검사 또는 사법경찰관이 피의자를 신문하여 그 진술을 기재한 조서를 말한다. **피의자의 진술을 녹취 내지 기재한 서류 또는 문서가 수사기관에서의 조사과정에서 작성된 것**이라면 그것이 진술조서·진술서·자술서(제312조 제5항의 수사과정 진술서는 동 제1항~제4항을 적용)라는 형식을 취하였다 하더라도 모두 피의자신문조서에 해당한다(대법원 1992.4.14, 92도442). [법원9급 11, 국가7급 08]

🔎 **판례연구** 피의자신문조서의 의미

1. 대법원 1992.4.14, 92도442
수사기관에서의 조사과정에서 피의자가 작성한 진술조서나 진술서 등의 증거능력
피의자의 진술을 녹취 내지 기재한 서류 또는 문서가 수사기관에서의 조사과정에서 작성된 것이라면 그것이 진술조서, 진술서, 자술서라는 형식을 취하였다 하더라도 피의자신문조서와 달리 볼 수 없다.

2. 대법원 1992.6.23, 92도682
수사과정에서 검사와 피의자의 대화가 녹화된 비디오테이프
공범으로서 별도로 공소제기된 다른 사건의 피고인에 대한 수사과정에서 담당 검사가 피의자와 그 사건에 관하여 대화하는 내용과 장면을 녹화한 비디오테이프의 녹화내용은 피의자의 진술을 기재한 피의자신문조서와 실질적으로 같다고 볼 것이므로 피의자신문조서에 준하여 그 증거능력을 가려야 한다.

---

(2) 제312조의 법적 성격 : 수사기관이 작성한 피의자신문조서는 법관 면전 작성 조서에 비하여 그 신용성이 낮은 전문증거이므로 제312조의 엄격한 예외요건을 갖춘 경우에만 증거로 할 수 있으며, 전문법칙의 근거는 반대신문의 결여뿐 아니라 신용성의 결여에도 있다는 점에서, 제312조는 신용성의 정황적 보장과 필요성을 갖춘 예외적인 경우 그 조서의 증거능력을 인정하는 전문법칙의 예외규정이다.[1]

술)은 진술조서로 취급하여 동조 제1문에 따라 증거능력이 인정된다고 본다(다수설).

1) [참고] 피의자신문조서의 경우 원진술자는 피고인 자신이고 피고인 자신에 대한 피고인의 반대신문권의 결여란 있을 수 없으므로 제312조는 전문법칙의 예외가 아니라 직접주의의 예외로 보는 입장도 있다. 신동운, 990면 등.

(3) 증거능력 인정의 전제조건

① 진술의 임의성 : 진술의 내용이 자백인 경우에는 제309조(자백배제법칙)에 의하여, 자백 이외의 진술인 경우에는 제317조(진술의 임의성)에 의하여 임의성이 인정되어야 한다. [국가7급 08]

② 위법수집증거가 아닐 것 : 헌법상 적법절차원칙을 지켜 수집한 증거이어야 한다(제308조의2). 따라서 피의자신문절차에 중대한 위법이 있는 경우에는 위법수집증거배제법칙에 의하여 증거능력이 부정된다. 이는 개정법 제312조의 "적법한 절차와 방식에 따른 작성"과는 다른 요건이다.

2. 검사 작성 피의자신문조서

> **제312조(검사 또는 사법경찰관의 조서 등)** ① 검사가 작성한 피의자신문조서는 적법한 절차와 방식에 따라 작성된 것으로서 공판준비, 공판기일에 그 피의자였던 피고인 또는 변호인이 그 내용을 인정할 때에 한정하여 증거로 할 수 있다. ⟨2020.2.4. 개정, 2022.1.1 시행⟩

(1) 의의 및 적용범위

① 의의 : 검사가 작성한 피의자신문조서는 적법한 절차와 방식에 따라 작성된 것으로서 공판준비, 공판기일에 그 피의자였던 피고인 또는 변호인이 그 내용을 인정할 때에 한정하여 증거로 할 수 있다(2020.2.4. 수사권 조정 개정법 제312조 제1항).

② 법 제312조 제1항의 개정과 적용범위

(가) 구법상 판례 : 2020.2.4. 개정(2022.1.1. 시행) 이전 구법 제312조 제1항(검사가 피고인이 된 피의자의 진술을 기재한 조서)은 검사가 피고인이 된 피의자의 진술을 기재한 피의자신문조서에만 적용된다는 것이 판례의 해석론이었다. 여기서 '피고인이 된 피의자'라 함은 당해 피고인만을 말하므로, 당해 피고인이 아닌 자에 대한 검사 작성의 피의자신문조서에 대해서는 공범자이든 아니든 본조가 아니라 제312조 제4항(진술조서)이 적용된다는 구법 제312조 제1항에 관한 판례의 입장이었던 것이다.

(나) 2020.2.4. 법 제312조 제1항의 개정 : **2020.2.4. 형사소송법 제312조 제1항이 개정**되었다. 종래 검사 작성 피의자신문조서의 구법 제312조 제1항의 증거능력 인정요건인 '적법성, 실질적 진정성립, 특신상태'를 2022.1.1. 시행 개정법에서는 '**적법성, 내용의 인정**'으로 변경함으로써 **검사 이외의 수사기관 작성 피의자신문조서에 관한 제312조 제3항과 일치**시킨 것이다. 이에 따라 **구법 제312조 제1항의 실질적 진정성립의 영상녹화물 등 객관적 방법에 의한 대체증명방법을 규정한 같은 조 제2항이 삭제**되었다. 제312조 제2항의 삭제는 2021.1.1.부터 시행되었고, 제312조 제1항의 개정은 2022.1.1.부터 시행되었다.

(다) 개정법 제312조 제1항의 적용범위

㉠ 공범자 아닌 자에 대한 피의자신문조서 : **공범자 아닌 공동피고인에 대한 피의자신문조서**에 대해서는 그것이 **검사 작성이든 사법경찰관 작성이든 법 제312조 제4항**의 진술조서 조항이 적용된다는 것이 판례의 입장이므로(대법원 2006.1.12, 2005도7601), 이는 개정법하에서도 유지된다(사경 작성 공범자 아닌 자에 대한 피신조서에 대해서도 법 제312조 제4항을 적용하고 있으므로 검사 작성 공범자 아닌 자에 대한 피신조서에 대해서도 동일함).

🔎 **판례연구** 공범자 아닌 자에 대한 피의자신문조서의 증거능력 인정요건

대법원 2006.1.12, 2005도7601

수사기관 작성 공범자 아닌 공동피고인에 대한 피의자신문조서에 대하여 법 제312조 제4항을 적용한 사례

공동피고인인 절도범과 그 장물범은 서로 다른 공동피고인의 범죄사실에 관하여는 증인의 지위에 있다 할 것이므로, 피고인이 증거로 함에 동의한 바 없는 공동피고인에 대한 피의자신문조서는 공동피고인의 증언에 의하여 그 성립의 진정(07년 개정법 제312조 제4항에 의하면 원진술자인 공동피고인의 진술에 의한 실질적 진정성립의 인정과 피고인 측에 의한 반대신문의 기회 보장)이 인정되지 아니하는 한 피고인의 공소 범죄사실을 인정하는 증거로 할 수 없다(대법원 1982.6.22, 82도898; 1982.9.14, 82도1000 등). 공동피고인에 대한 경찰 및 검찰 피의자신문조서 중 공동피고인이 그가 절취한 각 수표를 피고인 2를 통하여 교환한

사실이 있다는 진술기재 부분은 원심 공동피고인의 제1심법정에서의 증언에 의하여 실질적 진정성립이 인정되지 아니하여 증거능력이 없다.

ⓛ **공범자에 대한 피의자신문조서** : (공범자에 대한 검사 이외의 수사기관 작성의 피의자신문조서에 대해서는 판례가 일관하여 법 제312조 제3항을 적용하는 데 비하여) 공범자에 대한 검사 작성의 피의자신문조서에 대해서는 2020년 법 제312조 제1항 개정 전 판례는 법 제312조 제4항을 적용해온 바, 2020.2.4. 개정(2022.1.1. 시행) 이후에도 향후 판례가 이를 유지할 것인지 아니면 개정법 제312조 제1항을 적용할 것인지 주목되어 왔고, 학설은 대립하고 있다. 즉, ⓐ 법률이 개정되었으므로 검사 작성의 공범자에 대한 피의자신문조서도 개정법 제312조 제1항을 적용해야 한다는 입장(**법 제312조 제1항 적용설**, 이에 따르면 해당 조서의 진술자인 공범자가 실질적 진정성립을 인정한다고 하여도 당해 피고인이 그 내용을 부인하면 증거능력을 인정받을 수 없게 됨)과 ⓑ 공범자 간의 공모관계는 공범자의 진술에 의하지 않으면 증명이 어렵다는 점을 고려하여 법 제312조 제1항의 개정에도 불구하고 구법의 해석론을 유지하여 법 제312조 제4항을 적용해야 한다는 입장(**법 제312조 제4항 적용설**, 이에 따르면 당해 피고인이 그 내용을 부인한다 하더라도 원진술자인 공범자의 진술에 의하여 실질적 진정성립이 인정되고 피고인 측에 의한 반대신문의 기회가 부여된다면 증거능력을 인정할 수 있게 됨)[1]이 그것이다. 판례는 2023년 6월 대법원판결을 통하여 **법 제312조 제1항 적용설**을 취했다(대법원 2023.6.1, 2023도3741).

★ 판례연구 공범자에 대한 검사 작성 피의자신문조서의 증거능력 인정요건

대법원 2023.6.1, 2023도3741 [변호사 24, 국가9급 24]
형사소송법 제312조 제1항의 '검사 작성 피의자신문조서'의 범위
① 2020.2.4. 법률 제16924호로 개정되어 2022.1.1.부터 시행된 형사소송법 제312조 제1항은 검사가 작성한 피의자신문조서의 증거능력에 대하여 '적법한 절차와 방식에 따라 작성된 것으로서 공판준비, 공판기일에 그 피의자였던 피고인 또는 변호인이 그 내용을 인정할 때에 한정하여 증거로 할 수 있다'고 규정하였다. 여기서 '그 내용을 인정할 때'라 함은 피의자신문조서의 기재 내용이 진술 내용대로 기재되어 있다는 의미가 아니고 그와 같이 진술한 내용이 실제 사실과 부합한다는 것을 의미한다(대법원 2023.4.27, 2023도2102). ② 형사소송법 제312조 제1항에서 정한 '검사가 작성한 피의자신문조서'란 당해 피고인에 대한 피의자신문조서만이 아니라 당해 피고인과 공범관계에 있는 다른 피고인이나 피의자에 대하여 검사가 작성한 피의자신문조서도 포함되고, 여기서 말하는 '공범'에는 형법 총칙의 공범 이외에도 서로 대향된 행위의 존재를 필요로 할 뿐 각자의 구성요건을 실현하고 별도의 형벌 규정에 따라 처벌되는 강학상 필요적 공범 또는 대향범까지 포함한다. 따라서 피고인이 자신과 공범관계에 있는 다른 피고인이나 피의자에 대하여 검사가 작성한 피의자신문조서의 내용을 부인하는 경우에는 형사소송법 제312조 제1항에 따라 유죄의 증거로 쓸 수 없다.

> **보충** 피고인과 변호인이 필로폰 매도 범행과 관련하여 필로폰을 매수한 '김○○에 대한 검찰 피의자신문조서 사본'에 대해 내용 부인 취지에서 증거로 사용함에 동의하지 않는다는 의견을 밝혔음에도, 원심이 이를 유죄인정의 증거로 사용한 것은 형사소송법 제312조 제1항에 관한 법리를 오해한 것이다.

> **연습** 피고인 甲과 그 변호인은 甲의 필로폰 매도 범행과 관련하여 필로폰을 매수한 '김○○에 대한 검사 작성 피의자신문조서'에 대하여 내용 부인 취지에서 증거로 사용함에 동의하지 않는다는 의견을 밝혔지만, 원진술자 김○○가 피고인 甲의 공판절차에 출석하여 위 조서의 실질적 진정성립을 인정하여 피고인 甲과 그 변호인에게 원진술자에 대한 반대신문의 기회가 부여된 이상 위 조서의 증거능력은 부정되지 아니한다. ( )
→ ×

---

(2) 입법취지 : 검사에게 객관의무가 인정된다고 하여 검사에게 피의자의 이익을 충분히 보장할 것을 기대하기는 어렵다는 점에서 검사 작성의 피의자신문조서에 대한 신용성의 보장은 법관의 면전조서에 비하여 약하다고 하지 않을 수 없으므로 법관의 면전조서보다는 엄격한 요건을 요구하는 한편, 검사 작성의 피의자신문조서도 검·경 수사권 조정에 따라 검사 이외의 수사기관 작성의 피의자신문조서와 그 증거

---

1) 이재상/조균석/이창온, 687~688면. 이러한 입장은 나아가 사법경찰관 작성의 공범자에 대한 피의자신문조서에 대해서도 법 제312조 제4항을 적용해야 하므로 법 제312조 제3항을 적용하는 현재의 판례는 변경되어야 한다고 주장한다. 같은 책, 같은 면.

능력 인정요건을 동일하게 적용함으로써 결국 공판중심주의와 피고인의 방어권을 강화하자는 것이다.

(3) 증거능력 인정요건(제312조 제1항) : 적/내

> **검사가 작성한 피의자신문조서는**
> ① 적법성 : 적법한 절차와 방식에 따라 작성된 것으로서, (실질적 진정성립과 특신상태의 증명)
> ② 내용인정 : 공판준비 또는 공판기일에 그 피의자였던 피고인 또는 변호인이 그 내용을 인정할 때에 한하여 → 증거로 할 수 있다.

① 적법한 절차와 방식

(가) 의의 : 검사가 피고인이 된 피의자의 진술을 기재한 조서는 **적법한 절차와 방식에 따라 작성된 것**이어야 한다. 이는 구법상 조서의 형식적 진정성립보다는 넓은 개념으로서,[1] 개정법이 규정하고 있는 피의자신문사항(제242조), 검사에 의한 피의자신문과 참여자(제243조), 변호인의 피의자신문참여권의 보장(제243조의2), 피의자신문조서의 작성방법(제244조), 진술거부권의 고지(제244조의3), 수사과정의 기록(제244조의4), 장애인 등 특별히 보호를 요하는 자에 대한 특칙(제244조의5) 등 **형사소송법이 정한 제반 절차를 준수하고 조서의 작성 방식에도 어긋남이 없어야 한다**는 것을 의미한다 (대법원 2012.5.24, 2011도7757).

> ★ **판례연구** 적법한 절차와 방식에 따라 작성된 것
>
> **1. 대법원 2012.5.24, 2011도7757**
> 적법한 절차와 방식이라 함은 피의자 또는 제3자에 대한 조서 작성 과정에서 지켜야 할 진술거부권의 고지 등 형사소송법이 정한 제반 절차를 준수하고 조서의 작성방식에도 어긋남이 없어야 한다는 것을 의미한다.
>
> **2. 대법원 1988.5.10, 87도2716**
> 2007년 개정법에 의하여 유지될 수 없는 판례(but 수험에서는 판례대로 정리)
> 법 제244조의 규정에 비추어 수사기관이 피의자신문조서를 작성함에 있어서는 그것을 열람하게 하거나 읽어 들려야 하는 것이나 그 절차가 비록 행해지지 않았다 하더라도 그것만으로 그 피의자신문조서가 증거능력이 없게 된다고는 할 수 없고 같은 법 제312조 소정의 요건을 갖추게 되면 그것을 증거로 할 수 있다.
> [보충] 과거에는 전문법칙의 예외인정요건에 성립의 진정만 있었고 절차·방식의 적법성은 없었다. 이를 보여주는 판례이다. 개정법에서는 수사기관 작성 진술조서에 대하여 적법한 절차와 방식의 요건을 요구하므로, 위 87도2716의 경우는 피의자신문조서의 작성방식(개정법 제244조 제2항)에 위반되어 개정법 제312조 제1항의 요건을 갖추지 못한 조서에 해당된다. 다만, 수험에서는 판례대로 증거능력이 있다고 정리해두어야 한다.

(나) 신문의 주체 : 신문의 주체는 **검사**이어야 한다. 따라서 **검찰에 송치되기 전**에 구속피의자로부터 받은 검사 작성 피의자신문조서는 극히 이례에 속하는 것으로서 특별한 사정이 보이지 않는 한 제312조 제1항의 피의자신문조서로는 볼 수 없다(대법원 1994.8.9, 94도1228).

> ★ **판례연구** 검사 작성 피의자신문조서의 작성주체 요건
>
> **1. 대법원 1990.9.28, 90도1483**
> 검찰주사가 검사의 지시에 따라 검사가 참석하지 않은 상태에서 피의자였던 피고인을 신문하여 작성하고 검사는 검찰주사의 조사 직후 피고인에게 개괄적으로 질문한 사실이 있을 뿐인데도 검사가 작성한 것으로 되어 있는 피고인에 대한 피의자신문조서와 검찰주사가 참고인 주거지에서 그의 진술을 받아 작성한 것인데도 검사가 작성한 것으로 되어 있는 참고인에 대한 진술조서는 검사의 서명날인이 되어 있다고 하더라도 검사가 작성한 것이라고는 볼 수 없으므로, (구)법 제312조 제1항 소정의 검사가 피의자나 피의자 아닌 자의 진술을 기재한 조서에 해당하지 않는 것임이 명백하다(검사작성 ×, 검사 이외 수사기관 작성 ○).

---

1) [보충] 조서가 조작되지 않았음을 담보하는 것이 성립의 진정 요건이다. 이러한 성립의 진정은 종래 조서에 기재된 간인, 서명, 날인이 진술자의 것임에 틀림없다는 진술인 형식적 진정성립과 조서의 기재내용이 진술자의 진술내용과 일치한다는 진술인 실질적 진정성립으로 나누어 설명되었으나, 2007년 개정법에 의해 형식적 진정성립은 적법한 절차와 방식(절차와 방식의 적법성) 요건으로 보다 강화되었고, 성립의 진정은 실질적 진정성립의 의미로 파악되고 있는 것이다.

2. 대법원 1994.8.9, 94도1228

검찰에 송치되기 전에 구속피의자로부터 받은 검사 작성의 피의자신문조서는 극히 이례에 속하는 것으로, 그와 같은 상태에서 작성된 피의자신문조서는 내용만 부인하면 증거능력을 상실하게 되는 사법경찰관 작성의 피의자신문조서상의 자백 등을 부당하게 유지하려는 수단으로 악용될 가능성이 있어, 그렇게 했어야 할 특별한 사정이 보이지 않는 한 송치 후에 작성된 피의자신문조서와 마찬가지로 취급하기는 어렵다(검사작성 ×).[1]

3. 대법원 2001.10.26, 2000도2968

인지절차 전 검사 수사 중 작성한 피의자신문조서 ○

검사가 범죄를 인지하는 경우에는 범죄인지서를 작성하여 사건을 수리하는 절차를 거치도록 되어 있으므로, 특별한 사정이 없는 한 수사기관이 그와 같은 절차를 거친 때에 범죄인지가 된 것으로 볼 것이나, 범죄의 인지는 실질적인 개념이고, 이 규칙의 규정은 검찰행정의 편의를 위한 사무처리절차 규정이므로, 검사가 그와 같은 절차를 거치기 전에 범죄의 혐의가 있다고 보아 수사를 개시하는 행위를 한 때에는 이 때에 범죄를 인지한 것으로 보아야 하고, 그 뒤 범죄인지서를 작성하여 사건수리 절차를 밟은 때에 비로소 범죄를 인지하였다고 볼 것이 아니며, 이러한 인지절차를 밟기 전에 수사를 하였다고 하더라도, 그 수사가 장차 인지의 가능성이 전혀 없는 상태하에서 행해졌다는 등의 특별한 사정이 없는 한, 인지절차가 이루어지기 전에 수사를 하였다는 이유만으로 그 수사가 위법하다고 볼 수는 없고, 따라서 그 수사과정에서 작성된 피의자신문조서나 진술조서 등의 증거능력도 이를 부인할 수 없다.

4. 대법원 2010.4.15, 2010도1107

'사법연수생'인 검사 직무대리가 작성한 피의자신문조서의 증거능력

사법연수생인 검사 직무대리가 검찰총장으로부터 명받은 범위 내에서 법원조직법에 의한 합의부의 심판사건에 해당하지 아니하는 사건에 관하여 검사의 직무를 대리하여 피고인에 대한 피의자신문조서를 작성할 경우, 그 피의자신문조서는 법 제312조 제1항의 요건을 갖추고 있는 한 당해 지방검찰청 또는 지청 검사가 작성한 피의자신문조서와 마찬가지로 그 증거능력이 인정된다.

(다) 기명날인 또는 서명

- ㉠ 피의자의 간인 후 기명날인 또는 서명 : 피의자신문조서에는 피의자로 하여금 **간인한 후 기명날인 또는 서명**하게 하여야 한다(제244조 제3항, 종래의 형식적 진정성립)(과거 간인 후 서명 또는 날인 but 개정법은 간인 후 서명 또는 기명날인으로 강화됨)(cf. 법원의 공판 외 신문조서 : 간인 후 서명날인 −제48조 제7항, 공판조서 : 不要− 제52조). 따라서 피고인의 기명날인 및 간인이 없거나, 피고인의 기명만이 있고 그 날인이나 무인이 없거나, 간인이 없는 검사 작성의 피고인에 대한 피의자신문조서는 모두 증거능력이 없다(대법원 1981.10.27, 81도1370; 1992.6.23, 92도924; 1999.4.13, 99도237). 나아가 날인이나 간인을 거절하여 그 뜻을 조서에 기재하여 둔 경우에도 그 거절 이유 여하를 묻지 않고 증거능력이 없으며, 이는 피고인이 법정에서 그 임의성을 인정한 경우라도 마찬가지이다(대법원 1999.4.13, 99도237). [해경간부 12, 경찰승진 11, 국가9급 24]
- ㉡ 검사의 기명날인 또는 서명 : 작성자인 **검사의 기명날인 또는 서명**이 되어 있지 아니한 피의자신문조서는 제57조 제1항에서 요구하는 공무원이 작성하는 서류로서의 요건을 갖추지 못한 것으로서 무효이고, 따라서 그 증거능력을 인정할 수는 없다(대법원 2001.9.28, 2001도4091). [국가7급 10, 해경간부 12]

⚒ 판례연구 간인 후 기명날인 또는 서명

1. 대법원 1999.4.13, 99도237

피의자의 날인·간인 없는 검사 작성 피의자신문조서의 증거능력은 없다는 사례

조서말미에 피고인의 서명만이 있고, 그 날인(무인 포함)이나 간인이 없는 검사 작성의 피고인에 대한 피의자신문조서는 증거능력이 없다고 할 것이고, 그 날인이나 간인이 없는 것이 피고인이 그 날인이나 간인을 거부하였기 때문이어서 그러한 취지가 조서말미에 기재되었다거나, 피고인이 법정에서 그 피의자신문조서의 임의성을 인정하였다고 하여 달리 볼 것은 아니다.

---

1) [참고] 학설로는 제312조 제1항 적용설(이재상), 제312조 제3항 적용설(배/이/정, 신양균), 특신상태 부정에 의한 증거능력 부정설(신동운, 정/백)이 대립한다.

2. 대법원 2001.9.28, 2001도4091

검사 작성의 피의자신문조서에 작성자인 검사의 서명날인이 누락된 사례

형사소송법 제57조 제1항은 공무원이 작성하는 서류에는 법률에 다른 규정이 없는 때에는 작성년월일과 소속공무소를 기재하고 서명날인하여야 한다고 규정하고 있는바(현행법은 기명날인 또는 서명하여야 함), 그 서명날인은 공무원이 작성하는 서류에 관하여 그 기재 내용의 정확성과 완전성을 담보하는 것이므로 검사 작성의 피의자신문조서에 작성자인 검사의 서명날인이 되어 있지 아니한 경우 그 피의자신문조서는 공무원이 작성하는 서류로서의 요건을 갖추지 못한 것으로서 위 법규정에 위반되어 무효이고 따라서 이에 대하여 증거능력을 인정할 수 없다고 보아야 할 것이며, 그 피의자신문조서에 진술자인 피고인의 서명날인이 되어 있다거나, 피고인이 법정에서 그 피의자신문조서에 대하여 진정성립과 임의성을 인정하였다고 하여 달리 볼 것은 아니다.

- (라) 신문절차와 작성절차의 적법성 : 적법한 절차와 방식에 따라 작성되었다고 하기 위해서는 형식적 진정성립 이외에도 피의자신문과 참여자(제243조), 변호인의 참여(제243조의2) 등의 규정을 준수해야 한다. 따라서 피의자가 변호인의 참여를 원한다는 의사를 명백하게 표시하였음에도 수사기관이 **정당한 사유 없이 변호인을 참여하게 하지 아니한 채 피의자를 신문하여 작성**한 피의자신문조서는 제312조에 정한 적법한 절차와 방식에 위반된 증거일 뿐 아니라 제308조의2에서 정한 적법한 절차에 따르지 아니하고 수집한 증거에 해당하므로 이를 증거로 할 수 없다(대법원 2013.3.28, 2010도3359).

② 실질적 진정성립과 특신상태의 증명 : 내용의 인정이란 성립의 진정을 전제하는 개념이므로 당연히 인정되는 요건이다. 이에 관한 상세한 설명은 진술조서(제312조 제4항) 부분에서 후술할 것이다.

③ 내용의 인정

- (가) 의의 : 조서의 기재내용이 피의자의 진술내용과 일치하는 것을 의미하는 것이 아니라, 그 **조서의 기재내용이 객관적 진실(실제 사실)과 부합함**을 말한다.
- (나) 방법 : 내용의 인정은 **피의자였던 피고인 또는 변호인의 진술**에 의하여야 한다. 따라서 **피고인이 공판정에서 내용을 부인하는 경우에는 다른 증거에 의하여 그 증거능력을 인정받을 수 없게 된다.** 내용의 인정 요건과 관련되는 상세한 설명은 검사 이외의 수사기관 작성의 피의자신문조서(제312조 제3항) 부분에서 후술할 것이다.
- (다) 대체증명 규정의 폐지 : 2020.2.4. 검 · 경 수사권 조정을 위한 형사소송법 제312조 제1항의 개정에 따라 제312조 제2항의 대체증명 규정은 삭제되었다(해당 삭제는 2021.1.1.부터 이미 시행 중임은 기술하였음).

정리 영상녹화물 기타 객관적 방법에 의하여 진술한 내용과 동일하게 기재되어 있음을 대체증명하는 것은 이제 진술조서(제312조 제4항)에 적용될 뿐이다.[1]

⚖ 판례연구 내용의 인정

대법원 2023.4.27, 2023도2102 [국가9급 24]

검사 작성 피의자신문조서의 증거능력 인정요건인 내용의 인정의 의미

피고인에 대한 검찰 피의자신문조서에는 피고인이 2021.3.경부터 같은 해 6.10. 19 : 00경 사이에 공소사실과 같은 방법으로 메트암페타민을 2회 투약하였다고 진술한 것으로 기재되어 있는데, 피고인은 공소사실을 부인하였다. … 2020.2.4. 법률 제16924호로 개정되어 2022.1.1.부터 시행된 형사소송법 제312조 제1항은 검사가 작성한 피의자신문조서는 공판준비, 공판기일에 그 피의자였던 피고인 또는 변호인이 그 내용을 인정할 때에 한정하여 증거로 할 수 있다고 규정하고 있다. 여기서 '그 내용을 인정할 때'라 함은 피의자신문조서의 기재 내용이 진술 내용대로 기재되어 있다는 의미가 아니고 그와 같이 진술한 내용이 실제 사실과 부합한다는 것을 의미한다(대법원 2022.7.28, 2020도15669; 2010.6.24, 2010도5040 등). 따라서 피고인이 공소사실을 부인하는 경우 검사가 작성한 피의자신문조서 중 공소사실을 인정하는 취지의 진술 부분은 그 내용을 인정하지 않았다고 보아야 한다.[2]

---

1) [보충] 기타 객관적 방법의 의미에 대해서는 ① 영상녹화물에 준하는 정도의 객관적인 증거방법(예 녹음테이프)이어야 한다는 견해(한정설, 다수설, 단 수사기관의 조사자가 아닌 참여변호인의 증언이 포함되는가에 대해서는 다수설은 포함설이고, 불포함설은 이은모, 신동운)와 ② 조사참여자의 증언이나 참여변호인의 증언 등 인적 증거방법도 포함된다는 견해(비한정설, 노/이, 신동운, 정/백)가 대립한다. 판례는 한정설이다.

2) [보충] 피고인은 제1심에서 공소사실을 부인하였으므로 증거목록에 피고인이 제1심에서 검찰 피의자신문조서에 동의한 것으로 기재되어 있어도 그중 공소사실을 인정하는 취지의 진술 내용을 인정하지 않았다고 보아야 하고 증거목록에 위와 같이 기재되어 있는 것은 착오 기재이거나 조서를 잘못 정리한 것으로 이해될 뿐 이로써 위 검찰 피의자신문조서가 증거능력을 가지게 되는 것은 아니다.

3. 사법경찰관 작성 피의자신문조서

> **제312조(검사 또는 사법경찰관의 조서 등)** ③ 검사 이외의 수사기관이 작성한 피의자신문조서는 적법한 절차와 방식에 따라 작성된 것으로서 공판준비 또는 공판기일에 그 피의자였던 피고인 또는 변호인이 그 내용을 인정할 때에 한하여 증거로 할 수 있다.

(1) 의의 및 취지

① **의의** : 검사 이외의 수사기관 작성의 피의자신문조서는 적법한 절차와 방식에 따라 작성된 것으로서 공판준비 또는 공판기일에 그 피의자였던 피고인이나 변호인이 그 내용을 인정할 때에 한하여 증거로 할 수 있다(제312조 제3항).

② **적용범위 – 검사 이외의 수사기관** : 피의자신문의 주체에는 사법경찰관(제243조) 이외에 사법경찰관사무 취급의 자격을 가진 사법경찰리도 포함된다(대법원 1981.6.9, 81도1357; 1982.12.28, 82도1080). 또한 **외국의 권한 있는 수사기관**도 특별한 사정이 없는 한 검사 이외의 수사기관에 포함된다(대법원 2006.1.13, 2003도6548).

③ **취지** : 검사 이외의 수사기관 작성의 피의자신문조서에 대하여 보다 엄격한 요건을 요구하는 취지는, 검사 이외의 수사기관의 피의자신문은 **신용성의 정황적 보장이 박약**하고, 그 신문에 있어 행해질지 모르는 **기본적 인권침해를 방지하려는 입법정책적 고려**에 있다(82도1479 전원합의체). 즉, 본 조항은 단순한 전문법칙의 예외규정이라기보다는 **고문 등 위법수사의 예방·억제장치로서의 독자적인 의미**를 가지는 우리 형사소송법 특유의 규정이라는 점에서, 다른 전문법칙 예외규정들보다 우선하여 적용되어야 한다.

> [보충] 예컨대, 경찰의 고문에 의해 피의자가 "제가 죽였습니다."라고 허위의 자백을 한 경우, 이는 실질적 진정성립은 인정되나, 공판정에서 피의자였던 피고인이 내용인정을 하지 않으면("사실이 아닙니다." "거짓말이었습니다.") 증거로 쓸 수 없게 된다. 여기에 제312조 제3항이 고문 등 위법수사의 방지에 그 목적을 두고 있음을 알 수 있다.

(2) 증거능력 인정요건 : 적/(실/특)/내

> **검사 이외의 수사기관이 작성한 피의자신문조서는**
> ① **적법성** : 적법한 절차와 방식에 따라 작성된 것으로서(개정), (실질적 진정성립과 특신상태의 증명)
> ② **내용인정** : 공판준비 또는 공판기일에 그 피의자였던 피고인 또는 변호인이 그 내용을 인정할 때에 한하여 → 증거로 할 수 있다. [법원9급 08, 국가7급 08, 국가9급 09, 경찰간부 14, 해경간부 12, 경찰승진 10/14]

① **적법한 절차와 방식** : 사법경찰관이 작성한 피의자신문조서도 검사 작성 피의자신문조서와 마찬가지로 적법한 절차와 방식에 따라 작성된 것이어야 한다. [경찰간부 14] 여기서 적법한 절차와 방식의 의미는 검사가 피고인이 된 피의자의 진술을 기재한 조서에 있어서와 같다. 예컨대 **진술거부권 행사 여부에 대한 피의자의 답변이 자필로 기재되어 있지 아니하거나 그 답변 부분에 피의자의 기명날인 또는 서명이 되어 있지 아니한**(제244조의3 제2항 위반) 사법경찰관 작성 피의자신문조서는 특별한 사정이 없는 한 그 증거능력이 인정되지 아니한다(대법원 2013.3.28, 2010도3359). [국가9급 17]

> **★ [판례연구] 적법한 절차와 방식에 따라 작성된 것**
>
> **대법원 2014.4.10, 2014도1779** [법원9급 11/15, 국가7급 15/23, 경찰간부 15/16, 경찰승진 15, 경찰채용 12 2차/14 2차/16 1차]
> 헌법 제12조 제2항, 법 제244조의3 제1항, 제2항, 제312조 제3항에 비추어 보면, 비록 사법경찰관이 피의자에게 진술거부권을 행사할 수 있음을 알려 주고 그 행사 여부를 질문하였다 하더라도, 형사소송법 제244조의3 제2항에 규정한 방식에 위반하여 진술거부권 행사 여부에 대한 피의자의 답변이 자필로 기재되어 있지 아니하거나 그 답변 부분에 피의자의 기명날인 또는 서명이 되어 있지 아니한 사법경찰관 작성의 피의자신문조서는 특별한 사정이 없는 한 법 제312조 제3항에서 정한 '적법한 절차와 방식'에 따라 작성된 조서라 할 수 없으므로 그 증거능력을 인정할 수 없다(대법원 2013.3.28, 2010도3359). 공소외 2에 대한 사법경찰관 작성의 피의자신문조서에는 "피의자는 진술거부권과 변호인의 조력을 받을 권리들이 있음을 고지받았는가요?"라는 질문에 "예, 고지를 받았습니다."라는 답변이, "피의자는 진술거부권을 행사할 것인가요?"라는 질문에 "행사하지 않겠습니다."라는 답변이 기재되어 있기는 하나 그 답변은 공소외 2의 자필로 기재된 것이 아니고, 각 답변란에 무인이 되어 있기는 하나 조서 말미와 간인

으로 되어 있는 공소외 2의 무인과 달리 흐릿하게 찍혀 있는 사실을 알 수 있다. 따라서 공소외 2에 대한 사법경찰관 작성의 피의
자신문조서는 법 제312조 제3항에서 정하는 '적법한 절차와 방식'에 따라 작성된 조서로 볼 수 없으므로 이를 증거로 쓸 수 없
다 할 것이다.

② 실질적 진정성립과 특신상태의 증명(통설·판례) : 당연히 인정되는 요건이다. 내용의 인정이란 성립의
　　진정을 전제하기 때문이다(대법원 1995.5.23, 94도1735; 2010.6.24, 2010도5040).
③ 내용의 인정
　　(가) 의의 : 조서의 기재내용이 피의자의 진술내용과 일치하는 것을 의미하는 것이 아니라 [법원승진 07],
　　　　그 **조서의 기재내용이 객관적 진실(실제 사실)과 부합함**을 말한다(94도1745). [국가9급 13, 경찰간부 12, 경찰승
　　　　진 10/11, 경찰채용 15 3차/16 1차]
　　(나) 방법 : 내용인정은 **피의자였던 피고인 또는 변호인의 진술**에 의하여야 한다. 따라서 **피고인이 공판정
　　　　에서 내용을 부인하는 경우에는 다른 증거에 의하여도 증거능력을 인정받을 수 없다.**

🔨 **판례연구** 사법경찰관 작성 피의자신문조서의 내용의 인정

1. 대법원 1994.9.27, 94도1905

피고인이 경찰에서 조사받는 도중에 범행을 시인하였고 피해자 측에게도 용서를 구하는 것을 직접 보고 들었다는 취지의 증
인들의 각 증언 및 그들에 대한 사법경찰리·검사 작성의 각 진술조서 기재는 모두 피고인이 경찰에서 조사 받을 때의 진술
을 그 내용으로 하는 것에 다름이 아니어서, 피고인이 공판정에서 경찰에서의 위와 같은 진술내용을 부인하고 있는 이상 위 증
거들은 증거능력이 없다고 보아야 한다.

2. 대법원 1997.10.28, 97도2211 [법원9급 10]

피고인이 당해 공소사실에 대하여 법정에서 부인한 경우에는 사법경찰리작성의 피의자신문조서의 내용을 인정하지 아니한 것이
므로 그 피의자신문조서의 기재는 증거능력이 없고, 이러한 경우 피고인을 조사하였던 경찰관이 법정에 나와 "피고인의 진술대
로 조서가 작성되었고, 작성 후 피고인이 조서를 읽어보고 내용을 확인한 후 서명·무인하였으며, 피고인이 내용의 정정을 요구한
일은 없었다."고 증언하더라도 그 피의자신문조서가 증거능력을 가지게 되는 것은 아니다.

　유사판례 대법원 1985.2.13, 84도2897; 2002.8.23, 2002도2112 : 피고인을 검거하고 경찰에서 피고인에 대하여 피의자 신
　문을 한 경찰관의 피고인이 경찰조사에서 범행사실을 순순히 자백하였다는 증언은 피고인이 경찰에서의 진술을 부인하는 이상
　형사소송법 제312조 제2항(현 제3항)의 취지에 비추어 증거능력이 없는 것이다.

　보충 적법한 절차와 방식에 의하여 작성되었다 하더라도 내용인정이 없으면 증거로 쓸 수 없다는 판례이다. 다만, 이 경우 검사나
　사법경찰관 등 조사자의 증언(전문진술)이 공판정에서 행하여진 경우, 후술하듯이 피고인의 원진술의 특신상태가 증명되면 조사자
　증언의 증거능력은 인정된다(제316조 제1항) [국가9급 13, 경찰승진 10/11, 경찰채용 14 2차]. 따라서 수험에서는 상대적으로 접근하는
　것이 안전하다. 즉, ① 제316조 제1항의 조사자증언이 법조문 문제로 나올 때(특신상태 ○ → 조사자증언의 증거능력 ○)와 ②
　위 97도2211 등을 그대로 내는 판례문제로 나올 때(경찰관이 증언하여도 피고인이 내용을 부인하면 사경피신조서는 증거능력 ×)
　를 구별하여야 한다.

---

(3) 적용범위

① 공동피고인에 대한 피의자신문조서

　　(가) 공범자인 공동피고인에 대한 피의자신문조서 : **제312조 제3항**은 검사 이외의 수사기관이 작성한
　　　　당해 피고인에 대한 피의자신문조서를 유죄의 증거로 하는 경우뿐만 아니라, **검사 이외의 수사기
　　　　관이 작성한 당해 피고인과 공범관계에 있는 다른 피고인이나 피의자에 대한 피의자신문조서를 당해 피
　　　　고인에 대한 유죄의 증거로 채택할 경우에도 적용**된다(대법원 1979.4.10, 79도287; 1984.10.23, 84도505;
　　　　1986.11.1, 86도1783; 96도667; 2009도1889). 따라서 **당해 피고인이 공동피고인에 대한 피의자신문조서
　　　　의 내용을 부인하면 그 증거능력이 부정**된다. 이러한 법리는 형법총칙상 공범뿐만 아니라 대향범 등
　　　　필요적 공범이나 행정형법상 양벌규정이 적용되는 자연인과 법인의 관계에 대해서도 마찬가지로
　　　　적용된다. 나아가 여기서의 조서는 공범에 대한 조서로서의 내용을 가지면 되므로 그 형식이 피의자
　　　　신문조서로 한정되는 것도 아니다.

보충 당해 피고인과 공범관계에 있는 다른 공동피고인 또는 피의자에 대한 검사 이외의 수사기관이 작성한 피의자신문조서의 증거능력을 피고인에 대한 그것과 마찬가지로 엄격히 제한하여야 할 이유는 그 내용이 당해 피고인에 대한 피의자신문조서의 내용과 다름없기 때문이므로, 그 증거능력은 진정성립이 인정되는 외에 당해 피고인 또는 변호인이 그 내용을 인정하여야만 부여할 수 있는 것이며, 원진술자인 피의자 또는 그의 변호인이 내용을 인정하였다 하여 증거능력을 부여할 수는 없다. [경찰간부 13, 경찰승진 12]

🔨 **판례연구** 사법경찰관 작성 공범자 피의자신문조서에 대한 증거능력 인정요건

1. **대법원 1996.7.12, 96도667; 2004.7.15, 2003도7185 전원합의체; 2008.9.25, 2008도5189; 2014.4.10, 2014도1779** [경찰간부 22, 국가7급 17]

제312조 제3항은 검사 이외의 수사기관이 작성한 당해 피고인에 대한 피의자신문조서를 유죄의 증거로 하는 경우뿐만 아니라 검사 이외의 수사기관이 작성한 당해 피고인과 공범관계에 있는 다른 피고인이나 피의자에 대한 피의자신문조서를 당해 피고인에 대한 유죄의 증거로 채택할 경우에도 적용되는바, 당해 피고인과 공범관계가 있는 다른 피의자에 대한 검사 이외의 수사기관 작성 피의자신문조서는 그 피의자의 법정진술에 의하여 그 성립의 진정이 인정되더라도 당해 피고인이 공판기일에서 그 조서의 내용을 부인하면 증거능력이 부정된다.

2. **대법원 2009.10.15, 2009도1889** [경찰채용 21 2차, 경찰간부 13, 경찰승진 12/14]

당해 피고인과 공범관계에 있는 공동피고인이 법정에서 경찰수사 도중 피의자신문조서에 기재된 것과 동일한 내용을 진술하였다는 취지로 증언한 경우, 그 증언의 증거능력 ×

당해 피고인과 공범관계에 있는 공동피고인에 대해 검사 이외의 수사기관이 작성한 피의자신문조서는 그 공동피고인의 법정진술에 의하여 성립의 진정이 인정되더라도 당해 피고인이 공판기일에서 그 조서의 내용을 부인하면 증거능력이 부정된다. 그리고 이러한 경우 그 공동피고인이 법정에서 경찰수사 도중 피의자신문조서에 기재된 것과 같은 내용으로 진술하였다는 취지로 증언하였다고 하더라도, 이러한 증언은 원진술자인 공동피고인이 그 자신에 대한 경찰 작성의 피의자신문조서의 진정성립을 인정하는 취지에 불과하여 위 조서와 분리하여 독자적인 증거가치를 인정할 것은 아니므로, 앞서 본 바와 같은 이유로 위 조서의 증거능력이 부정되는 이상 위와 같은 증언 역시 이를 유죄 인정의 증거로 쓸 수 없다.

　　　(나) 공범자 아닌 공동피고인에 대한 피의자신문조서 : 공범자 아닌 공동피고인은 당해 피고인에 대해서는 증인의 지위에 있으므로, **공범자 아닌 공동피고인에 대한 피의자신문조서**에 대해서는 **법 제312조 제4항**의 진술조서 조항이 적용된다(검사 작성 피신조서에서 기술함, 대법원 2006.1.12, 2005도7601). 따라서 원진술자(공범자 아닌 공동피고인)의 진술에 의하여 그 실질적 진정성립이 인정되고 원진술자에 대한 당해 피고인 측에 의한 반대신문의 기회가 보장된다면 당해 피고인이 그 내용을 부인하더라도 그 피의자신문조서의 증거능력은 인정된다.

　　② 다른 사건의 피의자신문조서 : 제312조 제3항은 당해 사건에서 피의자였던 피고인에 대한 피의자신문조서뿐만 아니라 **전혀 별개의 사건에서 피의자였던 피고인에 대한 피의자신문조서에도 적용**된다(대법원 1995.3.24, 94도2287). 따라서 피고인이 그 내용을 부인하면 그 피의자신문조서의 증거능력은 인정될 수 없다.

🔨 **판례연구** 사법경찰관 작성 다른 사건의 피의자신문조서의 증거능력 인정요건

대법원 1995.3.24, 94도2287

피고인의 다른 사건에 관한 사법경찰관 작성 피의자신문조서에 대하여 법 제312조 제3항을 적용한 사례

법 제312조 제2항(현 제3항)은 검사 이외의 수사기관의 피의자신문은 이른바 신용성의 정황적 보장이 박약하다고 보아 피의자신문에 있어서 진정성립 및 임의성이 인정되더라도 공판 또는 그 준비절차에 있어 원진술자인 피고인이나 변호인이 그 내용을 인정하지 않는 한 그 증거능력을 부정하는 취지로 입법된 것으로, 그 입법취지와 법조의 문언에 비추어 볼 때 당해 사건에서 피의자였던 피고인에 대한 검사 이외의 수사기관 작성의 피의자신문조서에만 적용되는 것은 아니고 전혀 별개의 사건에서 피의자였던 피고인에 대한 검사 이외의 수사기관 작성의 피의자신문조서도 그 적용대상으로 하고 있는 것이라고 보아야 한다.

---

(4) 관련문제

　　① 증거동의 : **피의자신문조서도 증거동의 대상**이 된다. [경찰간부 13] 따라서 피고인이 증거로 함에 동의한 때

에는 진정성립 · 내용인정 등을 조사할 필요가 없다.

② 탄핵증거 : **피고인이 성립의 진정이나 내용을 부인하는 피의자신문조서를 탄핵증거로 사용**할 수 있는가에 대해서는 긍정설과 부정설이 대립하나, 직접심리주의는 원본증거를 대체하는 전문증거의 사용을 금지하는 것이지 **전문증거를 탄핵증거로 사용하는 것까지 금지하는 것은 아니라는 점**에서 **긍정설**이 타당하며, 또한 이는 판례의 입장이기도 하다(대법원 2005.8.19, 2005도2617, 단, 탄핵증거로서의 증거조사는 필요함).

Ⅲ 진술조서

> 제312조(검사 또는 사법경찰관의 조서 등) ④ 검사 또는 사법경찰관이 피고인이 아닌 자의 진술을 기재한 조서는 적법한 절차와 방식에 따라 작성된 것으로서 그 조서가 검사 또는 사법경찰관 앞에서 진술한 내용과 동일하게 기재되어 있음이 원진술자의 공판준비 또는 공판기일에서의 진술이나 영상녹화물 또는 그 밖의 객관적인 방법에 의하여 증명되고, 피고인 또는 변호인이 공판준비 또는 공판기일에 그 기재 내용에 관하여 원진술자를 신문할 수 있었던 때에는 증거로 할 수 있다. 다만, 그 조서에 기재된 진술이 특히 신빙할 수 있는 상태하에서 행하여졌음이 증명된 때에 한한다.

1. 의의 및 취지

(1) 의의 : 진술조서란 검사 또는 사법경찰관이 피고인 아닌 자(참고인, 피해자 등)의 진술을 기재한 조서를 말한다. 여기서 피고인 아닌 자는 당해 사건의 피고인 자신 이외의 모든 자를 말하므로, 공동피고인에 대한 피의자신문조서도 제312조 제4항의 적용을 받는다. 이것이 2007년 개정법에서 동 조항을 신설한 취지이다.

(2) 개정취지

① 진술조서의 작성주체 : 구법과 달리 2007년 개정법 제312조 제4항에서는 피고인 아닌 자의 진술을 기재한 조서의 증거능력에 대하여 작성주체인 검사와 사법경찰관을 구별하지 않고 동일한 조항에서 동일한 증거능력 인정요건으로 규정하고 있다. 따라서 **참고인진술조서의 경우 검사 작성 조서와 사법경찰관 작성 조서 사이에 그 증거능력 인정요건에는 차이가 없다.** [경찰채용 11 2차]

② 공동피고인에 대한 반대신문의 기회보장 : 수사기관 작성 **공범자 아닌 공동피고인**에 대한 피의자신문조서도 제312조 제4항의 적용을 받음에 따라 참고인진술조서로 취급된다. 따라서 공동피고인이 실질적 성립진정을 인정한 것만으로는 그 조서의 증거능력이 인정되지 않고, **당해 피고인 또는 변호인에게 반대신문권이 부여되어야만** 한다. 이는 공동피고인에 대해서도 피고인 · 변호인의 반대신문의 기회 보장이 강화된 것이다.

2. 증거능력 인정요건 : 적/실/반/특

> **검사 또는 사법경찰관이 피고인이 아닌 자의 진술을 기재한 조서는**
> ① 적법성 : 적법한 절차와 방식에 따라 작성된 것으로서,
> ② 실질적 진정성립 : 피고인이 아닌 자가 진술한 내용과 동일하게 기재되어 있음이 공판준비 또는 공판기일에서의 원진술자의 진술이나 영상녹화물 또는 그 밖의 객관적인 방법에 의하여 증명되고,
> ③ 반대신문의 기회보장 : 피고인 또는 변호인이 공판준비 또는 공판기일에 그 기재내용에 관하여 원진술자를 신문할 수 있었으며,
> ④ 특신상태 : 그 조서에 기재된 진술이 특히 신빙할 수 있는 상태하에서 행하여졌음이 증명된 때에 한하여 → 증거로 할 수 있다.

(1) 적법한 절차와 방식 : 검사 또는 사법경찰관이 피고인이 아닌 자의 진술을 기재한 조서는 우선 적법한 절차와 방식에 따라 작성된 것이어야 한다. 여기서 적법한 절차와 방식이라 함은 피고인 아닌 피의자 또는 제3자에 대한 조서 작성 과정에서 지켜야 할 진술거부권의 고지 등 형사소송법이 정한 제반절차를 준수하고 조서의 작성방식에도 어긋남이 없어야 한다는 의미이다(대법원 2012.5.24, 2011도7757; 2013.3. 28, 2010도3359). 따라서 **외국에 거주하는 참고인과의 전화대화 내용을 문답형식으로 기재한 검찰주사보 작성의**

수사보고서는 원진술자의 기명날인 또는 서명이 없는 이상 제312조 제4항이 적용될 수 없어 증거능력이 인정되지 아니한다(대법원 1999.2.26, 98도2742). [경찰간부 12, 경찰승진 11] 다만, 진술조서에 **진술자의 실명 등 인적사항이 기재되지 않았다** 하더라도 그 이유만으로 그 조서가 적법한 절차와 방식에 따라 작성되지 않았다고 할 것은 아니다(대법원 2012.5.24, 2011도7757).

🔨 **판례연구** 적법한 절차와 방식에 따라 작성된 것

1. 대법원 1997.4.11, 96도2865 [경찰간부 15, 경찰승진 15/22, 경찰채용 10 2차]

피해자 진술조서가 화상으로 인한 서명불능이라는 이유로 입회인에 의해 서명날인된 경우 증거능력 ×

사법경찰리 작성의 피해자에 대한 진술조서가 피해자의 화상으로 인한 서명불능을 이유로 입회하고 있던 피해자의 동생에게 대신 읽어 주고 그 동생으로 하여금 서명날인하게 하는 방법으로 작성된 경우, 이는 형사소송법 제313조 제1항(07년 개정법 제312조 제4항) 소정의 형식적 요건을 결여한 서류로서 증거로 사용할 수 없다.

2. 대법원 1999.2.26, 98도2742 [경찰간부 12, 경찰승진 11]

외국 거주 참고인과의 전화대화를 문답형식으로 기재한 검찰주사보 작성의 수사보고서의 증거능력 ×

외국에 거주하는 참고인과의 전화 대화내용을 문답형식으로 기재한 검찰주사보 작성의 수사보고서는 전문증거로서 제311조 내지 제316조에 규정된 것 이외에는 이를 증거로 삼을 수 없는 것인데(제310조의2), 위 수사보고서는 전문법칙 예외규정의 적용대상이 되지 아니함이 분명하므로, 결국 제313조의 진술을 기재한 서류에 해당하여야만 제314조의 적용 여부가 문제될 것인바, 제313조(07년 개정법 제312조 제4항)가 적용되기 위하여는 그 진술을 기재한 서류에 그 진술자의 서명 또는 날인(07년 개정 : 기명날인 or 서명)이 있어야 한다.

> 참고 참고인진술조서에는 참고인의 확인도장을 날인하지만, 수사보고서에는 참고인의 확인도장을 날인하지 않는다. 예컨대 전화 통화를 통해 작성하는 경우도 있기 때문이다.

3. 대법원 2012.5.24, 2011도7757 [경찰채용 21 2차]

수사기관이 피고인 아닌 자에 대한 진술조서를 작성하면서 진술자의 성명을 가명으로 기재한 사례

형사소송법은 조서에 진술자의 실명 등 인적사항을 확인하여 이를 그대로 밝혀 기재할 것을 요구하는 규정을 따로 두고 있지는 아니다. 따라서 특정범죄신고자 등 보호법 등에서처럼 명시적으로 진술자의 인적사항의 전부 또는 일부의 기재를 생략할 수 있도록 한 경우가 아니라 하더라도, 진술자와 피고인의 관계, 범죄의 종류, 진술자 보호의 필요성 등 여러 사정으로 볼 때 상당한 이유가 있는 경우에는 수사기관이 진술자의 성명을 가명으로 기재하여 조서를 작성하였다고 해서 그 이유만으로 그 조서가 '적법한 절차와 방식'에 따라 작성되지 않았다고 할 것은 아니다. 그러한 조서라도 공판기일 등에 원진술자가 출석하여 자신의 진술을 기재한 조서임을 확인함과 아울러 그 조서의 실질적 진정성립을 인정하고 나아가 그에 대한 반대신문이 이루어지는 등 법 제312조 제4항에서 규정한 조서의 증거능력 인정에 관한 다른 요건이 모두 갖추어진 이상 그 증거능력을 부정할 것은 아니라고 할 것이다.

---

(2) 실질적 진정성립

① 의의 : 조서의 기재내용이 원진술자가 진술한 내용과 동일하게 기재되어 있음을 말한다. 즉, 당해 조서의 기재내용과 원진술자의 진술내용이 일치한다는 것을 말하므로, 적극적으로 진술한 내용이 그 진술대로 기재되어 있어야 한다는 것뿐만 아니라 진술하지 아니한 내용이 진술한 것처럼 기재되어 있지 아니할 것을 포함하는 의미를 가진다. 실질적 진정성립은 **원진술자가 진술한 내용과 동일하게 기재되어 있음이** 공판준비 또는 공판기일에서의 **원진술자의 진술이나 영상녹화물 또는 그 밖의 객관적 방법에 의하여 증명**되어야 한다. 만일 **원진술자가 그 조서의 성립의 진정을 부인하는 경우**에는 그 조서에 기재된 진술이 원진술자가 진술한 내용과 동일하게 기재되어 있음이 **영상녹화물 기타 객관적인 방법에 의하여 증명**되면 된다. [국가9급 09, 경찰간부 13] 이는 진술내용이 진실하다는 **내용의 인정과는 구별되는 개념**이다.

② 원진술자의 진술에 의한 실질적 진정성립의 증명

(가) 인정되는 경우 : 실질적 진정성립의 인정은 공판준비·공판기일에서 원진술자가 행한 **명백하고 명시적인 진술**에 의하여야 한다. 원진술자가 실질적 진정성립을 인정하면 그 내용을 부인하거나 그 조서내용과 다른 공판정 진술을 하여도 진술조서의 증거능력은 인정된다. [법원9급 12, 국가9급개론 15, 경찰간부 12] **실질적 진정성립의 인정을 번복하여도 같다.**

🔍 판례연구 진술조서의 실질적 진정성립이 인정된 사례

대법원 1990.12.26, 90도2362; 1993.6.22, 91도3346; 1994.8.9, 94도1318; 1996.3.8, 95도2930; 1998.12.22, 98도2890; 2005.8.19, 2005도3045 [법원9급 12/14, 국가9급개론 15, 경찰간부 12]

진술조서는 원진술자의 진술(또는 영상녹화물 등 객관적 방법)에 의한 실질적 진정성립이 증명되면 피고인이 증거로 동의하지 않아도 증거능력이 인정된다는 사례

검사 작성의 공동피고인에 대한 피의자신문조서(2020년 개정 전 판례이므로, 진술조서 또는 공범자 아닌 공동피고인에 대한 피의자신문조서라고 생각할 것)는 공동피고인이 그 성립 및 임의성을 인정한 이상(2007년 개정 전 판례이므로 반대신문권 보장 요건이 없음) 피고인이 이를 증거로 함에 부동의하였다고 하더라도 그 증거능력이 있고(증거동의 또는 전문법칙예외 중 하나만 인정되면 증거능력 ○), 원진술자가 조서의 성립의 진정과 임의성을 인정하였다가 그 뒤 이를 부인하는 진술을 하거나 서면을 제출한 경우 그 조서의 증거능력이 언제나 없다고 할 수는 없고, 법원이 그 조서의 기재내용, 형식 등과 피고인의 법정에서의 범행에 관련된 진술 등 제반 사정에 비추어 성립의 진정을 인정한 최초의 진술이 신빙성이 있다고 보아 그 성립의 진정을 인정하는 때에는 그 조서는 증거능력이 인정된다고 할 것이다.

(나) 인정되지 않는 경우 : 법 제312조는 형사소송절차의 직접주의·공판중심주의·구두주의 원칙상 원칙적으로 증거능력을 인정할 수 없는 전문증거에 대해 예외적으로 증거능력을 부여하는 규정임을 고려할 때 엄격하게 해석해야 한다. 따라서 실질적 진정성립의 증명은 원진술자의 진술 또는 영상녹화물 등 객관적 방법에 의하여 인정되어야 한다. 이에 ㉠ **형식적 진정성립을 인정한다고 하여 실질적 진정성립이 추정되어서는 안 되고,** [법원9급 10, 경찰간부 15] ㉡ 단지 **원진술자가 실질적 진정성립에 대하여 이의하지 않았다거나 조서 작성절차와 방식의 적법성을 인정하였다는 것만으로 실질적 진정성립까지 인정한 것으로 보아서는 아니 되며**(cf. ≠간이공판절차 개시요건인 자백 : 명시적 유죄인정 진술 不要, ≠증거동의 : 묵시적 동의 足), ㉢ 특별한 사정이 없는 한 '입증취지 부인'이라고 진술한 것만으로 조서의 진정성립을 인정하는 전제에서 증명력만을 다투는 것이라고 가볍게 단정해서도 안 되고, ㉣ **"검찰 경찰에서 진술한 내용은 그대로 틀림없다**(대법원 1979.11.27, 76도3962 전원합의체)."라거나 ㉤ **"수사기관에서 사실대로 진술하고 진술한 대로 기재되어 있는지 확인하고 서명날인하였다**(대법원 1996.10.15, 96도1301; 2010.6.29, 2010도2722; 2013.8.14, 2012도13665)."는 취지로 진술한 것만으로는 실질적 진정성립을 인정한 것으로 볼 수 없다(그때 확인했다는 과거형 진술 ×/현재 공판에서 확인하고 인정 진술 ○).

🔍 판례연구 실질적 진정성립이 인정되지 않은 사례

1. 대법원 1979.11.27, 76도3962 전원합의체
검찰 경찰에서 진술한 내용은 그대로 틀림없다는 취지의 진술만으로서 곧 검사 및 사법경찰관사무취급 작성의 참고인에 대한 각 진술조서의 진정성립을 인정하기에 부족하다.

2. 대법원 1996.10.15, 96도1301
원진술자가 법정에서 한 "수사기관에서 사실대로 진술하고 서명날인하였다."는 취지의 진술
피해자가 제1심의 제5회 공판기일에 증인으로 출석하여 검사의 신문에 대하여 수사기관에서 사실대로 진술하고 그 내용을 확인한 후 서명날인하였다는 취지로 증언하고 있을 뿐이어서, 과연 그 진술이 조서의 진정성립을 인정하는 취지인지 분명하지 아니하므로 그 진술만으로는 조서의 진정성립을 인정하기에 부족하다.

3. 대법원 1999.10.8, 99도3063
공범이나 제3자에 대한 검사 작성의 피의자신문조서에 대한 실질적 진정성립의 인정 要
공범(B)이나 제3자(C)에 대한 검사 작성의 피의자신문조서등본이 증거로 제출된 경우 피고인(A)이 위 공범 등에 대한 피의자신문조서를 증거로 함에 동의하지 않는 이상, 원진술자인 공범(B)이나 제3자(C)가 각기 자신에 대한 공판절차나 다른 공범에 대한 형사공판의 증인신문절차에서 위 수사서류의 진정성립을 인정해 놓은 것만으로는 증거능력을 부여할 수 없고, 반드시 공범이나 제3자가 현재의 사건(피고인 A의 공판정)에 증인으로 출석하여 그 서류의 성립의 진정을 인정하여야 증거능력이 인정된다.

보충 검사 작성 공범자인 공동피고인에 대한 피의자신문조서에 대하여 제312조 제4항이 적용된다는 구법하에서 나온 판례이다. 여기서 공범(B)은 공범자 아닌 자로 바꿔서 생각하는 것이 필요하다.

4. 대법원 2004.12.16, 2002도537 전원합의체

형식적 진정성립을 인정한다고 실질적 진정성립이 추정되지 아니한다는 사례

검사가 피의자 아닌 자의 진술을 기재한 조서는 공판준비 또는 공판기일에서 원진술자의 진술에 의하여 형식적 진정성립뿐만 아니라 실질적 진정성립까지 인정된 때에 한하여 비로소 그 성립의 진정함이 인정되어 증거로 사용할 수 있다고 보아야 한다.

5. 대법원 2013.8.14, 2012도13665

공소외 1은 제1심에서 증인으로 출석하여 검사로부터 위 진술조서를 제시받고 검사의 신문에 대하여 '수사기관에서 사실대로 진술하고 진술한 대로 기재되어 있는지 확인하고 서명무인하였다'는 취지로 증언하였을 뿐이어서 그 진술이 위 진술조서의 진정성립을 인정하는 취지인지 분명하지 아니하고, 오히려 '피고인이 훔쳤다'는 내용으로 기재되어 있는 부분은 자신이 진술한 사실이 없음에도 잘못 기재되었다는 취지로 증언하였으며, 원심에서도 증인으로 출석하였으나 위 진술조서의 진정성립을 인정하는 내용의 증언을 하지는 아니하였음을 알 수 있다. 따라서 공소외 1의 제1심 및 원심에서의 진술만으로는 그에 대한 경찰 진술조서 중 적어도 피고인이 이 사건 지게차를 훔쳤다는 진술 기재 부분의 진정성립을 인정하기에 부족하다.

6. 대법원 2013.3.14, 2011도8325 [법원9급 18, 경찰간부 15]

조서의 실질적 진정성립의 인정방법

원진술자 본인의 진술에 의한 실질적 진정성립의 인정은 공판준비 또는 공판기일에서 한 명시적인 진술에 의하여야 하고, 단지 이른바 원진술자가 실질적 진정성립에 대하여 이의하지 않았다거나 조서 작성절차와 방식의 적법성을 인정하였다는 것만으로 실질적 진정성립까지 인정한 것으로 보아서는 아니 된다. 또한 특별한 사정이 없는 한 '입증취지 부인'이라고 진술한 것만으로 이를 조서의 진정성립을 인정하는 전제에서 그 증명력만을 다투는 것이라고 가볍게 단정해서도 안 된다.

유사판례 | 대법원 1982.10.12, 82도1865 · 82감도383; 1994.11.11, 94도343 : 피고인이 사법경찰리 작성의 공소외인에 대한 피의자신문조서, 진술조서 및 검사 작성의 피고인에 대한 피의자신문조서 중 위 공소외인의 진술기재 부분을 증거로 함에 부동의하였고, 원진술자인 위 공소외인이 제1심 및 항소심에서 증인으로 나와 그 진술기재의 내용을 열람하거나 고지받지 못한 채 단지 검사나 재판장의 신문에 대하여 수사기관에서 사실대로 진술하였다는 취지의 증언만을 하고 있을 뿐이라면, 그 피의자신문조서와 진술조서는 증거능력이 없어 이를 유죄의 증거로 삼을 수 없다. [변호사 17]

③ 영상녹화물 또는 그 밖의 객관적 방법에 의한 실질적 진정성립의 증명

(가) 의의 : 실질적 진정성립은 **원진술자의 공판준비 또는 공판기일에서의 진술**이나 **영상녹화물 기타 객관적 방법**으로 증명될 수 있다(07년 개정에 의하여 신설). [국가7급 09, 경찰승진 15, 경찰채용 14 2차] 이는 원진술자가 진술조서의 실질적 진정성립을 부인하는 경우에는 그 조서에 기재된 진술이 원진술자가 진술한 내용과 동일하게 기재되어 있음이 **영상녹화물 기타 객관적 방법**(기타 객관적 방법이 과학적 · 기계적 방법으로 제한되는가에 대해서는 학설이 대립하나[1] 다수설 · 판례는 한정설을 취했음)에 의하여 증명될 수 있도록 하는 **대체증명** 방식을 말한다.

⚘ 판례연구 법 제312조 제4항의 영상녹화물 또는 그 밖의 객관적 방법

대법원 2016.2.18, 2015도16586 [국가7급 16/17, 국가9급 16/18, 경찰간부 16/23]

영상녹화물이나 그 밖의 객관적인 방법은 객관적 방법으로 한정된다는 사례

실질적 진정성립을 증명할 수 있는 방법으로서 법 제312조 제2항(원래는 구법 제312조 제1항에 대한 판례이나, 2020.2.4. 개정 법에 의하면 동 제4항에 적용될 수 있음)에 예시되어 있는 영상녹화물의 경우 형사소송법 및 형사소송규칙에 의하여 영상녹화의 과정, 방식 및 절차 등이 엄격하게 규정되어 있는데다(법 제244조의2, 규칙 제134조의2 제3 · 4 · 5항 등) 피의자의 진술을 비롯하여 검사의 신문 방식 및 피의자의 답변 태도 등 조사의 전 과정이 모두 담겨 있어 피고인이 된 피의자의 진술 내용 및 취지를 과학적 · 기계적으로 재현해 낼 수 있으므로 조서의 내용과 검사 앞에서의 진술 내용을 대조할 수 있는 수단으로서의 객관성이 보장되어 있다고 볼 수 있으나, 피고인을 피의자로 조사하였거나 조사에 참여하였던 자들의 증언은 오로지 증언자의 주관적 기억 능력에 의존할 수밖에 없어 객관성이 보장되어 있다고 보기 어렵다. 결국 검사 작성의 피의자신문조서에 대한 실질적 진정성립을 증명할 수 있는 수단으로서 (구)법 제312조 제2항에 규정된 '영상녹화물이나 그 밖의 객관적인 방법'이란 형사소송법 및 형사소송규칙에 규정된 방식과 절차에 따라 제작된 영상녹화물 또는 그러한 영상녹화물에 준할 정도로 피고인의 진술을 과학적 · 기계적 · 객관적으로 재현해 낼 수 있는 방법만을 의미하고, 그 외에 조사관 또는 조사 과정에 참여한 통역인 등의 증언은 이에 해당한다고 볼 수 없다.

1] [보충] 기타 객관적 방법의 의미에 대해서는 ① 영상녹화물에 준하는 정도의 객관적인 증거방법(예 녹음테이프)이어야 한다는 견해(한정설, 다수설, 단 수사기관의 조사자가 아닌 참여변호인의 증언이 포함되는가에 대해서는 다수설은 포함설이고, 불포함설은 이은모, 신동운)와 ② 조사참여자의 증언이나 참여변호인의 증언 등 인적 증거방법도 포함된다는 견해(비한정설, 노/이, 신동운, 정/백)가 대립한다. 판례는 한정설이다.

(나) 영상녹화물의 요건 : 진술조서의 실질적 진정성립을 증명할 수 있는 수단이 되기 위해서는 **형사소송법 및 형사소송규칙에 규정된 방식과 절차에 따라 제작되어 조사 신청된 영상녹화물**이어야 한다(대법원 2016.2.18, 2015도16586 등). 따라서 이를 위반하였다면 원칙적으로 대체증명수단이 될 수 없다.

🔨 **판례연구** 법 제312조 제4항의 영상녹화물의 요건

1. 대법원 2016.2.18, 2015도16586

형사소송법 제312조 제4항이 실질적 진정성립을 증명할 수 있는 방법으로 규정하는 영상녹화물에 대하여는 형사소송법 및 형사소송규칙에서 영상녹화의 과정, 방식 및 절차 등을 엄격하게 규정하고 있으므로(법 제221조 제1항 후문, 규칙 제134조의2, 제134조의3) 수사기관이 작성한 피고인 아닌 자의 진술을 기재한 조서에 대한 실질적 진정성립을 증명할 수 있는 수단으로서 형사소송법 제312조 제4항에 규정된 '영상녹화물'이라 함은 형사소송법 및 형사소송규칙에 규정된 방식과 절차에 따라 제작되어 조사 신청된 영상녹화물을 의미한다고 봄이 타당하다.

2. 대법원 2022.6.16, 2022도364

진술조서의 실질적 진정성립의 대체증명 수단인 영상녹화물의 요건

(사법경찰관 P는 피해자 A 등의 진술을 영상녹화하면서 사전에 영상녹화에 동의한다는 취지의 서면 동의서를 받지 않았고, A 등 피해자들이 조서를 열람하는 도중 영상녹화가 중단되어 조서 열람과정 일부와 조서에 기명날인 또는 서명을 마치는 과정이 영상녹화물에 녹화되지 않은 사례) 형사소송법과 형사소송규칙의 규정 내용과 취지에 비추어 보면, 수사기관이 작성한 피고인이 아닌 자의 진술을 기재한 조서에 대하여 실질적 진정성립을 증명하기 위해 영상녹화물의 조사를 신청하려면 영상녹화를 시작하기 전에 피고인 아닌 자의 동의를 받고 그에 관해서 피고인 아닌 자가 기명날인 또는 서명한 영상녹화 동의서를 첨부하여야 하고, 조사가 개시된 시점부터 조사가 종료되어 참고인이 조서에 기명날인 또는 서명을 마치는 시점까지 조사 전 과정이 영상녹화되어야 하므로 이를 위반한 영상녹화물에 의하여는 특별한 사정이 없는 한 피고인 아닌 자의 진술을 기재한 조서의 실질적 진정성립을 증명할 수 없다.

3. 대법원 2022.7.14, 2020도13957

영상녹화물의 봉인과 조사 전 과정에 대한 영상녹화의 의미

① (형사소송법이 정한 봉인절차를 지키지 않은 영상녹화물의 경우 예외적으로 영상녹화물을 법정 등에서 재생·시청하는 방법으로 조사하여 영상녹화물의 조작 여부를 확인함과 동시에 위 조서에 대한 실질적 진정성립의 인정 여부를 판단할 수 있는가의 문제) 영상녹화물은 형사소송법 등에 규정된 방식과 절차에 따라 제작되어 조사 신청된 영상녹화물을 의미한다. … 형사소송법 및 형사소송규칙에서 영상녹화물에 대한 봉인절차[1]를 둔 취지는 영상녹화물의 조작가능성을 원천적으로 봉쇄하여 영상녹화물 원본과의 동일성과 무결성을 담보하기 위한 것이다. 이러한 형사소송법 등의 규정 내용과 취지에 비추어 보면, 검사가 작성한 피고인이 된 피의자의 진술을 기재한 ㉠ 조서의 실질적 진정성립을 증명하려면 원칙적으로 봉인되어 원진술자가 기명날인 또는 서명한 영상녹화물을 조사하는 방법으로 하여야 하고 특별한 사정이 없는 한 봉인절차를 위반한 영상녹화물로는 이를 증명할 수 없다. ㉡ 다만 형사소송법 등이 정한 봉인절차를 제대로 지키지 못했더라도 영상녹화물 자체에 원본으로서 동일성과 무결성을 담보할 수 있는 수단이나 장치가 있어 조작가능성에 대한 합리적 의심을 배제할 수 있는 경우에는 그 영상녹화물을 법정 등에서 재생·시청하는 방법으로 조사하여 영상녹화물의 조작 여부를 확인함과 동시에 위 조서에 대한 실질적 진정성립의 인정 여부를 판단할 수 있다고 보아야 한다. 그와 같은 예외적인 경우라면 형사소송법 등이 봉인절차를 마련하여 둔 취지와 형사소송법에서 '영상녹화물이나 그 밖의 객관적인 방법'에 의하여 실질적 진정성립을 증명할 수 있도록 한 취지에 부합하기 때문이다.

② (조사 전 과정이 영상녹화되어야 함에도 불구하고, 수회의 조사가 이루어진 경우, 원칙적으로 최초의 조사부터 모든 조사 과정을 빠짐없이 영상녹화하여야 하는가의 문제) 형사소송법은 제244조의2 제1항에서 피의자의 진술을 영상녹화하는 경우 조사의 개시부터 종료까지의 전 과정 및 객관적 정황을 영상녹화하여야 한다고 규정하고 있고, 형사소송규칙은 제134조의2 제3항에서 영상녹화물은 조사가 개시된 시점부터 조사가 종료되어 피의자가 조서에 기명날인 또는 서명을 마치는 시점까지 전 과정이 영상녹화된 것이어야 한다고 규정하고 있는데, … 여기서 조사가 개시된 시점부터 조사가 종료되어 조서에 기명날인 또는 서명을 마치는 시점까지라 함은 기명날인 또는 서명의 대상인 조서가 작성된 개별 조사에서의 시점을 의미하므로 수회의 조사가 이루어진 경우에도 최초의 조사부터 모든 조사 과정을 빠짐없이 영상녹화하여야 한다고 볼 수 없고, 같은 날 이루어진 수회의 조사라 하더라도 특별한 사정이 없는 한 조사 과정 전부를 영상녹화하여야 하는 것도 아니다.

---

1) [조문] 영상녹화가 완료된 때에는 피의자 또는 변호인 앞에서 지체 없이 그 원본을 봉인하고 피의자로 하여금 기명날인 또는 서명하게 하여야 한다(법 제244조의2 제2항). 법원은 검사가 영상녹화물의 조사를 신청한 경우 이에 관한 결정을 함에 있어 피고인 또는 변호인으로 하여금 그 영상녹화물이 적법한 절차와 방식에 따라 작성되어 봉인된 것인지에 관한 의견을 진술하게 하여야 하고(규칙 제134조의4 제1항), 법원은 공판준비 또는 공판기일에서 봉인을 해체하고 영상녹화물의 전부 또는 일부를 재생하는 방법으로 조사하여야 한다(동 제3항 전문). 재판장은 조사를 마친 후 지체 없이 법원사무관 등으로 하여금 다시 원본을 봉인하도록 하고, 원진술자와 함께 피고인 또는 변호인에게 기명날인 또는 서명하도록 하여 검사에게 반환한다(동 제4항 본문).

④ 실질적 진정성립의 일부의 인정 : 대상이 가분적이라면 그 일부에 대한 소송행위의 유효성은 대체로 인정된다. 따라서 **진술조서의 일부에 관해서만 실질적 진정성립을 인정하는 것도 가능하다**(cf. 일부인정 = 간이공판절차 · 증거동의 · 상소). 이 경우 법원은 어느 부분이 인정되고 어느 부분이 달리 기재되어 있는지 구체적으로 심리한 후 인정한 부분에 한하여 증거능력을 인정하여야 한다.

★ 판례연구 실질적 진정성립의 일부인정

대법원 2013.5.23, 2010도15499; 2005.6.10, 2005도1849 [경찰채용 16 1차]
조서 중 일부에 관하여만 실질적 진정성립을 인정하는 경우의 조치
진술조서 중 일부에 관하여만 원진술자가 공판준비 또는 공판기일에서 실질적 진정성립을 인정하는 경우에는 법원은 어느 부분이 원진술자가 진술한 대로 기재되어 있고 어느 부분이 달리 기재되어 있는지 여부를 구체적으로 심리한 다음 진술한 대로 기재되어 있다고 하는 부분에 한하여 증거능력을 인정하여야 하고, 그 밖에 실질적 진정성립이 부정되는 부분에 대해서는 증거능력을 부정하여야 한다.

---

⑤ 실질적 진정성립 인정의 번복 : 피고인 또는 변호인은 실질적 진정성립을 인정하는 진술을 하였다 하더라도 **증거조사 완료 전에는 이를 번복할 수 있다**(2005도3045). 또한 **증거조사가 완료된 후** 성립진정 인정 진술을 번복하여도 이미 인정된 피의자신문조서의 증거능력이 당연히 상실되는 것은 아님이 원칙이나, 중대한 하자가 있고 귀책사유가 없다면 성립진정 인정 진술의 취소도 **예외적으로 인정**될 수 있다.

★ 판례연구 실질적 진정성립의 인정의 번복

대법원 2008.7.10, 2007도7760 [경찰채용 22 1차]
원진술자가 진술조서에 대하여 성립의 진정을 인정하였다가 증거조사 완료 후 이를 번복한 경우, 이미 인정된 증거능력이 당연히 상실되는지 여부(원칙적 소극) 및 법원이 취해야 할 조치
① (원칙) 원진술자가 진술조서의 성립의 진정함을 인정하는 진술을 하였다 하더라도, 그 진술조서에 대하여 증거조사가 완료되기 전에는 최초의 진술을 번복함으로써 그 조서를 유죄 인정의 자료로 사용할 수 없도록 할 수 있으나, 그 조서에 대하여 위의 증거조사가 완료된 뒤에는 그와 같은 번복의 의사표시에 의하여 이미 인정된 조서의 증거능력이 당연히 상실되는 것은 아니다.
② (예외) 다만, 적법절차 보장의 정신에 비추어 성립의 진정함을 인정한 최초의 진술에 그 효력을 그대로 유지하기 어려운 중대한 하자가 있고 그에 관하여 진술인에게 귀책사유가 없는 경우에 한하여 예외적으로 증거조사 절차가 완료된 뒤에도 그 진술을 취소할 수 있고, 그 취소 주장이 이유 있는 것으로 받아들여지게 되면 법원은 형사소송규칙상 증거배제결정을 통하여 그 조서를 유죄 인정의 자료에서 제외하여야 한다.

---

(3) 반대신문의 기회보장 : 진술조서는 피고인 또는 변호인이 공판준비 또는 공판기일에 그 기재내용에 관하여 원진술자를 신문할 수 있어야 한다. 이렇게 2007년 개정법은 원진술자에 대한 반대신문의 기회가 보장된 때에만 진술조서의 증거능력을 인정할 수 있음을 명시하였다. 따라서 **피의자신문의 동석자(신뢰관계인)가 피의자를 대신하여 한 진술**이 피의자신문조서에 기재되어 있는 경우에는 **당해 동석자에 대한 반대신문의 기회가 보장**되는 등 당해 동석자에 대한 진술조서의 증거능력 인정요건을 갖추어야만 증거로 할 수 있다(대법원 2009.6.23, 2009도1322). 다만, 피고인 또는 변호인에게 **반대신문의 기회가 보장되면 족하며, 반드시 반대신문이 실제로 이루어져야 한다는 것은 아니다**(다만 피고인 측의 반대신문권이 보장되지 못한 증인신문의 결과는 위법수집증거가 될 여지가 있음, 위법수집증거배제법칙 참조). [경찰간부 14]
정리 반대신문이 행해지려면 원진술자가 공판정에 출석해야 하므로, 검사가 원진술자가 사망 · 질병 · 외국거주 · 소재불명 기타 이에 준하는 사유로 공판정에 출정하여 진술을 할 수 없고 그 진술이 특히 신빙할 만한 상태하에서 이루어졌음을 증명한 경우(제314조)가 아니라면, 원진술자가 법정에 출석하여 이에 대한 피고인 · 변호인의 반대신문의 기회가 보장되지 못한 경우에는 당해 피고인 아닌 자의 진술조서는 증거능력이 인정되지 아니한다.

★ 판례연구 피의자신문의 동석자의 진술

대법원 2009.6.23, 2009도1322 [경찰승진 10/13]

법 제244조의5에서 정한 피의자신문 동석자가 한 진술의 성격과 그 진술의 증거능력을 인정하기 위한 요건

형사소송법 제244조의5는, 검사 또는 사법경찰관은 피의자를 신문하는 경우 피의자가 신체적 또는 정신적 장애로 사물을 변별하거나 의사를 결정·전달할 능력이 미약한 때나 피의자의 연령·성별·국적 등의 사정을 고려하여 그 심리적 안정의 도모와 원활한 의사소통을 위하여 필요한 경우에는, 직권 또는 피의자·법정대리인의 신청에 따라 피의자와 신뢰관계에 있는 자를 동석하게 할 수 있도록 규정하고 있다. 구체적인 사안에서 위와 같은 동석을 허락할 것인지는 원칙적으로 검사 또는 사법경찰관이 피의자의 건강 상태 등 여러 사정을 고려하여 재량에 따라 판단하여야 할 것이나, 이를 허락하는 경우에도 동석한 사람으로 하여금 피의자를 대신하여 진술하도록 하여서는 안 된다. 만약 동석한 사람이 피의자를 대신하여 진술한 부분이 조서에 기재되어 있다면 그 부분은 피의자의 진술을 기재한 것이 아니라 동석한 사람의 진술을 기재한 조서에 해당하므로, 그 사람에 대한 진술조서로서의 증거능력을 취득하기 위한 요건을 충족하지 못하는 한 이를 유죄 인정의 증거로 사용할 수 없다.

★ 판례연구 [주의] 증거동의를 하여 증거능력은 인정되나, 증명력이 부정되어 유죄의 증거로 할 수 없다는 사례

대법원 2006.12.8, 2005도9730 [법원9급 08, 경찰승진 10/12, 경찰채용 12 3차]

원진술자의 법정 출석과 피고인에 의한 반대신문이 이루어지지 못한 경우(증거동의 등에 의하여 증거능력이 인정되더라도) 그 증명력을 부정한 사례

수사기관이 원진술자의 진술을 기재한 조서는 원본증거인 원진술자의 진술에 비하여 본질적으로 낮은 정도의 증명력을 가질 수밖에 없다는 한계를 지니는 것이고, 특히 원진술자의 법정 출석 및 반대신문이 이루어지지 못한 경우에는 그 진술이 기재된 조서는 법관의 올바른 심증 형성의 기초가 될 만한 진정한 증거가치를 가진 것으로 인정받을 수 없는 것이 원칙이다. 따라서 피고인이 공소사실 및 이를 뒷받침하는 수사기관이 원진술자의 진술을 기재한 조서 내용을 부인하였음에도 불구하고, 원진술자의 법정 출석과 피고인에 의한 반대신문이 이루어지지 못하였다면, 그 조서에 기재된 진술이 직접 경험한 사실을 구체적인 경위와 정황의 세세한 부분까지 정확하고 상세하게 묘사하고 있어 구태여 반대신문을 거치지 않더라도 진술의 정확한 취지를 명확히 인식할 수 있고 그 내용이 경험칙에 부합하는 등 신빙성에 의문이 없어 조서의 형식과 내용에 비추어 강한 증명력을 인정할 만한 특별한 사정이 있거나, 그 조서에 기재된 진술의 신빙성과 증명력을 뒷받침할 만한 다른 유력한 증거가 따로 존재하는 등의 예외적인 경우가 아닌 이상(진술조서 내용이 구체적이지 않다는 의미), 그 조서는 진정한 증거가치를 가진 것으로 인정받을 수 없는 것이어서 이를 주된 증거로 하여 공소사실을 인정하는 것은 원칙적으로 허용될 수 없다. 이는 원진술자의 사망이나 질병 등으로 인하여 원진술자의 법정 출석 및 반대신문이 이루어지지 못한 경우는 물론 수사기관의 조서를 증거로 함에 피고인이 동의한 경우에도 마찬가지이다.

보충 피고인이 증거동의를 하였다면 증거능력은 있으나, 피고인이 그 내용을 부인하고 원진술자의 법정출석 및 피고인에 의한 반대신문이 이루어지지 못하였다면 이를 주된 증거로 하여 공소사실을 인정하는 것(증명력)은 원칙적으로 허용될 수 없다는 사례이다. 즉, 증거동의를 하여 증거조사에는 들어갔으나 증거조사의 결과 증명력에는 합리적 의심의 여지가 있다는 것이다.

정리 진술조서 내용이 구체적이지 않은데, 원진술자의 법정출석 및 반대신문이 이루어지지 못함 → 제312조 제4항 × → 제314조에 해당하거나 증거동의가 있음 → 증거능력은 인정 but 증명력 부정(자유심증주의)

(4) 특신상태

① 의의 : 조서에 기재된 진술이 특히 신빙할 수 있는 상태하에서 행하여졌음이 증명되어야 한다(2007년 개정법에 의한 요건 추가). 2007년 개정법은 구두변론주의·직접심리주의를 강화하기 위해, 수사기관 작성 참고인 진술조서에 대해서도 그 진술이 특히 신빙할 수 있는 상태하에서 행하여졌음이 증명된 때에 한하여 증거능력이 인정됨을 명시한 것이다. '특신상태'의 의미는 영미법의 **신용성의 정황적 보장과 같은 의미**로서, 조서작성 당시 그 진술내용이나 조서 또는 서류의 작성에 **허위개입의 여지가 없고 그 진술내용의 신빙성·임의성을 담보할 구체적·외부적인 정황이 있는 경우**를 말하고, 특신상태의 증명은 **개연성 정도로는 부족하고 합리적 의심의 여지를 배제할 정도**에 이르러야 한다(대법원 2014.2.21, 2013도 12652).[1] [국가9급 13, 경찰간부 12, 해경간부 12, 경찰승진 12/14, 경찰채용 15 2차]

② 판단기준 : 신용성의 정황적 보장의 존부 및 그 정도에 관하여서는 구체적 사안에 따라 이를 가릴 수

---

1) [보충] 특신상태의 의미에 대해서는 ① 신용성의 정황적 보장으로 보는 입장(다수설), ② 검사 면전의 진술을 법관 면전의 진술에 준하는 것으로 취급될 수 있는 객관성과 적법성을 갖춘 상황으로 보는 견해(적법절차설 : 신동운, 이영란 등), ③ 결합설(배/이/정, 신양균)이 대립하고 있다. 제2설과 제3설은 제314조의 특신상태와 제315조 제3호의 특신상태는 구별된다고 한다. 결론적으로, 현행법은 적법한 절차와 방식에 의한 작성과 실질적 진정성립의 인정과는 별도로 특신상태를 요구하고 있을 뿐 특신상태의 개념은 단일하게 파악하는 것이 타당하다는 점에서, 본서는 제1설을 따른다.

밖에 없다. 예컨대 참고인이 변호인 또는 신뢰관계 있는 사람의 동석하여 심리적 안정을 충분히 가진 상태에서 진술한 경우에는 그 상황의 특신성이 인정된다고 할 수 있으나, 그 반대의 경우라면 진술상태의 특신성은 인정되기 어려울 것이다.

③ **거증책임과 증명의 정도** : 특신상태의 존재에 대한 거증책임은 **검사**에게 있다. 따라서 특신상태 증명불능의 경우 당해 조서는 증거로 쓸 수 없다. 다만, 특신상태는 소송법적 사실이므로 **검사가 자유로운 증명으로 증명**하면 족하다(대법원 2001.9.4, 2000도1743; 2012.7.26, 2012도2937) [경찰채용 20 2차], 이때 증명은 특신상태의 **개연성이 있다는 정도로는 부족**하고 특신상태 부존재에 대한 **합리적인 의심의 여지를 배제할 정도**에 이르러야 한다(대법원 2014.2.21, 2013도12652; 2014.4.30, 2012도725).

⚖ 판례연구 진술이 특히 신빙할 수 있는 상태하에서 행하여졌음

1. 대법원 2011.7.14, 2011도3809 [국가7급 18]

참고인진술조서의 원진술의 특신상태가 인정되는 않는다는 사례

검찰관이 피고인을 뇌물수수 혐의로 기소한 후, 형사사법공조절차를 거치지 아니한 채 과테말라공화국에 현지출장하여 그곳 호텔에서 뇌물공여자 甲을 상대로 참고인 진술조서를 작성한 경우, 甲이 자유스러운 분위기에서 임의수사 형태로 조사에 응하였고 조서에 직접 서명·무인하였다는 사정만으로 특신상태를 인정하기에 부족할 뿐만 아니라, 검찰관이 군사법원의 증거조사절차 외에서, 그것도 형사사법공조절차나 과테말라공화국 주재 우리나라 영사를 통한 조사 등의 방법을 택하지 않고 직접 현지에 가서 조사를 실시한 것은 수사의 정형적 형태를 벗어난 것이라고 볼 수 있는 점 등 제반 사정에 비추어 볼 때, 진술이 특별히 신빙할 수 있는 상태에서 이루어졌다는 점에 관한 증명이 있다고 보기 어려워 甲의 진술조서는 증거능력이 인정되지 아니하므로, 이를 유죄의 증거로 삼을 수 없다.

보충 다만, 전술하였듯이 위법수집증거배제법칙에는 위배되지 아니한다.

2. 대법원 2012.7.26, 2012도2937 [경찰채용 15/20 2차, 경찰승진 12/14, 경찰간부 12, 해경간부 12, 국가9급 13]

형사소송법 제312조 제4항에서 정한 '특히 신빙할 수 있는 상태'의 의미 및 그 증명책임 소재(= 검사와 증명의 정도(= 자유로운 증명)

형사소송법 제312조 제4항에서 '특히 신빙할 수 있는 상태'란 진술 내용이나 조서 작성에 허위개입의 여지가 거의 없고, 진술 내용의 신빙성이나 임의성을 담보할 구체적이고 외부적인 정황이 있는 것을 말한다. 그리고 이러한 '특히 신빙할 수 있는 상태'는 증거능력의 요건에 해당하므로 검사가 그 존재에 대하여 구체적으로 주장·증명하여야 하지만, 이는 소송상의 사실에 관한 것이므로 엄격한 증명을 요하지 아니하고 자유로운 증명으로 족하다.

---

(5) 공소제기 후 피고인·증인에 대한 진술조서

① **공소제기 후 피고인에 대한 진술조서** : 진술조서에 해당한다는 견해와 피의자신문조서로 취급해야 한다는 견해가 대립되어 있으나, 공판중심주의·당사자주의에 비추어 공소제기 후의 피고인신문은 위법하므로(전술한 공소제기 후 수사 참조) 그 조서는 위법수집증거로 보아 증거능력이 부정된다는 것이 통설이다. 다만, **판례는 제312조의 요건을 충족한다면 증거로 사용**할 수 있다고 본다(대법원 1982.6.8, 82도754; 1984.9.25, 84도1646).

대법원 1982.6.8, 82도754

검사의 피고인에 대한 진술조서(당해 공소사실에 관한 것임)가 기소 후에 작성된 것이라는 이유만으로 곧 그 증거능력이 없는 것이라고 할 수 없다.

보충 판례는 통설과 반대로 공소제기 후 피고인신문에 의한 진술조서의 증거능력을 인정하고 있다.

---

② **공소제기 후 증인에 대한 진술조서** : 공소제기 후 참고인조사는 임의수사로서 허용되므로, 어떠한 증거가 공소가 제기된 이후 수사관에 의하여 수집되었다는 이유만으로 위법한 절차에 의하여 수집된 증거라고 볼 수는 없다(대법원 1983.8.23, 83도1632). 다만, **피고인에게 유리한 증언을 한 증인을 법정 외에서 추궁하여 법정에서의 증언을 번복하는 내용의 진술조서**(이른바 **증언 번복 진술조서**)의 증거능력에 관하여,[1] 판례

---

1) [보충] 공소제기 후 수사 부분에서 검토한 내용이다. 공소제기 후 검사 작성 증언번복조서에 대해서, 종래 판례는 공판기일에 다시 증인으로 신문하면서 그 진술조서 기재내용에 관하여 피고인 측에게 반대신문의 기회를 부여하였다면 그 증거채용을 탓할 것은 아니나(대법원 1992.8.18, 92도

는 **피고인이 증거로 할 수 있음에 동의하지 아니하는 한** (당해 진술조서의 성립의 진정이 인정되고 피고인 측에 반대신문의 기회가 보장되더라도) 당사자주의·공판중심주의·직접주의 및 법관면전재판청구권(헌법 제27조 제4항)을 침해하는 것이어서 그 **증거능력이 없다**는 입장이다(대법원 2000.6.15, 99도1108 전원합의체). 이는 검사가 공판준비 또는 공판기일에서 이미 증언을 마친 증인에게 수사기관에 출석할 것을 요구하여 그 증인을 상대로 **위증의 혐의를 조사한 내용을 담은 피의자신문조서의 경우도 마찬가지**이다(대법원 2013.8.14, 2012도13665). 통설도 증거능력 부정설의 입장이다.

(6) 관련문제 – 영상녹화물의 용도·조사신청·조사

① 의의 : 피의자신문에 있어서 피의자의 진술은 미리 영상녹화사실을 알려주면 영상녹화할 수 있고(제244조의2), 참고인조사에 있어서는 참고인의 동의를 받으면 영상녹화할 수 있다(제221조 제1항). 이러한 영상녹화물은 **제312조 제4항의 진술조서의 실질적 진정성립을 증명하는 용도**로 사용될 수 있다. 제312조 제1항의 검사 작성 피의자신문조서에는 더 이상 적용되지 않는다는 점은 기술한 바와 같다. 아래에서는 영상녹화물의 용도, 조사신청 및 조사절차에 관하여 살펴보기로 한다.

② 영상녹화물의 용도

(가) 기억환기용 : 피고인 또는 피고인이 아닌 자의 진술을 내용으로 하는 영상녹화물은 공판준비 또는 공판기일에 피고인 또는 피고인이 아닌 자가 진술함에 있어서 **기억이 명백하지 아니한 사항에 관하여 기억을 환기시켜야 할 필요가 있다고 인정되는 때에 한하여** 피고인 또는 피고인이 아닌 자에게 재생하여 시청하게 할 수 있다(제318조의2 제2항). [경찰승진 13] 기억환기를 위한 영상녹화물의 재생은 **검사의 신청**이 있는 경우에 한하며 피고인은 신청권이 없고 [법원9급 12], **기억의 환기가 필요한 피고인 또는 피고인 아닌 자에게만**(검사 ×) **이를 재생하여 시청**하게 하여야 한다 [국가7급 09, 해경간부 12, 경찰채용 12 1차](규칙 제134조의5 제1항).

(나) 본증·탄핵증거 : 수사기관의 영상녹화물은 범죄사실을 증명하는 독립된 증거인 **본증으로는 사용할 수 없으며**(판례, 학설대립), 피고인의 공판정 진술 내지 참고인의 법정증언에 대한 **탄핵증거로도 사용할 수 없다**(통설). [경찰간부 13/14/16]

🔍 **판례연구** 영상녹화물의 용도

대법원 2014.7.10, 2012도5041 [경찰간부 22, 법원9급 20]

수사기관이 참고인을 조사하는 과정에서 형사소송법 제221조 제1항에 따라 작성한 영상녹화물이 공소사실을 직접 증명할 수 있는 독립적인 증거로 사용될 수 없다는 사례

2007.6.1. 법률 제8496호로 개정된 형사소송법은 제221조 제1항에서 수사기관은 피의자 아닌 자(이하 '참고인'이라 한다)의 동의를 얻어 그의 진술을 영상녹화할 수 있는 절차를 신설하면서도, 제312조 제4항에서 위 영상녹화물과 별도로 검사 또는 사법경찰관이 참고인의 진술을 기재한 조서가 작성됨을 전제로 하여 영상녹화물로 그 진술조서의 실질적 진정성립을 증명할 수 있도록 규정하는 한편, 증거로 할 수 없는 서류나 진술이라도 공판준비 또는 공판기일에서 피고인 또는 참고인 진술의 증명력을 다투기 위한 증거로 사용될 수 있도록 정한 제318조의2 제1항과 별도로 제318조의2 제2항을 두어 참고인의 진술을 내용으로 하는 영상녹화물은 공판준비 또는 공판기일에 참고인이 진술함에 있어서 기억이 명백하지 아니한 사항에 관하여 기억을 환기시켜야 할 필요가 있다고 인정되는 때에 한하여 참고인에게 재생하여 시청하게 할 수 있다고 규정함으로써, 참고인의 진술에 대한 영상녹화물이 증거로 사용될 수 있는 경우를 제한하고 있다. … 따라서 수사기관이 참고인을 조사하는 과정에서 형사소송법 제221조 제1항에 따라 작성한 영상녹화물은, 다른 법률에서 달리 규정하고 있는 등의 특별한 사정이 없는 한, 공소사실을 직접 증명할 수 있는 독립적인 증거로 사용될 수는 없다고 해석함이 타당하다.

(다) 성폭력범죄 피해자 보호를 위한 영상녹화물 : ㉠ 검사 또는 사법경찰관은 **19세 미만 피해자등**(19세 미만인 피해자나 신체적인 또는 정신적인 장애로 사물을 변별하거나 의사를 결정할 능력이 미약한 피해자를 말한다. 2023.7.11. 개정 성폭법 제26조 제4항)**의 진술 내용과 조사 과정을 영상녹화장치로 녹화**(녹음이 포함된 것을 말하며, 이하 "영상녹화"라 함)**하고, 그 영상녹화물을 보존하여야 하고**(2023.7.11. 개정

1555), 그와 같은 경로에 의하여 수집된 증거는 신빙성이 상대적으로 희박하다고 할 수밖에 없다(대법원 1983.8.23, 83도1632; 1993.4.27, 92도2171)고 하여 그 증거능력 자체를 부정하지 아니하면서 그 신빙성만을 문제삼았었다.

성폭법 제30조 제1항), 영상녹화를 함에 있어서는 미리 영상녹화사실을 알려주어야 하며, 조사의 개시부터 종료까지의 전 과정 및 객관적 정황을 영상녹화하여야 하는데(동 제9항, 형사소송법 제244조의2 제1항 후단), 19세 미만 피해자등 또는 그 법정대리인(**법정대리인이 가해자이거나 가해자의 배우자인 경우는 제외**한다)이 이를 원하지 아니하는 의사를 표시하는 경우에는 영상녹화를 하여서는 아니 되고(동 제3항), 검사 또는 사법경찰관은 위 영상녹화를 마쳤을 때에는 **지체 없이 피해자 또는 변호사 앞에서 봉인하고 피해자로 하여금 기명날인 또는 서명**하게 하여야 하며(동 제4항), 검사 또는 사법경찰관은 위 영상녹화 과정의 진행 경과를 조서(별도의 서면 포함)에 기록한 후 수사기록에 편철하여야 한다(동 제5항).[1] [경찰간부 14, 경찰승진 15] ㉡ 이러한 성폭력피해자의 진술 내용을 담은 영상녹화물의 증거능력 인정 요건에 관하여, 구 성폭법 제30조 제6항은 촬영한 영상물에 수록된 19세 미만 또는 신체적·정신적 장애로 사물변별·의사결정능력이 미약한 성폭력피해자의 진술은 공판준비기일 또는 공판기일에 피해자나 조사 과정에 동석하였던 신뢰관계에 있는 사람 또는 진술조력인의 진술에 의하여 그 성립의 진정함이 인정된 경우에 증거로 할 수 있었으나, ㉢ 2021년 12월 헌법재판소가 **19세 미만 성폭력범죄 피해자의 진술에 대하여 동석한 신뢰관계인 또는 진술조력인의 진술에 의하여 그 성립의 진정함이 인정된 경우에 증거로 할 수 있다**는 부분에 대해서는 피고인의 반대신문권을 실질적으로 배제함으로써 피고인의 방어권을 과도하게 제한한다고 보아 **위헌결정**을 내림(헌법재판소 2021.12.23, 2018헌바524)에 따라, ㉣ 2023.7.11. 성폭법 제30조의2가 신설되었다.[2] 이에 따르면, 19세 미만 피해자등의 진술이 영상녹화된 영상녹화물은 ⓐ **적법한 절차와 방식**(2023.7.11. 개정 성폭법 제30조 제4항~제6항에서 정한 절차와 방식)에 따라 영상녹화된 것으로서, **증거보전기일, 공판준비기일 또는 공판기일에 그 내용에 대하여 피의자, 피고인 또는 변호인이 피해자를 신문할 수 있었던 경우**(다만, 증거보전기일에서의 신문의 경우 법원이 피의자나 피고인의 방어권이 보장된 상태에서 피해자에 대한 반대신문이 충분

---

1) [참조조문] 2023.7.11. 개정 성폭법 제30조(19세 미만 피해자등 진술 내용 등의 영상녹화 및 보존 등) ① 검사 또는 사법경찰관은 19세 미만 피해자등의 진술 내용과 조사 과정을 영상녹화장치로 녹화(녹음이 포함된 것을 말하며, 이하 "영상녹화"라 한다)하고, 그 영상녹화물을 보존하여야 한다.
② 검사 또는 사법경찰관은 19세 미만 피해자등을 조사하기 전에 다음 각 호의 사실을 피해자의 나이, 인지적 발달 단계, 심리 상태, 장애 정도 등을 고려한 적절한 방식으로 피해자에게 설명하여야 한다.
1. 조사 과정이 영상녹화된다는 사실
2. 영상녹화된 영상녹화물이 증거로 사용될 수 있다는 사실
③ 제1항에도 불구하고 19세 미만 피해자등 또는 그 법정대리인(법정대리인이 가해자이거나 가해자의 배우자인 경우는 제외한다)이 이를 원하지 아니하는 의사를 표시하는 경우에는 영상녹화를 하여서는 아니 된다.
④ 검사 또는 사법경찰관은 제1항에 따른 영상녹화를 마쳤을 때에는 지체 없이 피해자 또는 변호사 앞에서 봉인하고 피해자로 하여금 기명날인 또는 서명하게 하여야 한다.
⑤ 검사 또는 사법경찰관은 제1항에 따른 영상녹화 과정의 진행 경과를 조서(별도의 서면을 포함한다. 이하 같다)에 기록한 후 수사기록에 편철하여야 한다.
⑥ 제5항에 따라 영상녹화 과정의 진행 경과를 기록할 때에는 다음 각 호의 사항을 구체적으로 적어야 한다.
1. 피해자가 영상녹화 장소에 도착한 시각
2. 영상녹화를 시작하고 마친 시각
3. 그 밖에 영상녹화 과정의 진행경과를 확인하기 위하여 필요한 사항
⑦ 검사 또는 사법경찰관은 19세 미만 피해자등이나 그 법정대리인이 신청하는 경우에는 영상녹화 과정에서 작성한 조서의 사본 또는 영상녹화물에 녹음된 내용을 옮겨 적은 녹취서의 사본을 신청인에게 발급하거나 영상녹화물을 재생하여 시청하게 하여야 한다.
⑧ 누구든지 제1항에 따라 영상녹화한 영상녹화물을 수사 및 재판의 용도 외에 다른 목적으로 사용하여서는 아니 된다.
⑨ 제1항에 따른 영상녹화의 방법에 관하여는 「형사소송법」 제244조의2 제1항 후단을 준용한다.
[전문개정 2023. 7. 11.]

2) [참조조문] 2023.7.11. 신설 성폭법 제30조의2(영상녹화물의 증거능력 특례) ① 제30조 제1항에 따라 19세 미만 피해자등의 진술이 영상녹화된 영상녹화물은 같은 조 제4항부터 제6항까지에서 정한 절차와 방식에 따라 영상녹화된 것으로서 다음 각 호의 어느 하나의 경우에 증거로 할 수 있다.
1. 증거보전기일, 공판준비기일 또는 공판기일에 그 내용에 대하여 피의자, 피고인 또는 변호인이 피해자를 신문할 수 있었던 경우. 다만, 증거보전기일에서의 신문의 경우 법원이 피의자나 피고인의 방어권이 보장된 상태에서 피해자에 대한 반대신문이 충분히 이루어졌다고 인정하는 경우로 한정한다.
2. 19세 미만 피해자등이 다음 각 목의 어느 하나에 해당하는 사유로 공판준비기일 또는 공판기일에 출석하여 진술할 수 없는 경우. 다만, 영상녹화된 진술 및 영상녹화가 특별히 신빙(信憑)할 수 있는 상태에서 이루어졌음이 증명된 경우로 한정한다.
   가. 사망
   나. 외국 거주
   다. 신체적, 정신적 질병·장애
   라. 소재불명
   마. 그 밖에 이에 준하는 경우
② 법원은 제1항 제2호에 따라 증거능력이 있는 영상녹화물을 유죄의 증거로 할지를 결정할 때에는 피고인과의 관계, 범행의 내용, 피해자의 나이, 심신의 상태, 피해자가 증언으로 인하여 겪을 수 있는 심리적 외상, 영상녹화물에 수록된 19세 미만 피해자등의 진술 내용 및 진술 태도 등을 고려하여야 한다. 이 경우 법원은 전문심리위원 또는 제33조에 따른 전문가의 의견을 들어야 한다.
[본조신설 2023. 7. 11.]

히 이루어졌다고 인정하는 경우로 한정됨)(2023.7.11. 신설 성폭법 제30조의2 제1항 제1호 : **적 + 반**) 또는 ⓑ **적법한 절차와 방식**에 따라 영상녹화된 것으로서, **19세 미만 피해자등이 사망, 외국 거주, 신체적·정신적 질병·장애, 소재불명, 그 밖에 이에 준하는 경우 중 어느 하나에 해당하는 사유로 공판준비기일 또는 공판기일에 출석하여 진술할 수 없고, 영상녹화된 진술 및 영상녹화가 특별히 신빙(信憑)할 수 있는 상태에서 이루어졌음이 증명**된 경우(동 제2호 : **적 + 필 + 특**)에 증거로 할 수 있다. 법원은 ⓑ의 경우 증거능력이 있는 영상녹화물을 유죄의 증거로 할지를 결정할 때에는 피고인과의 관계, 범행의 내용, 피해자의 나이, 심신의 상태, 피해자가 증언으로 인하여 겪을 수 있는 심리적 외상, 영상녹화물에 수록된 19세 미만 피해자등의 진술 내용 및 진술 태도 등을 고려하여야 한다. 이 경우 법원은 전문심리위원 또는 전문가(성폭법 제33조)의 의견을 들어야 한다(동 제2항).

🔨 판례연구 성폭법상 성폭력피해자 진술 영상녹화물

1. 대법원 2010.1.28, 2009도12048

성폭법에 따라 촬영된 영상물에 수록된 피해자 진술의 증거능력이 인정되는 '진술'의 범위

성폭력범죄의 처벌 및 피해자보호 등에 관한 법률 제21조의3 제3항(현 성폭력범죄의 처벌 등에 관한 특례법 제30조[1] 제1항)에 의해 촬영된 영상물에 수록된 '피해자의 진술'은 같은 조 제4항에 의해 공판준비 또는 공판기일에서 피해자 또는 조사과정에 동석하였던 신뢰관계에 있는 자의 진술에 의하여 그 성립의 진정함이 인정된 때에는 증거로 할 수 있다. 그리고 같은 규정에 의하여 증거능력이 인정될 수 있는 것은 '같은 규정에 의해 촬영된 영상물에 수록된 피해자의 진술' 그 자체일 뿐이고, '피해자에 대한 경찰 진술조서'나 '조사과정에 동석하였던 신뢰관계 있는 자의 공판기일에서의 진술'은 그 대상이 되지 아니한다.

보충 성폭법 위반으로 공소제기된 사안에서, 같은 법에 의해 촬영된 영상물에 수록된 피해자의 진술이 피해자에 대한 경찰 진술조서의 내용과 일치함을 조사과정에 동석하였던 피해자의 어머니의 진술을 통하여 확인하였으면서도(이제는 19세 미만 피해자의 경우에는 위 방법에 의한 증거능력 인정은 허용되지 않음, 아래 헌재 위헌결정 참조) 그 피해자의 진술을 증거로 쓰지 아니한 채, 형사소송법 제316조 제2항 및 제312조 제4항의 각 요건을 갖추지 못하여 증거로 할 수 없는 피해자의 어머니의 공판기일에서의 진술, 피해자에 대한 경찰진술조서 등만에 의하여 범죄사실에 대한 증명이 충분하다고 보아 이를 유죄로 판단한 원심판결을 파기한 사례이다.

2. 헌법재판소 2021.12.23, 2018헌바524

영상물에 수록된 19세 미만 성폭력범죄 피해자 진술에 관한 증거능력 특례조항 사건

성폭력범죄의 처벌 등에 관한 특례법 제30조 제6항 중 '제1항에 따라 촬영한 영상물에 수록된 피해자의 진술은 공판준비기일 또는 공판기일에 조사 과정에 동석하였던 신뢰관계에 있는 사람 또는 진술조력인의 진술에 의하여 그 성립의 진정함이 인정된 경우에 증거로 할 수 있다' 부분 가운데 19세 미만 성폭력범죄 피해자에 관한 부분은 헌법에 위반된다.[2]

---

1) 성폭력범죄의 처벌 등에 관한 특례법(본서에서는 '성폭법') 제30조(영상물의 촬영·보존 등) ① 성폭력범죄의 피해자가 19세 미만이거나 신체적인 또는 정신적인 장애로 사물을 변별하거나 의사를 결정할 능력이 미약한 경우에는 피해자의 진술 내용과 조사 과정을 비디오녹화기 등 영상물 녹화장치로 촬영·보존하여야 한다.
② 제1항에 따른 영상물 녹화는 피해자 또는 법정대리인이 이를 원하지 아니하는 의사를 표시한 경우에는 촬영을 하여서는 아니 된다. [경찰간부 14/경찰승진 15] 다만, 가해자가 친권자 중 일방인 경우는 그러하지 아니하다.
③ 제1항에 따른 영상물 녹화는 조사의 개시부터 종료까지의 전 과정 및 객관적 정황을 녹화하여야 하고, 녹화가 완료된 때에는 지체 없이 그 원본을 피해자 또는 변호사 앞에서 봉인하고 피해자로 하여금 기명날인 또는 서명하게 하여야 한다.
④ 검사 또는 사법경찰관은 피해자가 제1항의 녹화장소에 도착한 시각, 녹화를 시작하고 마친 시각, 그 밖에 녹화과정의 진행경과를 확인하기 위하여 필요한 사항을 조서 또는 별도의 서면에 기록한 후 수사기록에 편철하여야 한다.
⑤ 검사 또는 사법경찰관은 피해자 또는 법정대리인이 신청하는 경우에는 영상물 촬영과정에서 작성한 조서의 사본을 신청인에게 발급하거나 영상물을 재생하여 시청하게 하여야 한다.
⑥ 제1항에 따라 촬영한 영상물에 수록된 피해자의 진술은 공판준비기일 또는 공판기일에 피해자나 조사 과정에 동석하였던 신뢰관계에 있는 사람 또는 진술조력인의 진술에 의하여 그 성립의 진정함이 인정된 경우에 증거로 할 수 있다.
⑦ 누구든지 제1항에 따라 촬영한 영상물을 수사 및 재판의 용도 외에 다른 목적으로 사용하여서는 아니 된다.

2) [보충1] (이유 요약) ① (목적의 정당성 및 수단의 적합성) 미성년 피해자가 받을 수 있는 2차 피해를 방지하는 것은, 성폭력범죄에 관한 형사절차를 형성함에 있어 결코 포기할 수 없는 중요한 가치라 할 것이나 그 과정에서 피고인의 공정한 재판을 받을 권리 역시 보장되어야 한다. 그런데 성폭력범죄의 특성상 영상물에 수록된 미성년 피해자 진술이 사건의 핵심 증거인 경우가 적지 않고, 이러한 진술증거에 대한 탄핵의 필요성이 인정됨에도 심판대상조항은 그러한 주요 진술증거의 왜곡이나 오류를 탄핵할 수 있는 효과적인 방법인 피고인의 반대신문권을 보장하지 않고 있으며, 이를 대체할 만한 수단도 마련하고 있지 못하다. … 심판대상조항에 의하여 피고인은 사건의 핵심적인 진술증거에 관하여 충분히 탄핵할 기회를 갖지 못한 채 유죄 판결을 받을 수 있게 되므로, 그로 인한 피고인의 방어권 제한의 정도는 매우 중대하다. … 피고인의 반대신문권을 보장하면서도 미성년 피해자를 보호할 수 있는 조화적인 방법을 상정할 수 있음에도, 영상물의 원진술자인 미성년 피해자에 대한 피고인의 반대신문권을 실질적으로 배제하여 피고인의 방어권을 과도하게 제한하는 심판대상조항은 피해의 최소성 요건을 갖추지 못하였다. ② (법익의 균형성) 심판대상조항으로 인하여 피고인의 방어권이 제한되는 정도가 중대하고, 미성년 피해자의 2차 피해를 방지할 수 있는 여러 조화적인 대안이 존재함은 앞서 살핀 바와 같다. 이러한 점들을 고려할 때, 심판대상조항이 달성하려는 공익이 제한되는 피고인의 사익보다 우월하다고 쉽게 단정하기는 어렵다. 따라서 심판대상조항은 법익의 균형성 요건도 갖추지 못하였다. ③ (결론) 심판대상조항은 과잉금지원칙을 위반하여 청구인의 공정한 재판을 받을 권리를 침해한다.
[보충2] (결정의 의의) 이번 위헌결정은 원진술자에 대한 피고인의 반대신문권을 제한하는 성폭법 제30조 제6항에 관한 특례조항에 관한 것으로

3. 대법원 2022.4.14, 2021도14530

19세 미만 성폭력 피해자에 대한 반대신문권 보장 없이 조사 과정에 동석하였던 신뢰관계인의 진술에 의한 진정성립 인정

헌법재판소는 2021.12.23. 선고 2018헌바524 사건에서 "성폭력처벌법 제30조 제6항 중 '제1항에 따라 촬영한 영상물에 수록된 피해자의 진술은 공판준비기일 또는 공판기일에 조사 과정에 동석하였던 신뢰관계에 있는 사람 또는 진술조력인의 진술에 의하여 그 성립의 진정함이 인정된 경우에 증거로 할 수 있다'는 부분 가운데 19세 미만 성폭력범죄 피해자에 관한 부분은 헌법에 위반된다."라고 결정하였는데, 이는 피고인의 반대신문권을 보장하면서도 미성년 피해자를 보호할 수 있는 조화로운 방법을 상정할 수 있는데도, 피고인의 반대신문권을 실질적으로 배제하여 피고인의 방어권을 과도하게 제한하는 이 사건 위헌 법률 조항은 피해의 최소성, 법익의 균형성 요건을 충족하지 못하여 과잉금지 원칙을 위반하고 피고인의 공정한 재판을 받을 권리를 침해한다고 본 것이다. 이 사건 위헌 결정의 효력은 결정 당시 법원에 계속 중이던 이 사건에도 미친다. 따라서 19세 미만 성폭력 피해자에 대한 피고인의 반대신문권의 보장 없이 조사 과정에 동석하였던 신뢰관계인의 진술에 의하여 그 진정성립이 인정되면 증거능력을 부여하는 이 사건 위헌 법률 조항은 이 사건 영상물의 증거능력을 인정하는 근거가 될 수 없다.

4. [유사판례] 대법원 2022.4.14, 2021도14616

아동·청소년대상 성범죄의 혐의로 기소된 피고인은 수사기관에서 촬영한 피해자 진술에 대한 영상물과 이를 그대로 녹취한 속기록이 모두 증거능력이 없다고 주장하면서 이를 증거로 함에 동의하지 않다가, 위헌결정을 받은 법률 조항(미성년성폭력 피해자에 대한 피고인의 반대신문 없이 신뢰관계인·진술조력인의 진술에 의한 성립의 진정만으로 피해자 진술에 대한 영상물의 증거능력을 인정하는 성폭력처벌법 제30조 제6항)에 따라 신뢰관계인에 대한 증인신문에 의하여 위 영상물이 증거로 채택되어 증거조사가 이루어지게 되자 증거에 관한 의견을 변경하여 위 속기록을 증거로 함에는 동의하였다. (그러나) 이 사건 위헌 결정으로 인하여 이 사건 영상물의 증거능력이 인정될 수 없는 경우라면, 비록 피고인이 이 사건 속기록에 대해서는 증거로 함에 동의하였다고 하더라도 그 동의의 경위와 사유 등에 비추어 이 사건 영상물과 속기록 사이에 증거능력의 차이를 둘 수 있는 합리적 이유가 존재한다는 등의 특별한 사정이 없는 한, 이 사건 속기록을 진정한 것으로 인정하기는 어렵다.

> **보충** 원심으로서는 이 사건 청소년성보호법 조항의 위헌 여부 또는 그 적용에 따른 위헌적 결과를 피하기 위하여 피해자들을 증인으로 소환하여 그 진술을 듣고 피고인에게 반대신문권을 행사할 기회를 부여할 필요가 있는지 여부 등에 관하여 심리·판단하였어야 한다.

③ 영상녹화물의 조사신청

(가) **피고인 아닌 피의자의 진술에 대한 영상녹화물의 조사신청** : 검사는 **피고인이 아닌 피의자의 진술을 영상녹화**한 사건에서 피고인이 아닌 피의자가 그 조서에 기재된 내용이 자신이 진술한 내용과 동일하게 기재되어 있음을 인정하지 아니하는 경우 그 부분의 성립의 진정을 증명하기 위하여 영상녹화물의 조사를 신청할 수 있다(2020.12.28. 개정 형사소송규칙 제134조의2 제1항). 종래 위 규칙의 조문에는 "피고인이 된 피의자의 진술을 영상녹화한 사건에서 피고인이 그 조서에 기재된 내용이 피고인이 진술한 내용과 동일하게 기재되어 있음을 인정하지 아니하는 경우"도 규정되어 있었으나, 2020.2.4. 검·경 수사권 조정을 위해 형사소송법이 개정되어 **검사 작성 피고인이 된 피의자신문조서의 진정성립 증명을 위한 영상녹화물 조사가 허용되지 않게 됨**에 따라(2021.1.1. 시행) 그 영상녹화물 증거조사 절차를 규정한 대법원규칙(형사소송규칙)도 개정된 것이다. 여하튼, 이러한 영상녹화물은 조사가 개시된 시점부터 조사가 종료되어 피의자가 조서에 기명날인 또는 서명을 마치는 시점까지 전 과정이 영상녹화된 것으로 피의자의 신문이 영상녹화되고 있다는 취지의 고지(피의자신문 시 영상녹화를 위한 사전고지 요건), 영상녹화를 시작하고 마친 시각 및 장소의 고지, 신문하는 검사 또는 사법경찰관과 참여한 자의 성명과 직급의 고지, 진술거부권·변호인의 참여를 요청할 수 있다는 점 등의 고지, 조사를 중단·재개하는 경우 중단 이유와 중단 시각, 중단 후 재개하는 시각, 조사를 종료하는 시각 등의 내용을 포함하는 것이어야 한다(규칙 제134조의2 제3항).

(나) **피의자 아닌 자의 진술에 대한 영상녹화물의 조사신청** : 검사는 피의자가 아닌 자가 공판준비 또는 공판기일에서 조서가 자신이 검사 또는 사법경찰관 앞에서 진술한 내용과 동일하게 기재되어 있음을 인정하지 아니하는 경우 그 부분의 성립의 진정을 증명하기 위하여 영상녹화물의 조사를 신청할 수 있다(규칙 제134조의3 제1항). 이 경우 검사는 피의자가 아닌 자가 **영상녹화에 동의하였다는 취지**

서, 헌법재판소는, 미성년 피해자의 2차 피해를 방지하는 것은 성폭력범죄에 관한 형사절차를 형성함에 있어 결코 포기할 수 없는 중요한 가치라 할 것이나, 피고인의 반대신문권을 보장하면서도 성폭력범죄의 미성년 피해자를 보호할 수 있는 조화적인 방법을 상정할 수 있음에도, 심판대상 조항이 영상물에 수록된 미성년 피해자 진술에 있어 원진술자에 대한 피고인의 반대신문권을 실질적으로 배제하여 피고인의 방어권을 과도하게 제한하는 것은 과잉금지원칙에 반한다고 보아, 재판관 6:3의 의견으로 위헌 결정을 내린 것이다.

로 기재하고 기명날인 또는 서명한 서면을 첨부하여야 한다(참고인 조사 시 영상녹화를 위한 사전동의 요건, 동 제2항). 피의자 아닌 자 진술 영상녹화물의 내용적 요건은 (피의자 이외의 자에 대한 조사라는 수사과정의 특성상) 진술거부권·변호인 참여권 고지를 제외하고는 영상녹화 전 과정이 영상녹화된 것이어야 하는 등 위 피의자 진술 영상녹화물의 요건과 동일하다(동 제3항).

④ 영상녹화물의 조사 : 법원은 검사가 영상녹화물의 조사를 신청한 경우 이에 관한 결정을 함에 있어 원진술자와 함께 피고인 또는 변호인으로 하여금 그 **영상녹화물이 적법한 절차와 방식에 따라 작성되어 봉인된 것인지 여부에 관한 의견을 진술하게 하여야 한다**(규칙 제134조의4 제1항). 법원은 증거조사를 함에 있어서는 공판준비 또는 공판기일에서 봉인을 해체하고 영상녹화물의 전부 또는 일부를 재생하는 방법으로 조사하여야 한다(동 제3항 전문). 이때 영상녹화물은 그 재생과 조사에 필요한 전자적 설비를 갖춘 법정 외의 장소에서 이를 재생할 수 있다(동 제3항 후문). 재판장은 조사를 마친 후 지체 없이 법원사무관 등으로 하여금 다시 원본을 봉인하도록 하고, 원진술자와 함께 피고인 또는 변호인에게 기명날인 또는 서명하도록 하여 검사에게 반환한다(동 제4항 본문). 다만, 피고인의 출석 없이 개정하는 사건에서 변호인이 없는 때에는 피고인 또는 변호인의 기명날인 또는 서명을 요하지 아니한다(동 제4항 단서).

Ⅳ 진술서 및 진술기재서류

1. 의의 및 종류

(1) 의의 : 진술서(陳述書)란 피의자·피고인·참고인이 스스로 자기의 의사·사상·관념 및 사실관계를 기재한 서면을 말한다. 진술서는 **피의자·피고인·참고인이 그 작성주체**라는 점에서 법원(제311조)·수사기관(제312조 제1항·제4항)이 작성주체인 진술조서와는 구별된다. 진술서는 그 명칭 여하는 불문하고(例 자술서, 진술서, 시말서), 반드시 자필일 것도 요하지 않으며(例 타이프라이터 기타 부동문자로 작성) [교정9급특채 11] 당해 사건의 수사절차(제312조 ○, 제313조 ×)나 공판절차에서 작성될 것을 요하지 않으므로, 사건과 관계없이 작성된 일기나 메모 등도 진술서에 포함된다. 한편, 진술기재서류(陳述記載書類)는 제3자가 진술자의 진술을 기재한 서류를 말한다.

(2) 종류

① 일반적인 분류 : 진술서는 작성주체에 따라서 피고인, 피의자, 참고인의 진술서로 나뉘고, 작성과정에 따라서 공판심리 중에 작성된 진술서, 검사의 수사단계에서 작성된 진술서, 사법경찰관의 수사단계에서 작성된 진술서 및 공판절차·수사절차 외에서 작성된 진술서로 나뉘며, 작성동기에 따라서는 피의자 등이 자진하여 작성한 진술서와 수사기관의 요구에 의하여 작성한 진술서로 나뉜다.

② 법률상 분류 : 형사소송법에서는 **수사과정에서 작성한 진술서(제312조 제5항)**와 **그 밖의 과정에서 작성한 진술서(제313조 제1항)**로 나누어 규정하고 있다.

(3) 제312조 제5항의 진술서와 제313조 제1항의 진술서의 관계 : ① 수사과정에서 작성한 진술서에 대해서는 제312조 제5항에서 보다 엄격한 요건으로 규정되어 있으므로 동조항을 우선 적용하고, ② 여기에 해당되지 않는, 즉 수사과정 이외에서 작성한 진술서에 대해서만 제313조를 적용하여야 한다. 제313조의 진술서 조항에는 진술서와 진술기재서류가 규정되어 있다.

⚖ 판례연구 수사과정 진술서와 수사과정 외 진술서의 구별

대법원 2022.12.15, 2022도8824 [변호사 24]

세무공무원 작성 심문조서의 증거능력

조세범칙조사를 담당하는 세무공무원이 피고인이 된 혐의자 또는 참고인에 대하여 심문한 내용을 기재한 조서는 검사·사법경찰관 등 수사기관이 작성한 조서와 동일하게 볼 수 없으므로(세무공무원이 특별사법경찰관리에 해당하지 않음은 1권 수사기관 참조) 형사소송법 제312조에 따라 증거능력의 존부를 판단할 수는 없고, 피고인 또는 피고인이 아닌 자가 작성한 진술서나 그 진술을 기재한 서류에 해당하므로 형사소송법 제313조에 따라 공판준비 또는 공판기일에서 작성자·진술자의 진술에 따라 성립의 진정함이 증명되고 나아가 그 진술이 특히 신빙할 수 있는 상태 아래에서 행하여진 때에 한하여 증거능력이 인정된다.[1]

---

1) [참고] 이때 '특히 신빙할 수 있는 상태'란 조서 작성 당시 그 진술내용이나 조서 또는 서류의 작성에 허위 개입의 여지가 거의 없고, 그 진술내용

(4) 진술서와 진술기재서류 : 진술서란 피고인 또는 피고인 아닌 자가 스스로 자기의 의사·사실관계를 기재한 서면을 말하고, 진술기재서류란 변호인이나 수사기관 이외의 제3자가 피고인 또는 피고인 아닌 자의 진술을 기재한 서류를 말한다. 즉, 진술서는 작성자와 진술자가 일치하는 전문서류이고, 진술기재서류는 작성자와 진술자가 일치하지 않는 전문서류이다. 진술서와 진술기재서류의 분류는 특히 제313조의 적용과 관련하여 구별의 실익이 있다.

2. 수사과정에서 작성한 진술서

> **제312조(검사 또는 사법경찰관의 조서 등)** ⑤ 제1항부터 제4항까지의 규정은 피고인 또는 피고인이 아닌 자가 수사과정에서 작성한 진술서에 관하여 준용한다.

(1) 의의 : 제312조 제5항은, 수사기관이 진술조서를 작성하지 않고 피의자·참고인으로 하여금 직접 진술서를 작성·제출하게 함으로써 제312조의 엄격한 전문법칙 예외요건을 우회하여 **제313조의 완화된 요건을 적용받고자 한 수사기관의 기도(企圖)를 물리친 종래 대법원 전원합의체 판례의 입장이 입법화**된 것이다(82도 1479 전원합의체).[1] 즉, **피의자의 진술을 기재한 서류 또는 문서가 수사기관에서의 조사 과정에서 작성된 것이**라면, 그것이 '진술조서, 진술서, 자술서'라는 형식을 취하였다고 하더라도 피의자신문조서와 달리 볼 수 없다. 예컨대, **사법경찰관의 수사과정에서 피의자가 작성한 진술서**의 증거능력은 제313조에 의하여 성립의 진정이 증명되는 것만으로는 안 되고, **제312조 제3항**에 의해 내용인정까지 되어야 한다. [경찰채용 14 2차]

🔎 판례연구 수사과정 진술서와 수사기관 조서

대법원 1982.9.14, 82도1479 전원합의체 [경찰승진 15, 경찰채용 09 2차/14 2차]

사법경찰관에 의한 신문과정에서 피의자에 의하여 작성·제출된 진술서에 대해서 법 제312조 제3항이 적용되어야 한다는 사례

증거능력의 부여에 있어서 검사 이외의 수사기관 작성의 피의자 신문조서에 엄격한 요건을 요구한 취지는 그 신문에 있어서 있을지도 모르는 개인의 기본적 인권보장의 결여를 방지하려는 입법정책적 고려라고 할 것이고, 피의자가 작성한 진술서에 대하여 그 성립만 인정되면 증거로 할 수 있고 그 이외에 기재내용의 인정이나 신빙성을 그 요건으로 하지 아니한 취지는 피고인의 자백이나 불이익한 사실의 승인은 재현불가능이 많고 또한 진술거부권이 있음에도 불구하고 자기에게 불이익한 사실을 진술하는 것은 진실성이 강하다는 데에 입법적 근거를 둔 것이다. 따라서 위와 같은 형사소송법 규정들의 입법취지 그리고 공익의 유지와 개인의 기본적 인권의 보장이라는 형사소송법의 기본이념들을 종합 고찰하여 볼 때, 사법경찰관이 피의자를 조사하는 과정에서 형사소송법 제244조에 의하여 피의자신문조서에 기재됨이 마땅한 피의자의 진술내용을 진술서의 형식으로 피의자로 하여금 기하여 제출케 한 경우에는 그 진술서의 증거능력 유무는 검사이외의 수사기관이 작성한 피의자 신문조서와 마찬가지로 형사소송법 제312조 제2항(현 제3항)에 따라 결정되어야 할 것이고 동법 제313조 제1항 본문에 따라 결정할 것이 아니다.

---

(2) 증거능력 인정요건 : 제312조 제1항~제4항 준용

검사의 수사과정에서 작성한 피고인(당해 피고인)이 된 피의자의 진술서 (제312조 제1항)	① 적법한 절차와 방식 　(실질적 진정성립 + 특신상태) ② 내용의 인정
사법경찰관의 수사과정에서 작성한 피고인이 된 피의자의 진술서 (제312조 제3항)	① 적법한 절차와 방식 　(실질적 진정성립 + 특신상태) ② 내용의 인정

의 신빙성과 임의성을 담보할 구체적이고 외부적인 정황이 있는 경우를 의미하는데, 조세범 처벌절차법 및 이에 근거한 시행령·시행규칙·훈령(조사사무처리규정) 등의 조세범칙조사 관련 법령에서 구체적으로 명시한 진술거부권 등 고지, 변호사 등의 조력을 받을 권리 보장, 열람·이의제기 및 의견진술권 등 심문조서의 작성에 관한 절차규정의 본질적인 내용의 침해·위반 등도 '특히 신빙할 수 있는 상태' 여부의 판단에 있어 고려되어야 한다(위 판례).

1) **[보충]** 종래 경찰수사단계에서 사법경찰관리의 면전에서 작성된 피의자의 진술서에 대해서도 제313조 제1항을 적용해서 피고인이 그 내용을 부인해도 증거능력을 인정할 것인가가 문제되어왔고, 이에 대하여 제312조설, 제313조설, 절충설의 대립이 있었다. 판례는 대법원 1982.9.14, 82도1479 전원합의체 판결에서 제312조설을 취한 이래 일관된 입장을 유지하여 왔고, 2007년 개정법에서 이를 반영하여 제312조 제5항을 신설하게 된 것이다.

검사 · 사법경찰관의 수사과정에서 작성한 피고인 아닌 자(참고인, 공동피고인 등 피고인이 되지 않은 피의자 포함)의 진술서 (제312조 제4항)	① 적법한 절차와 방식 ② 실질적 진정성립 ③ 반대신문의 기회보장 ④ 특신상태

⚖ 판례연구 수사과정 작성 진술서의 적법한 절차와 방식에 의한 작성

1. 대법원 2015.4.23, 2013도3790 [국가7급 16, 경찰채용 21 2차/23 1차]

피고인이 아닌 자가 수사과정에서 진술서를 작성하였으나 수사기관이 그에 대한 조사과정을 기록하지 아니한 경우, 진술서의 증거능력이 인정되지 아니한다는 사례

법 제221조 제1항에서 검사 또는 사법경찰관은 수사에 필요한 때에는 피의자가 아닌 자의 출석을 요구하여 진술을 들을 수 있다고 규정하고, 제244조의4 제3항, 제1항에서 검사 또는 사법경찰관이 피의자가 아닌 자를 조사하는 경우에는 피의자를 조사하는 경우와 마찬가지로 조사장소에 도착한 시각, 조사를 시작하고 마친 시각, 그 밖에 조사과정의 진행경과를 확인하기 위하여 필요한 사항을 조서에 기록하거나 별도의 서면에 기록한 후 수사기록에 편철하여야 한다고 규정하고 있다. 이와 같이 수사기관으로 하여금 피의자가 아닌 자를 조사할 수 있도록 하면서도 그 조사과정을 기록하도록 한 취지는 수사기관이 조사과정에서 피조사자로부터 진술증거를 취득하는 과정을 투명하게 함으로써 그 과정에서의 절차적 적법성을 제도적으로 보장하려는 데 있다. 따라서 수사기관이 수사에 필요하여 피의자가 아닌 자를 조사하는 과정에서 그 진술을 청취하여 증거로 남기는 방법으로 진술조서가 아닌 진술서를 작성 · 제출받는 경우에도 그 절차는 준수되어야 할 것이다. 이러한 형사소송법의 규정 및 그 입법 목적 등을 종합하여 보면, 피고인이 아닌 자가 수사과정에서 진술서를 작성하였지만 수사기관이 그에 대한 조사과정을 기록하지 아니하여 형사소송법 제244조의4 제3항, 제1항에서 정한 절차를 위반한 경우에는, 특별한 사정이 없는 한 '적법한 절차와 방식'에 따라 수사과정에서 진술서가 작성되었다 할 수 없으므로 그 증거능력을 인정할 수 없다.

보충 진술서를 증거로 제출하기 위해서는 수사기관이 그에 대한 조사과정을 기록해야만 한다는 것을 분명히 한 판례이다.

2. 대법원 2015.10.29, 2014도5939

피의자의 진술을 기재한 서류 또는 문서가 수사기관에서의 조사 과정에서 작성된 경우의 처리

피의자의 진술을 기재한 서류 또는 문서가 수사기관에서의 조사 과정에서 작성된 것이라면, 그것이 '진술조서, 진술서, 자술서'라는 형식을 취하였다고 하더라도 피의자신문조서와 달리 볼 수 없다. 특히 조사대상자의 진술 내용이 단순히 제3자의 범죄에 관한 경우가 아니라 자신과 제3자에게 공동으로 관련된 범죄에 관한 것이거나 제3자의 피의사실뿐만 아니라 자신의 피의사실에 관한 것이기도 하여 실질이 피의자신문조서의 성격을 가지는 경우에 수사기관은 진술을 듣기 전에 미리 진술거부권을 고지하여야 한다.

3. 대법원 2019.11.14, 2019도13290 [경찰승진 22, 국가9급 20]

현행범을 체포한 경찰관의 목격자로서의 진술이 기재된 압수조서의 압수경위란 사건

피고인이 지하철역 에스컬레이터에서 휴대전화기의 카메라를 이용하여 성명불상 여성 피해자의 치마 속을 몰래 촬영하다가 현행범으로 체포되어 성폭력범죄의 처벌 등에 관한 특례법 위반(카메라 등 이용 촬영)으로 기소된 사안에서, 체포 당시 임의제출 방식으로 압수된 피고인 소유 휴대전화기에 대한 압수조서 중 '압수경위'란에 기재된 내용은 피고인이 범행을 저지르는 현장을 직접 목격한 사람의 진술이 담긴 것으로서 법 제312조 제5항에서 정한 '피고인이 아닌 자가 수사과정에서 작성한 진술서'에 준하는 것으로 볼 수 있고, 이에 따라 휴대전화기에 대한 임의제출절차가 적법하였는지에 영향을 받지 않는 별개의 독립적인 증거에 해당한다.

보충 따라서 이는 자백의 보강증거가 될 수 있게 된다(자백보강법칙에서 후술).

4. 대법원 2022.10.27, 2022도9510 [변호사 24]

사법경찰관이 작성자를 방문하여 질문 후 작성을 요구하여 제출받은 진술서 : 형사소송법 제312조 제5항의 적용범위

(甲은 乙을 위하여 처리 후 보관하던 '입당원서'를 작성자의 동의 없이 수사기관에 임의 제출하였다. 사법경찰관은 위 입당원서 작성자의 주거지 · 근무지를 방문하여 그 작성 경위 등을 질문한 후 작성을 요구하여 '진술서'를 제출받았다. 이때 사법경찰관은 조사과정의 진행경과를 확인하기 위하여 필요한 사항을 그 진술서에 기록하거나 별도의 서면에 기록한 후 수사기록에 편철하는 등 적절한 조치를 취하지 않았다.) 형사소송법 제312조 제5항은 피고인 또는 피고인이 아닌 자가 수사과정에서 작성한 진술서의 증거능력에 관하여 형사소송법 제312조 제1항부터 제4항까지 준용하도록 규정하고 있으므로, 검사 또는 사법경찰관이 피고인이 아닌 자의 진술을 기재한 조서의 증거능력이 인정되려면 '적법한 절차와 방식에 따라 작성된 것'이어야 한다는 법리가 피고인이 아닌 자가 수사과정에서 작성한 진술서의 증거능력에 관하여도 적용된다. 이러한 형사소송법 규정 및 문언과 그 입법 목적 등에 비추어 보면, 형사소송법 제312조 제5항의 적용대상인 '수사과정에서 작성한 진술서'란 수사가 시작된 이후에 수사기관의 관여 아래 작성된 것이거나, 개시된 수사와 관련하여 수사과정에 제출할 목적으로 작성한 것으로, 작성 시기와 경위 등 여러 사정에 비추어 그 실질이 이에 해당하는 이상 명칭이나 작성된 장소 여부를 불문한다. 한편 검사 또는 사법

경찰관이 피의자가 아닌 자의 출석을 요구하여 조사하는 경우에는 피의자를 조사하는 경우와 마찬가지로 조사장소에 도착한 시각, 조사를 시작하고 마친 시각, 그 밖에 조사과정의 진행경과를 확인하기 위하여 필요한 사항을 조서에 기록하거나 '별도의 서면에 기록한 후 수사기록에 편철하도록 하는 등 조사과정을 기록하게 한 형사소송법 제221조 제1항, 제244조의4 제1·3항의 취지는 수사기관이 조사과정에서 피조사자로부터 진술증거를 취득하는 과정을 투명하게 함으로써 그 과정에서의 절차적 적법성을 제도적으로 보장하려는 것이다. 따라서 수사기관이 수사에 필요하여 피의자가 아닌 자로부터 진술서를 작성·제출받는 경우에도 그 절차는 준수되어야 하므로, 피고인이 아닌 자가 수사과정에서 진술서를 작성하였지만 수사기관이 조사과정의 진행경과를 확인하기 위하여 필요한 사항을 그 진술서에 기록하거나 별도의 서면에 기록한 후 수사기록에 편철하는 등 적절한 조치를 취하지 아니하여 형사소송법 제244조의4 제1·3항에서 정한 절차를 위반한 경우에는, 그 진술증거 취득과정의 절차적 적법성의 제도적 보장이 침해되지 않았다고 볼 만한 특별한 사정이 없는 한 '적법한 절차와 방식'에 따라 수사과정에서 진술서가 작성되었다고 할 수 없어 증거능력을 인정할 수 없다.

3. 그 밖의 과정에서 작성한 진술서 및 진술기재서류

> **제313조(진술서 등)** ① 전2조의 규정 이외에 피고인 또는 피고인이 아닌 자가 작성한 진술서나 그 진술을 기재한 서류로서 그 작성자 또는 진술자의 자필이거나 그 서명 또는 날인이 있는 것(피고인 또는 피고인 아닌 자가 작성하였거나 진술한 내용이 포함된 문자·사진·영상 등의 정보로서 컴퓨터용디스크, 그 밖에 이와 비슷한 정보저장매체에 저장된 것을 포함한다. 이하 이 조에서 같다. 2016.5.개정)은 공판준비나 공판기일에서의 그 작성자 또는 진술자의 진술에 의하여 그 성립의 진정함이 증명된 때에는 증거로 할 수 있다. 단, 피고인의 진술을 기재한 서류는 공판준비 또는 공판기일에서의 그 작성자의 진술에 의하여 그 성립의 진정함이 증명되고 그 진술이 특히 신빙할 수 있는 상태하에서 행하여진 때에 한하여 피고인의 공판준비 또는 공판기일에서의 진술에 불구하고 증거로 할 수 있다.
> ② 제1항 본문에도 불구하고 진술서의 작성자가 공판준비나 공판기일에서 그 성립의 진정을 부인하는 경우에는 과학적 분석결과에 기초한 디지털포렌식 자료, 감정 등 객관적 방법으로 성립의 진정함이 증명되는 때에는 증거로 할 수 있다. 다만, 피고인 아닌 자가 작성한 진술서는 피고인 또는 변호인이 공판준비 또는 공판기일에 그 기재 내용에 관하여 작성자를 신문할 수 있었을 것을 요한다(2016.5. 신설).

(1) 의의 : 제313조 제1항은, 제311조·제312조의 규정 이외에 피고인 또는 피고인 아닌 자가 작성한 진술서나 그 진술을 기재한 서류(진술기재서류) 그리고 피고인 또는 피고인 아닌 자가 작성하였거나 진술한 내용이 포함된 문자·사진·영상 등의 정보로서 컴퓨터용디스크, 그 밖에 이와 비슷한 정보저장매체에 저장된 것의 전문법칙의 예외요건을 규정한 것이다. 제312조 제5항과의 관계상, 제313조 제1항의 진술서와 진술기재서류는 수사 이전에 작성하였거나 수사과정에서 작성되지 아니한 진술서·진술기재서류를 피고인 또는 제3자가 법원에 직접 제출하거나, 공판심리 중에 작성하여 법원에 제출한 진술서·진술기재서류로 제한된다.

(2) 취지 : 제313조 제1항 본문은 참고인의 진술서뿐 아니라 피의자의 진술에 대해서도 내용의 인정이나 특신상태를 요건으로 하지 않고 성립의 진정의 증명으로만 증거능력을 부여하고 있는데, 이는 **작성자의 자필이거나 서명 또는 날인이 있는 것**은 작성자가 직접 진술한 것이라는 점이 보장되고 진실성이 강하다는 점에 그 취지가 있다. 다만, 동항 단서에 의해 피고인의 진술을 기재한 서류는 성립의 진정 이외에 특히 신빙할 수 있는 상태하에서 진술이 행해진 때에 증거로 할 수 있다.

(3) 2016년 5월 개정 제313조의 내용 [국가7급 17]
① 디지털증거의 포함 : 2016년 5월 29일 개정 형사소송법(법률 제14179호, 2016.5.29, 일부개정)에 의하여, 제313조의 진술서 및 진술기재서류에는 **피고인 또는 피고인 아닌 자가 작성하였거나 진술한 내용이 포함된 문자·사진·영상 등의 정보로서 컴퓨터용디스크, 그 밖에 이와 비슷한 정보저장매체에 저장된 것** ―이하 **디지털증거**라 함― 이 포함되게 되었다(동 제3항의 감정서도 같음)(제313조 제1항 본문, 제3항).
② 진술서에 대한 진술 이외 과학적 방법에 의한 성립의 진정의 증명 : 종래 진술서는 공판준비나 공판기일에서의 작성자의 진술에 의하여 그 성립의 진정이 증명된 때 증거로 할 수 있을 뿐이었으나, 2016.5. 개정법에 의하여 진술서의 작성자가 그 성립의 진정을 부인하는 경우에도, **과학적 분석결과에 기초한 디지털포렌식 자료, 감정 등 객관적 방법**(제312조 제4항의 객관적 방법과 구별하기 위해 이하 **과학적 방법**이라 함)으로 성립의 진정함이 증명되는 때에는 증거로 할 수 있도록 하였다(제313조 제2항 본문).

디지털증거가 이는 최근 전기통신기술의 비약적인 발전에 따라 컴퓨터 등 각종 정보저장매체를 이용한 정보저장이 일상화되었고, 범죄행위에 사용된 증거들도 종이문서가 아닌 전자적 정보의 형태로 디지털화되어 있는 현실을 고려한 것이다.[1]

③ 피고인 아닌 자의 진술서에 대한 피고인·변호인의 반대신문권의 보장 : 종래 피고인 아닌 자가 작성한 진술서(**예** 참고인진술서)는 다른 진술서·진술기재서류와 마찬가지로 피고인 아닌 자의 진술에 의하여 그 성립의 진정함이 증명된 때에는 증거로 할 수 있었으나, 2016.5. 개정법에 의하여 이를 증거로 하려면 **피고인 또는 변호인이 공판준비 또는 공판기일에 그 기재내용에 관하여 참고인 등 당해 작성자를 신문할 수 있어야 한다**는 요건이 추가되어(제313조 제2항 단서), **피고인·변호인의 반대신문의 기회를 보장**할 수 있도록 하였다.

(4) 증거능력 인정요건 : ① 피고인의 진술서-**자/성**립(작성자진술 or 과학적 방법)/**특**신상태 ② 피고인 아닌 자의 진술서-**자/성**립(작성자진술 or 과학)/**반**대신문권 ③ 피고인의 진술기재서류-**자/성**립(**작성자진술**)/**특**신상태 ④ 피고인 아닌 자의 진술기재서류-**자/성**립(진술자진술)

제313조 제1항·제2항	피고인의 진술서 자 + 성	① 자필 or 서명 or 날인(디지털증거 포함)
		② 작성자(= 진술자)의 진술 또는 과학적 방법에 의한 성립의 진정의 증명(제1항 본문, 제2항 본문)
		③ (판례) 특신상태(제1항 단서)
	피고인 아닌 자의 진술서 자 + 성 + 반	① 자필 or 서명 or 날인(디지털증거 포함)
		② 작성자 = 진술자)의 진술 또는 과학적 방법에 의한 성립의 진정의 증명(제1항 본문, 제2항 본문)
		③ 반대신문권의 보장(제2항 단서)
	피고인의 진술 기재서류 자 + 성 + 특	① 자필 or 서명 or 날인(디지털증거 포함)
		② 작성자의 진술에 의한 성립의 진정의 증명(제1항 단서)
		③ 특신상태(제1항 단서)
		※ 피고인의 진술에 불구하고 : 성립진정 부인 진술(완화요건설)
	피고인 아닌 자의 진술 기재서류 자 + 성	① 자필 or 서명 or 날인(디지털증거 포함)
		② 진술자의 진술에 의한 성립의 진정의 증명(제1항 본문)

① 진술서

(가) 피고인의 진술서 -**자/성**(진술 or 과학)- : 진술서는 진술자가 직접 작성한 서류로서 자필이거나 서명 또는 날인이 있는 것이므로, 공판준비나 공판기일에서의 당해 **작성자의 진술에 의하여 그 성립의 진정함이 증명**된 때에는 증거능력이 있다. 성립의 진정은 형식적 진정성립과 실질적 진정성립을

---

1) [참고] 개정 제313조 제2항에 규정된 과학적 분석결과에 기초한 디지털포렌식 자료, 감정 등 객관적 방법의 부분에서, ① 디지털포렌식(digital forensic)이란 컴퓨터 등 정보저장매체(디지털 기록매체)에 남겨진 법적 증거에 관한 것 등을 다루는 컴퓨터 법과학(computer forensic science)을 말하는데, 검찰에서는 이를 디지털증거를 수집·분석 또는 보관하거나 현출하는 데 필요한 기술 또는 절차라 규정하고 있다(대검찰청 디지털포렌식 수사관의 증거 수집 및 분석 규정 제3조 제1호). 국정원 댓글 사건에 대한 2015도2625 전원합의체 판례에서는 "저장매체의 사용자 및 소유자, 로그기록 등 저장매체에 남은 흔적, 초안 문서의 존재, 작성자만의 암호 사용 여부, 전자서명의 유무 등 여러 사정에 의하여 동일인이 작성하였다고 볼 수 있고 그 진정성을 탄핵할 다른 증거가 없는 한 작성자의 진술과 상관없이 성립의 진정을 인정하여야 한다는 견해가 유력하게 주장되고 있지만 이는 입법을 통하여 해결하여야 할 문제"라고 지적하고 있었으며, 그 결과 개정 제313조 제2항의 "과학적 분석결과에 기초한 디지털포렌식 자료"가 진술에 의한 성립진정 부인시의 성립의 진정의 대체증명방법으로 신설된 것으로 보인다. 참고로, 증거로 제출된 컴퓨터용디스크 기타 정보저장매체와 같은 디지털증거가 원본이 아니라 사본일 경우 원본과의 동일성의 증명을 위하여 수사실무에서는 대검찰청 디지털포렌식 수사관에 의하여 EnCase 프로그램 등이 포렌식 조사를 위한 분석도구로 사용되고 있는데, 개정 제313조 제2항의 성립의 진정의 증명은 이와는 또 다른 문제이므로 향후 디지털포렌식의 대응이 필요한 부분이다.
또한 ② 감정(鑑定)이란 전문적인 학식경험을 가진 자로 하여금 해당 진술서가 인위적으로 조작된 것인지의 판단을 보고하도록 하는 조사방법을 말한다.
이러한 디지털포렌식 자료와 감정은 ③ 객관적 방법의 예시인데, 여기서 객관적 방법은 전술한 제312조 제4항의 객관적 방법(판례는 물적 방법 한정설)과 동일한 의미를 가질 것인가에 대해서는 향후 판례의 입장이 주목된다. 왜냐하면 피의자신문조서·참고인진술조서의 실질적 진정성립의 증명과 수사과정 이외에서 작성된 디지털증거 형태의 진술서의 성립의 진정의 증명은 다소 의미가 다른 면이 있고, 공판정에 제출되는 디지털포렌식 자료에 대한 전문가의 감정보고나 감정보고서 등을 제출한 감정인에 대한 신문과정이 필수적으로 예상되기 때문이다. 이와 관련하여 과학적 자료에 근거한 디지털포렌식 조사관의 증언에 의한 증명도 가능하다는 주장도 있다(**예** 이/조, 625면). 그러나 피고인에 불리한 증거의 증거능력 인정방법으로서 수사기관 소속 조사관의 진술이 허용된다고 보기에는 무리가 있다고 생각된다. 향후 한국포렌식학회 등 독립적 기관이 제출하는 인증등본 등에 의한 증명과 같이 이에 관한 대안적 논의가 진행될 것으로 본다. 역시 대법원 판례의 향후 입장이 주목되는 부분이다.

포함하는 개념이다. 성립의 진정만 증명되면 되고 내용의 인정은 요하지 아니한다. 다만 성립의 진정 외에 추가적으로 특신상태가 필요한가에 대해서는, 학설은 대립하나[1] **판례는 특신상태 필요설**을 취한 것으로 보인다. 또한 작성자가 성립의 진정을 부인하는 경우에는 **과학적 방법에 의하여 성립의 진정함이 증명**되는 때에는 증거로 할 수 있다(2016.5. 개정 동조 제2항 본문).

★ 판례연구 수사과정 외에서 작성한 피고인의 진술서

1. 대법원 2007.12.13, 2007도7257; 2013.6.13, 2012도16001; 2015.7.16, 2015도2625 전원합의체

압수된 디지털 저장매체로부터 출력한 문서를 진술증거로 사용하는 경우, 그 기재 내용의 진실성에 관하여는 전문법칙이 적용되므로 법 제313조 제1항에 따라 그 작성자 또는 진술자의 공판준비나 공판기일에서의 진술에 의하여 그 성립의 진정함이 증명된 때에 한하여 이를 증거로 사용할 수 있다. [국가7급 18, 경찰채용 14 2차]

보충1 2016.5. 개정법에 의하여 틀린 문장이다. 진술서 및 디지털증거에 대해서는 진술뿐만 아니라 과학적 방법에 의한 성립의 진정의 증명이 가능하게 되었기 때문이다. 다만, 아직 개정법에 따른 판례가 나오지 않아, 객관식 수험에서는 상대적으로 풀어야 한다.

보충2 종래 2015도2625 전원합의체 판결(국정원 댓글 사건)에서는 "1954.9.23. 제정되고 1961.9.1. 개정된 형사소송법 제313조 제1항의 규정은 21세기 정보화시대를 맞이하여 그에 걸맞게 해석하여야 하므로, 디지털 저장매체로부터 출력된 문서에 관하여는 저장매체의 사용자 및 소유자, 로그기록 등 저장매체에 남은 흔적, 초안 문서의 존재, 작성자만의 암호 사용 여부, 전자서명의 유무 등 여러 사정에 의하여 동일인이 작성하였다고 볼 수 있고 그 진정성을 탄핵할 다른 증거가 없는 한 그 작성자의 공판준비나 공판기일에서의 진술과 상관없이 성립의 진정을 인정하여야 한다는 견해가 유력하게 주장되고 있는바, 그 나름 경청할 만한 가치가 있는 것은 사실이나, 입법을 통하여 해결하는 것은 몰라도 해석을 통하여 위와 같은 실정법의 명문조항을 달리 확장 적용할 수는 없다. 이는 '의심스러울 때는 피고인의 이익으로'라는 형사법의 대원칙에 비추어 보아도 그러하다."라고 판시한 바 있다. 바로 위 내용을 근거로 2016.5. 개정이 이루어진 것이다.

2. 대법원 2001.9.4, 2000도1743

피고인의 자필진술서에도 제313조 제1항 단서에 의하여 특신상태를 요한다는 판례

피고인의 자필로 작성된 진술서의 경우에는 서류의 작성자가 동시에 진술자이므로 진정하게 성립된 것으로 인정되어 형사소송법 제313조 (제1항) 단서에 의하여 그 진술이 특히 신빙할 수 있는 상태하에서 행하여진 때에는 증거능력이 있다.

(나) **피고인 아닌 자의 진술서** − **자 + 성**(진술 or 과학) + **반**대신문권 − : **성립의 진정의 증명**에 관하여는 피고인의 진술서와 같다. 다만, 2016.5. 개정법에 의하여, **피고인 또는 변호인이 공판준비 또는 공판기일에 그 기재내용에 관하여 작성자를 신문할 수 있었어야** 그 증거능력이 인정된다(**반대신문권의 보장**, 동조 제2항 단서).

★ 판례연구 수사과정 외에서 작성한 피고인 아닌 자의 진술서

대법원 2010.11.25, 2010도8735 [경찰간부 22]

피해자가 피해를 당한 내용을 타인에게 보낸 문자메시지는 피해자의 진술서라는 사례

피해자가 (피고인으로부터 풀려난 당일에 남동생에게 도움을 요청하면서 피고인이 협박한 말을 포함하여) 피고인으로부터 당한 공갈 등 피해 내용을 담아 남동생에게 보낸 문자메시지를 촬영한 사진은 법 제313조에 규정된 '피해자의 진술서'에 준하는 것이므로, 피해자가 법정에 출석하여 자신이 이 사건 문자메시지를 작성하여 동생에게 보낸 것과 같음을 확인하고, 남동생도 제1심 법정에 출석하여 피해자가 보낸 이 사건 문자메시지를 촬영한 사진이 맞다고 확인한 이상, 이 사건 문자메시지를 촬영한 사진은 그 성립의 진정함이 증명되었다고 볼 수 있으므로 이를 증거로 할 수 있다.

보충 2016.5. 개정 제313조 제2항 단서에 의하면 피고인 · 변호인의 위 피해자에 대한 반대신문의 기회가 보장되어야 이를 증거로 할 수 있다. 다만 아직 개정법에 의한 판례가 나오지 않았으므로, 객관식 수험에서는 상대적으로 풀어야 한다.

---

1) [보충] 피고인이 자필로 작성한 진술서는 법 제313조 제1항 본문에 의하면 그 성립의 진정만 증명되면 증거능력이 부여되는 것임에도 불구하고, 이에 관해서 추가적으로(가중적으로) 법 제313조 제1항 단서에 의하여 그 진술이 특히 신빙할 수 있는 상태하에서 행하여져야 하는가에 대해서는, 특신상태 필요설(소위 가중요건설, 손동권/신이철, 이주원, 임동규 등)과 특신상태 불요설(소위 완화요건설, 노명선/이완규, 신동운, 이재상/조균석/이창온 등)이 대립한다. 불요설에서는, 위 2000도1743 판례에 대해서 피고인 진술서가 강압에 의하여 작성된 것으로 다투고 있는 사안에서 작성경위에 대하여 더 심리하는 취지로 파기환송하면서 설시하고 있는 판례에 불과하고, 같은 취지의 다른 판례를 찾기 어려운 점에 비추어, 피고인 진술서 전반에 적용할 수 있는 판례인지는 의문이라는 평석도 있다(이재상/조균석/이창온, 665면). [조언] 수험에서는, 판례의 입장은 피고인 자필 진술서의 증거능력 인정요건에 관하여 '특신상태 필요설'로 분류하는 것이 안전한 방법이다.

② 진술기재서류 [1]

(가) 피고인의 진술기재서류 −**자 + 성**(작성자) **+ 특** − : 피고인의 진술을 기재한 서류는 공판준비 또는 공판기일에서의 그 **작성자의 진술에 의하여 그 성립의 진정함이 증명**되고 그 진술이 **특히 신빙할 수 있는 상태**하에서 행하여진 때에 한하여 피고인의 공판준비 또는 공판기일에서의 진술에 불구하고 증거로 할 수 있다(동조 제1항 단서). 여기서 ㉠ **성립의 진정은 작성자의 진술에 의하여 증명**되면 족하고 원진술자인 피고인의 진정성립의 증명까지 요하는 것은 아니라는 것이 판례의 입장이다(대법원 2012.9.13, 2012도7461 등). 또한 진술기재서류의 성립의 진정의 증명은 작성자의 진술에 의하여야 하므로, 2016.5. 신설된 제313조 제2항의 과학적 방법에 의한 증명은 허용되지 아니한다(과학적 방법에 의한 증명에 관한 진술기재서류 불포함설).[2] 과학적 방법에 의한 증명은 진술서에 적용되고 진술기재서류에는 적용되지 않기 때문이다. 한편, ㉡ **'피고인의 공판준비 또는 공판기일에서의 진술에 불구하고'**의 의미와 관련하여서는 견해가 대립하나,[3] 판례는 **'피고인의 실질적 진정성립을 부인하는 진술에도 불구하고'** 작성자의 진정성립 인정 및 검사의 특신상태 증명이 있으면 증거능력이 인정된다는 입장이다(**완화요건설**). 더불어 ㉢ **특신상태**의 의미는 진술조서의 그것과 동일하다.[4]

★ **판례연구** 수사과정 외에서 작성한 피고인의 진술을 기재한 서류

1. **대법원 2012.9.13, 2012도7461; 2001.10.9, 2001도3106; 2004.5.27, 2004도1449; 2008.12.24, 2008도9414** [경찰채용 20 1차/23 1차]

피고인과의 대화 내용을 녹음한 녹음테이프의 증거능력

피고인과 상대방 사이의 대화 내용에 관한 녹취서가 증거로 제출되어 그 녹취서의 기재 내용과 녹음테이프의 녹음 내용이 동일한지 여부에 대하여 법원이 검증을 실시한 경우에, 증거자료가 되는 것은 녹음테이프에 녹음된 대화 내용 그 자체이고, 그 중 피고인의 진술 내용은 실질적으로 법 제311조, 제312조의 규정 이외에 피고인의 진술을 기재한 서류와 다름없어, 피고인이 그 녹음테이프를 증거로 할 수 있음에 동의하지 않은 이상 그 녹음테이프에 녹음된 피고인의 진술 내용을 증거로 사용하기 위해서는 법 제313조 제1항 단서에 따라 공판준비 또는 공판기일에서 그 작성자인 상대방의 진술에 의하여 녹음테이프에 녹음된 피고인의 진술 내용이 피고인이 진술한 대로 녹음된 것임이 증명되고 나아가 그 진술이 특히 신빙할 수 있는 상태하에서 행하여진 것임이 인정되어야 한다.

보충 전문법칙 관련문제 중 대화당사자의 비밀녹음(후술)과도 관련되는 판례이다.

1] [참고] 진술기재서(류)와 재전문서류의 구별 [경찰채용 22 2차]
두 서류 모두 작성자와 진술자가 일치하지 않는다는 공통점이 있으나, 아래와 같은 차이가 있다.
① 진술기재서 : 타인의 진술을 기재한 서류로서, 이에 대해 원진술자의 서명·날인이 있는 서류를 말한다. 원진술자의 확인이 있으므로 단순한 전문증거의 형태에 속한다. **예** 대화녹음의 경우에도 진술자의 음성의 동일성이 확인되면 진술자의 자필·서명·날인이 있는 것과 마찬가지이므로 여기의 진술기재서에 포함된다.
② 재전문서류 : 타인의 진술이 기재된 서류인 점에서 진술기재서와 동일하나 원진술자의 서명·날인이 없는 경우를 말한다. 원진술자의 확인절차가 결여되어 있으므로 전문진술이 기재된 서류로서 재전문증거에 속한다. 요컨대, 재전문서류에는 원진술자의 확인이 없다. [예] 전형적으로는 ㉠ 전문진술자에 대하여 수사기관이 참고인 조사를 작성한 진술조서(전문진술자의 서명 등은 있으나 원진술자의 서명 등은 없음)라든가, ㉡ 원진술자의 진술을 작성자가 듣고(전문하고, 1차 전문) 그 내용을 작성자가 서류로 만든 경우(전문서류, 2차 전문)(원진술자의 서명·날인이 없음) 등이 여기에 해당한다.
[연습] 살인현장을 목격한 친구 B가 "甲이 길가던 여자를 죽였다."고 A에게 말한 경우
㉠ 이를 A가 공판정에서 증언하는 경우 : 전문진술(제316조 제2항)
㉡ 수사기관이 A에 대한 참고인 조사를 통하여 작성한 진술조서 : 재전문서류(제316조 제2항, 제312조 제4항)
㉢ A가 자필로 일기장에 기재한 경우
ⓐ B가 여기에 서명 또는 날인을 해준 경우 : 진술기재서(제313조 제1항)
ⓑ B가 여기에 서명 또는 날인을 해주지 않은 경우(보통의 일기장) : 재전문서류(제316조 제2항, 제313조 제1항)

2] [참고] 진술기재서류에 대해서도 과학적 방법에 의한 증명이 가능하다는 견해도 있다(진술기재서류 포함설, 예컨대, 임동규 532면). 그러나 제313조 제2항은 진술서만 규정하고 있을 뿐 진술기재서류에 대해서 규정한 것은 아니며, 피고인에게 불리한 과학적 방법에 의한 증명을 명문의 규정도 없는 진술기재서류에 유추적용하는 것은 타당하지 않다고 해야 한다(진술기재서류 불포함설, 다수설로 보임). 이에 본서는 진술기재서류 불포함설을 따른다.

3] [참고] 제313조 제1항 단서의 '피고인의 공판준비 또는 공판기일에서의 진술에 불구하고'의 의미와 관련하여서는 ① '피고인의 실질적 진정성립을 부인하는 진술에도 불구하고' 작성자의 진정성립 인정 및 검사의 특신상태 증명이 있으면 증거능력이 인정된다는 완화요건설(노/이, 신동운 −신판에서 견해 변경−, 이/조, 이주원 등 및 판례)과 ② '피고인이 실질적 진정성립은 인정하였으나 그 내용을 부인하는 진술에도 불구하고' 진정성립 인정 및 특신상태 증명이 있으면 증거능력이 인정된다는 가중요건설(손/신, 임동규, 정/백, 차용석 등)이 대립하고 있다. 양설의 차이는 피고인에 의한 실질적 진정성립의 인정을 그 요건을 볼 것인가(부정 : 완화요건설, 긍정 : 가중요건설)에 있다. 생각건대, 가중요건설은 입법론으로서는 검토의 여지가 있을지 모르지만, 제313조 제1항 단서의 해석상 원진술자(피고인)에 의한 실질적 진정성립의 인정을 피고인의 진술을 기재한 서류의 증거능력 인정요건으로 추가하는 것은 무리가 있다고 본다. 해석론상 완화요건설이 타당하다고 생각된다.

4] [참고] 다만, 제313조 제1항 단서의 특신상황을 해석함에 있어서는 신중을 요한다는 견해는 신동운 1223면 이하.

2. 대법원 2022.4.28, 2018도3914

법 제313조 제1항 단서의 '작성자의 진술' 및 '피고인의 공판준비 또는 공판기일에서의 진술에 불구하고'의 의미

형사소송법 제313조 제1항 단서는 "단, 피고인의 진술을 기재한 서류는 공판준비 또는 공판기일에서의 그 작성자의 진술에 의하여 그 성립의 진정함이 증명되고 그 진술이 특히 신빙할 수 있는 상태하에서 행하여진 때에 한하여 피고인의 공판준비 또는 공판기일에서의 진술에 불구하고 증거로 할 수 있다."라고 규정하고 있다. 피고인이 피고인의 진술을 기재한 서류를 증거로 할 수 있음에 동의하지 않은 이상 그 서류에 기재된 피고인의 진술 내용을 증거로 사용하려면 형사소송법 제313조 제1항 단서에 따라 공판준비 또는 공판기일에서 작성자의 진술에 의하여 그 서류에 기재된 피고인의 진술 내용이 피고인이 진술한 대로 기재된 것임이 증명되고 나아가 진술이 특히 신빙할 수 있는 상태하에서 행하여진 것임이 인정되어야 한다(대법원 2012.9.13, 2012도7461 등). 여기서 '특히 신빙할 수 있는 상태'라 함은 진술 내용이나 서류의 작성에 허위개입의 여지가 거의 없고, 진술 내용의 신빙성이나 임의성을 담보할 구체적이고 외부적인 정황이 있는 것을 말한다(대법원 2006.9.28, 2006도3922 등).

보충 충남 ○○군 사무관인 피고인이 어선 선주들로부터 1,020만 원 상당의 뇌물을 수수하는 등으로 뇌물수수죄 등으로 기소된 사건에서, 국무조정실 산하 정부합동공직복무점검단 소속 점검단원이 작성한 피고인의 진술을 기재한 서류(확인서)의 증거능력에 관하여 작성자인 점검단원의 진술에 의하여 성립의 진정함이 증명되고 나아가 진술이 특히 신빙할 수 있는 상태하에서 행하여졌다고 보아 형사소송법 제313조 제1항 단서에 따라 확인서의 증거능력을 인정한 사례로서, 형사소송법 제313조 제1항 단서의 의미에 관하여, 완화요건설(원진술자인 피고인의 '진정성립을 부정하는 진술'에도 불구하고 특신상태 등이 인정되면 진술기재서의 증거능력을 인정하는 견해)의 입장을 분명히 한 판례이다.

(나) **피고인 아닌 자의 진술기재서류 –자 + 성**(진술자)– : 제3자(작성자·진술기재자)가 피고인 아닌 자의 진술을 기재한 서류로서 원진술자의 서명 또는 날인이 있는 것이므로, **진술자의 진술에 의하여 그 성립의 진정함이 증명**되면 증거로 할 수 있다(제313조 제1항 본문). 역시 성립의 진정의 증명방법으로서 신설된 제2항의 과학적 방법에 의한 증명은 허용되지 아니한다.

⚖ **판례연구** 수사과정 외에서 작성한 피고인 아닌 자의 진술을 기재한 서류

대법원 1997.3.28, 96도2417

사인이 피고인 아닌 자의 진술을 비밀녹음한 녹음테이프 및 그 검증조서의 증거능력

피고인의 동료 교사가 학생들과의 사적인 대화 중에 피고인이 수업시간에 학생들에게 북한을 찬양·고무하는 발언을 하였다는 사실에 대한 학생들의 대화 내용을 학생들 모르게 녹음한 녹음테이프에 대하여 실시한 검증의 내용은 녹음테이프에 녹음된 대화의 내용이 검증조서에 첨부된 녹취서에 기재된 내용과 같다는 것에 불과하여 증거자료가 되는 것은 여전히 녹음테이프에 녹음된 대화의 내용이라고 할 것인바, 그 중 위와 같은 내용의 학생들의 대화의 내용은 실질적으로 법 제311조, 제312조 규정 이외의 피고인 아닌 자의 진술을 기재한 서류와 다를 바 없으므로, 피고인이 그 녹음테이프를 증거로 할 수 있음에 동의하지 않은 이상 녹음테이프의 녹음내용 중 위와 같은 내용의 학생들의 진술 및 이에 관한 검증조서의 기재 중 학생들의 진술내용을 공소사실을 인정하기 위한 증거자료로 사용하기 위하여서는 제313조 제1항에 따라 공판준비나 공판기일에서 원진술자인 학생들의 진술에 의하여 이 사건 녹음테이프에 녹음된 각자의 진술내용이 자신이 진술한 대로 녹음된 것이라는 점이 인정되어야 한다.

보충 위 판례의 결론은 개정법에 의하더라도 그대로 유지된다. 진술서가 아닌 진술기재서류의 성립의 진정의 증명방법에는 제313조 제2항 본문의 과학적 방법이 허용될 수 없기 때문이다.

V 수사기관의 검증조서

제312조(검사 또는 사법경찰관의 조서 등) ⑥ 검사 또는 사법경찰관이 검증의 결과를 기재한 조서는 적법한 절차와 방식에 따라 작성된 것으로서 공판준비 또는 공판기일에서의 작성자의 진술에 따라 그 성립의 진정함이 증명된 때에는 증거로 할 수 있다.

1. 의 의

(1) **개념** : 검증조서(檢證調書)란 수사기관이 검증을 실시하고 그 결과를 기재한 서면을 말한다. 검증이란 수사에서 기술한 바와 같이 오관의 작용에 의하여 사람·물건·장소의 성질과 상태를 인식하는 강제처분을 말한다. 수사기관의 검증조서에는 수사기관의 영장에 의한 검증(제215조)과 **영장에 의하지 아니한 검증**(제216조·제217조, 당사자 참여 ×) 및 승낙에 의한 검증 등의 결과를 기재한 조서뿐 아니라 **당해 사건 이외 다른 사건의 검증조서도 포함**된다. 다만, **수사보고서**에 검증의 결과에 해당하는 기재가 있다고 하여도 이는

실황조사서에 해당하지 않고 단지 수사의 경위 및 결과를 내부적으로 보고하기 위하여 작성된 서류에 불과하므로 그 기재는 증거로 할 수 없다.

대법원 2001.5.29, 2000도2933 [경찰간부 22]

수사보고서에 검증의 결과에 해당하는 기재가 있는 경우, 그 기재부분은 증거능력이 없다는 사례

수사보고서에 검증의 결과에 해당하는 기재가 있는 경우, 그 기재 부분은 검찰사건사무규칙 제17조에 의하여 검사가 범죄의 현장 기타 장소에서 실황조사를 한 후 작성하는 실황조서 또는 사법경찰관리집무규칙 제49조 제1항, 제2항에 의하여 사법경찰관이 수사상 필요하다고 인정하여 범죄현장 또는 기타 장소에 임하여 실황을 조사할 때 작성하는 실황조사서에 해당하지 아니하며, 단지 수사의 경위 및 결과를 내부적으로 보고하기 위하여 작성된 서류에 불과하므로 그 안에 검증의 결과에 해당하는 기재가 있다고 하여 이를 (구)형사소송법 제312조 제1항의 '검사 또는 사법경찰관이 검증의 결과를 기재한 조서'라고 할 수 없을 뿐만 아니라 이를 같은 법 제313조 제1항의 '피고인 또는 피고인이 아닌 자가 작성한 진술서나 그 진술을 기재한 서류'라고 할 수도 없고, 같은 법 제311조, 제315조, 제316조의 적용대상이 되지 아니함이 분명하므로 그 기재 부분은 증거로 할 수 없다.

보충 수사보고서는 사법경찰관이 수사의 경위와 결과를 내부적으로 보고하기 위하여 작성된 서류로서, 실무상 다른 서식이 없을 때 작성하는 서류에 불과함을 고려할 것.

---

(2) 취지 : 제312조 제6항에서 법원의 검증조서(제311조)에 비해 수사기관의 검증조서의 증거능력 인정에 있어 보다 가중된 요건을 규정한 것은, 성질상 법원의 검증조서와 동일하기는 하지만 영장에 의하지 아니한 긴급검증과 같이 당사자의 참여권이 인정되지 않는 경우가 많다는 점을 고려한 것이다.

2. 증거능력 인정요건 : (전제조건-위수증) 적/성 (if. 진술 ○ : 제312조 제1항~제4항)

검사 또는 사법경찰관이 검증의 결과를 기재한 조서는
① 적법성 : 적법한 절차와 방식에 따라 작성된 것으로서
② 성립의 진정 : 공판준비 또는 공판기일에서의 작성자의 진술에 따라 그 성립의 진정함이 증명된 때에는 → 증거로 할 수 있다.

(1) 적법한 절차와 방식 : 적법한 절차와 방식에 따라 작성되어야 한다. 다만, 검증은 강제처분이므로 영장주의가 적용되는바, **영장주의에 위반하여 이루어진 검증**의 결과를 기재한 조서는 적법한 절차와 방식을 위반하여 작성한 조서이기 이전에 이미 **위법수집증거배제법칙**(제308조의2)이 적용되는 것이어서 본조항의 적용은 없다. 따라서 제312조 제6항의 적법한 절차와 방식에 따르지 아니한 경우는 예컨대 수사기관의 검증 시 당사자의 참여권(제219조, 제145조, 제122조, 제121조)이 보장되지 아니하였거나 신체검사시 주의사항(제219조, 제141조)을 준수하지 아니한 경우 등을 말한다.

(2) 성립의 진정 : 수사기관의 검증조서는 법원·법관의 검증조서와 달리 당사자의 참여권이 인정되지 않는 경우가 많다는 점에서, **작성자의 진술에 의하여 그 성립의 진정함이 인정**된 때 증거로 할 수 있다. 작성자는 검증조서의 작성자인 **검사 또는 사법경찰관**을 의미한다. 따라서 검증에 참여한 자에 불과한 **사법경찰리**나 **피고인**은 성립의 진정을 인정할 수 없다(대법원 1976.4.13, 76도500). [경찰채용 12 3차] 또한 본조의 성립의 진정의 증명은 수사기관인 작성자의 진술에 의하여 증명될 뿐이고 영상녹화물 등에 의해서는 증명될 수 없다.

3. 관련문제 - 검증조서 기재 진술 및 실황조사서의 증거능력

(1) 검증조서에 기재된 참여자의 진술의 증거능력

① 문제의 소재 : **수사기관의 검증조서에 기재된 검증참여자의 진술**이 기재되어 있는 경우, 참여자의 진술은 진술일 뿐 검증의 결과와는 구별된다는 점에서 그 진술의 증거능력 인정요건에 대해 어느 규정을 적용하여야 하는가의 견해의 대립이 있다.[1]

---

1) [참고] 검증조서에 기재된 참여인의 진술을 현장지시(검증의 대상을 지시하는 진술)와 현장진술(검증현장을 이용하여 행하여지는 현장지시 이외의 진술)인지 구별하여 판단할 것인가 여부에 따라 크게 비구별설과 구별설이 대립한다. ① 비구별설은 현장지시와 현장진술을 구별할 수 없다는 전제에서 이는 모두 검증조서 규정(제312조 제6항)이 아니라 제312조 제1항부터 제4항까지의 규정을 적용해야 한다고 주장하며(신동운, 백형구), ② 구별설은 현장지시는 검증조서와 일체를 이루지만 현장진술은 검증조서로 볼 수 없으므로 검증주체와 진술자에 따라 제312조 제1항부터 제4항까지의

② 결론 : 검증의 대상을 지시하는 현장지시 중 범죄사실을 인정하기 위한 증거로 이용되는 현장지시 및 현장지시 이외의 현장진술이 기재된 부분은 **검증조서로 볼 수 없으므로** 제312조 제6항이 아니라 **제312 조 제1·3·4항이 적용**되어야 한다(수정된 구별설). 판례도 **사법경찰관이 작성한 검증조서에 기재된 피고인 의 진술기재부분**에 대하여는 피고인이 **성립의 진정뿐만 아니라 내용을 인정할 때에만 증거능력을 가질 수 있다**고 하여 같은 취지이다(대법원 1998.3.13, 98도159).

[정리] ① 검사 작성 검증조서에 기재된 피고인이 된 피의자의 진술은 제312조 제1항에 의하여, ② 사법경찰관 작성의 검 증조서에 기재된 피고인이 된 피의자의 진술은 제312조 제3항에 의하여, ③ 검사 또는 사법경찰관 작성 검증조서 에 기재된 피의자 아닌 자(참고인·공동피고인)의 진술인 경우에는 제312조 제4항에 의하여 증거능력을 판단해야 한다.

🔨 **판례연구** 수사기관의 검증조서에 기재된 진술과 범행재연 부분의 성격

1. 대법원 1998.3.13, 98도159 [국가9급 12]

피고인이 사법경찰관 작성의 검증조서 중 자신의 진술 또는 범행재연 사진 부분을 부인 : 그 부분 증거 ×

'사법경찰관이 작성한 검증조서'에는 이 사건 범행에 부합되는 피의자이던 피고인의 진술기재 부분이 포함되어 있고 또한 범 행을 재연하는 사진이 첨부되어 있으나, 기록에 의하면 피고인이 위 검증조서에 대하여 증거로 함에 동의만 하였을 뿐 공판정 에서 검증조서에 기재된 진술내용 및 범행을 재연한 부분에 대하여 그 성립의 진정 및 내용을 인정한 흔적을 찾아 볼 수 없고 오 히려 이를 부인하고 있으므로 그 증거능력을 인정할 수 없는바, 위 검증조서 중 이 사건 범행에 부합되는 피고인의 진술을 기재한 부분과 범행을 재연한 부분을 제외한 나머지 부분만을 증거로 채용하여야 한다(원심이 이를 구분하지 아니한 채 그 전부를 유죄의 증거로 인용한 조치는 위법).

[보충] 사법경찰관 작성 검증조서 중 피의자이었던 피고인의 진술기재부분과 범행재연의 사진영상에 관한 부분의 증거능력에 관하여 종래 판례는 87도2692, 81도343 판결 등에 구법 제312조 제1항을 적용하였다가, 위 98도159 판결에서 제312조 제3항을 적용해 야 한다는 입장(피고인의 내용인정 요함)을 판시한 후 아래 2003도6548 판결에서 다시 제312조 제3항 적용 입장을 명백히 하 고 있다.

2. 대법원 2006.1.13, 2003도6548 [교정9급특채 12]

피고인의 자백진술과 이를 기초로 한 범행재연상황을 기재한 사법경찰관 작성의 검증조서의 증거능력

사법경찰관이 작성한 검증조서에 피의자이던 피고인이 검사 이외의 수사기관 앞에서 자백한 범행내용을 현장에 따라 진술·재 연한 내용이 기재되고 그 재연 과정을 촬영한 사진이 첨부되어 있다면, 그러한 기재나 사진은 피고인이 공판정에서 진술내용 및 범행재연의 상황을 모두 부인하는 이상 증거능력이 없다.

---

(2) 실황조사서의 증거능력

① 문제의 소재 : 실황조사서(實況調査書)란 수사기관이 임의수사의 한 방식으로 교통사고, 화재사고 등 범 죄현장 기타 장소에 임하여 실제 상황을 조사하고 그 실황조사의 경위와 결과를 기재한 서류를 말한 다(검찰사건사무규칙 제51조). 이러한 검사 작성 실황조서나 사법경찰관 작성 실황조사서의 증거능력을 인정할 수 있는가에 대해서는 견해의 대립이 있다.[1]

② 결론 : 실황조사는 **범행 중 또는 범행 직후의 사고현장에서 행해지는 영장주의의 예외인 긴급검증**에 해당하 므로 강제수사에 대한 영장주의원칙에 따라 **지체 없이 사후검증영장**을 발부받아야 그 적법성이 확보될 수 있다. 따라서 영장주의를 준수한 실황조사를 기재한 실황조사서에 한해서만 제312조 제6항에 따라 그 증거능력이 인정된다(긍정설 중 절충설). 판례도 실황조서가 검증에 따라 작성된 것이라면 **사후영장 을 받지 않는 한 유죄의 증거로 할 수 없다**는 입장이다(88도1399). [국가9급 09] 더불어 판례는 실황조사서의

규정에 따라 그 증거능력을 판단해야 한다고 주장한다(통설). 이러한 구별설 내에서도 현장지시가 수사기관의 검증활동의 동기를 설명하는 것이 아니라 범죄사실을 인정하기 위한 증거로 이용될 때에는 현장진술과 동일하게 취급해야 한다는 입장이 수정된 구별설이다(배/이/정/이, 손/신, 이/ 조, 정/백 등).

1) [참고] 실황조사서의 증거능력에 대해서는 ① 실황조사서는 법령의 근거에 의하여 작성된 서면이라 할 수 없으므로 제312조 제6항의 적용대상인 검증조서로 볼 수 없다는 부정설(검증조서 부정설 : 신동운, 정/이), ② 실황조사의 실질은 상대방의 동의에 의하거나 동의를 요하지 않는 상황에 서의 임의수사의 성격을 가진 검증이고, 실황조사서의 결과는 그 정확성에 있어서 검증조서와 다르지 않다는 점에서 제312조 제6항에 따라 증거 능력이 인정될 수 있다는 긍정설(다수설), ③ 실황조사는 강제수사이므로 사후 검증영장을 발부받아야 하는 등 영장주의를 준수한 실황조사서에 한하여 제312조 제6항이 적용된다는 절충설(검증조서 긍정설이나 영장주의를 준수해야 한다는 입장, 배/이/정/이 및 88도1399 판결 등 판례의 입장)이 대립한다. 본서는 제3설을 따르고 있다.

기재가 **검사나 사법경찰관의 의견을 기재한 것에 불과**하다면 그 실황조사서는 **증거능력이 없다**(83도948)는 판시도 내린 바 있다.

🔨 **판례연구** 실황조사서 관련판례

1. 대법원 1983.6.28, 83도948

경찰 및 검사의 의견을 기재한 실황조서는 증거능력이 없다는 사례

경찰 및 검사가 작성한 실황조서의 기재는 사고현장을 설명하면서 경찰이나 검사의 의견을 기재한 것에 불과하여 이것만으로는 피고인이 이 건 사고를 일으켰다고 인정할 자료가 될 수 없다.

2. 대법원 1989.3.14, 88도1399 [국가9급 09]

수사기관이 긴급처분으로서 시행하고 사후영장을 발부받지 아니한 채 작성한 실황조서의 증거능력

사법경찰관 사무취급이 작성한 실황조서가 사고발생 직후 사고장소에서 긴급을 요하여 판사의 영장 없이 시행된 것으로서 제216조 제3항에 의한 검증에 따라 작성된 것이라면 사후영장을 받지 않는 한 유죄의 증거로 삼을 수 없다.

보충 실황조사서를 검증조서로 본다 하더라도, 검증 자체가 영장주의 위반인 경우에는 이미 위법수집증거라는 사례이다.

---

③ 관련문제 −실황조사서에 기재된 진술의 증거능력− : 실황조사서도 검증조서에 준하여 취급되므로 실황조사서에 기재된 참여자의 진술의 증거능력도 검증조서 기재 진술과 동일하게 해결해야 한다(수정된 구별설 : 현장진술 등이 기재된 부분은 검증조서가 아니라 진술조서로 취급하여 제312조 제1항~제4항 적용). 따라서 **사법경찰관이 작성한 실황조사서에 피고인이 사법경찰관의 면전에서 자백한 범행내용을 현장에 따라 진술·재연하고 사법경찰관이 그 진술재연의 상황을 기재하거나 이를 사진으로 촬영**한 것 외에 다른 기재가 없는 경우에 **피고인이 진술내용 및 범행재연의 상황을 부인**하였다면 위 실황조사서는 증거능력이 인정되지 아니한다(84도378; 89도1557). [경찰간부 12, 경찰승진 11, 경찰채용 10 2차]

대법원 1984.5.29, 84도378 [경찰간부 12, 경찰승진 11, 경찰채용 10 2차]

실황조사서에 기재된 진술의 증거능력과 피고인의 내용부인

사법경찰관이 작성한 실황조사서에 피의자이던 피고인이 사법경찰관의 면전에서 자백한 내용을 현장에 따라 진술, 재연하고 사법경찰관이 그 진술, 재연의 상황을 기재하거나 이를 사진으로 촬영한 것 외에 별다른 기재가 없는 경우에 피고인이 공판정에서 실황조사서에 기재된 진술내용 및 범행재연의 상황을 모두 부인하고 있다면 그 실황조사서는 증거능력이 없다 할 것이다.

보충 사법경찰관리 작성 실황조사서에 기재된 피의자의 진술의 증거능력에 대해서는 제312조 제3항이 적용됨.

VI 감정서

> **제313조(진술서 등)** ③ 감정의 경과와 결과를 기재한 서류도 제1항 및 제2항(2016.5.개정)과 같다.

1. 의의 및 범위

(1) 의의 : 감정서(鑑定書)란 감정의 경과와 결과를 기재한 서면을 말한다.

(2) 범위 : 법원의 명령에 의한 감정인이 제출하는 감정서(제171조)뿐만 아니라 수사기관의 촉탁을 받은 감정수탁자가 작성한 감정서(제221조의3)도 포함된다. 다만, 사인이 의뢰하여 의사가 작성한 **진단서**는 법원의 명령이나 수사기관의 촉탁이 없었다는 점에서 **감정서에 해당하지 않으므로, 일반적인 진술서**에 준하여 제313조 제1항·제2항의 적용을 받아야 한다(대법원 1960.9.14, 4293형상247, 단 성립의 진정 등의 점은 동일).

🔨 **판례연구** 감정의 경과와 결과를 기재한 서류

대법원 1960.9.14, 4293형상247

사인이 의뢰하여 의사가 작성한 진단서는 법원의 명령이나 수사기관의 촉탁이 없었다는 점에서 감정서에 해당하지 않으므로 일반

적인 진술서에 준하여 (현) 제313조 제1항, 제2항의 적용을 받아야 한다.

> **보충** 다만, 감정서로 보아도 피고인 아닌 자의 진술서에 준하므로, 실질적인 차이는 없다.

2. 증거능력의 인정요건 : 자/성/반

(1) 성립의 진정 및 반대신문의 기회보장 : 감정인 등은 피고인이 아니므로 감정서는 피고인 아닌 자가 작성한 진술서에 해당한다. 따라서 제313조 제1항 단서는 적용될 수 없고 동 제1항 본문 및 제2항이 적용된다. 이에 감정서는 그 작성자(감정인 또는 감정수탁자)의 자필이거나 서명 또는 날인이 있고, 그 **작성자의 공판진술**(또는 동조 제2항의 **과학적 방법**, 2016.5. 신설 동조 제2항 본문)에 의하여 그 **성립의 진정**함이 증명되고 [법원행시 02, 경찰채용 10 2차], 피고인 또는 변호인이 공판준비 또는 공판기일에 그 기재 내용에 관하여 **감정인을 신문할 수 있어야** 증거로 할 수 있다(2016.5. 신설 동조 제2항 단서).

(2) 감정인의 진술불능의 경우 : 후술하는 제314조를 적용하므로, 특신상태의 존재를 요건으로 그 증거능력이 인정된다.

VII 제314조의 증거능력에 대한 예외

> **제314조(증거능력에 대한 예외)** 제312조 또는 제313조의 경우에 공판준비 또는 공판기일에 진술을 요하는 자가 사망·질병·외국거주·소재불명 그 밖에 이에 준하는 사유로 인하여 진술할 수 없는 때에는 그 조서 및 그 밖의 서류(피고인 또는 피고인 아닌 자가 작성하였거나 진술한 내용이 포함된 문자·사진·영상 등의 정보로서 컴퓨터디스크, 그 밖에 이와 비슷한 정보저장매체에 저장된 것을 포함한다. 2016.5.개정)를 증거로 할 수 있다. 다만, 그 진술 또는 작성이 특히 신빙할 수 있는 상태하에서 행하여졌음이 증명된 때에 한한다.
>
> [개정내용] 기타 사유로 진술할 수 없는 때 → '소재불명 그 밖에 이에 준하는 사유로 인하여' 진술할 수 없는 때, 특신상태의 '증명'[1]

1. 의의 및 적용범위

(1) 의의 : 제314조는 "제312조 또는 제313조의 경우에 공판준비 또는 공판기일에 진술을 요하는 자가 사망·질병·외국거주·소재불명 그 밖에 이에 준하는 사유로 인하여 진술할 수 없는 때에는 그 조서 및 그 밖의 서류를 증거로 할 수 있다(2007년 개정). 다만, 그 진술 또는 작성이 특히 신빙할 수 있는 상태하에서 행하여졌음이 증명된 때에 한한다."라고 규정하여 전문법칙의 예외를 규정하고 있다.

(2) 취지 : 수사기관 작성 참고인진술조서나 참고인의 진술서 등은 제312조와 제313조에 따라 원진술자가 공판정에 나와 성립의 진정을 인정하고 반대신문의 기회가 보장되는 등 엄격한 요건이 충족되어야 그 증거능력이 인정되는바, 원진술자가 공판정에 출석하지 않는 경우에는 신용성이 정황적으로 보장됨에도 그 증거능력이 부정될 수밖에 없다. 이는 **실체진실발견과 소송경제실현**에 현저한 어려움을 야기한다는 점에서 제314조의 보충규정을 두어, **제312조와 제313조의 요건 중 반대신문의 기회보장 요건을 갖추지 못한 전문서류**의 경우에도 그 증거능력을 인정할 수 있도록 한 것이다.

(3) 성격 : 제312조 또는 제313조에 규정된 조서·서류가 **원진술자의 진술불능**으로 인하여 진정성립을 인정할 수 없는 경우에 대비한 보충적 규정(전문법칙의 예외의 예외규정)으로서, 반대신문의 기회가 보장되지 않은 전문증거를 당해 증거의 **필요성과 신용성의 정황적 보장이 높다**는 점에 근거하여 예외적으로 증거능력을 인정한 **전형적인 영미법상 전문법칙의 예외규정**에 해당한다.

(4) 적용범위 : 반대신문권의 결여가 문제되는 증거

① 피고인이 된 피의자신문조서, 피고인의 진술서 및 진술기재서류 : 당해 피고인은 반대신문권의 주체이

---

1) [보충] 증거능력에 대한 예외사유로 1995. 12. 29. 법률 제5054호로 개정되기 전의 구 형사소송법 제314조가 '사망, 질병 기타 사유로 인하여 진술할 수 없는 때', 2007. 6. 1. 법률 제8496호로 개정되기 전의 구 형사소송법 제314조가 '사망, 질병, 외국거주 기타 사유로 인하여 진술할 수 없는 때'라고 각 규정한 것에 비하여 현행 형사소송법은 그 예외사유의 범위를 더욱 엄격하게 제한하고 있는데, 이는 직접심리주의와 공판중심주의의 요소를 강화하려는 취지가 반영된 것이다(대법원 2012.5.17, 2009도6788 전원합의체).

지 그 대상이 아니며 피고인의 출석 없이는 원칙적으로 공판이 개정되지 아니하므로, 제312조 제1항·제3항의 피의자신문조서 및 제313조 제1항의 피고인 진술서·진술기재서류에 대해서는 제314조가 적용되지 아니한다.

② 공범자 또는 공동피고인에 대한 피의자신문조서

(가) 검사 작성 피고인 아닌 자에 대한 피의자신문조서 : 종래에는 반대신문의 기회보장이 문제되는 경우이므로 **제314조가 적용**된다는 것이 판례이었다(대법원 1984.1.24, 83도2945, 소위 '피의자신문조서 중 유일하게 제314조가 적용되는 경우'라는 설명방식). 다만 2020.2.4. 제312조 제1항이 개정되었으므로 이제는 나눠서 보아야 할 것이다. 즉, 검사 작성 피의자신문조서 중에서 공범자 아닌 자에 대한 피의자신문조서의 경우에는 (법 제312조 제4항이 적용되므로) 여전히 법 제314조가 적용되나, 공범자에 대한 검사 작성 피의자신문조서의 경우 학설에서는 법 제312조 제1항 적용설(이에 의하면 법 제314조 적용 불가)과 법 제312조 제4항 적용설(이에 의하면 법 제314조 적용 가능)이 대립하고 판례는 법 제312조 제1항 적용설을 취했다(대법원 2023.6.1, 2023도3741).

★ 판례연구 공범자 아닌 자에 대한 검사 작성 피의자신문조서와 법 제314조

대법원 1984.1.24, 83도2945
피고인 아닌 자에 대한 검사 작성의 피의자신문조서의 증거능력
검사작성의 공소외 甲에 대한 피의자신문조서는 제1심에서 동인에 대한 증인 소환장이 소재불명으로 송달불능이 되고 소재탐지촉탁에 의하여도 거주지를 확인할 방도가 없어 그 진술을 들을 수 없는 사정이 있고 그 조서의 내용에 의하면 특히 신빙할 수 있는 상태하에서 작성된 것으로 보이므로 원심이 형사소송법 제314조에 의하여 증거능력을 인정한 조치는 정당하다(법 제312조 제4항이 적용된다는 전제에서 원진술자의 소재불명으로 법 제314조를 적용한 사례).

(나) 검사 이외 수사기관 작성 피의자신문조서 : 공범자인 공동피고인에 대한 검사 이외의 수사기관 작성 피의자신문조서에 대해서도 피고인이 내용을 인정하지 아니하면 **제312조 제3항에 의해 그 증거능력이 부정**된다. 따라서 사경작성 피의자신문조서는 **공범자**(필요적 공범 및 양벌규정의 적용대상인 법인과 자연인 포함)에 대한 조서라 하더라도 **제314조의 적용대상이 아니다**(2003도7185 등). [법원9급 13, 교정9급특채 11, 해경간부 12, 경찰승진 10/14]

[정리] 사법경찰관 작성 공범자에 대한 피의자신문조서에 대하여 당해 피고인이 내용을 부인하면 증거능력이 부정되는 것은 고문 등 위법수사의 억제장치로서 독자적 의미를 가지므로, 제312조 제3항이 다른 조항보다 우선 적용된다.

★ 판례연구 형사소송법 제314조의 2007년 개정의 의미와 적용범위

1. 대법원 2012.5.17, 2009도6788 전원합의체
형사소송법 제314조는 "제312조 또는 제313조의 경우에 공판준비 또는 공판기일에 진술을 요하는 자가 사망·질병·외국거주·소재불명, 그 밖에 이에 준하는 사유로 인하여 진술할 수 없는 때에는 그 조서 및 그 밖의 서류를 증거로 할 수 있다. 다만, 그 진술 또는 작성이 특히 신빙할 수 있는 상태하에서 행하여졌음이 증명된 때에 한한다."라고 정함으로써, 원진술자 등의 진술에 의하여 진정성립이 증명되지 아니하는 전문증거에 대하여 예외적으로 증거능력이 인정될 수 있는 사유로 '사망·질병·외국거주·소재불명, 그 밖에 이에 준하는 사유로 인하여 진술할 수 없는 때'를 들고 있다. 위 증거능력에 대한 예외사유로 1995.12.29. 법률 제5054호로 개정되기 전의 구 형사소송법 제314조가 '사망, 질병 기타 사유로 인하여 진술할 수 없는 때', 2007.6.1. 법률 제8496호로 개정되기 전의 구 형사소송법 제314조가 '사망, 질병, 외국거주 기타 사유로 인하여 진술할 수 없는 때'라고 각 규정한 것에 비하여 현행 형사소송법은 그 예외사유의 범위를 더욱 엄격하게 제한하고 있는데, 이는 직접심리주의와 공판중심주의의 요소를 강화하려는 취지가 반영된 것이다.

2. 대법원 2004.7.15, 2003도7185 전원합의체; 2009.11.26, 2009도6602 [법원9급 13, 교정9급특채 11, 해경간부 12, 경찰간부 22, 경찰승진 10/14]
법 제312조 제3항이 적용되는 조서는 법 제314조의 적용대상이 아님 : 피고인과 공범관계에 있는 다른 피의자에 대한 사경 작성 피의자신문조서는 제314조 적용 ×
법 제312조 제2항(현재 : 동조 제3항)은 검사 이외의 수사기관이 작성한 당해 피고인에 대한 피의자신문조서를 유죄의 증거

로 하는 경우뿐만 아니라 검사 이외의 수사기관이 작성한 당해 피고인과 공범관계에 있는 다른 피고인이나 피의자에 대한 피의자신문조서를 당해 피고인에 대한 유죄의 증거로 채택할 경우에도 적용되는바, 당해 피고인과 공범관계가 있는 다른 피의자에 대한 검사 이외의 수사기관 작성의 피의자신문조서는 그 피의자의 법정진술에 의하여 그 성립의 진정이 인정되더라도 당해 피고인이 공판기일에서 그 조서의 내용을 부인하면 증거능력이 부정되므로 그 당연한 결과로 그 피의자신문조서에 대하여는 사망 등 사유로 인하여 법정에서 진술할 수 없는 때에 예외적으로 증거능력을 인정하는 규정인 형사소송법 제314조가 적용되지 아니한다.

3. 대법원 2020.6.11, 2016도9367 [변호사 23, 국가9급 24]

양벌규정상 행위자인 다른 피의자에 대한 사법경찰관 작성의 피의자신문조서에 대한 법 제314조의 적용 ✕

(양벌규정의 종업원과 사업주인 피고인 중에서 망인인 종업원에 대한 경찰 피의자신문조서에 대하여 법 제314조에 기초하여 증거능력을 인정할 수 있는가의 문제) 해당 피고인과 공범관계가 있는 다른 피의자에 대하여 검사 이외의 수사기관이 작성한 피의자신문조서는 그 피의자의 법정진술에 의하여 그 성립의 진정이 인정되는 등 제312조 제4항의 요건을 갖춘 경우라고 하더라도 해당 피고인이 공판기일에서 그 조서의 내용을 부인한 이상 이를 유죄 인정의 증거로 사용할 수 없고, 그 당연한 결과로 위 피의자신문조서에 대하여는 사망 등 사유로 인하여 법정에서 진술할 수 없는 때에 예외적으로 증거능력을 인정하는 규정인 형사소송법 제314조가 적용되지 아니한다(대법원 2004.7.15, 2003도7185 전원합의체 등). 그리고 이러한 법리는 공동정범이나 교사범, 방조범 등 공범관계에 있는 자들 사이에서뿐만 아니라, 법인의 대표자나 법인 또는 개인의 대리인, 사용인, 그 밖의 종업원 등 행위자의 위반행위에 대하여 행위자가 아닌 법인 또는 개인이 양벌규정에 따라 기소된 경우, 이러한 법인 또는 개인과 행위자 사이의 관계에서도 마찬가지로 적용된다고 보아야 한다.

> [보충] 대법원은 법 제312조 제3항이 형법총칙의 공범 이외에도, 서로 대향된 행위의 존재를 필요로 할 뿐 각자의 구성요건을 실현하고 별도의 형벌규정에 따라 처벌되는 강학상 필요적 공범 내지 대향범 관계에 있는 자들 사이에서도 적용된다는 판시를 하기도 하였다(대법원 1996.7.12, 96도667; 2007.10.25, 2007도6129 등). 이는 필요적 공범 내지 대향범의 경우 형법총칙의 공범관계와 마찬가지로 어느 한 피고인이 자기의 범죄에 대하여 한 진술이 나머지 대향적 관계에 있는 자가 저지른 범죄에도 내용상 불가분적으로 관련되어 있어 목격자, 피해자 등 제3자의 진술과는 본질적으로 다른 속성을 지니고 있음을 중시한 것으로 볼 수 있다. 무릇 양벌규정은 법인의 대표자나 법인 또는 개인의 대리인, 사용인, 그 밖의 종업원 등 행위자가 법규위반행위를 저지른 경우, 일정 요건 하에 이를 행위자가 아닌 법인 또는 개인이 직접 법규위반행위를 저지른 것으로 평가하여 행위자와 같이 처벌하도록 규정한 것으로서, 이때의 법인 또는 개인의 처벌은 행위자의 처벌에 종속되는 것이 아니라 법인 또는 개인의 직접책임 내지 자기책임에 기초하는 것이기는 하다(대법원 2006.2.24, 2005도7673; 2010.9.9, 2008도7834; 2010.9.30, 2009도3876 등). 그러나 양벌규정에 따라 처벌되는 행위자와 행위자가 아닌 법인 또는 개인 간의 관계는, 행위자가 저지른 법규위반행위가 사업주의 법규위반행위와 사실관계가 동일하거나 적어도 중요부분을 공유한다는 점에서 내용상 불가분적 관련성을 지닌다고 보아야 하고, 따라서 앞서 본 형법총칙의 공범관계 등과 마찬가지로 인권보장적인 요청에 따라 형사소송법 제312조 제3항이 이들 사이에서도 적용된다고 보는 것이 타당하다.

③ 참고인진술조서 · 참고인진술서 : 반대신문권의 결여를 근거로 증거능력이 부정되는 경우이므로, 전형적인 **제314조의 적용대상**에 해당한다.

④ 외국 수사기관 작성 참고인진술조서 : **제314조의 적용대상**이다. 따라서 외국의 권한 있는 수사기관 등이 작성한 조서나 서류도 법 제314조 소정의 요건을 모두 갖춘 것이라면 이를 유죄의 증거로 삼을 수 있다(대법원 1997.7.25, 97도1351). [법원9급 13, 국가7급 17]

대법원 1997.7.25, 97도1351

미합중국 주검찰 수사관이 작성한 질문서와 형사사법공조요청에 따라 미합중국 법원의 지명을 받은 수명자가 작성한 증언녹취서의 증거능력을 인정한 사례

형사소송법 제312조 소정의 조서나 같은 법 제313조 소정의 서류 등은 원진술자가 사망, 질병 기타 사유로 인하여 공판정에 출석하여 진술을 할 수 없고, 그 진술 또는 서류의 작성이 특히 신빙할 수 있는 상태하에서 행하여진 경우에는 원진술자의 진술 없이도 형사소송법 제314조에 의하여 이를 유죄의 증거로 삼을 수 있는 것인바, 여기서 형사소송법 제312조 소정의 조서나 같은 법 제313조 소정의 서류를 반드시 우리 나라의 권한 있는 수사기관 등이 작성한 조서 및 서류에만 한정하여 볼 것은 아니고, 외국의 권한 있는 수사기관 등이 작성한 조서나 서류도 같은 법 제314조 소정의 요건을 모두 갖춘 것이라면 이를 유죄의 증거로 삼을 수 있다.

---

⑤ 진술자의 서명 · 날인이 없는 서류 : **외국에 거주하는 참고인과의 전화 대화내용을 문답형식으로 기재**한 검찰주사보 작성 수사보고서는 그 **진술자의 서명 또는 날인이 기재되어 있지 않으므로** 제312조 · 제313조의 서류에 해당하지 아니한다. 따라서 **제314조의 적용대상이 아니다**(98도2742).

✦ **판례연구** 적법한 절차와 방식에 따라 작성된 조서가 아닌 경우와 법 제314조

대법원 1999.2.26, 98도2742 [경찰간부 22]

외국에 거주하는 참고인과의 전화 대화내용을 문답형식으로 기재한 진술조서는 법 제314조의 적용대상이 아니라는 사례

외국에 거주하는 참고인과의 전화 대화내용을 문답형식으로 기재한 검찰주사보 작성의 수사보고서는 전문증거로서 형사소송법 제310조의2에 의하여 제311조 내지 제316조에 규정된 것 이외에는 이를 증거로 삼을 수 없는 것인데, 위 수사보고서는 제311조, 제312조, 제315조, 제316조의 적용대상이 되지 아니함이 분명하므로, 결국 제313조(현 제312조 제4항)의 진술을 기재한 서류에 해당하여야만 제314조의 적용 여부가 문제될 것인바, 제313조(현 제312조 제4항)가 적용되기 위하여는 그 진술을 기재한 서류에 그 진술자의 서명 또는 날인이 있어야 한다.

2. 증거능력 인정요건 : 필/특

제312조 또는 제313조의 경우에

① 필요성 : 공판준비 또는 공판기일에 진술을 요하는 자가 사망·질병·외국거주·소재불명 그 밖에 이에 준하는 사유로 진술할 수 없는 때

② 특신상태 : 그 진술 또는 작성이 특히 신빙할 수 있는 상태하에서 행하여졌음이 증명된 때에 한하여 → 그 조서 및 그 밖의 서류를 증거로 할 수 있다.

(1) **필요성** : 원진술자 등의 진술에 의하여 진정성립이 증명되지 아니하는 전문증거에 대하여 예외적으로 증거능력이 인정되려면 '사망·질병·외국거주·소재불명, 그 밖에 이에 준하는 사유로 인하여 진술할 수 없는 때'이어야 한다(원진술자의 진술불능).

① **사망·질병** : 질병에는 정신적 질환도 포함되나, 진술을 요할 자가 공판이 계속되는 동안 **임상신문이나 출장신문도 불가능할 정도의 중병**임을 요한다(대법원 2006.5.25, 2004도3619). 따라서 원진술자가 단지 입원한 정도로는 여기에 해당되지 아니한다.

② **외국거주** : 외국거주는 반드시 영구적임을 요하지 아니하고 **일시적인 경우도 포함**된다. 다만, 원진술자가 **단지 외국에 있다는 사정만으로는 부족**하고, **가능하고 상당한 수단을 다하더라도 원진술자를 법정에 출석시킬 수 없는 사정**이 있어야 한다(87도1446; 2004도5561; 2007도10004). [법원9급 12, 경찰승진 13] 예컨대, ㉠ 일본에 거주하는 사람을 증인으로 채택하여 환문코자 하였으나 외무부로부터 현재 일본 측에서 형사사건에 대하여는 **양국 형법체계상의 상이함을 이유로 송달에 응하지 않고 있어 그 송달이 불가능하다는 취지의 회신**을 받고 위 증인을 취소한 경우(87도1446) [법원9급 12, 경찰승진 13]나 ㉡ 미국 내 주소지로 증인소환장을 발송하였으나 원진술자가 법원에 경위서를 제출하면서 **장기간 귀국할 수 없음을 통보**한 경우(2004도5561) [경찰채용 14 2차] 등이 여기에 해당한다. 또한 통상적으로 외국거주 요건은 소재의 확인, 소환장의 발송과 같은 절차를 거쳐 확정되는 것이기는 하지만 항상 그와 같은 절차를 거쳐야만 하는 것은 아니고, ㉢ 위 **절차를 거치지 않더라도 원진술자를 법정에서 신문할 것을 기대하기 어려운 사정이 있다고 인정할 수 있다면 그 요건은 충족**된다(2001도5666 : **수사를 받던 중 미국으로 불법도피** → 증인소환장 발송 등 조치를 취하지 않아도 필요성 요건 충족).

✦ **판례연구** 법 제314조의 외국거주에 해당한다는 사례

1. 대법원 1987.9.8, 87도1446

외국에 거주하는 증인의 소환이 송달에 응하지 않아 불가능한 경우

일본에 거주하는 사람을 증인으로 채택하여 환문코자 하였으나 외무부로부터 현재 일본 측에서 형사사건에 대하여는 양국 형법체계상의 상이함을 이유로 송달에 응하지 않고 있어 그 송달이 불가능하다는 취지의 회신을 받고 위 증인을 취소하였다면 이러한 사유는 형사소송법 제314조 소정의 공판기일에서 진술을 요할 자가 기타 사유로 인하여 진술할 수 없는 때에 해당한다.

2. 대법원 2007.6.14, 2004도5561

법원은 A를 증인으로 채택하여 국내의 주소지 등으로 소환하였으나 소환장이 송달불능되었고, A가 2003.5.16. 미국으로 출국하여 그곳에 거주하고 있음이 밝혀지자 다시 미국 내 주소지로 증인소환장을 발송하였으나, A가 법원에 경위서를 제출하면서

장기간 귀국할 수 없음을 통보하였는바, A에 대한 특별검사 및 검사 작성의 각 진술조서와 A가 작성한 각 진술서는 증인이 외국거주 등 사유로 인하여 법정에서의 신문이 불가능한 상태의 경우에 해당된다고 할 것이고, 그 진술내용의 신빙성이나 임의성도 인정된다고 할 것이므로, 위 각 진술조서와 진술서의 각 기재는 형사소송법 제314조에 의하여 증거능력이 있다고 할 것이다.

3. 대법원 2002.3.26, 2001도5666

진술을 요할 자가 외국에 거주하고 있고 검찰이 그 소재를 확인하여 소환장을 발송하는 등의 절차를 거치지 않은 경우에도 법 제314조가 적용될 수는 있다는 사례

법 제314조의 '외국거주'라고 함은 진술을 요할 자가 외국에 있다는 것만으로는 부족하고, 가능하고 상당한 수단을 다하더라도 그 진술을 요할 자를 법정에 출석하게 할 수 없는 사정이 있어야 예외적으로 그 적용이 있다고 할 것인데, 통상적으로 그 요건의 충족 여부는 소재의 확인, 소환장의 발송과 같은 절차를 거쳐 확정되는 것이기는 하지만 항상 그와 같은 절차를 거쳐야만 위 요건이 충족될 수 있는 것은 아니고, 경우에 따라서는 비록 그와 같은 절차를 거치지 않더라도 법원이 그 진술을 요할 자를 법정에서 신문할 것을 기대하기 어려운 사정이 있다고 인정할 수 있다면, 이로써 그 요건은 충족된다고 보아야 한다. A는 차량공급업체 선정과 관련한 특정범죄가중처벌등에관한법률위반(알선수재) 혐의로 수사를 받던 중 미국으로 불법도피하여 그 곳에 거주하고 있고, 이러한 A에 대하여 그 소재를 확인하여 소환장을 발송한다고 하더라도 A가 법정에 증인으로 출석할 것을 기대하기는 어렵다고 할 것이므로, A가 미국에 거주하고 있는 사실이 확인된 후 검찰이 A의 미국 내 소재를 확인하여 증인소환장을 발송하는 등의 조치를 다하지 않았다고 하더라도 위 첫 번째 요건은 충족이 되었다고 할 것이다.

4. 대법원 2002.3.26, 2001도5666; 2008.2.28, 2007도10004; 2016.2.18, 2015도17115 [국가7급 10, 국가9급개론 15]

제314조에 따라 예외적으로 증거능력을 인정하기 위한 요건 중 '외국거주'의 의미와 그 판단방법

(구)법 제314조에 따라, 제312조의 조서나 제313조의 진술서, 서류 등을 증거로 하기 위하여는 '진술을 요할 자가 사망·질병·외국거주 기타 사유로 인하여 공판정에 출석하여 진술을 할 수 없는 경우'이어야 하고, '그 진술 또는 서류의 작성이 특히 신빙할 수 있는 상태하에서 행하여진 것'이라야 한다는 두 가지 요건이 갖추어져야 할 것인바, 첫째 요건과 관련하여 '외국거주'라 함은 진술을 요할 자가 외국에 있다는 것만으로는 부족하고, 수사 과정에서 수사기관이 그 진술을 청취하면서 그 진술자의 외국거주 여부와 장래 출국 가능성을 확인하고, 만일 그 진술자의 거주지가 외국이거나 그가 가까운 장래에 출국하여 장기간 외국에 체류하는 등의 사정으로 향후 공판정에 출석하여 진술을 할 수 없는 경우가 발생할 개연성이 있다면 그 진술자의 외국 연락처를, 일시 귀국할 예정이 있다면 그 귀국 시기와 귀국시 체류 장소와 연락 방법 등을 사전에 미리 확인하고, 그 진술자에게 공판정 진술을 하기 전에는 출국을 미루거나, 출국한 후라도 공판 진행 상황에 따라 일시 귀국하여 공판정에 출석하여 진술하게끔 하는 방안을 확보하여 그 진술자로 하여금 공판정에 출석하여 진술할 기회를 충분히 제공하며, 그 밖에 그를 공판정에 출석시켜 진술하게 할 모든 수단을 강구하는 등 가능하고 상당한 수단을 다하더라도 그 진술을 요할 자를 법정에 출석하게 할 수 없는 사정이 있어야 예외적으로 그 적용이 있다. (여기서부터는 2015도17115만) 나아가 진술을 요하는 자가 외국에 거주하고 있어 공판정 출석을 거부하면서 공판정에 출석할 수 없는 사정을 밝히고 있다고 하더라도 증언 자체를 거부하는 의사가 분명한 경우가 아닌 한 거주하는 외국의 주소나 연락처 등이 파악되고, 해당 국가와 대한민국 간에 국제형사사법공조조약이 체결된 상태라면 우선 사법공조의 절차에 의하여 증인을 소환할 수 있는지 여부를 검토해 보아야 하고, 소환을 할 수 없는 경우라고 하더라도 외국의 법원에 사법공조로 증인신문을 실시하도록 요청하는 등의 절차를 거쳐야 한다고 할 것이고, 이러한 절차를 전혀 시도해 보지도 아니한 것은 가능하고 상당한 수단을 다하더라도 그 진술을 요하는 자를 법정에 출석하게 할 수 없는 사정이 있는 때에 해당한다고 보기 어렵다.

> 보충 이 중 2007도10004 판례는 공소외 甲의 출입국 현황과 협의이혼 후 국내외 연락처 탐지 불능 상황 등 여러 사정을 종합하여 공소외 甲에 대한 검찰 진술조서의 증거능력이 있다고 판단한 사례이다.

③ 소재불명 그 밖에 이에 준하는 사유 : 법 제314조의 요건 충족 여부는 엄격히 심사하여야 하고, 전문증거의 증거능력을 갖추기 위한 요건에 관한 입증책임은 검사에게 있는 것이므로, 법원이 증인이 소재불명이거나 그 밖에 이에 준하는 사유로 인하여 진술할 수 없는 때에 해당한다고 인정할 수 있으려면, 형식적으로 구인장 집행이 불가능하다는 취지의 서면이 제출되었다는 것만으로는 부족하고, 증인에 대한 구인장의 강제력에 기하여 **증인의 법정 출석을 위한 가능하고도 충분한 노력을 다하였음에도 불구하고, 부득이 증인의 법정 출석이 불가능하게 되었다는 사정을 검사가 입증**한 경우여야 한다(대법원 2007.1.11, 2006도7228; 2013.4.11, 2013도1435; 2013.10.17, 2013도5001). [법원9급 08] 따라서 **소환장이 송달불능된 것으로는 부족하고 송달불능이 되어 소재수사를 하였어도 소재를 확인할 수 없는 경우**이어야 한다(83도931; 99도202; 2003도171)(**송달불능 + 소재수사에도 구인불능**). [법원9급 12, 경찰승진 13, 경찰채용 20 2차]

★ 판례연구 법 제314조의 소재불명의 의미

1. 대법원 2013.10.17, 2013도5001

법 제314조의 '증인이 소재불명이거나 그 밖에 이에 준하는 사유로 인하여 진술할 수 없는 때'의 거증책임은 검사에게 있다는 사례

직접주의와 전문법칙의 예외를 정한 형사소송법 제314조의 요건 충족 여부는 엄격히 심사하여야 하고, 전문증거의 증거능력을 갖추기 위한 요건에 관한 입증책임은 검사에게 있는 것이므로, 법원이 증인이 소재불명이거나 그 밖에 이에 준하는 사유로 인하여 진술할 수 없는 때에 해당한다고 인정할 수 있으려면 증인의 법정 출석을 위한 가능하고도 충분한 노력을 다하였음에도 부득이 증인의 법정 출석이 불가능하게 되었다는 사정을 검사가 입증한 경우이어야 한다(대법원 2013.4.11, 2013도1435 등 참조). 공소외인은 그에 대한 제1심 법원의 증인소환장이 송달되지 아니하던 때인 제1심 제4회 공판기일의 며칠 전에 제1심법원에 전화를 걸어 공판기일을 통지받으면서 증인으로 출석할 의사가 있음을 밝혔고 그와 같은 내용의 전화통화결과보고가 제1심 소송기록에 편철되었으며 한편 공소외인의 휴대전화번호들이 수사기록에 기재되어 있었음에도, 이후 검사는 직접 또는 경찰을 통하여 수사기록에 나타난 공소외인의 휴대전화번호들로 공소외인에게 연락하여 법정 출석의사가 있는지를 확인하는 등의 방법으로 공소외인의 법정 출석을 위하여 상당한 노력을 기울였다는 자료는 보이지 아니한다.

2. 대법원 2004.3.11, 2003도171

공판기일에 진술을 요할 자에 대한 소재수사 결과 그 소재를 확인할 수 없는 경우가 형사소송법 제314조가 규정하고 있는 '기타 사유로 인하여 진술할 수 없는 때'에 포함된다는 사례

형사소송법 제314조에서 말하는 '공판준비 또는 공판기일에 진술을 요할 자가 사망, 질병 기타 사유로 인하여 진술할 수 없을 때'라고 함은 소환장이 주소불명 등으로 송달불능이 되어 소재탐지촉탁까지 하여 소재수사를 하였어도 그 소재를 확인할 수 없는 경우도 이에 포함된다고 할 것이다(소환장 송달불능 + 소재수사에도 구인불능 = 소재불명 ○).

(가) 해당하는 경우 : ㉠ 사망 또는 질병에 준하여 증인으로 소환될 당시부터 **기억력이나 분별력의 상실 상태**에 있는 경우, ㉡ 원진술자가 **피고인의 보복이 두렵다는 이유로 주소를 옮기고 소환에도 응하지 않아** 구인장을 발부하였으나 그 집행조차 되지 아니한 경우(95도523) [국가7급 10], ㉢ 일정한 주거를 가지고는 있으나 **법원의 소환에 계속 불응하고 구인하여도 구인장이 집행되지 아니하는 경우**(2000도 1765) [법원9급 12, 경찰승진 13], ㉣ 증인소환장을 송달받고 출석하지 아니하여 구인을 명하였으나 **끝내 구인의 집행이 되지 아니하는 등** 진술을 요할 자가 공판준비 또는 공판기일에 진술할 수 없는 예외 적인 사유(대법원 2006.5.25, 2004도3619 등)가 필요성이 인정되는 경우에 해당한다.

★ 판례연구 소재불명 그 밖에 이에 준하는 사유에 해당한다는 사례

1. 대법원 1995.6.13, 95도523

법원의 소환에 불응하고 그에 대한 구인장이 집행되지 아니하는 등 법정에서의 신문이 불가능한 상태의 경우도 법 제314조 소정 요건이 충족된다는 사례

진술을 요할 자가 사망, 질병, 또는 일정한 주거를 가지고 있더라도 법원의 소환에 계속 불응하고 구인하여도 구인장이 집행되지 아니하는 등 법정에서의 신문이 불가능한 상태의 경우도 형사소송법 제314조 소정의 "공판정에 출정하여 진술을 할 수 없는 경우"라는 요건이 충족되었다고 보아야 한다. 공소외인은 피고인의 보복이 두렵다는 이유로 주거를 옮기고 또 소환에도 응하지 아니하여 결국 구인장을 발부하였지만 그 집행조차 되지 아니한 사실을 알 수 있으므로, 첫번째 요건은 충족되었다고 볼 것이다.

2. 대법원 1968.6.18, 68도488

원심이 검사 또는 사법경찰관 사무취급작성의 참고인들에 대한 진술조서가 증거능력이 없다는 취의의 판단을 함에 있어서 위의 진술자들은 모두 일정한 주거 없이 전전유전하는 넝마주이 등으로서 그 소재를 알기 어렵다는 사실을 인정하는 이상 이는 본조 소정 기타 사유로 인하여 진술할 수 없는 때에 해당된다 할 것이므로 원심은 그 조서의 진술이 신빙할 수 있는 상태하에서 행하여진 것인지를 심리판단하여 증거능력의 유무를 정하였어야 한다.

3. 대법원 2006.4.14, 2005도9561 [경찰채용 23 1차]

형사소송법 제314조, 제316조 제2항에서 말하는 '원진술자가 진술을 할 수 없는 때'에 해당한다고 한 사례

형사소송법 제314조, 제316조 제2항에서 말하는 '원진술자가 진술을 할 수 없는 때'에는 사망, 질병 등 명시적으로 열거된 사유 외에도 원진술자가 공판정에서 진술을 한 경우라도 증인신문 당시 일정한 사항에 관하여 기억이 나지 않는다는 취지로 진술하여 그 진술의 일부가 재현 불가능하게 된 경우도 포함하는 것이고, 위 규정들에서 '그 진술 또는 작성이 특히 신빙할 수 있는 상태하에서 행하여진 때'라 함은 그 진술내용이나 조서 또는 서류의 작성에 허위개입의 여지가 거의 없고, 그 진술내용의

신빙성이나 임의성을 담보할 구체적이고 외부적인 정황이 있는 경우를 가리킨다[대법원 1992.3.13, 91도2281; 1999.11.26, 99도3786(사건 당시 4세 6개월, 증언 당시 6세 11개월인 증인이 일정한 사항에 관하여 기억이 나지 않는다는 취지로 진술하여 그 진술의 일부가 재현 불가능하게 된 경우); 2000.3.10, 2000도159 등].[1]

(나) 해당하지 않는 경우 : ㉠ 단지 **소환장이 주소불명 등으로 송달불능**되거나, 소환장 **송달불능임에도 소재탐지촉탁에 의해 소재확인을 하지 않거나,** 소재탐지촉탁을 하였으나 그 회보가 오지 않은 경우(96도575), ㉡ **주소지가 아닌 곳**으로 소환장을 보내 송달불능이 되자 그 곳에 소재탐지 끝에 소재불능회보를 받은 경우(79도1002) [경찰승진 09/10], 또한 ㉢ **법정에 출석한 증인이 정당하게 증언거부권을 행사하여 증언을 거부한 경우**(2009도6788 전원합의체) [법원9급 12/13/14/15/17, 국가7급 17, 국가9급개론 15, 경찰승진 13, 경찰채용 12 2차]나 ㉣ 증거서류의 진정성립을 묻는 검사의 질문에 대하여 피고인이 **진술거부권을 행사하여 진술을 거부한 경우**(대법원 2013.6.13, 2012도16001) [국가7급 15/16, 국가9급 16]는 필요성이 인정되는 경우에 해당되지 아니한다. 나아가 최근 판례는 ㉤ **정당하게 증언거부권을 행사한 것이 아니더라도** (피고인이 증언거부상황을 초래하였다는 특별한 사정이 없는 한) 이 역시 제314조의 기타 사유에 해당하지 않는다고 판시한 바 있다(2018도13945 전원합의체).

🔍 **판례연구** 소재불명 그 밖에 이에 준하는 사유에 해당하지 아니한다는 사례

1. 대법원 1973.10.31, 73도2124
1심에서 송달불능이 된 증인을 항소심에서 다시 증인으로 채택하여 소환함에 있어서 1심에서 송달불능된 주소로만 소환하고 기록상 용이하게 알 수 있는 다른 주소로 소환하지 아니함은 심리미진이다.

2. 대법원 1979.12.11, 79도1002
증인의 주소지가 아닌 곳으로 소환장을 보내 송달불능이 되자 그 곳을 중심한 소재탐지 끝에 소재불능회보를 받은 경우에는 형사소송법 제314조에서 말하는 원진술자가 공판정에서 진술할 수 없는 때라고 할 수 없다.

3. 대법원 1996.5.14, 96도575
형사소송법 제314조 소정의 "공판기일에 진술을 요할 자가 사망·질병 기타 사유로 인하여 진술할 수 없는 때"라고 함은 ① 소환장이 주소불명 등으로 송달불능이 되어 소재탐지촉탁까지 하여 소재수사를 하였는데도 그 소재를 확인할 수 없는 경우는 이에 해당하나, ② 단지 소환장이 주소불명 등으로 송달불능되었다거나 소재탐지촉탁을 하였으나 그 회보가 오지 않은 상태인 것만으로는 이에 해당한다고 보기에 부족하다.

4. 대법원 2007.1.11, 2006도7228 [법원9급 08]
직접주의와 전문법칙의 예외를 정한 형사소송법 제314조의 요건 충족 여부는 엄격히 심사하여야 하고 전문증거의 증거능력을 갖추기 위한 요건에 관한 입증책임은 검사에게 있는 것이므로, 법원이 증인에 대한 구인장 집행불능 상황을 형사소송법 제314조의 '기타 사유로 인하여 진술할 수 없는 때'에 해당한다고 인정할 수 있으려면, 형식적으로 구인장 집행이 불가능하다는 취지의 서면이 제출되었다는 것만으로는 부족하고, 증인에 대한 구인장의 강제력에 기하여 증인의 법정 출석을 위한 가능하고도 충분한 노력을 다하였음에도 불구하고, 부득이 증인의 법정 출석이 불가능하게 되었다는 사정을 검사가 입증한 경우여야 한다. [법원9급 08] 따라서 경찰이 증인과 가족의 실거주지를 방문하지 않은 상태에서 전화상으로 증인의 모(母)로부터 법정에 출석케 할 의사가 없다는 취지의 진술을 들었다는 내용의 구인장 집행불능 보고서를 제출하고 있을 뿐이고, 검사가 기록상 확인된 증인의 휴대전화번호로 연락하여 법정 출석의사가 있는지를 확인하는 등의 방법으로 출석을 적극적으로 권유·독려하는 등 증인의 법정 출석을 위하여 상당한 노력을 기울이지 않은 경우, 형사소송법 제314조의 '기타 사유로 인하여 진술할 수 없는 때'에 해당하지 않는다고 해야 한다.

5. 대법원 2012.5.17, 2009도6788 전원합의체 [법원9급 12/13/14/15/17, 국가9급개론 15, 경찰승진 13, 경찰채용 12 2차]
증인이 형사소송법에서 정한 바에 따라 정당하게 증언거부권을 행사하여 증언을 거부한 사례
[다수의견] 현행 형사소송법 제314조의 문언과 개정 취지(필요성 예외사유의 범위를 더욱 엄격하게 제한함), 증언거부권 관련 규정의 내용 등에 비추어 보면, 법정에 출석한 증인이 형사소송법 제148조, 제149조 등에서 정한 바에 따라 정당하게 증언거부권을 행사하여 증언을 거부한 경우는 형사소송법 제314조의 '그 밖에 이에 준하는 사유로 인하여 진술할 수 없는 때'에 해당하지 아니한다.

---

1) [보충] 위 피해자의 진술내용이나 그에 대한 조서나 서류의 작성에 허위개입의 여지가 거의 없고 그 진술내용의 신빙성이나 임의성을 담보할 구체적이고 외부적인 정황이 있어 '그 진술이 특히 신빙할 수 있는 상태하에서 행하여진 때'에 해당한다고 할 것이므로, 사법경찰리가 작성한 위 피해자에 대한 진술조서의 진술기재는 형사소송법 제314조에 따라 … 그 증거능력이 있다고 할 것이다(대법원 2006.4.14, 2005도9561).

[보충] 甲 주식회사 및 그 직원인 피고인들이 정비사업전문관리업자의 임원에게 甲 회사가 주택재개발사업 시공사로 선정되게 해 달라는 청탁을 하면서 금원을 제공하였다고 하여 구 건설산업기본법 위반으로 기소되었는데, 변호사가 작성하여 甲 회사 측에 전송한 전자문서를 출력한 '법률의견서'에 대하여 피고인들이 증거로 함에 동의하지 아니하고, 변호사가 그에 관한 증언을 거부한 사안에서, 위 의견서의 증거능력을 부정하고 무죄를 인정한 원심의 결론을 정당하다고 한 사례임.

6. 대법원 2013.6.13, 2012도16001

피고인이 증거서류의 진정성립을 묻는 검사의 질문에 대하여 진술거부권을 행사하여 진술을 거부한 사례

헌법은 모든 국민은 형사상 자기에게 불리한 진술을 강요당하지 아니한다고 선언하고(제12조 제2항), 형사소송법은 피고인은 진술하지 아니하거나 개개의 질문에 대하여 진술을 거부할 수 있다고 규정하여(제283조의2 제1항), 진술거부권을 피고인의 권리로서 보장하고 있다. 위와 같은 현행 형사소송법 제314조의 문언과 개정 취지, 진술거부권 관련 규정의 내용 등에 비추어 보면, 피고인이 증거서류의 진정성립을 묻는 검사의 질문에 대하여 진술거부권을 행사하여 진술을 거부한 경우는 형사소송법 제314조의 '그 밖에 이에 준하는 사유로 인하여 진술할 수 없는 때'에 해당하지 아니한다.

[보충] 원심이, 피고인 1, 피고인 2가 '공소외 1 USB 문건', '피고인 3 컴퓨터 발견 문건', '피고인 2 이메일 첨부서류', '공소외 2 제출 서류'의 진정성립을 묻는 검사의 질문에 대하여 진술거부권을 행사한 경우를 형사소송법 제314조의 '공판준비 또는 공판기일에 진술을 요하는 자가 사망·질병·외국거주·소재불명 기타 그 밖에 이에 준하는 사유로 인하여 진술할 수 없는 때'에 해당한다고 해석하는 것은 진술거부권의 행사를 이유로 위 피고인들에게 불이익을 과하는 것으로서 허용되지 아니한다고 하여, 위 각 문서들이 형사소송법 제314조에 의하여 증거능력이 인정된다는 주장을 배척한 것은 정당하다.

7. 대법원 2019.11.21, 2018도13945 전원합의체 [경찰간부 22, 경찰채용 23 1차, 국가7급 23, 변호사 24]

증인이 정당한 이유 없이 증언을 거부한 경우 검찰 진술조서의 증거능력 유무

[다수의견] ㉠ 수사기관에서 진술한 참고인이 법정에서 증언을 거부하여 피고인이 반대신문을 하지 못한 경우에는 정당하게 증언거부권을 행사한 것이 아니라도, 피고인이 증인의 증언거부 상황을 초래하였다는 등의 특별한 사정이 없는 한 형사소송법 제314조의 '그밖에 이에 준하는 사유로 인하여 진술할 수 없는 때'에 해당하지 않는다고 보아야 한다. 따라서 증인이 정당하게 증언거부권을 행사하여 증언을 거부한 경우와 마찬가지로 수사기관에서 그 증인의 진술을 기재한 서류는 증거능력이 없다. 다만 ㉡ 피고인이 증인의 증언거부 상황을 초래하였다는 등의 특별한 사정이 있는 경우에는 형사소송법 제314조의 적용을 배제할 이유가 없다. 이러한 경우까지 형사소송법 제314조의 '그밖에 이에 준하는 사유로 인하여 진술할 수 없는 때'에 해당하지 않는다고 보면 사건의 실체에 대한 심증 형성은 법관의 면전에서 본래증거에 대한 반대신문이 보장된 증거조사를 통하여 이루어져야 한다는 실질적 직접심리주의와 전문법칙에 대하여 예외를 정한 형사소송법 제314조의 취지에 반하고 정의의 관념에도 맞지 않기 때문이다.

[보충1] 피고인 A가 공소외 B에게 필로폰을 매도하였다는 혐의로 공소제기된 이 사건에서, 검사는 B에 대한 검사 작성의 진술조서와 피의자신문조서(이하 '검찰 조서')의 증거능력이 문제된 바, 위 필로폰 매수 혐의로 별도의 재판을 받고 있던 B는 A의 공판정에서 증언을 거부하였으며 이것이 형사소송법 제314조의 예외에 해당하는가를 판시한 사건이다. B는 A의 공판정에 출석하여 총 3차례에 걸쳐 증언을 거부하였는데, 그 중 1차와 2차의 증언거부는 정당한 증언거부권의 행사에 해당하고, B에 대한 판결이 확정된 후에 증언거부사유도 소명하지 않고 이루어진 B의 3차 증언거부는 정당하지 않은 증언거부권 행사에 해당한다. 이 판례는 정당하지 않은 증언거부권 행사도 제314조의 '그밖에 이에 준하는 사유'에 해당되지 않는다고 판시한 것이다.

[보충2] 2007년 개정된 제314조는 전문서류의 증거능력을 인정할 수 있는 예외 사유로 '사망·질병·외국거주·소재불명 그밖에 이에 준하는 사유'를 규정하고 있다. 이는 종래의 '사망·질병·외국거주 기타 사유'보다 분명하고 제한된 규정이며, 이에 대법원은 2012년 정당하게 증언을 거부한 경우는 제314조의 예외사유에 해당하지 않는다고 판시한 것(대법원 2012.5.17, 2009도6788 전원합의체)과 일관된 흐름에서, 2020년 전원합의체 판례를 통하여 정당하지 않은 증언거부권 행사도 제314조의 예외사유에 해당하지 않는다고 판시한 것이다. 이는 공판중심주의, 직접심리주의, 반대신문권의 보장을 철저히 중시한 것으로 평가된다.

[표정리] 기타 제314조의 필요성 요건에 해당하는 경우와 해당하지 않는 경우

해당하는 경우	해당하지 않는 경우
① 노인성 치매로 인한 기억력 장애(91도2281) [국가9급개론 15, 경찰승진 10]	① 증인으로 소환받고 출산을 앞두고 있다는 사유로 출석하지 아니한 경우(99도915) [국가9급개론 15, 경찰간부 15, 경찰승진 09, 경찰채용 14 2차]
② 피해자(사건 당시 4세 6개월, 증언 당시 6세 11개월)가 일정한 사항에 관하여 기억이 나지 않는다는 취지로 진술하여 그 진술의 일부가 재현 불가능하게 된 경우(99도3786)(유사판례는 2005도9561) [국가7급 10, 경찰승진 09/10/13]	② 만 5세 무렵에 당한 성추행으로 인하여 외상 후 스트레스 증후군을 앓고 있다는 등 이유로 공판정에 출석하지 아니한 약 10세 남짓의 성추행 피해자의 경우(2004도3619)[1] [법원9급 12, 국가7급 10, 경찰승진 09/10/13, 경찰채용 14 2차]

[정리] 판례가 인정하는 경우는 치매 등으로 인한 기억장애, 보복 등 이유로 구인불능, 최선의 노력을 다했어도 구인 불능 등이다. 반면 외상 후 스트레스 증후군(PTSD), 증언거부, 진술거부, 출산 등의 경우는 여기에 해당되지 않는다고 보고 있다.

---

1) [보충] 위 판례의 결론에 대해서는 설득력 있는 비판이 제기되나, 본서의 특성상 생략한다.

🔨 판례연구 법 제314조의 필요성 긍정례

대법원 1992.3.13, 91도2281

공판기일에 진술을 요하는 자가 노인성 치매로 인한 기억력 장애 등으로 진술할 수 없는 상태에 있어 형사소송법 제314조에 의하여 동인의 진술조서 등에 증거능력이 인정된 사례

사법경찰리 작성의 피해자에 대한 진술조서와 검사 및 사법경찰리 작성의 피고인에 대한 각 피의자신문조서 중 피해자의 진술부분은 비록 피고인이 이를 증거로 함에 동의하지 아니하였으나, 피해자는 제1심에서 **증인으로 소환당할 당시부터 노인성 치매로 인한 기억력 장애, 분별력 상실 등으로 인하여 진술할 수 없는 상태**하에 있었고 나아가 위 각 진술이 그 내용에 있어서 시종 일관되며 특히 검사 및 사법경찰리 작성의 각 피의자신문조서상의 각 진술부분은 피고인과의 대질하에서 이루어진 것인 점 등에 비추어 그 각 진술내용의 신용성이나 임의성을 담보할 만한 구체적인 정황이 있는 경우에 해당되어 특히 신빙할 수 있는 상태하에서 행하여진 것이라고 보이므로, 각 형사소송법 제314조에 의하여 증거능력이 있는 증거라 할 것이다.

🔨 판례연구 법 제314조의 필요성 부정례

1. 대법원 1999.4.23, 99도915

공판기일에 증인으로 소환받고도 출산을 앞두고 있다는 이유로 출석하지 아니한 것은 특별한 사정이 없는 한 사망, 질병, 외국거주 기타 사유로 인하여 진술을 할 수 없는 때에 해당한다고 할 수 없어 형사소송법 제314조에 의한 증거능력이 있다고 할 수 없다.

2. 대법원 2006.5.25, 2004도3619

만 5세 무렵에 당한 성추행으로 인하여 외상 후 스트레스 증후군을 앓고 있다는 등의 이유로 공판정에 출석하지 아니한 약 10세 남짓의 성추행 피해자에 대한 진술조서 사례

형사소송법 제314조에 의하면, 같은 법 제312조 소정의 조서나 같은 법 제313조 소정의 서류 등을 증거로 하기 위해서는, 첫째로 진술을 요할 자가 사망, 질병, 외국거주 기타 사유(현 소재불명 그 밖에 이에 준하는 사유)로 인하여 공판준비 또는 공판기일에 진술할 수 없는 경우이어야 하고('필요성의 요건'), 둘째로 그 진술 또는 서류의 작성이 특히 신빙할 수 있는 상태하에서 행하여진 것이어야 한다('신용성 정황적 보장의 요건'). 위 필요성의 요건 중 '질병'은 진술을 요할 자가 공판이 계속되는 동안 임상신문이나 출장신문도 불가능할 정도의 중병임을 요한다고 할 것이고, '기타 사유'는 사망 또는 질병에 준하여 증인으로 소환될 당시부터 기억력이나 분별력의 상실 상태에 있다거나, 증인소환장을 송달받고 출석하지 아니하여 구인을 명하였으나 끝내 구인의 집행이 되지 아니하는 등으로 진술을 요할 자가 공판준비 또는 공판기일에 진술할 수 없는 예외적인 사유가 있어야 한다. 한편, 위 신용성 정황적 보장의 요건인 '특히 신빙할 수 있는 상태하에서 행하여진 때'라고 함은 그 진술내용이나 조서 또는 서류의 작성에 허위개입의 여지가 거의 없고, 그 진술내용의 신빙성이나 임의성을 담보할 구체적이고 외부적인 정황이 있는 경우를 가리킨다. 따라서 만 5세 무렵에 당한 성추행으로 인하여 외상 후 스트레스 증후군을 앓고 있다는 등의 이유로 공판정에 출석하지 아니한 약 10세 남짓의 성추행 피해자에 대한 진술조서는 형사소송법 제314조에 정한 필요성의 요건과 신용성 정황적 보장의 요건을 모두 갖추지 못하여 증거능력이 없다.

(2) **특신상태** : 필요성이 인정되는 경우라 하더라도, 그 진술·작성이 특히 신빙할 수 있는 상태하에서 행하여졌음이 증명된 때에 한하여 그 조서 및 그 밖의 서류를 증거로 할 수 있다. 특신상태가 **신용성의 정황적 보장**을 의미하므로, 그 진술내용이나 조서 또는 서류의 작성에 **허위개입의 여지가 거의 없고 그 진술내용의 신빙성이나 임의성을 담보할 구체적이고 외부적인 정황이 있는 경우**이어야 하고(대법원 1999.2.26, 98도2742; 1997.4.11, 96도2865; 1995.6.13, 95도523 등), 특신상태의 증명은 **단지 그러한 개연성이 있다는 정도로는 부족하고 합리적인 의심의 여지를 배제할 정도**에 이르러야 한다(자유로운 증명의 대상 ○, but 증명의 정도는 확신의 정도 要)(대법원 2014.2.21, 2013도12652). [경찰채용 23 1차, 법원9급 17]

🔨 판례연구 특신상태의 의미

1. 대법원 1986.2.5, 85도2788

법원이 증인으로 채택, 소환하였으나 계속 불출석하여 3회에 걸쳐 구인영장을 발부하였으나 가출하여 소재불명이라는 이유로 집행되지 아니하였다면 이러한 경우는 형사소송법 제314조의 공판기일에 진술을 요할 자가 기타 사유로 인하여 진술할 수 없는 때에 해당한다(필요성 ○). 그러나 검사 및 사법경찰관 작성의 증인에 대한 진술조서의 진술내용이 상치되어 어느 진술이 진실인지 알 수 없을 뿐 아니라 동인이 제1심법정에서 증인으로 채택되어 소환장을 두번이나 받고도 소환에 불응하고 주소지를 떠나 행방을 감춘 경우라면 동인의 위 진술이 특히 신빙할 수 있는 상태에서 행하여진 것으로 볼 수 없다(특신상태 ×).

PART 04 증거

2. 대법원 1999.2.26, 98도2742; 2007.6.14, 2004도5561; 2011.11.10, 2010도12; 2014.8.26, 2011도6035

원진술자가 사망·질병·외국거주 기타 사유로 인하여 공판정에 출정하여 진술을 할 수 없을 때에는 그 진술 또는 서류의 작성이 특히 신빙할 수 있는 상태하에서 행하여진 경우에 한하여 형사소송법 제314조에 의하여 예외적으로 원진술자의 진술 없이도 증거능력을 가지는바, 여기서 특히 신빙할 수 있는 상태하에서 행하여진 때라 함은 그 진술내용이나 조서 또는 서류의 작성에 허위개입의 여지가 거의 없고 그 진술내용의 신빙성이나 임의성을 담보할 구체적이고 외부적인 정황이 있는 경우를 가리킨다. 따라서 법원이 법 제314조에 따라 증거능력을 인정하기 위하여는 단순히 그 진술이나 조서의 작성과정에 뚜렷한 절차적 위법이 보이지 않는다거나 진술의 임의성을 의심할 만한 구체적 사정이 없다는 것만으로는 부족하고, 이를 넘어 법정에서의 반대신문 등을 통한 검증을 굳이 거치지 않더라도 진술의 신빙성과 임의성을 충분히 담보할 수 있는 구체적이고 외부적인 정황이 있어 그에 기초하여 법원이 유죄의 심증을 형성하더라도 증거재판주의의 원칙에 어긋나지 않는다고 평가할 수 있는 정도에 이르러야 할 것이다.

3. 대법원 2014.2.21, 2013도12652; 2014.4.30, 2012도725 [변호사 23]

참고인의 소재불명 등의 경우 참고인 진술조서·진술서의 진술 또는 작성이 '특히 신빙할 수 있는 상태하에서 행하여졌음'에 대한 증명의 정도(= 합리적인 의심의 여지를 배제할 정도)

형사소송법이 원진술자 또는 작성자(이하 '참고인')의 소재불명 등의 경우에 참고인이 진술하거나 작성한 진술조서나 진술서에 대하여 증거능력을 인정하는 것은, 형사소송법이 제312조 또는 제313조에서 참고인 진술조서 등 서면증거에 대하여 피고인 또는 변호인의 반대신문권이 보장되는 등 엄격한 요건이 충족될 경우에 한하여 증거능력을 인정할 수 있도록 함으로써 직접심리주의 등 기본원칙에 대한 예외를 인정한 데 대하여 다시 중대한 예외를 인정하여 원진술자 등에 대한 반대신문의 기회조차 없이 증거능력을 부여할 수 있도록 한 것이므로, 그 경우 참고인의 진술 또는 작성이 '특히 신빙할 수 있는 상태하에서 행하여졌음에 대한 증명'은 단지 그러할 개연성이 있다는 정도로는 부족하고 합리적인 의심의 여지를 배제할 정도에 이르러야 한다.[1]

> [보충] 전문증거의 특신상태는 소송법적 사실(증거능력 인정요건)로서 자유로운 증명의 대상이나, 그 증명의 정도는 엄격한 증명과 마찬가지로 법관으로 하여금 합리적 의심의 여지를 배제할 정도(확신)에 이르러야 한다는 점에서는 동일하다(증거재판주의 참조).

📚 사례문제

甲 주식회사 및 그 직원인 피고인들이 정비사업전문관리업자의 임원에게 甲 회사가 주택재개발사업 시공사로 선정되게 해 달라는 청탁을 하면서 금원을 제공하였다고 하여 구 건설산업기본법 위반으로 기소되었는데, 변호사가 법률자문 과정에 작성하여 甲 회사 측에 전송한 전자문서를 출력한 '법률의견서'에 대하여 피고인들이 증거로 함에 동의하지 아니하고, 변호사가 원심 공판기일에 증인으로 출석하였으나 증언할 내용이 甲 회사로부터 업무상 위탁을 받은 관계로 알게 된 타인의 비밀에 관한 것임을 소명한 후 증언을 거부하였다. 그런데 위 법률의견서에 대해서 공판준비 또는 공판기일에서 작성자 또는 진술자인 변호사의 진술에 의하여 성립의 진정함이 증명되지 않았다.

문제1 원심 공판기일에 출석한 변호사가 그 진정성립 등에 관하여 진술하지 아니하였으므로 형사소송법 제314조에 의하여 증거능력을 인정할 수 있다.

→ (×) 원심 공판기일에 출석한 변호사가 그 진정성립 등에 관하여 진술하지 아니한 것은 법 제149조에서 정한 바에 따라 정당하게 증언거부권을 행사한 경우에 해당하므로 법 제314조에 의하여 증거능력을 인정할 수 없다(대법원 2012.5.17, 2009도6788 전원합의체).

문제2 원심이 이른바 변호인·의뢰인 특권에 근거하여 위 의견서의 증거능력을 부정한 것은 적절하다.

→ (×) 헌법과 형사소송법 규정의 내용과 취지 등에 비추어 볼 때, 아직 수사나 공판 등 형사절차가 개시되지 아니하여 피의자 또는 피고인에 해당한다고 볼 수 없는 사람이 일상적 생활관계에서 변호사와 상담한 법률자문에 대하여도, 변호인의 조력을 받을 권리의 내용으로서 그 비밀의 공개를 거부할 수 있는 의뢰인의 특권을 도출할 수 있다거나, 위 특권에 의하여 의뢰인의 동의가 없는 관련 압수물은 압수절차의 위법 여부와 관계없이 형사재판의 증거로 사용할 수 없다는 견해는 받아들일 수 없다. 원심이 이 사건 법률의견서의 증거능력을 부정하는 이유를 설시함에 있어 위와 같은 이른바 변호인-의뢰인 특권을 근거로 내세운 것은 적절하다고 할 수 없다(대법원 2012.5.17, 2009도6788 전원합의체).

---

1) [보충] 기록에 의하면, 검사의 상고이유 주장처럼 공소외인에 대한 검찰 피의자신문 과정에서 피고인과 대질이 이루어진 바 있기는 하나, 함께 들어간 모텔방에서 서로 다툼이 있어 피고인이 먼저 직접 112 신고를 하고 곧바로 공소외인과 함께 경찰에 가서 최초 조사를 받았고, 각 진술 내용을 보더라도 피고인의 진술은 인터넷 채팅으로 만난 공소외인이 합의하에 모텔방에 온 후에야 대가를 요구하길래 이를 신고하였다는 취지인 반면 공소외인의 진술은 인터넷 채팅으로 미리 행위의 내용과 대가를 정하였는데 피고인이 다른 행위를 요구하여 서로 다투었다는 취지로서, 대질을 포함한 각 진술 과정에서 공소사실과 같이 사전에 유사성교행위의 대가를 지급하기로 한 바가 있는지 등 공소사실의 핵심적인 사항에 관하여 두 사람의 진술이 시종일관 일치하지 않았던 사정을 알 수 있다. 더구나 원심에 이르러 피고인이 제출한 CD(을 제1호)에 수록된 동영상에서는 공소외인이 수사기관에서 한 자신의 진술이 허위라는 취지로 진술하고 있는 점도 기록상 드러나 있다. 이와 같은 여러 정황을 종합하여 보면 공소외인의 진술이 형사소송법 제314조가 의미하는 '특히 신빙할 수 있는 상태하에서' 이루어진 것이라는 점, 즉 진술 내용에 허위개입의 여지가 거의 없고 진술 내용의 신빙성을 담보할 구체적이고 외부적인 정황이 있다는 점이 합리적 의심을 배제할 수 있을 만큼 확실히 증명되어 법정에서 반대신문을 통한 확인과 검증을 거치지 않아도 될 정도에 이르렀다고 보기는 어렵다(대법원 2014.2.21, 2013도12652).

문제3 판례에 의할 때 위 법률의견서의 증거능력은 인정된다.

→ (×) 이 사건 법률의견서는 압수된 디지털 저장매체로부터 출력한 문건으로서 ① 그 실질에 있어서 법 제313조 제1항에 규정된 '피고인 아닌 자가 작성한 진술서나 그 진술을 기재한 서류'에 해당한다고 할 것인데, 공판준비 또는 공판기일에서 그 작성자 또는 진술자인 위 변호사의 진술에 의하여 그 성립의 진정함이 증명되지 아니하였으므로 위 규정에 의하여 이 사건 법률의견서의 증거능력을 인정할 수는 없다. 나아가 ② 원심 공판기일에 출석한 위 변호사가 이 사건 법률의견서의 진정성립 등에 관하여 진술하지 아니한 것은 형사소송법 제149조에서 정한 바에 따라 정당하게 증언거부권을 행사한 경우에 해당하므로, 앞서 본 법리에 따라 법 제314조에 의하여 이 사건 법률의견서의 증거능력을 인정할 수도 없다(대법원 2012.5.17, 2009도6788 전원합의체).

VIII 당연히 증거능력 있는 서류

> **제315조(당연히 증거능력이 있는 서류)** 다음에 기재한 서류는 증거로 할 수 있다.
> 1. 가족관계기록사항에 관한 증명서, 공정증서등본 기타 공무원 또는 외국공무원의 직무상 증명할 수 있는 사항에 관하여 작성한 문서
> 2. 상업장부, 항해일지 기타 업무상 필요로 작성한 통상문서
> 3. 기타 특히 신용할 만한 정황에 의하여 작성된 문서

1. 의 의

제315조에 규정된 서류는 원래 전문증거인 진술서에 속하고 진술서가 증거능력을 갖추기 위해서는 작성자(원진술자)의 공판정진술 또는 과학적 방법에 의한 성립 인정 등 요건을 갖추어야 하나(제313조 제1항·제2항), 진술서 중에 공무원이 직무상 작성하는 문서나 업무상 필요에 의해 통상적으로 작성하는 문서 등은 특히 신용성이 높고 그 작성자를 증인으로 신문하는 것이 적당하지 않거나 서면제출 이외에는 특별한 의미가 없는 경우가 대부분일 것이다. 따라서 이 경우 **작성자에 의해 당해 서류의 진정성립을 증명하지 않더라도 그 증거능력을 인정**하는 것이 타당할 것이므로 제315조에서 이를 규정한 것이다.

2. 범 위

(1) 공권적 증명문서

① 제315조 제1호 : 가족관계기록사항에 관한 증명서, 공정증서등본 또는 기타 공무원 또는 외국공무원(외국세관 ○, 외국수사기관 ×)의 직무상 증명할 수 있는 사항에 관하여 작성한 문서는 증거로 할 수 있다. 공권적 증명문서는 **공무원·외국공무원이 공적인 증명을 목적으로 엄격한 증빙서류를 바탕으로 하여 작성**된 것이어야 하므로, 단순히 상급자 등에 대한 보고를 목적으로 작성된 문서는 포함되지 아니한다(대법원 2007.12.13, 2007도7257). 또한 **수사기관 작성 진술조서**는 제312조와의 관계상 당연히 제외된다.

🔎 판례연구 공권적 증명문서에 해당하지 아니하는 서류의 예시

1. 대법원 2007.12.13, 2007도7257

대한민국 주중국 대사관 영사가 작성한 사실확인서 중 공인 부분을 제외한 나머지 부분이 비록 영사의 공무수행 과정 중 작성되었지만 공적인 증명보다는 상급자 등에 대한 보고를 목적으로 하는 것인 경우, 법 제315조 제1호의 '공무원의 직무상 증명할 수 있는 사항에 관하여 작성한 문서' 또는 제3호의 '기타 특히 신뢰할 만한 정황에 의하여 작성된 문서'라고 볼 수 없으므로 증거능력이 없다.

2. 대법원 2006.1.13, 2003도6548

피고인이 수사 과정에서 범행을 자백하였다는 검사 아닌 수사기관의 진술이나 같은 내용의 수사보고서 역시 (현) 제312조 제3항의 적용대상이므로, 피고인이 공판 과정에서 앞서의 자백의 내용을 부인하는 이상 이를 증거로 할 수 없으며(대법원 1979.5.8, 79도493 등), 여기서 말하는 검사 이외의 수사기관에는 달리 특별한 사정이 없는 한 외국의 권한 있는 수사기관도 포함된다고 봄이 상당하다(∴ 제315조 제1호 ×). 따라서 미국의 미군 범죄수사대(CID), 연방수사국(FBI)의 수사관들이 작성한 수사보고서 및 피고인이 위 수사관들에 의한 조사를 받는 과정에서 작성하여 제출한 진술서는 피고인이 그 내용을 부인하는 이상 증거로 쓸 수 없다.

② **이유** : 이러한 문서는 고도의 신용성이 보장되고, 원본의 제출이나 작성공무원에 대한 신문이 의미가 없다는 필요성 때문에 증거능력이 인정되는 것이다.

표정리 제315조 제1호의 공권적 증명문서 정리

해당하는 문서	해당하지 않는 문서
① 가족관계기록사항에 관한 증명서(종전의 호적등·초본) [법원9급 08, 경찰승진 14/15, 경찰채용 08 3차]	① 검사의 공소장(78도575)1] [국가7급 00, 경찰승진 15, 경찰채용 11 1차]
② 공정증서등본(등기부등본) [법원9급 08]	② 수사기관 작성 피의자신문조서·검증조서 → 제312조 ○, 제315조 제1호 ×
③ 공무원·외국공무원의 직무상 작성문서	③ 외국수사기관(FBI)이 수사결과 얻은 정보를 회답하여 온 문서 (79도1852) [국가9급 09, 경찰채용 09 2차/13 2차]
④ 일본국 하관(下關) 세관원 작성의 히로뽕에 대한 범칙물건감정서 등본과 분석의뢰서 및 분석회답서(대법원 1984.2.28, 83도3145) [국가9급 14, 경찰채용 12 1차]	④ 주중대사관 영사가 작성한 사실확인서(공인을 제외한 부분)(2007도7257)
[기타]	[기타]
• 주민등록등·초본 [경찰간부 13] · 인감증명서 · 신원증명서	• 수사보고서
• 전과조회회보서	• 육군과학수사연구소 실험분석관 작성 감정서(76도2960) [경찰채용 08 3차/11 1차/12 1차]
• 국립과학수사연구원장 작성 감정의뢰회보서 [경찰채용 11 1차/13 2차]	• 외국수사기관 작성 수사보고서(2003도6548) [경찰승진 14]
• 세관공무원의 범칙물자에 대한 시가감정서(대법원 1985.4.9, 85도225) [교정9급특채 12, 국가7급 20]	
• 군의관(의사 ×)이 작성한 진단서 [경찰승진 14, 경찰채용 09 2차]	
• 보건사회부장관의 시가조사보고서 [경찰채용 08 3차]	

(2) 업무상의 통상문서

① **제315조 제2호** : 상업장부, 항해일지 기타 업무상 필요로 작성한 통상문서는 증거로 할 수 있다. 이렇게 범죄사실의 인정 여부와는 관계없이 자기에게 맡겨진 **사무를 처리한 내역을 그때그때 계속적·기계적으로 기재한 문서는 사무처리 내역을 증명하기 위하여 존재하는 문서**로서 법 제315조 제2호에 의하여 당연히 증거능력이 인정된다(대법원 1996.10.17, 94도2865 전원합의체 등)(cf. 사무처리내역 : 자백 ×, 자백보강증거 ○). 업무의 담당자가 일상적·무작위적·계속적으로 기술하는 문서는 일반적인 경험칙상 진술의 태도와 내용의 자연성, 진술자의 양심성, 진술자의 기재내용 진실보유의 의무성, 내부의 결재, 사건과의 무관련성 등의 담보 등으로 허위가 개입될 여지가 적고, 작성자를 소환하더라도 서면을 제출하는 것 이상의 의미가 없기 때문이다. 따라서 금전출납내역을 그때그때 기계적으로 작성한 비밀장부는 여기에 포함되나, 그 장부를 만들면서 외부에 보이기 위해 작성한 표면상의 장부는 업무상 통상문서에 포함되지 아니한다.

판례연구 업무상 통상문서 관련판례

1. 대법원 2007.7.26, 2007도3219 [국가7급 15, 국가9급 09/14, 경찰간부 12, 해경간부 12, 경찰승진 10/13/14/15, 경찰채용 09 2차/10 2차/12 1차/13 2차/15 3차/22 2차]
성매매업소에 고용된 여성들이 성매매를 업으로 하면서 영업에 참고하기 위하여 성매매 상대방의 아이디와 전화번호 및 성매매방법 등을 메모지에 적어두었다가 직접 메모리카드에 입력하거나 업주가 고용한 다른 여직원이 그 내용을 입력한 경우, 위 메모리카드의 내용은 형사소송법 제315조 제2호의 '영업상 필요로 작성한 통상문서'로서 당연히 증거능력 있는 문서에 해당한다.

2. 대법원 2015.7.16, 2015도2625 전원합의체 : 국정원 심리전단 대선 댓글 사건
문서가 형사소송법 제315조 제2호에서 정한 '업무상 통상문서'에 해당하는지 판단하는 기준
어떠한 문서가 형사소송법 제315조 제2호가 정하는 업무상 통상문서에 해당하는지를 구체적으로 판단함에 있어서는, 위와 같은 형사소송법 제315조 제2호 및 제3호의 입법 취지를 참작하여 ① 당해 문서가 정규적·규칙적으로 이루어지는 업무활동으로부터 나온 것인지 여부, ② 당해 문서를 작성하는 것이 일상적인 업무 관행 또는 직무상 강제되는 것인지 여부, ③ 당해 문서에 기재된 정보가 그 취득된 즉시 또는 그 직후에 이루어져 정확성이 보장될 수 있는 것인지 여부, ④ 당해 문서의 기록이 비교적 기계적으로 행하여지는 것이어서 그 기록 과정에 기록자의 주관적 개입의 여지가 거의 없다고 볼 수 있는지 여부, ⑤ 당해 문서가 공시성이 있는 등으로 사후적으로 내용의 정확성을 확인·검증할 기회가 있어 신용성이 담보되어 있는지 여부 등을

1] [보충] 검사의 공소장은 법원에 대하여 형사재판을 청구하는 서류이지, 그 기재내용이 실체적 사실인정의 증거자료가 될 수는 없다.

종합적으로 고려하여야 한다.

보충 국정원 심리전단사건의 핵심증거인 425지논파일과 시큐리티파일에 대해서는 작성자의 진술에 의한 성립의 진정이 증명되지 않아(2016.5.29. 개정 전 구법 제313조 제1항 ×) 제315조 제2호의 업무상 통상문서에 해당하는지 문제되었는바, 대법원 전원합의체는 출처 · 근원 등이 불분명하고 그 내용의 정확성 · 진실성을 확인할 방법이 없는 등 국정원 심리전단의 업무활동을 위하여 관행적 · 통상적으로 작성된 문서가 아니라고 판단하여 그 증거능력을 부정한 것이다.[1]

② 이유 : 이러한 문서는 업무의 기계적 반복성으로 인하여 허위가 개입될 여지가 적고, 또 문서의 성질에 비추어 고도의 신용성이 인정되어 반대신문의 필요가 없거나 작성자를 소환해도 서면제출 이상의 의미가 없는 것들에 해당하기 때문에 당연히 증거능력이 인정된다.

표정리 제315조 제2호의 업무상 통상문서 정리

해당하는 문서	해당하지 않는 문서
① 상업장부 [법원9급 08]	① 사인인 의사가 작성한 진단서(69도179) [경찰간부 13] → 제313조
② 항해일지 [국가7급 00, 경찰간부 13]	제1항 · 제2항 ○, 제315조 제2호 ×
③ 금전출납부 · 전표 · 통계표	
④ 의사의 진료부(진료일지) [경찰채용 09 2차]	
⑤ 성매매업소 성매수자정보 메모리카드(2007도3219)	

(3) 특신정황 작성 문서

① 제315조 제3호 : **기타 특히 신용할 만한 정황에 의하여 작성된 문서**는 증거로 할 수 있는데, 이는 동조 제1호와 제2호에서 열거된 공권적 증명문서 및 업무상 통상문서에 준하여 **굳이 반대신문의 기회 부여 여부가 문제되지 않을 정도로 고도의 신용성의 정황적 보장이 있는 문서**를 의미한다(헌법재판소 2013.10.24. 2011헌바79).

② 이유 : 이러한 문서는 문서 자체에 의하여 제315조 제1호 · 제2호에 준할 정도로 고도의 신용성이 보장되기 때문에 증거능력이 인정되는 것이다.

판례연구 기타 특신정황 작성 문서 관련판례

1. 대법원 2004.1.16, 2003도5693 [국가9급 14, 교정9급특채 12, 경찰승진 14/15, 경찰채용 09 1차/11 1차/12 1차/13 2차]
구속적부심문조서는 제311조가 아니라 제315조 제3호에 의하여 당연 증거능력 인정 서류
구속적부심은 구속된 피의자 또는 그 변호인 등의 청구로 수사기관과는 별개 독립의 기관인 법원에 의하여 행하여지는 것으로서 구속된 피의자에 대하여 피의사실과 구속사유 등을 알려 그에 대한 자유로운 변명의 기회를 주어 구속의 적부를 심사함으로써 피의자의 권리보호에 이바지하는 제도인바, 법원 또는 합의부원, 검사, 변호인, 청구인이 구속된 피의자를 심문하고 그에 대한 피의자의 진술 등을 기재한 구속적부심문조서는 법 제311조가 규정한 문서에는 해당하지 않는다 할 것이나, 특히 신용할 만한 정황에 의하여 작성된 문서라고 할 것이므로 특별한 사정이 없는 한, 피고인이 증거로 함에 부동의하더라도 법 제315조 제3호에 의하여 당연히 그 증거능력이 인정된다.

보충 다만, 위 판례에서는 구속적부심문조서의 증명력은 다른 증거와 마찬가지로 법관의 자유판단에 맡겨져 있으나, 피의자는 구속적부심에서의 자백의 의미나 자백이 수사절차나 공판절차에서 가지는 중요성을 제대로 헤아리지 못한 나머지 허위자백을 하고라도 자유를 얻으려는 유혹을 받을 수가 있으므로, 법관은 구속적부심문조서의 자백의 기재에 관한 증명력을 평가함에 있어 이러한 점에 각별히 유의를 하여야 한다는 점도 판시하고 있다(구속적부심문조서의 증명력 평가시 유의점).

1) [참고] 전 국가정보원장 A 등은 국정원 심리전단 직원들로 하여금 제18대 대통령선거와 관련 특정 정당 또는 정치인을 지지하거나 반대하는 의견을 표시하게 하여 국가정보원법위반 및 공직선거법위반으로 기소되었고, 검사는 국정원 심리전단 직원의 이메일 계정에서 이메일에 첨부된 425지논 파일과 시큐리티 파일을 증거로 제출하였는데, 1심은 국가정보원법위반은 유죄, 공직선거법위반은 무죄를 선고하였으나, 항소심은 공직선거법위반에 대하여도 일부 유죄를 선고한 데 대하여, 대법원 전원합의체는 작성자의 진술에 의한 성립의 진정이 증명되지 않아(2016.5.29. 개정 전 구법 제313조 제1항 ×) 제315조 제2호의 업무상 통상문서에 해당하는가를 따지면서, 425지논 파일의 상당 부분은 출처를 명확히 알기 어렵고(위 판례가 제시한 요건 ①), 시큐리티 파일 중 심리전단 직원들이 사용한 것으로 추정된다는 트위터 계정은 그 정보의 근원, 기재 경위, 정황이 불분명하고(요건 ① · ②) 그 내용의 정확성 · 진실성을 확인할 방법이 없으며(요건 ③), 다른 심리전단 직원들의 이메일 계정에서는 두 파일과 같은 형태의 문서가 발견되지 않았으므로(요건 ② · ④) 이 두 파일이 심리전단의 업무 활동을 위하여 관행적 또는 통상적으로 작성되는 문서가 아니라고 판단하여 그 증거능력을 부정하고, 원심(서울고법)으로 파기환송한 판례이다. 결국 서울고법의 파기환송심에서는 두 증거를 제외한 나머지 다른 증거들 혹은 새로 제출되는 증거를 가지고 국정원법과 공직선거법 위반의 유무죄를 처음부터 다시 다투게 된 것이다. 이후 2018년 서울고법 파기환송심에서 유죄판결이 선고되고 같은 해 대법원 재상고심에서 유죄로 확정되었다.

2. 대법원 2017.12.5, 2017도12671 [법원9급 18/22, 국가7급 22, 국가9급 20, 변호사 24]

> 수사기관의 의뢰에 따라 건강보험심사평가원에서 작성한 입원진료 적정성 여부 등 검토의뢰에 대한 회신은 기타 특신문서가 아니라는 사례
> 사무처리 내역을 계속적, 기계적으로 기재한 문서가 아니라 범죄사실의 인정 여부와 관련 있는 어떠한 의견을 제시하는 내용을
> 담고 있는 문서는 형사소송법 제315조 제3호에서 규정하는 당연히 증거능력이 있는 서류에 해당한다고 볼 수 없으므로, 이른
> 바 보험사기 사건에서 건강보험심사평가원이 수사기관의 의뢰에 따라 그 보내온 자료를 토대로 입원진료의 적정성에 대한 의견을
> 제시하는 내용의 '건강보험심사평가원의 입원진료 적정성 여부 등 검토의뢰에 대한 회신'은 형사소송법 제315조 제3호의 '기타 특
> 히 신용할 만한 정황에 의하여 작성된 문서'에 해당하지 않는다.

표정리 제315조 제3호의 특신정황 작성문서 정리

해당하는 문서	해당하지 않는 문서
① 공공기록 · 역서 · 보고서	① 주민들의 진정서 사본(83도2613) [국가9급 09, 경찰채용 11 1차]
② 정기간행물의 시장가격표, 스포츠기록	② 감정서 [법원9급 08] → 제313조 제3항 ○, 제315조 제3호 ×
③ 공무소작성 각종 통계 · 연감	③ 피의자 자술서 [경찰채용 07 2차] → 제312조 제5항 or 제313조
④ 다른 사건에서 공범의 피고인으로서의 진술을 기재한 공판조서	제1항 ○, 제315조 제3호 ×
(65도372), 다른 사건의 공판조서(다른 피고인에 대한 형사사	④ 체포 · 구속인접견부(2011도5459) [국가9급 16][2]
건의 공판조서 중 일부인 증인신문조서, 대법원 2005.4.28,	⑤ 건강보험심사평가원의 입원진료 적정성 여부 등 검토의뢰에 대
2004도4428) [경찰채용 08 3차] → 제311조(당해 사건) ×, 제315	한 회신(2017도12671)
조 제3호 ○	
⑤ 구속전피의자심문조서(영장실질심사, 99도2317)	
⑥ 구속적부심문조서(2003도5693)(수임판사 ∴ 공판준비 or 기일 ×)	
[법원9급 11/12, 국가9급 14, 교정9급특채 12, 경찰간부 16, 경찰승진 14/15, 경찰	
채용 09 1차/11 1차/12 1차/13 2차/14 1차]	
⑦ 군법회의판결사본(교도소장이 교도소 보관 중 판결등본을 사본	
한 것) (81도2591) [법원9급 08, 경찰간부 13, 경찰채용 11 1차]	
[기타]	
• 사법경찰관 작성 새세대 16호(국가보안법상 이적표현물)에 대한	
수사보고서(새세대 16호에 대한 복사물에 불과하므로)(92도1211)[1]	
[경찰채용 08 3차]	

IX 전문진술

1. 의 의

(1) 개념 : 전문진술(傳聞陳述)이라 함은 타인(乙, 원진술자)의 진술을 전해들은 또 다른 타인(甲, 전문진술자)이
그 전문한 사실을 법원에 진술하는 것을 말한다.

(2) 성격 : 전문진술은 전문법칙상 증거능력이 부정되나, 제316조에 의해 **필요성과 신용성의 정황적 보장**을 근
거로 그 전문진술의 증거능력을 예외적으로 인정할 수 있다. 따라서 제316조는 **전문법칙의 예외**이다.[3]

---

1) [보충] 다만, 수사보고서는 형사소송법에 규정되어 있지 않은 서류로서 수사의 경위와 결과를 보고하는 내용에 지나지 않으므로, 다른 조서에 편
철되어 그 조서의 증거능력 여하에 따라 판단되는 것은 별론으로 하고, 독자적인 증거로 볼 수는 없다는 점에서 위 판례는 비판의 여지가 있으나,
본서의 특성상 자세한 논의는 생략한다.

2) [보충] 체포 · 구속인접견부는 유치된 피의자가 죄증을 인멸하거나 도주를 기도하는 등 유치장의 안전과 질서를 위태롭게 하는 것을 방지하기 위
한 목적으로 작성되는 서류로 보일 뿐이어서 법 제315조 제2호 · 제3호에 규정된 당연히 증거능력이 있는 서류로 볼 수는 없다(대법원 2012.10.25,
2011도5459).

3) [참고] 제316조의 법적 성격에 대해서는 ① 전문법칙예외설과 ② 직접주의예외설이 대립한다. 직접주의의 예외로 보는 견해(데 신동운, 1054면)
는 원진술자가 피고인이므로 피고인의 자신에 대한 반대신문은 무의미하다는 점을 주장한다. 검토해보건대, 전문진술자가 공판정에서 원진술자
(피고인)의 진술내용을 진술하였다면 이는 직접주의의 예외가 아니라는 점에서 본서는 전문법칙예외설을 따른다. 다만, 전문법칙예외설 내에서도
① 검사의 피고인에 대한 반대신문권의 보장에 근거를 두는 입장(정/이), ② 피고인의 증인에 대한 반대신문권의 보장에 근거를 두는 입장(강구
진), ③ 신용성의 정황적 보장에 근거를 두는 입장(신양균, 이재상, 임동규)이 대립하나, 제1설은 피고인의 진술거부권을 고려하지 못하고 제2설은
피고인의 반대신문권은 보장되고 있다는 점에서, 본서는 제3설을 따른다. 결론적으로, 제316조 제1항은 전문진술 중에서도 여러 정황을 보아 신용
성이 높은 경우에 한하여 그 증거능력을 인정하는 전문법칙의 예외로 볼 수 있다.

2. 피고인의 진술을 내용으로 하는 제3자의 진술

> **제316조(전문의 진술)** ① 피고인이 아닌 자(공소제기 전에 피고인을 피의자로 조사하였거나 그 조사에 참여하였던 자를 포함한다. 이하 이 조에서 같다)의 공판준비 또는 공판기일에서의 진술이 피고인의 진술을 그 내용으로 하는 것인 때에는 그 진술이 특히 신빙할 수 있는 상태하에서 행하여졌음이 증명된 때에 한하여 이를 증거로 할 수 있다.

(1) 의의 : 원래 공판준비 또는 공판기일 외에서의 타인의 진술을 내용으로 하는 진술은 이를 증거로 할 수 없으나(제310조의2), 전문진술자가 진술한 피고인의 원진술이 **특히 신빙할 수 있는 상태**하에서 행하여졌음이 증명된 때에는 그 증거능력을 인정할 수 있다(제316조 제1항). [경찰간부 12, 해경간부 12, 경찰승진 12/14]

(2) 적용범위

① **피고인의 진술** : 제3자의 공판진술의 내용인 피고인의 진술은 피고인의 지위에 행하여진 것임을 요하지 않으므로 **피의자·참고인·기타의 지위에서 행해진 것도 포함**된다. 다만, 피고인은 당해 피고인만을 의미하므로 공동피고인이나 공범자는 여기의 피고인에 해당하지 않는다(동조 제2항의 피고인 아닌 자에 해당함).

② **제3자**(특히 경찰자백에 대한 **조사자증언**) : 피고인 이외의 자를 말하는데, 여기에는 사건 직후 피고인의 자백을 청취한 자나 대질 등 수사과정에서 피고인의 진술을 들은 제3자뿐만 아니라 **공소제기 전 피고인을 피의자로 조사하였거나 그 조사에 참여하였던 자**가 포함된다. 종래의 판례는 피고인의 경찰자백을 내용으로 하는 수사경찰관(대법원 1974.3.12, 73도2123; 1975.2.10, 74도3787; 2005.11.25, 2005도5831) 또는 제3자(피해자, 대법원 2001.3.27, 2000도4383)의 증언에 대해서는 **피고인이 그 내용을 부인하면 증거능력이 없다**(현 제312조 제3항)는 입장이었다. 그런데 2007년 개정법은 이 경우 피고인의 원진술이 특히 신빙할 수 있는 상태하에서 행하여졌음이 증명되면 **사법경찰관인 조사자의 법정증언에 대하여도 증거능력을 인정**하였다 [경찰채용 09 2차](다만, 수험에서는 판례문제로 나오는가 조문문제로 나오는가에 따라 상대적으로 풀어야 한다. 사경작성 피신조서 참조).[1]

③ **검사 면전의 피고인진술** : 공소제기 전 피고인을 피의자로 조사하였던 **검사의 법정증언이 피고인의 진술을 그 내용**으로 하는 것인 때에도 원진술의 특신상태가 증명되면 이를 증거로 할 수 있다. [국가9급 13]

(3) 증거능력 인정요건 : 특신상태

① **특신상태** : 전문진술의 증거능력이 인정되는 것은, 피고인의 원진술이 **특히 신빙할 수 있는 상태하에서 행하여졌음이 증명**된 때에 한한다. 특신상태는 그 진술내용에 허위개입의 여지가 거의 없고 그 진술내용의 신빙성이나 임의성을 담보할 구체적이고 외부적인 정황이 있는 경우를 가리킨다(대법원 1992.3.13, 91도2281; 1999.11.26, 99도3786; 2000.3.10, 2000도159; 2006.4.14, 2005도9561). 다만, 원진술자인 피고인은 공판정에 출석할 수 있으므로 사망·질병·외국거주·소재불명 등 **필요성은 본항의 요건이 아니다.**

② **판단** : 특신상태의 유무는 법원이 실체적 진실발견과 정의의 실현이라는 관점에서 구체적으로 판단하여야 한다.

✎ 판례연구 피고인 진술을 원진술로 하는 전문진술(조사자증언)의 증거능력 요건인 원진술의 특신상태

1. 대법원 1980.8.12, 80도1289
피고인이 경찰에서 작성한 자술서와 수사경찰 아닌 경찰관의 증언을 유죄의 증거로 할 수 없다고 한 사례
피고인이 경찰에서 작성한 자술서가 진정성립을 인정할 자료가 없을 뿐만 아니라 피고인이 경찰에서 엄문을 당하면서 작성한 것이라고 보인다면 그 자술서에 임의성을 인정하기 어렵다 할 것이고, 증인 甲의 증언내용이 피고인이 경찰에서 피의자로서 조사받을 때 담당수사경찰이 없는 자리에서 자기에게 자백진술을 하였다는 내용이라면 이는 전문증거라고 할 것이므로 원진술자의 진술이 특히 신빙할 수 있는 상태에서 이루어진 것이라고 보기 어렵다면 이러한 증거들을 유죄의 증거로 삼을 수 없다.

---

1) 법원행정처, 형사소송법 개정법률 해설, 142면.

2. 대법원 2012.10.25, 2011도5459 [경찰채용 20 1차]

피고인을 조사하였던 경찰관 공소외인의 원심 법정진술은 '피고인이 이 사건 공소사실 기재와 같은 범행을 저질렀다'는 피고인의 진술을 그 내용으로 하고 있는바, 이를 증거로 사용할 수 있기 위해서는 피고인의 위와 같은 진술이 특히 신빙할 수 있는 상태하에서 행하여졌음이 증명되어야 하는데, 피고인이 그 진술 경위나 과정에 관하여 치열하게 다투고 있는 점, 위와 같은 진술이 체포된 상태에서 변호인의 동석 없이 이루어진 점 등을 고려해 보면, 피고인의 위와 같은 진술이 특히 신빙할 수 있는 상태하에서 행하여졌다는 점이 증명되었다고 보기 어려우므로, 피고인의 위와 같은 진술을 내용으로 한 공소외인의 당심 법정에서의 진술은 그 증거능력이 없다고 해야 한다.

📚 사례문제

피고인의 진술을 원진술로 하는 조사자의 증언

경찰관 P는 피고인에 대하여 세 차례 피의자신문을 하였는데, 세 차례 모두 피고인의 변호인은 동석하지 아니하였다. 피고인은 임의동행 직후 경찰관 P로부터 제1회 피의자신문을 받으면서 당초에는 필로폰 투약 범행을 부인하였으나 경찰관 P가 소변의 임의제출을 종용하는 듯한 태도를 취하자 이를 번복하여 '2021.8.4. 18:00경 김해시 B 소재 ○○공원 내 벤치에서 불상량의 필로폰을 커피에 타서 마시는 방법으로 투약하였다'는 취지로 진술하였다. 그 후, 경찰관 P는 피고인 휴대전화의 발신 기지국 위치를 통하여 피고인이 2021. 8.4. 18:00경 위 ○○공원이 아닌 다른 곳에 있었고, 같은 날 22:46경 위 ○○공원 부근에 있었음을 확인하여, 피고인을 재차 소환하여 위와 같은 사실을 언급하면서 2021.8.4. 18:00경이 아닌 같은 날 22:46경에 필로폰을 투약한 것이 아닌지 물었고, 이에 피고인은 기존 진술을 번복하면서 공소사실 기재와 같이 2021.8.4. 23:00경 필로폰을 투약하였던 것 같다는 취지로 진술하였다. 피고인은 법정에서 경찰관 P가 작성한 피의자신문조서의 내용을 부인하였다.

문제1 경찰관 P는 제1심 법정에 출석하여 피고인이 조사 당시 강요나 회유 없이 자발적으로 공소사실 기재 필로폰 투약 범행을 자백하였다는 취지로 증언하였다. P의 증언의 증거능력을 인정하기 위하여 적용되어야 하는 법조문은 형사소송법 제 몇 조 몇 항인가?

→ [판례] 형사소송법은 검사, 사법경찰관 등 수사기관이 작성한 피의자신문조서는 그 피의자였던 피고인 또는 변호인이 공판준비 또는 공판기일에 내용을 인정하지 아니하면 증거능력을 부정하면서도(제312조 제1항·제3항), 검사, 사법경찰관 등 공소제기 전에 피고인을 피의자로 조사하였거나 그 조사에 참여하였던 자, 즉 조사자의 공판준비 또는 공판기일에서의 진술이 피고인의 수사기관 진술을 내용으로 하는 것인 때에는 그 진술이 '특히 신빙할 수 있는 상태하에서 행하여졌음이 증명된 때'에 한하여 이를 증거로 할 수 있다고 규정하고 있다(제316조 제1항)(대법원 2023.10.26, 2023도7301).

→ [해결] 제316조 제1항

문제2 경찰관 P의 증언은 증거능력이 인정되는가?

→ [판례] 법 제316조 제1항에서 규정하는 '그 진술이 특히 신빙할 수 있는 상태하에서 행하여졌음'이란 그 진술을 하였다는 것에 허위 개입의 여지가 거의 없고, 그 진술내용의 신빙성이나 임의성을 담보할 구체적이고 외부적인 정황이 있음을 의미한다(대법원 2015.12.10, 2015도16105). 이러한 특신상태는 증거능력의 요건에 해당하므로 검사가 그 존재에 대하여 구체적으로 주장·증명하여야 하는데(대법원 2001.9.4, 2000도1743), 피고인의 수사기관 진술이 '특히 신빙할 수 있는 상태하에서 행하여졌음에 대한 증명'은 단지 그러할 개연성이 있다는 정도로는 부족하고 합리적인 의심의 여지를 배제할 정도에 이르러야 한다. 피고인이나 변호인이 그 내용을 인정하지 않더라도 검사, 사법경찰관 등 조사자의 법정증언을 통하여 피고인의 수사기관 진술내용이 법정에 현출되는 것을 허용하는 것은, 형사소송법 제312조 제1항·제3항이 피고인의 수사기관 진술은 신용성의 정황적 보장이 부족하다고 보아 피고인이나 변호인이 그 내용을 인정하지 않는 이상 피의자신문조서의 증거능력을 인정하지 않음으로써 그 진술내용이 법정에 현출되지 않도록 규정하고 있는 것에 대하여 중대한 예외를 인정하는 것이어서, 이를 폭넓게 허용하는 경우 형사소송법 제312조 제1항·제3항의 입법취지와 기능이 크게 손상될 수 있기 때문이다. 피고인이 경찰 조사 당시 변호인의 동석 없이 진술한 점, 피고인의 진술 중 범인만이 알 수 있는 내용에 관한 자발적, 구체적 진술로 평가될 수 있는 부분이 존재하지 않는 점, 오히려 피고인은 임의동행 직후 <u>경찰관이 소변의 임의제출을 종용하자 필로폰 투약 사실을 인정하고</u>, 이후 경찰관이 발신 기지국 위치를 통하여 확인된 사실을 기초로 진술번복을 유도하자 그에 따라 공소사실 기재와 같은 필로폰 투약 범행을 인정한 것으로 보이는 등 피고인이 조사 당시 <u>그 진술내용을 신빙하기 어려운 상태에 있었다고 의심되는 정황</u>이 존재하는 점 등에 비추어 보면, 피고인을 경찰에서 조사하였던 경찰관의 제1심 증언은 증거능력이 인정된다고 보기 어렵다(대법원 2023.10.26, 2023도7301).

→ [해결] 인정되지 않는다.

---

3. 피고인 아닌 자의 진술을 내용으로 하는 제3자의 진술

> **제316조(전문의 진술)** ② 피고인 아닌 자의 공판준비 또는 공판기일에서의 진술이 피고인 아닌 타인의 진술을 그 내용으로 하는 것인 때에는 원진술자가 사망, 질병, 외국거주, 소재불명 그 밖에 이에 준하는 사유로 인하여 진술할 수 없고, 그 진술이 특히 신빙할 수 있는 상태하에서 행하여졌음이 증명된 때에 한하여 이를 증거로 할 수 있다.

(1) 의의 : 피고인 아닌 자의 공판준비 또는 공판기일에서의 진술이 피고인 아닌 타인의 진술을 그 내용으로 하는 것인 때에는 원진술자가 **사망, 질병, 외국거주, 소재불명 그 밖에 이에 준하는 사유**로 인하여 진술할 수 없고 그 진술이 **특히 신빙할 수 있는 상태**하에서 행하여졌음이 증명된 때에 한하여 이를 증거로 할 수 있다(제316조 제2항). [경찰승진 09, 경찰채용 10 1차]

(2) 적용범위

① 피고인 아닌 자의 진술 : 원진술자인 피고인 아닌 자는 전문진술자가 원진술자로부터 진술을 들을 당시 **증언능력에 준하는 능력을 갖춘 상태**에 있어야 한다(2005도9561). 여기의 원진술자인 피고인 아닌 자에는 제3자는 물론 **공범자와 공동피고인(상피고인)도 포함**된다. [경찰간부 15, 해경간부 12, 경찰승진 09/12/14, 경찰채용 15 2차]

★ 판례연구 피고인 아닌 자의 진술을 원진술로 하는 전문진술에 있어서 원진술자 관련판례

1. 대법원 1984.11.27, 84도2279; 2000.12.27, 99도5679; 2011.11.24, 2011도7173 [국가7급 13, 국가9급 11, 경찰간부 15/16, 해경간부 12, 경찰승진 09/12/14, 경찰채용 15 2차]

법 제316조 제2항 소정의 "피고인 아닌 타인"의 의미
법 제316조 제2항에서 말하는 "피고인 아닌 타인"이라 함은 제3자는 말할 것도 없고 공동피고인이나 공범자를 모두 포함한다.

보충 피고인이 아닌 상피고인도 피고인 아닌 자에 해당하므로, 상피고인이 법정에서 간통사실을 부인하였다면 원진술자인 상피고인이 사망, 질병 기타 사유로 인하여 진술할 수 없는 때에 해당되지 아니하므로 상피고인의 진술을 그 내용으로 하는 증인들의 진술은 전문증거로서 증거능력이 없다는 판례이다. [경찰승진 09/11]

2. 대법원 2006.4.14, 2005도9561

전문의 진술을 증거로 함에 있어 전문진술자가 원진술자로부터 진술을 들을 당시 원진술자가 증언능력에 준하는 능력을 갖춘 상태에 있어야 하는지 여부(적극) 및 유아의 증언능력 유무의 판단기준
제316조 제2항에 의하여 전문의 진술을 증거로 함에 있어서는 전문진술자가 원진술자로부터 진술을 들을 당시 원진술자가 증언능력에 준하는 능력을 갖춘 상태에 있어야 할 것이다. 그런데 증인의 증언능력은 증인 자신이 과거에 경험한 사실을 그 기억에 따라 공술할 수 있는 정신적인 능력이라 할 것이므로, 유아의 증언능력에 관해서도 그 유무는 단지 공술자의 연령만에 의할 것이 아니라 그의 지적 수준에 따라 개별적이고 구체적으로 결정되어야 함은 물론 공술의 태도 및 내용 등을 구체적으로 검토하고, 경험한 과거의 사실이 공술자의 이해력, 판단력 등에 의하여 변식될 수 있는 범위 내에 속하는가의 여부도 충분히 고려하여 판단하여야 한다(대법원 1999.11.26, 99도3786; 2004.9.13, 2004도3161 등). [경찰채용 22 2차]

보충 사고 당시 만 3세 3개월 내지 만 3세 7개월 가량이던 피해자인 여아(원진술자)의 증언능력 및 그 진술의 신빙성이 인정되므로, 피해자 여아의 진술을 내용으로 한 피해자를 진료한 정신과 전문의 등의 법정증언(전문진술)은 증거능력이 인정된다는 사례이다.

---

② 제3자(특히 조사자증언) : 공소제기 전에 피고인 아닌 자를 조사하였거나 그 조사에 참여하였던 자를 포함한다.

③ 진술의 상대방 : 진술이 누구에게 행해졌는가는 묻지 아니한다.[1]

(3) 증거능력 인정요건 : 필요성/특신상태

① 필요성 : 원진술자가 **사망, 질병, 외국거주, 소재불명 그 밖에 이에 준하는 사유**로 인하여 **진술할 수 없어야** 한다(원진술자의 진술불능). 이는 제314조의 필요성 요건의 내용과 같다. 마찬가지로 원진술자가 공판정에 출석하여 진술을 한 경우라도 증인신문 당시 일정한 사항에 관하여 **기억이 나지 않는다는 취지로 진술하여 그 진술의 일부가 재현 불가능**하게 된 경우도 증거능력 부여의 필요성이 인정된다(2005도9561). 다만, **원진술자가 법정에 출석하여 수사기관에서 한 진술을 부인하는 취지로 증언한 이상** 필요성 요건이 충족되지 못하므로, 원진술자의 진술을 내용으로 하는 조사자의 증언의 증거능력은 인정되지 아니한다(대법원 2008.9.25, 2008도6985). [국가7급 13, 경찰승진 10/11/14]

정리 공범자의 진술을 내용으로 하는 제3자의 진술의 경우에도 필요성이 인정되지 않으면(원진술자가 공판정 진술이 가능하면) 증거능력이 인정되지 아니한다. [법원행시 04]

1] [참고] 피고인의 공판준비 또는 공판기일에서의 진술이 피고인 아닌 자의 진술을 내용으로 하는 경우 : 명문의 규정 無, ① 피고인에게 유리한 경우에만 제316조 제2항 유추적용설(손/신, 차/최 등)과 ② 유불리 불문하고 제316조 제2항 유추적용설(다수설)이 대립함.

🔍 판례연구 피고인 아닌 자의 진술을 원진술로 하는 전문진술에 있어서 원진술자의 진술불능 여부

1. 대법원 2006.4.14, 2005도9561

제316조 제2항에서 말하는 '원진술자가 진술을 할 수 없는 때'에는 사망, 질병 등 명시적으로 열거된 사유 외에도 원진술자가 공판정에서 진술을 한 경우라도 증인신문 당시 일정한 사항에 관하여 기억이 나지 않는다는 취지로 진술하여 그 진술의 일부가 재현 불가능하게 된 경우도 포함하는 것이다.

2. 대법원 2008.9.25, 2008도6985

공소제기 전에 피고인 아닌 자를 조사한 자 등의 증언이 형사소송법 제316조 제2항에 따라 증거능력을 갖추기 위한 요건 : 원진술자가 진술할 수 없음이 증명된 때

형사소송법 제316조 제2항은 "피고인 아닌 자의 공판준비 또는 공판기일에서의 진술이 피고인 아닌 타인의 진술을 그 내용으로 하는 것인 때에는 원진술자가 사망, 질병, 외국거주, 소재불명, 그 밖에 이에 준하는 사유로 인하여 진술할 수 없고, 그 진술이 특히 신빙할 수 있는 상태하에서 행하여졌음이 증명된 때에 한하여 이를 증거로 할 수 있다"고 규정하고 있고, 같은 조 제1항에 따르면 위 '피고인 아닌 자'에는 공소제기 전에 피고인 아닌 타인을 조사하였거나 그 조사에 참여하였던 자(이하 '조사자')도 포함된다. 따라서 조사자의 증언에 증거능력이 인정되기 위해서는 원진술자가 사망, 질병, 외국거주, 소재불명, 그 밖에 이에 준하는 사유로 인하여 진술할 수 없어야 하는 것이라서, 원진술자가 법정에 출석하여 수사기관에서 한 진술을 부인하는 취지로 증언한 이상 원진술자의 진술을 내용으로 하는 조사자의 증언은 증거능력이 없다.

② **특신상태** : 원진술자의 진술이 **특히 신빙할 수 있는 상태**하에서 행하여졌음이 증명된 때에 한하여 증거능력이 인정된다. 참고인의 진술이 **특신상태하에서 행하여졌음에 대한 증명은 단지 그러할 개연성이 있다는 정도로는 부족하고 합리적인 의심의 여지를 배제할 정도에 이르러야 한다**(2012도725 : 제314조의 **특신상태**와 同).

🔍 판례연구 피고인 아닌 자의 진술에 대한 전문진술의 증거능력 요건인 원진술의 특신상태

1. 대법원 1976.10.12, 76도2781

증인 등의 진술내용이 주한미국대사관 경비근무 중이었던 미군인의 진술을 전문한 것이라고 하더라도 동인이 한국근무를 마치고 귀국하여 진술할 수가 없고 또 그 진술이 동인 작성의 근무일지 사본의 기재 등에 비추어 특히 신빙할 수 있는 상태하에서 행하여진 것으로 보고 이를 증거로 채택하였음에 잘못이 없다.

2. 대법원 1982.10.26, 82도1957

전문진술의 원진술자가 특정되어 있지 않고 또 원진술이 신빙할 수 있는 상태에서 행해진 것으로 볼 수 없음

증인 甲(전문진술자)의 경찰 이래 제1심 법정에 이르기까지의 진술은 요컨대 사고지점 부근에서 놀다가 펑하는 소리를 듣고 현장에 가보았더니 피해자와 오토바이가 길 위에 쓰러져 있었는데 행인들(원진술자)이 지금 지나간 버스에 부딪쳐 사고가 났다고 이야기하는 것을 들었다는 취지로 요약할 수 있어 결국 전문의 진술에 불과한바, 원진술자도 특정된 것이 아닐 뿐만 아니라 그 원진술자의 진술이 특히 신빙할 수 있는 상태에서 행하여진 것이라고도 볼 수 없으니 피고인에 대한 유죄의 증거로 삼을 수 없는 것이다.

3. 대법원 2014.4.30, 2012도725 [경찰채용 23 1차]

제314조의 특신상태 관련 법리가 제316조 제2항의 특신상태 해석에 그대로 적용되는지 여부(적극)

제314조가 참고인의 소재불명 등의 경우에 그 참고인이 진술하거나 작성한 진술조서나 진술서에 대하여 증거능력을 인정하는 것은, 형사소송법이 제312조 또는 제313조에서 참고인 진술조서 등 서면증거에 대하여 피고인 또는 변호인의 반대신문권이 보장되는 등 엄격한 요건이 충족될 경우에 한하여 증거능력을 인정할 수 있도록 함으로써 직접심리주의 등 기본원칙에 대한 예외를 인정한 데 대하여 다시 중대한 예외를 인정하여 원진술자 등에 대한 반대신문의 기회조차 없이 증거능력을 부여할 수 있도록 한 것이므로, 그 경우 참고인의 진술 또는 작성이 특히 신빙할 수 있는 상태하에서 행하여졌음에 대한 증명은 단지 그러할 개연성이 있다는 정도로는 부족하고 합리적인 의심의 여지를 배제할 정도에 이르러야 한다. 이러한 제314조의 '특신상태'와 관련된 법리는 마찬가지로 원진술자의 소재불명 등을 전제로 하고 있는 법 제316조 제2항의 '특신상태'에 관한 해석에도 그대로 적용된다.

유사판례 대법원 2017.7.18, 2015도12981, 2015전도21(대구 대학생 성폭행 사망사건)[1]

1] [보충] 이 사건은 1998년 대구에서 발생한 여대생 성폭행 사망 사건의 범인으로 지목된 스리랑카인 K(51)에게 무죄판결을 확정한 대법원 판례이다. K는 1998년 10월 18일 새벽 다른 스리랑카인 2명과 함께 대학축제를 마치고 귀가하던 정모(당시 18세)씨를 대구 달서구 구마고속도로(현 중부

📚 사례문제

피고인 A는 새마을금고 이사장 선거와 관련하여 대의원 甲에게 자신을 지지해 달라고 부탁하면서 돈 50만원을 제공하였다고 하여 새마을금고법 위반으로 기소되었다. 검사는 ① 사법경찰관 작성의 공범 甲에 대한 피의자신문조서 및 진술조서를 증거로 제출하고, ⓛ 검사가 신청한 증인 乙은 법정에 출석하여 '甲으로부터 A에게서 돈을 받았다는 취지의 말을 들었다'고 증언하였다. A는 공판기일에서 조서의 내용을 모두 부인하였고, 甲은 일관되게 A로부터 50만원을 받았다는 취지의 공소사실을 부인하였다.

문제 ①과 ⓛ 중 증거능력이 인정되는 것이 있는가? 있다면 어느 것인가?

→ **[판례]** 피고인이 새마을금고 이사장 선거와 관련하여 대의원 甲에게 자신을 지지해 달라고 부탁하면서 현금 50만 원을 제공하였다고 하여 새마을금고법 위반으로 기소되었는데, 검사는 사법경찰관 작성의 공범 甲에 대한 피의자신문조서 및 진술조서를 증거로 제출하고, 검사가 신청한 증인 乙은 법정에 출석하여 '甲으로부터 피고인에게서 50만 원을 받았다는 취지의 말을 들었다'고 증언한 사안에서, ① 甲이 법정에 출석하여 위 피의자신문조서 및 진술조서(내용적으로 공범에 관한 조서이므로 피의자신문조서와 동일함)의 성립의 진정을 인정하였더라도 피고인이 공판기일에서 그 조서의 내용을 모두 부인한 이상 이는 증거능력이 없고, ② 한편 제1심 및 원심 공동피고인인 甲은 원심에 이르기까지 일관되게 피고인으로부터 50만 원을 받았다는 취지의 공소사실을 부인한 사실에 비추어 원진술자 甲이 사망, 질병, 외국거주, 소재불명 그 밖에 이에 준하는 사유로 인하여 진술할 수 없는 때에 해당하지 아니하여 甲의 진술을 내용으로 하는 乙의 법정증언은 전문증거로서 증거능력이 없으며, 나아가 피고인은 일관되게 甲에게 50만 원 자체를 교부한 적이 없다고 주장하면서 적극적으로 다툰 점, 이에 따라 사법경찰관 작성의 甲에 대한 피의자신문조서 및 진술조서의 내용을 모두 부인한 점, 乙의 법정증언이 전문증거로서 증거능력이 없다는 사정에 대하여 피고인 또는 변호인에게 의견을 묻는 등의 적절한 방법으로 고지가 이루어지지 않은 채 증인신문이 진행된 다음 증거조사 결과에 대한 의견진술이 이루어진 점, 乙이 위와 같이 증언하기에 앞서 원진술자 甲이 피고인으로부터 50만 원을 제공받은 적이 없다고 이미 진술한 점 등을 종합하면 피고인이 乙의 법정증언을 증거로 삼는 데에 동의하였다고 볼 여지는 없고, 乙의 증언에 따른 증거조사 결과에 대하여 별 의견이 없다고 진술하였더라도 달리 볼 수 없으므로, 결국 사법경찰관 작성의 甲에 대한 피의자신문조서 및 진술조서와 乙의 전문진술은 증거능력이 없다. 따라서 위 각 증거의 증거능력을 인정하여 공소사실에 대한 유죄의 증거로 삼은 원심의 조치에 형사소송법 제312조, 제316조 등에서 정한 증거능력에 관한 법리 등을 오해한 잘못이 있다(대법원 2019.11.14, 2019도11552).

→ **[해결]** 증거능력이 인정되는 것이 없다.

X 재전문

1. 의 의

재전문(再傳聞, 이중의 전문, hearsay within hearsay, double hearsay)이라 함은 전문법칙의 예외에 따라 증거능력이 인정되는 전문증거가 그 내용에 다시 전문증거를 포함하는 경우를 말한다. 이때 전문진술을 기재한 조서는 재전문서류, 타인의 전문진술을 전해들었다는 진술은 재전문진술, 타인의 전문진술을 전해들었다는 진술을 기재한 조서는 재재전문서류라 한다.

정리 성폭력 피해아동 A가 어머니 B에게 피해사실을 이야기하자, B가 성폭력상담소 상담원 C에게 A의 성폭력 피해사실을 이야기한 경우 : ① A가 법정에서 직접 증언하면 원본증거, ② A에 대한 피해자조사를 통해 작성된 참고인진술조서는 전문서류(증거 O), ③ B가 법정에 나와서 A의 성폭력 피해사실을 증언한 것은 전문진술(증거 O), ④ B에 대한 검사의 참고인조사를 통해 작성된 참고인진술조서는 재전문서류(증거 O), ⑤ C가 법정에 나와서 B로부터 전해들은 A의 피해사실을 증언한 것은 재전문진술(증거 ×)(단, 증거동의 可), ⑥ C에 대한 검사 작성 참고인진술조서는 재전문진술을 기재한 조서로서 재재전문서류(증거 ×)가 된다(이상 판례의 입장에 따른 정리).

2. 증거능력

(1) 학설의 대립 : ① 재전문은 이중의 예외이며 그 증거능력을 인정하는 명문의 규정이 없으므로 증거로 할 수 없다는 부정설과 ② 재전문증거에 포함된 전문진술이 필요성과 신용성의 정황적 보장의 요건을 충족하면 재전문증거도 증거능력이 인정된다는 긍정설(다수설)이 대립한다.[1]

내륙고속도로) 아래 굴다리로 데려가 성폭행하고 금품을 빼앗은 혐의로 기소됐다. 당시 정씨는 구마고속도로에서 25톤 트럭에 치여 숨진 채 발견됐다. 이 사건은 K가 다른 여성을 강제추행한 혐의로 유전자(DNA) 채취검사를 받은 뒤, K의 DNA가 정씨가 입었던 속옷에서 발견된 DNA와 일치한다는 감정 결과가 2012년에 나오면 수사가 재개된 것이다. 다만, 당시 이미 특수강간죄의 공소시효인 10년이 경과된 후이어서 검찰은 공소시효가 15년인 특수강도강간 혐의를 적용해 K씨를 기소할 수밖에 없었다. 그러나 1심은 K씨가 정씨 가방 속 금품 등을 훔쳤다는 증거가 부족하다며 특수강도강간의 공소사실에 대해 무죄를 선고하였다. 검찰은 국내 스리랑카인을 전수조사해 K의 공범으로부터 범행에 대한 이야기를 들었다는 증인을 발견해 법정에 세웠지만, 2심도 진술증거의 증거능력을 인정할 수 없다며 무죄를 선고할 수밖에 없었다. 한편, K에 대해서는 2013년 다른 여성을 성추행한 혐의와 2008~2009년 무면허 운전을 한 별도 혐의로 징역 1년6개월에 집행유예 3년이 확정되어 국내에서 추방되었고, K의 공범으로 지목된 2명은 각각 2001년과 2005년에 이미 스리랑카로 돌아가 있는 상태이었다. [경찰채용 22 2차]

1) **[참고]** 부정설은 신동운 1247면, 긍정설은 노/이 703면; 이재상 637면; 임동규 549면; 차/최 571면 참조. 생각건대 전문법칙의 예외규정을 엄격하

(2) 판례

① 전문의 진술이 기재된 조서(재전문서류) : 판례는 재전문서류에 대해서는 일정한 요건을 갖춘 경우에 한하여 증거능력을 인정하는 입장이다. 예컨대, 피고인의 진술을 내용으로 하는 피고인 아닌 자의 진술이 기재된 조서는 **제312조부터 제314조**까지의 규정에 의하여 증거능력이 인정되어야 할 뿐만 아니라, **제316조 제1항**의 규정에 따라 피고인의 진술이 특히 신빙할 수 있는 상태하에서 행하여졌음이 증명된 때에 한하여 **증거능력이 있다**(대법원 2000.3.10, 2000도159; 2000.9.8, 99도4814; 2005.11.25, 2005도5831 등). [경찰간부 14, 국가7급 23]

대법원 2005.11.25, 2005도5831

피고인의 진술을 내용으로 하는 전문진술을 기재한 서류(재전문서류)의 증거능력을 인정하기 위한 요건

피고인 아닌 자의 공판기일에서의 진술이 피고인의 진술을 그 내용으로 하는 것인 때에는 형사소송법 제316조 제1항의 규정에 따라 피고인의 진술이 특히 신빙할 수 있는 상태하에서 행하여진 때에는 이를 증거로 할 수 있고, [경찰간부 14] 그 전문진술이 기재된 조서는 형사소송법 제312조 내지 제314조의 규정에 의하여 증거능력이 인정되어야 할 뿐만 아니라, 형사소송법 제316조 제1항의 규정에 따른 위와 같은 조건을 갖추고 있는 때에 한하여 증거능력이 있다. 피고인을 검거한 경찰관의, 검거 당시 또는 조사 당시 피고인이 범행사실을 순순히 자백하였다는 취지의 법정증언이나 위 경찰관의 진술을 기재한 서류는, 피고인이 그 경찰관 앞에서의 진술과는 달리 범행을 부인하는 이상 형사소송법 제312조 제2항(현 제3항)의 취지에 비추어 증거능력이 없다고 보아야 한다.

---

② 재전문진술 또는 재전문진술이 기재된 조서(재재전문서류) : 판례는 재전문진술 또는 재재전문서류에 대해서는 증거동의가 없는 한 증거능력을 인정할 수 없다는 입장이다. 즉, 제316조에서는 실질상 단순한 전문의 형태를 취하는 경우에 한하여 예외적으로 그 증거능력을 인정하는 규정을 두고 있을 뿐, 재전문진술이나 재전문진술을 기재한 조서에 대하여는 달리 그 증거능력을 인정하는 규정을 두고 있지 아니하므로, 피고인이 **증거로 하는 데 동의하지 아니하는 한 이를 증거로 할 수 없다**는 것이다(대법원 2003.12.26, 2003도5255; 2004.3.11, 2003도171; 2007.7.29, 2007도3798; 2012.4.12, 2011도10926; 2012.5.24, 2010도5948). [법원9급 12, 국가9급 11, 경찰간부 12/14/16, 해경간부 12, 경찰승진 09/10/13/14, 경찰채용 14 1차/15 2차/22 1차] 예컨대, 피해자가 어머니에게 진술한 내용을 전해들은 아버지가 법정에서 그 내용을 진술(재전문진술)하였다면, 피해자와 어머니의 진술불능과 원진술의 특신상태가 증명되었다 하더라도 이를 유죄의 증거로 할 수 없다는 것이 판례이다(대법원 2000.3.10, 2000도159). [경찰간부 14/경찰승진 22]

[정리] ① 재전문서류는 증거동의 하지 않더라도 예외요건 갖추면 증거 ○, ② 재전문진술은 증거동의하지 않으면 증거 ×

대법원 2012.5.24, 2010도5948

피고인이 증거로 하는 데 동의하지 아니한 재전문진술 또는 재전문진술을 기재한 조서의 증거능력은 인정되지 아니한다는 사례

형사소송법은 전문진술에 대하여 제316조에서 실질상 단순한 전문의 형태를 취하는 경우에 한하여 예외적으로 그 증거능력을 인정하는 규정을 두고 있을 뿐, 재전문진술이나 재전문진술을 기재한 조서에 대하여는 달리 그 증거능력을 인정하는 규정을 두고 있지 아니하고 있으므로, 피고인이 증거로 하는 데 동의하지 아니하는 한 형사소송법 제310조의2의 규정에 의하여 이를 증거로 할 수 없다(대법원 2004.3.11, 2003도171 참조).

[보충] 예컨대, 피해자가 어머니에게 진술한 내용을 전해들은 아버지가 법정에서 그 내용을 진술(재전문진술)하였다면, 피고인의 증거동의가 없는 한 피해자와 어머니의 진술불능과 원진술의 특신상태가 증명되었다 하더라도 이를 유죄의 증거로 할 수 없다(대법원 2000.3.10, 2000도159). [경찰간부 14, 경찰승진 22]

---

3. 관련문제

(1) 증거동의 : 재전문증거라도 피고인이 아무런 조건 없이 증거로 함에 동의하였다면 증거능력이 인정된다(대법원 2004.3.11, 2003도171). [경찰채용 21 1차, 경찰간부 12]

(2) 탄핵증거 : 재전문증거라도 탄핵증거로 사용할 때에는 증거로 사용할 수 있다.

[정리] 탄핵증거로도 사용할 수 없는 것 : ① 임의성 없는 자백, ② 위법수집증거, ③ 영상녹화물(제318조의2 제2항)

게 해석한다면 재전문증거에 대해서도 증거능력을 인정할 수 있다는 긍정설이 타당하다고 본다. 다만, 본서의 특성상 자세한 논의는 생략한다.

03 진술의 임의성

I 의의와 적용범위

1. 의 의

피고인 또는 피고인 아닌 자의 진술이 임의로 된 것이 아닌 것은 증거로 할 수 없고(제317조 제1항), 그 서류도 그 작성 또는 내용인 진술이 임의로 되었다는 것이 증명된 것이 아니면 증거로 할 수 없다(동조 제2항). 또한 검증조서의 일부가 피고인 또는 피고인 아닌 자의 진술을 기재한 것인 때에는 그 부분에 한하여 이상과 같다(동조 제3항). 따라서 전문증거가 전문법칙의 예외에 해당하는 경우에도 진술의 임의성이 인정되지 않으면 증거능력이 인정되지 아니한다.

2. 적용범위

제309조(자백배제법칙)는 제317조(진술의 임의성)의 특별규정이므로, 제317조에 의하여 임의성이 요구되는 진술은 원본진술·전문진술을 불문하고 자백 이외의 일체의 진술증거를 의미한다(광의설). 광의설에 의하면, 자백의 임의성이 인정되지 않으면 제309조에 의하여, 자백 이외의 진술의 임의성이 인정되지 않으면 제317조에 의하여 그 증거능력이 인정되지 아니한다.

II 임의성의 조사와 증명

진술의 임의성은 증거능력의 요건이므로 **법원의 직권조사사항**에 해당한다. 진술의 임의성의 조사는 증거조사 전에 하는 것이 원칙이나, 증거조사에 들어간 후에도 임의성에 의문이 있으면 다시 조사할 수 있다. 또한 진술의 임의성은 소송법적 사실이므로 **자유로운 증명**으로 족하다.

04 전문법칙 관련문제

I 사진의 증거능력

1. 사진의 성격 및 유형

사진은 증거가치가 높은 증거방법이지만 인위적 조작가능성도 배제할 수 없다. 여기서 사진을 비진술증거로 취급할 것인가, 아니면 진술증거로서 전문법칙을 적용할 것인가가 문제된다. 사진은 다시 사본으로서의 사진, 진술의 일부인 사진, 현장사진으로 나누어 살펴볼 수 있다.

2. 사본으로서의 사진

(1) 의의 : 사진이 증거로 제출되어야 할 서면이나 증거물의 대용물로 사용되는 경우를 말한다(예 문서의 사본, 범행에 사용된 흉기의 사진). 이 경우 원본의 성질에 따라 사진에 대한 전문법칙 적용 여부가 정해지게 된다.

(2) 종 류

① 원본이 비진술증거이거나 원진술의 존재 자체가 요증사실인 경우 : 범행에 사용된 흉기를 찍은 사진은 비진술증거에 불과하다. 또한 정보통신망을 통하여 상대방에게 공포심·불안감을 유발하는 말·글 등을 반복적으로 도달하게 하는 정보통신망법 위반의 공소사실에 대하여, **휴대전화기에 저장된 문자정보**(대법원 2008.11.13, 2006도2556)는 범행(사이버스토킹)의 직접적인 수단으로서 원진술의 존재 자체가 요증사실이므로 **전문증거에는 해당되지 아니한다**[∵ (위법수집증거가 아니고) 원본과의 동일성만 인정되면 증거 ○]. [국가7급 17]

② 원본의 내용의 진실 여부가 요증사실인 경우 : 내용의 진실 여부가 밝혀야 할 사실이라면 전문법칙에 따라 성립의 진정의 증명 등이 요구되며, **군법회의 판결의 사본**(대법원 1981.11.24, 81도2591)이나 **주민들의**

진정서 사본(대법원 1983.12.13, 83도2613)이 **전문증거에 해당한다**(∵ 군사법원 판결문 사본 : 제315조 제3호 증거 ○, 주민들 진정서 사본 : 제313조 진술서이나 성립 진정 없고 제315조 제3호에 해당하지 않으므로 증거 ×).

(3) 증거능력 인정요건 -원(최량증거) + α (전문법칙)- : 전문법칙이 적용되는가에 대해서는 견해가 대립한다.[1] 판례의 입장에 의하면, 그 사본의 존재·상태에 대해서는 최량증거법칙에 의해 원본과의 동일성이 인정됨을 전제로 하되, 그 사본의 내용에 대해서는 **요증사실과의 관계**에 따라 전문법칙의 적용 여부를 정해야 한다.

   ① 최량증거법칙(best evidence rule) : 사본으로서의 사진의 증거능력에 있어서, **원본의 존재, 필요성**(원본 제출의 불가능·곤란), **정확성**(원본과의 일치)의 세 가지 요건을 요구하여, **원본증거를 법정에 제출할 수 없거나 그 제출이 곤란한 사정**이 있고, 그 **사진의 영상이 원본증거와 정확하게 같다는 사실**이 증명되어야 함(대법원 2002.10.22, 2000도5461; 2008.11.13, 2006도2556)을 말한다.

     [정리] 최량증거법칙은 사본으로서의 사진, 녹음테이프의 사본(디지털녹음기 = 녹음테이프 = 녹취록), 영상녹화물(비디오테이프)의 사본, 전자기록(전자파일)의 출력물 등에서 원본과의 동일성 요건으로 요구된다.

      ※ **최량증거법칙** = 원본존재 + 필요성(원본제출×) + 정확성(원본동일)

   ② 전문법칙의 적용 여부

     (가) 원본이 비진술증거이거나 원진술의 존재 자체가 요증사실인 경우 : **최량증거법칙**의 요건만으로 그 증거능력을 인정한다.

     (나) 원본의 내용의 진실 여부가 요증사실인 경우 : 최량증거법칙뿐만 아니라 **전문법칙**의 예외 요건을 갖추어야 그 증거능력을 인정하고 있다.

★ 판례연구 사본으로서의 사진의 증거능력 관련판례

1. 대법원 1981.11.24, 81도2591

판결사본의 증거능력 : 전문법칙 ○

군법회의판결사본(교도소장이 교도소에 보관 중인 판결등본을 사본한 것)은 특히 신용할 만한 정황에 의하여 작성된 문서(제315조 제3호)라고 볼 여지가 있으므로 피고인이 증거로 함에 부동의하거나 그 진정성립의 증명이 없다는 이유로 그 증거능력을 부인할 수 없다.

2. 대법원 1983.12.13, 83도2613

진정서 사본의 증거능력 : 전문법칙 ○

주민들의 진정서 사본은 피고인이 증거로 함에 동의하지 않고 기록상 원본의 존재나 그 진정성립을 인정할 아무런 자료도 없을 뿐 아니라 법 제315조 제3호의 규정사유도 없으므로 이를 증거로 할 수 없다.

3. 대법원 2002.10.22, 2000도5461

검사 작성의 피의자신문조서의 일부를 발췌한 초본의 증거능력 유무(한정 적극) : 최량증거법칙도 적용

피고인에 대한 검사 작성의 피의자신문조서가 그 내용 중 일부를 가린 채 복사를 한 다음 원본과 상위없다는 인증을 하여 초본의 형식으로 제출된 경우에, 위와 같은 피의자신문조서초본은 그 피의자신문조서의 원본이 존재하거나 존재하였을 것, 피의자신문조서의 원본 제출이 불능 또는 곤란한 사정이 있을 것, 원본을 정확하게 전사하였을 것 등 3가지 요건(최량증거 = 원 + 필 + 정)을 전제로 피고인에 대한 검사 작성의 피의자신문조서원본과 동일하게 취급할 수 있다.[2]

4. 대법원 2008.11.13, 2006도2556 : 휴대전화 사이버스토킹 문자정보 촬영사진 사례

[1] 정보통신망을 통하여 공포심·불안감을 유발하는 글을 반복적으로 상대방에게 도달하게 하는 정통법위반행위와 관련하여 휴대전화

---

1) [참고] 사본으로서의 사진의 증거능력 인정요건에 대해서는, ① 최량증거의 법칙에 의하여 원본증거를 공판정에 제출할 수 없음이 인정되고, 사진에 사건과의 관련성이 증명된 때에 한하여 증거능력이 인정된다는 견해(비진술증거설 : 이재상, 차용석, 신현주)와 ② 원본의 존재 및 진정성립을 인정할 자료가 구비되고 특히 신용할 만한 정황에 의해 작성되었다고 인정될 때에 제315조 제3호에 의하여 증거능력을 인정해야 한다는 견해(진술증거설 : 배/이/정/이, 신동운, 신양균, 임동규)가 대립하고 있다(제311조 이하의 유추적용도 가능하다는 입장은 신동운). ③ 결론 : 비진술증거의 대용물인 사본은 최량증거법칙을 적용하면 족하나, 진술증거의 대용물인 사진에 대해서는 전문법칙이 추가 적용되어야 한다는 제2설이 타당하다고 생각된다. 왜냐하면 사진은 그 현상 및 인화과정에 조작이 개입할 여지가 있다는 점에서 전문법칙의 근거인 신용성의 결여가 문제되기 때문이다.
[참고] 전문법칙이 적용된다면 피고인 또는 피고인 아닌 자가 작성하거나 그 진술이 포함된 사진 등을 내용으로 하는 디지털증거에 대해서는 2016.5.29. 개정 제313조 제2항이 적용될 수 있게 되는바, 이에 대한 향후 논의가 주목된다.

2) [보충] 또한 위 판례는 원본의 내용 중 일부를 가린 채 복사를 한 초본이 제출된 경우, 초본의 증거능력을 인정하기 위해서는 최량증거법칙 외에도 가려진 부분의 내용이 가려지지 않은 부분과 분리 가능하고 당해 공소사실과 관련성이 없어야 한다는 분리가능성 요건을 판시한 사례이기도 하다.

기에 저장된 문자정보를 촬영한 사진의 증거능력

정보통신망법위반죄의 증거로 검사가 문자정보가 저장되어 있는 휴대전화기를 법정에 제출하는 경우, 휴대전화기에 저장된 문자정보 그 자체가 범행의 직접적인 수단으로서 증거로 사용될 수 있다. 또한, 검사는 휴대전화기 이용자가 그 문자정보를 읽을 수 있도록 한 휴대전화기의 화면을 촬영한 사진을 증거로 제출할 수도 있는데, 이를 증거로 사용하려면 ① 문자정보가 저장된 휴대전화기를 법정에 제출할 수 없거나 그 제출이 곤란한 사정이 있고, ② 그 사진의 영상이 휴대전화기의 화면에 표시된 문자정보와 정확하게 같다는 사실이 증명되어야 한다(대법원 2002.10.22, 2000도5461)(최량증거법칙만 적용).

[2] 정보통신망법상 위 범죄와 관련하여 휴대전화기에 저장된 문자정보가 증거로 제출된 경우 : 전문법칙 ×

정보통신망을 통하여 공포심이나 불안감을 유발하는 글을 반복적으로 상대방에게 도달하게 하는 행위를 하였다는 공소사실에 대하여 휴대전화기에 저장된 문자정보가 그 증거가 되는 경우, 그 문자정보는 범행의 직접적인 수단이고 경험자의 진술에 갈음하는 대체물에 해당하지 않으므로, 법 제310조의2에서 정한 전문법칙이 적용되지 않는다. [법원9급 12/22, 해경간부 12, 경찰간부 22, 경찰승진 13, 경찰채용 10 2차/14 1차/21 2차]

> **보충** 정보통신망법위반죄와 관련하여 문자메시지로 전송된 문자정보를 휴대전화기 화면에 띄워 촬영한 사진에 대하여, 피고인이 성립 및 내용의 진정을 부인한다는 이유로 증거능력을 부정한 것은 위법하다는 사례이다. [해경간부 12, 경찰승진 10/13/14] 왜냐하면, 위 사진은 그 안에 촬영된 원진술의 내용이 요증사실이 아니라 원진술의 존재 자체가 요증사실이라는 점에서 전문증거에 해당하지 아니하기 때문이다.

5. 대법원 2015.4.23, 2015도2275 [법원9급 17, 국가7급 17/22, 경찰간부 22, 경찰채용 22 1차]

수표 발행 후 예금부족으로 부도가 난 부정수표법위반사실을 증명하기 위하여 제출되는 수표 : 전문법칙 ×

① 피고인이 수표를 발행하였으나 예금부족 또는 거래정지처분으로 지급되지 아니하게 하였다는 부정수표단속법위반의 공소사실을 증명하기 위하여 제출되는 수표는 그 서류의 존재 또는 상태 자체가 증거가 되는 것이어서 증거물인 서면에 해당하고 어떠한 사실을 직접 경험한 사람의 진술에 갈음하는 대체물이 아니므로, 증거능력은 증거물의 예에 의하여 판단하여야 하고, 이에 대하여는 법 제310조의2에서 정한 전문법칙이 적용될 여지가 없다. ② 이때 수표 원본이 아니라 전자복사기를 사용하여 복사한 사본이 증거로 제출되었고 피고인이 이를 증거로 하는 데 부동의한 경우 위 수표 사본을 증거로 사용하기 위해서는 ㉠ 수표 원본을 법정에 제출할 수 없거나 제출이 곤란한 사정이 있고 ㉡ 수표 원본이 존재하거나 존재하였으며 ㉢ 증거로 제출된 수표 사본이 이를 정확하게 전사한 것이라는 사실이 증명되어야 한다(최량증거법칙만 적용).

📖 사례문제

문제1 甲은 A의 집에 들어가 금품을 절취하려다 A에게 발각되자 A를 강간한 후에 도주하였다. 甲은 양심에 가책을 느꼈지만 처벌이 두려워 자수하지 못하고 친구인 乙에게 자신의 범행을 이야기하였는데, 乙은 다시 이 사실을 여자친구 丙에게 이야기하였다. 이에 관한 설명 중 옳지 않은 것을 모두 고른 것은? (다툼이 있는 경우 판례에 의함) [변호사 17]

ㄱ. 甲이 자필로 작성한 범행을 인정하는 내용의 메모지가 甲의 집에서 발견되어 증거로 제출된 경우, 甲이 공판기일에서 그 성립의 진정을 부인하면 필적감정에 의하여 성립의 진정함이 증명되더라도 증거로 사용할 수 없다.

ㄴ. 乙이 甲과의 대화를 녹음한 녹음테이프의 원본이 증거로 제출된 경우, 공판기일에서 甲이 녹음내용을 부인하여도 乙의 진술에 의하여 녹음테이프에 녹음된 甲의 진술내용이 甲이 진술한 대로 녹음된 것이 증명되고 그 진술이 특히 신빙할 수 있는 상태하에서 행하여진 것이 인정되는 때에는 증거로 사용할 수 있다.

ㄷ. 丙이 乙로부터 들은 甲의 진술내용을 사법경찰관에게 진술하였고 그러한 진술이 기재된 진술조서가 증거로 제출된 경우, 해당 진술조서 중 甲의 진술기재 부분은 형사소송법 제316조 제1항 및 제312조 제4항의 규정에 따른 요건을 갖춘 때에 한하여 증거로 사용할 수 있다.

ㄹ. 피해자 A는 피해내용을 아버지 B에게 문자메시지로 보냈고 B가 그 문자메시지를 촬영한 사진이 증거로 제출된 경우, A와 B가 법정에 출석하여 A는 사진 속 문자메시지의 내용이 자신이 작성해 보낸 것과 동일함을 확인하고, B는 A가 보낸 문자메시지를 촬영한 사진이 맞다고 확인한 때에는 증거로 사용할 수 있다.

→ ㄱ (×) 형사소송법 제313조(진술서 등) ② 제1항 본문에도 불구하고 진술서의 작성자가 공판준비나 공판기일에서 그 성립의 진정을 부인하는 경우에는 과학적 분석결과에 기초한 디지털포렌식 자료, 감정 등 객관적 방법으로 성립의 진정함이 증명되는 때에는 증거로 할 수 있다. 다만, 피고인 아닌 자가 작성한 진술서는 피고인 또는 변호인이 공판준비 또는 공판기일에 그 기재 내용에 관하여 작성자를 신문할 수 있었을 것을 요한다.

ㄴ (○) 피고인과 상대방 사이의 대화 내용에 관한 녹취서가 공소사실의 증거로 제출되어 녹취서의 기재 내용과 녹음테이프의 녹음 내용이 동일한지에 대하여 법원이 검증을 실시한 경우에, 증거자료가 되는 것은 녹음테이프에 녹음된 대화 내용 자체이고, 그 중 피고인의 진술 내용은 실질적으로 형사소송법 제311조, 제312조의 규정 이외에 피고인의 진술을 기재한 서류와 다름없어, 피고인이 녹음테이프를 증거로 할 수 있음에 동의하지 않은 이상 녹음테이프에 녹음된 피고인의 진술 내용을 증거로 사용하기 위해서는 형사소송법 제313조 제1항 단서에 따라 공판준비 또는 공판기일에서 작성자인 상대방의 진술에 의하여 녹음테이프에 녹음된 피고인의 진술 내용이 피고인이 진술한 대로 녹음된 것임이 증명되고 나아가 그 진술이 특히 신빙할 수 있는 상태하에서 행하여진 것임이 인정되어야 한다. 또한 대화 내용을 녹음한 파일 등 전자매체는 성질상 작성자나 진술자의 서명 또는 날인이 없을 뿐만 아니라, 녹음자의 의도나 특정한 기술에 의하여 내용이 편집·조작될 위험성이 있음을 고려하여, 대화 내용을 녹음한 원본이거나 원본으로부터 복사한 사본일 경우에는 복사

과정에서 편집되는 등의 인위적 개작 없이 원본의 내용 그대로 복사된 사본임이 증명되어야 한다(대법원 2012.9.13. 2012도7461).

[경찰채용 20 1차]

ㄷ (×) 판례는 재전문진술이나 재전문진술을 기재한 조서(재재전문서류)에 대하여는 피고인 측의 증거동의가 없는 이상 원칙적으로 증거능력을 부정한다(대법원 2000.3.10. 2000도159).

ㄹ (○) 문자메시지의 내용을 촬영한 사진은 피해자의 진술서에 준하는 것으로 취급함이 상당할 것인바, 진술서에 관한 형사소송법 제313조에 따라 문자메시지의 작성자인 A가 법정에 출석하여 자신이 문자메시지를 작성하여 동생에게 보낸 것과 같음을 확인하고, 동생인 B도 법정에 출석하여 A가 보낸 문자메시지를 촬영한 사진이 맞다고 확인한 이상, 문자메시지를 촬영한 사진은 그 성립의 진정함이 증명되었다고 볼 수 있으므로 이를 증거로 할 수 있다(대법원 2010.11.25. 2010도8735).

문제2 甲은 휴대전화기를 이용하여 A에게 공포심을 유발하는 글을 반복적으로 도달하게 한 혐의로 정보통신망이용촉진 및 정보보호 등에 관한 법률 위반죄로 기소되었다. 검사는 乙이 甲의 부탁을 받고 甲의 휴대전화기를 보관하고 있다는 사실을 알고 乙에게 부탁하여 甲의 휴대전화기를 임의제출받았다. 한편 A는 B의 휴대전화기에 "甲으로부터 수차례 협박 문자메시지를 받았다."는 내용의 문자 메시지를 발송하였다. 이에 대한 설명으로 옳은 것은? (다툼이 있으면 판례에 의함) [국가9급 17, 국가9급개론 17]
① 甲의 휴대전화기는 甲의 승낙이나 영장 없이 위법하게 수집된 증거로서 증거능력이 부정된다.
② 甲의 휴대전화기 자체가 아니라 甲의 휴대전화기 화면에 표시된 문자메시지를 촬영한 사진이 증거로 제출된 경우 甲이 그 성립 및 내용의 진정을 부인하는 때에는 이를 증거로 사용할 수 없다.
③ 甲의 휴대전화기 화면을 촬영한 사진을 증거로 사용하려면 甲의 휴대전화기를 법정에 제출할 수 없거나 그 제출이 곤란한 사정이 있고, 그 사진의 영상이 甲의 휴대전화기 화면에 표시된 문자정보와 정확하게 같다는 사실이 증명되어야 한다.
④ B의 휴대전화기에 저장된 문자메시지는 본래증거로서 형사소송법 제310조의2가 정한 전문법칙이 적용될 여지가 없다.

→ ③ (○) 검사가 문자정보가 저장되어 있는 휴대전화기를 법정에 제출하는 경우 휴대전화기에 저장된 문자정보는 그 자체가 범행의 직접적인 수단으로서 이를 증거로 사용할 수 있다. 또한 검사는 휴대전화기 이용자가 그 문자정보를 읽을 수 있도록 한 휴대전화기의 화면을 촬영한 사진을 증거로 제출할 수도 있을 것인바, 이를 증거로 사용하기 위해서는 문자정보가 저장된 휴대전화기를 법정에 제출할 수 없거나 그 제출이 곤란한 사정이 있고, 그 사진의 영상이 휴대전화기의 화면에 표시된 문자정보와 정확하게 같다는 사실이 증명되어야 한다(대법원 2008.11.13. 2006도2556).

① (×) 검사, 사법경찰관은 피의자 기타인의 유류한 물건이나 소유자, 소지자 또는 보관자가 임의로 제출한 물건을 영장 없이 압수할 수 있다(제218조). 검사는 보관자인 乙이 임의로 제출한 휴대전화기를 압수한 것은 적법하므로 휴대전화기는 증거능력이 부정되지 아니한다.

② (×) 정보통신망을 통하여 공포심이나 불안감을 유발하는 글을 반복적으로 상대방에게 도달하게 하는 행위는 공소 사실에 대하여 휴대전화기에 저장된 문자정보가 그 증거가 되는 경우와 같이 그 문자정보가 범행의 직접적인 수단이 될 뿐 경험자의 진술에 갈음하는 대체물에 해당하지 않는 경우에는 형사소송법 제310조의2에서 정한 전문법칙이 적용될 여지가 없다(대법원 2008.11.13. 2006도2556).

④ (×) (피해자 A가 남동생 B에게 도움을 요청하면서 피고인이 협박한 말을 포함하여 공갈 등 피해를 입은 내용이 들어 있는) 문자메시지의 내용을 촬영한 사진은 피해자의 진술서에 준하는 것으로 취급함이 상당하다(대법원 2010.11.25. 2010도8735).

3. 진술의 일부인 사진

(1) 의의 : 사진이 진술증거의 일부분으로 사용되는 경우이다.

예 검증조서 · 감정서에 사진이 첨부되는 경우 등.

(2) 증거능력 인정요건(진술과 동일하게 판단) : 진술의 일부인 사진의 증거능력은 진술증거의 일부를 구성하는 보조수단에 불과하므로 진술증거인 **검증조서나 감정서와 일체적으로 판단**된다. 다만, 사법경찰관 작성 검증조서 중 **피고인의 진술 기재 부분과 범행 재연의 사진 영상에 관한 부분은 제312조 제3항이 적용**되므로 피고인에 의하여 진술 및 범행 재연의 진정함이 인정되지 아니하는 경우 그 부분은 증거능력이 없다(전술).

4. 현장사진

(1) 의의 : 범행장면과 그 전후 상황을 범인의 행동에 중점을 두어 촬영한 사진을 말한다(예 현금인출기의 폐쇄회로 촬영사진 등). 현장사진은 범죄의 증명에 결정적인 독립증거로 이용되는 경우가 많다(예 현장사진은 자백보강증거 ○).

(2) 증거능력

① **위법수집증거배제법칙** : 현장사진은 피촬영자의 의사에 반하여 그의 촬영권을 침해하는 수사방법이므로 강제수사에 해당하고(통설), 현장사진이 증거로 인정되려면 위법수집증거가 아니어야 한다. 판례는 **범죄의 현행성, 증거보전의 필요성 · 긴급성, 촬영방법의 상당성**이 갖추어졌다면 사진촬영은 위법한 수사방법이 아니라고 본다(대법원 1999.9.3. 99도2317; 2013.7.26. 2013도2511). 또한 **사인에 의한 위법수집증거**

의 경우에도 효과적인 형사소추 및 형사소송에서의 진실발견이라는 공익과 개인의 사생활보호이익을 비교형량하여(대법원 2010.9.9, 2008도3990)(이익형량설) **공익의 우월성이 있는 때에는 그 증거능력이 인정**된다. 간통 현장에서 촬영한 피고인의 나체사진이 비록 공갈목적으로 촬영된 것이라 하여도 간통죄의 형사소추라는 공익의 실현을 위하여 그 증거능력을 인정한 판례(대법원 1997.9.30, 97도1230)가 있음은 기술한 바 있다.

★ 판례연구 현장사진 등과 위법수집증거배제법칙

1. 대법원 1999.9.3, 99도2317; 2013.7.26, 2013도2511

영장 없는 사진촬영의 허용요건

누구든지 자기의 얼굴이나 모습을 함부로 촬영당하지 않을 자유를 가지나, 이러한 자유도 무제한으로 보장되는 것은 아니고 국가의 안전보장·질서유지·공공복리를 위하여 필요한 경우에는 그 범위 내에서 상당한 제한이 있을 수 있으며, 수사기관이 범죄를 수사함에 있어 ① 현재 범행이 행하여지고 있거나 행하여진 직후이고, ② 증거보전의 필요성 및 긴급성이 있으며, ③ 일반적으로 허용되는 상당한 방법으로 촬영한 경우라면 위 촬영이 영장 없이 이루어졌다 하여 이를 위법하다고 단정할 수 없다.

2. 대법원 1999.12.7, 98도3329

무인장비에 의하여 제한속도 위반차량의 차량번호 등을 촬영한 사진의 증거능력 유무(적극)

무인장비에 의한 제한속도 위반차량 단속은 이러한 수사활동의 일환으로서 도로에서의 위험을 방지하고 교통의 안전과 원활한 소통을 확보하기 위하여 도로교통법령에 따라 정해진 제한속도를 위반하여 차량을 주행하는 범죄가 현재 행하여지고 있고, 그 범죄의 성질·태양으로 보아 긴급하게 증거보전을 할 필요가 있는 상태에서 일반적으로 허용되는 한도를 넘지 않는 상당한 방법에 의한 것이라고 판단되므로, 이를 통하여 운전 차량의 차량번호 등을 촬영한 사진을 두고 위법하게 수집된 증거로서 증거능력이 없다고 말할 수 없다.

---

② 전문법칙의 적용 여부 : 견해의 대립이 있으나,[1] 현장사진은 비진술증거임에도 불구하고 증거조작의 위험성이 있다는 점에서 **전문법칙을 유추적용**하여 검증조서 내지 진술서에 준하여 그 증거능력을 제한하여야 한다(검증조서 등 유추적용설).[2]

5. 증거조사의 방법

(1) 사본으로서의 사진

① 증거물의 사본인 사진 : 증거물이므로 제시의 방법에 의한다(제292조의2 제1항).

② 서증의 사본인 사진 : 증거물인 서면과 같은 방식으로서, 사진에 대한 제시와 서면의 내용에 대한 낭독(또는 내용의 고지 또는 제시·열람)에 의한다.

(2) 진술의 일부인 사진 : 진술증거와 일체적으로 조사한다.

(3) 현장사진 : (위법수집증거배제법칙 및 전문법칙에 의하여 증거능력을 심리하였으나, 증거조사의 방법에 관해서는) 비진술증거이므로 제시의 방법에 의한다. 또한 현장사진이 CD 등 녹화매체에 들어있으면 재생하여 시청하는 방법에 의한다(제292조의2, 규칙 제134조의8)(대법원 2011.10.13, 2009도13846).

---

1) [참고] 현장사진의 전문법칙 적용 여부에 대해서는 다음과 같이 견해가 대립한다. ① 비진술증거설 : 현장사진은 사람의 지각에 의한 진술이 아니므로 독립된 비진술증거라고 해석하여 전문법칙이 적용되지 않으므로, 사건과의 관련성, 즉 사진현장의 정확한 영상이라는 점이 입증되면 증거능력이 인정된다는 입장이다(임동규, 차/최). ② 진술증거설 : 현장사진도 사실을 재현·보고하는 기능을 함과 동시에 그 현상·인화과정에서 조작될 위험을 부정할 수 없으므로 진술증거에 해당한다고 보아 전문법칙을 적용해야 한다는 입장이다(손동권, 이/조). ③ 검증조서유추설 : 현장사진은 비진술증거이기는 하지만 조작의 위험이 있으므로 검증조서에 준하여 촬영자가 법원이면 제311조, 수사기관이면 제312조 제6항, 일반인이면 제313조 제1항·제2항을 유추적용해야 한다는 입장이다(신동운, 신양균, 배/이/정/이). ④ 결론 : 현장사진은 비진술증거로 보아야 하지만, 증거조작의 위험에 대응해야 한다는 점에서 본서는 제3설을 따른다.

2) [보충1] 예컨대 수사기관이 촬영한 현장사진은 제312조 제6항의 검증조서 규정을, 피고인 또는 피고인 아닌 자가 수사과정 외에서 촬영한 현장사진은 제313조 제1항·제2항의 진술서 규정에 의한다. 특히 2016.5.29. 개정 제313조 제1항에는 피고인 또는 피고인 아닌 자가 작성한 사진·영상 등의 정보로서 컴퓨터용디스크, 그 밖에 이와 비슷한 정보저장매체에 저장된 것을 포함하고 있으므로, 현장사진 문제에 대한 향후 논의가 기대된다.

[보충2] 현장사진은 실무적으로는 증거능력의 문제보다는 요증사실과의 관련성이 중요하므로, 사진 속의 물건이나 현장이 사건과 관계없다는 등으로 주장된다면 이는 증거능력을 다투는 것이 아니라 요증사실과의 관련성으로서 증명력을 다투는 취지라고 볼 것이다. 법원실무 II 131면.

Ⅱ 녹음테이프의 증거능력

1. 녹음테이프의 성격 및 유형

녹음테이프(디지털녹음기·휴대폰으로 녹음한 녹음파일 포함, 이하 同)는 높은 증거가치를 가진 과학적 증거방법이지만 조작될 위험성을 배제할 수 없다는 점에서, 녹음테이프에 대해서도 진술증거에 대해서 적용되는 전문법칙을 적용할 것인가가 문제된다. 녹음테이프는 다시 진술녹음과 현장녹음으로 나누어 설명되며 더불어 비밀녹음의 문제가 논의된다.

2. 진술녹음

(1) 의의 및 성격

① 의의 : 녹음테이프에 사람의 진술이 녹음되어 있고 그 진술내용의 진실성이 증명의 대상으로 되는 경우이다.

② 성격 : 진술녹음은 진술에 대신하는 서류와 그 기능이 동일하므로 전문증거에 해당하므로 **전문법칙이 적용**된다.

(2) 증거능력 인정요건 −원(최량증거법칙) + 전문법칙− : 녹음테이프 및 그 사본의 존재·상태에 대해서는 최량증거법칙에 의해, 그 내용에 대해서는 전문법칙에 의하여 증거능력 여부를 검토해야 한다.

① 기명날인 또는 서명의 요부 : 원래 진술기재서류는 자필·서명·날인이 있어야 하나, 녹음테이프는 서명·날인이 적합하지 않은 증거방법이므로 **과학적 방법에 의해 원진술자의 음성임이 증명되면 충분**하고 별도로 작성자나 진술자의 **서명 또는 날인은 필요로 하지 아니한다**(통설·판례, 대법원 2002.6.28, 2001도6355; 2005.2.18, 2004도6323; 2005.12.23, 2005도2945; 2008.12.24, 2008도9414 등).

② 최량증거법칙 −원본동일성증명원칙(원 + 정)[1]− : 녹음테이프는 녹음자의 의도나 특정한 기술에 의하여 그 내용이 편집·조작될 위험성이 있으므로, 증거능력이 인정되려면 ㉠ 그 대화내용을 녹음한 **원본**이거나 ㉡ 원본으로부터 복사한 **사본일 경우에는 복사과정에서 편집되는 등의 인위적 개작 없이 원본의 내용 그대로 복사된 사본**임이 증명되어야만 한다(대법원 2002.6.28, 2001도6355; 2005.2.18, 2004도6323; 2005도2945; 2006도8869; 2008도9414; 2012도461; 2011도6035 등). [국가7급 17] 따라서 대화내용을 녹음한 보이스펜 등 디지털녹음기의 파일 원본을 녹음테이프에 복사한 후 이를 풀어쓴 녹취록의 경우, 녹음테이프와 녹취록의 내용의 일치로는 부족하고 어디까지나 **원본의 내용이 그대로 복사된 것임이 증명**되어야 하고(**원칙적으로 원본 필요**), 녹음테이프에 수록된 대화내용이 이를 풀어쓴 녹취록의 기재와 일치한다거나 녹음테이프의 대화 내용이 중단되었다고 볼 만한 사정이 없다는 녹음테이프에 대한 법원의 검증 결과만으로는 위와 같은 증명이 있다고는 할 수 없다(대법원 2008.12.24, 2008도9414). [경찰승진 10]

> **⚖ 판례연구** 진술녹음 녹음테이프의 증거능력 : 최량증거법칙 = 원본동일성 증명원칙
>
> **1. 대법원 2007.3.15, 2006도8869; 2014.8.26, 2011도6035** [법원9급 16, 국가9급 15/16, 경찰채용 14 1차]
> 디지털 녹음기 녹음내용이 콤팩트디스크에 복사되어 그 내용을 담은 녹취록이 증거로 제출된 경우, 원본동일성이 증명되지 않은 콤팩트디스크의 내용이나 이를 녹취한 녹취록의 기재는 증거능력이 없음
> 대화내용을 녹음한 테이프 등의 전자매체는 그 성질상 작성자나 진술자의 서명 혹은 날인이 없을 뿐만 아니라, 녹음자의 의도나 특정한 기술에 의하여 그 내용이 편집, 조작될 위험성이 있음을 고려하여, 그 대화내용을 녹음한 원본이거나 혹은 원본으로부터 복사한 사본일 경우에는 복사과정에서 편집되는 등의 인위적 개작 없이 원본의 내용 그대로 복사된 사본임이 입증되어야만 하고, 그러한 입증이 없는 경우에는 쉽게 그 증거능력을 인정할 수 없다(대법원 2005.12.23, 2005도2945). 따라서 디지털 녹음기로 녹음한 내용이 콤팩트디스크에 다시 복사되어 그 콤팩트디스크에 녹음된 내용을 담은 녹취록이 증거로 제출된 경우, 위 콤팩트디스크가 현장에서 녹음하는 데 사용된 디지털 녹음기의 녹음내용 원본을 그대로 복사한 것이라는 입증이 없는 이상, 그 콤팩트디스크의 내용이나 이를 녹취한 녹취록의 기재는 증거능력이 없다.

---

1) [보충] 전술한 바와 같이 사진 사본에 대한 최량증거법칙은 원본의 존재, 원본제출의 불가능 내지 곤란(필요성), 원본과의 일치(정확성)이 증명되어야 한다는 법칙이고(최량증거법칙 = 원 + 필 + 정), 이는 녹음테이프에 대해서도 마찬가지로 적용된다. 다만, 판례는 위 요건(원 + 필 + 정) 중에서 원본이거나 원본과의 일치(원 + 정)를 주로 검토하므로 본서에서는 판례에 맞추어 녹음테이프의 최량증거법칙을 원본동일성증명원칙(원 + 정)이라는 개념으로 축약하였다.

2. 대법원 2010.3.11, 2009도14525

피고인과 甲, 乙의 대화에 관한 녹취록에 대하여, 피고인이 부동의하였고, 甲이 그 대화를 자신이 녹음하였고 녹취록의 내용이 다 맞다고 1심 법정에서 진술하였을 뿐 녹취록에 그 작성자가 기재되어 있지 않을 뿐만 아니라 녹취록 작성의 토대가 된 대화 내용을 녹음한 원본 녹음테이프 등을 증거로 제출하지도 아니하는 상황이라면 녹취록의 기재는 증거능력이 없다.

③ **전문법칙** : 진술녹음의 증거능력은 **녹음테이프의 작성주체 및 원진술이 행해지는 단계에 따라서 각각 제311조 내지 제313조를 준용**하여 결정해야 한다(다수설). 판례도 녹음테이프는 진술녹취서에 준하여 증거능력이 인정되므로(대법원 1968.6.28, 68도570), **검사가 피의자와 대화하는 내용을 녹화한 비디오테이프는 피의자신문조서**에 준하여 증거능력을 가려야 하며(대법원 1992.6.23, 92도682), **수사기관 아닌 사인이 다른 사람과의 대화내용을 녹화한 녹음테이프도 제313조 제1항**(진술기재서류에 준하므로 16.5. 개정법에 의하더라도 제313조 제1항만 적용)에 따라 증거능력이 인정되어야 한다고 판시하고 있다(대법원 1997.3.28, 96도2417; 98도3169; 2005.12.23, 2005도2945).

정리 증거로 사용하기 위한 진술내용이 ① 피고인의 진술인 경우 피고인의 진술을 기재한 서류에 준하므로 제313조 제1항 단서에 따라 공판준비 또는 공판기일에서 그 작성자의 진술에 의하여 녹음테이프에 녹음된 피고인의 진술 내용이 피고인이 진술한 대로 녹음된 것임이 증명되고 나아가 그 진술이 특히 신빙할 수 있는 상태하에서 행하여진 것임이 인정되어야 한다(대법원 2005.12.23, 2005도2945). ② 피고인이 아닌 자의 진술인 경우 피고인 아닌 자의 진술을 기재한 서류에 준하므로 제313조 제1항 본문에 따라 공판준비나 공판기일에서 원진술자의 진술에 의하여 그 녹음테이프에 녹음된 각자의 진술내용이 자신이 진술한 대로 녹음된 것이라는 점이 인정되어야 한다(대법원 2011.9.8, 2010도7497 등). 다만, 이때에는 특신상태의 증명이 필요 없다(전술한 진술서 및 진술기재서류 참조).

보충 (관련 기출문제 분석) ① 녹취록 등에 대하여 증거로 함에 부동의하였다 하더라도, 피고인과의 대화내용을 녹음한 보이스펜의 내용과 녹취록의 기재가 일치하는 것으로 확인되고(최량증거O) 그 진술의 특신상태가 있으면(엄밀히는 제313조 제1항 단서에 의해 작성자의 진술에 의한 성립의 진정의 증명을 요하나, 생략된 기출문제임) 증거능력이 인정된다(유사판례 : 2012도7461). [경찰채용 14 1차]

② 사인이 녹음한 녹음테이프의 검증조서 기재 중 피고인의 진술내용을 증거로 하기 위해서는 피고인이 내용을 인정할 필요까지는 없고, 법 제313조 제1항 단서에 의해 작성자의 진술에 의한 성립의 진정의 증명과 그 진술의 특신상태가 인정되면 된다(최량증거법칙은 논외로 하고, 녹음테이프에 대한 제313조 제1항 단서의 전문법칙만 출제한 기출문제임, 약간 주의할 것은 녹음테이프에 대한 검증조서 기재 중 피고인의 진술내용 부분은 이 문제처럼 검증조서가 아니라 진술서로 취급함. 이와 달리 피고인의 상태에 대한 법원의 검증조서는 제311조 -법원검증조서- 에 의하여 절대적 증거능력 인정). [경찰승진 10 유사]

③ 수사기관 아닌 사인이 피고인 아닌 사람의 대화내용을 녹음한 녹음테이프는 원본이거나 인위적 개작 없이 원본의 내용 그대로 복사된 사본으로서(최량증거O), 법 제313조 제1항 본문에 따라 원진술자의 진술에 의하여 그 녹음테이프에 녹음된 진술내용이 자신이 진술한 대로 녹음된 것이라는 점이 인정되어야 한다(2004도6323)(피고인 아닌 자의 진술을 기재한 서류에 준하므로 원진술자 진술에 의한 성립의 진정의 증명만 있으면 되고, 원진술의 특신상태는 요하지 않음). [국가9급 09]

⚒ 판례연구 진술녹음 녹음테이프에 대한 전문법칙의 적용

대법원 2008.3.13, 2007도10804

수사기관 아닌 사인이 피고인과의 대화내용을 녹음한 녹음테이프의 증거능력 : 최량증거법칙 + 전문법칙

[1] 피고인과 피해자 사이의 대화내용에 관한 녹취서가 공소사실의 증거로 제출되어 그 녹취서의 기재내용과 녹음테이프의 녹음내용이 동일한지 여부에 관하여 법원이 검증을 실시한 경우에 증거자료가 되는 것은 녹음테이프에 녹음된 대화내용 그 자체이고, 그 중 피고인의 진술내용은 실질적으로 법 제311조, 제312조의 규정 이외에 피고인의 진술을 기재한 서류와 다름없어 피고인이 그 녹음테이프를 증거로 할 수 있음에 동의하지 않은 이상 그 녹음테이프 검증조서의 기재 중 피고인의 진술내용을 증거로 사용하기 위해서는 ① 법 제313조 제1항 단서에 따라 공판준비 또는 공판기일에서 그 작성자인 피해자의 진술에 의하여 녹음테이프에 녹음된 피고인의 진술내용이 피고인이 진술한 대로 녹음된 것임이 증명되고 나아가 그 진술이 특히 신빙할 수 있는 상태하에서 행하여진 것임이 인정되어야 하고(대법원 2001.10.9, 2001도3106; 2004.5.27, 2004도1449), 녹음테이프는 그 성질상 작성자나 진술자의 서명 혹은 날인이 없을 뿐만 아니라, 녹음자의 의도나 특정한 기술에 의하여 그 내용이 편집, 조작될 위험성이 있음을 고려하여, 그 대화내용을 녹음한 원본이거나 혹은 원본으로부터 복사한 사본일 경우에는 복사과

정에서 편집되는 등의 인위적 개작 없이 원본의 내용 그대로 복사된 사본임이 입증되어야만 하고, 그러한 입증이 없는 경우에는 쉽게 그 증거능력을 인정할 수 없다(대법원 2002.6.28, 2001도6355; 2005.2.18, 2004도6323; 2005.12.23, 2005도2945 등).
[경찰승진 10]

[2] 피고인과의 대화내용을 녹음한 보이스펜 자체의 청취 결과 피고인의 변호인이 피고인의 음성임을 인정하고 이를 증거로 함에 동의하였고, 보이스펜의 녹음내용을 재녹음한 녹음테이프, 녹음테이프의 음질을 개선한 후 재녹음한 CD 및 녹음테이프의 녹음내용을 풀어쓴 녹취록 등에 대하여는 증거로 함에 부동의하였으나, 극히 일부의 청취가 불가능한 부분을 제외하고는 보이스펜, 녹음테이프 등에 녹음된 대화내용과 녹취록의 기재가 일치하는 것으로 확인된 경우, 원본인 보이스펜이나 복제본인 녹음테이프 등에 대한 검증조서(녹취록)에 기재된 진술은 그 성립의 진정을 인정하는 작성자의 법정진술은 없었으나, 피고인의 변호인이 보이스펜을 증거로 함에 동의하였고, 보이스펜, 녹음테이프 등에 녹음된 대화내용과 녹취록의 기재가 일치함을 확인하였으므로, 결국 그 진정성립이 인정된다고 할 것이고, 나아가 녹음의 경위 및 대화내용에 비추어 그 진술이 특히 신빙할 수 있는 상태하에서 행하여진 것으로 인정되므로 이를 증거로 사용할 수 있다.

> (보충) 2007도10804 판례는, 녹취록에 대해서는 증거로 함에 부동의하였으나 피고인과의 대화내용을 녹음한 보이스펜 자체에 대하여는 증거동의가 있었고(∴ 전문증거 ○) 보이스펜, 녹음테이프 등에 녹음된 대화내용과 녹취록의 기재가 일치하는 것으로 확인되고(∴ 최량증거 ○) 그 진술이 특히 신빙할 수 있는 상태하에서 행하여진 것으로 인정되어(증거동의가 있었으므로 그 효과로서 진정성 인정의 의미임) 증거능력이 있다는 사례이다.

3. 현장녹음

(1) **의의** : 대화내용이 아니라 범죄현장에서 범행에 수반하여 발생한 음성이나 음향을 녹음한 것을 말한다.

(2) **증거능력** : (기술한 현장사진의 증거능력과 유사한) 견해의 대립이 있으나, 현장녹음은 비진술증거임에도 그 녹음과정에 조작·오류의 위험에 대응하기 위해 전문법칙을 유추적용하여 검증조서 내지 진술서에 준하여 그 증거능력을 제한하여야 한다.

4. 비밀녹음

(1) **통신비밀보호법** : 누구든지 통비법·형소법·군사법원법에 의하지 아니하고는 전기통신의 감청 및 공개되지 아니한 타인 간의 대화를 녹음·청취할 수 없으며(통비법 제3조 제1항), **불법감청에 의하여 지득·채록된 전기통신의 내용 및 공개되지 아니한 타인 간의 대화를 녹음·녹취한 것은 재판에서 증거로 사용할 수 없다**(동 제4조, 제14조 제2항). [경찰간부 12, 경찰승진 15] 이는 위법수집증거배제법칙보다 먼저 명문화된 규정이다. [경찰채용 09 2차]

> (보충) 비밀녹음의 증거능력 : ① 위법수집증거배제법칙(통비법), ② 원본동일성 증명(최량증거법칙), ③ 전문법칙(진술기재서류에 준함, 피고인진술 : 작성자성립 + 특신, 피고인 아닌 자 진술 : 원진술자성립)의 순으로 판단함.

(2) **수사기관의 비밀녹음** : 법령에 의하지 않고 수사기관이 타인 간의 전기통신을 감청하거나 타인 간의 대화를 비밀녹음한 경우, 통비법 위반으로서 그 **증거능력이 없다.** 이는 **수사기관이 대화당사자 중 일방의 동의를 받고 그 통화내용을 녹음하게 한 경우**도 마찬가지이다(대법원 2010.10.14, 2010도9016). [국가7급 14/20, 경찰승진 12]

대법원 2010.10.14, 2010도9016

수사기관이 구속 수감된 자에게 휴대전화기를 제공하고 그로 하여금 피고인과 범행에 관하여 통화하고 그 내용을 녹음하게 한 행위는 수사기관 스스로가 주체가 되어 구속 수감된 자의 동의만을 받고 상대방인 피고인의 동의가 없는 상태에서 그들의 통화 내용을 녹음한 것과 마찬가지여서 범죄수사를 위한 통신제한조치의 허가 등을 받지 아니한 불법감청에 해당한다.

---

(3) **제3자인 사인의 비밀녹음** : 공개되지 아니한 타인 사이의 대화를 양쪽 당사자들 몰래 녹음한 경우 그 녹음테이프는 통비법 제4조 및 제14조에 따라 역시 **증거능력이 인정되지 아니한다**(대법원 2001.10.9, 2001도3106; 2003.11.13, 2001도6213 – 렉카회사 감청사건). [경찰승진 10/12, 경찰채용 14 1차] 또한 제3자의 경우는 설령 전화통화 **당사자 일방의 동의를 받고 그 통화내용을 녹음**하였다 하더라도 그 상대방의 동의가 없었던 이상 **통비법 제3조 제1항 위반**이 된다(대법원 2002.10.8, 2002도123; 2006.10.12, 2006도4981 등).

대법원 2003.11.13, 2001도6213

렉카 회사가 무전기를 이용하여 한국도로공사의 상황실과 순찰차간의 무선전화통화를 청취한 경우 무전기를 설치함에 있어 한국

도로공사의 정당한 계통을 밟은 결재가 있었던 것이 아닌 이상 전기통신의 당사자인 한국도로공사의 동의가 있었다고는 볼 수 없으므로 통신비밀보호법상의 감청에 해당한다.

---

(4) 대화당사자인 사인의 비밀녹음 : 대화당사자의 일방이 상대방 모르게 통화내용을 녹음하는 것은 타인 간의 대화를 녹음하는 것이 아니어서 **통비법의 감청에 해당하지 아니한다**(2006도4981). [국가9급 15] 이에 그 증거능력 인정 여부에 대해서는 견해가 대립하나, 판례는 **대화당사자**가 비밀 녹음한 녹음테이프는 **위법수집증거에 해당되지 않고**(대법원 1997.3.28, 97도240) **전문법칙이 적용**되므로 원진술자가 피고인 아닌 자의 경우라면 **제313조 제1항 본문**(피고인 아닌 자의 진술 기재서류)에 의하여 원진술자의 진술에 의하여 성립의 진정이 증명되면 그 증거능력이 인정된다는 입장이다(대법원 1999.3.9, 98도3169).

　　[정리] 대화당사자인 사인의 비밀녹음 : 통비법위반 아니므로 위수증 ×, 전문법칙 ○(제313조 제1항)

(5) 대화가 아닌 음향의 비밀녹음 : 사람의 육성이 아닌 사물에서 발생하는 음향 및 사람의 목소리라 하더라도 상대방에게 의사를 전달하는 말이 아닌 단순한 비명소리나 탄식 등은 타인과 의사소통을 하기 위한 것이 아니라면 특별한 사정이 없는 한 타인 간의 '대화'에 해당한다고 볼 수 없으므로, 이를 비밀녹음한 것은 통신비밀보호법위반이 아니어서 **위법수집증거에 해당하지 아니한다**(대법원 2017.3.15, 2016도19843).

★ 판례연구 사인의 비밀녹음과 전문법칙

1. 대법원 1999.3.9, 98도3169 [경찰채용 14 1차]

수사기관 아닌 사인이 피고인 아닌 자와의 대화내용을 비밀녹음한 녹음테이프의 증거능력

수사기관이 아닌 사인이 피고인 아닌 사람과의 대화내용을 녹음한 녹음테이프는 법 제311조, 제312조 규정 이외의 피고인 아닌 자의 진술을 기재한 서류와는 다를 바 없으므로, 피고인이 그 녹음테이프를 증거로 할 수 있음에 동의하지 아니하는 이상 그 증거능력을 인정하기 위하여는 첫째, 녹음테이프가 원본이거나 원본으로부터 복사한 사본일 경우에는 복사과정에서 편집되는 등의 인위적 개작 없이 원본의 내용 그대로 복사된 사본일 것(원본동일성증명원칙, 최량증거법칙), 둘째 법 제313조 제1항에 따라 공판준비나 공판기일에서 원진술자의 진술에 의하여 그 녹음테이프에 녹음된 각자의 진술내용이 자신이 진술한 대로 녹음된 것이라는 점이 인정되어야 할 것이고(피고인 아닌 자의 진술 기재서류 : 원진술자 진술에 의한 성립의 진정의 증명), 사인이 피고인 아닌 사람과의 대화내용을 대화 상대방 몰래 녹음하였다고 하더라도 위와 같은 조건이 갖추어진 이상 그것만으로는 그 녹음테이프가 위법하게 수집된 증거로서 증거능력이 없다고 할 수 없으며, 사인이 피고인 아닌 사람과의 대화내용을 상대방 몰래 비디오로 촬영·녹음한 경우에도 그 비디오테이프의 진술부분에 대하여도 위와 마찬가지로 취급하여야 할 것이다.

2. 대법원 2001.10.9, 2001도3106 [국가9급 12]

사인이 비밀녹음한 녹음테이프에 대한 검증조서 중 피고인과의 대화를 녹음한 부분의 증거능력

녹음테이프 검증조서의 기재 중 고소인이 피고인과의 대화를 녹음한 부분은 타인간의 대화를 녹음한 것이 아니므로 통비법 제14조의 적용을 받지는 않지만, 그 녹음테이프에 대하여 실시한 검증의 내용은 녹음테이프에 녹음된 대화의 내용이 검증조서에 첨부된 녹취서에 기재된 내용과 같다는 것에 불과하여 증거자료가 되는 것은 여전히 녹음테이프에 녹음된 대화의 내용이라 할 것인바, 그 중 피고인의 진술내용은 실질적으로 형사소송법 제311조, 제312조 규정 이외에 피고인의 진술을 기재한 서류와 다를 바 없으므로, 피고인이 그 녹음테이프를 증거로 할 수 있음에 동의하지 않은 이상 그 녹음테이프 검증조서의 기재 중 피고인의 진술내용을 증거로 사용하기 위해서는 법 제313조 제1항 단서에 따라 ① 공판준비 또는 공판기일에서 그 작성자인 고소인의 진술에 의하여 녹음테이프에 녹음된 피고인의 진술내용이 피고인이 진술한 대로 녹음된 것이라는 점이 증명되고 ② 그 진술이 특히 신빙할 수 있는 상태하에서 행하여진 것으로 인정되어야 한다.

　　[보충] 피고인의 진술을 기재한 서류 : 작성자의 진술에 의한 성립의 진정 + 특신상태(제313조 제1항 단서)

3. 대법원 2017.3.15, 2016도19843 [경찰승진 22]

'악', '우당탕' 사건

통신비밀보호법 제1조, 제3조 제1항 본문, 제4조, 제14조 제1항, 제2항의 문언, 내용, 체계와 입법 취지 등에 비추어 보면, 통신비밀보호법에서 보호하는 타인 간의 '대화'는 원칙적으로 현장에 있는 당사자들이 육성으로 말을 주고받는 의사소통행위를 가리킨다. 따라서 사람의 육성이 아닌 사물에서 발생하는 음향은 타인 간의 '대화'에 해당하지 않는다. 또한 사람의 목소리라고 하더라도 상대방에게 의사를 전달하는 말이 아닌 단순한 비명소리나 탄식 등은 타인과 의사소통을 하기 위한 것이 아니라면 특별한 사정이 없는 한 타인 간의 '대화'에 해당한다고 볼 수 없다. … (한편) 대화에 속하지 않는 사람의 목소리를 녹음하거나 청취하는 행위가 개인의 사생활의 비밀과 자유 또는 인격권을 중대하게 침해하여 사회통념상 허용되는 한도를 벗어난 것이

라면, 단지 형사소추에 필요한 증거라는 사정만을 들어 곧바로 형사소송에서 진실발견이라는 공익이 개인의 인격적 이익 등 보호이익보다 우월한 것으로 섣불리 단정해서는 안 된다. 그러나 그러한 한도를 벗어난 것이 아니라면 위와 같은 목소리를 들었다는 진술을 형사절차에서 증거로 사용할 수 있다.

5. 증거조사의 방법

(1) 문제점 : 형사소송법은 증거조사의 방법으로 제시와 낭독(내용의 고지, 열람)을 규정하고 있는바(제292조, 제292조의2), 녹음테이프는 그 특성상 제시나 낭독에 의한 증거조사가 부적합하다.

(2) 증거조사 : 녹음·녹화매체 등에 대한 증거조사는 녹음·녹화매체 등을 **재생하여 청취 또는 시청**하는 방법에 의한다(규칙 제134조의8 제3항). 녹음·녹화매체 등에 대한 증거조사를 신청하는 때에는 음성이나 영상이 녹음·녹화 등이 된 사람, 녹음·녹화 등을 한 사람 및 녹음·녹화 등을 한 일시·장소를 밝혀야 하고, 녹음·녹화매체 등에 대한 증거조사를 신청한 당사자는 법원이 명하거나 상대방이 요구한 때에는 녹음·녹화매체 등의 녹취서, 그 밖에 그 내용을 설명하는 서면을 제출하여야 한다(동조 제1항).

Ⅲ 기타 특수매체의 증거능력

1. 비디오테이프 등 영상녹화물의 증거능력

영상녹화물이라 함은 비디오테이프, 컴퓨터용디스크, 그 밖에 이와 유사한 방법으로 음성·영상이 녹음·녹화되어 이를 재생할 수 있는 매체를 말한다. 영상녹화물은 사진과 녹음테이프의 복합적 성질을 가지고 있으므로 그 증거능력은 원칙적으로 기술한 **사진 및 녹음테이프에 준하여 판단**될 수 있다.[1] 예컨대 **수사기관 아닌 사인이 피고인이나 피고인 아닌 자와의 대화내용을 녹화한 영상녹화물**은 ① **최량증거법칙**에 따라 원본동일성을 증명하고, ② 피고인 아닌 자의 진술을 기재한 서류에 준하므로 전문법칙을 적용하여 **제313조 제1항 본문**에 따라 원진술자의 진술에 의하여 성립의 진정이 증명되어야(cf. 피고인과의 대화내용을 녹화한 영상녹화물이면 녹화자 −작성자− 의 진술에 의하여 성립의 진정이 증명되고 원진술의 특신상태까지 증명되어야) 증거로 할 수 있다(통신비밀보호법에 따라 위법수집증거배제법칙도 검토해야 하나, 보통 자기와의 대화내용에 속하여 특히 문제되는 경우가 아닌 한 검토가 생략됨). 영상녹화물의 증거조사방법은 재생하여 시청함에 의한다(규칙 제134조의8 제3항).[2]

★ 판례연구 비디오테이프 등 영상녹화물의 증거능력

1. 대법원 2004.9.13, 2004도3161 [국가9급 12, 경찰채용 14 1차]

사인이 피고인 아닌 사람과의 대화 내용을 촬영한 비디오테이프의 증거능력

수사기관이 아닌 사인이 피고인 아닌 사람과의 대화 내용을 촬영한 비디오테이프는 법 제311조, 제312조의 규정 이외에 피고인 아닌 자의 진술을 기재한 서류와 다를 바 없으므로, 피고인이 그 비디오테이프를 증거로 함에 동의하지 아니하는 이상 그 진술 부분에 대하여 증거능력을 부여하기 위하여는, 첫째 비디오테이프가 원본이거나 원본으로부터 복사한 사본일 경우에는 복사과정에서 편집되는 등 인위적 개작 없이 원본의 내용 그대로 복사된 사본일 것(최량증거법칙), 둘째 법 제313조 제1항에 따라 공판준비나 공판기일에서 원진술자의 진술에 의하여 그 비디오테이프에 녹음된 각자의 진술내용이 자신이 진술한 대로 녹음된 것이라는 점이 인정되어야 할 것인바(전문법칙), 비디오테이프는 촬영대상의 상황과 피촬영자의 동태 및 대화가 녹화된 것으로서, 녹음테이프와는 달리 피촬영자의 동태를 그대로 재현할 수 있기 때문에 비디오테이프의 내용에 인위적인 조작이 가해지지 않은 것이 전제된다면, 비디오테이프에 촬영, 녹음된 내용을 재생기에 의해 시청을 마친 원진술자가 비디오테이프의 피촬영자의 모습과 음성을 확인하고 자신과 동일인이라고 진술한 것은 비디오테이프에 녹음된 진술내용이 자신이 진술한 대로 녹음된 것이라는 취지의 진술을 한 것으로 보아야 한다.

2. 대법원 2009.12.24, 2009도11575

성폭법에 따라 촬영한 영상에 피해자가 피해상황을 진술하면서 보충적으로 작성한 메모도 함께 촬영되어 있는 경우, 그 증거능력을 인

---

1) [보충] 이외에도, 수사기관이 피의자신문이나 참고인조사시 녹화한 영상녹화물은 본증으로는 사용될 수 없고 참고인진술조서의 실질적 진정성립을 인정하기 위한 자료(제312조 제4항) 및 기억환기를 위한 자료(제318조의2 제2항)로 사용될 수 있을 뿐이다.

2) [보충] 기타 영상녹화물의 증거조사의 방법은 규칙 제134조의2 이하 참조.

정하기 위한 요건

성폭법에 따라 촬영한 영상물에 피해자가 피해상황을 진술하면서 보충적으로 작성한 메모도 함께 촬영되어 있는 경우, 이는 영상물에 수록된 피해자 진술의 일부와 다름없으므로, 위 법률에 따라 (조사과정에 동석하였던 신뢰관계 있는 자의 진술에 의하여 성립의 진정함이 인정된 때에는) 증거로 할 수 있다.

> **[주의]** 19세 미만 성폭력피해자의 진술을 내용으로 하는 수사기관의 영상녹화물의 증거능력 부여방법으로서 동석자인 신뢰관계인 또는 진술조력인의 진술에 의하여 성립의 진정이 인정되면 증거로 할 수 있다는 구 성폭법 제30조 제6항에 대해서는 헌법재판소의 위헌결정이 내려짐으로써 2023.7.11. 성폭법이 개정되어 이제는 피고인의 피해자에 대한 반대신문권의 보장 등이 그 증거능력 인정 요건으로 요구되고 있다(따라서 위 판례의 후단 부분은 신경을 쓰지 말아야 한다는 의미에서 괄호 처리를 한 것임). 또한 위 조항들에 의하여 증거능력이 인정될 수 있는 것은 '촬영된 영상물에 수록된 피해자의 진술' 그 자체일 뿐이고, 피해자에 대한 경찰 진술조서나 조사과정에 동석하였던 신뢰관계 있는 자의 공판기일에서의 진술(피해자의 진술을 그 내용으로 하는 전문진술)은 위 성폭법 조항에 의하여 증거능력을 취득할 수 없다(대법원 2010.1.28, 2009도12048)(별도로 제316조 제2항의 요건 – 필요성 + 특신상태 – 을 검토해야 함).

2. 컴퓨터용디스크 등 정보저장매체의 증거능력

(1) 의의 : 정보저장매체라 함은 전자적 방식으로 작성된 전자기록(전자파일, **[예]** 한글프로그램으로 작성하여 저장한 진술서 등의 파일), 문자정보, 도면이나 사진 등의 정보를 저장하는 매체를 말한다(**[예]** 컴퓨터용디스크나 USB메모리디스크, 외장하드디스크 등). 정보저장매체는 컴퓨터 등의 정보처리장치에서 당해 정보를 화면상에 출력·시청하는 등의 방법으로 그 내용을 인식할 수 있다. 정보저장매체에 담긴 파일 등 전자기록의 출력물의 증거능력에 있어서도 전자기록에 대한 압수·수색·통신제한조치의 적법성(위법수집증거배제법칙)을 전제로, ① 그 존재·상태에 관해서는 **최량증거법칙(원본동일성)** 및 ② (전문증거인 경우) 그 내용에 대해서는 **전문법칙**에 의한 심사를 받아야 한다.[1]

(2) 최량증거법칙 : 최량증거법칙에 의해 전자기록 **원본**이 증거로 제출됨이 원칙이다. 다만, 그 출력물 또는 복사물이 제출된 경우에는 원본이 존재 내지 존재하였을 것, 원본의 제출이 불가능하거나 현저히 곤란할 것, **원본과의 동일성**이 요구된다. 이 중 원본과의 동일성을 인정하기 위해서는 정보저장매체 원본이 압수 시부터 문건 출력 시까지 변경되지 않았다는 사정, 즉 **무결성(無缺性)**이 담보되어야 한다. 여기서 무결성은 **원본매체와 복사매체 사이의 해쉬값의 동일함**을 피압수당사자가 인정하는 방법에 의하여 증명함이 원칙이나, 경우에 따라서 **수사관·전문가의 증언에 의하여 증명할 수도 있다**(대법원 2013.7.26, 2013도2511)(※ 전자기록의 무결성·원본동일성 : 디지털포렌식 수사관의 증언에 의하여도 증명 可, ≠ 피의자신문조서·진술조서의 실질적 진정성립의 객관적 방법에 의한 대체증명 : 물적 방법 한정).

(3) 전문법칙

① **제313조 제1항·제2항** : 피고인 또는 피고인 아닌 사람이 정보저장매체에 입력하여 기억된 문자정보 또는 그 출력물을 증거로 사용하는 경우, 이는 실질에 있어서 피고인 또는 피고인 아닌 사람이 작성한 진술서나 그 진술을 기재한 서류와 크게 다를 바 없고, 압수 후의 보관 및 출력과정에 조작의 가능성이 있으며, 기본적으로 반대신문의 기회가 보장되지 않는 점 등에 비추어 그 내용의 진실성에 관하여는 전문법칙이 적용되어야 한다. 따라서 원칙적으로 **법 제313조 제1항·제2항**에 의하여 그 작성자 또는 진술자의 진술(진술서에 대해서는 과학적 방법 可)에 의하여 **성립의 진정함이 증명**된 때(피고인 아닌 자의 진술서에 대해서는 반대신문권의 보장 要)에 한하여 이를 증거로 사용할 수 있다.[2]

② **제315조 제1호·제2호** : 원본파일이 공무원 작성 증명기록(**[예]** 전자결재시스템에서 이루어지는 기안과 결재

1] [보충] 정보저장매체에 담긴 내용 자체(파일 또는 전자문서)를 증거로 사용하는 경우에는 그 내용이 문자정보로 이루어진 파일인가 또는 음성이나 영상을 녹음·녹화한 파일인가에 따라 기술한 녹음테이프 및 비디오테이프의 예에 따라 증거능력을 인정할 수 있다. 컴퓨터용 디스크 등 정보저장매체에 담긴 일정한 정보를 증거로 사용하는 경우에는, 정보저장매체에 담긴 내용을 직접 증거로 신청할 수도 있고 당해 저장매체에서 출력한 문건만을 독립한 증거로 신청할 수도 있으나, 정보저장매체 자체가 직접적 가시성·가독성이 없기 때문에 증거조사를 하기 위해서는 필연적으로 이를 출력해야 할 것이다.

2] [보충] 전문법칙과 관련하여 수사과정 이외에서 작성한 진술서 및 진술기재서류에 대한 증거능력 인정요건을 2016.5.29. 개정법을 반영하여 다시 정리해보면, ① 피고인의 진술서는 제313조 제1항·제2항에 의하여 작성자의 진술 또는 과학적 방법에 의해 그 성립의 진정함이 증명된 때, ② 피고인 아닌 자의 진술서는 역시 동조항에 의하여 작성자의 진술 또는 과학적 방법에 의해 그 성립의 진정함이 증명되고 피고인·변호인에게 원진술자에 대한 반대신문의 기회가 보장된 때, ③ 피고인의 진술을 기재한 서류는 동조 제1항 단서에 의하여 피고인이 실질적 진정성립을 부인하더라도 –완화요건설– 작성자의 진술(과학×)에 의한 성립의 진정함이 증명되고 원진술의 특신상태가 증명된 때, ④ 피고인 아닌 자의 진술을 기재한 서류는 동조 제1항 본문에 의하여 원진술자의 진술에 의한 성립의 진정함이 증명된 때에(특신상태 不要) 한하여 증거로 할 수 있다.

등)이나 기업체의 업무상 통상기록인 경우에는 **제315조 제1호·제2호**에 의해 **당연히 증거능력이 인정**될 수 있다. 예컨대, 성매매업소에서 영업에 참고하기 위하여 성매매 상대방에 관한 정보를 입력하여 작성한 메모리카드의 내용은 영업상 필요로 작성한 통상문서로서 당연히 증거능력이 있는 문서에 해당한다(대법원 2007.7.26, 2007도3219).

③ 전문법칙이 적용되지 않는 경우 : 정보저장매체에 기억된 문자정보의 내용의 진실성이 아닌 그와 같은 내용의 **문자정보가 존재하는 것 자체가 증거**로 되는 경우에는 전문법칙이 적용되지 아니한다(대법원 2013.2.15, 2010도3504 등). 나아가 어떤 진술을 범죄사실에 대한 직접증거로 사용할 때에는 그 진술이 전문증거가 된다고 하더라도, 그와 같은 **진술을 하였다는 것 자체** 또는 그 **진술의 진실성과 관계없는 간접사실에 대한 정황증거**로 사용할 때에는 반드시 전문증거가 되는 것은 아니다(대법원 2013.7.26, 2013도2511 등). [국가7급 15/16]

★ 판례연구 정보저장매체에 저장된 전자기록(전자파일) 및 그 출력물의 증거능력

1. 대법원 1999.9.3, 99도2317 -영남위원회 사건- ; 2013.2.15, 2010도3504 [법원9급 17, 국가7급 15/16]

피고인 또는 피고인 아닌 사람이 컴퓨터용디스크 그 밖에 이와 비슷한 정보저장매체에 입력하여 기억된 문자정보 또는 그 출력물을 증거로 사용하는 경우, 이는 실질에 있어서 피고인 또는 피고인 아닌 사람이 작성한 진술이나 그 진술을 기재한 서류와 크게 다를 바 없고, 압수 후의 보관 및 출력과정에 조작의 가능성이 있으며, 기본적으로 반대신문의 기회가 보장되지 않는 점 등에 비추어 그 내용의 진실성에 관하여는 전문법칙이 적용되고, 따라서 원칙적으로 법 제313조 제1항에 의하여 그 작성자 또는 진술자의 진술에 의하여 성립의 진정함이 증명된 때에 한하여 이를 증거로 사용할 수 있다. 다만, 정보저장매체에 기억된 문자정보의 내용의 진실성이 아닌 그와 같은 내용의 문자정보의 존재 그 자체가 직접 증거로 되는 경우에는 전문법칙이 적용되지 아니한다고 할 것이다.

2. 대법원 2007.12.13, 2007도7257 : 일심회 사건 [경찰승진 10, 경찰채용 14 2차/15 1차]

디지털 저장매체로부터 출력한 문건의 증거능력 : 최량증거법칙 + 전문법칙

압수물인 디지털 저장매체로부터 출력한 문건을 증거로 사용하기 위해서는 ① 디지털 저장매체 원본에 저장된 내용과 출력한 문건의 동일성이 인정되어야 하고, 이를 위해서는 디지털 저장매체 원본이 압수시부터 문건 출력시까지 변경되지 않았음이 담보되어야 한다(최량증거법칙). 특히 디지털 저장매체 원본을 대신하여 저장매체에 저장된 자료를 '하드카피' 또는 '이미징'한 매체로부터 출력한 문건의 경우에는 디지털 저장매체 원본과 '하드카피' 또는 '이미징'한 매체 사이에 자료의 동일성도 인정되어야 할 뿐만 아니라, 이를 확인하는 과정에서 이용한 컴퓨터의 기계적 정확성, 프로그램의 신뢰성, 입력·처리·출력의 각 단계에서 조작자의 전문적인 기술능력과 정확성이 담보되어야 한다(그 증명방법에 대해서는 아래 3. 판례 참조). 그리고 ② 압수된 디지털 저장매체로부터 출력한 문건을 진술증거로 사용하는 경우, 그 기재 내용의 진실성에 관하여는 전문법칙이 적용되므로 법 제313조 제1항에 따라 그 작성자 또는 진술자의 진술에 의하여 그 성립의 진정함이 증명된 때에 한하여 이를 증거로 사용할 수 있다(전문법칙).

3. 대법원 2013.7.26, 2013도2511 : 왕재산 간첩단 사건

정보저장매체 원본을 대신하여 저장매체에 저장된 자료를 하드카피 또는 이미징한 매체로부터 출력한 문건의 경우, 원본과의 동일성 내지 무결성의 증명방법

압수물인 컴퓨터용 디스크 그 밖에 이와 비슷한 정보저장매체(이하 '정보저장매체'라고만 한다)에 입력하여 기억된 문자정보 또는 그 출력물(이하 '출력 문건'이라 한다)을 증거로 사용하기 위해서는 정보저장매체 원본에 저장된 내용과 출력 문건의 동일성이 인정되어야 하고, 이를 위해서는 정보저장매체 원본이 압수시부터 문건 출력시까지 변경되지 않았다는 사정, 즉 무결성이 담보되어야 한다. 특히 정보저장매체 원본을 대신하여 저장매체에 저장된 자료를 '하드카피' 또는 '이미징'한 매체로부터 출력한 문건의 경우에는 정보저장매체 원본과 '하드카피' 또는 '이미징'한 매체 사이에 자료의 동일성도 인정되어야 할 뿐만 아니라, 이를 확인하는 과정에서 이용한 컴퓨터의 기계적 정확성, 프로그램의 신뢰성, 입력·처리·출력의 각 단계에서 조작자의 전문적인 기술능력과 정확성이 담보되어야 한다. 이 경우 출력 문건과 정보저장매체에 저장된 자료가 동일하고 정보저장매체 원본이 문건 출력시까지 변경되지 않았다는 점은, ① 피압수·수색 당사자가 정보저장매체 원본과 '하드카피' 또는 '이미징'한 매체의 해쉬(Hash) 값이 동일하다는 취지로 서명한 확인서면을 교부받아 법원에 제출하는 방법에 의하여 증명하는 것이 원칙이나, ② 그와 같은 방법에 의한 증명이 불가능하거나 현저히 곤란한 경우에는, 정보저장매체 원본에 대한 압수, 봉인, 봉인해제, '하드카피' 또는 '이미징' 등 일련의 절차에 참여한 수사관이나 전문가 등의 증언에 의해 정보저장매체 원본과 '하드카피' 또는 '이미징'한 매체 사이의 해쉬 값이 동일하다거나 정보저장매체 원본이 최초 압수시부터 밀봉되어 증거 제출시까지 전혀 변경되지 않았다는 등의 사정을 증명하는 방법 또는 법원이 그 원본에 저장된 자료와 증거로 제출된 출력 문건을 대조하는 방법 등으로도 그와 같은 무결성·동일성을 인정할 수 있으며, 반드시 압수·수색 과정을 촬영한 영상녹화물 재생 등의 방

법으로만 증명하여야 한다고 볼 것은 아니다.

4. 대법원 2015.8.27, 2015도3467 [법원9급 18, 국가7급 17]

디지털 저장매체에 저장된 로그파일 복사본의 일부 내용을 요약·정리하는 방식으로 새로운 문서파일이 작성된 경우, 원본과의 동일성의 증명 및 진술증거 사용시 전문법칙의 적용

디지털 저장매체에 저장된 로그파일의 원본이 아니라 그 복사본의 일부 내용을 요약·정리하는 방식으로 새로운 문서파일이 작성된 경우 그 문서파일 또는 거기에서 출력한 문서를 로그파일 원본의 내용을 증명하는 증거로 사용하기 위하여는 피고인이 이를 증거로 하는 데 동의하지 아니하는 이상 그 문서파일의 기초가 된 로그파일 복사본과 로그파일 원본의 동일성도 인정되어야 한다. 나아가 이때 새로운 문서파일 또는 거기에서 출력한 문서를 진술증거로 사용하는 경우 그 기재 내용의 진실성에 관하여는 전문법칙이 적용되므로 형사소송법 제313조 제1항에 따라 공판준비기일이나 공판기일에서 그 작성자 또는 진술자의 진술에 의하여 성립의 진정함이 증명된 때에 한하여 이를 증거로 사용할 수 있다(대법원 2013.6.13, 2012도16001 등).

[보충] 다만, 위 1·2·4번 판례와 관련하여, 2016.5.29. 개정법 제313조 제2항에 의하여 진술서에 대해서는 그 작성자가 공판준비나 공판기일에서 그 성립의 진정을 부인하는 경우에는 과학적 분석결과에 기초한 디지털포렌식 자료, 감정 등 객관적 방법으로 성립의 진정함이 증명되는 때에는 증거로 할 수 있도록 하였다(나아가, 피고인 아닌 자의 진술서에 대해서는 제2항 단서에 의하여 피고인·변호인에게 반대신문 기회 보장 要). 따라서 위 판례 중 '진술'에 의하여 성립의 진정함이 증명된 때에 한하여 이를 증거로 사용할 수 있다는 부분은 향후 변화가 예상되나, 아직 판례가 나오지 않았으므로 객관식 수험에서는 위 판례 그대로 학습해두면 된다.

5. 대법원 2018.2.8, 2017도13263 [경찰채용 22 2차]

원본 동일성의 거증책임은 검사에게 있다는 사례

전자문서를 수록한 파일 등의 경우에는, 성질상 작성자의 서명 혹은 날인이 없을 뿐만 아니라 작성자·관리자의 의도나 특정한 기술에 의하여 내용이 편집·조작될 위험성이 있음을 고려하여, 원본임이 증명되거나 혹은 원본으로부터 복사한 사본일 경우에는 복사 과정에서 편집되는 등 인위적 개작 없이 원본의 내용 그대로 복사된 사본임이 증명되어야만 하고, 그러한 증명이 없는 경우에는 쉽게 증거능력을 인정할 수 없다. 그리고 증거로 제출된 전자문서 파일의 사본이나 출력물이 복사·출력 과정에서 편집되는 등 인위적 개작 없이 원본 내용을 그대로 복사·출력한 것이라는 사실은 전자문서 파일의 사본이나 출력물의 생성과 전달 및 보관 등의 절차에 관여한 사람의 증언이나 진술, 원본이나 사본 파일 생성 직후의 해시(Hash)값 비교, 전자문서 파일에 대한 검증·감정 결과 등 제반 사정을 종합하여 판단할 수 있다. **이러한 원본 동일성은 증거능력의 요건에 해당하므로 검사가 그 존재에 대하여 구체적으로 주장·증명해야 한다.**

(4) 증거조사의 방법 : 컴퓨터용디스크 그 밖에 이와 비슷한 정보저장매체에 기억된 문자정보를 증거자료로 하는 경우에는 **읽을 수 있도록 출력**하여 **인증한 등본**(원본과의 동일성이 증명된 것 ○, 단순한 사본 ×)을 낼 수 있다(규칙 제134조의7 제1항). [경찰채용 15 1차] 도면이나 사진의 경우도 마찬가지이다(동조 제3항). 컴퓨터디스크 등에 기억된 문자정보를 증거로 하는 경우에 증거조사를 신청한 당사자는 법원이 명하거나 상대방이 요구한 때에는 컴퓨터디스크 등에 입력한 사람과 입력한 일시, 출력한 사람과 출력한 일시를 밝혀야 한다(동조 제2항). [경찰채용 15 1차]

3. 거짓말탐지기 검사결과의 증거능력[1]

(1) 거짓말탐지기 사용의 허용 여부 : 거짓말탐지기(polygraph)는 사람의 진술시에 발생하는 신체변화를 기술적 방법으로 측정하여 그 진술의 진위를 판단하는 데 사용되는 기계장치를 말하는바, **피검사자의 동의가 있는 경우라면 임의수사의 한 방법으로서 허용**될 수 있다. 과학수사를 도모함으로써 자백의 강요를 방지하고 결백한 피의자에게는 보다 조기에 혐의에서 벗어날 수 있는 기회를 제공할 수 있기 때문이다.

(2) 거짓말탐지기 검사결과의 증거능력 : 거짓말탐지기에 의하여 피검자의 생리적 변화를 측정하여 기록한 검사결과(감정서, 제313조 제3항)의 증거능력 인정 여부에 관해서는, 학설로서는 ① 피검자의 명시적 동의 내지 적극적 요구가 있으면 인정된다는 긍정설과 ② 인격을 침해하는 방법이므로 허용될 수 없다거나 최량의 조건을 가진 경우에도 필요최소한의 신용성을 부여할 수 없어 증거능력을 인정할 수 없다는 부정설이 대립한다.[2] 판례는 **엄격한 전제요건이 충족되지 아니하는 한 증거능력을 인정할 수 없다**고 하면서(대법원

---

1) [참고] 이외에도 유전자 감정결과나 시료 감정결과(대법원 2010.3.25, 2009도14772) 등의 증거능력 문제가 과학적 감정결과의 증거능력의 문제로서 논의되는 주제들이나, 본서의 특성상 논의를 생략한다.

2) [참고] ① 동의 또는 적극적 요구가 있음을 이유로 하는 긍정설은 김재환, ② 인격침해를 이유로 하는 부정설은 배/이/정/이, 신동운, 신양균 등, ③ 신용성 결여를 이유로 하는 부정설이 다수설이다.

1983.9.13, 83도712; 1984.3.13, 84도36; 85도2208; 87도968 등), 만일 당해 전제요건을 충족하여 **증거능력이 인정되어도 진술의 신빙성을 판단하는 정황증거로서의 기능**을 하는 데 그친다고 보고 있다(대법원 1984.2.14, 83도3146).

★ **판례연구** 거짓말탐지기 검사결과의 증거능력 : 원칙적 부정, 정황증거에 불과

1. 대법원 1986.11.25, 85도2208; 2005.5.26, 2005도130
거짓말탐지기 검사결과에 대하여 증거능력을 인정하기 위한 요건
거짓말탐지기의 검사결과에 대하여 사실적 관련성을 가진 증거로서 증거능력을 인정할 수 있으려면 첫째로, 거짓말을 하면 반드시 일정한 심리 상태의 변동이 일어나고, 둘째로, 그 심리상태의 변동은 반드시 일정한 생리적 반응을 일으키며, 셋째로, 그 생리적 반응에 의하여 피검사자의 말이 거짓인지 아닌지가 정확히 판정될 수 있다는 세 가지 전제요건이 충족되어야 할 것이며, 특히 마지막 생리적 반응에 대한 거짓 여부 판정은 거짓말탐지기가 검사에 동의한 피검사자의 생리적 반응을 정확히 측정할 수 있는 장치이어야 하고, 질문사항의 작성과 검사의 기술 및 방법이 합리적이어야 하며, 검사자가 탐지기의 측정내용을 객관성 있고 정확하게 판독할 능력을 갖춘 경우라야만 그 정확성을 확보할 수 있는 것이므로 이상과 같은 여러 가지 요건이 충족되지 않는 한 거짓말탐지기 검사결과에 대하여 형사소송법상 증거능력을 부여할 수는 없다.

2. 대법원 1987.7.21, 87도968 [법원9급 13, 경찰채용 09 2차/14 2차]
전제조건이 모두 충족되어도 정황증거에 그친다는 판례
거짓말탐지기의 검사는 그 기기의 성능, 조작기술 등에 있어 신뢰도가 극히 높다고 인정되고 그 검사자가 적격자이며, 검사를 받은 사람이 검사를 받음에 동의하였으며, 검사가 검사자 자신이 실시한 검사의 방법, 경과 및 그 결과를 충실하게 기재하였다는 등의 전제조건이 증거에 의하여 확인되었을 경우에만 법 제313조 제2항(현 제313조 제3항, 감정서)에 의하여 이를 증거로 할 수 있는 것이고, 위와 같은 조건이 모두 충족되어 증거능력이 있는 경우에도 그 검사결과는 검사를 받는 사람의 진술의 신빙성을 가늠하는 정황증거로서의 기능을 하는 데 그치는 것이다.

---

(3) 관련문제
① **전문법칙** : 거짓말탐지기 검사결과의 증거능력이 제한적이나마 인정된다면(판례), 그 결과를 기재한 검사결과보고서는 **감정서**의 성질을 가지게 되어 **법 제313조 제3항**이 적용된다(피고인 아닌 자의 진술서에 준하므로 동조 제1항·제2항 적용 : 자 + 성 + 반).
② **진술거부권** : 견해의 대립이 있으나, 생리적 변화도 진술증거의 성질을 가지므로 진술거부권을 고지해야 한다. 다만, 피검사자의 동의가 있는 경우에만 가능하므로 거짓말탐지기 검사는 진술거부권 침해에는 해당되지 아니한다.
③ **자백** : 피검사자가 거짓말탐지기의 검사결과가 사실이라면 자백하겠다고 약속함에 따라 이루어진 자백의 증거능력 유무에 대하여 자백배제법칙과 관련되어 견해가 대립하나,[1] **피검사자의 동의하에 이루어진 거짓말탐지기 검사의 결과를 피검사자가 인정하고 행한 자백은 임의성이 인정될 수 있다**(긍정설). 판례도 일정한 증거가 발견되면 피의자가 자백하겠다고 한 약속이 검사의 강요나 위계에 의하여 이루어졌다든가 또는 불기소나 경한 죄의 소추 등 이익과 교환조건으로 된 것으로 인정되지 않는다면 위와 같은 **자백의 약속하에 된 자백이라 하여 곧 임의성 없는 자백이라고 단정할 수는 없다**는 입장이다(대법원 1983. 9.13, 83도712).
④ **탄핵증거** : 거짓말탐지기 검사결과의 탄핵증거 사용 여부에 대해서도 견해의 대립이 있으나,[2] 거짓말탐지기 검사결과 자체를 유죄인정의 자료로 삼을 수 없지만, 검사결과의 정확성과 신뢰성 요건이 충족됨을 전제로 진술의 신빙성을 판단하는 **탄핵증거로 사용하는 것은 가능**하다. 판례도 정황증거로서의 기능은 인정하고 있으므로 같은 취지라고 볼 수 있다.

---

1) [참고] ① 임의성에 의심 있는 자백이라고 보는 부정설은 배/이/정/이, 신동운, 신양균, ② 임의성 없는 자백이라 볼 수 없다는 긍정설은 이/조, 임동규 등, ③ 판례는 긍정설이다.
2) [참고] ① 부정설은 신양균, ② 긍정설은 이/조, 임동규 등.

Ⅰ 의 의

"검사와 피고인이 증거로 할 수 있음을 동의한 **서류 또는 물건**은 진정한 것으로 인정한 때에는 증거로 할 수 있다"(제318조 제1항). 증거동의(證據同意)는 증거능력이 없는 증거에 대해서 증거능력을 부여하기 위한 당사자의 법원에 대한 소송행위로서, 증거동의가 있으면 원진술자를 공판기일에 증인으로 소환·신문할 필요가 없게 되어 재판의 신속과 소송경제에 기여할 수 있게 된다.

> [보충] 기술하였듯이 전문법칙의 이론적 근거는 반대신문의 결여(따질 수 없다)와 신용성의 결여(믿을 수 없다)에 있다. 전문증거가 전문법칙의 예외요건을 갖추지 못한 경우에도 증거동의가 있으면 그 증거능력이 인정된다. 즉, 증거동의는 반대신문권의 포기(따질 수 없음을 포기함)와 법원의 진정성 인정(신용성 의심 유형적 상황이 없음)을 통하여 증거능력 없는 전문증거에도 그 증거능력을 인정하는 제도이다. 이에 법 제318조 제1항은 증거동의에 의해 반대신문권이 포기되고 법원의 진정성 인정을 통해서 신용성이 회복되어야 증거능력이 있다는 의미로 새길 수 있다.

Ⅱ 성 질

1. 동의의 본질

처분권설과 반대신문권포기설 등의 견해가 대립하나,[1] 형사소송에서 당사자처분권주의는 인정될 수 없다는 점에서 처분권설은 따를 수 없고, 당사자의 동의에 의한 증거능력을 인정하는 제318조 제1항은 **반대신문권을 포기하겠다는 피고인의 의사표시에 의하여 증거능력을 부여**하는 규정으로 보는 것이 타당하다(**반대신문권포기설**, 다수설·판례, 대법원 1983.3.8, 82도2873). 다만, 당사자가 동의하는 것은 증거능력뿐이고 증명력을 다툴 권리까지 포기하는 것은 아니므로, 피고인이 수사기관이 작성한 진술조서에 동의하였다고 하더라도 그 신빙성을 다투기 위하여 원진술자를 증인으로 신청할 수 있음은 물론이다.

> [정리] 반대신문포기설에 의하면 물건(증거물)에 대한 증거동의는 인정되지 않는다. 다만, 법 제318조 제1항에서는 서류 또는 물건을 동의의 대상으로 규정하고 있다.

2. 전문법칙과의 관계

전문법칙예외설(소수설·판례)과 전문법칙부적용설(다수설)의 대립이 있으나,[2] 증거동의(제318조)는 신용성의 보장을 이유로 증거능력을 인정하는 전문법칙의 예외규정(제311조~제316조)과는 달리 입증절차에 있어서 당사자주의의 이념을 구현하기 위한 규정이므로 전문법칙 부적용설이 타당하다. 따라서 전문법칙 예외규정에 해당하지 않아도 증거동의에 의해 증거능력이 인정될 수 있다. 다만, 판례는 제318조 제1항도 **전문증거금지의 원칙에 대한 예외**라고 보고 있다(대법원 1983.3.8, 82도2873). [경찰채용 20 1차]

---

1) [참고] ① 처분권설 : 증거동의는 증거능력에 관한 당사자의 처분권 행사로 이해하여 전문증거뿐만 아니라 증거물이나 위법수집증거에 대해서도 증거동의가 가능하다고 보는 입장이다(신현주). ② 이원설 : 증거동의는 반대신문권의 포기이자 직접심리주의의 예외의 성격을 가지므로 위법수집증거에 대해서는 증거동의가 불가하나 증거물에 대해서는 직접주의의 관점에서 증거동의가 가능하다는 입장이다(신동운, 정/백). ③ 반대신문권포기설 : 증거동의의 본질은 반대신문권의 포기에 있으므로 반대신문권과 관계없는 임의성 없는 자백, 물건, 위법수집증거 등은 증거동의의 대상이 될 수 없다는 입장이다(다수설·판례).

2) [참고] ① 전문법칙예외설 : 제318조 제1항의 진정성은 신용성의 정황적 보장과 동일한 의미를 가지므로 제318조도 제311조 내지 제316조와 같이 전문법칙의 예외를 규정한 것으로 보는 견해이다(차/최). ② 전문법칙부적용설 : 제318조는 제311조 내지 제316조의 요건을 구비하였는가를 묻지 않고(전문증거가 제311조 내지 제316조에 해당하지 않아 증거능력이 없다 하더라도) 당사자의 동의에 의해 증거능력을 부여하는 규정이므로 전문법칙의 적용이 없는 경우로 보아야 한다는 견해이다(통설). ③ 판례 : 전문법칙예외설의 입장이다.

> ★ **판례연구** 증거동의의 본질 및 전문법칙과의 관계
>
> **대법원 1983.3.8, 82도2873**
> 법 제318조 제1항 소정의 증거동의는 전문법칙의 예외라는 사례
> 형사소송법 제318조 제1항은 전문증거금지의 원칙에 대한 예외로서 반대신문권을 포기하겠다는 피고인의 의사표시에 의하여 서류 또는 물건의 증거능력을 부여하려는 규정이므로 피고인의 의사표시가 위와 같은 내용을 적극적으로 표시하는 것이라고 인정되는 경우이면 증거동의로서의 효력이 있다.

02 동의의 방법

I 동의의 주체와 상대방

1. 동의의 주체

(1) **당사자**(검사 · 피고인) : 증거신청 당사자의 **상대방**인 **검사와 피고인**이다. 피고인의 동의가 있으면 변호인의 동의는 필요 없다. **법원이 직권으로 채택한 증거에 대해서는 양당사자의 동의가 필요**하나, 일방당사자 신청 증거는 반대당사자가 동의하면 된다.

> 보충 다만, 증거공통의 원칙에 의해 검사제출증거를 피고인이 공소사실을 부정하기 위해 사용할 때에는 증거동의를 요하지 아니한다(94도1159). 반면 피고인제출증거를 검사가 유죄의 증거로 사용하기 위해서는 증거공통원칙에도 불구하고 증거동의 또는 전문법칙의 예외요건을 갖추어야 한다(엄격한 증명의 원칙)(87도966). → 동의의 대상 중 증거의 범위에서 후술.

(2) **변호인** : 증거동의를 할 수 있다. 대리권의 성격에 대해서는 통설은 종속대리권으로 보며, 통설이 타당하나,[1] 판례는 변호인의 증거동의권을 피고인의 **명시적 의사에 반할 수 없으나 묵시적 의사에 반해서는 행사할 수 있는 독립대리권**으로 보는 입장이다(대법원 1988.11.8, 88도1628; 1999.8.20, 99도2029; 2013.3.28, 2013도3).

[법원9급 20]

> 정리 묵反 – 독립대리권 : 기피신청(제18조 제2항), 증거동의(통설은 종속대리권설), 상소제기(제341조 제2항), 약식명령에 대한 정식재판청구(제458조에 의한 제341조 제2항의 준용, 학설대립)

> ★ **판례연구** 증거동의는 피고인의 명시적 의사에 반하지 않는 범위에서 행사할 수 있는 변호인의 독립대리권
>
> **1. 대법원 1999.8.20, 99도2029; 1988.11.8, 88도1628** [법원9급 11, 국가7급 12/16, 국가9급 09/13, 경찰간부 12/22, 경찰승진 10/11/13, 경찰채용 14 1차/15 2차/16 2차]
> 변호인이 증거로 함에 동의한 것에 대하여 피고인이 즉시 이의하지 아니한 경우, 증거능력 유무(적극)
> 증거로 함에 대한 동의의 주체는 소송주체인 당사자라 할 것이지만 변호인은 피고인의 명시한 의사에 반하지 아니하는 한 피고인을 대리하여 이를 할 수 있음은 물론이므로 피고인이 증거로 함에 동의하지 아니한다고 명시적인 의사표시를 한 경우 이외에는 변호인은 서류나 물건에 대하여 증거로 함에 동의할 수 있고 이 경우 변호인의 동의에 대하여 피고인이 즉시 이의하지 아니하는 경우에는 변호인의 동의로 증거능력이 인정된다.
>
> **2. 대법원 2013.3.28, 2013도3** [국가9급개론 15, 경찰채용 14 1차/22 1차, 법원9급 20, 변호사 23]
> 변호인의 증거동의권은 피고인의 명시적 의사에 반해서는 행사할 수 없다는 사례
> 피고인이 출석한 공판기일에서 증거로 함에 부동의한다는 의견이 진술된 경우에는 그 후 피고인이 출석하지 아니한 공판기일에 변호인만이 출석하여 종전 의견을 번복하여 증거로 함에 동의하였다 하더라도 이는 특별한 사정이 없는 한 효력이 없다고 보아야 한다.

---

1) [참고] ① 통설 – 종속대리권설 : 통설은 제318조 제1항에서는 검사와 피고인만을 규정하고 있고, 기피신청권(제18조 제2항)이나 상소제기권(제341조 제2항)과는 달리 피고인의 명시적 의사에 반하지 못한다는 규정을 두고 있지 않으며, 증거동의는 피고인에 대한 유죄의 인정에 결정적인 영향을 준다는 점에서, 변호인의 증거동의권은 종속대리권으로 이해되어야 한다는 입장이다. 종속대리권설에 의하면, 증거동의가 피고인의 명시적 · 묵시적 의사에 반하거나 동의에 대해서 피고인이 즉시 이의 · 취소한 때에는 그 동의는 효력이 없다. ② 판례 – 독립대리권설 : 판례는, 변호인에 대하여는 제318조 제2항 단서 외에는 명문으로 규정되어 있지 않으나 포괄대리인이므로 피고인이 명시적으로 부동의한 경우 이외에는 변호인은 증거동의를 할 수 있다는 입장이다. 따라서 피고인이 즉시 이의를 제기하지 아니하면 변호인의 동의로 증거능력이 인정된다. 다만, 독립대리권설에 의하더라도, 변호인은 피고인을 대리하여 증거동의에 관한 의견을 낼 수 있을 뿐이므로 피고인의 명시한 의사에 반하여 증거로 함에 동의할 수는 없다.

2. 동의의 상대방

(1) 법원에 대한 소송행위 : 동의는 반대신문을 포기하고 증거능력 없는 증거에 대해서 증거능력을 부여하는 중요한 소송행위이므로 동의의 의사표시는 **법원에 대해서 하여야 한다.**

(2) 타방당사자 : 반대당사자에 대한 동의의 의사표시는 증거동의로서의 효력이 없다.

Ⅱ 동의의 대상

1. 서류 또는 물건

(1) 서 류

① **전문서류** : 제318조(증거동의)는 제310조의2(전문법칙)에 대응하는 조문이므로 동의의 대상이 되는 서류는 증거능력 없는 전문서류를 의미한다. 피해자 등의 진술을 기재한 진술조서, 검증조서, 압수조서, 감정서, 진단서뿐 아니라 공범이나 공동피고인에 대한 피의자신문조서 등도 해당되고, 서류의 사본이나 사진, 대화내용이 녹음된 보이스펜(2007도10804) 등도 동의의 대상이 되며, 서류(검증조서)의 일부도 동의의 대상이 된다(대법원 1990.7.24, 90도1303).

대법원 1986.7.8, 86도893; 1996.1.26, 95도2568

법 제318조 제1항 소정의 동의의 대상이 될 서류에 사본이 포함된다는 사례
피고인이 증거로 할 수 있음을 동의한 서류 또는 물건은 진정한 것으로 인정한 때에는 증거로 할 수 있는 것이고, 여기에서 말하는 동의의 대상이 될 서류는 원본에 한하는 것이 아니라 그 **사본도 포함**된다.

---

② **전문진술** : 원진술을 내용으로 하는 전문진술도 전문증거이므로 동의대상이다(통설·판례, 대법원 1983.9. 27, 83도516 등).

(2) 물건 : ① 다수설은 증거물은 반대신문과 관계가 없고 전문법칙도 적용되지 않으므로 동의의 대상이 되지 않는다고 하나, ② 소수설·판례는 제318조에 서류뿐 아니라 물건도 규정되어 있는 점 등을 근거로 **동의의 대상**으로 본다.

대법원 2007.7.26, 2007도3906 [경찰간부 22]

비진술증거인 증거물에 대해서도 증거동의를 인정한 사례
공소외인의 상해부위를 촬영한 사진은 비진술증거로서 전문법칙이 적용되지 않으므로, 위 사진이 진술증거임을 전제로 전문법칙이 적용되어야 한다는 취지의 상고이유의 주장 또한 받아들일 수 없다. … 법 제318조에 규정된 증거동의의 의사표시는 증거조사가 완료되기 전까지 취소 또는 철회할 수 있으나, 일단 증거조사가 완료된 뒤에는 취소 또는 철회가 인정되지 아니하므로 취소 또는 철회 이전에 이미 취득한 증거능력은 상실되지 않는바(대법원 2004.6.25, 2004도2611), 피고인은 제1심 제1회 공판기일에 위 사진을 증거로 함에 동의하였고, 이에 따라 제1심법원이 위 사진에 대한 증거조사를 완료하였음을 알 수 있으므로, 상고이유의 주장과 같이 피고인이 원심에 이르러 위 사진에 대한 증거동의의 의사표시를 취소 또는 철회하였다 하여, 위 사진의 증거능력이 상실되지 않는다.

---

2. 증거의 범위

(1) 증거능력 없는 증거 : 동의의 대상이 되는 증거는 **증거능력이 없는 증거에 한한다.** 예컨대 전문증거로서 증거능력이 없는 증거에 대하여 당사자가 증거로 함에 동의하면 증거로 할 수 있게 된다. [국가9급 08] 반면 **이미 증거능력이 있는 증거는 증거동의의 대상이 아니다.** 예컨대 피고인이 진정성립을 인정한 검사 작성의 피의자신문조서는 (이미 증거능력이 인정되므로) 동의의 대상이 아니다(67도657).

(2) 임의성 없는 자백 및 위법수집증거 : 자백배제법칙·위법수집증거배제법칙은 피고인측의 적법절차의 보장 및 위법수사의 억지의 요구에서 비롯된 것이고 반대신문권의 보장이나 직접심리주의와는 관련성이 없으므로 **임의성 없는 진술이나 진술 기재(제309조, 제317조)나 위법수집증거는 증거동의의 대상이 아니다.** 판례도

헌법과 형사소송법이 선언한 영장주의의 중요성과 통신비밀 보장의 필요성에 비추어, 수사기관이 영장주의에 위반하여 수집(2009도11401; 대법원 2011.4.28, 2009도2109; 2012.11.15, 2011도15258)하였거나 불법감청으로 수집(대법원 2010.10.14, 2010도9016)한 증거물은 증거동의를 하였다 하더라도 유죄 인정의 증거로 쓸 수 없다고 하였다.

[정리] 다만, 위법수집증거배제법칙이 명문화(법 제308조의2)되기 이전 판례는 당사자의 **참여권이** 배제된 증거보전절차의 증인신문을 기재한 증인신문조서(86도1646) [경찰채용 12 3차]와 공판정 증언을 마친 증인을 검사가 소환하여 이를 번복시키는 방식으로 작성한 참고인진술조서(99도1108 전원합의체) [법원9급 14/15, 경찰채용 14 2차]에 대해서는 증거동의를 하면 증거로 쓸 수 있다는 판시를 한 바 있다. 그러나 2007년 개정법에 의하여 제308조의2가 명문화된 이후 판례는 제218조에 위반하여 임의로 제출받은 물건을 영장 없이 압수한 경우 당해 압수물 및 압수물을 찍은 사진은 증거동의를 하여도 증거로 사용할 수 없다고 판시하였다(2009도10092 : 쇠파이프 임의제출 사건).

🔨 [판례연구] 위법수집증거에 대해서는 증거동의가 적용되지 않는다는 사례

1. 대법원 2009.12.24, 2009도11401 [법원9급 11, 경찰승진 12/13, 경찰채용 14 1차]
긴급체포시 압수한 물건에 관하여 사후영장을 받지 아니한 경우와 증거동의
긴급체포시 압수한 물건에 관하여 법 제217조 제2항, 제3항에 위반하여 압수수색영장을 청구하여 이를 발부받지 아니하고도 즉시 반환하지 아니한 압수물은 이를 유죄 인정의 증거로 사용할 수 없는 것이고, 헌법과 형사소송법이 선언한 영장주의의 중요성에 비추어 볼 때 피고인이나 변호인이 이를 증거로 함에 동의하였다고 하더라도 달리 볼 것은 아니다.

2. 대법원 2010.1.28, 2009도10092 [국가7급 10, 국가9급 13, 경찰간부 15, 경찰승진 12, 경찰채용 12 3차]
소유자, 소지자 또는 보관자가 아닌 자로부터 제출받은 물건을 영장 없이 압수한 경우와 증거동의
법 제218조는 "사법경찰관은 소유자, 소지자 또는 보관자가 임의로 제출한 물건을 영장 없이 압수할 수 있다."라고 규정하고 있는바, 위 규정을 위반하여 소유자, 소지자 또는 보관자가 아닌 자로부터 제출받은 물건을 영장 없이 압수한 경우 그 '압수물' 및 '압수물을 찍은 사진'은 이를 유죄 인정의 증거로 사용할 수 없는 것이고, 헌법과 형사소송법이 선언한 영장주의의 중요성에 비추어 볼 때 피고인이나 변호인이 이를 증거로 함에 동의하였다고 하더라도 달리 볼 것은 아니다.

---

(3) 유죄증거에 대한 반대증거 : 견해의 대립이 있으나, 판례에 의하면 증거동의는 문제의 증거가 유죄 인정의 자료로 사용할 수 있음을 인정하는 의미를 가지므로 **검사의 본증에 대한 피고인의 반증**(반대증거)은 (성립의 진정이 증명되지 않거나) **증거동의가 없다 하더라도 증거로 할 수 있다**(80도1547; 94도1159). [법원9급 12, 경찰승진 10/12/13] 따라서 **무죄취지의 반증은 증거동의의 대상이 되지 않는다.**

🔨 [판례연구] 유죄증거에 대한 반대증거(무죄증거)에는 증거동의를 요하지 아니한다는 사례

1. 대법원 1981.12.22, 80도1547 [법원9급 12, 경찰승진 10/12/13]
유죄의 자료가 되는 것으로 제출된 증거의 반대증거서류에 대하여는 그것이 유죄사실을 인정하는 증거가 되는 것이 아닌 이상 반드시 그 진정성립이 증명되지 아니하거나 이를 증거로 함에 있어서의 상대방의 동의가 없다고 하더라도 증거판단의 자료로 할 수 있다.

2. 대법원 1994.11.11, 94도1159 [국가9급 09, 경찰채용 13 1차]
검사가 유죄의 자료로 제출한 증거를 공소사실과 양립할 수 없는 사실을 인정함에는 증거동의 필요 ✕
검사가 유죄의 자료로 제출한 증거들이 그 진정성립이 인정되지 아니하고 이를 증거로 함에 상대방의 동의가 없더라도, 이는 유죄사실을 인정하는 증거로 사용하는 것이 아닌 이상 공소사실과 양립할 수 없는 사실을 인정하는 자료로 쓸 수 있다고 보아야 한다.
[보충] 위 1번과 2번 판례는 공소사실을 부정하는 데에는 증거공통의 원칙이 활용됨을 보여준 사례이다.

3. [비교판례] 대법원 1989.10.10, 87도966
증거공통의 원칙에도 불구하고 유죄의 증명을 위해서는 증거능력 심사를 요한다는 사례 : 피고인이 무죄에 관한 자료로 제출한 증거를 유죄인정의 증거로 쓸 경우의 증거조사 절차
증거공통의 원칙이란 증거의 증명력은 그 제출자나 신청자의 입증취지에 구속되지 않는다는 것을 의미하는 개념적 용어에 불과할 뿐이지 형사소송법에 의하여 서증에 필요하게 되어 있는 증거능력이나 증거에 관한 조사절차를 불필요하게 할 수 있는 힘은 없다. 형사재판에 있어서는 유죄의 자료로 쓸 수 있는 서류는 그 진정성립이 인정되거나 피고인과 검사가 증거로 함에 동의해야만 하게 되어 있으며 이 동의는 법원이 직권으로 증거조사를 할 때에는 양 당사자의 동의가 필요함은 물론이라 하겠으나

당해 서류를 제출한 당사자는 그것을 증거로 함에 동의하고 있음은 명백한 것이므로 상대방의 동의만 얻으면 충분하다. 그리고 피고인이나 변호인이 피고인의 무죄에 관한 자료로 제출한 서증 가운데 도리어 유죄임을 뒷받침하는 내용이 있다 하여도 (그렇다면 증거동의가 있거나 전문법칙의 예외요건을 갖추어야 하므로) 법원은 상대방(검사)의 원용(동의)이 없는 한 당해 서류의 진정성립 여부 등을 조사하고 아울러 당해 서류에 대한 피고인이나 변호인의 의견과 변명의 기회를 준 다음이 아니면 당해 서증을 유죄인정의 증거로 쓸 수 없다. [경찰채용 13 1차] 이렇게 보아야만 범죄사실의 인정은 증거능력이 있고 적법한 증거조사를 거친 증거에 의한 증명(이른바 엄격한 증명)에 의하여야 한다는 증거재판주의가 실현된다 할 것이므로 무죄의 자료가 유죄로 쓰여질 수 있음을 피고인이나 변호인이 예기하였거나 할 수 있었을 것이라는 구실만으로 위와 같은 절차가 불필요하다고 보아서는 안 된다.

> **보충** 증거공통의 원칙에 의해 검사제출증거의 경우 피고인을 위해 사용할 수 있는 동시에 피고인제출증거라 하더라도 검사의 유죄의 증명을 위해 사용할 수 있지만, 이 경우 유죄의 입증을 위해서는 엄격한 증명의 원칙에 의해 당해 증거의 증거능력이 인정되어야 하므로 증거동의 또는 전문법칙의 예외요건을 갖추지 않으면 안 된다는 판례이다.

III 동의의 시기와 방식

1. 동의의 시기

(1) 사전동의 : 증거조사의 단계에서는 증거능력 있는 증거만이 증거조사의 대상이 될 수 있으므로, 동의는 **증거조사 전** 증거결정의 단계에서 사전적으로 행해져야 한다. 한편 동의는 공판기일 이외에 공판준비절차에서도 가능하다.

(2) 사후동의 : 증거조사 도중 또는 종료 후에 전문증거임이 밝혀진 경우에는 그때부터 **변론종결시까지 사후적 동의**가 가능하다. 이 경우 그 하자가 치유되어 증거능력이 소급적으로 인정된다.

2. 동의의 방식

(1) 의사표시의 방법 : ① 다수설은 동의는 증거에 대하여 이의가 없다는 정도로는 부족하고 반대신문권을 포기하거나 증거능력을 부여하려는 적극적인 의사가 명시적으로 표시되어야 한다고 하나, ② 판례는 반대신문권을 포기하는 의사 또는 증거능력을 부여하려는 의사가 적극적으로 혹은 충분히 나타난 것(82도2873)이라면 **묵시적인 동의도 허용**된다는 입장으로서(적극 + 묵시), 예컨대 피고인이 전문증언에 대하여 "별 의견이 없다."고 진술하였다면 증거동의로 보고 있다(83도516)(≠실질적 진정성립).[1]

> ☆ **판례연구** 증거동의의 방식 : 의사표시는 적극적이어야 하나, 묵시적인 동의도 가능
>
> **1. 대법원 1983.3.8, 82도2873**
> 증거동의 의사표시는 적극적이어야 한다는 사례
> 법 제318조 제1항은 전문증거금지의 원칙에 대한 예외로서 반대신문권을 포기하겠다는 피고인의 의사표시에 의하여 서류 또는 물건의 증거능력을 부여하려는 규정이므로 피고인의 의사표시가 위와 같은 내용을 적극적으로 표시하는 것이라고 인정되는 경우이면 증거동의로서의 효력이 있다.
>
> **2. 대법원 1983.9.27, 83도516**
> 증거동의의 의사표시는 묵시적이어도 된다는 사례
> 피고인이 신청한 증인의 증언이 피고인 아닌 타인의 진술을 그 내용으로 하는 전문진술이라고 하더라도 피고인이 그 증언에 대하여 별 의견이 없다고 진술하였다면 그 증언을 증거로 함에 동의한 것으로 볼 수 있으므로 이는 증거능력 있다.

(2) 포괄적 동의 : 허용 여부에 대하여, ① 부정설은 증거조사가 개별적으로 이루어져야 하듯이 증거동의도 개별적인 방식으로 이루어져야 한다고 하나, ② 긍정설은 검사가 제시한 모든 증거에 대한 피고인·변호인의 **포괄적인 동의도 허용**된다는 입장이며, 판례는 긍정설을 따른다(대법원 1983.3.8, 82도2873).[2] [국가7급 13, 국가9급 09, 경찰승진 10]

---

1) [참고] 명시적 동의 한정설은 다수설, 묵시적 동의 허용설은 이/조, 임동규 및 판례.
2) [참고] 부정설은 배/이/정/이, 신동운, 신양균, 긍정설은 이/조, 임동규, 정/백 및 판례.

> **대법원 1983.3.8, 82도2873** [국가7급 13/16, 국가9급 09, 경찰승진 10]
>
> 증거동의의 의사표시는 포괄적이어도 된다는 사례
> 개개의 증거에 대하여 개별적인 증거조사방식을 거치지 아니하고 검사가 제시한 모든 증거에 대하여 피고인이 증거로 함에 동의한다는 방식으로 이루어진 것이라 하여도 증거동의로서의 효력을 부정할 이유가 되지 못한다.

03 동의의 의제

I 피고인의 불출석

1. 의 의

(1) **개념** : **피고인의 출정 없이 증거조사를 할 수 있는 경우에 피고인이 출정하지 아니한 때**에는 대리인 또는 변호인이 출정한 때를 제외하고는 **증거동의가 있는 것으로 간주**한다(제318조 제2항). [법원9급 10/11, 국가7급 17, 경찰간부 12, 경찰채용 12 3차] 피고인 불출석 재판이 가능한 경우 피고인이 불출석하면 대리인·변호인 출석시를 제외하고는 증거동의가 의제된다는 규정이다. 예컨대 피고인 자신의 진술을 기재한 피의자신문조서 등의 경우 불출석으로 성립의 진정이나 내용의 인정에 관한 진술이 불가능하므로, 이 규정에 따라 동의가 간주되어 증거능력이 인정된다. 다만, 대리인이나 변호인이 출정한 때에는 그들이 동의 여부의 진술을 할 것이기 때문에 동의가 간주되지 않으며(동조 제2항 단서), 피고인이 출정하였으나 진술만을 하지 아니한 때(제330조 전단)에도 동의가 간주되지 않는다.

(2) **취지** : 불출석 재판이 가능하였음에도 피고인이 불출석한 경우 전문증거의 증거능력을 결정하지 못하여 소송이 지연되는 것을 방지하기 위한 규정이다.

2. 적용범위

(1) **동의가 의제되는 경우**
① 피고인이 법인인 경우에 대리인이 출석하지 아니한 경우(제276조 단서)
② 경미사건과 공소기각·면소의 재판을 할 것이 명백한 사건에 피고인이 출석하지 아니한 경우(제277조)
③ 구속된 피고인이 정당한 사유 없이 출석을 거부하고, 교도관리에 의한 인치가 불가능하거나 현저히 곤란하다고 인정되는 경우(제277조의2 제1항)
④ 소촉 제23조[1]에 의하여(송달불능보고서접수 ~ 6개월), 피고인이 공시송달의 방법에 의한 공판기일의 소환을 2회 이상 받고도 출석하지 아니하여 법원이 피고인의 출정 없이 증거조사를 하는 경우(소촉규 제19조 제2항, 대법원 2011.3.10, 2010도15977)
⑤ **약식명령에 불복하여 정식재판을 청구한 피고인이 정식재판절차에서 2회 불출석**하여 법원이 피고인의 출석 없이 증거조사를 하는 경우(대법원 2010.7.15, 2007도5776) [국가7급 13, 국가9급 13, 국가9급개론 15, 경찰승진 12/13]

(2) **퇴정·퇴정명령** : 피고인이 재판장의 허가 없이 퇴정하거나, 재판장의 퇴정명령에 의하여 출석하지 않는 경우(제330조, 제365조, 제438조)에도 동의가 의제될 것인가에 대해서는 견해가 대립하나,[2] **판례는 동의의제 긍정설(방어권남용설)**의 입장이다. 이는 필요적 변호사건에서 변호인의 퇴정시에도 동일하다. 따라서 판례에 의하면, **피고인과 변호인이 재판장의 허가 없이 퇴정한 경우 피고인의 진의와는 관계없이 동의가 있는 것으로**

---

1) [참고] 소촉 제23조 : 제1심 공판절차에서 피고인에 대한 송달불능보고서가 접수된 때부터 6개월이 지나도록 피고인의 소재를 확인할 수 없는 경우에는 대법원규칙으로 정하는 바에 따라 피고인의 진술 없이 재판할 수 있다. 다만, 사형, 무기 또는 장기 10년이 넘는 징역이나 금고에 해당하는 사건의 경우에는 그러하지 아니하다.

2) [참고] ① 긍정설(방어권남용설) : 피고인 측의 방어권 남용 내지 변호권의 포기에 따른 반대신문권의 상실이 있다고 보아 증거동의가 의제된다는 입장이다(노/이, 손동권, 이/조, 임동규 등). 긍정설 내에서도 피고인의 불출석·무단퇴정시에는 동의가 의제되나 재판장의 퇴정명령에 의한 불출석시에는 동의가 의제될 수 없다는 입장도 있다(제한적 긍정설). ② 부정설(적법절차설) : 증거동의는 불출석에 대한 제재가 아니며 긍정설에 의하면 피고인이 퇴정한 상황을 이용하여 증거능력 없는 증거들이 제출될 염려가 있으므로 증거동의는 의제될 수 없다는 입장이다(배/이/정/이, 신동운, 신양균, 차/최 등). ③ 판례 : 방어권 남용에 대한 제재로 보아 긍정설을 따른다.

간주된다(대법원 1991.6.28, 91도865). [국가9급 14, 경찰채용 14 1차/15 2차]

> **★ 판례연구** 증거동의의 의제
>
> **대법원 1991.6.28, 91도865** [국가9급 14, 경찰채용 14 1차/15 2차]
> 필요적 변호사건에 피고인이 재판거부의 의사표시 후 재판장의 허가 없이 퇴정하고 변호인마저 이에 동조하여 퇴정해 버린 것은 모두 피고인 측의 방어권의 남용 내지 변호권의 포기로 볼 수밖에 없는 것이므로 수소법원으로서는 법 제330조에 의하여 피고인이나 변호인의 재정 없이도 심리판결할 수 있고, 이 경우 법 제318조 제2항의 규정상 피고인의 진의와는 관계없이 법 제318조 제1항의 동의가 있는 것으로 간주하게 되어 있다.

II 간이공판절차의 특칙

간이공판절차의 결정(제286조의2)이 있는 사건의 증거에 관하여는 검사·피고인·변호인의 이의가 있는 때를 제외하고는 전문증거(제310조의2, 제312조 내지 제314조 및 제316조)에 대하여 **증거동의가 있는 것으로 간주**한다(제318조의3). 피고인이 자백하여 간이공판절차가 개시된 이상 반대신문권을 포기한 것으로 볼 수 있고 간이공판절차를 통한 재판의 신속을 도모해야 된다는 취지에서 인정된 특례이다. 제318조의3에서는 증거동의 의제대상에서 제311조 및 제315조를 제외하고 있는바, 이는 해당 전문서류의 경우 이미 증거능력이 있는 증거에 해당하기 때문이다.

---

04 동의의 효과

I 증거능력의 인정

1. 진정성의 인정

(1) 의의 : **당사자의 동의**가 있으면 제311조 내지 제316조의 요건을 갖추지 않은 전문증거도 **법원이 진정성을 인정한 때에 한하여 증거능력이 부여**된다. [법원행시 03, 경찰간부 12, 경찰승진 13] 따라서 당사자가 동의한 증거라고 하더라도 나중에 위조되었다는 것이 밝혀졌다면 당사자의 동의에도 불구하고 증거로 삼을 수는 없다고 할 것이다.

(2) 진정성의 의미 : 견해의 대립이 있으나,[1] 다수설에 의하면 진정성이란 전문증거의 **신용성을 의심스럽게 하는 유형적 상황**(예 진술서의 서명·날인의 흠결, 진술서의 기재내용이 진술과 다른 경우 등)이 없음을 의미한다(유형적 상황설).

> **보충** 증거동의제도 = 증거동의(반대신문포기) + 진정성인정(신용성의심 ×) = 증거 ○

> **★ 판례연구** 증거동의의 효과 → 법원의 진정성의 인정
>
> **1. 대법원 1982.3.9, 82도63**
> 진술조서 말미에 진술자의 날인이 없는 경우에 그 조서를 진정한 것으로 인정한 예
> 진술조서 말미의 진술자란의 서명 옆에 날인이 없고 진술자란의 서명이 그의 필적이라고 단정하기는 분명하지 않다 하더라도 위 조서에는 진술자의 간인이 되어 있고 그 인영이 압수물가환부청구서와 압수물영수증 중의 인영과 동일한 것으로 인정되는 등의 정황에 비추어 위 날인이 없는 것은 단순한 착오에 의한 누락이라고 보여질 뿐 위 조서는 진정한 것으로 인정된다.
> > **보충** 피고인이 위 조서를 증거로 함에 동의함이 분명하니 이를 증거 삼았다 하여 위법이라 할 수 없다.
>
> **2. 대법원 1990.10.26, 90도1229**
> 피고인이 진정성립을 인정하고 증거로 함에 동의하나 그 내용을 부인한 피고인 작성의 진술서 : 증거 ○
> 피고인이 작성한 진술서에 관하여 피고인과 변호인이 공판기일에서 증거로 함에 동의하였고 그 진술서에 피고인의 서명과 무

---

1) [참고] 진정성의 의미에 대해서는, ① 증거의 증명력이 현저히 낮지는 않아야 한다는 증명력설(강구진), ② 증거수집과정에서의 임의성을 의미한다는 임의성설(신양균, 임동규), ③ 전문서류의 신용성을 의심스럽게 하는 유형적 상황을 의미한다는 유형적 상황설(다수설)이 대립한다.

인이 있는 것으로 보아 진정한 것으로도 인정된다면, 그 진술서는 증거로 할 수 있는 것임에도 불구하고 원심이 피고인이 그 내용을 부인하기 때문에 증거로 할 수 없다고 판단한 것은 잘못이다.

(3) 증명의 정도 : 진정성은 소송법적 사항인 증거능력의 요건인 사실과 관련된 증명이므로 자유로운 증명으로 족하다(통설).

2. 증거능력의 인정의 효과

(1) 반대신문권의 상실 : 동의의 본질은 반대신문권의 포기에 있으므로 동의한 당사자가 **원진술자를 증인으로 신청하는 것은 허용되지 않는다.** 법원이 진정성의 조사를 위하여 원진술자를 증인으로 신문하는 경우에도 동의한 당사자는 반대신문을 할 수 없다.

(2) 동의한 증거의 증명력을 다툴 수 있는지 여부 : 동의에 의하여 증거능력을 부여하는 것과 증거능력 있는 증거의 증명력(사실인정의 힘)을 다투는 것은 별개의 문제이므로, 동의한 당사자라 하더라도 **반대신문 이외의 방법으로 동의한 증거의 증명력을 탄핵하는 것은 가능**하다(다수설).

Ⅱ 동의의 효력범위

1. 물적 범위

(1) 원칙 : 동의의 효력은 그 대상으로 특정된 **서류 또는 물건의 전부**에 미친다. [해경간부 12]

(2) 예외 : 동의한 서류·물건의 내용이 **가분적인 경우에는 그 일부에 대한 동의도 가능**하다.

★ 판례연구 증거동의의 물적 효력범위

1. 대법원 1984.10.10, 84도1552

검사 작성의 피고인 아닌 자에 대한 진술조서에 관하여 피고인이 공판정 진술과 배치되는 부분은 부동의한다고 진술한 것은 조서내용의 특정부분에 대하여 증거로 함에 동의한다는 특별한 사정이 있는 때와는 달리 그 조서를 증거로 함에 동의하지 아니한다는 취지로 해석하여야 한다(일부동의가 인정되지 않는 경우).

2. 대법원 1990.7.24, 90도1303

피고인들이 제1심 법정에서 경찰의 검증조서 가운데 범행부분만 부동의하고 현장상황 부분에 대해서는 모두 증거로 함에 동의하였다면, 위 검증조서 중 범행상황 부분만을 증거로 채용한 제1심판결에 잘못이 없다.

[보충] 현장지시는 검증조서에 해당하므로 제312조 제6항이, 현장진술은 피의자신문조서에 해당하므로 제312조 제3항이 적용되는바, 피고인이 현장지시만 증거동의한 사례이다(가분적이니 일부동의 ○).

3. 대법원 2011.7.14, 2011도3809 [경찰채용 22 1차, 국가7급 18]

대질신문이 기재된 진술조서 중 특정인의 진술 부분에 대하여만 부동의할 수도 있고, 이때 증거목록에 동의 부분과 부동의 부분을 특정하여 기재하여야 한다(일부동의 가능하므로 동의 부분 특정을 요함). 또한 수사기관이 작성한 수사보고서에 여러 문서가 첨부되어 있는 경우, 동의 대상을 정확하게 확인하여야 한다. 따라서 변호인이 검사가 공판기일에 제출한 증거 중 뇌물공여자가 작성한 고발장에 대하여는 증거 부동의 의견을 밝히고, 같은 고발장을 첨부문서로 포함하고 있는 검찰주사보 작성의 수사보고에 대하여는 증거에 동의하여 증거조사가 행하여진 경우, 수사보고에 대한 증거동의의 효력은 첨부된 고발장에도 당연히 미치는 것은 아니다.

[보충] 수사기관이 수사과정에서 수집한 자료를 기록에 현출시키는 방법으로 자료의 의미, 성격, 혐의사실과의 관련성 등을 수사보고의 형태로 요약·설명하고 해당 자료를 수사보고에 첨부하는 경우, 수사보고에 기재된 내용은 수사기관이 첨부한 자료를 통하여 얻은 인식·판단·추론이거나 자료의 단순한 요약에 불과하여 원 자료로부터 독립하여 공소사실에 대한 증명력을 가질 수 없고, 피고인이나 변호인도 수사보고의 증명력을 위와 같은 취지로 이해하여 공소사실을 부인하면서도 수사보고의 증거능력을 다투지 않은 것으로 보이는 등의 제반 사정에 비추어, 위 고발장은 군사법원법에 따른 적법한 증거신청·증거결정·증거조사 절차를 거쳤다고 볼 수 없거나 공소사실을 뒷받침하는 증명력을 가진 증거가 아니므로 이를 유죄의 증거로 삼을 수 없다.

---

2. 인적 범위

피고인은 각자 독립하여 반대신문권을 가지므로, 피고인이 수인인 경우 동의의 효력은 **동의한 피고인에게만 미치고** 다른 피고인에게 미치지 않는다. [국가9급 08, 해경간부 12]

3. 시간적 범위

증거동의의 효력은 **공판절차의 갱신이 있거나 심급을 달리하는 경우에도 달라지지 않는다.** [법원9급 12, 국가7급 13, 국가9급 08, 해경간부 12] 이미 증거조사를 마쳤기 때문이다.

보충1 "제1심에서 증거동의를 하였더라도 제2심에서 증거조사가 완료되기 전에 이를 취소하면 증거능력이 상실된다. [법원9급 12, 국가7급 13, 국가9급 08]" (×) ∵ 1심의 증거동의는 2심에서도 효력이 유지되고, 증거동의의 철회는 증거조사 완료 전까지 가능한데, 제1심의 증거조사는 이미 완료된 후이기 때문이다.

보충2 예외적으로 증거능력이 상실되는 특단의 사유로는 그 진정성이 부인되는 경우 등을 들 수 있다.

판례연구 증거동의의 시간적 효력범위

1. 대법원 1965.6.29, 65도346 [경찰채용 14 1차]

피고인이 원심에서 참고인에 대한 수사기관의 진술조서를 증거로 함에 동의하였다면 항소심에서 부동의한다는 취지로 진술하더라도 일단 적법하게 부여된 조서의 증거능력은 유지된다.

2. 대법원 2010.7.15, 2007도5776 [법원9급 12/19, 국가7급 13, 국가9급 13/17, 경찰승진 13, 경찰채용 12 3차/14 1차/15 2차]

약식명령에 불복하여 정식재판을 청구한 피고인이 정식재판절차에서 2회 불출석하여 법원이 피고인의 출석 없이 증거조사를 하는 경우에는 법 제318조 제2항에 의해 증거동의로 간주되고 그 후 증거조사가 완료된 이상, 피고인이 항소심에 출석하여 공소사실을 부인하면서 간주된 증거동의를 철회 또는 취소한다는 의사표시를 하더라도 적법하게 부여된 증거능력이 상실되는 것은 아니다.

3. 대법원 2011.3.10, 2010도15977 [법원9급 16, 국가9급 15, 경찰간부 16, 경찰승진 13]

1심이 피고인 소재불명으로 소촉법 제23조에 의한 공시송달 및 증거동의 간주조항에 근거하여 증거조사가 완료된 경우, 피고인이 항소심에 출석하여 공소사실을 부인하면서 간주된 증거동의를 철회 또는 취소한다는 의사표시를 하더라도 그로 인하여 적법하게 부여된 증거능력이 상실되는 것은 아니다.

비교판례 제1심의 공시송달에 의한 피고인 불출석 재판이 위법하다면 항소심으로서는 제1심의 증거동의 간주를 그대로 활용할 수 없다(2012도986).

---

05 동의의 철회 및 취소

I 동의의 철회

1. 허용 여부

동의는 절차형성행위이므로 절차의 안정성을 현저히 해하지 않는 한 **철회가 허용**된다.

2. 가능시기

동의의 철회가 언제까지 허용되는가에 대해서는 증거조사착수전설, 증거조사완료전설 및 구두변론종결전설이 대립되어 있으나,[1] 절차의 확실성과 소송경제를 고려할 때 **증거조사완료전설**이 타당하다(다수설·판례). [법원9급 11, 국가7급 14, 국가9급 13, 경찰승진 10, 경찰채용 14 1차/15 2차] 따라서 **증거동의를 하고 일단 증거조사가 종료된 후 증거동의의 의사표시를 취소 또는 철회하여도 원칙적으로 이미 취득한 증거능력이 상실되지 아니한다.**

판례연구 증거동의의 철회

대법원 1983.4.26, 83도267; 1988.11.8, 88도1628; 1990.2.13, 89도2366; 1991.1.11, 90도2525; 1996.12.10, 96도2507; 1999.8.20, 99도2029 [경찰간부 22]

증거동의의 의사표시를 취소 또는 철회할 수 있는 시한(= 증거조사 완료시)

증거동의의 의사표시는 증거조사가 완료되기 전까지 취소 또는 철회할 수 있으나, 일단 증거조사가 완료된 뒤에는 취소 또는 철회가

---

1) [참고] 증거조사착수전설은 강구진, 증거조사완료전설은 다수설·판례, 구두변론종결전설은 배/이/정/이.

인정되지 아니하므로 1심의 증거동의를 2심에서 취소할 수 없고, 일단 증거조사가 종료된 후에 증거동의의 의사표시를 취소 또는 철회하더라도 취소 또는 철회 이전에 이미 취득한 증거능력이 상실되지 않는다.

Ⅱ 동의의 취소

착오나 강박을 이유로 하여 증거동의를 취소할 수 있는가(협의의 취소)에 대해서는 견해가 대립하는데,[1] 증거동의의 의사표시에 그 효력을 그대로 유지하기 어려운 **중대한 하자**가 있고 그에 관하여 피고인 또는 변호인에게 **귀책사유가 없는 경우**에는 **취소가 가능하다**고 보는 긍정설(다수설)이 타당하다. **판례도 같은 취지인 것**으로 여겨진다(**실질적 진정성립의 인정의 번복**에 관한 대법원 2008.7.10, 2007도7760). [경찰채용 20 2차] 증거동의가 되거나 의제된 전문증거보다 증거가치가 우월한 원본증거를 심증 형성의 기초로 삼는 것이 바람직하기 때문이다.

제7절 | 탄핵증거

---

01 의의와 성질

Ⅰ 의 의

1. 개 념

"제312조부터 제316조까지의 규정에 따라 증거로 할 수 없는 서류나 진술이라도 공판준비 또는 공판기일에서의 피고인 또는 피고인 아닌 자(공소제기 전에 피고인을 피의자로 조사하였거나 그 조사에 참여하였던 자를 포함)의 진술의 증명력을 다투기 위하여는 이를 증거로 할 수 있는바(제318조의2 제1항)," 탄핵증거(彈劾證據, impeachment)란 진술의 증명력을 다투기 위한 증거를 말한다. [교정9급특채 10, 경찰간부 12] 증인의 신빙성을 감쇄하기 위하여 제출하는 영미증거법상 개념인 탄핵증거는 적극적으로 범죄사실의 존부를 증명하기 위한 증거가 아니므로 엄격한 증명이 필요 없고(대법원 1985.5.14, 85도441) [국가7급 23], 따라서 **전문법칙의 적용이 없어 증거능력이 없는 전문증거라 하더라도 사용할 수 있다**(대법원 1969.9.23, 69도1028). [교정9급특채 10] 한편 제318조의2 제2항에서는 기억의 환기를 위한 영상녹화물에 관한 규정을 두고 있으나, 이를 탄핵증거로 사용할 수 없음은 법문상 명백하다.

2. 취지와 문제점

(1) **취지** : ① 법관으로 하여금 증거가치를 재음미하게 함으로써 증명력 판단의 합리성을 도모할 수 있고(자유심증주의의 보강), ② 반증이라는 번거로운 절차를 거치지 않고도 증거가치를 판단할 수 있으며(소송경제), ③ 당사자의 반대신문권도 보다 효과적으로 보장할 수 있다(반대신문권의 보장).

> **보충** 진술의 증명력을 다투는 방법에는 탄핵증거 외에도 반대신문과 반증이 있다. 반대신문의 대상은 증인의 진술에 국한되는 데 비해, 탄핵증거는 증인 이외의 자의 진술도 포함되고 증거방법에 있어 구두·서면을 불문한다. 반증은 엄격한 증명의 방법에 의하고 전문법칙이 적용되는 데 비해, 탄핵증거는 자유로운 증명으로 족하고 전문법칙이 적용되지 아니한다.

---

1) [참고] 기망·강박에 의한 증거동의 취소의 허용 여부에 대해서는, ① 절차의 형식적 확실성에 비추어 원칙적으로 허용될 수 없다는 부정설(이/조, 임동규 등)과 ② 증거동의의 실체형성적 측면도 고려해야 하므로 귀책사유가 없는 한 허용해야 한다는 긍정설(다수설)이 대립한다. 본서는 긍정설을 따른다.

(2) 문제점

① **부당한 심증형성** : 탄핵증거는 증명력을 탄핵하는 증거이지만 실제 재판에 있어서는 역시 범죄사실의 존부에 관한 법관의 심증형성에 영향을 줄 수 있다. 즉, **법관의 심증형성이 증거능력 없는 탄핵증거에 의하여 영향**을 받게 될 수 있는 것이다.

② **허용범위** : 법관의 심증형성에 부당한 영향을 줄 수 있는 위험성을 고려할 때, 탄핵증거라는 명목으로 증거능력 없는 수사기관에서의 자백 진술이 제한 없이 법정에 현출되는 것을 방지할 필요가 있다. **탄핵증거의 허용범위**가 문제되는 까닭도 바로 여기에 있다.

Ⅱ 성 질

1. 탄핵증거와 전문법칙

전문법칙의 예외가 되기 위해서는 신용성의 정황적 보장과 필요성이라는 요건을 갖추어야 하는데, 탄핵증거는 진술의 증명력을 다투는 경우에 불과하므로 전문법칙의 예외요건을 갖추지 않아도 된다. 따라서 탄핵증거는 **전문법칙의 적용이 없는 경우**이다(통설).

2. 탄핵증거와 자유심증주의

탄핵증거에 있어서 탄핵되는 증거의 증명력은 법관의 자유판단에 의하여 결정되므로, 탄핵증거는 **자유심증주의의 예외가 아니라 오히려 이를 보강**하는 제도이다.

---

02 허용범위와 자격

Ⅰ 탄핵증거의 허용범위

탄핵증거의 허용범위에 관하여, 탄핵증거로 제출될 수 있는 증거를 **자기모순의 진술, 즉 동일인의 법정에서의 진술과 상이한 법정 외의 진술에 제한된다고 볼 것인가**에 대해서는, 한정설(동일인 자기모순 진술), 비한정설(범죄사실 모두 허용, 자기모순진술 + 제3자진술), 절충설(자기모순진술 + 증인의 신빙성에 대한 순수한 보조사실의 입증증거), 이원설(피고인은 비한정, 검사는 한정)의 대립이 있다.[1]

Ⅱ 탄핵증거의 자격 및 제한

1. 탄핵증거적격(탄핵증거의 자격)

(1) 증거능력 없는 전문증거 : 탄핵증거가 될 수 있는 것은 **제312조부터 제316조까지의 규정에 따라 증거로 할 수**

---

1) [참고] 탄핵증거로 제출될 수 있는 증거의 범위에 관하여, ① 한정설은 탄핵증거로 제출될 수 있는 증거는 동일인의 자기모순 진술, 즉 공판정에서 한 진술과 상이한 공판정 외에서의 진술에 한정된다는 입장이다(강구진, 백형구, 신양균, 이/조, 이은모, 정/이 등). 한정설에 대해서는 탄핵증거의 사용범위를 지나치게 제한한다는 비판이 제기된다. ② 비한정설은 자기모순의 진술에 한하지 않고 증명력을 다투기 위한 증거라면 제한 없이 전문증거를 사용할 수 있다는 입장이다(노/이). 제3자의 진술이 기재된 서면도 탄핵증거로 허용된다고 보는 것이 제318조의2의 법문에 충실한 해석이기 때문이다. 다만, 비한정설에 대해서는 전문증거가 무제한하게 제출되면 전문법칙도 무의미하게 된다는 비판이 제기된다. ③ 절충설은 탄핵증거로 제출될 수 있는 증거에는 자기모순진술 이외에 증인의 신빙성에 대한 보조사실을 입증하기 위한 증거도 포함된다는 입장이다(손동권, 신동운, 임동규, 정/백 등). 절충설에 의하더라도 주요사실 및 간접사실에 대한 증거는 포함되지 않는다고 본다. 다만, 절충설에 대해서는 범죄사실 및 간접사실은 엄격한 증명에 의하는데 보조사실에 대해서는 제한 없이 탄핵증거가 허용되는 것은 부당하다는 비판이 제기된다. (또다시 이에 대해서는 보조사실의 증명의 방법은 엄격한 증명에 의하나 증거능력 있는 증거의 증명력을 탄핵함에는 전문증거에 의할 수 있다는 반론이 제시된다. 신동운 1306면) ④ 이원설은 검사와 피고인을 구별하여 검사는 자기모순진술만을, 피고인은 제한 없이 모든 전문증거를 탄핵증거로 제출할 수 있다는 입장이다(배/이/정/이, 차/최). 다만, 이에 대해서는 검사와 피고인을 구분하여 탄핵증거의 범위를 정하는 이론적 근거가 불분명하고 직권에 의한 증거조사의 경우에는 기준이 모호하다는 비판이 제기된다. ⑤ 결론 : 자기모순진술을 탄핵증거로 사용할 수 있다는 점에는 학설의 대립이 없다. 문제는 제3자의 진술이나 진술기재서류 등 전문증거가 이외에 어느 범위에서 허용될 수 있는가라는 점에 있다. 결론적으로 절충설이 적절한 선에서 탄핵증거의 허용범위를 제시한다고 생각된다. 따라서 주요사실 및 간접사실이 아닌 증인의 신빙성에 관한 순수한 보조사실(증인의 교양·성격·편견·이해관계·평판 등)을 입증함에는 제3자의 진술이나 진술기재서류 등 전문증거도 허용된다고 해야 한다.
[참고] 규칙 제77조(증언의 증명력을 다투기 위하여 필요한 사항의 신문)에 의하면, 주신문 또는 반대신문의 경우에는 증언의 증명력을 다투기 위하여 필요한 사항에 관한 신문을 할 수 있는데(동조 제1항), 이러한 신문(탄핵신문)은 증인의 경험, 기억 또는 표현의 정확성 등 증언의 신빙성에 관한 사항 및 증인의 이해관계, 편견 또는 예단 등 증인의 신용성에 관한 사항에 관하여 하도록 하고 있다(동조 제2항, 단 증인의 명예를 해치는 내용의 신문을 하여서는 안 됨).

없는 서류나 진술이다(제318조의2 제1항). 즉, 전문법칙에 의하여 **증거능력이 인정되지 않는 서류나 진술 등 전문증거**는 탄핵증거로 사용될 수 있다(cf. = 증거동의의 대상). [국가9급 08] 따라서 실질적 진정성립이 인정되지 않는 전문서류도 탄핵증거로 사용될 수 있다. 나아가 판례는 **사법경찰관 작성 피의자신문조서**에 대하여 피고인이 그 **내용을 부인**하여도 임의로 작성된 것이 아니라고 의심할 만한 사정이 없는 한 탄핵증거로 사용할 수 있다고 본다.[1] [법원9급 10, 국가7급 09, 국가9급 08/13, 경찰채용 13 2차/14 2차] 마찬가지로 증거능력 없는 전문증거를 탄핵증거로 사용함에는 상대방의 증거동의를 요하지 아니한다. [국가9급개론 17]

(2) 형식적 진정성립도 인정되지 않는 서류 : 진술자의 서명·날인이 없어 형식적 진정성립조차 갖추지 못하는 전문서류에 대해서는, ① 이중으로 오류가 개입할 수 있으므로 탄핵증거로 사용할 수 없다는 부정설(다수설)과 ② 탄핵증거는 전문법칙의 적용이 없는 경우이므로 탄핵증거로 사용할 수 있다는 긍정설(소수설·판례)이 대립하고 있다.[2] **판례는 탄핵증거에 관하여는 성립의 진정을 요하지 않는다**는 입장을 일관하고 있다(대법원 1981.12.8, 81도370; 1994.11.11, 94도1159)(cf. 법 제314 ✕).

🔨 판례연구 탄핵증거로는 성립의 진정이 증명되지 않거나 내용이 부인된 서류·진술도 포함된다는 사례

1. **대법원 1981.12.8, 81도370**

   유죄의 자료가 되는 것으로 제출된 증거의 반대증거인 서류 및 진술에 대하여는 그것이 유죄사실을 인정하는 증거가 아니므로 그 진정 성립의 증명이 되어 있지 않거나 전문증거로서 상대방이 증거로 함에 동의를 한 바 없었다고 하여도 증거능력을 다투기 위한 자료로 삼을 수는 있다.

2. **대법원 1998.2.27, 97도1770; 2005.8.19, 2005도2617** [법원9급 10, 국가7급 09/23, 국가9급 08/13, 경찰채용 13 2차/14 2차/21 1차]

   피고인이 내용을 부인하여 증거능력이 없는 사법경찰리 작성의 피의자신문조서 등도 탄핵증거 ○(∵ 피고인의 공판정 진술도 탄핵의 대상이 된다는 사례)

   사법경찰리 작성의 피고인에 대한 피의자신문조서와 피고인이 작성한 자술서들은 모두 검사가 유죄의 자료로 제출한 증거들로서 피고인이 각 그 내용을 부인하는 이상 증거능력이 없으나 그러한 증거라 하더라도 그것이 임의로 작성된 것이 아니라고 의심할 만한 사정이 없는 한 피고인의 법정에서의 진술을 탄핵하기 위한 반대증거로 사용할 수 있다(피고인의 진술도 탄핵의 대상이라고 본 판례이기도 함).

---

2. 탄핵증거의 제한

(1) 입증취지와의 관계 : 탄핵증거는 증거의 증명력을 감쇄하는(다투는) 용도로만 사용될 뿐이다. 따라서 **범죄사실(주요사실 또는 그 간접사실) 인정의 증거로 사용되는 것은 허용되지 않는다**(대법원 1976.2.10, 75도3433; 1996.9.6, 95도2945; 2012.10.25, 2011도5459). [법원9급 16, 법원승진 10, 국가7급 09/15/16, 국가9급개론 17, 교정9급특채 10, 경찰승진 09, 경찰채용 11 1차] 만약 그것이 허용된다면 범죄사실을 인정함에 있어 증거능력 없는 증거에 의하여 법관의 심증형성에 영향을 미칠 가능성이 있기 때문이다.

   보충 탄핵증거는 보조사실에 대한 증거일 뿐, 주요사실의 존부를 직·간접으로 증명하는 실질증거가 될 수는 없다.

대법원 2012.10.25, 2011도5459

탄핵증거는 진술의 증명력을 감쇄하기 위하여 인정되는 것이고 범죄사실 또는 그 간접사실의 인정의 증거로서는 허용되지 않는다(대법원 1996.9.6, 95도2945). 검사가 탄핵증거로 신청한 체포·구속인접견부 사본은 피고인의 부인진술을 탄핵한다는 것이므로 결국 검사에게 입증책임이 있는 공소사실 자체를 입증하기 위한 것에 불과하므로 법 제318조의2 제1항 소정의 피고인의 진술의 증명력을 다투기 위한 탄핵증거로 볼 수 없다(증거신청 기각).

---

1) [참고] 피고인의 공판정 진술을 피고인이 내용을 부인한 사법경찰관 작성 피의자신문조서로 탄핵할 수 있다는 것이 판례의 입장(대법원 1998.2.27, 97도1770 등)이기는 하나, 법원실무에서는 피고인의 수사기관에서의 자백진술을 탄핵증거로 받아들일 수 있다는 견해를 취하더라도 알리바이의 진술 등 새로운 사실을 적극적으로 주장하는 경우에 한하여 그 증명력을 다투기 위한 범위 내에서 탄핵증거로 제출할 수 있다고 보아야 할 것이고, 또 임의성 여부에 관하여 검사로 하여금 적극적으로 입증을 하도록 하여야 함을 지적하고 있다. 법원실무II 149면.

2) [참고] 긍정설은 개정법 제318조의2 제1항에서 명문으로 제312조부터 제316조까지의 규정에 따라 증거로 할 수 없는 서류나 진술을 탄핵증거로 사용할 수 있다고 규정하였다는 점을 근거로 한다. 긍정설은 임동규, 정/백.

(2) 임의성 없는 자백·진술 : 자백배제법칙(제309조)에 의하여 증거능력이 없는 자백 및 진술의 임의성법칙 (제317조)에 의하여 증거능력이 없는 진술이나 서류도 **탄핵증거로 허용되지 않는다**(대법원 1998.2.27, 97도 1770; 2005.8.19, 2005도2617 등). 이는 당사자의 동의 여하를 불문한다. [법원행시 02, 경찰승진 11] 헌법상의 원칙 으로 지켜져야 할 뿐 아니라 법 제318조의2 제1항(탄핵증거)도 서류와 진술의 임의성에 관한 법 제317조 를 그 대상에서 배제하고 있지 않기 때문이다.

(3) 위법수집증거 : 임의성 없는 자백·진술과 같은 맥락에서 법 제308조의2에서의 적법한 절차에 따르지 아 니하고 수집한 증거도 **탄핵증거로 사용할 수 없다.**

(4) 공판정에서의 진술 이후의 자기모순진술 : **증인의 공판정에서의 증언 이후**에 수사기관이 그 증인을 신문하 여 작성한 진술조서를 탄핵증거로 제출하는 것이 허용되는가가 문제되는바, 증인에 대한 공판정 외의 진술조서를 탄핵증거로 사용하는 것은 **공판중심주의와 공정한 재판의 이념에 반하므로 허용될 수 없다**(대법 원 2000.6.15, 99도1108 전원합의체). [국가7급 10, 경찰채용 14 2차] 이는 공판정에서의 증언을 번복시키기 위한 검 찰의 수사에 의한 조서의 증거능력을 부정한 취지와 일맥상통한다(공소제기 후 수사 참조).

(5) 진술을 내용으로 하는 영상녹화물 : 2007년 개정법은 제318조의2 제2항에서 "**제1항에도 불구하고** 피고인 또는 피고인 아닌 자의 진술을 내용으로 하는 영상녹화물은 공판준비 또는 공판기일에 피고인 또는 피고 인 아닌 자가 진술함에 있어서 **기억이 명백하지 아니한 사항에 관하여 기억을 환기시켜야 할 필요가 있다고 인정되는 때에 한하여** 피고인 또는 피고인이 아닌 자에게 재생하여 시청하게 할 수 있다."라는 규정을 신 설하였다. 이렇듯 제318조의2 제2항에서 진술영상녹화물의 사용범위를 기억환기용으로 엄격히 제한하고 있다는 점에서 **탄핵증거로는 사용할 수 없다**(통설).[1] 따라서 영상녹화물은 공판준비 또는 공판기일에서의 피고인 또는 피고인 아닌 자의 진술의 증명력을 다투기 위하여 증거로 할 수 없다. [법원9급 08, 국가7급 09, 경찰 승진 10/11]

> **정리** 주요사실의 존부를 직접 증명하는 목격자의 증언이나 주요사실의 존부를 간접적으로 추인하게 하는 알리바이의 부존재 등과 같은 실질증거 및 증거의 증명력에 영향을 미치는 보조사실 중 보강사실(엄격한 증명의 대상)을 증명하는 보강증거 **(예** 자백의 보강증거)는 증거능력을 요한다. 반면, 탄핵사실은 자유로운 증명의 대상이므로 탄핵증거는 증거능력 없는 전 문증거도 포함된다. 다만, 임의성 없는 자백, 위법수집증거, 공판정 진술 후 자기모순진술, 진술내용 영상녹화물은 탄핵증 거가 될 수 없다.

03 탄핵의 대상과 범위

Ⅰ 탄핵의 대상

1. 진술의 범위

탄핵의 대상은 공판준비 또는 공판기일에서의 피고인 또는 피고인 아닌 자의 **진술의 증명력, 즉 신빙성**이다. 증거능력을 다투는 것이 아니라 증명력을 다투는 것에 불과하다. 여기서 진술에는 진술이 기재된 서면도 포함된다. [경찰승진 15] 따라서 공판정 진술 이외에 공판정 외 진술도 서면의 형식으로 증거가 된 경우에는 탄핵의 대상이 된다. 또한 여기서 진술은 **피고인 아닌 자의 진술뿐 아니라 피고인의 진술, 자기 측 증인의 증언이 모두 포함**된다. 요컨대 탄핵의 대상이 되지 않는 진술은 없다.

2. 피고인 아닌 자 및 피고인의 진술

(1) 피고인 아닌 자의 진술 : 피고인 아닌 자가 공판기일에 행한 진술의 증명력도 탄핵대상이 된다는 점에는 견해가 일치한다. 피고인 아닌 자의 진술에는 **공소제기 전 피고인을 피의자로 조사하였거나 그 조사에 참여한 자의 진술도 포함**된다.

---

1) [참고] 진술영상녹화물도 탄핵증거로 사용할 수 있다는 견해는 노/이 580면 참조.

(2) 피고인의 진술 : 피고인의 공판정 진술이 탄핵대상인가에 대해서 견해가 대립하나,[1] **판례는 긍정설에 따라** [경찰간부 14, 경찰채용 10 1차], **피고인이 내용을 부인하여 증거능력이 없는 사법경찰리 작성의 피의자신문조서라도 피고인의 법정진술을 탄핵하는 증거로 허용**된다고 한다(대법원 1998.2.27, 97도1770).

3. 자기 측 증인의 탄핵

증인을 자신이 신청했다는 이유로 불리한 증언을 탄핵할 수 없다는 것은 불합리하므로 **자기 측 증인의 증언에 대한 탄핵도 가능**하다.

> 보충 기술한 교호신문의 주신문에서 증인신청 당사자가 탄핵신문을 할 수 있음과 같은 의미이다.

Ⅱ 탄핵의 범위 : 증명력을 다투기 위하여의 의미

1. 문제점

탄핵증거는 진술의 증명력을 다투는 데 사용되어야 한다. 즉, 증명력을 감쇄하는 것이 아니라 **처음부터 증명력을 지지·보강하는 것은 여기에 포함될 수 없다.** 문제는 감쇄된 증명력을 회복시키는 경우도 "증명력을 다투기 위하여"에 해당하는가에 있다.

2. 감쇄된 증명력의 회복

견해의 대립이 있으나, 진술의 증명력을 감쇄하는 탄핵증거는 증거능력을 요하지 않으면서 감쇄한 증명력을 회복시키는 증거에는 증거능력을 요한다는 것은 공평의 관점에 어긋나므로, **감쇄된 증명력을 회복시키는 경우도 증명력을 다투는 경우에 포함시켜 탄핵증거의 사용이 허용**된다는 긍정설(통설)이 타당하다(공평의 원칙에 의한 긍정설).

---

04   탄핵증거의 조사방법

Ⅰ 탄핵증거의 제출 - 보통의 증거제출과 같은 방식

1. 원칙 - 탄핵증거 입증취지 명시

탄핵증거는 **원칙**적으로 증거제출 당시 **탄핵증거라는 취지로 제출**되어야 한다.[2] 즉, **증명력을 다투고자 하는 증거의 어느 부분에 의하여 진술의 어느 부분을 다투려고 하는지**를 사전에 상대방에게 알려야 한다(입증취지의 **구체적 명시**, 대법원 2005.8.19, 2005도2617)(제출은 보통의 증거신청과 같은 방식, cf. ≠유죄판결에 명시할 이유 중 증거의 요지). [법원9급 10, 법원승진 10, 국가7급 15/16/23, 국가9급 13, 국가9급개론 17, 해경간부 12, 경찰승진 15, 경찰채용 11 1차/13 1차/14 2차/15 2·3차/16 1차] 상대방에게 공격·방어의 수단을 강구할 기회를 사전에 부여하여야 하기 때문이다. [경찰채용 10 1차]

2. 예외 - 유죄증거로 제출되어도 탄핵증거로 조사되면 적법

증거제출 당시 유죄를 입증하기 위한 증거로 제출되어 **탄핵증거라는 입증취지를 명시하지 아니하였다 하여도 탄핵증거로 증거조사가 이루어지면 탄핵증거로 사용될 수 있다.** [경찰승진 11/15]

> **대법원 2005.8.19, 2005도2617** [경찰승진 11/15, 경찰채용 15]
>
> 피고인 내용 부인 사경 작성 피의자신문조서에 대한 탄핵증거로서의 증거조사
> 탄핵증거는 범죄사실을 인정하는 증거가 아니므로 엄격한 증거조사를 거쳐야 할 필요가 없음은 제318조의2의 규정에 따라 명백

---

1) [참고] ① 부정설은 피고인의 공판정 진술을 공판정 외 진술로 탄핵하는 것은 자백조서 중심의 수사를 촉진케 함으로써 공판중심주의에 반하는 결과를 야기하여 결국 피고인 보호에 반하게 된다는 입장이다(배/이/정/이, 신양균, 정/백 등). ② 긍정설은 제318조의2가 명문으로 피고인의 진술의 증명력을 다툴 수 있다고 규정하고 있으므로 이를 부정할 수는 없다는 입장이다(신동운, 이/조, 임동규, 차/최 등 및 판례). ③ 결론 : 긍정설이 타당하다.

2) [보충] 예컨대, 검사가 피고인의 진술을 탄핵하기 위하여 증거를 제출하는 경우, "피고인은 지금 그 시간 부산 해운대에 있었다고 진술하지만, 검찰 조사에서는 서울 한남동에 있었다고 진술하였습니다. 이를 입증(탄핵)하기 위해 검사 작성 피의자신문조서를 증거로 제출합니다."라고 탄핵증거의 입증취지를 구체적으로 명시해야 하는 것이 보통이다.

하나 법정에서 이에 대한 탄핵증거로서의 증거조사는 필요한 것이고, 한편 증거신청의 방식에 관하여 규정한 규칙 제132조 제1항의 취지에 비추어 보면 탄핵증거의 제출에 있어서도 상대방에게 이에 대한 공격방어의 수단을 강구할 기회를 사전에 부여하여야 한다는 점에서 그 증거와 증명하고자 하는 사실과의 관계 및 입증취지 등을 미리 구체적으로 명시하여야 할 것이므로, 증명력을 다투고자 하는 증거의 어느 부분에 의하여 진술의 어느 부분을 다투려고 한다는 것을 사전에 상대방에게 알려야 한다. 다만, 피고인이 내용을 부인하여 증거능력이 없는 사법경찰리 작성의 피의자신문조서에 대하여 비록 당초 증거제출 당시 탄핵증거라는 입증취지를 명시하지 아니하였지만, 피고인의 법정 진술에 대한 탄핵증거로서의 증거조사절차가 대부분 이루어졌다고 볼 수 있는 점 등의 사정에 비추어 위 피의자신문조서는 피고인의 법정 진술에 대한 탄핵증거로 사용할 수 있다고 해야 한다.

> **보충** 검사가 사법경찰관 작성 피의자신문조서를 피고인에 대한 유죄의 증거로 신청·제출하였는데, 피고인·변호인이 증거동의를 하지 않고 그 내용을 부인하는 경우, 전문법칙에 의하여 증거로 할 수 없다(제312조 제3항). 다만, 피고인의 공판정 진술에 대한 탄핵증거로는 사용할 수 있다.

Ⅱ 탄핵증거의 조사방법 - 조사는 하되, 상당하다고 인정되는 방식으로 조사

탄핵증거는 증거능력 없는 증거가 사용되는 경우이므로 **엄격한 증명의 경우와 같은 정식의 증거조사는 요하지 않는다.** [법원9급 10, 교정9급특채 10, 경찰승진 09, 경찰채용 11 1차/14 2차] 그러나 공개재판의 원칙에 비추어 **공판정에서 탄핵증거로서의 증거조사는 필요**하다(대법원 1998.2.27, 97도1770). [국가7급 09/15, 국가9급 13, 경찰채용 13 1차] 이때 증거조사는 **상당하다고 인정되는 방법**으로 실시할 수 있다(교호신문 不要, 탄핵증거의 증거조사는 간이공판절차와 같은 증거조사방식). 예컨대, 증거신청의 과정에서 증거목록에 기재되지 않았고 증거결정이 있지 아니하였다 하더라도 **공판과정에서 그 입증취지가 구체적으로 명시되고 제시까지 되었다면 탄핵증거로서의 증거조사는 이루어졌다**고 볼 수 있다(대법원 2006.5.26, 2005도6271).[1] [국가9급 13, 경찰채용 21 1차, 해경간부 12]

대법원 2006.5.26, 2005도6271

탄핵사실은 자유로운 증명으로 족하므로 상당하다고 인정되는 방법으로 조사하면 된다는 사례
증거목록에 기재되지 않고 증거결정이 있지 아니한 서증들이 공판과정에서 그 입증취지가 구체적으로 명시되고 제시까지 된 경우, 탄핵증거로서의 증거조사는 이루어졌다고 볼 수 있다.

제8절 │ 자백의 보강법칙

01 의 의

Ⅰ 개 념

헌법 제12조 제7항 후단[2] 및 법 제310조는 "피고인의 자백이 그 피고인에게 불이익한 유일의 증거인 때에는 이를 유죄의 증거로 하지 못한다."라고 규정하여 자백의 보강법칙을 명시하고 있는바, 자백보강법칙이란 증거능력이 있고 신빙성(신용성)이 인정되는 자백에 의하여 법관이 유죄의 확신을 하는 경우에도 **별도의 보강증거가 없으면 유죄로 인정할 수 없다**는 증거법칙을 말한다. [국가9급 14] 여기서 보강증거라 함은 피

---

1) [보충] 법원은 당사자가 제출하는 서류가 탄핵증거인지 양형에 관한 참고자료인지를 명백히 하도록 한 다음, 탄핵증거로 제출하는 경우에는 입증취지를 분명히 하고, 그것이 반드시 필요한 증거인지를 심사한 후 필요하다고 인정할 경우에는 이를 탄핵증거로 채택하고, 증거조사의 필요가 없다고 판단될 경우에는 탄핵증거의 신청을 기각할 수 있다(증거결정은 법원의 재량).

2) [보충] 정식재판에 있어서 피고인의 자백이 그에게 불리한 유일한 증거일 때에는 이를 유죄의 증거로 삼거나 이를 이유로 처벌할 수 없다(헌법 제12조 제7항 후단).

고인의 자백의 진실성을 확인해줄 수 있는 독립된 증거를 말한다. 이러한 자백보강법칙은 자백의 증명력에 대한 법관의 자유판단을 제한한다는 점에서 **자유심증주의의 예외**에 해당한다. [법원행시 02, 국가9급 08/10, 교정9급 특채 10, 경찰승진 12]

> 보충 자백보강법칙은 증거능력 있고 신용성 있는 자백도 보강증거가 있어야 증명력이 인정된다(진실성이 담보되어 믿을 만하게 된다)는 원칙이다.

> 자백보강법칙 = 피고인의 자백 + 보강증거(자백의 진실성 담보) = 유죄
> ① 피고인의 자백 : 공범자의 자백 ×(보강증거 不要), 객관적 구성요건 ○(보강증거 要), 주관적 구성요건/처벌조건/누범전과/확정판결존부/정상관계사실/범인동일성 ×(자백만으로 증명력 인정)
> ② 보강증거 : 자백, 자백 내용 제3자 진술(이상 보강증거 ×)/자백기재 수첩·사무처리내역, 간접증거(but 동기·습성 ×), 공범자의 자백(이상 보강증거 ○)/증명력 – 진실성담보로 足

Ⅱ 근거

자백보강법칙은 보강증거에 의하여 자백의 진실성을 담보함으로써 허위자백으로 인하여 생길 수 있는 오판의 위험을 방지함과 더불어, 자백의 증명력을 제한함으로써 수사기관의 자백 편중 수사로 인하여 발생할 수 있는 인권의 침해를 방지하는 데 그 근거가 있다.

---

02 보강법칙의 적용범위

Ⅰ 절차

1. 적용되는 절차

(1) **정식재판** : 자백의 보강법칙은 **정식재판**에 대해서만 적용된다(헌법 제12조 제7항 후단). 정식재판이란 검사의 공소제기로 진행되는 통상의 형사 공판절차를 말한다.

(2) **간이공판절차·약식명령절차** : 모두 검사의 공소제기나 약식명령청구에 의하여 진행되는 재판절차이므로, **자백의 보강법칙이 적용**된다. [경찰채용 08 3차/12 3차] 따라서 간이공판절차라 하더라도 자백보강증거가 없으면 무죄판결이 가능하고, 약식명령청구가 있다 하더라도 자백이 유일한 증거인 경우에는 약식명령을 내릴 수 없어 공판절차에 회부하여 무죄판결을 선고하여야 한다.

2. 적용되지 않는 절차

즉결심판절차법의 적용을 받는 **즉결심판**(즉심 제10조)과 소년법의 적용을 받는 **소년보호사건**(대법원 1982.10.15, 82모36)은 정식의 재판절차가 아니므로 자백의 보강법칙이 적용되지 않는다. [법원9급 10/12, 국가9급 10]

> ★ 판례연구 자백보강법칙이 적용되지 않는 절차
>
> **대법원 1982.10.15, 82모36**
> 소년보호사건에 있어서 자백만에 의한 비행사실 인정의 적부
> 형사소송절차가 아닌 소년보호사건에 있어서는 비행사실의 일부에 관하여 자백 이외의 다른 증거가 없다 하더라도 법령적용의 착오나 소송절차의 법령위반이 있다고 할 수 없다.
> 보충 헌법 제12조 ⑦ … 정식재판에 있어서 피고인의 자백이 그에게 불리한 유일한 증거일 때에는 이를 유죄의 증거로 삼거나 이를 이유로 처벌할 수 없다.

Ⅱ 보강을 필요로 하는 자백

1. 피고인의 자백

(1) 보강법칙 적용의 전제조건

① 자백의 증거능력 : 보강법칙은 **증거능력 있는 자백**을 전제로 한다. 따라서 자백배제법칙 및 전문법칙에 의하여 증거능력 없는 자백(cf. ≠ 증거동의의 대상, 탄핵증거의 자격)은 보강증거가 있어도 유죄의 증거가 될 수 없다.

② 자백의 신용성 : 자백은 증거능력 이외에 **법관의 자유심증에 의한 신용성**(신빙성)이 인정되어야만 보강법칙이 적용된다.

대법원 1985.2.26, 82도2413; 1998.3.13, 98도159; 1999.1.15, 98도2605; 2001.9.28, 2001도4091; 2003.2.11, 2002도6110; 2012.1.27, 2011도6497; 2013.11.14, 2013도10277

피고인의 자백이 증거능력이 있고 신빙성이 있어야 함 - 자백의 신빙성 판단기준

자백의 신빙성 유무를 판단함에 있어서는 자백의 진술내용 자체가 객관적으로 합리성을 띠고 있는지, 자백의 동기나 이유는 무엇이며, 자백에 이르게 된 경위는 어떠한지, 그리고 자백 외의 정황증거 중 자백과 저촉되거나 모순되는 것은 없는지 등 제반 사정을 고려하여 판단하여야 한다.

---

(2) 자백의 형태(= 자백배제법칙의 자백)

① 지위 : 보강법칙은 **피고인의 자백**에 대하여 적용된다. **자백 당시의 지위는 묻지 않으므로**, 피고인의 자백뿐 아니라 피의자 · 참고인 · 증인일 때의 자백도 모두 포함된다. 반면 피고인의 자백이 아닌 증인의 증언이나 참고인의 진술 등은 보강증거가 없어도 유죄의 증거가 될 수 있다.

② 상대방 · 방법 : 자백의 **상대방도 수사기관 · 사인을 불문**하고, 그 **방법도 구두 · 서면을 불문**한다. 따라서 자백의 내용이 담긴 진술뿐만 아니라 자백의 내용이 기재된 진술조서 · 진술서 · 일기장 · 비망록(메모) · 수첩 등도 모두 포함된다.

③ 공판정 자백 : 피고인이 공판정에서 법관의 면전에서 행하는 자백에도 허위개입으로 인한 오판의 위험성은 존재하므로 **보강법칙이 적용**된다(통설 · 판례, 대법원 1960.6.22, 4292형상1043). [법원행시 02, 법원9급 15, 국가7급 08]

[정리] 자백보강법칙이 적용되는 피고인의 자백은 지위 불문, 방법 불문, 상대방 불문.

대법원 1960.6.22, 4292형상1043

피고인의 공판정 자백도 보강을 필요로 하는 자백이라는 사례

피고인이 공판정에서 법관의 면전에서 행하는 자백에도 허위개입으로 인한 오판의 위험성은 존재하므로 자백보강법칙이 적용된다.

---

2. 공범자의 자백

(1) 증거능력의 인정 여부

① 공범자의 공판정 자백의 증거능력 : 견해의 대립이 있으나,[1] **판례는 적극설**을 취하여(대법원 1985.6.25, 85도691; 1987.7.7, 87도973; 1987.12.12, 87도1020; 1992.7.28, 92도917 등), 피고인은 자백한 다른 공동피고인에 대하여 **반대신문권이 보장되어 있으므로** 공범자의 공판정 자백도 공소사실에 대해서 **증거능력이 있다**

---

1) [참고 – 공범자의 공판정 자백의 증거능력 인정 여부]
　① 적극설 : 공범인 공동피고인에 대한 피고인신문절차에서 피고인의 반대신문권이 보장되어 있으므로 공범인 공동피고인의 공판정 자백은 피고인의 공소사실에 대하여 증거능력이 있다는 입장이다(이재상, 임동규).
　② 소극설 : 변론을 분리하여 증인신문절차에 의하여 신문하지 않는 한 공범자의 공판정 자백은 증거능력이 없다는 견해이다.
　③ 절충설 : 공판정에서 자백한 공범인 공동피고인에 대하여 피고인이 충분히 반대신문을 하거나 반대신문의 기회가 부여된 경우에 한하여 증거능력을 인정할 수 있다는 견해이다(배/이/정/이).
　④ 결론 : 공범자 아닌 공동피고인은 증인적격이 인정되므로 증인신문절차에 의하여 증언을 하면 되고, 공범자인 공동피고인은 증인적격이 부정되지만 공판정에서 피고인으로서 자백하는 것은 가능하고 이에 대하여 다른 피고인은 피고인신문절차에서 반대신문의 기회가 부여되므로 적극설이 타당하다고 생각된다.

는 입장이다.

② **공범자의 공판정 외 자백의 증거능력** : 공범자의 검찰수사단계 또는 경찰수사단계에서의 자백을 기재한 피의자신문조서 또는 진술조서 등의 증거능력은 **전문법칙의 예외요건을 갖추면** 피고인이 이를 증거로 함에 동의하지 않더라도 그 **증거능력이 인정**된다. 다만, 검사 이외의 수사기관이 작성한 피의자신문조서에 기재된 공범자의 자백(피고인과의 공범 범행에 대한 자백)은 피고인이 그 내용을 부인하면 증거능력이 부정됨(제312조 제3항)은 기술한 바와 같다.

(2) 보강법칙의 적용 여부

① **문제점** : 피고인의 공범자의 자백이 제310조의 '피고인의 자백'에 포함되는가의 문제, 즉 공범자의 자백이 피고인의 공소사실에 관한 유일한 증거인 경우에도 보강법칙이 적용되는가의 문제이다. 예컨대, 甲과 乙이 공범자인 경우에 乙의 자백만으로 별도의 보강증거 없이 甲을 유죄로 인정할 수 있는가가 문제된다.

② **학설 · 판례** : 견해의 대립이 있으나,[1] 판례는 공범자의 자백을 제310조의 피고인의 자백이라고 할 수 없으므로, **공범자의 자백에 대해서는 보강증거가 필요 없다**는 입장이다(소극설 · 불요설, 대법원 1992.7.28, 92도917). [법원9급 08/12/14/15, 국가7급 08/13/15, 국가9급 08/11/12/13/16, 교정9급특채 10, 경찰간부 12/13/14/16, 경찰승진 10/15/16, 경찰채용 14 1차/15 1차/16 1 · 2차/22 2차]

대법원 1992.7.28, 92도917

공범자의 자백은 보강을 요하지 않는다는 사례
법 제310조의 피고인의 자백에는 공범인 공동피고인의 진술은 포함되지 않으며, 이러한 공동피고인의 진술에 대하여는 피고인의 반대신문이 보장되어 있어 독립한 증거능력이 있다.

---

03 보강증거의 자격

I 자백과는 독립된 증거능력 있는 증거

1. 증거능력

(1) 의의 : 보강증거도 **증거능력 있는 증거**이어야 한다(엄격한 증명의 대상, ≠ 탄핵증거). 자백의 증명력을 보강하여 유죄판결을 가능하게 하는 증거이기 때문이다. 따라서 임의성 없는 자백 · 진술이나 위법하게 수집된 증거는 보강증거가 될 수 없다.

(2) 전문증거 : 전문법칙의 예외의 경우를 제외하고는 **보강증거로 사용할 수 없다**(∵ 증거능력 없는 전문증거는 보강증거가 될 수 없음. cf. ≠ 탄핵증거).

2. 독립증거

(1) 의의 : 보강증거는 피고인의 자백과는 **실질적으로 독립된 증거가치**를 가지는 것이어야 한다. 보강증거는 자

---

1) [참고 – 공범자의 자백에 대한 보강법칙 적용 여부(보강증거 요부)]
① 적극설(필요설) : 공범자의 자백도 피고인의 자백에 포함되므로, 공범자의 자백이 있더라도 그 자백에 보강증거가 없으면 피고인을 유죄로 인정할 수 없다는 입장이다(배종대 등, 손동권, 신양균 등). 공범자 A는 범행을 부인하고 공범자 B는 범행을 자백한 경우, 소극설에 의하면 자백을 하지 않은 A는 유죄가 되고 자백을 한 B는 무죄가 되는데, 이는 불합리하다는 것을 근거로 주장하는 입장이다.
② 절충설 : 공동피고인인 공범자의 자백(공판정 자백)에는 보강증거가 필요 없지만, 공동피고인 아닌 공범자 자백(공판정 외 자백)에는 보강증거가 필요하다는 입장이다(신동운).
③ 소극설(불요설) : 공범자의 자백은 법 제310조의 피고인의 자백이라 볼 수 없으므로, 공범자의 자백이 있으면 그 자백에 대한 보강증거가 없어도 피고인을 유죄로 인정할 수 있다는 입장이다(이재상/조균석/이창온, 이주원, 임동규, 정웅석/백승민, 차용석/최용성 등). 판례도 소극설이다.
④ 결론 : 법 제310조의 피고인의 자백에 공범자의 자백을 포함시키는 것은 해석상 무리가 있다는 점에서 소극설이 타당하다. 공범자의 자백에 대해서는 피고인의 반대신문권이 보장되어 있으며, 공범자(B)의 자백과 이에 대한 피고인(A)의 부인 중 어느 증거에 증명력을 부여할 것인가는 법관의 자유판단에 의하는 것이므로 A만 유죄가 되었다 하여도 이를 불합리하다고 볼 수는 없다. 물론 공범자의 자백의 증명력 판단에 신중을 기해야 함은 당연한 요청이다.

백의 증명력을 보강하는 증거이므로 피고인의 자백으로 본인의 자백을 보강하는 것은 허용되지 아니한다.

(2) 형태 : 피고인의 자백과는 별개의 독립증거라면, 인증·물증·서증 등 증거방법의 형태는 따지지 아니한다.

(3) 피고인의 자백 : 피고인의 자백은 자백에 대한 **독립증거가 아니므로 보강증거가 될 수 없다**. 따라서 피고인의 수사단계 등 공판정 외에서의 자백(대법원 1965.6.29, 65도405; 1966.7.26, 66도634 전원합의체; 1981.7.7, 81도1314), 피고인의 자백이 기재된 조서·진술서 등 증거서류, 항소심에서 행한 자백에 대한 제1심에서 행한 자백, 피고인으로부터 자백을 들은 자의 진술, 검증현장에서의 피고인의 범행장면 재연(실연實演에 의한 자백에 불과함) 등은 자백에 대한 보강증거가 될 수 없다. [국가7급 20]

📚 **사례문제**

유흥업소를 운영하는 甲은 경찰관 乙에게 단속정보를 제공해 주는 대가로 2009. 5. 20. 200만원의 뇌물을 공여하였다는 혐의로 조사를 받았다. 하지만 甲은 "돈을 가져오지 않으면 구속수사하겠다는 乙의 협박 때문에 200만원을 주었을 뿐이고, 乙로부터 단속정보를 제공받은 사실이 없으며, 그 대가로 준 것도 아니다."라고 강하게 부인하였다. 그 후 甲이 잠적해 버리자, 고민을 거듭하던 검사는 甲의 부인 A로부터 "구속수사를 피하기 위해 乙에게 200만원을 주었다는 얘기를 甲으로부터 들었다."라는 진술을 확보하여 2016. 5. 21. 乙을 공갈죄로 기소하였다. 乙의 공판이 진행되던 2016. 7. 10. 검찰에 자진출석한 甲은 "乙로부터 경찰의 단속정보를 제공받는 대가로 200만원을 제공한 것이 맞다."라고 진술하였다. [변호사 17]

문제1 공소장변경을 통해 乙에 대한 공소사실이 공갈에서 뇌물수수로 변경될 경우, 乙에 대해 적용될 공소시효의 기간은 공갈죄를 기준으로 한다.
→ (×) 공소장변경절차에 의하여 공소사실이 변경됨에 따라 그 법정형에 차이가 있는 경우에는 변경된 공소사실에 대한 법정형이 공소시효기간의 기준이 된다(대법원 2013.7.26, 2013도6182). [국가7급 23]

문제2 乙에게 뇌물수수죄가 인정되고 甲에게 뇌물공여죄가 인정될 경우, 乙에 대해 공소가 제기되더라도 甲의 뇌물공여죄에 관한 공소시효가 정지되지 않는다.
→ (○) 대향범 관계에 있는 자 사이에서는 각자 상대방의 범행에 대하여 형법총칙의 공범규정이 적용되지 아니하므로 형사소송법 제253조 제2항에서 말하는 '공범'에는 뇌물공여죄와 뇌물수수죄 사이와 같은 대향범 관계에 있는 자는 포함되지 않는다(대법원 2015.2.12, 2012도4842).

문제3 "乙에게 200만원을 뇌물로 주었다."라는 甲의 진술이 유일한 증거인 경우, "甲으로부터 그런 얘기를 들었다."라는 A의 법정증언을 보강증거로 하여 甲의 뇌물공여를 유죄로 인정할 수 있다.
→ (×) "피고인이 범행을 자인하는 것을 들었다"는 피고인 아닌 자의 진술 내용은 형사소송법 제310조의 피고인의 자백에는 포함되지 아니하나, 이는 피고인의 자백의 보강증거로 될 수 없다(대법원 2008.2.14, 2007도10937). [경찰승진 22, 경찰채용 23 1차, 법원9급 22]

대법원 1966.7.26, 66도634 전원합의체

피고인의 자백은 보강증거가 될 수 없다는 사례
피고인의 자백이 그에게 불리한 유일한 증거인 때에는 그 자백이 공판정에서의 자백이든 피의자로서의 조사관에 대한 진술이든 그 자백의 증거능력이 제한되어 있고 그 어느 것이나 독립하여 유죄의 증거가 될 수 없으므로 위 자백을 아무리 합쳐 보더라도 그것만으로는 유죄의 판결을 할 수 없다.

---

(4) 피고인의 자백을 내용으로 하는 피고인 아닌 자의 진술 : 피고인의 자백과 독립성이 없다면 보강증거가 될 수 없다. 따라서 **피고인으로부터 범행을 자백받았다는 피고인 아닌 자의 진술**이나 **피고인이 범행을 자인하였다는 것을 들었다는 피고인 아닌 자의 진술**(대법원 1981.7.7, 81도1314; 2008.2.14, 2007도10937)은 설사 피고인 아닌 자의 진술이라 하더라도 **보강증거가 될 수 없다.** [법원9급 10/14/15/21, 국가7급 16, 국가9급 12/14, 경찰간부 12/14, 경찰승진 10/11/13, 경찰채용 12 3차/13 2차/14 1차/15 1차/16 1차]

대법원 1981.7.7, 81도1314 [법원9급 10/14/15, 국가7급 16, 국가9급 12/14, 경찰간부 12/14, 경찰승진 10/11/13, 경찰채용 12 3차/13 2차 등]

피고인의 자백을 내용으로 하는 피고인 아닌 자의 진술은 피고인의 자백은 아니나 보강증거는 될 수 없다는 사례
피고인이 범행을 자인하는 것을 들었다는 피고인 아닌 자의 진술내용은 법 제310조의 피고인의 자백에는 해당되지 아니하나 결국

피고인의 자백을 내용으로 하고 있는 진술기재내용에 불과하므로, 이를 피고인의 자백의 보강증거로 삼는다면 피고인의 자백을 피고인의 자백으로서 보강하는 결과가 되어 아무런 보강도 하는 바 없는 것이다.

(5) 피고인의 자백이 기재된 수첩·장부 등 : 피고인이 범인으로 검거되기 전 작성한 수첩·일기장·메모·상업장부 등에 피고인의 범행이 포함되어 있는 경우, 피고인의 자백과 독립된 보강증거가 될 수 있는가에 대해서는 견해가 대립하나,[1] **판례는 긍정설**이다(대법원 1996.10.17, 94도2865 전원합의체). [법원9급 12, 국가9급 12, 경찰간부 14, 해경간부 12, 경찰승진 10/13/15, 경찰채용 11 1차]

대법원 1996.10.17, 94도2865 전원합의체 [국가7급 18]

[1] 상업장부·항해일지·진료일지·금전출납부 등 사무 내역을 기재한 문서

  다수의견 상업장부나 항해일지, 진료일지 또는 이와 유사한 금전출납부 등과 같이 범죄사실의 인정 여부와는 관계없이 자기에게 맡겨진 사무를 처리한 사무 내역을 그때그때 계속적, 기계적으로 기재한 문서 등의 경우는 사무처리 내역을 증명하기 위하여 존재하는 문서로서 그 존재 자체 및 기재가 그러한 내용의 사무가 처리되었음의 여부를 판단할 수 있는 별개의 독립된 증거자료이고, 설사 그 문서가 우연히 피고인이 작성하였고 그 문서의 내용 중 피고인의 범죄사실의 존재를 추론해 낼 수 있는, 즉 공소사실에 일부 부합되는 사실의 기재가 있다고 하더라도, 이를 일컬어 피고인이 범죄사실을 자백하는 문서라고 볼 수는 없다.

[2] 피고인이 업무추진 과정에서 지출한 자금 내역을 기록한 수첩의 기재 내용은 자백에 대한 독립적인 보강증거 [법원9급 12, 국가7급 14, 국가9급 11/12/16, 경찰간부 14, 해경간부 12, 경찰승진 10/13/15, 경찰채용 11 1차]

  다수의견 피고인이 뇌물공여 혐의를 받기 전에 이와는 관계없이 준설공사에 필요한 각종 인·허가 등의 업무를 위임받아 이를 추진하는 과정에서 그 업무수행에 필요한 자금을 지출하면서, 스스로 그 지출한 자금내역을 자료로 남겨두기 위하여 뇌물자금과 기타 자금을 구별하지 아니하고 그 지출 일시, 금액, 상대방 등 내역을 그때그때 계속적, 기계적으로 기입한 수첩의 기재 내용은, 피고인이 자신의 범죄사실을 시인하는 자백이라고 볼 수 없으므로, 증거능력이 있는 한 피고인의 금전출납을 증명할 수 있는 별개의 증거라고 할 것인즉, 피고인의 검찰에서의 자백에 대한 보강증거가 될 수 있다.[2]

---

(6) 간접증거 : 보강증거는 직접증거뿐만 아니라 피고인의 자백이 가공한 것이 아니라 진실한 것임을 인정할 수 있는 한 **간접증거(정황증거)도 될 수 있다**(통설·판례, 진실성담보설). [법원9급 10/12/14, 국가7급 17, 교정9급특채 10, 경찰간부 14, 경찰승진 10, 경찰채용 12 1·3차/13 2차/15 1차/16 2차] 다만, 단지 공소사실의 객관적 부분과는 관련이 없는 **범행동기**(대법원 1990.12.7, 90도2010)나 **습성**(대법원 1996.2.13, 95도1794)에 관한 **정황증거**는 보강증거가 될 수 없다. [국가7급 14, 법원9급 23]

  정리 정황증거 : 자백보강증거 대체로 인정 but 범행동기·습성에 관한 정황증거는 부정

⚖ **판례연구** 자백의 보강증거가 되는 간접증거(정황증거)

1. 대법원 1960.3.18, 4292형상880 [경찰승진 15]
  과거 낙태를 시키려 했다는 정황적 사실은 피고인이 가정불화로 유아를 살해했다는 자백에 대하여 보강증거가 될 수 있다.

2. 대법원 1983.2.22, 82도3107 [국가7급 14, 경찰승진 15]
  위조신분증의 현존이 동 신분증의 제시·행사 사실의 자백에 대한 보강증거능력이 있다는 사례

---

1) [참고 – 피고인의 자백이 기재된 수첩·장부 등의 보강증거의 자격 여부]
  ① 부정설 : 수첩 등도 피고인의 자백을 내용으로 하고 있다면 보강증거가 될 수 없다는 입장이다(다수설).
  ② 긍정설 : 범죄의 혐의를 받기 전에 이와 관계없이 사무처리내역을 기재한 수첩 등은 피고인의 범죄사실을 자백하는 문서라 할 수 없으므로 보강증거가 될 수 있다는 입장이다(판례). 학설 중에서도 ㉠ 피고인이 자신의 범행만을 기록한 일기장 등은 보강증거가 될 수 없으나, ㉡ 사무처리나 거래의 내용을 그때그때 기계적으로 기재한 수첩·장부·일기장 등은 보강증거가 될 수 있다는 입장이 있다(신동운, 신양균, 임동규 등).
  ③ 결론 : 긍정설은 자신의 범행을 시인하는 자백과 자신의 사무처리내역을 평소 기재한 수첩 등 내용이 구별됨을 전제로 하나, 이러한 전제는 그 구별이 모호하다는 점에서 부정설이 타당하다.
  * 다만, 수험에서는 판례의 긍정설에 유의할 것.
2) [참고 – 위 판례의 반대의견] 수첩의 기재는 피고인이 경험한 사물에 대한 인식을 외부에 글로 표현한 내용이 증거방법으로 사용된다는 점에서 이를 자백으로 봄이 합당하고, 이를 피고인의 자백과는 성질이 다른 독립된 증거라고 볼 수 없고, 따라서 물증 등 다른 증거에 비하면 거짓이나 조작이 개재될 여지가 많은 피고인의 자백만으로 유죄판단을 하지 못하도록 제한하려는 형사소송법 제310조의 입법취지에 비추어 이러한 수첩의 기재 내용만으로는 유죄의 판단을 할 수 없음은 물론 이는 자백에 대한 보강증거도 될 수 없다고 보아야 한다. 피고인이 작성한 수첩의 기재 내용이 형사소송법 제315조에 의하여 증거능력을 가지게 된다는 것과 자백만으로는 유죄판결을 할 수 없다는 형사소송법의 원칙과는 서로 차원을 달리하는 것이다.

자백에 대한 보강증거는 피고인의 임의적인 자백사실이 가공적인 것이 아니고 진실하다고 인정될 정도의 증거이면 직접 증거이거나 간접증거이거나 보강증거능력이 있다 할 것이고, 반드시 그 증거만으로 객관적 구성요건에 해당하는 사실을 인정할 수 있는 정도의 것임을 요하는 것이 아니라 할 것이므로, 피고인이 위조신분증을 제시행사한 사실을 자백하고 있고, 위 제시행사한 신분증이 현존한다면 그 자백이 임의성이 없는 것이 아닌 한 위 신분증은 피고인의 위 자백사실의 진실성을 인정할 간접증거가 된다고 보아야 한다.

3. 대법원 1983.5.10, 83도686 [국가7급 14, 경찰채용 11/12 3차]
피고인이 간통사실을 자인하는 것을 들었고 공소사실 기재의 **간통범행 일시경에 피고인의 가출과 외박이 잦아 의심을 하게 되었다**는 취지의 피고인의 남편에 대한 진술조서 기재는 피고인의 간통사실 자백에 대한 보강증거가 될 수 있다. → 간통죄가 폐지되었으므로 참고만 해도 좋은 판례임.

4. 대법원 1995.6.30, 94도993 [경찰승진 10, 경찰채용 16 2차]
뇌물공여 상대방인 공무원의 진술과 뇌물공여자의 자백의 보강증거
뇌물공여의 상대방인 공무원이 **뇌물을 수수한 사실을 부인**하면서도 그 일시경에 뇌물공여자를 만났던 사실 및 공무에 관한 청탁을 받기도 한 사실 자체는 시인하였다면, 이는 뇌물을 공여하였다는 뇌물공여자의 자백에 대한 보강증거가 될 수 있다.

5. [유사판례] 대법원 1998.12.22, 98도2890
뇌물수수자가 무자격자인 뇌물공여자로 하여금 건축공사를 하도급 받도록 알선하고 그 하도급계약을 승인받을 수 있도록 하였으며 공사와 관련된 각종의 편의를 제공한 사실을 인정할 수 있는 증거들이 뇌물공여자의 자백에 대한 보강증거가 될 수 있다.

6. 대법원 1994.9.30, 94도1146
오토바이에 대한 압수조서 기재가 무면허운전 자백의 보강증거가 된다는 사례
오토바이를 절취당한 피해자로부터 오토바이가 세워져 있다는 신고를 받고 그 곳에 출동한 경찰관이 잠복근무하다가 피고인이 오토바이의 시동을 걸려는 것을 보고 그를 즉시 체포하면서 그로부터 오토바이를 압수하였다는 사법경찰리 작성의 압수조서의 기재는 피고인이 운전면허가 없다는 사실에 대한 직접적인 보강증거는 아니지만 오토바이를 운전하였다는 사실의 자백 부분에 대한 보강증거는 되는 것이므로 결과적으로 피고인이 운전면허 없이 운전하였다는 전체 범죄사실의 보강증거로 충분하다.

7. [유사판례] 대법원 2000.9.26, 2000도2365 [교정9급특채 10, 경찰간부 12, 경찰승진 10, 경찰채용 16 2차, 국가7급 19]
자동차등록증에 차량의 소유자가 피고인으로 등록·기재된 것은 피고인이 그 차량을 운전하였다는 사실의 자백 부분에 대한 보강증거가 될 수 있고, 피고인의 무면허운전이라는 전체 범죄사실의 보강증거로 충분하다.

8. 대법원 2002.1.8, 2001도1897
소변검사 결과가 2차에 걸친 향정신성의약품 투약행위 모두에 대한 보강증거가 될 수 있다고 한 사례
2000. 10. 19. 채취한 소변에 대한 검사결과 메스암페타민 성분이 검출된 경우, 위 소변검사결과는 2000. 10. 17. 메스암페타민을 투약하였다는 자백에 대한 보강증거가 될 수 있음은 물론 같은 달 13. 메스암페타민을 투약하였다는 자백에 대한 보강증거도 될 수 있다(소변검사결과 : 검사 이전 2회의 투약에 대한 보강증거).

9. [유사판례] 대법원 2007.9.20, 2007도5845
기소된 대마 흡연일자로부터 한 달 후 피고인의 주거지에서 압수된 대마 잎이 피고인의 자백에 대한 보강증거가 된다.

10. 대법원 2008.5.29, 2008도2343 [경찰간부 12, 경찰승진 10, 경찰채용 12 1차]
피고인의 집에서 피해품을 압수한 압수조서와 압수물 사진은 절도 자백의 보강증거가 된다는 사례
피고인이 자신이 거주하던 다세대주택의 여러 세대에서 7건의 절도행위를 한 것으로 기소되었는데 그 중 4건은 범행장소인 구체적 호수가 특정되지 않은 경우, 위 4건에 관한 피고인의 범행 관련 진술이 매우 사실적·구체적·합리적이고 진술의 신빙성을 의심할 만한 사유도 없어 자백의 진실성이 인정되므로, 피고인의 집에서 해당 피해품을 압수한 압수조서와 압수물 사진은 위 자백에 대한 보강증거가 된다.

11. [유사판례] 대법원 1985.6.25, 85도848
압수된 피해품의 현존사실은 (절도)자백의 보강증거가 될 수 있다.

12. [유사판례] 대법원 1985.11.12, 85도1838 [국가7급 14]
검사의 피고인에 대한 피의자신문조서 기재에 피고인이 성명불상자로부터 반지 1개를 편취한 후 이 반지를 1984.4.20경 소송외 甲에게 매도하였다는 취지로 진술하고 있고 한편 甲에 대한 진술조서 기재에 위 일시경 피고인으로부터 금반지 1개를 매입하였다고 진술하고 있다면 위 甲의 진술은 피고인이 자백하고 있는 편취물품의 소재 내지 행방에 부합하는 진술로서 피고인의 (사기)자백의 진실성을 보강하는 증거가 될 수 있다.

13. [유사판례] 대법원 2011.9.29, 2011도8015 [경찰간부 22, 국가7급 16]
피고인이 甲과 합동하여 乙의 재물을 절취하려다 미수에 그쳤다는 내용의 공소사실을 자백한 경우, 피고인을 현행범으로 체포한 乙의 수사기관에서의 진술과 (범행에 사용된 노루발못뽑이와 손괴된 쇠창살 모습이 촬영된) 현장사진이 첨부된 수사보

고서는 피고인 자백의 진실성을 담보하기에 충분한 보강증거가 된다.

14. 대법원 2008.9.25, 2008도6045

자신이 운영하는 게임장에서 미등급 게임기를 판매·유통시켰다는 공소사실에 대하여 경찰 및 제1심 법정에서 자백한 후 이를 다시 번복한 경우, 미등급 게임기가 설치된 게임장 내부 사진 및 피고인 명의의 게임제공업자등록증 등의 증거가 자백의 진실성을 담보하기에 충분한 보강증거가 된다.

15. 대법원 2010.12.23, 2010도11272 [경찰채용 12 1차]

운전해 온 피고인으로부터 필로폰을 건네받았다는 진술 및 필로폰 양성반응과 약물운전죄 자백보강증거

2010.2.18. 01 : 35경 자동차를 타고 온 피고인으로부터 필로폰을 건네받은 후 피고인이 위 차량을 운전해 갔다고 한 甲의 진술과 2010.2.20. 피고인으로부터 채취한 소변에서 나온 필로폰 양성 반응은, 피고인이 2010.2.18. 02 : 00경의 필로폰 투약으로 정상적으로 운전하지 못할 우려가 있는 상태에 있었다는 공소사실 부분에 대한 자백을 보강하는 증거가 되기에 충분하다.

16. 대법원 2018.3.15, 2017도20247

乙은 피고인의 최초 러미라 투약행위가 있었던 시점에 피고인에게 50만 원 상당의 채무변제에 갈음하여 러미라 약 1,000정이 들어있는 플라스틱통 1개를 건네주었다고 하고 있고, 甲은 乙에게 피고인으로부터 러미라를 건네받았다는 취지의 카카오톡 메시지를 보낸 사실을 알 수 있어, 이러한 乙에 대한 검찰 진술조서 및 수사보고는 피고인이 乙로부터 수수한 러미라를 투약하고 甲에게 제공하였다는 자백의 진실성을 담보하기에 충분하다.

17. 대법원 2022.11.17, 2019도11967

휴대전화가 위법하게 압수된 경우 휴대전화에 대한 임의제출서, 압수조서 등이 자백보강증거가 될 수 있다는 사례

피고인이 2017.9.1.~2018.5.25.까지 지하철역 등지에서 총 26회 성명불상의 피해자들의 신체를 의사에 반하여 촬영한 사실로 공소가 제기되었고 피고인이 공소사실을 자백하였는데, 피고인의 휴대전화에 저장된 전자정보 탐색·복제·출력 과정에서 피고인의 참여권이 보장되지 않아 증거능력이 인정되지 않는 경우, 위 휴대전화에 대한 임의제출서, 압수조서 등은 피고인의 자백을 보강하는 증거가 될 수 있는가에 관하여 … 이 사건 휴대전화에 대한 임의제출서, 압수조서, 압수목록, 압수품 사진, 압수물 소유권 포기여부 확인서는 경찰이 피고인의 이 부분 범행 직후 범행 현장에서 피고인으로부터 위 휴대전화를 임의제출 받아 압수하였다는 내용으로서 이 사건 휴대전화에 저장된 전자정보의 증거능력 여부에 영향을 받지 않는 별개의 독립적인 증거에 해당하므로, 피고인이 증거로 함에 동의한 이상 유죄를 인정하기 위한 증거로 사용할 수 있고, 이 부분 공소사실에 대한 피고인의 자백을 보강하는 증거가 된다고 볼 여지가 많다.

▲ 판례연구 자백의 보강증거가 되지 않는 간접증거(정황증거)

1. 대법원 1986.2.25, 85도2656

피고인의 범행도구(차량)를 도난당하였다는 자의 진술은 피고인의 소매치기범행 자백에 대한 보강증거가 될 수 없다는 사례

성남시 태평동 자기집 앞에 세워둔 봉고화물차 1대를 도난당하였다는 공소외인의 진술은 피고인이 위 차를 타고 그 무렵 충주까지 가서 소매치기 범행을 하였다고 자백하고 있는 경우, 위 피고인의 자백이 그 차량을 범행의 수단, 방법으로 사용하였다는 취지가 아니고 피고인이 범행장소인 충주까지 가기 위한 교통수단으로 이용하였다는 취지에 불과하여 위 소매치기범행과는 직접적으로나 간접적으로 아무런 관계가 없어 이는 위 피고인의 자백에 대한 보강증거가 될 수 없다.

2. 대법원 1990.12.7, 90도2010 [국가7급 14]

범행동기에 관한 정황증거는 공소사실의 객관적 부분과 관련이 없는 것이어서 자백에 대한 보강증거가 될 수 없다는 사례

검사가 보강증거로서 제출한 증거의 내용이 피고인과 공소외 甲이 현대자동차 춘천영업소를 점거했다가 甲이 처벌받았다는 것이고, 피고인의 자백내용은 현대자동차 점거로 甲이 처벌받은 것은 학교 측의 제보 때문이라 하여 피고인이 그 보복으로 학교총장실을 침입점거했다는 것이라면, 위 증거는 공소사실의 객관적 부분인 주거침입, 점거사실과는 관련이 없는 범행의 침입동기에 관한 정황증거에 지나지 않으므로 위 증거와 피고인의 자백을 합쳐 보아도 자백사실이 가공적인 것이 아니고 진실한 것이라 인정하기에 족하다고 볼 수 없으므로 검사 제출의 위 증거는 자백에 대한 보강증거가 될 수 없다.

3. 대법원 1996.2.13, 95도1794

공소사실 기재 범행 후의 투약에 관한 증거가 되는 소변검사 결과와 압수된 약물은 습성에 관한 범행증거에 불과하므로 마약사범의 이전 각 투약행위 자백에 대한 보강증거가 될 수 없다는 사례

소변검사 결과는 1995.1.17.자 투약행위로 인한 것일 뿐 그 이전(94년 6～11월)의 4회에 걸친 투약행위와는 무관하고, 압수된 약물도 이전의 투약행위에 사용되고 남은 것이 아니므로, 위 소변검사 결과와 압수된 약물은 결국 피고인이 투약습성이 있다는 점에 관한 정황증거에 불과하다(95.1.17. 투약에 대한 소변결과 = 투약습성에 관한 정황증거 → 94.6.～11. 4회 투약 보강증거 ×)(실체적 경합범 및 상습범은 각 행위 보강증거 要).

📚 사례문제

아래 문제들은 대법원 2019.11.14, 2019도13290 판례를 사례문제로 만든 것이다. 이 사건은 피고인이 휴대전화기의 카메라로 피해자를 몰래 촬영한 현장에서 현행범으로 체포되면서 위 휴대전화기를 수사기관에 임의제출한 사안에서, 피고인의 자백을 보강할 증거가 있는지 여부가 쟁점이 된 사건이다.

문제1 피고인 A는 지하철역 에스컬레이터에서 휴대전화기의 카메라를 이용하여 성명불상 여성 피해자의 치마 속을 몰래 촬영하다가 현행범으로 체포되어 성폭력범죄의 처벌 등에 관한 특례법 위반(카메라등이용촬영)으로 기소되었다. 검사가 제출한 증거 중 체포 당시 임의제출 방식으로 압수된 A 소유 휴대전화기에 대한 압수조서가 있다. 이 압수조서 중 '압수경위'란에 기재된 내용은 A가 범행을 저지르는 현장을 직접 목격한 사법경찰관 B의 진술이 담긴 것이다. 이는 전문증거에 해당하는데, 그렇다면 그 증거능력을 인정하기 위한 전문법칙의 예외규정 중 제 몇 조 제 몇 항에 해당하는가?

→ 피고인은 공소사실에 대해 자백하고 검사가 제출한 모든 서류에 대하여 증거로 함에 동의하였는데, 그 서류들 중 체포 당시 임의제출 방식으로 압수된 피고인 소유 휴대전화기(이하 '휴대전화기'라고 한다)에 대한 압수조서의 '압수경위'란에 '지하철역 승강장 및 게이트 앞에서 경찰관이 지하철범죄 예방·검거를 위한 비노출 잠복근무 중 검정 재킷, 검정 바지, 흰색 운동화를 착용한 20대가량 남성이 짧은 치마를 입고 에스컬레이터를 올라가는 여성을 쫓아가 뒤에 밀착하여 치마 속으로 휴대폰을 집어넣는 등 해당 여성의 신체를 몰래 촬영하는 행동을 하였다'는 내용이 포함되어 있고, 그 하단에 피고인의 범행을 직접 목격하면서 위 압수조서를 작성한 사법경찰관 및 사법경찰리의 각 기명날인이 들어가 있으므로, 위 압수조서 중 '압수경위'란에 기재된 내용은 피고인이 범행을 저지르는 현장을 직접 목격한 사람의 진술이 담긴 것으로서 형사소송법 제312조 제5항에서 정한 '피고인이 아닌 자가 수사과정에서 작성한 진술서'에 준하는 것으로 볼 수 있다.

[해결] 제312조 제5항(→ 제312조 제4항)

문제2 (현행범 체포현장에서 형사소송법 제218조에 따른 임의제출물 압수가 가능하다고 하더라도, 제출의 임의성이 있어야만 압수물에 대한 증거능력이 인정될 수 있는 것인데, 이 사건에서 만약 임의제출에 의한 압수절차와 그 효과에 대한 피고인의 인식 또는 경찰관의 고지가 없었다고 보이는 등 피고인이 현행범으로 체포될 당시 임의제출 방식으로 압수된 피고인 소유의 휴대전화기 −제1호증, 이하 '이 사건 휴대전화기'− 에 대하여 경찰관의 강제수사 또는 피고인의 임의적 제출의사 부재가 의심되는 반면 이를 배제할 검사의 증명이 전혀 이루어지지 않아 이 사건 휴대전화기의 증거능력은 인정되지 않는다고 하여도) 위 제1문의 목격자 B의 진술이 담긴 압수조서는 이 사건 휴대전화기에 대한 임의제출절차가 적법하였는지에 따라 그 증거능력에 영향을 받지 않는 별개의 독립적인 증거에 해당하는가?

→ (문제1의 판례에 이어서) 이에 따라 휴대전화기에 대한 임의제출절차가 적법하였는지에 영향을 받지 않는 별개의 독립적인 증거에 해당한다.

[해결] 별개의 독립적인 증거에 해당한다.

문제3 A가 공소사실에 대하여 자백하고 검사가 제출한 모든 서류에 대하여 증거로 함에 동의하였을 경우, 위 제1문의 목격자 B의 진술이 담긴 압수조서는 자백을 보강하는 증거가 될 수 있는가?

→ 피고인이 증거로 함에 동의한 이상 유죄를 인정하기 위한 증거로 사용할 수 있을 뿐 아니라 피고인의 자백을 보강하는 증거가 된다고 볼 여지가 많다. 따라서 이와 달리 피고인의 자백을 뒷받침할 보강증거가 없다고 보아 무죄를 선고한 원심판결에 자백의 보강증거 등에 관한 법리를 오해하거나 필요한 심리를 다하지 아니한 잘못이 있다.

[해결] 자백을 보강하는 증거가 될 수 있다.

Ⅱ 공범자의 자백

1. 문제점

피고인의 자백이 있는 경우에 공범자의 자백을 보강증거로 하여 유죄의 인정을 할 수 있는가가 문제된다. 이는 공동피고인이 모두 자백한 경우에 상호 보강증거가 될 수 있는가의 문제 및 피고인이 자백하지 않았는데 공범자만 자백한 경우 피고인에 대한 유죄의 증거로 삼을 수 있는가의 문제와도 연결된다.

2. 학설·판례

견해의 대립이 있으나, 통설·판례는 **공범자의 자백도 피고인의 자백에 대한 보강증거가 될 수 있다**는 입장이다(긍정설).[1] [법원9급 10/12/14/15, 국가7급 07, 국가9급 10/12/13, 경찰간부 12/14/16, 경찰승진 10/11/12, 경찰채용 15 1차/16 2차] 긍정설에 의하면, 공동피고인의 자백은 이에 대한 피고인의 반대신문권이 보장되어 있어 증인으로 신문한 경우와 다를

---

1) [참고] 한편, 공범자의 자백도 보강증거를 요한다는 입장에서는 공범자의 자백만으로는 피고인의 자백에 대한 보강증거가 될 수 없다는 견해를 제시한다(배/이/정/이).

바 없으므로 **독립한 증거능력**이 있고(대법원 1985.6.25, 85도691; 1992.7.28, 92도917 등), 이는 피고인들 간에 이해관계가 상반된다고 하여도 마찬가지이다(대법원 2006.5.11, 2006도1944). [법원9급 23] 따라서 피고인이 자백한 경우 공범자의 자백은 피고인의 자백에 대한 보강증거가 되고, 공범자인 공동피고인들이 모두 자백한 경우 공범자의 각 자백은 **상호 보강증거**가 될 뿐만 아니라, 피고인이 부인하는 경우 공범자의 자백만으로도 피고인에 대한 유죄의 증거로 삼을 수 있다.

대법원 1990.10.30, 90도1939 [법원9급 10/12/14/15, 국가7급 07, 국가9급 10/12/13, 경찰간부 12/14, 경찰승진 10/11/12, 경찰채용 15 1차]

공범자의 자백은 보강증거가 된다는 사례 → 공동피고인의 자백은 상호 보강증거 ○

법 제310조 소정의 '피고인의 자백'에 공범인 공동피고인의 진술은 포함되지 아니하므로 공범인 공동피고인의 진술은 다른 공동피고인에 대한 범죄사실을 인정하는 증거로 할 수 있는 것일 뿐만 아니라 공범인 공동피고인들의 각 진술은 상호 간에 서로 보강증거가 될 수 있다.

정리 공범자의 자백

① 공범자의 자백의 보강증거 요부 : 불요(∵ 제310조의 피고인의 자백 ×)
② 공범자의 자백은 피고인의 자백에 대한 보강증거가 될 수 있는가 : 긍정
③ 공범자 모두 자백한 경우 상호 보강증거가 될 수 있는가 : 긍정
  * 단, 피고인의 자백의 증거능력 要, 공범자의 자백도 증거능력 要
④ 피고인 자백, 공범자 부인시 : 피고인 무죄(∵ 보강증거 ×)
⑤ 피고인 부인, 공범자 자백시 : 피고인 유죄(∵ 공범자 자백 보강증거 不要), 공범자 (if 보강 ×) 무죄, 또한 공범자만 유죄도 가능 (if 보강증거 ○)(자유심증주의 : 일부 증명력 인정 可)

---

04 보강증거의 필요범위

I 보강증거가 필요한 범위

1. 문제점 - 자백에 대하여 보강증거를 필요로 하는 범위

자백한 범죄사실의 전부에 대해서 보강증거를 요하는 것은 사실상 불가능할 뿐만 아니라 자백의 증거가 치를 완전히 부정하는 결과가 되고, 반대로 어떠한 보강증거라도 있기만 하면 자백의 증명력을 인정하는 것은 자백보강법칙이 무의미해진다. 따라서 **자백의 내용인 사실의 어느 범위까지 보강증거가 필요한가**(자백에 대한 보강의 정도)가 문제된다.

2. 결 론

죄체설과 진실성담보설(실질설)이 대립하나,[1] 통설 · 판례는 자백에 대한 보강증거는 **범죄사실의 전부 또는 중요부분을 인정할 수 있는 정도가 되지 아니하더라도**(죄체설 ×) [해경간부 12, 경찰승진 13, 경찰채용 11 1차] **피고인의 자백이 가공적인 것이 아닌 진실한 것임을 인정할 수 있는 정도**만 되면 족하다고 함으로써 **진실성담보설**을 취한다(대법원 1998.3.13, 98도159; 1999.3.23, 99도338; 2001.9.28, 2001도4091 등). 따라서 보강증거는 자백과 서로 어울려서 전체로서 범죄사실을 인정할 수 있으면 유죄의 증거로 충분하므로 정황증거도 보강증거가 될 수 있다. 또한 사람의 기억에는 한계가 있는 만큼 자백과 보강증거 사이에 어느 정도의 차이가 있어도 중요부분이 일치하고 그로써 진실성이 담보되면 보강증거로서의 자격이 인정된다(대법원 2008.5.29, 2008도2343). [법원9급 09/10/11/15/21, 국가7급 16, 국가9급 11/16, 경찰간부 13/14, 경찰승진 10/13/16, 경찰채용 12 1 · 3차/13 2차/15 1 · 2차 등]

---

1) [참고 - 보강증거의 범위]
  ① 죄체설 : 객관적 범죄구성사실인 죄체(corpus delicti)의 전부 또는 중요부분에 대하여 보강증거가 필요하다는 견해이다.
  ② 진실성담보설 : 보강증거는 자백의 진실성을 담보할 수 있을 정도이면 족하다는 견해이다(실질설 : 통설 · 판례).
  ③ 절충설 : 공판정 외 자백은 죄체설을, 공판정 자백은 진실성담보설에 의하는 입장이다(차/최).
  ④ 결론 : 죄체의 개념은 공판정 외 자백에 대해 엄격한 보강증거를 요하는 미국증거법상 개념으로서 우리 형사소송법에서 반드시 필요하지 않으므로, 본서는 진실성담보설을 따른다.

> **대법원 2008.5.29, 2008도2343**
>
> 자백에 대한 보강증거는 범죄사실의 전부 또는 중요부분을 인정할 수 있는 정도가 되지 아니하더라도(죄체설 ×) 피고인의 자백이 가공적인 것이 아닌 진실한 것임을 인정할 수 있는 정도만 되면 족한 것으로서(진실성담보설, 통설·판례), 자백과 서로 어울려서 전체로서 범죄사실을 인정할 수 있으면 유죄의 증거로 충분하고, 나아가 사람의 기억에는 한계가 있는 만큼 자백과 보강증거 사이에 어느 정도의 차이가 있어도 중요부분이 일치하고 그로써 진실성이 담보되면 보강증거로서의 자격이 있다.

Ⅱ 보강증거의 요부 및 증명력

1. 보강증거의 요부

(1) 범죄사실

① **보강증거 필요** : 자백을 유죄의 증거로 하기 위해서, 피고인이 자백한 범죄의 **객관적 구성요건**에 해당하는 사실에 대해서는 보강증거가 필요하다.

② 보강증거 불요

(가) 범죄의 주관적 요소 : 견해가 대립하나, 주관적 요소에 대한 보강증거를 얻은 것은 현실적으로 어려우므로 **고의·목적 등의 주관적 요소는 자백만으로 인정할 수 있고 보강증거가 필요 없다**(통설·판례).[1]

[경찰승진 11, 경찰채용 10 1차]

(나) 범죄구성요건 이외의 사실 : **처벌조건**에 관한 사실이나 **누범가중사유인 전과**(대법원 1979.8.21, 79도1528; 1981.6.9, 81도1353), **확정판결의 존부** 및 **정상**에 관한 사실은 범죄사실(범죄를 구성하는 사실)이 아니므로 **보강증거를 요하지 않고** 피고인의 자백만으로도 인정할 수 있다. [법원9급 14, 교정9급특채 10, 경찰간부 13/15, 해경간부 12, 경찰승진 13, 경찰채용 11 1차/13 2차]

(2) **범인과 피고인의 동일성** : 범죄사실에 대한 보강증거가 있는 이상, 범인과 피고인의 동일성은 피고인의 자백만으로도 인정할 수 있다(**불필요설** : 통설).[2] 목격자 없는 범죄의 경우에 보강증거를 구하는 것은 극히 곤란하기 때문이다.

(3) 죄수와 보강증거

① **경합범** : 실질적으로 수죄이므로 **각 범죄사실에 관하여 자백에 대한 보강증거가 필요**하다(대법원 1959.6.30, 4292형상122; 2008.2.14, 2007도10937). [국가9급 12, 경찰간부 13]

> **대법원 2008.2.14, 2007도10937** [경찰승진 10]
>
> 실체적 경합범은 실질적으로 수죄이므로 각 범죄사실에 관하여 자백에 대한 보강증거가 있어야 한다. 따라서 필로폰 매수 대금을 송금한 사실에 대한 증거가 필로폰 매수죄와 실체적 경합범 관계에 있는 필로폰 투약행위에 대한 보강증거가 될 수 없다.

② **상상적 경합** : 상상적 경합은 실체법상 수죄이므로 각 죄에 대한 보강증거가 필요하다는 학설과 소송법상 일죄로 처리하므로 가장 중한 죄에 대해서만 보강증거가 있으면 족하다는 학설이 대립하나, 1개의 행위이므로 논의의 실익은 크지 않다.

③ **포괄일죄** : 개별적 행위가 모여 구성요건상 독립된 가중적 처벌규정이 되는 경우(예 상습범 등)에 한하여 **각 행위에 대한 보강증거가 필요**하다(대법원 1996.2.13, 95도1794). [법원9급 11, 경찰간부 13/15, 경찰승진 11/13, 경찰채용 12 3차]

정리 6개월간 6회의 절도행위가 상습절도죄의 포괄일죄를 구성하는 경우, ① 공소사실의 특정, ② 공소장변경, ③ 공소시효와 같이 공소와 관련되어서는 전체적·포괄적으로 정하면 되지만, ④ 보강증거에 있어서는 각 개별행위에 대해 보강증거 要.

---

1) [참고] 고의는 범죄성립의 중요한 요소이므로 고의를 추정케 하는 간접증거가 보강증거로서 필요하다는 입장도 있다(배/이/정/이).
2) [참고] 피고인과 범인이 동일인이라는 점에 대해서는 별도의 보강증거가 필요하다는 입장도 있다(신양균).

> **대법원 1996.2.13, 95도1794** [법원9급 11, 경찰간부 13/15, 경찰승진 11/13, 경찰채용 12 3차/23 1차]
>
> 포괄일죄 중 상습범에 있어서는 각 행위에 대한 보강증거가 있어야 한다는 사례
> 소변검사 결과는 1995.1.17.자 투약행위로 인한 것일 뿐 그 이전의 4회에 걸친 투약행위와는 무관하고, 압수된 약물도 이전의
> 투약행위에 사용되고 남은 것이 아니므로, 위 소변검사 결과와 압수된 약물은 결국 피고인이 투약습성이 있다는 점에 관한 정
> 황증거에 불과하다 할 것인바(앞서 보강증거의 자격에서 전술함), 피고인의 습벽을 범죄구성요건으로 하며 포괄1죄인 상습범에 있
> 어서도 이를 구성하는 각 행위에 관하여 개별적으로 보강증거를 요구하고 있는 점에 비추어 보면 투약습성에 관한 정황증거만으로
> 향정신성의약품관리법 위반죄의 객관적 구성요건인 각 투약행위가 있었다는 점에 관한 보강증거로 삼을 수는 없다.

2. 보강증거의 증명력

보강증거의 범위에 관한 진실성담보설에 의할 때, **보강증거만으로는 범죄사실을 인정할 수 없다고 하더라도, 자백과 종합하여 범죄사실을 인정할 수 있을 정도의 증명력이면 족하다**(상대설 : 통설·판례, 대법원 2002.1.8, 2001도1897).[1] [법원9급 11/14]

---

05 **자백보강법칙 위반의 효과**

자백보강법칙 위반은 제310조의 법률의 위반에 해당하므로, ① 자백이 유일한 증거임에도 유죄판결을 선고한 경우에는 항소이유(제361조의5 제1호) 또는 상고이유(제383조 제1호)에 해당한다. 또한 ② 자백이 유일한 증거임에도 유죄판결이 확정된 경우에는 비상상고의 이유가 된다(제441조). 다만, ③ 이는 무죄의 증거가 새로 발견된 경우에는 해당하지 아니하므로 재심사유(제420조 제5호)는 될 수 없다.

> **대법원 2007.11.29, 2007도7835** [경찰승진 10, 경찰채용 15 1차]
>
> 자백보강법칙 위반은 그 자체로 판결 결과에 영향을 미친 위법이 있다는 사례
> 피고인의 자백이 그 피고인에게 불이익한 유일의 증거인 때에는 이를 유죄의 증거로 하지 못하는 것이므로, 보강증거가 없이 피
> 고인의 자백만을 근거로 공소사실을 유죄로 판단한 경우에는 그 자체로 판결 결과에 영향을 미친 위법이 있는 것으로 보아야 한다.
> [보충] 제1심법원이 증거의 요지에서 피고인의 자백을 뒷받침할 만한 보강증거를 거시하지 않았음에도, 원심이 적법하게 증거조사를 마
> 쳐 채택한 증거들로 피고인의 자백을 뒷받침하기에 충분하므로 제1심법원의 잘못이 판결 결과에 아무런 영향을 미치지 않았다고
> 본 원심판결에 대하여, 형사소송법 제310조, 제361조의5 제1호 위반을 이유로 파기하고 자판한 사례이다.

제**9**절 **공판조서의 배타적 증명력**

---

01 **총 설**

Ⅰ 의 의

1. 개 념

공판조서(公判調書, protocol of trial)란 공판기일의 소송절차가 법정의 방식에 따라 적법하게 행하여졌는지

---

1) [참고] 보강증거의 증명력에 대해서는, ① 보강증거 자체만으로 범죄사실을 증명할 수 있어야 한다는 절대설(차/최)과 ② 보강증거 자체만으로는
범죄사실을 인정할 수 없다 하더라도 자백과 종합하여 자백이 가공적인 것이 아니고 진실하다고 인정될 정도의 증명력이면 족하다는 상대설(통
설·판례)이 대립한다. ③ 결론적으로, 통설·판례는 보강증거의 범위에 관하여 진실성담보설을 취하므로, 보강증거의 증명력에 관해서도 상대설의
입장이며, 보강증거는 실질증거의 증명력을 보강하는 증거이지 실질증거 그 자체가 아니라는 점에서 상대설이 타당하다.

여부를 인증하기 위하여 법원사무관 등이 공판기일의 소송절차 경과를 기술하는 조서를 말하는바, 법 제56조는 "**공판기일의 소송절차로서 공판조서에 기재된 것은 그 조서만으로써 증명한다.**" [국가9급 08] 따라서 소송절차에 관한 사실은 공판조서의 기재가 소송기록상 **명백한 오기인 경우를 제외하고는 공판조서에 기재된 대로 공판절차가 진행된 것으로 증명**되고, 다른 자료에 의한 **반증은 허용되지 아니한다**(대법원 1993.11.26, 93도2505; 1995.4.14, 95도110; 1996.4.9, 96도173; 대법원 2005.10.28, 2005도5996)(**절대적 증명력**). [법원9급 11/12, 국가9급 11, 경찰간부 12, 경찰채용 10 2차] 이 점에서 공판조서의 배타적 증명력은, 증거의 증명력은 법관의 자유판단에 의한다는 **자유심증주의의 예외**가 된다.

2. 취지 – 상소심 절차의 지연 방지

공판조서에 기재된 원심 공판절차의 존부나 적법성을 상소심에서 다시 심리해야 한다면 원심의 법관이나 법원사무관 등을 증인으로 소환·신문하여야 하므로 불필요하고 번거로운 소송절차의 지연을 초래하게 될 것이다. 바로 여기에 공판조서의 배타적 증명력을 인정한 취지가 있다(**상소심절차의 지연 방지 + 상소심은 유·무죄 실체심리에 집중**).

> **보충** 공판조서의 배타적 증명력은 예컨대, 2심과 3심의 심급에서 그 원심의 공판조서의 증명력을 배타적으로 인정하는 것을 말한다. 예컨대, 1심의 결정적인 목격자인 증인이 증인신문에 앞서 선서하지 않고 증언하여 유죄판결이 선고되었는데(∵ 1심 판결은 위법), 2심에서는 1심에서 선서가 있었는지에 관하여 공판조서로서만 확인하면 된다.

Ⅱ 공판조서의 정확성 보장

1. 의의

공판조서의 배타적 증명력을 인정하기 위한 전제로서 공판조서 기재의 정확성을 보장하기 위한 장치가 필요하게 된다(제2편 소송주체와 소송행위 중 공판조서 참조).

2. 기명날인 또는 서명

공판조서는 당해 **공판에 참여한 법원사무관 등이 작성**한다(제51조 제1항). 공판조서는 그 기재의 정확성을 담보하기 위하여 **재판장과 참여한 법원사무관 등이 기명날인 또는 서명**해야 한다(제53조 제1항).[1]

3. 공판조서 기재변경청구·이의제기권 및 열람·등사권

(1) **공판조서의 정리와 주요사항 고지** : 공판조서는 각 공판기일 후 신속히 정리하여야 한다(제54조 제1항). 다음 회의 공판기일에 있어서는 전회의 공판심리에 관한 주요사항의 요지를 **조서에 의하여 고지**하여야 한다. 다만, 다음 회의 공판기일까지 전회의 공판조서가 정리되지 아니한 때에는 **조서에 의하지 아니하고 고지**할 수 있다(동조 제2항).

(2) **공판조서 기재변경청구·이의제기권** : 검사, 피고인 또는 변호인은 공판조서의 **기재에 대하여 변경을 청구하거나 이의를 제기**할 수 있다(제54조 제3항). 이 경우 그 취지와 이에 대한 재판장의 의견을 기재한 조서를 당해 공판조서에 첨부하여야 한다(동조 제4항).

(3) **열람·등사권** : 피고인과 변호인은 소송계속 중의 관계 서류 또는 증거물을 열람하거나 복사할 수 있으며(제35조 제1항), **피고인은 공판조서의 열람 또는 등사를 청구할 수 있다**(제55조 제1항). 다만, 피고인이 공판조서를 읽지 못하는 때에는 공판조서의 낭독을 청구할 수 있다(동조 제2항). 법원이 제55조 제1항·제2항의 청구에 응하지 아니한 때에는 그 공판조서를 유죄의 증거로 할 수 없다(동조 제3항).

---

1) [참고] 제53조(공판조서의 서명 등) ② 재판장이 기명날인 또는 서명할 수 없는 때에는 다른 법관이 그 사유를 부기하고 기명날인 또는 서명하여야 하며 법관 전원이 기명날인 또는 서명할 수 없는 때에는 참여한 법원사무관 등이 그 사유를 부기하고 기명날인 또는 서명하여야 한다. 〈개정 2007.6.1.〉
③ 법원사무관 등이 기명날인 또는 서명할 수 없는 때에는 재판장 또는 다른 법관이 그 사유를 부기하고 기명날인 또는 서명하여야 한다. 〈개정 2007.6.1.〉

> **대법원 2003.10.10, 2003도3282**
>
> 피고인의 공판조서에 대한 열람 또는 등사청구권이 침해된 경우의 처리 : 공판조서 증거 ×
>
> 공판에 참여한 서기관 또는 서기(현 법원사무관 등)는 공판기일에서의 피고인의 진술과 증인의 진술을 공판조서에 기재하여야 하고(법 제51조 제1항; 제2항 제8호, 제48조 제2항), 피고인이나 피고인 아닌 자의 진술을 기재한 당해 사건의 공판조서는 법 제311조 전문의 규정에 의하여 당연히 증거능력이 있다. 한편, 법이 피고인에게 공판조서의 열람 또는 등사청구권(제55조 제1항)을 부여한 이유는 공판조서의 열람 또는 등사를 통하여 피고인으로 하여금 진술자의 진술내용과 그 기재된 조서의 기재내용의 일치 여부를 확인할 수 있도록 기회를 줌으로써 그 조서의 정확성을 담보함과 아울러 피고인의 방어권을 충실하게 보장하려는 데 있다 할 것이므로, 피고인의 공판조서에 대한 열람 또는 등사청구에 법원이 불응하여 피고인의 열람 또는 등사청구권이 침해된 경우에는 그 공판조서를 유죄의 증거로 할 수 없을 뿐만 아니라(제55조 제3항), 공판조서에 기재된 당해 피고인이나 증인의 진술도 증거로 할 수 없다고 보아야 한다(다만, 원하는 시기에는 못했지만 변론종결 전에 열람·등사했고 방어권 지장 없으면 증거로 할 수 있다는 판례는 2007도3906, 공판조서 부분에서 기술함).

02 배타적 증명력이 인정되는 범위

I 공판기일의 소송절차

1. 공판기일의 절차

(1) 공판기일의 절차 : 공판조서만으로써 증명하는 것은 '**공판기일**'의 절차에 한한다.

(2) 공판기일 외 절차 : 당해 사건에 관한 절차라 할지라도 '**공판기일 외**'에서 행하는 절차에 대해서는 배타적 증명력이 인정되지 않는다.

> 例 증거보전절차, 공판준비절차, 공판기일 외의 증인신문·검증절차 등.

2. 소송절차

(1) 소송절차 : 공판기일의 절차 가운데 '**소송절차**'에 대해서만 공판조서의 배타적 증명력이 인정된다. 소송절차에 관한 것인 이상 **소송절차의 적법성**뿐만 아니라 그 **존부**에 대해서도 배타적 증명력이 인정된다.

> 例 공판기일의 진술거부권 고지, 재판의 **공개금지결정**이 있었다는 사실, 공소장변경의 신청 및 허가, **증거동의**, 증언거부권의 고지, 증인의 선서, 증인이 증언하였다는 사실, 피고인이 진술하였다는 사실, 각 공판기일에 재판장이 피고인에게 **전회 공판심리에 관한 주요사항의 요지를 고지**한 사실(대법원 2003.10.10, 2003도3282), 검사·피고인·변호인의 최종변론이 있었다는 사실 등.

★ 판례연구 공판기일의 소송절차

1. 대법원 2012.6.14, 2011도12571; 2015.8.27, 2015도3467 [법원9급 11, 국가9급 11, 경찰간부 12, 경찰채용 10 2차]

증거에 관한 피고인의 의견이 기재된 증거목록의 증명력

공판조서의 기재가 명백한 오기인 경우를 제외하고는 공판기일의 소송절차로서 공판조서에 기재된 것은 조서만으로써 증명하여야 하고 그 증명력은 공판조서 이외의 자료에 의한 반증이 허용되지 아니하는 절대적인 것이므로, 검사가 제출한 증거에 관하여 동의 또는 진정성립 여부 등에 관한 피고인의 의견이 증거목록에 기재된 경우에는 그 증거목록의 기재는 공판조서의 일부로서 명백한 오기가 아닌 이상 절대적인 증명력을 가지게 된다.

2. 대법원 2013.7.26, 2013도2511 [경찰간부 14]

1심 공판조서에 기재된 공개금지결정

제1심 공판조서에 제1심법원이 공개금지결정을 선고한 후 위 수사관들에 대하여 비공개 상태에서 증인신문절차를 진행한 것으로 기재된 이상 그 공개금지결정 선고 여부에 대하여 공판조서 이외의 다른 방법에 의한 증명이나 반증은 허용되지 않는다.

3. 대법원 2016.3.10, 2015도19139 [경찰간부 22, 국가7급 16/17/20]

공판기일의 공판조서에 검사 제출 증거에 대해 피고인이 동의한다는 기재의 증명력

법 제318조에 규정된 증거동의는 소송주체인 검사와 피고인이 하는 것이고, 변호인은 피고인을 대리하여 증거동의에 관한

의견을 낼 수 있을 뿐이므로, 피고인이 변호인과 함께 출석한 공판기일의 공판조서에 검사가 제출한 증거에 대하여 동의한다는 기재가 되어 있다면 이는 피고인이 증거동의를 한 것으로 보아야 하고, 그 기재는 절대적인 증명력을 가진다.

(2) 실체면 : 법원·법관의 면전조서는 제311조에 의하여 절대적 증거능력이 인정되나, **실체면**에 대해서는 배타적 증명력이 인정되지 않으므로 다른 증거에 의하여 다툴 수 있다(예 증인의 증언의 내용, 피고인이 진술한 내용, 검사·피고인·변호인의 최종변론의 내용 등).

Ⅱ 공판조서에 기재된 소송절차

1. 기재된 소송절차 - 배타적 증명력

공판조서의 **배타적 증명력**은 공판기일의 소송절차 가운데 **공판조서에 기재된 소송절차**에 대해서만 미친다.[1] 공판조서에 기재된 사항은 필요적 기재사항인가 아닌가는 불문한다.

2. 기재되지 않은 소송절차 - 자유심증주의

(1) 기재되지 않은 경우

① 공판조서 이외의 자료에 의한 증명 : 공판조서에 **기재되지 않은 소송절차**는 **공판조서 이외의 자료에 의한 증명**이 허용된다. 소송법적 사실에 관한 증명이므로 **자유로운 증명**으로 족하다. 예컨대 공판조서에 증인이 출석하여 증언을 하였다고 기재되어 있고 선서 여부는 기재되어 있지 않은 경우, 자유로운 증명에 의한다.

② 부존재 추정의 금지 : 공판조서에 기재되지 않았다고 하여 **그 소송절차의 부존재가 추정되는 것은 아니고,** 법원이 통상 행하는 소송절차인 경우에는 **당해 절차가 적법하게 행해졌다는 점이 사실상 추정**된다(적법한 소송절차의 사실상 추정).

> **🔨 판례연구** 공판조서 미기재 소송절차의 증명
>
> **1. 대법원 1972.12.26, 72도2421**
> 인정신문이 있었던 사실이 추정되고, 다만 조서의 기재에 이 점에 관한 누락이 있었을 따름인 사례
> **공판조서에 피고인에 대하여 인정신문을 한 기재가 없다 하여도 같은 조서에 피고인이 공판기일에 출석하여 공소사실신문에 대하여 이를 시정하고 있는 기재가 있으니 인정신문이 있었던 사실이 추정**된다 할 것이고, 다만 조서의 기재에 이 점에 관한 누락이 있었을 따름인 것이 인정된다.
>
> **2. 대법원 2023.6.15, 2023도3038**
> 공판조서에 기재되지 않은 소송절차의 존재의 증명의 방법
> 공판기일의 소송절차로서 판결 기타의 재판을 선고 또는 고지한 사실은 공판조서에 기재되어야 하는데(형사소송법 제51조 제1항·제2항 제14호), 공판조서의 기재가 명백한 오기인 경우를 제외하고는, 공판기일의 소송절차로서 공판조서에 기재된 것은 조서만으로써 증명하여야 하고 그 증명력은 공판조서 이외의 자료에 의한 반증이 허용되지 않는 절대적인 것이다(대법원 2005.12.22, 2005도6557). 반면에 어떤 소송절차가 진행된 내용이 공판조서에 기재되지 않았다고 하여 당연히 그 소송절차가 당해 공판기일에 행하여지지 않은 것으로 추정되는 것은 아니고 공판조서에 기재되지 않은 소송절차의 존재가 공판조서에 기재된 다른 내용이나 공판조서 이외의 자료로 증명될 수 있고, 이는 소송법적 사실이므로 자유로운 증명의 대상이 된다.

---

(2) 불분명한 기재 등의 경우

① 기재의 불분명·모순 : 공판조서의 기재는 명확함을 요하므로, 그 기재가 불명확하거나 모순이 있는 경우에는 **배타적 증명력이 인정되지 않는다.** 이 경우 법관의 자유로운 심증에 따른다.

---

1) [보충－공판조서 기재사항] 공판조서에는 다음 사항 기타 모든 소송절차를 기재하여야 한다(법 제51조 제2항). 1. 공판을 행한 일시와 법원, 2. 법관, 검사, 법원사무관 등의 관직, 성명, 3. 피고인, 대리인, 대표자, 변호인, 보조인과 통역인의 성명, 4. 피고인의 출석 여부, 5. 공개의 여부와 공개를 금한 때에는 그 이유, 6. 공소사실의 진술 또는 그를 변경하는 서면의 낭독, 7. 피고인에게 그 권리를 보호함에 필요한 진술의 기회를 준 사실과 그 진술한 사실, 8. 제48조 제2항에 기재한 사항, 9. 증거조사를 한 때에는 증거될 서류, 증거물과 증거조사의 방법, 10. 공판정에서 행한 검증 또는 압수, 11. 변론의 요지, 12. 재판장이 기재를 명한 사항 또는 소송관계인의 청구에 의하여 기재를 허가한 사항, 13. 피고인 또는 변호인에게 최종 진술할 기회를 준 사실과 그 진술한 사실, 14. 판결 기타의 재판을 선고 또는 고지한 사실

> **대법원 1988.11.8, 86도1646** [경찰채용 10 2차]
>
> 기재내용이 서로 다른 공판조서(기재의 불분명·모순)에 대한 증명력 : 자유심증주의
>
> 동일한 사항에 관하여 두 개의 서로 다른 내용이 기재된 공판조서가 병존하는 경우 양자는 동일한 증명력을 가지는 것으로서 그 증명력에 우열이 있을 수 없다고 보아야 할 것이므로 그 중 어느 쪽이 진실한 것으로 볼 것인지는 공판조서의 증명력을 판단하는 문제로서 법관의 자유로운 심증에 따를 수밖에 없다.

② **명백한 오기** : 공판조서의 기재가 소송기록상 **명백한 오기**인 경우에는 공판조서는 그 오기 부분의 **증명력은 없고 올바른 내용에 따라 증명력**을 가진다(대법원 1995.4.14, 95도110 등). [경찰간부 14] 명백한 오기인지 여부의 판단은 공판조서의 기재만으로 판단해야 한다(다수설).[1] 예컨대, 공판조서에 검사가 '고소장' 변경신청을 하여 법원이 공소사실의 동일성을 확인하여 이를 허가하였다고 기재되어 있으면, 이는 고소장이 아니라 공소장 변경신청으로 새겨야 할 것이다.

> [보충] 공판기일의 소송절차로서 공판조서에 기재된 것은 조서만으로써 증명하여야 하는데, 이는 공판조서의 기재가 명백한 오기인 경우에도 동일하다. [경찰간부 14] (×)

> **대법원 1995.4.14, 95도110**
>
> 공판조서의 공판기일의 소송절차 기재가 소송기록상 명백한 오기인 경우에는 배타적 증명력은 배제되고 자유심증주의에 의함
>
> 형사소송법 제56조는 "공판기일의 소송절차로서 공판조서에 기재된 것은 그 조서만으로써 증명한다"고 규정하고 있으므로 소송절차에 관한 사실은 공판조서에 기재된 대로 공판절차가 진행된 것으로 증명되고 다른 자료에 의한 반증은 허용되지 아니하나, 공판조서의 기재가 소송기록상 명백한 오기인 경우에는 공판조서는 그 올바른 내용에 따라 증명력을 가진다(법관의 자유심증에 의함).

03 　배타적 증명력 있는 공판조서

Ⅰ 당해 사건의 유효한 공판조서

1. 당해 사건의 공판조서

공판조서의 배타적 증명력은 **당해 사건의 공판조서**에 대해서만 인정되고, 다른 사건의 공판조서에 대해서는 인정되지 않는다.

> [보충] 피고인 A의 공판절차에서 증인으로 소환되어 증언한 B가 위증죄로 기소된 경우, 피고인 B에 대한 공판절차에서 B가 A 사건에서 증인신문 전 선서한 사실이 있는가의 증명은 A 사건 공판조서의 기재에도 불구하고 (B 사건에서는 B 사건 공판조서만 절대적 증명력이 있고 A 사건 공판조서는 절대적 증명력이 없으므로) 다른 증거로 그 선서의 존부를 다툴 수 있다.

> [정리] ① 당해 사건의 공판조서 : 절대적 증거능력 인정(제311조), 절대적 증명력 인정(제56조), ② 다른 사건의 공판조서 : 절대적 증거능력 인정(제315조 제3호), 절대적 증명력 부정(∵ 당해 사건 ×)

> **대법원 2014.3.27, 2014도1200; 2012.6.14, 2011도15653**
>
> 다른 사건의 공판조서 : 형사재판에서 관련 형사사건의 확정판결에서 인정된 사실의 증명력
>
> 형사재판에서 이와 관련된 다른 형사사건의 확정판결에서 인정된 사실은 특별한 사정이 없는 한 유력한 증거자료가 되는 것이나, 당해 형사재판에서 제출된 다른 증거 내용에 비추어 관련 형사사건의 확정판결에서의 사실판단을 그대로 채택하기 어렵다고 인정될 경우에는 이를 배척할 수 있다.

1] [참고] 반대견해로서 공판조서 이외의 다른 자료도 참조할 수 있다는 입장도 있다(이/조).

2. 유효한 공판조서

공판조서의 배타적 증명력은 유효한 공판조서의 존재를 전제로 하므로, 공판조서가 처음부터 작성되지 않는 경우나 도중에 멸실된 경우 또는 **중대한 방식위반으로 무효인 경우**(예 당해 공판기일에 열석하지 아니한 판사가 재판장으로서 서명·날인한 경우 – 대법원 1983.2.8, 82도2940)에는 배타적 증명력이 인정되지 않는다. [법원9급 08, 국가 7급 09, 경찰승진 10]

대법원 1983.2.8, 82도2940

유효하지 않은 공판조서 : 당해 공판기일에 열석하지 아니한 판사가 재판장으로서 서명 날인한 공판조서의 증명력

공판조서에 서명날인할 재판장은 당해 공판기일에 열석한 재판장이어야 하므로 당해 공판기일에 열석하지 아니한 판사가 재판장으로서 서명날인한 공판조서는 적식의 공판조서라고 할 수 없어 이와 같은 공판조서는 소송법상 무효라 할 것이므로 공판기일에 있어서의 소송절차를 증명할 공판조서로서의 증명력이 없다.

Ⅱ 공판조서의 멸실 · 무효

공판조서가 무효이거나 멸실된 경우에 상소심에서 원심의 소송절차의 위법을 주장하면서 다른 자료를 사용할 수 있는가에 대해서는, ① 판례는 **다른 자료로 다툴 수 없으므로 파기환송**해야 한다는 입장이나(소극설, 대법원 1950.12.4, 4283형상9), ② 현행법은 항소심의 심판에 관하여 파기자판을 원칙으로 하고 있다는 점 및 공판조서의 멸실 · 무효는 결국 공판조서에 기재되지 아니한 소송절차의 경우와 같다는 점을 고려할 때 자유심증주의에 의해 다른 자료에 의한 사실의 인정이 가능하다고 보아야 한다(적극설, 통설).

CHAPTER

03 재판

📂 5개년 출제경향 분석

구분	경찰간부					경찰승진					경찰채용					국가7급					국가9급					법원9급					변호사				
	19	20	21	22	23	20	21	22	23	24	20	21	22	23	24	19	20	21	22	23	20	21	22	23	24	19	20	21	22	23	20	21	22	23	24
제1절 재판의 기본개념																																			
제2절 종국재판	1	1	2			1			1	1	1					3	1	1	1	1		1	1	1	1	2	1	1	2	2					1
제3절 재판의 확정과 효력				1			1	1												1			1					1			
제4절 소송비용 및 기타절차																								1						
출제율	4/200 (2.0%)					6/200 (3.0%)					1/160 (0.6%)					5/100 (5.0%)					5/115 (4.3%)					8/125 (6.4%)					7/200 (3.5%)				

01　재판의 의의와 종류

Ⅰ　재판의 의의

1. 개 념

(1) **협의의 재판** : 사건에 법령을 적용하여 이를 공권적으로 해결하는 법원의 의사표시, 즉 피고사건의 실체에 대한 법원의 유·무죄의 실체적·공권적·종국적 판단을 말한다. 협의의 재판은 고유한 의미의 재판으로서 당해 심급의 소송절차를 종결한다는 의미에서 종국재판(終局裁判)이라고 한다.

(2) **광의의 재판** : 법원 또는 법관이 소송절차에서 외부적으로 표시하는 일체의 의사표시, 즉 법원 또는 법관의 법률행위적 소송행위 일체를 말한다. 법률행위적 소송행위이므로 일정한 소송법적 효과가 수반된다. 형사소송법에서 재판이라고 하면 보통 광의의 재판을 일컫는다(재판의 일반적 의미).

2. 개념요소

(1) **법원·법관의 소송행위** : 재판은 법원 또는 법관의 소송행위라는 점에서 검사, 법원사무관 등 또는 사법경찰관의 소송행위와 구별된다.

(2) **법률행위적 소송행위** : 재판은 법률행위적 소송행위라는 점에서 법원·법관의 사실행위적 소송행위(증거조사 등)와는 구별된다.

Ⅱ　재판의 종류

1. 재판의 기능에 의한 분류

구 분	종국재판	종국전재판
개 념	피고사건에 대한 소송계속을 그 심급에서 종결시키는 재판(1심·2심·3심의 판결)(공판의 재판)	피고사건의 소송을 계속하여 진행시키기 위하여 절차상의 문제를 해결하는 재판(절차에 관한 재판, 중간재판)
종 류	• 원칙 : 판결 ① 유죄·무죄판결 ② 관할위반·공소기각·면소의 재판 ③ 상소심의 파기자판·상소기각의 재판, 파기환송·파기이송의 재판	• 결정·명령 종국재판 이외의 결정·명령(예 보석허가결정 등) ＊ 공소기각결정 등 : 종국재판 ○
취소변경	재판을 한 법원의 취소·변경 불가 법적 안정성	재판을 한 법원의 취소·변경 가능 합목적성
상소 여부	원칙적으로(상소의 이익 ○) 상소허용	• 원칙 : 상소 불허(제403조 제1항) [국가9급개론 14] 상소 ○ : 압수·환부·구금·보석·감정유치(제403조 제2항)

> 보충1 결정 중 종국전재판인 것 : 보석허가결정(제95조·제96조), 증거신청에 대한 결정(제295조), 증거조사에 대한 이의신청에 대한 결정(제296조), 공소장변경허가결정(제298조)(명령이 아니라 결정임) [국가7급 01] 등이 있다.
>
> 보충2 결정 중 종국재판인 것 : 공소기각결정(제328조), 항소기각결정(제360조, 제361조의4), 상고기각결정(제376조·제380조), 항고기각결정(제407조·제413조) 등. → 법원의 결정이 모두 종국전재판인 것은 아니다. [법원행시 04]
>
> 보충3 이송결정(법 제8조, 제16조의2)은 이론상은 종국 전의 재판이지만 실무상으로는 당해 수소법원에서의 소송절차가 종결된다는 점에서 종국재판과 유사한 사무처리를 거치게 된다(법원실무Ⅱ 477면).

2. 재판의 내용에 의한 분류

구 분	실체재판	형식재판
개 념	피고사건의 실체(범죄의 성부, 형벌권의 존부)를 판단하는 재판(본안재판)	피고사건의 실체에 대하여 판단하지 않고 절차상 이유로써 사건을 종결시키는 재판(본안외재판)
종 류	종국재판 중 유죄·무죄판결	종국전재판 종국재판 중 관할위반·공소기각·면소의 재판
형 식	판결	판결·결정·명령
기판력	○	• 원칙 : × (예외 : 면소판결)

보충1 범죄의 성부에 관한 유·무죄의 실체재판을 하기 위해서는, 사실의 인정은 증거에 의하여야 하는 증거재판주의의 대원칙(제307조)에 입각하여 공소사실이 증거조사 결과에 의하여 인정될 수 있는지 여부를 판단하여야 한다.

보충2 실체재판은 모두 판결이나, 형식재판에는 결정(공소기각결정)도 있음.

3. 재판의 형식에 의한 분류

구 분	판 결	결 정	명 령
주 체	수소법원	수소법원 ＊수명법관·수탁판사 可	재판장·수명법관·수탁판사
성 격	종국재판의 원칙적 형식	종국전재판의 원칙적 형식	종국전재판
종 류	유죄·무죄판결 공소기각판결 관할위반판결 면소판결	종국전재판 (예 보석허가결정 등) 종국재판(예 공소기각결정 등)	재판장 또는 법관 개인의 명령·처분 (예 재판장의 공판기일지정, 퇴정명령) ＊약식명령 : 명령×(독립된 형식의 재판) [법원행시 04]
심 리	구두변론 원칙(제37조 제1항)	① 구두변론 생략 可(임의적 변론, 제37조 제2항) [국가9급개론 14] ② 필요시 사실 조사 可(제37조 제3항) [교정9급특채 10]	
재 판	① 판결서에 의한 공판정 선고(제38조 본문, 제42조) ② 이유 명시(제39조 본문) [경찰간부 15]	재판서의 방식·고지방법의 엄격성 완화 ① 결정·명령 고지 : 재판서 작성 없이 조서에만 기재 可(제38조 단서) ② 이유 명시 : 원칙 要 but 상소불허 결정과 명령 不要(제39조 단서)	
불 복	항소(제357조) 상고(제371조) ＊재심·비상상고 : 판결만 가능	항고(제402조) 재항고(제415조) [경찰간부 15] (즉시항고 ○)	① 원칙 : 상소방법 없음 [경찰간부 15] ② 예외 : 이의신청(제304조)·준항고(제416조) 可 [경찰간부 15]

보충1 판결 : 원칙적으로 구두변론에 의한다. 다만, ① 항소이유가 없음이 명백하여 소송기록에 의하여 판결하는 경우(제364조 제5항), ② 상고법원이 소송기록만에 의하여 판결하는 경우(제390조), ③ 정정판결(제401조 제1항) 등은 예외이다.

보충2 결정 : 수명법관·수탁판사가 법원의 직무를 행할 수 있도록 되어 있는 경우(제136조 제3항, 제145조, 제167조 제3항, 제177조 등)에는 수명법관·수탁판사도 결정을 할 수 있다. 사실조사를 위해 필요한 때에는 증인을 신문하거나 감정을 명할 수 있고 소송관계인을 참여하게 할 수 있다(규칙 제24조).

보충3 명령 : 수소법원이 아닌 재판장 또는 1인의 법관이 행하는 재판은 명칭상 명령이라 하지 않더라도 명령에 해당한다.

보충4 선고·고지의 방식 : 재판 중 가장 중요한 유형인 판결에 대하여는 반드시 선고를 거쳐 공표하고, 그 밖의 결정·명령에 대하여는 극소수의 예외(법조 제57조 제2항의 공판 비공개결정은 선고 要)를 제외하고는 고지에 의하여 공표한다. 이러한 차이는 후술하는 상소기간의 진행에 관한 판단에서 구별의 실익이 있다.

보충5 불복 : 증거조사에 관한 결정이나 재판장의 처분(명령)에 대하여는 법령위반이 있는 경우에 이의신청만이 가능하다.

02 재판의 성립 및 방식

Ⅰ 재판의 성립

1. 내부적 성립

(1) 의의 : 재판의 내부적 성립이란 재판의 의사표시적 내용이 당해 사건의 심리에 관여한 **재판기관의 내부에서 결정**되는 것을 말한다. 심리에 관여하지 않는 법관이 재판의 내부적 성립에 관여한 경우에는 절대적 항소이유(제361조의5 제8호) 및 상대적 상고이유(제383조 제1호)가 된다.

(2) 시 기

① 합의부의 재판 : 합의부의 구성원인 **법관들의 합의가 있을 때 내부적으로 성립**한다. 합의는 원칙적으로 과반수로 결정한다(법조 제66조 제1항).[1] 재판의 합의는 공개하지 아니한다(동법 제65조).

② 단독판사의 재판 : 합의의 단계가 없으므로 **재판서의 작성시에 내부적으로 성립**한다. 재판서의 작성이 없는 재판의 경우에는 재판의 고지시 또는 선고시에 내부적 성립과 외부적 성립이 동시에 일어난다.

(3) 효과 : 재판이 내부적으로 성립하면, 그 후에 **법관이 경질되어도 공판절차를 갱신할 필요가 없다**(제301조 단서). [법원행시 04]

2. 외부적 성립

(1) 의의 및 시기 : 재판의 외부적 성립이란 재판의 의사표시적 내용인 **재판을 받는 자에 의해서 인식될 수 있는 상태에 이른 것**을 말한다. 재판은 (판결) **선고** 또는 (결정·명령) **고지**에 의하여 외부적으로 성립한다.

> **보충** 선고는 공판정에서 재판의 내용을 구술로 선언하는 행위이고, 고지는 선고 외의 적당한 방법으로 재판의 내용을 소송관계인에게 알려주는 행위이다.

(2) 선고와 고지

① 방법 : 재판의 선고·고지는 재판장이 하는데, **공판정에서는 재판서**에 의하여야 하고, 기타의 경우에는 **재판서등본의 송달 또는 다른 적당한 방법**(예 모사전송기 −팩시밀리 − 에 의한 고지도 가능)으로 하여야 한다. 단, 법률에 다른 규정이 있는 때에는 예외로 한다(제42조).

② 선고 : 판결의 외부적 성립의 방식으로서, 선고는 공판정에서 판결의 내용을 **구술로 선언**한다. 판결을 선고함에는 **주문을 낭독하고 이유의 요지를 설명**하여야 한다(제43조). 이유의 요지를 설명함에는 **말이나 판결서 등본 또는 판결서 초본의 교부 등 적절한 방법**에 의한다(규칙 제147조 제1항, **2016.6.27. 개정**). 필요한 때에는 적절한 훈계도 할 수 있다(동조 제2항). 판결의 선고는 공판정에서 구술로 선언하는 것이므로, 재판의 선고에 관한 상소제기기간은 재판서의 송달과 관계없이 재판선고일로부터 진행된다.

> **보충** 2016.6.27. 개정 규칙 제147조 제1항은 피고인의 판결내용에 대한 이해도를 제고함과 아울러 상소권 행사의 합리성 및 적정성을 담보함에 그 이유가 있다.

③ 고지 : 결정·명령의 외부적 성립의 방식으로서, 고지는 **재판서의 등본의 송달 기타 적당한 방식**에 의한다. 재판의 고지에 관한 상소제기기간을 제42조에서 고지일로부터 계산한다는 의미는 재판서의 등본의 송달일로부터 계산한다는 것이다.

대법원 2004.8.12, 2004모208

구치소에 수용되어 있는 자에 대하여 재판서 등본을 모사전송의 방법으로 구치소장에게 송부한 사례

재판서 등본을 모사전송의 방법으로 송부하는 것은 법 제42조에서 정한 재판을 고지하는 '다른 적당한 방법'에 해당한다 할 것이며, 한편 재판을 받는 자가 그 재판의 내용을 알 수 있는 상태에 이른 경우라면 현실적으로 재판의 내용을 알았는지 여부에 관계없이 그 재판이 고지되었다고 보아야 할 것이므로, 위 조항 소정의 다른 적당한 방법에 의하여 재판을 고지하는 경우라고 하여 재판서 등본의 송달의 경우와는 달리 재판을 받는 자가 반드시 재판의 내용을 현실적으로 알게 되었을 때 비로소 재판이 고지되었다고 볼 것은 아니다.

---

1) [참고] 합의부재판의 내부적 성립 : 합의에 관한 의견이 3개 이상의 설(說)로 나뉘어 각각 과반수에 이르지 못할 때에는 과반수에 이르기까지 피고인에게 가장 불리한 의견의 수에 차례로 유리한 의견의 수를 더하여 그 중 가장 유리한 의견에 의한다(동조 제2항 제2호).

④ 내부적 성립과의 관계 : 재판의 선고·고지는 이미 성립한 재판을 대외적으로 공표하는 행위에 불과하므로 **내부적 성립에 관여하지 않은 판사가 하여도 효력에 영향이 없다.** [국가9급개론 14]

(3) 효 과

① 재판의 구속력 : 재판이 외부적으로 성립하면 ㉠ 종국재판은 법적 안정성의 관점에서 **재판을 한 법원 자신도 그 내용을 철회·변경할 수 없다.** 반면 ㉡ 종국전재판은 합목적성의 관점에서 그 철회·변경이 널리 허용된다.

🔨 **판례연구** 판결 선고의 종료시점과 주문 낭독 이후의 변경 선고의 허용 여부

대법원 2022.5.13, 2017도3884

판결 선고의 종료 시점과 재판장이 주문을 낭독한 이후라도 선고가 종료되기 전까지는 일단 낭독한 주문의 내용을 정정하여 다시 선고할 수 있다는 사례

① 판결 선고의 종료시점(판결의 외부적 성립의 시기) : 형사소송법은 재판장이 판결을 선고함에는 주문을 낭독하고 이유의 요지를 설명하여야 하고(제43조 후문), 형을 선고하는 경우에는 피고인에게 상소할 기간과 상소할 법원을 고지하여야 한다고 정한다(제324조). 형사소송규칙은 재판장은 판결을 선고할 때 피고인에게 이유의 요지를 말이나 판결서 등본 또는 판결서 초본의 교부 등 적절한 방법으로 설명하고, 판결을 선고하면서 피고인에게 적절한 훈계를 할 수 있으며(제147조), 재판장은 판결을 선고하면서 피고인에게 형법 제59조의2, 형법 제62조의2의 규정에 의하여 보호관찰, 사회봉사 또는 수강을 명하는 경우에는 그 취지 및 필요하다고 인정하는 사항이 적힌 서면을 교부하여야 한다고 정한다(제147조의2 제1항). 이러한 규정 내용에 비추어 보면, 판결 선고는 전체적으로 하나의 절차로서 재판장이 판결의 주문을 낭독하고 이유의 요지를 설명한 다음 피고인에게 상소기간 등을 고지하고, 필요한 경우 훈계, 보호관찰 등 관련 서면의 교부까지 마치는 등 선고절차를 마쳤을 때에 비로소 종료된다(이때 외부적 성립).

② 주문 낭독 이후 재판장이 주문을 낭독한 이후라도 선고가 종료되기 전까지는 일단 낭독한 주문의 내용을 정정하여 다시 선고할 수 있다. 그러나 판결 선고절차가 종료되기 전이라도 변경 선고가 무제한 허용된다고 할 수는 없다. 재판장이 일단 주문을 낭독하여 선고 내용이 외부적으로 표시된 이상 재판서에 기재된 주문과 이유를 잘못 낭독하거나 설명하는 등 실수가 있거나 판결 내용에 잘못이 있음이 발견된 경우와 같이 특별한 사정이 있는 경우에 변경 선고가 허용된다.

[보충] 1심 재판장이 선고기일에 법정에서 '피고인을 징역 1년에 처한다.'는 주문을 낭독한 뒤 상소기간 등에 관한 고지를 하던 중 피고인이 '재판이 개판이야, 재판이 뭐 이 따위야.' 등의 말과 욕설을 하면서 난동을 부려 교도관이 피고인을 제압하여 구치감으로 끌고 갔는데, 제1심 재판장은 그 과정에서 피고인에게 원래 선고를 듣던 자리로 돌아올 것을 명하였고, 법정경위가 구치감으로 따라 들어가 피고인을 다시 법정으로 데리고 나오자, 제1심 재판장이 피고인에게 '선고가 아직 끝난 것이 아니고 선고가 최종적으로 마무리되기까지 이 법정에서 나타난 사정 등을 종합하여 선고형을 정정한다.'는 취지로 말하며 징역 3년을 선고한 것은 위법하다는 사례이다.

[연습] 종국재판이 외부적으로 성립한 경우 종국재판을 한 법원은 그 재판을 철회하거나 변경할 수 없다. [국가9급 23, 국가9급개론 23]

(○) 판결선고절차에 있어서 주문을 낭독하였다 하더라도 아직 외부적으로 성립한 것은 아니므로 재판의 구속력은 발생하지 아니하였다는 점에서 주문의 내용의 정정이 가능하다. 다만 주문을 낭독한 것만으로는 아직 외부적 성립 이전이기는 하나, 주문을 낭독하여 외부적으로 표시된 이상 재판서에 기재된 주문과 이유를 잘못 낭독하거나 설명하는 등 실수가 있거나 판결 내용에 잘못이 있음이 발견된 경우와 같이 특별한 사정이 있는 경우에만 변경 선고가 가능하다는 것이 판례이다(대법원 2022.5.13, 2017도3884). 따라서 주문 낭독과 이유 요지 설명 등의 모든 절차를 마쳐 종국재판이 외부적으로 성립한 경우에는 -재판서 경정결정 절차 정도를 제외하고는- 그 내용을 철회·변경할 수 없다.

[보충] 다만 위 지문의 출제의 의도가 위 2017도3884 판례의 원칙적 의미(주문낭독 후 변경 선고는 특별한 사정이 있는 경우에만 가능하므로, 원칙적으로는 불허)를 묻는 것인지, 종국재판이 외부적으로 성립한 경우에는 그 내용을 철회·변경할 수 없다는 형사소송법의 원칙을 묻는 것인지는 알 수가 없으나, 위 지문의 객관적·문언적 의미는 후자로 보아야 할 것이다(해설의 강조표시 부분).

---

② 상소기간의 진행 : 판결문을 송달받은 날이 아니라(헌법재판소 1995.3.23, 92헌바1) [경찰승진 10] 재판이 **선고·고지된 날로부터 상소기간이 진행**한다(제343조 제2항)(**선고 : 재판서 송달과 관계없이 재판선고일로부터 상소기간 진행, 고지 : 재판서등본 송달일로부터**). [경찰채용 12 3차/13 1차] 이는 피고인이 불출석한 상태에서 재판을 하는 경우에도 마찬가지이다(대법원 2002.9.27, 2002모6). [법원9급 14/23, 국가9급 21]

[보충] 상소제기기간의 기산일은 기간계산의 일반원칙(제66조 제1항 : 초일불산입)에 따라 재판을 선고 또는 고지한 날의 익일이다. 다만, 재판의 선고시·고지시에 상소권이 발생하므로 재판이 선고 또는 고지된 당일에도 상소를 제기할 수 있다.

1. 헌법재판소 1995.3.23, 92헌바1

형사소송법 제343조 제2항의 위헌 여부

재판의 선고(宣告)는 공판기일에 출석한 피고인에게 주문을 낭독하고 이유의 요지를 설명하여야 하는 것이 원칙으로 되어 있으며, 법 제324조는 형을 선고하는 경우에는 재판장은 피고인에게 상소할 기간과 상소할 법원을 고지하여야 한다고 규정하고 있으므로, 법원이 형을 선고받은 피고인에게 재판서를 송달하지 않는다고 하여 국민의 알 권리를 침해한다고 할 수 없고, 법 제343조 제2항이 상소기간을 재판서 송달일이 아닌 재판선고일로부터 계산하는 것이 과잉으로 국민의 재판청구권을 제한한다고 할 수 없다.

2. 대법원 2002.9.27, 2002모6 [법원9급 14]

형사소송에 있어서 상소기간의 기산일 : 판결의 선고가 있었으면 불출석재판이어도 선고일로부터 진행

법 제343조 제2항에서는, "상소의 제기기간은 재판을 선고 또는 고지한 날로부터 진행한다."라고 규정하고 있으므로, 형사소송에 있어서는 판결등본이 당사자에게 송달되는 여부에 관계없이 공판정에서 판결이 '선고'된 날로부터 상소기간이 기산되며, 이는 피고인이 불출석한 상태에서 재판을 하는 경우에도 마찬가지이다.

③ **구속영장의 실효** : 무죄, 면소, 공소기각의 재판, 벌금, 집행유예, 선고유예, 형의 면제의 판결이 선고되면 그 선고와 동시에 구속영장은 실효된다(제331조). 이에 구속 중의 피고인은 바로 석방된다(예외 : 관할위반판결, 부수법위반 벌금형 가납).

> **보충** 다만, 검사의 상소에 의하여 상소심이 열리면 법원의 재구속의 여지는 있다.

④ **재판의 집행력** : **결정 및 명령**은 원칙적으로 고지에 의하여 집행력이 발생하며, **가납명령이 있는 재산형**도 선고 즉시 집행할 수 있다(제334조).

Ⅱ 재판서

1. 의 의

재판서(裁判書, document of decision, written decision)란 법관이 재판의 내용을 기재한 문서를 말하며, 그 형식에 따라 판결서(판결문), 결정서, 명령서로 구분된다. **재판은 재판서에 의하여 하는 것이 원칙**이나, **결정 · 명령은 재판서를 작성하지 아니하고 조서에만 기재**하여 할 수 있다(제38조). [법원9급 10] 결정 · 명령은 대체로 중간재판이므로 (재판서가 아닌) 공판조서에 기재해도 되는 경우가 있기 때문이다.

> **보충** 재판 중 결정 · 명령은 공판조서에만 기재해도 되는 경우가 있으므로 재판을 함에는 반드시 재판서를 작성해야 하는 것은 아니다. [법원9급 10] 또한 재판서는 그 작성주체가 법관이다. 이 점에서 법원사무관 등이 작성하는 공판조서, 증인신문조서 등 조서(調書)와는 구별된다.

2. 기재사항

(1) 주문과 이유

① **주문(主文)** : 재판의 대상이 된 사실에 대한 최종적 결론을 말한다. 주문에는 선고형, 형의 집행유예, 노역장유치기간, 재산형의 가납명령, 소송비용의 부담, 피해자환부, 배상명령 등이 기재된다. 다만, 형의 선고유예에 있어서 유예된 형벌의 종류와 양은 주문에 기재하지 않고 판결이유에서 밝히도록 한다.

② **이유(理由)** : 주문에 이르게 된 논리적 과정을 설명한 것이다. **상소를 불허하는 결정이나 명령을 제외**하고 **재판에는 이유를 명시**하여야 한다(제39조). 그 이유 기재의 정도에 관하여는 **법 제323조가 유죄판결에 명시될 이유에 관하여 규정**하고 있을 뿐 다른 규정은 없으므로, 어느 재판에 어느 정도의 이유 기재를 요하느냐는 그 재판의 성격에 따라 결정할 수밖에 없다(대법원 1996.11.14, 96모94; 2015.7.23, 2015도3260 전원합의체). 이에 판례는 증거조사신청의 기각결정 등 **판결 전 소송절차에 관한 재판**에는 "이유가 있다." 또는 "이유가 없다."라고 **간단히 밝히면 된다**는 입장이다.

(2) 기타의 기재사항

① **기재요건** : 재판서에는 법률에 다른 규정이 없으면 재판을 받는 자의 성명·연령·직업과 주거를 기재하여야 한다(제40조 제1항). 재판을 받는 자가 법인인 때에는 그 명칭과 사무소를 기재하여야 한다(동조 제2항). [법원9급 09] 판결서에는 기소한 검사와 공판에 관여한 검사의 관직·성명과 변호인의 성명을 기재하여야 한다(동조 제3항).

② **법관의 서명날인** : 재판서에는 **재판한 법관**(법원사무관 등 ×)**이 서명날인**하여야 한다(제41조 제1항). 재판장이 서명날인할 수 없는 때에는 다른 법관이 그 사유를 부기하고 서명날인하여야 하며, 다른 법관이 서명날인할 수 없는 때에는 재판장이 그 사유를 부기하고 서명날인하여야 한다(동조 제2항). **판결서** 기타 대법원규칙이 정한 재판서를 **제외**한 재판서에 대해서는 **서명날인에 갈음하여 기명날인**할 수도 있다(동조 제3항). 재판서도 공무원이 작성하는 서류에 해당하므로 작성연월일을 기재하고 간인 또는 이에 준하는 조치를 하여야 함은 물론이다(제57조 제1항·제2항).

> **정리1** 공판조서와의 비교 : 공판조서는 당해 공판에 참여한 법원사무관 등이 작성하고(제51조 제1항), 그 기재의 정확성을 담보하기 위하여 재판장과 참여한 법원사무관 등이 기명날인 또는 서명해야 하며(제53조 제1항), 재판장이 기명날인 또는 서명할 수 없는 때에는 다른 법관이 그 사유를 부기하고 기명날인 또는 서명하여야 하며 법관 전원이 기명날인 또는 서명할 수 없는 때에는 참여한 법원사무관 등이 그 사유를 부기하고 기명날인 또는 서명하도록 한다(동조 제2항). 이에 비해 재판서의 경우에는 법원사무관 등의 서명날인은 없다.

> **정리2** 서명·날인이 필수인 문서 : 법 제41조 제3항에 따라 서명날인에 갈음하여 기명날인할 수 없는 재판서는 판결(판결문)과 각종 영장(감정유치장 및 감정처분허가장 포함)을 말한다(규칙 제25조의2). 즉, 판결문 및 각종 영장은 서명날인해야 한다. [법원9급 08, 국가급 10]

> **정리3** 재판서와 보통의 공문서의 차이 : 재판서는 서명날인(판결문 및 각종 영장) 또는 기명날인(판결문 및 각종 영장을 제외한 재판서는 서명날인에 갈음하여 가능)하여야 하므로 날인이 있어야 하나, 전술한 진술조서 등 보통의 공문서는 기명날인 또는 서명(법 제57조 제1항)에 의해 그 형식적 진정성립이 증명되므로 날인하지 않을 수도 있다.

(3) 판결서 기재사항 위반의 효과
판결에 이유를 붙이지 아니하거나 이유에 모순이 있는 것은 절대적 항소이유(제361조의5 제11호) 및 상대적 상고이유(제383조 제1호)에 해당한다. 또한 재판서에 법관의 서명날인이 없으면 판결에 영향을 미친 법률위반(제361조의5 제1호, 제383조 제1호)에 해당한다.

3. 재판과 재판서의 관계

(1) 의의
재판은 법원 또는 법관의 공권적 의사표시이고, 재판서는 이를 기재한 문서이다. 재판서는 ① **사전작성이 원칙**이나(제42조) ② 변론을 종결한 기일에 판결을 선고하는 경우에는 판결서의 **사후작성이 허용**된다(제318조의4, 단 **판결선고 후 5일 이내 작성**−규칙 제146조). 따라서 재판서의 작성 없는 재판의 선고·고지는 판결에 영향을 미치는 항소이유 또는 상고이유에 해당한다. 그런데 재판과 이러한 재판서의 내용이 일치하지 않는 경우에는 어떻게 해야 하는가가 문제된다.

(2) 선고·고지된 내용과 재판서가 불일치하는 경우 : 재판은 **선고·고지에 의하여 효력이 발생**하는 것이지 재판서에 의하여 효력이 발생하는 것은 아니므로, 선고된 형과 판결원본에 기재된 형이 다른 경우에는 **선고된 형을 집행**하여야 한다.

대법원 1981.5.14, 81모8

선고된 형과 판결원본에 기재된 형이 다를 경우에 집행할 형(선고된 형)

판결은 그 선고에 의하여 효력을 발생하고 판결원본의 기재에 의하여 효력을 발생하는 것이 아니므로 양자의 형이 다른 경우에는 검사는 선고된 형을 집행하여야 한다.

---

(3) 재판서의 경정

① **재판서의 경정**(更正) : 재판서에 잘못된 계산이나 기재[보통 '오기(誤記)'라 부름], 그 밖에 이와 비슷한 잘못이 있음이 분명한 때에는 법원은 직권으로 또는 당사자의 신청에 따라 **경정결정(更正決定)**을 할 수 있다(2007.10.29. 개정규칙 제25조 제1항).

[보충] 경정결정은 재판서의 원본과 등본에 덧붙여 적어야 한다. 다만, 등본에 덧붙여 적을 수 없을 때에는 경정결정의 등본을 작성하여 재판서의 등본을 송달받은 자에게 송달하여야 한다(동조 제2항). 경정결정에 대하여는 즉시항고를 할 수 있다. 다만, 재판에 대하여 적법한 상소가 있는 때에는 그러하지 아니하다(동조 제3항).

대법원 2021.4.29, 2021도26

재판서 경정이 적법하지 않다는 사례

(누범 해당 범죄가 일부임을 간과하고 전부에 대해 누범가중을 한 제1심판결에 대해 원심이 이를 파기하지 않고 이유에서만 경정을 한 조치는 적법하지 않다는 사례) 법원은 '재판서에 잘못된 계산이나 기재, 그 밖에 이와 비슷한 잘못이 있음이 분명한 때'에는 경정결정을 통하여 위와 같은 재판서의 잘못을 바로잡을 수 있다(규칙 제25조 제1항). 그러나 이미 선고된 판결의 내용을 실질적으로 변경하는 것은 위 규정에서 예정하고 있는 **경정의 범위를 벗어나는 것**으로서 허용되지 않는다(대법원 2017.4.26, 2016도21439). 그리고 경정결정은 이를 주문에 기재하여야 하고, 판결 이유에만 기재한 경우 경정결정이 이루어졌다고 할 수 없다(대법원 2015.6.11, 2015도2435; 2021.1.28, 2017도18536)(항소심이 제1심판결의 잘못된 판단을 적법하게 바로잡는 조치를 취하지 않고 피고인의 항소를 기각한 것은 위법이고 이는 판결결과에도 영향을 미친 것이며, 결론적으로 동일한 양형에 이르더라도 위의 판단과정은 거쳐야 할 것임).

---

② **대법원판결의 정정** : 대법원은 그 판결내용에 오류가 있음을 발견한 때에는 직권 또는 검사·상고인이나 변호인의 신청에 의하여 **판결로써 정정**할 수 있다(제400조 제1항). 대법원판결의 정정은 판결에 의한다는 점에서 일반적인 재판서의 경정에 비해 특별한 정정에 해당한다(제5편 중 상고심판결의 정정에서 후술).

4. 송달·송부·교부청구

(1) 재판서의 송달

① **판결** : 법원은 피고인에 대하여 판결을 선고한 때에는 ⊙ **선고일로부터 7일 이내**(14일 ×, **훈시기간**)에 피고인에게 그 판결서 등본을 송달하여야 한다(선고 + 송달). 다만, 피고인이 동의하는 경우에는 그 판결서 **초본**을 송달할 수 있다(**2016.6.27. 개정 규칙 제148조 제1항**). 그러나 ⓛ 불구속피고인과 법 제331조의 규정[1]에 의하여 구속영장의 효력이 상실된 구속피고인에 대하여는 피고인이 송달을 신청하는 경우에 한하여 판결서 등본 또는 판결서 초본을 송달한다(불구속상태는 신청시, 동 제2항).

[보충] 2016.6.27. 개정 규칙 제148조 제1항·제2항은 피고인의 동의 또는 신청에 따라 판결서 등본을 갈음하여 판결서 초본을 송달할 수 있도록 하고, 그 송달기간을 '선고일로부터 14일 이내'에서 '선고일부터 7일 이내'로 단축한 것이다.

1] [참고] 제331조(무죄 등 선고와 구속영장의 효력) 무죄, 면소, 형의 면제, 형의 신고유예, 형의 집행유예, 공소기각 또는 벌금이나 과료를 과하는 판결이 선고된 때에는 구속영장은 효력을 잃는다. [보충] 이 경우 판결확정을 기다리지 않고 검사는 즉시 석방을 지휘한다. 다만, 관할위반판결은 구속실효사유가 아니다.

② 결정 · 명령 : 공판정 외에서 고지하는 경우에는 **재판서등본의 송달 또는 다른 적당한 방법**으로 하여야 한다(제42조).

(2) 재판서등본 · 초본의 송부 및 교부청구

① 등본 · 초본의 송부 : 검사의 집행지휘를 요하는 재판은 재판서 또는 재판을 기재한 조서의 등본 또는 초본을 재판의 선고 또는 고지한 때로부터 **10일 이내**(14일 이내 ×)에 검사에게 송부하여야 한다. 단, 법률에 다른 규정이 있는 때에는 예외로 한다(제44조).[1] [법원9급 10]

② 등본 · 초본의 교부청구 : ㉠ **피고인 기타의 소송관계인**은 비용을 납입하고 재판서 또는 재판을 기재한 조서의 등본 또는 초본의 교부청구를 할 수 있다(제45조).[2] 또한 ㉡ **고소인 · 고발인 · 피해자**도 동 청구가 가능한데, 다만 그 청구하는 사유를 소명하여야 한다(규칙 제26조 제2항).

[보충] 재판서 또는 재판을 기재한 조서의 등본 또는 초본은 원본에 의하여 작성하여야 한다. 단, 부득이한 경우에는 등본에 의하여 작성할 수 있다(제46조).

제2절 | 종국재판

01 유죄판결

Ⅰ 의의와 종류

1. 의 의

유죄판결(有罪判決, judgement of guilty)이란 피고사건의 실체에 관하여 **범죄의 증명이 있는 때**에 선고하는 재판을 말한다(제321조). "범죄의 증명이 있다." 함은 법원이 공소범죄사실의 존재에 관하여 합리적 의심의 여지가 없을 정도의 유죄의 확신을 얻게 된 것을 말한다. 유죄판결의 판결이유에는 **범죄사실, 증거의 요지**와 **법령의 적용**을 명시하고, **법률상 범죄의 성립을 조각하는 사유 또는 형의 법률상 가중, 감면의 이유되는 사실의 진술**이 있는 때에는 이에 대한 판단을 명시하여야 한다(제323조). 유죄판결은 실체재판이자 종국재판이며, 현행법상 **형선고, 형면제, 형의 선고유예의 판결**이 있다.

---

1) [참고] 규칙 제147조의3(보호관찰의 판결 등의 통지) ① 보호관찰 등을 조건으로 한 판결이 확정된 때에 당해 사건이 확정된 법원의 법원사무관 등은 3일 이내에 판결문등본을 대상자의 주거지를 관할하는 보호관찰소의 장에게 송부하여야 한다.
  ② 제1항의 서면에는 법원의 의견 기타 보호관찰등의 자료가 될 만한 사항을 기재한 서면을 첨부할 수 있다.
  제147조의4(보호관찰 등의 성적보고) 보호관찰 등을 명한 판결을 선고한 법원은 보호관찰 등의 기간 중 보호관찰소장에게 보호관찰 등을 받고 있는 자의 성적에 관하여 보고를 하게 할 수 있다.

2) [참고] 규칙 제26조(재판서의 등, 초본 청구권자의 범위) ① 법 제45조에 규정한 기타의 소송관계인이라 함은 검사, 변호인, 보조인, 법인인 피고인의 대표자, 법 제28조의 규정에 의한 특별대리인, 법 제340조 및 제341조 제1항의 규정에 의한 상소권자를 말한다.

2. 종류 -유죄판결의 각 종류별 판결의 주문에서 선고할 사항-

(1) 형선고의 판결

① **의의**(형의 선고) : 피고사건에 대하여 **범죄의 증명이 있는 때에는 형의 면제 또는 선고유예의 경우 외에는 판결로써 형을 선고**하여야 한다(제321조 제1항). 이러한 형선고 판결의 주문은 "피고인을 일정한 종류 및 양의 형벌에 처한다."라는 형태를 취함이 보통이다.[1] **예** "피고인을 징역 3년에 처한다." "벌금 20,000,000원에 처한다." [2]

② **형의 선고와 동시에 선고하여야 하는 것**(부수처분) : 형선고판결의 주문에는 형선고뿐만 아니라 다른 사항들도 함께 선고되는 경우가 있다. 즉, 형의 집행유예(형법 제62조), 판결 전 구금의 산입일수(형법 제57조)(단, **헌재결정·대법원판례에 의해 불요**), 노역장유치기간(형법 제70조, 제69조 제2항)(이상 법 제321조 제2항), 가납명령(제334조 제2항), 압수장물의 환부(제333조), 소송비용의 부담(제186조) 등은 **형의 선고와 동시에 판결로써 선고**하여야 한다. 또한 판결공시의 취지(형법 제58조 제1항)나 배상명령(소촉 제25조)도 형의 선고와 동시에 선고할 수 있다.

(가) 집행유예 : 범죄자에 대한 특별예방목적에 기하여 형법에 마련된 제도로서, 3년 이하의 징역 또는 금고(또는 500만원 이하의 벌금의 형-2018.1.7. 시행)의 형을 선고할 경우에 양형의 조건(형법 제51조)을 참작하여 그 정상에 참작할 만한 사유가 있는 때 1년 이상 5년 이하의 기간 형의 집행을 유예하는 것을 말한다(형법 제62조 제1항 본문, 동 제62조 이하 참조). 형의 집행유예는 형의 선고와 동시에 판결로써 선고하여야 한다(제321조 제2항).[3]

> **보충** 형의 집행유예를 취소할 경우에는 검사는 피고인의 현재지 또는 최후의 거주지를 관할하는 법원에 집행유예 취소청구를 하여야 하고, 청구를 받은 법원은 피고인 또는 그 대리인의 의견을 물은 후 결정하여야 하며, 집행유예취소결정에 대해서는 즉시항고를 할 수 있다(제335조 제1항~제3항). 선고유예실효결정에 대해서도 같다(동조 제4항).

(나) 판결 전 구금의 산입일수(미결구금일수의 산입) : 법 제321조 제2항은 판결 전 구금의 산입일수는 형의 선고와 동시에 판결로써 선고하여야 한다고 규정하고 있으나, 형법 제57조 제1항 중 "또는 일부" 부분이 헌법재판소의 위헌결정(헌법재판소 2009.6.25, 2007헌바25)으로 그 효력이 상실됨에 따라 **판결선고 전 미결구금일수의 전부가 법률상 당연히 본형에 산입**하게 되었으므로 **판결에서 별도로 미결구금일수 산입에 관한 사항을 판단할 필요가 없어졌다**(대법원 2009.12.10, 2009도11448). 따라서 유죄판결시 판결에서 미결구금일수의 산입에 대한 선고를 할 필요는 없다.

(다) 노역장유치기간 : **벌금 또는 과료**를 선고할 때에는 **납입하지 아니하는 경우의 유치기간을 정하여 동시에 선고**하여야 한다(형법 제70조 제1항, 법 제321조 제2항). 한편 선고하는 벌금이 1억원 이상 등의 경우에는 최소 300일 이상의 유치기간 등을 정하여야 한다(소위 황제노역 방지규정으로서 보다 자세히는 3등급으로 분류되어 있음, 형법 제70조 제2항).

> **보충** 형법 제69조 제1항 단서의 완납시까지의 유치명령은 벌금을 선고하는 경우에만 할 수 있으나, 형소법 제334조의 가납명령은 벌금, 과료, 추징의 경우에 적용된다. 다만, 노역장유치명령은 가납명령 유무를 불문하고 판결이 확정되어야 집행할 수 있다.

1] [보충-검사의 예비적·택일적 기소 시 유죄판결의 방법]
 ① 예비적 기소시 : ㉠ 주위적 기소 유죄시-예비적 기소 판단 불요, ㉡ 예비적 기소만 인정시-주문에 예비적 기소에 형 선고, 이유에 주위적 공소가 무죄임을 밝힘.
 ② 택일적 기소시 : 어느 하나만 유죄로 인정되면 나머지 택일적 공소는 판단할 필요도 없음. 전부가 무죄시에만 무죄 선고.

2] [보충] 법관은 형의 종류를 선택하고 형량을 정함에 있어서 대법원 양형위원회가 설정한 양형기준을 존중하여야 하고(다만, 양형기준은 법적 구속력을 갖지는 아니한다), 법원이 양형기준을 벗어난 판결을 하는 경우에는 판결서에 양형의 이유를 기재하여야 한다(법조 제81조의7). 법원실무Ⅱ 484면.

3] [보충] 판례에 의하면, 집행유예기간 중에 범한 죄에 대하여 형을 선고할 때에, 집행유예의 결격사유를 정하는 형법 제62조 제1항 단서 소정의 요건에 해당하는 경우란, 이미 집행유예가 실효 또는 취소된 경우와 그 선고 시점에 미처 유예기간이 경과하지 아니하여 형 선고의 효력이 실효되지 아니한 채로 남아 있는 경우로 국한되고, 집행유예가 실효 또는 취소됨이 없이 유예기간을 경과한 때에는 위 단서 소정의 요건에 해당하지 않는다고 할 것이므로, 집행유예기간 중에 범한 범죄라고 할지라도 집행유예가 실효 또는 취소됨이 없이 그 유예기간이 경과한 경우에는 이에 대해 다시 집행유예의 선고가 가능하다(대법원 2007.2.8, 2006도6196 등). 또한 하나의 자유형 중 일부에 대해서는 실형을, 나머지에 대해서는 집행유예를 선고하는 것은 허용되지 않는다(대법원 2007.2.22, 2006도8555). 한편 특정강력범죄로 형을 선고받고 그 집행이 끝나거나 면제된 후 10년이 지나지 아니한 사람이 다시 특정강력범죄를 범한 경우에는 형의 집행을 유예하지 못한다(특강 제5조). 집행유예에 관한 보다 자세한 사항은 형법총론, 형벌론, 집행유예 참조.

(라) 가납명령 : 재산적 압류를 수단으로 하는 벌금·과료·추징과 같은 재산형의 보전방법이다. 가납 (假納)판결도 **형의 선고와 동시에 판결로써 선고**하여야 하는바(제334조 제2항), 법원은 **벌금, 과료 또 는 추징**의 선고를 하는 경우에 판결의 확정 후에는 집행할 수 없거나 집행하기 곤란할 염려가 있 다고 인정한 때에는 직권 또는 검사의 청구에 의하여 피고인에게 벌금, 과료 또는 추징에 상당한 금액의 가납을 명할 수 있으며(동조 제1항), 위 판결은 **즉시로 집행할 수 있다**(동조 제3항). 가납의 재 판은 상소에 의하여 정지되지 아니한다.

> **보충1** 부정수표단속법에 따라 벌금을 선고하는 경우 법 제334조 제1항에 따른 가납판결을 하여야 하며(필요적 가납 명령), 구속된 피고인에 대하여는 법 제331조(벌금 선고시 구속영장 실효)에도 불구하고 벌금을 가납할 때까지 계속 구속한다(부정수표단속법 제6조).

> **보충2** 약식명령에도 가납명령을 할 수 있고(제448조, 제451조), 벌금 또는 과료를 선고하는 즉결심판에도 가납명령 을 할 수 있다(즉심 제17조 제3항).

(마) 압수장물의 환부 : 압수한 서류·물품에 대하여 **몰수의 선고가 없는 때에는 압수를 해제한 것으로 간 주**하지만(압수해제 = 환부, 제332조), 압수한 장물로서 피해자에게 환부할 이유가 명백한 것은 **판 결로써 피해자에게 환부하는 선고**를 하여야 한다(제333조 제1항). 이 경우 장물을 처분하였을 때에는 판결로써 그 대가로 취득한 것을 피해자에게 교부하는 선고를 하여야 한다(동조 제2항).

> **보충** 가환부한 장물에 대하여 별단의 선고가 없는 때에는 환부의 선고가 있는 것으로 간주한다(동조 제3항). 압수 장물의 환부에 관한 규정은 이해관계인이 민사소송절차에 의하여 그 권리를 주장함에 영향을 미치지 아니한 다(동조 제4항). 즉, 환부받은 자에게 반드시 민법상 소유권이 인정되는 것은 아니다.

(바) 소송비용의 부담 : **형의 선고를 하는 때에는 피고인에게 소송비용의 전부 또는 일부를 부담**하게 하여야 한다. 다만, 피고인의 경제적 사정으로 소송비용을 납부할 수 없는 때에는 그러하지 아니하다(제 186조 제1항).

> **보충** 피고인에게 책임지울 사유로 발생된 비용은 형의 선고를 하지 아니하는 경우에도 피고인에게 부담하게 할 수 있다(동조 제2항). 또한 공범의 소송비용은 공범인에게 연대부담하게 할 수 있다(부진정연대, 제187조).

(사) 판결공시 : 피해자의 이익을 위하여 필요하다고 인정할 때에는 피해자의 청구가 있는 경우에 한 하여 피고인의 부담으로 판결공시의 취지를 **선고할 수 있다**(형법 제58조 제1항).

(아) 배상명령 : 1심 또는 제2심의 형사공판절차(약식·즉결 ×)에서 상해·성폭력·재산죄 등에 관하여 유죄판결을 선고할 경우, 법원은 직권에 의하여 또는 피해자나 그 상속인의 신청에 의하여 피고 사건의 범죄행위로 인하여 발생한 직접적인 물적 피해, 치료비 손해 및 위자료, 합의된 손해배상 액의 **배상을 명할 수 있다**(소촉 제25조 제1항·제2항).[1]

참고하기 형선고판결의 선고되는 주형

① 사형·무기징역형 : 죄를 범할 당시 18세 미만의 소년에 대하여는 사형 또는 무기징역형에 처할 것인 때에는 15년의 유기징역 으로 한다(소년 제59조). 다만, 특정강력범죄의 경우에는 20년의 유기징역으로 한다(특강 제4조 제1항).

② 자유형[2] : 선고 범위는 1월 이상 30년 이하이고, 가중하는 경우에도 50년을 넘지 못한다(형법 제42조). 1월 미만의 자유형은 구류로서 1일 이상 30일 미만으로 한다(형법 제46조). 소년의 경우에는 법정형이 장기 2년 이상의 유기형에 해당하는 죄를 범한 때에는 그 형의 범위 안에서 장기와 단기를 정하여 선고하되 장기는 10년, 단기는 5년을 초과하지 못한다(소년 제60조 제1항). 다만, 특정강력범죄를 범한 소년에 대하여 부정기형을 선고할 때에는 위 규정에도 불구하고 장기는 15년, 단기는 7년 을 초과하지 못한다(특강 제4조 제2항). 다만, 집행유예나 선고유예를 하는 경우에는 부정기형의 원칙이 적용되지 아니한다 (소년 제60조 제3항).

③ 재산형 : 벌금은 5만원 이상으로 하되, 감경하는 경우에는 그 미만으로 할 수 있으며, 과료는 2천원 이상 5만원 미만으로 한다 (형법 제45조·제47조).

---

1) [보충] 다만, 법원은 ① 피해자의 성명·주소가 분명하지 아니한 경우, ② 피해 금액이 특정되지 아니한 경우, ③ 피고인의 배상책임의 유무 또는 그 범위가 명백하지 아니한 경우, ④ 배상명령으로 인하여 공판절차가 현저히 지연될 우려가 있거나 형사소송절차에서 배상명령을 하는 것이 타 당하지 아니하다고 인정되는 경우에는 배상명령을 하여서는 아니 된다(소촉 제25조 제3항).

2) [보충] 불구속피고인에 대한 실형선고시 법정구속 등과 구금절차(법원실무Ⅱ 489면의 내용을 요약함)

(2) 형면제의 판결

① **의의** : 형벌법규에 형을 면제하는 규정이 있는 경우에 행해지는 판결이다(제322조). 형면제판결의 주문은 "피고인에 대한 형을 면제한다."라는 형태를 취한다.

② **면제할 형의 종류 · 양의 기재 : 판결이유에서 기재할 필요가 없다.** 형의 과형 자체를 면제하는 것이므로, 면제된 형을 이후 선고하는 경우가 없기 때문이다.

③ **형을 면제할 수 있는 경우** : 각 형벌법규에 규정되어 있다. 예컨대 과잉방위 · 과잉피난 · 과잉자구행위(형법 제21조 제2항, 제22조 제3항, 제23조 제2항), 중지범(동법 제26조), 직계혈족 등 친족 간의 재산범죄(동법 제328조 제1항), 자수나 자복(동법 제52조, 제90조 제1항 단서, 제101조 제1항 단서, 제175조 단서 등) 등이 그것이다.[1]

(3) 형의 선고유예의 판결

① **의의** : 자격정지 이상의 형을 받은 전과가 전혀 없는 자에 대하여 1년 이하의 징역, 금고, 자격정지 또는 벌금의 선고를 할 경우에 양형의 조건(형법 제51조)을 참작하여 개전의 정상이 현저할 때, 판결로써 내리는 형의 선고를 유예하는 판결을 말한다(형법 제59조, 법 제322조).

② **주문과 이유** : 선고유예판결의 주문은 "**피고인에 대한 형의 선고를 유예한다.**"로만 표시하면 되지만, **판결이유**에서는 나중에 선고유예의 실효로 형을 선고할 경우(형법 제61조)에 대비하여 **유예한 형 및 부수처분을 명시**해 놓아야 한다.

Ⅱ 유죄판결에 명시할 이유

1. 이유명시의 의의

(1) 개념 : 재판을 함에는 이유를 명시함이 원칙이다(제39조 본문, 상소불허결정과 명령은 예외 – 동 단서). 나아가 유죄판결을 함에는 명문으로 정한 이유의 설시를 요하는바, 형의 선고를 하는 때에는 판결이유에 **범죄될 사실, 증거의 요지와 법령의 적용을 명시**하여야 한다(제323조 제1항). 또한 **법률상 범죄의 성립을 조각하는 이유 또는 형의 가중 · 감면의 이유되는 사실의 진술이 있은 때에는 이에 대한 판단을 명시**하여야 한다(동조 제2항).

(2) 취지 : 당사자에게 유죄판결의 이유를 명시함으로써, 재판의 공정성을 담보하고, 상소제기 등 불복신청을 가능하게 하며, 상소심으로 하여금 원심판단의 당부를 심사할 수 있는 자료를 제공하게 한다.

> **[정리]** 유죄판결에 명시할 이유 : 사/요/법/주(어느 하나 전부 누락 → 상소이유 ○ ∴ 파기)
>
> ① 범죄사실 : 구/(위책×)/처/형, ② 증거요지 : 어느 증거 → 어느 사실, ③ 법령적용 : 일부 미기재는 적법, ④ 범죄성립 (위책)조각사유 · 형벌가중 · (필요적)감면사유의 진술 : 주장시.

(3) 이유불비의 효과

① **판결에 이유를 붙이지 아니하거나 이유에 모순이 있는 때** : 제323조 제1항을 위반한 경우로서 **절대적 항소이유**(제361조의5 제11호) 및 상대적 상고이유(제383조 제1호)가 된다(대법원 2012.6.28, 2012도4701). [법원행시 04]

---

① 기소 전 보석으로 석방되어 불구속 재판을 받은 피고인을 법정구속하는 경우 : 구속영장의 발부 및 집행절차를 밟아야 한다. 이미 발부되었던 구속영장은 실효되었기 때문이다.

② 기소 후 보석 또는 구속집행정지로 석방되어 불구속 재판을 받은 피고인을 법정구속하는 경우 : 보석취소 또는 구속집행정지취소결정 자체를 근거로 피고인에 대한 재구금 절차를 밟아야 하고 따로 구속영장을 발부하여서는 아니 된다. 이미 발부되었던 구속영장이 여전히 유효하기 때문이다. 이 경우 미리 보석취소 또는 구속집행정지취소결정의 등본을 작성한 후 검사에게 교부하여 법정에서 즉시 집행을 할 수 있도록 하되, 급속을 요하는 경우에는 재판장이 법원사무관 등에게 명하여 교도관의 보조를 받아 재구금을 집행할 수 있다(규칙 제56조).

1) [참고] 이외 형면제판결을 내릴 수 있는 경우(법원실무Ⅱ 485 – 486면 내용 중에서 발췌함)

① 형법상 사후적 경합범의 처리 : 경합범 중 판결을 받지 아니한 죄가 있는 때에는 그 죄와 판결이 확정된 죄를 동시에 판결할 경우와 형평을 고려하여 그 죄에 대하여 형을 선고하되, 이 경우 그 형을 감경 또는 면제할 수 있다(형법 제39조 제1항).

② 공직선거법상 자수 : 공직선거법 제230조(매수 및 이해유도죄) 제1항, 제2항, 제231조(재산상 이익 목적의 매수 및 이해유도죄) 제1항 또는 제257조(기부행위의 금지제한 등 위반죄) 제2항의 규정에 위반한 자 중 금전, 물품 그 밖의 이익 등을 받거나 받기로 승낙한 사람(후보자와 그 가족 또는 사위의 방법으로 이익 등을 받거나 받기로 승낙한 자를 제외한다), 다른 사람의 지시에 따라 제230조 제1항, 제2항 또는 제257조 제1항을 위반하여 금전, 물품, 그 밖의 재산상의 이익이나 공사의 직을 제공하거나 그 제공을 약속한 사람이 자수한 때에는 그 형을 감경 또는 면제한다(공선 제262조). 범행 발각이나 지명수배 여부와 관계없이 체포 전에만 자수하면 공직선거법 제262조의 자수에 해당한다는 것이 판례이다 (대법원 1997.3.20, 96도1167 전원합의체).

③ 국가보안법상 자수 등 : 국가보안법 제16조 제1호의 자수나 친족 간의 국가보안법 위반죄(동법 제9조 제2항 단서, 제10조 단서, 제11조 단서)의 경우이다.

④ 경범죄 : 즉결심판에 관하여, 경범죄의 경우에 사정과 형편을 헤아려서 형을 면제할 수 있다(경범죄처벌법 제5조).

② 법률상 범죄성립조각사유 또는 형벌가중 · 감면사유의 진술에 대한 판단을 명시하지 아니한 때 : 제323조 제2항을 위반한 경우로서, 소송절차의 법령위반에 불과하므로 상대적 항소이유(제361조의5 제1호) 및 상대적 상고이유(제383조 제1호)가 된다.

2. 범죄될 사실

(1) 의 의

① 개념 : **특정한 구성요건에 해당하는 위법하고 유책한 구체적 사실**을 말한다.

> [보충] 엄격한 증명의 대상과의 차이 : 엄격한 증명을 요하는 사실은 법관으로 하여금 합리적 의심의 여지가 없을 정도로 구체화되어야 하는 사실로서 범죄될 사실(구/위/책)뿐 아니라 처벌조건 및 형벌가중 · 감면사유의 기초되는 사실 전반에 미치지만, 유죄판결이유에서 명시할 범죄될 사실은 공소사실과 동일성이 인정되고 형벌법규의 적용을 수긍할 수 있을 정도로 기재되면 족한 구체적 사실(구/처/형 ○, 위/책 ×)을 의미한다.

② 취지 : 범죄될 사실은 법원에 대해서 법령적용과 양형의 기초 등 법적 평가의 사실상 기초가 되며 사건의 동일성과 기판력의 범위의 적용기준이 된다. 이에 다른 범죄와는 구별될 정도의 구체적 표시를 요한다.

(2) 범 위

① 구성요건해당사실

(가) 기본적 구성요건에 해당하는 사실

㉠ 객관적 · 주관적 구성요건요소 : **객관적 구성요건요소**(예 행위의 주체 · 객체 · 결과 · 인과관계 · 태양 · 상황)는 물론 **주관적 구성요건요소**(예 과실 · 목적 · 불법영득의사)에 속하는 사실도 범죄될 사실에 속하므로 명시하여야 한다(cf. ≠ 자백보강법칙의 보강증거의 요부 : only 객관적 요소). 예컨대, 공문서위조죄에서 위조의 수단과 방법(대법원 1979.11.3, 79도1782), 뇌물죄에서 공무원의 직무범위(직무관련성), 상해죄에서 상해의 부위와 정도에 관한 기재가 없으면 범죄사실을 명시하였다고 볼 수 없다. [국가9급 09]

🔨 **판례연구** 유죄판결의 이유에 명시하여야 할 기본적 구성요건에 해당하는 사실

1. 대법원 1982.9.28, 80도2309; 1971.3.9, 69도693 [경찰승진 12]

뇌물죄의 직무관련성은 구성요건요소로서 판결이유에서 명시할 사항이라는 사례

증뢰죄의 판시에 있어서 죄로 될 사실의 적시는 공무원의 직무 중 개개의 직무행위에 대한 대가관계에 있는 사실까지를 판시할 필요는 없다 할지라도 적어도 공무원의 어떠한 직무권한의 범위에 관한 것인가에 대하여는 구체적으로 판시할 필요가 있다고 할 것이다.

2. 대법원 1982.12.28, 82도2588; 1993.5.11, 93도711; 1996.12.10, 96도2529 [국가7급 10]

상해사실의 인정에 있어 상해의 부위와 정도가 증거에 의하여 명백히 확정되어야 하고, 상해부위의 판시 없는 상해죄의 인정은 위법하다.

3. [비교판례] 대법원 2002.11.8, 2002도5016

원심판결에 상해부위에 관하여 판시하지 아니한 이유불비의 위법이 있다고 할 수 없다고 한 사례

피해자가 피고인으로부터 구타당하여 얼굴에 입은 상해의 부위를 촬영한 사진을 제시하면서 상해의 부위, 종류 및 정도에 관하여 진술하고 있고, 피고인 또한 법정에서 위 피해자를 때려 그와 같은 상해를 입힌 사실을 시인하고 있으며, 원심이 위 사진과 진술들을 증거로 채용하여 그 범죄사실을 인정한 이상, 원심이 상해부위 등에 관하여 판시하지 아니하였다고 할 수 없으므로 원심에 상해죄의 법리를 오해한 나머지 이유불비의 위법을 범한 잘못이 있다고 할 수 없다.

ⓛ **고의와 과실** : 과실범에 있어서는 주의의무발생의 전제가 된 구성요건적 상황, 요구되는 주의의무의 내용, 주의의무를 위반한 행위 등이 명시되어야 하나, 고의는 대체로 객관적 구성요건요소의 존재에 의하여 인정되는 것이므로 **특히 명시할 것을 요하지 아니한다**(≠엄격증명). 다만, 구성요건에 해당하는 사실만으로는 고의가 인정되지 않을 때에는 고의도 명시하여야 한다.

(나) **수정적 구성요건에 해당하는 사실** : 예비·음모·미수도 구성요건의 수정된 형식이요, 공범도 해당되는 유형에 따라 그 구성요건이 달라진다는 점에서 모두 구성요건해당사실에 포함된다.

ⓘ **예비·음모·미수** : 예비·음모죄에서 기본범죄를 범할 목적 및 외부적 준비행위, 미수죄에서 실행의 착수에 해당하는 사실과 장애미수·중지미수·불능미수의 구별은 모두 명시하여야 한다.

ⓛ **공범** : 공동정범·교사범·종범의 구별을 명시하여야 하고, **공모공동정범에 있어서의 공모나 모의**는 공범자 상호 간의 의사의 연락에 의해 **공모·모의가 성립된 것이 밝혀지는 정도로 명시**하여야 하고 [국가7급 14], **교사범·종범은 정범의 범죄사실도 명시**하여야 한다(공범종속성원칙). [국가7급 10, 국가9급 09, 경찰승진 12]

대법원 1994.10.11, 94도1832; 1993.3.23, 93도3327 [국가7급 14, 경찰승진 13]

공모공동정범에서의 공모의 내용과 그 판시의 정도
공모공동정범에 있어서의 공모는, 두 사람 이상이 공동의 의사로 특정한 범죄행위를 하기 위하여 일체가 되어 서로가 다른 사람의 행위를 이용하여 각자 자기의 의사를 실행에 옮기는 것을 내용으로 하여야 하는 것이나, 그 공모의 판시는 모의의 구체적인 일시, 장소, 내용 등을 상세하게 판시하여야만 할 필요는 없고, 위에서 본 바와 같은 내용의 의사합치가 성립된 것이 밝혀지는 정도면 된다.

(다) **범죄의 일시와 장소** : 범죄의 일시·장소는 특별구성요건에서 이를 요건으로 하지 않은 이상, 범죄사실 그 자체는 아니므로 구체적으로 명확히 할 수 없는 경우에는 **필요한 범위에서 개괄적으로 명시**할 수 있다(대법원 1986.8.19, 86도1073)(≠엄격한 증명의 대상). [국가7급 10]

대법원 1971.3.9, 70도2536 [국가9급 08]

범죄의 일시는 형벌규정 개정에 있어서의 그 적용법령을 결정하고, 행위자의 **책임능력**을 명확히 하며, 또 공소의 시효완성 여부를 명확히 할 수 있는 정도로 판시하면 된다.

---

② **위법성과 책임** : 구성요건에 해당하면 위법성과 책임이 사실상 추정되므로 **명시를 요하지 않는다**. 즉, 위법성조각사유와 책임조각사유의 진술이 있는 경우 그에 대한 판단을 명시하면 족하고(제323조 제2항) 범죄될 사실로서 명시할 필요는 없다.

③ **처벌조건** : 범죄사실 자체는 아니지만, 형벌권의 발생을 좌우하는 사실이라는 점에서 제323조 제1항의 범죄될 사실에 속한다고 보므로 **명시되어야 한다**.

④ **형의 가중·감면사유**

(가) **가중사유** : 법률상 형의 가중사유는 모두 필요적 가중사유로서 판결이유에 명시하여야 한다. 예컨대, **누범전과**는 범죄사실은 아니나 형벌권의 범위에 관한 중요사실이므로 범죄사실에 준하여 명시하여야 하므로, 전범의 형집행종료일은 반드시 기재되어야 한다(형법 제35조 제1항 참조).

[정리] 누범전과는 검사에게 거증책임 있는 엄격한 증명의 대상이요, 유죄판결의 이유에서 명시해야 할 사항임.

(나) **감면사유** : 법률상 형의 감면사유도 명시하여야 한다. 다만, 이는 **필요적 감면사유**에 한하고, **임의적 감면사유**나 단순한 **양형사유인 정상에 관한 사실**(자유로운 증명의 대상)은 사형을 선고하거나 이례적인 양형을 하는 경우를 제외하고는 명시할 필요가 없다. [국가9급개론 17]

1. **대법원 1994.12.13, 94도2584; 1969.11.18, 69도1782** [국가7급 10, 국가9급 15, 국가9급개론 15]

   양형의 조건이 되는 사유를 판결에 일일이 명시하지 아니하면 위법한지 여부

   피고인에 대하여 징역 2년 6월의 실형을 선고한 제1심판결에 대하여 피고인만이 양형부당을 이유로 항소한 경우, 원심은 이 사건 범행의 동기, 범행의 도구 및 수법, 피고인의 성행, 전과, 연령, 직업과 환경 등의 양형의 조건을 참작하면 제1심의 형량이 적절하다고 판단된다고 하여 항소기각의 판결을 선고하였는바, 양형의 조건이 되는 사유에 관하여는 이를 판결에 일일이 명시하지 아니하여도 위법이 아니다.

2. **대법원 2006.3.24, 2006도354; 2010.6.10, 2010도4347; 2015.8.27, 2015도5785 등**

   사형을 선고함에 있어서는 양형의 조건에 관한 사항을 명시하여야 한다는 사례

   사형의 선고 여부를 결정함에 있어서는 형법 제51조의 사항을 중심으로 범인의 연령, 성행, 지능, 교육정도, 성장과정, 가족 관계, 전과의 유무, 피해자와의 관계, 범행의 동기, 사전계획의 유무, 준비의 정도, 수단과 방법, 잔인하고 포악한 정도, 결과의 중대성, 피해자의 수와 피해감정, 범행 후의 심정과 태도, 반성과 가책의 유무, 피해회복의 정도, 재범의 우려 등 양형의 조건이 되는 모든 사항을 철저히 심리하여야 하고, 그러한 심리를 거쳐 사형의 선고가 정당화될 수 있는 사정이 있음이 밝혀진 경우에 한하여 비로소 사형을 선고할 수 있다.

(3) 명시의 정도

① **구체적 표시** : 범죄될 사실은 형벌법규의 적용을 알 수 있도록, 그 범죄의 구성요건적 특징을 명확히 하여 그 범죄를 **다른 범죄와 구별하여 그 동일성을 식별할 수 있을 정도**로 **구체적으로 표시**되어야 한다.

② **경합범** : 각각의 범죄사실을 구체적으로 명시하여야 한다.

③ **상상적 경합** : 사실상 수죄이므로 각각의 범죄사실을 구체적으로 명시하여야 한다.

④ **포괄일죄** : 각각의 행위에 관한 특정은 요하지 않고, 전체 범행의 시기와 종기, 범행방법, 범행횟수, 피해액의 합계, 행위의 상대방 등을 명시하여 포괄적으로 표시해도 좋다(대법원 1987.7.21, 87도546).

⑤ **범죄사실의 택일적 인정** : 공소장에 기재할 공소사실과 적용법조에 관해서는 택일적 기재가 허용되나 (제254조 제5항), 유죄판결의 이유에 명시하여야 할 범죄될 사실과 법령의 적용에 대해서는 이를 인정하는 명문의 규정이 없고 법원의 공권적 판단에는 명확성을 기해야 한다는 점에서 **허용되지 않는다.**

대법원 1993.5.25, 93도558

범죄사실의 택일적 인정은 허용되지 않는다는 사례

원심은 피고인들이 공소사실에 이 사건 임야의 소유자로 택일적으로 기재되어 있는 두 종중 가운데 어느 종중으로부터 이 사건 임야의 소유자명의를 신탁받은 것이지를 심리확정하지 아니한 채 어느 한 종중으로부터 이 사건 임야의 소유자명의를 신탁받아 보관하다가 횡령하였다고 범죄될 사실을 택일적으로 인정하여 피고인들에게 형을 선고하였는데, 우리 형사소송법은 공소장에 기재할 공소사실과 적용법조에 관하여는 수개의 범죄사실과 적용법조를 예비적 또는 택일적으로 기재할 수 있도록 허용하고 있지만(제254조 제5항), 유죄판결의 이유에 명시하여야 할 범죄될 사실과 법령의 적용에 관하여는 택일적으로 기재하는 것을 허용하고 있지 아니하므로(제323조 제1항), 특별한 사정이 없는 한 유죄판결의 이유에 명시하여야 할 범죄될 사실을 택일적으로 기재할 수 없을 것임에도 불구하고, 원심은 유죄판결을 선고하면서 이유에 범죄될 사실을 택일적으로 기재하였으니, 원심판결에는 유죄판결의 이유에 명시하여야 할 범죄될 사실에 관한 법리를 오해한 위법도 있다고 하지 않을 수 없다.

---

3. 증거의 요지

(1) 의의 : 범죄될 사실을 인정하는 자료가 된 증거의 요지를 말한다. 유죄판결의 판결이유에 증거의 요지를 명시하여야 함은 사실의 인정은 증거에 의해야 하기 때문이며(증거재판주의, 제307조), 법관의 사실인정에 합리성을 담보하고, 소송관계인에게 판결의 타당성을 설득시키며, 상소심에게는 심판자료를 제공하기 위함에 그 취지가 있다.

(2) 명시범위(증거거시의 범위)

① 범죄될 사실의 내용을 이루는 사실

(가) **전제조건**(적법한 증거) : 판결이유에 그 요지가 명시되어야 하는 증거는 적법한 증거조사를 거친

증거능력 있는 증거에 한한다.

(나) 적극적 증거 : 증거요지의 명시를 요하는 것은 **범죄될 사실의 내용을 이루는 사실**에 제한된다. 따라서 범죄될 사실을 증명할 **적극적 증거**를 명시하면 족하다.

(다) 소극적 증거 : 범죄사실인정에 배치되는 **소극적 증거**까지 거시하여 **판단할 필요는 없다**. 이미 적극적 증거에 의하여 사실인정을 하였다는 점이 나타났기 때문이다. 따라서 ㉠ 피고인이 **알리바이**로 내세우는 증거도 판단할 필요가 없고(82도1798) [국가9급 15, 국가9급개론 15, 경찰간부 13, 경찰승진 10], ㉡ **범죄사실에 배치되는 증거**들에 관하여 배척한다는 취지의 판단이나 이유를 설시하지 아니하여도 잘못이라 할 수 없으며 증언의 일부분만을 믿고 다른 부분을 믿지 않는다고 하여 채증법칙에 위배된다고 할 수 없다(대법원 1986.10.14, 86도1606). [법원행시 03]

대법원 1982.9.28, 82도1798 [국가9급 15, 국가9급개론 15, 경찰간부 13, 경찰승진 10]

사실인정에 배치되는 증거에 대한 판단을 반드시 판결이유에 기재하여야 하는 것은 아니므로 피고인이 알리바이를 내세우는 증인들의 증언에 관한 판단을 하지 아니하였다 하여 위법이라 할 수 없다.

(라) 고의 : 범죄될 사실의 내용을 이루지만, 객관적 구성요건요소에 의하여 그 존재가 인정되므로 이를 인정하기 위한 증거적시는 필요 없다(≠ 엄격한 증명).

② 범죄될 사실이 아닌 사실

(가) 범죄의 원인·동기 및 일시·장소 : 범죄될 사실이 아니므로 증거거시를 요하지 아니한다.

(나) 소송비용의 부담과 미결구금일수의 산입 : 증거요지를 명시할 필요가 없다.

(다) 소송법적 사실 : 자백의 임의성이나 신빙성, 조서의 실질적 진정성립 등은 범죄될 사실이 아니므로 증거거시를 요하지 아니한다.

(라) 누범전과 : 범죄될 사실 자체는 아니나, 범죄사실에 준하는 사실이므로 증거요지를 명시하여야 한다.

(3) 명시의 정도

① 증거의 중요부분의 표시 : 증거의 요지를 설시함에 있어서는 **어떤 증거자료에 의하여 어느 범죄사실을 인정하였는가를 짐작할 수 있을 정도로 증거의 중요부분을 기재**하면 족하다. 예컨대, ㉠ 유죄판결 이유에서 명시한 증거요지로서 "피의자신문조서 내지 참고인진술조서 중 판시사실에 일부 부합하는 진술 및 진술기재"라는 정도로 설시한 것은 정당하고, 증거요지를 더 이상 자세하게 설시하지 아니하였다 하여 위법하다 할 수 없다(대법원 1993.9.28, 93도1969). 반면, ㉡ 증거의 요지를 '**피고인의 법정 진술과 적법하게 채택되어 조사된 증거들**'이라고만 설시한 것은 증거를 적시한 것으로 볼 수 없다(대법원 2000.3.10, 99도5312). [국가9급 09, 경찰승진 10]

대법원 2000.3.10, 99도5312 [국가9급 09, 경찰승진 10]

'피고인의 법정 진술과 적법하게 채택되어 조사된 증거들'로만 기재된 판결의 증거의 요지는 위법

법 제323조 제1항은 형의 선고를 하는 때에는 판결이유에 범죄될 사실, 증거의 요지와 법령의 적용을 명시하여야 한다고 규정하고 있는바, 여기에서 '증거의 요지'는 어느 증거의 어느 부분에 의하여 범죄사실을 인정하였냐 하는 이유 설명까지 할 필요는 없지만 적어도 어떤 증거에 의하여 어떤 범죄사실을 인정하였는가를 알아볼 정도로 증거의 중요부분을 표시하여야 하고, 피고인의 자백이 그 피고인에게 불이익한 유일의 증거인 때에는 이를 유죄의 증거로 하지 못하는 것이므로, "피고인의 법정 진술과 적법하게 채택되어 조사된 증거들"로만 기재된 제1심판결의 증거의 요지를 그대로 인용한 항소심판결은 증거 없이 그 범죄사실을 인정하였거나 법 제323조 제1항을 위반한 위법을 저지른 것이라고 아니할 수 없다.

---

② 증거의 구체적 부분 적시 불요 : 어느 증거의 **어느 부분**에 의하여 어느 범죄사실을 인정하였는가를 식별할 수 있도록 구체적으로 일일이 나누어 쓸 필요는 없다(대법원 1983.7.12, 83도995; 1987.10.13, 87도1240; 2001.7.27, 2000도4298). [경찰승진 12] 형선고의 판결이유에서는 증거의 요지(要旨, gist)만 명시하면 족

하고 어떤 증거의 어느 부분과 같은 세부사항을 명시할 필요는 없기 때문이다(cf. ≠ 증거신청시 입증취지의 구체적 명시 : 어느 증거의 어느 부분, esp. 탄핵증거의 제출).

③ **증거채부의 이유 설시 불요** : 판결이유에는 범죄될 사실을 증명하는 적극적 증거의 중요부분을 표시하면 족하므로, 증거가 적법한 **이유**, 증거에 의하여 사실을 인정한 이유, 증거를 취사한 이유, 공소사실에 부합하는 증거를 배척(소극적 증거)하는 이유 등은 모두 설명할 필요가 없다.

④ **항소법원의 인용** : 항소법원의 재판서에는 항소이유에 대한 판단을 기재하여야 하며, 원심판결에 기재한 사실과 증거의 요지를 인용할 수 있다(제369조). 다만, 원심판결을 파기하고 유죄의 선고를 하는 경우에는 범죄될 사실과 증거의 요지 및 법령의 적용을 명시하여야 함은 물론이다.

4. 법령의 적용

(1) 의 의

① **개념** : 인정된 범죄사실에 대하여 실체형벌법규를 적용하는 것을 말한다.

② **취지** : 유죄판결의 판결이유에 법령의 적용을 명시하도록 한 것은, 인정된 범죄사실에 실체법이 올바르게 적용되고 정당한 형벌이 과하여졌는가에 대한 근거를 명확히 하고자 하는 죄형법정주의의 요청이다.

③ **명시의 정도** : 어떤 범죄사실에 대하여 어떤 법령을 적용하였는가를 객관적으로 알 수 있도록 분명하게 명시하여야 한다(대법원 1974.7.26, 74도1477 전원합의체).

(2) 명시의 방법

① **형법각칙 및 특별형법의 규정** : **형법 또는 특별형법의 각 본조**는 형사처벌의 직접적 근거규정이 되므로 **명시하여야 한다.** 따라서 조문이 수개의 항으로 나누어져 있을 경우에는 항을 특정하여 기재함이 원칙이다. 다만, 형법각칙의 **본조만 기재하고 항을 기재하지 않았다 하더라도 판결에 영향을 미친 바 없다면 위법하다 할 수 없다**(상소이유 ×). [국가9급 15, 국가9급개론 15, 경찰승진 11]

대법원 1971.8.21, 71도1334 [국가9급 15, 국가9급개론 15, 경찰승진 11]

사기죄의 법률적용에 있어서 본조(형법 제347조)만을 적시하고 그것이 본조 제1항에 해당하는 범죄인지, 제2항에 해당하는 범죄인지를 밝히지 않았다 하여도 법 제323조 제1항의 규정에 위배된 것이라 할 수 없다.

---

② **형법총칙규정** : 형사책임의 기초를 명백히 하는 데 중요한 의미를 가진 규정은 명시하여야 한다. 따라서 미수, 공범, 누범·심신장애인 등 형의 가중·감면사유, 경합범, 상상적 경합 등 죄수에 관한 규정은 표시하여야 한다. 다만, 공동정범의 성립을 인정하였다면 형법 제30조를 누락한 잘못이 있어도 실제 이를 적용한 이상 위법이라 할 수 없듯이(대법원 1983.10.11, 83도1942) [경찰승진 11], 법령적용이 누락되거나 오기가 있다 하더라도 판결에 영향이 없다면 위법이라 할 수 없다.

③ **부수처분의 규정** : 형선고판결의 주문에는 형선고뿐만 아니라 다른 사항들도 함께 선고되는 경우가 있으며, 이를 부수처분이라 함은 전술한 바와 같다. 즉, 형의 집행유예(형법 제62조), 판결 전 구금의 산입일수(**판례는 불요**), 노역장유치기간(형법 제70조, 제69조 제2항)(이상 법 제321조 제2항), 가납명령(제334조 제2항), 압수장물의 피해자환부(제333조), 소송비용의 부담(제186조) 등이 그것이다. 부수처분도 적용법률을 명시함이 원칙이다. 다만, 부수처분을 선고하면서 **법령의 적용을 누락하여도 실제 이를 적용한 취지가 나타난 이상 위법이라 할 수는 없다.**

정리 명시되지 않으면 위법인 적용법규 : 형법각칙 또는 특별형법의 각 본조

대법원 1971.4.30, 71도510

구체적인 범죄사실에 적용하여야 할 실체법규 이외의 법규에 관해서는 판결문상 그 규정을 적용한 취지가 인정되면 되고 특히 그 법규를 판결문의 법률적용에 표시하지 않았다고 하여 위법이라고는 할 수 없다. 따라서 몰수와 압수장물의 환부를 선고하면서 적용법률을 표시하지 않아도 위법이라 할 수 없다.

---

④ 공소장과의 관계 : 법령의 적용은 반드시 공소장에 기재된 **적용법조에 구속되지 아니하므로**, 공소장변경의 필요성이 없다면 법원은 공소장에 기재된 적용법조와 다른 법령을 적용할 수 있다(대법원 1972.2.22, 71도2099).

5. 소송관계인의 주장에 대한 판단

(1) 의 의

① 개념 : **법률상 범죄의 성립을 조각하는 이유 또는 형의 가중·감면의 이유되는 사실의 진술이 있은 때에는 이에 대한 판단을 명시**하여야 한다(제323조 제2항). 즉, 법원은 제323조 제2항의 주장에 대해서는 판결이유에서 필수적으로 판단해야 한다. 다만, 그 이외의 사항에 대해서도 판결이유에 그 판단을 기재할 수 있음은 물론이다.

> **대법원 1987.2.10, 86도2530**
>
> 법 제323조 제2항 소정의 법률상 범죄의 성립을 조각하는 이유 또는 형의 가중, 감면의 이유가 되는 사실의 유무는 피고인의 진술이 있어야만 법원이 심리판단하게 되는 것이며, 피고인의 진술이 없는 경우까지 법원이 직권으로 심리판단할 사항은 아니다.

② 취지 : 법원이 소송관계인의 주장을 간과하지 않고 명백히 판단하였음을 표시함으로써, 당사자주의를 실현하고 재판의 객관적 공정성을 담보함에 그 취지가 있다.

③ 주장의 범위 : 제323조 제2항의 주장은 소송관계인의 공판절차에서의 진술에 한한다. 공판절차라면 증거조사·피고인신문·최종변론 등 심리의 단계를 불문하나, 수사단계에서의 진술은 이에 포함되지 아니한다. 다만, **공판정에서 심신상실 등의 사실에 관한 진술(주장)을 하는 경우**이어야 하고, 단순한 법적 평가에 대한 진술만으로는 부족하다.

④ 판단 명시의 정도 : 범죄성립조각사유의 주장을 법원이 받아들이는 경우에는 무죄의 판결을 하면 족하고, 심신미약 등 형벌감면사유에 관한 주장을 받아들이는 경우에도 전술한 법령의 적용 등 관련부분에서 판시하면 족하므로, 소송관계인의 주장을 받아들이는 경우에는 별도로 이에 관한 판단을 명시할 필요는 없다. 따라서 제323조 제2항의 주장에 대하여 판단을 명시해야 할 경우는 소송관계인의 주장을 채택하지 않는 경우이다. 이때 판단 명시의 정도에 대해서는, ㉠ **주장 채부의 결론만 표시하면 족하다**는 견해(판례, 대법원 1952.7.29, 4285형상82)와 ㉡ 이유 설명이 필요하다는 견해(다수설)가 대립하나, 제323조 제2항의 취지를 고려할 때 증거를 들어 설명할 필요는 없다 하더라도 주장 배척의 이유 설명은 필요하다고 해야 한다.

(2) 법률상 범죄성립을 조각하는 이유되는 사실의 진술

① 구성요건해당성조각사유 : 견해의 대립이 있으나,[1] 판례에 의하면 **구성요건해당성조각사유의 주장은 단순한 범죄사실의 부인**에 불과하므로 제323조 제2항의 범죄성립조각사유의 진술에 **포함되지 않는다**(소극설 : 소수설·판례, 대법원 1990.9.28, 90도427). [국가7급 14, 경찰채용 10 1차] 판례는 제323조 제1항에 의하여 범죄될 사실에 대한 인정의 근거인 증거의 요지를 명시하였으므로, 구성요건해당성이 조각된다는 주장에 대한 별도의 판단의 명시는 불필요한 중복이라 보는 것이다.

> **대법원 1990.9.28, 90도427** [국가7급 14, 경찰채용 10 1차]
>
> 공정증서원본부실기재 및 동행사죄로 공소제기된 경우 등기가 실체적 권리관계에 부합하는 유효한 등기라는 주장이 법률상 범죄의 성립 조각사유에 관한 주장인지 여부(소극)
>
> 피고인이 경료한 소유권이전등기가 절차상 하자가 있거나 등기원인이 실제와 다르다 하더라도 그 등기가 실체적 권리관계에 부합하는 유효한 등기인 경우에는 공정증서원본부실기재, 동행사죄의 구성요건해당성이 없게 되는 것이므로, 공정증서원본부실기

---

1) [참고] ① 구성요건해당성조각사유의 진술은 단순한 범죄의 부인과 구별될 수 없어 제323조 제2항의 범죄성립조각사유의 진술에 해당하지 않는다는 견해(소극설 : 배/이/정/이, 이/조)와 ② 단순한 범죄의 부인과 구별되므로 구성요건해당성조각사유의 진술도 포함된다는 입장(적극설 : 신동운, 신양균, 임동규, 정/백, 차/최 등 다수설)이 대립한다. 구성요건해당성조각사유의 진술은 단순한 범죄의 부인과는 구별되어야 한다는 점에서, 적극설이 타당하다. 다만, 본문에서는 본서의 특성상 판례의 입장으로 정리하였다.

재 및 동행사죄로 공소가 제기된 경우 피고인이 시효취득으로 당해 등기가 실체적 권리관계에 부합하는 유효한 등기라고 주장하는 것은 공소사실에 대한 적극부인에 해당할 뿐, 법률상 범죄의 성립을 조각하는 사유에 관한 주장이라고는 볼 수 없으므로 그 주장이 받아들여져 무죄가 선고되는 경우와는 달리 그 주장이 받아들여지지 아니하는 경우에는 그대로 유죄의 선고를 함으로써 족하고, 반드시 그에 대한 판단을 판결이유 중에 명시하여야만 하는 것은 아니다.

② 위법성조각사유 · 책임조각사유 : 위법성조각사유에 해당되는 사실의 진술은 정당행위 · 정당방위 · 긴급피난 · 자구행위(형법 제20조~제24조)나 명예훼손죄의 공익성 · 진실성(동법 제310조)에 해당한다는 주장을 말하고, 책임조각사유에 해당되는 사실의 진술에는 형사미성년자(동법 제9조) · 심신상실자(동법 제10조 제1항), 법률의 착오(동법 제16조)(**판례는** 위법성인식의 체계적 지위에 관한 고의설에 의하여 이를 범의의 부인이라고 보아 **판단 불요**), 강요된 행위(동법 제12조)에 해당된다는 등의 주장을 말한다. 이러한 **위법성조각사유 · 책임조각사유에 해당되는 사실의 주장에 대해서는 판결이유에서 그 판단을 명시**하여야 한다. 따라서 피고인이 책임무능력 상태를 주장하는 경우 이를 배척하는 판단의 근거는 명시하여야 한다. [법원행시 04] 그러나 **단순한 범죄사실의 부인, 고의 또는 과실이 없다는 주장, 공소권이 소멸되었다는 주장**은 여기에 해당하지 아니하므로, 이에 대한 판단은 명시할 필요가 없다. 또한 판례는 **법률의 착오의 주장**에 대한 판단도 요하지 않는다고 판시한 바 있다(대법원 1965.11.23, 65도876).

🔨 판례연구 판단을 명시하여야 한다는 사례

1. 대법원 1963.8.31, 63도165
군대조직의 특수성에 비추어 상관의 지시에 응하지 않을 기대가능성이 없다는 주장에 대하여 판단을 하지 아니하였음은 법률상 범죄의 성립을 조각하는 사유의 진술에 대하여 이유를 명시하지 아니한 위법이 있다.

2. 대법원 1967.12.29, 67도1458
피고인의 정당방위에 관한 주장에 대하여 아무런 판단을 하지 아니한 것은 위법이다.

3. 대법원 1990.2.13, 89도2364
범행 당시 술에 만취하였기 때문에 전혀 기억이 없다는 취지의 진술은 범행 당시 심신상실 또는 심신미약의 상태에 있었다는 주장(책임조각사유의 주장)으로서 법 제323조 제2항 소정의 법률상 범죄의 성립을 조각하거나 형의 감면의 이유가 되는 사실의 진술에 해당한다.

🔨 판례연구 판단을 명시하지 않아도 된다는 사례

1. 대법원 1965.11.23, 65도876
법률의 착오의 주장은 법 제323조 제2항에 말하는 범죄의 성립을 조각하는 사실의 진술에 해당하지 아니한다. 따라서 법률의 착오의 주장에 대해서는 판단을 요하지 아니한다.[1]

2. 대법원 1983.10.11, 83도2281
사기죄에 있어서 사기의 의사가 없었다는 진술은 법률상 범죄의 성립을 조각하는 이유되는 사실의 진술이 아니라 단순한 범죄의 부인에 지나지 않으므로 이에 대해 판단을 하지 않았다 하더라도 위법이라 할 수 없다.

3. 대법원 1983.10.11, 83도594
거래당일은 위탁자 통장 없이 위탁자 인출청구서만으로도 인출받을 수 있게 하는 증권업계의 일반화된 관행에 따라 인출해 주었다는 취지의 피고인의 진술은 결국 이 사건 범행의 범의를 부인하는 것에 귀착되고 법률상 범죄의 성립을 저각하는 이유되는 사실에 해당한다고 볼 수 없다.

---

1) [참고] 다만, 위 판례는 위법성인식의 체계적 지위에 관한 종래 판례의 입장인 고의설에 근거한 것에 불과하다. 통설과 일부 판례의 입장인 책임설에 의하면 법률의 착오는 그 착오에 정당한 이유가 있는 경우 책임조각사유가 되므로 피고인이 이를 주장하였다면 법원은 이에 대한 판단을 해야한다.

(3) 법률상 형의 가중·감면의 이유되는 사실의 진술

① **법률상 형의 가중사유에 해당하는 진술** : 누범(형법 제35조 제2항)·경합범(동법 제38조 제1항 제2호)·상습범·특수범죄 등에 해당한다는 (주로 검사의) 주장을 말한다. **형의 가중사유**는 필요적 가중사유로서 판결이유에서는 그 **판단이 명시**되어야 한다.

② **법률상 형의 감면사유[1]에 해당하는 진술** : **필요적 감면사유**에 대해서는 판단을 명시해야 하는 데 견해의 대립이 없으나, 자수 등 **임의적 감면사유의 주장**에 대한 판단 명시의 요부에 관해서는 견해의 대립이 있는바,[2] 판례는 유죄판결의 판결이유에서 **판단할 필요가 없다**는 입장이다(대법원 1989.5.9, 89도420; 1991.2.26, 90도2906; 1991.11.12, 91도2241; 2001.4.24, 2001도872). [국가7급 14, 경찰승진 10/11]

🔨 **판례연구** 임의적 감면사유는 유죄판결의 이유로 명시할 사항에 해당하지 않는다는 사례

1. 대법원 1980.6.24, 80도905; 1991.11.12, 91도2241 [국가7급 14, 경찰승진 10/11]

자수는 형의 필요적 감경·면제사유가 아니고 자수에 의한 형의 감면은 법원의 재량에 의한 것으로서 형의 양정에 영향을 미치는 사유에 지나지 아니하므로, 자수의 주장은 법 제323조 제2항 소정의 형의 가중·감면의 이유되는 사실의 진술이라고 할 수 없다. 원심이 이를 인정하지 아니하거나 또 이에 의하여 감경할 것이라고 인정하지 않는 이상 이에 대한 판단을 판결이유에 명시하지 아니하였다고 하더라도 위법이 아니다.

2. 대법원 2017.11.9, 2017도14769

형의 감면이 법원의 재량에 맡겨진 경우, 즉 임의적 감면사유는 법 제323조 제2항의 형의 감면의 이유에 해당하지 않는다. 따라서 피해회복에 관한 주장이 있었더라도 이는 직권감경 사유에 해당하여 형의 양정에 영향을 미칠 수 있을지언정 유죄판결에 반드시 명시하여야 하는 것은 아니다.

02 　 무죄판결

Ⅰ 의의 및 사유

1. 의 의

피고사건이 범죄로 되지 아니하거나 범죄사실의 증명이 없는 때에는 판결로써 무죄를 선고하여야 하는데(제325조), 이렇듯 무죄판결(無罪判決, judgment of not guilty)이란 피고인의 행위의 구성요건해당성·위법성·책임 중 어느 하나가 조각되어 범죄가 성립하지 아니하거나 범죄사실을 증명할 수 없을 때, 피고사건에 대하여 형벌권의 부존재를 확인하는 판결을 말한다. 그 주문은 "**피고인은 무죄**"라고 기재한다.

2. 무죄판결의 사유

(1) **피고사건이 범죄로 되지 아니하는 때** : 공소사실이 모두 증명되더라도 구성요건에 해당하지 않는 경우나 구성요건에 해당하여도 위법성조각사유나 책임조각사유가 존재하는 경우나 당해 **형벌조항이 헌법에 위반되어 무효**인 경우 [법원9급 12]이다.

🔨 **판례연구** 형벌조항에 대한 위헌 또는 헌법불합치결정이 있는 경우의 종국재판

1. 대법원 1992.5.8, 91도2825; 2010.12.16, 2010도5986 전합(긴급조치 1호 사건); 2011.6.23, 2008도7562 전합(야간옥외집회금지 헌법불합치 = 위헌); 2013.4.18, 2011초기689 전합(긴급조치 9호 사건); 2013.5.16, 2011도2631 전합(긴급조치 4

1] [보충] 법률상 형의 감경·면제사유로는 ㉠ 심신미약(형법 제10조 제2항)·중지미수(동 제26조), 내란·통화위조의 예비·음모범의 실행행위 전 자수(동법 제90조 제1항 단서, 제213조 단서), 위증·허위감정·무고범의 재판 등 확정 전 자백·자수(동법 제153조, 제157조) 등의 필요적 감경 또는 필요적 감면사유와 ㉡ 과잉방위(동법 제21조 제2항)·장애미수(동법 제25조 제2항)·불능미수(동법 제27조)·자수·자복(동법 제52조) 등 임의적 감경 또는 임의적 감면사유가 있다.

2] [보충] 자수 등 임의적 감면사유의 주장에 대한 판결이유에서의 판단 명시의 요부에 대해서는 ① 판단을 명시할 필요가 없다는 소극설(임동규, 정/이 등)과 ② 재판의 객관적 공정성을 담보한다는 견지에서 명시해야 한다는 적극설(다수설)이 대립하고 있다. 판례는 소극설을 취한다.

호 사건 [법원9급 12/16, 국가9급 16]

형벌에 관한 법령이 헌법재판소의 위헌결정으로 인하여 소급하여 그 효력을 상실하였거나 법원에서 위헌·무효로 선언된 경우, 당해 법령을 적용하여 공소가 제기된 피고사건에 대하여는 형사소송법 제325조에 따라 무죄를 선고하여야 한다. 나아가 재심이 개시된 사건에서 형벌에 관한 법령이 재심판결 당시 폐지되었다 하더라도 그 폐지가 당초부터 헌법에 위반되어 효력이 없는 법령에 대한 것이었다면 형사소송법 제325조 전단이 규정하는 '범죄로 되지 아니한 때'의 무죄사유에 해당하는 것이지, 동법 제326조 제4호 소정의 면소사유에 해당한다고 할 수 없다.

> 보충 따라서 면소판결에 대하여 무죄판결인 실체판결이 선고되어야 한다고 주장하면서 상고할 수 없는 것이 원칙이지만, 위와 같은 경우에는 이와 달리 면소를 할 수 없고 피고인에게 무죄의 선고를 하여야 하므로 면소를 선고한 판결에 대하여 상고가 가능하다(제5편 중 상소의 이익에서 후술).

2. 대법원 2011.6.23, 2008도7562 전원합의체; 2020.6.4, 2018도17454

공소제기의 근거가 된 집시법 규정에 대하여 계속적용을 명하는 헌법불합치결정이 이루어진 사안의 처리

(해산명령불응죄에 있어서 해산명령 사유의 근거규정에 해당하는 집회 및 시위에 관한 법률 제11조 제1호 -국회의사당 부분-에 대해서만 헌법불합치결정이 이루어지고, 해산명령불응에 대한 처벌규정인 집회 및 시위에 관한 법률 제24조에 대한 별도의 헌법불합치결정은 없는 경우) 헌법재판소의 헌법불합치결정은 헌법과 헌법재판소법이 규정하고 있지 않은 변형된 형태이지만 법률조항에 대한 위헌결정에 해당한다(대법원 2009.1.15, 2004도7111; 헌법재판소 2004.5.27, 2003헌가1,2004헌가4 등). 집시법 제23조 제1호는 집시법 제11조를 위반할 것을 구성요건으로 규정하고 있고, 집시법 제24조 제5호는 집시법 제20조 제2항, 제1항과 결합하여 집시법 제11조를 구성요건으로 삼고 있다(헌법재판소 2018.6.28, 2015헌가28,2016헌가5). 결국 집시법 제11조 제1호는 집시법 제23조 제1호 또는 집시법 제24조 제5호와 결합하여 형벌에 관한 법률조항을 이루게 되므로, 이 사건 헌법불합치결정은 형벌에 관한 법률조항에 대한 위헌결정이라 할 것이다. 그리고 헌법재판소법 제47조 제3항 본문에 따라 형벌에 관한 법률조항에 대하여 위헌결정이 선고된 경우 그 조항은 소급하여 효력을 상실하므로, 법원은 당해 조항이 적용되어 공소가 제기된 피고사건에 대하여 형사소송법 제325조 전단에 따라 무죄를 선고하여야 한다.

(2) 범죄사실의 증명이 없는 때 : 공소사실의 부존재가 적극적으로 증명된 경우나 공소사실의 존부에 관하여 증거가 불충분하여 법관이 유죄의 확신을 하지 못하는 경우를 말한다. 법관이 유죄의 확신을 하지 못한 경우를 범죄사실의 증명이 없는 때에 해당한다고 보는 것은, '의심스러운 때에는 피고인에게 유리하게(in dubio pro reo)' 판단하는 것이 헌법상 무죄추정원칙의 요청이기 때문이다. 또한 피고인의 증거능력 있는 자백이 충분히 신빙성이 있어 법관에게 유죄의 확신이 있다 하여도 그 보강증거가 없는 경우(제310조)라면 역시 범죄사실의 증명이 없는 때에 해당한다고 볼 수밖에 없다.

II 판시의 방법

1. 죄수와 무죄판결 −일부무죄선고의 가능 여부 등−

(1) 일죄 : 일죄에 대하여는 "피고인은 무죄"라는 하나의 주문만이 내려진다.[1]

(2) 경합범 : 수개의 범죄사실이 전부 무죄인 때에는 "피고인은 무죄"라고 주문에 기재하지만, 일부가 무죄인 경우에는 주문에서 그 부분을 특정하여 무죄를 선고한다.

(3) 상상적 경합 및 포괄일죄 : ① 상상적 경합은 전부 무죄이면 무죄라고 주문에 기재하지만, ② 상상적 경합이나 포괄일죄의 일부 사실이 무죄에 해당하는 경우에는 유죄판결의 주문에서는 무죄를 선고할 수 없고 그 판결이유에서 그 무죄의 부분을 설시하면 족하다. 마찬가지로, ③ 포괄일죄의 일부에 대하여는 유죄의 증거가 없고 나머지 부분에 대하여 공소시효가 완성된 경우에는 피고인에게 유리한 무죄를 주문에 표시하고 면소부분은 판결이유에서만 설명하면 족하다(대법원 1977.7.12, 77도1320). [국가9급개론 17, 경찰채용 21 1차]

2. 판결이유의 명시

(1) 명시의 요부 : 유죄판결과는 달리(제323조), 무죄판결은 판결이유에 명시할 사항을 법조문에서 따로 규정

---

1) [참고] 공소사실의 예비적·택일적 기재와 무죄판결 선고의 방법
① 예비적 기소 : ㉠ 주된 공소사실이 유죄로 인정된다면 예비적 기소에 대해서는 판단할 필요가 없고, ㉡ 주된 공소사실이 무죄로, 예비적 공소사실이 유죄로 인정된다면, 주문에서는 유죄 부분만 표시하고, 주위적 기소에 대한 무죄의 설시는 주문에서는 할 필요가 없으나 판결이유에서는 해야 한다. 다만, ㉢ 주위적 기소와 택일적 기소가 모두 무죄라면 주문에서는 무죄로, 이유에서는 양 사실에 대한 판단을 하여야 한다.
② 택일적 기소 : ㉠ 둘 중 하나의 공소사실이 유죄이면 나머지 공소사실이 무죄로 판단되어도, 주문에서 유죄판결만 선고하면 되고, 판결이유에서 무죄의 이유를 설시할 필요도 없다. 다만, ㉡ 둘 다 무죄로 판결하는 경우에는 주문에서는 무죄로, 이유에서는 양 사실 모두 판단하여야 한다.

하고 있지 않다. 다만, **무죄판결도 판결인 이상 일반원칙에 따라서 이유를 명시해야 한다**(제39조 본문). 따라서 무죄판결의 이유가 제325조 전단 또는 후단 중 어느 것에 의한 것인가는 설시되어야 한다.

대법원 2014.11.13, 2014도6341

무죄판결에 명시하여야 할 이유

유죄판결에 명시할 이유를 명확히 규정하고 있는 법 제323조와 달리 법 제325조는 "피고사건이 범죄로 되지 아니하거나 범죄사실의 증명이 없는 때에는 판결로써 무죄를 선고하여야 한다."라고 규정하고 있을 뿐, 무죄판결에 명시하여야 할 이유를 구체적으로 규정하고 있지 않다. 그러나 법 제39조 전단은 '재판에는 이유를 명시하여야 한다.'고 규정하고 있으므로, 피고인에 대하여 무죄판결을 선고하는 때에도 공소사실에 부합하는 증거를 배척하는 이유까지 일일이 설시할 필요는 없다고 하더라도(대법원 1979.1.23, 75도3546 등), 그 증거들을 배척한 취지를 합리적인 범위 내에서 기재하여야 한다(대법원 1987.4.28, 86도2779 등 참조). 만일 주문에서 무죄를 선고하고도 그 판결이유에는 이에 관한 아무런 판단을 기재하지 아니하였다면, 법 제361조의5 제11호 전단의 항소이유 또는 제383조 제1호의 상고이유로 할 수 있고, 이 사건과 같이 주문으로부터는 판단의 유무가 명확히 판명되지 아니하는 경우라도 이유 중에 판단을 하지 않은 경우에는 재판의 누락이 있다고 보아야 한다.

---

(2) 명시 정도 : 무죄판결은 피고인에게 가장 유리한 판결이기 때문에, 무죄판결 이유의 명시는 검사로 하여금 상소제기 여부를 검토할 수 있을 정도이면 족하다. 예컨대 공소사실에 대하여 증거가 불충분한 때에는 개개의 증거를 채택하지 아니한 이유에 대한 개별적·구체적 설명까지는 요하지 아니한다(75도3546).

III 효력

1. 선고·공시 및 확정의 효력

(1) 선고의 효력 : 무죄판결의 선고에 의해서 **구속력**이 발생하므로 당해 법원에 의해서는 변경될 수 없고, 종국재판이므로 소송은 당해 심급에서 종결된다. 또한 선고와 동시에 상소권이 발생하며, 무죄판결에 대한 검사의 상소 여부와 관계없이 구속영장은 실효된다(제331조).

> **보충** 유죄·무죄 등 판결의 선고에 의하여 구속력이 발생한다는 것은 잠정적으로 일정한 효력이 발생하므로 당해 법원은 이를 변경할 수 없다는 것이고, 이후 재판이 확정되면 그 형식적 확정력(불가쟁)과 실질적 확정력(집행력, 기판력 – 내용적 불가변)이 발생한다.

> **정리** 구속영장의 실효 : 무죄, 면소, 형의 면제, 형의 선고유예, 형의 집행유예, 공소기각 또는 벌금이나 과료를 과하는 판결이 선고된 때에는 구속영장은 효력을 잃는다(제331조). 이 경우 판결의 확정을 기다릴 필요 없이 검사는 즉시 석방지휘를 하여야 한다. 다만, 사형이나 자유형의 판결은 그 판결이 확정된 때 구속영장이 실효된다.

(2) 무죄판결의 공시 : 2014.12.30. 개정형법에 의해, 피고사건에 대하여 무죄의 판결을 선고하는 경우에는 **무죄판결공시의 취지를 원칙적으로 선고하여야 한다**(형법 제58조 제2항 본문). 다만, 무죄판결을 받은 피고인이 무죄판결공시 취지의 선고에 **동의**하지 아니하거나 피고인의 **동의**를 받을 수 없는 경우에는 무죄판결이라 하더라도 **공시할 수 없다**(동 단서). [법원9급 14] **재심**의 경우에도 **무죄판결을 원칙적으로 공시**하여야 하나(제440조 본문), 2016.5.29. 개정법에 의해 피고인 등 재심을 청구한 사람이 **원하지 아니하는** 경우에는 재심무죄판결을 **공시하지 아니할 수 있도록** 하였다(동 단서).

(3) 확정의 효력 : 무죄판결이 확정되면 **형식적 확정력과 기판력**이 발생하므로, 당해 재판의 사실심판결선고 전 범한 동일사실에 대한 공소제기는 면소판결사유(제326조 제1호)에 해당하고, 형사보상(형사보상법 제1조)[1] 및 비용보상(제194조의2 제1항)[2], 압수물환부(제332조)[3]의 사유가 된다. 다만, 무죄판결의 특성상 집행력은 발생하지 않는다.

---

1) [보충] 예컨대, 형사소송법에 따른 일반 절차 또는 재심이나 비상상고 절차에서 무죄재판을 받아 확정된 사건의 피고인이 미결구금을 당하였을 때에는 이 법에 따라 국가에 대하여 그 구금에 대한 보상을 청구할 수 있다(형보 제2조 제1항). 보상청구는 무죄재판이 확정된 사실을 안 날로부터 3년, 무죄재판이 확정된 때부터 5년 이내에 하여야 한다(동법 제8조)(제5편 중 형사보상에서 후술).

2) [보충] 무죄판결이 확정된 경우 국가는 당해 사건의 피고인이었던 자에 대하여 그 재판에 소요된 비용을 보상하여야 한다(제194조의2 제1항). 다만, 예외도 있다(동조 제2항). 비용보상은 피고인이었던 자의 청구에 따라 무죄판결을 선고한 법원의 합의부에서 결정으로 하는데(제194조의3 제1항), 무죄판결이 확정된 사실을 안 날로부터 3년, 무죄판결이 확정된 때로부터 5년 이내에 하여야 한다(동조 제2항)(제5편 중 형사보상에서 후술).

3) [보충] 무죄판결이 확정되면 검사는 압수물을 제출자나 소유자 기타 권리자에게 환부하여야 한다(제332조). 환가처분(제219조, 제132조)한 경우의 매각대금도 같다(대법원 2000.1.21, 97다58507).

2. 무죄판결에 대한 상소

(1) 검사의 상소 : 검사는 무죄판결에 대해서 상소할 수 있다.

> 보충 또한, 심신상실을 이유로 무죄판결이 확정되더라도 치료감호법에 의한 치료감호는 독립하여 청구할 수 있다(대법원 1999.8.24, 99도1194). [경찰간부 15]

(2) 피고인의 상소 : 무죄판결은 법률적으로 피고인에게 가장 유리한 재판에 해당하므로, 피고인은 상소의 이익이 없어 상소할 수 없다.

---

03   관할위반의 판결

Ⅰ 의 의

관할위반(管轄違反)의 판결(judgment of incompetence)이란 피고사건이 법원의 관할에 속하지 아니할 때 하는 판결을 말한다(제319조). 형식재판인 동시에 종국재판이다.

Ⅱ 사 유

1. 관할권의 부존재

(1) 의의 : 피고사건이 법원의 관할에 속하지 아니하는 때에는 판결로써 관할위반의 선고를 하여야 한다(제319조). 여기서 관할은 사물관할·토지관할을 불문하나, 관할위반의 판결이 내려지는 경우는 주로 사물관할의 경우이므로 관할위반판결의 사유도 **사물관할의 부존재를 중심으로 설명**되고, 토지관할의 경우에는 그 절차가 달라진다.

(2) 판단시기 : ① **사물관할**은 **공소제기시뿐만 아니라 재판시까지도** 관할권이 존재해야 한다. 그러나 ② **토지관할**은 **공소제기시**에만 관할권이 존재하면 족하다. 따라서 범죄지뿐 아니라 토지관할권의 표준인 피고인의 주소·거소·현재지는 공소제기시에 존재하면 된다.

(3) 판단기준 : 사물관할권의 유무는 공소장에 기재된 공소사실을 표준으로 판단한다. 공소장이 변경된 경우에는 변경된 공소사실을 기준으로 판단한다.

> 보충 공소사실의 예비적 기재의 경우에는 주위적 공소사실을 기준으로, 택일적 기재의 경우에는 가장 중한 공소사실을 기준으로 판단한다.

(4) 공소장변경과 관할권의 부존재

　① 관할권 부존재 하자의 치유 : 공소장변경에 의하여 관할권 부존재의 하자가 치유될 수 있는가에 대해서는 견해의 대립이 있으나, 소송경제의 관점에서 적극설이 타당하다.

　② 이송 : 단독판사의 관할사건이 공소장변경에 의하여 합의부 관할사건으로 변경된 경우, 관할권 없는 사건에 대해서는 관할위반의 판결을 선고하여야 하나, 소송경제를 위해 법원은 결정으로 관할권 있는 법원에 이송한다(제8조 제2항).

2. 예외 - 토지관할의 위반

토지관할은 피고인의 출석의 편의를 도모하기 위한 상대적 소송조건에 불과하므로, 법원은 피고사건에 대하여 토지관할권이 없는 경우에도 **피고인이 관할위반의 신청을 하지 않는 한 관할위반의 선고를 하지 못한다**(제320조 제1항). 이 경우 피고인의 관할위반의 신청은 **피고사건에 대한 진술 전**(피고인의 모두진술단계)에 하여야 한다(동조 제2항).

Ⅲ 효력

1. 소송행위의 효력

소송행위는 **관할위반인 경우에도 소송행위의 효력에는 영향이 없다**(제2조). 따라서 관할위반의 판결을 선고한 법원의 공판절차에서 작성된 증인신문조서나 공판조서 등은 증거로 사용될 수 있다.

2. 선고 및 확정의 효력

(1) 선고의 효력 : 관할위반의 판결이 선고되면 구속력이 발생하며, 종국재판이므로 소송은 당해 심급에서 종결된다. 다만, 구속영장의 효력에는 영향을 미치지 아니한다(**구속실효** ✕). 재기소의 가능성이 농후하기 때문이다.

(2) 확정의 효력 : 관할위반의 판결이 확정되면 형식적 확정력과 내용적 구속력이 발생하나, 형식재판이므로 기판력은 발생하지 않는다(**일사부재리효** ✕). 따라서 검사는 관할권 있는 법원에 다시 공소를 제기할 수 있다. 한편 공소제기에 의하여 정지되었던 **공소시효가 관할위반판결의 확정시부터 다시 진행**된다(제253조 제1항).

> 보충 공소시효는 공소의 제기로 진행이 정지되고 공소기각 또는 관할위반의 재판이 확정된 때로부터 진행한다(제253조 제1항).
> 정리 관할위반판결의 선고는 (다른 판결과는 달리) 구속영장 실효사유는 아니나, 관할위반판결의 확정은 공소기각재판과 마찬가지로 공소시효의 재진행사유이다.

3. 상 소

검사는 관할위반의 판결에 대해서 상소할 수 있다. 반면 피고인은 무죄를 구하는 상소가 허용되지 않는다.

---

04 공소기각의 재판

Ⅰ 의 의

1. 개 념

공소기각(公訴棄却)의 재판(결정·판결)은 피고사건에 대하여 관할권 이외의 형식적 소송조건이 결여된 경우에 실체심리 없이 소송을 종결시키는 재판을 말한다. 공소기각의 재판은 형식재판이자 종국재판이며, 공소기각의 결정(ruling on rejection of public prosecution)과 공소기각의 판결(judgment rejecting public prosecution)이 있다.

2. 심리상의 특칙

(1) 구두변론 : 공소기각의 재판 중에서 ① 공소기각결정은 절차상의 하자가 중대하고 명백하여 소송조건의 존부를 판단함에 있어 **구두변론을 거치지 않아도 되는 경우**(제37조 제2항)인 데 비하여, ② 공소기각판결은 소송조건의 흠결이 비교적 중대하지 않고 그 흠결의 발견이 상대적으로 쉽지 않아 **구두변론을 거쳐 이를 확인해보아야 하는 경우**(제37조 제1항)를 말한다.

> 정리 판결 : 필요적 구두변론, 결정 : 임의적 구두변론

(2) 출석의무의 면제 : 공소기각의 재판을 할 것이 명백한 사건에 관하여는 피고인의 **출석을 요하지 아니한다**(공면). 다만, 피고인은 **대리인**을 출석하게 할 수 있다(제277조).

(3) 공판절차정지의 예외 : 공소기각의 재판을 할 것이 명백한 때에는 피고인이 심신상실상태에 있거나 질병으로 인하여 출정할 수 없는 때에도 **공판절차를 정지하지 않고 피고인의 출정 없이 재판**할 수 있다(제306조 제4항)(의질 – 무면공면).

(4) 불복 : 공소기각결정에 대한 불복방법은 **즉시항고**(제328조 제2항)인 데 비하여, 공소기각판결에 대한 불복은 상소에 의한다.

Ⅱ 사 유

1. 공소기각재판 사유의 성질

공소기각의 재판은 절차상의 하자를 이유로 공소를 부적법하다고 할 때 하는 형식적 재판이며 형식적 소송조건이 흠결한 경우로서 법 제327조, 제328조에 그 사유들을 규정하고 있고 이 사유들은 **한정적으로 열거**한 것이라 해석된다(대법원 1986.9.23, 86도1547). 또한 공소기각재판사유는 실체재판인 무죄판결사유에 우선하고, 공소기각결정사유와 공소기각판결사유가 경합하면 공소기각의 결정을 한다.

대법원 1994.10.14, 94도1818; 2004.11.26, 2004도4693

교특법상 업무상 과실치상으로 공소제기 but 중앙선침범사실이 인정되지 않고 보험가입사실이 밝혀진 경우

교통사고처리특례법 제3조 제1항, 제2항 단서 제2호의 사유로 공소제기되었으나 공판절차에서 심리한 결과 피고인이 중앙선을 침범하여 차를 운행한 사실이 없다는 점이 분명하게 되고, 한편 사고 당시 피고인이 운행하던 차가 교통사고처리특례법 제4조 제1항 본문 소정의 보험에 가입되어 있음이 밝혀졌다면 그 공소제기는 법 제327조 제2호 소정의 공소제기의 절차가 법률의 규정에 위반하여 무효인 때에 해당하므로, 법원으로서는 그 교통사고에 있어서 피고인에게 아무런 업무상 주의의무위반이 없다는 점이 증명되었다 하여 바로 무죄를 선고할 것이 아니라 소송조건의 흠결을 이유로 공소기각의 판결을 선고하여야 한다(소송조건흠결의 경합 : 공 > 관 > 면 > 실).

---

2. 공소기각결정의 사유(제328조 제1항 : 공/사/관/포)

(1) 공소가 취소되었을 때(동 제1호) : 검사가 공소를 취소하면 법원은 공소기각결정을 한다. 공소취소에 의한 공소기각결정이 확정된 때에는 동일범죄사실에 대하여 다른 중요한 증거를 발견한 경우에 한하여 다시 공소를 제기할 수 있으며(제329조 : 공소취소에 의한 재기소 제한), 이를 위반하는 것은 공소기각판결사유(제327조 제4호)에 해당한다.

(2) 피고인이 사망하거나 피고인인 법인이 존속하지 아니하게 되었을 때(동 제2호) : 공소제기 이후 피고인이 사망하거나 피고인인 법인이 해산·합병하는 등 존속하지 아니하게 되었을 경우에는 법원은 공소기각결정을 한다. 공소제기 후 당사자능력이 상실된 경우에도 같다. 또한 공소제기 전 이러한 사유가 있음에도 공소제기가 된 경우에도 같다.

(3) 관할의 경합(제12조·제13조)으로 인하여 재판할 수 없는 때(동 제3호) : **관할경합으로 인한 소송의 이중계속**의 경우 관할권이 없게 된 법원의 조치이다. 동일사건이 사물관할을 달리하는 수개의 법원에 계속된 때에는 합의부가 심판하여야 하고(제12조), 사물관할이 같은 여러 개의 법원에 계속된 때에는 먼저 공소를 받은 법원이 심판함이 원칙이다(2020.12.8. 우리말 순화 개정법 제13조). 이때 심판할 수 없게 된 법원은 공소기각결정을 한다.

(4) 공소장에 기재된 사실이 진실하다 하더라도 **범죄가 될 만한 사실이 포함되지 아니하는 때**(동 제4호) [법원9급 09, 국가9급개론 17, 경찰채용 09 1차] : 공소장 기재사실 자체가 **일견하여 법률상 범죄를 구성하지 아니함이 명백**하여 공소장의 변경 등 절차에 의하더라도 그 공소가 유지될 여지가 없는 형식적 소송요건의 흠결이라고 볼 수 있는 경우를 뜻한다(대법원 1977.9.28, 77도2603). 따라서 **공소사실이 법률상 범죄를 구성하는지 여부에 대하여 의문이 있음에 불과하거나 법률해석 여하에 따라 범죄의 성부가 달라지는 경우**는 **실체재판**을 해야 하며 공소기각결정사유에 속하지 아니한다. [법원9급 15]

🔎 판례연구 공소장에 기재된 사실이 진실하다 하더라도 범죄가 될 만한 사실이 포함되지 아니한 때의 의미

1. 대법원 1973.12.11, 73도2173

부정수표단속법 위반사건에 있어서 수표가 그 제시기일에 제시되지 아니한 사실이 공소사실 자체에 의하여 명백하다면 이 공소사실에는 범죄가 될 만한 사실이 포함되지 아니하는 때에 해당하므로 법 제328조 제1항 제4호에 의하여 공소기각의 재판을 하여야 한다.

---

2. 대법원 2011.6.30, 2011도1651; 2014.5.16, 2012도12867 [법원9급 14/15]

법 제328조 제1항 제4호에 규정된 '공소장에 기재된 사실이 진실하다 하더라도 범죄가 될 만한 사실이 포함되지 아니한 때'란 공소장 기재사실 자체에 대한 판단으로 그 사실 자체가 죄가 되지 아니함이 명백한 경우를 말한다. 따라서 정당법상 당원이 될 수 없는 피고인들이 특정 정당에 당원으로 가입하여 당비 명목으로 정치자금을 기부하였다고 하여 정치자금법 위반으로 기소된 경우, 위 공소사실에 대하여는 피고인들의 당원 가입행위의 효력, 피고인들이 기부한 돈의 실질적인 성격 및 정치자금법의 구성요건 등을 검토하여 실체적 판단을 하여야 하므로, 공소장 기재사실 자체에 대한 판단만으로도 그 사실 자체가 죄가 되지 아니함이 명백한 경우라고 할 수 없어 법 제328조 제1항 제4호의 공소기각결정 사유에 해당하지 않는다고 해야 한다.

3. 공소기각판결의 사유(2020.12.8. 우리말 순화 개정법 제327조 : 재/법/이/재/취/처)

(1) **피고인에 대하여 재판권이 없을 때**(재판권의 부존재, 동조 제1호) [법원9급 10/15] : 외국원수 · 외교사절 등 치외법권자 등 **재판권의 부존재**의 경우이다. 또한 한미 간 군대지위협정(SOFA)에 의하여 규율되는 주한 미합중국 군대의 구성원, 군속, 가족 등이 우리나라 영토 내에서 범한 공무집행 중 범죄도 여기에 속한다(동 협정 제22조 제3항). 다만, 군인이 일반법원에 기소된 경우에는 재판권은 없으나 법원은 공소제기된 사건을 관할 군사법원으로 **이송**해야 하므로(제16조의2 본문), 공소기각판결사유에 해당하지 아니한다. 이 경우 이송 전 행한 소송행위는 이송 후에도 효력을 유지한다(동 단서).

(2) **공소제기의 절차가 법률의 규정을 위반하여 무효일 때**(공소제기절차의 **법률위반 무효**, 동조 제2호) : ① 공소제기가 없는데 착오로 소송계속이 되거나 ② 공소권이 없음에도 공소가 제기된 경우(예 국회의원의 면책특권), ③ 공소제기권자 아닌 자에 의하여 공소가 제기된 경우, ④ 공소제기 당시 소송조건이 결여되어 있는 경우(예 친고죄의 고소가 없는 경우, 즉시고발사건에서 공무원의 고발이 없는 경우, **소년법상 보호처분**을 받은 사건에 대하여 다시 공소가 제기된 경우 [법원9급 16]), ⑤ 공소제기의 방식에 중대한 하자가 있는 경우(예 공소사실의 불특정), ⑥ 위법한 함정수사에 의한 공소가 제기된 경우(대법원 2005.10.28, 2005도1247) [법원9급 13], ⑦ 누락기소와 같은 공소권남용에 의한 기소의 경우(대법원 1999.12.10, 99도577; 2001.9.7, 2001도3026), ⑧ 성명모용의 피모용자의 형식적 피고인이라는 불안정한 지위를 해소해주거나 위장출석의 위장출석자를 절차(사실심리절차)에서 배제할 경우 등을 말한다. 다만, **불법연행 · 위법체포 · 감금 등 중대한 위법수사에 의하여 공소가 제기된 경우**의 본호 해당 여부에 대해서는 견해가 대립하나,[1] 판례는 위법수집증거배제법칙에 의하여 당해 증거의 증거능력은 부정되나 **본호에는 해당될 수 없다**는 입장이다(공소제기는 적법, 증거능력은 부정, 대법원 1990.9.25, 90도1586; 1996.5.14, 96도561).

🔑 **판례연구** 공소제기의 절차가 법률의 규정에 위반하여 무효인 때에 해당되는 사례

1. 대법원 1992.9.22, 91도3317

국회의원의 면책특권에 속하는 행위에 대하여는 공소를 제기할 수 없으며 이에 반하여 공소가 제기된 것은 공소권이 없음에도 공소가 제기된 것이 되어 법 제327조 제2호의 "공소제기의 절차가 법률의 규정에 위반하여 무효인 때"에 해당하므로 공소를 기각하여야 한다.

> **보충** 국회의원 면책특권은 국회 내에서의 직무상 행한 발언과 표결에만 국한되지 않고 이에 통상적으로 부수하여 행하여지는 행위(직무부수행위)까지 포함된다(대법원 1996.11.8, 96도1742).

2. 대법원 1995.3.24, 95도22

폭행으로 인한 폭처법 제2조 제2항 위반죄는 피해자별로 1개의 죄가 성립되는 것으로 각 피개자별로 사실을 특정할 수 있도록 공소사실을 기재하여야 할 것인바, 공소사실 중 "피고인들이 공동하여 성명불상 범종추측 승려 100여 명의 전신을 손으로 때리고 떠밀며 발로 차서 위 성명불상 피해자들에게 폭행을 각가한 것이다"는 부분은 피해자의 숫자조차 특정되어 있지 않아 도대체 몇 개의 폭행으로 인한 폭처법위반죄를 공소제기한 것인지조차 알 수가 없으므로, 공소장에 구체적인 범죄사실의 기재가 없어 그 공소제기의 절차가 법률의 규정에 위반하여 무효인 경우에 해당한다.

---

1) [참고] ① 법 제327조 제2호는 소송조건 전반에 관한 일반조항으로서의 성질을 가진다고 보아 위법수사절차 등은 공소기각판결사유로 인정되어야 한다는 긍정설(신동운, 신양균, 이은모, 임동규 등)과 ② 제327조에 열거된 공소기각판결사유는 한정적으로 해석되어야 하므로 중대한 위법수사절차, 공소권남용, 소송지연 등은 공소기각판결사유로 볼 수 없다는 부정설(이/조)이 대립한다. 긍정설이 타당하나, 본서의 특성상 판례에 의한다.

3. 대법원 1996.2.23, 96도47; 1985.5.28, 85도21[1] [법원9급 16/18]

소년법 제53조는 제32조의 보호처분을 받은 소년에 대하여는 그 심리 결정된 사건은 다시 공소를 제기하거나 소년부에 송치할 수 없다고 규정하고 있으므로, 제32조의 보호처분을 받은 사건과 동일(상습죄 등 포괄일죄 포함)한 사건에 관하여 다시 공소제기가 되었다면, 이는 공소제기절차가 법률의 규정에 위배하여 무효인 때에 해당한 경우이므로 법 제327조 제2호의 규정에 의하여 공소기각의 판결을 하여야 한다.

[보충] 면소판결사유(제326조 제1호)로 보아야 한다는 견해(배/이/정/이, 이/조, 차/최 등)도 있다.

4. 대법원 1997.11.28, 97도2215 [국가9급 20]

피모용자가 약식명령을 송달받고 이에 대하여 정식재판의 청구를 하여 피모용자를 상대로 심리를 하는 과정에서 성명모용 사실이 발각되고 검사가 공소장을 정정하는 등 사실상의 소송계속이 발생하고 형식상 또는 외관상 피고인의 지위를 갖게 된 경우에는 법원으로서는 피모용자에게 적법한 공소의 제기가 없었음을 밝혀주는 의미에서 법 제327조 제2호를 유추적용하여 공소기각의 판결을 함으로써 피모용자의 불안정한 지위를 명확히 해소해 주어야 할 것이다.

5. 대법원 2009.1.30, 2008도7462 [국가9급 17]

고소불가분의 원칙상 친고죄의 공범 중 일부에 대하여만 처벌을 구하고 나머지에 대하여는 처벌을 원하지 않는 내용의 고소는 적법한 고소라고 할 수 없고, 공범 중 1인에 대한 고소취소는 고소인의 의사와 상관없이 다른 공범에 대하여도 효력이 있다(대법원 1994.4.26, 93도1689). 한편, 구 저작권법 제97조의5 위반죄와 같은 친고죄에서 공소제기 전에 고소의 취소가 있었다면 법원은 직권으로 이를 심리하여 공소기각의 판결을 선고하여야 한다.

⚖ 판례연구 공소제기의 절차가 법률의 규정에 위반하여 무효인 때에 해당되지 않는 사례

1. 대법원 1995.3.10, 94도3373 [경찰채용 20 2차]

조세범처벌법 제6조의 세무종사 공무원의 고발은 공소제기의 요건이고 수사개시의 요건은 아니므로 수사기관이 고발에 앞서 수사를 하고 피고인에 대한 구속영장을 발부받은 후 검찰의 요청에 따라 세무서장이 고발조치를 하였다고 하더라도 공소제기 전에 고발이 있은 이상 조세범처벌법 위반사건 피고인에 대한 공소제기의 절차가 법률의 규정에 위반하여 무효라고 할 수 없다.

[보충] 조세범처벌법상 범칙행위에 대하여 세무공무원의 고발 없이 공소가 제기되면 공소기각판결사유에 해당하나(대법원 1971.11.30, 71도1736), 수사기관이 고발에 앞서 수사를 한 후 수사기관의 요청에 의해 세무공무원이 고발을 하였고 그 후 공소가 제기된 것은 공소제기절차가 무효인 때에 해당하지 않음.

2. 대법원 1996.5.14, 96도561

불법구금, 구금장소의 임의적 변경 등의 위법사유가 있다고 하더라도 그 위법한 절차에 의하여 수집된 증거를 배제할 이유는 될지언정 공소제기의 절차 자체가 위법하여 무효인 경우에 해당한다고 볼 수 없다.

[보충] 위법체포 · 감금 중 획득한 증거의 증거능력은 부정되나, 공소제기 자체가 부적법하지는 않음.

---

(3) 공소가 제기된 사건에 대하여 다시 공소가 제기되었을 때(이중기소, 동조 제3호) : **동일사건이 동일법원에 재차 이중기소**된 경우를 말한다. 이와 달리 동일사건이 서로 다른 법원에 이중기소된 경우에는 공소기각결정사유(제328조 제1항 제3호)에 해당한다. 또한 **1개의 공소장에 동일사건이 중복기재**된 경우는 공소장기재의 착오에 불과하다(공기판 ×).

대법원 1983.5.24, 82도1199

1개의 공소장에 동일한 사건이 중복기재된 경우 이중기소에 해당하는지 여부(소극)

법 제327조 제3호가 규정하는 "공소가 제기된 사건에 대하여 다시 공소가 제기되었을 때"라 함은 이미 공소가 제기된 사건에 대하여 다시 별개의 공소장에 의하여 이중으로 공소가 제기된 경우를 뜻하는 것이지 하나의 공소장에 범죄사실이 이중으로 기재되어 있는 경우까지 포함하는 것이라고는 해석되지 않는다. 1개의 공소장에 동일한 사건이 중복 기재된 경우에는 이는 단순한 공소장기재의 착오라 할 것이므로 법원은 석명권을 행사하여 검사로 하여금 이를 정정케 하든가 그렇지 않은 경우에도 스스로 판결이유에 그 착오사실을 정정 표시하여 줌으로써 족하고 주문에 별도로 공소기각의 판결을 할 필요는 없다.

---

1) [보충] 소년법 제47조는 제30조의 보호처분을 받은 소년에 대하여는 그 심리결정된 사건은 다시 공소제기할 수 없고 소년부에 송치하지 못한다고 규정하고 있으므로 제30조의 보호처분을 받은 사건과 동일(상습죄 등 포괄일죄 포함)한 사건에 대하여 다시 공소제기가 되었다면 소년법 제30조의 보호처분은 확정판결이 아니고 따라서 기판력도 없으므로 이에 대하여 면소판결을 할 것이 아니라 공소제기의 절차가 법률의 규정에 위배하여 무효인 때에 해당한 경우이므로 형사소송법 제327조 제1호의 규정에 의하여 공소기각의 판결을 하여야 할 것임에도 불구하고 1, 2심은 이에 대한 법리를 오해하여 이에 대하여 1심은 면소판결을 하고, 2심은 검사의 항소를 기각하였으니 이는 판결에 영향을 미쳤다 할 것이다(대법원 1985.5.28, 85도21).

(4) 제329조를 위반하여 공소가 제기되었을 때(재기소제한 위반, 동조 제4호) : 공소취소에 의한 공소기각결정 확정시 다른 중요한 증거를 발견한 경우(대법원 1977.12.27, 77도1308 : 새로 발견한 증거 추가시 유죄 확신을 가지게 할 정도의 증거)가 아니면 다시 공소를 제기할 수 없는바(제329조, **다중 – 구기재**), 위 재기소 제한을 위반한 경우를 말한다.

(5) 친고죄에 대하여 고소가 취소되었을 때(친고죄의 고소**취소**, 동조 제5호) : 친고죄에 대하여 고소가 제기되어 공소가 제기되었으나 1심판결선고 전(제232조 제1항) 고소를 취소한 경우를 말한다. 이때의 고소의 취소는 명시의 고소취소에 한하지 아니하나, 피해자와 가해자 사이의 합의서를 고소취하서로 단정할 수는 없다는 점은 기술한 바 있다(수사의 단서 중 고소 부분). 한편 공소제기 전 고소취소는 전술한 동조 제2호에 해당한다.

★ **판례연구** 친고죄의 고소취소

1. **대법원 1981.11.10, 81도1171**
   강간피해자 명의의 합의서 및 탄원서 제출과 고소취소 여부 : 고소취소는 명시의 고소취소를 요하지 아니함
   강간피해자 명의의 "당사자 간에 원만히 합의되어 민·형상 문제를 일체 거론하지 않기로 화해되었으므로 합의서를 1심 재판장 앞으로 제출한다."는 취지의 합의서 및 피고인들에게 중형을 내리기보다는 법의 온정을 베풀어 사회에 봉사할 수 있도록 관대한 처분을 바란다는 취지의 탄원서가 제1심 법원에 제출되었다면 이는 결국 고소취소가 있은 것으로 보아야 한다.

2. **[비교판례] 대법원 1981.10.6, 81도1968**
   강간피해자와 가해자 사이의 합의서가 고소취하서인지의 여부(소극)
   고소인(강간피해자)과 피고인(가해자)사이에 작성된, "상호 간에 원만히 해결되었으므로 이후에 민형사 간 어떠한 이의도 제기하지 아니할 것을 합의한다."는 취지의 합의서가 제1심 법원에 제출되었으나 고소인이 제1심에서 고소취소의 의사가 없다고 증언하였다면 위 합의서의 제출로 고소취소의 효력이 발생하지 아니한다.

---

(6) 반의사불벌죄에 대하여 처벌을 원하지 아니하는 의사표시가 있거나 처벌을 원하는 의사표시를 철회하였을 때(반의사불벌죄의 **처**벌불원, 동조 제6호) : 반의사불벌죄에 대하여 처벌불원의사표시가 있음에도 공소가 제기되었거나, 처벌불원의사표시가 없어 공소가 제기된 이후 1심판결선고 전에 처벌희망의사표시가 철회된 경우를 말한다.

★ **판례연구** 반의사불벌죄와 공소기각판결 관련판례

1. **대법원 2005.8.25, 2005도4355**
   원심판결 선고 후 반의사불벌죄로 법률이 개정된 경우 상고법원의 조치
   이른바 반의사불벌죄에 있어서 처벌원의 의사표시의 부존재는 소극적 소송조건으로서 직권조사사항이라 할 것이고, 2005년 개정·시행된 근로기준법 제112조 제2항에 의하면, 종전에는 피해자의 의사에 상관없이 처벌할 수 있었던 근로기준법 제112조 제1항, 제36조 위반죄를 반의사불벌죄로 변경하였다면, 개정법률이 피고인에게 더 유리하게 되어 피고인에 대하여는 개정법률이 적용되고, 이러한 경우에는 법 제383조 제2호 소정의 "판결 후 형의 변경이 있는 때"에 준하는 사유가 있다고 보아야 할 것이다.

2. **대법원 2005.10.7, 2005도4435** [국가9급 17]
   부정수표단속법상 제1심판결 선고 전에 공범에 의하여 부도수표가 회수된 경우의 공소기각의 선고
   부정수표단속법 제2조 제4항에서 부정수표가 회수된 경우 공소를 제기할 수 없도록 하는 취지는 부정수표가 회수된 경우에는 수표소지인이 부정수표 발행자 또는 작성자의 처벌을 희망하지 아니하는 것과 마찬가지로 보아 같은 조 제2항 및 제3항의 죄를 이른바 반의사불벌죄로 규정한 취지로서 부도수표 회수나 수표소지인의 처벌을 희망하지 아니하는 의사의 표시가 제1심판결 선고 이전까지 이루어지는 경우에는 공소기각의 판결을 선고하여야 할 것이고(대법원 1995.2.3, 94도3122; 1996.1.26, 95도1971 등 참조), 이는 부정수표가 공범에 의하여 회수된 경우에도 마찬가지라고 할 것이다(대법원 1999.5.14, 99도900).

Ⅲ 효력

1. 고지 · 선고 및 확정의 효력

(1) **고지 · 선고의 방식과 효력** : 공소기각의 판결서에는 법관이 서명날인하고(제41조 제1항), 공소기각의 결정서에는 서명날인에 갈음하여 기명날인할 수 있다(동조 제3항). 공소기각판결은 재판장이 법정에서 구두로 선고하므로, 주문을 낭독하고 이유의 고지를 설명하여야 하나(제43조), 공소기각결정은 재판장이 법정에서 구두로 고지할 수도 있고 재판서등본의 송달에 의해서 고지할 수도 있다(제42조). 공소기각의 재판이 선고 또는 고지되면 **구속력이 발생**하며, 종국재판이므로 소송은 당해 심급에서 종결되고, 구속영장은 실효되며(제331조), 상소권이 발생한다.

> **보충** 공소기각결정은 공소기각판결과는 달리 구속영장 실효사유로 규정되어 있지 않지만(제331조), 피고인 사망 등(제328조 제1항 제2호) 및 관할경합사유(동 제3호)를 제외하면 당연히 구속영장 실효사유로 보아야 한다.

(2) **확정의 효력** : 공소기각의 재판이 확정되면 형식적 확정력과 내용적 구속력이 발생하나, 형식재판이므로 **기판력은 발생하지 않는다.** 한편 공소제기에 의하여 **정지된 공소시효가 공소기각(또는 관할위반)의 재판 확정시부터 다시 진행**한다(제253조). 이외 형사보상법에 의한 보상청구도 가능하다.[1]

2. 상 소

(1) **공소기각재판에 대한 상소**

① 검사의 상소 : 검사는 공소기각재판에 대해 상소할 수 있다. 공소기각판결에 대해서는 상소를, 공소기각결정에 대해서는 즉시항고(제328조 제2항)를 할 수 있다.

② 피고인의 상소 : 피고인은 공소기각의 재판에 대하여 상소의 이익이 없기 때문에 무죄를 주장하는 상소를 할 수 없다.

(2) **상소심에서의 공소기각재판** : 항소심 또는 상소심에서도 공소기각의 판결 및 결정을 할 수 있으므로, 상고제기 후 피고인이 당사자능력을 상실한 경우에는 상고법원은 공소기각의 결정을 하여야 한다(제382조).

---

05 면소판결

Ⅰ 의 의

1. 개 념

면소판결(免訴判決, judgment of acquittal of prosecution)이란 확정판결이 있는 등의 사유(제326조 제1호 ~ 제4호)가 있는 때 선고하는 판결이며 종국재판이다. 면소판결은 형벌권의 존부를 판단의 대상으로 하지 않는다는 점에서 유 · 무죄의 실체판결과는 구별되는 형식재판이지만, 실체적 소송조건의 흠결을 이유로 소송을 종결한다는 점에서 형식적 소송조건의 흠결을 이유로 소송을 종결하는 공소기각의 재판과는 구별되고, 관할위반 · 공소기각의 재판과는 달리 일사부재리의 효력(기판력)이 인정된다.

2. 본질 －형식재판 : 소송추행이익결여설－

면소판결의 본질이 형식재판인가, 실체재판인가에 대해서는 견해의 대립이 있으나,[2] 통설 · 판례에 의하

<small>

1) [조문] 형사보상법 제26조(면소 등의 경우) ① 다음 각 호의 어느 하나에 해당하는 경우에도 국가에 대하여 구금에 대한 보상을 청구할 수 있다. 1. 형사소송법에 따라 면소 또는 공소기각의 재판을 받아 확정된 피고인이 면소 또는 공소기각의 재판을 할 만한 사유가 없었더라면 무죄재판을 받을 만한 현저한 사유가 있었을 경우

2) [참고] 면소판결의 본질
① 실체재판설 : 면소판결은 일단 발생한 형벌권이 후에 소멸한 경우 형벌권의 소멸을 확인하는 실체재판이라는 견해이다. 실체재판설에 대해서는 면소판결과 무죄판결을 구별할 수 없다는 등이 비판이 제기된다. 실체재판설을 주장하는 학자는 없다.
② 이분설 : 확정판결을 이유로 하는 면소판결은 형식재판이고, 사면, 공소시효완성, 형의 폐지를 이유로 하는 면소판결은 실체재판이라는 견해이다(사면도 형식재판으로 이해하면 신이분설). 이분설에 대해서는 통일적 설명을 포기하였다는 비판이 제기된다. 역시 주장자는 없다.
③ 실체관계적 형식재판설 : 면소판결은 실체적 소송조건이 구비되지 아니한 경우 선고되는 재판으로서, 실체관계 심리를 중간에 종결시킨다는 점에서 형식재판이지만, 실체적 소송조건은 실체면에 관한 사유를 소송조건으로 하므로 어느 정도의 실체심리가 필요하다고 보는 견해이다

</small>

면, 면소판결이란 **실체심리를 행할 필요성이 없기 때문에 피고사건의 실체심리에 들어가지 않고 형사절차를 종결시키는 형식재판**으로 파악된다(**형식재판설**). 면소판결이 형식재판이면서도 일사부재리의 효력을 가지는 근거는, 면소판결사유가 단순한 절차적 하자를 이유로 하는 것이 아니라 **소송추행이익의 결여, 즉 동일한 공소사실에 대하여 다시 소추하는 것을 금지함**(영구재소차단효)에 기인하고 있기 때문이다(**소송추행이익결여설**).

대법원 1964.3.31, 64도64

무죄판결은 실체적 공소권이 없다는 이유로서 하는 실체적 재판임에 반하여 면소판결은 공소권의 소멸을 이유로 하여 소송을 종결시키는 형식적 재판으로서 공소사실의 유무에 관하여 실체적 심리를 하여 그 사실이 인정되는 경우에 한하여 면소판결을 하는 것이 아니고 공소장에 기재되어 있는 범죄사실에 관하여 동법 제326조 각호 사유가 있으면 실체적 심리를 할 필요 없이 면소판결을 하여야 된다.

Ⅱ 사유(제326조 : 확/사/시/폐)[1]

1. 확정판결이 있은 때(동조 제1호)

(1) **취지** : 확정판결의 기판력에 기하여 동일사건에 대한 재소를 금지하는 경우이다.

(2) **확정판결의 범위**

① **포함되는 것** : 유죄·무죄의 **실체판결** 이외에 **면소판결**도 포함된다. 확정판결이 있었던 이상 형의 실효(전과기록의 삭제) 여부는 불문하며, 확정판결은 반드시 정식재판에서 선고된 것임을 요하지 않으므로 **약식명령**(대법원 1983.6.14, 83도939; 1993.5.14, 92도2585), **즉결심판**(대법원 1982.5.25, 81도1307; 1984.10.10, 83도1790; 1986.12.23, 85도1142; 1987.2.10, 86도2454; 1990.3.9, 89도1046)에서 선고된 것도 포함되고 [교정9급특채 12], **경범죄처벌법 또는 도로교통법상의 범칙금납부**도 확정판결에 준하는 효력이 인정된다. [법원9급 13, 경찰승진 09]

② **포함되지 않는 것** : 행정법상 **과태료의 부과처분**(대법원 1992.2.11, 91도2536), **외국의 확정판결**(대법원 1983. 10.25, 83도2366), **공소기각의 재판, 관할위반의 판결, 검사의 불기소처분**은 여기의 확정판결에 포함되지 않는다. **소년보호처분**을 받은 경우도 여기에 포함된다는 견해가 있으나, 판례는 단순한 소송장애사유에 불과하다고 보아 공소기각판결사유(제327조 제2호)에 포함시키고 있음은 기술하였다.

(3) **면소판결을 할 수 있는 범위** : **확정판결의 기판력이 미치는 범위**, 즉 물적으로 확정판결의 범죄사실과 동일성이 인정되고, 시간적으로는 확정판결의 사실심판결선고시까지의 범행부분이 면소판결의 대상이 된다. [법원행시 03] 따라서 어떤 사실에 대하여 확정판결이 있은 후 위 재판의 사실심판결선고 전에 범한 그 사실과 포괄일죄 또는 과형상 일죄의 관계에 있는 사실에 대해 다시 공소가 제기되었다면, 이는 면소판결사유에 해당한다.

(종래의 다수설). 이에 대해서는 형식적 소송조건도 어느 정도 실체에 대한 심리를 요하는 경우도 있으므로 실체관계적 요소가 실체적 소송조건에 고유한 문제가 아니며, 실체관계적이라는 것이 실체 자체를 판단한 것은 아니므로 일사부재리효를 인정할 근거가 명백하지 않다는 비판이 제기된다.

④ **형사정책설** : 공소기각사유와 면소사유의 구분은 상대적이고, 형사정책적으로 결정해야 한다는 견해이다(임동규). 이 견해는 면소판결의 일사부재리효는 면소판결의 본질에서 논리적으로 도출되는 것이 아니라, 형사정책에 의하여 결정되고 입법적으로 면소판결에 일사부재리의 효력이 부여된다고 하며, 검사의 공소장변경에 의하여 공소시효가 완성되지 않게 되는 경우 등 일정한 경우에는 실체심리의 필요성도 인정된다고 주장한다. 이에 대해서는 형사정책설은 형식재판설 중 소송추행이익결여설과 큰 차이가 없다는 비판이 있다.

⑤ **형식재판설** : 면소판결은 사건에 대하여 실체심리를 하여 그 존부를 확인하는 것이 부적당한 경우에 실체심리를 하지 않고 형식적으로 소송을 종결시키는 형식재판이라고 해석하는 견해이다(통설·판례). 형식재판설에 의하면, 제326조 제1호의 확정판결이 있는 때는 이중위험금지의 법리에 의하여 실체심리가 금지되고, 동조 제2호~제4호의 사유는 범죄사실이 존재하는 경우라 하여도 실체재판을 해야 할 법률적 이익 또는 소송추행의 가능성 내지 이익이 없기 때문에 실체심리를 할 수 없는 경우로 파악된다. 형식재판설 내에서도 면소판결에 대하여 일사부재리의 효력을 인정하는 근거에 대해서는 형식적 본안재판설(강구진)과 소송추행이익결여설(통설)이 제시된다. 소송추행이익결여설에 의하면, 공소기각재판은 공소기각사유가 된 소송조건을 구비하면 재소가 가능하나, 면소판결은 소송조건의 흠결을 보완할 수 없을 뿐 아니라 절차적 조건의 보완이 있어도 동일사실에 대하여 다시 소추하지 못한다는 것을 명백히 한 경우이므로 피고인의 기득의 권리를 보호하기 위하여 일사부재리의 효력이 인정된다고 한다.

⑥ **결론** : 형식재판설 중 소송추행이익결여설에 의한다. 따라서 면소판결은 형식재판이나, 소송추행의 이익이 없으므로 일사부재리의 효력이 인정되는 것으로 파악된다.

1) [참고] 면소판결사유를 규정한 제326조를 제한적 규정으로 볼 것인가 예시적 규정으로 볼 것인가의 문제에 대해서는 견해의 대립이 있으나, 제326조의 사유는 소추를 금지할 우월적 이익이 있는 경우를 법률이 특히 명문으로 규정한 제한규정으로 해석해야 한다는 것이 통설이다.

2. 사면이 있은 때(동조 제2호)

(1) 취지 : 일반사면에 의하여 형벌권이 소멸됨으로써 소송추행의 이익이 없는 경우이다.

(2) 사면의 범위 : 형사절차를 면소판결에 의하여 종결한다는 것은, 아직 형의 선고를 받지 아니한 자에 대하여 사면이 있는 경우 그 자에 대하여 공소제기가 되면 면소판결을 하는 것이므로, 여기서 사면은 **일반사면으로 국한**된다(대법원 2002.2.11, 99도2983). [교정9급특채 12] 따라서 **특별사면은 여기에 포함되지 아니한다.**[1] [법원행시 03, 경찰간부 12]

---

1. 대법원 2000.2.11, 99도2983

법 제326조 제2호 소정의 면소판결의 사유인 사면이 있을 때란 일반사면이 있을 때를 말하는 것인데, 피고인은 사면법의 규정에 의하여 1997.12.29. 수원지방법원에서 부정수표단속법 위반죄로 징역 6월, 집행유예 2년의 선고를 받은 형의 언도의 효력을 상실케 하는 특별사면을 받았음을 알 수 있으므로, 위 특별사면 이전에 저지른 것으로 공소제기된 부정수표단속법위반의 점에 대한 주위적 공소사실은 면소판결의 대상에 해당하지 아니한다.

2. 대법원 2015.5.21, 2011도1932 전원합의체 [법원9급 16, 국가7급 18/23, 경찰채용 16 1차, 국가9급 19]

면소판결 사유인 법 제326조 제2호에서 말하는 사면의 의미(= 일반사면)

면소판결 사유인 '사면이 있는 때'에서 말하는 '사면'이란 일반사면을 의미할 뿐, 형을 선고받아 확정된 자를 상대로 이루어지는 특별사면은 여기에 해당하지 않으므로, 재심대상판결 확정 후에 형 선고의 효력을 상실케 하는 특별사면이 있었다고 하더라도, 재심개시결정이 확정되어 재심심판절차를 진행하는 법원은 그 심급에 따라 다시 심판하여 실체에 관한 유·무죄 등의 판단을 해야지, 특별사면이 있음을 들어 면소판결을 하여서는 아니 된다.

---

3. 공소시효가 완성되었을 때(동조 제3호)

(1) 취지 : 미확정의 형벌권이 소멸됨으로써 소송추행의 이익이 없는 경우이다.

(2) 공소시효의 완성시기 : 공소제기로 시효진행이 정지되므로, 면소판결을 하는 것은 공소제기시를 기준으로 이미 공소시효가 완성된 경우이다. 한편 공소제기시에 공소시효가 아직 완성되지 않았지만 판결의 확정 없이 공소를 제기한 때로부터 25년이 경과하면 공소시효가 완성된 것으로 의제되는바(의제공소시효 : 제249조 제2항), 이 경우에도 면소판결을 하여야 한다. [법원9급 18, 교정9급특채 11, 경찰간부 14]

4. 범죄 후의 법령개폐로 형이 폐지되었을 때(동조 제4호) [국가9급개론 14]

(1) 취지 : 실체형법의 폐지에 따라 처벌의 필요가 인정되지 않는 경우이다.

(2) 범죄 후의 법령개폐 : 판례에 의하면, 법령제정의 이유가 된 법률이념의 변경에 따라 종래의 처벌 자체가 부당하였다거나 과형이 과중하였다는 반성적 고려에서 법령을 개폐한 경우로 제한된다(동기설). 따라서 법률변경의 동기가 경제사정 등 특수한 필요에 대응하기 위함에 기인한 경우는, 추급효가 인정되는 한시법과 백지형법의 보충규범의 변경에 해당하므로, 여기에 포함되지 않는다.[2]

🔨 **판례연구** 법령 폐지로 인한 면소판결 사례

1. 대법원 2014.4.24, 2012도14253 [국가9급 20]

구 형법 제304조(2012.12.18. 법률 제11574호로 개정되기 전의 것)는 "혼인을 빙자하거나 기타 위계로써 음행의 상습 없는 부녀를 기망하여 간음한 자는 2년 이하의 징역 또는 500만원 이하의 벌금에 처한다."라고 규정하고 있었으나, 2012.12.18. 법률 제11574호로 형법이 개정되면서 삭제되었다. 위 개정에 앞서 구 형법 제304조 중 혼인빙자간음죄 부분은 헌법재판소 2009.11.26, 2008헌바58 등 결정에 의하여 위헌으로 판단되었고, 또한 위 개정 형법 부칙 등에서 그 시행 전의 행위에 대한

---

1) [참고] 일반사면은 형의 선고를 받은 자와 형의 선고를 받지 않은 자를 대상으로 하지만, 특별사면은 반드시 형의 선고를 받은 자(형을 선고받아 확정된 특정한 자)만을 대상으로 한다. 참고로 일반사면이 있으면 형의 선고를 받은 대하여는 그 선고의 효력이 상실되고, 형의 선고를 받지 않은 자에 대하여는 공소권이 상실되나(사면법 제5조 제1항 제1호), 특별사면이 있으면 원칙적으로 확정된 형의 집행을 면제시키고 특별한 사정이 있는 경우 형의 선고의 효력을 상실하게 할 수 있다(동 제2호).

2) [참고] 형법 제1조 제2항의 범죄 후 법률의 변경에 의하여 그 행위가 범죄를 구성하지 아니하는 경우의 해석 및 한시법·백지형법의 추급효에 관한 긍정설·부정설·동기설의 대립과 같은 맥락의 문제이다. 이에 관한 상세한 논의는 형법총론의 해당 부분을 참조하길 바란다.

벌칙의 적용에 관하여 아무런 경과규정을 두지 아니하였다. 이러한 사정 등에 비추어 보면, 구 형법 제304조의 삭제는 법률이념의 변천에 따라 과거에 범죄로 본 음행의 상습 없는 부녀에 대한 위계간음 행위에 관하여 현재의 평가가 달라짐에 따라 이를 처벌대상으로 삼는 것이 부당하다는 반성적 고려에서 비롯된 것으로 봄이 타당하므로, 이는 범죄 후의 법령개폐로 범죄를 구성하지 않게 되어 형이 폐지되었을 때에 해당한다. 그렇다면 구 형법 제304조에 해당하는 위계간음 행위는 형사소송법 제326조 제4호에 의하여 면소판결의 대상이 될 뿐이다(혼빙간-위헌 but 위계간음-법령폐지-면소).

2. 대법원 2019.12.24, 2019도15167

종전 간통죄 합헌결정일 이전에 선고된 재심대상판결에 대하여 간통죄 위헌결정일 이후 재심개시결정이 확정된 사건
(피고인은 간통죄로 유죄의 확정판결을 받았다. 이후 헌법재판소는 간통죄 규정에 대하여 합헌결정을 하였다. 그런데 이후 2015년 2월 26일 헌법재판소는 위헌결정을 내렸다. 이에 피고인은 재심을 청구하였다. 그렇다면 재심심판에서는 무죄판결을 선고하여야 하는가, 면소판결을 선고하여야 하는가의 문제) 헌법재판소법 제47조 제3항 단서는 형벌에 관한 해당 법률 또는 법률의 조항에 대하여 종전에 합헌으로 결정한 사건이 있는 경우에는 그 결정이 있는 날의 다음 날로 소급하여 효력을 상실한다고 정하여 소급효를 제한하고 있고, 한편 형사소송법 제326조 제4호는 '범죄 후의 법령개폐로 형이 폐지되었을 때'를 면소판결을 선고하여야 하는 경우로 정하고 있으므로, 종전 합헌결정일 이전의 범죄행위에 대하여 재심개시결정이 확정되었는데 그 범죄행위에 적용될 법률 또는 법률의 조항이 위헌결정으로 헌법재판소법 제47조 제3항 단서에 의하여 종전 합헌결정일의 다음 날로 소급하여 효력을 상실하였다면 범죄행위 당시 유효한 법률 또는 법률의 조항이 그 이후 폐지된 경우와 마찬가지이므로 법원은 형사소송법 제326조 제4호에 해당하는 것으로 보아 면소판결을 선고하여야 하는 점에 비추어 보면, 공소사실 기재 범행일이 종전 합헌결정일 이전이고, 구 형법 제241조가 위 위헌결정으로 인하여 종전 합헌결정일의 다음 날인 2008. 10. 31.로 소급하여 효력을 상실하므로 공소사실을 심판하는 제1심은 형사소송법 제326조 제4호에 따라 면소판결을 선고하여야 한다.

> 보충 만약 유죄의 확정판결이 합헌결정일 다음날 후에 내려졌다면 헌법재판소법상 재심청구의 대상이 된다(재심, 헌법재판소의 위헌결정에 의한 재심에서 후술).

(3) 형의 폐지 : 명문으로 벌칙을 폐지한 경우뿐만 아니라, 법령에 정해진 유효기간의 경과 및 전법이 후법에 저촉됨으로써 실질상 벌칙의 효력이 상실된 경우를 포함한다(대법원 1979.2.27, 78도1690).

(4) 당초부터 위헌·무효인 경우 : 형벌에 관한 법령이 폐지되었다 하더라도 그 폐지가 당초부터 헌법에 위배되어 효력이 없는 법령에 대한 것이었다면 이는 **무죄사유에 해당하고 면소사유에 해당하지 아니한다**(대법원 2014.4.18, 2011초기689 전원합의체 등). [법원9급 14, 국가7급 14] 또한 위 경우에는 면소를 선고한 판결에 대하여 상고가 가능하다.

III 효 력

1. 선고 및 확정의 효력

(1) 선고의 효력 : 면소판결이 선고되면 **구속력**이 발생하고, 소송은 당해 심급에서 종결되며, 상소권이 발생하고, 선고와 동시에 구속영장은 실효된다(제331조). 또한 피고사건에 대하여 (무죄판결 선고시 피고인 동의하에 판결공시 취지를 선고하여야 하나) 면소판결을 선고하는 경우에는 판결공시의 취지를 선고할 수 있다(형법 제58조 제3항). [법원9급 14]

(2) 확정의 효력 : 면소판결이 확정되면 형식적 확정력과 **기판력**이 발생한다. 또한 피고인은 형사보상을 받을 수 있다(형사보상법 제26조 제1항 제1호).

2. 상 소

(1) 검사의 상소 : 검사는 면소판결에 대해서 항소 및 상고를 할 수 있다.

(2) 피고인의 상소 : 피고인은 면소판결에 대해서 실체적 소송조건이 결여되어 있다는 점에서 무죄를 주장하는 상소를 할 수 없음이 원칙이다. [법원행시 03/04, 국가9급개론 17] 다만, 당초부터 헌법에 위배되어 효력이 없는 법령이 판결 당시 폐지된 것을 이유로 면소를 선고한 판결에 대해서는 상고가 가능하다.

Ⅳ 관련문제

1. 심리의 특칙

(1) **출석의무의 면제** : 면소판결을 할 것이 명백한 사건에 관하여는 피고인의 출석을 요하지 아니한다(공면). [법원행시 03] 다만, 피고인은 대리인을 출석하게 할 수 있다(제277조).

(2) **공판절차정지의 예외** : 면소판결을 할 것으로 명백한 때에는 피고인이 심신상실상태에 있거나 질병으로 인하여 출정할 수 없는 때에도 공판절차를 정지하지 않고 피고인의 출정 없이 재판할 수 있다(제306조 제4항)(의질-무면공면).

2. 죄수와 면소판결

(1) **경합범** : 개개의 범죄별로 면소판결의 여부를 결정하여야 한다.

(2) **포괄일죄 및 과형상 일죄** : 일부에 면소사유가 있고 나머지 부분에 대해서 실체판결을 할 때에는 주문에는 유죄·무죄의 판단만 표시하면 족하다(대법원 1982.2.23, 81도3277; 1996.4.12, 95도2312). [법원9급 12]

제3절 | 재판의 확정과 효력

01 재판의 확정

Ⅰ 개 관

1. 의 의

(1) **재판의 확정** : **재판이 통상의 불복방법에 의해서는 다툴 수 없게 되어 그 내용을 변경할 수 없게 된 상태**를 말한다. 이 상태에 있는 재판을 확정재판이라고 한다.

(2) **재판의 확정력** : 재판은 선고에 의해서도 구속력 등 잠정적 효력이 발생하나 그 본래의 효력은 확정에 의하여 발생하는데, 이를 재판의 확정력이라고 한다.

2. 취 지

재판의 확정에 의하여 확정재판에 대해서는 더 이상 다툴 수 없게 되는데, 이는 형벌권의 존부 및 행사 여부에 관한 종국적 해결을 통해서 법적 안정성을 유지하고자 함에 그 취지가 있다.

Ⅱ 재판확정의 시기

1. 불복신청이 허용되지 않는 재판

(1) **의의** : 불복신청이 허용되지 않는 재판은 **선고 또는 고지와 동시에 확정**된다.

(2) **법원의 관할 또는 판결 전의 소송절차에 관한 결정** : 즉시항고를 할 수 있는 경우를 제외하고는 고지와 동시에 확정된다(제403조). 예컨대 공소장변경신청을 허가하는 결정은 고지시에 확정된다. [법원행시 02]

(3) **항고법원·고등법원의 결정** : 재판에 영향을 미친 헌법·법률·명령 또는 규칙의 위반을 이유로 대법원에 즉시항고를 할 수 있는 경우를 제외하고는 고지와 동시에 확정된다(제415조, 제419조).

(4) **대법원의 결정 및 판결** : ① 대법원의 결정에 대해서는 불복이 허용되지 않으므로 고지와 동시에 확정된다. 다만, ② 대법원의 판결에 대해서도 판결의 정정이 허용되므로(제400조·제401조), 종래에는 판결정정

신청기간의 경과나 정정판결 또는, 정정신청기각의 결정에 의하여 확정된다는 견해가 있었으나(종래의 다수설), **대법원판결도 제400조 소정의 판결정정신청기간(10일)을 기다릴 필요가 없이 선고와 동시에 확정**된다는 견해가 현재의 통설과 판례(대법원 1967.6.2, 67초22)의 입장이다. [법원행시 04] 판결의 정정은 오기·오산과 같은 예외적인 경우에 그 오류를 바로잡는 것에 불과하기 때문이다.

2. 불복신청이 허용되는 재판

(1) 불복신청기간의 경과

① 제1심과 항소심의 판결, 약식명령, 즉결심판 : **선고·고지일로부터 7일**을 경과하면 재판이 확정된다(제1심·항소심 판결은 제358조, 제374조, 약식명령은 제453조, 즉결심판은 즉심 제14조, 제16조).

② 즉시항고가 허용되는 결정·명령 : **고지일로부터 7일**을 경과하면 확정된다(2019.12.31. 개정 제405조). 예컨대 항소기각결정은 그에 대한 즉시항고기간(7일)이 경과하거나 이를 포기·취하하면 바로 확정된다.

③ 보통항고가 허용되는 결정 : 항고기간의 제한이 없으므로 그 결정을 취소하여도 실익이 없게 된 때에 확정된다(제404조).

(2) 불복신청의 포기·취하 : 검사나 피고인 기타 항고권자의 **상소의 포기·취하**에 의하여 재판은 확정된다(제349조). 약식명령·즉결심판의 경우에는 **정식재판청구의 포기·취하**에 의하여 재판이 확정된다(제454조, 즉심 제14조 제4항).

[보충] 약식명령에 대한 정식재판의 청구는 제1심판결선고 전까지 취하할 수 있다(제454조).

(3) 불복신청기각재판의 확정 : 대법원에서 상고기각의 재판을 하면 재판은 확정된다(제364조, 제399조). 다만, 원심법원의 상고기각결정은 즉시항고가 가능하므로(제376조 제2항) 이 경우에는 즉시항고기간의 경과에 의하여 원심재판이 확정된다.

---

02 | 재판의 확정력

P A R T 04 야 몁

I 의 의

재판이 확정되면 그 재판의 본래적 효력인 재판의 확정력이 발생한다. 재판의 확정에는 형식적 확정과 실질적 확정이 있는바, 이에 대응하여 재판의 확정력도 형식적 확정력과 실질적 확정력으로 나뉘게 된다.

[정리1] 재판의 확정력 = 형식적 확정력(불가변력 + 불가쟁력) + 내용적 확정력[(대내적)집행력 + (대외적)내용적 구속력(esp. 실체·면소 : 기판력)]

[정리2] 재판의 확정력 : 불가변력·불가쟁력, 집행력·기판력

II 형식적 확정력 －불가변경적 효력, 불가쟁적 효력－

1. 의 의

(1) **형식적 확정** : 재판이 **통상의 불복방법에 의하여 다툴 수 없게 된 상태**를 말한다.

(2) **형식적 확정력** : 재판의 형식적 확정에 의한 불가변경적 효력(법원에 의한 변경 불가)과 불가쟁적 효력(소송관계인에 의한 변경 불가)을 말한다.[1] 즉, 소송절차가 확정적으로 종결되는 소송의 절차면에서의 효력을 의미한다.

---

1) [참고] 형식적 확정력의 내용에 대해서는 ① 불가쟁력에 그친다고 보는 입장(노/이, 손/신, 신양균, 이/조, 이은모 등)과 ② 소송관계인의 입장에서 보면 재판에 대한 불복이 불가능하게 된다는 불가쟁력이지만 당해 법원 및 상급법원의 입장에서 보면 이를 변경시킬 수 없다는 불가변력(불가변경적 효력)을 가진다고 본다는 입장(배/이/정/이, 신동운, 임동규 등)이 대립한다. 본서는 제2설을 취한다.

2. 인정범위 −형식적 확정력 있는 재판−

재판의 형식적 확정력은 절차면에서의 효력이므로, 그 재판이 종국재판·종국전재판인가, 실체재판·형식재판인가를 불문하고 모든 재판에 있어서 발생한다.

3. 효 과

(1) 종국재판의 소송계속의 종결 : 종국재판의 경우에는 형식적 확정력의 발생과 동시에 소송계속이 종결된다.

(2) 재판집행의 기준 : 재판의 형식적 확정은 재판집행의 기준시점을 제공한다(제459조).

(3) 누범시효 등의 기준 : 유죄판결의 형식적 확정은 누범가중(형법 제35조 제1항), 선고유예의 실효(동 제61조), 집행유예의 실효(동 제63조)에 관한 기준시점이 된다.[1]

(4) 실질적 확정력의 전제 : 재판의 형식적 확정은 재판의 실질적 확정력 발생의 전제가 된다. 즉, 실질적 확정력은 형식적 확정력 없이는 발생하지 아니한다.

III 내용적 확정력 −집행력 및 내용적 구속력(esp. 기판력)−

1. 의 의

(1) 내용적 확정 : 재판이 형식적으로 확정되어 그에 따라 **재판의 의사표시적 내용이 확정**되는 것을 말한다(실질적 확정).

(2) 내용적 확정력 : 재판의 내용적 확정에 의하여 재판의 판단내용인 일정한 법률관계가 확정되는 효력을 말한다(실질적 확정력).

2. 인정범위 −내용적 확정력 있는 재판−

재판의 내용적 확정력은 실체재판·형식재판을 불문하고 발생한다. [법원행시 04] 여기에서 실체재판의 내용적 확정력을 특히 실체적 확정력이라고 한다.

3. 대내적 효과 −집행력−

(1) 의의 : 확정재판의 당해 사건에 대한 효력으로서 **집행력**을 말한다(내부적으로 집행력이 발생). 특히 유죄판결 중 형선고판결의 경우에는 형벌의 집행권이 발생한다.

(2) 인정범위

① 집행을 요하는 재판 : 집행력은 실체재판·형식재판을 불문하고 **집행을 요하는 재판에 한해서 발생**한다.

② 무죄판결 : 실체재판이나, 확정시 (기판력은 발생하나) 집행력은 발생하지 않는다.

③ 보석허가결정 또는 구속영장의 발부 : 형식재판이지만 집행력이 발생한다.

(3) 발생시기

① 원칙 : 집행력은 재판의 형식적 확정에 의하여 발생하는 것이 원칙이다.

② 예외 : 결정·명령은 즉시항고 가능시를 제외하고는 고지에 의하여 집행력이 발생한다. 또한 벌금의 가납재판도 확정 전 집행할 수 있다(제334조, 제477조).

> 보충 결정 및 명령은 항고를 할 수 있는 경우에도 고지에 의하여 집행력이 발생한다. 즉시항고를 제외하고는, 항고는 재판의 집행을 정지시키는 효력이 없기 때문이다(제409조, 제410조).

4. 대외적 효과 −확정재판의 내용적 구속력(esp. 기판력)−

(1) 의의 : 동일한 사정하에서는 동일한 사항에 대하여 **원래의 재판과 다른 판단을 할 수 없도록 하는** 확정재판의 후소법원에 대한 효력을 말한다(동일사건에 대한 후소법원의 심리 금지 : 내용적 구속력, 내용적 불가변력).

(2) 인정범위 : 재판의 내용적 구속력은 실체재판·형식재판을 불문하고 발생한다.

---

1) [참고] 이외에도 지방검찰청 및 그 지청과 보통검찰부에서는 자격정지 이상의 형을 선고한 재판이 확정되면 지체 없이 그 형을 선고받은 수형인을 수형인명부에 기재하여야 한다(형의 실효 등에 관한 법률 제3조).

(3) 확정된 형식재판의 내용적 구속력

① **내용적 구속력에 의한 차단효** : 재판의 내용적 구속력은 후소법원에 대하여 동일사항에 대한 판단을 금지하므로, 형식재판이 확정되었음에도 다시 공소가 제기된 경우에는 공소기각의 판결을 선고하여야 한다(원칙적 차단효).

② **내용적 구속력의 범위** : 형식재판의 내용적 구속력은 동일한 사정하의 판단된 동일한 사항에 대하여만 미치며, 사정변경이 있는 경우까지 인정되는 것은 아니다. 예컨대, 친고죄에 있어서 고소가 없음을 이유로 한 공소기각의 판결이 확정된 후에도, 새로 적법한 고소가 제기되거나 비친고죄임이 밝혀진 때에는 다시 공소를 제기하는 것이 허용되므로 실체재판을 하여야 한다.[1]

(4) 확정된 실체재판(및 면소판결)**의 내용적 구속력** : 유죄·무죄의 실체판결 또는 면소판결이 확정되면 그 외부적 효력으로서 **동일한 사건에 대해서 후소법원의 심리가 금지**되는 효력이 발생하는바, 이러한 **실체재판·면소판결의 내용적 구속력**(내용적 확정력의 외부적 효력)을 **기판력** 또는 **일사부재리의 효력**이라 한다.

---

03 기판력

Ⅰ 의의와 본질

1. 개 념

기판력(既判力)이란 **유죄·무죄의 실체판결과 면소판결이 확정된 경우 동일사건에 대하여 다시 심리·판결하는 것을 허용하지 않는 일사부재리(一事不再理)의 효력**을 의미한다(실체적 확정력설, 일치설). [국가7급 08]

[보충] 기판력과 일사부재리의 효력과의 관계 : 우리 헌법은 제13조 제1항 후단에서 "모든 국민은 동일한 범죄에 대하여 거듭 처벌받지 아니한다."라고 규정하여 이중처벌금지(二重處罰禁止)의 원칙을 명시하고 있다. 헌법 제13조 제1항에 근거하는 일사부재리의 효력이란 유죄와 무죄판결인 실체재판과 면소판결이 확정되면 동일사건에 대해 다시 심판하는 것이 허용되지 않는다는 효력을 말한다. 기판력의 개념 및 기판력과 일사부재리의 효력과의 관계에 대해서는, ① 기판력과 일사부재리의 효력과 동일한 개념으로 파악하는 입장(일치설, 실체적 확정력설, 종래의 통설), ② 기판력은 일사부재리의 효력과는 구별되는 별개의 개념으로 파악하는 입장(이중위험금지설), ③ 기판력은 일사부재리의 효력보다 넓은 개념으로 파악하는 입장(포함설)의 대립이 있으나, 본서는 전통적인 통설인 일치설에 따라서 기판력과 일사부재리의 효력은 동일한 개념으로 이해하기로 한다. 따라서 실체적 확정력(확정된 실체재판의 내용적 구속력) 중 외부적 효과(동일사건의 실체에 대한 재차 심리·판결의 금지)가 일사부재리의 효력이자 고유한 의미의 기판력이다.[2]

---

1) [보충] 이외에도, 관할위반의 판결이 확정된 후에도 관할권 있는 다른 법원에 공소를 제기하는 것은 허용되며, 피고인의 사망이나 피고인인 법인의 해산을 이유로 한 공소기각결정 등 형식재판이 확정된 후 피고인의 생존사실이나 피고인인 법인의 존속사실이 밝혀지는 등의 경우에는 확정재판의 대외적 효과(내용적 구속력)가 인정되지 않으므로 재소가 허용된다.

2) [참고] 기판력과 일사부재리의 효력의 관계
   ① 일치설(실체적 확정력설, 동일설, 종래의 통설)(기판력 = 실체적 확정력의 대외적 효력 = 일사부재리효력)
      ㉠ 내용 : 기판력과 일사부재리의 효력을 동일한 개념으로 보아, 기판력을 유죄와 무죄판결인 실체재판과 면소판결이 확정되면 동일사건에 대해 다시 심판하는 것이 허용되지 않는다는 효력으로 보는 입장이다. 실체재판의 내용적 확정력(실체적 확정력)은 내부적 효력으로서 집행력을 가지고 외부적 효력으로는 동일사건의 실체에 관하여 재차 심리·판결하는 것을 허용하지 않는 일사부재리의 효력을 가지는데, 여기서 일사부재리의 효력(ne bis in idem)이 바로 고유한 의미의 기판력(res judicata)이라는 것이다(김기두, 김재환, 백형구, 서일교, 신동운, 이창현, 정/이, 정/백 등). 일사부재리의 효력을 실체적 확정력의 외부적 효력으로 본다는 점에서 실체적 확정력설이라고도 부른다.
      ㉡ 비판 : 일치설에 대해서는 기판력은 재판의 권위를 유지하기 위한 확정재판의 내용적 구속력의 외부적 효력인 데 비해, 일사부재리의 효력은 피고인 보호에 근거한 영미의 이중위험금지에서 유래한 효력이라는 점에서 양자를 동일시할 수는 없다는 비판이 제기된다.
   ② 구별설(이중위험금지설, 분리설)(기판력 = 내용적 구속력, 일사부재리효력 = 이중위험금지, ∴ 기판력 ≠ 일사부재리효력)
      ㉠ 내용 : 기판력과 일사부재리의 효력은 전혀 차원을 달리하는 개념이라는 견해이다. 기판력은 확정재판의 내용적 확정력 중 대외적 효력을 의미하는 소송법적 개념인 데 비해, 일사부재리의 효력은 형사절차에 수반하는 피고인의 부담을 최소화하고 피고인의 불안정한 상태를 제거하고자 하는 이중위험의 금지(double jeorpardy)에서 유래하는 것으로 이해되므로, 양자는 구별해야 한다는 것이다(신현주, 이영란, 이은모, 임동규, 차/최). 이에 기판력은 확정재판의 실질적 확정력의 대외적 효과(동일재판에 대한 후소 금지)를 의미하는 것에 불과하고, 일사부재리의 효력은 기판력과는 관계없이 피고인을 보호하기 위한 원칙으로서의 의미를 가진다는 것이다.
      ㉡ 비판 : 구별설에 대해서는 일사부재리의 효력이 이중위험금지의 법리에서 유래한다고 하여 기판력과 일사부재리의 효력을 서로 관계없는 것으로 보는 것은 타당하지 않다는 비판이 제기된다.
   ③ 포함설(기판력 = 내용적 구속력, 일사부재리효력 = 실체판결·면소판결의 내용적 구속력, ∴ 기판력 ⊃ 일사부재리효력)
      ㉠ 내용 : 기판력은 형식재판과 실체재판을 불문하고 확정재판에 대한 내용적 확정력의 대외적 효력, 즉 내용적 구속력과 같은 의미로 이해함으로써, 실체적 확정력의 대외적 효력인 일사부재리의 효력은 기판력에 포함되는 개념으로 파악하는 견해이다. 포함설은 일사부재리효의 근거를 헌법 제13조 제1항에서 구하면서 위 규정은 대륙법계의 일사부재리의 원칙과 영미법계의 이중위험금지의 법리를 포함하는 피고인

	내부적 성립(법관의 합의, 재판서의 작성)의 효과	법관 경질에도 공판절차 갱신 불요	
재판의 성립	외부적 성립(판결의 선고, 결정·명령의 고지)의 효과	① 종국재판 : 당해 법원은 불가변 ② 종국전재판 : 가변 ③ 상소기간 진행 ④ 구속영장 실효 : 무죄·면소 등 선고 ⑤ 결정·명령 및 가납명령 : 집행력	
재판의 확정	형식적 확정력	① 내부적 효과 : 불가변경적 효력 ② 외부적 효과 : 불가쟁적 효력	
	내용적 확정력	① 내부적 효과	집행력
		② 외부적 효과 (내용적 구속력)	㉠ 형식재판 : 차단효(사정변경시 재소 ○) ㉡ 실체·면소판결 : 기판력(일사부재리효)

2. 필요성

기판력을 인정함으로써, ① 형사소추의 반복을 통하여 피고인에게 정신적·물질적 고통을 가하는 것을 방지하고(피고인의 보호, 법적 안정성의 확보, 이중처벌의 방지), ② 무용한 절차의 반복을 방지하여 사법기관의 비용과 노력을 절감할 수 있고(소송경제의 실현), ③ 모순되는 판결을 방지함으로써 재판의 권위를 유지할 수 있다(재판의 공적 판단의 권위 유지).

3. 본 질

기판력의 본질에 대해서는 실체법설, 구체적 규범설, 소송법설의 대립이 있으나,[1] 기판력의 본질은 실체법률관계에는 아무런 영향을 미치지 않고, 다만 법적 안정성과 재판의 신뢰보호 및 동일소송의 반복금지에 의한

보호의 원칙을 선언하였다고 본다(강구진, 권오걸, 노/이, 배/이/정/이, 송광섭, 신양균, 이/조).
  ㉡ 비판 : 포함설에 대해서는 영미식의 이중위험금지의 법리가 우리 헌법 및 형사소송법의 체계에 그대로 수용될 수 있는가 하는 점에 의문이 있다는 비판이 제기된다.
④ 결론(일치설) : 생각건대, 법문에 명시되지 않은 개념인 기판력과 헌법 제13조 제1항 후단의 일사부재리의 효력의 관계를 설정함에 있어서 중요한 기준은 논리필연적인 문제라기보다는 기판력 개념의 기능과 효용의 문제로 보인다. 기판력의 개념을 실체재판·면소판결이 가지는 실체적 확정력의 대외적 효력(일사부재리의 효력 : 동일사건의 실체에 대한 재차의 심리·판결의 금지)으로만 이해한다면, 공소기각재판 등 형식재판의 내용적 구속력과 구분하는 데 유용하며, 이 점에서 기판력은 비로소 기능적 개념이 될 수 있다. 결론적으로, 소송법상 개념인 기판력은 헌법 제13조 제1항이 선언하고 있는 일사부재리의 원칙을 실현하는 피고인 보호의 장치라고 이해하여, 기판력과 일사부재리의 효력을 실질적으로 동일한 개념으로 파악하는 종래의 통설인 일치설이 간명하다 생각된다.

1) [참고] 기판력의 본질
 ① 실체법설
  ㉠ 내용 : 기판력을 확정판결에 의하여 실체법률관계를 형성.변경하는 효력이라고 보는 견해이다(Birkmeyer). 즉, 잘못된 판결이라도 기판력에 의하여 판결내용과 같이 범죄가 성립되고 국가형벌권이 발생하는 등 실체법률관계가 형성된다고 본다.
  ㉡ 비판 : 비범죄자도 유죄판결이 확정되면 범죄자로 된다는 것은 상식에 반하고, 재심 또는 비상상고에 의하여 기판력이 배제될 수 있는 경우를 설명할 수 없다.
 ② 구체적 규범설
  ㉠ 내용 : 기판력을 일반적이고 추상적인 규범인 실체법이 형사절차를 통하여 개별적이고 구체적인 법률관계로 형성하는 힘이라고 보는 견해이다(신현주, 정/이). 즉, 기판력에 의하여 범죄의 성립 자체가 인정되는 것은 아니지만, 확정판결의 효력에 의하여 실체법은 구체화되어 피고인은 유죄판결을 받은 자라는 구체적인 법적 지위에 놓이게 되므로 재판의 집행력이나 구속력 등의 효력이 발생한다는 것이다.
  ㉡ 비판 : ⓐ 구체화된 실체법 또는 구체적 규범이라는 의미가 불명확하고, ⓑ 재판에 의하여 구체화된 실체법이 형성된다는 개념은 타당하지 않고, ⓒ 법원이 구체적으로 심판한 공소사실의 범위를 넘어서 공소사실과 동일성이 인정되는 사실에 대해서도 기판력이 미치는 이유를 설명하기 어렵고, ⓓ 일반적인 법체계 이외에 법원의 재판에 의하여 형성되는 또 하나의 구체적 규범체계를 인정하는 것 자체가 법질서의 통일을 해치게 된다.
 ③ 소송법설
  ㉠ 내용 : 기판력을 확정판결에 의하여 실체법률관계에는 아무런 영향을 미치지 않고 후소법원의 실체심리만을 차단하는 소송법적 효력이라고 보는 견해이다(통설). 즉, 기판력이란 후소법원에 대하여 전소법원의 확정판결과 모순되는 판단을 금지시키는 효력에 불과하다는 것이다. 이 견해에 의하면 유죄의 확정판결은 실체법적으로 무죄를 유죄로 변경하는 힘을 가지는 것은 아니지만, 소송법상 재소가 금지되므로 재심이나 비상상고 등의 비상구제절차가 아닌 한 확정판결을 파기할 수 없게 된다는 것이다.
  ㉡ 비판 : 실체재판이 확정되면 구체적인 형벌권의 존부가 확정된다는 점을 도외시한다(구체적 규범설에 의한 비판).
 ④ 결론 : 기판력의 본질은 실체법이 아니라 소송법적 재소금지의 효력에서 찾아야 한다는 점에서 소송법설이 타당하다고 생각된다.

소송경제를 위해 후소법원의 실체심리를 차단하는 소송법적 효력에 불과하다고 보는 소송법설(통설)이 타당하다.

Ⅱ 기판력이 발생하는 재판

1. 실체재판

(1) 기판력이 발생하는 경우

① **유죄·무죄판결** : 실체재판이므로 기판력이 발생한다. [국가7급 13] 형의 선고유예판결도 유죄판결이므로 이와 동일하다.[1]

② **약식명령·즉결심판·범칙금납부** : ㉠ **약식명령**(제457조)과 **즉결심판**(즉심 제16조)이 확정되어도 유죄판결이 확정된 경우와 동일한 효력이 인정되므로 기판력이 발생한다. [법원9급 17, 국가9급 08/10/13, 교정9급특채 12, 경찰간부 13] 또한 ㉡ 경범죄처벌법(동법 제8조 제3항)·도로교통법(동법 제164조 제3항)에 의한 **범칙금납부**도 확정판결에 준하는 효력이 있으므로 기판력이 인정된다(대법원 1986.2.25, 85도2664; 2002.11.22, 2001도849). [국가9급 08/10, 경찰채용 10 2차]

(2) 기판력이 발생하지 않는 경우

① **행정상의 제재** : 기판력은 형사재판에 대해서만 인정되므로 단순한 행정벌에 대해서는 인정되지 않는다. 따라서 **행정법상의 징계처분** [국가7급 08], **관세법상 공무원의 통고처분, 행정벌인 과태료 부과처분**(대법원 1996.4.12, 96도158) [교정9급특채 12, 경찰간부 12, 경찰채용 10 2차], **형집행법상의 징벌**(대법원 2000.10.27, 2000도3874) [경찰간부 12/13]에 대해서는 기판력이 인정되지 않는다.

대법원 2000.10.27, 2000도3874 [경찰간부 12/13, 경찰채용 16]
행형법상의 징벌을 받은 자에 대한 형사처벌이 일사부재리의 원칙에 위반되는지 여부(소극)
피고인이 행형법에 의한 징벌을 받아 그 집행을 종료하였다고 하더라도 행형법상의 징벌은 수형자의 교도소 내의 준수사항위반에 대하여 과하는 행정상의 질서벌의 일종으로서 형법법령 위반행위에 대한 형사책임과는 그 목적·성격을 달리하는 것이므로 징벌을 받은 뒤에 형사처벌을 한다고 하여 일사부재리의 원칙에 반하는 것은 아니다.

---

② **소년법·가폭법상의 보호처분** : 소년법 제53조는 제32조의 보호처분을 받은 소년에 대하여는 그 심리결정된 사건은 다시 공소를 제기하거나 소년부에 송치할 수 없다고 규정하고 있는바, 소년보호처분을 받은 것이 확정판결에 해당하는가에 대해서는 견해가 대립하나,[2] **판례는 확정판결에 해당되지 않는다**고 보아 소년법 제53조는 **기판력을 인정한 것이 아니라 공소기각의 사유**를 규정한 것으로 본다. [법원9급 12, 국가9급 09, 국가9급개론 15, 경찰간부 12, 경찰승진 10] 이러한 판례의 입장은 **가정폭력처벌법상 보호처분결정 및 불처분결정에도 동일하게 적용**된다.

🔎 **판례연구** 소년법·가폭법상 보호처분의 기판력을 부정한 판례

1. 대법원 1985.5.28, 85도21; 1996.2.23, 96도47 [법원9급 12, 국가9급 09/18, 국가9급개론 15, 경찰간부 12, 경찰승진 10]
소년법상 보호처분을 받은 사건과 동일한 사건에 대하여 다시 공소제기가 되었다면 동조의 보호처분은 확정판결이 아니고 따라서 기판력도 없으므로 이에 대하여 면소판결을 할 것이 아니라 공소제기절차가 동법의 규정에 위배하여 무효인 때에 해당한 경우이므로 공소기각의 판결을 하여야 한다.

2. 대법원 2017.8.23, 2016도5423
가정폭력처벌법상 불처분결정 확정 후 동일사실을 처벌할 수 있다는 사례

---

1) [참고] 형선고유예판결에 기판력이 인정된다는 것에는 이견이 없다. 다만, 그 근거에 대해서는, ① 선고유예를 받은 날로부터 2년을 경과한 때에는 면소된 것으로 간주되는 형법 제60조에 따라 면소판결로서의 기판력이 발생한다는 견해(신동운)와 ② 형의 선고유예판결도 유죄판결에 해당하므로 그 판결 자체의 확정에 따라 기판력이 발생한다는 견해(김재환, 이창현, 임동규 등)가 대립한다. 제2설이 타당하다고 생각된다.

2) [참고] 소년법상 보호처분결정을 받은 경우에도 기판력이 인정되어야 한다는 견해(배/이/정/이, 이재상 등)와 공소기각판결사유에 불과하다는 견해(임동규)가 대립한다. 전설이 타당하다고 생각된다.

헌법은 제13조 제1항에서 "모든 국민은 … 동일한 범죄에 대하여 거듭 처벌받지 아니한다."라고 규정하여 이른바 이중처벌금지의 원칙 내지 일사부재리의 원칙을 선언하고 있다. 이는 한번 판결이 확정되면 그 후 동일한 사건에 대해서는 다시 심판하는 것이 허용되지 않는다는 원칙을 말한다. 여기에서 '처벌'이란 원칙적으로 범죄에 대한 국가의 형벌권 실행으로서의 과벌을 의미하고, 국가가 행하는 일체의 제재나 불이익처분이 모두 여기에 포함되는 것은 아니다. 그런데 가정폭력범죄의 처벌 등에 관한 특례법(이하 '가폭법')에 규정된 가정보호사건의 조사·심리는 검사의 관여 없이 가정법원이 직권으로 진행하는 형사처벌의 특례에 따른 절차로서, 검사는 친고죄에서의 고소 등 공소제기의 요건이 갖추어지지 아니한 경우에도 가정보호사건으로 처리할 수 있고(가폭법 제9조), 법원은 보호처분을 받은 가정폭력행위자가 보호처분을 이행하지 아니하거나 집행에 따르지 아니하면 직권으로 또는 청구에 의하여 보호처분을 취소할 수 있는 등(가폭법 제46조) 당사자주의와 대심적 구조를 전제로 하는 형사소송절차와는 내용과 성질을 달리하여 형사소송절차와 동일하다고 보기 어려우므로, 가폭법에 따른 보호처분의 결정 또는 불처분결정에 확정된 형사판결에 준하는 효력을 인정할 수 없다. … 따라서 가폭법 제37조 제1항 제1호의 불처분결정이 확정된 후에 검사가 동일한 범죄사실에 대하여 다시 공소를 제기하였다거나 법원이 이에 대하여 유죄판결을 선고하였더라도 이중처벌금지의 원칙 내지 일사부재리의 원칙에 위배된다고 할 수 없다.

> **보충** 가폭법에 따른 보호처분의 결정이 확정된 경우에는 원칙적으로 가정폭력행위자에 대하여 같은 범죄사실로 다시 공소를 제기할 수 없으나(가폭법 제16조), 보호처분은 확정판결이 아니고 따라서 기판력도 없으므로, 보호처분을 받은 사건과 동일한 사건에 대하여 다시 공소제기가 되었다면 이에 대해서는 면소판결을 할 것이 아니라 공소제기의 절차가 법률의 규정에 위배하여 무효인 때에 해당한 경우이므로 형사소송법 제327조 제2호의 규정에 의하여 공소기각의 판결을 하여야 한다. 그러나 가폭법은 불처분결정에 대해서는 그와 같은 규정을 두고 있지 않을 뿐만 아니라, 가정폭력범죄에 대한 공소시효에 관하여 불처분결정이 확정된 때에는 그때부터 공소시효가 진행된다고 규정하고 있으므로(가폭법 제17조 제1항), 가정폭력처벌법은 불처분결정이 확정된 가정폭력범죄라 하더라도 일정한 경우 공소가 제기될 수 있음을 전제로 하고 있다.

3. 대법원 2019.5.10, 2018도3768

> 종전 보호처분에서 심리가 결정된 사건이 아닌 사건에 대하여 공소를 제기하거나 소년부에 송치하는 것이 소년법에 위배되는지 여부
> 소년부 판사는 심리 결과 보호처분을 할 필요가 있다고 인정하면 결정으로써 보호처분을 하여야 하고(소년법 제32조 제1항), 보호관찰처분에 따른 부가처분을 동시에 명할 수 있다(소년법 제32조의2 제1항). 소년부 판사는 위탁받은 자나 보호처분을 집행하는 자의 신청에 따라 또는 직권으로 보호처분과 부가처분을 변경할 수 있다(소년법 제37조 제1항). 한편 보호처분을 받은 소년에 대하여는 그 심리가 결정된 사건은 다시 공소를 제기하거나 소년부에 송치할 수 없다(소년법 제53조 본문). 이러한 보호처분의 변경은 보호처분결정에 따른 위탁 또는 집행 과정에서 발생한 준수사항 위반 등 사정변경을 이유로 종전 보호처분결정을 변경하는 것이다. 즉 이는 종전 보호처분 사건에 관한 재판이다. 따라서 종전 보호처분에서 심리가 결정된 사건이 아닌 사건에 대하여 공소를 제기하거나 소년부에 송치하는 것은 소년법 제53조에 위배되지 않는다.

③ **외국법원의 판결** : 피고인이 동일한 행위에 관하여 외국에서 형사처벌을 과하는 확정판결을 받았다 하더라도, **외국의 판결**은 우리나라에서는 기판력이 없으므로 여기에 일사부재리의 원칙이 적용될 수 없다(대법원 1983.10.25, 83도2366). [국가9급 15, 경찰간부 13] 형법에서도 외국에서 형의 전부 또는 일부의 집행을 받은 자에 대해서 우리나라에서 다시 형을 선고할 수 있다는 전제에서, 필요적 형기산입규정(필요적 감면)을 두고 있다(2016.12.20. 개정 형법 제7조).

④ **기타** : ㉠ **검사의 불기소처분**은 확정재판이 아니므로 검사가 일차 무혐의결정을 하였다가 다시 공소를 제기한 것은 일사부재리의 원칙에 위배되지 않고(대법원 1988.3.22, 87도2678) [경찰간부 12], ㉡ **전자장치부착명령**도 형벌과는 구별되는 보안처분이라는 점에서 형벌에 관한 일사부재리의 원칙이 적용되지 아니한다(형집행 종료 후 부착명령 집행 ○, 대법원 2009.9.10, 2009도6061).

2. 형식재판

(1) 공소기각·관할위반의 재판 : 형식재판이므로 **기판력이 발생하지 않는다.** [국가9급 08]

(2) 면소판결 : 면소판결의 본질은 형식재판설 중 소송추행이익결여설에 의하여, 형식재판이나 소송추행의 이익이 없으므로 일사부재리의 효력이 인정되는 것으로 파악함은 기술한 바와 같다. 따라서 면소판결이 확정되면 **실체재판과 마찬가지로 재소금지의 효력**이 발생한다. [국가9급 08/10]

3. 당연무효의 판결

(1) 의의 : 판결로 성립은 하였으나(판결의 불성립과는 구별[1]) 중대한 하자가 있기 때문에 상소 기타 불복신청을

---

1) [참고] 당연무효의 판결은 일단 판결이 성립된 것을 전제로 하며, 판결이 성립하려면 법관이 이를 선고하는 외관은 갖추어야 한다. 따라서 법관이

하지 않더라도 그 본래의 효력이 발생하지 않는 재판을 말한다.

예 동일사건에 대하여 이중의 실체판결이 확정된 경우 나중에 확정된 판결, 사자 또는 형사미성년자에 대하여 형을 선고한 판결, 법률상 인정되지 않는 형벌(형법 제41조 규정 ×)을 선고한 판결.

(2) 기판력의 인정 여부 : 견해가 대립하나,[1] 당연무효의 판결이라 하더라도 그것이 확정되었다면 법원이 일정한 심리를 거쳐 최종적 판단을 내린 점을 고려해야 하므로, 이중처벌의 위험에 노출된 피고인 보호의 견지에서 기판력을 인정하는 것이 통설이다.

Ⅲ 기판력의 범위

1. 주관적(인적) 범위

(1) 공소가 제기된 피고인 : 공소제기는 검사가 공소장에 피고인으로 지정한 사람에게만 효력이 미친다(제248조 제1항). 이에 기판력은 **공소가 제기되어 판결이 확정된 피고인**에 대해서만 발생한다(공소제기의 주관적 효력범위 = 기판력의 주관적 범위). 따라서 공동피고인 중의 1인에 대한 확정판결의 효력은 다른 피고인에게 미치지 아니한다. [국가7급 08/13]

> **정리** 공범 중의 1인에 대한 재판의 확정은 다른 공범에 대한 증거자료로 사용될 수 있으나 이는 기판력과는 무관하다. 따라서 공범 중 1인에 대한 유죄판결이 확정된 후 다른 공범에 대해 공소가 제기된 경우 무죄판결도 선고될 수 있다.

(2) 성명모용 · 위장출석 : ① 성명모용에 있어서 피고인은 모용자이므로 기판력은 모용자에게만 미치고 피모용자에게는 미치지 아니한다. 반면 ② 위장출석의 경우에는 기판력이 위장출석한 (형식적) 피고인에 대하여만 미칠 뿐이다. 이 경우 실질적 피고인에 대하여는 공소제기 이후의 절차를 다시 진행하여야 한다.

2. 객관적(물적) 범위

(1) 의의 : 공소제기의 효력은 공소사실과 동일성이 인정되는 범죄사실 전부에 미치므로(제248조 제2항), 법원의 심판대상에 관한 이원설(다수설 · 판례)에 의하면, 확정판결의 기판력은 공소장에 기재된 공소사실(현실적 심판대상)뿐만 아니라 그 **공소사실과 단일성 및 동일성이 인정되는 모든 사실**(잠재적 심판대상)에 미친다. [법원행시 02, 경찰채용 10 2차] 즉, 기판력의 물적 범위는 법원의 심판의 대상인 공소제기의 객관적 효력범위와 같다.[2]

> **보충** 동일성의 판단기준에 대해서는 기본적 사실동일설, 죄질동일설, 구성요건공통설, 소인공통설 등이 있으나, 사회적 사실관계가 다소 차이가 있더라도 기본적인 점에서 동일하면 공소사실의 동일성을 인정하여야 한다는 기본적 사실동일설에 의해야 함은 기술한 바와 같다. 다만, 판례는 기본적 사실동일설을 취하면서도 규범적 요소도 고려하여야 한다는 입장이다.

대법원 2012.5.24, 2010도3950 [국가7급 14]

중개사법 위반으로 약식명령이 확정된 후 다시 횡령 공소사실로 기소된 사안에서, 행위태양이나 피해법익 등을 서로 달리하지만 규범적으로는 공소사실의 동일성이 인정되어, 면소를 선고한 사례

형사재판이 실체적으로 확정되면 동일한 범죄에 대하여 거듭 처벌할 수 없고, 확정판결이 있는 사건과 동일사건에 대하여 공소의 제기가 있는 경우에는 판결로써 면소의 선고를 하여야 하는 것인바, 이때 공소사실이나 범죄사실의 동일성 여부는 사실의 동일성이 갖는 법률적 기능을 염두에 두고 피고인의 행위와 그 사회적인 사실관계를 기본으로 하되 그 규범적 요소도 고려에 넣어 판단하여야 할 것이고(대법원 1994.3.22, 93도2080 전원합의체; 2006.3.23, 2005도9678 등), 확정된 판결의 공소사실과 공소가 제기된 공소사실 간에 그 일시만 달리하는 경우 사안의 성질상 두 개의 공소사실이 양립할 수 있다고 볼 사정이 있는 경우에는 그 기본

아닌 사인에 의한 판결이나 선고하지 아니한 판결초고 등은 처음부터 판결로서 존재하지 않는 것이다. 판결의 불성립은 그 효력 유무를 논할 전제도 갖추지 못한 것이어서, 판결의 구속력 및 형식적 확정력이 인정되지 않는다. 따라서 당사자는 소송의 당해 심급에서 절차의 속행을 신청하면 된다.

1) [참고] ① 당연무효판결은 대내적으로 집행력이 부정되고 대외적으로 일사부재리의 효력도 발생하지 않는다는 견해(백형구)와 ② 당연무효판결이라도 일단 확정되면 법원이 최종적 판단을 내렸다는 점에서 그 절차에서 처벌의 위험에 노출된 피고인을 재차의 심판으로부터 보호해야 한다는 견해(기판력 긍정설, 통설)가 대립한다. 제2설이 타당하다고 생각된다.

2) [참고] 다만, 기판력이 공소사실과 동일성이 인정되는 범죄사실 전체에 미치는 이론적 근거에 대해서는 견해가 대립하는바, 크게 ① 공소불가분의 원칙상 공소사실과 동일성이 인정되는 사실 전체가 법원의 현실적 심판대상이기 때문이라는 견해(공소불가분원칙설, 신동운)와 ② 공소사실과 동일성이 인정되는 범위에서는 피고인이 유죄로 처벌될 위험성이 있다는 점에서 이중위험은 금지해야 하기 때문이라는 견해(이중위험금지설, 노/이, 배/이/정/이, 이은모, 이재상 등), 공소사실과 동일성이 인정되는 사실 전부에 대하여 공소제기의 효력이 미치고 법원의 잠재적 심판대상이 되기 때문이라는 견해(잠재적 심판대상설, 김재환, 임동규, 정/백), ③ 1개의 형벌권은 1회의 절차에서 행사되어야 한다는 견해(신양균)로 나뉜다. 잠재적 심판대상설이 법원의 심판대상론과도 일관되는 간명한 입장으로 보인다.

인 사회적 사실을 달리할 위험이 있다 할 것이므로 기본적 사실은 동일하다고 볼 수 없다 할 것이지만, 일방의 범죄가 성립되는 때에는 타방의 범죄의 성립은 인정할 수 없다고 볼 정도로 양자가 밀접한 관계에 있는 경우에는 양자의 기본적 사실관계는 동일하다고 봄이 상당하다(대법원 1982.12.28, 82도2156; 2007.5.10, 2007도1048 등). 피고인에 대하여 '공인중개사 자격이 없고 중개사무소 개설등록을 하지 않았는데도 甲, 乙과 공모하여 부동산 매매계약을 중개한 대가로 丙에게서 甲, 乙 및 피고인의 수고비 합계 2천만원을 교부받아 중개행위를 하였다'는 공인중개사의 업무 및 부동산 거래신고에 관한 법률 위반 공소사실로 벌금 500만원의 약식명령이 발령되어 확정되었는데, 그 후 피고인이 '피해자 丙에게서 甲, 乙에 대한 소개비 조로 2천만원을 교부받아 丙을 위하여 보관하던 중 임의로 사용하여 횡령하였다'는 공소사실로 기소된 경우, 확정된 약식명령의 공소사실에 의하면 중개수수료로 취득한 2천만원은 피고인 등의 소유로 확정적으로 귀속되고, 그 이후 이를 소비하는 것은 불가벌적 사후행위에 해당하는데, 공소가 제기된 횡령의 공소사실은 피고인이 2천만원을 교부받은 이후에도 이것이 여전히 丙의 소유로 남아 있어 피고인은 이를 보관하는 자임을 전제로 하고 있어 확정된 약식명령의 공소사실과 양립할 수 없는 관계에 있고, 양자의 행위 객체인 금품이 丙이 교부한 2천만원으로 동일한 점에 비추어 양자는 행위 태양이나 피해법익 등을 서로 달리하지만 규범적으로는 공소사실의 동일성이 인정된다. 따라서 확정된 약식명령의 기판력이 횡령의 공소사실에 미친다고 보아 면소를 선고한 원심의 조치는 정당하다.

(2) 구체적 고찰

① 포괄일죄 : ㉠ 수개의 행위가 포괄적으로 1개의 구성요건에 해당하여 일죄를 구성하는 경우로서 그 보호법익도 동일하므로, 포괄일죄의 일부 행위에 대한 기판력은 **포괄일죄의 전부**에 미친다. [법원행시 02. 국가9급 13] 다만, ㉡ 판례는, 포괄일죄 중 **상습범**에 대해서는 상습범으로서 포괄일죄의 관계에 있는 수개의 범죄사실 중 일부에 대하여 유죄판결이 확정된 경우에 그 확정판결의 사실심판결선고 전에 저질러진 나머지 범죄에 대하여 기판력이 미쳐서 면소판결을 선고하기 위해서는 피고인이 **이전의 확정판결에서 기본 구성요건의 범죄가 아닌 상습범으로 선고되어 확정판결을 받아야 한다**는 입장이다(대법원 2004.9.16, 2001도3206 전원합의체).

🔨 **판례연구** 포괄일죄의 기판력 관련판례[1]

1. 대법원 2000.3.10, 99도2744

상습범의 중간에 동종의 상습범의 확정판결이 있는 경우, 확정판결 전후의 범행은 두 개의 죄로 분단되는지 여부(적극) 및 판결 확정 후의 범죄사실을 공소장변경절차에 의하여 공소사실에 추가할 수 있는지 여부(소극)

① 상습범에 있어서 공소제기의 효력은 공소가 제기된 범죄사실과 동일성이 인정되는 범죄사실의 전체에 미치는 것이므로 상습범의 범죄사실에 대한 공판심리 중에 그 범죄사실과 동일한 습벽의 발현에 의한 것으로 인정되는 범죄사실이 추가로 발견된 경우에는 검사는 공소장변경절차에 의하여 그 범죄사실을 공소사실로 추가할 수 있다고 할 것이나(대법원 1996.10.11, 96도1698; 1999.11.26, 99도3929 · 99감도97 등), ② 공소제기된 범죄사실과 추가로 발견된 범죄사실 사이에 그것들과 동일한 습벽에 의하여 저질러진 또다른 범죄사실에 대한 유죄의 확정판결이 있는 경우에는 전후 범죄사실의 일죄성은 그에 의하여 분단되어 공소제기된 범죄사실과 판결이 확정된 범죄사실만이 포괄하여 하나의 상습범을 구성하고, 추가로 발견된 확정판결 후의 범죄사실은 그것과 경합범 관계에 있는 별개의 상습범이 되므로(대법원 1982.12.28, 82도2500; 1994.8.9, 94도1318), 검사는 공소장변경절차에 의하여 이를 공소사실로 추가할 수는 없고 어디까지나 별개의 독립된 범죄로 공소를 제기하여야 할 것이다.

[보충] 판례는 경합범 관계에 있다는 표현을 쓰고 있으나 이는 형법 제37조의 경합범 개념과는 맞지 않는다.

2. 대법원 2002.7.12, 2002도2029 [경찰간부 12, 경찰채용 14 2차]

포괄일죄의 중간에 별종의 죄의 확정판결이 끼어 있는 경우의 처벌례(= 확정판결 후의 범죄)

사기죄에 있어서 동일한 피해자에 대하여 수회에 걸쳐 기망행위를 하여 금원을 편취한 경우, 그 범의가 단일하고 범행 방법이 동일하다면 사기죄의 포괄일죄만이 성립한다 할 것이고, 포괄일죄는 그 중간에 별종의 범죄에 대한 확정판결이 끼어 있어도 그 때문에 포괄적 범죄가 둘로 나뉘는 것은 아니라 할 것이고, 또 이 경우에는 그 확정판결 후의 범죄로서 다루어야 한다.

[정리] ① 포괄일죄 도중 다른 종류의 범죄에 대한 확정판결시 : 포괄일죄 유지, 포괄일죄는 판결확정 후에 범한 죄(경합범 ×), ② 포괄일죄 도중 동종범죄에 대한 확정판결시 : 포괄일죄 둘로 나뉨(위 99도2744 판례 외에도 병역법상 복무이탈행위 중간에 동종의 죄에 대한 확정판결시 전후가 분리된다는 판례는 2010도937 참조), 확정판결의 사실심판결선고 전의 죄는 면소, 후의 죄는 실체재판.

3. 대법원 2004.9.16, 2001도3206 전원합의체 [법원9급 14, 국가9급 13/14/23, 국가9급개론 15/17, 경찰간부 12/13/16, 경찰승진 10]

상습범으로서 포괄적 일죄의 관계에 있는 여러 개의 범죄사실 중 일부에 대하여 유죄판결이 확정된 경우, 그 확정판결의 사실심판결선

---

1) [참고] 이외 포괄일죄에 대하여 자세한 것은 형법총론, 죄수론, 포괄일죄 참조.

고 전에 저질러진 나머지 범죄에 대하여 면소판결을 선고하기 위한 요건

상습범으로서 포괄적 일죄의 관계에 있는 여러 개의 범죄사실 중 일부에 대하여 유죄판결이 확정된 경우에, 그 확정판결의 사실심판결선고 전에 저질러진 나머지 범죄에 대하여 새로이 공소가 제기되었다면 그 새로운 공소는 확정판결이 있었던 사건과 동일한 사건에 대하여 다시 제기된 데 해당하므로 이에 대하여는 판결로써 면소의 선고를 하여야 하는 것인바(제326조 제1호), 다만 ① 이러한 법리가 적용되기 위해서는 전의 확정판결에서 당해 피고인이 **상습범으로 기소되어** 처단되었을 것을 필요로 하는 것이고, ② **상습범 아닌 기본 구성요건의 범죄로** 처단되는 데 그친 경우에는, 가사 뒤에 기소된 사건에서 비로소 드러났거나 새로 저질러진 범죄사실과 전의 판결에서 이미 유죄로 확정된 범죄사실 등을 종합하여 비로소 그 모두가 상습범으로서의 포괄적 일죄에 해당하는 것으로 판단된다 하더라도, 뒤늦게 앞서의 확정판결을 상습범의 일부에 대한 확정판결이라고 보아 그 기판력이 그 사실심판결선고 전의 나머지 범죄에 미친다고 보아서는 아니 된다.

4. 대법원 2009.2.26, 2009도39

17개월 동안 피해자의 휴대전화로 거의 동일한 내용을 담은 문자메시지를 발송함(일정기간 연속된 사이버스토킹 행위)으로써 이루어진 정보통신망법 위반행위 중 일부 기간의 행위에 대하여 먼저 유죄판결이 확정된 후, 판결확정 전의 다른 일부 기간의 행위가 다시 기소된 경우에는 판결이 확정된 위 법률 위반죄와 포괄일죄의 관계이므로 확정판결의 기판력이 미친다고 해야 한다.

5. 대법원 2010.5.27, 2010도2182; 2001도3206 전원합의체; 2010.2.11, 2009도12627 [국가9급 12]

비상습범으로 기소되어 판결이 확정된 경우, 뒤에 드러난 다른 범죄사실이나 그 밖의 사정을 부가하여 전의 확정판결의 효력을 '상습범'에 대한 판결로 바꾸어 적용할 수 있는지 여부(소극)

확정판결의 기판력이 미치는 범위를 정함에 있어서는 그 확정된 사건 자체의 범죄사실과 죄명을 기준으로 하는 것이 원칙이고, 비상습범으로 기소되어 판결이 확정된 이상 그 사건의 범죄사실이 상습범 아닌 기본 구성요건의 범죄라는 점에 관하여 이미 기판력이 발생하였다고 보아야 하며, 뒤에 드러난 다른 범죄사실이나 그 밖의 사정을 부가하여 전의 확정판결의 효력을 검사의 기소내용보다 무거운 범죄유형인 상습범에 대한 판결로 바꾸어 적용하는 것은 형사소송의 기본원칙에 비추어 적절하지 않다.

6. 대법원 2014.1.16, 2013도11649

영리목적 무면허의료행위를 업으로 하는 자의 여러 개의 무면허 의료행위가 포괄일죄 관계에 있고 그 중 일부 범행이 의료법위반으로 기소되어 판결이 확정된 경우 : 기판력 인정

무면허 의료행위는 그 범죄구성요건의 성질상 동종 범죄의 반복이 예상되는 것이므로, 영리를 목적으로 무면허 의료행위를 업으로 하는 자가 반복적으로 여러 개의 무면허 의료행위를 단일하고 계속된 범의 아래 일정 기간 계속하여 행하고 그 피해법익도 동일한 경우라면 이들 각 행위를 통틀어 포괄일죄로 처단하여야 할 것이다. 한편 포괄일죄의 관계에 있는 범행 일부에 대하여 판결이 확정된 경우에는 사실심판결선고시를 기준으로 그 이전에 이루어진 범행에 대하여는 확정판결의 기판력이 미쳐 면소의 판결을 선고하여야 하고, 이러한 법리는 영리를 목적으로 무면허 의료행위를 업으로 하는 자의 여러 개의 무면허 의료행위가 포괄일죄의 관계에 있고 그 중 일부에 대하여 판결이 확정된 경우에도 마찬가지로 적용되며, 그 확정판결의 범죄사실이 '보건범죄 단속에 관한 특별조치법' 제5조 제1호 위반죄가 아니라 단순히 의료법 제27조 제1호 위반죄로 공소제기된 경우라고 하여 달리 볼 것이 아니다.

7. [비교판례] 대법원 2008.11.27, 2008도7270 [경찰승진 13]

특가법상 누범절도에 대한 확정판결의 기판력 ×

특가법 제5조의4 제6항은 위 조항에 정한 범죄전력 및 누범가중의 요건을 갖춘 경우에는 상습성이 인정되지 않는 경우에도 상습범에 관한 제1항 내지 제4항에 정한 법정형에 의하여 처벌한다는 취지로서, 위 조항으로 기소되어 처벌받은 경우를 상습범으로 기소되어 처벌받은 경우라고 볼 수는 없으므로(상습절도 ×), 설령 피고인에게 절도의 습벽이 인정되더라도 위 조항(특가법상 누범절도)으로 처벌받은 확정판결의 기판력은 그 판결확정 전에 범한 다른 절도범행에 대하여는 미치지 않는다.

② **과형상 일죄** : 실질적으로는 수죄이지만 행위가 1개이므로 상상적 경합관계인 경우를 말한다(형법 제40조). 여기서 '1개의 행위'란 법적 평가를 떠나 사회관념상 행위가 사물자연의 상태로서 1개로 평가되는 것을 의미한다는 것이 판례이다.[1] 과형상 일죄는 1개의 행위로 범하는 경우이므로, 과형상 일죄의 일부사실에 대한 확정판결의 기판력은 나머지 사실에 대해서도 **미친다.** [법원행시 04, 법원9급 17, 국가9급 13, 국가9급개론 15]

🔎 **판례연구** 과형상 일죄의 기판력 관련판례

1. 대법원 2007.2.23, 2005도10233

확정판결의 범죄사실 중 업무방해죄와 이 사건 공소사실 중 명예훼손죄는 모두 피고인이 같은 일시, 장소에서 피해자의 기

---

1) [참고] 다만, 상상적 경합의 1개의 행위의 의미에 대해서는 법적 평가를 요한다는 입장도 있다. 이에 관하여 상세한 것은 형법총론, 죄수론, 상상적 경합 참조.

념전시회에 참석한 손님들에게 피해자가 공사대금을 주지 않는다는 취지로 소리를 치며 소란을 피웠다는 1개의 행위에 의하여 실현된 경우로서 상상적 경합 관계에 있다. 따라서 확정판결의 기판력은 이 사건 공소사실 중 명예훼손죄에 대해서도 미치므로 면소의 판결을 선고한 것은 정당하다.

2. 대법원 2017.9.21, 2017도11687

피고인이 '2015. 4. 16. 13:10경부터 14:30경까지 甲 업체 사무실에서 직원 6명가량이 있는 가운데 직원들에게 행패를 하면서 피해자 乙의 업무를 방해하였다'는 공소사실로 기소되었는데, 피고인은 '2015. 4. 16. 13:30경부터 15:00경 사이에 甲 업체 사무실에 찾아와 피해자 丙, 丁과 일반직원들이 근무를 하고 있음에도 피해자들에게 욕설을 하는 등 큰소리를 지르고 돌아다니며 위력으로 업무를 방해하였다'는 등의 범죄사실로 이미 유죄판결을 받아 확정된 경우이었다. … 결국 양자는 동일한 기회에, 동일한 장소에서 다수의 피해자를 상대로 한 위력에 의한 업무방해행위로서 사회관념상 1개의 행위로 평가할 여지가 충분하므로 상상적 경합 관계에 있고, 확정판결의 기판력은 업무방해의 공소사실에 미치므로, 이를 간과하여 업무방해의 공소사실을 유죄로 인정한 원심판결에는 상상적 경합 관계, 확정판결의 기판력 등에 관한 법리오해의 잘못이 있다.

③ **실체적 경합범** : 실체적 경합은 수개의 서로 다른 행위가 수개의 서로 다른 죄에 해당하는 경우이므로, 경합범 중 일부 사실에 대한 확정판결의 기판력은 나머지 사실에 **미치지 아니한다**. 또한 전술한 포괄일죄에 관하여, 범의의 단일성과 계속성이 인정되지 아니하거나 범행방법이 동일하지 않은 경우라든가, 수개의 행위태양이 서로 필연적 결과이거나 필연적 수단의 관계로 볼 수 없는 경우도 포괄일죄가 아니라 실체적 경합에 해당하므로 그 일부사실에 대하여 확정판결이 있어도 나머지 사실에 대하여 기판력이 미치지 아니한다.

🔍 **판례연구** 실체적 경합범이므로 기판력이 미치지 아니한다는 사례[1]

1. 대법원 2006.9.8, 2006도3172 [경찰승진 13]

유사휘발유제조로 단속된 후 기소중지되어 1달 이상 범행을 중단하다 다시 제조 : 기판력 ×
위험물인 유사석유제품을 제조한 석유사업법 위반 및 소방법 위반의 범행(제1 범죄행위)으로 경찰에 단속된 후 기소중지되어 1달 이상 범행을 중단하였다가 다시 위험물인 유사석유제품을 제조함으로써 석유 및 석유대체연료 사업법 위반 및 위험물안전관리법 위반의 범행(제2 범죄행위)을 하고, 그 후 제1 범죄행위에 대하여 약식명령이 확정된 경우, 제1, 2 범죄행위의 범행방법과 범행장소가 동일하지 않은 점 등에 비추어 두 범죄행위 사이에 시간적·장소적 접근성을 인정할 수 없고 범의가 갱신되었다는 보아야 하므로, 제1, 2 범죄행위가 포괄일죄를 구성한다고 볼 수 없어 확정된 약식명령의 기판력이 제2 범죄행위에 미친다고 할 수 없다.

2. 대법원 2008.2.29, 2007도10414 [국가9급 15]

유사수신행위와 사기는 실체적 경합범
유사수신행위의 규제에 관한 법률 제3조에서 금지하고 있는 유사수신행위 그 자체에는 기망행위가 포함되어 있지 않고, 이러한 위 법률 위반죄와 특경법위반(사기)죄는 각 그 구성요건을 달리하는 별개의 범죄로서, 서로 행위의 태양이나 보호법익을 달리하고 있어 양 죄는 상상적 경합관계가 아니라 실체적 경합관계로 봄이 상당할 뿐만 아니라, 그 기본적 사실관계에 있어서도 동일하다고 볼 수 없다.

3. 대법원 2010.2.25, 2009도14263 [경찰채용 14 2차]

교특법상 업무상 과실치상과 보험사기 : 기판력 ×
과실로 교통사고를 발생시켰다는 각 '교특법위반죄'와 고의로 교통사고를 낸 뒤 보험금을 청구하여 수령하거나 미수에 그쳤다는 사기 및 사기미수죄는 서로 행위태양이 전혀 다르고, 각 교특법위반죄의 피해자는 교통사고로 사망한 사람들이나, 사기 및 사기미수죄의 피해자는 피고인과 운전자보험계약을 체결한 보험회사들로서 역시 서로 다르며, 따라서 위 각 교통사고처리 특례법 위반죄와 사기 및 사기미수죄는 그 기본적 사실관계가 동일하다고 볼 수 없으므로, 위 전자에 관한 확정판결의 기판력이 후자에 미친다고 할 수 없다.

4. 대법원 2010.5.13, 2009도13463 [국가7급 14, 경찰채용 14 2차]

회사의 대표이사가 회사 자금을 빼돌려 횡령한 다음 그 중 일부를 배임증재에 공여 : 기판력 ×
회사의 대표이사가 업무상 보관하던 회사 자금을 빼돌려 횡령한 다음 그 중 일부를 더 많은 장비 납품 등의 계약을 체결할 수 있도록 해달라는 취지의 묵시적 청탁과 함께 배임증재에 공여한 경우, 위 횡령의 범행과 배임증재의 범행은 서로 범의

---

1) [참고] 실체적 경합에 관하여 상세한 판례정리는 형법총론, 죄수론, 실체적 경합 참조.

및 행위의 태양과 보호법익을 달리하는 별개의 행위이므로, 위 횡령의 점에 대하여 약식명령이 확정되었다고 하더라도 그 기판력이 배임증재의 점에는 미치지 아니한다.

5. [비교판례] 대법원 2008.11.13, 2006도4885

형사소송법 제326조 제1호에 정한 면소사유인 '확정판결이 있는 때'에는 공소가 제기된 공소사실을 확정판결이 있는 종전 사건의 공소사실과 비교해서 그 사실의 기초가 되는 자연적·사회적 사실관계가 기본적인 점에서 동일한 경우도 포함된다. 주식회사의 대표이사가 노조위원장에게 부정한 청탁을 하면서 회사공금을 노조위원장측에게 송금한 행위로 배임증재죄의 확정판결을 받은 후 같은 송금행위에 대하여 업무상횡령으로 기소된 경우, 두 개의 공소사실은 하나의 동일한 송금행위에 의하여 실현된 것으로서 자연적·사회적 사실관계가 기본적인 점에서 동일하여 형사소송법 제326조 제1호의 '확정판결이 있는 때'에 해당할 여지가 있다(업무상 횡령을 유죄로 인정한 원심판결을 파기한 사례).

6. 대법원 2012.2.9, 2010도16094; 2017.12.5, 2013도7649

피고인이 유사석유제품을 판매하였다는 석유 및 석유대체연료 사업법(이하 '석유사업법') 위반죄의 범죄사실로 유죄판결을 받아 확정되었는데, 위와 같은 유사석유제품을 제조하여 판매하고도 그에 관한 부가가치세 등을 신고·납부하지 않고 조세를 포탈하였다는 공소사실로 기소된 경우, 석유사업법 위반죄의 범죄사실은 내용이나 행위 태양, 피해법익이 조세 포탈행위로 인한 공소사실과 서로 달라 석유사업법 위반죄의 범죄사실과 공소사실 사이에 기본적 사실관계의 동일성을 인정할 수 없으므로, 확정판결의 기판력은 공소사실에 미치지 않는다.

7. 대법원 2020.5.14, 2020도1355

임대차계약의 방법으로 장소제공의 성매매알선행위를 수회 한 사례

동일 죄명에 해당하는 여러 개의 행위 혹은 연속된 행위를 단일하고 계속된 범의하에 일정 기간 계속하여 행하고 그 피해법익도 동일한 경우에는 이들 각 행위를 통틀어 포괄일죄로 처단하여야 할 것이나, 범의의 단일성과 계속성이 인정되지 아니하거나 범행방법 및 장소가 동일하지 않은 경우에는 각 범행은 실체적 경합범에 해당한다(대법원 2013.5.24, 2011도9549 등). … 확정된 위 각 약식명령은 '영업이 아닌 단순 성매매장소 제공행위 범행으로 처벌된 것'이고, 이 사건 역시 영업이 아닌 단순 성매매장소 제공행위 범행으로 기소된 것이어서 그 구성요건의 성질상 동종 행위의 반복이 예상되는 경우라고 볼 수 없다.

> 보충 성매매장소 제공행위와 성매매알선행위의 경우 성매매알선행위가 장소제공행위의 필연적 결과라거나 반대로 장소제공행위가 성매매알선행위에 수반되는 필연적 수단이라고 볼 수도 없다. … 확정된 위 각 약식명령과 이 사건 범행의 장소제공행위는, 장소를 제공받은 성매매업소 운영주가 성매매알선 등 행위로 단속되어 기소·처벌을 받는 과정에서 함께 처벌을 받게 된 것으로, 피고인은 그때마다 새로운 성매매업소 운영주와 사이에 다시 임대차계약을 체결하여 온 것으로 보인다. 위와 같이 피고인이 수사기관의 단속 등으로 인해 새로운 임대차계약을 체결하여 온 것으로 보이는 이상, 그와 같이 성매매장소를 제공한 수개의 행위가 동일한 범죄사실이라고 쉽게 단정하여 포괄일죄로 인정을 하면, 자칫 범행 중 일부만 발각되어 그 부분만 공소가 제기되어 확정판결을 받게 된 후에는 나중에 발각된 부분을 처벌하지 못하여 그 행위에 합당한 기소와 양형이 불가능하게 될 수 있는 불합리가 나타나 이 사건 처벌규정을 둔 입법취지가 훼손될 여지도 있다.

④ **범칙행위의 동일성** : ㉠ 경범죄처벌법이나 도로교통법의 범칙행위를 한 범칙자가 경찰서장 등으로부터 범칙금의 통고처분을 받고 납부기간 내에 그 범칙금을 납부한 경우, 전술한 바와 같이 범칙금의 납부에 확정판결에 준하는 효력이 인정됨에 따라 **기판력이 인정**된다(경범죄처벌법 제8조 제3항, 도로교통법 제164조 제3항). 다만, ㉡ 기판력이 미치는 행위사실은 범칙금 통고의 이유에 기재된 당해 범칙행위 자체 및 그 범칙행위와 **동일성이 인정되는 범칙행위에 한정**된다. 따라서 범칙행위와 같은 일시, 장소에서 이루어진 행위라 하더라도 **범칙행위의 동일성을 벗어난 형사범죄행위**에 대해서는 기판력이 미치지 아니한다. [국가7급 14, 국가9급 15, 경찰간부 12]

⚖ 판례연구 범칙행위의 동일성이 인정되어 기판력이 인정된다는 사례

1. 대법원 1984.10.10, 83도1790 [경찰승진 11]

강간으로 기소된 공소사실이 확정판결을 받은 경범죄처벌법 위반의 범죄사실과 동일하다고 본 사례

본건 공소사실은 피고인이 1982.3.19. 19 : 30경 경남 밀양읍 내이동 소재 내이양수장옆 제방에서 피해자(14세)의 멱살을 잡아 부근 비닐하우스 안으로 끌고 들어가 옷을 전부 벗고 눕게 하고는 강간을 하였다는 것이고 피고인이 본건 직후인 1982.3.20 부산지방법원 밀양지원에서 경범죄처벌법 위반으로 즉결심판을 받고 확정된 범죄사실의 내용은 피고인이 위 일시 장소에서 지나가는 위 피해자를 따라가면서 손목을 잡고 욕설을 하며 진로를 방해하는 등 공포심과 혐오감을 주게 하였다는 것이라면 위 두개의 범죄사실의 기초되는 사회적 사실관계는 그 기본적인 점에서 동일한 것이라고 보는 것이 상당하다.

2. 대법원 1990.3.9, 89도1046

상해치사의 소송사실이 즉결심판으로 확정된 경범죄처벌법 위반의 범죄사실과 동일하다고 본 사례

피고인이 1988.5.20. 17:00경부터 23:00경까지 사이에 술에 취해 주점에 찾아와 그 곳 손님들에게 시비를 걸고 주먹과 드라이버로 술탁상을 마구치는 등 약 6시간 동안 악의적으로 영업을 방해하였다는 사실로 경범죄처벌법 제1조 제12호, 제24호, 제25호 위반으로 구류 5일의 즉결심판을 받아 확정된 사실이 있다면, 피고인이 같은 날 17:00경 같은 주점에서 그곳의 손님인 피해자와 시비를 벌여 주먹으로 피해자의 얼굴을 1회 때리고 멱살잡이를 하다가 위 주점 밖으로 끌고 나와 주먹과 발로 피해자의 복부 등을 수회 때리고 차서 피해자로 하여금 그 이튿날 19:30경 외상성 장간막 파열로 인한 출혈로 사망케 한 것이라는 이 사건 공소사실(상해치사)과 위 즉결심판의 범죄사실(영업방해)은 동일한 피고인이 동일한 일시, 장소에서 술에 취하여 그 주점의 손님들에게 시비를 걸고 행패를 부린 사실에 관한 것으로 양 사실의 기초가 되는 사회적 사실관계가 기본적인 점에서 동일하기 때문에 이 사건 공소사실에 대하여는 이미 확정판결이 있었다고 보아야 한다.

보충 위 1번과 2번의 판례는 공소사실의 동일성에 있어서 기본적 사실동일설을 취하면서도 규범적 요소까지 함께 고려하여야 한다는 대법원 전원합의체 판결(수정된 기본적 사실 동일설, 대법원 1994.3.22, 93도2080 전원합의체) 이전의 판례들이다.

3. 대법원 1996.6.28, 95도1270 [경찰승진 11]

즉결심판이 확정된 경범죄처벌법 위반죄의 범죄사실과 폭처법위반의 공소사실 사이에 동일성이 있다고 한 사례

공소사실이나 범죄사실의 동일성 여부는 사실의 동일성이 갖는 법률적 기능을 염두에 두고 피고인의 행위와 그 사회적인 사실관계를 기본으로 하되, 그 규범적 요소도 고려에 넣어 판단하여야 한다. 경범죄처벌법 위반죄의 범죄사실인 음주소란과 폭처법위반죄의 공소사실은 범행장소가 동일하고 범행일시도 같으며 모두 피고인과 피해자의 시비에서 발단한 일련의 행위들임이 분명하므로, 양 사실은 그 기본적 사실관계가 동일한 것이어서 이미 확정된 경범죄처벌법 위반죄에 대한 즉결심판의 기판력이 폭처법위반죄의 공소사실에도 미친다고 보아 면소의 판결을 선고한 것은 정당하다.

보충 ① 즉결심판에 의하여 유죄로 확정된 경범죄처벌법위반죄의 범죄사실 : 피고인은 1994.7.30. 21:00경 경북 봉화군 소재 공소외인 경영의 담배집 마당에서 음주소란을 피웠다. ② 이 사건 폭처법위반죄의 공소사실 : 피고인은 같은 일시경 같은 장소에서 피해자와 말다툼을 하다가 피고인 차에 실려 있던 위험한 물건인 도끼를 가지고 와 피해자를 향해 내리치며 도끼 머리 부분으로 피해자의 뒷머리를 스치게 하여 피해자에게 약 2주간의 치료를 요하는 두부타박상 등을 가하였다. ③ 판결이유(요약) : 원래 공소사실이나 범죄사실의 동일성 여부는 사실의 동일성이 갖는 법률적 기능을 염두에 두고 피고인의 행위와 그 사회적인 사실관계를 기본으로 하되 그 규범적 요소도 고려에 넣어 판단하여야 할 것이지만(대법원 1994.3.22, 93도2080 전원합의체), 이 사건 경범죄처벌법 위반죄의 범죄사실인 음주소란과 폭처법위반죄의 공소사실은 범행장소가 동일하고 범행일시도 같으며 모두 피고인과 피해자의 시비에서 발단한 일련의 행위들임이 분명하므로, 위와 같은 요소들을 고려한다고 하더라도 양 사실은 그 기본적 사실관계가 동일한 것이라고 하지 않을 수 없다.

4. 대법원 2002.11.22, 2001도849

범칙금을 납부한 사람은 그 범칙행위에 대하여 다시 벌받지 아니한다는 도로교통법 규정의 의미

도로교통법 제119조 제3항은 그 법 제118조에 의하여 범칙금 납부통고서를 받은 사람이 그 범칙금을 납부한 경우 그 범칙행위에 대하여 다시 벌받지 아니한다고 규정하고 있는바, 이는 범칙금의 납부에 확정재판의 효력에 준하는 효력을 인정하는 취지로 해석하여야 한다.

5. 대법원 2003.7.11, 2002도2642

범칙금 통고처분에 의하여 범칙금을 납부한 범칙행위인 소란행위와 상해죄의 공소사실 사이 : 기판력 ○

경범죄처벌법 위반죄로 범칙금 통고처분을 받아 범칙금을 납부한 범칙행위인 소란행위와 상해죄의 공소사실은 범행장소가 동일하고 범행일시도 거의 같으며, 모두 피고인과 피해자의 시비에서 발단한 일련의 행위임이 분명하므로, 양 사실은 그 기본적 사실관계가 동일한 것이라고 할 것이어서 위 경범죄처벌법 위반죄에 대한 범칙금납부로 인한 확정재판에 준하는 효력이 상해의 공소사실에도 미친다고 보아 면소의 판결을 선고한 것은 정당하다.

보충 ① 범칙금 통고처분에 의하여 범칙금을 납부한 범칙행위 : 피고인은 2001.3.8. 11:30경 김해시 진례면 청천리 소재 니나기계 내에서 소란행위를 하였다. ② 이 사건 상해의 공소사실 : 피고인은 같은 일시·장소에서 신○○이 피고인의 재산에 대하여 강제집행을 할 때 피해자가 이유 없이 참석하였다는 이유로 주먹과 발로 피해자의 얼굴과 가슴 등을 수회 구타하고 계속하여 멱살을 잡아 흔들어 피해자를 바닥에 넘어뜨린 다음 발로 복부와 가슴을 수회 차 피해자에게 약 2주간의 치료를 요하는 다발성 타박상 등을 가하였다.

★ 판례연구 범칙행위와 동일성이 인정되지 않아 기판력이 인정되지 아니한다는 사례

1. 대법원 2002.11.22, 2001도849

[1] 범칙행위와 같은 일시, 장소에서 이루어졌으나 범칙행위에 해당하지 아니하는 형사범죄행위 : 기판력 ×

범칙행위와 같은 일시, 장소에서 이루어진 행위라 하더라도 범칙행위의 동일성을 벗어난 형사범죄행위에 대하여는 범칙금의 납부에 따라 확정판결의 효력에 준하는 효력이 미치지 아니한다. [국가7급 14]

[2] 안전운전의무위반으로 범칙금을 납부한 자를 교특법위반죄로 처벌하는 것은 이중처벌이 아님

같은 일시, 장소에서 이루어진 안전운전의무위반의 범칙행위와 중앙선을 침범한 과실로 사고를 일으켜 피해자에게 부상을 입혔다는 교통사고처리특례법 위반죄의 범죄행위사실은 시간, 장소에 있어서는 근접하여 있는 것으로 볼 수 있으나 범죄의

내용이나 행위의 태양, 피해법익 및 죄질에 있어 현격한 차이가 있어 동일성이 인정되지 아니하고 별개의 행위라고 할 것이어서 피고인이 안전운전의 의무를 불이행하였음을 이유로 통고처분에 따른 범칙금을 납부하였다고 하더라도 피고인을 교통사고처리특례법 제3조 위반죄로 처벌한다고 하여 도로교통법 제119조 제3항에서 말하는 이중처벌에 해당한다고 볼 수 없다. [국가9급 15, 경찰간부 12]

2. 대법원 2007.4.12, 2006도4322 [경찰채용 14 2차]

교통사고처리특례법 제3조 제2항 단서 각 호에서 규정한 예외사유에 해당하는 신호위반 등의 범칙행위[1]와 같은 법의 업무상 과실치사상죄(동 제3조 제1항)는 그 행위의 성격 및 내용이나 죄질 및 피해법익 등에 현저한 차이가 있어 동일성이 인정되지 않는 별개의 범죄행위라고 보아야 할 것이므로, 교특법 제3조 제2항 단서 각 호의 예외사유에 해당하는 신호위반 등의 범칙행위로 교통사고를 일으킨 사람이 통고처분을 받아 범칙금을 납부하였다고 하더라도 그 사람의 업무상 과실치상죄 또는 중과실치상죄에 대하여 같은 법 제3조 제1항 위반죄로 처벌하는 것이 도로교통법 제119조 제3항에서 금지하는 이중처벌에 해당한다고 볼 수 없다.

3. 대법원 2011.4.28, 2009도12249

피고인에게 적용된 경범죄처벌법 제1조 제26호(인근소란 등)의 범칙행위와 흉기인 야채 손질용 칼 2자루를 휴대하여 피해자의 신체를 상해하였다는 폭처법위반(집단·흉기등상해)의 공소사실은 범죄사실의 내용이나 그 행위의 수단 및 태양, 각 행위에 따른 피해법익이 다르고, 그 죄질에도 현저한 차이가 있으며, 위 범칙행위의 내용이나 수단 및 태양 등에 비추어 그 행위과 정에서나 이로 인한 결과에 통상적으로 흉기휴대상해 행위까지 포함된다거나 이를 예상할 수 있다고는 볼 수 없어 기본적 사실관계가 동일한 것으로 평가할 수 없으므로, 위 범칙행위에 대한 범칙금 납부의 효력은 위 공소사실에는 미치지 않는다.

4. 대법원 2012.6.14, 2011도6858 [국가7급 14, 경찰간부 12, 경찰채용 10 2차]

피고인이 경범죄처벌법상 '음주소란' 범칙행위로 통고처분을 받고 범칙금을 납부하였는데, 이와 근접한 시간·장소에서 경찰관들을 폭행하여 공무집행을 방해하였다는 내용으로 공소가 제기된 경우, '음주소란' 범칙행위와 '공무집행방해' 공소사실은 동일성이 인정되지 않으므로 범칙금 납부의 효력이 공소사실에 미치지 않는다.

5. 대법원 2012.9.13, 2011도6911

피고인이 경범죄처벌법상 '인근소란' 범칙행위로 범칙금 통고처분을 받아 이를 납부하였는데, 이와 근접한 일시·장소에서 피해자에게 상해를 가하여 생명에 대한 위험을 발생하게 하였다는 내용으로 기소된 경우, 범칙행위인 인근소란과 공소사실인 중상해 행위는 기본적 사실관계가 동일한 것으로 평가할 수 없다.

6. 대법원 2012.9.13, 2012도6612 [국가7급 13, 국가9급 15]

피고인이 경범죄처벌법상 '음주소란' 범칙행위로 범칙금 통고처분을 받아 이를 납부하였는데, 이와 근접한 일시·장소에서 위험한 물건인 과도를 들고 피해자를 쫓아가며 "죽여 버린다."고 소리쳐 협박하였다는 내용의 폭처법위반으로 기소된 경우, 범칙행위인 '음주소란'과 공소사실인 '흉기휴대협박행위'는 기본적 사실관계가 동일하다고 볼 수 없으므로, 범칙금 납부의 효력이 공소사실에 미치지 않는다.

[정리] 범칙금납부의 기판력 : ① 인정 : 경범죄(음주소란/영업방해/소란) – 강간/상해(치사) – 기판력인정, ② 부정 : 운전/협박/칼상해/공집방/중상해 – 기판력부정(경강상인/운협칼공중기부)

⑤ **보충소송의 문제** : 보충소송(補充訴訟)이란 확정판결에서 행위의 불법내용이 모두 판단되지 못한 경우 그 부분에 대하여 새로운 공소제기를 하여 재판을 하는 것을 말한다(수정소송). 예컨대, 피고인이 상해죄로 유죄판결이 확정된 후에 피해자가 사망에 이른 경우, 판단하지 못한 치사(致死) 부분에 대하여 재판을 받도록 상해치사죄로 다시 공소를 제기하는 경우이다. 보충소송의 경우에는, **동일성이 인정되는 사실이라면 확정판결 후에 변경된 부분에 대해서도 기판력이 미친다**(통설).

⑥ **양형자료인 여죄사실** : 공소제기가 되지 않은 여죄(餘罪)에 대하여 실질적으로 심리가 행하여지고 그 여죄가 양형의 자료로 사용된 경우이다. 이 경우 공소사실과 동일성이 인정되지 않는 당해 여죄사실에 대해서는 공소제기의 효력이 미치지 아니하므로 기판력이 미치지 않는다.

---

1) [보충] 교통사고로 인하여 업무상 과실치상죄 또는 중과실치상죄를 범한 운전자에 대하여 피해자의 명시한 의사에 반하여 공소를 제기할 수 있도록 하고 있는 교통사고처리특례법 제3조 제2항 단서의 각 호에서 규정한 신호위반 등의 예외사유는 같은 법 제3조 제1항 위반죄의 구성요건요소가 아니라 그 공소제기의 조건에 관한 사유일 뿐이고(대법원 2004.11.26, 2004도4693), 또한 도로교통법 제117조 제2항 제2호는 범칙행위로 교통사고를 일으킨 사람이 교통사고처리특례법 제3조 제2항 단서의 규정에 따라 같은 법 제3조 제1항 위반죄의 벌을 받게 되는 경우에는 범칙금 통고처분을 할 수 있는 대상인 범칙자에서 제외되도록 규정하고 있다(대법원 2007.4.12, 2006도4322).

3. 시간적 범위

(1) 포괄일죄에 대한 확정판결의 기판력

① **문제의 소재** : 계속범·연속범·영업범·상습범 등 포괄일죄가 확정판결 전후에 걸쳐 행하여진 경우에 어느 시점까지 기판력이 미칠 것인가의 문제이다.

② **학설·판례** : 변론종결시설, 판결선고시설, 판결확정시설이 대립하나, **사실심리가 가능한 최후의 시점인 판결선고시설**이 통설·판례이다. 사실심리가 가능한 최후의 시점을 기준으로 해야 하나, 현행법은 변론의 재개(제305조)를 허용하고 있으므로 **사실심 판결선고시까지 기판력이 미친다**고 해야 한다. [법원9급 14, 국가9급 08, 경찰승진 12]

> 정리 포괄일죄의 일부에 대하여 확정판결이 있는 경우, ① 사실심 판결선고 이전 범행 : 면소판결, ② 사실심 판결선고 이후 범행 : 실체판결.

> 보충 甲의 4회(2.1, 2.10, 4.15, 4.30.)에 걸친 상습도박행위 중 2.1.과 2.10. 범행에 대해 상습도박죄로 4.1. 유죄판결이 선고되고 상소기간 경과로 그 판결이 확정된 경우, 확정판결의 효력은 4.15.과 4.30. 범행에는 미치지 않는다. [국가7급 13] 위 경우 사실심리가 가능한 최후의 시점(판결선고시, 4.1.) 후의 범행이기 때문이다.

> **대법원 1983.4.26, 82도2829** [법원9급 17, 국가7급 14, 경찰간부 16]
>
> 공소의 효력과 판결의 기판력의 기준시점은 사실심리의 가능성이 있는 최후의 시점인 판결선고시라고 할 것이나, 항소된 경우 그 시점은 현행 항소심의 구조에 비추어 항소심 판결선고시라고 함이 타당하고, 그것은 파기자판한 경우이든 항소기각된 경우든 다를 바가 없다. 따라서 포괄일죄의 일부에 대한 공소의 효력은 그 공소제기된 사건의 항소심 판결선고시까지 범해진, 그와 포괄일죄의 관계에 있는 다른 범죄사실에도 미치므로 그 다른 범죄사실에 대하여 별개의 공소가 제기된 경우에는 면소판결을 하여야 한다.

③ **상고기각·항소기각시** : ㉠ 포괄일죄가 상고심의 파기환송에 의하여 항소심에 다시 소송계속이 되었다면, 이후 확정판결의 기판력의 시간적 범위는 **사실심리가 가능한 환송 후 항소심의 판결선고시**를 기준으로 그 이전 범행이 된다. 예컨대, 대법원의 상고기각판결이 확정된 경우 항소심 판결선고시가 기준이 된다. [경찰승진 12] 다만, ㉡ **항소이유서 미제출로 항소기각결정**된 경우 판결의 확정력이 미치는 시간적 한계는 항소이유서 제출기간 만료시가 아니라 **항소기각결정시**이다. [국가7급 10/14]

> **대법원 1993.5.25, 93도836** [국가7급 10]
>
> 항소이유서 미제출로 항소기각결정된 경우 제1심 판결의 확정력이 미치는 시간적 한계(= 항소기각결정시)
>
> 판결의 확정력은 사실심리의 가능성이 있는 최후의 시점인 판결선고시를 기준으로 하여 그때까지 행하여진 행위에 대하여만 미치는 것으로서, ① 제1심 판결에 대하여 항소가 된 경우 판결의 확정력이 미치는 시간적 한계는 현행 형사항소심의 구조와 운용실태에 비추어 볼 때 항소심 판결선고시라고 보는 것이 상당한데 ② 항소이유서를 제출하지 아니하여 결정으로 항소가 기각된 경우에도 법 제361조의4 제1항에 의하면 피고인이 항소한 때에는 법정기간 내에 항소이유서를 제출하지 아니하였다 하더라도 판결에 영향을 미친 사실오인이 있는 등 직권조사사유가 있으면 항소법원이 직권으로 심판하여 제1심 판결을 파기하고 다시 판결할 수도 있으므로 사실심리의 가능성이 있는 최후시점은 항소기각결정시라고 보는 것이 옳다.
>
> 정리 항소인의 항소이유서 미제출을 이유로 한 항소심의 항소기각결정이 확정된 경우 판결의 기판력이 미치는 시간적 한계는 항소이유서 제출기간 만료시이다. (× ∵ 항소기각결정시[1]) [국가7급 10]

(2) 약식명령의 기판력 : 약식명령은 판결이 아니므로 선고에 의하지 아니하고 고지에 의하여 외부적으로 성립하고, 고지는 검사와 피고인에게 재판서를 송달함으로써 이루어지므로, 기판력이 미치는 시간적 범위에 대해서 견해가 대립하나,[2] 기판력이 미치는 시간적 범위는 사실심리가 가능한 최후의 시점을 기준으

---

1) [보충] 피고인이 1989.2.23. 대구지방법원에서 상습사기죄로 징역 3년에 5년간 집행유예의 형을 선고받고 항소하였으나 법정의 항소이유서제출기간 내에 항소이유서를 제출하지 아니하여 항소법원이 1989.6.26. 결정으로써 항소를 기각하여 그 결정이 7.2. 확정되었는바, 따라서 이 사건의 경우 상습사기죄에 관한 위 판결의 확정력은, 1989.6.26. 항소기각결정이 되기 전에 피고인이 범한, 위 상습사기죄와 포괄일죄의 관계에 있는 다른 범죄에 대하여도 미친다는 이유로, 이 사건 공소사실 중 피고인이 1989.6.15. 범하였다는 사기의 점에 대하여 형사소송법 제326조 제1호에 따라 면소의 선고를 한 제1심 판결은 정당하다(위 판례).

2) [참고] 확정된 약식명령의 기판력의 시간적 범위에 대해서는, ① 약식명령을 법원이 발송한 때를 기준으로 보아야 한다는 견해(발령시설, 통설)와

로 결정하여야 하므로 약식명령에서도 **사실심리가 가능한 최후의 시점인 발령시**를 기준으로 해야 한다(발령시설). 판례도 **발령시설**을 분명히 하고 있다. [법원9급 06/14/15, 국가7급 14, 경찰간부 13, 경찰승진 12]

★ 판례연구 기판력의 시간적 범위

1. 대법원 1984.7.24, 84도1129 [법원9급 06/14/15, 국가7급 14, 경찰간부 13, 경찰승진 12]

판결절차 아닌 약식명령은 그 고지를 검사와 피고인에 대한 재판서 송달로써 하고 따로 선고하지 않으므로 약식명령에 관하여는 그 기판력의 시적 범위를 약식명령의 송달시를 기준으로 할 것인가 또는 그 발령시를 기준으로 할 것인지 이론의 여지가 있으나 그 기판력의 시적 범위를 판결절차와 달리 하여야 할 이유가 없으므로 그 발령시를 기준으로 하여야 한다.[1]

2. 대법원 1994.8.9, 94도1318; 1984.7.24, 84도1129; 1981.6.23, 81도1437

포괄일죄의 관계에 있는 범행 일부에 관하여 약식명령이 확정되었다면 그 약식명령의 발령시를 기준으로 하여 그 전의 범행에 대하여는 면소의 판결을 하고, 그 이후의 범행에 대하여서만 일개의 범죄로 처벌하여야 할 것이다. 소론과 같이 이 사건에 있어 확정된 약식명령의 발령일이 1991.11.1.이라면, 그 약식명령의 발령일 다음 날인 1991.11.2.부터 1993.6.15.까지의 범행을 유죄로 처단한 제1심을 유지한 원심은 정당하다고 할 것이고 거기에 확정판결의 기판력에 관한 법리오해의 위법이 있다고 할 수 없다. 논지는 확정된 약식명령의 기판력의 기준시를 약식명령의 확정일로 하여야 한다는 것이나, 이는 독자적인 견해에 불과하여 받아들일 수 없다.

3. 대법원 2008.5.29, 2008도2099

타인의 신용카드 정보를 자신의 메일계정에 보유한 행위에 대해서 여신전문금융업법 위반죄로 처벌받은 후 계속하여 위 신용카드 정보를 보유한 경우, 별개의 범죄로서 종전 확정판결의 기판력이 미치지 않는다.

4. 대법원 2013.6.13, 2013도4737 [법원9급 14/16, 국가7급 14/22, 경찰간부 13]

여러 개의 업무상 횡령행위라 하더라도 피해법익이 단일하고, 범죄의 태양이 동일하며, 단일 범의의 발현에 기인하는 일련의 행위라고 인정될 때에는, 포괄하여 1개의 범죄라고 봄이 타당하고, 포괄일죄의 관계에 있는 범행의 일부에 대하여 약식명령이 확정된 경우에는 그 약식명령의 발령시를 기준으로 하여 그 이전에 이루어진 범행에 대하여는 면소의 판결을 선고하여야 한다.

Ⅳ 기판력의 효과 및 배제

1. 효 과

(1) 면소판결 : 기판력이 발생한 범죄사실과 동일성이 인정되는 범죄사실이 공소제기된 경우에는 법원은 **면소판결**로 소송을 종결하여야 한다(제326조 제1호).

(2) 불기소처분 : 피의사건에 대하여 이미 기판력이 발생한 경우에는 검사는 **공소권 없음**을 이유로 불기소처분을 하여야 한다.

2. 배 제

(1) 상소권의 회복 : 판결을 확정시키는 것이 현저하게 정의에 반하는 경우에 **상소권을 회복**시켜 재판의 확정을 저지함으로써 피고인을 구제하도록 한다(제345조 이하).

(2) 재심 : 확정판결에 명백한 사실오인이 있는 경우에 **재심**을 통하여 유죄판결을 받은 자의 불이익을 구제하도록 한다(제420조). [국가7급 08]

(3) 비상상고 : 확정판결에 적용된 법령위반을 **비상상고**에 의하여 시정함으로써 법령해석의 통일을 기하도록 한다(제441조). [국가7급 08]

---

② 약식명령이 피고인에게 고지된 때를 기준으로 보아야 한다는 견해(송달시설, 고지시설, 백형구, 신양균)가 대립한다. 판례는 발령시설이다.

1] [보충] ① 확정된 약식명령 : 피고인이 1983.7.7. 19 : 30경 영천시 화룡동 소재 울산대포집에서 피해자와 시비가 되어 동인에게 상해를 가하여 이로 인하여 피고인에게 1983.8.18. 대구지법에서 벌금 30만원의 약식명령이 발령되고 그 약식명령이 정식재판청구기간의 도과로 같은 해 9.17. 확정, ② 공소사실 : 이 사건 공소 폭행행위는 피고인의 폭력습벽의 발로에 의한 범죄라는 사실 등을 인정하고 위 1983.8.18.자 약식명령의 상해행위 또한 피고인의 폭력습벽의 발로에 인한 상습범죄이므로 이 사건 폭행과 위 상해는 실체적으로는 포괄하여 하나의 폭처법 제2조 제1항 위반의 죄를 구성한다. 다만, 이 사건 공소범죄 사실은 위 약식명령이 발령된 1983.8.18. 이후의 범행, ③ 원심의 판단 : 송달시설을 취하여 1983.9.9.까지는 검사 및 피고인에게 고지되었음이 분명하고 따라서 그 고지 전에 이루어진 이 사건 폭행행위에 관하여도 위 약식명령의 효력이 미친다고 하여 이 사건 공소사실은 확정판결이 있는 때에 해당한다고 면소의 판결을 하였다. ④ 대법원의 판단 : 약식명령에 있어서도 그 발령시를 기준으로 해야 하므로, 이 사건 공소사실은 위 약식명령의 기판력이 미치지 아니하는 것임이 명백함.

제4절 | 소송비용 및 기타 절차

01 소송비용

I 의 의

1. 개 념

소송비용이란 형사절차의 진행으로 인하여 발생한 비용으로서 형사소송비용 등에 관한 법률(이하 '형비')에 의하여 특히 소송비용으로 규정된 것을 말한다.

2. 범 위

소송비용에는 ① 증인·감정인·통역인 또는 번역인의 일당, 여비 및 숙박료, ② 감정인·통역인 또는 번역인의 감정료·통역료·번역료, 그 밖의 비용, ③ 국선변호인의 일당, 여비, 숙박료 및 보수가 있다(형비 제2조). 이외의 비용은 실제로 지출된 것이라 할지라도 소송비용에 포함되지 않는다.

II 소송비용의 부담자

1. 개 관

소송비용은 국가가 부담함이 원칙이나, 일정한 경우에는 지출원인에 대하여 책임이 있는 피고인, 고소인·고발인, 제3자가 부담하도록 한다.

2. 피고인

(1) **형의 선고를 하는 때** : 피고인에게 소송비용의 전부 또는 일부를 부담하게 하여야 한다. 다만, 피고인의 경제적 사정으로 소송비용을 납부할 수 없는 때에는 그러하지 아니하다(제186조 제1항). "형의 선고를 하는 때"에는 형의 집행유예는 포함되지만, 형의 면제나 선고유예는 포함되지 않는다.

(2) **형의 선고를 하지 아니하는 때** : **피고인에게 책임지울 사유로 발생된 비용**은 **형의 선고를 하지 아니하는 경우**에도 피고인에게 **부담하게 할 수 있다**(제186조 제2항). [법원9급 09] 예컨대, 피고인이 정당한 사유 없이 공판정에 출석하지 않아 증인을 소환한 기일에 신문할 수 없게 되어 발생한 비용 등의 경우이다.

(3) **공범의 소송비용** : **공범인에게 연대부담**하게 할 수 있다(제187조). [국가7급 13] 공범에는 임의적 공범뿐만 아니라 필요적 공범도 포함된다.

(4) **검사만이 상소·재심청구를 한 경우** : 상소 또는 재심의 청구가 기각되거나 취하된 때에는 그 소송비용을 피고인에게 부담하게 하지 못한다(제189조).

(5) **불이익변경금지원칙** : 소송비용의 부담은 형벌도 아니고 실질적으로도 형벌에 준하지 아니하므로 불이익변경금지원칙은 적용되지 아니한다(대법원 2001.4.24, 2001도872).

(6) **피고인에 대한 비용의 보상** : 피고인이 무죄판결을 선고받아 확정된 경우에는 피고인에 대하여 그 재판에 소요된 비용을 보상하여야 한다(제194조의2 제1항). 이 경우 형사사법기관의 귀책사유는 따지지 아니한다(헌법재판소 2013.8.29, 2012헌바168). 비용보상의 청구는 무죄판결이 확정된 사실을 안 날로부터 3년, 무죄판결이 확정된 때부터 5년 이내에 하여야 한다(제194조의3 제2항).

3. 고소인·고발인

고소 또는 고발에 의하여 공소를 제기한 사건에 관하여 피고인이 **무죄 또는 면소의 판결**을 받은 경우에 고소인 또는 고발인에게 **고의 또는 중대한 과실**이 있는 때에는 그 자에게 소송비용의 전부 또는 일부를 **부담하게 할 수 있다**(임의적 부담, 제188조). [법원9급 09]

4 제3자(상소 · 재심청구자)

검사 아닌 자가 상소 또는 재심청구를 한 경우에 **상소 또는 재심의 청구가 기각되거나 취하**된 때에는 그 자에게 그 소송비용을 부담하게 할 수 있다(제190조 제1항). 피고인 아닌 자가 피고인이 제기한 상소 또는 재심의 청구를 취하한 경우에도 같다(동조 제2항). 다만, 변호인이 피고인을 대리하여 상소 또는 재심의 청구를 취하한 때에는 피고인을 대리하여 한 것이므로 **변호인에게 소송비용을 부담하게 할 수는 없다.**

Ⅲ 소송비용부담의 절차

1. 재판으로 소송절차가 종료되는 경우

(1) 피고인이 부담하는 경우 : 재판으로 소송절차가 종료되는 경우에 피고인에게 소송비용을 부담하게 하는 때에는 **직권으로 재판**하여야 한다(제191조 제1항). 이 재판에 대하여는 **본안의 재판에 관하여 상소하는 경우에 한하여 불복**할 수 있다(동조 제2항). 여기서 본안의 재판은 실체재판 · 형식재판을 가리지 아니한다.

> **대법원 2008.7.24, 2008도4759; 2016.11.10, 2016도12437**
> 소송비용부담결정에 대한 불복은 상소가 이유 있는 때 한하여 받아들여진다는 사례
> 소송비용부담의 재판은 본안의 재판에 종속한다. 따라서 소송비용부담의 재판에 대하여는 본안의 재판에 관하여 상소하는 경우에 한하여 불복할 수 있고(법 제191조 제2항), 소송비용부담의 재판에 대한 불복은 본안의 재판에 대한 상소의 전부 또는 일부가 이유 있는 경우에 한하여 받아들여질 수 있다.

(2) 피고인 아닌 자가 부담하는 경우 : 재판으로 소송절차가 종료되는 경우에 피고인 아닌 자에게 소송비용을 부담하게 하는 때에는 **직권으로 결정**을 하여야 한다(제192조 제1항). 이 결정에 대하여는 **즉시항고**를 할 수 있다(동조 제2항).

2. 재판에 의하지 않고 소송절차가 종료되는 경우

상소 · 재심 · 정식재판의 청구를 취하하는 경우 등과 같이 재판에 의하지 아니하고 소송절차가 종료되는 경우, 소송비용을 부담하게 하는 때에는 사건의 최종계속법원의 직권으로 결정을 하여야 한다. 이 결정에 대하여는 **즉시항고**를 할 수 있다(제193조).

3. 소송비용부담액의 산정과 집행

(1) 산정 : 법원은 소송비용의 부담액을 구체적으로 명시할 것을 요하지 않는다. 소송비용의 부담을 명하는 재판에 그 **금액을 표시하지 아니한 때에는 집행을 지휘하는 검사가 산정**한다(제194조). [법원9급 09] 이에 대한 이의신청도 가능하다(제489조).

(2) 집행 : 소송비용부담은 재판도 **검사의 지휘에 의하여 집행**한다(제460조 제1항). 재판의 집행비용은 집행을 받는 자의 부담으로 하고, 민사집행법의 규정에 준하여 집행과 동시에 징수하여야 한다(제493조).

(3) 소송비용집행면제신청 : ① 소송비용부담의 재판을 받은 자가 빈곤으로 인하여 이를 완납할 수 없는 때에는 그 **재판의 확정 후 10일 이내**에 재판을 선고한 법원에 소송비용의 전부 또는 일부에 대한 재판의 집행면제를 신청할 수 있다(제487조). ② 신청권자는 소송비용부담의 재판을 받은 자이므로 피고인뿐 아니라 고소인(제188조) · 제3자(제190조) 등도 포함된다. ③ 신청서가 접수되면 즉시 검사에게 그 취지를 통지하여야 한다(규칙 제175조). 이 신청은 소송비용부담 재판의 집행을 정지시키는 효력이 있기 때문이다(제472조). ④ 법원은 신청이 이유 있으면 당해 재판을 표시하고 그 집행을 어느 범위에서 면제할 것인지를 명시하여 면제결정을 한다(법원실무Ⅱ 660면).

02 　특수한 재판의 변경에 관한 절차

Ⅰ 형의 집행유예의 취소결정 및 형의 선고유예의 실효의 결정절차

1. 형의 집행유예의 취소의 결정절차

집행유예를 취소할 경우에는 검사는 **피고인의 현재지 또는 최후의 거주지를 관할하는 법원**에 청구하여야 한다(제335조 제1항). 청구를 받은 법원은 **피고인 또는 대리인의 의견**을 물은 후에 결정을 하여야 한다(동조 제2항). 이 결정에 대하여는 **즉시항고**를 할 수 있다(동조 제3항).

2. 형의 선고유예의 실효의 결정절차

선고유예실효결정의 청구는 검사가 **그 범죄사실에 대한 최종판결을 한 법원**에 청구하여야 한다(제336조 제1항). 전술한 제335조 제2항·제3항의 규정은 유예한 형을 선고할 경우, 즉 선고유예의 실효결정절차에 준용한다(동조 제4항). 따라서 선고유예실효결정에 대해서도 **즉시항고**를 할 수 있다.

Ⅱ 누범·경합범과 관련하여 다시 형을 정하는 절차

판결선고 후 누범임이 발각되어 다시 형을 정하는 경우(형법 제36조)와 사후적 경합범에 대하여 판결의 선고를 받은 자가 경합범 중 어떤 죄에 대하여 사면 또는 형의 집행이 면제되어 다시 형을 정하는 경우(동 제39조 제3항―조문에 제4항은 오기)에는 검사는 그 범죄사실에 대한 최종판결을 한 법원에 청구하여야 한다(제336조 제1항). 청구를 받은 법원은 **피고인 또는 대리인의 의견**을 물은 후에 결정을 하여야 한다(동조 제2항).

Ⅲ 형의 실효 및 복권에 관한 재판절차

징역 또는 금고의 집행을 종료하거나 집행이 면제된 자가 피해자의 손해를 보상하고 자격정지 이상의 형을 받음이 없이 7년을 경과한 때에는 법원은 본인 또는 검사의 신청에 의하여 그 재판의 실효를 선고할 수 있고(형의 실효 중 재판상 실효, 형법 제81조), 자격정지의 선고를 받은 자가 피해자의 손해를 보상하고 자격정지 이상의 형을 받음이 없이 정지기간의 2분의 1을 경과한 때에는 본인 또는 검사의 신청에 의하여 자격의 회복을 선고할 수 있다(복권, 동법 제82조). 이러한 형의 실효 및 복권의 선고는 그 사건에 관한 **기록이 보관되어 있는 검찰청에 대응하는 법원**에 대하여 신청하여야 한다(제337조 제1항). 신청에 의한 선고는 결정으로 한다(동조 제2항). 신청을 기각하는 결정에 대하여는 **즉시항고**를 할 수 있다(동조 제3항).

memo

출제경향 분석

구분	제1장 상소	제2장 비상구제절차	제3장 재판의 집행과 형사보상	제4장 특별절차
경찰간부	10/200 (5.0%)	2/200 (1.0%)	0/200 (0.0%)	6/200 (3.0%)
경찰승진	5/200 (2.5%)	1/200 (0.5%)	0/200 (0.0%)	8/200 (4.0%)
경찰채용	3/160 (1.9%)	1/160 (0.6%)	0/160 (0.0%)	5/160 (3.1%)
국가7급	12/100 (12.0%)	3/100 (3.0%)	1/100 (1.0%)	4/100 (4.0%)
국가9급	9/115 (7.8%)	3/115 (2.6%)	0/115 (0.0%)	1/115 (0.9%)
법원9급	19/125 (15.2%)	4/125 (3.2%)	0/125 (0.0%)	4/125 (3.2%)
변호사	5/200 (2.5%)	4/200 (2.0%)	0/200 (0.0%)	2/200 (1.0%)

종합문제 출제경향 분석

구분	종합문제	구분	종합문제
경찰간부	2/200 (1.0%)	국가7급	1/100 (1.0%)
경찰승진	0/200 (0.0%)	국가9급	0/115 (0.0%)
경찰채용	2/160 (1.3%)	법원9급	2/125 (1.6%)
–	–	변호사	5/200 (2.5%)

CHAPTER 01 상 소

📁 5개년 출제경향 분석

구분	경찰간부					경찰승진					경찰채용					국가7급						국가9급						법원9급					변호사				
	19	20	21	22	23	20	21	22	23	24	20	21	22	23	24	19	20	21	22	23	24	19	20	21	22	23	24	19	20	21	22	23	20	21	22	23	24
제1절 상소	2	2	1			2		1			1	1					2	2	1	2		1	2	1	1	2		1	3	2	2	2				1	1
제2절 항소	1		1					1	1										1					1					1	1	2	1					
제3절 상고			1													1													1	1							1
제4절 항고			1	1									1			1		1		1	1	1		1		1			1			1	1				1
출제율	10/200 (5.0%)					5/200 (2.5%)					3/160 (1.9%)					12/100 (12.0%)						9/115 (7.8%)						19/125 (15.2%)					5/200 (2.5%)				

01 상소의 의의와 종류

I 의의

1. 개 념

상소(上訴, appeal, Rechtsmittel)란 미확정의 재판에 대하여 상급법원에 구제를 구하는 불복신청제도를 말한다. 상소에는 항소, 상고, 항고의 세 가지가 있다.

2. 개념요소

① **재판에 대한 불복신청** : 상소는 법원의 '재판'에 대한 불복신청이다. 따라서 검사의 처분에 대한 불복신청인 검찰항고 · 재정신청은 상소가 아니다.

② **미확정의 재판에 대한 불복** : 상소는 '미확정'의 재판에 대한 불복신청이다. 따라서 확정재판에 대한 비상구제절차인 재심 또는 비상상고는 상고가 아니다.

③ **상급법원에 대한 구제신청** : 상소는 '상급법원'에 대한 구제신청이다. 따라서 재판을 한 당해 법원이나 동급법원에 대하여 구제를 구하는 이의신청이나 약식명령 · 즉결심판에 대한 정식재판의 청구는 상소가 아니다. 또한 법관의 재판에 대한 준항고(제416조)나 수사기관의 처분에 대한 준항고(제417조)도 상급법원에 대한 불복신청이 아니므로 상소에 속하지 아니하나, 편의상 항고와 함께 규정되어 있다.

3. 필요성

상소제도는 원판결의 잘못을 시정하여 불이익을 받는 **당사자를 구제**하고, 법원 간 법령해석이 다를 경우 **상급법원의 해석으로 이를 통일**하여 법적 안정성을 실현하는 데 기여한다.

II 종 류

1. 항 소

(1) **의의** : **제1심판결**에 대한 상소이다.

(2) **관할법원** : 단독판사의 제1심판결에 대해서 지방법원본원 합의부에, 지방법원합의부의 제1심판결에 대해서는 고등법원에 항소할 수 있다(제357조).

2. 상 고

(1) **의의** : **제2심판결**에 대한 상소이다.(제371조). 비약적 상고는 예외적으로 제1심 판결에 대한 상고가 허용되는 경우이다(제372조).

(2) **관할법원** : 상고사건의 관할법원은 어느 경우나 대법원이다.

3. 항 고

(1) **의의** : 법원의 결정에 대한 상소이다(제402조). [법원9급 15, 국가9급개론 14]

(2) **종류** : 항고에는 일반항고와 특별항고(재항고)가 있으며, 일반항고는 보통항고(제402조)와 즉시항고(제405조)로 구분된다. 특별항고는 모두 즉시항고이다(제415조).

(3) **관할법원** : 제1심법원의 결정에 대한 항고는, 단독판사의 결정에 대해서는 지방법원본원 합의부(또는 일정한 지방법원지원합의부)에, 지방법원합의부의 결정에 대해서는 고등법원에 항고할 수 있다(법조 제32조

제2항, 제28조 제1호). 항고법원·고등법원 또는 항소법원의 결정에 대한 재항고는 대법원에 할 수 있다(제415조, 법조 제14조 제2항).

02　상소권

Ⅰ　상소권자

1. 고유의 상소권자

(1) **검사와 피고인** : 당사자로서 당연히 상소권을 가진다(제338조 제1항).

(2) **항고권자** : 검사 또는 피고인 아닌 자가 결정을 받은 때에는 항고할 수 있다(제339조).

> 예 보석피고인의 불출석시 과태료결정을 받은 출석보증인(제100조의2 제2항), 보석보증금·담보몰취결정을 받은 피고인 이외의 자(제100조 제2항, 제103조 제1항), 비용부담결정을 받은 재정신청인(제262조의3 제3항), 비용부담·과태료·감치의 결정을 받은 증인·감정인(제151조, 제161조, 제177조), 소송비용부담의 재판을 받은 피고인 이외의 자(제192조·제193조) 등.

2. 당사자 이외의 상소권자

(1) **상소의 대리권자** : 피고인의 법정대리인(제340조) 또는 피고인의 배우자·직계친족·형제자매 또는 원심의 대리인(제276조 단서, 제277조)이나 변호인은 피고인을 위하여 상소할 수 있다(제341조 제1항)(법배직형/원-대변). [경찰채용 12 3차]

(2) **대리권의 성질** : ① 이들의 상소권은 **독립대리권**이다.[1] 따라서 피고인의 상소권이 소멸하면 이들의 상소권도 소멸한다. [해경 15 3차] 원심판결선고 후 피고인이 상소권을 포기한 경우 원심의 변호인이 상소를 제기할 수 없으며, 원심판결선고 후 상소제기기간 내 피고인이 사망한 경우 원심의 변호인이 공소기각결정을 구하여 상소하는 것이 허용될 수 없음도 이러한 이유에서다. 또한 ② **피고인의 법정대리인은 피고인의 명시한 의사에 반하여도 상소**할 수 있으나, **변호인을 포함한 그 이외의 자는 피고인의 명시한 의사에 반하여 상소하지 못한다**(제341조 제2항). [법원9급 09, 국가9급 10, 교정9급특채 10]

> 정리 변호인의 상소제기권 : 묵시적 의사에 반하여 행사할 수 있는 독립대리권(묵-기/동/상)

> **대법원 1998.3.27, 98도253** [법원9급 16, 국가9급 13, 경찰간부 14, 경찰채용 15 2차]
> 제341조 제1항에 원심의 변호인은 피고인을 위하여 상소할 수 있다 함은 변호인에게 고유의 상소권을 인정한 것이 아니고 피고인의 상소권을 대리하여 행사하게 한 것에 불과하므로, 변호인은 피고인의 상소권이 소멸된 후에는 상소를 제기할 수 없는 것이고, 상소를 포기한 자는 제354조에 의하여 그 사건에 대하여 다시 상소를 할 수 없다.

Ⅱ　상소권의 발생과 소멸

1. 상소권의 발생

상소권은 **재판의 선고 또는 고지**에 의하여 발생한다. 그러나 상소가 허용되지 아니하는 재판(예 대법원의 재판, 법원의 관할 또는 판결 전 소송절차에 관한 결정-제403조 제1항 : 원칙적 금지, 피고인에게 소송비용을 부담하는 재판 - 제191조 제2항 : 본안에 관하여 상소한 경우에 한함- 등)은 고지되더라도 상소권이 발생하지 않는다.

2. 상소권의 소멸

(1) **상소제기기간의 경과**

　① 기간경과의 효과 : 상소제기기간 내 상소를 제기하지 아니하면 상소권은 소멸한다.

　② 상소제기기간 : 상소제기기간은 **항소 및 상고는 7일**(제358조, 제374조), **즉시항고는 7일**(2019.12.31. 개정 제

---

1) [참고 - 법정대리인의 상소권의 성질] ① 고유권설(배/이/정/이, 진계호)과 ② 독립대리권설(다수설)이 대립하나, 본서는 제2설을 따른다.

405조), 보통항고는 항고의 이익이 있는 한 언제든지 할 수 있다(제404조). [경찰채용 13 1차/15 2차]

③ **상소제기기간의 기산점** : 상소제기기간은 **재판을 선고 또는 고지한 날**로부터 진행한다(제343조 제2항). [경찰간부 14, 경찰승진 10, 경찰채용 04 3차/12 3차] 구체적으로 선고·고지일은 불산입하고 그 다음 날부터 기산된다(초일불산입)(기출 : 선고·고지일 기산으로 출제 多).

⚖ 판례연구 상소제기기간 관련판례

1. 대법원 1960.12.20, 4293형항52
피고인에 대한 결정고지일과 변호인에 대한 결정고지일이 다른 경우에는 (변호인의 상소권은 대리권에 불과하므로) 피고인에 대한 결정고지일의 다음 날부터 즉시항고제기기간을 기산하여야 한다.

2. 헌법재판소 1995.3.23, 92헌바1 [경찰채용 13]
재판의 선고는 공판기일에 출석한 피고인에게 주문을 낭독하고 이유의 요지를 설명하여야 하는 것이 원칙으로 되어 있으며, 법 제324조는 형을 선고하는 경우에는 재판장은 피고인에게 상소할 기간과 상소할 법원을 고지하여야 한다고 규정하고 있으므로, 법원이 형을 선고받은 피고인에게 재판서를 송달하지 않는다고 하여 국민의 알 권리를 침해한다고 할 수 없고, 형사소송법 제343조 제2항이 상소기간을 재판서 송달일이 아닌 재판선고일로부터 계산하는 것이 과잉으로 국민의 재판청구권을 제한한다고 할 수 없다.

---

④ 상소제기기간의 연장 및 재소자특칙

(가) **법정기간의 연장** : 상소권자의 주거 또는 사무소의 소재지와 법원소재지와의 거리 및 교통통신의 불편 정도에 따라 대법원규칙으로 상소제기기간을 연장할 수 있다(제67조, 규칙 제44조).

(나) **재소자특칙** : 교도소·구치소에 있는 피고인이 **상소기간 내 상소장을 교도소장·구치소장 또는 그 직무를 대리하는 자에게 제출한 때에는 상소기간 내 상소한 것으로 간주**한다(제344조 제1항)(경찰서 유치장도 미결수용실에 준함, 형집행법 제87조). 재소자인 피고인이 상소장을 작성할 수 없는 때에는 교도소장·구치소장이 소속공무원으로 하여금 대서하게 하여야 한다(제344조 제2항). 교도소장·구치소장 또는 그 직무대리자가 상소장을 제출받은 때에는 그 제출받은 연월일을 상소장에 부기하여 즉시 이를 원심법원에 송부하여야 한다(규칙 제152조 제1항). 도달주의 원칙의 예외인 재소자특칙은 후술하는 상소포기·취하, 상소권회복청구, 상소이유서 제출 등에도 준용된다(재약참/상-제포회이).

[정리] 재소자특칙 : ① 상소제기(제344조 1항), ② 상소포기·취하(제355조), ③ 상소권회복청구(제355조), ④ 상소이유서 제출(제361조의3), ⑤ 재심청구(제430조, 제344조), ⑥ 약식명령에 대한 정식재판청구(제458조), ⑦ 국민참여재판의 피고인 의사 서면 제출(국참 제8조 제2항), ⑧ 소송비용집행면제신청·재판해석의의신청·재판집행이의신청 및 그 취하(제490조 제2항). cf) 재정신청 ✕

(2) 상소의 포기·취하

① 의의 : (후술하는) 상소의 포기·취하가 있으면 상소권은 소멸한다.

② 효과 : 상소를 취하한 자 또는 상소의 포기나 취하를 동의한 자는 그 사건에 대하여 다시 상소를 하지 못한다(제354조).

Ⅲ 상소권의 회복

1. 의 의

(1) 개념 : **상소제기기간이 경과한 후**에 법원의 결정에 의하여 **일단 소멸한 상소권을 회복**시키는 제도를 말한다. 즉, 상소권회복은 자기 또는 대리인이 책임질 수 없는 사유로 상소제기기간이 경과되어 상소권이 소멸된 상소권자를 구제하기 위한 제도이다.

(2) 구별개념 : 상소권회복은 상소제기기간 내에 상소를 하지 못한 사람이 이를 청구하는 제도라는 점에서, **상소의 포기·취하로 인하여 소멸한 상소권까지 회복하는 제도는 아니다**(대법원 2002.7.23, 2002모180 [법원9급 21]). 따

라서 상소의 포기·취하의 부존재·무효임을 주장하는 자가 행하는 **상소심 절차속행신청**(규칙 제154조)과는 다르다.

> 정리 ① 상소권의 회복 : 상소제기기간 경과 후 소멸한 상소권을 회복시키는 것(단순추완 : 약/상).
> ② 상소포기·취하에 대하여는 상소권회복이 없으며, 절차속행신청이 있다.

🔨 **판례연구** 상소권회복의 개념

1. 대법원 1999.5.18, 99모40; 2004.1.13, 2003모451 [법원9급 10/14]
상고를 포기한 후 그 포기가 무효라고 주장하는 경우 상고제기기간이 경과하기 '전'에는 상고포기의 효력을 다투면서 상고를 제기하여 그 상고의 적법 여부에 대한 판단을 받으면 되고, 별도로 상소권회복청구를 할 여지는 없다.

2. 대법원 2004.1.13, 2003모451 [법원9급 22]
상소권을 포기한 후 상소제기기간이 도과한 '다음'에 상소포기의 효력을 다투는 한편, 자기 또는 대리인이 책임질 수 없는 사유로 인하여 상소제기기간 내에 상소를 하지 못하였다고 주장하는 사람은 상소를 제기함과 동시에 상소권회복청구를 할 수 있고, 그 경우 상소포기가 부존재 또는 무효라고 인정되지 아니하거나 자기 또는 대리인이 책임질 수 없는 사유로 인하여 상소제기기간을 준수하지 못하였다고 인정되지 아니한다면 상소권회복청구를 받은 원심으로서는 상소권회복청구를 기각함과 동시에 상소기각결정을 하여야 한다.

---

2. 사 유

(1) **내용** : 상소권자 또는 대리인이 **책임질 수 없는 사유**로 상소의 제기기간 내에 상소를 하지 못한 경우에는 상소권회복청구가 가능하다(제345조). [법원9급 10]

(2) **대리인의 의미** : 상소의 대리권자를 의미하는 것이 아니라 상소권자의 **보조인**으로서 상소에 관한 서면을 작성하여 제출하는 등 필요한 사실행위를 대행하는 자를 말한다(예 피고인의 가족·종업원, 변호인의 사무원 등). 교도소장은 피고인을 대리하여 결정정본을 수령할 수 있을 뿐이고 상소권 행사를 돕거나 대신할 수 있는 자가 아니어서 이에 포함되지 아니한다(대법원 1991.5.6, 91모32).

(3) **책임질 수 없는 사유** : 상소를 하지 못한 것이 상소권자 또는 그 대리인의 **고의·과실에 기하지 아니한 경우**를 말한다. [법원9급 21] 즉, ① 본인 또는 대리인에게 귀책사유가 전혀 없는 경우는 물론, 귀책사유가 있더라도 그와 상소제기기간의 도과라는 결과 사이에 **다른 독립한 원인**(예 부적법한 공시송달에 의하여 피고인의 불출석시 판결의 선고 등)이 개입된 경우도 포함된다. 다만, ② 피고인이 법원에 주소변경신고(제60조)를 하지 아니함으로써 공시송달절차에 의하여 판결이 선고된 경우는 여기에 포함되지 않는다.

🔨 **판례연구** 책임질 수 없는 사유에 해당한다는 사례 : 상소권회복 ○

1. 대법원 1984.9.28, 83모55
요건불비의 공시송달에 의한 공판절차의 진행에 따라 선고된 판결에 대하여 항소기간을 도과한 경우 피고인은 자기가 책임질 수 없는 사유로 인하여 항소기간 내 항소를 제기하지 못한 것이라 할 것이다.

2. 대법원 1985.2.23, 83모37·38; 2007.1.12, 2006모691 [법원9급 14, 국가9급 15]
공시송달의 방법으로 피고인이 불출석한 가운데 공판절차가 진행되고 판결이 선고되었으며, 피고인으로서는 공소장부본 등을 송달받지 못한 관계로 공소가 제기된 사실은 물론이고 판결선고 사실에 대하여 알지 못한 나머지 항소기간 내에 항소를 제기하지 못한 경우에는, 이와 같은 항소기간의 도과는 피고인의 책임질 수 없는 사유에 기인한 것으로 봄이 상당하다.

3. 대법원 1986.2.12, 86모3
(검사가 아무런 조사를 하지 아니한 채 사법경찰관 작성 피의자신문조서에 기재된 주소에 따라 공소장에 기재하였고) 소촉법 제23조, 동법 시행규칙 제19조 소정의 절차에 따라 공시송달의 방법으로 소송장부본이 송달되고 피고인의 출석 및 진술 없이 판결을 선고한 후 그 판결등본을 같은 방법으로 송달하여 피고인이 공소제기 사실이나 판결선고 사실을 전혀 몰랐다면, 피고인이 제1심판결에 대한 항소를 법정기간 내에 제기하지 못한 것은 피고인이 책임질 수 없는 사유로 인한 때에 해당한다.

4. 대법원 1991.5.6, 91모32 [법원9급 10, 국가9급 15, 교정9급특채 12]
교도소장이 결정정본을 송달받고 1주일이 지난 뒤에 그 사실을 피고인에게 알렸기 때문에 피고인이나 그 배우자가 소정 기간 내에 항고장을 제출할 수 없게 된 것이라면 상소권회복신청은 인용할 여지가 있을 것이다.

5. 대법원 1991.12.17, 91모23

소촉법상 공시송달로 피고인을 소환한 최초 공판기일에 곧바로 피고인의 불출석 상태에서 판결을 선고한 사례

피고인이 출석한 가운데 제1심 형사재판이 변론종결되어 판결선고기일이 고지되었으나 선고기일에 피고인이 불출석한 후, 소촉법 제23조, 동 규칙 제19조에 의하여 공시송달로 피고인을 소환한 최초의 공판기일에 곧바로 피고인의 불출석 상태에서 판결을 선고한 것이, 피고인의 출석 없이 재판을 하기 위하여는 공시송달의 방법으로 소환받은 피고인이 2회 이상 불출석할 것을 요구하고 있는 소촉규 제19조 제2항의 규정에 위배되는 위법한 조치이므로 이와 같은 위법사유는 피고인의 상소기간 도과와 무관하다 할 수 없어 피고인의 상소기간 도과가 피고인의 책임질 수 없는 사유로 인한 것으로 볼 여지도 있다(상소권회복청구 배척 원심결정을 파기함).

6. 대법원 2006.2.8, 2005모507; 2014.10.16, 2014모1557 [법원9급 21, 국가7급 17, 국가9급 15/24, 해경 15 3차]

피고인이 소송이 계속된 사실을 알면서 법원에 거주지변경신고를 하지 않은 잘못을 저질렀다고 하더라도 … 공판과 판결의 절차에 명백한 위법이 있음에도 거주지변경신고의무의 해태라는 본인의 잘못을 이유로 불복의 기회를 박탈한다면, 이는 비단 피고인의 권익 보호 차원에서 부당할 뿐만 아니라 소송절차상 위법의 통제라는 형사 상소제도의 목적에도 반하며 … 위법한 공시송달에 터 잡아 피고인의 진술 없이 공판이 진행되고, 피고인이 출석하지 않은 기일에 판결이 선고된 이상, 피고인은 자기 또는 대리인이 책임질 수 없는 사유로 인하여 상소제기기간 내에 상소를 하지 못한 것으로 봄이 상당하다.

7. 대법원 2022.5.26, 2022모439

피고인이 재판이 계속 중인 사실을 알면서도 새로운 주소지 등을 법원에 신고하는 등 조치를 하지 않아 소환장이 송달불능되었더라도, 법원은 기록에 주민등록지 이외의 주소가 나타나 있고 피고인의 집 전화번호 또는 휴대전화번호 등이 나타나 있는 경우에는 위 주소지 및 전화번호로 연락하여 송달받을 장소를 확인하여 보는 등의 시도를 해 보아야 하고, 그러한 조치 없이 곧바로 공시송달 방법으로 송달하는 것은 형사소송법 제63조 제1항, 소송촉진 등에 관한 특례법 제23조에 위배되어 허용되지 아니하므로, 이처럼 허용되지 아니하는 잘못된 공시송달에 터 잡아 피고인의 진술 없이 공판이 진행되고 피고인이 출석하지 않은 기일에 판결이 선고된 경우에는, 피고인은 자기 또는 대리인이 책임질 수 없는 사유로 상소 제기기간 내에 상소를 하지 못한 것으로 봄이 타당하다.

★ 판례연구 책임질 수 없는 사유에 해당하지 않는 사례 : 상소권회복 ✕

1. 대법원 1963.11.28, 63로10

불구속피고인이 다른 형사사건으로 구속됨으로써 종전 주소에 송달한 법원의 변론기일통지를 받지 못하여 그 기일에 출석하지 못하고, 따라서 그 판결에 대한 상소제기기간을 도과한 경우에는 그와 같은 상고제기기간의 도과를 청구인 또는 대리인의 책임질 수 없는 사유에 의한 것이라고는 할 수 없다.

2. 대법원 1971.2.20, 70모12

재항고인이 와병으로 인하여 사환에게 즉시항고장을 맡겨 제출케 하였으나 사환이 그 즉시항고장을 도난당하였다 하더라도 그것만으로써 곧 즉시항고장 제출기간을 도과한 것이 불가항력에 의한 것이라고는 볼 수 없다.

3. 대법원 1984.7.11, 84모40 [국가7급 18, 국가9급 24]

상소권 포기가 비록 기망에 의한 것이라도 법 제354조에 의하여 다시 상소를 할 수 없으며, 상소권 회복은 자기가 책임질 수 없는 사유로 인하여 상소제기기간 내에 상소를 하지 못한 사람이 이를 청구하는 것이므로 재항고인이 상피고인의 기망에 의하여 항소권을 포기하였음을 항소제기기간이 도과한 뒤에야 비로소 알게 되었다 하더라도 이러한 사정은 재항고인이 책임질 수 없는 사유에 해당한다고 볼 수 없다.

4. 대법원 1985.12.30, 85모43

법원이나 검찰은 판결의 확정이나 또는 그로 인한 집행 등을 사전에 피고인이었던 사람에게 통지하여야 할 아무런 책임도 없는 것이므로 이와 같은 통지를 받지 못하였다는 사유가 상소의 제기기간 내에 상소를 하지 못한 상소권자 또는 대리인의 책임질 수 없는 사유에 해당한다고 할 수 없다.

5. 대법원 1986.9.17, 86모46 [국가9급 24]

상소를 하지 못한 사유가 상소권자 본인 또는 대리인이 단순히 병원으로 입원하였다거나 기거불능하였었기 때문에 상소를 하지 못하였다는 것은 상소권회복의 사유에 해당하지 아니한다.

6. 대법원 1986.9.27, 86모47 [국가9급 24]

상소권회복청구는 오로지 상소할 수 있는 자가 자기의사에 따라 그것을 할 것인지의 여부를 결정할 일이어서 교도소담당직원이 재항고인에게 상소권회복청구를 할 수 없다고 하면서 규칙 제177조에 따른 편의를 제공해 주지 아니하였다 하더라도 위 사

유는 상소권회복청구를 이유 있게 할 사유가 될 수 없다.

7. 대법원 1987.4.8, 87모19; 2000.6.15, 2000모85 [경찰채용 07 1차]

징역 1년의 실형을 선고받았으나 법정구속을 하지 않으므로 형의 집행유예를 선고받은 것으로 잘못 전해듣고 또한 선고 당시 법정이 소란하여 판결주문을 알아들을 수 없어서 항소제기기간 내 항소를 하지 못한 것이라면 그 사유만으로는 법 제345조의 자기 또는 대리인이 책임질 수 없는 사유로 상소제기기간 내 상소를 하지 못한 경우에 해당된다고 볼 수 없다.

8. 대법원 1991.8.27, 91모17; 1992.7.21, 92모32; 1994.11.29, 94모39

제1회 공판기일에 출석하여 주거를 신고한 피고인에 대한 공판기일 소환장이 위 주거지로 송달되지 아니하고 관할 경찰서장에 대한 소재탐지촉탁에 의하여도 피고인의 주거가 확인되지 아니하여 공판기일의 소환장을 공시송달의 방법으로 송달하고 피고인의 출석 없이 판결을 선고하고 판결서등본을 공시송달하였으나 실제로는 피고인과 그의 가족 등은 그때 경에 이미 위 주거지를 떠났던 경우, 피고인으로서는 법원에 신고한 주거지를 옮길 때에는 자기의 신주거지를 법원에 제출하거나 기타 소송진행상태를 알 수 있는 방법을 강구하여야 할 것인데도 이러한 조치를 취하지 아니한 탓으로 상소기간을 도과하였다고 할 것이고, 피고인이 미국인이어서 주민등록이 되어 있지 않으며, 피고인이 이사를 가면서 자신에게 오는 우편물이 도달될 수 있도록 우편 집배인에게 부탁을 하였다고 하더라도, 피고인이 상소의 제기기간 내에 상소를 하지 못한 것이 자기 또는 대리인이 책임질 수 없는 사유로 인한 것이라고 볼 수는 없다.

9. 대법원 1996.8.23, 96모56

재항고인이 공소장 기재 주소지에서 다른 곳으로 주소를 옮긴 후 제1심 법원에 새로운 주소를 신고하지 아니하였고, 제1심법원은 재항고인의 소재를 탐지하여 보았으나 이 사건 주소를 알 수 없어 부득이 공시송달로 피고인을 소환하여 피고인이 불출석한 상태에서 피고인에게 징역 8월을 선고하였다면 재항고인이 기간 내에 상소권을 행사하지 못한 것이 재항고인이 책임질 수 없는 사유에 기인한 경우에 해당된다고 할 수 없다.

10. 대법원 2002.9.27, 2002모184 [국가9급개론 15]

사무소에 나가지 아니하여 사무소로 송달된 약식명령을 송달받지 못하였다 할지라도 자신에 대하여 소추가 제기된 사실을 알고 있었던 자로서는 스스로 위 사무소에 연락하여 우편물을 확인하거나 기타 소송진행상태를 알 수 있는 방법 등을 강구하였어야 할 것이므로 이에 이르지 않은 이상, 위와 같은 사정은 자기가 책임질 수 없는 사유가 아니라 할 것이어서, 정식재판 청구기간 도과로 인하여 이미 확정된 약식명령에 대하여 적법한 정식재판청구권회복청구의 사유가 될 수 없다.

11. 대법원 2008.3.10, 2007모795 [법원9급 14, 국가9급 15]

형사피고사건으로 법원에 재판이 계속되어 있는 사람은 공소제기 당시의 주소지나 그 후 신고한 주소지를 옮길 때에는 자기의 새로운 주소지를 법원에 신고하거나 기타 소송 진행 상태를 알 수 있는 방법을 강구하여야 하고, 만일 이러한 조치를 취하지 않았다면 소송서류가 송달되지 않아서 공판기일에 출석하지 못하거나 판결선고사실을 알지 못하여 상고기간을 도과하는 등 불이익을 받는 책임을 면할 수 없다.

3. 회복절차

(1) 상소권회복의 청구

① **청구권자** : 고유의 상소권자뿐만 아니라 상소의 대리권자도 상소권회복을 청구할 수 있다(제345조).

② **청구의 시기·방식** : 상소권회복의 청구는 **사유**(상소를 할 수 없었던 책임질 수 없는 사유)**가 해소된 날**로부터 상소의 제기기간에 해당하는 기간(항소·상고 : 7일, 즉시항고·준항고 : 7일) 내에 서면으로 (상소기간 내 상소 없이 상소기간 도과한 경우이므로) **원심법원에 제출**하여야 한다(2020.12.8. 우리말 순화 개정법 제346조 제1항). [경찰승진 11] 따라서 상소심판결이 선고된 후 상소권회복의 청구가 있는 때에는 결정으로 이를 기각한다(대법원 2017.3.30, 2016모2874). 또한 상소권회복의 청구를 할 때에는 원인된 사유를 소명하여야 한다(동조 제2항). 상소권회복을 청구한 자는 **그 청구와 동시에 상소를 제기**하여야 한다(동조 제3항). 상소권회복의 청구가 있는 때에는 법원은 지체 없이 상대방에게 그 사유를 통지하여야 한다(제356조). 상소권회복청구에는 **재소자특칙**이 적용된다(제355조, 제344조).

🔨 **판례연구** 상소권회복청구의 시기 관련판례

1. 대법원 2017.3.30, 2016모2874 [법원9급 18]

항소심판결이 선고된 후 항소권회복청구한 사례

제1심판결에 대하여 피고인 또는 검사가 항소하여 항소법원이 판결을 선고한 후에는 상고법원으로부터 사건이 환송 또는 이송되는 경우 등을 제외하고는 항소법원이 다시 항소심 소송절차를 진행하여 판결을 선고할 수 없다. 따라서 항소심판결이 선고되면 제1심판결에 대한 항소권이 소멸되어 제1심판결에 대한 항소권 회복청구와 항소는 적법하다고 볼 수 없다. 이는 제1심 재판 또는 항소심 재판이 소송촉진 등에 관한 특례법이나 형사소송법 등에 따라 피고인이 출석하지 않은 가운데 불출석 재판으로 진행된 경우에도 마찬가지이다. 따라서 제1심판결에 대하여 검사의 항소에 의한 항소심판결이 선고된 후 피고인이 동일한 제1심판결에 대하여 항소권 회복청구를 하는 경우 이는 적법하다고 볼 수 없어 법 제347조 제1항에 따라 결정으로 이를 기각하여야 한다.

2. 대법원 2017.9.22, 2017모2521

상소를 할 수 없었던 책임질 수 없는 사유가 종지한 날의 의미

피고인에 대하여 공시송달 방법에 의하여 공소장 등이 송달되고 피고인이 불출석한 가운데 판결이 선고되어 확정된 후 검거되어 수용된 경우, 상소를 하지 못한 책임질 수 없는 사유가 종지한 날은 원칙적으로 그 판결에 의한 형의 집행으로 수용된 날로 보아야 한다.

> [보충] 피고인에 대하여 공시송달의 방법에 의하여 공소장 등이 송달되고 피고인이 불출석한 가운데 판결이 선고되어 확정된 후 검거되어 수용된 경우에는, 특별한 사정이 없는 한 그 판결에 의한 형의 집행으로 수용된 날 상소권회복청구의 대상판결이 선고된 사실을 알았다 할 것이고, 그로써 상소를 하지 못한 책임질 수 없는 사유가 종지하였다고 보아야 한다(대법원 2016.7.29, 2015모1991). 따라서 그날부터 상소제기기간 내에 상소권회복청구와 상소를 하지 않았다면 그 상소권회복청구는 방식을 위배한 것으로서 허가될 수 없다(대법원 2005.2.14, 2005모21 등).

3. 대법원 2019.2.14, 2018도15109

상소권회복청구 사유가 종지한 날의 의미

피고인에 대하여 공시송달로 공소장 등이 송달되고 피고인이 불출석한 가운데 판결이 선고되어 검사만이 양형부당을 이유로 항소하고 항소이유서를 제출하였는데, 피고인이 별건으로 구속되자 원심법원이 피고인에게 소송기록접수통지서와 검사의 항소이유서를 함께 송달하였고, 피고인이 소송기록접수통지서와 검사의 항소이유서 등을 통해서 대상판결의 선고일자, 사건번호, 죄명과 선고형량 등을 알게 된 경우, 상소권회복청구의 사유가 종지한 날은 원칙적으로 소송기록접수통지서와 검사의 항소이유서를 송달받은 날이므로, 그날부터 상소 제기기간 내에 상소권회복청구와 상소를 하지 않은 경우 상소권회복청구를 할 수 없다.

(2) 법원의 결정

① 허부결정 : 상소권회복의 청구를 받은 법원은 청구의 허부에 관한 결정을 하여야 한다(제347조 제1항). 이 결정에 대하여는 신청인·상대방은 **즉시항고**를 할 수 있다(동조 제2항)(집공기참정상선비재재구감 : 상소-기각/절차속행/회복). [경찰승진 11]

② 재판의 집행정지 : 상소권회복의 청구가 있는 때에는 법원은 허부의 결정을 할 때까지 **재판의 집행을 정지하는 결정을 할 수 있다**(제348조 제1항). [경찰승진 11] 2007년 개정 형사소송법에 의하여 **종래의 필요적 정지가 임의적 정지로 개정**된 부분이다.[1] 집행정지의 결정을 한 경우에 피고인의 구금을 요하는 때에는 법원은 구속영장을 발부하여야 한다. 단, 구속사유(제70조)가 구비된 때에 한한다(동조 제2항).

③ 확정력의 배제 : 상소권회복청구 기각결정시에는 그 청구와 함께 제출된 상소장에 대하여 상소기각결정(제360조) 등을 할 필요가 없다. 반면, 상소권회복청구 인용결정이 확정된 경우 상소권회복의 청구와 동시에 한 상소제기는 적법하게 되며, **일단 발생한 재판의 확정력은 배제된다.** [법원행시 04]

---

03   상소의 이익

I 의 의

1. 개 념

상소의 이익이란 상소에 의하여 원심재판에 대한 불만이나 불복을 제거함으로써 얻게 되는 법률상태의 개선·변화를 말한다. 본래 상소제도는 원판결의 잘못을 시정하여 소송주체의 불이익을 구제하는 데 그 목

---

[1] [참고] 개정 전 형사소송법 제348조 제1항은 상소권회복청구가 있으면 재판의 집행을 필요적으로 정지하도록 하고, 이는 약식명령에 대한 정식재판청구에도 준용되고 있었다(제458조 제1항). 그런데 궐석재판으로 실형이 확정된 자가 이후 검거되어 형이 집행될 경우 상소권회복청구를 하여 법원의 필요적 형집행정지결정으로 석방된 후 도주하는 등의 사례가 빈발하게 되자, 2007년 개정을 통하여 이러한 문제점에 대응하게 된 것이다. 법무부, 개정 형사소송법, 248면.

적이 있으므로, 상소권자가 상소를 하기 위해서는 상소를 할 만한 이익이 있어야 함은 당연하다(이익 없으면 상소 없다). **상소의 이익이 상소권의 유무나 상소제기의 방식과 함께 상소제기의 적법요건**을 이루는 이유도 여기에 있다.

2. 상소이유와의 구별

상소이익은 상소가 상소권자에게 이익이 되는가를 판단하는 문제로서 상소의 적법요건에 해당하나, 상소이유는 원심재판의 사실인정, 법령적용, 양형 등 원판결에 구체적인 오류가 있는가를 판단하는 문제로서 상소의 이유요건에 해당한다. 따라서 상소의 이익은 상소의 이유 유무를 판단하기 위한 전제조건이 된다.

3. 법적 근거

상소의 이익의 법적 근거에 대해서는 견해의 대립이 있으나,[1] 항소·상고·항고의 제기에 관하여 '불복이 있으면'이라고 규정한 조문(제357조, 제371조, 제402조)과 불이익변경금지원칙(제368조, 제396조)에 근거한다고 보아야 한다.

Ⅱ 상소이익의 판단

1. 검사의 상소이익

(1) 의의 : 검사는 공익의 대표자로서 법령의 정당한 적용 및 사실관계의 정확한 규명을 청구할 직무와 권한을 가진다. 따라서 원심재판에 오류가 개입하였다고 판단되면 **피고인의 이익 여부와 관계없이 상소를 제기할 이익**이 존재한다. [법원9급 16]

(2) 피고인에게 불이익한 상소 : 검사는 피고인에게 불이익한 상소를 할 수 있다. 무죄판결에 대한 상소는 물론 유죄판결에 대하여도 중죄나 중형을 구하는 상소가 허용된다.

(3) 피고인의 이익을 위한 상소 : 검사는 공익의 대표자로서 법령의 정당한 적용을 청구할 임무가 있으므로 **피고인의 이익을 위한 상소도 할 수 있다**(통설·판례). 이 경우에도 불이익변경금지의 원칙이 적용된다(다수설).[2]

대법원 1993.3.4, 92모21 [국가7급 20]

검사는 공익의 대표자로서 법령의 정당한 적용을 청구할 임무를 가지므로 이의신청을 기각하는 등 반대당사자에게 불이익한 재판에 대하여도 그것이 위법일 때에는 위법을 시정하기 위하여 상소로써 불복할 수 있다.

---

2. 피고인의 상소이익

(1) 문제점 : 피고인은 **자기에게 이익되는 상소만**을 할 수 있다. 여기서 상소의 이익의 유무를 어떠한 기준에 의하여 판단할 것인가가 문제된다.

(2) 상소이익의 판단기준 : 견해의 대립이 있으나, 법익박탈의 대소라는 객관적 표준으로 상소이익의 유무를 결정하여야 한다(객관설, 통설). 형의 경중을 정한 형법 제50조와 불이익변경금지의 원칙(제368조)에 있어서의 이익과 불이익의 판단기준이 상소의 이익에 대한 기준이 된다.

⚖ **판례연구** 피고인의 상소의 이익이 없다는 사례

1. 대법원 1963.6.20, 63도123

변호인은 피고인의 이익을 위하여만 상고이유를 개진할 직책이 있다 할 것이므로 원판결이 적용처단한 경합가중형보다 무거운 경합가중형으로써 처단하여야 한다는 피고인에게 불이익한 사유는 피고인을 위한 적법한 상고이유가 될 수 없다.

---

1) [참고-상소이익의 법적 근거] ① 실정법이 아니라 이론적으로 인정되는 개념이라는 견해(백형구, 신양균, 정/이), ② 불이익변경금지원칙을 선언한 제368조 및 제396조 제2항이라는 견해(이/조, 차/최), ③ 항소(제357조), 상고(제371조), 항고(제402조)의 제기와 관련하여 '불복이 있으면'이라는 조문 자체라는 견해(배/이/정/이, 신동운, 신현주, 정/백), ④ 제2설과 제3설의 결합에서 찾는 견해(임동규)가 대립한다. 본서는 제4설을 취한다.

2) [참고] 반대입장은 강구진, 이/조, 정/이 등.

2. **대법원 1994.8.12, 94도1591** [국가7급 09]

   원심이 피고인에게 누범에 해당하는 전과가 있음에도 불구하고 형법 제35조 제2항에 의한 누범가중을 하지 아니한 것은 위법하다고 할 것이나, 피고인으로서 위와 같은 위법을 주장하는 것은 자기에게 불이익을 주장하는 것이 되므로 이는 적법한 상고이유가 될 수 없다.

3. **대법원 2004.7.9, 2004도810**

   수개의 범죄행위를 포괄일죄로 본 항소심의 판단을 탓하는 상고이유는 피고인에게 죄수를 증가하는 불이익을 초래하는 것이 되어 적법한 상고이유가 될 수 없다.

Ⅲ 상소이익의 구체적 내용

1. 유죄판결에 대한 피고인의 상소

(1) **형선고판결** : 피고인에게 가장 불리한 판결이므로, 무죄를 주장하거나 경한 형의 선고를 구하는 경우에 당연히 상소의 이익이 인정된다. 그러나 상소의 취지가 피고인에게 불이익한 경우에는 상소의 이익이 없다.
   에 원판결보다 중한 죄나 중한 형을 구하는 상소, 벌금형에 대하여 징역형과 집행유예를 구하는 상소, 누범가중을 하지 않은 것을 비난하는 상소, 과형상 일죄를 경합범이라고 주장하는 상소, 정황에 관하여 불리한 사실을 주장하는 상소 등 → 상소의 이익이 없다.

(2) **형면제 및 선고유예판결** : 유죄판결의 일종이므로 피고인이 **무죄를 주장하는 경우에 상소의 이익이 인정**된다. [국가7급 10, 경찰승진 09]

(3) **제3자의 소유물에 대한 몰수재판** : 이러한 재판도 피고인에 대한 부가형이고, 피고인에게도 점유상실로 인한 불이익이 발생하며, 피고인이 제3자로부터 배상청구를 받을 위험이 있으므로 피고인에게 상소이익이 인정된다.

2. 무죄판결에 대한 피고인의 상소

(1) **상소 불허** : 무죄판결은 피고인에게 가장 유리한 재판이므로, **피고인에게 상소의 이익이 없다.** 따라서 무죄판결에 대해서 유죄판결, 면소·공소기각·관할위반의 재판을 구하는 상소는 허용되지 않는다.

(2) **무죄판결의 이유를 다투는 상소** : **무죄판결의 경우에는 그 이유를 불문하고** 피고인의 법익박탈은 없는 것이므로 **상소의 이익이 없다**(다수설·판례)(소수설은 배/이/정/이, 차/최). [국가7급 09] 불복은 재판의 주문(결과)에 관한 것이어야 하고, 재판의 이유만을 다투기 위하여 상소하는 것은 허용되지 아니한다(대법원 1993.3.4, 92모21). [국가7급 09/15, 경찰승진 09]

3. 형식재판에 대한 피고인의 무죄를 구하는 상소

(1) **적극설** : 유죄도 무죄도 아닌 형식재판보다는 무죄판결을 받는 것이 기판력의 발생과 형사보상을 받을 수 있는 이익이 있으므로 피고인이 형식재판에 대하여 무죄를 구하여 상소하는 경우에도 상소의 이익이 인정된다는 견해이다(종래의 다수설).[1]

(2) **소극설**

   ① 실체판결청구권결여설 : 피고사건에 **소송조건이 결여되어 법원은 유죄·무죄의 실체판결을 할 수 없으므로** 피고인이 무죄를 주장하여 상소할 수 없다는 견해이다(소송조건흠결설, 백형구, 차/최) [여경 04 3차]

🔨 판례연구 실체판결청구권결여설을 취한 판례

1. **대법원 1984.11.27, 84도2106** [국가7급 15, 국가9급 14, 교정9급특채 12, 경찰간부 13]

   피고인에게는 실체판결청구권이 없는 것이므로 면소판결에 대하여 무죄의 실체판결을 구하는 상소를 할 수 없으므로 면소판결에 대한 피고인의 항소는 부적법하므로 기각해야 한다.

---

1) [참고] 적극설 내에서도 공소기각판결에 대해서는 무죄판결을 구할 상소이익이 인정되나, 면소판결의 경우에는 기판력이 발생하여 무죄판결에 비하여 불리하지 않으므로 무죄판결을 구할 상소이익이 인정되지 않는다는 제한적 긍정설도 있다(배/이/정/이).

2. **대법원 2010.12.16, 2010도5986 전원합의체** [법원9급 12/14, 국가7급 14/15, 국가9급 11, 경찰간부 16, 경찰채용 12 3차/16 2차]

형벌에 관한 법령이 재심판결 당시 폐지되었다 하더라도 그 '폐지'가 당초부터 헌법에 위배되어 효력이 없는 법령에 대한 것이었다면 제325조 전단이 규정하는 '범죄로 되지 아니한 때'의 무죄사유에 해당하는 것이지, 제326조 제4호의 면소사유에 해당한다고 할 수 없다. 따라서 면소판결에 대하여 무죄판결인 실체판결이 선고되어야 한다고 주장하면서 상고할 수 없는 것이 원칙이지만, 위와 같은 경우에는 이와 달리 면소를 할 수 없고 피고인에게 무죄의 선고를 하여야 하므로 면소를 선고한 판결에 대하여 상고가 가능하다.

② 상소이익결여설 : 형식재판은 **무죄판결과 마찬가지로 피고인에게 가장 유리한 재판이므로 상소의 이익이 없기 때문에** 무죄를 구하는 상소가 허용되지 않는다는 견해이다(현재의 다수설).

★ 판례연구 상소이익결여설을 취한 판례

대법원 1983.12.13, 82도3076; 1997.8.22, 97도1211; 2008.5.15, 2007도6793

피고인을 위한 상소는 피고인에게 불이익한 재판을 시정하여 이익된 재판을 청구함을 그 본질로 하는 것이므로 피고인은 당해 재판이 자기에게 불이익하지 아니하면 이에 대한 상소권을 가질 수 없다 할 것인데, 공소기각의 판결이 있으면 피고인은 공소의 제기가 없었던 상태로 복귀되어 유죄판결의 위험으로부터 해방되는 것이니 그 공소기각판결에 대하여 피고인은 상소할 수 없다.

[법원9급 15, 국가7급 15, 국가9급 10]

---

(3) **결론** : 형식재판은 무죄판결보다 피고인을 조기에 형사절차에서 해방시키며 형식재판으로 인한 불이익은 재판에 의한 법익박탈이 아니므로 상소에 의한 구제대상이 아니라는 점에서 상소이익결여설이 타당하다.

4. **항소기각판결에 대한 피고인의 상소**

① 제1심 판결에 대해 피고인이 제기한 항소에 대해 항소기각판결이 선고된 경우, 피고인은 당연히 상소의 이익이 있다. 다만, ② 제1심의 유죄판결에 대하여 **피고인은 항소를 포기하였는데 검사만 양형부당을 이유로 항소하여 기각**된 경우 그 기각판결은 피고인에게 (제1심 판결에 비해) 불이익하다 할 수 없으므로 피고인은 상고의 이익이 없다.

대법원 1987.8.31, 87도1702 [국가7급 09/15, 경찰승진 09]

피고인이 제1심판결에 대하여 항소권을 포기하였고 검사가 양형이 과경하다는 이유로 항소하였으나 제2심판결이 이를 기각하였다면 피고인은 이 판결에 대하여는 상고권이 없다 할 것이다.

IV 상소이익이 없는 상소에 대한 재판

1. **상소기각의 결정－무죄판결·형식재판에 대한 피고인의 상소**

무죄판결, 면소판결, 공소기각의 재판, 관할위반의 판결에 대한 피고인의 상소와 같이 법률상의 방식에 위반하는 것이 명백한 때(상소의 이익 없음이 상소장의 기재에 의하여 명백한 경우로 보는 소수설은 이/조, 진계호)에는 **상소기각의 결정**을 하여야 한다(제360조 제1항 전단, 제376조, 제407조, 제362조, 제381조, 제413조)(법권－상기결).

2. **상소기각의 판결－유죄판결에 대한 상소**

유죄판결에 대한 상소의 경우처럼 상소이익의 흠결이 상소이유를 검토하는 과정에서 밝혀진 경우에는 상소이유 없음을 이유로 **상소기각의 판결**을 하여야 한다(제364조 제4항, 제399조, 제414조 제1항). 항소심에 있어서는 변론 없이 판결에 의하여 항소를 기각할 경우(무변론 항소기각판결)에 해당한다(제364조 제5항).

I 상소의 제기

1. 상소제기의 방식

(1) **상소장의 제출** : 상소를 함에는 상소제기기간 내에 상소장이라는 서면을 **원심법원에 제출**하여야 한다(제343조 제1항, 제359조, 제375조, 제406조). 따라서 구술에 의한 상소는 허용되지 않는다(철저한 서면주의 = 공소제기의 방식). [법원9급 08/16]

(2) **재소자에 대한 특칙** : 교도소·구치소에 있는 피고인이 상소제기기간 내에 상소장을 **교도소장·구치소장·직무대리자에게 제출한 때**에는 상소제기기간 내에 상소한 것으로 간주한다(제344조 제1항)(재약참/상-제포회이). [법원9급 08, 경찰간부 16, 해경 15 3차]

(3) **상소장 기재사항** : 상소장 기재사항에 대한 명문의 규정은 없으나, 불복의 대상(원판결의 특정)과 취지를 명시해야 한다. 일부상소의 경우에는 일부상소의 취지와 불복의 부분을 명시해야 한다.

(4) **원심법원의 결정** : 항소·상고·항고의 제기가 **법률상의 방식에 위반하거나 상소권 소멸 후인 것이 명백한 때**에는 원심법원은 **결정**으로 **항소·상고·항고를 기각**하여야 한다(제360조, 제376조, 제407조)(법권-상기결). [경찰간부 16] 원심법원은 항고가 이유 있다고 인정한 때에는 결정을 **경정**하여야 한다(제408조 제1항).

(5) **상대방에 대한 통지** : 상소의 제기가 있는 때에는 법원은 지체 없이 상대방에게 그 사유를 통지하여야 한다(제356조).

2. 상소제기의 효력

(1) 정지의 효력

① 의의 : 상소제기에 의하여 재판의 확정과 집행이 정지되는 효력을 말한다.

② 확정정지 효력 : 상소가 제기되면 재판의 확정은 언제나 정지된다.

③ 집행정지의 효력 : 원칙적으로 재판의 집행이 정지되나, 예외적으로 ㉠ **항고**는 즉시항고를 제외하고는 집행정지의 효력이 없고(제409조), ㉡ **가납재판**은 상소에 의하여 집행이 정지되지 않는다(제334조 제3항).

(2) 이심(移審)의 효력

① 의의 : 상소제기에 의하여 피고사건에 대한 소송계속이 원심법원으로부터 상소심으로 옮겨지는 효력을 말한다.

② 발생시기 : 상소제기 이후에 **상소장·증거물·소송기록이 원심법원으로부터 상소법원에 송부된 때**에 이심의 효력이 발생한다(소송기록송부시설, 다수설).[1]

③ 상소와 구속에 관한 결정 : 상소기간 중 또는 상소 중의 사건에 관한 **피고인의 구속, 구속기간갱신, 구속취소, 보석, 보석의 취소, 구속집행정지와 그 정지의 취소의 결정은 소송기록이 상소법원에 도달하기까지는 원심법원이 이를 하여야 한다**(제105조, 규칙 제57조). [경찰승진 10/12]

대법원 2007.7.10, 2007모460 [경찰채용 11 1차]

상소제기 후 소송기록이 상소법원에 도달하지 않고 있는 사이에는 피고인을 구속할 필요가 있는 경우에도 기록이 없는 상소법원에서 구속의 요건이나 필요성 여부에 대한 판단을 하여 피고인을 구속하는 것이 실질적으로 불가능하다는 점 등을 고려하면,

---

1) [참고-이심의 효력의 발생시점] ① 소송기록송부시설(多) : 상소장·증거물·소송기록이 원심법원으로부터 상소법원에 송부된 때 이심의 효력이 발생한다는 입장으로서, ㉠ 상소가 법률상의 방식에 위배되거나 상고권의 소멸이 명백한 때에는 원심법원이 상소기각결정을 내려야 하고(제360조, 제376조, 제407조 제1항), ㉡ 소송기록이 상소법원에 도달할 때까지는 원심법원이 피고인의 구속, 구속기간의 갱신, 구속취소, 보석, 보석의 취소, 구속집행정지와 그 정지의 취소에 대한 결정을 하여야 한다(규칙 제57조 제1항)는 점을 논거로 한다. ② 상소제기시기준설 : 원심법원에 상소장을 제출하여 상소를 제기한 순간 상소법원에 소송계속이 발생한다고 보는 입장이다(배/이/정/이, 신동운). 본서는 제1설을 따른다.

상소기간 중 또는 상소 중의 사건에 관한 피고인의 구속을 소송기록이 상소법원에 도달하기까지는 원심법원이 하도록 규정한 형사소송규칙 제57조 제1항의 규정이 형사소송법 제105조의 규정에 저촉된다고 보기는 어렵다. 따라서 불출석상태에서 징역형을 선고받고 항소한 피고인에 대하여 제1심법원이 소송기록이 항소심법원에 도달하기 전에 구속영장을 발부한 것은 적법하다.

Ⅱ 상소의 포기·취하

1. 의 의

(1) **상소의 포기** : 상소권자가 **상소제기기간 내**에 상소권의 행사를 포기한다는 법원에 대한 소송행위를 말한다. 상소를 포기하면 상소제기기간 경과 전에 재판이 확정된다. 상소의 포기는 상소기간의 경과로 인하여 상소권이 소멸하는 상소권의 불행사와는 개념상 구별된다.

대법원 1969.7.26, 69모35

상소의 포기는 상소제기 이전에 한하여 할 수 있는 것이므로 피고인이 적법한 상소제기를 한 후에 그 상소를 포기한다 해도 상소포기의 효력은 발생할 수 없고 이미 한 상소제기의 효력이 존속되는 것이다.

---

(2) **상소의 취하** : **일단 제기한 상소를 철회**하는 법원에 대한 소송행위를 말한다. 상소제기 이후의 소송행위인 상소의 취하는 상소제기 이전의 소송행위인 상소의 포기와는 개념상 구별된다. 다만, 상소를 제기한 자가 상소제기기간 경과 후 상소포기서를 제출하고 이를 명백히 상소취하로 볼 수 있는 경우에는 상소취하의 효력이 발생한다.

2. 포기·취하권자

(1) **고유의 상소권자 및 상소포기의 제한** : ① **검사·피고인 또는 항고권자**(제339조 : 검사·피고인 아닌 자로서 결정을 받은 자)는 상소의 포기·취하를 할 수 있다. 단, ② 피고인·상소대리권자(제341조 : 법배직형/원-대변)는 **사형·무기징역·무기금고가 선고된 판결**에 대하여는 **상소의 포기를 할 수 없다**(제349조)(고환약진상-사무). [법원9급 16, 교정9급특채 10, 경찰간부 14/15/16, 경찰특채 12 2차/15] 상소포기제한규정은 중형이 선고된 경우 섣부른 상소포기를 억제하여 피고인의 이익을 도모하고자 하는 데 그 취지가 있다.[1]

> [정리] 포기×-고소권/압수물환부청구권/약식명령정식재판청구권/진술거부권/상소권(사/무) : 고/환/약/진/상(사무), 사무10-보석 제외사유/소재불명불출석재판 제외/상고이유(양형/사실)

(2) **피고인의 상소포기·취하와 법정대리인의 동의** : 법정대리인 있는 피고인이 상소포기·취하를 함에는 **법정대리인의 동의를 얻어야 한다**. 법정대리인의 동의는 이에 동의하는 서면(상소포기동의서·상소취하동의서)을 제출함으로써 하여야 한다(규칙 제153조 제1항). 단, 법정대리인의 사망 기타 사유로 인하여 동의를 얻을 수 없는 때는 예외로 한다(제350조). [법원9급 08, 경찰채용 12 2차, 해경 15 3차]

(3) **상소대리권자의 상소취하와 피고인의 동의 및 동의의 방식** : ① 피고인의 법정대리인 또는 상소의 대리권자(제341조)는 **피고인의 동의를 얻어** 상소를 취하할 수 있다(제351조). [경찰채용 12/15 2차] ② 상소취하에 대한 피고인의 동의는 원칙적으로 **서면**에 의하나(규칙 제153조 제2항), 공판정에서는 **구술**로도 가능하며(제352조 제1항 단서), 구술에 의한 동의는 **명시적**으로 이루어져야 한다.

> [정리] 피고인과 법정대리인은 서로 동의해야 상소취하 가능. 변호인은 종속대리권(종-관정상)

대법원 2015.9.10, 2015도7821 [법원9급 16/19, 국가7급 18, 경찰채용 20 1차]

변호인은 피고인의 동의를 얻어 상소를 취하할 수 있으므로, 변호인의 상소취하에 피고인의 동의가 없다면 상소취하의 효력은 발생하지 아니한다. 한편 변호인이 상소취하를 할 때 원칙적으로 피고인은 이에 동의하는 취지의 서면을 제출하여야 하나, 피고인은

---

1) [보충] 사형·무기징역·무기금고를 선고한 판결에 대하여 상소포기가 있는 경우에는 상소포기는 인정되지 않으므로(제349조 단서) 상소제기기간이 경과한 때 비로소 그 판결이 확정된다. 임동규, 746면.

공판정에서 구술로써 상소취하를 할 수 있으므로, 변호인의 상소취하에 대한 피고인의 동의도 공판정에서 구술로써 할 수 있다. 다만, 상소를 취하하거나 상소취하에 동의한 자는 다시 상소를 하지 못하는 제한을 받게 되므로, 상소취하에 대한 피고인의 구술동의는 명시적으로 이루어져야 한다.

(4) 상소포기권자의 제한 : 제349조는 상소포기 · 취하권자를 피고인 등으로 제한하고 있으며, 제351조는 상소취하를 규정하고 있을 뿐이다. 따라서 법정대리인 등 대리권자는 피고인의 동의를 받더라도 상소포기를 할 수 없다(상소포기 : 고유상소권자만 ○).

3. 시기와 방식

(1) 시기 : ① 상소의 포기는 상소제기기간 내이면 언제든지 할 수 있다. 피고인이 상소를 포기한 후 상소제기기간이 도과한 경우라면 상소포기의 부존재 · 무효를 주장하여 그 효력을 다투면서 상소를 제기함과 동시에 상소권회복청구를 할 수 있다(전술한 2003모451). ② 상소의 취하도 상소제기 후 **상소심 종국재판 전**이면 언제든지 가능하다. ③ 상소포기 · 취하에도 **재소자특칙**이 준용된다(제355조)(재약참/상-제포회이).

(2) 방 식

① **서면 · 구술** : 상소의 포기 · 취하는 **서면**으로 하여야 한다. 단, 공판정에서는 **구술**로써 할 수 있다. 구술로써 상소의 포기 · 취하를 한 경우에는 그 사유를 조서에 기재하여야 한다(제352조). [경찰간부 15, 경찰승진 08] 상소를 포기 · 취하하면 원심이 확정되고 재상소가 금지되므로 상소의 포기 · 취하는 명백히 이루어져야 그 효력이 있다.

대법원 2013.3.28, 2013도1473

불명확한 항소이유 철회는 효력이 없다는 사례
항소이유서를 제출한 자는 항소심의 공판기일에 항소이유서에 기재된 항소이유의 일부를 철회할 수 있으나 항소이유를 철회하면 이를 다시 상고이유로 삼을 수 없게 되는 제한을 받을 수도 있으므로, 항소이유의 철회는 명백히 이루어져야만 그 효력이 있다.

---

② **포기 · 취하 대상법원** : ㉠ **상소포기는 원심법원**에, ㉡ **상소취하는 상소법원**에 하여야 한다. 단, 소송기록이 상소법원에 송부되지 아니한 때에는 **상소취하를 원심법원**에 제출할 수 있다(제355조). [국가7급 10, 국가9급 10, 경찰간부 15/16, 경찰승진 08, 경찰특채 12 2차/15]

③ **일부포기 · 일부취하** : 상소의 포기 · 취하도 상소와 마찬가지로(제342조 제1항 : 일부상소) 수개의 사건이 병합심판된 경우라면 그 일부에 대하여 할 수 있다.

④ **통지** : 상소의 포기나 취하가 있는 때에는 법원은 지체 없이 상대방에게 그 사유를 통지하여야 한다(제356조). [경찰승진 08] 다만, 법원이 항소상대방에게 상소포기 · 취하를 통지하지 않아도 이를 상고이유로 삼을 수는 없다(대법원 1961.10.12, 4294형상288).

4. 효 력

(1) 상소권의 소멸과 재상소의 금지 : ① 상소의 포기 · 취하가 있으면 **상소권이 소멸하며 재판이 확정**된다(단 쌍방상소시 일방 포기 · 취하로는 재판확정 ×). 또한 ② 상소를 포기 · 취하한 자 또는 상소의 포기 · 취하에 동의한 자는 그 사건에 대하여 **다시 상소를 하지 못한다**(제354조). [국가9급 10, 교정9급특채 10, 경찰간부 14/15, 경찰특채 15] 심지어 상소포기 · 취하가 피고인의 착오에 의한 경우에도 과실이 있는 경우에는 상소포기 · 취하는 무효가 되지 않으므로(대법원 1980.4.4, 80모11; 1992.3.13, 92모1; 1995.8.17, 95모49-교도관이 내준 상소포기서에 서명 · 무인하고 항소장으로 착각했다고 주장한 사례) 다시 상소할 수 없다.

대법원 2001.10.16, 2001초428

상소포기 · 취하 후 재상소 금지규정(제354조)은 헌법상 재판청구권을 침해하지 않는다는 사례
원래 상고를 포기하거나 취하한 경우에는 상고권이 소멸하는 것이므로 다시 상고를 제기할 수는 없는 것이고, 형사소송절차에 있

어서는 기본적으로는 법적 안정성과 형식적 확실성이 요구되는 것이므로, 절차유지의 원칙상 민법상의 취소와 같이 소송행위의 효력을 소급적으로 소멸시키는 취소는 인정되지 않는 것이나, 이러한 특성을 지나치게 강조하는 경우에는 피고인 등이 예상치 못한 불이익을 입게 되거나 정의가 훼손될 우려가 있으므로 형사소송법은 상소를 취하하거나 포기한 자는 그 사건에 대하여 다시 상소하지 못한다는 규정을 두고 있으면서도(제354조), 다른 한편 형사소송규칙은 상소의 포기나 취하가 부존재 또는 무효인 경우 법원에 절차속행의 신청을 할 수 있는 길을 열어두고 있으므로(제154조), 위와 같은 상고의 포기나 취하 및 절차형성적 소송행위의 성질과 그 부존재나 무효인 경우 구제의 방법이 마련되어 있는 점 등을 감안하면 상소의 포기나 취하의 경우 그 사건에 관하여 다시 상소를 하지 못한다는 형사소송법 제354조의 규정이 헌법상 보장된 재판청구권을 침해하는 것으로서 헌법에 위반된다고 할 수는 없다.

(2) **상대방 항소제기시 상고의 가부** : 항소를 포기·취하한 자가 상대방의 항소제기에 의한 항소심판결에 대하여 상소권이 있는가가 문제되는바, ① 원칙적으로 항소를 포기·취하하면 상소권이 소멸되므로 **항소를 포기·취하한 자는 상고할 수 없다**(대법원 1981.8.25, 81도2110). [국가9급 10] 다만, ② 상소포기·취하에 의한 재상소금지는 당해 심급의 재판에 국한되므로, 피고인이 상소를 포기·취하하였다 하더라도 검사의 항소제기로 원심보다 중한 형이 선고된 경우와 같이 상소의 이익이 존재한다면 피고인은 상고할 수 있다(대법원 1991.2.8, 90도2619 판결의 반대해석)(동지 : 신동운, 임동규 등).

대법원 1991.2.8, 90도2619

검사만의 항소가 기각된 항소심판결에 대한 피고인 상고의 적부(소극)
제1심 유죄판결에 대하여 피고인은 항소권을 포기하고 검사만이 양형부당을 이유로 항소를 하였으나 이유 없다고 기각한 항소심판결은 피고인에게 불이익한 재판이 아니어서 피고인은 위 판결에 대하여 상소권이 없으므로 피고인이 제기한 상고는 부적법하여 상고이유에 대한 판단을 할 것이 없이 기각을 면할 수 없다.

---

5. 상소절차속행의 신청

(1) **의의** : **상소의 포기 또는 취하가 부존재 또는 무효임을 주장**하는 자는 그 **포기 또는 취하 당시 소송기록이 있었던 법원에 절차속행의 신청**을 할 수 있다(규칙 제154조 제1항). [법원9급 10, 경찰승진 11, 경찰특채 15] 즉, 상소절차속행신청은 상소제기 후 상소포기·취하가 되어 재판 없이 상소절차가 종결된 경우 상소포기·취하의 부존재·무효를 주장함으로써 피고인의 상소권을 구제하는 제도라는 점에서, 상소제기 없이 상소제기기간이 경과한 경우에 구제절차인 상소권회복청구와는 구별된다. 따라서 피고인이 상소를 포기한 후 상소를 제기한 경우에는 상소절차속행신청을 할 수 없다.

대법원 1999.5.18, 99모40

상고포기 후 상고를 제기한 경우 상소절차속행신청을 할 수 없다는 사례
규칙 제154조의 규정에 의한 상소절차속행신청은 상소가 제기된 후 피고인 등이 상소를 포기하거나 취하하는 내용의 서면을 제출하거나 또는 공판정에서 같은 내용의 진술을 하였다는 이유로 재판 없이 상소절차가 종결 처리된 경우에 상소포기 또는 취하의 부존재 또는 무효를 주장하여 구제받을 수 있도록 한 제도라고 할 것인바, 피고인이 상고를 포기한 후 상고를 제기한 경우에는 피고인으로서는 그 상고에 의하여 계속된 상고절차나 원심법원의 상고기각결정에 대한 즉시항고절차 등에서 피고인의 상고포기가 부존재하거나 무효임을 주장하여 구제받을 수 있으므로, 위 규정에 의한 상소절차속행신청을 할 수는 없다.

---

(2) **결정 및 불복** : ① 절차속행의 신청을 받은 법원은 신청이 이유 있다고 인정하는 때에는 신청을 인용하는 결정을 하고 절차를 속행하여야 하며, 신청이 이유 없다고 인정하는 때에는 결정으로 신청을 기각하여야 한다(동조 제2항). ② 신청기각결정에 대하여는 **즉시항고**할 수 있다(동조 제3항)(집공기참정상선비재재구감, 상－기속회).

05   일부상소

Ⅰ 의 의

1. 의 의

(1) 개념 : 현행법은 **"상소는 재판의 일부에 대하여 할 수 있다."**(제342조 제1항)라고 규정하여 일부상소를 허용하고 있는바 [경찰채용 12 3차/15 2차], 일부상소란 재판의 일부에 대한 상소를 말한다. 여기서 일부란 수개의 사건의 일부, 즉 객관적 범위의 일부를 말한다.[1]

(2) 재판의 일부의 의미

① **수개의 사건의 일부** : 상소불가분의 원칙상 1개의 사건의 일부에 대한 상소는 허용되지 않으므로, 재판의 일부란 **수개의 사건이 병합심판된 경우에 있어서의 일부**를 의미한다. 즉, 한 개의 재판에 여러 개의 사건(죄)이 병합심리되고 있는 경우의 일부 사건을 말한다. 따라서 불가분(不可分)의 관계에 있는 재판의 일부만을 불복대상으로 삼은 경우에는, 상소의 효력이 사건 전부에 미쳐 사건 전부가 상소심에 이심된다. [국가9급 12, 경찰채용 15 2차]

② **객관적 범위의 일부** : 재판의 일부란 재판의 **객관적 범위의 일부**를 의미하며, 주관적(인적) 범위, 즉 공동피고인의 일부가 상소하는 경우는 일부상소가 아니다.

2. 취 지

일부상소는 잔여부분에 대한 재판의 확정을 촉진하여 법적 안정성을 도모하고, 상소법원의 심판대상을 축소함으로써 **심리의 신속과 정확, 소송경제를 기대할 수 있다.**

Ⅱ 일부상소의 허용범위

1. 일반론

일부상소는 **재판의 내용이 가분(可分)이고 독립된 판결이 가능한 경우**에 허용된다. 따라서 원심재판의 판단대상인 수개의 범죄가 **경합범**관계에 있어야 하고, 그에 대한 **판결주문의 분할**이 가능한 경우에 한하여 일부상소가 허용된다.

2. 일부상소가 허용되는 경우 : 실체적 경합이며 판결주문의 분할이 가능한 경우

(1) 일부유죄의 경우(경합범의 각 부분별로 각각 다른 재판이 선고된 경우 – 예 경합범관계에 있는 수개의 범죄사실에 대해서 일부 유죄, 일부 무죄·면소·공소기각·관할위반·형면제의 재판이 선고된 경우) : 재판내용이 가분(可分)이므로 **일부상소(–일부이심 – 일부판단)가 허용**된다.

> 정리 경합범으로 공소제기된 사실에 대하여 일부무죄, 일부유죄 판결선고시 검사만 무죄 부분 항소 : 유죄부분은 항소기간 경과로 확정, 무죄부분만 항소심의 심판대상 [법원9급 13, 국가9급 11]

(2) 경합범의 각 부분별로 각각 다른 형이 선고된 경우 : 일부 징역형, 일부 벌금형이 선고된 경우 일부상소가 허용된다.

(3) 수개의 판결주문으로 수개의 형이 선고된 경우(확정판결 전후의 수개의 범죄에 대하여 수개의 형이 선고된 경우) : 금고 이상의 형에 처한 판결확정 전에 범한 죄(사후적 경합범, 형법 제37조 후단, 제39조 제1항)에 대한 형과 판결확정 후에 범한 죄(경합범 ×)에 대한 형과 같이, 수개의 형이 서로 다른 주문에 표시된 경우에도 일부상소가 허용된다.

---

1) [보충 – 상소이유의 제한과의 구별] 원심재판의 내용은 통상 사실인정, 법령적용, 형의 양정으로 3분할 수 있는데, 상소이유의 제한(개별화)이라 함은 상소이유서를 통해 원심판결의 사실인정과 법령적용은 인정하면서도 양형부당을 다투는 것과 같이 상소이유의 일부만을 다투는 것을 말한다. 만약 항소인이 항소이유로서 양형부당만을 주장하였다면, 항소인은 상고이유로서 법령위반·사실오인을 주장할 수 없게 되지만(대법원 2008.12.11, 2008도8922), 상소법원은 상소이유에 포함되지 아니한 사유에 대해서도 직권으로 심판할 수 있다. 즉, 상소이유의 제한은 일부상소와 유사한 점도 있지만, 상소심의 심판대상 자체에 변경을 가져오지 않는다는 점에서 상소장을 통해 재판의 객관적 일부만을 심판대상으로 만드는 일부상소와는 차이가 있다(동지 : 신동운, 임동규 등).

(4) 전부 무죄의 경우(경합범 전부에 대해서 무죄판결이 선고된 경우) : 수죄에 대한 무죄판결이 하나의 주문에 기재된 경우이지만, 무죄판결은 각 공소사실에 대한 것이므로 **일부만을 특정하여 상소**할 수 있다. [경찰승진 01]

★ 판례연구 일부상소가 허용된다는 사례

1. 대법원 1982.3.23, 80도2847

경합범관계에 있는 수죄 중 일부 무죄의 선고가 있는 경우에 피고인만이 항소한 때에는 항소심은 검사의 항소없는 위 무죄부분에 대하여 심판할 수 없으나(일부상소-일부이심-일부판단), 일죄의 일부에 대하여서만 유죄로 인정된 경우에는 피고인만이 항소하였다 하여도 그 항소는 그 일죄의 전부에 미친다.

2. 대법원 2000.2.11, 99도4840 [법원9급 13, 국가9급 11/24]

형법 제37조 전단의 경합범으로 같은 법 제38조 제1항 제2호에 해당하는 경우 하나의 형으로 처벌하여야 함은 물론이지만 위 규정은 이를 동시에 심판하는 경우에 관한 규정인 것이고 경합범으로 동시에 기소된 사건에 대하여 일부 유죄, 일부 무죄의 선고를 하거나 일부의 죄에 대하여 징역형을, 다른 죄에 대하여 벌금형을 선고하는 등 판결주문이 수개일 때에는 그 1개의 주문에 포함된 부분을 다른 부분과 분리하여 일부상소를 할 수 있는 것이고 당사자 쌍방이 상소하지 아니한 부분은 분리 확정된다고 볼 것이므로, 경합범 중 일부에 대하여 무죄, 일부에 대하여 유죄를 선고한 제1심판결에 대하여 검사만이 무죄 부분에 대하여 항소를 한 경우 피고인과 검사가 항소하지 아니한 유죄판결 부분은 항소기간이 지남으로써 확정되어 항소심에 계속된 사건은 무죄판결 부분에 대한 공소뿐이라 할 것이고, 그에 따라 항소심에서 이를 파기할 때에는 무죄 부분만을 파기할 수밖에 없다.

3. 대법원 2018.3.29, 2016도18553 [국가7급 20]

확정판결 전의 공소사실과 후의 공소사실 중 일부상소한 사례

형법 제37조 전단의 경합범으로 동시에 기소된 수 개의 공소사실에 대하여 일부 유죄, 일부 무죄를 선고하거나 수 개의 공소사실이 금고 이상의 형에 처한 확정판결 전후의 것이어서 형법 제37조 후단, 제39조 제1항에 의하여 각기 따로 유·무죄를 선고하거나 형을 정하는 등으로 판결주문이 수 개일 때에는 그 1개의 주문에 포함된 부분을 다른 부분과 분리하여 일부상소를 할 수 있고, 이때 당사자 쌍방이 상소하지 아니한 부분은 분리 확정된다. 그러므로 확정판결 전의 공소사실과 확정판결 후의 공소사실에 대하여 따로 유죄를 선고하여 두 개의 형을 정한 제1심판결에 대하여 피고인만이 확정판결 전의 유죄판결 부분에 대하여 항소한 경우, 피고인과 검사가 항소하지 아니한 확정판결 후의 유죄판결 부분은 항소기간이 지남으로써 확정되어 항소심에 계속된 사건은 확정판결 전의 유죄판결 부분뿐이고, 그에 따라 항소심이 심리·판단하여야 할 범위는 확정판결 전의 유죄판결 부분에 한정된다.

---

3. 상소불가분원칙 및 일부상소가 허용되지 않는 경우 : 경합범 1형, 소송법상 1죄, 부가형

(1) 상소불가분의 원칙 : 제342조는 제1항에서 일부상소를 원칙적으로 허용하면서, 제2항에서 상소불가분의 원칙을 선언하고 있다. 따라서 **불가분의 관계에 있는 재판의 일부만을 불복대상으로 삼은 경우** 그 상소의 효력은 상소불가분의 원칙상 피고사건 전부에 미쳐 그 전부가 상소심에 이심되고, 이러한 경우로는 ① 경합범에 대하여 1개의 형이 선고된 때 경합범 중 일부 죄에 대한 일부상소, ② 일죄의 일부에 대한 일부상소, ③ 주위적 주문과 불가분적 관계에 있는 주문에 대한 일부상소(주형과 일체인 부가형·부수처분에 대한 일부상소)의 경우 등이 있다. [법원9급 10, 경찰승진 11, 경찰채용 10 2차]

(2) 경합범에 대하여 1개의 형이 선고된 경우 : 동시적 경합범(형법 제37조 전단)**에 대하여 1개의 형이 선고된 경우**에는 일부상소가 허용되지 않는다. [법원9급 10, 경찰승진 11, 경찰특채 10 2차] 일부에 대한 상소는 전부의 형에 영향을 미쳐 판결내용이 분할될 수 없기 때문이다.

> 보충 사기죄(10년 이하의 징역 또는 2천만원 이하의 벌금)와 절도죄(6년 이하의 징역 또는 1천만원 이하의 벌금)가 동시적 경합범인 경우 : ① 15년 이하의 징역을 처단형으로 하여 징역 5년이 선고된 경우 일부상소 ×, ② 징역 5년과 벌금 1천만원이 선고된 경우 일부상소 ○

(3) 일죄의 일부 : ① **단순일죄·포괄일죄·과형상 일죄**(상상적 경합)의 일부에 대한 상소는 상소불가분의 원칙상 허용되지 않는다. [법원9급 10, 경찰채용 10 2차] 즉, 이 경우 (전부상소가 되므로 상소심으로 전부이심되고) 전부가 판단의 대상이 된다. 다만, ② **포괄일죄의 일부유죄에 대하여 피고인만 상소**한 경우에는 (전부상소·전부이심이 이루어지나) 판단대상은 피고인이 상소한 유죄부분으로 한정되며, ③ **모두 무죄가 선고된 상상적 경합 중 검사만 일부상소**한 경우 (전부상소·전부이심이 이루어지나) 판단대상은 검사가 상소한 부분으로 한정된다는 것이 판례이다(전부이심설을 취하는 반대설로는 이/조, 임동규 등). 이러한 판례의 입장은 피고인의

방어권 보장에 근거하고 있다.

정리 포괄일죄·과형상일죄(단순일죄×) – 원심 – 일부유죄·일부무죄 → ① 검사만 무죄부분 상소 : 전부상소 – 전부이심 – 전부판단, ② 포괄일죄에 피고인만 유죄부분 상소 : 상소불가분원칙에 의해 무죄부분도 상소심 이심 ○, but (피고인의 이익을 위해) 상고심에서 무죄부분 판단 ×, 파기환송받은 항소심도 무죄부분 판단 × : 전부상소 – 전부이심 – 일부판단(90도2820 등), ③ 모두 무죄선고된 상상적 경합관계의 수죄 전부에 검사가 상고하면서 일부 무죄 부분은 상고이유로 삼지 않은 경우 : 상고심의 심판대상은 검사가 상고이유로 삼은 무죄 부분에 한정(2008도8922)

(4) 주형과 일체인 부가형·부수처분 : ① **몰수·추징**을 부가형이라 하는데, 부가형은 주형과 일체를 이루고 있으므로 **부가형만을 분리하여 상소할 수 없다**(상소불가분원칙). [국가9급 13] 따라서 몰수 또는 추징에 대한 상소가 있는 경우에는 상소의 효력은 그 전부에 미쳐, 그 전부가 상소심으로 이심된다. ② 이외에 주형과 일체인 부수처분인 집행유예·환형처분·미결구금일수산입·압수물환부(대법원 1959.10.16, 4292형상209)·소송비용부담(제191조 제2항)의 재판도 주형과 분리하여 상소할 수 없다. ③ 단, **배상명령**은 독립된 **즉시항고**가 허용된다(소촉 제33조 제5항). [국가7급 14, 경찰승진 01/11, 경찰채용 10 2차]

주의 다만, 2008년 판례는 "몰수 또는 추징에 관한 부분만을 불복대상으로 삼아 상소가 제기되었다 하더라도, 상소심으로서는 이를 적법한 상소제기로 다루어야 한다(2008도5596 전합)."라고 명시함으로써, 몰수·추징에 대한 독립적인 상소를 허용하지 않는 종래 입장을 변경하였다. 물론 상소불가분원칙에 의해 이는 일부상소가 아니라 전부상소임은 설명한 바와 같다. 따라서 "징역형과 몰수형 중 몰수형에 대하여 일부상소가 허용된다."라는 지문 [법원9급 10]과 "상소의 효력은 그 불복범위인 몰수 또는 추징에 관한 부분에 한정된다."라는 지문 [법원9급 12]은 모두 틀린 것이다.

✦ 판례연구 일부상소가 허용되지 않는다는 사례 : 일부상소× – 전부상소 – 전부이심 – 전부판단

1. 대법원 1961.10.5, 4293형상403

본시 경합죄에 있어서 주문이 2개 이상인 때에는 이를 분리하여 그중 일부분에 대하여서만도 상소가 가능하나 주문이 단일한 것인 때에는 경합죄 중의 일부죄에 대하여서만의 상소불가분의 원칙이 적용되어 경합죄 전부에 대한 상소가 있는 것으로 보아야 할 것이다.

2. 대법원 1984.12.11, 84도1502

추징의 선고는 본안종국판결에 부수되는 처분에 불과한 것이니 만큼 종국판결에 대한 상고 없이 위 선고부분에 한하여 독립 상고는 할 수 없다.

3. 대법원 1985.11.12, 85도1998 [법원9급 13, 경찰특채 09]

포괄1죄 관계에 있는 공소사실의 일부에 대하여만 유죄로 인정하고 나머지는 무죄가 선고되어 검사는 무죄부분에 대하여 불복 상고하고 피고인은 유죄부분에 대하여 상고하지 않은 경우, 공소불가분의 원칙상 경합범의 경우와는 달리 포괄적 1죄의 일부만에 대하여 상고할 수는 없으므로 검사의 무죄부분에 대한 상고에 의해 상고되지 않은 원심에서 유죄로 인정된 부분도 상고심에 이심되어 심판의 대상이 된다고 볼 것이다.

4. 대법원 2001.2.9, 2000도5000 [법원9급 10/13, 국가7급 11, 국가9급 16]

제1심이 단순일죄의 관계에 있는 공소사실(한도금액 초과 부실대출 사건 : 여러 번 인출해도 배임죄의 단순일죄)의 일부에 대하여만 유죄로 인정한 경우에 피고인만이 항소하여도 그 항소는 그 일죄의 전부에 미쳐서 항소심은 무죄부분에 대하여도 심판할 수 있다 할 것이고, 그 경우 항소심이 위 무죄부분을 유죄로 판단하였다 하여 그로써 항소심판결에 불이익변경금지원칙에 위반하거나 심판범위에 대한 법리를 오해한 위법이 있다고 할 수 없다(단순일죄 피고인 일부상소 : 전부상소 – 전부이심 – 전부판단).

5. 대법원 2006.5.25, 2006도1146 [국가9급 13]

원래 주위적·예비적 공소사실의 일부에 대한 상소제기의 효력은 나머지 공소사실 부분에 대하여도 미치는 것이고, 동일한 사실관계에 대하여 서로 양립할 수 없는 적용법조의 적용을 주위적·예비적으로 구하는 경우에는 예비적 공소사실만 유죄로 인정되고 그 부분에 대하여 피고인만 상소하였다고 하더라도 주위적 공소사실까지 함께 상소심의 심판대상에 포함된다(예비적·택일적 공소사실의 일부상소는 전부상소임).

6. [유사판례] 대법원 2023.12.28, 2023도10718

상고심이 예비적 공소사실에 대한 원심판결이 잘못되었다는 이유로 원심판결을 전부 파기환송한다면, 환송 후 원심은 예비적 공소사실은 물론 이와 동일체 관계에 있는 주위적 공소사실에 대하여도 이를 심리·판단하여야 한다.

7. 대법원 2007.6.1, 2005도7523 [법원9급 16, 국가7급 10, 국가9급 15]

상상적 경합관계에 있는 두 죄에 대하여 일부무죄, 일부유죄가 선고되어 검사만 무죄 부분에 대하여 상고하였다 하여도 유죄 부분도 상고심의 심판대상이 되는 것이다(모두 무죄선고 – 검사일부상소의 경우와 구별할 것).

> [보충] 공소사실 중 일부에 대하여 유죄, 실체적 경합관계에 있는 일부에 대하여 무죄를 각 선고하고, 그 유죄 부분과 상상적 경합관계에 있는 다른 일부에 대하여는 무죄임을 판시한 항소심판결에 대하여, 검사가 무죄 부분 전체에 대하여 상고를 한 경우 그 유죄 부분은 어느 쪽도 상고한 것 같아 보이지 않지만 그 부분과 상상적 경합관계에 있는 무죄 부분에 대하여 검사가 상고함으로써 그 유죄 부분은 그 무죄 부분의 유·무죄 여하에 따라서 처단될 죄목과 양형을 좌우하게 되므로, 결국 그 유죄 부분도 함께 상고심의 판단대상이 된다.

8. 대법원 2008.11.20, 2008도5596 전원합의체 [법원9급 10/12, 국가7급 10/14, 법원9급 20, 국가9급 20]

몰수·추징은 피고사건 본안에 관한 판단에 따른 주형 등에 부가하여 한 번에 선고되고 이와 일체를 이루어 동시에 확정되어야 하고 본안에 관한 주형 등과 분리되어 이심되어서는 아니 되는 것이 원칙이므로, 피고사건의 주위적 주문과 몰수·추징에 관한 주문은 상호 불가분적 관계에 있어 상소불가분의 원칙이 적용되는 경우에 해당한다. 따라서 피고사건의 재판 가운데 몰수 또는 추징에 관한 부분만을 불복대상으로 삼아 상소가 제기되었다 하더라도, 상소심으로서는 이를 적법한 상소제기로 다루어야 하고(주의해야 할 표현), 그 부분에 대한 상소의 효력은 그 부분과 불가분의 관계에 있는 본안에 관한 판단 부분에까지 미쳐 그 전부가 상소심으로 이심된다.

9. 대법원 2009.6.25, 2009도2807 [국가9급 12, 경찰승진 11]

관세법상 몰수·추징은 필수적 몰수·추징 조항으로서 요건에 해당하면 법원은 반드시 몰수를 선고하거나 추징을 명하여야 하고, 몰수·추징은 부가형으로서의 성격을 띠고 있어, 피고사건 본안에 관한 판단에 따른 주형 등에 부가하여 한 번에 선고되고 이와 일체를 이루어 동시에 확정되어야 하고 본안에 관한 주형 등과 분리되어 이심되어서는 아니 되는 것이 원칙이다. 따라서 상소심에서 원심의 주형 부분을 파기하는 경우 부가형인 몰수·추징 부분도 함께 파기하여야 하고, 몰수·추징을 제외한 나머지 주형 부분만을 파기할 수는 없다.

★ [판례연구] 일부상소가 허용되지 않는 경우의 심판범위에서 주의할 사항 : 포괄일죄·과형상 일죄·공소사실동일성과 편면적 공방대상론 : 전부상소 – 전부이심 – But 일부판단

1. 대법원 1991.3.12, 90도2820; 1997.8.22, 97도1211 [법원행시 03, 법원9급 10/12, 국가7급 12, 국가9급 13, 경찰특채 09]

환송 전 항소심에서 포괄일죄의 일부만이 유죄로 인정된 경우 그 유죄부분에 대하여 피고인만이 상고하였을 뿐 무죄부분에 대하여 검사가 상고를 하지 않았다면 상소불가분의 원칙에 의하여 무죄부분도 상고심에 이심되기는 하나 그 부분은 이미 당사자 간의 공격방어의 대상으로부터 벗어나 사실상 심판대상에서부터도 벗어나게 되어 상고심으로서도 그 무죄부분에까지 나아가 판단할 수 없는 것이므로, 상고심으로부터 파기환송받은 항소심은 그 무죄부분에 대하여 다시 심리판단하여 유죄를 선고할 수 없다.

> [보충] 포괄일죄의 일부상소는 허용되지 않지만, 포괄일죄 일부유죄 부분에 피고인만 상소한 경우, 상소심으로 전부이심되나(상소불가분 원칙) 무죄 부분은 판단할 수 없다(일부판단). 소위 편면적 공방대상론이라고 한다.

2. 대법원 2004.10.28, 2004도5014 [국가9급 24]

포괄일죄의 일부만이 유죄로 인정된 경우 그 유죄 부분에 대하여 피고인만이 상고하였을 뿐 무죄나 공소기각으로 판단된 부분에 대하여 검사가 상고를 하지 않았다면, 상소불가분의 원칙에 의하여 유죄 이외의 부분도 상고심에 이심되기는 하나 그 부분은 이미 당사자 간의 공격·방어의 대상으로부터 벗어나 사실상 심판대상에서부터도 이탈하게 되므로, 상고심으로서도 그 부분에까지 나아가 판단할 수 없다.

3. 대법원 2008.9.25, 2008도4740 [법원9급 13/23]

제1심법원이 일죄의 일부는 유죄, 나머지는 무죄라고 판단하자 피고인만 유죄 부분에 대해 항소하고 검사는 무죄 부분에 대해 항소하지 않은 경우, 무죄 부분에 관한 제1심판결의 위법이 직권조사사항·직권심판대상에 해당하지 않는다는 사례 : 피고인 이익을 위한 편면적 공방대상론에 의한 일부이심효 > 무죄이유 누락의 위법

제1심법원이 공소사실의 동일성이 인정되는 범위 내에서 공소가 제기된 범죄사실(정보통신망법 제61조 제2항의 정보통신망 이용 허위사실적시 명예훼손 : A죄)에 포함된 보다 가벼운 범죄사실(동조 제1항의 정보통신망 이용 사실적시 명예훼손 : B죄)을 유죄로 인정하면서 법정형이 보다 가벼운 다른 법조를 적용하여 피고인을 처벌하고, 유죄로 인정된 부분을 제외한 나머지 부분은 판결이유에서 무죄로 판단한 경우, 그에 대하여 피고인만이 유죄 부분에 대하여 항소하고 검사는 무죄로 판단된 부분에 대하여 항소하지 아니하였다면, 비록 그 죄 전부(A·B)가 피고인의 항소와 상소불가분의 원칙으로 인하여 항소심에 이심되었다고 하더라도 무죄 부분(A)은 심판대상이 되지 않는다. 따라서 그 부분에 관한 제1심판결의 위법(A죄가 무죄가 되는 이유의 미기재)은 제361조의4 제1항 단서의 '직권조사사유' 또는 같은 법 제364조 제2항에 정한 '항소법원은 판결에 영향을 미친 사유에 관하여는 항소이유서에 포함되지 아니한 경우에도 직권으로 심판할 수 있다'는 경우에 해당하지 않으므로(양형부당은 피고인에게 불리하게 작용할 때에는 항소심의 직권조사사유·직권심판사항 ×), 항소심법원이 직권으로 심판대상이 아닌 무죄

부분까지 심리한 후 이를 유죄로 인정하여 법정형이 보다 무거운 법조를 적용하여 처벌하는 것은 피고인의 방어권 행사에 불이익을 초래하는 것으로서 허용되지 않는다. 이는 제1심판결에 무죄로 판단된 부분에 대한 이유를 누락한 잘못이 있다고 하더라도 동일하다.

> **보충** 무죄로 판단된 A죄 부분은 항소심의 심판대상에서 벗어났다고 할 것임에도, 원심은 제1심이 위 무죄 부분에 대하여 판결 이유에서 무죄 사유를 기재하지 아니한 잘못이 있다는 이유만으로 위 무죄 부분을 포함한 제1심판결 전체를 직권 파기한 다음, 위 무죄 부분에 대하여도 유죄로 인정하면서 A죄로 피고인을 처벌하고 있는데, 이는 직권조사사항·직권심판대상에 관한 법리를 오해하여 판결 결과에 영향을 미친 위법이 있다.

4. 대법원 2008.12.11, 2008도8922 [국가7급 18]

모두 무죄가 선고된 상상적 경합 관계의 수죄 전부에 대하여 검사가 상고하면서 일부 무죄 부분은 상고이유로 삼지 않은 경우, 상고심의 심판대상 : 피고인의 이익을 위한 편면적 공방대상론

환송 전 원심에서 상상적 경합 관계에 있는 수죄에 대하여 모두 무죄가 선고되었고, 이에 검사가 무죄 부분 전부에 대하여 상고하였으나 그 중 일부 무죄 부분(A)에 대하여는 이를 상고이유로 삼지 않은 경우, 비록 상고이유로 삼지 아니한 무죄 부분(A)도 상고심에 이심되지만 그 부분은 이미 당사자 간의 공격방어의 대상으로부터 벗어나 사실상 심판대상에서 이탈하게 되므로, 상고심으로서도 그 무죄 부분에까지 나아가 판단할 수 없다. 따라서 상고심으로부터 다른 무죄 부분(B)에 대한 원심판결이 잘못되었다는 이유로 사건을 파기환송받은 원심은 그 무죄 부분(A)에 대하여 다시 심리·판단하여 유죄를 선고할 수 없다.

Ⅲ 일부상소의 방식과 효력

1. 방 식

(1) 취지·불복부분의 명시 : 일부상소가 되려면 **일부상소를 한다는 취지를 명시하고, 불복부분을 특정**하여야 한다. **불복부분을 특정하지 않은 경우에는 전부상소**로 보아야 한다.

(2) 판단기준 : 일부상소인가 전부상소인가의 여부는 **상소장**에 기재된 상소취지와 불복부분을 살펴 판단함이 **원칙**이나, 상소장 기재로 명백하지 않을 때 상소이유서를 참작할 수 있는가에 대해서 ① 통설은 상소이유까지 기준으로 하면 상소이유서제출기간까지 나머지 부분에 대한 재판확정 여부가 불명확한 상태에 놓이게 되므로 상소장의 기재만으로 판단해야 한다는 부정설(상소장기준설)이나, ② 소수설·판례는 **상소장뿐만 아니라 상소이유서도 고려할 수 있다**는 긍정설(상소장·상소이유서기준설)이다.

> ⚒ **판례연구** 일부상소·전부상소의 판단기준 : 상소장뿐만 아니라 상소이유서도 고려한다는 판례[1]

1. 대법원 1984.2.28, 83도216

2개의 주문이 포함된 제1심판결에 대한 항소시 항소장의 제1심 판결주문란에 하나만이 기재된 경우와 항소대상

제1심 법원이 절도의 점에 대해서는 징역 6월, 미성년자간음의 점에 대해서는 공소기각의 판결을 하였는데, 검사의 항소장에는 제1심의 판결 주문란에 "징역 6월, 미결구금 150일 산입"으로 기재되어 있다면 검사는 제1심 판결의 주문 중 절도의 점에 대하여 징역 6월을 선고한 부분에 대하여서만 항소를 제기하였고 미성년자 간음의 점에 대하여 공소기각을 선고한 부분에 대하여는 항소를 제기하지 아니하였음이 명백하다 할 것이다(일부상소).

> **보충** 위 판례는 그 판결이유에서 검사 제출의 항소이유서에도 절도의 점에 대한 양형부당만을 항소이유로 기재하고 있는 점도 언급하고 있다.

2. 대법원 1991.11.26, 91도1937; 2004.12.10, 2004도3515

[1] 검사가 항소장에 불복범위를 기재하지 않고 판결주문 중 재판의 일부를 기재하지 아니한 경우의 심판범위

현행법규상 항소장에 불복의 범위를 명시하라는 규정이 없고 상소는 재판의 전부에 대하여 하는 것을 원칙으로 삼고, 다만 재판의 일부에 대하여서도 상소할 수 있다고 규정한 법 제342조의 규정에 비추어 볼 때에 항소장의 불복의 범위란에 재판의 일부에 대하여서만 상소한다는 기재가 없는 한 검사의 청구대로 되지 아니한 판결 전부에 대하여 상소한 것이라고 보아야 할 것이고 검사가 항소장에 판결주문을 기재함에 있어 재판의 일부를 기재하지 아니하였다 하여 무죄부분에 대하여는 항소하지 아니한 것이라고 단정한 것은 성급한 조치였다 할 것이다(일부상소는 예외이고 원칙은 전부상소이니 상소장 불복범위란에 일부상소 기재가 없는 한 전부상소로 본다는 법리).

[2] 검사가 항소장에는 유죄부분만 기재하였으나 항소이유서에서 무죄부분에 대하여 항소이유를 개진한 사례

검사가 불복의 범위란에 아무런 기재를 아니하고, 판결주문란에 유죄부분의 형만을 기재하고 무죄의 주문은 기재하지 아니한

---

1) [조언] 재판실무적인 내용이기도 하므로, 수험에서는 일부상소의 방식은 상소장과 상소이유서를 모두 고려할 수 있다는 것이 판례의 입장이라는 점을 위주로만 정리할 것을 권한다.

항소장을 제출하였으나 항소이유서에 무죄부분에 대하여도 항소이유를 개진한 경우, 판결전부에 대한 항소로 보아야 한다 (판례 : 상소장 유죄부분 기재 + 상소이유서 무죄부분 상소이유 기재 = 전부상소).

　　유사판례　대법원 2004.12.10, 2004도3515 : 비록 항소장에 경합범으로서 2개의 형이 선고된 죄 중 일죄에 대한 형만을 기재하고 나머지 일죄에 대한 형을 기재하지 아니하였다 하더라도 항소이유서에서 그 나머지 일죄에 대하여도 항소이유를 개진한 경우에는 판결 전부에 대한 항소로 봄이 상당하다.

3. 대법원 2011.3.10, 2010도17779; 2014.3.27, 2014도342 [국가9급 12]

일부유죄·일부무죄 경합범 1심판결에 검사만 항소하면서 항소장에 항소범위를 전부로 표시한 사례

형법 제37조 전단 경합범 관계에 있는 공소사실 중 일부에 대하여 유죄, 나머지 부분에 대하여 무죄를 선고한 제1심판결에 대하여 검사만이 항소하면서 무죄 부분에 관하여는 항소이유를 기재하고 유죄 부분에 관하여는 이를 기재하지 않았으나 항소 범위는 '전부'로 표시하였다면, 이러한 경우 제1심판결 전부가 이심되어 원심의 심판대상이 되므로, 원심이 제1심판결 무죄 부분을 유죄로 인정하는 때에는 제1심판결 전부를 파기하고 경합범 관계에 있는 공소사실 전부에 대하여 하나의 형을 선고하여야 한다(상소장 기재만으로도 전부상소 인정).

4. 대법원 2022.10.14, 2022도1229

실체적 경합범에 대하여 전부 무죄가 선고된 1심 판결에 대하여 검사가 전부 항소한 사례

실체적 경합범으로 기소되어 전부 무죄가 선고된 제1심판결에 대하여 검사가 전부 항소한 경우 적법한 항소이유의 주장이 있었는지는 항소장 및 항소이유서의 기재를 해석하여 판단하여야 할 것이다.

5. [비교판례] 대법원 2008.1.31, 2007도8117

검사의 유죄부분에 대한 항소이유서의 제출 여부의 판단

검사가 일부 유죄, 일부 무죄가 선고된 제1심판결에 대하여 항소하면서 항소장의 '항소의 범위'란에 '전부(양형부당 및 무죄 부분, 사실오인, 법리오해)'라고 기재하였으나 적법한 기간 내에 제출된 항소이유서에는 제1심판결 중 무죄 부분에 대한 항소이유만 기재한 경우 항소장에 '양형부당'이라는 문구를 적법한 항소이유의 기재라고 볼 수 없고 유죄 부분에 대하여는 법정기간 내에 항소이유서를 제출하지 아니한 경우에 해당한다(전부상소나 유죄 부분에 대한 검사의 항소이유는 없음).

[참고판례] 대법원 2022.1.13, 2021도13108

검사가 전부상소하였으나 대법원이 일부파기한 경우 : 경합범 관계에 있는 공소사실 중 일부분이 나머지 부분과 불가분의 관계에 있지 않다는 사례

상소는 재판의 일부에 대하여도 할 수 있고, 일부에 대한 상소는 그 일부와 불가분의 관계에 있는 부분에 대하여도 효력이 미친다(형사소송법 제342조). ① 형법 제37조 전단의 경합범으로 동시에 기소된 수개의 공소사실에 대하여 각기 따로 유·무죄, 공소기각 및 면소를 선고하거나 형을 정하는 등으로 판결주문이 수개일 때에는 그 1개의 주문에 포함된 부분을 다른 부분과 분리하여 일부상소를 할 수 있고 당사자 쌍방이 상소하지 않은 부분은 분리 확정된다. 따라서 경합범 관계에 있는 공소사실 중 판결주문이 수개일 때 피고인과 검사가 일부에 대하여만 상소한 경우, 피고인과 검사가 상소하지 않은 부분은 상소기간이 지남으로써 확정되어 상소심에 계속된 사건은 상소된 부분에 대한 공소뿐이고, 그에 따라 상소심에서 이를 파기할 때에는 그 부분만을 파기하여야 한다(대법원 2010.11.25, 2010도10985; 2020.3.12, 2019도18935 등). 반면 ② 경합범 관계에 있는 공소사실 중 일부 유죄, 일부 무죄를 선고하여 판결주문이 수개일 때 검사가 판결 전부에 대하여 상소하였는데 상소심에서 이를 파기할 때에는 ㉠ 유죄 부분과 파기되는 무죄 부분이 형법 제37조 전단의 경합범 관계에 있어 하나의 형이 선고되어야 하므로, 유죄 부분과 파기되는 무죄 부분을 함께 파기하여야 한다. 그러나 ㉡ 위와 같이 하나의 형을 선고하기 위해서 파기하는 경우를 제외하고는 경합범의 관계에 있는 공소사실이라고 하더라도 개별적으로 파기되는 부분과 불가분의 관계에 있는 부분만을 파기하여야 한다(가분의 관계에 있는 부분은 파기할 수 없음).[1]

(3) 예외 : 일부상소의 취지나 불복부분이 명시되지 않았더라도 판결주문의 구성상 일부상소임이 명백한 경우에는 일부상소로 인정된다. 따라서 일부유죄·일부무죄 판결에 대하여 ① 검사가 일부상소한 때에는 무죄

---

1) [참고] 이 사건은 1심 법원의 피해자 학부모들에 대한 사기 부분에 대한 공소기각(공소사실 불특정)과 피해자 대한민국에 대한 사기 부분에 대한 무죄 선고에 대하여 검사가 전부 항소하였고, 항소심 법원은 공소기각 부분에 대한 항소이유를 인정하여(공소장변경으로 보아 판단했어야 한다고 봄) 1심판결을 전부파기하였으나, 대법원에서는 (소송 경과에 비추어 제1심이 공소사실 특정을 위한 석명의무를 위반하지 않았고) 주문 무죄 부분이 주문 공소기각 부분과 불가분의 관계에 있다고 볼 수 없으므로 이러한 원심판결을 파기환송 한 것이다.
[요약] ① 1심 : 대한민국에 대한 사기는 무죄, 학부모에 대한 사기는 공소사실 불특정으로 공소기각, 이에 검사는 전부에 대하여 항소, ② 2심 : 대한민국에 대한 사기 무죄는 유지, 학부모에 대한 사기에 대한 공소기각 부분은 위법하다고 봄 → 불가분 관계에 있다고 보아 전부파기, ③ 대법원 : 대한민국 사기 무죄는 유지, 공소기각 위법 판단은 위법이라 봄 → 불가분의 관계에 있지 않다고 보아 일부파기, ④ 주의 : ㉠ 경합범 유죄, 무죄 검사 전부상소 시 전부파기 (하나의 형을 선고하기 위해 파기하는 경우) → 개별적으로 파기되는 부분과 불가분 관계에 있는 부분은 함께 파기(전부파기), ㉡ 경합범 무죄, 공소기각 검사 전부상소 시 공소기각만 다투는 경우에는 공소기각 부분만 파기(가분이므로 일부파기)

부분에 대한 상소로 보고(대법원 1959.9.18, 4292형상142)(단, 검사가 상소장에 불복범위를 누락한 경우에는 전부상소로 보는 판례는 위 91도1937 등), ② 피고인이 상소한 때에는 유죄부분에 대한 상소로 봄이 원칙이다.

> **예** 일부유죄·일부무죄의 판결에 대한 피고인의 상소 → (무죄판결에 대해서는 피고인에게 상소이익이 없으므로) 유죄부분에 대한 일부상소 인정(대법원 1960.10.18, 4293형상659)

2. 효 력

(1) 상소심의 심판범위

① **원칙**(일부상소−일부이심−일부판단) : 일부상소가 있으면 **상소제기된 부분만 상소심에 소송계속**되고 **상소가 없는 부분의 재판은 확정**된다. [법원9급 10, 경찰승진 11] 따라서 **상소심은 일부상소된 부분만 심판**할 수 있고 확정된 부분에 대해서는 심판하지 못한다. [경찰승진 01] 이는 파기환송된 경우에도 마찬가지이므로, 상고심의 파기환송에 의하여 사건을 환송받은 법원도 일부상소된 부분에 대해서만 심판하여야 한다.

② 일부유죄·일부무죄에 대한 상소

(가) **쌍방의 상소**(일부 + 일부 = 전부상소) : **피고인과 검사 쌍방이 상소를 제기**하였으나, 유죄 부분에 대한 피고인의 상소는 이유 없고 무죄 부분에 대한 검사의 상소만 이유 있는 경우, 상소심은 **유죄 부분도 무죄 부분과 함께 파기**하여야 한다.

(나) **검사의 상소** : **검사만 무죄부분에 대하여 상소**하여 상소심이 무죄 부분을 유죄로 인정하는 경우, 대법원은 종래에는 일부파기설을 취한 판례(대법원 1984.11.27, 84도862 등)와 전부파기설을 취한 판례(대법원 1988.11.8, 85도1675 등)로 일관되지 않은 입장을 보였으나, 1992년 전원합의체 판례에 의하여 일부파기설로 판시된 이후(대법원 1992.1.21, 91도1402 전원합의체) 일관된 **일부파기설**의 입장을 견지하고 있다. 일부파기설은 통설의 입장이기도 하다.

> **정리** 수죄의 일부에 대한 상소−쌍방상소 : 전부파기, 검사만 상소 : 일부파기

🔨 판례연구 일부유죄·일부무죄에 대한 상소에 대한 상소심의 심판범위

1. 대법원 1992.1.21, 91도1402 전원합의체; 1995.6.13, 94도3250; 2000.11.25, 2010도10985; 2001.6.1, 2001도70; 2013.6.20, 2010도14328 [법원9급 12/13, 국가7급 14, 국가9급 12/16, 해경 15 3차]

일부유죄·일부무죄에 대하여 검사만 상소한 경우 : 일부파기

경합범 중 일부에 대하여 무죄, 일부에 대하여 유죄를 선고한 항소심 판결에 대하여 검사만이 무죄인 부분에 대하여 상고한 경우 피고인과 검사가 상고하지 아니한 유죄판결 부분은 상고기간이 지남으로써 확정되어 상고심에 계속된 사건은 무죄판결 부분에 대한 공소뿐이라 할 것이므로 상고심판에서 이를 파기할 때에는 무죄부분만을 파기할 수밖에 없다.

2. 대법원 2005.9.15, 2005도40 [국가9급 16, 경찰간부 16]

일부유죄·일부무죄에 대하여 검사가 전부상소한 경우 : 전부파기

형법 제37조 전단의 경합범 관계에 있는 죄에 대하여 일부는 유죄, 일부는 무죄를 선고한 원심판결에 대하여 피고인은 상소하지 아니하고 검사만이 무죄 부분에 한정하지 아니하고 전체에 대하여 상소한 경우, 무죄 부분에 대한 검사의 상소만 이유 있는 때에도 원심판결의 유죄 부분은 무죄 부분과 함께 파기되어야 하므로 상소심으로서는 원심판결 전부를 파기하여야 한다.

3. 대법원 2000.11.28, 2000도2123; 2011.2.24, 2010도15989 [국가7급 14, 국가9급 12/16, 해경 15 3차]

일부유죄·일부무죄에 대하여 쌍방이 상소 : 검사의 상소만 이유 있어도 전부파기

수개의 범죄사실에 대하여 항소심이 일부는 유죄, 일부는 무죄의 판결을 하고, 그 판결에 대하여 피고인 및 검사 쌍방이 상고를 제기하였으나, 유죄 부분에 대한 피고인의 상고는 이유 없고 무죄 부분에 대한 검사의 상고만 이유 있는 경우, 항소심이 유죄로 인정한 죄와 무죄로 인정한 죄가 형법 제37조 전단의 경합범 관계에 있다면 항소심판결의 유죄 부분도 무죄 부분과 함께 파기되어야 한다.

4. 대법원 2007.6.28, 2005도7473 [변호사 24]

[1] 항소심이 경합범으로 공소제기된 수개의 범죄사실 중 그 일부에 대하여 유죄, 일부에 대하여 무죄를 각 선고하고 무죄 부분에 대하여는 검사가 상고하였으나 유죄 부분에 대하여는 피고인과 검사 모두 상고하지 아니한 경우, 그 유죄 부분은 상소기간의 도과로 확정되므로 무죄 부분의 상고가 이유 있는 경우에도 그 무죄 부분만이 파기되어야 한다(경합범−검사상소−일부상소).

[2] 항소심이 경합범으로 공소제기된 수개의 범죄사실 중 그 일부에 대하여 유죄, 일부에 대하여 무죄를 각 선고하였고, 그

중 유죄 부분에 대하여는 피고인이 상고하고 무죄 부분에 대하여는 검사가 상고한 경우에 있어서는, 항소심판결 전부의 확정이 차단되어 상고심에 이심되는 것이고 유죄 부분에 대한 피고인의 상고가 이유 없더라도 무죄부분에 대한 검사의 상고가 이유 있는 때에는 피고인에게 하나의 형이 선고되어야 하는 관계로 무죄 부분뿐 아니라 유죄 부분도 함께 파기되어야 한다 (경합범-쌍방상소-전부상소).

(2) 죄수판단의 변경시 상소심의 심판범위 : 경합범이 상소심에서 일죄로 판명된 경우

① 문제점 : 원심이 A · B 두 개의 공소사실을 **경합범으로 인정하여 A죄에 대해서는 유죄, B죄에 대해서는 무죄를 선고**하였는데, **피고인이 A죄에 대해서 상소**를 제기하고 검사는 B죄에 대한 상소를 제기하지 않았거나 **검사가 B죄에 대하여 상소를 제기**하고 피고인은 A죄에 대하여 상소를 제기하지 않았으나, **상소심의 심리결과 A · B 양죄가 단순일죄 또는 과형상 일죄임이 판명된 경우**에 상소심은 어느 범위까지 심판할 수 있는가가 문제된다. 즉, 원심에서는 경합범으로 인정하여 일부상소가 이루어졌는데 상소심에서 소송법상 일죄로 판명된 경우의 상소심의 심판범위의 문제이다.

② 학설 · 판례 및 결론 : 면소판결설, **전부이심설**(소수설 · 판례), 일부이심설(다수설), 이원설(소수설)이 대립하나,[1] 판례는 A죄와 B죄가 일체로 상소심에 계속되므로 **상소심은 A죄는 물론 B죄에 대해서도 심판할 수 있다**는 입장이다(대법원 1980.12.9, 80도384 전원합의체). [법원9급 10, 국가9급 13, 경찰승진 11, 해경 15 3차]

대법원 1980.12.9, 80도384 전원합의체

원심이 위 두 죄를 경합범으로 보고, 일부는 유죄, 일부는 무죄를 각 선고하였고 또 검사만이 원심판결 중 무죄된 부분만을 불복 상고하였다 하더라도 위 두 죄가 상상적 경합관계에 있는 것인 이상 공소불가분의 원칙이 적용되어, 원심에서 유죄된 사기방조죄의 점도 상고심에 이심되고 따라서 심판의 대상이 된다고 볼 것이다.

🗂 사례문제

甲은 사기죄와 절도죄의 경합범으로 기소되어 사기에 대해서는 징역 2년의 유죄를, 절도에 대해서는 무죄판결을 받았다. (가) 이에 검사는 무죄판결에 대하여 상소하였고, 상소법원은 원심판결을 파기하고 환송하였다. (나) 이에 甲은 유죄판결에 대하여, 검사는 무죄판결에 대하여 각각 상소하였다. 상소심은 검사의 상소에 대해서만 이유를 인정하고서 파기자판을 하고자 한다. [국가9급 12]

문제1 (가)의 경우, 판례는 검사만 일부무죄부분에 대하여 상고를 제기한 때에는 일부상소의 법리에 따라 상소가 제기된 일부만 파기해야 한다고 한다.
→ (○) 2010도10985.

문제2 (가)의 경우, 일부파기설은 동시에 판결하여 1개의 형을 선고 할 수 있었던 죄는 상호 과형상 불가분의 관계에 있어 상소불가분의 원칙이 적용되어야 한다고 한다.
→ (✕) 전부파기설의 논거이다. 판례(2010도10985)는 피고인과 검사가 상소하지 아니한 유죄부분은 상고기간이 지남으로써 확정되어 상고심에 계속된 사건은 무죄부분에 대한 공소뿐이라 할 것이므로 상고심에서 파기할 때에는 무죄부분만을 파기할 수밖에 없다는 일부파기설을 취한다.

문제3 (나)의 경우, 쌍방이 일부 상소한 때에는 각자로서는 일부상소이지만 전체로서는 전부상소한 것에 해당한다.
→ (○) 2000도2123.

문제4 (나)의 경우, 판례는 항소심이 유죄로 인정한 죄와 무죄로 인정한 죄가 형법 제37조 전단의 경합범관계에 있다면 항소심 판결의 유죄부분도 무죄부분과 함께 파기되어야 한다고 한다.
→ (○) 2000도2123.

---

[1] [참고] 원심에서는 경합범으로 인정하여 일부상소가 이루어졌는데 상소심에서 소송법상 일죄로 판명된 경우의 상소심의 심판범위에 대해서는, ① 상소가 제기되지 않은 부분은 이미 무죄판결이 확정되었으므로 상소심은 전체에 대해서 면소판결을 선고해야 한다는 견해(면소판결설), ② 일체를 이루어 상소심에 소송계속되므로 상소심은 모두 심판할 수 있다는 견해(전부이심설 : 신동운, 판례), ③ 원심판결의 일부확정으로 유죄부분과 무죄부분이 소송법상 두 개의 사실로 분리되었으므로 상소된 일부만 심판범위가 된다는 견해(일부이심설, 다수설 : 강구진, 백형구, 신양균, 이/조, 임동규, 정/이, 차/최), ④ 피고인이 유죄 부분에 대해 상소한 경우에는 무죄 부분이 확정되지만 검사가 상소한 경우에는 유죄부분도 상소심의 심판범위에 포함된다는 견해(이원설 : 배/이/정/이, 손/신, 신양균, 이은모, 진계호)가 대립한다. ⑤ 결론적으로, 상소제기하지 않은 부분은 확정되고 상소한 부분만 상소심의 심판범위로 보아야 한다는 일부이심설이 소송의 동적 · 발전적 성격에 비추어 타당하다고 생각된다. 다만, 본서의 특성상 본문에서는 판례의 전부이심설로 정리하였다.

06 불이익변경금지의 원칙

I 의의 및 근거

1. 의 의

(1) 개념 : 불이익변경금지(Verbot der reformatio in peius, Verschlechterungsverbot)의 원칙이란 **피고인이 상소한 사건**과 **피고인을 위하여 상소한 사건**에 대해서 상소심은 원심판결의 형보다 무거운 형을 선고할 수 없다는 원칙을 말한다(2020.12.8. 우리말 순화 개정법 제368조, 제396조 제2항). [법원9급 10] 불이익변경금지의 원칙은 원심판결의 형보다 무거운 형으로 변경하는 것을 금지한다는 점에서 **중형변경금지의 원칙**을 의미한다.

> **보충** 불이익변경금지원칙은 상소심뿐만 아니라 재심(제439조), 약식명령에 대한 정식재판절차(95년 개정 제457조의2), 즉결심판에 대한 정식재판절차(판례, 대법원 1999.1.15, 98도2550)에도 적용된다. 이 중 재심에서 규정된 불이익변경금지원칙은 확정판결의 오류로부터 피고인의 이익을 보호하려는 재심제도의 본질(이익재심)에서 기인하는 것이므로, 상소사건에 적용되는 불이익변경금지원칙(상소권보장)과는 그 성격이 다르다.

(2) 위반시 효과 : 항소심이 이 원칙에 위반하면 상고이유(제383조 제1호)가 되고, 상고심이 위반하면 비상상고의 이유(제441조)가 된다.

2. 근 거

(1) 이론적 근거 : 피고인이 중형변경의 위험 때문에 상소제기를 단념하는 것을 방지함으로써 **피고인의 상소권을 보장**하기 위한 **정책적 배려**에 근거한다(통설·판례).[1]

(2) 법적 근거 : 형사소송법은 항소심에서는 불이익변경금지원칙을 명시하고 있으며(제368조), 상고심에서는 파기자판의 경우 준용하고 있다(제396조 제2항).

II 적용범위 : 피고인이 상소한 사건과 피고인을 위하여 상소한 사건

1. 피고인이 상소한 사건

(1) 의의 : ① **피고인만 상소한 사건**을 의미한다. 피고인이 양형부당 이외의 항소이유인 법령위반이나 사실오인으로 항소한 경우에도 이 원칙이 적용된다. 반면, ② **검사만 상소한 사건, 검사와 피고인 쌍방이 상소한 사건에 대해서는 적용되지 않는다.** [법원9급 09, 국가7급 08, 국가9급 09, 해경간부 12, 경찰승진 11, 경찰채용 13 1차] 따라서 검사만 상소한 사건에서는 원심보다 중한 형을 선고할 수 있다(불이익변경금지원칙 ×). 다만, 상소심은 검사의 상소이유에 포함되지 않은 사항에 대해서도 직권으로 심판할 수 있다는 점에서 피고인에게 이익되는 판결을 선고할 수도 있다(대법원 2010.12.9, 2008도1092). [법원9급 11/12, 경찰승진 12]

(2) 문제되는 경우

① 피고인만 항소한 제2심판결에 대해서 검사가 상고한 경우 : 항소심의 잘못 때문에 불이익을 받는 것은 상소권 보장의 취지에 반하므로 상고심에도 이 원칙이 적용되어 상고심은 제1심 판결의 형보다 중한 형을 선고할 수 없다. [교정9급특채 12] 이는 상고심이 원심판결을 파기하여 환송하여 열린 환송 후 항소심에서도 마찬가지이다.

② 검사·피고인 쌍방이 상소하였으나 검사의 상소가 기각된 경우 : 결과적으로 피고인만 상소한 경우와 같으므로 **이 원칙이 적용된다.** [법원행시 03, 국가9급 14, 경찰간부 12/15, 경찰채용 14 2차] 예컨대, 피고인과 검사 쌍방이 상소하였으나 검사가 상소이유서를 제출하지 아니하여 결정으로 상소를 기각하여야 하는 경우에도 상소심은 원심의 형보다 중한 형을 선고하지 못한다(대법원 1998.9.25, 98도2111 등).

③ 한미행정협정사건의 경우 : 검사가 상소한 사건, 검사와 피고인 쌍방이 상소한 사건의 경우에도 이 원칙이 적용된다(한미행정협정 합의의사록 제22조 제9항). [경찰승진 02]

---

1) [참고] 이와는 달리, 당사자주의의 이론적 결과라는 입장(차용석)이나 헌법상 적법절차원칙의 구체적 표현이라는 입장(신동운)도 있다.

1. 대법원 1957.10.4, 4290형비상1 [교정9급특채 12]

제1심 유죄판결에 대하여 검사의 공소가 없고, 피고인만의 공소가 있는 제2심 유죄판결에 대하여 검사의 상고가 있는 경우에 상고심은 검사의 불복 없는 제1심 판결의 형보다 중한 형을 과할 수 없다.

2. 대법원 1969.3.31, 68도1870 [법원행시 03]

쌍방상고사건에 있어서 상고심이 검사의 상고를 기각하고 피고인 상고에 의하여 항소심판결을 파기환송한 경우에 환송 후의 항소심은 환송 전 항소심이 선고한 형보다 중한 형을 선고할 수 없다.

3. 대법원 1973.1.30, 72도1684 [경찰승진 02]

대한민국 당국에 의하여 소추된 합중국군대의 구성원, 군속 또는 가족은 1심법원의 원판결 선고시에 적용되는 형보다도 중한 형은 받지 아니하는 권리를 가지며 이는 결국 1심 판결이 선고한 형보다 무거운 형을 항소심이 선고할 수 없다는 불이익변경금지원칙을 규정한 것으로서 피고인이나 검사가 항소한 어떠한 경우에도 적용된다.

4. 대법원 1998.9.25, 98도2111; 2013.3.28, 2012도15260; 2014.3.27, 2013도9666 [국가9급 14, 경찰간부 12/15, 경찰채용 14 2차]

피고인과 검사 쌍방이 항소하였으나 검사가 항소 부분에 대한 항소이유서를 제출하지 아니하여 결정으로 항소를 기각하여야 하는 경우에는 실질적으로 피고인만이 항소한 경우와 같게 되므로 항소심은 불이익변경금지의 원칙에 따라 제1심판결의 형보다 중한 형을 선고하지 못한다.

5. 대법원 2006.1.26, 2005도8507; 2006.6.15, 2006도1718; 2007.6.28, 2005도7473; 2008.11.13, 2008도7647 [법원9급 10/14, 국가7급 12, 국가9급 09/11/12, 경찰간부 15, 경찰채용 11 2차/13 1차/14 2차/16 2차]

불이익변경금지의 원칙은 피고인과 검사 쌍방이 상소한 결과 검사의 상소가 받아들여져 원심판결 전부가 파기됨으로써 피고인에 대한 형량 전체를 다시 정해야 하는 경우에는 적용되지 아니하는 것이며, 사건이 경합범에 해당한다고 하여 개개 범죄별로 불이익변경의 여부를 판단할 것은 아니다.

6. 대법원 2009.2.12, 2008도7848

제1심이 실체적 경합범 관계에 있는 공소사실 중 일부에 대하여 재판을 누락한 경우, 항소심으로서는 당사자의 주장이 없더라도 직권으로 제1심의 누락부분을 파기하고 그 부분에 대하여 재판하여야 한다. 다만, 피고인만이 항소한 경우라면 불이익변경금지의 원칙에 따라 제1심의 형보다 중한 형을 선고하지 못한다.

7. 대법원 2010.10.14, 2010도9151

피고인은 서울북부지방법원으로부터 이 사건 폭처법 위반(공동상해)죄에 관하여 벌금 300,000원의 약식명령을 고지받은 다음 피고인만이 정식재판을 청구한 사실, 위 정식재판청구 사건을 담당한 제1심이 피고인에 대해서는 무죄를 선고하자 검사가 항소한 사실, 이에 대해 원심은 피고인에 대해 위 폭처법 위반(공동상해)죄와 일죄의 관계에 있는 판시 폭행죄로 유죄로 판단하면서[위 폭처법 위반(공동상해)의 점은 이유에서 무죄로 판단] 제1심판결을 파기하고 피고인을 벌금 700,000원에 처한 사실 … 을 알 수 있다. 피고인에 대한 약식명령의 형보다 불이익한 형을 선고하면서 그 판결이유에서 증거의 요지를 누락한 원심판결에는 형사소송법 제457조의2의 불이익변경금지의 법리 등을 오해하는 등으로 판결 결과에 영향을 미친 위법이 있다.

8. 대법원 2010.12.9, 2008도1092 [법원9급 11/12, 경찰승진 12]

[1] 항소법원은 항소이유에 포함된 사유에 관하여 심판하여야 하고, 다만 판결에 영향을 미친 사유에 관하여는 항소이유서에 포함되지 아니한 경우에도 직권으로 심판할 수 있다(법 제364조 제1항, 제2항). 한편 항소이유에는 '형의 양정이 부당하다고 인정할 사유가 있는 때'가 포함되고(법 제361조의5 제15호), 위와 같이 판결에 영향을 미치는 사유는 항소이유서에 포함되지 아니한 것이라도 항소심의 심판의 대상이 될 뿐만 아니라, 검사만이 항소한 경우 항소심이 제1심의 양형보다 피고인에게 유리한 형량을 정할 수 없다는 제한이 있는 것도 아니다. 따라서 항소법원은 제1심의 형량이 너무 가벼워서 부당하다는 검사의 항소이유에 대한 판단에 앞서 직권으로 제1심판결에 양형이 부당하다고 인정할 사유가 있는지 여부를 심판할 수 있고, 그러한 사유가 있는 때에는 제1심판결을 파기하고 제1심의 양형보다 가벼운 형을 정하여 선고할 수 있다.

[2] 피고인에게 징역형의 집행유예를 선고한 제1심판결에 대하여 검사만이 그 양형이 너무 가벼워 부당하다는 취지로 항소한 경우, 검사의 항소이유에 대한 판단을 생략한 채 직권으로 위 양형이 너무 무거워 부당하다고 인정한 다음 제1심판결을 파기하고 벌금형을 선고한 원심판결은 수긍이 간다.

2. 피고인을 위하여 상소한 사건

(1) 의의 : 고유의 상소권자가 아닌 **상소의 대리권자**(법배직형/원-대변 : 제340조, 제341조 제1항)가 상소한 경우를 말한다.

(2) 검사가 피고인을 위하여 상소한 경우 : 검사가 피고인의 이익을 위한다는 취지를 명시하고 상소하는 경우

를 피고인 이외의 자가 피고인의 이익을 위하여 상소하는 경우와 달리 취급할 이유가 없으므로 이 원칙이 적용된다(적극설 : 통설[1] · 판례).

> **대법원 1971.5.24, 71도574** [경찰간부 15, 경찰채용 11 2차]
> 검사의 항소가 특히 피고인의 이익을 위하여 한 취지라고 볼 수 없다면 항소심에서 제1심 판결의 형보다 중한 형을 선고할 수 있다.

3. 상소한 사건

(1) 의의 : 불이익변경금지의 원칙은 피고인의 상소권 행사를 보장하기 위한 장치이므로 그 적용대상은 **원칙적으로 상소사건(항소심 · 상고심)에 한정**된다. 제368조 및 제396조 제2항은 항소심과 상고심에 적용됨을 명시하고 있다.

(2) 문제되는 경우

① 항고사건 : 피고인만 항고한 경우 이 원칙의 적용 여부에 대해서는 견해의 대립이 있으나,[2] 항고에 있어서는 명문의 규정이 없다는 점에서 다수설은 소극설의 입장이다.

② 파기환송 · 파기이송사건 : 상고심이 피고인의 상고를 이유 있다고 하여 제2심 판결을 파기하고 환송 또는 이송하여(제397조) 파기환송 · 파기이송을 받은 법원이 피고사건에 대하여 형을 선고하는 경우, **파기 전의 원판결과의 관계에서도 이 원칙이 적용**된다(통설 · 판례). 상소심에서 자판을 하느냐 환송 · 이송을 하느냐에 따라 이 원칙의 적용 여부가 달라지는 것은 불합리하기 때문이다. 따라서 불이익변경금지원칙은 **상소심이 파기자판하는 경우뿐만 아니라 파기환송 또는 파기이송하는 경우에도 적용**된다(대법원 1970.2.10, 69도2296; 1986.9.23, 86도402 등).

> **🔍 판례연구 불이익변경금지원칙의 적용범위 : 파기환송 · 파기이송**
>
> **1. 대법원 1964.9.17, 64도298 전원합의체** [법원행시 03, 법원9급 10/14/15, 국가7급 17, 국가9급 09/10, 해경간부 12]
> 피고인의 상고에 의하여 상고심에서 원심판결을 파기하고, 사건을 항소심에 환송한 경우에는 환송 전 원심판결과의 관계에서도 불이익변경금지의 원칙이 적용되어 그 파기된 항소심판결보다 중한 형을 선고할 수 없다.
>
> **2. 대법원 1980.3.25, 79도2105** [법원행시 03, 법원9급 10/14/15, 국가9급 09/10, 경찰채용 21 1차, 경찰간부 16, 해경간부 12]
> 피고인의 상고에 의하여 상고심에서 원심판결을 파기하고 사건을 항소심에 환송한 경우에 그 항소심에서는 그 파기된 항소심판결의 형보다 더 중한 형을 선고할 수 없으며 환송 후에 공소장 변경이 있어 이에 따라 항소심이 새로운 범죄사실을 유죄로 인정하는 경우에도 그 법리를 같이 한다.

③ 정식재판의 청구 : "피고인이 **정식재판을 청구한 사건에 대하여는 약식명령의 형보다 중한 종류의 형을 선고하지 못한다**(2017.12.19. 개정 제457조의2 제1항, 구법 : 중한 형, 개정법 : 중한 형 ○/중한 종류의 형 ×)." 정식재판의 청구는 약식명령에 대한 상소가 아니지만 피고인의 정식재판청구권을 보장하기 위하여 형사소송법에서는 명문의 규정을 두고 있는 것이다. [법원9급 08/14/18, 국가9급 13/18, 경찰간부 12/15, 경찰승진 02, 경찰채용 05/14 2차] 이러한 불이익변경금지는 **즉결심판에 대하여 피고인만이 정식재판을 청구한 사건에 대하여도 준용**된다.

---

1) [참고] 반대로, 검사가 상소한 경우는 피고인의 상소권보장과는 아무런 관계가 없으며 검사의 상소는 주로 공익을 위한 것이라는 점을 근거로 이 원칙이 적용되지 않는다는 소극설도 있다. 이/조 763면, 정/이 475면.

2) [참고] 피고인만 항고한 항고사건에서도 불이익변경금지원칙이 적용되는가에 대해서는, ① 집행유예의 취소결정에 대한 항고(제335조 제3항)나 선고유예의 실효결정에 대한 항고(제336조 제1항 · 제2항, 제335조 제4항)와 같이 예외적으로 형의 선고에 준하는 경우에는 적용할 수 있다는 적극설(신동운, 신양균, 이은모, 차/최)과 ② 불이익변경금지원칙은 항소 · 상고의 경우에 제한되어 있으므로 항고사건에는 적용되지 아니한다는 소극설(다수설 : 노/이, 배/이/정/이, 백형구, 손/신, 이/조, 임동규, 정/백)이 대립한다. ③ 결론 : 적극설의 논거가 설득력이 있다고 생각된다. 다만, 본서의 특성상 본문에서는 다수설로 정리하였다.

판례연구 불이익변경금지원칙의 적용범위 : 약식명령에 대한 정식재판청구

1. 대법원 1999.1.15, 98도2550 [법원9급 15, 교정9급특채 12, 경찰간부 12, 경찰채용 12 1차]

즉결심판에 관한 절차법 제19조의 규정에 의하면 즉결심판절차에 있어서 위 법에 특별한 규정이 없는 한 그 성질에 반하지 아니한 것은 형사소송법의 규정을 준용하도록 하고 있으며, 한편 법 제453조 및 (구법) 제457조의2의 규정에 의하면 검사 또는 피고인은 약식명령에 불복하는 경우 정식재판을 청구할 수 있되, 피고인이 정식재판을 청구한 사건에 대하여는 약식명령의 형보다 무거운 형을 선고하지 못하도록 하고 있는바, 약식명령에 대한 정식재판청구권이나 즉결심판에 대한 정식재판청구권 모두 벌금형 이하의 형벌에 처할 범죄에 대한 약식의 처벌절차에 의한 재판에 불복하는 경우에 소송당사자에게 인정되는 권리로서의 성질을 갖는다는 점에서 동일하고 그 절차나 효력도 유사한 점 등에 비추어, 즉결심판에 대하여 피고인만이 정식재판을 청구한 사건에 대하여도 즉심법 제19조에 의해 법 제457조의2를 준용하여 즉결심판의 형보다 무거운 형을 선고하지 못한다.

2. 헌법재판소 2005.3.31, 2004헌가27 · 2005헌바8 [국가9급 13]

약식절차에서 피고인이 정식재판을 청구한 사건에 대하여는 약식명령의 형보다 중한 형을 선고하지 못하도록 규정한 (구)형사소송법 제457조의2는 오히려 피고인의 공정한 재판을 받을 권리를 실질적으로 보장하는 기능을 하며 그 입법목적이나 효과의 면에서 피고인의 권리를 제한하는 것으로 볼 수 없다. 또한 이 사건 법률조항에 의한 불이익변경금지원칙은 정식재판청구권의 실질적 보장을 위한 정책적 고려에 의하여 명문화한 것이므로 상소심에서 불이익변경금지원칙이 인정되는 논리적 · 이론적 근거와 크게 다르지 않으므로 불이익변경금지원칙을 약식절차에 확대하는 것이 불합리한 것으로 볼 수 없다.

④ **재심사건** : 재심의 경우에도 **"원판결의 형보다 무거운 형을 선고하지 못한다."** (2020.12.8. 우리말 순화 개정법 제439조). 이는 이익재심주의(제420조)의 당연한 요청으로, 검사가 청구한 경우에도 같다. [법원9급 08/12/14/15, 경찰간부 12, 경찰승진 01]

⑤ **병합사건** : 항소한 사건에 대하여 항소심에서 다른 사건이 병합되어 당해 사건과 경합범으로 처단되어 결과적으로 제1심의 각 형량보다 무거운 형이 선고된 경우에는 **불이익변경이라 할 수 없다.** [법원행시 03/04, 경찰승진 02]

판례연구 병합사건 관련판례

1. 대법원 2001.9.18, 2001도3448; 2003.5.13, 2001도3212 [국가7급 08, 국가9급 09/10, 교정9급특채 12, 해경간부 12, 경찰승진 10, 경찰채용 14 2차]

항소심이 1심에서 별개의 사건으로 따로 두 개의 형을 선고받고(A죄 － 징역1년 · 집행유예2년 · 추징1천만원, B죄 － 징역1년6월 · 추징1백만원) 항소한 피고인에 대하여 사건을 병합심리한 후 경합범으로 처단하면서 1심의 각 형량보다 중한 형(징역2년 · 추징1,100만원)을 선고한 것은 불이익변경금지의 원칙에 어긋나지 아니한다.

2. 대법원 2004.8.20, 2003도4732 [법원행시 04, 국가7급 08, 경찰승진 10/11, 경찰채용 08 3차/14 2차]

피고인이 약식명령에 대하여 정식재판을 청구한 사건과 공소가 제기된 다른 사건을 병합하여 심리한 결과 형법 제37조 전단의 경합범 관계에 있어 하나의 벌금형으로 처단하는 경우에는 약식명령에서 정한 벌금형보다 중한 벌금형을 선고하더라도 법 제457조의2에 정하여진 불이익변경금지의 원칙에 어긋나는 것이 아니다.

3. [비교판례] 대법원 2004.11.11, 2004도6784 [국가7급 13]

제1심이 피고인에 대한 판시 도로교통법 위반(음주운전) 등 사건에, 피고인이 판시 교통사고처리특례법 위반죄에 대하여 벌금 350만원의 약식명령을 고지받아 정식재판을 청구한 사건을 병합하여 심리한 후 판시 교특법위반죄에 대하여는 금고형을 나머지 각 죄에 대하여는 각 징역형을 선택한 다음 판시 각 죄를 경합범으로 처단하면서 피고인에게 징역 6월을 선고하였고, 원심은 이러한 제1심의 조치를 유지하였는바, 불이익변경금지원칙에 비추어 기록을 살펴보면, 정식재판청구된 약식명령의 벌금형을 징역형으로 변경하여 선고하는 것은 불이익한 변경임이 분명하다(벌금형의 약식명령을 고지받아 정식재판을 청구한 사건과 공소가 제기된 사건을 병합 · 심리한 후 경합범으로 처단하면서 징역형을 선고한 것이 불이익한 변경에 해당한다).

보충 벌금형의 약식명령에 정식재판을 청구하였는데 다른 공소제기된 사건(음주운전)을 병합하여 징역형을 선고한 것은 전체적 · 실질적으로 고찰하여도 불이익변경이라는 판례이다.

4. [비교판례] 대법원 2009.12.24, 2009도10754 [경찰채용 13 1차]

피고인이 정식재판을 청구한 당해 사건이 다른 사건과 병합 · 심리된 후 경합범으로 처단되는 경우에는 당해 사건에 대하여 고지받은 약식명령의 형과 병합 · 심리되어 선고받은 형을 단순 비교할 것이 아니라, 병합된 다른 사건에 대한 법정형, 선고형 등 피고인의 법률상 지위를 결정하는 객관적 사정을 전체적 · 실질적으로 고찰하여 병합 · 심판된 선고형이 불이익한 변경에 해당하는

지를 판단하여야 한다. 다만, 그 병합·심리 결과 다른 사건에 대하여 무죄가 선고됨으로써 당해 사건과 다른 사건이 경합범으로 처단되지 않고 당해 사건에 대하여만 형이 선고된 경우에는, 다른 사건에 대한 법정형, 선고형 등 피고인의 법률상 지위를 결정하는 객관적 사정까지 고려할 필요는 없으므로 원래대로 돌아가 당해 사건에 대하여 고지받은 약식명령의 형과 그 선고받은 형만 전체적으로 비교하여 피고인에게 실질적으로 불이익한 변경이 있었는지 여부를 판단하면 된다. 따라서 벌금 150만원의 약식명령을 고지받고 정식재판을 청구한 '당해 사건'과 정식 기소된 '다른 사건'을 병합·심리한 후 두 사건을 경합범으로 처단하여 벌금 900만원을 선고한 제1심판결에 대해, 피고인만이 항소한 원심에서 다른 사건의 공소사실 전부와 당해 사건의 공소사실 일부에 대하여 무죄를 선고하고 '당해 사건'의 나머지 공소사실은 유죄로 인정하면서 그에 대하여 벌금 300만원을 선고한 경우, 원심판결은 당해 사건에 대하여 당초 피고인이 고지받은 약식명령의 형보다 중한 형을 선고하였음이 명백하므로, 법 제457조의2에서 규정한 불이익변경금지의 원칙을 위반한 위법이 있다.

> **[보충]** 벌금 150만원의 약식명령 → 정식재판 청구하여 당해 사건과 정식기소된 다른 사건을 병합심리하여 경합범으로 900만원 선고 → 2심-다른 사건의 공소사실 전부와 당해 사건의 공소사실 일부에 대해 무죄 선고하고 당해 사건의 나머지 공소사실에 대해 벌금 300만원 선고 : 150만원 < 300만원
>
> **[보충]** 병합사건 : ① 약식-정식 + 공소제기-병합 = 중한 벌금 ○(2003도4732), ② 약식-정식 + 공소제기-병합 = 징역 ×(2004도6784), ③ 약식(150)-정식 + 공소제기-병합(1심 : 900) = 항소심(다른 사건 무죄, 300) ×(2009도10754) ∵ 다른 사건 무죄이므로 병합사건이 아님

⑥ **판결서의 경정** : 판결을 선고한 법원에서 당해 판결서의 명백한 오류에 대하여 그 오류를 시정하는 것이 판결서의 경정(更正)이므로, 이는 피고인의 상소권 행사에 영향을 미치는 것이 아니다. 따라서 **불이익변경금지원칙이 적용될 여지는 없다.**

대법원 2007.7.13, 2007도3448 [법원9급 12/19, 국가7급 13]

불이익변경금지원칙은 피고인이 안심하고 상소권을 행사하도록 하려는 정책적 고려에서 나온 제도로서 피고인만이 상소한 사건의 상소심에서 원심보다 피고인에게 불리하게 미결구금일수의 산입을 감축하는 등의 경우에는 불이익변경금지원칙의 적용 여부를 살펴보아야 하나, 위와 같이 판결을 선고한 법원에서 당해 판결서의 명백한 오류에 대하여 판결서의 경정을 통하여 그 오류를 시정하는 것은 피고인에게 유리 또는 불리한 결과를 발생시키거나 피고인의 상소권 행사에 영향을 미치는 것이 아니므로, 여기에 불이익변경금지원칙이 적용될 여지는 없다.

Ⅲ 불이익변경금지원칙의 내용

1. 불이익변경금지의 대상

(1) 형의 선고

① **중형선고의 금지** : 불이익변경이 금지되는 것은 '형의 선고'에 한한다. [경찰승진 01] 따라서 새로 선고하는 형이 중하게 변경되지 않는 한 사실인정, 법령적용, 죄명선택이 원심재판보다 중하게 변경되어도 이 원칙에 반하지 않는다. [법원9급 15, 경찰간부 15/16]

> **예** 원심에서 절도죄로 벌금형 선고 → 피고인만 항소 → 항소심에서 강도죄 인정 → 벌금형 선고

⚖ [판례연구] 중형선고의 금지 관련판례

1. 대법원 1981.12.8, 81도2779 [국가7급 13, 국가9급 10]

죄명·적용법조 등 내용이 불이익하더라도 선고형이 원심보다 중하지 않으면 위법이 아니라는 사례

불이익변경금지의 원칙은, 피고인만이 상소한 사건에 있어서 원심의 형보다 중한 형을 선고할 수 없다는 것에 불과하고, 그 형이 같은 이상 원심이 인정한 죄보다 중한 죄를 인정하였다 하더라도 원칙위반이 아니다.

> **유사판례 1** 대법원 1989.6.13, 88도1983 : 불이익변경금지의 원칙은 원심의 형, 즉 판결주문의 형보다 중한 형을 선고할 수 없다는 것에 불과하므로 그 내용에 있어서 제1심보다 불이익하게 변경되었더라도 결과적으로 선고한 형이 제1심보다 경한 경우에는 불이익변경금지의 원칙에 위배되었다고 할 수 없다.
>
> **유사판례 2** 대법원 1996.3.8, 95도1738 : 불이익변경이 금지되는 것은 형의 선고에 한하므로 원심이 주류 판매량을 1심보다 많이 인정하였다고 하여 불이익변경금지의 원칙에 위반되는 것은 아니다.

2. 대법원 1984.4.24, 83도3211

피고인만 상소한 사건에서 공소장변경이 되어도 선고형이 중하지 않으면 위법이 아니라는 사례

피고인에 관하여 1죄를 인정한 제1심판결에 대하여 피고인만이 항소한 경우에 있어서 항소심판결이 검사의 공소장 변경신청에 의하여 제1심판결과는 달리 경합범으로 처단하였다 하더라도 항소심판결의 선고형이 제1심 선고형과 동일하다면 불이익변경의 원칙에 위배된다고 할 수 없다.

유사판례 1 대법원 1999.10.8, 99도3225; 2001.3.9, 2001도192 : 불이익변경금지의 원칙은 피고인의 또는 피고인을 위한 상소사건에 있어서 원심의 형, 즉 판결주문의 형보다 중한 형을 선고할 수 없다는 것에 불과하므로, 제1심판결에 대하여 피고인들만이 항소한 경우, 항소심이 검사의 공소장변경신청을 허가하고 그 변경된 적용법률에 의하여 판결을 선고하였다 하더라도, 선고된 항소심의 형이 제1심의 그것보다 가벼운 이상 불이익변경금지의 원칙에 위배된다고 할 수 없다.

유사판례 2 대법원 2001.3.9, 2001도192 : 피고인의 상고에 의하여 상고심에서 원심판결을 파기하고 사건을 항소심에 환송한 경우에 환송 후의 원심에서 적법한 공소장변경이 있어 이에 따라 그 항소심이 새로운 범죄사실을 유죄로 인정하면서 환송 전 원심에서 정한 선고형과 동일한 형을 선고하였다고 하여 불이익변경금지원칙에 위배된다고 할 수 없고, 이는 법정형이 가벼운 죄로 공소사실의 변경이 이루어진 경우라 하여 달리 볼 것은 아니다.

3. 대법원 1989.9.26, 89도1477

제1심판결이 그 이유에서 징역 장기 4년, 단기 3년 6월에 처한다고 설시하면서 그 주문에서는 징역 장기 5년, 단기 4년에 처한다고 설시함으로써 원심판결이 이유모순을 이유로 제1심판결을 파기하고 다시 징역 장기 5년, 단기 4년을 선고한 경우, 원심판결은 제1심판결이 주문에서 선고한 형보다 중한 형을 선고한 것이 아님이 분명하므로 불이익변경금지의 규정에 반하는 것이라고 할 수 없다.

4. 대법원 1991.6.25, 91도884

제1심이 단순일죄인 공소사실의 일부에 대하여만 유죄로 인정한 경우에 피고인만이 항소하여도 그 항소는 그 일죄의 전부에 미쳐서 항소심은 무죄부분에 대하여도 심판할 수 있다 할 것이므로, 피고인들이 피해자에 대하여 3개의 문서를 위조변조행사하였다 하여 고소함으로써 무고하였다는 공소사실에 대하여 제1심이 그 중 1개의 문서에 대한 고소부분만이 무고라고 보아 주문에 유죄의 선고를 하고 나머지 2개의 문서에 대한 고소부분에 대하여는 이유 중 무죄의 설시를 한 데 대하여 피고인만이 항소하였으나 항소심이 공소사실을 단순일죄로 보고 제1심판결의 무죄부분까지를 심리의 대상으로 삼아 제1심판결을 파기하고 공소사실 전부에 대하여 유죄로 인정하면서 제1심과 동일한 형을 선고한 경우, 항소심판결에 불이익변경금지원칙이나 항소심의 심판범위에 대한 법리오해의 위법이 없다(단순일죄의 일부상소는 전부상소이나, 동일한 선고형이므로 적법).

5. 대법원 1999.2.5, 98도4534 [국가7급 13, 경찰채용 10 1차, 경찰특채 09]

형사소송법 제368조에 의하여 불이익변경이 금지되는 것은 형의 선고에 한하므로, 살인죄에 대하여 원심이 유기징역형을 선택한 1심보다 중하게 무기징역형을 선택하였다 하더라도 결과적으로 선고한 형이 중하게 변경되지 아니한 이상 위 조문에서 말하는 중한 형을 선고하였다고 할 수 없다.

6. 대법원 2013.2.28, 2011도14986 [국가9급 18]

약식명령에 대하여 피고인만이 정식재판을 청구하였는데, 검사가 당초 사문서위조·동행사의 공소사실로 공소제기하였다가 제1심에서 사서명위조·동행사를 예비적으로 추가하는 내용의 공소장변경을 신청한 사례

(구)형사소송법 제457조의2에서 규정한 불이익변경금지의 원칙은 피고인이 약식명령에 불복하여 정식재판을 청구한 사건에서 약식명령의 주문에서 정한 형보다 중한 형을 선고할 수 없다는 것이므로, 그 죄명이나 적용법조가 약식명령의 경우보다 불이익하게 변경되었다고 하더라도 선고한 형이 약식명령과 같거나 약식명령보다 가벼운 경우에는 불이익변경금지의 원칙에 위배된 조치라고 할 수 없다. 약식명령에 대하여 피고인만이 정식재판을 청구하였는데, 검사가 당초 사문서위조 및 위조사문서행사의 공소사실로 공소제기하였다가 제1심에서 사서명위조 및 위조사서명행사의 공소사실을 예비적으로 추가하는 내용의 공소장변경을 신청한 경우, 두 공소사실은 기초가 되는 사회적 사실관계가 범행의 일시와 장소, 상대방, 행위 태양, 수단과 방법 등 기본적인 점에서 동일할 뿐만 아니라, 주위적 공소사실이 유죄로 되면 예비적 공소사실은 주위적 공소사실에 흡수되고 주위적 공소사실이 무죄로 될 경우에만 예비적 공소사실의 범죄가 성립할 수 있는 관계에 있어 규범적으로 보아 공소사실의 동일성이 있다고 보이고, 나아가 피고인에 대하여 사서명위조와 위조사서명행사의 범죄사실이 인정되는 경우에는 비록 사서명위조죄와 위조사서명행사죄의 법정형에 유기징역형만 있다 하더라도 법 제457조의2에서 규정한 불이익변경금지원칙이 적용되어 벌금형을 선고할 수 있으므로, 위와 같은 불이익변경금지원칙 등을 이유로 공소장변경을 불허할 것은 아닌데도, 이를 불허한 채 원래의 공소사실에 대하여 무죄를 선고한 제1심판결을 그대로 유지한 원심의 조치에 공소사실의 동일성이나 공소장변경에 관한 법리오해의 위법이 있다.

보충 약식명령에 대해 피고인만 정식재판을 청구한 경우, 법원은 약식명령의 형보다 중한 종류의 형을 선고하지 못하기 때문에 검사는 공소사실의 동일성이 인정된다 하더라도 법정형에 유기징역형만 있는 죄의 공소사실을 예비적으로 추가하는 공소장변경을 할 수 없다. (×)

② **축소사실에 대한 동일형의 선고 : 상소심에서 원심보다 경한 사실을 인정하면서도 동일한 형을 선고하는 것도 이 원칙에 반하지 않는다.** 예컨대, 피고인만 상소한 사건에서 ㉠ 상소심에서 원심의 경합범 인정을 위법이라 파기하고 일죄로 처단하는 경우 반드시 원심보다 경한 형을 선고하여야 하는 것은 아니므로 원심과 같은 형을 선고한 경우(대법원 1966.10.18, 66도567)나 ㉡ 제1심이 인정한 범죄사실의 일부가 제2심에서 무죄로 되었음에도 제2심이 제1심과 동일한 형을 선고한 경우는 위법이라 할 수 없다(대법원 1995.9.29, 95도1577). [법원행시 04, 경찰승진 10/12, 경찰채용 08 3차]

대법원 2003.2.11, 2002도5679 등; 2021.5.6, 2021도1282 [국가7급 22, 변호사 23/24]

축소사실에 대하여 동일한 형을 선고한 것은 불이익변경금지원칙이 아니라는 사례

(환송 후 원심이 환송 전 원심판결에서 인정한 범죄사실 중 일부를 무죄로 판단하고 나머지 부분만 유죄로 판단하면서 이에 대하여 환송 전 원심판결과 동일한 형을 선고한 사건) '불이익변경의 금지'에 관한 형사소송법 제368조에서 피고인이 항소한 사건과 피고인을 위하여 항소한 사건에 대하여는 원심판결의 형보다 중한 형을 선고하지 못한다고 규정하고 있고, 위 법률조항은 형사소송법 제399조에 의하여 상고심에도 준용된다. … 위 법률조항의 문언이 '원심판결의 형보다 중한 형'으로의 변경만을 금지하고 있을 뿐이고, 상소심은 원심법원이 형을 정함에 있어서 전제로 삼았던 사정이나 견해에 반드시 구속되는 것이 아닌 점 등에 비추어 보면, 피고인만이 상소한 사건에서 상소심이 원심법원이 인정한 범죄사실의 일부를 무죄로 인정하면서도 피고인에 대하여 원심법원과 동일한 형을 선고하였다고 하여 그것이 불이익변경금지 원칙을 위반하였다고 볼 수 없다.

---

(2) 형의 범위

① **실질적인 불이익처분 :** 형(刑)은 형법상의 형의 종류(형법 제41조)에 제한되지 않고 실질적으로 피고인에게 형벌과 같은 불이익을 주는 모든 처분이 포함된다. **메** 추징(몰수와 마찬가지로 형에 준하여 평가할 것, 2006도4888) [법원9급 09/11, 국가7급 10, 국가9급 16, 경찰간부 14/16, 경찰승진 10, 경찰채용 12 1차, 해경 15 3차], 미결구금일수의 산입(1심의 산입이 잘못이어도 항소심이 미결구금일수를 1심보다 줄여서 선고한 것은 위법, 95도2500) [법원9급 08], 노역장 유치기간, 집행유예 등.

🪓 판례연구 실질적인 불이익처분과 관련된 판례

1. **대법원 1996.1.23, 95도2500** [법원9급 08]
   피고인만이 불복 항소한 경우 1심의 미결구금일수의 산입이 잘못되었다 하더라도 항소심으로서는 피고인에게 불이익하게 판결할 수는 없는 것이므로, 항소심이 제1심판결을 취소하고 주형은 제1심판결과 동일하게 선고하면서 제1심판결 선고 전의 구금일수만을 제1심판결보다 줄여서 선고한 것은 위 원칙에 반하여 위법하다.

2. **대법원 2006.11.9, 2006도4888** [법원9급 09/11, 국가7급 10, 국가9급 16, 경찰간부 14/16, 경찰승진 10, 경찰채용 12 1차, 해경 15 3차]
   추징도 몰수에 대신하는 처분으로서 몰수와 마찬가지로 형에 준하여 평가하여야 할 것이므로 그에 관하여도 형사소송법 제368조의 불이익변경금지의 원칙이 적용된다.

---

② **보안처분 :** 형벌과는 다르지만 피고인에게 불이익을 준다는 점을 부정할 수 없으므로, 보안처분에 대해서도 불이익변경금지의 원칙이 적용된다. 다만, 불이익변경에 해당하는가는 전체적 · 실질적 고찰방법에 의할 수밖에 없다.

③ **소송비용의 부담 :** 소송비용의 부담(제186조, 제191조)은 실질적으로 형의 성질을 가질 수 없으므로 이 원칙이 적용되지 않는다(다수설 · 판례, 2001도872). [법원행시 04, 법원9급 09, 경찰간부 14, 경찰승진 09, 경찰채용 12/13 1차]

④ **배상명령 :** 피고인만 항소한 사건에서 피해자가 항소심에 이르러 배상명령신청을 하고 항소심이 배상명령을 내렸더라도 이 원칙에 위배되지 아니한다(2004도2781).

2. 불이익변경의 판단기준

현행 형사소송법상 이에 대한 명문규정은 없으나, 형의 종류(형법 제41조 : 사/징/금/자/자/벌/구/과/몰) 및 형의 경중(형법 제50조 : 형법 제41조의 형의 종류, 장기 · 다액, 단기 · 소액 등)에 관한 형법의 규정을 기준으로 하면서도 **개별적 · 형식적이 아니라 원심판결과 상소심판결의 주문을 전체적 · 종합적으로 고찰**하고 피고인에게 과하

여지는 신체자유의 구속 등 **법익박탈의 정도를 실질적으로 비교하여 판단**해야 한다. [경찰승진 11] 따라서 주형은 물론 자격정지·벌금 등 병과형, 몰수·추징 등 부가형, 집행유예·미결구금일수산입·노역장유치기간 등 부수처분이 모두 불이익변경 여부의 판단기준이 되어야 한다.

보충 형법 제41조(형의 종류) 형의 종류는 다음과 같다.

　　　1. 사형, 2. 징역, 3. 금고, 4. 자격상실, 5. 자격정지, 6. 벌금, 7. 구류, 8. 과료, 9. 몰수

　　　형법 제50조(형의 경중) ① 형의 경중은 제41조 기재의 순서에 의한다. 단, 무기금고와 유기징역은 금고를 중한 것으로 하고 유기금고의 장기가 유기징역의 장기를 초과하는 때에는 금고를 중한 것으로 한다.

　　　② 동종의 형은 장기의 긴 것과 다액의 많은 것을 중한 것으로 하고 장기 또는 다액이 동일한 때에는 그 단기의 긴 것과 소액의 많은 것을 중한 것으로 한다.

　　　③ 전 2항의 규정에 의한 외에는 죄질과 범정에 의하여 경중을 정한다.

대법원 1998.3.26, 97도1716 전원합의체

불이익변경금지의 원칙을 적용함에 있어서는 주문을 개별적·형식적으로 고찰할 것이 아니라 전체적·실질적으로 고찰하여 그 형의 경중을 판단하여야 할 것이다(77도67; 90도16; 93도2894 등)(이와 달리 주문을 개별적·형식적으로 고찰하여 그 형의 경중을 판단하여야 하므로 새로운 형이나 부가적 처분이 추가된 경우에는 피고인에게 불이익하게 변경되었다고 보아야 한다는 67도1185 판결과 93도2711 판결 등은 폐기함). 피고인에 대하여 제1심이 징역 1년 6월에 집행유예 3년의 형을 선고하고, 이에 대하여 피고인만이 항소하였는데, 환송 전 원심은 제1심판결을 파기하고 징역 1년 형의 선고를 유예하였으며, 이에 대하여 피고인만이 상고하여 당원이 원심판결을 파기하고 사건을 원심에 환송하자, 환송 후 원심은 제1심판결을 파기하고, 벌금 40,000,000원 형과 금 16,485,250원 추징의 선고를 모두 유예하였음을 알 수 있는바, 환송 후 원심이 제1심이나 환송 전 원심보다 가볍게 그 주형을 징역 1년 6월 형의 집행유예 또는 징역 1년 형의 선고유예에서 벌금 40,000,000원 형의 선고유예로 감경한 점에 비추어, 그 선고를 유예한 금 16,485,250원의 추징을 새로이 추가하였다고 하더라도, 전체적·실질적으로 볼 때 피고인에 대한 형이 제1심판결이나 환송 전 원심판결보다 불이익하게 변경되었다고 볼 수는 없다.

---

3. 구체적 고찰

(1) 실형의 선고

① 형량의 증가, 형의 추가, 중형으로의 변경

(가) 원칙 : 원판결과 동종의 형을 선고하면서 형량을 증가하거나 원심이 선고한 형에 다른 형을 추가하는 것(예 징역은 감경하면서 자격정지 추가), 원판결보다 중한 종류의 형으로 변경하는 것(예 구류→벌금)은 모두 불이익변경에 해당한다.

예 ① 징역 1년 6월, 집행유예 2년 → 징역 2년 6월, 집행유예 3년(79도2105) : 불이익변경, ② 무기징역 → 형법 제37조 후단 경합범을 인정하면서 무기징역과 징역 6월 선고(91도1945) : 불이익변경, ③ 징역 3년, 집행유예 5년 → 징역 8월, 집행유예 1년, 자격정지 1년(84도1958) : 불이익변경 [경찰채용 09 1차](다만, 이 경우 학설상 견해대립 있음)

(나) 징역에 벌금을 추가하는 경우

ㄱ 징역형의 형기를 그대로 유지하면서 벌금형을 추가하는 것 : 불이익변경이다(예 징역 2년 → 징역 2년, 벌금 1천만원).

ㄴ 징역형의 형기를 줄이면서 벌금형을 추가하는 것 : 반드시 불이익변경이라 할 수 없고 피고인에게 실질적 불이익을 초래하였는가를 고려하여 판단하여야 한다(예 징역 2년 → 징역 1년, 벌금 1천만원)(전술한 97도1716 전원합의체).

참고하기 형량의 증가, 다른 형의 추가, 중형 변경으로 불이익변경금지원칙에 위반된다는 판례

① 항소심-판시 1·3죄 벌금 7백만원, 2·4죄 벌금 2백만원 → (피고인만 상고, 상고심에서 파기환송) 환송 후 원심-각 죄 징역 1년에 집행유예 2년 및 사회봉사명령 80시간 : 환송 전 원심이 선고한 벌금형보다 무거운 징역형의 집행유예와 그 부가처분인 사회봉사명령을 선고한 것은 불이익변경금지원칙 위반(2005도8607). [해경 15 3차, 법원9급 20]

② 1심 –(살인미수) 징역 3년에 집행유예 5년 → 2심– (추가적으로 변경된 예비적 공소사실인 업무상 촉탁낙태죄만 인정) 징역 8월에 집행유예 1년, 자격정지 1년 병과 : 징역형은 제1심보다 감경되었으나 이에 자격정지형이 추가로 병과되었다면 제1심보다 중한 형이 선고되는 불이익변경이 있음(84도1958).

③ 구류를 선고한 1심판결을 파기하고 벌금을 선고(2003도3880)

참고하기 불이익변경금지원칙에 위반되지 않는다는 판례

① 1심 – 실체적 경합으로 징역 4년 → 2심– 형법 제37조 후단의 경합범이므로 1심판결을 파기하고 3개의 주문(징역 1년, 징역 1년, 징역 6월)으로 처단 : 주형에서 그 형기를 감축하고 있다면 주문이 3개로 나누어 선고되었다는 사실만으로 제1심판결보다 피고인에게 불이익하게 변경되었다고 할 수는 없다(대법원 1988.7.26, 88도936).

② 1심 –징역 5년 → 2심– 징역 4년, 벌금 1억 5천만원 : 비록 징역형은 감경되었더라도 벌금형이 새로이 추가되어 불변금 위반으로 보았다가(대법원 1993.12.10, 93도2711), 98년 97도1716 전합 판례에 의하여 폐기된 판례(주형이 감경되었다면 보다 경한 재산형·부가형이 추가되어도 불이익변경이라 할 수는 없음)

③ 1심 –징역 1년 6월에 집행유예 3년 → 환송 전 원심– 징역 1년 형의 선고유예 → 환송 후 원심–벌금 40,000,000원 형과 금 16,485,250원 추징의 선고를 모두 유예(대법원 1998.3.26, 97도1716 전원합의체) [국가9급 15]

④ 벌금형을 선고한 즉결심판 → 벌금형의 환형유치기간보다 더 긴 구류형을 선고 : 불이익변경금지원칙에 위배된다고 할 수 없음 (대법원 1999.1.15, 98도2550) [경찰승진 12]

---

② **징역형과 금고형** : 징역형과 금고형 간의 경중은 형법 제50조에 의하여 해결한다. 따라서 징역형을 금고형으로 변경하면서 형기를 높이는 것은 불이익변경이지만, 금고형을 징역형으로 변경하면서 형기를 단축하는 것은 불이익변경이 아니다. 다만, 금고형을 동일한 형기의 징역형으로 변경하는 것은 불이익변경이다.

③ **자유형과 벌금형**

(가) 벌금형을 자유형으로 변경하는 것 : 불이익변경에 해당한다.

(나) 자유형을 벌금형으로 변경하였는데 노역장유치기간이 장기인 경우 : 자유형을 벌금형으로 변경하면서 벌금형에 대한 노역장유치기간이 자유형을 초과하는 경우(예 징역 6월을 벌금 2천만원으로 변경하면서 금 10만원을 1일로 환산하니 노역장유치기간이 200일이 된 경우) 불이익변경에 해당하는가에 대해서는 견해의 대립이 있으나, 노역장유치는 벌금형의 특수한 집행방법에 불과하므로 전체적으로 볼 때에는 **불이익변경에 해당하지 아니한다**(다수설·판례). [법원9급 06, 국가9급 05, 경찰승진 10, 경찰채용 08 3차/10 1차/11 2차]

(다) 벌금액은 동일하나 노역장유치기간이 길어진 경우 : ⊙ 불이익변경에 해당한다(대법원 1976.11.23, 76도3161). [법원9급 13] 다만, ⓛ **징역형의 형기가 단축**되었다면(예 징역 1년 및 벌금 5백만원, 노역장유치 1일 2만원 → 징역 10월 및 벌금 5백만원, 노역장유치 1일 금 1만원) 전체적으로 불이익변경에 해당하지 않을 수 있다(대법원 1996.1.11, 93도2894). [법원9급 13]

(라) 벌금액이 감경되면서 노역장유치기간이 길어진 경우 : 불이익변경인가에 대해서는 견해의 대립이 있으나, 판례에 의하면 불이익변경이 아니다(예 벌금 1천만원에 금 10만원을 1일로 환산한 기간–100일 → 벌금 800만원에 금 5만원을 1일로 환산한 기간–160일)(대법원 1977.9.13, 77도2114; 1981.10.24, 80도2325; 2000.11.24, 2000도3945). [경찰승진 10]

(마) 벌금형이 감경되고 노역장유치기간도 줄었으나 노역장유치 환산 기준금액이 낮아진 경우 : 벌금형이 감경되고 그 벌금형에 대한 노역장유치기간도 줄어든 경우라면 노역장유치 환산의 기준금액이 낮아졌다 하여도 **불이익변경에 해당하지 아니한다**(예 벌금 1억 5천만원에 금 15만원을 1일로 환산한 기간– 1,000일 → 벌금 39,800,000원에 금 50,000원을 1일로 환산 –796일– 한 경우)(대법원 2000.11.24, 2000도3945). [법원9급 12, 국가9급 14, 경찰간부 14, 경찰승진 10, 해경 15 3차]

④ **부정기형과 정기형** : 원심이 선고한 부정기형을 상소심이 정기형으로 변경하는 경우에 **부정기형의 단기를 기준**으로 형의 경중을 판단하여야 한다는 것이 종래 판례의 입장이었으나(최단기형기준설, 대법원 1959.8.21, 4292형상242; 1969.3.18, 69도114) [법원9급 09, 국가7급 08, 국가9급 14], 2020년 10월 대법원 전원합의체 판결에 의하여 **부정기형의 장기와 단기의 중간형**을 기준으로 판단하여야 한다는 '**중간형기준설**'로 입장이 변경되었다.

PART **05** 상소·비상구제절차·특별절차

대법원 2020.10.22, 2020도4140 전원합의체

부정기형과 정기형의 형의 경중의 비교

(제1심판결 시 소년에 해당하여 부정기형을 선고받은 피고인만이 항소한 항소심에서 피고인이 성년에 이르러 항소심이 제1심판결을 파기하고 정기형을 선고하여야 하는 경우, 항소심은 불이익변경금지 원칙에 따라 제1심에서 선고한 부정기형보다 중한 정기형을 선고할 수 없는데, 이때 항소심이 선고할 수 있는 정기형의 상한은 ① 부정기형의 단기형인가, ② 부정기형의 장기와 단기의 중간형인가의 문제) 부정기형은 장기와 단기라는 폭의 형태를 가지는 양형인 반면 정기형은 점의 형태를 가지는 양형이므로 불이익변경금지 원칙의 적용과 관련하여 양자 사이의 형의 경중을 단순히 비교할 수 없는 특수한 상황이 발생한다. 결국 피고인이 항소심 선고 이전에 19세에 도달하여 부정기형을 정기형으로 변경해야 할 경우 불이익변경금지 원칙에 반하지 않는 정기형을 정하는 것은 부정기형과 실질적으로 동등하다고 평가될 수 있는 정기형이 부정기형의 장기와 단기 사이의 어느 지점에 존재하는지를 특정하는 문제로 귀결된다. 형벌은 책임에 기초하고 그 책임에 비례하여야 한다는 책임주의 원칙과 상소심에서 실질적으로 불이익한 형을 선고받을 수 있다는 우려로 인하여 상소권의 행사가 위축되는 것을 방지하기 위해 채택된 불이익변경금지 원칙은 형사법의 대원칙이다. 이 사건 쟁점은 부정기형의 단기부터 장기에 이르는 수많은 형 중 어느 정도의 형이 책임주의 원칙과 불이익변경금지 원칙의 제도적 취지 사이에서 조화를 이룰 수 있는 적절한 기준이 될 수 있는지, 즉 항소심법원이 더 이상 소년법을 적용받을 수 없게 된 피고인에 대하여 책임주의 원칙에 따라 적절한 양형재량권을 행사하는 것을 과도하게 제한함으로써 피고인에게 부당한 이익을 부여하게 되는 결과를 방지하면서도, 피고인만이 항소한 사건에서 제1심법원이 선고한 부정기형보다 중한 형이 선고될 위험으로 인해 상소권의 행사가 위축되는 것을 방지할 수 있는 기준이 될 수 있는지를 정하는 '정도'의 문제이지, 부정기형의 장기와 단기 중 어느 하나를 택일적으로 선택하여 이를 정기형의 상한으로 정하는 문제가 아니다. 부정기형을 정기형으로 변경할 때 불이익변경금지 원칙의 위반 여부는 부정기형의 장기와 단기의 '중간형'을 기준으로 삼는 것이 부정기형의 장기 또는 단기를 기준으로 삼는 것보다 상대적으로 우월한 기준으로 평가될 수 있음은 분명하다고 볼 수 있다.

보충 살인죄 및 사체유기죄를 범한 피고인이 제1심판결 시 소년에 해당하여 징역 장기 15년, 단기 7년의 부정기형을 선고받았고, 피고인만이 항소를 하였는데 피고인이 항소심에 이르러 성년에 이르러 항소심(원심)이 부정기형을 선고한 제1심판결을 파기하고 정기형을 선고한 사안으로서, 원심은 부정기형의 단기를 정기형과 비교하여 불이익변경금지 원칙 위반여부를 판단해야 한다는 종전 대법원 판례에 따라 피고인에 대하여 7년을 초과하는 형을 선고할 수 없다는 이유로 피고인에 대하여 징역 7년을 선고하였으나, 대법원은 판례를 변경하여 이러한 경우 부정기형과 실질적으로 동등하다고 평가될 수 있는 정기형으로서 항소심이 선고할 수 있는 정기형의 상한은 부정기형의 장기와 단기의 정중앙에 해당하는 중간형이므로 중간형을 기준으로 삼아 불이익변경금지 원칙 위반 여부를 판단해야 하고, 그렇다면 원심은 징역 11년(= 장기 15년 + 단기 7년/2)까지를 선고할 수 있었다는 이유로 원심에 불이익변경금지 원칙에 대한 법리를 오해하여 판결에 영향을 미친 잘못이 있다고 판단하여 원심판결 중 피고인에 대한 부분을 파기하였다.

(2) 집행유예 · 선고유예 · 형집행면제

① 집행유예

(가) 집행유예의 배제 : 자유형의 집행유예판결에 대하여 집행유예를 배제하는 것은 당연히 불이익변경이다. 나아가 **자유형을 줄이면서 집행유예를 배제하는 것도 역시 불이익변경**에 해당한다(대법원 1965.12.10, 65도826 전원합의체; 1970.3.24, 70도33; 1986.3.25, 86모2). [법원9급 10/11, 경찰채용 10 1차] 예 ① 징역 1년, 집행유예 3년 → 징역 1년 : 불이익변경, ② 징역 1년, 집행유예 3년 → 징역 10월 : 불이익변경 [경찰채용 05 3차]

(나) 집행유예기간의 연장

㉠ 원칙 : 자유형의 집행유예판결에 대하여 그 **유예기간을 연장하는 것은 불이익변경**이다(예 징역 1년, 집행유예 2년 → 징역 1년, 집행유예 3년)(대법원 1983.10.11, 83도2034). [법원9급 10, 경찰채용 10 1차]

㉡ 예외 : 자유형의 집행유예판결에 대하여 **형기를 단축하면서 집행유예기간을 연장**하는 것은 형의 자체가 경하게 되므로 불이익변경에 해당하지 않는다. 또한 **징역형의 집행유예판결에 대하여 징역을 같은 기간의 금고로 바꾸면서 집행유예기간을 연장하는 것도 불이익변경이라 볼 수는 없다.** 예 ① 징역 1년, 집행유예 1년 → 징역 6월, 집행유예 1년 6월 : 불이익변경 아님, ② 징역 1년, 집행유예 2년 → 금고 1년, 집행유예 3년 : 불이익변경 아님.

(다) 집행유예의 추가

㉠ 원칙 : 자유형은 그대로 유지하면서(또는 줄이면서) 집행유예만 추가되는 것(예 징역 1년 → 징역 1년, 집행유예 2년)은 불이익변경이 아니다.

㉡ 예외 : **자유형을 늘리면서 집행유예를 추가**하는 것은 불이익변경에 해당한다. [국가9급 10] 집행유예

가 취소·실효되는 경우도 고려해야 하기 때문이다. 예 ① 징역 1년 → 징역 2년, 집행유예 3년 : 불이익변경 [경찰승진 03], ② 징역 6월 → 징역 8월, 집행유예 2년 : 불이익변경(대법원 1966.12.8, 66도1319 전원합의체) [법원9급 11]

  ⓒ 금고를 징역으로 바꾸면서 집행유예를 추가한 경우 : **형기의 변경 없이 금고형을 징역형으로 바꾸면서 집행유예를 붙이는 것**(예 금고 6월 → 징역 6월, 집행유예 1년)은 불이익변경에 해당하지 아니한다 (대법원 2013.12.12, 2013도6608).

대법원 2013.12.12, 2013도6608 [국가7급 22]

불이익변경금지의 원칙을 적용함에 있어서는 주문을 개별적·형식적으로 고찰할 것이 아니라 전체적·실질적으로 고찰하여 그 형의 경중을 판단하여야 하고, 이때 선고된 형이 피고인에게 불이익하게 변경되었는지에 관한 판단은 형법상 형의 경중을 일응의 기준으로 하되, 병과형이나 부가형, 집행유예, 노역장 유치기간 등 주문 전체를 고려하여 피고인에게 실질적으로 불이익한가의 여부에 의하여 판단하여야 할 것이다(대법원 1998.3.26, 97도1716 전원합의체; 2004.11.11, 2004도6784 등). 한편 대법원 1976.1.27. 선고 75도1543 판결은, 제1심이 피고인에게 금고 6월을 선고한 데 대하여 피고인만이 항소하였음에도 불구하고 원심이 제1심판결을 파기하고 피고인에 대하여 징역 6월에 집행유예 1년을 선고한 것은 피고인에게 불이익하게 변경되었다고 보아야 한다고 판시한 바 있으나, 이는 형기의 변경 없이 집행유예가 선고된 사정을 전체적·실질적으로 고찰하지 않았다는 점에서 대법원 1998.3.26. 선고 97도1716 전원합의체 판결의 취지에 반하는 것임이 분명하므로, 이미 위 전원합의체 판결에 의해서 대법원 1967.11.21. 선고 67도1185 판결과 대법원 1993.12.10. 선고 93도2711 판결 등이 폐기될 때 함께 폐기된 것으로 봄이 상당하다.

보충 [형법공부하는 독자들만 볼 것] 피고인에게 금고 5월의 실형을 선고한 제1심판결에 대해 피고인만이 항소하였는데, 원심이 제1심과 마찬가지로 유죄를 인정하여 甲죄에 대하여는 금고형을, 乙죄와 丙죄에 대하여는 징역형을 선택한 후 각 죄를 형법 제37조 전단 경합범으로 처벌하면서 피고인에게 금고 5월, 집행유예 2년, 보호관찰 및 40시간의 수강명령을 선고한 경우, 금고형과 징역형을 선택하여 경합범 가중을 하는 경우에는 형법 제38조 제2항에 따라 금고형과 징역형을 동종의 형으로 간주하여 징역형으로 처벌하여야 하고, 형기의 변경 없이 금고형을 징역형으로 바꾸어 집행유예를 선고하더라도 불이익변경금지원칙에 위배되지 않는데도, 제1심판결을 파기하면서 제1심의 위법을 시정하지 아니한 원심판결에는 경합범 가중에 관한 법리오해의 잘못이 있다.

    ⓓ 징역형에 집행유예를 추가하면서 벌금형을 병과하거나 벌금액을 높인 경우 : 집행유예의 실효·취소 가능성, 벌금미납시 노역장유치 가능성과 그 기간 등을 고려하여 **불이익변경에 해당할 수 있다.** 예 ① 징역 1년 6월, 추징 → 징역 1년 6월, 집행유예 3년, 벌금 5천만원, 추징 : 불이익변경(대법원 2013.12.12, 2012도7198 [법원9급 21]), ② 징역 2년 6월, 벌금 300만원 → 징역 2년 6월, 집행유예 3년, 벌금 1,000만원 : 불이익변경

  (라) 자유형의 집행유예에서 벌금형으로의 변경 : 징역형의 집행유예가 벌금형에 비하여 반드시 경한 처벌이라고 할 수 없으므로 [국가9급 13], **자유형의 집행유예판결을 벌금형으로 변경하는 것은 불이익변경이 아니다**(대법원 1966.9.27, 66도1026; 1990.9.25, 90도1534). 예 징역 1년, 집행유예 2년 → 벌금 1천만원 : 불이익변경 아님 [법원9급 10, 경찰승진 03]

② 선고유예

  (가) 자유형의 선고유예에서 벌금형으로의 변경 : **불이익변경에 해당**한다(대법원 1966.4.6, 65도1261; 1966.9.27, 66도1081; 1984.10.10, 84도1489; 1999.11.26, 99도3776). [법원9급 13, 국가9급 16, 교정9급특채 12, 경찰간부 12, 경찰채용 11 2차, 경찰특채 09, 해경 15 3차] 선고유예는 현실적으로 형이 선고된 것이 아니고 선고유예기간(2년)을 경과하면 면소된 것으로 간주되나, 벌금형은 형선고판결에 의하여 벌금이 내려진 경우이므로 그 집행을 면할 수 없기 때문이다.

  (나) 징역형의 실형 및 벌금형 선고유예에서 징역형의 집행유예 및 벌금형의 실형으로의 변경 : 1심에서는 징역과 벌금형의 선고유예, 추징을 선고받았는데, 항소심에서 1심의 징역형에 대하여 집행유예를 하고 1심에서 선고를 유예한 벌금형·추징형을 선고·병과한 것은 **불이익변경이 아니다**(예 징역 2년 6월, 벌금 1,500만원의 선고유예, 11,461,400원 추징 → 징역 2년 6월의 집행유예 4년, 벌금 1,000만원, 11,461,400원 추징)(대법원 1976.10.12, 74도1785). [경찰채용 09 1차] 징역형의 집행유예로 인한 이익이 벌금납부·추징으로 인한 불이익보다 크기 때문이다.

③ 형집행면제와 형집행유예 : 형의 집행면제를 집행유예로 변경하는 것은 불이익변경에 해당하지 않는다(예

징역 1년의 집행면제 → 징역 8월, 집행유예 2년 : 불이익변경 아님 [경찰채용 05 3차]). [경찰승진 10] 형집행면제는 형의 집행만을 면제하는 것이나, 집행유예는 그 기간의 경과로 인하여 형 선고의 효력이 상실되기 때문이다.

(3) 몰수·추징·미결구금일수산입·압수물환부

① 몰수·추징

(가) 몰수·추징의 추가, 추징액의 인상 : 자유형은 동일하지만 몰수·추징을 추가하거나(圆 징역 8월, 집행유예 2년 → 징역 8월, 집행유예 2년, 압수물 몰수) 추징액을 늘리는 것은 불이익변경에 해당한다. [법원9급 13]

(나) 주형을 감경하면서 몰수·추징 추가 내지 추징액의 인상 : 주형인 자유형을 경하게 하면서 몰수·추징을 추가하거나 추징액을 증가시키는 것의 불이익변경 해당 여부에 대해서는 견해가 대립하나(긍정설, 부정설, 실질설) 전체적·실질적으로 고찰하여야 하므로 **불이익변경이 아닌 경우**로 볼 수 있다(실질설). [법원9급 12] 圆 ① 징역을 줄이면서 추징액을 증액 : 불이익변경 아님(대법원 1977.3.22, 77도67; 1998.5.12, 96도2850), ② 1심 : 징역 1년 6월, 집행유예 3년 → 2심 : 징역 1년의 선고유예 → 환송 후 원심 : 벌금 4천만원 및 금 16,485,250원 모두의 선고유예 : 불이익변경 아님(전술한 97도1716 전원합의체) [국가9급 15]

(다) 벌금액을 줄이면서 추징액을 늘린 경우 : (실질설에 의해) 벌금액과 추징액의 합계를 원판결과 비교하여 불이익변경의 여부를 결정해야 한다. 圆 벌금 20만원 → 벌금 10만원, 7만원 상당 물건의 몰수 : 불이익변경 아님

(라) 몰수와 추징 : **추징을 몰수로 변경하는 것은 불이익변경에 해당하지 않는다**(대법원 2006.10.28, 2005도5822). [국가7급 08, 국가9급 09, 해경간부 12, 경찰승진 09/11, 경찰채용 09 1차]

② 미결구금일수의 산입 : 종래에는 미결구금일수의 산입이 재정산입으로서 전부 또는 일부의 산입이었으나 헌법재판소의 위헌결정(헌법재판소 2009.6.25, 2007헌바25)에 의하여 현행형법은 **미결구금일수는 무조건 전부산입**하도록 규정하고 있다(2014.12.30. 개정형법 제57조 제1항). 따라서 종래에는 미결구금일수는 1심보다 줄인다 하더라도 원심의 주형이 1심보다 가벼워져 전체적으로 줄어들게 된다면 불이익변경에 해당하지 아니한다는 판례(대법원 1994.2.8, 93도2563) [법원9급 12, 경찰승진 10, 경찰채용 10 1차]도 있었으나, 이제는 이 부분에서 불이익변경금지원칙 위반 여부의 문제가 발생할 여지는 거의 없다.

③ 압수물의 환부 : 압수한 서류 또는 물건에 대하여 몰수의 선고가 없는 때에는 압수를 해제한 것으로 간주한다(몰수선고 없는 경우의 환부간주, 제332조). 이때 압수한 장물로서 피해자에게 환부할 이유가 명백한 것은 판결로써 피해자에게 환부하는 선고를 하여야 한다(압수장물에 대한 피해자환부선고, 제333조 제1항). 상소심이 주형에서 그 형기를 감축하고 제1심판결이 선고하지 아니한 압수장물을 피해자에게 환부하는 선고를 추가하였더라도 불이익변경이라 할 수 없다(대법원 1990.4.10, 90도16). [국가9급 16]

(4) 보안처분 : ① 보안처분은 주형인 자유형보다는 원칙적으로 경한 처분이므로, 원판결에서 선고된 치료감호를 징역형으로 변경하는 것은 불이익변경에 해당한다. [경찰채용 09 1차] 구체적으로, ② 주형은 동일한데 보안처분이 추가되거나 보안처분의 기간이 늘어난 것은 불이익변경에 해당하고, ③ 주형을 감축하면서 보안처분의 기간이 늘어난 경우는 불이익변경에 해당하지 아니한다.

🔨 **판례연구** 보안처분과 불이익변경금지원칙 관련판례

1. 대법원 2018.10.25, 2018도13367

개정 아청법상 취업제한과 불이익변경금지

피고인은 구 아동·청소년의 성보호에 관한 법률(이하 '아청법') 제56조 제1항에 따라 취업제한을 받는 사람으로서 개정법 시행 전에 징역 5년을 선고한 제1심판결이 확정될 경우 별도의 취업제한 명령의 선고가 없더라도 개정법 부칙 제4조 또는 제5조의 특례 규정에 따라 아동·청소년 관련기관 등에 5년간 취업이 제한되는데, 이러한 특례 규정은 예외 없이 일률적으로 10년간 취업제한의 효력이 당연히 발생하는 구 아청법 규정보다 피고인에게 유리하므로[1], 원심이 개정법 부칙 제3조에 따라 개정규정

---

1) [보충] 헌법재판소는 성범죄 전력에 기초하여 어떠한 예외도 없이 일률적으로 10년의 취업제한을 부과한 종전 규정이 직업선택의 자유를 침해한다고 위헌결정을 하였다(헌법재판소 2016.3.31, 선고 2013헌마585, 786, 2013헌바394, 2015헌마199, 1034, 1107 전원재판부 결정, 헌법재판소 2016.4.28, 선고 2015헌마98 전원재판부 결정, 헌법재판소 2016.7.28, 선고 2013헌마436 전원재판부 결정, 헌법재판소 2016.10.27, 선고 2014헌마709 전원재판부 결정 등 참조). 이에 따라 2018.1.16. 법률 제15352호로 개정된 아동·청소년의 성보호에 관한 법률 제56조 제1항에 따르면, 법원은 성범죄로

을 적용하여 피고인에게 제1심과 동일한 형을 선고하면서 동시에 5년간의 취업제한 명령을 선고하였지만 제1심판결을 그대로 유지하는 것보다 피고인에게 특별히 신분상의 불이익이 없어 불이익변경금지원칙에 반하지 않는다고 하여야 한다.

2. 대법원 2019.10.17, 2019도11609

장애인복지시설 취업제한명령과 불이익변경금지원칙 1

2018.12.11. 법률 제15904호로 개정되어 2019.6.12. 시행된 장애인복지법(이하 '개정법')의 시행 전에 아동·청소년 대상 성범죄를 범한 피고인에 대하여, 제1심이 개정법 시행일 이전에 유죄를 인정하여 징역 7년과 80시간의 성폭력 치료프로그램 이수명령, 아동·청소년 관련기관 등에 10년간의 취업제한명령을 선고하였고, 이에 대하여 피고인만이 양형부당으로 항소하였는데, 개정법 시행일 이후에 판결을 선고한 원심이 제1심판결을 직권으로 파기하고 유죄를 인정하면서 제1심보다 가벼운 징역 6년과 80시간의 성폭력 치료프로그램 이수명령, 아동·청소년 관련기관 등에 10년간의 취업제한명령과 함께 개정법 부칙 제2조와 개정법 제59조의3 제1항 본문에 따라 장애인복지시설에 10년간의 취업제한명령을 선고한 경우, 제1심판결이 항소제기 없이 그대로 확정되었다면 개정법 부칙 제3조 제1항 제1호의 특례 규정에 따라 피고인은 5년간 장애인복지시설에 대한 취업이 제한되었을 것인데, 원심은 제1심이 선고한 징역형을 1년 단축하면서 제1심판결이 그대로 확정되었을 경우보다 더 긴 기간 동안 장애인복지시설에 대한 취업제한을 명한 것이므로 원심판결이 제1심판결보다 전체적·실질적으로 피고인에게 더 불이익한 판결이라고 할 수 없다.

3. 대법원 2019.10.17, 2019도11540 [경찰채용 21 1차]

장애인복지시설 취업제한명령과 불이익변경금지원칙 2

원심이 제1심판결에서 정한 형과 동일한 형을 선고하면서 제1심에서 정한 취업제한기간보다 더 긴 취업제한명령을 부가하는 것은 전체적·실질적으로 피고인에게 불리하게 변경한 것이므로, 피고인만이 항소한 경우에는 허용되지 않는다.

참고하기 불이익변경금지원칙에 위반된다는 판례

① 1심 판결에서 치료감호만 선고되고 피고인만 항소한 경우 항소심이 이를 징역형으로 변경(대법원 1983.6.14, 83도765)
② 전자장치법상 전자장치 부착명령기간만 장기로 부과(대법원 2014.3.27, 2013도9666 · 2013전도199) [경찰간부 16]
③ 동일한 벌금형을 선고하면서 성폭력 치료프로그램 이수명령을 병과(대법원 2012.9.27, 2012도8736; 2014.8.20, 2014도3390; 2015.9.15, 2015도11362)

참고하기 불이익변경금지원칙에 위반되지 않는다는 판례

① 형기를 단축하고 전자장치 부착기간만을 장기로 함(징역 15년 및 부착명령 5년 → 징역 9년, 공개명령 5년, 부착명령 6년)(대법원 2011.4.14, 2010도16939 · 2010전도159) [국가7급 13, 경찰간부 12/14, 경찰채용 12/13 1차]
② 항소심에서 처음 청구된 검사의 부착명령에 기하여 부착명령을 선고(대법원 2010.11.25, 2010도9013 · 2010전도60) [경찰채용 12 1차]
③ 징역 장기 7년, 단기 5년 및 부착명령 5년을 선고한 제1심판결을 파기한 후 징역 장기 5년, 단기 3년 및 부착명령 20년을 선고한 항소심판결(대법원 2010.11.11, 2010도7955 · 2010전도46) [법원9급 12, 경찰승진 12]

📚 사례문제

甲(1994.4.15.생)은 2011.6.15. 서울중앙지방법원에서 폭처법 위반(집단흉기등상해)죄로 징역 1년에 집행유예 2년을 선고받아 2011.6.22. 판결이 확정되었다.

甲은 19세 미만이던 2013.2.1. 11:00경 피해자(여, 55세)가 현금인출기에서 돈을 인출하여 가방에 넣고 나오는 것을 발견하고 오토바이를 타고 피해자를 뒤따라가 인적이 드문 골목길에 이르러 속칭 '날치기'수법으로 손가방만 살짝 채어 갈 생각으로 피해자의 손가방을 순간적으로 낚아채어 도망을 갔다. 甲이 손가방을 낚아채는 순간 피해자가 넘어져 2주간의 치료가 필요한 상해를 입었다.

甲은 같은 날 22:30경 주택가를 배회하던 중 주차된 자동차를 발견하고 물건을 훔칠 생각으로 자동차의 유리창을 통하여 그 내부를 손전등으로 비추어 보다가 순찰 중이던 경찰관에게 검거되었다. 당시 甲은 절도 범행이 발각되었을 경우 체포를 면탈하는 데 도움이 될 수 있을 것이라는 생각에서 등산용 칼과 포장용 테이프를 휴대하고 있었다.

검사는 2013.2.15. 甲을 강도치상, 절도미수, 강도예비로 기소하였고 재판 도중에 강도예비를 주위적 공소사실로, 폭처법 제7조 위반을 예비적 공소사실로 공소장변경을 신청하였다.

형 또는 치료감호를 선고하는 경우에는 그 형 또는 치료감호의 전부 또는 일부의 집행을 판결로 종료하거나 집행이 유예·면제된 날부터 일정 기간 동안 아동·청소년 관련기관 등을 운영하거나 아동·청소년 관련기관 등에 취업 또는 사실상 노무를 제공할 수 없도록 하는 명령(취업제한 명령)을 성범죄 사건의 판결과 동시에 선고하여야 한다고 정하면서, 다만 재범의 위험성이 현저히 낮은 경우, 그밖에 취업을 제한해서는 안 되는 특별한 사정이 있다고 판단하는 경우에는 취업제한 명령을 선고하지 않을 수 있는 예외를 인정하였다.

제1심법원은 2013.3.29. 유죄 부분에 대하여 징역 단기 2년, 장기 4년을 선고하였다.
이에 대하여 甲만 항소하였는데, 항소심법원은 2013.6.28. 판결을 선고하였다. [변호사 14]

문제1 甲에게 강도치상죄를 인정하지 않고 절도죄를 인정한 법원의 결론이 맞다면 법원은 판결이유에서 강도치상의 점이 무죄임을
판단하여야 한다.

→ (○) 일죄의 일부(축소사실)에 대해서만 유죄로 인정되는 경우에 주문에는 원칙적으로 유죄부분만 표시하고 무죄부분은 판결이유에서
표시한다.

문제2 항소심법원이 甲에게 정기형을 선고하여야 한다는 결론이 맞다면 제1심법원에서 선고된 정기형보다 낮은 징역 3년을 선고하는
것은 불이익변경금지의 원칙에 반하지 않는다.

→ (○) 중간형기준설에 따라 징역 3년을 선고하는 것은 불이익변경금지원칙에 반하지 않는다(대법원 2020.10.22. 2020도4140 전원합의체).

---

07 파기판결의 기속력

I 의의 및 인정취지

1. 의 의

(1) 개념 : 파기판결(破棄判決)의 기속력(羈束力, 구속력 拘束力)이란 상소심이 원판결을 파기하여 환송 또는 이송
한 경우에 상급심의 판단이 당해 사건에 관하여 환송 또는 이송받은 하급심을 구속하는 효력을 말한다.[1]

(2) 근거 : 법원조직법 제8조는 "**상급법원의 재판에 있어서의 판단은 당해 사건에 관하여 하급심을 기속한다**"라고
규정하여 이를 명문으로 인정하고 있다.

2. 인정취지

파기판결의 기속력은 하급법원이 상급법원의 판단에 따르지 않을 때에는 사건의 종국적인 해결이 불가능
하게 된다는 문제점을 해결함으로써 심급제도의 본질(내지 기능)을 유지하기 위한 정책적 이유에서 인정된
장치이다.

II 법적 성질

파기판결의 기속력의 법적 성질에 대해서는 ① 중간판결설, ② 기판력설(차/최), ③ 특수효력설(통설)의 대립
이 있으나,[2] 사건이 심급 간에 무한히 반복하는 것을 방지함으로써 심급제도를 유지하기 위한 정책적 근거에
서 인정된 특수한 효력이라는 견해가 타당하다.

III 기속력의 범위

1. 기속력이 발생하는 재판

(1) 상소심의 파기판결 : 구속력이 발생하는 재판은 상소심의 파기판결이다. 상소심은 항소심[3] · 상고심을 불문하

---

1) [참고 – 재판의 구속력과의 구별] 파기판결의 기속력은 상급법원의 파기판결이 하급법원을 구속하는 효력이지만, (판결선고 등 재판의 외부적 성
립에 의한) 재판의 구속력은 재판을 행한 법원이 스스로 그 재판을 철회 · 변경할 수 없는 효력으로써 당해 법원에 대한 효력이다(cf. 재판의 구속
력은 확정재판의 내용적 확정력의 외부적 효과인 내용적 구속력과는 다름).

2) [보충 – 파기판결의 기속력의 법적 성질] ① 중간판결설 : 상급법원의 파기판결을 일종의 중간판결로 보아 파기판결의 기속력 또한 중간판결의 효
력으로 파악하므로 환송 · 이송을 받은 하급심의 심리는 환송 · 이송판결을 행한 상급심절차의 속행이 된다는 견해이다. ② 기판력설 : 상급법원의
환송 · 이송판결이 확정될 때 발생하는 확정판결의 기판력으로 보아 하급심뿐만 아니라 파기판결을 행한 법원 나아가 그 상급심도 기속된다는 견
해이다(차/최). ③ 특수효력설 : 파기판결의 기속력은 심급제도의 합리적 유지를 위하여 마련된 특수한 효력으로 보는 입장이다(통설). ④ 결론 :
㉠ 파기판결도 종국판결이라는 점, 환송 후 절차를 상급심절차의 속행으로 보는 것은 심급제도에 반한다는 점에서 중간판결설은 타당하지 않으
며, ㉡ 확정판결의 기판력은 확정된 전소가 있을 때 동일사건에 대한 후소를 금지하는 효력인 데 비해, 파기판결의 기속력은 동일사건에 대한
소송계속 중 심급 간에 발생하는 구속력이라는 점에서 기판력설도 타당하지 않다. 결론적으로 특수효력설이 타당하다.

3) [참고] 우리 형사소송법상 항소심의 재판은 파기자판이 원칙이므로(제364조 제6항), 항소법원의 파기판결이 기속력을 가지는 경우는 흔하지 않
다. 동지 : 신동운, 1586면.

고, 파기판결은 파기환송판결·파기이송판결을 불문한다. [법원행시 02]

(2) 파기결정 : 재항고심에서도 파기환송 또는 파기이송이 허용되므로 파기판결의 기속력은 파기판결뿐만 아니라 원심결정에 대한 파기결정도 포함된다.

2. 기속력이 미치는 법원

(1) 당해 사건의 하급법원 : 파기판결은 당해 사건의 **하급심을 기속**한다. 상고심이 제2심판결을 파기하고 제1심에 환송한 후 제1심재판에 대하여 다시 항소한 경우에 제2심법원인 항소심도 당해 사건의 하급심이므로 상고심의 판단에 구속된다. [법원행시 02]

(2) 파기한 상급법원(파기환송판결의 자기기속력) : ① 파기판결은 **파기판결을 한 상급법원 자신까지도 기속**한다 (원칙 : 환송판결의 자기기속력 인정). [경찰채용 12차] 상급법원의 판단에 따른 하급심판결을 위법하다고 할 수 없고 변경을 허용할 경우에는 불필요한 절차가 반복될 우려가 있기 때문이다. [법원9급 13, 국가9급 15] 다만 예외적으로, ② **대법원 전원합의체**는 종전에 대법원에서 판시한 법령의 해석적용에 관한 의견을 스스로 변경할 수 있으므로(법조 제7조 제1항 제3호) 종전에 행한 대법원 환송판결의 법률상 판단을 변경할 필요가 있다고 인정한 경우에는 **재상고심의 전원합의체에 대해서 환송판결의 기속력이 미치지 아니한다**(예외 : 대법원 전원합의체는 환송판결의 자기기속력 부정).

🔨 **판례연구** 파기판결을 행한 상급법원 자신에 대한 파기판결의 기속력

1. 대법원 2008.2.28, 2007도5987; 1983.4.18, 83도383; 1985.7.9, 85도263; 1986.6.10, 85도1996; 1987.4.28, 87도294; 2006.1.26, 2004도517 [법원9급 13, 국가9급 15]

파기환송을 받은 법원은 환송판결이 파기이유로 삼은 사실상 및 법률상의 판단에 기속되는 것이고, 그에 따라 판단한 판결에 대하여 다시 상고를 한 경우에 그 상고사건을 재판하는 상고법원도 앞서의 파기이유로 한 판단에 기속되므로 이를 변경하지 못하는 것이다. 그런데, 원심판결은 환송판결에서 인정한 그 판시와 같은 사정과 동일한 사정에 기초하여 피고인에게는 업무상 배임의 고의가 있었다고 판단하고 있는바, 위와 같은 판단은 환송판결의 파기이유에 따른 조치로서 정당하고, 이에 대해서는 그 상고사건을 다시 재판하는 당원으로서도 위 파기이유와 다른 판단을 할 수 없으므로, 결국 피고인에게 업무상 배임의 고의가 없었다는 이 부분 상고이유는 이유 없다.

2. 대법원 2001.3.15, 98두15597 전원합의체

환송판결의 기속력이 재상고심의 전원합의체에는 미치지 않는다는 사례

① 상고심으로부터 사건을 환송받은 법원은 그 사건을 재판함에 있어서 상고법원이 파기이유로 한 사실상 및 법률상의 판단에 대하여, 환송 후의 심리과정에서 새로운 주장이나 입증이 제출되어 기속적 판단의 기초가 된 사실관계에 변동이 생기지 아니하는 한 이에 기속을 받는다고 할 것이다(대법원 1988.3.8, 87다카1396; 1997.2.28, 95다49233; 1997.7.11, 97다14934 등). 또한 환송판결의 하급심법원에 대한 기속력을 절차적으로 담보하고 그 취지를 관철하기 위하여서는 원칙적으로 하급심법원뿐만 아니라 상고법원 자신도 동일 사건의 재상고심에서 환송판결의 법률상 판단에 기속된다고 할 것이다(대법원 1990.1.12, 88다카24622; 1995.8.22, 94다43078; 1997.6.13, 97다12150 등). 그러나 한편, ② 대법원은 법령의 정당한 해석적용과 그 통일을 주된 임무로 하는 최고법원이고, 대법원의 전원합의체는 종전에 대법원에서 판시한 법령의 해석적용에 관한 의견을 스스로 변경할 수 있는 것인바(법원조직법 제7조 제1항 제3호), 환송판결이 파기이유로 한 법률상 판단도 여기에서 말하는 '대법원에서 판시한 법령의 해석적용에 관한 의견'에 포함되는 것이므로 대법원의 전원합의체가 종전의 환송판결의 법률상 판단을 변경할 필요가 있다고 인정하는 경우에는, 그에 기속되지 아니하고 통상적인 법령의 해석적용에 관한 의견의 변경절차에 따라 이를 변경할 수 있다고 보아야 할 것이다. 환송판결이 한 법률상의 판단을 변경할 필요가 있음에도 불구하고 대법원의 전원합의체까지 이에 기속되어야 한다면, 그것은 전원합의체의 권능행사를 통하여 법령의 올바른 해석적용과 그 통일을 기하고 무엇이 정당한 법인가를 선언함으로써 사법적 정의를 실현하여야 할 임무가 있는 대법원이 자신의 책무를 스스로 포기하는 셈이 될 것이고, 그로 인하여 하급심법원을 비롯한 사법 전체가 심각한 혼란과 불안정에 빠질 수도 있을 것이며 소송경제에도 반하게 될 것임이 분명하다. 그리고 이와 같은 환송판결의 자기기속력의 부정은 법령의 해석적용에 관한 의견변경의 권능을 가진 대법원의 전원합의체에게만 그 권한이 주어지는 것이므로 그로 인하여 사건이 대법원과 원심법원을 여러 차례 왕복함으로써 사건의 종국적 해결이 지연될 위험도 없다고 할 것이다. 따라서 이와 달리 환송판결의 기속력이 재상고심의 전원합의체에까지도 예외 없이 미친다고 본 대법원 1981.2.24, 80다2029 전원합의체 판결 및 1995.5.23, 94재누18 판결 등의 견해는 이와 저촉되는 한도에서 변경하기로 한다.

(3) 파기한 법원의 상급법원 : 항소심의 파기판결에 상고심은 **구속되지 않는다**. 이를 인정하는 것은 법령해석의 통일을 위한 상고심의 기능에 반하기 때문이다. [법원행시 02, 경찰승진 03]

3. 기속력이 미치는 판단

(1) 법률판단과 사실판단

① 법률판단 : 법령해석의 통일이라는 관점에서 상급법원의 법령의 해석·적용에 대한 판단은 당연히 하급법원을 구속한다.

② 사실판단 : 사실오인을 상소이유로 하고 있는 현행법상 상급법원의 사실판단에 대해서도 파기판결의 구속력이 미친다. 예컨대, (1심 무죄, 2심 유죄 판결에 대해 상고심의) 파기환송 후 원심(2심)에서의 증인들의 각 증언 내용이 환송 전과 같은 취지여서 그들의 종전 진술을 재차 확인하는 정도에 그쳤고 그 외에 환송 후 원심에서 추가적인 증거조사가 이루어지지 않았다면, 환송 후의 심리 과정에서 새로운 증거가 제시되어 기속적 판단의 기초가 된 증거관계의 변동이 생긴 경우에 해당한다고 볼 수 없으므로, 환송 후 원심의 종전과 같은 사실판단(유죄판결)은 파기환송 판결의 기속력에 관한 법리를 위반한 위법이 있다(대법원 2009.4.9, 2008도10572).

대법원 1996.12.10, 95도830; 2004.4.9, 2004도340; 2009.4.9, 2008도10572 [경찰채용 12 1차]

법원조직법 제8조는 "상급법원의 재판에 있어서의 판단은 당해 사건에 관하여 하급심을 기속한다."라고 규정하고, 민사소송법 제436조 제2항 후문도 상고법원이 파기의 이유로 삼은 사실상 및 법률상의 판단은 하급심을 기속한다는 취지를 규정하고 있으며, 형사소송법에서는 이에 상응하는 명문의 규정은 없지만, 법률심을 원칙으로 하는 상고심은 형사소송법 제383조 또는 제384조에 의하여 사실인정에 관한 원심판결의 당부에 관하여 제한적으로 개입할 수 있는 것이므로 조리상 상고심판결의 파기이유가 된 사실상의 판단도 기속력을 가지는 것이며, 따라서 상고심으로부터 사건을 환송받은 법원은 그 사건을 재판함에 있어서 상고법원이 파기이유로 한 사실상 및 법률상의 판단에 대하여 환송 후의 심리과정에서 새로운 증거가 제시되어 기속적 판단의 기초가 된 증거관계에 변동이 생기지 않는 한 이에 기속된다 할 것이다.

---

(2) 소극적·부정적 판단과 적극적·긍정적 판단

① 소극적·부정적 판단 : 파기판결의 기속력은 파기의 직접적 이유가 된 원심판결의 **소극적·부정적 판단부분에 미친다**("…라고 인정한 것은 위법이다", "아니다", "안 된다" 판단에 기속됨)(통설·판례).

② 적극적·긍정적 판단 : 파기의 직접적 이유인 소극적·부정적 판단의 이면에 있는 상고심의 적극적·긍정적 사실판단("…라고 인정한 것에는 위법이 없다", "…라고 인정하여야 한다")이 하급심을 기속하는가에 대해서 견해가 대립하나,[1] 상고심은 원칙적으로 사후심이며 대법원이 스스로 파기자판을 하는 경우에도 소송기록과 원심법원 및 제1심법원이 조사한 증거만을 기초로 삼는 것이고(제396조 제1항), 파기환송 후 원심은 사실심으로서 새롭게 사실인정을 할 수 있다는 점에서 **상고심의 적극적·긍정적 판단부분은 구속력이 없다**(부정설 : 다수설·판례)(아니라고 한 것만 안 하면 됨).

🔨 **판례연구** 파기판결의 기속력이 미치는 판단은 소극적·부정적 판단에 한한다는 사례

1. 대법원 2004.4.9, 2004도340; 1984.9.11, 84도1339 [국가9급 15]

조리상 상고심판결의 파기이유가 된 사실상의 판단도 기속력을 가지는 것이며, 이 경우 파기판결의 기속력은 파기의 직접 이유가 된 원심판결에 대한 소극적인 부정 판단에 한하여 생긴다. 출판물에 의한 명예훼손의 공소사실을 유죄로 인정한 환송 전 원심판결에 위법이 있다고 한 파기환송판결의 사실판단의 기속력은 파기의 직접 이유가 된 환송 전 원심에 이르기까지 조사한 증거들만에 의하여서는 출판물명예훼손의 공소사실이 인정되지 아니한다는 소극적인 부정 판단에만 미치는 것이므로, 환송 후 원심에서 이 부분 공소사실이 형법 제307조 제2항의 명예훼손죄의 공소사실로 변경되었다면 환송 후 원심은 이에 대하여 새롭게 사실

---

1) **[보충-상급법원의 적극적·긍정적 판단의 기속력]** ① 긍정설 : 사실판단에 있어서 부정적 판단과 긍정적 판단은 일체불가분의 관계에 있으므로 필연적인 논리적 전제관계가 있는 적극적·긍정적 판단부분에도 기속력이 미친다는 견해이다(손/신, 이/조, 차/최). ② 부정설 : 적극적·긍정적 판단은 파기이유에 대한 근거에 불과하고 **환송 후 법원은 사실심으로서 새롭게 사실인정을 할 수 있는 재량권**이 있으므로 파기판결은 소극적·부정적 판단에만 기속력이 있고 적극적·긍정적 판단부분에는 기속력이 미치지 않는다는 견해이다(다수설·판례). ③ 결론 : 본서는 부정설을 따른다.

인정을 할 재량권을 가지게 되는 것이고 더 이상 파기환송판결이 한 사실판단에 기속될 필요는 없다(출판물명예훼손 인정 안 하고 명예훼손 인정한 것 ○).

2. **[유사판례] 대법원 2011.10.13, 2011도8478; 2012.5.10, 2012도2496**

상고심에서 상고이유 주장이 이유 없다고 판단되어 배척된 부분에 대하여 확정력이 발생하는 시기(= 상고심판결선고시) 및 위 부분에 대한 주장을 다시 상고이유로 삼을 수 있는지 여부(소극)

상고심에서 상고이유의 주장이 이유 없다고 판단되어 배척된 부분은 그 판결선고와 동시에 확정력이 발생하여 이 부분에 대하여 피고인은 더 이상 다툴 수 없고, 또한 환송받은 법원으로서도 이와 배치되는 판단을 할 수 없다고 할 것이므로, 피고인으로서는 더 이상 이 부분에 대한 주장을 상고이유로 삼을 수 없으며, 비록 환송 후 원심이 이 부분 범죄사실에 대하여 일부 증거조사를 한 바 있다 하더라도 이는 의미 없는 것에 지나지 않는다.

3. **대법원 2004.9.24, 2003도4781** [국가9급 15, 경찰채용 12 1차]

상고심으로부터 사건을 환송받은 법원은 그 사건을 재판함에 있어서 상고법원이 파기이유로 한 사실상 및 법률상의 판단에 대하여 환송 후의 심리과정에서 새로운 증거가 제시되어 기속적 판단의 기초가 된 증거관계에 변동이 생기지 않는 한 이에 기속된다. 몰수형 부분의 위법을 이유로 원심판결 전부가 파기환송된 후, 환송 후 원심이 주형을 변경한 조치는 환송판결의 기속력에 저촉된다고 볼 수 없다(몰수만 안 하면 됨).

(3) 경합범에 대한 판단(참고) : ① 상고심이 경합범관계에 있는 일부 범죄사실에 대하여 상고이유가 없다고 판단하면서 다른 범죄사실에 대해서는 상고이유를 인정하여 유죄 부분 전부를 파기한 경우, **상고이유가 없다고 판단된 부분에 대해서는 환송 후 법원이 이에 배치되는 판단을 할 수 없다.** 다만, ② 피고인이 상고이유로 삼지 아니한 부분에 대해 상고가 이유 없다고 따로 한 바 없다면 환송받은 법원은 그 부분에 대해 심리·판단하여 그 중 일부를 무죄로 선고하여도 위법이 아니라는 판례도 있다.

📌 판례연구 경합범 중 상고이유 없다고 판단한 부분(기속 ○) 및 상고이유 없다고 판단하지 아니한 부분 (기속 ×)

1. **대법원 2001.4.10, 2001도265; 2020.6.11, 2020도2883**

상고심에서 상고이유의 주장이 이유 없다고 판단되어 배척된 부분은 그 판결선고와 동시에 확정력이 발생하여 이 부분에 대하여는 피고인은 더 이상 다툴 수 없고, 또한 환송받은 법원으로서도 이와 배치되는 판단을 할 수 없다고 할 것이고(대법원 1987.12.22, 87도2111; 1994.10.14, 94도2270 등), 상고심에서 상고이유로 삼지 않은 부분은 그 부분에 대한 상고가 제기되지 아니하여 확정된 것과 마찬가지의 효력이 있으므로 피고인으로서는 더 이상 이 부분에 대한 주장을 상고이유로 삼을 수 없다.

2. **대법원 2009.8.20, 2007도7042**

상고이유로 삼지 않은 유죄 부분에 대한 판단을 따로 하지 않은 채 원심판결 전부를 파기·환송한 경우, 환송받은 원심이 그 부분을 다시 심리·판단하여 무죄를 선고할 수 있다는 사례

종전 상고심이 피고인들의 상고이유를 받아들여 환송 전 원심판결을 전부 파기·환송하면서 피고인들이 상고이유로 삼지 아니한 부분에 대한 상고가 이유 없다는 판단을 따로 한 바 없다면, 그 환송판결의 선고로 그 부분에 대한 유죄판단이 실체적으로 확정되는 것은 아니므로, 이를 환송받은 원심이 그 부분에 대하여 다시 심리·판단하여 그 중 일부를 무죄로 선고하였다고 하여 환송판결과 배치되는 판단을 하였다고 볼 수 없다.

Ⅳ 기속력의 배제

1. 사실관계의 변경

파기판결의 기속력은 사실관계가 동일하다는 것을 전제로 한다. 따라서 환송·이송 후에 새로운 사실과 증거에 의하여 **사실관계가 변경되면 기속력은 배제**된다. [경찰승진 03]

대법원 1983.2.8, 82도2672; 2003.2.26, 2001도1314 [국가7급 17, 국가9급 15, 경찰채용 12 1차]

환송판결의 하급심에 대한 구속력은 파기의 이유가 된 원판결의 사실상 및 법률상의 판단이 정당하지 않다는 소극적인 면에서만 발생하는 것이므로 환송 후의 심리과정에서 새로운 사실과 증거가 제시되어 기속적 판단의 기초가 된 사실관계에 변동이 있었다면 그 구속력은 이에 미치지 아니하고, 따라서 파기이유가 된 잘못된 판단을 피하면 새로운 사실과 증거에 따라 다른 가능한 견

해에 의하여 환송 전의 판결과 동일한 결론을 낸다고 하여도 환송판결의 하급심 기속에 관한 법원조직법 제7조의2에 위반한 위법이 있다고 할 수 없다.

2. 법령·판례의 변경

파기판결의 기속력은 원심과 상소심에서 적용될 법령·판례가 동일하다는 것을 전제로 한다. 따라서 파기판결 후에 **법령·판례가 변경되면 기속력이 배제**된다(전술한 대법원 2001.3.15, 98두15597 전원합의체). [법원행시 02]

제2절 │ 항 소

01 항소의 의의와 항소심의 구조

Ⅰ 항소의 의의

1. 의 의

(1) 개념 : 항소(抗訴, appeal, Berufung)란 제1심판결에 불복하여 제2심법원에 제기하는 상소이다.

(2) 구별개념 : ① 항소는 제1심판결에 대한 상소이므로 결정·명령에 대해서는 항소할 수 없다. 판결인 이상 그 내용은 불문한다. 또한 ② 항소는 제2심법원에 대한 상소이므로 제1심판결에 대하여 대법원에 상소하는 비약적 상고는 항소가 아니다.

2. 기 능

(1) 항소는 오판으로 인하여 불익을 받는 당사자의 구제를 주된 기능(목적)으로 한다.

(2) 항소는 법리오해 이외에 특히 사실오인과 양형부당을 다룬다는 점에서 법리오해를 중점적으로 다루는 상고심과 구별된다.

Ⅱ 항소심의 구조

1. 입법주의

(1) 복심(覆審) : 항소심이 제1심의 심리와 판결을 전부로 무(無)로 돌리고 피고사건에 대하여 처음부터 전면적으로 다시 심판하는 제도를 말한다(제2의 제1심, 현행 독일 형사소송법, 1961.9. 이전 의용형사소송법 및 1954년 제정형사소송법). 항소심이 복심의 형태를 취하게 되는 것은 1심재판이 간이하여 그 심리가 불충분할 수 있음을 보완하기 위해서다. 복심주의 항소심은 철저한 재심리를 통해 실체진실발견과 피고인 이익보호에 기여하나, 제1심을 경시함으로써 소송경제에 반하고 남상소(濫上訴)에 의한 소송지연의 우려가 있다.

(2) 사후심(事後審) : 항소심에서 증거조사를 허용하지 않고 원심의 소송자료만에 의해서 원판결 당시를 기준으로 하여 원심판결의 당부를 사후적으로 심사하는 제도이다(미국의 항소법원). 미국의 형사재판은 중죄(felony) 사건에 대하여 1심법원이 배심재판에 의한 사실인정을 하는 사실심(trial court)을 하고, 항소심은 직업법관으로 구성된 항소법원에서 원칙적으로 원심판결을 대상으로 법률심(review court)을 하고 있다. 이렇듯 사후심주의 항소심은 1심의 철저한 사실심리를 전제로 할 때 가능한 구조이다. 사후심주의 항소심은 복심·속심에 비해 소송경제와 재판의 신속에 기여하나, 실체적 진실발견과 피고인의 구제에 지장을 초래

하며 특히 1심의 사실심리가 철저히 이루어지지 못한 경우 피고인의 이익을 보호할 수 없게 된다.

(3) 속심(續審) : 제1심법원이 행한 심리결과를 토대로 제1심의 소송자료를 승계한 후 항소심이 이에 새로운 사실과 증거를 추가하여 피고사건에 대하여 심리를 속행하는 제도를 말한다(제1심 변론의 재개, 현행 민사소송법). 복심과 사후심의 장점을 결합하고자 고안된 절충적 구조인 속심주의 항소심은 실체적 진실발견과 피고인보호에 기여하고 복심에 비해 소송경제를 도모하는 목적 내지 장점을 가지나, 실질적으로 원심의 심증을 이어받는 것이므로 구두변론주의 · 직접주의 및 예단배제에 반하고 복심과 마찬가지로 1심을 경시하는 경우에는 소송지연과 남상소의 위험이 여전히 남게 된다는 점에서 복심과 사후심의 단점이 함께 노정(露呈)될 수도 있다.

표정리 상소심의 구조에 관한 입법주의 비교

비교	사실심(事實審, trial court)		법률심(法律審, review court)
	복심 -제2의 제1심-	속심 -제1심 변론의 재개-	
① 상소이유에 의한 상소제한	없음(상소이유서 제출 불요)	원칙적으로 없음	상소이유에 의한 엄격한 상소제한
② 상소심의 성격	하급심 = 상소심 (또 하나의 하급심, 제2의 제1심)	하급심 & 상소심 (제1심 변론의 재개, 최종사실심)	하급심 ≠ 상소심 (하급심의 오류만 심사)
③ 상소심의 심판대상	제한 없음	• 판결에 영향을 미친 사유는 상소이유서 외에도 직권 심판 • 단, 상소이유로 제한됨이 원칙	상소이유서에 기재된 것으로 한정(원판결의 당부)
④ 상소심 절차의 진행	공소장에 의한 기소요지의 진술부터 다시 시작	하급심의 사실조사결과에 오류가 없는 한 그대로 인정	하급심의 법률적 오류만 점검
⑤ 사실조사	독자적 진행	진행할 수 있음	제한적 사실조사
⑥ 공소장변경	가능	가능	불가능
⑦ 재판의 원칙	파기자판(당연)	파기자판(원칙)	파기환송 · 이송(원칙)
⑧ 일사부재리효의 시간적 범위	항소심판결선고시	항소심판결선고시	원심판결선고시

2. 현행법상 항소심의 구조

(1) 학설 · 판례 : 현행법상 항소심의 구조가 무엇인가에 대해서는 사후심설(노/이, 차용석)과 **속심설**(통설 · 판례)이 대립하나, 본서는 속심설을 따른다. 즉, 항소심은 그 실체적 심증형성의 측면에서는 법률심이 아니라 실체진실발견을 목표로 한 사실심으로서 속심의 구조를 가지며, 다만 남상소의 폐해를 방지하고 소송경제를 도모하기 위해서 사후심적 요소가 도입되어 있는 데 불과하다. 요약하자면, 현행법상 항소심은 **원칙적으로 속심, 예외적으로 사후심**의 구조를 가진다.[1] [국가9급 05, 경찰승진 02]

> ✎ **판례연구** 형사항소심은 원칙적으로 속심이라는 판례
>
> **1. 대법원 1983.4.26, 82도2829**
>
> 현행 형사소송법상 항소심은 기본적으로 실체적 진실을 추구하는 면에서 속심적 기능이 강조되고 있고, 다만 사후심적 요소를 도입한 형사소송법의 조문들이 남상소의 폐단을 억제하고 항소법원의 부담을 감소시킨다는 소송경제상의 필요에서 항소심의 속심적 성격에 제한을 가하고 있음에 불과하다.[2]

---

1) [참고 – 개정법에 의한 사후심적 요소의 강화] 다만, 2007.6.1. 형사소송법 개정에 의하여 항소심에서 다소 사후심적 요소가 강화되고 있다. 즉, 제1심의 공판절차와 관련하여 구두변론주의(법 제275조의3) · 집중심리주의(법 제267조의2)를 원칙으로 공판중심주의를 실현하여 제1심재판의 충실화를 도모하고 있으며(신동운 1604면), 제1심에서의 증거신청의 각하(법 제294조 제2항) 및 실권효(공판준비절차에서 신청하지 않은 증거의 증거신청권의 제한, 법 제266조의13 제1항)에 대한 규정을 신설하였고 이는 항소심의 소송절차에도 준용되고 있으며(법 제370조) 이에 따른 형사소송규칙에서는 항소인의 항소이유의 구체적 진술(규칙 제156조의3 제1항), 상대방의 항소이유에 대한 답변의 구체적 진술(동 제2항), 이상의 항소이유와 답변에 터잡은 항소법원의 사실상 · 법률상 쟁점의 정리와 요증사실의 명확화(규칙 제156조의4), 항소심법원의 증인신문의 제한(규칙 제156조의5)이 규정되어 항소심의 사후심적 요소의 강화가 나타나고 있는 것이다. 같은 취지로는 신동운 1604면; 법원실무Ⅱ 592면 등 참조.

2) [참고] 당원(대법원)도 이미 현행 형사항소심은 단순한 사후심이 아님을 누차 천명한 바 있고(대법원 1963.10.22, 64도247; 1966.3.3, 65도1229;

2. 헌법재판소 2010.2.25, 2008헌바67

형사소송법은 항소심의 구조를 원칙적 속심제로 규정하고 있으므로 항소심에서 속심한 이상 항소이유가 있는 경우에 항소심에서 자판하는 것은 당연한 귀결인바, 항소심에서 법 제282조에 위반한 원심판결을 파기한 후 자판한다고 하더라도, 피고인으로서는 항소법원에 의하여 원심 절차의 법령위반이 해소된 상태에서 충실한 심리를 받을 수 있을 뿐만 아니라, 대법원에 상고할 권리도 보장되어 있으므로 재판의 적정이라는 관점에서 재판청구권 또는 공정한 재판을 받을 권리를 침해한다고 보기 어렵고, 재판의 신속 및 소송경제의 측면에서도 무익한 절차의 반복을 지양할 수 있어 공공의 이익은 물론 피고인의 이익에도 부합한다. 따라서 법 제366조가 공소기각 또는 관할위반의 재판이 법률에 위반됨을 이유로 원심판결을 파기하는 때와 같이 제1심에서 실체적 심리를 하지 아니한 경우에만 환송하여 제1심의 실체적 심리를 거치게 하고, 제1심에서 필요적 변호절차를 위반한 경우에는 항소심에서 자판하게 한 것은 속심제 항소심 구조하에서 재판의 적정·신속 및 소송경제의 이념을 합리적으로 조화시키기 위한 것으로 입법형성권의 재량이 불합리하거나 자의적으로 행사되었다고 볼 수 없다.

(2) 원칙적 속심 : 항소심은, ① 항소이유로서 사실오인과 양형부당의 사유를 포함시켜(제361조의5 제14호·제15호) 항소심에 사실심으로서의 기능을 부여하고 있고, ② 제1심 판결 후에 발생한 사유라고 할지라도 판결 후에 형의 폐지·변경·사면이 있는 때(제361조의5 제2호)와 재심청구의 사유가 있는 때(동조 제13호)에는 이를 항소심판결선고시를 기준으로 하여 판단자료로 삼아야 하고(대법원 1966.3.3, 65도1229)(원심판결 후 나타난 사유를 항소심에서 고려한다는 사실은 사후심설로는 설명할 수 없음), ③ 항소이유서 미제출시에도 법령적용·해석의 착오 등 직권조사사유에 대해서는 항소기각결정을 하지 않고 심리할 수 있으며(직권조사사유, 제361조의4 제1항 단서), ④ 항소이유가 있는 경우에는 물론(제364조 제6항) 항소이유서에 포함되지 않아도 판결에 영향을 미친 위법이 있는 경우에는 제1심 판결을 파기하고 스스로 피고 사건에 관하여 다시 판결하여야 하고(직권심판사항, 제364조 제2항, 대법원 1968.9.2, 68도1028; 1973.11.6, 73도70), ⑤ 제1심 법원에서 증거로 할 수 있던 증거는 항소법원에서도 증거로 할 수 있을 뿐 아니라(제364조 제3항), ⑥ 항소심이 기초로 할 증거는 그에 국한되지 아니하고 항소심의 사실심리나 증거조사 등에 법조문상 하등 제한이 없이 제1심의 공판절차가 준용되는 점(제370조) 등에서 나타나듯이, 실체적 진실을 추구하는 면에 있어서는 사실심의 종심(終審)으로서 속심적 기능을 원칙으로 한다.

(3) 예외적 사후심 : 형사소송법은 ① 항소이유를 법정하고(제361조의5), ② 항소이유서의 제출을 의무화하고 있으며(제361조의3), ③ 항소법원의 심판대상은 원칙적으로 항소이유서에 포함된 사항으로 제한하고(제364조 제1항), 항소이유 없다고 인정한 때에는 판결로써 항소를 기각하고(항소기각판결, 제364조 제4항), 항소이유가 있다고 인정한 때에는 원심판결을 파기하고 다시 판결을 하여야 한다고 규정함(제364조 제6항)으로써 남상소 방지와 소송경제를 위해 사후심적인 요소도 도입하고 있다.

표정리 현행법상 항소심의 속심적 요소와 사후심적 요소

속심적 요소

① 항소이유 : 원심판결 후 나타난 사유 고려 - 판결 후 형의 폐지나 변경 또는 사면이 있을 때(제361조의5 제2호)와 재심청구의 사유가 있을 때(동조 제13호) [경찰승진 12]

② 직권조사사유 : 항소이유서의 제출이 없어도 법령적용·해석 잘못 등 심리(제361조의4 제1항 단서)

③ 직권심판사항 : 항소이유서에 포함되지 않아도 판결에 영향을 미친 위법은 직권 심판(제364조 제2항)

④ 제1심 공판규정 준용 : 증거조사 등 사실심리 가능, 1심판결선고 후 나타난 자료도 사용 가능(제370조)

⑤ 증거의 계속 사용 : 제1심 법원에서 증거로 할 수 있던 증거는 항소법원에서도 증거로 할 수 있음(제364조 제3항)

⑥ 파기자판 원칙(제364조 제6항)

1966.5.17, 66도125 등), 현재의 형사소송실무의 현장에서 보더라도 사무량의 폭주와 구속기간의 제약 때문에 제1심의 공판중심주의나 직접주의에 의한 심리가 충분히 이루어지지 못하여 실체적 진실발견에 부족함이 있고, 양형에 영향을 줄 사유(예 피해배상이나 합의 등)가 제1심 판결 이후에 발생하는 경우가 허다하여 피고인의 이익을 위한다는 점에서도 항소심의 속심으로서의 역할은 등한시될 수 없다고 할 것인바, 1961년 개정에 의해 사후심적 요소를 도입한 형사소송법의 관계조문들은 다만 남상소의 폐단을 억제하고 항소법원의 업무부담을 줄여 준다는 소송경제적인 필요에서 항소심의 속심적 성격에 제한을 가하고 있음에 불과하다고 할 것이다(대법원 1968.9.5, 68도1010). 참고로, 학계에서는 1심법원의 심리의 충실화를 통해 항소심 실무의 사후심구조의 강화로의 전환이 필요함을 지적하기도 한다. 예컨대, 신동운, 1344면.

① 항소이유의 제한 : 원판결의 법령위반·사실오인 및 양형부당으로 제한(제361조의5) [경찰승진 12]
② 심판대상의 원칙적 제한 : 항소법원은 원칙적으로 항소이유에 포함된 사유에 관하여 심판(제364조 제1항)
③ 항소이유서의 제출의 의무화(제361조의3) [경찰승진 12]
④ 항소이유 없음이 명백한 때 변론 없이 항소기각 가능(제364조 제5항) [경찰승진 12]

3. 관련문제

(1) 공소장변경 : 항소심의 구조에 관한 속심설에 따를 때 항소심에서의 공소장변경은 **당연히 허용**된다(통설·판례, 대법원 1995.12.5, 94도1520). 구체적으로는 항소심변론종결시까지 공소장변경이 가능하다.

(2) 기판력의 시적 범위 : 판결의 확정력은 사실심리의 가능성이 있는 최후의 시점인 판결선고시를 기준으로 하여 그때까지 행하여진 행위에 대하여만 미치는 것이다. 따라서 제1심 판결에 대하여 항소가 된 경우에 판결의 확정력이 미치는 시간적 한계는 현행 형사항소심의 구조(속심)와 운용실태에 비추어 볼 때 (재판의 확정력에서 전술한 바와 같이) 항소심판결선고시라고 보는 것이 상당하다(통설·판례, 대법원 1983.4.26, 82도2829, 82감도612). 또한 항소이유서 미제출로 항소기각결정된 경우에도 제1심 판결의 확정력이 미치는 시간적 한계는 항소기각결정시로 보아야 한다(대법원 1993.5.25, 93도836).

(3) 소년법상 소년의 판단시점 : 속심설에 의할 때, 항소심에서 원심판결의 당부에 대한 판단은 항소심판결선고시를 기준으로 하여야 하므로, 소년법이 적용되는 소년의 연령인 19세 미만의 판단은 최종의 사실심인 항소심 판결선고시를 기준으로 판단하여야 한다.

02   항소이유

Ⅰ 의의와 분류

1. 의 의

(1) 개념 : 항소권자가 적법하게 항소를 제기할 수 있는 법률상의 이유를 말한다.

(2) 항소심 구조와의 관계 : 항소심은 원칙적으로 속심이지만, 제361조의5에서 항소이유를 제한하고 있는 것은 소송경제를 위하여 사후심적 요소를 가미한 것이다. [경찰승진 12]

(3) 항소이유와 항소이유서 제출 : 제361조의5는 항소이유를 11가지로 열거하고 있고, 항소인 또는 변호인은 항소법원의 소송기록접수통지(제361조의2)를 받은 날로부터 20일 이내에 항소이유서를 항소법원에 제출하여야 하며(제361조의3), 항소이유서를 제출하지 아니한 때에는 결정으로 항소를 기각하여야 한다(제361조의4 제1항). [경찰승진 12]

2. 분 류

(1) 절대적 항소이유와 상대적 항소이유

① **절대적 항소이유** : 일정한 객관적 사유가 있으면 판결에의 영향 여부를 불문하고 항소이유로 되는 것을 말한다(예 제361조의5 제2호~제13호, 제15호).

> 정리 절대적 항소이유 : 판결 후 형의 폐지·변경·사면(제2호), 관할위반(제3호), 법원구성 위반(제4호), 제척·기피·회피 판사 관여(제7호), 미심리판사 관여(제8호), 공개규정위반(제9호), 이유불비·이유모순(제11호), 재심청구사유(제13호), 양형부당(제15호) → 절대－공/판(판사－4·7·8)/이/관/ 폐/양/재

② **상대적 항소이유**

(가) 의의 : 일정한 객관적 사유의 존재(법령위반·사실오인)가 판결에 영향을 미친 경우에 한하여 항소이유로 되는 것을 말한다(예 제361조의5 제1호, 제14호).

> 정리 상대적 항소이유 : 제1호의 법령위반, 제14호의 사실오인 → 상대－법/사

정리 상고이유 : 절대 -폐/양(양형 심히 부당, 사무10)/재, 상대 - 법/사(중대한 사실오인, 사무10)

(나) **판결에 영향을 미친 경우**(규범적 인과관계) : 법령위반·사실오인과 판결 간 **규범적 인과관계**가 있어야 하므로, 판결내용에 영향을 미친 경우이어야 한다. 다만, 여기서의 인과관계는 당해 사유가 없었다면 판결결과가 달라질 수 있었다는 가능성으로 족하므로, 판결내용에는 **주문뿐만 아니라 이유도 포함**한다.

⚒ **판례연구** 상대적 항소이유의 판결에 영향을 미침의 의미

1. 대법원 1997.7.25, 97도1095; 1985.2.26, 84도2877

사기죄에서 피고인들이 판시 약속어음을 피해자들로부터 할인받는 방식으로 금전을 수령하였을 때 성립하고 그 후 이 금전을 위 공소외 회사의 운영자금으로 사용하였다 하여 상고이유의 주장과 같이 피고인들의 이와 같은 행위가 형법 제347조 제1항의 죄가 성립하지 아니하고 제3자인 위 공소외 회사로 하여금 재물을 교부받게 한 경우로서 같은 법 제347조 제2항의 죄가 성립하는 것이라 하더라도 위 제347조 제1항의 죄와 그 제2항의 죄는 그 형이 같아 판결 결과에 영향을 미치는 것이 아니므로 이 점에 관한 상고이유의 주장도 이유 없다.

2. 대법원 1996.9.20, 96도1665

제361조의5 제14호에서 항소이유의 하나로 규정한 '사실의 오인이 있어 판결에 영향을 미친 때'라는 것은 사실오인에 의하여 판결의 주문에 영향을 미쳤을 경우와 범죄에 대한 구성요건적 평가에 직접 또는 간접으로 영향을 미쳤을 경우를 의미한다 (판결내용은 주문뿐만 아니라 이유도 포함).

---

(2) 법령위반과 그 이외의 항소이유

① **법령위반** : 제361조의5 제1호(법), 제3호~제11호(공판이관)의 사유가 여기에 속한다. 법령위반은 원칙적으로 상대적 항소이유이나, 원심판결에 영향이 큰 사유 등은 절대적 항소이유로 규정되어 있다.

② **법령위반 이외의 항소이유** : 제361조의5 제2호(폐), 제13호~제15호(재/사/양)의 사유가 여기에 속한다. 항소심의 속심적 성격을 잘 보여주는 사유이다.

Ⅱ 상대적 항소이유

1. 판결에 영향을 미친 헌법·법률·명령·규칙의 위반이 있는 때(제1호)

(1) 실체법령의 위반

① **의의** : 원심이 인정한 사실관계에는 오류가 없으나 그에 적용할 실체법의 해석과 적용에 잘못이 있는 경우를 말한다(판결내용에 있어서의 착오, error in judicato).

② **인과관계**(규범적 인과관계 검토↓) : 실체법령은 형벌권의 발생을 좌우하는 직접적 근거규정이라는 점에서 그 위반은 원칙적으로 판결에 영향을 미치게 된다.

대법원 1991.8.13, 90도637

헌법재판소의 위헌결정으로 소급하여 그 효력을 상실한 복표발행, 현상 기타 사행행위단속법 제9조 중 제5조와 관련된 벌칙규정 부분을 적용하여 피고인에 대하여 유죄를 인정한 제1심판결을 유지한 것은 위법하다.

---

(2) 소송절차의 법령위반

① **의의** : 원심의 심리 및 판결절차가 헌법·법률·명령·규칙에 위반한 경우를 말한다(소송절차에 있어서의 착오, error in procedendo). 여기에는, 판결에 이르기까지의 절차에 위법이 있는 경우뿐만 아니라, 증거능력 없는 증거에 의하여 사실을 인정하거나 증명력 판단이 논리법칙·경험법칙에 위반하는 등 사실인정의 과정 자체에 오류가 개입하는 경우도 모두 포함된다. 예컨대, **심리미진**(審理未盡)이나 **채증법칙**(採證法則) 위반은 소송절차의 법령위반에 해당한다.[1] 다만, 원심심판절차가 아닌 수

---

1) [보충] 자유심증주의에 의해 증거에 대한 증명력 판단은 논리법칙과 경험법칙에 위반되지 않는 한 법관의 자유판단에 의하며(제308조) 이것이 판

사절차에 관한 법령위반 그 자체는 여기에 포함되지 않는다.

② **인과관계**(규범적 인과관계 검토↑) : 훈시규정에 위반한 경우에는 판결에 영향을 미쳤다는 규범적 인과관계가 인정되지 않으나, 적법절차를 형성하는 중요한 효력규정의 위반은 원칙적으로 판결에 영향을 미치게 된다. 판례는 소송절차의 법령위반이 피고인의 방어권, 변호인의 변호권이 본질적으로 침해되고 판결의 정당성마저 인정하기 어렵다고 보이는 정도에 이르러야 여기에 해당된다고 본다. 예컨대, **자백보강법칙**(헌법 제12조 제7항, 법 제310조)(헌법위반, 대법원 2007.11.29, 2007도7835), **불고불리원칙**(대법원 2005.5.26, 2004도1925) 위반의 경우나 변호인 없이 필요적 변호사건을 심판하는 경우(대법원 1995.9.29, 95도1721)가 여기에 해당된다.

🔨 **판례연구** 판결에 영향을 미친 소송절차의 법령위반 관련판례

1. 대법원 1996.5.14, 96도561; 1983.7.26, 83도1473; 1990.6.8, 90도646

수사기관에서의 구금에 관한 처분에 대하여 제417조에 따라 법원에 그 처분의 취소 또는 변경을 청구하는 것은 별론으로 하고 그 처분이 위법한 것이라는 사실만으로는 그와 같은 위법이 판결에 영향을 미친 것이 아닌 한 독립한 상고이유가 될 수 없다(수사기관이 구속영장에 기재된 구금할 장소에 피고인들을 구금하지 아니하고 임의로 그 구금장소를 변경하였다고 하더라도 원심판결에 영향을 미쳤다고 볼 수 없음).

2. 대법원 2005.5.26, 2004도1925

변호인이 출석하지 않은 선고기일에 변론 재개 후 공판절차 갱신하고 변론을 종결하여 판결을 선고한 사례

판결내용 자체가 아니고, 피고인의 신병확보를 위한 구속 등 조치와 공판기일의 통지, 재판의 공개 등 소송절차가 법령에 위반되었음에 지나지 아니한 경우에는, 그로 인하여 피고인의 방어권, 변호인의 변호권이 본질적으로 침해되고 판결의 정당성마저 인정하기 어렵다고 보이는 정도에 이르지 아니하는 한, 그것 자체만으로는 판결에 영향을 미친 위법이라고 할 수 없다(대법원 1985.7.23, 85도1003; 1994.11.4, 94도129). 따라서 원심이 지정된 선고기일에 변호인 출석 없이 피고인만 출석한 상태에서 재판부 구성의 변경을 이유로 변론을 재개할 것을 결정·고지한 다음, 공판절차를 갱신하고 다시 변론을 종결하여 판결을 선고하였으나, 그 이전 공판기일까지 적법한 증거조사와 변호인의 변론, 피고인의 최후진술까지 모두 이루어졌다면, 공판절차에 다소의 흠이 있다 하더라도 그로 인하여 피고인의 방어권, 변호인의 변호권이 본질적으로 침해되어 판결에 영향을 미쳤다 볼 수 없다.

---

2. 사실의 오인이 있어 판결에 영향을 미칠 때(제14호)

(1) **사실의 오인** : 법원이 인정한 사실과 객관적 사실 사이에 차이가 있는 것을 말한다. 즉, 논리법칙과 경험법칙의 위반(법령위반)까지는 아니지만 원심의 증거의 취사와 사실인정의 오류를 다투는 경우가 여기에 해당한다. 다만, 증거에 의하지 아니한 사실의 인정이나 증거능력 없는 증거에 의한 사실인정(증거재판주의 −제307조 제1항− 위반)은 소송절차의 법령위반에 해당한다.

> 보충 법령위반·사실오인은 상대적 항소이유뿐만 아니라 상대적 상고이유에 해당한다. 다만, 법령위반은 상고이유에 해당하나, 사실오인의 경우 사형·무기 또는 10년 이상의 징역·금고가 선고된 사건에 있어서 중대한 사실의 오인만 상고이유가 되고 단순한 사실오인은 해당되지 않는다.

(2) **사실** : 형벌권의 존부와 범위에 관한 사실, 즉 엄격한 증명을 요하는 사실을 의미한다(통설). 따라서 소송법적 사실이나 정상에 관한 사실은 포함되지 않는다.

(3) **판결에 영향을 미칠 때**(규범적 인과관계) : 사실의 오인에 의하여 판결의 주문 내지 이유에 직접·간접으로 영향을 미쳤을 경우를 말한다.

레에서 표현하는 채증법칙이다. 여기서 논리법칙·경험법칙에 위반되는 판단은 자유심증주의(제308조) 위반으로서 소송절차의 법령위반(위법)에 해당하므로 상대적 항소·상고이유에 해당하게 된다. 다만, 채증법칙의 위반이 있으면 사실의 오인이 발생할 수 있으므로 법령위반과 사실오인의 뚜렷한 구별은 쉽지 않다.

Ⅲ 절대적 항소이유

1. 판결 후 형의 폐지 · 변경 또는 사면이 있는 때(제2호)

(1) 취지 : 원심판결의 신속 또는 지연 여부에 따라 면소판결이나 경한 형의 선고 여부가 좌우되는 불합리를 시정하기 위한 규정이다.

> 보충 원심판결이 지연되었다면 형폐지시 면소판결이 내려질 것이다. 그런데 원심이 신속히 진행되었다면 유죄판결이 나왔을 것이므로, 원심판결 후 형폐지 등 법률변경사유를 상소이유로 한 것임.

(2) 형의 변경 : 항소심의 주된 기능은 피고인 구제에 있으므로 경한 형으로 변경된 경우만을 의미한다.

2. 관할 또는 관할위반의 인정이 법률에 위반한 때(제3호)

(1) 관할 : 토지관할과 사물관할 모두를 의미한다.

(2) 관할의 인정이 법률에 위반한 때 : 관할위반의 판결을 해야 할 것임에도 불구하고 피고사건의 실체에 대하여 심판한 경우를 말한다.

(3) 관할위반의 인정이 법률에 위반한 때 : 관할권이 있음에도 불구하고 관할위반의 판결을 선고한 경우이다.

3. 판결법원의 구성이 법률에 위반한 때(제4호)

(1) 판결법원 : 판결 및 그 기초가 되는 심리를 행한 법원(소송법상 의미의 법원)을 말한다.

(2) 위반의 예 : 합의부가 구성원수를 충족하지 못한 경우, 결격사유 있는 법관이 구성원이 된 경우가 여기에 해당한다.

4. 법률상 그 재판에 관여하지 못할 판사가 그 사건에 심판에 관여한 때(제7호)

(1) 재판에 관여하지 못할 판사 : 제척원인이 있는 판사, 기피 · 회피신청이 이유 있다고 인정된 판사를 말한다.

(2) 사건의 심판에 관여한 때 : 재판의 내부적 성립(합의부의 판결의 합의, 단독판사의 재판서 작성)에 관여한 경우를 말한다. 판결선고에만 관여하는 것은 해당하지 않는다.

5. 사건의 심리에 관여하지 아니한 판사가 그 사건의 판결에 관여한 때(제8호)

처음부터 심리에 관여하지 않았거나 공판심리 도중에 판사의 경질이 있음에도 불구하고 공판절차를 갱신하지 않은 판사가 재판의 내부적 성립에 관여한 경우를 말한다. [법원9급 12]

> 보충 이상 3. 4. 5.(제361조의5 제4 · 7 · 8호)의 사유는 판사 관련 사유 : 절대 - 공판이관폐양재

6. 공판의 공개에 관한 규정에 위반한 때(제9호) [법원9급 08]

재판의 공개에 관한 헌법 제109조와 법원조직법 제57조에 위반한 경우를 말한다.

7. 판결에 이유를 붙이지 아니하거나 이유에 모순이 있는 때(제11호)

(1) 이유불비(理由不備) : 판결에 이유가 없거나 불충분한 경우를 말한다. 즉, 법령의 적용이 없거나 적용법령이 주문과 모순되는 것처럼 그 잘못이 명백한 경우를 말한다. 다만, 그 정도에 이르지 않은 경우(법령해석의 잘못)는 법령위반(제1호)에 해당한다.

(2) 이유모순(理由矛盾) : 주문과 이유 사이 또는 이유와 이유 사이에 모순이 있는 경우를 말한다. 이유불비의 일종이다.

8. 재심청구의 사유가 있는 때(제13호) [경찰승진 12]

(1) 취지 : 재심사유가 있을 때 항소를 허용하지 않고 굳이 판결의 확정을 기다려 재심청구를 하도록 하는 것은 소송경제에 반한다는 점을 고려한 항소이유이다.

(2) 검사의 피고인에게 불이익한 항소 : 검사가 재심청구의 사유를 항소이유로 하여 피고인에게 불이익한 항

소를 하는 것이 허용되는가가 문제되나, 재심은 피고인의 이익만을 위하여 인정되는 것이므로 검사의 항소가 허용되지 않는다(다수설).[1]

(3) **소촉법상 재심사유 : 소촉법** 제23조에 따라 피고인의 진술 없이 유죄를 선고하여 확정된 제1심판결에 대하여, 피고인이 **재심을 청구하지 아니하고 항소권회복을 청구하여 인용된 경우**에도 여기의 **재심청구의 사유가 있는 때에 해당**될 수 있다.

대법원 2015.11.26, 2015도8243; 2015.11.26, 2015도11878

사형, 무기 또는 장기 10년이 넘는 징역이나 금고에 해당하지 아니하는 사건에 대하여는 소촉법 제23조의 특례 규정에 의하여 제1심 공판절차에 관한 특례가 인정되어, 피고인에 대한 송달불능보고서가 접수된 때부터 6개월이 지나도록 피고인의 소재를 확인할 수 없는 경우에는 대법원규칙으로 정하는 바에 따라 피고인의 진술 없이 재판할 수 있다. 다만, 특례 규정에 따라 유죄 판결을 받고 판결이 확정된 피고인이 책임을 질 수 없는 사유로 공판절차에 출석할 수 없었던 경우에는, 피고인 등이 소촉법 제23조의2 제1항의 재심 규정에 의하여 판결이 있었던 사실을 안 날부터 14일 이내에 제1심법원에 재심을 청구할 수 있으며, 만약 책임을 질 수 없는 사유로 위 기간에 재심청구를 하지 못한 경우에는 사유가 없어진 날부터 14일 이내에 제1심법원에 재심을 청구할 수 있다. 특례 규정에 따라 피고인의 진술 없이 유죄를 선고하여 확정된 제1심판결에 대하여, 피고인이 재심 규정에 의하여 재심을 청구하지 아니하고 피고인 또는 대리인이 책임질 수 없는 사유로 항소 제기기간 내에 항소를 제기할 수 없었음을 이유로 항소권회복을 청구하여 인용된 경우에, 사유 중에 피고인이 책임을 질 수 없는 사유로 공판절차에 출석할 수 없었던 사정을 포함하고 있다면, 재심 규정에 의하여 재심청구의 사유가 있음을 주장한 것으로서 법 제361조의5 제13호에서 정한 '재심청구의 사유가 있는 때'에 해당하는 항소이유를 주장한 것으로 봄이 타당하다. 따라서 항소심으로서는 재심 규정에 의한 재심청구의 사유가 있는지를 살펴야 하고 사유가 있다고 인정된다면 다시 공소장 부본 등을 송달하는 등 새로 소송절차를 진행한 다음 제1심판결을 파기하고 새로운 심리 결과에 따라 다시 판결하여야 한다.

---

9. 형의 양정이 부당하다고 인정할 사유가 있는 때(제15호)

(1) **양형부당** : 원심판결의 선고형이 구체적인 사안의 내용에 비추어 너무 무겁거나 너무 가벼운 경우를 말한다. 이와 달리, 법정형 · 처단형 범위를 벗어나는 것은 법령위반이다.

(2) **형의 범위** : 형은 주형에 한하지 않고 부가형, 환형유치, 형의 집행유예 · 선고유예 · 집행면제, 미결구금일수의 산입도 포함된다.

(3) **양형기준을 벗어난 경우** : 대법원 양형위원회의 양형기준이 법적 구속력을 가지는 것은 아니지만(법조 제81조의7 제1항 단서), 법관은 형의 종류를 선택하고 형량을 정함에 있어서 양형기준으로 존중하여야 하므로(동 본문), 법원은 약식절차 · 즉결심판절차를 제외하고는 양형기준을 벗어난 판결을 하는 경우에는 판결서에 양형의 이유를 기재하여야 한다(동 제2항). 따라서 양형기준을 벗어난 판결을 하면서도 양형이유를 기재하지 않은 것은 법령위반에 해당하고, 양형이유를 기재하였으나 양형재량의 합리적 한계를 벗어난 경우가 양형부당에 해당한다.

(4) **항소심의 양형부당을 이유로 한 1심판결에 대한 파기판결** : ① 양형판단에 대하여 제1심의 고유한 영역이 존재하나, 항소심은 제1심에 대한 사후심적 성격이 가미된 속심으로서 제1심과 구분되는 **고유의 양형재량**을 가지고 있으므로, **항소심이 자신의 양형판단과 일치하지 아니한다고 하여 양형부당을 이유로 제1심판결을 파기**하는 것이 바람직하지 아니한 점이 있다고 하더라도 이를 두고 양형심리 및 양형판단 방법이 위법하다 할 수 없다. 또한 ② 항소심이 제1심판결을 파기하고 **양형기준을 벗어난 판결**을 하는 경우에도 제1심의 양형의 이유가 부당한지 여부에 관한 판단을 구체적으로 설시하였다면 양형기준을 벗어난 이유를 중복하여 설시하지 않아도 위법하다 할 수 없다.

---

1) [참고] 항소는 실체진실발견도 그 목적으로 하므로 유죄의 확정판결에 대한 구제방법이 재심이라는 점에서도 재심사유를 이유로 하는 검사의 불이익 항소도 긍정되어야 한다는 소수설은 백형구, 신동운, 임동규 참조.

☆ 판례연구 양형부당사유에 의한 파기판결 관련판례

1. 대법원 2010.12.9, 2010도7410

항소법원이 제1심판결을 파기하고 양형기준을 벗어난 판결을 하는 경우 제1심 양형 이유의 부당 여부에 관한 판단을 구체적으로 설시하였다면 같은 내용의 양형의 이유를 중복하여 설시하지 않아도 적법하다는 사례

대법원 양형위원회 설치의 목적, 구성, 업무내용, 양형기준을 설정·변경함에 있어 준수하여야 하는 여러 원칙 및 고려사항, 양형기준의 효력 등에 관한 각 규정의 내용 및 그 입법 경위 등을 종합하면, 법관은 양형을 함에 있어서 위와 같은 양형기준을 존중하여야 하고, 법원은 약식절차 또는 즉결심판절차에 의하여 심판하는 경우가 아닌 한, 양형기준을 벗어난 판결을 함에 따라 판결서에 양형의 이유를 기재하여야 하는 경우에는 위와 같은 양형기준의 의의, 효력 등을 감안하여 당해 양형을 하게 된 사유를 합리적이고 설득력 있게 표현하는 방식으로 그 이유를 기재하여야 할 것이다. 한편, 항소법원은 항소이유에 포함된 사유에 관하여 심판하여야 하므로(법 제364조 제1항), 양형부당을 이유로 항소된 경우에는 항소심 판결서에 제1심의 양형의 이유가 부당한지 여부에 관한 판단을 구체적으로 설시하였다면, 항소심이 제1심판결을 파기하고 양형기준을 벗어난 판결을 하면서 같은 내용의 양형의 이유를 중복하여 설시하지 않았다고 하여 위법하다고 할 수 없다.

2. 대법원 2015.7.23, 2015도3260 전원합의체 [국가7급 23]

항소심이 자신의 양형판단과 일치하지 않는다고 하여 양형부당을 이유로 제1심판결을 파기하는 경우, 양형심리 및 양형판단 방법이 위법한지 여부

[1] 양형부당은 원심판결의 선고형이 구체적인 사안의 내용에 비추어 너무 무겁거나 너무 가벼운 경우를 말한다. 양형은 법정형을 기초로 하여 형법 제51조에서 정한 양형의 조건이 되는 사항을 두루 참작하여 합리적이고 적정한 범위 내에서 이루어지는 재량판단으로서, 공판중심주의와 직접주의를 취하고 있는 우리 형사소송법에서는 양형판단에 관하여도 제1심의 고유한 영역이 존재한다. … 그렇지만 제1심의 양형심리 과정에서 나타난 양형의 조건이 되는 사항과 양형기준 등을 종합하여 볼 때에 제1심의 양형판단이 재량의 합리적인 한계를 벗어났다고 평가되거나, 항소심의 양형심리 과정에서 새로이 현출된 자료를 종합하면 제1심의 양형판단을 그대로 유지하는 것이 부당하다고 인정되는 등의 사정이 있는 경우에는, 항소심은 형의 양정이 부당한 제1심판결을 파기하여야 한다.

[2] 항소심은 제1심에 대한 사후심적 성격이 가미된 속심으로서 제1심과 구분되는 고유의 양형재량을 가지고 있으므로, 항소심이 자신의 양형판단과 일치하지 아니한다고 하여 양형부당을 이유로 제1심판결을 파기하는 것이 바람직하지 아니한 점이 있다고 하더라도 이를 두고 양형심리 및 양형판단 방법이 위법하다고까지 할 수는 없다. 그리고 위와 같은 항소심의 판단에 그 근거가 된 양형자료와 그에 관한 판단 내용이 모순 없이 설시되어 있는 경우에는 양형의 조건이 되는 사유에 관하여 일일이 명시하지 아니하여도 위법하다고 할 수 없다.

---

03 항소심의 절차

[항소심절차 개관] 7 - 14 - 즉 - 20 - 즉 - 10 - 즉

① 1심판결선고 - 7일 내 원심법원에 항소장 제출 - 원심법원의 항소기각결정(법률위반/권한 ×) - 즉시항고

② 원심법원 : 14일 내 항소법원에의 소송기록송부 - 항소법원의 항소기각결정(if 법/권임에도 기각 ×) - 즉시항고

③ 항소법원 : 즉시 상대방 & 항소인에의 접수통지(if 통지 전 변호인선임 - 변호인에게도 통지)(필요적 변호사건 - 必통지)

④ 항소인·변호인 : 20일 내 항소이유서 제출(항소이유서 ≒ 공소장) : if 이유서 × - 항소기각결정 - 즉시항고

⑤ 항소법원 : 지체 없이 상대방에 대한 항소이유서 부본 송달

⑥ 상대방 : 10일 이내 항소법원에의 답변서 제출

⑦ 항소법원 : 지체 없이 항소인·변호인에 대한 부본 송달

⑧ 항소심의 심리 : 항소이유에 포함된 사유에 관함이 원칙이나, 판결에 영향을 미친 사유는 직권 심판 가능

⑨ 항소심의 재판 : 공기결(즉시항고)/항기결(즉시항고)/항기판/파기자(원칙)/파기환/파기이 cf. 공동파기

I 항소의 제기

1. 항소제기의 방식

(1) 항소장의 제출

서 울 중 앙 지 방 검 찰 청
(02 - 530 - 1234)

수 신   서울중앙지방법원장   2016. 2. 15.

참 조   제24형사부   발 신   서울중앙지방검찰청

제 목   **항 소 장**   검 사   사 연 생 (인)

아래 피고 사건의 판결에 대하여 불복이므로 항소를 제기합니다.

피의자	성 명	1. 가. 나. 다. 홍길동 2. 다. 주식회사 ○○○○ (대표이사 ○○○)
	주민등록번호	1. 710101 - 1234567 2. 110211 - 1234567
죄 명		가. 특정범죄가중처벌등에관한법률위반(조세) 나. 특정경제범죄가중처벌등에관한법률위반(배임) 다. 자본시장과금융투자업에관한법률위반
신고연월일		2016. 2. 11. **(2015고합1234)**
판결 주문		1. 징역 5년 및 벌금 선고유예, 피해자 ○○○에 대한 9억 4,285만원 배임의 점은 무죄 2. 벌금 250억원
항소의 범위		전부
항소의 이유		1. 피고인 1에 대하여 　ㅇ유죄 부분 : 법정형 및 손해액 ○○원에 비추어 볼 때 선고형(징역 5년)은 과경하고, 조세포탈액 21억원을 감안할 때 벌금형의 선고유예 또한 과경하여 부당함 (양형부당) 　ㅇ무죄 부분 : 피고인이 배임행위에 가담하였음을 인정할 만한 증거가 충분함에도 불구하고 피고인과 이해관계를 같이 하는 증인 ○○○의 신빙성 없는 증언만을 취신하여 피고인의 범행 가담에 관한 사실을 오인하였음 (사실오인) 2. 피고인 2에 대하여 　ㅇ주가조작으로 인하여 발생한 손해액 ○○원에 비추어 볼 때 선고형은 과경하여 부당함 (양형부당) ※ 추후 상세한 항소이유서 제출 예정

사법연수원, 검찰서류작성례, 2017년, p.409

① **제출대상법원** : 항소를 함에는 항소장을 **원심법원에 제출**하여야 한다(제357조). 원심법원은 항소심의 판단대상이 되는 판결을 선고한 제1심 법원을 말한다.[1] [법원9급 11/12/14/15, 경찰간부 14, 경찰승진 11, 경찰채용 11 1차/12 2차]

---

1) [참고] 항소장이 착오로 직접 항소법원에 제출된 경우, 제출인이 지참한 경우에는 접수계 직원이 원심법원에 제출하도록 안내·촉구하고, 우송된 경우에는 접수계 직원은 신속히 제출인과 통화하여 제출인에게 반송하여 주거나 원심법원으로 송부한다. 이 경우에는 항소장을 송부받은 원심법원의 수령일인 항소장 접수일이 된다(법원실무II 554면). 결국 원심법원에 접수된 때 항소제기의 효력이 발생한다.

② **항소장의 기재** : 항소장에는 항소의 대상인 판결을 특정하고 항소한다는 취지를 기재하여야 한다. 항소장에 항소이유를 기재할 필요는 없으나 항소이유를 기재하면(제361조의4 제1항 단서 후단) 항소장은 항소이유서로서의 효력을 가진다. 항소장에는 항소인이 연월일을 기재하고 기명날인하되, 인장이 없으면 지장으로 한다(제59조).

(2) 항소제기기간 및 재소자특칙 : ① 항소의 제기기간은 **7일**로 한다(제358조). 항소제기기간은 법정기간 연장 규정(제67조)의 적용을 받는다. [법원9급 11/12/14/15, 경찰간부 14, 경찰승진 11, 경찰채용 11 1차/12 2차] ② 교도소 또는 구치소에 있는 피고인이 상소의 제기기간 내에 상소장을 교도소장 또는 구치소장 또는 그 직무를 대리하는 자에게 제출한 때에는 상소의 제기기간 내에 상소한 것으로 간주한다(**재소자특칙**, 제344조 제1항, 도달주의원칙의 예외). [교정 9급특채 12]

(3) 항소법원 : 제1심 법원의 판결에 대하여 불복이 있으면 지방법원 단독판사가 선고한 것은 지방법원본원 합의부에 항소할 수 있으며, 지방법원 합의부가 선고한 것은 고등법원에 항소할 수 있다(제357조).

2. 원심법원과 항소법원의 조치

(1) 원심법원의 조치 : 항소기각결정/소송기록 송부/구속관련 조치

① **항소기각결정** : 항소의 제기가 **법률상의 방식에 위반하거나 항소권 소멸 후**인 것이 명백한 때에는 **원심법원은 결정으로 항소를 기각**하여야 한다(제360조 제1항)(법권-상기결)(방식위반으로 인한 항소기각결정의 경우 항소제기기간 내라면 다시 항소제기 가능). [국가7급 17] 항소기각결정에 대하여는 즉시항고를 할 수 있다(동 제2항)[집공기참정상(상-기속회)선비재재구감]. [법원9급 11, 경찰승진 11, 경찰채용 12 2차]

② **소송기록과 증거물의 송부** : 원심법원이 항소기각결정을 하지 않는 경우에는 항소장을 받은 날부터 **14일 이내**에 소송기록과 증거물을 항소법원에 송부하여야 한다(제361조).[1] [법원9급 12, 국가7급 11, 경찰간부 14, 경찰채용 11 1차]

③ **구속관련 조치** : 항소기간 중 또는 항소 중의 사건에 관한 피고인의 구속·구속기간갱신·구속취소·보석·보석취소·구속집행정지·취소의 결정은 소송기록이 상소법원에 도달하기까지는 원심법원이 하여야 한다(제105조, 규칙 제57조 제1항)(대법원 2007.7.10, 2007모460).

(2) 항소법원의 조치 : 항소기각결정/공소기각결정/국선변호인 선정/소송기록접수 통지

① **항소기각결정** : 항소의 제기가 법률상 방식에 위반하거나 항소권소멸 후인 것이 명백한 때(제360조 제1항)임에도 원심법원이 항소기각의 결정을 하지 아니한 때에는 항소법원은 결정으로 항소를 기각하여야 한다(제362조 제1항) [법원9급 08]. 이 결정에 대하여도 즉시항고를 할 수 있다(동조 제2항).

② **공소기각결정** : 제1심판결에서 공소기각결정사유(제328조 제1항 각 호 : 공소취소/사망·법인불존속/관할경합/공소장범죄사실불포함명백 : 공사관포)가 있음에도 제1심판결에서 이를 간과하였거나 판결 후 위 사유가 발생한 경우에는 항소법원은 -공판절차를 거치거나 원심판결을 파기할 필요도 없이- 결정으로 공소를 기각하여야 한다(제363조 제1항). 이 결정에 대하여도 즉시항고를 할 수 있다(동조 제2항).

③ (필요적 변호사건의) **국선변호인의 선정**

(가) 의의 : 헌법상 변호인의 조력을 받을 권리는 **변호인의 충분한 조력을 받을 권리**를 의미하므로 피고인에게 국선변호인의 조력을 받을 권리를 보장하여야 하는 국가의 의무에는 단순히 국선변호인을 선정하여 주는 데 그치지 않고 **국선변호인의 실질적인 조력을 받을 수 있도록 필요한 업무 감독과 절차적 조치를 취할 책무**까지 포함한다(판례). [국가9급 16] 따라서 원심에서 변호인이 선임되었다 하더라도 제1심법원의 소송계속종료로 그 권한이 종료되므로(제32조 제1항), 기록의 송부를 받은 항소법원은 필요적 변호사건(제33조, 제282조)에 있어서 변호인이 없는 경우에는 지체 없이 변호인을 선정하여야 한다(규칙 제156조의2 제1항). 요컨대 **필요적 변호사건에서 항소법원은 국선변호인 선정 없이 항소기각결정을 할 수 없다**(판례). 나아가 제1심에서 피고인의 청구 또는 직권으로 국선변호인이 선정

---

1) [참고] 선거범죄사건은 상급심에서 법정기간 내 판결을 선고함에 지장이 없도록 최대한 신속히 송부하고, 특히 당선 유·무효 관련사건의 경우에는 3일 이내에 송부하여야 한다(선거범죄사건의 신속 처리 등에 관한 예규 제9조 제5항).

되어 공판이 진행된 경우에는 항소법원은 특별한 사정이 없는 한 국선변호인을 선정함이 바람직하다(판례).

(나) **필요국선·청구국선·재량국선의 선정 및 통지**: ㉠ 기록을 송부받은 항소법원은 제33조 제1항(필요국선)의 필요적 변호사건에서 변호인이 없는 경우 지체 없이 **변호인을 선정한 후 그 변호인에게 소송기록접수 통지를 해야** 하고, 이는 제33조 제3항(재량국선)에 의하여 국선변호인을 선정한 경우도 같다(규칙 동조 제1항). 항소법원은 재량국선에 해당한다고 인정되면 즉시 국선변호인을 선정하되, 소송기록상 자료만으로 불분명하다면 제1회 공판기일 심리에 의하여 선정 여부를 결정하여야 한다(판례). 또한 ㉡ 항소법원은 항소이유서 제출기간이 도과하기 전에 피고인으로부터 국선변호인 선정청구(제33조 제2항)가 있는 경우에는 지체 없이 그에 관한 결정을 하여야 하고, 변호인을 선정한 경우 당해 변호인에게 소송기록접수통지를 하여야 한다(규칙 동 제2항). 항소법원이 위 청구에 대해 아무런 결정도 하지 않은 채 변호인이 없는 피고인만 출석한 상태에서 변론을 진행·종료함에는 판결에 영향을 미친 위법이 있다(판례).

(다) **선정취소·재선정**: 국선변호인선정결정 후 항소이유서제출기간 내에 피고인이 책임질 수 없는 사유로 그 선정결정을 취소하고 새로운 국선변호인을 선정한 경우에도 그 변호인에게 소송기록접수통지를 하여야 한다(규칙 동 제3항). 이는 피고인과 국선변호인이 법정기간 내 항소이유서를 제출하지 아니하였으나 국선변호인이 항소이유서를 제출하지 아니한 것에 피고인의 귀책사유가 있음이 특별히 밝혀지지 않은 경우도 마찬가지이다(판례). [국가7급 15, 국가9급 13/16, 경찰간부 14]

⚖ 판례연구 항소법원의 국선변호인 선정 관련판례

1. 대법원 1973.10.10, 73도2142

미성년자인 피고인을 위하여 국선변호인을 선정한 후 국선변호인에게 소송기록수리통지서를 송달치 아니한 채 선정된 날부터 20일 전에 항소심 판결을 선고한 것은 위법이다.

2. 대법원 1996.11.28, 96모100 [해경간부 12, 경찰승진 10]

필요적 변호사건에서 법원이 국선변호인 선임 없이 항소기각결정을 할 수 없다는 사례

사건이 사형, 무기 또는 단기 3년 이상의 징역이나 금고에 해당하는 소위 필요적 변호사건의 경우, 항소심은 피고인에게 변호인이 없는 때에는 국선변호인을 선정하여 그 국선변호인으로 하여금 항소이유서를 작성·제출하도록 하여야 하는 것이고, 피고인이 항소이유서 제출기간 이내에 항소이유서를 제출하지 않고, 항소장에도 항소이유를 기재하지 않았다고 하더라도, 피고인에게 변호인이 없는 때에는 국선변호인을 선정하지 않은 채 형사소송법 제361조의4 제1항에 의하여 결정으로 피고인의 항소를 기각할 수는 없다.

3. 대법원 2011.2.10, 2008도4558 [국가7급 12]

법원은 피고인이 빈곤 그 밖의 사유로 변호인을 선임할 수 없는 경우에 피고인의 청구가 있는 때에는 변호인을 선정하여야 하고(제33조 제2항), 기록을 송부받은 항소법원은 항소이유서 제출기간이 도과하기 전에 이루어진 법 제33조 제2항의 국선변호인 선정청구에 따라 변호인을 선정한 경우 그 변호인에게 소송기록접수통지를 하여야 하며(규칙 제156조의2 제2항), 항소법원이 선정된 국선변호인에게 소송기록접수통지를 하지 아니한 채 판결을 선고하는 것은 위법하다. 따라서 피고인이 제1심판결에 대하여 검사와 함께 항소를 제기하면서 항소이유서를 제출하지 않은 채 항소이유서 제출기간 내에 항소법원에 가정형편을 이유로 법 제33조 제2항의 국선변호인 선정을 청구하였는데, 항소법원이 그로부터 3개월여가 지나서야 국선변호인을 선정하면서 그에게 따로 소송기록접수통지를 하지 아니한 채 변론을 종결한 다음 곧바로 항소이유서 미제출을 이유로 피고인의 항소를 기각하는 결정을 하고, 선고기일에는 검사의 항소이유를 받아들여 제1심판결을 파기하고 새로운 형을 선고한 것은 위법하다.

4. 대법원 2012.2.16, 2009모1044 전원합의체 [법원9급 18, 국가7급 15, 국가9급 12/16, 경찰간부 14, 경찰채용 20 1차]

[1] 헌법상 보장되는 '변호인의 조력을 받을 권리'는 변호인의 '충분한 조력'을 받을 권리를 의미하므로, 일정한 경우 피고인에게 국선변호인의 조력을 받을 권리를 보장하여야 할 국가의 의무에는 형사소송절차에서 단순히 국선변호인을 선정하여 주는 데 그치지 않고 한 걸음 더 나아가 피고인이 국선변호인의 실질적인 조력을 받을 수 있도록 필요한 업무 감독과 절차적 조치를 취할 책무까지 포함된다고 할 것이다.

[2] 국선변호인이 법정기간 내에 항소이유서를 제출하지 아니하면 이는 피고인을 위하여 요구되는 충분한 조력을 제공하지 아니한 것으로 보아야 하고, 이런 경우에 피고인에게 책임을 돌릴 만한 아무런 사유가 없는데도 항소법원이 제361조의4 제1항 본문에 따라 피고인의 항소를 기각한다면, 이는 피고인에게 국선변호인으로부터 충분한 조력을 받을 권리를 보장

하고 이를 위한 국가의 의무를 규정하고 있는 헌법의 취지에 반하는 조치이다. 따라서 피고인과 국선변호인이 모두 법정기간 내에 항소이유서를 제출하지 아니하였더라도, 국선변호인이 항소이유서를 제출하지 아니한 데 대하여 피고인에게 귀책사유가 있음이 특별히 밝혀지지 않는 한, 항소법원은 종전 국선변호인의 선정을 취소하고 새로운 국선변호인을 선정하여 다시 소송기록접수통지를 함으로써 새로운 국선변호인으로 하여금 그 통지를 받은 때로부터 법정기간 내에 피고인을 위하여 항소이유서를 제출하도록 하여야 한다.

5. 대법원 2013.7.11, 2013도351

헌법상 변호인의 조력을 받을 권리와 형사소송법상 국선변호인 제도의 취지에 비추어 보면, (항소)법원은 피고인으로부터 형사소송법 제33조 제2항에 의한 국선변호인 선정청구가 있는 경우 또는 직권으로 소송기록과 소명자료를 검토하여 피고인이 형사소송법 제33조 제2항 또는 제3항에 해당한다고 인정되는 경우 즉시 국선변호인을 선정하고, 소송기록에 나타난 자료만으로 그 해당 여부가 불분명한 경우에는 제1회 공판기일의 심리에 의하여 국선변호인의 선정 여부를 결정할 것이며(국선변호예규 제8조), 제1심에서 피고인의 청구 또는 직권으로 국선변호인이 선정되어 공판이 진행된 경우에는 항소법원은 특별한 사정변경이 없는 한 국선변호인을 선정함이 바람직하다.

④ 소송기록접수의 통지 : 항소법원이 기록의 송부를 받은 때에는 **즉시 항소인과 상대방에게 그 사유를 통지**하여야 한다(제361조의2 제1항). [경찰승진 11, 경찰채용 12 2차] **통지 전에 변호인의 선임이 있는 때에는 변호인에게도 통지**를 하여야 한다(동조 제2항). 또한 항소심에서 국선변호인이 선정된 이후 변호인 없는 다른 사건이 병합된 경우에도 항소법원은 지체 없이 위 국선변호인에게 위 병합사건에 관한 소송기록접수통지를 하여야 한다(판례). 그러나 필요적 변호사건에서 항소법원이 국선변호인을 선정하고 항소인인 피고인과 위 **국선변호인에게 소송기록접수통지를 하였다면, 피고인이 새로 선임한 사선변호인에게 다시 같은 통지를 하여야 하는 것은 아니다.** 한편, 피고인의 항소대리권자인 배우자가 피고인을 위하여 항소한 경우, 소송기록접수통지는 항소인인 피고인에게 하는 것이지, 실제 항소한 항소대리권자인 배우자에게 하여야 하는 것이 아니다. 소송기록접수통지는 당사자에 대한 안내의 의미에 불과한 것이 아니라 항소이유서 제출기간을 기산하게 하는 효력이 있으므로, 항소법원의 통지의무 위반은 소송절차의 법령위반으로 그 위법이 판결에 영향을 미친 때에는 상고이유에 해당한다.

⚖ 판례연구 항소법원의 소송기록접수통지 관련판례

1. 대법원 1966.12.27, 66도1488 [법원승진 12]
검사에 대한 소송기록접수통지 및 검사의 즉시항고와 판결절차의 정지 여부
항소한 검사에게 소송기록접수통지를 하지 않고 원심에 대응하는 고등검찰청 검사에게 그 접수통지를 보내었다 하더라도 검사동일체의 원칙에 따라 그 통지는 적법하다. 또한 검사의 항소를 결정으로 기각한 경우에 그 결정에 대하여 검사가 즉시항고를 하면 그 결정은 확정하지 않을 뿐, 피고인의 항소에 대한 판결절차까지 정지하여야 되는 것은 아니다.

2. 대법원 2010.5.27, 2010도3377 [국가7급 14/16, 경찰승진 11, 경찰채용 12 1차]
국선변호인에게 소송기록접수통지를 하지 아니함으로써 항소이유서 제출기회를 주지 아니한 채 판결을 선고하는 것은 위법하다. 한편, 국선변호인 선정의 효력은 선정 이후 병합된 다른 사건에도 미치는 것이므로, 항소심에서 국선변호인이 선정된 이후 변호인이 없는 다른 사건이 병합된 경우에는 형사소송법 제361조의2, 형사소송규칙 제156조의2의 규정에 따라 항소법원은 지체 없이 국선변호인에게 병합된 사건에 관한 소송기록접수통지를 함으로써 국선변호인이 통지를 받은 날로부터 기산한 소정의 기간 내에 피고인을 위하여 항소이유서를 작성·제출할 수 있도록 하여 변호인의 조력을 받을 피고인의 권리를 보호하여야 한다.

3. 대법원 2017.11.7, 2017모2162
송달명의인이 체포·구속된 날 소송기록접수통지서가 송달명의인의 종전 주·거소에 송달되었는데 선후관계가 명백하지 않다면 송달의 효력은 발생하지 않는다는 사례
형사소송법 제361조의4, 제361조의3, 제361조의2에 의하면, 항소인이나 변호인이 항소법원으로부터 소송기록접수통지를 받은 날로부터 20일 이내에 항소이유서를 제출하지 아니하고 항소장에도 항소이유의 기재가 없는 경우에는 결정으로 항소를 기각할 수 있도록 규정되어 있으나, 이처럼 항소이유서 부제출을 이유로 항소기각의 결정을 하기 위해서는 항소인이 적법한 소송기록접수통지서를 받고서도 정당한 이유 없이 20일 이내에 항소이유서를 제출하지 아니하였어야 한다. 한편 형사소송법 제65조, 민사소송법 제182조에 의하면 교도소·구치소 또는 국가경찰관서의 유치장에 수감된 사람에게 할 송달을 교도소·구치소 또는 국가경찰관서의 장에게 하지 아니하고 수감되기 전의 종전 주·거소에 하였다면 부적법하여 무효이고, 법원이 피고인의

수감 사실을 모른 채 종전 주·거소에 송달하였다고 하여도 마찬가지로 송달의 효력은 발생하지 않는다. 그리고 송달명의인이 체포 또는 구속된 날 소송기록접수통지서 등의 송달서류가 송달명의인의 종전 주·거소에 송달되었다면 송달의 효력 발생 여부는 체포 또는 구속된 시각과 송달된 시각의 선후에 의하여 결정하되, 선후관계가 명백하지 않다면 송달의 효력은 발생하지 않는 것으로 보아야 한다.

4. 대법원 2018.3.29, 2018모642 [법원9급 23]

항소대리권자인 배우자가 항소한 경우 소송기록접수통지의 상대방

항소이유서 부제출을 이유로 항소기각의 결정을 하기 위해서는 항소인이 적법한 소송기록접수통지서를 받고서도 정당한 이유 없이 20일 이내에 항소이유서를 제출하지 않았어야 한다(대법원 2017.11.7, 2017모2162 등). 피고인의 항소대리권자인 배우자가 피고인을 위하여 항소한 경우(법 제341조)에도 소송기록접수통지는 항소인인 피고인에게 하여야 하는데(법 제361조의2), 피고인이 적법하게 소송기록접수통지서를 받지 못하였다면 항소이유서 제출기간이 지났다는 이유로 항소기각결정을 하는 것은 위법하다.

5. 대법원 2018.11.22, 2015도10651 전원합의체

국선변호인에 대한 소송기록접수통지 후 새로 선임된 사선변호인에 대한 소송기록접수통지 요부

다수의견 형사소송법은 항소법원이 항소인인 피고인에게 소송기록접수통지를 하기 전에 변호인의 선임이 있는 때에는 변호인에게도 소송기록접수통지를 하도록 정하고 있으므로(제361조의2 제2항), 피고인에게 소송기록접수통지를 한 다음에 변호인이 선임된 경우에는 변호인에게 다시 같은 통지를 할 필요가 없다. 이는 필요적 변호사건에서 항소법원이 국선변호인을 선정하고 피고인과 그 변호인에게 소송기록접수통지를 한 다음 피고인이 사선변호인을 선임함에 따라 항소법원이 국선변호인의 선정을 취소한 경우에도 마찬가지이다. 이러한 경우 항소이유서 제출기간은 국선변호인 또는 피고인이 소송기록접수통지를 받은 날부터 계산하여야 한다. 한편 형사소송규칙 제156조의2 제3항은 항소이유서 제출기간 내에 피고인이 책임질 수 없는 사유로 국선변호인이 변경되면 그 국선변호인에게도 소송기록접수통지를 하여야 한다고 정하고 있는데, 이 규정을 새로 선임된 사선변호인의 경우까지 확대해서 적용하거나 유추적용할 수는 없다. 결국, 형사소송법이나 그 규칙을 개정하여 명시적인 근거규정을 두지 않는 이상 현행 법규의 해석론으로는 필요적 변호사건에서 항소법원이 국선변호인을 선정하고 피고인과 국선변호인에게 소송기록접수통지를 한 다음 피고인이 사선변호인을 선임함에 따라 국선변호인의 선정을 취소한 경우 항소법원은 사선변호인에게 다시 소송기록접수통지를 할 의무가 없다고 보아야 한다.

6. [비교판례] 대법원 2019.7.10, 2019도4221

국선변호인이 법정기간 내에 항소이유서를 제출하지 아니한 사례

피고인을 위하여 선정된 국선변호인이 항소이유서 제출기간 내에 항소이유서를 제출하지 아니하면 이는 피고인을 위하여 요구되는 충분한 조력을 제공하지 아니한 것으로 보아야 하고, 이런 경우에 피고인에게 책임을 돌릴 만한 아무런 사유가 없음에도 항소법원이 형사소송법 제361조의4 제1항 본문에 따라 피고인의 항소를 기각한다면, 이는 피고인에게 국선변호인으로부터 충분한 조력을 받을 권리를 보장하고 이를 위한 국가의 의무를 규정하고 있는 헌법의 취지에 반하는 조치이다. 따라서 피고인과 국선변호인이 모두 법정기간 내에 항소이유서를 제출하지 아니하였더라도, 국선변호인이 항소이유서를 제출하지 아니한 데 대하여 피고인에게 귀책사유가 있음이 특별히 밝혀지지 않는 한, 항소법원은 종전 국선변호인의 선정을 취소하고 새로운 국선변호인을 선정하여 다시 소송기록접수통지를 함으로써 새로운 변호인으로 하여금 그 통지를 받은 때로부터 형사소송법 제361조의3 제1항의 기간 내에 피고인을 위하여 항소이유서를 제출하도록 하여야 한다(대법원 2012.2.16, 2009모1044 전원합의체 결정). 그리고 이러한 법리는 항소법원이 종전 국선변호인의 선정을 취소하고 새로운 국선변호인을 선정하여 소송기록접수통지를 하기 이전에 '피고인 스스로 변호인을 선임한 경우' 그 '사선변호인'에 대하여도 마찬가지로 적용되어야 한다.

⑤ **피고인의 이감(移監)**: 피고인이 교도소·구치소에 있는 경우에는 원심법원에 대응한 검찰청 검사는 위의 통지를 받은 날부터 14일 이내에 피고인을 항소법원 소재지의 교도소·구치소에 이송하여야 한다(제361조의2 제3항).

3. 항소이유서와 답변서의 제출

(1) 항소이유서의 제출과 부본송달 및 항소기각결정

① 제출 : **항소인 또는 변호인**은 기록접수의 통지를 받은 날로부터 **20일** 이내에 항소이유서를 항소법원에 제출하여야 한다(제361조의3 제1항) [법원9급 08/11/14/15, 경찰승진 11, 경찰채용 11 1차]. 항소이유서는 상대방 수에 2를 더한 수의 부본을 첨부한다(규칙 제156조).

② 제출기간

(가) 기간·도달주의·재소자특칙 : 항소법원으로부터 **소송기록접수통지를 받은 날로부터 20일**이며, 제

출기간은 도달주의가 원칙이므로 항소이유서 우편 발송시 20일이 경과한 후 항소법원에 도달된 경우에는 적법한 항소이유서의 제출이라 할 수 없으나, **재소자특칙은 적용**된다(대법원 2006.3.16, 2005도9729 전원합의체 판결에 의한 07년 12월 개정법 제361조의3 제1항, 제344조). [법원9급 12/14]

- (나) 변호인의 제출기간 : **변호인의 항소이유서 제출기간은 변호인이 항소법원의 소송기록접수통지를 받은 날**(의 다음 날)**로부터 계산**하여야 한다(판례, 초일불산입).
  - ㉠ 사선변호인 : 사선변호인이 선임된 경우 그 항소이유서 제출기간의 기산점은 ⓐ 피고인에 대한 소송기록 접수통지 전 선임된 경우에는 사선변호인이 접수통지를 받은 날(의 다음 날)이요, ⓑ 피고인에 대한 접수통지 후 선임된 경우에는 피고인이 접수통지를 받은 날(의 다음 날)이 된다.
  - ㉡ 국선변호인
    - ⓐ 국선변호인이 선정된 경우에는 당해 국선변호인에게 접수통지를 하여야 하는데(규칙 제156조의2 제1항·제2항) 그날(의 다음 날)이 기산일이 된다. 항소법원이 청구국선 국선변호인 선정청구를 기각한 경우에는 피고인의 청구일로부터 선정청구기각결정등본을 송달받은 날까지의 기간을 항소이유서 제출기간에 산입하지 아니한다(동조 제4항, 단, 피고인이 최초의 청구기각결정을 받은 이후 같은 법원에 다시 선정청구를 한 경우에는 산입 ○).
    - ⓑ 필요적 변호사건에서 소송기록을 접수받은 항소법원이 정당한 사유 없이 국선변호인 선정을 지연하는 사이 항소인이 사선변호인을 선임하였다면 그 사선변호인에게도 국선변호인에 준하여 소송기록접수통지를 하여야 하고 이 경우 그 통지를 받은 날로부터 항소이유서 제출기간이 기산된다(판례).
    - ⓒ 국선변호인에 대한 필요적 소송기록접수통지조항에도 불구하고, 필요국선·재량국선 사건이 아닌 경우 피고인이 항소이유서 제출기간이 경과한 후 비로소 빈곤 등을 이유로 한 국선변호인선정청구를 하였다면, 법원이 제33조 제2항에 의한 국선변호인선정결정을 한 경우라 하더라도 법원은 국선변호인에게 소송기록접수통지를 할 필요가 없어, 항소이유서 제출기간의 기산일은 피고인이 소송기록접수통지를 받은 날이 될 수밖에 없다(판례).
- (다) 2회 접수통지시 기산일 : 항소법원이 피고인에게 소송기록 접수통지를 함에 있어 2회에 걸쳐 그 통지서를 송달하였다 하더라도, 항소이유서 제출기간의 기산일은 −최후 송달의 효력이 발생한 날이 아니라− 최초 송달의 효력이 발생한 날의 다음 날부터라 보아야 한다(판례). [국가7급 14]
- (라) **제출기간의 보장** : 피고인·변호인의 항소이유서 제출기간은 보장되어야 한다. 따라서 변호인이 항소이유서를 제출하여도 피고인의 항소이유서 제출기간이 경과되기 전 심리를 종결하고 판결을 선고한 것은 위법이다(판례).

🔨 **판례연구** 항소이유서 제출기간 관련판례

1. 대법원 1996.9.6, 96도166

① 피고인에게 소송기록접수통지를 한 후에 변호인의 선임이 있는 경우에는 변호인에게 다시 같은 통지를 할 필요가 없고 항소이유서의 제출기간도 피고인이 그 통지를 받은 날로부터 계산하면 되나, ② 피고인에게 소송기록접수통지가 되기 전에 변호인의 선임이 있는 때에는 변호인에게도 소송기록접수통지를 하여야 하고 변호인의 항소이유서 제출기간은 변호인이 이 통지를 받은 날로부터 계산하여야 한다.

2. 대법원 1997.4.25, 96도3325

항소이유서는 적법한 기간 내에 항소법원에 도달하면 되는 것으로, 그 도달은 항소법원의 지배권 안에 들어가 사회통념상 일반적으로 알 수 있는 상태에 있으면 되고 나아가 항소법원의 내부적인 업무처리에 따른 문서의 접수, 결재과정 등을 필요로 하는 것은 아니다.

3. 대법원 2000.12.22, 2000도4694; 2009.2.12, 2008도11486 [법원행시 04, 법원9급 12, 경찰채용 12 2차]

필요적 변호사건에 있어서 피고인에게 변호인이 없는 경우에는 기록을 송부받은 항소법원은 지체 없이 변호인을 선정한 후 그 변호인에게 소송기록접수통지를 함으로써 그 변호인이 통지를 받은 날로부터 기산한 소정의 기간 내에 피고인을 위하여 항소이유서를 작성·제출할 수 있도록 하여 변호인의 조력을 받을 피고인의 권리를 보호하여야 한다고 할 것인 바(규칙 제156조의2), 변호인의 조력을 받을 위와 같은 피고인의 권리는 필요적 변호사건에서 법원이 정당한 이유 없이 국선변호인을 선정하지 않고 있는 사이에 피고인 스스로 변호인을 선임하였으나 그때는 이미 피고인에 대한 항소이유서 제출기간이 도과해버린 후이어서 그 변호인이 피고인을 위하여 항소이유서를 작성·제출할 시간적 여유가 없는 경우에도 마찬가지로 보호되어야 한다고 할 것이므로, 그 경우에는 법원은 사선변호인에게도 규칙 제156조의2를 유추적용하여 소송기록접수통지를 함으로써 그 변호인이 통지를 받은 날로부터 기산하여 소정의 기간 내에 피고인을 위하여 항소이유서를 작성·제출할 수 있는 기회를 주어야 한다.

4. 대법원 2004.6.25, 2004도2611; 2014.8.28, 2014도4496

법 제361조의3, 제364조 등의 규정에 의하면 항소심의 구조는 피고인 또는 변호인이 법정기간 내에 제출한 항소이유서에 의하여 심판되는 것이므로 항소이유서 제출기간의 경과를 기다리지 않고는 항소사건을 심판할 수 없다. 따라서 피고인의 항소이유서 제출기간이 경과되기 이전에 변호인이 제출한 항소이유에 대한 심리만을 마친 채 판결을 선고한 원심의 조치는 위법하다(피고인·변호인 둘 다 보호하는 취지). 법 제33조 제3항의 규정에 의하여 선정된 국선변호인의 경우에도 국선변호인의 항소이유서 제출기간 만료시까지 항소이유서를 제출하거나 수정·추가 등을 할 수 있는 권리는 마찬가지로 보호되어야 한다.

5. 대법원 2006.3.9, 2005모304

변호인의 조력을 받을 피고인의 권리는 필요적 변호사건에서 법원이 국선변호인을 선정한 후 그 변호인에게 소송기록접수통지를 하였다가 항소이유서 제출기간 내에 피고인의 귀책사유에 의하지 아니한 사정으로 그 선정결정을 취소하고 새로운 국선변호인을 선정한 경우에도 마찬가지로 보호되어야 하므로, 국선변호인의 교체가 피고인의 귀책사유에 의하지 아니한 사정으로 이루어진 경우에는 법원은 규칙 제156조의2 규정을 적용하여 새로이 선정된 국선변호인에게 소송기록접수통지를 하여야 하고, 그 경우 항소이유서 제출기간은 새로이 선정된 변호인이 소송기록접수통지를 받은 날로부터 20일 이내라 할 것이다. 따라서 필요적 변호사건에서 피고인의 귀책사유에 의하지 아니한 사정으로 국선변호인이 교체되었음에도, 선정취소된 종전 국선변호인의 소송기록접수통지서 수령일을 기준으로 항소이유서 제출기간을 기산함으로써, 새로이 선정된 국선변호인의 항소이유서를 제출기간이 도과한 후 제출된 것으로 판단하여 결정으로 항소를 기각한 원심의 조치는 위법하다.

6. 대법원 2010.5.27, 2010도3377 [국가7급 14/16, 경찰승진 11, 경찰채용 12 1차]

항소법원이 피고인에게 소송기록접수통지를 함에 있어 2회에 걸쳐 그 통지서를 송달하였다고 하더라도, 항소이유서 제출기간의 기산일은 최초 송달의 효력이 발생한 날의 다음 날부터라고 보아야 한다.

7. 대법원 2013.6.27, 2013도4114

국선변호인의 선정 및 소송기록접수통지에 관한 형사소송규칙 제156조의2가 법 제33조 제2항에 의한 국선변호인 선정과 관련하여 '피고인의 항소이유서 제출기간이 도과하기 전에 피고인으로부터 국선변호인 선정청구가 있는 경우'에는 그에 관한 결정을 하여야 하고 국선변호인이 선정되면 그에게 소송기록접수통지를 하여야 한다고 정하면서도, '피고인의 항소이유서 제출기간 도과 이후에 피고인으로부터 국선변호인 선정청구가 있는 경우'에 있어서 그에 관한 법원의 결정이나 그 결정에 의하여 선정된 국선변호인에 대한 소송기록접수통지에 관하여는 따로 정하고 있지 아니한 점, 피고인이 소송기록접수통지를 받은 후 자신의 항소이유서 제출기간 도과 전에 사선변호인을 선임하였다고 하더라도 사선변호인에 대하여 다시 같은 통지를 할 필요가 없고 사선변호인의 항소이유서 제출기간을 피고인이 소송기록접수통지를 받은 날로부터 계산하는 것과 비교하여, 필요적 변호사건이 아닌 사건에서 피고인에 대한 소송기록접수통지에 따른 항소이유서 제출기간이 이미 도과한 상황임에도 단지 피고인이 법 제33조 제2항에 의한 국선변호인 선정청구를 하여 국선변호인이 선정되게 되었다는 사정만으로 국선변호인에게 다시 소송기록접수통지를 하여야 하고 국선변호인의 항소이유서 제출기간이 그가 소송기록접수통지를 받은 날로부터 다시 계산된다고 보는 것은 형평에 맞지 아니하다고 볼 수 있는 점 등을 고려할 때, 필요적 변호사건이 아니고 형사소송법 제33조 제3항에 의하여 국선변호인을 선정하여야 하는 경우도 아닌 사건에 있어서 피고인이 항소이유서 제출기간이 도과한 후에야 비로소 형사소송법 제33조 제2항의 규정에 따른 국선변호인 선정청구를 하고 법원이 국선변호인 선정결정을 한 경우에는 그 국선변호인에게 소송기록접수통지를 할 필요가 없고, 이러한 경우 설령 국선변호인에게 같은 통지를 하였다고 하더라도 국선변호인의 항소이유서 제출기간은 피고인이 소송기록접수통지를 받은 날로부터 계산된다고 할 것이다.

8. 대법원 2015.4.9, 2015도1466; 2018.4.12, 2017도13748

항소이유서 제출기간 내 변론종결시 그 후 제출기간 내 항소이유서가 제출된 사례
법 제361조의3, 제364조 등의 규정에 의하면 항소심의 구조는 피고인 또는 변호인이 법정기간 내에 제출한 항소이유서에 의하여 심판되는 것이고, 이미 항소이유서를 제출하였더라도 항소이유를 추가·변경·철회할 수 있으므로, 항소이유서 제출기간의 경과를 기다리지 않고는 항소사건을 심판할 수 없다. 따라서 항소이유서 제출기간 내에 변론이 종결되었는데 그 후 위 제출기간 내에 항소이유서가 제출되었다면, 특별한 사정이 없는 한 항소심법원으로서는 변론을 재개하여 항소이유의 주장에 대해서도 심리를 해 보아야 한다.

③ 항소이유의 기재의 정도 : 항소이유서에는 항소이유를 **구체적으로 간결하게 명시**하여야 한다(규칙 제155조). 다만, ㉠ 항소이유서가 법정기간 내 제출되었다면 항소인이 항소이유를 추상적으로 제1심판결이 부당하다고만 기재함으로써 항소이유를 특정하여 구체적으로 명시하지 아니하였다 하더라도 항소이유가 기재된 것으로 선해(善解)해야 하므로 항소이유서가 제출되지 아니하였다 할 수는 없다(판례). [법원9급 12, 국가7급 14, 경찰간부 14] 반면, ㉡ 검사가 항소이유를 사실오인 및 법리오해라고만 기재하거나 양형부당이라고만 기재한 것은 적법한 항소이유의 기재라 할 수 없다(판례).

★ **판례연구** 항소이유의 기재 관련판례

1. 대법원 2002.12.3, 2002모265; 2006.3.20, 2005모564 [법원9급 12, 국가7급 14, 경찰간부 14]

[1] 법 제361조의4 제1항은 항소인 또는 변호인이 법 제361조의3 제1항의 기간 내에 항소이유서를 제출하지 아니한 때에는 직권조사사유가 있거나 항소장에 항소이유의 기재가 있는 경우를 제외하고 결정으로 항소를 기각하여야 한다고 규정하고 있으므로 항소인 또는 변호인이 항소이유서에 추상적으로 제1심판결이 부당하다고만 기재함으로써 항소이유를 특정하여 구체적으로 명시하지 아니하였다고 하더라도 항소이유서가 법정의 기간 내에 적법하게 제출된 경우에는 이를 항소이유서가 법정의 기간 내에 제출되지 아니한 것과 같이 보아 법 제361조의4 제1항에 의하여 결정으로 항소를 기각할 수는 없다.

[2] 형사소송법은 상고이유를 엄격히 제한함과 동시에 상고이유서에는 소송기록과 원심법원의 증거조사에 표현된 사실을 인용하여 그 이유를 명시하도록 규정하고 있음에 반하여 항소이유서에 대하여는 그와 같은 규정을 두고 있지 아니할 뿐 아니라, 상고심은 원칙적으로 법률심으로서 사후심인 데 반하여, 항소심은 사후심적 성격이 가미된 속심인 점에 비추어 항소인들이 항소이유서에 '위 사건에 대한 원심판결은 도저히 납득할 수 없는 억울한 판결이므로 항소를 한 것입니다'라고 기재하였다고 하더라도 항소심으로서는 이를 제1심판결에 사실의 오인이 있거나 양형부당의 위법이 있다는 항소이유를 기재한 것으로 선해(善解)하여 그 항소이유에 대하여 심리를 하여야 한다.

2. 대법원 2003.12.12, 2003도2219 [국가7급 14]

법 제361조의3 제1항을 받은 규칙 제155조는 항소이유서 또는 답변서에는 항소이유 또는 답변내용을 구체적으로 간결하게 명시하여야 한다고 규정하고 있는바, 위 형사소송규칙은 헌법 제108조에 규정된 대법원의 규칙제정권에 근거하여 형사소송절차를 규율하는 것으로서 형사소송법에 저촉되는 것이라거나 형사소송법의 효력을 부당하게 변경·제한하는 것이라거나 또는 항소권을 부당하게 제한하는 것이라고는 할 수 없다. … 검사가 제1심 무죄판결에 대한 항소장의 '항소의 이유'란에 '사실오인 및 법리오해'라고만 기재한 경우 이를 적법한 항소이유의 기재가 있는 것으로 볼 수 없다.

3. 대법원 2008.1.31, 2007도8117

법 제361조의5 제15호가 "형의 양정이 부당하다고 인정할 사유가 있는 때"를 항소이유로 규정하고 있고, 규칙 제155조가 "항소이유서 또는 답변서에는 항소이유 또는 답변내용을 구체적으로 간결하게 명시하여야 한다."라고 규정하고 있는 점 등에 비추어, 다른 구체적인 이유의 기재 없이 단순히 항소장의 '항소의 범위'란에 '양형부당'이라는 문구가 기재되어 있다고 하여 이를 적법한 항소이유의 기재라고 볼 수는 없다.

서울중앙지방검찰청

(530 - 3114)

검   0000. 0. 00.

수 신 서울고등법원 제0형사부   발 신 서울중앙지방검찰청

제 목 항소 이유서   검 사 **사 연 생** (인)

                              사 연 생

아래와 같이 항소 이유서를 제출합니다.

피의자	① 성　　　　명	박 배 곤	문 종 철
	② 주 민 등 록 번 호	590809 - 1989089	570407 - 1947047
③ 죄　　　　명		특수강도 등	
④ 선 고 법 원		서울중앙지방법원	
⑤ 선 고 일 자		0000. 0. 00.	
⑥ 항 소 일 자		0000. 0. 00.	
⑦ 항 소 이 유		별지와 같음	
⑧ 비　　　　고			

[별지]

항 소 이 유

1. 이 사건 공소사실은 공소장 기재 내용과 같으므로 이를 원용합니다.

2. 사실오인에 대하여

　원심은 공소사실 중「피고인들은 2015. 11. 2. 03 : 00경 서울특별시 동대문구 한천로길 231의 23에 있는 피해자 임복순의 집 안방에 침입하여 피해자의 손가방에서 현금 600,000원을 절취하고, 다시 장롱을 열고 금품을 물색하던 중 피해자가 잠에서 깨어나 "누구냐."라고 소리치자 이불로 피해자의 얼굴을 뒤집어 씌우고 팔로 짓누르면서 "소리치면 죽인다."라고 폭행·협박 하였다. 피고인들은 합동하여 위와 같이 피해자가 반항하지 못하게 한 후 그곳에 있던 피해자 소유의 일제 내쇼날 휴대용 녹음기 1대 등 합계 시가 금 200,000원 상당의 물건을 빼앗아 강취하였다」라는 공소사실에 대하여「피고인 박배곤은 검찰 이래 당 법정에 이르기까지 범죄사실을 극구 부인하고, 같은 문종철은 검찰에서의 자백은 사실과 다르다면서 범죄사실을 부인하고 있으며, 증인 임복순은 범인들의 인상착의를 파악하지 못하여 그 범인들이 피고인들인지 알 수 없다고 진술하고 있고, 검사가 작성한 피고인 문종철에 대한 피의자신문조서 내용은 피고인의 당 법정에서의 진술에 비추어 믿기 어렵고, 달리 증거 없으므 로 범죄의 증명이 없다」라는 이유로 무죄를 선고하였으므로 살피건대,

　검사가 작성한 피고인들에 대한 피의자신문조서, 사법경찰관이 작성한 피고인들에 대한 피의자신문조서, 사법경찰관이 작 성한 검증조서, 피고인들의 법정에서의 각 진술들을 종합하여 보면 피고인 문종철은 경찰 이래 검찰에 이르기까지 일관하여 피고인 박배곤과 공동으로 이 사건 범행을 한 바 있다고 자백하고 있을 뿐만 아니라, 피고인 박배곤은 경찰 제1회 피의자신문 조서 작성시에 범행을 순순히 자백하고 사법경찰관의 검증시에도 범행을 순순히 재현하였으며, 공소장 기재 1의 다항의 범죄 사실에 대하여는 피고인 문종철은 피고인 박배곤과 이 사건 범행을 하였다고 자백하고 있는 데 반하여 피고인 박배곤은 범행 을 부인하였다가 제4회 공판시에 피고인 문종철이 위 진술을 번복하여 공소장 기재 1의 나항은 피고인 박배곤의 단독범행이 고, 위 1의 다항은 피고인 문종철의 단독범행이라고 진술하고 있어 피고인 문종철의 원심법정에서의 진술은 일관성이 없어 믿기 어려움에도 불구하고, 검사가 작성한 피고인 문종철에 대한 피의자신문조서에 그의 진술내용은 그의 원심법정에서의 진 술에 비추어 믿기 어렵다는 이유로 무죄를 선고한 것은 원심법정에서의 피고인들의 허위진술을 가볍게 믿은 나머지 사실을 오인하여 판결에 영향을 미친 위법이 있으므로 마땅히 파기되어야 할 것입니다.

3. 양형부당에 대하여

　원심은 피고인 박배곤에 대하여 징역 2년 6월, 같은 문종철에 대하여 징역 1년 6월을 각각 선고하였는바, 위 양형은 특수 강도죄에 대하여서는 물론이고 특정범죄가중처벌등에관한법률위반(절도)죄에 대하여서도 현저하게 가벼워 부당하다고 할 것 입니다.

　즉, 피고인 박배곤은 2012. 8. 17. 춘천지방법원에서 절도죄로 징역 10월에 2년간 집행유예를 선고받은 외에 동종 전과 1범 인 자이고, 피고인 문종철은 2013. 5. 31. 대전지방법원에서 절도죄로 징역 8월에 2년간 집행유예의 판결을 선고받은 전과자인 바, 그럼에도 불구하고 피고인들은 지난 잘못을 뉘우침이 없이 다시 이 사건 범행을 저질렀을 뿐더러 법정에서의 방자한 태 도 등을 감안할 때 피고인들에 대해서는 의당 검사의 의견대로 각 징역 5년을 선고하여 장기간 사회로부터 격리시킴으로써 시민생활의 평화를 유지하여야 할 것임에도 불구하고 위와 같이 선고한 것은 심히 그 형이 가볍다 아니할 수 없고 이에 마땅 히 파기를 면치 못한다 할 것입니다.

4. 이상에서 살펴본 바와 같이 원심판결은 어느모로 보더라도 부당하므로 이를 파기하고 다시 적법·타당한 새로운 판결을 구하기 위하여 이 사건 항소에 이르게 된 것입니다. (인)

사법연수원, 검찰서류작성례, 2017년, p.412 ~ 414

④ **송달** : 항소이유서의 제출을 받은 항소법원은 **지체 없이** 그 부본(副本, 항소인이 제출한 것) 또는 등본(謄 本, 부본 미제출·분실·멸실시 법원사무관 등이 작성한 것)을 상대방에게 송달하여야 한다(제361조의3 제2 항). [경찰승진 11, 경찰채용 12 2차] 다만, 항소이유서 부본 송달의 하자는 책문권 포기에 의하여 치유될 수 있다.

🔨 **판례연구** 항소이유서 부본 송달의 하자의 치유 관련판례

1. 대법원 1981.9.8, 81도2040

항소이유서 부본을 상대방에게 송달하지 아니한 하자의 치유

항소이유서 부본을 상대방에게 송달하지 아니하였어도 상대방으로부터 그 방어의 기회를 박탈했다고 볼 수 없는 특별사정이 있으 면 그 하자는 치유되는바, 검사의 항소이유서 부본(요지는 양형부당임)을 피고인에게 송달하지 아니하였으나 피고인도 사실오

인과 양형과중을 이유로 항소하였고, 항소심은 변론 없이 기록에 의하여 양형조건이 되는 제반사항을 참작하여 한 제1심의 형의 양정이 적절하다 하여 쌍방 항소를 기각하고 있으니, 검사의 항소에 대한 피고인의 방어권을 충분히 참작하였다고 보여지고, 피고인에게 양형에 있어 불이익하게 변경된 바 없으므로 위 하자는 치유되었다 할 것이다.

2. 대법원 2001.12.27, 2001도5810

항소이유서 부본이 상대방에게 송달되지 아니한 채 진행된 항소심 공판절차의 적법 여부(한정 적극)

법 제361조의3 제1항 내지 제4항은 항소한 소송관계인의 상대방으로 하여금 방어를 준비할 기회를 주기 위한 것이므로 상대방이 항소이유서의 부본을 송달받지 못하여 방어를 준비할 기회를 갖지 못하였다 하더라도 항소한 소송관계인 본인이 이를 탓할 수 없다 할 것인바, 항소인이 제출한 항소이유서 부본이 상대방에게 송달되지 아니하였고 이로 인하여 상대방이 답변서를 제출할 기회를 갖지 못하였으나 상대방이 항소심 공판기일에 출석하여 항소이유서 부본의 불송달과 이로 인한 답변서를 제출하지 못한 점에 대하여 아무런 이의를 제기하지 않은 채 항소인이 항소이유서를 진술하고 상대방이 이에 대하여 항소가 이유 없다는 취지의 답변을 한 다음 쌍방이 이에 기하여 변론을 하는 등으로 항소심 공판절차의 진행에 협조하였다면 항소인이 항소이유서 부본이 송달되지 아니하였음을 비난할 수 없다.

⑤ **항소기각결정** : ㉠ 항소인이나 변호인이 **항소이유서 제출기간 내에 항소이유서를 제출하지 아니한 때에는 결정으로 항소를 기각**하여야 한다(제361조의4 제1항 본문). [법원9급 08] 항소기각결정에 대하여는 즉시항고를 할 수 있다(동조 제2항). 단, ㉡ **직권조사사유가 있거나 항소장에 항소이유의 기재가 있는 때에는 예외**로 한다(동조 제1항 단서). 여기서 **직권조사사유**란 법령적용이나 법령해석의 착오 여부 등 당사자가 주장하지 않더라도 **피고인의 이익을 위해** 법원이 직권으로 조사해야 할 사유와 피고인의 이익을 위하여 판단할 수 있는 양형부당·사실오인의 사유를 말한다(판례). 다만, 이는 피고인 보호를 위한 것이므로 검사가 항소이유서를 제출하지 않은 경우에는 적용되지 아니한다(검사 항소이유서 미제출 – 항소기각결정). 판례도 ⓐ 검사의 항소이유서에 **양형부당**(量刑不當)이 기재되지 않은 경우 항소심은 이를 직권조사사유로 삼을 수 없으나(for 피고인, 직권조사 ×), ⓑ 직권으로 1심판결에 양형부당사유가 있는지 심판하여 보다 가벼운 형을 선고할 수는 있다는 입장이다(직권조사 ○)(양형부당은 피고인에 불리할 때에는 항소심의 직권조사사유·직권심판사항 ×). 즉, 판례는 피고인이 항소를 한 경우에는 널리 직권조사 또는 직권심판이 가능하다는 취지로 판시하고 있으나, 검사가 항소를 한 경우에는 이와 반대의 해석을 하는 입장이다.

🔨 **판례연구** 항소기각결정 관련판례

1. 대법원 1998.2.10, 97모101

부적법한 항소이유서 제출의 하자가 치유될 수 있다는 사례

전혀 다른 두 개의 사건에 대한 항소이유서가 마치 하나의 사건에 대한 항소이유서인 것처럼 하나로 작성되어 제출되었고, 그 항소이유서에 별개의 두 사건의 피고인들이 하나의 사건의 공동피고인들인 것처럼 기재되어 있다면, 이러한 항소이유서는 법률이 정한 방식에 위배되는 항소이유서로서 부적법하다. 다만, 위와 같이 부적법한 항소이유서라도 그것이 두 개의 사건 중 어느 하나의 사건에 편철되고 그 사건의 피고인들에게 부본이 송달되어 피고인들의 방어권 행사에 아무런 지장을 초래하지 아니한 채 정상적인 소송절차가 진행된 경우에는, 그 사건에 관하여서만 항소이유서의 하자가 치유된다.

2. 대법원 2000.11.28, 2000모66

피고인이 빈곤 등을 이유로 국선변호인의 선정을 청구하면서, 국선변호인의 조력을 받아 항소이유서를 작성·제출하는 데 필요한 충분한 시간 여유를 두고 선정청구를 하였는데도 법원이 정당한 이유 없이 그 선정을 지연하여 항소이유서 제출기간이 경과한 후에야 비로소 국선변호인이 선정됨으로써 항소이유서의 작성·제출에 필요한 변호인의 조력을 받지도 못한 상태로 피고인에 대한 항소이유서 제출기간이 도과해 버렸다면 이는 변호인의 조력을 받을 피고인의 권리가 법원에 의하여 침해된 것과 다를 바 없으므로, 설사 항소이유서 제출기간 내에 그 피고인으로부터 적법한 항소이유서의 제출이 없었다고 하더라도 그러한 사유를 들어 곧바로 결정으로 피고인의 항소를 기각하여서는 아니 된다고 할 것이며, 그와 같은 경우에는 규칙 제156조의2를 유추적용하여 그 국선변호인에게도 별도로 소송기록접수통지를 하여 국선변호인이 그 통지를 받은 날로부터 기산하여 소정의 기간 내에 피고인을 위하여 항소이유서를 제출할 수 있는 기회를 주어야 하며, 그와 같은 기회의 부여에도 불구하고 그 국선변호인마저 정해진 기간 내에 항소이유서를 제출하지 아니하는 경우에 한하여 비로소 결정으로 항소를 기각할 수 있을 뿐이라고 보는 것이 형사피고인에 대하여 변호인의 조력을 받을 권리를 국민의 기본적 권리로 규정한 헌법의 정신에 합치하는 해석이다.

3. 대법원 2003.5.16, 2002모338; 2006.3.30, 2005모564

항소인이 항소이유서를 그 제출기간 내에 제출하지 아니한 경우에도 직권조사사유가 있는 때에는 항소법원은 항소기각의 결정을

하여서는 아니 되고 직권으로 심리하여 법정의 항소이유가 있다고 인정하는 때에는 원심판결을 파기하여야 하는바(법 제361조의4 제1항 단서), 여기서 직권조사사유라 함은 법령적용이나 법령해석의 착오 여부 등 당사자가 주장하지 아니한 경우에도 법원이 직권으로 조사하여야 할 사유를 말한다. … 공소사실은 모두 죄가 되지 아니하거나 그 범죄의 증명이 없는 경우에 해당하므로 형사소송법 제325조에 의하여 무죄를 선고하여야 할 것인바, 이와 달리 유죄를 선고한 제1심판결에는 법령의 해석·적용을 잘못하여 판결에 영향을 미친 위법이 있고, 이는 법 제361조의4 제1항 단서 소정의 직권조사사유에 해당한다고 할 것이다. 그럼에도 원심은 직권조사사유가 없다고 하여 피고인의 항소를 기각하였으니, 거기에는 항소기각결정을 할 경우에 대한 법리를 오해하여 결정에 영향을 미친 위법이 있다고 할 것이다.

4. 대법원 2003.10.27, 2003모306

[1] 피고인이 빈곤 등을 이유로 국선변호인의 선정을 청구하면서, 국선변호인의 조력을 받아 항소이유서를 작성·제출하는 데 필요한 충분한 시간 여유를 두고 선정청구를 하였는데도 법원이 정당한 이유 없이 그 선정을 지연하여 항소이유서 제출기간이 경과한 후에야 비로소 항소기각결정을 함과 동시에 국선변호인 선정청구를 기각함으로써 항소이유서의 작성·제출에 필요한 변호인의 조력을 받지도 못한 상태로 피고인에 대한 항소이유서 제출기간이 도과해 버렸다면 이는 변호인의 조력을 받을 피고인의 권리가 법원에 의하여 침해된 것과 다를 바 없으므로, 설사 항소이유서 제출기간 내에 그 피고인으로부터 적법한 항소이유서의 제출이 없었다고 하더라도 그러한 사유를 들어 곧바로 결정으로 피고인의 항소를 기각하여서는 아니 된다.

[2] 피고인이 항소이유서의 작성·제출에 관하여 변호인의 조력을 받지 못한 것이 피고인의 귀책사유에 의한 것이 아니라 항소심법원의 국선변호인 선정 여부에 관한 결정 지연에서 비롯된 것인 경우, 항소심법원으로서는 항소이유서 제출기간이 지난 후에라도 국선변호인 선정 결정과 함께 그 변호인에게 소송기록접수통지를 하여 국선변호인이 그 통지를 받은 날로부터 기산하여 소정의 기간 내에 피고인을 위하여 항소이유서를 제출할 기회를 주든지, 규칙 제44조(법정기간 연장규정)를 유추적용하여 항소이유서 제출기간을 연장하는 조치를 취하는 방법으로 피고인에게 사선 변호인을 선임하여 항소이유서를 제출할 수 있는 기회를 실질적으로 부여함으로써 피고인으로 하여금 변호인의 조력을 받을 수 있도록 해주어야 한다.

5. 대법원 2014.7.10, 2014도5503; 2015.12.10, 2015도11696

검사가 유죄부분에 대해 항소이유를 주장하지 않은 경우 양형부당은 직권조사사유가 아니라는 사례

항소인 또는 변호인은 항소법원의 소송기록접수통지를 받은 날부터 20일 이내에 항소이유서를 항소법원에 제출하여야 하고(법 제361조의3 제1항), 항소이유서에 포함되지 아니한 사항을 항소심 공판정에서 진술한다고 하더라도 그러한 사정만으로 그 진술에 포함된 주장과 같은 항소이유가 있다고 볼 수는 없다(대법원 2007.5.31, 2006도8488). 한편 항소법원의 심판은 항소장에 기재되었거나 위 기간 내에 제출된 항소이유서에 포함된 항소이유를 대상으로 하는 것이고, 다만 판결에 영향을 미친 사유에 관하여는 항소이유서에 포함되지 아니한 경우에도 직권으로 심판할 수 있는데(법 제364조 제1항, 제2항), 검사가 일부 유죄, 일부 무죄가 선고된 제1심판결 전부에 대하여 항소하면서 유죄 부분에 대하여는 아무런 항소이유도 주장하지 않은 경우에는 유죄 부분에 대하여 법정기간 내에 항소이유서를 제출하지 않은 것이 되고, 그 경우 설령 제1심의 양형이 가벼워 부당하다 하더라도 그와 같은 사유는 형사소송법 제361조의4 제1항 단서의 직권조사사유나 같은 법 제364조 제2항의 직권심판사항에 해당하지 않으므로, 항소심이 제1심판결의 형보다 중한 형을 선고하는 것은 허용되지 않는데(대법원 2008.1.31, 2007도8117), 이러한 법리는 검사가 유죄 부분에 대하여 아무런 항소이유를 주장하지 않은 경우뿐만 아니라 검사가 항소장이나 법정기간 내에 제출한 항소이유서에서 유죄 부분에 대하여 양형부당 주장을 하였으나, 그러한 항소이유 주장이 실질적으로 구두변론을 거쳐 심리되지 아니한 경우에도 마찬가지로 적용된다.

6. [비교판례1] 대법원 1998.10.9, 98모89

동일한 피고인에 대한 수개의 범죄사실이 별도로 기소되어 제1심법원이 사건별로 별개의 형을 선고한 후 그 사건이 모두 항소되어 항소심이 병합심리하게 되었으나 피고인이 일부에 항소이유서를 제출하지 않은 사례

동일한 피고인에 대한 수개의 범죄사실 중 일부에 대하여 먼저 공소가 제기되고 나머지 범죄사실에 대하여는 별도로 공소가 제기됨으로써 이를 심리한 각 제1심법원이 공소제기된 사건별로 별개의 형을 선고하였으나, 그 사건이 모두 항소되어 항소심법원이 이를 병합심리하게 되었고 또한 그 수개의 범죄가 형법 제37조 전단의 경합범 관계에 있게 되는 경우라면 위 범죄 모두가 경합범에 관한 법률규정(형법 제38조)에 따라 처벌되어야 하는 것이므로, 공소제기된 사건별로 별개의 형을 선고한 각 제1심판결에는 사후적으로 직권조사사유가 발생하였다고 보아야 할 것이고, 따라서 피고인이 어느 사건에 대하여 적법한 기간 내에 항소이유서를 제출하지 않았다고 하더라도, 항소심법원은 제1심판결을 모두 파기하고 피고인을 형법 제37조 전단의 경합범에 대한 처벌례에 따라 다스려야 할 것임이 법 제361조의4 제1항 단서, 제364조 제2항의 규정과 경합범의 법리상 당연하다.

7. [비교판례2] 대법원 2010.12.9, 2008도1092; 1980.11.11, 80도2097

항소법원은 항소이유에 포함된 사유에 관하여 심판하여야 하고, 다만 판결에 영향을 미친 사유에 관하여는 항소이유서에 포함되지 아니한 경우에도 직권으로 심판할 수 있다(법 제364조 제1항, 제2항). 한편, 항소이유에는 '형의 양정이 부당하다고 인정할 사유가 있는 때'가 포함되고(법 제361조의5 제15호), 위와 같이 판결에 영향을 미치는 사유는 항소이유서에 포함되지 아니한 것이라도 항소심의 심판의 대상이 될 뿐만 아니라, 검사만이 항소한 경우 항소심이 제1심의 양형보다 피고인에게

유리한 형량을 정할 수 없다는 제한이 있는 것도 아니다. 따라서 항소법원은 제1심의 형량이 너무 가벼워서 부당하다는 검사의 항소이유에 대한 판단에 앞서 직권으로 제1심판결에 양형이 부당하다고 인정할 사유가 있는지 여부를 심판할 수 있고, 그러한 사유가 있는 때에는 제1심판결을 파기하고 제1심의 양형보다 가벼운 형을 정하여 선고할 수 있다고 할 것이다.

8. 대법원 2005.12.5, 2005초기316
사실오인의 경우에도 피고인이 항소한 경우로서 판결에 영향을 미치는 경우에는 직권조사사유에 해당한다.

9. [유사판례] 대법원 1973.11.6, 73모70
항소이유서를 제출하지 아니하였을 때의 직권조사사유
범죄일시가 잘못 기재된 공소장에 따른 판결은 비록 피고인이 항소이유서를 제출하지 아니하였다 할지라도 제1심판결이 사실을 오인하였거나 판결이유에 모순이 있는 경우로 보아서 직권으로 심리를 하는 것이 마땅하다.

(2) 답변서의 제출 및 송달
① 제출 : 상대방은 항소이유서의 부본 또는 등본을 송달받은 날로부터 10일 이내에 답변서(항소이유에 대한 상대방의 반론을 기재한 서면)를 항소법원에 제출하여야 한다(제361조의3 제3항). [법원9급 15, 경찰승진 11, 경찰채용 11 1차/12 2차] 의무적인 것이 아니므로 답변서 미제출시에도 항소심절차는 진행된다(항소이유서와의 차이). 답변서의 내용도 구체적으로 간결하게 명시하고(규칙 제155조), 부본을 첨부하여야 한다(규칙 제156조).

② 송달 : 답변서의 제출을 받은 항소법원은 지체 없이 그 부본 또는 등본을 항소인 또는 변호인에게 송달하여야 한다(제361조의3 제4항).

4. 공판기일의 지정
공판기일을 지정하여 피고인을 소환하고 검사, 변호인, 보조인 등에게 공판기일 통지를 하여야 하는 점, 공판기일 전의 증거조사 준비 등이 가능한 점은 모두 제1심에서의 절차와 동일하다. 공판기일 지정은 항소이유서 제출기간 및 답변서 제출기간이 경과된 후의 날로 지정함이 원칙이다. 특히 항소심의 구조는 항소인이 법정기간 내에 제출한 항소이유서에 의하여 심판되는 것이고 항소이유서 제출기간이 도과하지 아니한 경우라면 이미 항소이유서를 제출하였더라도 항소이유를 추가·변경·철회할 수 있으므로 항소법원이 항소이유서 제출기간의 경과를 기다리지 않고 항소사건을 심판하는 것은 위법하기 때문이다(대법원 2004.6.25, 2004도2611).[1]

II 항소심의 심리

1. 항소법원의 심판범위 : 직권조사사유 −항소이유− 직권심판사항
(1) 원칙 : 항소법원은 −직권조사사유가 아닌 사항은− 항소이유에 포함된 사유에 관하여 심판하여야 한다(제364조 제1항). [법원9급 14] 항소이유서에 포함되지 않은 사항은 피고인·변호인이 공판정에서 진술하더라도 항소법원의 심판범위에 포함되지 않는다. 이에 항소인은 그 항소이유를 구체적으로 진술하여야 하고(규칙 제156조의3 제1항), 상대방은 항소인의 항소이유 진술이 끝난 뒤에 항소이유에 대한 답변을 구체적으로 진술하여야 하며(동조 제2항), 법원은 항소이유와 답변에 터잡아 해당 사건의 사실상·법률상 쟁점을 정리하여 밝히고 그 증명되어야 하는 사실을 명확히 하여야 하고(규칙 제156조의4), 항소심의 증거조사와 피고인 신문절차가 종료한 때에는 검사는 원심판결의 당부와 항소이유에 대한 의견을 구체적으로 진술하여야 하며(규칙 제156조의7 제1항), 재판장은 검사의 의견을 들은 후 피고인과 변호인에게도 의견을 진술할 기회를 주어야 한다고 규정하고 있다(동조 제2항)(대법원 2015.12.10, 2015도11696).

(2) 예외(직권심판사항) : 항소법원은 판결에 영향을 미친 사유에 관하여는 항소이유서에 포함되지 아니한 경우에는 직권으로 심판할 수 있다(동조 제2항). [법원9급 14] 판결에 영향을 미친 사유라 함은 널리 항소이유가

---

1) [참고] 다만, 항소인과 상대방이 이의하지 않는 한 그러한 공판기일의 지정은 유효하다. 그러나 이는 항소인이 이의를 하지 않으면 항소이유서 제출기간 만료 전이라도 공판을 진행할 수 있다는 의미일 뿐이다. 따라서 항소인이 이의를 하지 않더라도 항소이유서 제출기간 만료 전에 판결을 선고하는 것은 항소이유서를 제출할 수 있는 기회를 박탈하는 것으로 판결에 영향을 미치는 법령위반에 해당한다. 법원실무II 590면.

되는 사유 중에서 판결에 영향을 미친 사유를 포함하는 개념이다(대법원 1976.3.23, 76도437). 상고심의 직권 심판사항이 법령위반·형벌폐지 등 재심사유로 되어 있는 데 비해(제384조 단서, 상고심은 원칙적 사후심), 항소심은 최종의 사실심이므로 그 직권심판사항에는 항소심판결의 적정과 **피고인의 이익을 보호**하기 위하여 판결에 영향을 미친 사유라면 법령위반·사실오인·양형부당 등 사유가 폭넓게 포함되는 것이다.[1]

🔨 판례연구 항소법원의 심판범위

1. 대법원 1998.9.22, 98도1234 [국가7급 14]

항소법원은 ① 직권조사사유에 관하여는 항소제기가 적법하다면 항소이유서가 제출되었는지 여부나 항소이유서에 포함되었는지 여부를 가릴 필요 없이 반드시 심판하여야 할 것이지만, ② 직권조사사유가 아닌 것에 관하여는 그것이 항소장에 기재되었거나 그렇지 아니하면 소정 기간 내에 제출된 항소이유서에 포함된 경우에 한하여 심판의 대상으로 할 수 있고, 다만 ③ 판결에 영향을 미친 사유에 한하여 예외적으로 항소이유서에 포함되지 아니하였다 하더라도 직권으로 심판할 수 있다 할 것이고, 한편 피고인이나 변호인이 항소이유서에 포함시키지 아니한 사항을 항소심 공판정에서 진술한다 하더라도 그 진술에 포함된 주장과 같은 항소이유가 있다고 볼 수 없다.

2. 대법원 2013.3.14, 2011도7259; 2009.2.12, 2008도7848

제1심이 경합범 관계에 있는 공소사실 중 일부에 대하여 재판을 누락한 경우 원심으로서는 당사자의 주장이 없더라도 직권으로 제1심의 누락 부분을 파기하고 그 부분에 대하여 재판하여야 한다. 그럼에도 제1심에서 재판을 누락한 공소사실에 대해 아무런 판단을 하지 아니한 원심판결에는 그 자체로 판결에 영향을 미친 위법이 있다.

3. 대법원 2001.4.24, 2000도3172; 2002.3.15, 2002도158; 2021.10.28, 2021도10010

반의사불벌죄의 처벌희망 의사표시의 철회는 항소심의 직권조사사유

처벌을 희망하지 않는 의사표시의 부존재는 소극적 소송조건으로서 직권조사사항에 해당하므로 당사자가 항소이유로 주장하지 않았더라도 원심은 이를 직권으로 조사판단해야 한다. 피고인이 제1심 판결 선고 전에 제출한 제1심 법원에 제출한 '합의서'에 피해자가 처벌을 희망하지 않는다는 내용이 기재되어 있고, 원심 법원에 제출한 '합의서 및 처벌불원서'에는 피해자가 제1심에서 피고인을 용서하고 합의서를 작성하여 주었다는 내용이 기재되어 있는 사건에서, 피해자가 제1심 판결 선고 전에 처벌희망 의사표시를 철회하였다고 볼 여지가 있으므로 원심은 제1심 판결 선고 전에 피해자의 처벌희망 의사표시가 적법하게 철회되었는지를 직권으로 조사하여 반의사불벌죄의 소극적 소송조건을 명확히 심리·판단할 필요가 있다.

---

2. 심리의 특칙

(1) **원칙** : 제1심의 공판절차에 관한 규정은 특별한 규정이 없으면 항소심의 심판에 준용된다(제370조). 다만, 항소심의 특성상 다음과 같은 특칙이 인정된다.

대법원 1966.5.17, 66도276

항소심은 항소이유에 포함된 사유에 관하여 심판하면 되고 피고사건에 대하여 다시 심판하여야 하는 것은 아니므로 제1심에서와 같은 검사의 공소장에 의한 기소요지의 진술은 필요 없다.

---

(2) **불출석재판**(피고인 출석요건의 완화) : ① 피고인이 공판기일에 출정하지 아니한 때에는 다시 기일을 정하여야 한다. 피고인이 정당한 사유 없이 다시 정한 기일에 출정하지 아니한 때에는 피고인의 진술 없이 판결을 할 수 있다(2회 연속 불출석, 제365조). [국가9급개론 15] 이는 피고인의 해태에 의하여 본안에 대한 변론권을 포기한 것으로 보는 일종의 제재적 규정이므로 그 2회 불출석의 책임을 피고인에게 귀속시키려면 2회에 걸쳐 적법한 공판기일소환장을 받고서 정당한 사유 없이 출정하지 아니함을 요한다(대법원 1988.12.27, 88도419). 다만, ② **약식명령에 대해 피고인만 정식재판을 청구한 사건의 항소심**에서는 제277조 제4호에 의해 1회 불출석만으로도 불출석재판이 가능하다.

---

1) [참고] 제364조 제2항의 직권심판사항과 제361조의4 제1항 단서의 직권조사사유는 각 규정된 문언상 구별이 된다 하더라도 재판의 실제에 있어서는 정확히 구분되어 사용되고 있지는 않다. 법원실무Ⅱ 587면.

판례연구 항소심에서의 불출석재판 관련판례

1. **대법원 2011.2.24, 2010도16538**

   피고인이 공판기일에 불출석하자 피고인을 소환하였으나 공판기일소환장이 송달불능되었는데도 재송달 등의 조치 없이 피고인이 불출석한 상태에서 공판절차를 진행하여 유죄판결을 선고한 원심의 조치는 제365조를 위반하여 위법하다.

2. **대법원 2012.6.28, 2011도16166**

   약식명령에 대해 피고인만이 정식재판을 청구한 사건의 항소심에서, 원심법원이 피고인이 출석한 제1회 공판기일에 변론을 종결하고 제2회 공판기일인 선고기일을 지정하여 고지하였는데, 피고인이 출석하지 아니하자 선고기일을 연기하고 제3회 공판기일을 지정하였으나 피고인에게 따로 공판기일 통지를 하지 않은 경우, 제3회 공판기일에 대해서는 적법한 통지가 없었으므로 법 제365조가 적용될 수 없고 약식명령에 피고인만이 정식재판을 청구하여 법 제370조, 제277조 제4호에 따라 당초 지정한 선고기일에 피고인 출석 없이 판결을 선고할 수 있었으나, 굳이 그 기일을 연기하고 선고기일을 다시 지정한 이상 적법한 기일통지를 해야 하므로 피고인의 출석 없이 공판기일을 열어 판결을 선고한 원심의 조치는 위법하다.

(3) 증거조사

① 제1심 증거의 고지 : 재판장은 증거조사절차에 들어가기에 앞서 제1심의 증거관계와 증거조사결과의 요지를 고지하여야 한다(규칙 제156조의5 제1항).

② 증거조사 : 속심적 원칙

   (가) 제1심 증거조사의 채택 : 제1심법원에 증거로 할 수 있었던 증거는 항소법원에서도 증거로 할 수 있다(제364조 제3항). 즉, 항소심에서 다시 증거조사를 할 필요가 없다.

   (나) 새로운 증거조사 : 항소심은 속심이므로 새로운 증거조사도 가능하다. 그러나 소송경제상 새로운 증거조사가 제한 없이 허용된다고 볼 수는 없다.[1] 구체적으로는 형사소송규칙 제156조의5가 제한적 증인신문제도를 규정하고 있다.

   (다) 제한적 증인신문 : 항소심 법원은 다음의 어느 하나에 해당하는 경우에 한하여 증인을 신문할 수 있다(규칙 제156조의5 제2항).

   ㉠ 제1심에서 조사되지 아니한 데에 대하여 고의나 중대한 과실이 없고, 그 신청으로 인하여 소송을 현저하게 지연시키지 아니하는 경우

   ㉡ 제1심에서 증인으로 신문하였으나 새로운 중요한 증거의 발견 등으로 항소심에서 다시 신문하는 것이 부득이하다고 인정되는 경우

   ㉢ 그 밖에 항소의 당부에 관한 판단을 위하여 반드시 필요하다고 인정되는 경우

(4) 피고인신문 : 검사 또는 변호인은 -제1심과 마찬가지로- 항소심의 증거조사가 종료한 후 항소이유의 당부를 판단함에 필요한 사항에 한하여 피고인을 신문할 수 있다(규칙 제156조의6 제1항). 재판장은 제1항에 따라 피고인신문을 실시하는 경우에도 제1심의 피고인신문과 중복되거나 항소이유의 당부를 판단하는 데 필요 없다고 인정하는 때에는 그 신문의 전부 또는 일부를 제한할 수 있다(동조 제2항). 재판장은 필요하다고 인정하는 때에는 피고인을 신문할 수 있다(동조 제3항).

(5) 항소이유의 철회 : 항소이유서를 제출한 자는 항소심의 공판기일에 항소이유서에 기재된 항소이유의 일부를 철회할 수 있으나 항소이유를 철회하면 이를 다시 상고이유로 삼을 수 없게 되는 제한을 받을 수도 있으므로, **항소이유의 철회는 명백히 이루어져야만 그 효력이 있다**(대법원 2003.2.26, 2002도6834; 2010.9.30, 2010도8477).

---

1) [보충] 제1심에서도 신청인이 고의로 증거를 뒤늦게 신청함으로써 공판의 완결을 지연하는 것으로 인정할 때에는 법원은 결정으로 이를 각하할 수 있고(제294조 제2항), 공판준비절차를 거친 경우에는 그 신청으로 인하여 소송을 현저히 지연시키지 아니하거나 중대한 과실 없이 공판준비기일에 제출하지 못하는 등 부득이한 사유를 소명한 때에 한하여 공판기일에 증거를 신청할 수 있으므로(제266조의13 제1항), 항소심에서의 증거신청은 제1심에서의 그것보다도 더 제한된다고 볼 수밖에 없다. 법원실무Ⅱ 595면.

Ⅲ 항소심의 재판

1. 공소기각의 결정

공소기각결정의 사유(제328조 제1항)가 있는 때에는 항소법원은 공소기각의 결정을 하여야 한다. [법원9급 14] 이 결정을 대하여는 즉시항고를 할 수 있다(제363조).

2. 항소기각의 재판

(1) 항소기각의 결정

① 항소제기의 부적법 : 항소의 제기가 법률상의 방식에 위반하거나 항소권 소멸 후인 것이 명백함에도 원심법원이 항소기각의 결정(제360조)을 하지 아니한 때에는 항소법원은 결정으로 항소를 기각하여야 한다(법권-상기결). [법원9급 08] 이 결정에 대하여는 즉시항고를 할 수 있다(제362조). 다만, 이러한 부적법한 항소제기에 대해 항소기각결정을 받은 공동피고인에게는 공동파기(제364조의2)가 적용되지 않는다.

② 항소이유서의 미제출 : 항소인이나 변호인이 항소이유서 제출기간 내에 항소이유서를 제출하지 아니한 때에는 항소기각의 결정을 하여야 한다. [법원9급 08] 단, **직권조사사유가 있거나 항소장에 항소이유의 기재가 있는 때에는 예외**로 한다. 이 결정에 대하여는 즉시항고를 할 수 있다(제361조의4). 또한 항소이유서 미제출로 항소기각결정을 받은 공동피고인은 후술하는 공동파기규정의 적용을 받는다.

> **대법원 1996.6.18, 96모36**
> 항소이유서 제출기간 내에 항소이유서가 제출되지 않았고, 항소장에도 항소이유의 기재가 없는 사건에서 구두변론 결과 직권조사사유가 없다고 판단된 경우 재판의 형식 : 항소기각결정 O (항소기각판결 ×)
> 항소인이나 변호인이 항소이유서 제출기간 내에 항소이유서를 제출하지 아니하고, 항소장에도 항소이유의 기재가 없으며 직권조사사유도 없는 때에는 항소심 법원은 결정으로써 항소를 기각하여야 하고(제361조의4 제1항), 결정으로 재판을 함에 있어서 구두변론을 거칠 것인가 구두변론을 거치지 않을 것인가 여부는 법원의 재량에 속하는 것이므로(제37조 제2항), 항소이유서 제출기간 내에 항소이유서가 제출되지 않았고, 항소장에도 항소이유의 기재가 없는 사건에서 항소심 법원이 직권조사사유가 있는지 여부에 관하여 심리하기 위하여 구두변론을 거쳤다고 하더라도, 심리결과 직권조사사유가 없다고 판단된 경우에는 결정으로 항소를 기각할 것이지, 구두변론을 거쳤다고 하여 판결로써 항소를 기각하여야 하는 것이 아니다.

(2) 항소기각의 판결

① 기각판결 : 변론을 열어 심리하였으나 항소가 이유 없다고 인정될 때에는 판결로 항소를 기각하여야 한다(제364조 제4항). 직권조사의 결과 이유 없는 경우도 같다. 또한 제1심의 형량이 적절하다고 판단하여 양형부당의 항소에 대한 항소기각판결을 선고하는 경우 양형의 조건을 별도로 설시할 필요도 없다.[1]

> **대법원 1969.11.18, 69도1782; 1994.12.13, 94도2584**
> 피고인만이 양형부당을 이유로 항소한 이 사건에서, 원심은 이 사건 범행의 동기, 범행의 도구 및 수법, 피고인의 성행, 전과, 연령, 직업과 환경 등의 양형의 조건을 참작하면 제1심의 형량이 적절하다고 판단된다고 하여 항소기각의 판결을 선고하였는바, 양형의 조건이 되는 사유에 관하여는 이를 판결에 일일이 명시하지 아니하여도 위법이 아니다.

② 무변론 기각판결 : **항소이유가 없음이 명백**한 때에는 항소장·항소이유서 기타의 소송기록에 의하여 **변론 없이 판결로써 항소를 기각**할 수 있다(동조 제5항)(보통의 판결은 필요적 변론이지만, 항소이유 없음 명백을 이유로 한 항기판은 무변론 가능). 소송지연을 목적으로 하는 남상소를 방지하기 위한 제도이다.[2] 다

---

1) 소송비용의 부담에 관하여는 불이익변경금지원칙의 적용이 없으므로 피고인만 항소한 사건이라도 항소심뿐만 아니라 제1심의 소송비용의 부담을 명할 수 있으며, 이는 남상소를 억제하기 위한 제재의 일종으로 활용될 수 있다. 제1심 판결에 잘못된 계산이나 기재, 그 밖에 이와 비슷한 잘못이 있음이 분명한 때에는 항소심에서 항소기각판결을 선고하면서 제1심 판결을 경정할 수 있다(규칙 제25조 제1항). 다만, 그 방법으로 경정의 표시와 경정의 사유를 이유에서만 기재하는 실무례와 경정의 표시를 주문에도 기재하는 실무례가 병존하고 있다. 법원실무Ⅱ 600면.

2) [보충] 예컨대 제1심에서 최하한의 형을 선고받고도 양형부당을 이유로 항소한 경우, 미결구금이 연장되어 집행유예기간을 도과시키기 위하여 항소한 것이 명백한 경우, 벌금형의 납부를 유예받기 위하여만 항소한 것이 명백한 경우 등이 여기에 해당된다. 법원실무Ⅱ 594면.

만, 무변론 항소기각판결도 반드시 공판정에서 선고할 것을 요하며, 개정 자체를 생략할 수 있는 것은 아니므로, 피고인이 공판기일에 출석하였거나 2회 이상 계속 불출석한 때에 한하여 선고할 수 있다.

③ **불복** : 항소기각판결에 불복이 있으면 대법원에 상고할 수 있다(제371조).

3. 항소인용의 재판 – 원심판결의 파기판결 –

(1) **파기판결** : 항소이유 있다고 인정한 때에는 원심판결을 파기하여야 한다(제364조 제6항). 항소가 이유 있다는 것은 항소이유로서 주장된 사항이 정당하다고 인정되는 경우와 직권조사의 결과 판결에 영향을 미친 사유가 있다고 인정되는 경우를 말한다.

① **항소이유 인정** : 법 제361조의5 각 호의 항소이유 중 ㉠ 절대적 항소이유가 있는 경우는 당연히 파기판결사유에 해당한다. 한편, ㉡ 법령적용의 잘못이나 사실의 오인이 판결에 영향을 미친 때 문제되는 상대적 항소이유의 경우에는, 판결주문이 달라지는 때에 비로소 파기판결사유에 해당한다.[1]

② **직권에 의한 파기** : 항소이유서상 항소이유가 인정되지 않더라도 직권조사의 결과 판결에 영향을 미친 사유가 있다고 인정할 때에도 파기판결하여야 한다.

📌 판례연구 항소심의 파기판결 관련판례

1. 대법원 1990.9.11, 90도1021

피고인이 사실오인만을 이유로 항소한 경우 항소심이 직권으로 양형 부당을 이유로 1심판결을 파기한 조치(적극)

항소법원은 판결에 영향을 미친 사유에 관하여는 항소이유서에 포함되지 아니한 경우에도 직권으로 심판할 수 있는 것이므로(제364조 제2항의 직권심판사항) 피고인이 사실오인만을 이유로 항소한 경우에 항소심이 직권으로 양형부당을 이유로 제1심판결을 파기하고 제1심의 양형보다 가벼운 형을 정하였다 하여 거기에 항소심의 심판범위에 관한 법리오해의 위법이 있다고 할 수 없다(기술하였듯이, 직권조사사유·직권심판사항은 피고인을 위해서는 넓게 인정함)

2. 대법원 1959.7.31, 4292형상327; 2020.6.25, 2019도17995 참조

쌍방 상소 시 일방의 상소를 인용할 때의 처리

(검사 및 피고인 양쪽이 상소를 제기한 경우, 어느 일방의 상소는 이유 없으나 다른 일방의 상소가 이유 있어 원판결을 파기하고 다시 판결하는 때에 이유 없는 상소에 대하여 주문에서 상소를 기각하는 표시를 하여야 하는가의 문제) 검사와 피고인 양쪽이 상소를 제기한 경우, 어느 일방의 상소는 이유 없으나 다른 일방의 상소가 이유 있어 원판결을 파기하고 다시 판결하는 때에는 이유 없는 상소에 대해서는 판결이유 중에서 그 이유가 없다는 점을 적으면 충분하고 주문에서 그 상소를 기각해야 하는 것은 아니다.

---

(2) **공동피고인을 위한 파기**

① **공동파기** : 피고인을 위하여(피고인에게 유리하게) 원심판결을 파기하는 경우에 파기의 이유가 항소한 공동피고인에게 공통되는 때에는 직권으로 그 공동피고인에게 대하여도 원심판결을 파기하여야 한다(제364조의2). [국가7급 09/11, 국가9급 08/12, 경찰간부 13, 경찰승진 12] 공동피고인간의 처벌의 공평을 유지하기 위한 제도이다. 예컨대, A와 B가 공동하여 X를 상해하였다는 공소사실에 대하여 1심에서 증인 C가 현장에서 목격하였다고 증언을 하여 모두 유죄판결이 선고되어, A가 항소하였으나 항소이유서를 제출하지 않아 항소기각결정을 받았다 하더라도 B가 증인 C의 위증을 이유로 항소를 하여 항소심이 이를 인정하여 원심의 유죄판결을 파기하는 경우라면, A에 대한 원심판결도 파기되어야 한다.

② **공동피고인** : 원심에서의 공동피고인으로서 항소한 자를 말하고, 항소심에서의 병합심리 여부는 불문한다. 항소가 적법한 이상(법권–항기결의 경우가 아닌 이상) 항소이유서를 제출하지 않거나 항소이유가 부적법한 경우에도 공동파기가 허용된다.

---

1) [보충] 예컨대, ① 원심이 형법 제37조 후단(사후적 경합범)의 적용을 누락하여 하나의 형을 선고한 경우는 판결주문이 달라지게 되므로 원심판결 파기판결사유에 해당하는 반면, ② 부정기형을 선고하면서 적용법조를 표시하지 않은 경우, 몰수·환부처분의 적용법조를 누락한 경우, 형법 제30조(공동정범)를 누락한 경우, 형법 제42조 단서(유기징역·유기금고 형 가중시 상한은 50년)를 누락한 경우 등 원심의 법령적용에 위법이 있더라도 판결에는 영향을 미친 것이 아니므로 파기판결사유에 해당하지 아니한다. 다만, 현재 실무상 파기의 사유로 삼는 원심의 법령적용의 위법은 원심판결 결론에는 영향을 미치지 아니한 것이 상당 부분 포함되어 있으므로 이를 시정하여야 한다는 지적은 법원실무II 600면 참조.

4. 파기 후의 조치

(1) 파기자판의 원칙 - 원칙적 속심 -

① 의의 : 항소이유가 있을 때 원심판결을 파기하고 항소법원이 다시 판결하는 것을 말한다. 항소심은 파기자판을 원칙으로 한다(제364조 제6항). [법원행시 02] 파기자판(破棄自判)은 원심판결을 파기하고 다시 판결함에 있어서는 원심판결은 무효로 되어 없었던 것으로 하고 원심 및 항소심 변론결과를 총결산하여 새로운 판결을 하는 것을 말한다. 예컨대, 양형부당의 항소이유에 관하여, 항소심에서는 원칙적으로 제1심의 양형의 변경에 신중을 기하되, 예외적으로 제1심 판결선고 이후에 양형에 관한 사정변경이 있거나 제1심의 양형에 현저한 오류·편차가 있어 시정함이 마땅한 경우 등에 파기자판을 하게 된다.

② 구두변론 : 파기자판의 경우에는 항소기각의 경우와 달리 무변론재판을 허용하는 규정이 없으므로 **반드시 구두변론을 거쳐야 한다.** 이는 검사의 양형부당 항소이유를 항소심에서 인정하여 보다 중형을 선고하는 경우 특히 요구된다.

③ 판결의 범위 : 파기자판에 의하여 선고하는 판결에는 유죄·무죄의 실체판결과 공소기각·면소의 형식판결이 있다(무죄·공소기각·면소 선고시 구속실효). 형선고판결의 경우에는 불이익변경금지의 원칙이 적용된다.

(2) 파기자판의 예외

① 파기환송(破棄還送)의 판결 : 공소기각 또는 관할위반의 재판이 법률에 위반됨을 이유로 원심판결을 **파기**하는 때에는 판결로써 사건을 원심법원에 **환송하여야 한다**(제366조). [법원9급 08, 국가9급 15, 여경 04 1차] 즉, 1심에서 공소기각의 사유가 없음에도 불구하고 공소기각의 판결이 선고되거나 관할이 있음에도 불구하고 관할위반의판결을 한 경우, 항소법원이 심급의 이익을 회복시키고 1심법원이 다시 실체심리를 하도록 사건을 돌려보내는 판결이다.

정리 항소심의 파기환송 후 1심 : 고소취소 O, 공소취소 ×

단한 이상 본안에 들어가 심리할 것이 아니라 제1심판결을 파기하고 사건을 제1심법원에 환송하여야 하는바, 원심이 제1심의 공소기각판결이 잘못이라고 하여 파기하면서도 사건을 제1심법원에 환송하지 아니하고 본안에 들어가 심리한 후 피고인에게 유죄판결을 선고한 것은 법 제366조를 위반한 것이다.

② **파기이송**(破棄移送)**의 판결** : 관할인정이 법률에 위반됨을 이유로 원심판결을 파기하는 때에는 판결로써 사건을 관할법원에 이송하여야 한다(제367조 본문). 단, 항소법원이 그 사건의 제1심관할권이 있는 때에는 제1심으로 심판하여야 한다(동조 단서). 즉, 1심 단독판사가 관할권이 없는 합의부관할사건에 대해 유·무죄의 실체재판이나 공소기각·면소판결을 선고한 경우, ㉠ 동조 본문은 항소심이 원심판결을 파기한 후 관할법원인 1심 합의부로 이송하는 경우를 말하고, ㉡ 동조 단서는 지방법원본원의 합의부가 토지관할권이 있는 때에는 원심판결을 파기한 후 소송경제상 이송하지 아니하고 스스로 제1심으로 재판하는 경우를 말한다.[1]

5. 재판서의 기재방식

(1) 항소이유에 대한 판단

① **재판서에의 기재** : 항소법원의 재판서에 항소이유에 대한 판단을 기재하여야 하며, 원심판결에 기재한 사실과 증거를 인용할 수 있다(제369조). 다만, 법령의 적용은 인용할 수 없다.

대법원 2000.6.23, 2000도1660

원심은, 제1심판결을 파기하여 여전히 피고인을 유죄로 인정하면서 그 이유에서 집행유예에 관한 부분을 추가하는 것을 제외하고는 제1심판결에 기재한 법령의 적용을 그대로 인용하고 있다. 그러나 형사소송법 제323조 제1항은 "형의 선고를 하는 때에는 판결이유에 범죄될 사실, 증거의 요지와 법령의 적용을 명시하여야 한다."라고 하고, 같은 법 제369조는 "항소법원의 재판서에는 항소이유에 대한 판단을 기재하여야 하며 원심판결에 기재한 사실과 증거를 인용할 수 있다."라고 하고 있으므로, 항소심판결에서 제1심판결에 기재한 범죄될 사실과 증거의 요지는 인용할 수 있으나 법령의 적용은 인용할 수 없다 할 것이어서, 원심판결 이유 중 위와 같이 법령의 적용을 인용한 부분은 법률상 근거가 없는 것으로서 아무런 효력이 없고, 따라서 원심판결에는 형사소송법 제323조 제1항을 위반하여 집행유예에 관한 부분을 제외하고는 법령의 적용을 전혀 명시하지 아니한 위법이 있다 할 것이다.

---

② **쌍방항소시** : 검사와 피고인 쌍방이 항소하고 그 주장들이 모두 이유 없는 때에는 쌍방의 항소이유를 모두 판단하여야 한다.

③ **파기시** : 수개의 항소이유 중에서 1개의 이유로 원심판결을 파기하는 경우나 항소이유에 포함되지 아니한 사유를 직권으로 심리하여 파기자판하는 경우에는 나머지 항소이유들은 판단하지 않아도 된다.

대법원 2012.9.13, 2010도11338 [국가7급 14, 국가9급 15]

항소심이 항소이유에 포함되지 아니한 사유를 직권으로 심리하여 제1심판결을 파기하고 자판할 때에는 피고사건의 유죄 여부에 관한 사실인정 및 법률적용에 관하여 사실심으로서 심리·판단하게 되므로 항소인이 주장하는 항소이유의 당부도 위와 같은 피고사건의 심리·판단 과정에서 판단된 것으로 볼 것이고 별도로 그 항소이유의 당부에 대한 판단을 명시하지 아니하였다고 하여 판단누락이라고 볼 것이 아니다(대법원 1988.8.9, 87도82; 1996.8.23, 96도88 등). 원심이, 항소 후 공소장이 변경되었음을 들어 직권으로 제1심판결을 파기하고 자판을 하면서 항소이유에 대한 판단을 명시하지 아니한 채 피고인에게 유죄의 판결을 선고하였다고 하여도 거기에 판단을 누락한 위법이 있다 할 수 없다.

---

1) [보충] 재판관할권이 있는 일반법원으로 이송하는 경우가 보통이겠지만, 군사법원이 재판권을 가지고 있음이 판명된 경우에는 같은 심급의 관할 군사법원으로 이송하므로(제16조의2), ① 항소심에 이르러 비로소 군사법원의 관할에 속하게 된 경우에는 관할권 있는 국방부 고등군사법원(같은 심급)에 이송한다(제16조의2). ② 항소심에 이르러 비로소 합의부의 사물관할에 속하는 공소장변경이 이루어진 경우(에 상해죄로 기소되어 제1심 단독판사로부터 판결을 선고받고 항소가 된 이후에 피해자가 사망함으로써 상해치사죄로 공소장변경이 된 경우), 우선 항소심법원은 공소사실의 동일성 범위 내이면 공소장변경을 허가하여야 한다. 이후의 조치에 대해서 통설·판례는 – 원심을 파기하고 새롭게 제1심으로 재판하는 방안(법 제367조 단서의 유추적용)을 택하지 않고 – 신속한 재판을 받을 권리와 소송경제를 고려하여 법 제8조 제2항의 합의부이송규정을 적용하여 항소심에서 변경된 합의부 관할사건에 대하여 관할권 있는 고등법원에 이송하여야 한다는 입장이다(대법원 1997.12.12, 97도2463).

(2) 범죄사실·증거요지의 기재

① **항소기각판결** : 항소이유에 대한 판단으로 족하고, 범죄될 사실이나 증거의 요지를 기재할 필요가 없다(제369조).

② **유죄판결**(항소인용판결) : 원심판결을 파기하고 형을 선고하는 경우에는 판결이유에 범죄될 사실, 증거의 요지와 법령의 적용을 명시하여야 한다(제370조, 제323조). 다만, 항소심은 제1심과 구분되는 고유의 양형재량을 가지므로 자신의 양형판단과 일치하지 않는다고 하여 양형부당을 이유로 1심판결을 파기하는 것은 위법하다고 할 수 없고, 항소심판단에 그 근거가 된 양형자료와 그에 관한 판단내용이 모순 없이 설시되어 있는 경우라면 양형의 조건이 되는 사유에 관하여 일일이 명시하지 않아도 위법하다 할 수 없다(대법원 2015.7.23, 2015도3260 전원합의체, 항소이유 중 양형부당 참조). 다만, 1심의 양형이 과중하다는 피고인의 항소이유를 인정하여 원심을 파기하면서 1심과 동일한 형을 선고한 항소인용의 판결에는 이유모순의 위법이 있다.

> **대법원 1972.2.22, 71도2381; 1999.7.23, 99도1682**
>
> 항소심이 제1심의 양형이 과중하다고 인정하여 피고인의 항소이유를 받아들여 제1심판결을 파기하면서 제1심 그대로의 형을 선고하면 판결의 이유와 주문이 저촉모순되는 위법이 있고, 이러한 위법은 판결 결과에 영향이 있는 것이다.

제3절 │ 상 고

---

01 상고의 의의와 상고심의 구조

I 상고의 의의

1. 개 념

상고(上告, Revision)란 제2심 판결에 대한 대법원에의 상소를 말한다(제371조). 예외적으로 비약적 상고는 제1심 판결에 대해 항소제기 없이 곧바로 상고가 인정된다.

2. 기 능

상고도 오판시정에 의한 당사자의 권리구제기능을 가지고 있으나, 상고심의 가장 중요한 기능은 법령해석의 통일에 있다.

II 상고심의 구조

1. 법률심

(1) **원칙적 법률심** : 상고심은 원칙적으로 하급심이 인정한 사실관계를 고정해놓고 원심판결의 법률문제만을 판단하는 법률심이다. 따라서 법령위반(제383조 제1호 : 판결에 영향을 미친 헌법·법률·명령·규칙의 위반)은 상고심의 가장 중요한 판단대상이다.

(2) **예외적 사실심** : 현행법은 피고인구제를 위하여 사실오인과 양형부당을 상고이유로 하고(제383조 제4호), 상고심에도 파기자판을 허용함으로써(제396조) 예외적으로 상고심에 사실심적 성격을 인정하고 있다. 다만, 예외적 사실심의 성격을 인정하더라도 그 사유는 사형·무기 또는 10년 이상의 징역·금고의 형이

선고된 사건에서 판결에 영향을 미치는 중대한 사실의 오인 또는 현저한 양형의 부당으로 제한되므로, 상고심에서 새로운 사실을 주장하는 것은 허용되지 않는다.

2. 사후심

(1) 원칙적 사후심 : 상고심은 원칙적으로 ① 상고이유서에 포함된 사유에 한하여 심판하여야 하고(제384조 본문), 이를 위해 ② 상고이유서는 소송기록과 원심법원의 증거조사에 표현된 사실을 인용하여 그 이유를 명시하여야 하며(제379조 제2항), ③ 상고장·상고이유서 기타의 소송기록에 의한 서면심리에 의하여 변론 없이 판결할 수 있으며(제390조 제1항), ④ 원심판결을 파기하는 때에는 파기환송·파기이송이 원칙이다. 따라서 상고심은 사후심이다. 이에 ⑤ 상고심에서 새로운 증거제출이나 증거조사는 허용되지 않고, ⑥ 원판결시를 기준으로 원심판결의 당부를 판단해야 하며(항소심판결선고시 소년으로서 부정기형을 선고받은 피고인에 대해서는 상고심계속 중 성년이 되어도 항소심의 부정기형 선고를 정기형으로 고칠 수 없음 [법원9급 13, 경찰승진 11/12]), ⑦ 원칙적으로 사실판단이 허용되지 않으므로 공소장변경이 허용되지 않는다.

(2) 예외적 속심 : 원심판결 이후에 나타난 사유라 하더라도 예외적으로 상고심의 판단대상이 되는 경우도 있는바, 판결 후 형의 폐지·변경 또는 사면이 있는 때(제383조 제2호)와 원심판결 후에 재심청구의 사유가 판명된 때(제3호)가 여기에 해당한다. 이때에는 원심판결 후 발생사실·증거가 상고심 판단대상이 되므로, 상당히 제한적이기는 하나 예외적으로 상고심도 속심적 성격을 가지게 된다.

02　상고이유

Ⅰ 분류(제383조)

절대적 상고이유 -폐/양(사무10)/재-	① 판결 후 형의 폐지·변경 또는 사면이 있는 때(제2호) ② 사형, 무기 또는 10년 이상의 징역이나 금고가 선고된 사건에 있어서 형의 양정이 심히 부당하다고 인정할 현저한 사유가 있는 때(제4호) ③ 재심청구의 사유가 있는 때(제3호)
상대적 상고이유 -법/사(사무10)-	① 판결에 영향을 미친 헌법·법률·명령·규칙의 위반이 있는 때(제1호) ② 사형, 무기 또는 10년 이상의 징역이나 금고가 선고된 사건에 있어서 중대한 사실의 오인이 있어 판결에 영향을 미친 때(제4호)

[정리] ① 항소이유와 같은 상고이유 : 판결 영향 법령위반(제1호), 판결 후 형 폐지·변경·사면(제2호), 재심청구사유(제3호), ② 항소이유와 다른 상고이유 : 사형·무기 또는 10년 이상의 징역·금고 선고사건에 중대한 사실의 오인이 있어 판결에 영향을 미친 때 또는 형의 양정이 심히 부당하다고 인정할 현저한 사유가 있는 때(제4호), ③ 상고심의 직권심판사항 : 판결영향법령위반·형폐지 등·재심사유(제1·2·3호)(항소심과 달리 사실오인·양형부당은 불포함, 제364조 제2항과 제384조 단서의 차이)

Ⅱ 법령위반 등 ─ 제383조 제1·2·3호

동조 제2호·제3호의 상고이유는 절대적 상고이유이나, 동 제1호의 상고이유는 법령의 위반이 판결에 영향을 미친 경우(상대적 상고이유)이어야 한다. 여기서 법령의 위반이라 함은 예컨대 증명력 판단의 논리법칙·경험법칙 위반을 말하는바, 이를 지적하지 아니한 채 증거취사와 사실인정만을 다투는 것은 사실오인의 주장에 불과하다.

🔨 판례연구 제383조 제1호 내지 제3호 관련판례

1. 대법원 1993.11.26, 93도2505

[1] 수사기관에서의 구금, 압수 등에 관한 처분이 위법한 것이라는 사실만으로는 그와 같은 위법이 판결에 영향을 미친 것이 아닌 한 독립한 상고이유가 되지 아니하며(수사절차의 법령위반은 소송절차의 법령위반에 해당되지 않음), 또한 피고인이 신청한 증거에 대하여 법원은 불필요하다고 인정한 때에는 조사하지 않을 수 있는 것이므로, 원심이 피고인이 신청한 증인

들에 관하여 증거조사를 한 바 없다 하여 위법하다고 탓할 수 없다.

[2] 판결의 선고를 변론종결일로부터 14일 이내에 하여야 하고, 번잡한 사건이나 기타 특별한 사정이 있는 때에도 21일을 초과할 수 없다고 규정한 형사소송규칙 제146조의 규정(현행 형사소송법 제318조의4 제4항 : 변론종결 후 14일 이내)은 이른바 훈시적인 규정임에 다름 아니며, 또한 판결서에 피고인의 직업 등을 잘못 기재하였다 하여 그러한 잘못이 판결결과에 어떤 영향을 미친 것이라고 볼 수도 없다.

2. 대법원 2005.5.26, 2004도1925

[1] 판결내용 자체가 아니고, 피고인의 신병확보를 위한 구속 등 조치와 공판기일의 통지, 재판의 공개 등 소송절차가 법령에 위반되었음에 지나지 아니한 경우에는, 그로 인하여 피고인의 방어권, 변호인의 변호권이 본질적으로 침해되고 판결의 정당성마저 인정하기 어렵다고 보이는 정도에 이르지 아니하는 한, 그것 자체만으로는 판결에 영향을 미친 위법이라고 할 수 없다.

[2] 원심이 지정된 선고기일에 변호인 출석 없이 피고인만 출석한 상태에서 재판부 구성의 변경을 이유로 변론을 재개할 것을 결정·고지한 다음, 공판절차를 갱신하고 다시 변론을 종결하여 판결을 선고하였으나, 그 이전의 공판기일까지 적법한 증거조사와 변호인의 변론, 피고인의 최후진술까지 모두 이루어졌다면, 공판절차에 다소의 흠(변호인에게 변론재개결정 및 재개된 공판기일의 통지를 하지 않은 부분)이 있다고 하더라도 그로 인하여 피고인의 방어권, 변호인의 변호권이 본질적으로 침해되어 판결에 영향을 미쳤다고 볼 수는 없다.

3. 대법원 2008.5.29, 2007도1755; 2006.10.19, 2005도3909 전원합의체; 2007.4.26, 2005도3815

구체적인 논리법칙·경험법칙 위반을 지적하지 아니한 채 원심의 증거취사와 사실인정만을 다투는 주장은 법 제383조 제1호의 상고이유가 될 수 없다는 사례

검사의 상고이유는 결국 원심의 전권사항인 증거취사와 사실인정을 나무라는 취지임을 알 수 있는바, 형사소송법 제308조는 증거의 증명력은 법관의 자유판단에 의하도록 자유심증주의를 규정하고 있으므로, 가사 원심의 증거의 증명력에 대한 판단과 증거취사 판단에 그와 달리 볼 여지가 상당한 정도 있는 경우라고 하더라도, 원심의 판단이 논리법칙이나 경험법칙에 따른 자유심증주의의 한계를 벗어나지 아니하는 한 그것만으로 바로 형사소송법 제383조 제1호가 상고이유로 규정하고 있는 법령 위반에 해당한다고 단정할 수 없고, 또한 원심의 구체적인 논리법칙 위반이나 경험법칙 위반의 점 등을 지적하지 아니한 채 단지 원심의 증거취사와 사실인정만을 다투는 것은, 특별한 사정이 없는 한 사실오인의 주장에 불과하다. 그런데 법 제383조는 사형, 무기 또는 10년 이상의 징역이나 금고가 선고된 사건에 한하여 '중대한 사실의 오인'을 상고이유로 허용하고 있고, 그 나머지 사건에서는 오로지 '판결에 영향을 미친 법령 위반', '형의 폐지나 변경, 사면', '재심청구의 사유가 있을 때'만을 상고이유로 허용하고 있으므로, 징역 8월이 선고된 이 사건에서는 위와 같은 사실오인의 주장은 형사소송법이 허용하고 있는 적법한 상고이유에 해당하지 아니한다.

4. 대법원 2015.6.25, 2014도17252 전원합의체; 2015.8.27, 2015도1054 [경찰간부 17]

피고인이 소촉법상 재심을 청구하지 않고 상고권회복에 의한 상고를 제기하여 소촉법상 재심사유를 상고이유로 주장한다면 법 제383조 제3호의 원심판결에 재심청구의 사유가 있는 때에 해당한다는 사례

소촉법 제23조에 따라 피고인의 진술 없이 진행된 제1심의 불출석 재판에 대하여 검사만 항소하고 항소심도 불출석 재판으로 진행한 후에 제1심판결을 파기하고 새로 또는 다시 유죄판결을 선고하여 유죄판결이 확정된 경우에도, 소촉법 제23조의2 제1항의 재심 규정을 유추 적용하여 귀책사유 없이 제1심과 항소심의 공판절차에 출석할 수 없었던 피고인은 재심 규정이 정한 기간 내에 항소심 법원에 유죄판결에 대한 재심을 청구할 수 있다. 이 경우 피고인이 재심을 청구하지 않고 상고권회복에 의한 상고를 제기하여 위 사유를 상고이유로 주장한다면, 이는 형사소송법 제383조 제3호에서 상고이유로 정한 원심판결에 '재심청구의 사유가 있는 때'에 해당한다고 볼 수 있으므로 원심판결에 대한 파기사유가 될 수 있다. 나아가 위 사유로 파기되는 사건을 환송받아 다시 항소심 절차를 진행하는 원심으로서는 피고인의 귀책사유 없이 특례 규정에 의하여 제1심이 진행되었다는 파기환송 판결 취지에 따라, 제1심판결에 형사소송법 제361조의5 제13호의 항소이유에 해당하는 재심 규정에 의한 재심청구의 사유가 있어 직권 파기 사유에 해당한다고 보고, 다시 공소장 부본 등을 송달하는 등 새로 소송절차를 진행한 다음 새로운 심리 결과에 따라 다시 판결을 하여야 한다.

보충 ① 소촉법 제23조(제1심 공판의 특례) : 제1심 공판절차에서 피고인에 대한 송달불능보고서가 접수된 때부터 6개월이 지나도록 피고인의 소재를 확인할 수 없는 경우에는 대법원규칙으로 정하는 바에 따라 피고인의 진술 없이 재판할 수 있다. 다만, 사형, 무기 또는 장기 10년이 넘는 징역이나 금고에 해당하는 사건의 경우에는 그러하지 아니하다. ② 소촉법 제23조의2(재심) 제1항 : 제23조 본문에 따라 유죄판결을 받고 그 판결이 확정된 자가 책임을 질 수 없는 사유로 공판절차에 출석할 수 없었던 경우 형사소송법 제424조에 규정된 자는 그 판결이 있었던 사실을 안 날부터 14일 이내(재심청구인이 책임을 질 수 없는 사유로 위 기간에 재심청구를 하지 못한 경우에는 그 사유가 없어진 날부터 14일 이내)에 제1심 법원에 재심을 청구할 수 있다. ③ 법 제383조(상고이유) 다음 사유가 있을 경우에는 원심판결에 대한 상고이유로 할 수 있다. 3. 재심청구의 사유가 있는 때

5. 대법원 2008.5.29, 2008도1816; 2020.9.3, 2020도8358 [국가7급 23]

공소가 제기되지 않은 사실이 양형의 이유에 기재되어 있는 경우의 위법성 판단

(피고인에 대하여 공소가 제기되지 않은 사실이 원심 판결서의 양형의 이유에 기재되어 있는 경우 단순한 양형판단의 부당성을 넘어 죄형 균형 원칙이나 책임주의 원칙의 본질적 내용을 침해한 것이라 판단할 수 있는가의 문제) 양형의 조건에 관

한 형법 제51조는 형을 정하는 데 참작할 사항을 정하고 있다. 형을 정하는 것은 법원의 재량사항이므로, 형사소송법 제383조 제4호에 따라 사형·무기 또는 10년 이상의 징역·금고가 선고된 사건에서 양형의 당부에 관한 상고이유를 심판하는 경우가 아닌 이상, 사실심법원이 양형의 기초 사실에 관하여 사실을 오인하였다거나 양형의 조건이 되는 정상에 관하여 심리를 제대로 하지 않았다는 주장은 적법한 상고이유가 아니다(대법원 1988.1.19, 87도1410; 1990.10.26, 90도1940 참조). 그러나 사실심법원의 양형에 관한 재량도, 범죄와 형벌 사이에 적정한 균형이 이루어져야 한다는 죄형 균형 원칙이나 형벌은 책임에 기초하고 그 책임에 비례하여야 한다는 책임주의 원칙에 비추어(대법원 2007.4.19, 2005도7288 전원합의체) 피고인의 공소사실에 나타난 범행의 죄책에 관한 양형판단의 범위에서 인정되는 내재적 한계를 가진다. 사실심법원이 피고인에게 공소가 제기된 범행을 기준으로 범행의 동기나 결과, 범행 후의 정황 등 형법 제51조가 정한 양형조건으로 포섭되지 않는 별도의 범죄사실에 해당하는 사정에 관하여 합리적인 의심을 배제할 정도의 증명력을 갖춘 증거에 따라 증명되지 않았는데도 핵심적인 형벌 가중적 양형조건으로 삼아 형의 양정을 함으로써 피고인에 대하여 사실상 공소가 제기되지 않은 범행을 추가로 처벌한 것과 같은 실질에 이른 경우에는 단순한 양형판단의 부당성을 넘어 죄형 균형 원칙이나 책임주의 원칙의 본질적 내용을 침해하였다고 볼 수 있다. 따라서 그 부당성을 다투는 피고인의 주장은 이러한 사실심법원의 양형심리와 양형판단 방법의 위법성을 지적하는 것으로 보아 적법한 상고이유라고 할 수 있다.

6. 대법원 2021.9.30, 2021도5777
사실심법원의 양형판단의 내재적 한계를 넘어선 것은 양형부당이 아니라 법령위반이라는 사례
(항소심 변론 종결 후 판결 선고 전 피해자가 사망한 사정을 추가 심리 없이 양형에 반영하여 판결을 선고한 항소심법원의 조치는 위법하다는 사례) ① 양형의 조건에 관한 형법 제51조는 형을 정하는 데 참작할 사항을 정하고 있다. 형을 정하는 것은 법원의 재량사항이므로, 형사소송법 제383조 제4호에 따라 사형·무기 또는 10년 이상의 징역·금고가 선고된 사건에서 양형의 당부에 관한 상고이유를 심판하는 경우가 아닌 이상, 사실심법원이 양형의 기초 사실에 관하여 사실을 오인하였다거나 양형의 조건이 되는 정상에 관하여 심리를 제대로 하지 않았다는 주장은 적법한 상고이유가 아니다. 그러나 ② 사실심법원의 양형에 관한 재량도, 범죄와 형벌 사이에 적정한 균형이 이루어져야 한다는 죄형 균형 원칙이나 형벌은 책임에 기초하고 그 책임에 비례하여야 한다는 책임주의 원칙에 비추어 피고인의 공소사실에 나타난 범행의 죄책에 관한 양형판단의 범위에서 인정되는 내재적 한계를 가진다(대법원 2008.5.29, 2008도1816 등). … 사실심 변론종결 후 검사나 피해자 등에 의해 피고인에게 불리한 새로운 양형조건에 관한 자료가 법원에 제출되었다면, 사실심 법원으로서는 변론을 재개하여 그 양형자료에 대하여 피고인에게 의견진술 기회를 주는 등 필요한 양형심리절차를 거침으로써 피고인의 방어권을 실질적으로 보장해야 한다. … 원심판결에는 사실심 변론종결 후 피고인에게 불리한 양형자료(피해자의 사망)가 제출된 경우 사실심법원이 취해야 할 양형심리절차에 관한 법리를 오해하여 필요한 심리를 다하지 아니한 잘못이 있고, 이러한 잘못은 그 판결에 영향을 미친 것이어서, 제1심(징역 4년)과 달리 징역 9년을 선고한 원심판결을 파기하고 환송하는 바이다.

III 중대한 사실오인 및 심히 부당한 양형부당 – 제383조 제4호

1. 사실오인과 양형부당

(1) **중형선고사건** : 사형, 무기 또는 10년 이상의 징역이나 금고가 선고된 사건이어야 한다.

(2) **중대한 사실오인 또는 현저한 양형부당** : 중대한 사실의 오인이 있어 판결에 영향을 미친 때(상대적 상고이유) 또는 형의 양정이 심히 부당하다고 인정할 현저한 사유가 있는 때를 말한다. [교정9급특채 11] 따라서 예컨대, 징역 1년 6월의 형이 선고된 항소심판결에 대하여는 사실오인·양형부당을 상고이유로 할 수 없다.

2. 취지 및 적용범위

제383조 제4호는 구체적 정의의 관점에서 피고인구제를 위한 규정이므로 이 상고이유는 **피고인의 이익을 위하여 피고인이 상고하는 경우에만 적용**된다. 따라서 원심에서 피고인에 대하여 사형, 무기 또는 10년 이상의 징역·금고가 선고된 사건에 있어서도 **검사는 사실오인·양형부당을 이유로 상고할 수 없다.**

⚒ **판례연구** 제383조 제4호 관련판례

1. 대법원 1982.1.19, 81도2898
원심에서 피고인 등에 대하여 사형, 무기 또는 10년 이상의 징역이나 금고가 선고된 사건에 있어서도 형사소송법 제383조 제4호의 해석상 검사는 그 형이 심히 경하다는 이유로는 상고할 수 없다.

2. 대법원 1994.1.25, 93도3469
징역 1년 6월의 형이 선고된 판결에 대하여는 형의 양정이 부당함을 들어 상고이유로 할 수 없음은 물론 사실심법원이 양형의 조건이 되는 정상에 관하여 심리를 제대로 하지 아니함을 들어 상고이유로 할 수도 없다.

3. **대법원 2008.5.8, 2008도198**

형사소송법 제383조 제4호는 형의 양정이 심히 부당하다고 인정할 현저한 사유가 있어 상고이유로 삼을 수 있는 경우를 사형, 무기 또는 10년 이상의 징역이나 금고가 선고된 사건으로 제한하고 있으므로, 이에 해당하지 않는 사건에 대한 양형부당의 상고이유는 부적법할 뿐만 아니라, 이러한 경우 사실심인 원심이 피고인에 대한 양형조건이 되는 범행의 동기 및 수법이나 범행 전후의 정황 등의 제반 정상에 관하여 심리를 제대로 하지 아니하였음을 들어 상고이유로 삼을 수도 없다(∵ 현저한 양형부당이 아니므로).

4. **대법원 2016.8.30, 2016도7672; 2016.8.25, 2016도6466; 2016.8.18, 2014도13403; 2017.1.25, 2016도13489**

양형부당 상고이유는 중죄사건으로 제한된다는 사례

법 제383조 제4호에 의하면 양형부당을 사유로 한 상고는 사형, 무기 또는 10년 이상의 징역이나 금고가 선고된 사건에서만 허용된다. 피고인에 대하여 그보다 가벼운 형이 선고된 이 사건에서 형이 너무 무거워 부당하다는 취지의 주장은 적법한 상고이유가 되지 못한다.

5. **대법원 2016.12.27, 2015도14375**

선고유예에 관한 형법 제51조의 사항과 개전의 정상이 현저한지는 상고심의 심판대상은 아니라는 사례

형법 제51조의 사항과 개전의 정상이 현저한지에 관한 사항은 형의 양정에 관한 법원의 재량사항에 속하므로, 상고심으로서는 형사소송법 제383조 제4호에 의하여 사형·무기 또는 10년 이상의 징역·금고가 선고된 사건에서 형의 양정의 당부에 관한 상고이유를 심판하는 경우가 아닌 이상, 선고유예에 관하여 형법 제51조의 사항과 개전의 정상이 현저한지에 대한 원심판단의 당부를 심판할 수 없다.

6. **대법원 2022.4.28, 2021도16719**

사형, 무기 또는 10년 이상의 징역이나 금고가 선고된 사건에서 검사가 형의 양정이 심히 부당하다는 이유로 상고를 제기할 수 없다는 사례(정인이 사건)

법 제383조 제4호 후단은 '사형, 무기 또는 10년 이상의 징역이나 금고가 선고된 사건에서 형의 양정이 심히 부당하다고 인정할 현저한 사유가 있는 때'를 원심판결에 대한 상고이유로 할 수 있다고 정한다. 상고심의 본래 기능은 하급심의 법령위반을 사후에 심사하여 잘못을 바로잡음으로써 법령 해석·적용의 통일을 도모하는 것이고 형사소송법은 상고심을 원칙적으로 법률심이자 사후심으로 정하고 있다. 그런데도 형사소송법이 양형부당을 상고이유로 삼을 수 있도록 한 이유는 무거운 형이라고 할 수 있는 사형, 무기 또는 10년 이상의 징역이나 금고를 선고받은 피고인의 이익을 한층 두텁게 보호하고 양형문제에 관한 권리구제를 최종적으로 보장하려는 데 있다(헌법재판소 2012.5.31, 2010헌바90,2011헌바389; 2015.9.24, 2012헌마798). … 법 제383조 제4호 후단에 따르더라도 10년 미만의 징역이나 금고 등의 형이 선고된 사건에서 검사는 원심의 양형이 가볍다는 이유로 상고할 수 없다. 그런데도 그보다 중한 형인 10년 이상의 징역이나 금고 등이 선고된 사건에서는 검사가 위와 같은 이유로 상고할 수 있다고 보는 것은 균형이 맞지 않는다. 이러한 사정에 비추어 법 제383조 제4호 후단이 정한 양형부당의 상고이유는 10년 이상의 징역이나 금고 등의 형을 선고받은 피고인의 이익을 위한 것으로 볼 수 있다. 따라서 검사는 피고인에게 불리하게 원심의 양형이 가볍다거나 원심이 양형의 전제사실을 인정하는 데 자유심증주의의 한계를 벗어난 잘못이 있다는 사유를 상고이유로 주장할 수 없다(대법원 1994.8.12, 94도1705; 2001.12.27, 2001도5304; 2005.9.15, 2005도1952 등).

보충 피고인 1에 대하여 징역 35년을 선고한 원심판결에 대하여 검사가 원심이 선고한 형은 너무 가볍다는 이유로 상고를 제기하면서 10년 이상의 징역형 등이 선고된 사건에서는 검사가 양형부당을 이유로 상고를 제기할 수 없다는 종래 대법원 판결은 변경되어야 한다고 주장하였으나, 대법원은 형사소송법 제383조 제4호 후단이 정한 양형부당의 상고이유의 취지에 대하여 종래 대법원 판결을 유지하면서 검사의 피고인 1에 대한 양형부당의 상고이유 주장을 배척한 것이다.

Ⅳ 항소이유와의 관계 ―상고이유 제한의 법리―

상고심은 항소심판결에 대한 **사후심**이므로 항소심 심판대상이 아닌 사항은 ―직권심판사항이 아닌 한― 상고심의 심판범위에 들지 않는 것이어서, 항소이유와의 관계에서도 상고이유는 제한된다. 따라서 ① **피고인은 항소심에서 항소이유로 주장하지 아니하거나 항소심이 직권으로 심판대상으로 삼은 사항 이외의 사유에 대하여는 이를 상고이유로 삼을 수 없다.** [법원9급 16] 마찬가지로, ② 제1심판결에 대하여 검사만이 양형부당을 이유로 항소하였을 뿐 피고인은 항소하지 아니한 경우, 피고인으로서는 항소심판결에 대하여 사실오인·채증법칙위반·심리미진·법령위반 등의 사유를 들어 상고이유로 삼을 수 없다. 상고심에서는 새로운 증거조사 신청이나 새로운 사실발생의 주장이 허용되지 않기 때문이다.

> **판례연구** 상고이유의 항소이유와의 관계

1. **대법원 2006.6.30, 2006도2104; 2009.2.12, 2008도8661; 2013.4.11, 2013도1079; 2013.11.28, 2013도4430; 2014.2.21, 2011도8870; 2014.5.29, 2011도11233** [법원9급 16]

   상고심은 항소법원판결에 대한 사후심이므로 항소심에서 심판대상이 되지 않은 사항은 상고심의 심판범위에 들지 않는 것이어서, 피고인이 항소심에서 항소이유로 주장하지 아니하거나 항소심이 직권으로 심판대상으로 삼은 사항 이외의 사유에 대하여는 이를 상고이유로 삼을 수 없다.

2. **대법원 2011.2.10, 2010도15986; 2005.9.30, 2005도3345** [국가7급 16, 국가9급 12, 경찰채용 07 2차]

   피고인이 제1심판결에 대하여 양형부당만을 항소이유로 내세워 항소하였다가 그 항소가 기각된 경우, 피고인은 원심판결에 대하여 사실오인 또는 법리오해의 위법이 있다는 것을 상고이유로 삼을 수는 없다.

3. **대법원 2019.3.21, 2017도16593-1 전원합의체; 2009.5.28, 2009도579** [경찰채용 21 2차, 변호사 24]

   상고이유 제한의 법리에 대한 대법원 판례의 변경 여부가 쟁점이 된 사건

   [다수의견] 형사소송법상 상고인이나 변호인은 소정의 기간 내에 상고법원에 상고이유서를 제출하여야 하고, 상고이유서에는 소송기록과 항소법원의 증거조사에 표현된 사실을 인용하여 그 이유를 명시하여야 한다(제379조 제1항, 제2항). 상고법원은 원칙적으로 상고이유서에 포함된 사유에 관하여 심판하여야 하고(제384조 본문), 상고이유가 있는 때에는 판결로써 항소심판결을 파기하여야 하는데(제391조), 파기하는 경우에도 환송 또는 이송을 통해 항소심으로 하여금 사건을 다시 심리·판단하도록 함이 원칙이며 자판은 예외적으로만 허용된다(제393조 내지 제397조). 또한 상고심은 항소심까지의 소송자료만을 기초로 하여 항소심판결 선고 시를 기준으로 그 당부를 판단하여야 하므로, 직권조사 기타 법령에 특정한 경우를 제외하고는 새로운 증거조사를 할 수 없을뿐더러 항소심판결 후에 나타난 사실이나 증거의 경우 비록 그것이 상고이유서 등에 첨부되어 있다 하더라도 사용할 수 없다. 위 규정 및 법리를 종합해 보면, 상고심은 항소심판결에 대한 사후심으로서 항소심에서 심판대상으로 되었던 사항에 한하여 상고이유의 범위 내에서 그 당부만을 심사하여야 한다. 그 결과 항소인이 항소이유로 주장하거나 항소심이 직권으로 심판대상으로 삼아 판단한 사항 이외의 사유는 상고이유로 삼을 수 없고 이를 다시 상고심의 심판범위에 포함시키는 것은 상고심의 사후심 구조에 반한다. … 피고인들이 약사법 위반으로 기소되어 제1심에서 각각 벌금형을 선고받은 후 항소하지 않거나 양형부당만을 이유로 항소하였고 검사도 양형부당을 이유로 항소하였는데, 항소심에서 검사의 항소이유가 인용됨으로써 제1심판결이 파기되고 피고인들에 대해 각각 그보다 높은 형이 선고되자, 피고인들이 항소심에서 심판대상이 되지 않았던 채증법칙위반, 심리미진 및 법리오해의 새로운 사유를 상고이유로 삼아 상고한 경우, 기존 대법원 판례가 일관되게 유지해 온 이른바 '상고이유 제한에 관한 법리'가 그대로 적용되어야 한다는 전제에서, 피고인들의 위 상고이유 주장은 항소심에서 심판대상이 되지 아니한 사항이므로 적법한 상고이유가 아니라고 하여야 한다.

---

03   상고심의 절차(7-14-즉-20-즉-10-즉)

Ⅰ 상고의 제기

1. 상고제기의 방식

(1) 상고장의 제출 : 상고를 함에는 상고장을 원심법원에 제출하여야 한다(제375조). [교정9급특채 11] 상고의 제기 기간은 7일로 한다(제374조).

(2) 상고법원 : 제2심판결에 대한 상고는 대법원에 한다(제371조).

2. 원심법원과 상고법원의 조치

(1) 원심법원의 조치

    ① **상고기각결정** : 상고의 제기가 법률상의 방식에 위반하거나 상고권 소멸 후인 것이 명백한 때에는 원심법원은 상고기각의 결정을 하여야 한다(법권-상기결). 이 결정에 대하여는 즉시항고를 할 수 있다(제376조).

    ② **소송기록과 증거물의 송부** : 상고기각결정을 하는 경우를 제외하고는 원심법원은 상고장을 받은 날부터 14일 이내에 소송기록과 증거물을 상고법원에 송부하여야 한다(제377조).

(2) 상고법원의 조치

① 상고기각결정 : 상고의 제기가 법률상의 방식에 위반하거나 상고권 소멸 후인 것이 명백한 때에는 원심법원이 상고기각의 결정을 하지 아니한 때에는 상고법원은 결정으로 상고를 기각하여야 한다(제381조). 이에 대해서는 불복할 수 없다(항소법원의 항소기각결정에 대한 즉시항고와의 차이).

② 소송기록접수통지 : 상고법원이 소송기록의 송부를 받은 때에는 즉시 상고인과 상대방에 대하여 그 사유를 통지하여야 한다(제378조 제1항). [경찰채용 04 2차]

③ 변호인에 대한 통지 : 소송기록접수통지 전에 변호인의 선임이 있는 때에는 변호인에 대하여도 위의 통지를 하여야 한다(동조 제2항).

3. 상고이유서와 답변서의 제출

(1) 상고이유서의 제출

① 제출 : 상고인 또는 변호인은 소송기록접수통지를 받은 날로부터 20일 이내에 상고이유서를 상고법원에 제출하여야 한다(제379조 제1항). [경찰간부 15] 상고이유서에는 소송기록과 원심법원의 증거조사에 **표현된 사실을 인용하여 그 이유를 명시**하여야 한다(동조 제2항). 즉, 상고법원은 상고이유에 의하여 불복신청한 한도 내에서만 조사·판단할 수 있으므로, 상고이유서에는 상고이유를 특정하여 원심판결의 어떤 점이 법령에 어떻게 위반되었는지에 관하여 구체적이고도 명시적인 이유의 설시가 있어야 한다. 또한 상고이유서(또는 답변서) 제출시에는 상대방의 수에 4를 더한 수의 부본을 제출하여야 한다(규칙 제160조).[1]

🔨 **판례연구** 상고이유서의 제출

1. 대법원 2000.4.21, 99도5513; 2009.4.9, 2008도5634

상고인이 제출한 상고이유서에 위와 같은 구체적이고도 명시적인 이유의 설시가 없이 상고이유로 단순히 원심판결에 사실오인 내지 법리오해의 위배가 있다고만 기재함에 그치고만 경우는 어느 증거에 관한 취사조치가 채증법칙에 위배되었다는 것인지, 또 어떠한 법령적용의 잘못이 있고 어떠한 점이 부당하다는 것인지 전혀 구체적 사유를 주장하지 아니한 것이어서 적법한 상고이유가 제출된 것이라고 볼 수 없다.

2. 대법원 2023.4.21, 2022도16568

군검사가 상고를 제기한 경우의 상고심 당사자와 상고이유서 제출기간의 경과

(원심법원에 대응하는 해군검찰단 고등검찰부 소속 군검사가 상고를 제기하였고, 대법원이 대검찰청 소속 검사에게 소송기록접수통지를 하여 2022.12.27. 송달되었는데, 상고를 제기한 해군검찰단 고등검찰부 소속 군검사가 상고이유서 제출기간 만료일로부터 하루가 지난 2023.1.17. 상고이유서를 제출하였다.) 검사가 상고한 경우에는 상고법원에 대응하는 검찰청 소속 검사가 소송기록접수통지를 받은 날로부터 20일 이내에 그 이름으로 상고이유서를 제출하여야 한다(군검사가 상고를 제기한 경우 소송기록접수통지의 상대방은 대검찰청 소속 검사임). 다만, 상고를 제기한 검찰청 소속 검사가 그 이름으로 상고이유서를 제출하여도 유효한 것으로 취급되지만(군검사가 제출한 상고이유서를 유효하게 취급할 수 있음), 이 경우 상고를 제기한 검찰청이 있는 곳을 기준으로 법정기간인 상고이유서 제출기간이 형사소송법 제67조에 따라 연장될 수 없다(대법원 2003.6.26, 2003도2008). 이러한 법리는 군검사가 상고한 경우에도 마찬가지로 적용된다(군검사가 상고이유서를 제출한 경우 법정기간인 상고이유서 제출기간이 연장될 수 없음).

---

② 송달 : 상고이유서의 제출을 받은 상고법원은 지체 없이 그 부본 또는 등본을 상대방에 송달하여야 한다(제379조 제3항).

③ 상고기각결정(상소이유서미제출·부적법상고이유서제출) : ㉠ 상고인이나 변호인이 20일 내 상고이유서를 제출하지 아니한 때에는 결정으로 상고를 기각하여야 한다. 단, 상고장에 이유의 기재가 있는 때에는 예외로 한다(제380조 제1항). 또한 ㉡ 종래 대법원은 **전원합의체결정**을 통하여 상고이유서가 제출되어도 상고이유의 기재가 없고 직권심판사항(법령위반·형벌폐지변경사면·재심사유, 제384조 단서)이 있다고 인

---

1) [참고] 이 여분의 4통 중 2통은 재판장 대법관과 주심 대법관이 각 1통씩 사용하며, 나머지 2통 중 1통은 보존용이고 1통은 판례편찬용이다. 법원실무Ⅱ 609면.

정되지 아니하면 결정으로 상고를 기각할 수 있다고 판시한 바 있다. 이에 2014.5.14. 개정을 통해 **상고장 및 상고이유서에 기재된 상고이유의 주장이 제383조 각 호의 어느 하나의 사유에 해당하지 아니함이 명백한 때**에는 결정으로 상고를 기각하여야 한다는 규정이 신설되게 되었다(제380조 제2항)(cf. 항소심 : 제364조 제5항의 무변론 항소기각판결). 상고기각결정은 대법원의 결정이므로 불복할 수 없다.

> 정리 상소이유서 제출시 ① 항소이유 없음이 명백한 때에는 무변론 항소기각판결(제364조 제5항), ② 상고이유 없음이 명백한 때에는 상고기각결정(높은 대법원에서는 결정으로 함).

대법원 2010.4.20, 2010도759 전원합의체

형사소송법 제380조의 '상고이유서'의 의미 및 같은 법 제383조 각 호에 해당하지 않는 상고이유가 기재된 상고이유서가 제출된 경우, 결정으로 상고를 기각할 수 있는지 여부(원칙적 적극)

법 제380조에서 말하는 '상고이유서'라 함은 같은 법 제383조 각 호에 규정한 상고이유를 포함하고 있는 서면을 의미하는 것으로 보아야 한다. 따라서 상고인이나 변호인이 '상고이유서'라는 제목의 서면을 제출하였다고 하더라도 위 법조에서 상고이유로 들고 있는 어느 하나에라도 해당하는 사유를 포함하고 있지 않은 때에는 적법한 상고이유서를 제출한 것이라고 할 수 없고, 이 경우 상고법원은 같은 법 제380조에 의하여 결정으로 상고를 기각할 수 있다고 할 것이다. 다만, 상고법원은 같은 법 제383조 제1호 내지 제3호의 사유에 관하여는 상고이유서에 포함되지 아니한 때에도 직권으로 이를 심판할 수 있으므로(제384조 단서), 원심판결에 이에 해당하는 사유가 있는 때에는 상고법원은 판결로 그 사유에 관하여 심판할 수 있다고 할 것이다. … 피고인이 제출한 '상고장'에 상고이유의 기재가 없고, '상고이유서'에는 벌금을 감액하여 달라는 뜻이 기재되어 있을 뿐이어서 형사소송법 제383조 각 호에 규정된 사유의 어느 것에도 해당하지 아니함이 명백하고, 달리 원심판결에 직권으로 심판할 수 있는 사유가 있다고도 인정되지 아니하는 경우, 법 제380조에 의하여 결정으로 상고를 기각할 수 있다.

---

(2) 답변서의 제출

① **제출** : 상대방은 상고이유서의 부본 또는 등본의 송달을 받은 날로부터 10일 이내에 답변서를 상고법원에 제출할 수 있다(제379조 제4항). 단, 답변서를 제출하지 않아도 상고의 효력에는 영향이 없다. [국가9급 12, 경찰채용 04 2차]

② **송달** : 답변서의 제출을 받은 상고법원은 지체 없이 그 부본 또는 등본을 상고인 또는 변호인에게 송달하여야 한다(제379조 제5항).

Ⅱ 상고심의 심리

1. 상고법원의 심판범위

(1) 원칙(상고이유로 제한) : 상고법원은 상고이유서에 포함된 사유에 관하여 심판하여야 한다(제384조 본문). 상고심은 사후심으로서 원심까지의 소송자료만을 기초로 삼아 원심판결의 당부를 판단하여야 하므로, -직권조사 기타 법령에 특정한 경우를 제외하고는- 새로운 증거조사를 할 수 없고, 원심판결 후 나타난 사실이나 증거는 -비록 그것이 상고이유서 등에 첨부되어 있다 하더라도- 사용할 수 없음이 원칙이다(대법원 2010. 10.14, 2009도4894).

(2) 예외(직권심판사항) : 상고이유에 관한 제383조 제1·2·3호의 경우(법령위반·형벌폐지변경사면·재심사유)에는 상고이유서에 포함되지 아니한 때에도 직권으로 심판할 수 있다(제384조 단서). [경찰간부 15] 다만, 항소심의 직권조사사유(제361조의4 제1항 단서)·직권심판사항(제364조 제2항)과는 달리 상고심의 직권심판사항에는 사실오인·양형부당이 포함되지 아니한다.

⚒ 판례연구 상고법원의 직권심판사항

1. 대법원 1981.4.14, 80도3089

상고심계속 중 법률의 개정으로 형이 경하게 변경될 경우에는 상고심은 직권으로 원판결을 파기하여야 한다.

2. 대법원 1981.7.7, 80도2836

항소심판결 후 형의 변경이 있는 때에는 상고심은 직권으로 원판결을 파기하여야 한다.

---

3. 대법원 2002.3.15, 2001도6730

법률의 해석·적용을 그르친 나머지 피고인을 유죄로 잘못 인정한 원심판결에 대하여 검사만이 상고한 경우, 상고법원이 직권으로 심판하여 무죄의 취지로 원심판결을 파기할 수 있다는 사례

관광진흥법의 관계 규정을 살펴볼 때, 외국인이나 외국법인이 국내에 사무소나 영업소를 두지 않고, 국내에서 여행객을 모집하지도 않으면서 다만, 자국 내에서 자국인들을 대상으로 한국여행상품을 판매하고, 그 여행객들을 인솔하여 국내에 들어와 여행과 관련한 용역과 편의를 제공하였을 뿐이라면, 이러한 경우에는 우리나라의 관광진흥법이 적용될 여지는 없고, 따라서 이 법에 의한 등록 등의 절차를 거칠 필요가 없다. 상고법원은 판결에 영향을 미친 법률의 위반이 있는 경우에는 상고이유서에 포함되지 아니한 때에도 직권으로 심판할 수 있는바, 이는 법률의 해석·적용을 그르친 나머지 피고인을 유죄로 잘못 인정한 원심판결에 대하여 피고인은 상고를 제기하지 아니하고 검사만이 다른 사유를 들어 상고를 제기하였고, 검사의 상고가 피고인의 이익을 위하여 제기된 것이 아님이 명백한 경우라 하더라도 마찬가지이다.

4. 대법원 2002.3.15, 2001도6730; 2008.10.9, 2008도2588; 2016.10.27, 2015도16764

법률의 해석·적용을 그르친 나머지 피고인을 유죄로 잘못 인정한 원심판결에 대하여 검사만이 상고를 제기한 경우, 상고법원이 직권으로 심판하여 무죄의 취지로 원심판결을 파기할 수 있다는 사례

상고법원은 판결에 영향을 미친 법률의 위반이 있는 경우에는 상고이유서에 포함되지 아니한 때에도 직권으로 심판할 수 있는바(법 제384조, 제383조 제1호), 이는 법률의 해석·적용을 그르친 나머지 피고인을 유죄로 잘못 인정한 원심판결에 대하여 피고인은 상고를 제기하지 아니하고 검사만이 다른 사유를 들어 상고를 제기하였고, 검사의 상고가 피고인의 이익을 위하여 제기된 것이 아님이 명백한 경우라 하더라도 마찬가지이다.

2. 심리의 특칙

(1) 원칙 : 항소심의 규정은 특별한 규정이 없는 한 상고심의 심판에 준용된다(제399조). 다만, 상고심은 법률심이라는 점에서 다음과 같은 특칙이 인정된다.

(2) 피고인의 출석배제 및 상고이유서에 의한 변론

① **피고인의 출석배제** : 상고심에서는 피고인이 변론능력을 가지지 못한다. 따라서 변호인 아니면 피고인을 위하여 변론하지 못하며(제387조), 변호사 아닌 자를 변호인으로 선임할 수 없다(제386조). [경찰채용 04 2차] 이에 상고심에서는 특별변호인(제31조 단서)을 인정하지 않는다. 또한 피고인은 변론을 할 수 없으므로 상고심의 공판기일에는 피고인의 소환을 요하지 아니한다(제389조의2). [법원9급 14] 즉, 상고심의 공판기일에는 피고인의 출석을 요하지 아니할 뿐만 아니라, 출석하여 재정한다고 하더라도 변론능력이 없으므로 재판부의 질문에 대한 답변을 할 수 있을 뿐 적극적으로 이익되는 사실의 진술이나 최종 의견진술을 할 수 없다. 피고인의 출석을 요하지 않음은 상고심 판결선고기일에도 마찬가지이다. 따라서 법원사무관 등은 피고인에게 소환장이 아니라 공판기일통지서를 송달하여야 하고(규칙 제161조 제1항, 소환장 ×), 공판기일을 지정하는 경우에도 피고인의 이감을 요하지 아니한다(동조 제2항).[1]

② **상고이유서에 의한 변론** : 상고심의 공판기일에 검사와 변호인은 상고이유서에 의하여 변론하여야 한다(제388조). 상고이유서에 기재되지 않은 사항에 관하여서 변론하는 것은 허용되지 아니한다. 상고이유서는 변호인이 작성한 것뿐만 아니라 피고인이 작성한 것도 포함된다. 변호인의 선임이 없거나 변호인이 공판기일에 출정하지 아니한 때에는, 직권으로 변호인을 선정해야 하는 경우(필요적 변호사건, 제283조, 제282조, 제33조)를 제외하고는, 검사의 진술을 듣고 판결을 할 수 있다(제389조 제1항). 이 경우에 적법한 상고이유서의 제출이 있는 때에는 그 진술이 있는 것으로 간주한다(동조 제2항).

(3) 서면심리 및 참고인진술

① **서면심리원칙**(무변론판결) : 판결은 구두변론에 의함이 원칙이나(제37조 제1항, 제275조의3), 사후심인 상고법원은 상고장·상고이유서 기타의 소송기록에 의하여 변론 없이 판결할 수 있다(무변론 판결 가능, 임의적 변론, 제390조 제1항). [법원9급 14] 즉, 대법원은 상고기각뿐만 아니라 원심을 파기하는 경우에도 서면심리로만 할 수 있는바(상고심 : 무변론 상고기각판결 및 무변론 원심판결파기판결 모두 가능, 파기자판도 무변론 가능), 이는 항소심에서 항소이유 없음이 명백함을 이유로 항소기각판결을 하는 경우에 한하여

---

1) [보충] 다만, 다른 사유로 상고한 피고인에 대하여 이감이 있는 경우에는 검사는 지체 없이 이를 대법원에 통지하여야 한다(규칙 제161조 제3항). 이는 대법원이 피고인에게 정확한 통지를 할 수 있도록 하기 위함이다. 법원실무 II 612면.

서면심리가 인정되는 것(무변론 항소기각판결, 제364조 제5항)과의 차이점이다. [법원9급 14]

② **참고인진술제도**(상고심 변론 可) : 2007년 개정 형사소송법은 - 민사소송법 제430조 제2항과 같이 - 상고 법원은 필요한 경우에는 특정한 사항에 관하여 **변론을 열어 참고인의 진술을 들을 수 있다**는 규정을 신 설하였다(제390조 제2항)(∴ 상고심에서는 변론이 금지된다는 지문은 틀림). 치열한 법리공방이 예상되거 나, 다수의 이해관계가 첨예하게 대립하여 사회의 이목이 집중되거나, 국가정책 등에 지대한 영향을 미치는 사건 등에 관하여 상고법원의 판단에 필요한 전문가의 의견을 듣기 위하여 상고심 참고인진술 제도가 신설된 것이다.[1]

③ **의견서 제출** : 국가기관과 지방자치단체는 공익과 관련된 사항에 관하여 대법원에 재판에 관한 의견서 를 제출할 수 있고, 대법원은 이들에게 의견서를 제출하게 할 수 있다(규칙 제161조의2 제1항). 또한 대법원은 소송관계를 분명하게 하기 위하여 공공단체 등 그 밖의 참고인에게 의견서를 제출하게 할 수 있다(동조 제2항).

Ⅲ 상고심의 재판

1. 공소기각의 결정

공소기각결정의 사유(제328조 제1항)가 있는 때에는 상고법원은 결정으로 공소를 기각하여야 한다(제382조). [법원행시 02, 법원9급 14]

2. 상고기각의 재판

(1) 상고기각의 결정

① **상고이유서의 미제출** : 상고인이나 변호인이 상고이유서 제출기간 내에 상고이유서를 제출하지 아니한 때에는 결정으로 상고를 기각하여야 한다. [국가급 02] 단, 상고장에 이유의 기재가 있는 때에는 예외로 한다(제380조 제1항).

② **상고이유 불해당의 명백** : 상고장 및 상고이유서에 기재된 상고이유의 주장이 제383조 각 호의 어느 하나의 사유에 해당하지 아니함이 명백한 때에는 **결정으로 상고를 기각**하여야 한다(동조 제2항)(cf. 항소 심 : 무변론 항소기각판결).

③ **상고제기의 부적법** : 상고의 제기가 법률상의 방식에 위반하거나 상고권 소멸 후인 것이 명백함에도 원심 법원이 상고기각의 결정을 하지 아니한 때에는 상고법원은 결정으로 상고를 기각하여야 한다(제381조).

(2) **상고기각의 판결** : 상고이유가 없다고 인정한 때에는 판결로써 상고를 기각하여야 한다(제399조, 제364조 제 4항).

3. 상고인용의 재판 - 원심판결의 파기판결 -

(1) **파기판결** : 상고이유가 있는 때에는 판결로써 원심판결을 파기하여야 한다(제391조). 상고이유가 있는가의 여부는 원판결시(항소심판결선고시)를 기준으로 판단한다.

🔨 판례연구 상고이유 유무의 판단시기

1. 대법원 1990.11.27, 90도2225 [법원9급 13, 경찰승진 11/12]
항소심 판결선고 당시 미성년자로서 부정기형을 선고받은 피고인이 상고심계속 중에 성년이 되었다 하더라도 항소심이 부정기 형 선고를 정기형으로 고칠 수는 없다.

2. 대법원 1998.2.27, 97도3421 [법원9급 16]
상고심에서의 심판대상은 항소심 판결 당시를 기준으로 하여 그 당부를 심사하는 데에 있는 것이므로 항소심 판결선고 당시 미성년이었던 피고인이 상고 이후에 성년이 되었다고 하여 항소심의 부정기형의 선고가 위법이 되는 것은 아니다.

---

1) [참고] 개정된 대법원에서의 변론에 관한 규칙(개정 2013. 2. 28. 규칙 제2456호)에서는, 대법원은 변론을 열 때에는 특정한 사항을 지정하여 당사 자에게 변론준비를 명할 수 있고(동 규칙 제2조), 당사자는 그 변론의 요지를 적은 준비서면을 제출하며(동 제3조 제1항), 준비서면의 주요한 내용 을 강조하여 명확하게 변론을 할 수 있고(동 제5조 제1항), 참고인의 진술이 끝난 후 그에 관한 의견도 진술할 수 있음(동 제5조 제6항)을 규정하 면서, 특정한 사항에 관하여 전문적 식견을 가진 참고인을 직권으로 지정하여 그 진술을 요청할 수 있고(동 제4조 제1항), 참고인은 의견서를 제출 하고(동조 제2항) 당사자의 변론이 끝난 후 진술할 수 있음(동 제5조 제4항)을 규정하고 있다.

(2) **공동피고인을 위한 파기** : 피고인의 이익을 위하여 원심판결을 파기하는 경우에 파기의 이유가 상고한 공동 피고인에게 공통되는 때에는 그 공동피고인에 대하여도 원심판결을 파기하여야 한다(제392조). [법원9급 14]

4. 파기 후의 조치

(1) **원칙적 파기환송 · 파기이송**(cf. 항소심은 파기자판이 원칙)
① **파기환송의 판결**
(가) **공소기각 파기환송** : 적법한 공소를 기각하였다는 이유로 원심판결 또는 제1심판결을 파기하는 경 우에는 판결로써 사건을 원심법원 또는 제1심법원에 환송하여야 한다(제393조).
(나) **관할위반 파기환송** : 관할위반의 인정이 법률에 위반됨을 이유로 원심판결 또는 제1심판결을 파기 하는 경우에는 판결로써 사건을 원심법원 또는 제1심법원에 환송하여야 한다(제395조).
② **파기이송의 판결** : 관할의 인정이 법률에 위반됨을 이유로 원심판결 또는 제1심판결을 파기하는 경우에 는 판결(결정 ×)로써 사건을 관할 있는 법원에 이송하여야 한다(제394조). [법원행시 02, 법원9급 14, 경찰승진 13] 이때 관할 항소법원과 관할 제1심법원 중 어느 법원으로 이송할 것인가는 관할위반의 위법이 어느 심 급에서 발생하였는가에 따라 달라지게 된다.

(2) **예외적 파기자판**
① **의의** : 상고법원은 원심판결을 파기한 경우에 그 소송기록과 원심법원과 제1심법원이 조사한 증거에 의 하여 판결하기 충분하다고 인정한 때에는 피고사건에 대하여 직접 판결을 할 수 있다(제396조 제1항).
② **구두변론** : 파기자판도 변론 없이 서면심리만으로 할 수 있다(제390조).
③ **판결의 범위** : 파기자판을 할 때 상고심은 유죄 · 무죄의 실체판결뿐만 아니라 공소기각 · 면소의 형식 판결도 할 수 있다. 형선고판결의 경우에는 불이익변경금지의 원칙이 적용된다(제396조 제2항).

(3) **기타 사유에 의한 환송 · 이송** : 공소기각 · 관할위반의 위법에 따른 파기환송, 관할인정의 위법에 따른 파 기이송 및 파기자판의 경우 외에 원심판결을 파기하는 때에는 판결로써 사건을 원심법원에 환송하거나 그 와 동등한 다른 법원에 이송하여야 한다(제397조). 이때 사건을 환송받은 원심법원의 심판범위는 파기된 부분에 한정된다.

⚖️ **판례연구** 상고법원의 파기판결 관련판례

1. 대법원 1992.7.28, 92도700
원심판결의 유죄부분 중 추징을 명한 부분만을 파기하고 자판한 사례
법 제391조, 제396조 제1항에 의하여 원심판결의 유죄부분 중 피고인으로부터 금 273,181,127원을 추징한 부분을 파기하고 피 고인으로부터 금 164,356,385원을 추징하며(파기자판), 피고인의 나머지 상고는 이유 없어 법 제399조, 제364조 제4항에 의 하여 이를 기각하기로 한다.
정리 주형과 몰수 · 추징 중 몰수 · 추징만에 대한 일부상소는 허용되지 않고 상소불가분원칙에 의해 전부상소가 되지만, 상고심의 파기자판에서 원심판결의 추징부분만 파기자판하는 것은 가능함.

2. 대법원 2001.3.23, 2000도486
형법 제37조 후단의 경합범 관계에 있는 각 공소사실에 대하여 원심이 모두 유죄판결을 하였으나 상고심에서 그 중 일부가 파기환송된 경우, 환송 후 원심의 심판범위(= 파기 부분)
형법 제37조 후단의 경합범의 경우 확정판결 전 · 후의 각 죄는 각 별개로 심리 · 판단되고, 분리하여 확정되는 관계에 있으므 로, 위 각 죄에 대하여 원심이 각 별개의 유죄판결을 선고하고 이에 대하여 피고인이 상고를 하였는데, 대법원이 그 중 일부 에 대한 상고만을 이유 있는 것으로 받아들여 이를 파기환송하고, 나머지 부분에 대한 상고를 기각한 경우에는 위 상고가 기각 된 유죄 부분은 분리 · 확정되고, 환송을 받은 원심의 심판범위는 위 파기된 부분에 한정된다.

3. 대법원 2005.10.28, 2005도5822 [법원9급 16]
주형과 몰수 또는 추징을 선고한 항소심판결 중 몰수 또는 추징부분에 관해서만 파기사유가 있을 때에는 상고심이 그 부분만을 파기할 수 있으나, 항소심이 몰수나 추징을 선고하지 아니하였음을 이유로 파기하는 경우에는 항소심판결에 몰수나 추징부분이 없어 그 부분만 특정하여 파기할 수 없으므로, 결국 항소심판결의 유죄부분 전부를 파기하여야 한다.
정리 ① 주형과 몰수 또는 추징을 선고한 항소심판결 중 몰수 또는 추징부분에 관해서만 파기사유가 있을 때에는 상고심이 그 부분

만을 파기할 수 있으나(92도700), ② 항소심이 몰수나 추징을 선고하지 아니하였음을 이유로 파기하는 경우에는 일부파기를 할 수 없으므로 결국 항소심판결의 유죄부분 전부를 파기함(2005도5822).

5. 재판서의 기재방식

(1) 이유의 기재 : 재판서에는 상고의 이유에 관한 판단을 기재하여야 한다(제398조).

(2) 관여법관의 의견 표시 : 합의에 관여한 모든 대법관의 의견도 표시하여야 한다(법조 제15조).

04 비약적 상고

Ⅰ 의 의

비약적 상고(飛躍的 上告, 항소심을 뛰어넘는 상고, Sprungrevison)란 제1심판결에 특정한 사유가 있는 경우 항소권자가 항소를 제기하지 아니하고 직접 대법원에 상고하는 것을 말한다. 법령해석의 통일에 신속을 기하고 피고인의 이익을 조기에 회복시키기 위해서 인정되는 제도이다.

Ⅱ 요 건

1. 비약적 상고의 대상

비약적 상고는 제1심판결에 대해서 할 수 있다. 따라서 제1심법원의 결정에 대해서는 비약적 상고가 허용되지 않는다.

2. 비약적 상고의 이유(비약-법/폐)

(1) 원심판결이 인정한 사실에 대하여 법령을 적용하지 아니하였거나 법령의 적용에 착오가 있는 때(제372조 제1호) : 실체법을 적용하지 않았거나 잘못 적용한 경우를 말한다. 법령적용에 착오가 있는 때라 함은 제1심판결이 인정한 사실을 일응 전제로 하여 놓고 그에 대한 법령의 적용을 잘못한 경우를 말하므로, 채증법칙의 위반, 중대한 사실오인, 양형의 과중은 비약적 상고의 이유가 되지 않는다.

> **대법원 1994.5.13, 94도458; 2007.3.15, 2006도9338**
>
> 형사소송법 제372조 제1호 소정의 "법령적용의 착오가 있는 때"라 함은 제1심판결이 인정한 사실을 일응 전제로 하여 놓고 그에 대한 법령의 적용을 잘못한 경우를 뜻한다.

(2) 원심판결이 있은 후 형의 폐지나 변경 또는 사면이 있는 때(동조 제2호) : 항소이유의 경우와 동일하다.

Ⅲ 제 한

비약적 상고는 항소심을 거치지 않고 상고심의 심판을 구하는 것이기 때문에 제1심 판결에 대하여 검사, 피고인 쌍방이 상소권을 가지는 경우에 일방이 비약적 상고를 하면 타방은 항소심의 심급이익을 상실하는 결과가 된다. 따라서 비약적 상고가 제기되더라도 그 사건에 대한 (비약적 상고인 또는 상대방의) **항소가 제기된 때에는 비약적 상고는 효력을 잃는다**(타방항소시 비약적 상고의 무효화, 제373조 본문). 상대방의 심급의 이익을 보호하기 위함이다. 단, 항소의 취하 또는 항소기각의 결정(제360조, 제361조의4, 제362조)이 있는 때에는 예외로 한다(비약적 상고의 부활, 제373조 단서).[1] [법원9급 14, 법원승진 12]

한편, 일방이 비약적 상고를 제기하고 상대방이 항소를 제기한 경우, 비약상고는 상고로서의 효력은 물론 '항

---

1) [참고] 제1심 법원으로서는 비약적 상고와 항소가 경합된 경우에는 항소사건으로 기록을 송부하여야 하나, 그 송부 전에 항소가 취하되거나 항소기각결정이 있으면 비약적 상고사건으로 송부하여야 하고, 이는 항소심에서 항소취하 또는 항소기각결정이 있는 경우도 마찬가지이다. 법원실무 Ⅱ 576면.

소로서의 효력도 인정되지 않는다'는 것이 과거의 판례이었으나(대법원 1971.2.9, 71도28; 2005.7.8, 2005도2967 등), 대법원은 **2022년 5월 전원합의체 판례**에 의하여 입장을 변경하여 자신의 비약적 상고에 상고의 효력이 인정되지 않는 때에도 항소심에서 제1심판결을 다툴 의사가 없었다고 볼 만한 특별한 사정이 없다면 **비약적 상고에도 항소로서의 효력이 인정**된다고 판시하였다(대법원 2022.5.19, 2021도17131 전원합의체). [변호사 24]

🔨 **판례연구** 비약적 상고의 항소로서의 효력

대법원 2022.5.19, 2021도17131 전원합의체 [법원9급 23]
피고인이 제기한 비약적 상고에 항소제기의 효력을 인정할 수 있다는 사례
형사소송법 제372조, 제373조(제1심판결에 대한 상고는 그 사건에 대한 항소가 제기된 때에는 그 효력을 잃는다. 단, 항소의 취하 또는 항소기각의 결정이 있는 때에는 예외로 한다.) 및 관련 규정의 내용과 취지, 비약적 상고와 항소가 제1심판결에 대한 상소권 행사로서 갖는 공통성, 이와 관련된 피고인의 불복의사, 피고인의 상소권 보장의 취지 및 그에 대한 제한의 범위와 정도, 피고인의 재판청구권을 보장하는 헌법합치적 해석의 필요성 등을 종합하여 보면, 제1심판결에 대하여 피고인은 비약적 상고를, 검사는 항소를 각각 제기하여 이들이 경합한 경우 피고인의 비약적 상고에 상고의 효력이 인정되지는 않더라도, 피고인의 비약적 상고가 항소기간 준수 등 항소로서의 적법요건을 모두 갖추었고, 피고인이 자신의 비약적 상고에 상고의 효력이 인정되지 않는 때에도 항소심에서는 제1심판결을 다툴 의사가 없었다고 볼 만한 특별한 사정이 없다면, 피고인의 비약적 상고에 항소로서의 효력이 인정된다고 보아야 한다. 이와 달리 피고인의 비약적 상고와 검사의 항소가 경합한 경우 피고인의 비약적 상고에 항소로서의 효력을 인정할 수 없다고 판시한 대법원 2005.7.8, 2005도2967, 대법원 2015.9.11, 2015도10826, 대법원 2016.9.30, 2016도11358, 대법원 2017.7.6, 2017도6216 판례를 비롯한 같은 취지의 대법원 판결 및 결정들은 이 판결의 견해에 배치되는 범위 내에서 모두 변경하기로 한다.

---

05 상고심판결의 정정

Ⅰ 의 의

상고심판결의 정정(訂正)이란 상고심판결에 명백한 실질적 오류가 있는 경우에 이를 고쳐 바로잡는 제도를 말한다. 즉, 상고법원은 그 판결의 내용에 오류가 있음을 발견한 때에는 직권 또는 신청에 의하여 판결로써 이를 정정할 수 있다(제400조 제1항). 상고심은 최종심이며 그 판결은 선고와 동시에 확정되므로 상소에 의하여 그 오류를 시정할 방법이 없는바, 상고심판결내용에 오류가 있음이 분명한 때에는 이를 자체적으로 시정할 수 있는 길을 열어 놓은 것이다.[1]

Ⅱ 사유와 대상

1. 판결정정의 사유

(1) 해당하는 경우 : 판결의 내용에 오류가 있음을 발견한 때(제400조 제1항)이다. 즉, 오기(誤記), 위산(違算) 기타 이와 유사한 명백한 잘못이 판결의 실질적 내용을 이루는 경우를 말한다(예 미결구금일수의 불산입 내지 초과 산입). 판례는 ① 상고장에 상고이유의 기재가 있음에도 불구하고 상고이유서 미제출에 의한 상고기각결

---

1) [참고 – 구별개념]
　　① 하급심 재판의 오류 수정제도와의 구별 : 하급심 재판에 오류가 있는 경우에는 상소(上訴)에 의하여 정정하여야 하는 데 비해, 판결정정판결은 상고심판결을 그 대상으로 한다. 또한 하급심의 재판서에 잘못된 계산이나 기재, 그 밖에 이와 비슷한 잘못이 있음이 분명한 때에는 법원은 직권으로 또는 당사자의 신청에 따라 경정결정(更正決定)을 할 수 있고(재판서경정결정 또는 판결경정결정, 규칙 제25조 제1항), 경정결정에 대해서는 즉시항고를 할 수 있으나, 재판에 대해 적법한 항소가 있는 때에는 즉시항고를 할 수 없도록 하고 있다(동조 제3항). 이에 비해, 상고심판결의 정정은 그 정정의 방식도 판결에 의한다는 점에서 특별한 정정절차에 해당한다.
　　② 상고심판결의 결론의 부당함을 수정하는 제도와의 구별 : 상고심판결의 내용에 계산 착오 등의 명백한 오류가 발생한 것이 아니라, 유죄판결이 잘못이니 무죄판결로 정정해달라거나 채증법칙위반이니 판단이 잘못되었다는 등 그 결론이 부당한 경우 이를 바로잡는 제도는 재심(제420조 이하)·비상상고(제441조 이하)이다.
　　③ 상고심판결의 형식적 오류를 수정하는 제도와의 구별 : 상고심판결에 나타난 성명 등의 오기와 같은 단순한 오자(誤字)의 정정은 전술한 형사소송규칙상 재판서경정결정(규칙 제25조)의 사유에 불과하다(상고심판결에도 규칙상 판결경정결정이 적용될 수 있음). 이에 비해, 상고심판결의 내용을 이루는 잘못된 계산, 오기 기타 이와 유사한 잘못과 같은 실질적 오류는 상고심판결 정정판결로써 바로잡는 것이다.

정을 한 경우 원심판결 파기판결로 판결정정할 수 있으며, ② 피고인이 법정기간 내에 상고이유서를 제출하였음에도 대법원이 송달일자를 오인한 나머지 상고이유서 미제출에 의한 상고기각결정을 한 경우 상고기각판결로 판결정정할 수 있다고 본다.

✦ 판례연구 상고심판결의 정정사유에 해당한다는 사례

1. 대법원 1979.11.30, 79도952

상고장에 상고이유를 기재하였음에도 불구하고 상고이유서의 제출이 없고 상고장에 이유의 기재가 없다 하여 상고기각결정을 한 것은 그 결정내용에 오류가 있음이 명백하므로 판결정정을 할 수 있다. 상고기각결정을 판결정정할 경우에 원심판결 파기의 판결로 그 내용을 변경할 수 있다.

2. 대법원 2005.4.29, 2005도1581

대법원이 착오에 의한 송달일자를 신뢰하여 피고인이 법정기간 내에 상고이유서를 제출하였음에도 제출하지 아니하였다는 이유로 한 상고기각결정을 한 경우 판결로써 정정할 수 있다(상고기각판결로 정정한 사례).

---

(2) 해당하지 않는 경우 : ① 판결내용의 본질적 부분은 판결정정의 방법으로 바로잡을 수 없다. 예컨대, 채증법칙위반으로 사실오인이 있었다든지 상고기각판결(유죄판결)이 잘못이니 무죄나 원심파기의 판결로 정정하여 달라는 주장은 판결정정사유에 해당하지 아니하므로 재심·비상상고에 의하여야 한다. 또한 ② 판결의 내용이 아니라 피고인 등의 성명 등이 잘못 기재된 경우 등 단순한 오기와 같은 형식적 오류는 판결정정판결에 의할 필요 없이 재판서의 경정에 의한다(규칙 제25조 제1항).

✦ 판례연구 상고심판결의 정정사유에 해당하지 아니한다는 사례

1. 대법원 1983.5.19, 83초17

무죄자판이나 파기환송을 구하기 위한 판결정정의 신청의 적부

법 제400조가 정하는 판결의 정정은 상고법원의 판결은 최종심의 재판으로서 상소에 의한 시정의 길이 없다는 점을 고려하여 그 판결 자체의 내용에 오류가 있는가를 다시 검토하는 기회를 갖고자 함에 있고 재판절차를 다시 하여 사건을 새로 심리하는 것이 아니므로, 대법원 자판으로 무죄를 선고하거나 또는 사건을 고등법원으로 이송심리하도록 판결을 정정하여 달라는 논지는 적법한 판결정정 신청이유가 될 수 없다.

2. 대법원 1987.7.31, 87초40; 1983.8.9, 83초32

형사소송법 제400조 제1항에서 말하는 오류라 함은 명백한 것에 한한다고 할 것이어서 채증법칙위배에 대한 판단을 잘못하였으니 무죄판결로 정정하여 달라는 사유는 이에 해당되지 아니한다.

---

2. 판결정정의 대상

상고심 판결뿐 아니라 상고심 결정도 판결정정의 대상이다.

Ⅲ 절 차

1. 신청·직권

(1) 신청 : 상고법원은 검사·상고인이나 변호인의 신청에 의하여 그 판결의 내용에 오류가 있음을 발견한 때에는 판결로써 정정할 수 있다(제400조 제1항). 판결정정의 신청은 신청의 이유를 기재한 서면으로 판결의 선고가 있는 날로부터 **10일 이내**에 하여야 한다(동조 제2항·제3항). [국가9급 12, 경찰간부 15, 경찰채용 15 1차] 신청이 있으면 상대방에게 그 신청이 있음을 즉시 통지하여야 한다(규칙 제163조).

(2) 직권 : 상고법원은 그 판결의 내용에 오류가 있음을 발견한 때에는 직권에 의하여 판결로써 정정할 수 있다(제400조 제1항). 직권에 의하여 판결정정을 하는 경우에는 10일간의 신청기간의 제한을 받지 아니한다.

2. 정정의 판결

정정의 판결은 변론 없이 할 수 있다(무변론 정정판결, 제401조 제1항). 정정할 필요가 없다고 인정한 때에는 지체 없이 결정으로 신청을 기각하여야 한다(동조 제2항).

Ⅳ 상고심판결의 확정시기

상고심판결의 확정시기에 대해서는 판결정정신청기간인 판결선고 후 10일의 기간이 경과한 때나 정정신청기각결정·정정판결이 내려진 때로 보는 견해도 있으나, 상고심판결의 정정은 판결내용상의 오류를 정정하는 것에 불과하므로 **상고심판결은 그 선고와 동시에 확정**된다는 것이 현재의 통설·판례이다(판례는 대법원 1967.6.2, 67초22).

제4절 | 항 고

01 항고의 의의와 종류

Ⅰ 의 의

1. 개 념

(1) **항고의 개념** : 항고(抗告, Beschwerde)란 법원의 결정에 대한 상소를 말한다. 상소의 세 형태인 항소·상고·항고 중 전술한 항소와 상고가 판결에 대한 불복방법임에 비하여 항고는 수소법원의 결정에 대한 불복방법이다. 수소법원의 종국재판인 판결에 대한 상소(항소·상고)는 모두 허용해야 하나, 수소법원의 결정(중간재판·종국재판)에 대한 상소인 항고는 법이 특히 필요하다고 인정하는 일정한 경우에 한하여 허용되고(제402조), 그 절차도 항소 및 상고에 비하여 간이화되어 있다. 항고에는 최초의 불복인 일반항고와 두 번째 불복인 재항고(특별항고)가 있고, 일반항고는 다시 불복기한의 제한 유무에 따라 즉시항고와 보통항고로 나뉜다.

(2) **준항고와의 구별** : 준항고는 수소법원의 결정이 아닌 재판장·수명법관 등 법관의 특정한 결정·명령이나 검사·사법경찰관의 특정한 처분에 대한 불복방법(제416조·제417조)이라는 점에서 본래의 항고와는 구별되나, 항고에 관한 규정이 대부분 준용되므로(제419조) 항고와 유사한 구조를 가지고 있다.

2. 항고사건의 관할

지방법원 단독판사의 결정에 대한 항고법원은 원칙적으로 지방법원본원 합의부이고(법조 제32조 제2항), 지방법원 합의부의 제1심결정에 대한 항고법원은 고등법원이며(동법 제28조 제1호), 항고법원 또는 고등법원의 결정에 대한 재항고법원은 대법원이다(동법 제14조 제2호).

Ⅱ 종 류

1. 일반항고

(1) 즉시항고

① 의의 : 즉시항고는 법령이 특히 즉시항고를 제기할 수 있다는 뜻의 규정을 두고 있는 경우에 인정되는 항고를 말하는데, 주로 당사자의 중대한 이익에 관련된 수소법원의 결정 중 한정된 사항에 대해 간이하고 신속한 판단을 하기 위한 불복방법이다. 이에 항고제기기간이 **7일**로 제한되어 있고

(헌법재판소 2018.12.27, 2015헌바77,2015헌마832 헌법불합치결정에 따른 2019.12.31. 개정법 제405조) [국가9급 21] **원재판의 집행은** 즉시항고제기기간인 7일 및 즉시항고가 제기되어 그에 대한 항고심의 재판이 있기까지 **정지된다**(재판집행정지효, 제410조). [법원9급 15]

헌법재판소 2018.12.27, 2015헌바77,2015헌마832

즉시항고 제기기간을 3일로 제한하는 구법제405조는 헌법에 합치되지 아니한다는 헌법불합치결정

심판대상조항은 즉시항고 제기기간을 지나치게 짧게 정함으로써 실질적으로 즉시항고 제기를 어렵게 하고, 즉시항고 제도를 단지 형식적이고 이론적인 권리로서만 기능하게 하므로, 입법재량의 한계를 일탈하여 재판청구권을 침해한다. … 따라서 심판대상조항에 대하여 헌법불합치결정을 선고한다.

---

② 허용되는 경우 : 즉시항고는 즉시항고를 할 수 있다는 **명문규정이 있는 경우에 한하여 허용**된다. [법원9급 15]

표정리 즉시항고 허용규정 정리

[즉시항고 허용규정] ① 기피신청(간이)기각결정(제23조) [법원행시 02, 경찰채용 10 2차] ② 구속취소결정(제97조) [경찰채용 10 2차] ③ 재정신청기각결정(제262조 제4항) ④ 국민참여재판 배제결정(국참 제9조) [경찰채용 10 2차] ⑤ 비용·과태료·감치·배상 관련 　－ 재정신청인에 대한 재정신청 비용부담결정(제262조의2) [경찰채용 10 2차] 　－ 증인·감정인·통역인·번역인에 대한 과태료부과결정(제161·177·183조) 　－ 보석조건을 위반한 피고인에 대한 과태료부과결정 및 감치처분결정(제102조) 　－ 보석에 있어 출석보증인에 대한 과태료부과결정(제100조의2) 　－ 불출석증인에 대한 소송비용부담, 과태료부과결정 및 감치처분결정(제151조) 　－ 국민참여재판에 있어 배심원 등에 대한 과태료부과결정(국참 제60조) 　－ (피고인 아닌) 제3자에 대한 소송비용부담결정(제192조) [법원행시 02] 　－ 무죄판결에 따른 비용보상결정(제194조의3)·형사보상결정(2008헌마514)	－ 소송비용집행면제결정(제491조) 　－ 배상명령(피고인) ⑥ 공소기각결정(제328조 제2항) [법원행시 02] ⑦ 집행유예취소결정(제335조 제3항) ⑧ 선고유예실효결정(제335조 제4항) ⑨ 상소절차 관련(기/회/속) 　－ 항소기각결정·항고기각결정(제360·361조의4·376·407조) [법원9급 11, 경찰승진 11, 경찰채용 06 1차/12 2차] 　－ 상소권회복청구에 관한 결정(제347조) [경찰채용 10 2차] 　－ 상소절차속행신청 기각결정(규칙 제154조) ⑩ 약식명령·즉결심판에 대한 정식재판청구기각결정(제455조, 즉심 제14조) [경찰승진 10] ⑪ 재판서·재판집행 관련(경/해/집) 　－ 재판서경정결정(규칙 제25조) 　－ 재판해석에 대한 의의신청에 관한 결정(제491조) 　－ 재판집행에 대한 이의신청에 관한 결정(제491조) ⑫ 재심청구기각결정 및 재심개시결정(제437조) ⑬ 기타 : 형의 소멸신청 각하결정(제337조)

정리 즉시항고 : 집/공/기/참/정/상/선/비/재/재/구/감

정리 집행정지효 없는 즉시항고 : ① 기피신청 간이기각결정에 대한 즉시항고(제23조 제2항), ② 증인 불출석 제재인 소송비용부담결정·과태료부과결정·감치결정에 대한 즉시항고(제151조 제8항)

보충 증거보전청구 기각결정에 대해서 3일 내 항고할 수 있다는 규정(제184조 제4항)이 있는데, [국가7급 17] 이 항고의 성격에 대해서는 대체로 명시적인 언급이 없으나, 즉시항고로 보아야 한다는 견해(신동운)가 있으며, 본서도 즉시항고로 파악한다. 다만 2019.12.31. 개정 제405조에 의하여 즉시항고 제기기간은 7일로 연장되었음에도,, 수사상 증거보전청구 기각결정에 대한 3일 내 항고 규정(제184조 제4항)은 개정되지 않았다.

(2) 보통항고

　① 의의(즉시항고와의 차이) : 즉시항고(또는 재항고) 이외의 항고를 말한다. 명문의 규정이 없어도 허용되므로 원심결정 취소의 실익이 있는 한 기간의 제한 없이 언제든지 제기할 수 있으나(제404조), 대신에 보통항고가 있더라도 원재판의 집행은 정지되지 아니하며(집행정지효 ×, 제409조 본문), 다만 원심법원·항고법원은 보통항고에 대한 결정이 있을 때까지 원재판의 집행을 정지하는 결정을 할 수 있을 뿐이다(동조 단서). 보통항고는 법원의 결정에 대하여 불복이 있으면 할 수 있으나, 법률에 **특별한**

규정이 있는 경우에는 **허용되지 않는다**(제402조). [교정9급특채 12]

대법원 1986.2.12, 86트1

형사피고사건에 대한 법원의 소년부송치결정에 대한 불복 가부

형사피고사건에 대한 법원의 소년부 송치결정은 형사소송법 제403조가 규정하는 판결 전의 소송절차에 관한 결정에 해당하지 아니한다고 할 것이므로 이 결정에 대하여 불복이 있으면 동법 제402조에 의한 항고는 할 수 있다.

---

② 허용되지 않는 경우

(가) 판결 전 소송절차에 관한 결정

　　㉠ 원칙 : 법원의 관할(예 이송, 병합심리, 관할의 지정·이전) 또는 판결 전 소송절차에 관한 결정에 대하여는 특히 즉시항고를 할 수 있는 경우 외에는 항고를 하지 못한다(제403조 제1항). 종국재판에 대한 상소로 충분하기 때문이다.

　　㉡ 예외 : **구금**(예 법원의 구속, 접견금지, 구속기간갱신 등)·**보석**(예 보석취소, 보증금몰수 등)·**압수**(예 법원의 압수, 제출명령 등)나 **압수물의 환부**(예 압수물환부결정, 압수물환부청구기각 등)에 관한 결정 또는 **감정하기 위한 피고인의 유치**(예 법원의 감정유치, 기간의 연장 등)에 관한 결정에 대하여는 보통항고를 할 수 있다(제2항). [법원행시 03, 국가7급 10] 강제처분에 대한 신속한 구제를 도모하기 위해서이다. 다만, 항고의 대상은 '법원의 결정'이므로 ⓐ 검사의 체포영장 또는 구속영장 청구에 대한 지방법원판사의 재판(영장발부결정·기각결정)은 항고의 대상이 아니고 준항고(제416조 제1항)의 대상이 되는 '재판장 또는 수명법관의 구금 등에 관한 재판'에도 해당하지 아니하며(대법원 2006. 12.18, 2006모646 [경찰간부 23]), ⓑ 체포·구속적부심사청구에 대한 기각결정·인용결정(제214조의2 제7항, 단 구속적부심의 피의자보석결정에는 보통항고○)(cf. 보석과의 차이)이나 ⓒ 재정신청에 대한 공소제기결정(제262조 제4항)(cf. 재정신청기각결정-즉시항고○)에 대해서도 보통항고가 허용되지 않는다.

　　정리 압/구/보/감 : 항고 ○

대법원 2021.4.2, 2020모2561

관할이전의 신청을 기각한 결정에 대해 불복은 불가하다는 사례

법원의 관할 또는 판결 전의 소송절차에 관한 결정에 대하여는 특히 즉시항고를 할 수 있는 경우 외에는 항고를 하지 못한다(형사소송법 제403조 제1항). 그런데 관할이전의 신청을 기각한 결정에 대하여 즉시항고를 할 수 있다는 규정이 없으므로, 원심결정에 대하여 재항고인이 불복할 수 없다.

(나) 성질상 항고가 허용되지 않는 결정

　　㉠ 대법원의 결정 : 대법원은 최종심이므로 항고가 허용되지 않는다.

　　㉡ 항고법원·고등법원의 결정 : 즉시항고(특별항고·재항고)가 허용될 뿐 보통항고를 할 수 없다(제415조).

대법원 1986.7.18, 85모49

어떤 특정한 법률규정이 헌법에 위반된다는 이유로 제기된 위헌여부제청신청에 대하여 그 법률규정이 위헌이 아니라는 이유로 그 위헌제청신청을 기각하는 하급심의 결정은 중간재판적 성질을 가지는 것으로서 이는 본안에 대한 하급심판결이 상소되었을 때에 이와 함께 그 판단도 상소심의 판단을 받는데 불과하고, 위 결정에 대하여 독립하여 항고, 재항고를 할 수는 없다.

표정리 보통항고가 허용되지 않는 경우(판결 전 소송절차에 관한 결정의 원칙, 성질상 불허)와 허용되는 경우 (압/구/보/감)

판결 전 소송절차에 관한 결정	① 보통항고× −원칙−	법원의 관할 또는 판결 전의 소송절차에 관한 결정(403조 1항) 예 • 지방법원판사의 영장발부에 관한 재판 [국가7급 10] • 국선변호인의 선정신청 기각결정 [국가7급 16, 교정9급특채 12] • 공소장변경 허가결정 [법원행시 03, 국가7급 16, 교정9급특채 12] • 소송지휘권 행사 • 증거신청에 대한 증거결정(90도646) • 간이공판절차의 개시와 취소에 관한 결정 • 공판절차의 정지·갱신 결정 • 변론의 분리·병합·재개에 관한 결정 • 국민참여재판으로 진행하기로 한 결정 [국가7급 10] • 하급심의 위헌제청신청기각결정(85모49)
	② 보통항고○ −예외−	구금, 보석, 압수나 압수물의 환부에 관한 결정 또는 감정하기 위한 피고인의 유치에 관한 결정(제403조 제2항) [법원행시 03, 국가7급 10]
성질상 허용되지 않는 결정		• 대법원의 결정 • 항고법원·고등법원의 결정

정리 판결 전 소송절차에 관한 결정 중 보통항고가 허용되는 경우 : 압/구/보/감

2. 재항고

(1) **의의** : 항고법원 또는 고등법원의 결정(제415조)에 대하여 대법원에 제기하는 항고를 말한다. [교정9급특채 12] 또한 항소법원의 결정(법조 제14조 제2호, 대법원 2008.4.14, 2007모726)이나 준항고법원의 결정(제419조, 제415조)도 재항고 대상이다. 항고법원·고등법원·항소법원·준항고법원의 결정에 대해서는 재항고로써만 불복할 수 있는바, 결국 재항고란 위 법원의 결정이 재판에 영향을 미친 위법(헌법·법률·명령·규칙위반)임을 이유로 하여 대법원에 제기하는 즉시항고를 말한다.

(2) **예외적 허용 및 즉시항고의 성질** : 항고법원 또는 고등법원의 결정에 대하여는 재판에 영향을 미친 헌법·법률·명령·규칙의 위반이 있음을 이유로 하는 때에 한하여 대법원에 즉시항고를 할 수 있다(제415조). 즉, 재항고는 즉시항고의 일종으로서 항고제기기간의 제한 및 집행정지의 효력과 같은 즉시항고의 성질을 가진다. [교정9급특채 12] 다만, 그 대상이 항고법원의 제2심 결정 등이라는 점과 그 사유가 원결정의 위법으로 제한되고, 그 제기처가 대법원이라는 데 특징이 있다(법원실무Ⅱ 620면).

02 | 항고심의 절차(7/×−3−5−×)

I 항고의 제기

1. 항고제기의 방식

(1) **항고권자** : 검사, 피고인, 변호인 또는 과태료처분을 받은 증인 등이다.

(2) **항고장의 제출** : 항고를 함에는 항고장을 **원심법원**에 제출하여야 한다(제406조).[1] [국가9급 14]

(3) **항고제기기간** : ① 즉시항고의 제기기간은 **7일**이다(2019.12.31. 개정 제405조)(= 항소·상고제기기간 및 약식명령·즉결심판에 대한 정식재판청구기간 : 7일). ② 보통항고는 원심결정 취소의 실익이 없게 된 때를 제외하고는 **언제든지** 할 수 있다(제404조).

---

1) [참고] 항고에 있어서는 항소·상고와 달리 상소이유서 제출절차가 따로 마련되어 있지 않으므로, 항고장 자체에 항고이유를 기재할 것이 요구되고 그렇지 않은 경우에는 실무에서는 즉시 항고이유서를 제출할 것을 요한다고 한다. 법원실무Ⅱ 621면.

2. 재판의 집행정지

(1) 즉시항고 : 즉시항고의 제기기간 내와 그 제기가 있는 때에는 **재판의 집행은 정지**된다(제410조). 다만, 기피신청에 대한 간이기각결정, 증인 불출석 제재에 대한 즉시항고는 집행정지의 효력이 없다(제23조 제2항, 제151조 제8항).

(2) 보통항고 : 재판의 집행을 정지하는 효력이 없다. 단, 원심법원 또는 항고법원은 항고에 대한 결정이 있을 때까지 집행정지결정을 **할 수 있다**(제409조).

3. 원심법원의 조치

(1) 항고기각결정 : 항고의 제기가 법률상 방식에 위반하거나 항고권소멸 후인 것이 명백한 때에는 원심법원은 결정으로 항고를 기각하여야 한다(법권－상기결, 제407조 제1항). 부적법한 항고임이 외관상 명백한 경우 항고법원으로 송부할 필요 없이 원심법원에서 기각하도록 한 것이다. 이 결정에 대하여는 즉시항고를 할 수 있다(동조 제2항). 이는 당초의 항고가 보통항고였건 즉시항고였건 가리지 않는다.[1]

(2) 경정결정(재도의 고안) : 원심법원은 항고가 이유 있다고 인정한 때에는 결정을 경정(更正)하여야 한다(제408조 제1항). 이러한 항고장을 접수한 원심법원 스스로의 경정을 소위 재도(再度)의 고안(考案)이라고도 한다(원심법원의 경정결정 ＝ 원심법원의 재도의 고안). 여기서 경정이란 재판서의 경정(규칙 제25조)과는 달리, 원결정 자체를 취소하거나 변경하는 것을 말한다. 판결에 대한 상소절차에서는 원심법원이 원판결을 고칠 수 없으나, 결정에 대한 항고절차에서는 원심법원이 원결정을 고칠 수 있도록 한 것으로서 항고심절차의 특유한 제도이다. 원심법원의 경정결정 역시 보통항고나 즉시항고의 경우 모두에 적용되고, 나아가 공소기각결정ㆍ항소기각결정ㆍ상고기각결정(제376조) 등 종국재판에 대하여도 할 수 있다.[2]

(3) 항고장ㆍ의견서ㆍ소송기록의 송부 : ① 항고의 전부 또는 일부가 이유 없다고 인정한 때에는 항고장을 받은 날로부터 **3일** 이내에 의견서를 첨부하여 항고법원에 송부하여야 한다(제408조 제2항)(cf. 판결에 대한 상소심의 소송기록송부기간 : 14일).[3] [교정9급특채 12] ② 원심법원이 필요하다고 인정한 때에는 소송기록과 증거물을 항고법원에 송부하여야 한다(제411조 제1항). ③ 항고법원은 소송기록과 증거물의 송부를 요구할 수 있다(동조 제2항). 항고법원은 소송기록과 증거물의 송부를 받은 날로부터 **5일** 이내에 당사자에게 그 사유를 통지하여야 한다(동조 제3항)(cf. 판결에 대한 상소심의 소송기록접수통지 : 지체 없이). 다만, 항고인에게 위와 같은 통지를 하더라도 **항고인이 항고이유서를 제출할 의무를 부담하지는 않는다.** [법원9급 07] ④ 물론 항고법원이 항고인에 대한 본안의 소송기록의 접수통지를 하지 않고 항고기각결정을 한 것은 위법이다.

> 정리 항고심절차의 요약 : ① 항고의 제기(항고장제출, 즉시항고는 7일, 보통항고는 언제든지), ② 항고기각결정, 이유 있으면 경정결정, 이유 없으면 3일 내 의견서 첨부하여 항고법원에 송부, ③ 소송기록ㆍ증거물 송부는 임의적, 송부를 받은 항고법원은 5일 내 당사자에게 사유 통지, 소송기록 접수통지 없이 항고기각결정을 한 것은 위법, ④ 항고인의 항고이유서 제출의무는 없음.

🔍 **판례연구** 항고법원의 본안소송기록접수통지 관련판례

1. 대법원 1973.10.25, 73모69

항고법원에서 5일 이내 당사자에게 소송기록접수통지를 하지 않았으나 위법은 아니라고 본 사례

보석허가결정에 대한 항고로 소송기록의 송부를 받은 항고법원이 법 제411조 제3항 소정 통지를 하지 아니하였다 하여도 항고

---

[1] [참고] 만약 당초의 항고가 재항고였을 때는 그 원심기각결정이 위법임을 주장하는 때에 한하여 재항고를 할 수 있을 뿐이다(제415조). 법원실무Ⅱ

[2] [보충] 원심법원의 경정결정의 내용은 ① 원결정만 취소하는 경우(예 공소기각결정ㆍ항소기각결정ㆍ상고기각결정의 취소결정), ② 원결정을 취소하고 원결정과 다른 결정을 하는 경우(예 보석청구기각결정의 취소 및 보석의 허가결정), ③ 원결정의 내용을 변경하는 경우(예 보석보증금액ㆍ납부방법 등의 변경결정)가 있다. 재도의 고안도 항고의 제기 자체가 적법한 경우에만 가능하므로, 항고의 제기 자체가 부적법하면 설사 원결정에 잘못이 있다고 하더라도 결정으로 항고를 기각하여야 한다(제407조 제1항). 재도의 고안도 원심법원의 결정이지 항고법원의 결정이 아니기 때문에 원심법원의 재도의 고안(결정)에 대하여 항고가 가능하다. 법원실무Ⅱ 621～622면.

[3] [참고] 의견의 기재는 통상 '항고가 이유 없다고 사료된다.'는 식으로만 기재하고 있는 것이 실무상 통례인데, 가능하고 필요하다면 실질적인 이유를 기재하여 주는 것이 바람직하다. 법원실무Ⅱ 623면.

심에서 변호인이 검사의 항고에 대한 의견진술을 함으로써 피고인에게 대한 방어의 기회가 있었으면 위 위법은 원결정에 영향을 미친 것이라 할 수 없다.

2. 대법원 1993.12.15, 93모73; 2006.7.25, 2006모389

항고법원이 소송기록을 송부받고서도 당사자에게 접수통지를 함이 없이 한 결정은 위법하다고 본 사례

법 제411조에 의하면 항고법원이 제1심법원이 필요하다고 인정하여 송부하거나 항고법원이 요구하여 송부한 소송기록과 증거물의 송부를 받은 날로부터 5일 이내에 당사자에게 그 사유를 통지하도록 규정하고 있는바, 이는 비록 항고인이 항고이유서 제출의무를 부담하는 것은 아니지만 당사자에게 항고에 관하여 그 이유서를 제출하거나 의견을 진술하고 유리한 증거를 제출할 기회를 부여하려는 데 그 취지가 있다고 할 것이므로, 원심이 항고에 관한 결정을 함에 있어 제1심법원으로부터 그 소송기록을 송부받고서도 항고를 제기한 재항고인에게 위와 같은 통지를 함이 없이 재항고인의 항고를 기각하는 원심결정을 한 것은 위법하다. 또한 설사 항고인에게 소송기록 접수통지서를 발송하였다고 하더라도 그 송달보고서를 통해 항고인이 이를 송달받았는지 여부를 확인하지 않은 상태에서 항고인이 위 통지서를 수령한 다음 날 곧바로 항고를 기각하는 것은 위법하다.

3. [유사판례] 대법원 2018.6.22, 2018모1698

재항고인이 집행유예의 취소 청구를 인용한 제1심결정에 대하여 즉시항고를 하고, 즉시항고장에 항고이유를 적지 않았는데, 원심이 제1심법원으로부터 소송기록을 송부받은 당일에 항고를 기각하는 결정을 하면서, 항고를 제기한 재항고인에게 소송기록과 증거물을 송부받았다는 통지를 하지 않았다. 이러한 원심결정에는 위법이 있다.

4. 대법원 2016.1.20, 2016모73; 2019.1.4, 2018모3621

형사소송법 제411조는 당사자에게 항고에 관하여 그 이유서를 제출하거나 의견을 진술하고 유리한 증거를 제출할 기회를 부여하려는 데 취지가 있으므로(대법원 2003.9.22, 2003모300 등), 항고심에서 항고인이 항고에 대한 의견진술을 한 경우에는 위와 같은 기회가 있었다고 봄이 상당하므로 형사소송법 제411조를 위반하였다고 볼 수 없다.

Ⅱ 항고심의 심판

1. 항고법원의 심리

(1) **원칙** : 항고심은 사실과 법률을 모두 심사할 수 있다. 심사범위도 항고이유에 제한되지 않는다.

(2) **임의적 변론** : 항고심은 **결정**절차이므로 구두변론을 거칠 필요는 없다(제37조 제2항).

(3) **검사의 의견진술** : 검사는 항고사건에 대하여 의견을 진술할 수 있다(제412조). 다만, 검사의 의견은 참고자료에 불과하므로 검사 의견진술이 항고심의 필수적 절차는 아니다. 판례도 검사가 항고장에 상세한 항고이유서를 첨부·제출한 경우에는 별도의 의견진술 없이 항고법원이 항고기각결정을 내리더라도 위법하지 않다고 본다.

> **대법원 2012.4.20, 2012모459** [국가7급 20]
>
> 검사가 제1심결정에 대해 항고하면서 항고이유서를 첨부하였는데 항고심인 원심법원이 검사에게 소송기록접수통지서를 송달한 다음 날 항고를 기각한 경우, 검사가 항고장에 상세한 항고이유서를 첨부하여 제출함으로써 의견진술을 하였으므로 법 제412조에 따라 별도로 의견을 진술하지 아니한 상태에서 원심이 항고를 기각하였더라도 그 결정에 위법이 없다.

2. 항고법원의 결정

(1) **항고기각결정**

　① **항고제기의 부적법** : 항고의 제기가 법률상의 방식에 위반하거나 항고권소멸 후인 것이 명백함에도 원심법원이 항고기각의 결정을 하지 아니한 때에는 항고법원은 항고기각결정을 하여야 한다(제413조).

　② **항고의 이유 없음** : 항고를 이유 없다고 인정한 때에도 항고기각결정을 하여야 한다(제414조 제1항).

(2) **항고인용결정**(취소결정) : 항고를 이유 있다고 인정한 때에는 결정으로 원심결정을 취소하고 필요한 경우에는 항고사건에 대하여 직접 재판을 하여야 한다(동조 제2항).[1]

---

1) [참고] 항고인용결정을 규정한 법 제414조 제2항에서 ① 원심결정을 취소함으로써 족한 경우는 원심법원이 직권으로 한 보석결정이나 구속취소 또는 구속집행정지결정을 취소하는 경우 등을 말한다. ② 동항의 '필요한 경우'라 함은 원심결정을 취소하는 것만으로는 당해 사건이 완결되지 아니하는 경우를 말하고, '직접 재판을 하여야 한다.'는 것은 일반적으로 항고법원이 자판하는 것을 뜻하지만, 원심결정이 취소되는 경우에 본안

3. 항고법원의 결정에 대한 불복

항고법원의 결정에 대해서는 재판에 영향을 미친 헌법·법률·명령·규칙의 위반이 있음을 이유로 하는 때에 한하여 대법원에 재항고할 수 있다(제415조). 재항고는 즉시항고의 방식과 절차에 의한다.

---

03   준항고

I 의 의

1. 개 념

준항고(準抗告)란 수소법원이 아닌 법관(재판장 또는 수명법관)의 재판(명령) 또는 검사나 사법경찰관의 처분에 대하여 그 취소 또는 변경을 구하는 불복방법을 말한다.

2. 성 질

준항고는 상급법원에 대한 불복신청이 아니므로 법원의 결정에 대한 상소인 항고와 구별된다. 다만, 실질 적으로는 항고에 준하는 성질이 있으므로, 법은 준항고를 항고의 장에 규정하고 항고에 관한 규정 일부를 준용하도록 하고 있다(제419조). 따라서 준항고도 준항고의 이익이 있어야 제기할 수 있다.

> **대법원 1999.6.14, 98모121; 2014.4.15, 2014모686; 2015.10.15, 2013모1970** [국가7급 16/17, 경찰채용 21 2차]
>
> 수사기관의 압수물 환부에 관한 처분의 취소를 구하는 준항고(= 항고소송) 및 이익이 있어야 하는지 여부(적극)
>
> 수사기관의 압수물의 환부에 관한 처분의 취소를 구하는 준항고는 일종의 항고소송이므로, 통상의 항고소송에서와 마찬가지로 그 이익이 있어야 하고, 소송 계속 중 준항고로써 달성하고자 하는 목적이 이미 이루어졌거나 시일의 경과 또는 그 밖의 사정으로 인하여 그 이익이 상실된 경우에는 준항고는 그 이익이 없어 부적법하게 된다.

II 대 상

1. 재판장·수명법관의 재판

① 의의 : **재판장 또는 수명법관**이 기피신청을 기각한 재판(수명법관이 자신에 대한 기피신청에 대해 제20조 제1 항의 간이기각결정을 한 경우에 한함),[1] 구금·보석·압수 또는 압수물 환부에 관한 재판, 감정하기 위하여 피고인의 유치를 명한 재판, 증인·감정인·통역인·번역인에 대하여 과태료 또는 비용의 배상을 명한 재판을 고지한 경우에 불복이 있으면 그 법관 소속의 법원에 재판의 취소 또는 변경을 청구할 수 있다(제 416조 제1항 : 압구보감비과기).[2]

사건에 대한 심급의 이익과의 관계상 원심법원에서 다시 본안사건을 심리·재판하게 할 필요가 있는 때에는 사건을 원심법원에 환송할 수도 있다 는 것이 실무의 입장이며, 본서도 이를 따른다. 여기에서 ㉠ 원심결정을 취소함과 동시에 직접 재판을 하여야 할 경우로서 실무에서 들고 있는 예로는, 원심의 보석청구기각결정을 취소하고 보석허가결정을 하는 경우, 청구에 의한 보석허가결정을 취소하고 보석청구를 기각하는 경우, 원심 의 보석허가결정 중 보석보증금부분을 취소하고 보석보증금액을 변경하는 경우, 청구에 의한 접견금지결정을 취소하거나 그 내용을 변경하는 경 우 등이 있다. 한편, ㉡ 원심결정을 취소하고 사건을 원심법원에 환송하여야 할 경우로는 원심의 공소기각결정이나 정식재판청구기각결정을 취소 하는 경우 등을 예시하고 있다. 법원실무II 627면.

1) [보충] 재판장·수명법관의 기피신청을 기각한 재판의 의미 : 원래 기피신청의 관할과 관련하여, 합의부 법원의 법관에 대한 기피는 그 법관의 소 속 법원(합의부)에 신청하고, 수명법관·수탁판사·단독판사에 대한 기피는 당해 법관에게 신청하여야 한다(제19조 제1항). 그런데, 재판장·수명 법관이 행한 재판이 아니라면 준항고의 대상이 되지 않으므로, 제20조 제1항의 기피신청 간이기각결정에 관련하여서도, 수탁판사에 대한 기피신 청을 수탁판사 스스로 간이기각하거나, 단독판사에 대한 기피신청을 단독판사(수소법원) 스스로 간이기각하거나, 합의부 법관에 대한 기피신청을 합의부(수소법원)가 간이기각한 경우라면, 이에 대한 불복은 일반적인 항고(일반항고 중 즉시항고 −제23조 제1항, 집행정지효 없음− 제23조 제2 항)에 의하여야 한다. 또한 제21조의 기피신청에 대한 재판에서 내려진 기피신청 기각결정에 관련하여서도, 이는 기피당한 법관의 소속법원 합의 부(수소법원)의 결정(제21조 제1항)에 의하므로 기피신청 기각결정에 대한 불복도 제23조 제1항의 즉시항고(집행정지효 O, 제410조)에 의하여야 한다. 따라서 결론적으로 제416조 제1항의 준항고의 대상인 '기피신청을 기각한 재판'이라 함은 수명법관이 자신에 대한 기피신청에 대해 제20조 제1항의 간이기각결정을 한 경우로 제한된다. 입법론상으로는 제416조 제1항에서 이 점을 명시하는 것이 보다 명확할 것이다.

2) [보충] 다만, 보석에 관한 재판(보석허가결정·보석청구기각결정·보석취소결정)과 압수물 환부에 관한 재판은 수소법원의 결정에 의하므로 준항 고가 아니라 일반항고 중 보통항고로 다투어야 한다(같은 취지의 지적은 신동운 1668면, 임동규 812면 등). 따라서 이 부분에 대한 법개정이 필요 할 것이다. 또한 실무상 흔히 준항고가 제기되는 경우는 즉결심판절차에서 판사가 유치명령(즉심 제17조 제1항)을 한 경우인데, 이때 유치명령은

② **수소법원의 재판** : 단독판사·합의부 등 수소법원의 결정은 일반**항고**(즉시항고·보통항고)의 대상일 뿐 준항고의 대상이 아니다. 판례도 법원직원에 대한 기피신청기각결정에 불복하여 준항고가 제기되었다 하더라도 이는 법원의 결정이므로 즉시항고로 처리해야 한다고 판시한 바 있다.

대법원 1984.6.20, 84모24

법원직원에 대한 기피신청기각결정에 불복하여 제기한 준항고의 처리방법

재항고인의 서울지방법원 동부지원 형사과 접수계장에 대한 기피신청을 동 법원판사(甲)가 형사소송법 제25조에 의거하여 기각한 결정은 법원의 기관인 재판장 또는 수명법관으로서가 아니라 법원으로서 한 결정이므로, 이에 대한 불복방법은 준항고가 아니라 즉시항고라 할 것이며, 설사 재항고인이 위 기각결정에 대하여 준항고 하였다 하더라도 이를 즉시항고로 보고 항고법원인 원심에 항고장과 소송기록을 송부하고 원심이 이를 위 기각결정에 대한 불복사건으로서 처리하였음은 정당하다.

---

③ **수임판사·수탁판사의 재판** : 수임판사(**예** 수사절차에서의 영장발부, 구속기간연장허가·불허가, 1회 공판기일 전 증거보전청구·증인신문청구에 대한 결정 등)나 수탁판사의 재판은 **준항고의 대상이 아니다**. 따라서 수임판사의 재판에 대해서는 원칙적으로 불복이 불가능하고(예외 : 증거보전청구기각결정에 대한 3일 내 항고 −제184조 제4항, 구속적부심의 보증금납입조건부 피의자석방결정에 대한 보통항고− 제214조의2 제8항의 반대해석), 수탁판사의 재판에 대한 불복은 준항고가 아니라 항고에 의하여야 한다.

2. 수사기관의 처분

(1) **의의** : 검사 또는 사법경찰관의 **구금, 압수 또는 압수물의 환부에 관한 처분과 변호인의 참여 등에 관한 처분**(제243조의2)에 대하여 불복이 있으면 그 직무집행의 관할법원 또는 검사의 소속검찰청에 대응한 법원에 그 처분의 취소 또는 변경을 청구할 수 있다(제417조 : 압구변). 접견불허처분 등 수사기관 처분의 취소를 구하는 준항고의 법적 성질은 행정소송 중 항고소송의 성질을 띠나, 형사절차의 수사관련 처분에 대한 것이므로 형사소송법상 특별한 불복절차를 마련하여 간이·신속하게 처리하도록 한 것이다.

(2) **내용** : ① 구금에 관한 처분에는 **접견금지처분**(접견신청일로부터 상당한 기간이 경과하도록 접견이 허용되지 않은 것은 접견불허처분과 동일시되므로, 준항고 ○) [국가7급 07, 경찰승진 11/12/13, 경찰채용 10 1차/12 3차]이나 **피의자신문 시 보호장비 해제 요구를 거부한 조치** 등이 포함되고, ② 압수에 관한 처분에는 압수·수색영장의 집행처분이 포함되며, ③ 압수물의 환부에 관한 처분에는 압수물의 가환부에 관한 처분이 포함된다. 다만, ① 압수·수색을 하지 않은 부작위는 압수에 관한 처분이 아니고 [국가9급 14, 경찰채용 10 2차], ② 검사가 법원의 재판에 대한 **집행지휘자로서 움직이다가 한 조처**나 검사의 **집행기관으로서의 압수물인도거부조치**는 수사기관으로서의 처분이 아니라 재판의 집행기관으로서의 처분이므로 −제489조·제491조의 재판집행 이의신청 및 즉시항고의 대상일 뿐− 준항고 대상에 포함되지 아니한다.

⚖️ **판례연구** 준항고의 대상 관련판례

1. **대법원 1984.2.6, 84모3** [국가7급 13, 경찰승진 13, 경찰채용 10 1차, 국가직9급 20]

   법 제417조의 규정은 검사 또는 사법경찰관이 수사단계에서 압수물의 환부에 관하여 처분을 할 권한을 가지고 있을 경우에 그 처분에 불복이 있으면 준항고를 허용한다는 취지라고 보는 것이 상당하므로, 검사의 거부조처(압수해제된 압수물의 인도를 거부하는 조치)는 법 제417조가 규정한 준항고로 불복할 대상이 될 수 없다.

2. **대법원 1990.2.13, 89모37** [국가7급 07, 경찰승진 11/12/13, 경찰채용 10 1차/12 3차]

   구치소에 구속되어 검사로부터 수사를 받고 있던 피의자들의 변호인으로 선임되었거나 선임되려는 변호사들이 피의자들을 접견하려고 구치소장에게 접견신청을 하였으나 9일 후까지도 접견이 허용되지 아니한 경우, 수사기관의 구금 등에 관한 처분에 대하여 불복을 위하여 행정소송절차와는 다른 특별절차로서 준항고절차를 마련하고 있는 형사소송법의 취지에 비추어,

---

이론상 법원(재판부로서의 단독판사)의 구금에 관한 재판이므로 보통항고(법 제403조 제2항)의 대상이 될 뿐이지, 재판장이나 수명법관의 재판을 대상으로 하는 준항고의 대상이라고는 볼 수 없으나, 보통항고에 의한다면 항고에 관한 의견서 작성 및 기록송부 등을 하는 사이에 이미 유치기간이 도과하게 될 것이어서 불복의 실익을 달성할 수 없는 경우가 거의 대부분이므로, 실무상의 운용으로는 피고인의 이익을 위하여 유치명령에 대하여는 형사소송법 제416조에 의한 준항고를 허용하고 있다고 한다. 법원실무 II 630면.

위와 같이 피의자들에 대한 접견이 접견신청일로부터 상당한 기간이 경과하도록 허용되지 않고 있는 것은 접견불허처분이 있는 것과 동일시된다고 봄이 상당하다.

3. **대법원 1993.8.6, 93모55** [경찰승진 13, 경찰채용 10 1차]

보호감호판결이 확정되어 감호수용 중 보호감호의 집행정지결정을 받고 출소한 후 다시 치료감호를 선고받아 확정된 자에 대하여 검사가 보호감호 집행정지결정을 취소하는 결정을 함과 아울러 잔여 보호감호 집행을 지휘하는 처분을 한 경우, 그 처분이 부당함을 이유로 시정을 구하는 취지에서 준항고장이라는 서면을 제출하였다면 이를 사회보호법 제42조와 형사소송법 제489조에 따라 재판을 선고한 법원(합의부)에 (준항고가 아니라) 재판의 집행에 관한 검사의 처분에 대한 이의신청을 한 것으로 보아 판단하여야 한다.

> **보충** 재판의 집행에 관한 검사의 처분에 불복하면서 준항고장을 제출한 것은 법 제489조의 재판집행에 대한 이의신청으로 판단하여야 한다는 판례이다.

4. **대법원 1997.6.16, 97모1**

법 제402조, 제403조에서 말하는 법원은 형사소송법상의 수소법원만을 가리키므로, 법 제205조 제1항 소정의 구속기간의 연장을 허가하지 아니하는 지방법원 판사(수임판사)의 결정에 대하여는 법 제402조, 제403조가 정하는 항고의 방법으로는 불복할 수 없고, 나아가 그 지방법원 판사는 수소법원으로서의 재판장 또는 수명법관도 아니므로 그가 한 재판은 법 제416조가 정하는 준항고의 대상이 되지도 않는다.

5. **대법원 2007.5.25, 2007모82** [국가9급 14, 경찰채용 08 1차/10 2차]

검사가 수사과정에서 증거수집을 위한 압수·수색영장의 청구 등 강제처분을 위한 조치를 취하지 아니하고 그로 인하여 증거를 확보하지 못하고 불기소처분에 이르렀다면, 그 불기소처분에 대하여 형사소송법상의 재정신청이나 검찰청법상의 항고·재항고 등으로써 불복하는 것은 별론으로 하고, 검사가 압수·수색영장의 청구 등 강제처분을 위한 조치를 취하지 아니한 것(부작위) 그 자체를 형사소송법 제417조 소정의 '압수에 관한 처분'으로 보아 이에 대해 준항고로써 불복할 수는 없다.

6. **대법원 2020.3.17, 2015모2357**

피의자신문시 보호장비 해제 요구를 거부한 조치

형사소송법 제417조는 검사 또는 사법경찰관의 '구금에 관한 처분'에 불복이 있으면 법원에 그 처분의 취소 또는 변경을 청구할 수 있다고 규정하고 있다. 검사 또는 사법경찰관이 보호장비 사용을 정당화할 예외적 사정이 존재하지 않음에도 구금된 피의자에 대한 교도관의 보호장비 사용을 용인한 채 그 해제를 요청하지 않는 경우에, 검사 및 사법경찰관의 이러한 조치를 형사소송법 제417조에서 정한 '구금에 관한 처분'으로 보지 않는다면 구금된 피의자로서는 이에 대하여 불복하여 침해된 권리를 구제받을 방법이 없게 된다. 따라서 검사 또는 사법경찰관이 구금된 피의자를 신문할 때 피의자 또는 변호인으로부터 보호장비를 해제해 달라는 요구를 받고도 거부한 조치는 형사소송법 제417조에서 정한 '구금에 관한 처분'에 해당한다고 보아야 한다.

> **보충** 검사가 조사실에서 피의자를 신문할 때 도주, 자해, 다른 사람에 대한 위해 등 형의 집행 및 수용자의 처우에 관한 법률 제97조 제1항 각호에 규정된 위험이 분명하고 구체적으로 드러나는 경우에만 예외적으로 보호장비를 사용하여야 하고, 검사가 조사실에서 피의자를 신문할 때 피의자에게 위와 같은 특별한 사정이 없는 이상 교도관에게 보호장비의 해제를 요청할 의무가 있고, 교도관은 이에 응하여야 한다.

III 절 차

1. 준항고의 방식

(1) 준항고장의 제출

① 법관의 재판에 대한 준항고 : 준항고청구는 원재판 법관이 아니라 그 법관 소속의 법원에 서면(준항고장)으로 제출하여야 한다(제416조 제1항, 제418조). 지방법원이 준항고의 제기를 받은 때에는 합의부에서 결정을 하여야 한다(제416조 제2항).

② 수사기관의 처분에 대한 준항고 : 원처분 수사기관이 아니라 그 직무집행지의 관할법원 또는 검사의 소속 검찰청에 대응한 법원에 서면(준항고장)으로 제출하여야 한다(제417조, 제418조). [경찰승진 03] 실무에서는 법 제416조 제2항의 반대해석상 단독판사가 관할한다고 한다(법원실무II 631면).

(2) 제기기간 : ① 법관의 재판에 대한 준항고는 재판의 고지 있는 날로부터 **7일 이내**에 하여야 한다(2019.12.31. 개정 제416조 제3항). [법원행시 02] ② 수사기관의 처분에 대한 준항고는 청구기간의 제한이 없으므로 준항고의 이익이 있는 시점까지는 언제든지 제기할 수 있다.

2. 재판의 집행정지

준항고는 **원칙적으로 집행정지의 효력이 없으나**(제419조, 제409조), 증인·감정인에 대한 과태료 또는 비용의 배상을 명한 재판(제416조 제1항 제4호)은 준항고기간 내와 준항고가 있는 때에는 집행정지의 효력이 있다(제416조 제4항)(과태료·비용배상재판에 대한 준항고는 집행정지효의 점에서는 즉시항고와 유사, 아래 정리 참조).

[정리] 불출석증인에 대한 소송비용부담결정·과태료부과결정·감치결정에 대한 즉시항고는 집행정지효가 없으나(제151조 제8항), 불출석증인에 대한 재판장·수명법관의 과태료부과결정·비용배상결정(감치 ×)에 대한 준항고는 집행정지효가 있다(제416조 제4항).

3. 준항고심의 재판 및 불복

(1) **준항고재판** : 보통항고와 집행정지(제409조), 항고기각의 결정(제413조), 항고기각 및 항고인용(원심결정취소)결정(제414조) 및 재항고(제415조)에 관한 규정은 준항고에 대하여 준용된다(제419조). 또한 준항고절차는 당사자주의적 구조가 아니고 결정주문에서 처분의 주체가 밝혀지는 것이 원칙이므로, 실무에서는 준항고재판의 결정문에 그 상대방을 반드시 표시하여야 하는 것은 아니라고 한다(법원실무Ⅱ 632면).

대법원 1991.3.28, 91모24

준항고 상대방을 사법경찰관이 아닌 국가안전기획부장으로 표시한 잘못은 위법은 아니라는 사례

법 제417조 소정의 준항고절차는 당사자주의에 입각한 소송절차와는 달리 대립되는 양 당사자의 관여를 필요로 하는 것이 아니므로 원심이 위 제417조 소정의 사법경찰관이 아닌 국가안전기획부장을 상대방으로 표시한 잘못이 있다고 하더라도 그것이 법 제415조의 재항고이유로 되는 위법사유가 된다고 볼 수 없다.

[보충] 접견불허가처분에 대한 준항고의 경우 법 제417조의 규정상 구체적인 접견불허가처분을 한 검사 또는 사법경찰관을 상대방으로 하여 준항고를 제기하여야 하는데, 실무상 그가 속한 기관의 장을 상대방으로 표시하고, 그 기관의 장이 재항고를 한 사례이다(법원실무Ⅱ 631면).

---

(2) **불복** : 준항고재판, 즉 준항고에 대한 준항고법원의 결정에 불복이 있으면 재판에 영향을 미친 헌법·법률·명령 또는 규칙의 위반이 있음을 이유로 하는 때에 한하여 대법원에 **재항고**(즉시항고·특별항고)할 수 있다(제419조, 제415조)는 것이 통설·판례이다. 따라서 법관의 재판에 대한 소속 합의부의 결정 또는 수사기관의 처분에 대한 법원(단독판사)의 결정은 그 준항고재판에 대한 별도의 항고를 거쳐 재항고를 할 수 있는 것이 아니고, 그 자체가 바로 재항고의 대상이 된다.

대법원 1983.5.12, 83모12 [경찰승진 03]

법 제416조·제417조의 준항고에 관한 결정에 대하여는 재판에 영향을 미친 헌법, 법률, 명령, 규칙의 위반이 있음을 이유로 하는 때에 한하여 대법원에 즉시항고할 수 있는바, 이는 제419조·제415조에 의한 재항고에 해당한다.

[표정리] 법원의 결정에 대한 불복제도

구 분	불 복					
	보통항고(기한×)		즉시항고(7일 이내)			준항고(7일/×)
의 의	즉시항고 이외의 항고		각종 기각결정	비용관련	기 타	재판장·수명법관 명령 수사기관 처분에 불복
대 상	○	×	공소기각	무죄판결에 따른 비용보상	항고법원/고등법원 결정	수사기관
					상소권회복	변호인 참여
	법원의 결정판결 전 소송절차(예외) 1. 압수, 압수물 환부 2. 구금 3. 보석 4. 피고인 감정유치	관할 또는 판결 전 소송절차 (원칙) 대법원 결정	기피신청 기각	소송비용 집행면제	구속취소	압수/압수물 환부
					감치처분결정	
			약식, 즉심에 대한 정식재판 청구기각	각종 과태료 부과결정	재판집행 이의신청	구금

결정		재심청구기각	피고인 배상명령	집행유예취소		보석
		상소기각	소송비용부담	참여재판 배제결정		피고인 감정유치
		상소 속행신청기각		재판서경정결정		증인/감정인/ 통역인/ 번역인에 대한 비용배상, 과태료
		재정신청기각		재판해석에 대한 의의신청		
				재심개시결정		

정리 ① 판결 전 소송절차 결정 : 압/구/보/감

② 즉시항고 : 집/공/기/참/정/상/선/비/재/재/구/감

③ 준항고 : 압/구/보/감/변/비/과/기(법관 : 압/구/보/감/비/과/기, 수사기관 : 압/구/변)

CHAPTER

02 비상구제절차

📂 5개년 출제경향 분석

구분	경찰간부					경찰승진					경찰채용					국가7급						국가9급						법원9급						변호사				
	19	20	21	22	23	20	21	22	23	24	20	21	22	23	24	19	20	21	22	23	24	20	21	22	23	24	19	20	21	22	23	20	21	22	23	24
제1절 재심	1	1				1							1			1	1	1				1		1	1		1	1	1			1	2	1		
제2절 비상상고																															1					
출제율	2/200 (1.0%)					1/200 (0.5%)					1/160 (0.6%)					3/100 (3.0%)						3/115 (2.6%)					4/125 (3.2%)					4/200 (2.0%)				

01 의의 · 대상 · 구조

I 의 의

1. 개 념

재심(再審, new trial, Wiederaufnahme, révision)이란 유죄의 확정판결에 중대한 사실오인이 있는 경우에 판결을 받은 자의 이익을 위하여 그 오류를 시정하는 비상구제절차를 말한다. 즉, 재심이란 확정판결의 법적 안정성을 위태롭게 하지 않는 범위 안에서 실질적 정의를 실현하고자(법적 안정성과 정의의 조화 : 조화설) 확정판결이 정의의 이념에 현저히 어긋날 정도로 허위임이 인정된 경우 그 판결의 확정력을 제거하는 제도이다.

2. 기 능

(1) 오류의 시정 : 재심은 확정판결에 있어서의 사실인정의 오류를 시정함으로써 그 판결에 의해서 불이익을 받은 피고인을 구제하는 기능을 한다.

(2) 정의의 실현 : 재심은 실질적 정의를 위하여 판결의 확정력을 제거하는 제도이다.

3. 구별개념

(1) 상소와의 구별 : 상소는 미확정재판에 대한 불복신청제도임에 반해, 재심은 확정판결에 대한 비상구제절차이다.

(2) 비상상고와의 구별 : 비상상고는 법령위반의 시정을 통해 법령해석의 통일을 목적으로 하는 제도이나, 재심은 확정판결의 사실오인을 시정하여 유죄판결을 받은 자를 구제하기 위한 제도이다.

4. 현행법의 태도

현행법은 **이익재심만을 인정**하고(제420조, 제421조 제1항) 재심을 원판결법원의 관할(제423조)로 하고 있다. 이는 불법주의(佛法主義, 프랑스주의 : 이익재심, 상고법원 관할)와 독법주의(獨法主義, 독일주의 : 전면적 재심, 원심법원)의 절충적 입장을 취한 것이다. 따라서 판결을 받는 자에게 불이익이 되는 재심은 허용되지 않는다. [교정9급특채 12]

> **대법원 1983.3.24, 83모5**
>
> 법 제420조, 제421조, 제424조가 규정하는 바와 같이 재심은 유죄의 확정판결에 대하여 그 선고를 받은 자의 이익을 위하여 청구할 수 있는 것이고, 무죄의 선고를 받은 자가 유죄의 선고를 받기 위하여는 허용되지 아니한다.

II 대상과 구조

1. 재심의 대상

형사재판에 있어서의 재심은 법 제420조, 제421조 제1항의 규정에 의하여 **유죄의 확정판결** 및 **유죄판결에 대한 항소 또는 상고를 기각한 확정판결**에 대하여만 허용된다.

(1) 유죄의 확정판결

① 유죄 : 재심의 대상은 원칙적으로 **유죄의 확정판결**이다. ㉠ 형선고판결(집행유예 포함), 형면제판결, 확정된 약식명령·즉결심판도 확정된 유죄판결과 동일한 효력이 있으므로 재심의 대상이 된다. [국가7급 17, 교정

9급특채 10, 경찰승진 03/11] 나아가 유죄의 확정판결에 대하여 **특별사면**을 받은 경우에도 그 확정판결은 재심청구의 대상이 된다(2011도1932 전합). 반면, ⓛ **무죄·면소**(2015모3243)·**공소기각**(96모51)·**관할위반**의 판결, 상급심에 의하여 파기된 하급심의 유죄판결(유죄판결이 존재하지 않음, 2003모464), 약식명령에 대한 정식재판 절차에서 유죄판결이 선고되어 확정된 경우의 그 약식명령(2011도10626), 유죄판결에 대한 상소심 계속 중 피고인이 사망함으로 인하여 공소기각 결정이 내려진 경우의 그 유죄판결(2011도7931)은 재심청구의 대상이 아니다.

② 확정된 '판결' : 재심청구는 판결에 대하여서만 할 수 있으므로 **결정에 대하여는 재심청구가 허용되지 아니한다**(대법원 1991.10.29, 91도2). 즉, 재정신청기각결정(86모38)·공소기각결정 등의 결정이나 명령, 기소유예처분 등은 판결이 아니므로 재심의 대상이 아니며, 상고심에 계속 중인 미확정판결(83모28)도 확정되지 않은 것이므로 재심의 대상이 아니다.

★ 판례연구 재심의 대상으로서 유죄의 확정판결 관련판례

1. 대법원 1983.6.8, 83모28

상고심에 계속 중인 미확정의 재심대상 판결이 이 사건 재심법원에 의한 재심청구기각 결정 후에 상고취하로 확정되었다 하여도 위 재심청구가 적법하게 치유되는 것은 아니다.

2. 대법원 2004.2.13, 2003모464 [경찰간부 16, 경찰승진 11, 경찰채용 07 1차]

법 제420조, 제421조가 유죄의 확정판결 또는 유죄판결에 대한 항소 또는 상고의 기각판결에 대하여만 재심을 청구할 수 있도록 규정하고 있는 이상, 항소심에서 파기되어버린 제1심판결에 대해서는 재심을 청구할 수 없는 것이므로, 위 제1심판결을 대상으로 하는 재심청구는 법률상의 방식에 위반하는 것이다.

(보충) 원심이 항소심에서 파기된 제1심판결을 대상으로 하는 재심청구가 법률상의 방식에 위반한 경우에 해당함에도 법 제433조에 따라 재심청구를 기각하지 아니하고 재심청구의 사유가 없다는 이유를 들어 법 제434조 제1항에 따라 재심청구기각결정을 하였더라도 모두 재심청구를 기각한다는 결정을 하는 점에서 주문의 내용에 차이가 없으므로 원심결정의 위법이 재판에 영향을 끼치지 아니하였다고 한 사례이다.

3. 대법원 2013.4.11, 2011도10626 [법원9급 14/16, 국가9급 16, 해경 15 3차]

법 제420조 본문은 재심은 유죄의 확정판결에 대하여 그 선고를 받은 자의 이익을 위하여 청구할 수 있도록 하고, 같은 법 제456조는 약식명령은 정식재판의 청구에 의한 판결이 있는 때에는 그 효력을 잃도록 규정하고 있다. 위 각 규정에 의하면, 약식명령에 대하여 정식재판 청구가 이루어지고 그 후 진행된 정식재판 절차에서 유죄판결이 선고되어 확정된 경우, 재심사유가 존재한다고 주장하는 피고인 등은 효력을 잃은 약식명령이 아니라 유죄의 확정판결을 대상으로 재심을 청구하여야 한다. 그런데도 피고인 등이 약식명령에 대하여 재심의 청구를 한 경우, 법원으로서는 재심의 청구에 기재된 재심을 개시할 대상의 표시 이외에도 재심청구의 이유에 기재된 주장 내용을 살펴보고 재심을 청구한 피고인 등의 의사를 참작하여 재심청구의 대상을 무엇으로 보아야 하는지 심리·판단할 필요가 있다. 그러나 법원이 심리한 결과 재심청구의 대상이 약식명령이라고 판단하여 그 약식명령을 대상으로 재심개시결정을 한 후 이에 대하여 검사나 피고인 등이 모두 불복하지 아니함으로써 그 결정이 확정된 때에는, 그 재심개시결정에 의하여 재심이 개시된 대상은 약식명령으로 확정되고, 그 재심개시결정에 따라 재심절차를 진행하는 법원이 재심이 개시된 대상을 유죄의 확정판결로 변경할 수는 없다. 이 경우 그 재심개시결정은 이미 효력을 상실하여 재심을 개시할 수 없는 약식명령을 대상으로 한 것이므로, 그 재심개시결정에 따라 재심절차를 진행하는 법원으로서는 심판의 대상이 없어 아무런 재판을 할 수 없다.

4. 대법원 2013.6.27, 2011도7931 [법원9급 14]

재심은 유죄의 확정판결에 대하여 그 선고를 받은 자의 이익을 위하여 청구할 수 있는바, 항소심의 유죄판결에 대하여 상고가 제기되어 상고심 재판이 계속되던 중 피고인이 사망하여 법 제382조, 제328조 제1항 제2호에 따라 공소기각결정이 확정되었다면 항소심의 유죄판결은 이로써 당연히 그 효력을 상실하게 되므로, 이러한 경우에는 형사소송법상 재심절차의 전제가 되는 유죄의 확정판결이 존재하는 경우에 해당한다고 할 수 없다.

그런데 피고인 등이 이와 같이 공소기각결정으로 효력을 상실한 항소심의 유죄판결을 대상으로 하여 재심을 청구한 경우, 법원이 일단 이를 대상으로 재심개시결정을 한 후 이에 대하여 검사나 피고인 등이 모두 불복하지 아니함으로써 재심개시결정이 확정된 때에는, 재심개시결정에 의하여 재심이 개시된 대상은 항소심의 유죄판결로 확정되고, 재심개시결정에 따라 재심절차를 진행하는 법원이 재심이 개시된 대상을 변경할 수는 없다. 그러나 이 경우 재심개시결정은 재심을 개시할 수 없는 항소심의 유죄판결을 대상으로 한 것이므로, 재심개시결정에 따라 재심절차를 진행하는 법원으로서는 심판의 대상이 없어 아무런 재판을 할 수 없다.

5. 대법원 2015.5.21, 2011도1932 전원합의체 [법원9급 16/18, 경찰간부 16, 경찰채용 16 1차]

유죄판결 확정 후에 형 선고의 효력을 상실케 하는 특별사면이 있었다고 하더라도, 형 선고의 법률적 효과만 장래를 향하여 소멸될 뿐이고 확정된 유죄판결에서 이루어진 사실인정과 그에 따른 유죄 판단까지 없어지는 것은 아니므로, 유죄판결은 형 선고의 효력만 상실된 채로 여전히 존재하는 것으로 보아야 하고, 한편 법 제420조 각 호의 재심사유가 있는 피고인으로서는 재심을 통하여 특별사면에도 불구하고 여전히 남아 있는 불이익, 즉 유죄의 선고는 물론 형 선고가 있었다는 기왕의 경력 자체 등을 제거할 필요가 있다. 그리고 법 제420조가 유죄의 확정판결에 대하여 선고를 받은 자의 이익을 위하여 재심을 청구할 수 있다고 규정하고 있는 것은 유죄의 확정판결에 중대한 사실인정의 오류가 있는 경우 이를 바로잡아 무고하고 죄 없는 피고인의 인권침해를 구제하기 위한 것인데, 만일 특별사면으로 형 선고의 효력이 상실된 유죄판결이 재심청구의 대상이 될 수 없다고 한다면, 이는 특별사면이 있었다는 사정만으로 재심청구권을 박탈하여 명예를 회복하고 형사보상을 받을 기회 등을 원천적으로 봉쇄하는 것과 다를 바 없어서 재심제도의 취지에 반하게 된다. 따라서 특별사면으로 형 선고의 효력이 상실된 유죄의 확정판결도 법 제420조의 유죄의 확정판결에 해당하여 재심청구의 대상이 될 수 있다.

6. 대법원 2018.5.2, 2015모3243; 2021.4.2, 2020모2071 [국가7급 23]

형사재판에서 재심은 형사소송법 제420조, 제421조 제1항의 규정에 의하여 유죄 확정판결 및 유죄판결에 대한 항소 또는 상고를 기각한 확정판결에 대하여만 허용된다. 면소판결은 유죄 확정판결이라 할 수 없으므로 면소판결을 대상으로 한 재심청구는 부적법하다.

7. 대법원 2019.3.21, 2015모2229 전원합의체

여순사건 당시 군법회의 판결에 대한 재심청구 사건

[다수의견] '여순사건' 당시 내란 및 국권문란 혐의로 군법회의에 회부되어 사형을 선고받고 그 판결에 따라 사형이 집행된 피고인들의 유족들이 그 후 위 판결(이하 '재심대상판결')에 대해 재심을 청구하여 재심개시결정이 있게 되자 검사가 재항고를 한 경우, 재심대상판결의 판결서는 발견되지 않았으나 판결의 존재와 판결서의 존재는 구별되는 것이고, 재심대상판결의 존재, 즉 판결의 선고와 확정 사실은 계엄지구사령부 사령관 명의로 작성된 고등군법회의명령 제3호 문서(이하 '판결집행명령서'), 당시의 언론보도, 진실·화해를 위한 과거사 정리위원회의 여순사건 진실규명결정서 등 다른 자료를 통하여 인정할 수 있는 점, 재심대상판결의 판결서 원본이 작성되었으나 사변 등으로 멸실·분실되었을 가능성이 있고, 설령 처음부터 판결서가 작성되지 않았더라도 판결이 선고되고 확정되어 집행된 사실이 인정되는 이상 판결의 성립을 인정하는 데에는 영향이 없는 점, 여순사건 당시 선포된 계엄령과 그 계엄령 선포에 따라 설치된 군법회의에 대하여 법적 근거와 절차 등의 위헌·위법 논란이 있으나, 대한민국헌법(1948.7.17. 제정된 것, 제헌헌법) 제64조, 제76조 제2항, 제100조 아래 이루어진 계엄선포 상황에서 국가공권력에 의한 사법작용으로서 군법회의를 통한 판결이 선고된 이상 그 근거법령이나 절차, 내용 등이 위헌·위법하다고 평가되어 판결이 당연무효가 되는 것은 별론으로 하고 판결의 성립을 부정할 수는 없는 점, 또한 판결이 위와 같은 위헌·위법 사유로 당연무효라고 하더라도 그것이 성립한 이상 형식적 확정력은 인정되고, 오히려 그러한 중대한 위헌·위법 상태를 바로잡기 위하여 재심의 대상이 될 수 있다고 보아야 하며, 이러한 판결에 대하여 재심을 통한 구제를 긍정하는 것이 유죄의 확정판결에 중대한 하자가 있는 경우 피고인의 이익을 위하여 이를 바로잡는다는 재심제도의 존재 목적에도 부합하는 점 등을 종합하면, 유죄의 확정판결로서 재심의 대상이 되는 재심대상판결이 존재한다고 본 원심판단은 정당하다.

(2) 상소기각의 확정판결

① **의의** : 유죄판결에 대한 항소 또는 상고를 기각하여 유죄판결이 확정된 경우, **항소기각의 판결 또는 상고기각의 판결 그 자체**도 재심의 대상이다(제421조 제1항). [교정9급특채 12, 경찰채용 14 2차] 항소기각·상고기각 판결이 유죄판결 그 자체는 아니나 이에 의해 원심의 유죄판결이 확정되므로 상소기각판결 그 자체를 ―원심의 확정된 유죄판결과는 별도로― 재심의 대상으로 규정하고 있는 것이다. 다만, 상소기각판결에 대한 재심사유는 유죄확정판결의 그것에 비해 제한되고(cf. 원심의 확정된 유죄판결에 대해서는 제420조의 재심사유, 상소기각판결에 대해서는 제420조 제1·2·7호의 재심사유), 재심사유가 인용되어 재심개시결정이 확정되더라도 상소심의 심리절차가 진행될 뿐 그 효과가 원심의 유죄판결에 미치지는 않는다.

> [보충] 상소기각판결에 대한 재심청구제도는, 예컨대 제1심의 유죄판결선고에 항소하여 제2심에서 항소기각의 판결(유죄)을 선고하여 그 판결이 확정되면, 항소기각판결을 파기판결로 바꿔달라(항소기각을 파기로 바꿔주세요)는 취지로 재심을 청구하는 것이다. 따라서 재심을 1심으로 하려면 1심의 유죄의 확정판결에 대해, 2심으로 하려면 2심의 항소기각판결에 대해 재심을 청구할 수 있다.

② **재심청구의 경합시 항소법원·상고법원의 조치** : 항소기각의 확정판결과 그 판결에 의하여 확정된 제1심판결에 대하여 재심의 청구가 있는 경우(재심청구가 경합한 경우)에 제1심법원이 재심의 판결을 한 때에는 항소법원은 **결정으로 재심의 청구를 기각**하여야 하고(제436조 제1항) [경찰승진 12], 항소법원은 결정

으로 제1심법원의 소송절차가 종료할 때까지 **소송절차를 정지**하여야 한다(재심청구의 경합에 의한 소송절차의 정지 −심헌기공관재−, 규칙 제169조 제1항). 이는 상고기각의 확정판결과 그 판결에 의하여 확정된 제1심·제2심의 판결에 대하여 재심청구가 있는 경우에도 동일하다(제436조 제2항, 규칙 제169조 제2항)(이상에서 하급심의 판결이란 재심개시결정이 확정된 후에 행한 판결을 뜻하므로, 하급심판결에 대한 재심청구에 대해 기각결정이 확정된 때에는 다시 상소기각판결에 대하여 재심청구를 할 수 있다). 이렇듯 **재심청구의 경합**이 있는 때(재심청구가 2개 법원에 신청된 경우 : 제1심유죄확정판결에 대한 재심 vs. 제2심항소기각판결에 대한 재심)에는 재심청구인의 심급의 이익을 보호하기 위하여 하급법원의 소송절차가 보다 우선되는 것이다.

> 정리 ① 항소기각의 확정판결과 그 판결에 의하여 확정된 제1심 판결에 대하여 재심의 청구가 있는 경우 : 제1심 법원이 재심의 판결을 한 때에는 항소법원은 재심청구기각결정 要(제436조 제1항), ② 항소기각의 확정판결과 그 판결에 의하여 확정된 제1심 판결에 대하여 각각 재심의 청구가 있는 경우 : 1심법원의 소송절차가 종료할 때까지 항소법원은 소송절차정지결정 要(규칙 제169조 제1항).

> 정리 공판절차정지·소송절차정지 : 심/헌/기/공/관/재(심청구경합)

③ **해당되지 않는 경우** : ㉠ 상소심의 파기자판·파기환송·파기이송과 같은 파기판결은 상소기각판결이 아니므로 −다시 유죄를 선고한 파기자판이 아닌 한− 재심의 대상이 될 수 없고, ㉡ 재항고기각결정 등 상소기각결정도 판결이 아니므로 재심의 대상이 될 수 없다.

🔨 **판례연구** 재심의 대상으로서 상소기각 확정판결 관련판례

1. 대법원 1984.7.27, 84모48
법 제421조 제1항에서 항소 또는 상고의 기각판결이라 함은 위 상고기각판결에 의하여 확정된 1심 또는 항소판결을 의미하는 것이 아니고, 항소기각 또는 상고기각판결 자체를 의미한다.[1]

2. 대법원 1991.10.29, 91재도2
재항고기각결정에 대한 재심청구는 허용되지 않으므로 재심청구기각결정을 내린 사례
형사소송법상 재심청구는 유죄의 확정판결에 대하여서만 할 수 있고 결정에 대하여는 허용되지 않는 것인 바(대법원 1986.10.29, 86모38), 재항고기각결정은 유죄의 확정판결이 아님은 물론 이로 인하여 유죄의 판결이 확정되는 것도 아니어서 재심청구의 대상이 되지 아니한다.[2]

3. 대법원 2006.6.27, 2005재도18
형사재판에 있어서의 재심은 법 제420조, 제421조 제1항의 규정에 의하여 유죄의 확정판결 및 유죄판결에 대한 항소 또는 상고를 기각한 확정판결에 대하여만 허용되는 것이고, 환송판결은 유죄의 확정판결이라 할 수 없으므로 환송판결을 대상으로 한 재심청구는 부적법하다 할 것이다. 이 사건 재심대상판결은 피고인의 상고이유와 검사의 상고이유를 각 배척하면서도 형법 제39조 제1항의 개정을 이유로 원심판결 중 유죄 부분과 이와 일죄의 관계에 있는 무죄 부분을 직권으로 파기하여 이 부분 사건을 원심법원에 환송하고 검사의 나머지 상고를 기각한 판결인바, 재심대상판결 중 원심판결을 파기환송한 부분은 재심대상판결이 될 수 없고, 검사의 상고를 기각한 부분 역시 유죄판결에 대한 상고를 기각한 판결이 아님이 명백하므로, 결국 재심대상판결의 취소를 구하는 피고인의 이 사건 재심청구는 부적법하다 할 것이다.

---

2. 재심절차의 2단계 구조

(1) 재심개시절차 : 재심사유의 유무를 심사하여 다시 심판할 것인가를 결정하는 사전절차를 말한다. 결정의 형식으로 종결된다.

---

1) [보충−판결이유] 기록에 의하면 이 사건 재심대상인 광주지방법원 83노677('노' : 형사항소사건)의 무고사건은 징역 2년을 선고한 제1심판결을 파기하고 징역 1년의 형을 선고하였음이 명백하고(항소심은 파기자판) 위 판결이 항소기각되었음을 찾아볼 자료가 없다. 그렇다면 재항고인의 재심청구는 위 유죄의 확정판결에 대한 위 법 제420조 제5호의 사유를 주장하는 것임에도 법 제421조 제1항의 항소기각의 확정판결에 대한 것으로 보아 법 제420조 제1, 2, 7호에 해당하는 사유가 없다는 이유로 그 청구가 법률상 방식에 위반한 때에 해당한다 하여 기각한 원심의 조치는 재심청구의 사유를 잘못 가려 법률적용을 어겨 위 법 제420조 제5호의 재심사유의 유무의 판단을 유탈한 위법을 범하였다 할 것이니 이는 파기를 면치 못한다.

2) [보충] 기록에 의하면 이 사건 재심청구는 청구인이 서울형사지방법원 91로9('로' : 형사항고사건) 정식재판청구권회복청구기각결정에 대한 항고기각결정에 대하여 재항고함에 따라 당원이 1991.8.9.자로 한 91모50('모' : 형사재항고사건) 재항고기각결정에 대한 것인바, 위 재항고기각결정은 유죄의 확정판결이 아님은 물론 이로 인하여 유죄의 판결이 확정되는 것도 아니어서 재심청구의 대상이 되지 아니하므로, 결국 이 사건 재심청구는 법률상의 방식에 위반된 것이 명백하여 법 제433조에 의하여 이를 기각하기로 결정한다.

(2) **재심심판절차** : 재심사유가 있는 경우에 사건을 다시 심판하는 절차를 말한다. 그 심급의 공판절차와 동일하며, 종국재판의 형식에 따라 종결된다.

---

02 재심사유

Ⅰ 분류

형사소송법상 재심사유 (법 제420조· 제421조)	유죄의 확정판결 (증증무재신저직)	허위증거 재심사유 (falsa형)	제1·2·3·4·6·7호
		신증거 재심사유 (nova형)	제5호 무면경면 – 명백 – 신규
	상소기각의 확정판결	제1호(증거위조)·제2호(위증 등)· 제7호(법관등직무범죄)	
헌법재판소법상 재심사유	* 법률에 대한 위헌결정에 의한 재심(헌재 제47조 제4항) * 헌재 제68조 제2항에 의한 헌법소원에 대해 법률에 대한 위헌무효의 결정에 의한 재심(헌재 제75조 제8항) * 한정위헌결정 ×		
기타 특별법상 재심사유	① 소속법상 재심사유 : 소재불명사유로 공시송달에 의해 재판이 진행되어 유죄판결이 확정되었지만 유죄의 선고를 받은 자가 책임을 질 수 없는 사유 有 → 안 날로부터 14일 내 재심 청구(동법 제23조의2) ② 5·18특별법상 재심사유 : 5·18 민주화운동과 관련된 행위 또는 일정한 헌정질서파괴범행을 저지·반대한 행위로 유죄의 확정판결을 받은 자(동법 제4조)		

정리 ① 허위증거 재심사유 : 허위에 대한 확정판결 要, ② 신증거 재심사유 = 신규성 + 명백성, 신규성은 법원 및 당사자 고려하되 피고인 과실 있으면 부정, 명백성은 종합평가(신증거 + 구증거)·재평가(원판결법원의 심증에 구속되지 않음)·고도 개연성설

Ⅱ 유죄의 확정판결에 대한 재심사유(2020.12.8. 우리말 순화 개정법 제420조)

1. 허위증거에 의한 재심사유

(1) **증거위조·변조 – 원판결의 증거가 된 서류 또는 증거물이 확정판결에 의하여 위조되거나 변조된 것임이 증명된 때**(제420조 제1호) : 원판결의 증거란 범죄사실의 인정을 위한 증거를 말하고, 범죄사실의 인정을 위한 증거가 진술증거인 때에는 그 증거능력을 인정하기 위한 증거도 원판결의 증거에 포함된다. [경찰승진 11]

(2) **위증·허위감정 등 – 원판결의 증거가 된 증언·감정·통역 또는 번역이 확정판결에 의하여 허위임이 증명된 때**(동조 제2호)

① 원판결의 증거가 된 증언 : 원판결의 이유 중에서 증거로 채택되어 범죄될 사실을 인정하는 데 인용된 증언을 말한다. 죄로 되는 사실과 직접적·간접적으로 관련된 내용이면 족하다(95모38). 다만 단순히 증거조사의 대상이 되었을 뿐 범죄사실을 인정하는 증거로 사용되지 않은 증언은 포함되지 아니한다(대법원 2005.4.14, 2003도1080; 2012.4.13, 2011도8529). [국가9급 20]

② 증언 : 법률에 의하여 선서한 증인의 증언을 말하므로 공동피고인의 공판정 진술은 포함되지 않는다.

③ 확정판결에 의하여 허위임이 증명된 때 : **증인 등이 위증죄·허위감정죄 등으로 처벌되어 그 판결이 확정된 경우**를 말한다. [법원행시 03, 법원9급 08, 경찰특채 09] 따라서 '원판결의 증거된 증언'이 나중에 확정판결에 의하여 허위인 것이 증명된 이상, 그 **허위증언 부분을 제외하고서도 다른 증거에 의하여 그 '죄로 되는 사실'이 유죄로 인정될 것인지 여부와는 관계없다.** [경찰채용 12 2차] 다만, ㉠ 동 증인에 대한 위증고소사건이 수사 중에 있다는 사실만으로는 재심사유가 될 수 없고, ㉡ 원판결의 증거된 증언을 한 자가 그 재판 과정에서 자신의 증언과 반대되는 취지의 증언을 한 다른 증인을 위증죄로 고소하였다가 그 고소가 허위임이 밝혀져 무고죄로 유죄의 확정판결을 받은 경우는 위 재심사유에 해당하지 아니한다(2003도1080). [경찰채용

13 1차] 재심사유는 원판결의 증거된 증언에 대한 위증죄의 확정판결이지, 원판결의 증인 간에 허위고소로 인하여 무고죄의 확정판결을 받은 것은 아니기 때문이다.

★ 판례연구 허위증언 등 관련판례

1. 대법원 1997.1.16, 95모38; 2012.4.13, 2011도8529 [경찰채용 12 2차]

[1] 형사소송법 제420조 제2호 소정의 재심사유에 해당하기 위하여는 원판결의 증거된 증언이 확정판결에 의하여 허위인 것이 증명되어야 하는바, 여기에서 말하는 '원판결의 증거된 증언'이라 함은 원판결의 이유 중에서 증거로 채택되어 '죄로 되는 사실'(범죄사실)을 인정하는 데 인용된 증언을 뜻하므로, 원판결의 이유에서 증거로 인용된 증언이 '죄로 되는 사실'과 직접 혹은 간접적으로 관련된 내용의 것이라면 위 법조 소정의 '원판결의 증거된 증언'에 해당한다.

[2] 형사소송법 제420조 제2호 소정의 '원판결의 증거된 증언'이 나중에 확정판결에 의하여 허위인 것이 증명된 이상, 그 허위증언 부분을 제외하고서도 다른 증거에 의하여 그 '죄로 되는 사실'이 유죄로 인정될 것인지 여부에 관계없이 형사소송법 제420조 제2호의 재심사유가 있는 것으로 보아야 한다.

2. 대법원 2005.4.14, 2003도1080 [경찰채용 13 1차]

위증을 한 자가 사실대로 증언한 증인을 위증으로 고소하였다가 무고죄로 유죄의 확정판결을 받은 경우는 법 제420조 제2호의 재심사유인 '확정판결'에 포함되지 아니한다는 사례

형사소송법 제420조 제2호 소정의 '원판결의 증거된 증언'이라 함은 원판결의 증거로 채택되어 범죄사실을 인정하는 데 사용된 증언을 뜻하는 것이고 단순히 증거 조사의 대상이 되었을 뿐 범죄사실을 인정하는 증거로 사용되지 않은 증언은 위 '증거된 증언'에 포함되지 않는 것이며, '원판결의 증거된 증언이 확정판결에 의하여 허위인 것이 증명된 때'라 함은 그 증인이 위증을 하여 그 죄에 의하여 처벌되어 그 판결이 확정된 경우를 말하는 것이고, 원판결의 증거된 증언을 한 자가 그 재판 과정에서 자신의 증언과 반대되는 취지의 증언을 한 다른 증인을 위증죄로 고소하였다가 그 고소가 허위임이 밝혀져 무고죄로 유죄의 확정판결을 받은 경우는 위 재심사유에 포함되지 아니한다.

보충 피고인 A에 대한 형사재판에서 증인 甲·乙이 각각 증언을 하여 원판결에서 A에 대해 유죄가 확정된 경우, 乙이 사실대로 증언하였음에도 甲이 乙을 위증으로 고소하여 도리어 甲이 무고죄로 확정판결을 받은 것은 甲의 증언에 대해 위증죄로 판결이 확정된 것은 아니므로 (실질적으로 甲의 증언이 위증이 아닌가 의심이 들 수는 있으나) 재심사유에 해당하지 아니한다는 판례이다. 따라서 甲에 대해 위증죄로 확정판결이 내려져야 제420조 제2호의 재심사유가 될 수 있다.

---

(3) **무고-무고(誣告)로 인하여 유죄를 선고 받은 경우에 그 무고의 죄가 확정판결에 의하여 증명된 때**(동조 제3호) : 허위의 고소장·고소조서의 기재내용이 원판결의 증거로 된 경우뿐만 아니라 무고의 진술이 유죄의 증거로 된 때를 포함하지만, 단순히 무고에 의해 수사가 개시되었다는 것만으로는 재심의 사유가 될 수 없다. [법원9급 08]

(4) **재판변경-판결의 증거가 된 재판이 확정재판에 의하여 변경된 때**(동조 제4호) : 원판결의 증거된 재판이란 원판결의 이유 중에서 증거로 채택되어 범죄될 사실을 인정하는 데 인용된 다른 재판을 말하고, 이때 재판은 형사·민사 및 기타 재판을 불문한다. [법원9급 08]

(5) **저작권 등 무효-저작권·특허권·실용신안권·디자인권 또는 상표권을 침해한 죄로 유죄의 선고를 받은 사건에 관하여 그 권리에 대한 무효의 심결 또는 무효의 판결이 확정된 때**(동조 제6호) : 권리무효의 심결 또는 판결이 확정되면 그 권리는 처음부터 존재하지 아니하는 것으로 인정되기 때문이다.

(6) **법관·검사·사법경찰관의 직무범죄-원판결·전심판결 또는 그 판결의 기초가 된 조사에 관여한 법관, 공소의 제기 또는 그 공소의 기초된 수사에 관여한 검사나 사법경찰관이 그 직무에 관한 죄를 범한 것이 확정판결에 의하여 증명된 때**(동조 제7호 본문) : 직무에 관한 죄는 형법 제2편 제7장의 공무원의 직무에 관한 죄에 제한되지 아니한다(多). 또한, 수사기관이 영장주의를 배제하는 위헌적 법령에 따라 영장 없는 체포·구금을 한 경우에도 불법체포·감금(형법 제124조)의 직무범죄가 인정되는 경우에 준하는 것으로 보아 본호의 재심사유가 있다고 보아야 한다(대법원 2018.5.2, 2015모3243). 다만, 원판결의 선고 전에 법관·검사 또는 사법경찰관에 대하여 공소의 제기가 있는 경우에는 원판결의 법원이 그 사유를 알지 못한 때에 한하여 재심사유가 된다(동 단서). [법원9급 08, 경찰특채 09] 다만, 본 사유에 의한 재심의 청구는 유죄의 선고를 받은 자가 그 죄를 범하게 한 경우에는 검사가 아니면 하지 못한다(제425조). 또한 본 제7호의 재심사유 해당 여

부를 판단함에 있어 사법경찰관 등이 범한 직무에 관한 죄가 사건의 실체관계에 관계된 것인지 여부나 당해 사법경찰관이 직접 피의자에 대한 조사를 담당하였는지 여부는 고려할 사정이 아니다(2004모16). [경찰채용 15 1차/16 1차] 예컨대 뇌물을 수수한 상급자가 결재만 해주고 직접 피의자를 조사하지 아니하여도 본 재심사유에 해당한다.

⚖ 판례연구 법관 등 직무범죄 재심사유 관련판례

1. 대법원 2006.5.11, 2004모16 [경찰채용 15/16 1차]

형사소송법 제420조 제7호의 재심사유 해당 여부를 판단함에 있어 사법경찰관 등이 범한 직무에 관한 죄가 사건의 실체관계에 관계된 것인지 여부나 당해 사법경찰관이 직접 피의자에 대한 조사를 담당하였는지 여부는 고려할 사정이 아니다. 따라서 수사과정에서 피고인을 불법감금하였다 하여 기소유예처분을 받은 사법경찰관에 대하여 피고인이 제기한 재정신청이 기각되었으나, 위 경찰관은 법 제420조 제7호의 '공소의 기초가 된 수사에 관여'한 것이므로 위 법조의 재심사유에 해당한다.

[보충] 재심개시절차에서는 재심사유의 유무만을 판단하므로, 재심사유가 재심대상판결에 영향을 미칠 가능성 등 실체적 사유가 고려되지 않는다.

2. 대법원 2018.5.2, 2015모3243

재심제도의 목적과 이념, 형사소송법 제420조 제7호의 취지, 영장주의를 배제하는 위헌적 법령에 따른 체포·구금으로 인한 기본권 침해 결과 등 제반 사정을 종합하여 보면, 수사기관이 영장주의를 배제하는 위헌적 법령에 따라 영장 없는 체포·구금을 한 경우에도 불법체포·감금의 직무범죄가 인정되는 경우에 준하는 것으로 보아 형사소송법 제420조 제7호의 재심사유가 있다고 보아야 한다. 위와 같이 유추적용을 통하여 영장주의를 배제하는 위헌적 법령에 따라 영장 없는 체포·구금을 당한 국민에게 사법적 구제수단 중의 하나인 재심의 문을 열어놓는 것이 헌법상 재판받을 권리를 보장하는 헌법합치적 해석이다.[1]

---

2. 신증거에 의한 재심사유

(1) 의의 및 적용범위

① 의의 : "유죄를 선고 받은 자에 대하여 무죄 또는 면소를, 형의 선고를 받은 자에 대하여 형의 면제 또는 원판결이 인정한 죄보다 가벼운 죄를 인정할 명백한 증거가 새로 발견된 때"(제420조 제5호)는 재심사유가 된다. [경찰간부 13]

[정리] ① 불출석재판사유 중 피고인에 유리한 재판 : 의질—무/면/공/면(무죄/형면제/공소기각/면소, 공판절차정지 없이 재판), ② 신증거 재심사유 : 무/면/경/면(면제는 필요적 면제)

② 적용범위

(가) 유죄 → 무죄·면소(공소기각판결 제외) : 유죄를 선고 받은 자에 대하여 '무죄 또는 면소'를 인정할 명백한 증거가 새로 발견된 때에는 재심을 청구할 수 있다. [경찰간부 13] 따라서 유죄를 선고 받은 자에 대하여 공소기각의 판결을 인정할 증거가 발견된 경우는 여기에 포함되지 아니한다. [법원9급 08]

(나) 형선고 → 형면제 및 가벼운 죄 : 형의 선고를 받은 자에 대하여 '형의 면제 또는 원판결이 인정한 죄보다 가벼운 죄'를 인정할 명백한 증거가 새로 발견된 때에는 재심을 청구할 수 있다. ⊙ 형의 면제는 필요적 면제만을 의미하므로, 임의적 면제(예 자수·자복)(대법원 1984.5.30, 84모32) [경찰채용 15

---

1) [보충 - 판결이유] 형법 제124조의 불법체포·감금죄는 위 재심사유가 규정하는 대표적인 직무범죄로서 헌법상 영장주의를 관철하기 위한 것이다. 헌법 제12조 제3항은 영장주의를 천명하고 있는데, 이는 강제처분의 남용으로부터 신체의 자유 등 국민의 기본권을 보장하기 위한 핵심 수단이 된다. 수사기관이 영장주의에 어긋나는 체포·구금을 하여 불법체포·감금의 직무범죄를 범하는 상황은 일반적으로 영장주의에 관한 합헌적 법령을 따르지 아니한 경우에 문제 된다. 이와 달리 영장주의를 배제하는 위헌적 법령이 시행되고 있는 동안 수사기관이 그 법령에 따라 영장 없는 체포·구금을 하였다면 법체계상 그러한 행위를 곧바로 직무범죄로 평가하기는 어렵다. 그러나 이러한 경우에도 영장주의를 배제하는 법령 자체가 위헌이라면 결국 헌법상 영장주의에 위반하여 영장 없는 체포·구금을 한 것이고 그로 인한 국민의 기본권 침해 결과는 수사기관이 직무범죄를 저지른 경우와 다르지 않다. 즉, 수사기관이 영장주의를 배제하는 위헌적 법령에 따라 체포·구금을 한 경우 비록 당시에 형식상 존재하는 당시의 법령에 따른 행위라고 하더라도 그 법령 자체가 위헌이라면 결과적으로 그 수사에 기초한 공소제기에 따른 유죄의 확정판결에는 수사기관이 형법 제124조의 불법체포·감금죄를 범한 경우와 마찬가지의 중대한 하자가 있다고 보아야 한다. 만일 이러한 경우를 재심사유로 인정하지 않는다면, 수사기관이 헌법상 영장주의를 위반하여 국민을 체포·구금하였고 그 수사에 기초한 공소제기에 따라 진행된 유죄 확정판결에 형사소송법 제420조 제7호의 재심사유와 동일하게 평가할 수 있는 중대한 하자가 존재함에도 단지 위헌적인 법령이 존재하였다는 이유만으로 그 하자를 바로잡는 것을 거부하는 결과가 된다. 이는 위헌적인 법령을 이유로 국민의 재판받을 권리를 제한하는 것일 뿐만 아니라 확정판결에 중대한 하자가 있는 경우 법적 안정성을 후퇴시키더라도 구체적 정의를 실현하고자 하는 재심제도의 이념에도 반한다. 한편 이러한 수사기관의 행위에 관하여도 당시의 법령에 의하여 불법체포·감금죄가 성립하는 경우에만 형사소송법 제420조 제7호의 재심사유가 인정된다고 해석하는 것은 위헌적 법령으로 인하여 갖출 수 없게 된 요건을 요구하며 재심사유를 부정하는 것이 되어 부당하다.

1차)나 형의 감경사유(예 심신미약, 종범)는 포함되지 않는다. ㉡ 원판결이 인정한 죄보다 가벼운 죄라 함은 원판결이 인정한 죄와는 별개의 죄로서 그 **법정형이 가벼운 죄**를 말하므로, 같은 죄인데 양형의 자료에 변동을 가져올 뿐인 경우는 여기에 포함되지 않는다. 따라서 같은 죄에 대한 그 형의 필요적 또는 임의적 감경사유를 주장하는 것은 해당되지 아니한다(대법원 2007.7.12, 2007도3496; 2017.11.9, 2017도14769).

🔍 판례연구 제420조 제5호의 재심사유 관련판례

1. 대법원 1990.10.26, 90도1753 [경찰채용 07 2차]

甲이 乙을 뒤에 태우고 오토바이를 운전하다가 교통사고를 일으켜 상해를 입히고 도주하였다는 공소사실로 甲이 피고인으로 제소되었으나 甲은 사고 당시 乙이 운전하였다고 범행을 부인하였지만 제1, 2심에서 모두 유죄가 선고된 후 甲의 탄원에 의한 재수사과정에서 乙이 자기가 운전하다가 사고를 일으켰음을 자백하여 군검찰관이 乙을 교통사고를 일으킨 진범인으로 지목하여 군사법원에 교통사고처리특례법 위반 등으로 공소를 제기한 경우에는, 甲에 대한 원심판결에 형사소송법 제420조 제5호 소정의 유죄의 선고를 받은 자에 대하여 무죄를 인정할 명백한 증거가 새로 발견된 때에 해당하는 재심사유가 있다고 할 것이므로 같은 법 제383조 제3호 소정의 "재심청구의 사유가 있는 때"에 해당하는 상고이유가 있다고 할 것이다.

2. 대법원 1997.1.13, 96모51 [법원9급 08/12, 경찰채용 21 1차, 경찰특채 09]

법 제420조 제5호의 '원판결이 인정한 죄보다 경한 죄'라 함은 원판결이 인정한 죄와는 별개의 죄로서 그 법정형이 가벼운 죄를 말하는 것이므로, 동일한 죄에 대하여 공소기각을 선고받을 수 있는 경우는 여기에서의 경한 죄에 해당하지 않는다고 할 것이다. 재항고인에 대한 간통죄의 고소가 취소되었다 하더라도 이는 법원으로부터 공소기각을 선고받을 수 있는 사유에 지나지 아니하므로, 가사 소론 주장처럼 담당공무원이 위 고소취소장을 접수받아 기록에 첨부하지 아니하는 바람에 재항고인에 대하여 유죄의 판결이 선고되고 그 판결이 확정되었다고 하더라도 그와 같은 사유는 법 제420조 제5호 소정의 재심사유에 해당하지 않는다고 할 것이다.

3. 대법원 2015.10.29, 2013도14716; 1985.10.22, 83도2933

조세의 부과처분을 취소하는 행정판결이 확정된 경우 그 부과처분의 효력은 처분시에 소급하여 효력을 잃게 되어 그에 따른 납세의무가 없으므로 확정된 행정판결은 조세포탈에 대한 무죄 내지 원심판결이 인정한 죄보다 경한 죄를 인정할 명백한 증거에 해당한다. 조세심판원이 재조사결정을 하고 그에 따라 과세관청이 후속처분으로 당초 부과처분을 취소하였다면 그 부과처분은 처분시에 소급하여 효력을 잃게 되어 원칙적으로 그에 따른 납세의무도 없어지므로, 이 역시 위 재심사유에 해당한다고 보아야 한다.

---

(2) 신증거의 범위 – 증거능력과 증명의 대상

① **증거능력** : 새로운 증거는 ㉠ 증거능력 있는 증거만을 의미한다는 견해, ㉡ 증거능력 있는 증거에 한정할 필요가 없다는 견해(배/이/정/이, 신동운), 그리고 ㉢ 엄격한 증명의 경우에는 증거능력을 요하지만, 자유로운 증명의 경우에는 증거능력을 요하지 않는다는 견해(다수설)가 대립되어 있다. 본서는 구체적 사정을 고려하는 제3설을 따른다.

② **증명의 대상** : 제5호의 새로운 증거에는 범죄사실에 관한 증거뿐만 아니라 범죄사실을 증명하는 증거의 증거능력이나 증명력에 관한 사실의 증거도 포함된다.

  예 자백의 임의성을 의심하게 하는 새로운 증거, 자백의 보강증거를 배제하는 새로운 증거

(3) 증거의 신규성 – 새로 발견된 증거일 것

① **의의** : 증거의 신규성, 즉 증거가 새로 발견되었다 함은, 재심대상이 되는 확정판결의 소송절차에서 발견되지 못하였거나 또는 발견되었다 하더라도 제출할 수 없었던 증거를 새로 발견하였거나 비로소 제출할 수 있게 된 때를 말한다. 예컨대, ㉠ 증거가 원판결 당시 이미 존재하였으나 후에 발견된 경우, ㉡ 증거가 원판결 후에 새로 생긴 경우, ㉢ 원판결 당시 존재를 알았으나 조사가 불가능하였던 증거로서 그 후에 증거조사가 가능하게 된 경우가 여기에 포함된다.

② **판단기준** – 법원에의 신규성 要 + 당사자에의 신규성(원칙 不要, but 고의·과실 × 要)

  (가) 법원에 대한 신규성 : 증거가 법원에 대해서 새로운 것이어야 함은 당연하다. 따라서 원판결에서 증명력 평가를 거친 증거와 동일한 증거방법은 진술내용의 번복(예 원판결의 증거가 되었던 자백을 번

복한 경우, 원판결법원에서 증언한 증인이 증언을 번복한 경우)에 의해 그 내용이 달라지더라도 신규성이 인정되지 않는다.

(나) **당사자**(재심청구인)에 대한 신규성 : 증거가 피고인 등 재심청구인에게도 새로운 것이어야 하는가에 대해서는 필요설, 불필요설(다수설), 절충설이 대립하나,[1] **판례는 절충설**을 취하여, **원칙적으로 재심 청구인에 대해서는 증거의 신규성을 요하지 않지만**, 재심청구인의 **고의 또는 과실에 의하여 제출되지 않은 증거에 대해서는 신규성**을 부정하는 입장이다. 따라서 판례에 의하면, 재심대상판결의 소송절차 에서 증거를 제출하지 못한 데 피고인의 과실이 있는 경우에는 본 재심사유에 해당하지 않는다.

★ 판례연구 신규성의 판단기준 관련판례

1. 대법원 1984.2.20, 84모2; 1993.5.17, 93모33
형사소송법 제420조 제5호에서 말하는 "무죄로 인정할 명백한 증거가 발견된 때"란 확정판결의 소송절차에서 발견되지 못하였거나 발견되었어도 제출할 수 없었던 증거로서 증거가치에 있어 다른 증거에 비해 객관적으로 우위성이 인정되는 증거를 말하는 것이므로 확정판결의 소송절차에서 이미 증거로 조사채택된 증인이 판결확정 후 전의 진술내용을 번복함과 같은 것은 이에 해당하지 않는다.

2. 대법원 2009.7.16, 2005모472 전원합의체; 2013.4.18, 2010모363 [경찰간부 16, 경찰승진 10, 경찰채용 12 2차/13 1차/15 1차, 해경 15 3차]
법 제420조 제5호에 정한 무죄 등을 인정할 '증거가 새로 발견된 때'란 재심대상이 되는 확정판결의 소송절차에서 발견되지 못하였거나 또는 발견되었다 하더라도 제출할 수 없었던 증거를 새로 발견하였거나 비로소 제출할 수 있게 된 때를 말한다. 증거의 신규성을 누구를 기준으로 판단할 것인지에 대하여 위 조항이 그 범위를 제한하고 있지 않으므로 그 대상을 법원으로 한정할 것은 아니다. 그러나 재심은 당해 심급에서 또는 상소를 통한 신중한 사실심리를 거쳐 확정된 사실관계를 재심사하는 예외적인 비상구제절차이므로, 피고인이 판결확정 전 소송절차에서 제출할 수 있었던 증거까지 거기에 포함된다고 보게 되면, 판결의 확정력이 피고인이 선택한 증거제출시기에 따라 손쉽게 부인될 수 있게 되어 형사재판의 법적 안정성을 해치고, 헌법이 대법원을 최종심으로 규정한 취지에 반하여 제4심으로서의 재심을 허용하는 결과를 초래할 수 있다. 따라서 피고인이 재심을 청구한 경우 재심대상이 되는 확정판결의 소송절차 중에 그러한 증거를 제출하지 못한 데 과실이 있는 경우에는 그 증거는 위 조항에서의 '증거가 새로 발견된 때'에서 제외된다고 해석함이 상당하다.

---

(4) 증거의 명백성 – 명백한 증거일 것(종합평가 + 재평가 = 고도개연성)

① 의의 : 명백한 증거라 함은, 새로운 증거가 단순히 재심대상이 되는 유죄의 확정판결에 대하여 **그 정당성이 의심되는 수준을 넘어 그 판결을 그대로 유지할 수 없을 정도로 고도의 개연성이 인정되는 것**을 말한다 (후술하는 명백성의 정도에 관한 한정설). 즉, 새로운 증거의 증거가치가 확정판결이 사실인정의 자료로 사용한 증거보다 경험칙·논리칙에 비추어 **객관적으로 우위**에 있는 것을 말하고, 법관의 자유심증에 의하여 그 증거가치가 좌우되는 증거를 말하는 것이 아니다.

② 판단기준 – 종합평가(신증거 + 유기적 관련 구증거) + 재평가(원판결법원 심증 구속 ×)

(가) **종합평가**(총합평가) : 증거의 명백성을 판단함에 있어서 새로 발견된 증거만을 기준으로 할 것인가 기존의 구증거도 고려의 대상으로 삼아야 할 것인가에 대해서 견해가 대립하나,[2] 판례는 2009년

---

1) [참고 – 당사자에 대한 신규성의 요부]
　① 필요설 : 재심청구인이 재심대상판결의 소송절차에서 발견하지 못하였다가 그 후 새로 발견하여 알게 된 증거만 신규성을 인정하는 입장이다 (송광섭). 증거가 허위임을 알았거나 알 수 있었던 유책한 자에 대해서까지 재심을 허용하는 것은 금반언(禁反言, Estoppel)의 원칙에 반한다는 점을 그 논거로 한다.
　② 불필요설 : 법원에게만 새로운 증거이면 되고 피고인에게까지 신규성이 요구되지 않는다는 입장이다(다수설). 증거제출과 관련하여 피고인의 과실이 없을 것을 요구하는 것은 거증책임을 검사에게 부과하는 형사소송의 기본구조에 반하며, 재심은 사실의 오인으로 인하여 억울하게 유죄가 확정된 자를 구제하기 위한 제도이므로 재심사유는 되도록 폭넓게 해석해야 한다는 점을 그 논거로 한다.
　③ 절충설 : 재심청구인에게는 원칙적으로 신규성을 요하지 않지만, 재심청구인의 고의 또는 과실에 의하여 제출되지 않은 증거에 대해서는 신규성을 인정할 수 없다는 입장이다(노/이/ 임동규, 진계호). 신규성 요구의 대상자에 대해 제420조 제5호가 명시하고 있지 않으므로 이를 법원에 한정할 수는 없고, 피고인이 재심대상판결의 소송절차에서 제출할 수 있었던 증거까지 포함시키는 것은 형사재판의 법적 안정성을 해치며, 무고한 자의 구제의 측면과 금반언의 측면을 함께 고려해야 한다는 점을 그 논거로 한다.
　④ 결론 : 재심제도의 가장 중요한 취지는 법적 안정성의 보장이 아니라 무고한 자의 구제에 의한 정의의 실현에 있다고 할 때, 불필요설이 타당하다고 생각된다(다만, 본서는 수험서이므로 본문에서는 판례의 절충설에 의해 정리하였다).

2) [참고 – 증거의 명백성의 판단방법]
　① 단독평가설(고립평가설) : 새로 발견된 증거만을 독립적·고립적으로 고찰하여 무죄 등을 인정할 명백한 증거인가를 판단해야 한다는 입장이

대법원 전원합의체 결정에 의해 종래의 단독평가설에서 입장을 변경하여 종합평가설(또는 총합평가설, 판례는 종합평가설 중 제한적 종합평가설, cf. 통설은 전면적 종합평가설)을 취하고 있다. 따라서 판례에 의하면, 증거의 명백성은 새로운 증거만으로 판단하는 것이 아니라 신증거와 유기적으로 밀접하게 관련·모순되는 구증거(유기적 관련성 있는 구증거)를 함께 고려하여 판단하여야 한다. [국가9급 16, 경찰승진 10/13, 경찰채용 13 1차, 해경 15 3차]

대법원 2009.7.16, 2005모472 전원합의체 [국가9급 16, 경찰승진 10/13, 경찰채용 13 1차, 해경 15 3차]

법 제420조 제5호에 정한 '무죄 등을 인정할 명백한 증거'에 해당하는지 여부를 판단할 때에는 법원으로서는 새로 발견된 증거만을 독립적·고립적으로 고찰하여 그 증거가치만으로 재심의 개시 여부를 판단할 것이 아니라, 재심대상이 되는 확정판결을 선고한 법원이 사실인정의 기초로 삼은 증거들 가운데 새로 발견된 증거와 유기적으로 밀접하게 관련되고 모순되는 것들은 함께 고려하여 평가하여야 하고(종합평가설 중 제한적 종합평가설 : 신증거 + 유기적 관련성 있는 구증거 = 종합평가), 그 결과 단순히 재심대상이 되는 유죄의 확정판결에 대하여 그 정당성이 의심되는 수준을 넘어 그 판결을 그대로 유지할 수 없을 정도로 고도의 개연성이 인정되는 경우라면 그 새로운 증거는 위 조항의 '명백한 증거'에 해당한다(명백성의 심증의 정도에 관한 고도의 개연성설 : in dubio pro reo ✕). 만일 법원이 새로 발견된 증거만을 독립적·고립적으로 고찰하여 명백성 여부를 평가·판단하여야 한다면, 그 자체만으로 무죄 등을 인정할 수 있는 명백한 증거가치를 가지는 경우에만 재심 개시가 허용되어 재심사유가 지나치게 제한되는데, 이는 새로운 증거에 의하여 이전과 달라진 증거관계 아래에서 다시 살펴 실체적 진실을 모색하도록 하기 위해 '무죄 등을 인정할 명백한 증거가 새로 발견된 때'를 재심사유의 하나로 정한 재심제도의 취지에 반하기 때문이다.[1]

(나) **재평가** : 신증거와 구증거를 종합하여 판단할 경우에 재심청구를 받은 법원은 구증거의 증거평가에 대한 **원판결법원의 심증에 구속되지 않고**(심증인계설 ✕) **구증거의 증거가치를 재평가**(재평가설 ○)하여야 한다.

③ **명백성의 정도**(심증의 정도) : 이상에서 설명한 새로운 증거에 대한 종합평가와 재평가에 의한 결과 유죄의 확정판결에 대한 어느 정도의 심증이 있어야 재심을 개시할 수 있는가에 대해서는 견해가 대립하나,[2] **통설·판례**는 증거의 명백성이 인정되려면 유죄의 확정판결에 대하여 **그 정당성이 의심되는 수**

다. 2009년 전원합의체 판례 이전 판례의 입장으로서, 이 견해는 살인사건의 피해자의 생존사실, 별도의 진범의 존재 등 그 자체로 무죄임을 직접 증명할 수 있는 새로운 증거가 발견된 극히 한정적인 경우에만 명백성을 인정하자는 것이다. 단독평가설은 확정판결의 법적 안정성 보장을 위해 재심의 허용범위를 넓혀서는 안 된다는 점을 논거로 삼는다.

② 종합평가설 중 전면적 종합평가설 : 새로 발견된 증거와 재심대상판결이 사실인정의 자료로 사용한 구증거를 종합적으로 고려하여 명백한 증거인가를 판단해야 한다는 입장이다. 우리의 통설, 독일의 형사소송법, 일본의 통설·판례가 지지하는 견해로서, 새로운 증거는 보조사실에 관한 증거라도 원판결의 기초가 된 증거들과 종합적·유기적으로 평가할 때 재심대상판결의 결론과 다른 결론을 이끌어내면 충분하다는 입장이다. 무고한 피고인을 구제한다는 재심제도의 취지에 충실해야 하고, 제한적 종합평가설은 그 기준이 모호하다는 점을 논거로 삼는다.

③ 종합평가설 중 제한적 종합평가설 : 재심대상판결법원이 사실인정의 기초로 삼은 증거들 중에서 새로 발견된 증거와 유기적으로 밀접하게 관련·모순되는 구증거(유기적 관련성 있는 구증거)를 함께 고려하여 평가하여야 한다는 입장이다(임동규). 2009년 대법원 전원합의체 판례가 취하는 입장으로서 현재의 판례의 입장이다. 재심개시 여부를 결정하는 법원은 구증거 중 신증거와 무관한 부분에 대해서는 원판결법원의 증거평가 및 심증에 구속되나, 구증거 중 신증거의 인정사실과 직접 관련되고 모순되는 부분에 대해서는 원판결법원의 증거평가 및 심증에 구속되지 아니한다는 견해이다. 제한적 종합평가설은 무고한 피고인을 구제한다는 재심제도의 취지와 심급을 거친 확정판결의 사실판단도 존중해야 한다는 법적 안정성 사이에서 일정한 절충이 필요하다는 점을 논거로 삼는다.

④ 결론 : 재심제도의 취지를 고려할 때 종합평가설이 타당하고, 종합평가설 중 제한적 종합평가설에 대해서는 유기적 관련성이라는 개념이 모호하여 실제에 있어서는 단독평가설과 다름 없는 결과가 될 수 있는 위험성이 있다는 비판이 가능하다. 결론적으로 통설이 지지하는 전면적 종합평가설이 타당하다고 생각된다(다만, 본서의 특성상 본문에서는 판례의 제한적 종합평가설을 따랐다).

1) [보충 – 결정이유] 재항고인이 재심사유로 내세우고 있는 증거, 즉 자신이 무정자증이 아니라는 위 정액검사결과와 유기적으로 밀접하게 관련되는 증거로는 재심대상사건 기록상 재심대상인 확정판결의 사실인정에 기초가 된 증거들 가운데 국립과학수사연구소장의 감정의뢰회보와 검찰주사의 수사보고 등이 있는바, 위 감정의뢰회보의 내용은 피해자의 체내에서 채취한 가검물에서 정액 양성반응이 나타났을 뿐 정자는 검출되지 않았다는 것이고, 위 수사보고는 이러한 감정의뢰회보에 비추어 범인은 무정자증으로 추정된다는 것인데, 위 감정의뢰회보의 내용과 같이 정액 양성반응이 있으나 정자가 검출되지 않은 이유에는 무정자증 이외에도 채취한 가검물의 상태나 그 보존 과정 등에서의 여러 가지 요인에 의하여 정자가 소실되는 등의 다른 원인이 있을 수 있으므로, 위 감정의뢰회보만으로 범인이 반드시 무정자증이라고 단정할 수는 없고, 여러 가지 가능성 중의 하나로서 단순히 추측하는 내용에 불과한 위 수사보고 역시 별다른 증거가치를 인정할 수 없다. 재항고인이 무정자증이 아니라는 사실을 인정할 수 있는 자료에 불과한 위 정액검사결과는 위 증거들을 함께 고려하더라도 이 사건 재심대상판결을 그대로 유지할 수 없을 정도로 고도의 개연성이 인정되는 증거가치를 가지지 못하므로, 결국 이 사건에서 무죄를 인정할 명백한 증거에는 해당하지 않는다고 할 것이다. 따라서 원심이 재항고인에 대한 위 검사결과가 법 제420조 제5호 소정의 재심사유에 해당하지 않는다고 판단한 것은 결론에 있어서 정당하다.

2) [참고 – 증거의 명백성의 심증의 정도]
① 비한정설(완화설) : 증거의 명백성 판단에 있어서 in dubio pro reo(의심스러운 때에는 피고인에게 유리하게)의 원칙을 적용하여, 명백한 증거란 확정판결의 사실인정에 합리적 의심을 생기게 하는 정도이면 충분하다는 입장이다(강구진, 차/최).
② 한정설(엄격설) : 증거의 명백성 판단에 있어서 in dubio pro reo의 원칙을 적용할 수 없다는 전제에서, 명백한 증거라 함은 확정판결을 파기할 고도의 가능성·개연성이 인정되어야 한다는 입장이다(통설·판례). 한정설에 의하면 명백한 증거란 어떠한 증거의 증거가치가 객관적으

준을 넘어 당해 판결을 그대로 유지할 수 없을 정도로 고도의 개연성이 인정되어야 한다는 입장이다(한정설 : 고도의 개연성, 판례는 위 2005모472 전원합의체 결정 등). 따라서 진술서·확인서의 제출이나 증인신문의 신청과 같이 법관의 자유심증에 의하여 그 증거가치의 존부가 결정됨에 불과한 증거는 명백성이 인정되지 아니한다.

④ **공범자에 대한 모순된 판결** : 공범자 A·B의 동일한 범죄사실에 대해서 A는 유죄, B는 무죄의 모순된 판결이 있는 경우, 유죄판결을 받은 A가 공범자 B에 대한 무죄판결을 자신의 무죄를 인정할 명백한 증거로 주장할 수 있는가가 문제되는바, 판례는 **무죄판결의 증거자료를 유죄판결의 증거자료로 하지 못하였고 새로 발견된 것이 아닌 한 공범자 간 모순판결 자체만으로는 유죄판결에 대한 새로운 증거로서의 재심사유에 해당하지 아니한다**는 입장이다.[1]

대법원 1984.4.13, 84모14

당해 사건의 증거가 아니고 공범자 중 1인에 대하여 무죄, 다른 1인에 대하여 유죄의 확정판결이 있는 경우에 무죄확정판결 자체만으로는 무죄추정판결의 증거자료를 자기의 증거로 하지 못하였고 또 새로 발견된 것이 아닌 한 유죄확정판결에 대한 새로운 증거로서의 재심사유에 해당한다고 할 수 없다.

Ⅲ 상소기각의 확정판결에 대한 재심사유

1. 재심사유 – 제420조 제1·2·7호

항소 또는 상고의 기각판결에 대하여는 **증거위조 등, 위증 등, 법관 등의 직무범죄**(제420조 제1·2·7호)의 사유가 있는 경우에 한하여 재심을 청구할 수 있다(제421조 제1항)(여기서 항소·상고를 기각한 판결은 상소기각판결에 의하여 확정된 하급심판결을 말하는 것이 아니라 항소기각판결·상고기각판결 그 자체를 의미함은 앞서 재심의 대상에서 설명하였음). 이는 원심판결 자체에는 재심사유가 없더라도 상소기각판결에 대하여는 재심사유가 있는 경우 당해 상소기각판결의 확정력을 제거하여 다시 심판할 수 있게 하기 위한 제도이다. 다만, ① 상소기각판결이 원심판결에 사실오인의 위법이 없음이 아니라 법령위반의 위법이 없음에 근거한 경우에는 위 재심사유가 존재하지 않으며, ② 원판결 후 진범이 검거되어 공판진행 중이라는 사유도 상고기각판결에 대한 재심사유가 되지 아니한다.

⚖ **판례연구** 상소기각의 확정판결에 대한 재심사유 관련판례

1. 대법원 1986.5.14, 86소1

진범이 검거되어 현재 공판진행 중이라는 사유가 상고기각판결에 대한 재심사유가 되는지 여부

상고를 기각한 확정판결에 대한 재심청구는 그 확정판결 자체에 법 제420조 제1, 2, 7호 소정의 각 사유가 있는 경우에 한하여 허용된다 할 것이므로 본안 피고사건의 범죄사실에 관하여 증거에 의하여 사실인정을 하지 않았던 원 상고심판결에 대하여

로 확실하게 보장되어 있는 증거를 말하므로, 법관의 자유심증에 의하여 그 증거가치가 결정되는 증거는 명백한 증거라 할 수 없다는 점에서, 진술서 또는 증인확인서를 제출하거나 증인신문을 구하는 것은 증거의 명백성이 인정될 수 없다고 본다(대법원 1962.6.21, 4294형재17; 1962.7.16, 62소4; 1964.4.10, 63모19).

③ 절충설 : 명백한 증거란 확정판결의 정당성에 대하여 중대한 의심 또는 진지한 의심을 제기할 정도의 증거임을 요한다는 입장이다(배/이/정/이, 신양균). in dubio pro reo 원칙을 적용할 수는 없으나 재심의 허용범위를 확대할 필요도 있다는 점을 논거로 삼는 견해이다.

④ 결론 : 본서는 한정설을 따른다.

1) [참고 – 공범자 모순판결과 신증거 재심사유]
  ① 긍정설 : 공범자 간 모순판결이 형벌법규의 해석의 차이에 기인한 것이 아니라 사실인정에 관하여 결론을 달리하는 때에는 명백한 증거로 보아야 한다는 입장이다(다수설). 또한 무죄판결에 사용된 증거자료가 A에 대하여 유죄판결을 선고한 원법원에 현출되지 않은 새로운 것으로서 유죄판결을 파기할 만한 명백한 것인 때에는 재심사유에 해당한다는 견해(절충설, 임동규)도 긍정설에 포함된다.
  ② 부정설 : B에 대한 무죄판결의 증거자료가 A에 대한 유죄판결의 증거와 동일하더라도 이는 증거의 증명력 판단의 문제에 불과하므로 공범자 간 모순판결이 A에 대한 무죄를 인정할 명백한 증거에 해당할 수는 없다는 입장이다(권오걸, 신동운, 이은모).
  ③ 판례 : B의 무죄판결의 증거자료를 A의 유죄판결에 대한 증거자료로 하지 못하였고 또 새로 발견된 것이 아닌 한 공범자 간 모순판결 자체만으로 유죄판결에 대한 새로운 증거로서의 재심사유에 해당한다고 할 수는 없다는 입장이다. 판례의 입장에 대해서는 부정설을 취했다는 평가(예 신동운 1685면)와 긍정설을 취했다는 평가(예 이/조 815면)가 대립한다.
  ④ 결론 : 긍정설이 타당하다고 생각된다. 다만, 긍정설도 공범자 모순판결 자체가 재심사유가 된다는 것은 아니고 그것이 사실인정에 관하여 결론을 달리한다는 전제조건은 갖추어야 재심사유가 된다고 한다. 따라서 긍정설과 부정설의 차이는 실제 크지 않아 보인다.

원판결 후 진범인이 검거되어 현재 공판진행 중이라는 사유를 내세워 재심청구를 할 수 없다.

2. **대법원 1990.12.6, 90재도1**

상고를 기각한 확정판결에 대한 재심청구에 있어서, 원심판결에 법령위배가 없음을 이유로 상고를 기각한 재심대상판결에 대하여 법 제420조 제1호 소정의 재심사유가 있다는 것은 적법한 재심사유로 삼을 수가 없는 것이다.

2. 재심의 제한 – 하급심재심판결 후 상소기각판결에 대한 재심청구의 금지

제1심 확정판결에 대한 재심청구사건의 판결이 있은 후에는 항소기각판결에 대하여 다시 재심을 청구하지 못하며 (제421조 제2항), 제1·2심의 확정판결에 대한 재심청구사건의 판결이 있은 후에는 상고기각판결에 대하여도 다시 재심을 청구하지 못한다(동조 제3항). 상고기각판결에 대한 재심청구의 목적은 하급심판결에 대한 재심심판절차에 의하여 달성될 수 있고, 재심심판절차에서 내려진 판결에 대하여 상소를 제기할 수 있기 때문이다.

Ⅳ 헌법재판소의 위헌결정에 의한 재심

헌법재판소법 제47조(위헌결정의 효력) 제2항에 의하면, 위헌으로 결정된 법률 또는 법률의 조항은 그 결정이 있는 날부터 효력을 상실한다. 그러나 형벌에 관한 법률 또는 법률의 조항은 소급하여 그 효력을 상실한다. 다만, 해당 법률 또는 법률의 조항에 대하여 종전에 합헌으로 결정한 사건이 있는 경우에는 그 결정이 있는 날의 다음 날로 소급하여 효력을 상실한다(동조 제3항). 이 경우 **위헌으로 결정된 법률 또는 법률의 조항에 근거한 유죄의 확정판결**에 대해서는 재심을 청구할 수 있다(동조 제4항). [경찰승진 11] 또한 헌법재판소법 제68조 제2항의 규정에 의한 헌법소원에 관하여 헌법재판소가 법률에 대한 위헌무효의 결정을 한 경우에도 동일하므로(헌재 제75조 제7항·제8항), **형벌에 관한 법령이 당초부터 헌법에 위배되어 법원에서 위헌·무효라고 선언**한 경우도 여기에 해당된다. [국가9급 16, 경찰간부 16] 따라서 위헌결정을 이유로 재심청구를 하면서 제1심 유죄판결이 아니라 **항소기각판결을 재심대상으로 삼아 재심을 청구한 것은 재심청구의 법률상 방식에 위반**한 것이다(대법원 2022.6.16, 2022모509).

다만, 헌법재판소가 법률 조항 자체는 그대로 둔 채 그 법률 조항에 관한 특정한 내용의 해석·적용만을 위헌으로 선언하는 이른바 **한정위헌결정**에 관하여는 헌법재판소법 제47조가 규정하는 위헌결정의 효력을 부여할 수 없으므로, 재심사유가 될 수 없다(대법원 2013.3.28, 2012두299 등). [해경 15 3차]

🔍 **판례연구** 헌법재판소의 위헌결정에 의한 재심 관련판례

1. **대법원 2001.4.27, 95재다14** [해경 15 3차]

헌법재판소법 제75조 제7항에서 재심을 청구할 수 있는 사유로서 규정하고 있는 '헌법소원이 인용된 경우'라 함은 법원에 대하여 기속력이 있는 위헌결정이 선고된 경우를 말하는 것인바, 그 주문에서 법률조항의 해석기준을 제시함에 그치는 한정위헌결정은 법원에 전속되어 있는 법령의 해석·적용 권한에 대하여 기속력을 가질 수 없고, 따라서 소송사건이 확정된 후 그와 관련된 헌법소원에서 한정위헌결정이 선고되었다고 하여 위 재심사유가 존재한다고 할 수 없다.

> [보충] 재심사유는 법원에 대하여 기속력이 있는 위헌결정이 선고된 경우를 말하므로, 그 주문에서 법률조항의 해석기준을 제시함에 그치는 한정위헌결정은 법원에 전속되어 있는 법령의 해석·적용 권한에 대하여 기속력을 가질 수 없다는 의미이다.

2. **대법원 2013.4.18, 2010모363** [국가9급 16, 경찰간부 16]

법 제420조 제5호의 재심사유에서 무죄 등을 인정할 증거가 새로 발견된 때란 재심대상이 되는 확정판결의 소송절차에서 발견되지 못하였거나 또는 발견되었다 하더라도 제출할 수 없었던 증거로서 이를 새로 발견하였거나 비로소 제출할 수 있게 된 때는 물론이고, 형벌에 관한 법령이 당초부터 헌법에 위배되어 법원에서 위헌·무효라고 선언한 때에도 역시 이에 해당한다.

3. **대법원 2016.11.10, 2015모1475** [법원9급 20]

합헌결정 이전 행위에 대한 유죄판결이 합헌결정 다음날 이후 선고·확정되었으나 위헌결정이 내려지면 헌재법상 재심청구가 가능하다는 사례

헌법재판소법 제47조 제4항에 따라 재심을 청구할 수 있는 '위헌으로 결정된 법률 또는 법률의 조항에 근거한 유죄의 확정판결'이란 헌법재판소의 위헌결정으로 인하여 같은 조 제3항의 규정에 의하여 소급하여 효력을 상실하는 법률 또는 법률의 조항을 적용한 유죄의 확정판결을 의미한다. 따라서 위헌으로 결정된 법률 또는 법률의 조항이 같은 조 제3항 단서에 의하

여 종전의 합헌결정이 있는 날의 다음 날로 소급하여 효력을 상실하는 경우, 그 합헌결정이 있는 날의 다음 날 이후에 유죄판결이 선고되어 확정되었다면, 비록 범죄행위가 그 이전에 행하여졌다 하더라도 그 판결은 위헌결정으로 인하여 소급하여 효력을 상실한 법률 또는 법률의 조항을 적용한 것으로서 '위헌으로 결정된 법률 또는 법률의 조항에 근거한 유죄의 확정판결'에 해당하므로 이에 대하여 재심을 청구할 수 있다.

[보충] 유죄의 확정판결에 대하여 무죄 또는 '면소'를 인정할 명백한 증거가 새로 발견된 때에 준하는 것이다.

4. 대법원 2022.6.16, 2022모509

위헌결정을 이유로 재심청구를 하면서 제1심 유죄판결이 아니라 항소기각 판결을 재심대상으로 삼아 재심을 청구한 사건

피고인이 제1심에서 도로교통법위반(음주운전)죄 등으로 유죄를 선고받고, 항소하여 항소기각판결을 선고받아 판결이 확정되었는데, 도로교통법위반(음주운전)죄 부분에 관하여 피고인에게 적용된 형벌 조항이 헌법재판소에서 위헌으로 결정되었다는 재심청구이유(헌법재판소법 제47조 제4항에서 정한 재심사유)로 위 항소기각 판결에 대하여 재심을 청구하였다. … 형벌조항에 대하여 헌법재판소의 위헌결정이 있는 경우 헌법재판소법 제47조에 의한 재심은 원칙적인 재심대상판결인 제1심 유죄판결 또는 파기자판한 상급심판결에 대하여 청구하여야 한다. 제1심이 유죄판결을 선고하고, 그에 대하여 불복하였으나, 항소 또는 상고기각판결이 있었던 경우에 헌법재판소법 제47조를 이유로 재심을 청구하려면 재심대상판결은 제1심판결이 되어야 하고, 항소 또는 상고기각판결을 재심대상으로 삼은 재심청구는 법률상의 방식을 위반한 것으로 부적법하다.[1]

Ⅴ 확정판결에 대신하는 증명

1. 의의 및 취지

법 제420조 및 제421조의 규정에 의하여 확정판결로써 범죄(증거위조·위증·무고·직무범죄 등)가 증명됨을 재심청구의 이유로 할 경우에 **그 확정판결을 얻을 수 없는 때에는 그 사실**(확정판결을 받을 수 없다는 사실 & 재심사유 해당 범죄행위가 있었다는 사실)**을 증명하여 재심의 청구**를 할 수 있다(제422조 본문). 이는 제420조 및 제421조에 대한 보충규정으로서, **확정판결에 의하여 증거위조·변조죄, 위증죄, 법관·검사·사법경찰관의 직무범죄 등이 증명될 수 없는 경우 다른 방법으로 그 사실을 증명**하여 재심을 청구할 수 있도록 한 규정이다. 따라서 확정판결로써 범죄가 증명됨을 재심청구의 이유로 할 경우, 그 확정판결을 얻을 수 없는 때라 하더라도 곧바로 재심청구를 기각하여서는 안 되고, 그 확정판결을 얻을 수 없다는 사실과 범죄사실의 존재가 증명되면 재심청구를 인용할 수 있다.

2. 요 건

(1) 확정판결을 얻을 수 없는 때 : 유죄판결을 할 수 없는 사실상·법률상 장애가 있는 경우를 말한다(ⓔ 범인의 사망·행방불명·심신상실, 공소시효의 완성, 사면, 기소유예). 다만, **증거가 없다는 이유로 확정판결을 얻을 수 없는 때에는 여기에 해당하지 않는다**(제422조 단서). 따라서 현재 확정판결이 없는 것만으로는 부족하고 향후에도 확정판결을 받을 수 없음이 명백한 경우를 말한다.

대법원 2019.3.21, 2015모3796

법 제422조의 확정판결을 얻을 수 없는 때

1950년 당시 피고인이 헌병과 경찰 등의 국민보도연맹원 소집에 응하여 갔다가 체포되어 형무소에 수용된 후 계엄고등군법회의에서 구 국방경비법 제32조 위반죄로 사형을 선고받고 사망하였는데, 그 후 피고인의 유족이 위 유죄의 확정판결에 대하여 재심을 청구한 경우, 경찰 등 공무원이 피고인을 체포·감금한 행위는 법원이 발부한 사전 또는 사후 영장 없이 이루어진 것으로서 구 형법 제194조의 특별공무원 직권남용죄에 해당하고, 위 죄는 공소시효가 완성하여 형사소송법 제422조의 '확정판결을 얻을 수 없는 때'에 해당하므로 위 재심대상판결에 형사소송법 제420조 제7호, 제422조에서 정한 재심사유가 있다고 본 원심결정은 정당하다.

---

1) [보충] 대법원은 피고인의 재심청구이유는 항소기각 판결에 대한 재심사유로서 형사소송법 제420조 제1호, 제2호, 제7호에 정한 재심사유 중 어느 것에도 해당하지 아니한다는 이유로 재심청구를 기각하였다. … 민사항소심은 속심제를 취하고 있고, 민사소송법은 '항소심에서 사건에 관하여 본안판결을 하였을 때에는 제1심판결에 대하여 재심의 소를 제기하지 못한다'라고 규정하고 있다(제451조 제3항). 그러나 형사항소심은 속심이면서도 사후심으로서 성격을 가지고 있고, 헌법재판소법 제47조에 따라 '유죄 확정판결'에 대하여 재심을 청구하는 경우 준용되는 형사소송법은 원칙적인 재심대상판결을 '유죄 확정판결'로 규정하고 있는데(제420조), 항소 또는 상고기각판결은 그 확정으로 그 원심의 유죄판결이 확정되는 것이지 그 자체가 유죄판결은 아니기 때문에, 민사재심에서와 달리 보아야 한다. 한편 민사소송법은 원칙적으로 재심의 소 제기에 시간적 제한을 두고 있으나(제456조), 형사소송법은 재심청구 제기기간에 제한을 두고 있지 않으므로(제427조 참조), 법률상의 방식을 위반한 재심청구라는 이유로 기각결정이 있더라도, 청구인이 이를 보정한다면 다시 동일한 이유로 재심청구를 할 수 있다(위 판례의 판결이유).

(2) 사실의 증명(확정판결을 받을 수 없다는 사실 & 재심사유 해당 범죄행위가 있었다는 사실의 증명) : **확정판결을 얻을 수 없다는 사실**뿐만 아니라 재심이유가 되는 **범죄행위 등이 있었다는 사실의 존재가 적극적으로 입증**되어야 하고, 유죄의 확정판결을 대신하는 증명인 만큼 법원의 확신을 일으킬 정도의 것이어야 한다. 따라서 ① **공소시효완성을 이유로 한 검사의 불기소처분**이 있었다는 것만으로는 확정판결에 대신하는 사실의 증명으로 부족하고, **범죄사실의 존재가 적극적으로 입증**되어야 한다. 예컨대, ② 수사에 관여한 사법경찰관이 불법감금죄 등으로 고소되었으나 검사에 의하여 무혐의불기소결정이 되어 그 당부에 관한 재정신청이 있자, 재정신청을 받은 고등법원이 **불법감금의 사실은 인정하면서 기소유예가 가능하였다는 이유로 재정신청기각결정**을 하여 그대로 확정된 경우에는 제420조 제7호의 재심사유인 사법경찰관의 직무범죄가 확정판결에 대신하는 증명으로써 증명된 때에 해당된다. [경찰승진 13]

🔍 **판례연구** 확정판결에 대신하는 증명 관련판례

1. 대법원 1994.7.14, 93모66 [경찰승진 13]
매매계약서 변조를 들어 형사소송법 제420조 제1호 소정의 재심사유를 주장함에 있어 매매계약서 변조의 점에 대하여 공소시효완성을 이유로 한 검사의 불기소처분으로써 같은 법 제422조에 의한 확정판결에 대신하는 증명으로 삼기 위하여는 그와 같은 불기소처분이 있었다는 것만으로는 부족하고 나아가 그와 같은 범죄사실의 존재가 적극적으로 입증되어야 한다(협의의 불기소처분으로는 재심청구가 안 된다는 사례).

2. 대법원 1997.2.26, 96모123 [경찰승진 13]
공소의 기초가 된 수사에 관여한 사법경찰관이 불법감금죄 등으로 고소되었으나 검사에 의하여 무혐의 불기소결정이 되어 그 당부에 관한 재정신청이 있자, 재정신청을 받은 고등법원이 29시간 동안의 불법감금 사실은 인정하면서 여러 사정을 참작하여 검사로서는 기소유예의 불기소처분을 할 수 있었다는 이유로 재정신청기각결정을 하여 그대로 확정된 경우, 이는 법 제422조에서 정한 "확정판결로써 범죄가 증명됨을 재심청구의 이유로 할 경우에 그 확정판결을 얻을 수 없는 때로서 그 사실을 증명한 경우"에 해당하므로, 법 제420조 제7호의 재심사유인 "공소의 기초된 수사에 관여한 사법경찰관이 그 직무에 관한 죄를 범한 것이 확정판결에 대신하는 증명으로써 증명된 때"에 해당한다(기소유예처분 할 수 있음을 근거로 재심청구를 인용한 사례).

---

03 재심개시절차

I 재심의 청구

1. 재심의 관할

(1) **원판결의 법원** : 재심청구는 **원판결의 법원**이 관할한다(제423조). [법원행시 03, 법원9급 09, 교정9급특채 12, 경찰승진 11]
원판결의 법원이란 재심청구인이 재심청구의 대상으로 하고 있는 판결을 한 법원을 의미한다. 제1심판결을 재심청구의 대상으로 하는 경우 제1심 법원이, 상소법원의 상소기각판결과 파기자판을 재심청구의 대상으로 하는 경우 상소법원이 재심청구사건을 관할한다.

(2) **소촉법상 재심관할법원** : 소촉법 제23조의2는 제1심 법원에 대한 재심청구규정을 두고 있는데, 당해 재판이 항소심까지 진행되어 항소심의 유죄판결이 확정된 경우에는 위 소촉법 규정을 유추적용하여 **항소심법원에도 재심을 청구**할 수 있다.

(3) **일반법원과 군사법원의 재심관할** : 일반법원과 군사법원의 관할은 원판결의 법원에 재심관할이 있는 것은 아니고 **재심청구 당시의 청구인의 신분에 따라** 일반인이면 같은 심급의 일반법원에, 군인이면 군사법원에 관할이 있다.

(4) **제척사유의 해당 여부** : 법관이 재심청구 대상 확정판결에 관여하여도 재심청구사건·재심심판사건에서 **제척되지 아니한다**(∵ 제17조 제7호의 전심재판이 아님).

🔨 **판례연구** 재심의 관할 관련판례

1. 대법원 1961.12.4, 4294형항20

대법원이 하급심판결을 파기하고 자판한 경우 재심관할법원은 파기된 판결의 선고법원이 아니라 원판결을 선고한 대법원이 된다.

2. 대법원 1985.9.24, 84도2972 전원합의체 [법원9급 12, 경찰승진 13]

군법회의는 군인 또는 군무원이 아닌 국민에 대하여는 헌법 제26조 제2항에 해당하는 경우가 아니면 그 재판권이 없고, 비록 군법회의법 제463조 본문에 재심의 청구는 원판결을 한 대법원 또는 군법회의가 관할한다고 규정되어 있으나, 관할은 재판권을 전제로 하는 것이므로 군법회의판결이 확정된 후 군에서 제적되어 군법회의에 재판권이 없는 경우에는 재심사건이라 할지라도 그 관할은 원판결을 한 군법회의가 아니라 같은 심급의 일반법원에 있다.

3. 대법원 2015.5.21, 2011도1932 전원합의체 [국가7급 17]

① 재심심판절차는 물론 재심사유의 존부를 심사하여 다시 심판할 것인지를 결정하는 재심개시절차 역시 재판권 없이는 심리와 재판을 할 수 없는 것이므로, 재심청구를 받은 군사법원으로서는 먼저 재판권 유무를 심사하여 군사법원에 재판권이 없다고 판단되면 재심개시절차로 나아가지 말고 곧바로 사건을 군사법원법 제2조 제3항에 따라 같은 심급의 일반법원으로 이송하여야 한다. ② 이와 달리 군사법원이 재판권이 없음에도 재심개시결정을 한 후에 비로소 사건을 일반법원으로 이송한다면 이는 위법한 재판권의 행사이다. ③ 다만, 군사법원법 제2조 제3항 후문이 "이 경우 이송 전에 한 소송행위는 이송 후에도 그 효력에 영향이 없다."라고 규정하고 있으므로, 사건을 이송받은 일반법원으로서는 다시 처음부터 재심개시절차를 진행할 필요는 없고 군사법원의 재심개시결정을 유효한 것으로 보아 후속 절차를 진행할 수 있다.

4. 대법원 2015.6.25, 2014도17252 전원합의체; 2015.8.27, 2015도1054 [국가7급 17]

소촉법 제23조에 따라 진행된 제1심의 불출석 재판에 대하여 검사만 항소하고 항소심도 불출석 재판으로 진행한 후에 제1심판결을 파기하고 새로 또는 다시 유죄판결을 선고하여 유죄판결이 확정된 경우에도, 소촉법 제23조의2의 재심 규정을 유추적용하여 귀책사유 없이 제1심과 항소심의 공판절차에 출석할 수 없었던 피고인은 재심 규정이 정한 기간 내에 항소심 법원에 유죄판결에 대한 재심을 청구할 수 있다.

유사판례 대법원 2016.10.27, 2016도11969(소촉법상 재심사유가 인정되면 상고이유도 인정된다는 사례) : 소촉법 제23조에 따라 피고인이 불출석한 채로 진행된 제1심의 재판에 대하여 검사만 항소하고 항소심도 피고인 불출석 재판으로 진행한 후에 검사의 항소를 기각하여 제1심 유죄판결이 확정되었는데, 피고인이 귀책사유 없이 제1심과 항소심 공판절차에 출석할 수 없었고 상고권회복에 의한 상고를 제기한 경우, 법 제383조 제3호에서 상고이유로 정한 '재심청구의 사유가 있는 때'에 해당한다.

5. 대법원 2023.7.14, 2023모1121

4·3사건법 관련 재심청구절차의 관할법원의 문제

4·3사건법 제14조 제3항에 따라 제주지방법원에 관할이 있는 사건은 특별재심사건에 한정되고, 위원회로부터 희생자 결정을 받지 않은 상태에서 형사소송법에 따른 일반재심을 청구하는 사건에는 형사소송법에 따라 원판결법원이 관할권을 가진다.[1]

2. 재심청구권자

(1) **청구권자** : ① 검사(공익의 대표자로서 피고인의 이익을 위하여 재심청구를 할 수 있음), ② 유죄의 선고를 받은 자(피고인이었던 자), ③ 유죄의 선고를 받은 자의 법정대리인, ④ 유죄의 선고를 받은 자가 사망하거나(사망자를 위한 유족의 재심청구도 가능) 심신장애가 있는 경우에는 그 배우자·직계친족 또는 형제자매는 재심을 청구할 수 있다(제424조 : **검/피/법/배직형**)(검사도 재심청구를 할 수 있음에 주의할 것). [법원9급 09, 경찰채용 04 1차]

---

1) [보충] 「제주4·3사건 진상규명 및 희생자 명예회복에 관한 특별법」(이하 '4·3사건법') 제2조 제2호에서 '희생자'는 제주4·3사건으로 인하여 사망하거나 행방불명된 사람, 후유장애가 남은 사람 또는 수형인으로서 제5조 제2항 제2호에 따라 제주4·3사건 진상규명 및 희생자 명예회복위원회의 심사를 통하여 제주4·3사건의 희생자로 결정된 사람을 말한다고 규정하고 있고, 같은 법 제14조는 '특별재심'이라는 제목 아래 제1항에서 희생자로서 제주4·3사건으로 인하여 유죄의 확정판결을 선고받은 사람, 수형인 명부 등 관련 자료로서 위와 같은 사람으로 인정되는 사람은 형사소송법과 군사법원법의 재심이유, 재심청구권자에 관한 규정에도 불구하고 재심을 청구할 수 있다고 규정하여, 희생자에게 형사소송법 등의 재심절차와 별도로 특별재심을 청구할 수 있는 권리를 부여하고 있으며, 같은 조 제3항은 형사소송법과 군사법원법의 재심의 관할에 관한 규정에도 불구하고 재심의 청구는 제주지방법원이 관할한다고 규정하여 재심사건에 관하여 원판결 법원이 어디인지에 관계없이 제주지방법원에 전속관할을 인정하고 있다. 위와 같이 4·3사건법 제14조는 제1조의 목적 달성을 위하여 형사소송법과 군사법원법상 재심의 예외적 제도로서 특별재심 절차에 관하여 정하고 있는 조항이라는 점과 4·3사건법 제2조 제2호·제14조 등 관련 규정의 문언 및 체계적 해석에 비추어 보면, 제14조 제3항에서 제주지방법원에 전속관할권을 인정한 사건은 제5조 제2항 제2호에 따라 위원회로부터 제주4·3사건의 희생자로 결정된 경우에 청구하는 제14조 제1항의 특별재심사건에 한정된다고 보아야 한다. 따라서 위원회로부터 희생자 결정을 받지 않은 상태에서 형사소송법에 따른 재심을 청구하는 사건에는 형사소송법 제423조가 적용되어 원판결의 법원이 관할권을 가진다.

(2) 검사만이 청구할 수 있는 경우 : 법관·검사 또는 사법경찰관의 직무상 범죄를 이유로 하는 재심청구(제 420조 제7호)는 유죄의 선고를 받은 자(피고인이었던 사람)가 그 죄를 범하게 한 경우에는 검사가 아니면 하지 못한다(제425조).

(3) 변호인 : 검사 이외의 자(피/법/배직형)가 재심청구를 하는 경우에는 변호인을 선임할 수 있고, 변호인의 선임은 재심의 판결이 있을 때까지 그 효력이 있다(제426조). 이 경우 변호인도 대리권에 의하여 재심을 청구할 수 있다. 이때 변호인은 원심의 변호인을 의미하는 것은 아니다. 또한 재심개시결정이 확정된 후 재심 심판절차에서 재심판결이 선고된 후 심급에 따라 상소하는 경우에는 일반 공판절차와 마찬가지로 변호인의 선임은 심급마다 하여야 한다.

3. 재심청구의 시기

(1) 제한 없음 : 재심청구의 시기에는 제한이 없다. [경찰승진 11, 경찰채용 04 1차] 따라서 재심청구는 형의 집행이 종료되거나 그 집행을 받지 아니하게 된 때에도 할 수 있다(형집행종료·형집행면제 후에도 가능, 제427조). [법원9급 08/09/14] 따라서 유죄의 확정판결이 형면제판결(제322조)이어서 형이 선고되지 않은 경우이든, 집행유예기간의 경과에 의하여 형의 선고의 효력이 상실된 경우(형법 제65조)이든, -전술한 바와 같이- 형의 선고의 효력을 상실하게 하는 특별사면을 받은 경우이든 재심청구가 가능하다.

(2) 사망 후의 청구 : 유죄의 선고를 받은 자(피고인이었던 자)의 사망한 때에도 할 수 있다(사망 후 배직형 재심 청구 ○, 제424조 제4호). [법원9급 16, 경찰승진 03] 무죄판결의 공시(법 제440조, 형법 제58조 제2항, 이상 필요적 공시 원칙)에 의한 명예회복 및 형사보상법에 의한 피고인 형사보상 등의 법률적 이익을 비롯한 회복 가능한 여러 이익이 있기 때문이다.

(3) 재심청구 후 재심개시결정 전 사망의 경우 : 유죄의 선고를 받은 자가 사망한 후의 재심(제424조 제4호)이나 재심개시결정 확정 후 재심판결 전 사망한 경우의 재심심판절차유지의 특칙(공소기각결정 금지, 제438조 제2항)은 있으나, 재심청구를 한 후 재심개시결정이 확정되기 전 사망한 경우를 처리하는 별도의 규정은 없으므로 이 경우 재심청구절차는 당연히 종료할 수밖에 없다(이때 주문은 '이 사건 재심청구절차는 연.월.일. 재심청구인의 사망으로 종료하였다'고 표시, 이/조, 821면).

대법원 2014.5.30, 2014모739 [국가7급 17/20, 경찰채용 16 1차]

형사소송법이나 형사소송규칙에는 재심청구인이 재심의 청구를 한 후 청구에 대한 결정이 확정되기 전에 사망한 경우에 재심청구인의 배우자나 친족 등에 의한 재심청구인 지위의 승계를 인정하거나 형사소송법 제438조와 같이 재심청구인이 사망한 경우에도 절차를 속행할 수 있는 규정이 없으므로, 재심청구절차는 재심청구인의 사망으로 당연히 종료하게 된다.

---

4. 재심청구의 방식

(1) 재심청구서의 제출 : 재심의 청구를 함에는 재심청구의 취지 및 재심청구의 이유를 구체적으로 기재한 재심청구서에 원판결의 등본 및 증거자료를 첨부하여 관할법원(원판결을 한 법원, 제423조)에 제출하여야 한다(규칙 제166조).

(2) 재소자에 대한 특칙 : 교도소·구치소에 있는 자는 재심청구서를 교도소장·구치소장 또는 그 직무를 대리하는 자에게 제출한 때에는 재심을 청구한 것으로 간주한다(제430조, 제344조 제1항, 규칙 제152조, 제168조)(취하도 同)(재약참/상-제포회이).

5. 형집행정지의 효력

(1) 원칙 : 재심의 청구는 형의 집행을 정지하는 효력이 없다(제428조 본문). [법원행시 03, 법원9급 10/14, 경찰채용 04 1차/14 2차]

(2) 예외 : 단, 관할법원에 대응한 검찰청 **검사**는 재심청구에 대한 재판이 있을 때까지 형의 집행을 정지할 수 있다(동조 단서)(cf. 재심개시결정법원의 임의적 형집행정지는 제435조 제2항). [법원행시 03, 법원9급 06/09/10, 경찰승진 12, 경찰채용 04 1·2차/14 2차] 다만, 소속법 제23조의2에 의한 재심의 청구가 있는 경우에는 법원은 재판의 집행

을 정지하는 결정을 하여야 하고(동조 제2항), 이때 피고인을 구속할 사유가 있으면 구속영장을 발부하여야 한다(동조 제3항).

6. 재심청구의 취하

(1) **취하의 방식** : 재심청구는 재심의 제1심판결 선고시까지(多) 취하할 수 있다(제429조 제1항). 서면으로 하여야 하지만, 공판정에서는 구술로도 할 수 있다(규칙 제167조).

(2) **재청구의 제한** : **재심청구를 취하한 자는 동일한 이유로써 다시 재심을 청구하지 못한다**(제429조 제2항). [법원9급 08, 경찰채용 14 2차]

Ⅱ 재심청구에 대한 심판

1. 재심청구의 심리

(1) **심리절차의 구조** : 재심청구에 대한 심리절차는 결정절차이다. 즉, 재심청구에 대한 심리절차는 성격상 실체진실을 추구하는 일반 공판절차와 다르므로, 공판절차의 기본원칙인 공개주의 · 구두변론주의 등에 의할 필요가 없다. 이에 반드시 구두변론에 의할 필요가 없고(제37조 제2항), 공개할 필요도 없다.

(2) **직권에 의한 사실조사** : 재심절차의 결정절차적 성질에도 불구하고, 재심청구를 받은 법원은 필요한 때에는 사실을 조사할 수 있고(제37조 제3항), 합의부원에게 재심청구의 이유에 대한 사실조사를 명하거나 다른 법원 판사에게 이를 촉탁할 수 있다(제431조 제1항). 이 경우 수명법관과 수탁판사는 법원 또는 재판장과 동일한 권한이 있다(동조 제2항). 다만 위와 같은 재심청구를 받은 법원의 사실조사는 어디까지나 필요한 때에 행하는 **직권**에 의한 절차에 불과하므로, 소송당사자에게 사실조사신청권이 있는 것은 아니다. 법원은 사실조사를 하기 위하여 증인신문 · 감정 · 검증 등의 처분을 할 수 있으나 엄격한 증거조사의 방식에 따르지 않아도 되므로, 이러한 처분을 함에 있어서는 피고인이었던 자 또는 재심청구인의 참여는 요하지 않는다는 것이 실무이다(법원실무Ⅱ 644면). 한편, 증거보전(제184조)은 제1심 제1회 공판기일 전에 한하여 허용되는 것이므로 재심청구사건에서는 증거보전절차는 허용될 수 없다(84모15, 수사상 증거보전에서 기술함).

대법원 2021.3.12, 2019모3554

재심청구에 대한 재판에서 소송당사자에게 사실조사신청권이 없다는 사례

재심의 청구를 받은 법원은 필요하다고 인정한 때에는 형사소송법 제431조에 의하여 직권으로 재심청구의 이유에 대한 사실조사를 할 수 있으나, 소송당사자에게 사실조사신청권이 있는 것이 아니다. 그러므로 당사자가 재심청구의 이유에 관한 사실조사신청을 한 경우에도 이는 단지 법원의 직권발동을 촉구하는 의미밖에 없는 것이므로, 법원은 이 신청에 대하여는 재판을 할 필요가 없고 설령 법원이 이 신청을 배척하였다고 하여도 당사자에게 이를 고지할 필요가 없다.

---

(3) **당사자의 의견의 필수적 청취** : 재심청구에 대하여 결정을 함에는 **청구인과 상대방**(검사 ×)**의 의견을 들어야 한다.** [경찰채용 04 1차/14 2차] 단, 유죄의 선고를 받은 자의 법정대리인이 청구한 경우에는 유죄의 선고를 받은 자의 의견을 들어야 한다(제432조)(cf. 검사의 의견청취 : 집/보/구/간/개). [법원9급 08, 경찰승진 12, 경찰채용 13 1차/14 2차] 따라서 **재심청구인에게 의견을 진술할 기회를 주지 아니한 채 재심청구에 대한 결정을 하는 것은 위법**하다(∴ 즉시항고 可). 다만, 의견진술의 기회를 부여하면 족하고 당사자의 의견의 진술이 없다고 하여 재판을 할 수 없는 것은 아니고, 의견청취의 방법 및 시기도 법원의 재량에 의한다.

대법원 1993.2.24, 93모6; 2004.7.14, 2004모86

재심청구인에게 의견을 진술할 기회를 주지 아니한 채 재심청구에 대한 결정을 한 것은 위법이라는 사례

법 제432조에 의하면 재심청구에 대하여 결정을 함에는 청구한 자와 상대방의 의견을 듣도록 규정하고 있으므로 최소한 재심을 청구한 자와 상대방에게 의견을 진술할 기회를 주어야 하는 것이며, 이는 재심청구서와 별도로 요구되는 절차라고 할 것이므로 재심청구서에 재심청구의 이유가 기재되어 있다고 하여 위 절차를 생략할 수 없다.

---

(4) 국선변호인의 선정 불요 : 재심개시절차에서는 원사건이 필요적 변호사유(제33조, 제282조)에 해당하더라도 국선변호인을 선정할 필요는 없다. 이를 정한 명문의 규정이 없기 때문이다. 다만, 재심개시결정을 한 후에는 일반 공판절차에 들어가게 되므로 필요한 경우 국선변호인을 선정하여야 한다(후술함).

2. 재심청구에 대한 재판

(1) 청구기각의 결정

① **재심청구의 부적법** : 재심청구가 ㉠ **법률상의 방식에 위반**(⑩ 규칙 제166조상 재심청구서 제출방식의 위반 – 재심청구 취지·이유의 구체적 기재의 미이행 or 원판결 등본 및 증거자료의 미첨부)하거나 ㉡ **청구권의 소멸 후**(⑩ 재심청구 취하 후 재청구 – 제429조 제2항, 재심청구 이유 없음에 의한 기각결정 후 재청구 – 제434조 제2항)인 것이 명백한 때에는 결정으로 기각하여야 한다(제433조).[1] 판례는 **상고기각판결이 사실오인을 간과하였다는 취지의 재심청구도 법률상 방식 위반에 해당한다고 본다.**

> **대법원 1987.5.27, 87재도4**
> 법 제421조 제1항의 사유가 없는 상고기각판결에 대한 재심청구의 적부
> 제421조 제1항의 규정에 의하여 상고기각판결에 대하여는 그 판결에 제420조에 정한 사유 중 제1호, 제2호, 제7호의 사유가 있는 경우에 한하여 재심을 청구할 수 있게 되어 있으므로 상고기각의 판결에 대하여 이와 같은 사유가 있음을 이유로 하는 것이 아닌 재심청구는 법률상의 방식에 위배된다(∴ 제433조로 재심청구기각결정).

② **재심청구의 이유 없음** : 재심청구가 이유 없다고 인정한 때에는 결정으로 기각하여야 한다(제434조 제1항). 이 결정이 있는 때에는 **누구든지 동일한 이유로써 다시 재심을 청구하지 못한다**(동조 제2항). [국가급 10] 예컨대, 유죄의 선고를 받은 자(피고인이었던 자)의 재심청구가 이유 없는 것으로서 기각된 경우에 그 자의 법정대리인뿐만 아니라 검사도 동일한 이유로 재심청구를 하지 못하고, 동일한 이유로 다시 재심청구를 하면 청구권 소멸 후의 청구(제433조)로서 기각될 것이다(법원실무II 648면). 동일한 사실의 주장이라면 법률적 쟁점을 달리 구성하여도 다시 재심을 청구할 수 없다(이/조, 821면; 임동규, 833면 등).

③ **재심청구의 경합에 의한 하급심 재심판결시 상소법원의 조치** : 동일한 사건에 대한 **상소기각판결**(항소기각 또는 상고기각 판결)과 그 판결에 의하여 확정된 하급심판결에 대한 재심청구가 경합되는 경우, 하급심판결에 대한 재심의 판결이 있는 때에는 상소법원이 결정으로 재심청구를 기각하여야 한다(제436조). [경찰간부 14]

(2) 재심개시결정

① **재심청구의 이유 있음**

(가) **원칙** : 재심청구가 이유 있다고 인정한 때에는 재심개시의 결정을 하여야 한다(제435조 제1항). [경찰승진 03/12]

(나) **판단시 고려사항** : 재심개시절차에서는 재심사유가 있는지 여부만을 판단하여야 하고, 나아가 재심사유가 재심대상 판결에 영향을 미칠 가능성이 있는가의 실체적 사유는 고려하여서는 아니 된다. 또한 법원이 재심청구의 이유 유무를 판단함에 있어서는 청구한 자의 법률적 견해에 구속되지도 않는다.

> **대법원 2008.4.24, 2008모77** [법원9급 19, 경찰승진 12, 경찰 15]
> 형사소송법상 재심절차는 재심개시절차와 재심심판절차로 구별되는 것이므로(재심절차는 2단계 구조), 재심개시절차에서는 형사소송법을 규정하고 있는 재심사유가 있는지 여부만을 판단하여야 하고, 나아가 재심사유가 재심대상판결에 영향을 미칠 가능성이 있는가의 실체적 사유는 고려하여서는 아니 된다.

1] [참고] 다만, 이 중 법률상 방식에 위반하였다는 이유로 재심청구기각결정이 내려진 경우에는 청구권 소멸 후 원인에 기한 재심청구기각결정의 경우와는 달리 적법한 방식으로 다시 재심청구를 할 수 있다. 동지 : 임동규, 832면.

(다) **재심개시결정의 범위**(동시적 경합범 중 일부에 재심사유 인정시 재심의 범위) : 형법 제37조 전단 경합범(판결이 확정되지 아니한 수개의 죄, 동시적 경합범)의 관계에 있는 수개의 범죄사실을 모두 유죄로 인정하여 1개의 형을 선고한 불가분의 확정판결 중 일부의 범죄사실에 대해서만 재심청구의 이유 있다고 인정되는 경우 재심개시결정의 범위를 어느 정도로 할 것인가에 대해서는 전부설·일부설·절충설 등 견해가 대립하나,[1] **판례는 절충설**을 취하여 **경합범 전부에 대하여 재심개시결정을 할 수밖에 없지만 재심사유 없는 범죄사실에 대해서는 유죄인정을 파기할 수 없고 양형을 위하여 필요한 범위에 한하여서만 심리**를 할 수 있다는 입장이다. 또한 판례는 이 경우 판결 전부에 대하여 재심개시결정을 하는 것이 **헌법상 이중처벌금지원칙에 위배되지 아니한다**고 본다.

🔨 **판례연구** 경합범에 대한 재심개시결정 및 재심심판의 범위

1. **대법원 1996.6.14, 96도477; 2001.7.13, 2001도1239; 2016.3.24, 2016도1131; 2021.7.8, 2021도2738** [법원9급 12/14, 국가7급 17, 경찰채용 12 2차]

    경합범 관계에 있는 수개의 범죄사실을 유죄로 인정하여 한 개의 형을 선고한 불가분의 확정판결에서 그 중 일부의 범죄사실에 대하여만 재심청구의 이유가 있는 것으로 인정된 경우에는 형식적으로는 1개의 형이 선고된 판결에 대한 것이어서 그 판결 전부에 대하여 재심개시의 결정을 할 수밖에 없지만(대법원 2010.10.29, 2008재도11 전원합의체 결정 −조봉암 사건− 에서도 같은 결정), 비상구제수단인 재심제도의 본질상 재심사유가 없는 범죄사실에 대하여는 재심개시결정의 효력이 그 부분을 형식적으로 심판의 대상에 포함시키는 데 그치므로 재심법원은 그 부분에 대하여는 이를 다시 심리하여 유죄인정을 파기할 수 없고, 다만 그 부분에 관하여 새로이 양형을 하여야 하므로 양형을 위하여 필요한 범위에 한하여만 심리를 할 수 있을 뿐이다.

2. **대법원 2014.11.13, 2014도10193; 2018.2.28, 2015도15782** [국가7급 20]

    경합범 관계에 있는 수개의 범죄사실을 유죄로 인정하여 1개의 형을 선고한 불가분의 확정판결에서 그 중 일부의 범죄사실에 대하여만 재심청구의 이유가 있는 것으로 인정되었으나 형식적으로는 1개의 형이 선고된 판결에 대한 것이어서 판결 전부에 대하여 재심개시의 결정을 한 경우, 재심법원은 재심사유가 없는 범죄에 대하여는 새로이 양형을 하여야 하는 것이므로 이를 헌법상 이중처벌금지의 원칙을 위반한 것이라고 할 수 없고, 다만 재심사건에는 불이익변경의 금지원칙이 적용되어 원판결의 형보다 중한 형을 선고하지 못하는 것이다(제439조).

---

② **임의적 형집행정지 결정** : ㉠ 재심개시의 결정을 할 때에는 (재심개시결정법원은) **결정으로 형의 집행을 정지할 수 있다**(임의적 형집행정지, 1995년 개정 제435조 제2항, 종래 필요적 정지에서 임의적 정지로 변경됨).[2] [국가7급 13] 재심개시결정이 확정되더라도 확정된 재심대상 판결에 대하여는 영향을 미치지 아니하므로 형의 집행을 계속하는 것은 위법이 아니나(재심개시결정이 확정되어도 원판결의 확정력은 유지되나), 재심개시결정을 하였다는 것은 원판결에 하자가 있음을 인정한 것이므로 이에 따라 형의 선고를 받은 자를 구제하기 위한 취지의 규정이다.[3] 다만, ㉡ 형집행정지결정을 한 경우에도, 도망의 염려 기타 구속의 사유가 있다고 인정하면 형집행정지결정과 동시에 구속영장을 발부하여 구속할 수도 있다(1995년 제435조 제2항 개정 전의 판례).

[정리] 재심청구·재심개시결정시 형집행정지는 모두 임의적 결정

---

1) [참고−경합범 중 일부만 재심사유 있는 경우 재심개시결정·재심심판의 범위]
    ① 전부설 : 재심청구 없는 부분도 재심사유가 인정된 부분과 양형상 불가분의 관계에 있으므로 경합범 전부에 대하여 재심개시결정을 하여야 한다는 입장이다(백형구, 정/이).
    ② 일부설 : 재심청구가 이유 없는 사실에 대하여 재심개시결정을 하는 것은 타당하지 않으므로, 재심사유 있는 범죄사실만 재심의 대상이 되고 재심의 심판에서는 형량만을 다시 정할 수 있다는 입장이다.
    ③ 절충설 : 재심대상판결이 불가분의 판결이므로 경합범 전부에 대하여 재심개시결정을 하되, 재심사유 있는 범죄사실만 재심의 대상이 되고, 재심사유 없는 범죄사실은 사실인정을 다시 심리하여 무죄를 선고할 수는 없으나 양형을 위하여 필요한 범위 내에서 심리할 수 있을 뿐이라는 입장이다(다수설·판례).
    ④ 결론 : 전부설과 일부설을 재심제도의 본질에 충실하게 결합시켰다는 점에서 절충설이 타당하다고 생각된다.
2) [참고] 재심개시결정의 효력이 원판결의 확정력을 배제하는가에 관하여 독일 형사소송법에는 확정력이 배제된다는 것이 통설적 입장이나, 우리 형사소송법은 1995년 제435조 제2항이 종래 필요적 형집행정지에서 임의적 형집행정지로 개정되면서, 재심개시결정이 있더라도 원판결의 확정력이 배제되지 않는다는 입장을 취한 것으로 평가하는 견해도 있다. 신동운, 1699면.
3) [참고] 실무에서는, 재심개시의 결정을 하면서 형의 집행을 정지하지 아니하였더라도 심판의 경과에 따라 형의 집행을 정지할 필요성이 생겼다고 판단되면 법원으로서는 심판 도중에라도 형의 집행을 정지할 수 있다고 보는데, 그 이유는 재심개시의 결정을 하면서 형의 집행을 정지할 수 있었다면 그 결정 이후라도 형의 집행을 정지할 수 있다고 해석함이 타당하고, 심판의 경과에 따라 무죄 또는 재심대상 판결보다도 가벼운 형을 선고할 가능성이 높아지는 경우에는 그 필요성도 커지기 때문이라고 설명하고 있다. 법원실무 II 649~650면.

> **대법원 1965.3.2, 64도690**
>
> (원심은 피고인을 불법구금한 위법을 감행하였다는 변호인의 상고논지에 대하여 판단건대) 재심개시결정이 확정한 사건에 대하여는 법원은 그 심급에 따라 다시 심판할 수 있음이 법 제438조 제1항에 의하여 명백하며 **재심법원은 재심개시결정에 의한 형의 집행정지와 동시에 형사소송법상 일반원칙에 따라 형사소송법 제70조에 의하여 구속영장을 발부하여 피고인을 구속할 수 있다**고 해석됨으로 원심이 피고인을 구속할 이유 있다고 인정하여 피고인을 구속하였음이 명백하므로 논지는 이유 없다.

(3) 결정에 대한 불복 : 재심청구에 대한 기각결정(제433조, 제434조 제1항, 제436조 제1항)과 재심개시결정(제435조 제1항)에 대하여는 **즉시항고**를 할 수 있다(제437조)(집공기참정상선비재재구감). 즉시항고 이외의 방법으로는 다툴 수 없다. 또한 대법원은 최종심이므로 재심청구에 관한 대법원의 결정에 대해서는 즉시항고를 할 수 없다. [국가7급 13]

04 재심심판절차

I 재심개시결정의 확정과 그 효력

1. 재심개시결정의 확정

재심개시결정은 7일의 즉시항고기간(2019.12.31. 개정 제405조)을 경과하거나 즉시항고가 기각됨으로써 확정된다.

2. 재심개시결정 확정의 효력 —그 심급에 따라 재심판결 당시 법령에 의해 다시 심판—

(1) '다시 심판'의 의미 : ① 재심개시의 결정이 확정된 사건에 대하여는 —제436조의 경우 외에는— 법원은 **그 심급에 따라 다시 심판을 하여야 한다**(제438조 제1항). 다시 심판한다는 것은 **재심대상판결의 당부를 심사하는 것이 아니라 피고사건 자체를 처음부터 다시(새로) 심판**함을 의미한다. 따라서 **재심대상판결의 기초가 된 증거와 그 이후에 수집된 증거를 모두 조사**하여야 한다. 다만, ② (재심개시결정이 확정되면 다시 심판하여야 함에도 제436조의 경우를 제외한다는 의미는) 재심청구의 경합시 하급심에서 이미 재심의 판결이 있어 상급심에서 경합한 청구를 기각하여야 할 경우(제436조)라면, **상급심에서는 설령 재심개시결정이 확정되었더라도** —하급심이 이미 재심개시에 이어 재심판결을 하였으므로 상급심이 다시 심판을 할 수는 없고— **재심청구를 기각하여야 한다**는 의미이다.

(2) '그 심급에 따라'의 의미(원판결 심급의 절차 적용) : 재심의 공판절차에 관하여는 원칙적으로 각 심급의 공판절차에 관한 규정이 적용된다. 예컨대, 제1심의 유죄의 확정판결에 대한 재심이 청구되어 재심개시결정이 확정되면 다시 제1심의 공판절차가 진행되고, 유죄판결에 대한 항소기각·상고기각의 확정판결에 대한 재심이 청구되어 재심개시결정이 확정되면 항소심·상고심의 절차가 진행되어야 한다.[1] 재심의 판결에 대하여도 심급과 상소의 일반원칙에 따라 항소와 상고가 모두 허용된다.[2]

(3) 적용법령(재심판결 당시의 법령) : 재심의 심판에서 범죄사실에 **적용하여야 할 법령은 재심판결 당시의 법령**(재심대상판결 당시의 법령 ×)이다. 따라서 법령이 변경된 경우 법원은 그 범죄사실에 대하여 **재심판결 당시의 법령**을 적용하여야 하며, **법령을 해석함에 있어서도 재심판결 당시를 기준**으로 하여야 한다(대법원 2011.11.20, 2008재도11 —조봉암 사건— ; 2013.7.11, 2011도14044). [국가7급 12, 경찰채용 12 2차] 이에 재심대상판결의 적

---

1) [보충] 만약 재심청구의 대상이 된 확정판결이 제1심의 유죄판결이라면, 재심의 소송절차에서는 진술거부권고지, 인정신문, 검사의 모두진술, 피고인의 모두진술, 재판장의 입증계획 수립과 당사자의 입증계획 진술, 증거조사, 피고인신문, 최종변론 등 제1심의 소송절차를 새로 밟아야 한다.

2) [참고] 모든 재심사건(준재심사건을 포함한다)은 재심대상사건의 사건부호 앞에 "재"를 붙이지만, 재심사건이 상소되는 경우 상소심의 사건부호는 원래의 사건부호 앞에 "재"를 붙이지 아니하므로(사건별 부호문자의 부여에 관한 예규 —재판예규 제1423호 — 제2조 제2항), 형사재심사건의 사건부호는 재심대상판결의 심급이 제1심의 경우에는 사물관할에 따라 '재고합', '재고단', '재고정', 항소심의 경우에는 '재노', 상고심의 경우에는 '재도'가 되나, 재심사건이 상소된 경우에는 "재"를 붙이지 아니하고 심급에 따라 '노' 또는 '도'가 된다. 법원실무II 644면.

용법령이 재심판결 당시 폐지된 경우에는 면소를 선고하는 것이 원칙이나, 법령에 대한 헌법재판소의 위헌결정으로 인하여 소급하여 그 효력이 상실되었거나 법원에서 위헌·무효로 선언된 경우에는 당해 법령을 적용하여 무죄를 선고하여야 한다.

★ 판례연구 재심개시결정 확정의 효력 : 그 심급에 따라 다시 심판한다는 의미

1. 대법원 1996.6.14, 96도477; 2016.3.24, 2016도1131

재심사유가 없는 범죄사실에 관한 법령이 재심대상판결 후 개정·폐지된 경우에는 그 범죄사실에 관하여도 재심판결 당시의 법률을 적용하여야 하고(대법원 2011.10.27, 2009도1603; 2013.7.25, 2011도6380), 양형조건에 관하여도 재심대상판결 후 재심판결시까지의 새로운 정상도 참작하여야 하며, 재심사유 있는 사실에 관하여 심리 결과 만일 다시 유죄로 인정되는 경우에는 재심사유 없는 범죄사실과 경합범으로 처리하여 한 개의 형을 선고해야 한다.

2. 대법원 2004.9.24, 2004도2154

재심개시결정에 대하여는 법 제437조에 규정되어 있는 즉시항고에 의하여 불복할 수 있고, 이러한 불복이 없이 확정된 재심개시결정의 효력에 대하여는 더 이상 다툴 수 없으므로(대법원 2002.7.12, 2000도4597), 설령 재심개시결정이 부당하더라도 이미 확정되었다면 법원은 더 이상 재심사유의 존부에 대하여 살펴 볼 필요 없이 법 제436조의 경우가 아닌 한 그 심급에 따라 다시 심판을 하여야 한다. 그러므로 원심으로서는 이 사건 재심개시결정이 확정된 이상 재심공판기일을 열어 항소심 공판절차에 따라 새로이 본안심리를 하여야 하고, 이 사건에서 위 재심대상사건의 기록이 보존기간의 만료로 이미 폐기되었다 하더라도 가능한 노력을 다하여 그 기록을 복구하여야 하며(피고인들이 제출한 상고이유서의 첨부서류 등에 의하면, 그 기록의 사본의 상당 부분이 남아 있는 것으로 보인다), 부득이 기록의 완전한 복구가 불가능한 경우에는 판결서 등 수집한 잔존자료에 의하여 알 수 있는 원판결의 증거들과 재심공판절차에서 새롭게 제출된 증거들의 증거가치를 종합적으로 평가하여 원판결의 원심인 제1심판결의 당부를 새로이 판단하여야 할 것이다.

3. 대법원 2010.12.16, 2010도5986 전원합의체 [법원9급 12, 경찰채용 12 2차]

재심이 개시된 사건에서 범죄사실에 대하여 적용하여야 할 법령은 재심판결 당시의 법령이므로, 법원은 재심대상판결 당시의 법령이 변경된 경우에는 그 범죄사실에 대하여 재심판결 당시의 법령을 적용하여야 하고, ① 폐지된 경우에는 형사소송법 제326조 제4호를 적용하여 그 범죄사실에 대하여 면소를 선고하는 것이 원칙이다. 그러나 ② 법원은, 형벌에 관한 법령이 헌법재판소의 위헌결정으로 인하여 소급하여 그 효력을 상실하였거나 법원에서 위헌·무효로 선언된 경우, 당해 법령을 적용하여 공소가 제기된 피고사건에 대하여 같은 법 제325조에 따라 무죄를 선고하여야 한다.

4. 대법원 2015.5.14, 2014도2946[유서대필 사건]; 2004.9.24, 2004도2154; 2013.1.24, 2010도14282

법 제438조 제1항은 "재심개시의 결정이 확정한 사건에 대하여는 제436조의 경우 외에는 법원은 그 심급에 따라 다시 심판을 하여야 한다."라는 규정에서 '다시' 심판한다는 것은 재심대상판결의 당부를 심사하는 것이 아니라 피고 사건 자체를 처음부터 새로 심판하는 것을 의미하므로, 재심대상판결이 상소심을 거쳐 확정되었더라도 재심사건에서는 재심대상판결의 기초가 된 증거와 재심사건의 심리과정에서 제출된 증거를 모두 종합하여 공소사실이 인정되는지를 새로이 판단하여야 한다. 그리고 재심사건의 공소사실에 관한 증거취사와 이에 근거한 사실인정도 다른 사건과 마찬가지로 그것이 논리와 경험의 법칙을 위반하거나 자유심증주의의 한계를 벗어나지 아니하는 한 사실심으로서 재심사건을 심리하는 법원의 전권에 속한다.

보충 피고인이 甲 명의의 유서를 대필하여 주는 방법으로 甲의 자살을 방조하였다는 공소사실로 유죄판결을 받아 확정되었는데, 그 후 재심이 개시된 사안에서, 국립과학수사연구소 감정인 乙이 작성한 감정서 중 유서와 피고인의 필적이 동일하다는 부분은 그대로 믿기 어렵고, 나머지 증거만으로는 공소사실이 증명되었다고 볼 수 없다고 한 사례이다.

Ⅱ 재심심판절차의 특칙

1. 심리상의 특칙

(1) 공판절차정지와 공소기각결정에 관한 특칙

① 의의 : ㉠ 사망자 또는 회복할 수 없는 심신장애자를 위하여 재심의 청구가 있는 때, ㉡ 유죄의 선고를 받은 자가 재심의 판결 전에 사망하거나 회복할 수 없는 심신장애자로 된 때에는 **공판절차의 정지**(제306조 제1항), **공소기각의 결정**(제328조 제1항 제2호)에 관한 규정은 **적용하지 아니한다**(제438조 제2항). 따라서 공판절차를 정지함이 없이 심리를 계속하여야 하고, 공소기각의 결정을 함이 없이 무죄 등 실체판결을 하여야 한다.

② **불출석재판 및 필요적 변호** : 재심피고인이 사망하거나 심신장애자인 경우에는 **피고인이 출정하지 아니하여도 심판을 할 수 있다.** 단, **변호인이 출정하지 아니하면 개정하지 못한다**(동조 제3항). 따라서 재심을 청구한 자가 변호인을 선임하지 아니한 때에는 재판장은 직권으로 변호인을 선임하여야 한다(동조 제4항).

(2) 공소취소와 공소장변경

① **공소취소** : 제1심판결이 선고 후 확정되어 이에 대한 재심소송절차가 진행 중일 때, **공소취소를 할 수 없다**(대법원 1976.12.28, 76도3203). 공소취소는 제1심판결의 선고 전까지 가능하기 때문이다(제255조 제1항).

② **공소장변경** : 재심의 공판절차에는 각 심급의 공판절차에 관한 규정이 적용되므로 공소장변경도 가능하다. 그러나 이익재심의 본질에 비추어 원판결의 죄보다 **중한 죄를 인정하기 위한 공소장변경은 허용되지 않는다.**

★ 판례연구 재심심판절차에서의 공소장변경

대법원 2019.6.20, 2018도20698 전원합의체 [국가9급 23, 국가9급개론 23]
재심심판절차에서는 원판결보다 중한 죄를 인정하기 위한 공소장변경은 허용되지 않는다는 사례
재심의 취지와 특성, 형사소송법의 이익재심 원칙과 재심심판절차에 관한 특칙 등에 비추어 보면, 재심심판절차에서는 특별한 사정이 없는 한 검사가 재심대상사건과 별개의 공소사실을 추가하는 내용으로 공소장을 변경하는 것은 허용되지 않고, 재심대상사건에 일반 절차로 진행 중인 별개의 형사사건을 병합하여 심리하는 것도 허용되지 않는다.

---

2. 재판상의 특칙

(1) **불이익변경의 금지** : 재심에는 **원판결의 형보다 무거운 형을 선고할 수 없다**(2020.12.8. 우리말 순화 개정법 제439조). [법원9급 16, 교정9급특채 12, 경찰채용 04 1차] 이익재심의 본질상 당연한 규정이다.

★ 판례연구 재심에서의 불이익변경금지원칙 관련판례

1. 대법원 2015.10.29, 2012도2938 [법원9급 16, 국가7급 17, 국가9급 23, 경찰채용 16 1·2차]
형사소송법은 유죄의 확정판결 등에 대하여 각 선고를 받은 자의 이익을 위하여 재심을 청구할 수 있다고 규정함으로써 피고인에게 이익이 되는 이른바 이익재심만을 허용하고 있으며(제420조, 제421조 제1항), 그러한 이익재심의 원칙을 반영하여 제439조에서 "재심에는 원판결의 형보다 중한 형을 선고하지 못한다."라고 규정하고 있는데, 이는 실체적 정의를 실현하기 위하여 재심을 허용하지만 피고인의 법적 안정성을 해치지 않는 범위 내에서 재심이 이루어져야 한다는 취지로서, 단순히 재심절차에서 전의 판결보다 무거운 형을 선고할 수 없다는 원칙만을 의미하고 있는 것이 아니라, 피고인이 원판결 이후에 형 선고의 효력을 상실하게 하는 특별사면을 받아 형사처벌의 위험에서 벗어나 있는 경우라면, 재심절차에서 형을 다시 선고함으로써 특별사면에 따라 발생한 피고인의 법적 지위를 상실하게 하여서는 안 된다는 의미도 포함되어 있다. 따라서 특별사면으로 형 선고의 효력이 상실된 유죄의 확정판결에 대하여 재심개시결정이 이루어져 재심심판법원이 심급에 따라 다시 심판한 결과 무죄로 인정되는 경우라면 무죄를 선고하여야 하겠지만, 그와 달리 유죄로 인정되는 경우에는, 피고인에 대하여 다시 형을 선고하거나 피고인의 항소를 기각하여 제1심판결을 유지시키는 것은 이미 형 선고의 효력을 상실하게 하는 특별사면을 받은 피고인의 법적 지위를 해치는 결과가 되어 이익재심과 불이익변경금지의 원칙에 반하게 되므로, 재심심판법원으로서는 '피고인에 대하여 형을 선고하지 아니한다'는 주문을 선고할 수밖에 없다.

2. 대법원 2018.2.28, 2015도15782
징역 1년에 집행유예 2년으로 확정된 원판결에 대한 재심에서 벌금 400만원이 선고된 것은 불이익변경금지원칙에 반하지 않는다는 사례
형사소송법은 유죄의 확정판결과 항소 또는 상고의 기각판결에 대하여 각 그 선고를 받은 자의 이익을 위하여 재심을 청구할 수 있다고 규정함으로써 피고인에게 이익이 되는 이른바 이익재심만을 허용하고 있으며(제420조, 제421조 제1항), 그러한 이익재심의 원칙을 반영하여 제439조에서 "재심에는 원판결의 형보다 중한 형을 선고하지 못한다."라고 규정하고 있는데, 이는 단순히 원판결보다 무거운 형을 선고할 수 없다는 원칙만을 의미하는 것이 아니라 실체적 정의를 실현하기 위하여 재심을 허용하지만 피고인의 법적 안정성을 해치지 않는 범위 내에서 재심이 이루어져야 한다는 취지이다. 다만 재심심판절차는 원판결의 당부를 심사하는 종전 소송절차의 후속절차가 아니라 사건 자체를 처음부터 다시 심판하는 완전히 새로운 소송절차로서 재심판결이 확정되면 원판결은 당연히 효력을 잃는다. 이는 확정된 판결에 중대한 하자가 있는 경우 구체적 정의를 실현하기

위하여 그 판결의 확정력으로 유지되는 법적 안정성을 후퇴시키고 사건 자체를 다시 심판하는 재심의 본질에서 비롯된 것이다. 그러므로 재심판결이 확정됨에 따라 원판결이나 그 부수처분의 법률적 효과가 상실되고 형 선고가 있었다는 기왕의 사실 자체의 효과가 소멸하는 것은 재심의 본질상 당연한 것으로서, 원판결의 효력 상실 그 자체로 인하여 피고인이 어떠한 불이익을 입는다 하더라도 이를 두고 재심에서 보호되어야 할 피고인의 법적 지위를 해치는 것이라고 볼 것은 아니다. 따라서 원판결이 선고한 집행유예가 실효 또는 취소됨이 없이 유예기간이 지난 후에 새로운 형을 정한 재심판결이 선고되는 경우에도, 그 유예기간 경과로 인하여 원판결의 형 선고 효력이 상실되는 것은 원판결이 선고한 집행유예 자체의 법률적 효과로서 재심판결이 확정되면 당연히 실효될 원판결 본래의 효력일 뿐이므로, 이를 형의 집행과 같이 볼 수는 없고, 재심판결의 확정에 따라 원판결이 효력을 잃게 되는 결과 그 집행유예의 법률적 효과까지 없어진다 하더라도 재심판결의 형이 원판결의 형보다 중하지 않다면 불이익변경금지의 원칙이나 이익재심의 원칙에 반한다고 볼 수 없다.[1]

3. 대법원 2019.2.28, 2018도13382 [법원9급 21]

원판결에서 선고한 집행유예가 실효된 후 재심판결에서 집행유예를 선고한 사건

재심판결이 확정됨에 따라 원판결이나 그 부수처분의 법률적 효과가 상실되고 형 선고가 있었다는 기왕의 사실 자체의 효과가 소멸하는 것은 재심의 본질상 당연한 것으로서, 원판결의 효력 상실 그 자체로 인하여 피고인이 어떠한 불이익을 입는다 하더라도 이를 두고 재심에서 보호되어야 할 피고인의 법적 지위를 해치는 것이라고 볼 것은 아니다. 피고인은 재심대상판결에서 정한 집행유예의 기간 중 특정범죄 가중처벌 등에 관한 법률 위반(보복협박등)죄로 징역 6개월을 선고받아 그 판결이 확정됨으로써 위 집행유예가 실효되고 피고인에 대하여 유예된 형이 집행되었는데, 재심판결에서 새로이 형을 정하고 재심판결 확정일을 기산일로 하는 집행유예를 다시 선고하였다. 재심판결에서 피고인에게 또다시 집행유예를 선고할 경우 그 집행유예 기간의 시기는 재심대상판결의 확정일이 아니라 재심판결의 확정일로 보아야 하고, 그로 인하여 재심대상판결이 선고한 집행유예의 실효 효과까지 없어지더라도, 재심판결이 확정되면 재심대상판결은 효력을 잃게 되는 재심의 본질상 당연한 결과이므로, 재심판결에서 정한 형이 재심대상판결의 형보다 중하지 않은 이상 불이익변경금지원칙이나 이익재심원칙에 반하지 않는다고 보아야 한다.

(2) **무죄판결의 공시** : ① 재심에서 무죄의 선고(확정시설-이/조.차/최-·선고시설-多- 대립)를 한 때에는 그 판결을 관보와 그 법원소재지의 신문지에 기재하여 공고하여야 한다(제440조 본문).[2] [법원9급 14] 유죄선고를 받은 자의 명예회복을 위한 조치이다. ② 다만, 재심에서 무죄를 선고받은 재심피고인 등이 이를 **원하지 아니한다는 의사를 표시한 경우에는 그러하지 아니하다**(동 단서, 2016.5.29. 개정). 동조 단서는 재심피고인의 인격권을 보호하기 위하여 최근 신설된 것이다.

(3) **재심판결과 원판결의 효력** : **원판결은 재심판결의 확정에 의하여 당연히 그 효력을 잃는다.** 따라서 재심판결이 확정되면 종전의 확정판결은 누범전과에도 해당하지 않게 된다(대법원 2017.9.21, 2017도4019). 다만, 원판결에 의한 형집행까지 무효로 되는 것은 피고인에게 불리하므로, 재심대상판결에서 이루어진 자유형의 집행은 재심판결의 자유형의 집행에 통산된다.

판례연구 재심판결의 확정에 의하여 원판결이 효력을 잃게 된다는 의미 관련판례

1. 대법원 2014.11.13, 2014도10193

형법 제57조 제1항은 판결선고 전의 구금일수는 그 전부를 유기징역, 유기금고, 벌금이나 과료에 관한 유치 또는 구류에 산입하도록 규정하고 있는데, 재심의 종국판결이 확정된 때에는 재심대상판결은 당연히 효력을 상실하나 그때까지 재심대상판결에 의하여 이루어진 형의 집행은 적법하게 이루어진 것으로서 그 효력을 잃지 아니하므로, 피고인에 대하여 집행된 재심대상판결의 징역형은 판결선고 전의 구금일수와 마찬가지로 원심이 선고한 벌금형의 노역장유치기간에 산입되어야 할 것이다.

---

1) [보충] 재심대상판결에서는 피고인이 2005. 1. 13.경부터 2006. 5. 7.경까지 총 8회 간통하였다는 범죄사실과 2003. 11. 10. 및 2006. 11. 배우자에게 상해를 가하였다는 범죄사실에 대하여 형법 제241조 제1항 등을 적용하여 2009. 1. 15. 피고인에게 징역 1년에 집행유예 2년을 선고하였고, 위 판결은 2009. 1. 23. 확정되었다. 이후 헌법재판소는 2015. 2. 26. 형법 제241조가 헌법에 위반된다고 결정하였다(2011헌가31 등). 이후 피고인이 2015. 3. 17. 헌법재판소법 제47조 제3항, 제4항에 따라 재심을 청구함에 따라, 원심은 2015. 4. 16. 재심개시결정을 하였다. 원심은 2015. 5. 29. 피고인에 대하여 판결을 선고하면서, 간통의 공소사실에 대하여는 위헌결정으로 형벌법규가 효력을 상실하였다는 이유로 무죄를 선고하고, 상해의 공소사실에 대하여는 양형을 위한 심리를 한 후 벌금 400만 원을 선고하였다. 이는 적법하다.

2) [참고] 일반적인 무죄판결의 공시가 법원의 공시 선고가 있어야 함에 반하여(형법 제58조 제2항), 재심무죄판결의 공시에 의한 공고는 법 제440조에 규정되어 있듯이 법원의 별도의 공시 선고를 요하지 아니한다. 한편 실무에서는, 재심무죄판결의 공고에도 원칙적으로 통상의 무죄판결 공시에 관한 규정이 준용되므로 그 공고시기는 재심무죄판결이 확정된 후인 것으로 보고 있다. 법원실무II 652면.

2. 대법원 2017.9.21, 2017도4019

재심판결이 확정되면 종전의 확정판결은 누범전과에 해당하지 않는다는 사례

유죄의 확정판결에 대하여 재심개시결정이 확정되어 법원이 그 사건에 대하여 다시 심판을 한 후 재심의 판결을 선고하고 그 재심판결이 확정된 때에는 종전의 확정판결은 당연히 효력을 상실한다(대법원 2005.9.28, 2004모453 등). 피고인이 폭력행위등처벌에관한법률위반(집단·흉기등재물손괴등)죄 등으로 징역 8월을 선고받아 판결이 확정되었는데(이하 '확정판결'), 그 집행을 종료한 후 3년 내에 상해죄 등을 범하였다는 이유로 제1심 및 원심에서 누범으로 가중처벌된 경우, 피고인이 누범전과인 확정판결에 대해 재심을 청구하여, 재심개시절차에서 재심대상판결 중 헌법재판소가 위헌결정을 선고하여 효력을 상실한 구 폭력행위 등 처벌에 관한 법률(2014.12.30. 법률 제12896호로 개정된 것) 제3조 제1항, 제2조 제1항 제1호, 형법 제366조를 적용한 부분에 헌법재판소법 제47조 제4항의 재심사유가 있다는 이유로 재심대상판결 전부에 대하여 재심개시결정이 이루어졌고, 상해죄 등 범행 이후 진행된 재심심판절차에서 징역 8월을 선고한 재심판결이 확정됨으로써 확정판결은 당연히 효력을 상실하였으므로, 더 이상 상해죄 등 범행이 확정판결에 의한 형의 집행이 끝난 후 3년 내에 이루어진 것이 아니라고 하여야 한다.

제2절 | 비상상고

01 의의와 목적

Ⅰ 의의

1. 개념

비상상고(非常上告, pourvoi dans l'intérêt de la loi)란 확정판결에 대하여 그 심판(심리 또는 재판)의 법령위반을 시정하기 위하여 인정되는 비상구제절차를 말한다.

2. 구별개념

(1) **상소** : 비상상고는 확정판결의 시정제도라는 점에서 미확정판결의 시정제도인 상소, 특히 상고와 구별된다. [법원행시 02]

(2) **재심** : 비상상고는 ① 법령위반을 이유로 하고 법령의 해석·적용의 통일을 주된 목적으로 하고 ② 비상상고에 의하여 원판결이 파기되어도 판결이 효력이 원칙적으로는 피고인에게 미치지 않으며(유죄의 선고를 받은 자에게 판결이 유리하게 변경되는 것은 그 반사적 효과에 불과) ③ 신청권자가 검찰총장에 제한되고 ④ 관할법원은 대법원이라는 점 등에서, 구체적 사실인정의 착오를 바로잡아 유죄의 선고를 받은 자를 구제함을 주된 목적으로 하는 재심과는 여러모로 구별된다.

표정리 비상구제절차 : 재심과 비상상고의 비교

구 분	목 적	대 상 [법원9급 15]	청구사유	청구권자	청구기간 [법원9급 15, 경찰채용 04 3차]	관 할	판결의 효력	판결의 공시
재 심	피고인구제	유죄 확정판결	사실오인	검사, 유죄선고받은 자 등	제한 ×	원판결 법원	피고인에게 효력 ○	무죄판결 공시
비상상고	법령 해석 통일	모든 확정판결	법령위반	검찰총장	제한 ×	대법원	피고인에게 효력 ×(원칙)	공시 ×

Ⅱ 목 적

비상상고는 법령의 해석·적용의 통일을 주된 목적으로 한다는 점에서 재심과는 상이한 기능을 하는 제도이다. 따라서 피고인의 불이익 구제는 부차적 목적에 불과하다(법률이익설 : 법률의 이익을 위한 상고로 제한, 다수설)(cf. 공익을 위한 상고 포함설은 신양균, 이/조).

02 　　대 상

Ⅰ 확정판결

비상상고는 재심과 달리 유죄의 확정판결에 제한되지 않고 모든 확정판결을 그 대상으로 한다. 즉, 유죄·무죄의 실체판결에 한하지 않고 공소기각·관할위반·면소 등 형식재판도 포함되며, 심급여하도 불문한다. [법원9급 15, 경찰승진 11] 따라서 약식명령·즉결심판도 확정시 확정판결과 동일한 효력을 가지므로, 비상상고의 대상이 된다. 나아가 당연무효의 판결도 비상상고에 의하여 무효를 확인할 필요성이 있어 비상상고의 대상이 된다.

Ⅱ 공소기각결정 · 상소기각결정

비상상고의 대상은 판결이라 명시되어 있으나(제441조), 공소기각결정은 종국재판이라는 점, 항소기각의 결정과 상고기각의 결정은 원판결을 확정시키는 효력을 갖는 종국재판이라는 점을 고려할 때 비상상고의 대상이 된다(통설·판례, 대법원 1963.1.10, 62오4).

03 　　비상상고의 이유

Ⅰ 심판의 법령위반

1. 의 의

비상상고는 판결이 확정한 후 그 사건의 심판이 법령에 위반한 것을 발견한 때에 할 수 있다(제441조). 여기서 심판이란 심리와 판결을 의미하므로, 심판의 법령위반이란 판결의 법령위반뿐만 아니라 판결에 이르는 데까지의 소송절차의 법령위반도 포함한다. 결국 비상상고는 판결내용에 직접 영향을 미치는 판결의 법령위반 및 판결내용에 영향을 미치지 않는 소송절차의 법령위반을 그 사유로 하는 것이다(통설).

판결의 법령위반과 소송절차의 법령위반을 구별하는 실익은, ① 판결의 법령위반의 경우에는 원판결을 파기하고 자판할 수 있는 반면, ② 소송절차의 법령위반은 위반된 절차를 파기할 수 있는 데 불과하다(제446조)는 점에 있다.

2. 판결의 법령위반

판결의 법령위반이라 함은 판결내용에 직접 영향을 미친 법령위반으로서 법령적용의 위반과 소송조건의 적용 오류의 경우에 여기에 해당한다. 따라서 **공소기각 · 관할위반 · 면소의 형식재판을 해야 할 경우임에도 실체판결**을 하거나 적법한 증거조사를 거치지 않고 증거능력 없는 증거에 의하여 유죄판결을 선고하거나 자백의 보강증거가 없음에도 유죄판결을 선고한 경우 등은 판결의 법령위반에 해당하므로 비상상고법원이 **파기자판**을 해야 한다(cf. 단, 증거능력 없는 증거를 증거로 인정한 원판결의 위법은 인정되나 다른 증거에 의하여 유죄판결이 가능한 때에는 파기자판이 아니라 원판결이유 중 증거거시부분만 부분파기)(cf. 판례는 사망사실을 간과하여 공소기각결정을 하지 않고 유죄판결을 한 경우 비상상고 이유 부정).

판례도 ① 사면된 것을 간과하거나 공소시효 완성 사실을 간과하여 (면소판결을 해야 함에도) **상고기각결정이나 실체판결**을 한 경우, ② **친고죄의 고소가 없거나 반의사불벌죄의 처벌불원의사표시가 있는데도 공소기각판결을 하지 않고 실체판결**을 한 경우, ③ **구류형에 대하여 선고유예**를 한 경우, ④ **즉결심판에서** (형면제근거규정이 없음에도) **형면제를 선고하거나 벌금 30만원을 선고**한 경우, ⑤ 집행유예시 보호관찰을 부과하지도 않으면서 위치추적 전자장치 부착을 명한 경우, ⑥ 벌금 24억원을 선고하면서 금 800만원을 1일로 환산한 기간 노역장유치를 명함으로써 형법 제70조 제2항 제2호를 위반한 경우 등은 심판의 법령위반으로서 비상상고의 대상이 된다고 본다.

🔎 **판례연구** 심판의 법령위반으로서 비상상고의 이유 있음을 인정한 판례

1. 대법원 1963.1.10, 62오4 [경찰승진 08]

본조는 판결이 확정한 후 그 사건의 심판이 법령에 위반한 것을 발견한 때에는 비상상고를 할 수 있다고 규정하였는바, 본법 제380조에 의한 상고기각의 결정은 공소심판결을 확정시키는 효력이 있는 해당 사건에 관한 종국적인 재판이므로 그 결정에 대하여 법령위반이 있음을 발견한 때에는 비상상고를 할 수 있다고 해석함이 타당하다(상고기각결정도 비상상고 대상임을 인정한 사례임). … 사면된 범죄에 대하여 사면된 것을 간과하고 상고기각의 결정을 한 때에는 그 결정은 법령에 위반한 것이 되어 비상상고를 할 수 있다(이에 대법원이 파기자판하여 면소판결을 내린 사례임).

2. 대법원 1994.10.14, 94도1

형사재판에서 형면제를 선고하려면 적용법률에 형면제를 선고할 근거가 있거나 형법이 인정하는 자수, 자복 등 형면제 사유가 있어야 한다. 도로교통법 위반죄에 대하여는 형면제를 선고할 근거를 찾아볼 수 없고 달리 형법상의 형면제 사유도 없으므로 검찰총장의 비상상고를 받아들여 원즉결심판 중 형면제 부분을 파기하여야 한다.

3. 대법원 2006.10.13, 2006오2 [경찰승진 08]

공소시효가 완성된 사실을 간과한 채 피고인에 대하여 약식명령을 발령한 원판결은 법령을 위반한 잘못이 있고, 또한 피고인에게 불이익하다고 할 것인바, 비상상고는 이유가 있다(파기자판하여 면소판결을 내린 사례).

4. 대법원 2010.1.28, 2009오1

처벌을 희망하지 아니하는 피해자의 의사표시가 있었음을 간과한 채, 반의사불벌죄인 정보통신망법 위반의 공소사실을 유죄로 판단한 원판결에 대한 비상상고는 인용된다.

5. 대법원 2011.2.24, 2010오1; 2014.7.24, 2014오1

특정 범죄자에 대한 위치추적 전자장치 부착 등에 관한 법률 제28조 제1항에서 "법원은 특정범죄를 범한 자에 대하여 형의 집행을 유예하면서 보호관찰을 받을 것을 명할 때에는 보호관찰기간의 범위 내에서 기간을 정하여 준수사항의 이행 여부 확인 등을 위하여 전자장치를 부착할 것을 명할 수 있다."라고 규정하고, 같은 법 제9조 제4항 제4호에서 "법원은 특정범죄사건에 대하여 선고유예 또는 집행유예를 선고하는 때(제28조 제1항에 따라 전자장치 부착을 명하는 때를 제외한다)에는 판결로 부착명령 청구를 기각하여야 한다."라고 규정하고 있으며, 같은 법 제12조 제1항에서 "부착명령은 검사의 지휘를 받아 보호관찰관이 집행한다."라고 규정하고 있으므로, 법원은 특정범죄를 범한 자에 대하여 형의 집행을 유예하면서 보호관찰을 받을 것을 명하는 때에만 위치추적 전자장치 부착을 명할 수 있다. 따라서 원판결 및 제1심판결이 성폭력범죄를 범한 피고인에게 원판결 및 제1심판결이 성폭력범죄를 범한 피고인에게 형의 집행을 유예하면서 보호관찰을 받을 것을 명하지 않은 채 위치추적 전자장치 부착을 명한 것은 법령 위반으로서 피부착명령청구자에게 불이익한 때에 해당하므로, 법 제446조 제1호 단서에 의하여 원판결 및 제1심판결 중 부착명령사건 부분을 파기하고 검사의 부착명령 청구를 기각하여야 한다.

6. 대법원 2014.12.24, 2014오2

피고인이 특가법위반(허위세금계산서교부등)으로 기소되었는데, 원심이 벌금 24억원을 병과하면서 800만원을 1일로 환산한 기간 노역장유치를 명한 것(300일)은 2014.5.14. 법률 제12575호 개정형법 제70조 제2항에 따라 500일 이상의 유치기간을 정하도록 한 규정에 위반되어 심판이 법령에 위반한 경우에 해당한다.

7. 대법원 2015.5.28, 2014오3; 2015.5.28. 2014오4

즉심법 제2조에 따라 벌금 20만원을 초과하지 않는 범위 내에서 처벌하였어야 함에도, 원심이 즉결심판절차에서 허용되는 범위를 넘는 벌금 30만원의 즉결심판을 선고한 것은 심판이 법령에 위반한 경우에 해당한다.

3. 소송절차의 법령위반

소송절차의 법령위반이라 함은 판결내용에 영향을 미치지 않는 법령위반으로서 판결을 파기할 필요는 없는 정도의 위반이 여기에 속한다. 예컨대 공판정 개정요건, 공소장변경허가요건, 증인신문방식의 위법 등이 이에 포함된다.

Ⅱ 사실오인

1. 학설 · 판례

비상상고는 법령위반을 이유로 하므로 **단순한 사실오인에 대해서는 비상상고를 제기할 수 없다.** 다만, 사실오인의 결과로 법령위반의 오류가 불가피하게 발생한 경우 비상상고가 가능한가에 대해서는 견해의 대립이 있으나,[1] 판례는 ① **확정판결에서 인정한 사실을 변경하지 아니하고 이를 전제로 한 실체법의 적용에 관한 위법 또는 그 사건에 있어서의 절차법상의 위배가 있어야 비상상고가 가능하고,** ② **단순히 그 법령 적용의 전제사실을 오인함에 따라 법령위반의 결과를 초래**한 것과 같은 경우에는 비상상고가 허용되지 아니한다(대법원 2005.3.11, 2004오2)고 하여 **원칙적으로 소극설**의 입장을 취하고 있다고 할 수 있다(cf. 판례는 **소년범 · 성인범의 연령 오인, 군인 신분의 오인 등 경우 비상상고를 인정하여 예외적으로는 절충설**을 취한 과거의 판시도 있음). 다만, 판례는 소극설을 일관하고 있지는 않다.

2. 판례의 정리

(1) 사실의 오인이므로 비상상고를 부정한 판례(판례의 원칙적 입장 : 소극설) : ① **누범가중전과가 없음에도 이를 간과하여 누범가중**을 한 경우, ② **피고인이 이미 사망하였음에도 원판결법원이 공소기각결정을 하지 않고 유죄판결**을 한 경우 등 **사실의 오인에 대해서는 법령위반에 해당하지 않는다**고 하여 비상상고의 이유가 되지 않는다고 하였다.

> ★ **판례연구** 사실의 오인이므로 비상상고의 이유가 없다고 본 판례
>
> **1. 대법원 1962.9.27, 62오1**
> 법 제441조에 이른바 사건의 심판이 법령에 위반하였다고 함은 확정판결에 있어서 인정한 사실을 변경하지 아니하고 이를 전제로 한 실체법의 적용에 관한 부당 및 그 사건에 있어서의 절차법상의 위배 있음을 말하는 것이므로, 본건 확정판결이 전과의 사실이 없음에도 불구하고 누범의 사유가 되는 전과사실이 있는 것으로 인정한 결과 이에 대하여 형법 제35조를 적용 처단하였다고 할지라도 이에는 앞서 말한 법령의 위반이 있는 것이 아니고, 따라서 위와 같은 사실오인은 비상상고의 이유가 될 수 없다.

---

1) [참고 – 사실오인의 결과로 발생한 법령위반의 비상상고의 이유 여부]
  ① 적극설 : 법령위반의 전제가 된 사실오인이 소송법적 사실인 경우뿐만 아니라 실체법적 사실인 때에도 기록의 조사에 의하여 용이하게 인정할 수 있는 사항이면 비상상고의 대상이 된다는 입장이다(강구진, 송광섭, 신양균, 신현주, 이은모, 이/조, 정/이). 적극설은 비상상고의 기능이 법령의 해석 · 적용의 통일뿐만 아니라 피고인의 구제 및 장래의 법원에 대한 경고에도 있다는 점을 근거로 한다.
  ② 소극설 : 실체법적 사실인가 소송법적 사실인가를 불문하고 법령위반이 사실오인으로 인한 때에는 비상상고를 인정할 수 없다는 입장이다(권오병, 서일교). 비상상고는 법령의 해석 · 적용의 통일을 목적으로 하는 것이지 사실인정의 잘못을 시정하여 피고인을 구제하는 제도는 아니라는 점을 논거로 한다.
  ③ 절충설 : 소송법적 사실과 실체법적 사실을 구별하여 법령위반이 소송법적 사실에 대한 오인으로 인한 때에는 비상상고의 이유가 되지만, 실체법적 사실의 오인으로 인한 때에는 비상상고를 할 수 없다는 입장이다(다수설 : 김재환, 배/이/정/이, 백형구, 손/신, 신동운, 임동규, 정/백, 진계호, 차/최). 절충설은 특히 제444조 제2항에 의하여 소송절차의 법령위반에 대하여는 사실조사를 허용하고 있는 취지에 비추어볼 때 사실의 오인으로 인하여 소송절차의 법령위반이 발생하였다면 이를 비상상고의 이유로 보아야 한다는 점을 논거로 한다. 또한 절충설은, 소송법적 사실의 오인으로 인한 법령의 위반을 명시함으로써 장래의 소송에 대한 경고의 의미가 되게 해야 한다는 점도 그 근거로 한다.
  ④ 판례 : 대법원은 2005년 판례를 통하여, 법령위반이란 확정판결에서 인정한 사실을 변경하지 아니하고 이를 전제로 한 실체법의 적용에 관한 위법 또는 그 사건에 있어서의 절차법상의 위배가 있음을 뜻하는 것이고, 단순히 그 법령적용의 전제사실을 오인함에 따라 법령위반의 결과를 초래한 것과 같은 경우는 해당하지 아니한다고 하여 소극설의 입장을 취하고 있다. 다만, 절충설의 입장을 보이는 판례들도 있으므로 판례가 소극설을 일관하고 있다고 할 수는 없다(이렇게 판례의 태도가 일관되지 못한 것은 법령해석 · 적용의 통일과 피고인의 이익 보호 중 비상상고의 목적 · 기능을 어디에 둘 것인가에 대한 해당 재판부의 인식 차이 때문이라고 분석하는 견해는 신동운, 1708면 참조).
  ⑤ 결론 : 비상상고가 제기된 경우 대법원은 신청서에 포함된 이유에 한하여 조사하여야 하나(제444조 제1항), 법원의 관할, 공소의 수리와 소송절차에 관하여는 사실조사를 할 수 있다(동조 제2항). 이는 소송법적 사실에 대해서는 사실조사를 인정하나, 실체법적 사실의 오인에 대해서는 사실조사를 허용하지 않는 의미이다. 따라서 사실오인 중에서도 (실체법적 사실의 오인으로 인한 법령위반에 대하여는 재심제도에 의하고) 소송법적 사실의 오인으로 인한 법령위반에 대해서는 비상상고를 허용하는 절충설이 현행법에 부합하는 해석이라 생각된다. 다만, 본서의 특성상 본문에서는 판례에 의하여 정리하였다.

> **보충** 소극설을 취한 판례이나, 누범전과는 실체법적 사실(범죄의 성립 및 형벌의 양정)에 해당하므로 실체법적 사실오인에 대해서는 비상상고를 허용하지 않는 절충설에도 부합하는 입장이다. 절충설을 취하는 학자 중에서는 이 경우에는 검사가 피고인을 위한 재심을 청구할 수 있다고 지적한다(예 신동운, 1709면). 다만, 적극설에서는 누범가중의 전과가 실체법적 사실임은 명백하나 사실조사를 하지 않아도 인정할 수 있는 잘못이므로 (비상상고가 허용되어야 한다는 점에서) 판례의 입장은 타당하지 않다고 비판한다(예 이/조, 825면).

2. 대법원 2005.3.11, 2004오2; 2021.3.11, 2018오2

사실의 오인은 비상상고의 이유가 아님을 뚜렷이 하여 소극설의 입장을 명시한 사례

[1] 법 제441조는 "검찰총장은 판결이 확정한 후 그 사건의 심판이 법령에 위반한 것을 발견한 때에는 대법원에 비상상고를 할 수 있다."라고 규정하고 있는바, 이러한 비상상고 제도는 법령 적용의 오류를 시정함으로써 법령의 해석 · 적용의 통일을 도모하려는 데에 주된 목적이 있는 것이므로, '그 사건의 심판이 법령에 위반한 것'이라고 함은 확정판결에서 인정한 사실을 변경하지 아니하고 이를 전제로 한 실체법의 적용에 관한 위법 또는 그 사건에 있어서의 절차법상의 위배가 있음을 뜻하는 것이므로, 단순히 그 법령 적용의 전제사실을 오인함에 따라 법령위반의 결과를 초래한 것과 같은 경우는 법령의 해석적용을 통일한다는 목적에 유용하지 않으므로 '그 사건의 심판이 법령에 위반한 것'에 해당하지 않는다고 해석함이 상당하다.

[2] 법원이 원판결의 선고 전에 피고인이 이미 사망한 사실을 알지 못하여 공소기각의 결정을 하지 않고 실체판결에 나아감으로써 법령위반의 결과를 초래하였다고 하더라도, 이는 형사소송법 제441조에 정한 '그 심판이 법령에 위반한 것'에 해당한다고 볼 수 없다.

> **보충** 피고인의 사망사실을 알지 못하여 공소기각결정을 하지 않은 것은 소송법적 사실오인에 해당하므로 절충설에 의하면 비상상고의 대상이 되나, 판례는 사실오인은 비상상고의 대상이 되지 않는다는 소극설의 입장을 보여주고 있다. 학계에서는 보통 이 판례를 근거로 판례가 소극설의 입장을 원칙으로 한다고 평가한다.

(2) 사실의 오인이지만 비상상고를 인정한 판례(판례의 예외적 입장 : 절충설) : 판례는 ① **소년범의 연령을 오인**하여 성인범에 대한 정기형을 선고한 경우 또는 그 반대의 경우에 비상상고를 인정한 바 있다. 피고인이 소년인지 성년인지 여부는 부정기형과 정기형 중 어느 형벌에 처할 것인가의 문제이므로 실체법적 사실에 속하지만, 동시에 소년법상 소년형사절차과 성인에 대한 일반형사절차 중 어느 절차에 의할 것인가의 문제에도 해당되는 소송법적 사실임에 속하고 또한 연령문제는 소송기록상 명백한 경우가 보통이므로 비상상고의 이유 있음을 인정한 것이다. 또한 ② **군인 신분**(신분적 재판권)을 오인한 경우도 비상상고의 이유가 있다고 본 바 있다.

> ⚖ **판례연구** 사실의 오인이지만 비상상고의 이유가 있다고 본 판례

1. 대법원 1963.4.4, 63오1

판결선고 당시 만 20세 미만인 소년(cf. 2007년 소년법 개정 이후 현행 소년법은 19세 미만이 소년임)에 대하여 정기형을 선고한 것은 법령위반으로 비상상고의 대상이 된다.

2. 대법원 1963.4.11, 63오2

소년의 연령을 오인하여 정기형을 선고하거나 성년의 연령을 오인하여 부정기형을 선고한 것은 법령에 위반하여 비상상고의 대상이 된다.

> **보충** 연령의 오인은 사실의 오인에 속하므로 순수한 소극설로는 설명하기 어려우나 판례는 위와 같이 법령위반으로 파악하여 비상상고 이유 있음을 인정하고 있다. 이러한 판례의 입장에 대해서는, ① 절충설의 입장을 취하는 것으로 보인다는 평석(예 신동운)이나 ② 소년의 연령은 실체법적 사실의 성질이 강하고 그 사실이 기록에 의하여 명백히 인정될 수 있음에 비추어 판례의 입장은 타당하다는 평석(예 이/조)이 있다.

3. 대법원 1991.3.27, 90오1

피고인이 일반법원의 원판결 선고 당시 군복무 중이었던 사실이 인정되면, 군사법원법 제2조 제2항에 의하여 일반법원에는 신분적 재판권이 없어 위 법원으로서는 법 제16조의2에 의하여 사건을 군사법원에 이송하였어야 함에도 피고인에 대하여 재판권을 행사하였음은 위법하다 할 것이어서, 이 비상상고는 이유 있다(대법원 1976.4.27, 76오1 참조). 피고인은 위 판결확정 후 현재로서는 군법 피적용자로서의 신분을 떠나 군사법원에 신분적 재판권이 없게 되었음이 명백하므로, 결국 이 사건은 군사법원으로 이송하지 아니하고 주거지 관할법원인 인천지방법원에 이송하여 다시 재판받게 함이 적절하다고 인정된다(비상상고 이유 있어 원판결 파기 후 관할법원 이송한 사례).

04 　비상상고의 절차

I 　비상상고의 신청과 심리

1. 비상상고의 신청

(1) 신청권자 및 관할법원 : 비상상고의 신청권자는 검찰총장이며, 관할법원은 대법원이다(제441조). [법원행시 02, 법원9급 15, 경찰승진 11]

(2) 신청의 방식 : 비상상고를 함에는 그 이유를 기재한 신청서(비상상고장)를 대법원에 제출하여야 한다(제442조). 상고와 달리 신청서 자체에 반드시 이유를 기재해야 하므로, 이는 상고장과 상고이유서를 병합하는 성질을 갖는다. **신청기간에는 제한이 없으므로,** 형의 시효가 완성되었거나 판결을 받은 자가 사망한 경우에도 허용된다. [법원9급 15, 경찰승진 11]

(3) 신청의 취하 : 명문 규정은 없으나 검찰총장이 필요하다고 판단시 비상상고의 판결이 있을 때까지는 취하할 수 있다.

2. 비상상고의 심리

(1) 공 판

① **공판의 개정** : 비상상고사건의 심리를 위해서는 공판기일을 열어야 한다. 공판기일을 열지 않고 신청서만을 검토하여 비상상고에 대한 판결을 할 수 없다.

② **검사의 출석** : 공판기일에는 검사가 출석하여야 하며, 검사는 신청서(비상상고장)에 의하여 진술하여야 한다(제443조).

③ **피고인·변호인의 출석권** : ㉠ 비상상고의 공판절차에는 제1심의 공판절차에 관한 규정이 준용되지 않고 일반 상고사건에도 피고인의 출석을 요하지 않는다는 점에서 **피고인의 소환은 요하지 아니한다**(피고인 출석권 ×). 다만, ㉡ 피고인이 변호사인 변호인을 선임하여 공판기일에서 의견을 진술할 수 있는가에 대해서는 견해가 대립하나, 판결결과는 피고인이었던 자의 이해에 직접적 영향을 미치므로 법률적 의견을 들을 필요가 있다는 점에서 피고인의 비상상고 공판기일 출석권은 인정되지 않지만 변호사인 변호인의 출석권·의견진술권은 인정된다는 긍정설이 다수설이다(변호사인 변호인의 출석권 ○)(cf. 대법원이 재량으로 의견진술의 기회를 부여할 수는 있어도 비상상고에 있어서 피고인 구제는 부차적 목적에 불과하므로 피고인뿐 아니라 변호인의 출석도 부정된다는 소수설은 백형구, 신동운, 신양균, 임동규, 차/최).

(2) 조사범위 및 사실조사

① **조사범위** : 대법원은 신청서에 포함된 이유에 한하여 조사하여야 한다(제444조 제1항). 비상상고의 경우 법원의 직권조사사항은 없다.

② **사실조사** : 법원의 관할, 공소의 수리와 소송절차에 관하여는 사실조사를 할 수 있다(동조 제2항). 법원은 필요하다고 인정한 때에는 수명법관 또는 수탁판사에게 사실조사를 촉탁할 수 있다(동조 제3항, 제431조).

II 　비상상고의 판결

1. 기각판결

비상상고가 이유 없다고 인정한 때에는 판결로써 기각하여야 한다(제445조). 또한, 검찰총장 이외의 자가 비상상고를 신청한 경우, 신청서에 이유의 기재가 없는 경우 등 비상상고의 신청이 부적법한 때에도 기각판결을 하여야 한다.

2. 파기판결

비상상고가 이유 있다고 인정한 때에는 원판결 또는 소송절차를 파기하는 판결을 하여야 한다(제446조). 파기판결은 비상상고이유와 연결해보면 판결의 법령위반과 소송절차의 법령위반의 경우로 나뉘는데, 판결의 법령위반은 부분파기 내지 파기자판, 소송절차의 법령위반은 부분파기의 판결이 내려진다. 비상상고의 파기판결은 부분파기를 원칙(법령의 해석·적용의 통일), 파기자판을 예외(피고인의 구제)로 한다.

(1) 판결의 법령위반 : 원판결이 법령에 위반한 때에는 그 위반된 부분만 파기하나(부분파기), 원판결이 피고인에게 불이익하여 이를 바로잡아 다시 선고할 판결이 피고인에게 이익이 될 것이 명백한 경우에는 원판결을 파기하고 다시 판결(파기자판)을 한다.

① 부분파기 : 원판결이 법령에 위반한 때에는 그 위반된 부분만을 파기하여야 한다(제446조 제1호 본문).

대법원 1964.6.16, 64오2

적법한 증거조사의 절차를 거치지 않고 증거능력이 없는 증거를 유죄의 증거로 채택하였음은 법령에 위반한 것으로서 비상상고의 이유가 되나 원판결 거시의 다른 증거자료를 종합하여서도 피고인에 대한 범죄사실을 인정할 수 있는 이상 위 적법한 증거조사절차를 거치지 않고 각 증거를 원판결이유에 부분만을 파기한다.

[보충] 적법한 증거조사 없이 증거능력 없는 증거에 의해 유죄판결을 선고한 것은 판결의 법령위반(판결의 절차법위반)에 해당하고 원판결이 피고인에게 불이익하므로 파기자판을 해야 하지만, 다른 증거에 의하여 공소사실을 인정할 수 있는 이상 부분파기해야 한다는 판례이다.

---

② 파기자판

(가) 의의 : 원판결이 피고인에게 불이익한 때에는 원판결을 파기하고 피고사건에 대하여 다시 판결을 한다(제446조 제1호 단서). 파기자판의 판결에는 유죄·무죄·면소판결뿐만 아니라 공소기각의 판결·결정이 모두 포함된다. 다만, 비상상고판결로서 파기환송·파기이송이 허용되는가에 대해서는, 상고심 판결(원칙 : 파기환송·이송, 예외 : 파기자판)과는 다르다는 점에서 부정하는 견해가 있으나(부정설 : 노/이, 배/이/정/이, 신양균, 이/조, 정/백, 진계호, 차/최), 본서는 원칙상 허용되지 않지만 예외적으로 피고인에게 유리한 때에는 허용된다고 보는 긍정설(신동운, 임동규, **판례** : 군인 신분인 자를 일반법원이 심판한 원판결을 파기하면서 원판결을 받은 자가 군복무를 마친 경우 주거지 관할법원으로 이송 –파기이송– 한 90오1 판례는 앞서 기술함)을 따른다.

(나) 요건 : 파기자판은 원판결이 피고인에게 불이익한 때, 즉 다시 선고할 판결이 원판결보다 피고인에게 이익이 될 것이 명백한 경우에 할 수 있다.

(다) 기준법령 : 비상상고의 목적은 법령의 해석·적용의 통일에 있고, 원판결 이후에 발생한 우연한 사정을 피고인에게 적용할 이유가 없으므로 **원판결시의 법령**을 기준으로 파기자판을 해야 한다(통설).

(라) 효과 : 파기자판은 피고인에게 유리한 때에만 가능하므로, 대법원은 원판결보다 피고인에게 이익되는 판결을 선고해야 한다는 점에서, 불이익변경금지의 원칙이 적용되는 것과 유사한 효과가 인정된다.

(2) 소송절차의 법령위반 : 원심소송절차가 법령에 위반한 때에는 그 위반된 절차를 파기한다(제446조 제2호). 원판결 자체는 파기되지 않고 위반된 절차만 파기된다.

3. 판결의 효력

(1) 이론적 효력 : 비상상고의 판결은 파기자판하는 경우를 제외하고는 그 효력이 피고인에게 미치지 아니한다(이론적 효력, 재판의 옷을 입은 학설, 제447조). 따라서 판결의 주문은 그대로 유지되며, 종결된 소송계속은 부활하지 않는다.

(2) 예외 : 원판결이 피고인에게 불이익함을 이유로 파기자판을 하는 경우에는 원판결은 당연히 효력을 잃고, 비상상고에 대한 판결의 효력이 피고인에게 미친다.

CHAPTER

03 재판의 집행과 형사보상

📂 5개년 출제경향 분석

구분	경찰간부					경찰승진					경찰채용					국가7급					국가9급					법원9급					변호사				
	19	20	21	22	23	20	21	22	23	24	20	21	22	23	24	19	20	21	22	23	20	21	22	23	24	19	20	21	22	23	20	21	22	23	24
제1절 재판의 집행																				1															
제2절 형사보상																																			
출제율	0/200 (0.0%)					0/200 (0.0%)					0/160 (0.0%)					1/100 (1.0%)					0/115 (0.0%)					0/125 (0.0%)					0/200 (0.0%)				

---

01   일반원칙

Ⅰ 의의

1. 개념

재판의 집행(execution of sentence)이란 국가의 강제력에 의하여 재판의 의사표시적 내용을 실현하는 것을 말한다. 재판의 집행 중 가장 중요한 것은 형의 집행(punishment execution, Strafvollstreckung)이다. 형의 집행에 의하여 형사소송의 최종목표인 형법의 구체적 실현이 이루어지기 때문이다.

2. 범위

형의 집행을 비롯하여 그 외에 부수처분의 집행(例 추징, 소송비용), 형 이외의 제재의 집행(例 과태료, 보증금의 몰수), 강제처분을 위한 영장의 집행이 포함된다.

Ⅱ 기본원칙

1. 재판집행의 시기

(1) **원칙** : 재판은 원칙적으로 확정된 후에 즉시 집행한다(제459조). [법원행시 03, 법원9급 06]

(2) **예외**

   ① 확정 전의 재판집행

      (가) **결정·명령** : 즉시항고(제410조) 또는 일부 준항고(제416조, 제417조, 제419조)가 허용되는 경우를 제외하고는 확정되기 전에 즉시 집행할 수 있다. 항고는 원칙적으로 집행정지의 효력이 없기 때문이다. [법원행시 03, 경찰간부 15]

      (나) **가납재판** : 벌금·과료·추징의 선고를 하는 경우에 가납의 재판이 있는 때에는 확정되기 전에 즉시 집행할 수 있다(제334조). [법원행시 03, 경찰간부 15/16]

   ② 확정 후 일정기간 경과 후의 집행 −재판확정된 때에도 즉시 집행할 수 없는 경우−

      (가) **소송비용부담의 재판** : 소송비용집행면제 신청기간 내와 그 신청이 있는 때 신청에 대한 재판이 확정될 때까지 집행이 정지된다(제472조). [법원행시 03, 경찰간부 15]

      (나) **노역장유치** : 벌금·과료의 재판이 확정된 후 30일 이내에는 집행할 수 없다(형법 제69조 제1항). [법원행시 03]

      (다) **사형** : 법무부장관의 명령이 있을 때까지는 집행할 수 없다(제463조).

      (라) **보석허가결정** : 본인서약서(제98조 제1호), 보증금 약정서(동조 제2호), 제3자출석보증서(동조 제5호), 피해공탁(동조 제7호), 보증금납입·담보제공(동조 제8호)의 보석조건은 이를 이행한 후가 아니면 집행할 수 없다(선이행조건−서약3피보, 제100조 제1항 본문). 법원은 필요하다고 인정하는 때에는 다른 조건(도해출기)에 관하여 그 이행 이후 보석허가결정을 집행하도록 정할 수 있다(동 단서).

2. 재판집행의 지휘

(1) **집행지휘의 주체**

   ① **검사주의** : 재판의 집행은 그 재판을 한 법원에 대응한 검찰청 검사가 지휘한다(제460조 제1항 본문). 검사주의는 대륙법계의 일반적 특징이다. 한편, 상소의 재판 또는 상고의 취하로 인하여 하급법원의 재판을 집행할 경우에는 상소법원에 대응한 검찰청 검사가 지휘한다. 단, 소송기록이 하급법원 또는 그 법원에 대응한 검찰청에 있는 때에는 그 검찰청 검사가 지휘한다(동조 제2항). [경찰간부 12, 경찰채용 08 3차]

② **예외** : 특별한 규정(🔲 급속을 요하는 경우 재판장·수명법관·수탁판사의 구속영장의 집행지휘 – 제81조 제1항 단서, 법원에서 필요한 경우 재판장이 법원사무관 등에 명하여 하는 공판절차 압수·수색영장의 집행 – 제115조 제1항 단서) 또는 재판의 성질상(🔲 법원에서 압수한 물건으로서 법원 보관 중인 압수장물의 환부 – 제333조, 법정경찰권에 의한 퇴정명령 – 법조 제58조 제2항) 법원 또는 법관이 지휘할 경우가 있다(제460조 제1항 단서).

(2) 집행지휘의 방식 – 서면주의 –

① **재판집행지휘서** : 재판의 집행지휘는 재판서 또는 재판을 기재한 조서의 등본 또는 사본을 첨부한 서면(재판집행지휘서)으로 하여야 한다(제461조 본문). 재판의 집행지휘에는 신중을 기하기 위하여 서면에 의할 것이 요구되는 것이다.

② **예외** : 형의 집행을 지휘하는 경우 외에는 재판서의 원본, 등본이나 초본 또는 조서의 등본이나 초본에 인정하는 날인으로 할 수 있다(제461조 단서).

③ **재판서원본의 멸실시** : 천재지변 등에 의하여 재판서원본이 멸실된 경우에는 형의 종류·범위를 명확하게 할 수 있는 다른 증명자료를 첨부하여 형의 집행을 지휘할 수 있다(대법원 1961.1.27, 4293형항20).

3. 형집행을 위한 소환

(1) 소환 및 구인

① **소환** : 사형·징역·금고 또는 구류의 선고를 받은 자가 구금되지 아니한 때에는 검사는 형을 집행하기 위하여 이를 소환하여야 한다(제473조 제1항).

② **구인** : 소환에 응하지 아니한 때에는 검사는 형집행장(刑執行狀)을 발부하여 구인하여야 한다(동조 제2항). [경찰채용 06 1차] 형선고를 받은 자가 도망하거나 도망할 염려가 있는 때 또는 현재지를 알 수 없는 때에는 소환함이 없이 형집행장을 발부하여 구인할 수 있다(동조 제3항)(형집행장에 의한 구금기간도 무죄판결 확정시 형사보상청구 가능 – 형사보상법 제2조 제3항).

(2) 형집행장의 방식·효력·집행

① **방식** : 형집행장에는 형의 선고를 받은 자의 성명·주거·연령·형명·형기 기타 필요한 사항을 기재하여야 한다(제474조 제1항). 수형자에 대하여 확정된 형을 집행하는 단계에까지 법관의 영장을 요하는 것은 절차의 번잡을 초래하므로, 검사가 발부한 형집행장에 의하는 것이다.

② **효력** : 형집행장은 검사가 발부한다는 점에서 **영장 그 자체는 아니지만**, 구속영장과 동일한 효력이 있다(동조 제2항). [법원9급 14, 경찰채용 06 1차/2차, 여경 01 1차]

③ **집행** : 형집행장의 집행에는 피고인의 구속에 관한 규정을 준용한다(제475조). 여기서 피고인의 구속에 관한 규정이란 구속영장의 제시 및 사본의 교부(2022.2.3. 개정 제85조 제1항·제3항) 등 구속영장의 집행에 관한 규정을 의미하므로, 구속의 사유(제70조)나 구속이유의 고지(제72조)에 관한 규정은 준용되지 않는다(대법원 2013.9.12, 2012도2349). [국가7급 24]

---

02 형의 집행

I 형집행의 순서

1. 중형우선의 원칙

(1) 중형우선집행 : 2개 이상의 형의 집행은 자격상실·자격정지·벌금·과료의 몰수 외에는 그 무거운 형을 먼저 집행한다(2020.12.8. 우리말 순화 개정법 제462조 본문). [법원9급 07, 경찰간부 12/16, 경찰채용 08 3차]

(2) 형의 경중의 기준 : 형법 제41조(사징금자자벌구과몰) 및 제50조에 의하여 결정한다.

2. 예 외

(1) 법무부장관의 허가에 의한 중형 집행정지 후 경형 우선 집행 : 검사는 소속 장관의 허가를 얻어 무거운 형의

집행을 정지하고 다른 형의 집행을 할 수 있다(제462조 단서). [국가9급 13, 경찰채용 08 3차] 이는 가석방요건을 조기에 갖추기 위함에 그 취지가 있는 규정이다(형법 제72조 제1항 참조). 예컨대, 징역 15년과 징역 6년의 형을 받은 수형자에 대하여 징역 15년을 집행하여 5년이 경과한 후 그 형의 집행을 정지하고 나머지 징역 6년의 형의 집행하여 2년이 경과하면 2개의 형에 대하여 모두 가석방요건을 갖추게 된다.

(2) **자유형과 벌금형의 동시집행 및 노역장유치의 우선집행** : ① 자유형과 벌금형은 동시에 집행할 수 있다. 그러나 ② 자유형과 노역장유치가 병존하는 경우에는 자유형의 집행을 정지하고 노역장유치를 먼저 집행할 수도 있다(통설). 만약 이 경우에도 중형우선집행원칙을 고수하게 되면 자유형에 대한 가석방기간 중 노역장유치의 집행을 위해 수감되는 불합리한 현상이 일어나게 되기 때문이다.

Ⅱ 사형의 집행

1. 집행절차

(1) **소송기록의 제출** : 사형을 선고한 판결이 확정된 때에는 사형확정자는 교도소 또는 구치소에 수용하고(형집행법 제11조 제1항 제4호), 검사는 지체 없이 소송기록을 법무부장관에게 제출하여야 한다(제464조).

(2) **법무부장관의 집행명령** : 사형은 법무부장관의 명령에 의하여 집행한다(제463조). 사형집행의 명령은 판결이 확정된 날로부터 6월 이내(**훈시규정설**, 통설)에 하여야 한다. 다만, 상소권회복의 청구, 재심의 청구 또는 비상상고의 신청이 있는 때에는 그 절차가 종료할 때까지의 기간은 이 기간에 산입하지 아니한다(제465조). [경찰채용 12 2차/06 1차]

(3) **집행** : 법무부장관이 사형의 집행을 명한 때에는 5일 이내 집행하여야 한다(제466조).

2. 집행방법

(1) **교수** : 사형은 교도소 또는 구치소 내에서 교수(絞首)하여 집행한다(**형법** 제66조).

(2) **관계자의 참여** : 사형의 집행에는 검사와 검찰청서기관과 교도소장 또는 구치소장이나 그 대리자가 참여하여야 한다. 검사 또는 교도소장 또는 구치소장의 허가가 없으면 누구든지 형의 집행장소에 들어가지 못한다(제467조).

(3) **사형집행조서** : 사형의 집행에 참여한 검찰청서기관은 집행조서를 작성하고 검사와 교도소장 또는 구치소장이나 그 대리자와 함께 기명날인 또는 서명하여야 한다(제468조).

3. 집행정지

(1) 사형선고를 받은 자가 심신장애로 의사능력이 없는 상태에 있거나 잉태 중에 있는 여자인 때에는 법무부장관의 명령으로 집행을 정지한다(제469조 제1항). [국가9급 13, 경찰채용 08 3차]

(2) 사형의 집행을 정지한 경우에는 심신장애의 회복 또는 출산 후 법무부장관의 명령에 의하여 형을 집행한다(동조 제2항).

Ⅲ 자유형의 집행

1. 집행방법

(1) 징역·금고·구류는 검사의 형집행지휘서에 의하여 집행한다(제460조). 검사는 자유형의 집행을 위해서 형집행장을 발부하여 구인할 수 있다(제473조). [법원9급 14]

(2) 징역(懲役)은 교도소 내에 구치(拘置)하여 정역(定役)에 복무하게 하고(형법 제67조), 금고(禁錮)와 구류(拘留)는 교도소에 구치하여 집행한다(형법 제68조).

2. 미결구금일수의 산입

(1) **의의** : 미결구금일수(未決拘禁日數)란 구금당한 날로부터 판결확정일 전일까지 실제로 구금된 일수를 말한다

(cf. 판결확정일은 형기의 초일로 산입). 미결구금일수만으로도 본형의 형기를 초과할 것이 명백한 경우에는 구속을 취소하여야 한다(대법원 1991.4.11, 91모25). 다만, 미결구금기간이 확정된 징역 또는 금고의 본형기간을 초과한 결과가 생겨도 위법하다 할 수 없다(대법원 1989.10.10, 89도1711). [국가7급 15]

(2) 산입되는 형벌 : 미결구금일수가 산입될 수 있는 형벌은 유기징역·금고, 벌금·과료에 관한 유치, 구류이다(형법 제57조 제1항).

(3) 산입방법

① **법정통산 – 전부산입** : 법률에 의하여 당연히 미결구금의 전부가 본형에 산입된다(2014.12.30. 개정형법 제57조 제1항). [경찰간부 16] 이는 종래 형법 제57조 제1항의 '또는 일부' 산입 부분(재정통산)에 대한 **위헌결정**(무죄추정원칙·적법절차원칙위반이자 불구속피고인과의 평등권 침해, 헌법재판소 2009.6.25, 2007헌바25)에 의하여 2014.12.30. 개정된 결과이다. 따라서 미결구금일수를 전혀 산입하지 않거나 미결구금일수의 일부만을 산입하는 것은 당연히 위법이다. 또한 미결구금일수보다 많은 일수를 본형에 산입하는 것도 위법이다(실제 구금일수를 초과하여 산입한 판결이 확정된 경우에도 그 초과 부분이 본형에 산입되는 효력이 발생하는 것이 아니고, 재판서에 오기와 유사한 오류가 있음이 명백하여 판결서의 경정으로 이를 시정함, 대법원 2007.7.13, 2007도3448).

② **선고요부** : 법률에 의하여 당연히 산입되므로 별도의 선고를 요하지 않는다(대법원 2009.12.10, 2009도11448–2009년 헌재 위헌결정 이후의 대법원판례). [국가7급 15]

③ **계산방법** : 판결선고 전 구금일수의 1일은 징역·금고, 벌금이나 과료에 관한 유치 또는 구류의 기간의 1일로 계산한다(형법 제57조 제2항).

(4) 상소제기시의 미결구금일수의 산입

① **법정통산 – 전부산입** : 판결선고 후 판결확정 전 구금일수(판결선고 당일의 구금일수 포함)는 전부를 본형에 산입한다(2015.7.31. 개정 제482조 제1항). 이는 상소제기 후 상소취하시까지의 구금일수 통산에 관하여 규정하지 아니함으로써 본형 산입의 대상에서 제외한 구 형사소송법 제482조 제1항·제2항이 헌법에 위반되는 **헌법불합치결정**(헌법재판소 2008.12.19, 2008헌가13)에 의하여 2015.7.31. 개정된 규정이다. 이에 따라 상소제기 후 상소취하시까지의 미결구금일수도 당연히 전부 산입된다.

대법원 2010.4.16, 2010모179

'상소제기 후 상소취하한 때까지의 구금'도 피고인의 신체의 자유를 박탈하고 있다는 점에서 실질적으로 자유형의 집행과 다를 바 없으므로 '상소제기기간 중의 판결확정 전 구금'과 구별하여 취급할 아무런 이유가 없으므로 상소제기 후 상소취하한 때까지의 구금일수에 관하여는 그 전부를 본형에 산입하여야 한다.

---

② **상소기각결정시** : 송달기간이나 즉시항고기간 중의 미결구금일수도 전부를 본형에 산입한다(동조 제2항).

③ **계산방법** : 상소제기와 관련한 미결구금일수의 1일도 형기의 1일 또는 벌금이나 과료에 관한 유치기간의 1일로 계산한다(동조 제3항).

3. 집행정지

(1) 필요적 집행정지 : ① 징역·금고·구류의 선고를 받은 자가 심신장애로 의사능력이 없는 상태에 있는 때에는 형을 선고한 법원에 대응한 검찰청 검사 또는 형선고를 받은 자의 현재지를 관할하는 검찰청 검사의 지휘에 의하여 심신장애가 회복될 때까지 형의 집행을 정지한다(제470조 제1항). [경찰간부 12] ② 형집행을 정지한 경우에는 검사는 형선고를 받은 자를 감호의무자 또는 지방공공단체에 인도하여 병원 기타 적당한 장소에 수용하게 할 수 있다(동조 제2항). ③ 형의 집행이 정지된 자는 위의 수용처분이 있을 때까지 교도소 또는 구치소에 구치(拘置)하고 그 기간을 형기에 산입한다(동조 제3항, 구치기간도 무죄확정판결시에는 형사보상청구가 가능–형사보상법 제2조 제3항).

(2) 임의적 집행정지

① **요건** : 징역·금고·구류의 선고를 받은 자에 대하여 ㉠ 형의 집행으로 인하여 현저히 건강을 해하거나 생명을 보전할 수 없을 염려가 있는 때, ㉡ 연령 70세 이상인 때 [경찰간부 12], ㉢ 잉태 후 6월 이상인 때, ㉣ 출산 후 60일을 경과하지 아니한 때 [교정9급특채 11], ㉤ 직계존속이 연령 70세 이상 또는 중병이나 불구자로 보호할 다른 친족이 없는 때, ㉥ 직계비속이 유년으로 **보호할 다른 친족이 없는 때**, ㉦ 기타 중대한 사유가 있는 때 중 어느 하나에 해당하는 사유가 있는 때에는, 형을 선고한 법원에 대응한 검찰청 검사 또는 형의 선고를 받은 자의 현재지를 관할하는 검찰청 검사의 지휘에 의하여 형의 집행을 정지할 수 있다(제471조 제1항).

② **절차** : 검사가 형집행정지의 지휘를 함에는 소속 고등검찰청 검사장 또는 지방검찰청검사장의 허가를 얻어야 한다(동조 제2항).

③ **형집행정지 심의위원회** : ㉠ 형의 집행으로 인하여 현저히 건강을 해하거나 생명을 보전할 수 없을 염려가 있는 때(동조 제1항 제1호)의 형집행정지 및 그 연장에 관한 사항을 심의하기 위하여 각 지방검찰청에 형집행정지 심의위원회를 둔다(2015.7.31. 신설 제471조의2 제1항). ㉡ 심의위원회는 위원장 1명을 포함한 10명 이내의 위원으로 구성하고, 위원은 학계, 법조계, 의료계, 시민단체 인사 등 학식과 경험이 있는 사람 중에서 각 지방검찰청 검사장이 임명 또는 위촉한다(동조 제2항).

대법원 2017.11.9, 2014도15129

형집행정지 요건의 판단의 주체는 검사라는 사례

법 제471조 제1항 제1호에서 정하고 있는 형집행정지의 요건인 '형의 집행으로 인하여 현저히 건강을 해할 염려가 있는 때'에 해당하는지에 대한 판단은 검사가 직권으로 하는 것이고, 그러한 판단 과정에 의사가 진단서 등으로 어떠한 의견을 제시하였더라도 검사는 그 의견에 구애받지 아니하며, 검사의 책임 하에 규범적으로 형집행정지 여부의 판단이 이루어진다.

Ⅳ 자격형의 집행

자격상실 또는 자격정지의 선고를 받은 자에 대하여는 이를 수형자원부에 기재하고 지체 없이 그 등본을 형의 선고를 받은 자의 등록기준지와 주거지의 시·구·읍·면장에게 송부하여야 한다(제476조).

Ⅴ 재산형 등의 집행

1. 집행명령

(1) 검사의 집행명령 : 벌금·과료·몰수·추징·과태료·소송비용·비용배상 또는 이들 재판에 대한 가납(假納)의 재판은 검사의 명령에 의하여 집행한다(제477조 제1항). 검사의 집행명령은 집행력 있는 채무명의와 동일한 효력이 있다(동조 제2항).

(2) 민사집행법·국세징수법에 따른 집행(택일 가능) : ① 재산형 등의 집행에는 민사소송법의 집행에 관한 규정을 준용한다. 단, 집행 전에 재판의 송달을 요하지 아니한다(동조 제3항). 그럼에도 불구하고, ② 재산형의 집행은 국세징수법에 따른 국세체납처분의 예에 따라 집행할 수 있다(2007년 신설, 동조 제4항). 따라서 집행담당 공무원은 직접 벌금 등 미납자의 재산에 대하여 압류·공매처분을 할 수 있게 되었다.

(3) 재산형 등의 집행을 위한 사실조회 : 검사는 재산형 등의 집행을 위하여 필요한 조사를 할 수 있다. 이 경우 검사는 공무소 기타 공사단체에 조회하여 필요한 사항의 보고를 요구할 수 있다(2007년 신설 동조 제5항, 제199조 제2항).

(4) 분할납부 등 : 벌금·과료·추징·과태료·소송비용·비용배상의 분할납부·납부연기 및 납부대행기관을 통한 납부 등 납부방법에 필요한 사항은 대통령령으로 정한다(제477조 제6항, 2016.1.6. 신설, 2018.1.7. 시행).

2. 집행방법

(1) 집행의 대상

① 원칙 : 재산형은 형선고를 받은 본인의 재산에 대하여만 집행할 수 있다. 다만, 피고인이 재판확정 후 사망 또는 합병된 경우 아래와 같은 예외가 있다.

대법원 2021.4.9, 2020모4058

제3자 명의로 등기되어 있는 부동산에 관하여 추징판결 집행은 불가하다는 사례

피고인의 차명재산이라는 이유만으로 제3자 명의로 등기되어 있는 부동산에 관하여 피고인에 대한 추징판결을 곧바로 집행하는 것은 허용되지 아니한다. 따라서 신청인들 명의의 원심결정 별지 목록 기재 부동산은 피고인의 차명재산이므로 피고인에 대한 추징판결을 곧바로 집행할 수 있다는 검사의 재항고이유는 받아들이기 어렵다. … 피고인이 범죄행위를 통하여 취득한 불법수익 등을 철저히 환수할 필요성이 크더라도 추징의 집행 역시 형의 집행이므로 법률에서 정한 절차에 따라야 하고, 피고인이 제3자 명의로 부동산을 은닉하고 있다면 적법한 절차를 통하여 피고인 명의로 그 등기를 회복한 후 추징판결을 집행하여야 한다.

---

② 예 외

(가) 상속재산에 대한 집행 : 몰수 또는 조세·전매 기타 공과(公課)에 관한 법령에 의하여 재판한 벌금 또는 추징은 그 재판을 받은 자가 재판확정 후 사망한 경우에는 그 상속재산에 대하여 집행할 수 있다(제478조). [국가9급 13, 경찰간부 16, 교정9급특채 11] 그러나 재판확정 전에 사망한 경우에는 상속재산에 대하여 집행할 수 없다.

(나) 법인 합병 후 존속법인 등에 대한 집행 : 법인에 대하여 벌금·과료·몰수·추징·소송비용 또는 비용배상을 명한 경우에는 법인이 그 재판확정 후 합병에 의하여 소멸한 때에는 합병 후 존속한 법인 또는 합병에 의하여 설립된 법인에 대하여 집행할 수 있다(제479조). [법원9급 09]

(2) 가납재판의 집행조정

① 가납집행의 조정 : ㉠ 제1심 가납재판을 집행한 후에 제2심 가납재판이 있는 때에는 제1심 재판의 집행은 제2심 가납금액의 한도에서 제2심재판의 집행으로 간주한다(제480조). 또한 ㉡ 가납재판을 집행한 후 벌금·과료·추징의 재판이 확정된 때에는 그 금액의 한도에서 형의 집행이 된 것으로 간주한다(제481조).

② 가납금액의 환부 : 가납금액이 확정재판의 금액을 초과한 때에는 그 초과액은 당연히 환부하여야 하고, 가납재판이 있더라도 상소심에서 원심을 파기하여 무죄나 자유형을 선고한 판결이 확정된 때에는 가납된 금액을 전액 환부하여야 한다.

(3) 노역장유치의 집행

① 벌금·과료의 환형유치 : ㉠ 벌금과 과료는 판결확정일로부터 30일 내 납입하여야 한다. 단, 벌금을 선고할 때에는 동시에 그 금액을 완납할 때까지 노역장에 유치할 것을 명할 수 있다(형법 제69조 제1항). ㉡ 벌금을 납입하지 아니한 자는 1일 이상 3년 이하, 과료를 납입하지 아니한 자는 1일 이상 30일 미만의 기간 노역장에 유치하여 작업에 복무하게 한다(동조 제2항). 이에 ㉢ 벌금 또는 과료를 선고할 때에는 납입하지 아니하는 경우의 유치기간을 정하여 동시에 선고하여야 한다(에 벌금 3,000만원을 선고한다. 납입하지 않는 경우 금 10만원을 1일로 환산한 기간-300일 - 노역장에 유치하여 작업에 복무하게 한다.)(형법 제70조 제1항). 다만, ㉣ 선고하는 벌금이 1억원 이상 5억원 미만인 경우에는 300일 이상, 5억원 이상 50억원 미만인 경우에는 500일 이상, 50억원 이상인 경우에는 1,000일 이상의 유치기간을 정하여야 한다(이른바 황제노역 방지규정, 2014.5.14. 신설 동조 제2항).

② 노역장유치의 집행 : 벌금 또는 과료를 완납하지 못한 자에 대한 노역장유치의 집행에는 형의 집행에 관한 규정을 준용한다(제492조). 준용되는 규정은 전술한 집행의 일반원칙(제459조, 제460조)과 자유형의 집행에 관한 규정들이다. 따라서 사법경찰관리가 벌금미납자의 노역장유치 집행을 위하여 구인하기 위해서는 급속을 요하는 경우(제85조 제3항)를 제외하고는 검사가 발부한 **형집행장을 그 상대방에게 제시하고 그 사본을 교부**하여야 한다(제475조, 2022.2.3. 개정 제85조 제1항).

★ 판례연구 벌금형 미집행자에 대한 노역장유치집행 관련판례

1. 대법원 2010.10.14, 2010도8591

경찰관이 벌금형에 따르는 노역장 유치의 집행을 위하여 형집행장을 소지하지 아니한 채 피고인을 구인할 목적으로 그의 주거지를 방문하여 임의동행의 형식으로 데리고 가다가, 피고인이 동행을 거부하며 다른 곳으로 가려는 것을 제지하면서 체포·구인하려고 하자 피고인이 이를 거부하면서 경찰관을 폭행한 경우, 위와 같이 피고인을 체포·구인하려고 한 것은 노역장 유치의 집행에 관한 법규정에 반하는 것으로서 적법한 공무집행행위라고 할 수 없으며, 또한 그 경우에 형집행장의 제시 없이 구인할 수 있는 '급속을 요하는 경우'(제85조 제3항)에 해당한다고 할 수 없고, 이는 피고인이 벌금미납자로 지명수배되었다고 하더라도 달리 볼 것이 아니므로, 위 공무집행방해의 공소사실에 대하여 무죄를 선고한 원심판단은 정당하다.

2. 대법원 2011.9.8, 2009도13371 [경찰채용 12 2차]

경찰관인 피고인이 벌금미납자로 지명수배되어 있던 甲을 세 차례에 걸쳐 만나고도 그를 검거하여 검찰청에 신병을 인계하는 등 필요한 조치를 취하지 않아 정당한 이유 없이 직무를 유기하였다는 내용으로 예비적으로 기소된 경우, 벌금미납자에 대한 노역장유치 집행을 위하여 검사의 지휘를 받아 형집행장을 집행하는 경우 벌금미납자 검거는 사법경찰관리의 직무범위에 속한다고 보아야 하는데도, 재판의 집행이 사법경찰관리의 직무범위에 속한다고 볼 법률적 근거가 없다는 이유로 甲에 대하여 실제 형집행장이 발부되어 있었는지 등에 대하여 나아가 심리하지 않은 채 공소사실을 무죄로 인정한 원심판단에는 법리오해의 위법이 있다.

3. 대법원 2013.9.12, 2012도2349 [국가7급 15, 경찰간부 16]

[1] 벌금형에 따르는 노역장유치는 실질적으로 자유형과 동일한 것으로서 그 집행에 대하여는 자유형의 집행에 관한 규정이 준용된다(제492조). 구금되지 아니한 당사자에 대하여 형의 집행기관인 검사는 그 형의 집행을 위하여 당사자를 소환할 수 있고, 당사자가 소환에 응하지 아니한 때에는 형집행장을 발부하여 구인할 수 있다(제473조). 법 제475조는 이 경우 형집행장의 집행에 관하여 형사소송법 제1편 제9장에서 정하는 피고인의 구속에 관한 규정을 준용한다고 규정하고 있고, 여기서 '피고인의 구속에 관한 규정'은 '피고인의 구속영장의 집행에 관한 규정'을 의미한다고 할 것이므로, 형집행장의 집행에 관하여는 구속의 사유에 관한 형사소송법 제70조나 구속이유의 고지에 관한 형사소송법 제72조가 준용되지 아니한다.

[2] 사법경찰관리가 벌금형을 받은 사람을 그에 따르는 노역장유치의 집행을 위하여 구인하려면 검사로부터 발부받은 형집행장을 그 상대방에게 제시하여야 하지만(제85조 제1항), 형집행장을 소지하지 아니한 경우에 급속을 요하는 때에는 그 상대방에 대하여 형집행 사유와 형집행장이 발부되었음을 고하고 집행할 수 있다(제85조 제3항). 그리고 형집행장의 제시 없이 구인할 수 있는 '급속을 요하는 때'란 애초 사법경찰관리가 적법하게 발부된 형집행장을 소지할 여유가 없이 형집행의 상대방을 조우한 경우 등을 가리킨다.

4. [유사판례] 대법원 2017.9.26, 2017도9458

사법경찰관리가 벌금 미납으로 인한 노역장 유치의 집행의 상대방에게 형집행 사유와 더불어 벌금 미납으로 인한 지명수배 사실을 고지하였더라도 특별한 사정이 없는 한 그러한 고지를 형집행장이 발부되어 있는 사실도 고지한 것이라거나 형집행장이 발부되어 있는 사실까지도 포함하여 고지한 것이라고 볼 수 없으므로, 이와 같은 사법경찰관리의 직무집행은 적법한 직무집행에 해당한다고 할 수 없다. … 피고인에 대하여 확정된 벌금형의 집행을 위하여 형집행장이 이미 발부되어 있었으나, 甲이 피고인을 구인하는 과정에서 형집행장이 발부되어 있는 사실은 고지하지 않았던 사정에 비추어 甲의 위와 같은 직무집행은 위법하다고 보아야 한다.

3. 몰수와 압수물의 처분

(1) 몰수물의 처분·교부

① **처분** : 몰수형(형법 제48조·제49조)이 확정되면 몰수물의 소유권은 국고에 귀속되는바, 몰수물은 검사가 처분하여야 한다(제483조). 문서·도화·특수매체기록·유가증권의 일부가 몰수에 해당하는 때에는 그 부분은 폐기한다(형법 제48조 제3항). 몰수물이 이미 압수되어 있는 경우 검사의 집행지휘만으로 집행은 종료한다.

대법원 1995.5.9, 94도2990

검사의 몰수판결 집행업무란 몰수를 명한 판결이 확정된 후 검사의 집행지휘에 의하여 몰수집행을 하는 것을 뜻하는 것으로서 ① 몰수물이 압수되어 있는 경우에는 집행지휘만으로 집행이 종료되게 되며, ② 몰수물이 압수되어 있지 아니한 경우에는 검사가 몰수선고를 받은 자에게 그 제출을 명하고, 이에 불응할 경우 몰수집행명령서를 작성하여 집행관에게 강제집행을 명하는 방법으로

집행하는 것으로 족하다(몰수물이 압수되어 있는 이상 검사의 몰수판결 집행업무는 타인의 위계에 의하여 방해당할 수 없는 성질의 업무이므로 위계공무방해죄 ×).

② 교부 : 몰수를 집행한 후 3월 이내에 그 몰수물에 대하여 정당한 권리 있는 자가 몰수물의 교부를 청구한 때에는 검사는 파괴 또는 폐기할 것이 아니면 이를 교부하여야 한다. 몰수물을 처분한 후 교부청구가 있는 경우에는 검사는 공매에 의하여 취득한 대가를 교부하여야 한다(제484조).

(2) 압수물의 처분

① 압수물의 압수해제간주·환부불능·공고·국고귀속 및 압수장물의 피해자환부 : ㉠ 압수물에 대하여 몰수의 선고가 확정되면 전술한 몰수재판의 집행에 의하여 국고에 귀속되나, 압수한 서류 또는 물건에 관하여 몰수의 선고가 없는 때에는 압수를 해제한 것으로 간주되므로(제332조) 압수물은 정당한 권리자에게 환부되어야 한다. 이때 압수물의 환부를 받을 자의 소재가 불명하거나 기타 사유로 인하여 환부를 할 수 없는 경우(**압수물의 환부불능**)에는 검사는 그 사유를 관보에 **공고**하여야 한다(제486조 제1항). 공고한 후 3월 이내에 환부의 청구가 없는 때에는 그 물건은 국고에 귀속한다(몰수재판이 없이도 국고에 귀속되는 유일한 경우, 동조 제2항). 공고기간 내에도 가치 없는 물건을 폐기할 수 있고 보관하기 곤란한 물건은 공매하여 그 대가를 보관할 수 있다(동조 제3항). 한편, ㉡ 피해자 환부할 압수장물은 판결로써 환부선고를 하여야 하며(제333조 제1항), 장물을 처분하였을 때에는 그 대가로 취득한 것을 피해자에게 교부하는 판결의 선고를 하여야 한다(동조 제2항).

② 위조·변조의 표시 : 위조·변조한 물건을 환부하는 경우에는 그 물건의 전부 또는 일부에 위조·변조인 것을 표시하여야 한다(제485조 제1항). 위조·변조한 물건이 압수되지 아니한 경우에는 그 물건을 제출하게 하여 이러한 처분을 하여야 한다. 단, 그 물건이 공무소에 속한 것인 때에는 위조·변조의 사유를 공무소에 통지하여 적당한 처분을 하여야 한다(동조 제2항).

4. 공무원범죄에 관한 몰수 특례법 등 특별법상 몰수 및 추징보전

몰수 및 추징보전이란 몰수 및 추징재판을 집행할 수 없게 될 염려가 있거나 집행이 현저히 곤란하게 될 염려가 있다고 인정할 때에 피고인·피의자의 몰수 및 추징 대상 재산의 처분을 일시적으로 금지하기 위한 형사상 보전(保全)절차로서, 자금세탁범죄 등 특정 범죄와 관련된 범죄수익을 확실하게 몰수 및 추징할 수 있도록 함으로써 특정 범죄를 조장하는 경제적 요인을 근원적으로 제거하기 위하여 공무원범죄에 관한 몰수 특례법 등의 특별법들에 규정된 제도이다. 이러한 몰수·추징보전은 민사집행법상 가압류절차에 대응하는 성질을 가진다(대법원 2011.1.13, 2010초기894).

몰수재판은 몰수될 것으로 사료되는 물건을 사전에 압수하는 방법으로도 그 집행을 확보할 수 있으나, 압수제도는 재산의 처분을 금지하지 않고 법원 또는 수사기관이 그 점유만을 취득하는 것인 데 반하여, 몰수보전은 재산의 점유를 취득하지 않고 그 처분만을 금지하는 절차라는 점에서 다르다. 나아가 추징재판의 집행은 추징보전의 절차에 의하지 않고는 재판의 집행이 확보되지 않는다(법원실무Ⅱ 715~716면).[1]

---

1) [참고 – 몰수·추징보전제도]

우리나라는 1995년 「공무원범죄에 관한 몰수 특례법」과 「마약류 불법거래 방지에 관한 특례법」에 먼저 몰수 및 추징보전제도를 도입하였다가, 2001.9.27. 제정된 「범죄수익은닉의 규제 및 처벌 등에 관한 법률」 제12조가 「마약류 불법거래 방지에 관한 특례법」 제33조 내지 제63조를 준용함으로써 몰수 및 추징보전제도가 「범죄수익은닉의 규제 및 처벌 등에 관한 법률」 제2조가 정하는 중대범죄 등에 확대·적용되게 되었다. 그 후 2005.8.4. 「불법정치자금 등의 몰수에 관한 특례법」을 제정하면서 불법정치자금에 대한 몰수 및 추징보전제도를 도입하였다(법원실무Ⅱ 716면). 한편, 「범죄수익은닉의 규제 및 처벌 등에 관한 법률」 제2조의 중대범죄에는 같은 법 제2조 소정의 별표에 따라 형법 제129조부터 제133조까지의 죄 등을 포함한 여러 형법범과 다양한 형사특별법범이 포함되어 있기 때문에 몰수 및 추징보전제도가 적용되는 특정 범죄는 비교적 광범위하다. 예컨대, 법원은 특정공무원범죄에 관련된 피고인에 대한 형사사건에서 이 법에 따라 몰수할 수 있는 재산(이하 "몰수대상재산"이라 한다)에 해당한다고 판단할 만한 상당한 이유가 있고, 그 재산을 몰수하기 위하여 필요하다고 인정할 때에는 검사의 청구에 의하여 또는 법원의 직권으로 몰수보전명령을 하여 그 재산에 관한 처분을 금지할 수 있다(공무원범죄에 관한 몰수 특례법 제23조 제1항). 또한 검사는 위 이유와 필요가 있다고 인정하는 경우에는 공소가 제기되기 전이라도 지방법원판사에게 청구하여 같은 조 제1항 또는 제2항에 따른 처분을 받을 수 있으며, 사법경찰관은 검사에게 신청하여 검사의 청구로 해당 처분을 받을 수 있다(기소 전 몰수보전명령, 동 제24조 제1항). 그리고 법원은 특정공무원범죄에 관련된 피고인에 대한 형사사건에 관하여 동법 제6조에 따라 추징을 하여야 할 경우에 해당한다고 판단할 만한 상당한 이유가 있는 경우에 추징재판을 집행할 수 없게 될 염려가 있거나 집행이 현저히 곤란할 염려가 있다고 인정할 때에는 검사의 청구에 의하여 또는 법원의 직권으로 추징보전명령을 하여 피고인에 대하여 재산의 처분을 금지할 수 있다(동 제42조 제1항). 또한 검사는 추징보전의 이유와 필요가 있다고 인정하는 경우에는 공소가 제기되기 전이라도 지방법원판사에게 청구하여 같은 항에 규정된 처분을 받을 수 있다(기소 전 추징보전명령, 동 제43조 제1항). 이러한

I 재판해석에 대한 의의신청

1. 의 의

(1) 개념 : 형의 선고를 받은 자는 집행에 관하여 재판의 해석에 대한 의의(疑義)가 있는 때에는 재판을 선고한 법원에 의의신청을 할 수 있다(제488조).

(2) 허용범위 : 의의신청은 판결주문의 취지가 불분명하여 주문(主文)의 해석에 의문이 있는 경우에 한하여 제기할 수 있다. 따라서 판결이유의 증거에 관한 취사선택의 잘못과 같은 판결이유의 모순·불명확·부당을 주장하거나 사실인정 등이 부당하다고 주장하는 의의신청은 허용되지 않는다(대법원 2002.12.9, 2002모302). 실무에서는 재판해석에 관한 의의신청은 극히 예외적인 경우에나 있을 수 있다고 본다(법원실무Ⅱ 657면).

대법원 1986.9.26, 86모45 [경찰간부 16]

법 제488조의 규정은 판결의 취지가 명료하지 아니하여 그 해석에 대한 의의가 있는 경우에 적용되는 것이고 재판의 내용 자체를 부당하다고 주장하는 것은 이에 해당되지 아니한다 할 것이다. 원심이 검사의 공소제기가 허위의 증거에 의한 것이고 이에 기하여 항고인에게 유죄의 판결이 선고되었으므로 이의 시정을 구하기 위하여 의의신청을 한다는 취지의 주장은 법 제488조 소정의 의의신청사유에 해당되지 아니한다 하여 항고를 기각하였음은 정당하고 거기에 소론과 같은 위법이 없으므로 논지는 이유 없다.

---

2. 절 차

(1) 신청권자·신청 : ① 신청권자는 형의 선고를 받은 본인만으로 제한된다. 그 법정대리인이나 검사는 신청권이 없다. 신청기간은 재판이 확정한 후부터 집행을 종료하기 전까지이다. ② 재판해석 의의신청이나 그 취하는 반드시 서면에 의하여야 하며(규칙 제174조 제1항), 재소자의 특칙(제344조, 규칙 제152조)이 준용된다(제490조 제2항, 규칙 제174조 제2항). 신청이나 그 취하 서면이 제출된 경우 법원은 즉시 그 취지를 검사에게 통지하여야 한다(규칙 제175조).

(2) 관할법원 : 재판을 선고한 법원인데, 이는 형을 선고한 법원을 말한다. 따라서 상소를 기각한 경우 원심법원이 관할법원이 되고, 상소기각법원은 해당되지 아니한다(대법원 1996.3.28, 96초76, 95도2958). [경찰승진 03, 경찰채용 05 2차]

(3) 법원의 결정 : 의의신청이 있는 때에는 법원은 결정을 하여야 한다. 이 결정에 대하여는 **즉시항고**를 할 수 있다(제491조).

(4) 신청의 취하 : 의의신청은 법원의 결정이 있을 때까지 취하할 수 있다(제490조).

II 재판집행에 대한 이의신청

1. 의 의

(1) 개념 : 재판의 집행을 받은 자 또는 그 법정대리인이나 배우자는 집행에 관한 검사의 처분이 부당(부적법 또는 현저한 부적당)함을 이유로 재판을 선고한 법원에 이의(異義)신청을 할 수 있다(제489조). 검사의 처분에는 재판의 집행지휘(제460조), 재산형 등의 집행명령(제477조), 상속재산에 대한 집행(제478조), 몰수물의 처분(제483조), 노역장유치의 집행(제492조, 검찰징수사무규칙 제20조), 미결구금일수의 통산에 관한 처분 등이 포함된다. 검사의 처분이 아닌 처분에 대해서는 이의신청을 할 수 없다.

몰수보전·추징보전에 관한 재판은 검사의 지휘·명령에 따라 집행한다(동 제25조 제1항, 제44조 제1항).

> **대법원 1983.7.5, 83초20**
> 항소심에서 유죄판결을 선고받고 이에 불복하여 상고를 제기한 피고인을 교도소 소장이 검사의 이송지휘도 없이 다른 교도소로 이송처분한 경우 피고인은 이에 대하여 법 제15조 제1호 소정의 관할이전신청이나 법 제489조 소정의 이의신청을 할 수 없다(검사의 처분이 아니므로).

(2) 허용범위 : 전술한 재판해석(또는 재판집행) 의의신청은 판결의 취지가 명료하지 않아 그 해석에 대한 의의(疑義)가 있는 경우에 적용되는 것이고, 제489조의 재판집행 이의(異義)신청은 재판의 집행에 관한 검사의 처분이 부당함을 이유로 하는 경우에 적용되는 것이다. 따라서 재판의 내용 자체를 부당하다고 주장하는 것은 그 어느 것에도 해당되지 아니한다(대법원 1987.8.20, 87초42).

> **대법원 1986.9.8, 86모32** [경찰간부 16]
> 법 제489조 소정의 이의신청은 재판의 집행을 받은 자 등이 재판의 집행에 관한 검사의 처분이 부당함을 이유로 하는 경우에 신청할 수 있는 것이므로 재판의 집행에 관한 것이 아니고 검사의 공소제기 또는 이를 바탕으로 한 재판 그 자체가 부당함을 이유로 하는 경우에는 신청할 수 없다.

2. 절 차

① 신청권자는 재판의 집행을 받은 자(검사의 집행처분의 대상이 된 자)와 그 법정대리인 및 배우자이다. ② 미확정재판의 집행에 대해서는 이의신청을 할 수 있으므로, 재판의 확정 전에도 이의신청이 가능하다(대법원 1964.6.23, 64모14). [경찰승진 03] 단, 집행이 종료된 후에는 실익이 없으므로 의의신청·이의신청이 모두 허용되지 않는다. ③ 신청이 이유 있으면 당해 검사의 처분은 취소된다. ④ 이외에 재판을 선고한 법원의 의미, 서면신청(또는 취하), 재소자의 특칙, 검사에의 통지 등은 재판해석에 대한 의의신청의 그것과 동일하다.

> **대법원 1964.6.23, 64모14**
> 확정되지 아니한 판결의 집행에 대하여는 법 제489조에 의한 이의신청을 할 수 있으며, 판결의 집행에 대하여 이의신청이 있는 때에는 그 판결의 확정 여부에 대하여 심리하여야 한다.

제2절 | 형사보상

01 의의와 성질

I 의 의

형사보상(刑事補償, indemnity, Entschädigung)이란 국가의 형사사법의 과정에서 억울하게 구금되었거나 형의 집행을 받은 사람에 대하여 국가가 그 손해를 보상하여 주는 제도를 말한다. 이 중 구금에 대한 보상은 헌법 제28조가 명문으로 형사보상청구권을 규정하고 있으며("형사피의자 또는 형사피고인으로서 구금되었던 자가 법률이 정하는 불기소처분을 받거나 무죄판결을 받은 때에는 법률이 정하는 바에 의하여 국가에 상당한 보상을 청구할 수 있다."), 형사보상 및 명예회복에 관한 법률(이하 형사보상법 또는 형보)은 구금에 대한 보상의 방법과 절차 및 그 밖의 형의 집행에 대한 보상에 대해서도 규정하고 있다. 군사법원에서 무죄판결을 받은 자에 대해서도

형사보상법이 준용된다(형보 제29조 제2항 제1호). [경찰승진 11]

> **보충** ① 형사보상법은 2011년 형사보상 및 명예회복에 관한 법률로 확대·개편되었다. 여기에서 명예회복이라 함은 무죄재판 등이 확정된 경우 이를 법무부 인터넷 홈페이지에 무죄재판서 등을 게재하여 널리 알리는 제도를 말한다. 본서에서는 이러한 명예회복도 넓게는 형사보상의 의미가 있다고 보아 내용 부분에서 다루도록 한다. 또한 ② 2007년에 형사소송법에 신설된 무죄판결시 재판에 소요된 비용에 대한 보상제도(2007년 신설 제194조의2 이하)는 구금 등에 대한 보상제도로서 형사보상법에 그 근거를 둔 형사보상과는 그 근거법률은 다르지만 그 성질에 있어서는 일종의 손실보상이라는 점에서 서로 유사한 측면이 있다. 이에 본서에서는 무죄판결시 비용보상제도도 본절의 말미에서 함께 설명하도록 할 것이다.

II 성 질

1. 본 질

형사보상의 본질에 대해서는, ① 국가가 위법한 처분에 의한 손해를 배상해야 할 법률적 의무라는 **법률의무설**(손해배상설 : 강구진, 백형구, 이은모, 이/조, 정/이, 차/최)과 ② 국가가 공평의 견지에서 손실을 전보해주는 조절보상(調節補償)이라는 **공평설**(손실보상설 : 권오걸, 배/이/정/이, 신동운, 신양균, 진계호 및 법원실무)이 대립한다.[1] [경찰승진 06]

생각건대, 헌법 제28조의 형사보상청구권에 의한 형사보상제도는 헌법 제29조의 국가배상제도와는 별개의 제도로서 손해배상과 달리 고의·과실을 요건으로 하지 않으므로, 형사보상의 본질은 국가기관의 구속이 적법하였음에도 불기소처분·무죄확정판결을 받은 경우 공법상 조절적 공평보상의 견지에서 그 손실을 보상하여 주는 무과실손실보상책임으로 보아야 할 것이다. [경찰승진 08] 이에 본서는 공평설을 따른다.[2]

2. 손해배상과의 관계

공평설에 따라 형사보상은 국가배상과 달리 그 손해의 입증도 필요 없는 공법상 손실보상의 성격을 가지므로, 형사보상은 국가배상법 또는 민법에 의한 손해배상과 경합할 수 있다. 따라서 **형사보상을 받을 자가 다른 법률의 규정에 의하여 손해배상을 청구함을 금하지 아니한다**(형보 제6조 제1항). [경찰승진 11/08] 즉, 피해자는 자유롭게 선택하여 청구할 수 있다.

또한 **이중배상은 공평에 어긋나므로**, 형사보상을 받을 자가 같은 원인에 대하여 다른 법률에 따라 손해배상을 받은 경우에 그 손해배상의 액수가 형사보상법에 따라 받을 보상금의 액수와 같거나 많을 때에는 보상하지 아니하며, 손해배상액수가 형사보상액수보다 적을 때에는 그 손해배상 금액을 빼고 보상금 액수를 정한다(동조 제2항). 마찬가지로, 다른 법률에 따라 손해배상을 받을 자가 같은 원인에 대하여 형사보상법에 따른 보상을 받았을 때에는 그 보상금의 액수를 빼고 손해배상의 액수를 정하여야 한다(동조 제3항).

02 내 용

I 구금에 대한 보상

구금에 대한 보상에 있어서는 그 일수에 따라 1일당 보상청구의 원인이 발생한 연도의 최저임금법에 따른 일급 최저임금액 이상 대통령령으로 정하는 금액 이하의 비율에 의한 보상금을 지급한다(형보 제5조 제1항). [경찰

---

1) [참고 – 법률의무설과 공평설] 법률의무설에서도 형사보상은 객관적으로 위법한 공권력 행사가 있는 경우 공무원의 고의·과실을 묻지 않고 국가가 이를 배상하는 공법상 무과실책임으로 파악해야 한다고 주장한다(예 이/조 844면). 따라서 법논리상의 문제를 별론으로 한다면 양설의 내용상 차이는 크지 않다. 다만, 이에 대해서는 이 점은 오히려 형사보상이 가지는 공법상 손실보상적 측면을 강조하는 것이라는 공평설에 의한 지적이 있다(예 신동운 1848면).

2) [참고 – 구금에 대한 형사보상과 무죄판결확정시 재판소요 비용보상의 유사점] 형사소송법은 무죄판결확정시 재판소요 비용보상(제194조의2 이하)의 보상절차에 대해서는 구금 등에 관한 형사보상절차의 규정을 준용하고 있다(제194조의5). 이는 재판소요 비용에 대한 보상도 구금 등에 대한 형사보상과 마찬가지로 공무원의 고의·과실을 요건으로 하지 않는 일종의 손실보상청구권으로서 그 본질은 동일하다는 점에 근거한 준용규정이다. 이에 법원실무에서는, 실무상으로는 구금되었던 피고인이 무죄확정판결을 받는 경우에는 구금 등에 대한 보상과 재판소요 비용에 대한 보상을 함께 청구하는 경우가 많을 것으로 보고 있다(법원실무 II 745면).

채용 12 1차] 구금에 대한 보상금의 한도는 1일당 보상청구의 원인이 발생한 해의 최저임금법에 따른 일급 최저임금액의 5배로 한다(형보령 제2조). 여기의 구금에는 미결구금과 형의 집행에 의한 구금을 포함한다. 노역장유치의 집행을 하였을 때에도 이에 준한다(형보 제5조 제5항).

법원이 보상금액을 산정할 때에는 구금의 종류 및 기간의 장단, 기간 중에 받은 재산상의 손실과 얻을 수 있었던 이익의 상실 또는 정신상의 고통과 신체상의 손상, 경찰·검찰·법원의 각 기관의 고의·과실의 유무 기타 모든 사정을 고려한다(동조 제2항).

Ⅱ 형집행에 대한 보상

1. 사형집행에 대한 보상

사형집행에 대한 보상금 집행 전 구금에 대한 보상금 외에 3천만원 이내에서 모든 사정을 고려하여 법원이 상당하다고 인정하는 액을 가산 보상한다. 이 경우 본인의 사망에 의하여 생긴 재산상의 손실액이 증명된 때에는 그 손실액도 보상한다(제5조 제3항).

2. 벌금·과료의 집행에 대한 보상

벌금·과료의 집행에 대한 보상에 있어서는 이미 징수한 벌금·과료의 징수일의 다음 날부터 보상결정일까지의 일수에 따라 민법 제379조의 법정이율(연 5푼)에 의한 금액을 가산한 액을 보상한다(형보 제5조 제4항). [경찰승진 06] 노역장유치의 집행을 한 때는 구금에 대한 보상 규정을 준용한다(동 제5항).

3. 몰수·추징의 집행에 대한 보상

몰수집행에 대한 보상에 있어서는 그 원물인 몰수물을 반환하고, 그것이 이미 처분되었을 때에는 보상결정시기의 시가를 보상하며, 추징금에 대한 보상에 있어서는 그 액수에 징수한 다음 날부터 보상결정일까지의 일수에 따라 민법 제379조의 법정이율에 의한 금액을 더한 액을 보상한다(형보 제5조 제6항 및 제7항). 다만, 면소·공소기각의 재판을 받은 자는 구금에 대한 보상만을 청구할 수 있으므로(형보 제26조), 몰수·추징에 대한 보상을 청구할 수는 없다.

대법원 1965.5.18, 65다537

무죄의 재판을 받은 자가 받는 보상의 내용은 형사보상법 제4조(현 제5조)에 의하여 1. 구금에 대한 것 2. 사형집행에 대한 것 3. 벌금·과료의 집행에 대한 것 4. 노역장 유치의 집행에 대한 것 5. 몰수집행에 대한 것의 다섯 가지 종류가 있으나, 면소 또는 공소기각의 재판을 받은 자가 청구할 수 있는 보상의 내용은 위에서 본 다섯 가지의 종류 중 다만 구금에 대한 것 하나만 임이 형사보상법 제25조(현 제26조) 제1항의 규정에 의하여 분명한 바이고 같은법 제5조의 규정에 의하면 다른 법률의 규정에 의한 손해배상을 청구함을 금하지 않는다고 되어 있으므로 원고로서는 다른 법률의 규정에 의하여 손해배상의 청구는 할 수 있을지 언정 이 사건에 있어서 원고가 청구하는 것은 몰수품에 대한 보상청구인 만큼 군법회의는 형사보상법 제25조(현 제26조) 제1항의 규정에 의하여 면소의 재판을 받은 원고에 대하여 몰수품에 대한 보상결정을 할 수 있는 권한이 없다고 할 것이므로 이 의미에서 육군보통 군법회의가 한 원고에 대한 몰수품에 대한 보상결정은 당연히 무효라고 해석함이 타당하다.

Ⅲ 무죄재판과 재판서 게재

1. 재판서 게재청구

(1) 청구권자와 청구기간 : 무죄재판을 받아 확정된 사건(이하 "무죄재판사건")의 피고인은 무죄재판이 확정된 때부터 3년 이내에 확정된 무죄재판사건의 재판서(이하 "무죄재판서")를 법무부 인터넷 홈페이지에 게재하도록 해당 사건을 기소한 검사가 소속된 지방검찰청(지방검찰청 지청 포함)에 청구할 수 있다(형보 제30조). 상속인·대리인에 의한 청구도 가능하다(동법 제31조 제2항·제3항).

(2) 첨부서류 : 청구를 할 때에는 무죄재판서 게재 청구서에 재판서의 등본과 그 재판의 확정증명서를 첨부하여 제출하여야 한다(동법 제31조 제1항).

2. 게재조치

(1) 게재조치 : 청구가 있을 때에는 그 청구를 받은 날부터 1개월 이내에 무죄재판서를 법무부 인터넷 홈페이지에 게재하여야 한다. 다만, 무죄재판사건의 확정재판기록이 해당 지방검찰청에 송부되지 아니한 경우에는 무죄재판사건의 확정재판기록이 해당 지방검찰청에 송부된 날부터 1개월 이내에 게재하여야 한다 (동법 제32조 제1항).

(2) 일부삭제게재 : ① 청구인이 무죄재판서 중 일부 내용의 삭제를 원하는 의사(서면으로 확인, 동조 제3항)를 명시적으로 밝힌 경우 또는 ② 무죄재판서의 공개로 인하여 사건 관계인의 명예나 사생활의 비밀 또는 생명 · 신체의 안전이나 생활의 평온을 현저히 해칠 우려가 있는 경우에는 무죄재판서의 일부를 삭제하여 게재할 수 있다(동조 제2항).

(3) 게재기간 : 무죄재판서의 게재기간은 1년으로 한다(동조 제4항).

3. 게재조치의 통지

무죄재판서를 법무부 인터넷 홈페이지에 게재한 경우에는 지체 없이 그 사실을 청구인에게 서면으로 통지하여야 한다(동법 제33조 제1항).

4. 그 외 게재청구가 가능한 경우

(1) 무죄재판을 받을 만한 현저한 사유 : 형사소송법에 따라 면소 또는 공소기각의 재판을 받아 확정된 피고인이 면소 또는 공소기각의 재판을 할 만한 사유가 없었더라면 무죄재판을 받을 만한 현저한 사유가 있었을 경우(동법 제26조 제1항 제1호)에 해당하는 자는 확정된 사건의 재판서를 게재하도록 청구할 수 있다 (동법 제34조 제1항).

(2) 치료감호사건 : 치료감호법 제7조에 따라 치료감호의 독립청구를 받은 피치료감호청구인의 치료감호사건이 범죄로 되지 아니하거나 범죄사실의 증명이 없는 때에 해당되어 청구기각의 판결을 받아 확정된 경우(동법 제26조 제1항 제2호)에 해당하는 자는 확정된 사건의 재판서를 게재하도록 청구할 수 있다(동법 제34조 제1항).

---

03 요건과 절차

I 피고인보상

1. 요 건

(1) 적극적 요건

① **무죄판결 등의 확정** : ㉠ 형사소송법에 의한 일반절차 또는 재심 · 비상상고절차, 상소권회복에 의한 상소절차에서 **무죄의 재판(확정판결)**을 받아야 한다(형보 제2조). 예컨대, 알리바이가 입증된 경우처럼 피고인이 죄가 없음이 명백한 경우뿐만 아니라 유죄의 증거가 불충분한 경우에도 구금에 대한 형사보상의 대상이 된다. 나아가 판결주문에서 무죄가 선고되지 않았지만 판결이유에서 무죄로 판단된 경우에도 미결구금 가운데 무죄로 판단된 부분의 수사와 심리에 필요하였다고 인정된 부분에 관하여 보상을 청구할 수 있다(이때 형보 제4조 제3호를 유추적용하여 법원의 재량으로 보상청구의 전부 또는 일부 기각 가능). 또한 ㉡ 치료감호법 제7조에 따라 **치료감호의 독립청구**를 받은 피치료감호청구인의 치료감호사건이 범죄로 되지 아니하거나 범죄사실의 증명이 없는 때에 해당되어 **청구기각의 판결을 받아 확정된** 경우에도 구금에 대한 보상을 청구할 수 있다(형보 제26조 제1항 제2호). [경찰채용 12 1차]

⚖ 판례연구 판결이유에서 무죄로 판단된 부분에 대한 형사보상 관련판례

1. 대법원 2016.3.11, 2014모2521

헌법 제28조는 "형사피의자 또는 형사피고인으로서 구금되었던 자가 법률이 정하는 불기소처분을 받거나 무죄판결을 받은 때에는 법률이 정하는 바에 의하여 국가에 정당한 보상을 청구할 수 있다."라고 규정하고, 형사보상 및 명예회복에 관한 법률(이하 '형사보상법'이라 한다) 제2조 제1항은 "형사소송법에 따른 일반 절차 또는 재심이나 비상상고 절차에서 무죄재판을 받아 확정된 사건의 피고인이 미결구금을 당하였을 때에는 이 법에 따라 국가에 대하여 그 구금에 대한 보상을 청구할 수 있다."라고 규정하고 있다. 이와 같은 형사보상법 조항은 입법 취지와 목적 및 내용 등에 비추어 재판에 의하여 무죄의 판단을 받은 자가 재판에 이르기까지 억울하게 미결구금을 당한 경우 보상을 청구할 수 있도록 하기 위한 것이므로, 판결 주문에서 무죄가 선고된 경우뿐만 아니라 판결 이유에서 무죄로 판단된 경우에도 미결구금 가운데 무죄로 판단된 부분의 수사와 심리에 필요하였다고 인정된 부분에 관하여는 보상을 청구할 수 있고, 다만 형사보상법 제4조 제3호를 유추적용하여 법원의 재량으로 보상청구의 전부 또는 일부를 기각할 수 있을 뿐이다.

2. [비교판례] 대법원 2017.11.28, 2017모1990

경합범의 일부가 무죄인 경우와 미결구금일수가 본형에 산입된 경우의 형사보상

형사보상 및 명예회복에 관한 법률 제2조 제1항은 무죄재판을 받아 확정된 사건의 피고인이 미결구금을 당하였을 때에는 국가에 대하여 그 구금에 대한 보상을 청구할 수 있다고 규정하고 있다. 이에 따라 판결 주문에서 경합범의 일부에 대하여 유죄가 선고되더라도 다른 부분에 대하여 무죄가 선고되었다면 형사보상을 청구할 수 있다. 그러나 그 경우라도 미결구금 일수의 전부 또는 일부가 유죄에 대한 본형에 산입되는 것으로 확정되었다면, 그 본형이 실형이든 집행유예가 부가된 형이든 불문하고 그 산입된 미결구금 일수는 형사보상의 대상이 되지 않는다.

② **면소·공소기각의 재판** : 면소 또는 공소기각의 재판을 받아 확정된 피고인이 **면소나 공소기각의 사유가 없었더라면 무죄판결을 받을 만한 현저한 사유가 있었을 경우**에는 **구금**에 대한 보상을 청구할 수 있다(형보 제26조 제1항 제1호)(무죄확정과는 달리 면소·공소기각 확정된 자는 구금보상만 청구 可, 몰수·추징 보상청구 ×) 예컨대, 법령이 폐지되어 면소판결을 받았으나 이후 **위헌결정**이 내려진 경우가 여기에 속한다.

대법원 2013.4.18, 2011초기689 전원합의체

긴급조치 제9호가 해제됨으로써 면소판결을 받은 자가 형사보상법에 따라 형사보상을 받을 수 있다는 사례

피고인이 '국가안전과 공공질서의 수호를 위한 대통령긴급조치'(이하 '긴급조치 제9호')를 위반하였다는 공소사실로 제1, 2심에서 유죄판결을 선고받고 상고하여 상고심에서 구속집행이 정지된 한편 긴급조치 제9호가 해제됨에 따라 면소판결을 받아 확정된 다음 사망하였는데, 그 후 피고인의 처(妻) 甲이 형사보상을 청구한 경우, 긴급조치 제9호는 헌법에 위배되어 당초부터 무효이고, 이와 같이 위헌·무효인 긴급조치 제9호를 적용하여 공소가 제기된 경우에는 법 제325조 전단의 '피고사건이 범죄로 되지 아니한 때'에 해당하므로 법원은 무죄를 선고하였어야 하는데, 피고인이 면소판결을 받은 경위 및 그 이유, 원판결 당시 법원이 긴급조치 제9호에 대한 사법심사를 자제하는 바람에 그 위반죄로 기소된 사람으로서는 재판절차에서 긴급조치 제9호의 위헌성을 다툴 수 없었던 사정 등을 종합하여 보면, 이 결정에서 긴급조치 제9호의 위헌·무효를 선언함으로써 비로소 면소의 재판을 할 만한 사유가 없었더라면 무죄재판을 받을 만한 현저한 사유가 피고인에게 생겼다고 할 것이므로, 甲은 형사보상법 제26조 제1항 제1호 등을 근거로 구금을 당한 데 대한 보상을 청구할 수 있다.

③ **미결구금 또는 형집행 등** : 피고인보상의 대상은 **미결구금 및 형의 집행**이다.

　(가) **미결구금** : 형사소송법에 따른 일반 절차 또는 재심이나 비상상고 절차에서 무죄재판을 받아 확정된 사건의 피고인이 미결구금을 당하였을 때에는 그 구금에 대한 보상을 청구할 수 있다(형보 제2조 제1항). 미결구금(未決拘禁)이란 판결선고 전 구금(형법 제57조)의 의미인데, 구금된 때부터 형집행에 들어가기 전까지 또는 구금된 때부터 무죄 등의 판결이나 보석·불기소처분·체포구속적부심·구속집행정지·구속취소 등에 의하여 석방된 때까지의 기간을 말하며, 감정유치기간도 포함한다.

　(나) **형의 집행** : 상소권회복에 의한 상소, 재심 또는 비상상고의 절차에서 무죄재판을 받아 확정된 사건의 피고인이 원판결에 의하여 (구금되거나) 형 집행을 받았을 때에는 (구금 또는) 형의 집행에

948 PART 05 상소·비상구제절차·특별절차

대한 보상을 청구할 수 있다(유죄확정 형집행 중 무죄로 뒤집힌 경우, 형보 제2조 제2항). 또한 -재판의 집행에서 기술한- 자유형 집행정지자 구치(법 제470조 제3항)와 형집행장에 의한 구속(법 제473조 ~ 제475조)도 구금 또는 형의 집행으로 본다(형보 제2조 제3항).

(2) **소극적 요건** : 적극적 요건이 충족되어도, 다음의 경우에는 **법원은 재량에 의하여 보상청구의 전부 또는 일부를 기각**할 수 있다(형보 제4조).

① 형사미성년자(형법 제9조) 및 심신상실(형법 제10조 제1항)의 사유에 의하여 무죄재판을 받은 경우(형보 제4조 제1호)

② 본인이 수사 · 심판을 그르칠 목적으로 거짓 자백을 하거나 다른 유죄의 증거를 만듦으로써 기소 · 미결구금 · 유죄재판을 받게 된 것으로 인정된 경우(동조 제2호)

③ 1개의 재판으로써 경합범의 일부에 대하여 무죄재판을 받고 다른 부분에 대하여 유죄재판을 받았을 경우(동조 제3호)

대법원 2008.10.28, 2008모577 [경찰승진 11/14]

형사보상법 제3조 제2호에 의하여 법원이 보상청구의 전부 또는 일부를 기각하기 위해서는 본인이 단순히 허위의 자백을 하거나 또는 다른 유죄의 증거를 만드는 것만으로는 부족하고 본인에게 '수사 또는 심판을 그르칠 목적'이 있어야 한다. 여기서 '수사 또는 심판을 그르칠 목적'은 헌법 제28조가 보장하는 형사보상청구권을 제한하는 예외적인 사유임을 감안할 때 신중하게 인정하여야 하고, 형사보상청구권을 제한하고자 하는 측에서 입증하여야 한다. 수사기관의 추궁과 수사 상황 등에 비추어 볼 때 본인이 범행을 부인하여도 형사처벌을 면하기 어려울 것이라는 생각으로 부득이 자백에 이르게 된 것이라면 '수사 또는 심판을 그르칠 목적'이 있었다고 섣불리 단정할 수 없다. 따라서 군용물손괴죄로 구금된 공군 중사가 수사기관에서 범행을 자백하다가 다시 부인하며 다투어 무죄의 확정판결을 받고 형사보상청구를 한 경우, 자신이 범인으로 몰리고 있어서 형사처벌을 면하기 어려울 것이라는 생각과 거짓말탐지기 검사 등으로 인한 심리적인 압박 때문에 허위의 자백을 한 것이므로, 형사보상청구의 기각 요건인 '수사 또는 심판을 그르칠 목적'에 해당하지 않는다고 해야 한다.

---

2. 절 차

(1) **보상의 청구**

① **청구권자-무죄 등의 재판을 받은 본인 또는 그 상속인** [여경 04 1차] : ㉠ 피고인보상 청구권자는 무죄 등의 판결을 받은 자 본인이다(형보 제2조). 또한 ㉡ 청구권은 양도 · 압류할 수 없는 일신전속적 권리이나, 상속의 대상으로 인정되므로 본인이 무죄판결을 받은 후 보상청구 전에 사망한 때는 그 상속인이 청구권자가 되며(형보 제3조 제1항), 이미 사망한 자에 대하여 재심 또는 비상상고로 무죄판결이 있었을 때에는 보상의 청구에 있어서는 사망한 때에 무죄판결이 있었던 것으로 보므로(동조 제2항) 그 사망 당시의 상속인이 청구권자가 된다. [국가9급 21]

> 보충 같은 순위의 상속인이 여러 명인 경우에 그 중 일부만이 보상청구를 한 때에는 모두를 위하여 그 전부에 대하여 청구한 것으로 보게 되며, 이 경우 청구인 이외의 다른 상속인은 공동청구인으로서 절차에 참가할 수 있다(형보 제11조 제1항 · 제2항). 따라서 법원은 보상을 청구할 수 있는 같은 순위 다른 상속인이 있다는 사실을 알았을 때에는 지체 없이 그 상속인에게 보상청구가 있었음을 통지하여야 한다(동조 제3항).

② **청구시기** : 보상청구는 무죄 · 면소 · 공소기각의 재판이 확정된 사실을 **안 날로부터 3년, 확정된 때로부터 5년 이내**에 하여야 한다(**안3확5**, 2011.5.323. 개정 형사보상법 제8조, 제26조). [경찰간부 15, 경찰승진 14, 경찰채용 12 1차, 여경 04 1차] 2011.5. 개정 전 구 형사보상법은 청구기간을 무죄재판이 확정된 때로부터 1년 이내로 제한하였으나, 이는 형사보상청구권을 보장하고 있는 헌법에 위배된다는 헌법재판소의 결정(헌법재판소 2010.7.29, 2008헌가4)이 내려져 그에 따라 청구기간이 연장된 것이다.

⚖ 판례연구 형사보상청구의 기간

대법원 2022.12.20, 2020모627

면소 · 공소기각의 재판을 할 만한 사유가 없었더라면 무죄판결을 받을 만한 현저한 사유와 형사보상청구의 기간

형사보상 및 명예회복에 관한 법률(이하 '형사보상법') 제26조 제1항 제1호는 국가에 대하여 구금에 대한 보상을 청구할 수 있

는 경우로 '형사소송법에 따라 면소 또는 공소기각의 재판을 받아 확정된 피고인이 면소 또는 공소기각의 재판을 할 만한 사유가 없었더라면 무죄재판을 받을 만한 현저한 사유가 있었을 경우'를 규정하고, 같은 조 제2항은 '제1항에 따른 보상에 대하여는 무죄재판을 받아 확정된 사건의 피고인에 대한 보상에 관한 규정을 준용한다.'고 규정한다. 형사보상법 제8조는 '보상청구는 무죄재판이 확정된 사실을 안 날부터 3년, 무죄재판이 확정된 때부터 5년 이내에 하여야 한다.'고 규정한다. 따라서 ① 면소 또는 공소기각의 재판을 받아 확정되었으나, 그 면소 또는 공소기각의 사유가 없었더라면 무죄재판을 받을 만한 현저한 사유가 있음을 이유로 구금에 대한 보상을 청구하는 경우, 보상청구는 면소 또는 공소기각의 재판이 확정된 사실을 안 날부터 3년, 면소 또는 공소기각의 재판이 확정된 때부터 5년 이내에 하는 것이 원칙이다. 다만 ② 면소 또는 공소기각의 재판이 확정된 이후에 비로소 해당 형벌법령에 대하여 위헌·무효 판단이 있는 경우 등과 같이 면소 또는 공소기각의 재판이 확정된 이후에 무죄재판을 받을 만한 현저한 사유가 생겼다고 볼 수 있는 경우에는 해당 사유가 발생한 사실을 안 날부터 3년, 해당 사유가 발생한 때부터 5년 이내에 보상청구를 할 수 있다.

③ **관할법원** : 보상청구는 무죄재판을 한 법원에 대하여 하여야 한다(동법 제6조, 제7조). 심급의 여하를 묻지 아니한다. 따라서 상소기각 또는 상소의 취하에 의해 원심의 무죄판결이 확정된 때는 원심법원에 보상의 청구를 하여야 한다. 여기서의 법원은 소송법상의 의미가 아니라 조직법상 의미의 법원이며, **원판결의 사물관할과 관계없이 항상 합의부**에서 재판한다(단1/제기/다 - 참치보선 - /합결, 형보 제14조 제1항). 다만, 관할권 없는 법원에서 보상결정을 하였다고 하여 당연히 무효가 되는 것은 아니다.

대법원 1965.5.18, 65다537 [여경 04 1차]

형사보상에 있어서는 형사보상법 제6조, 제22조 제2항의 규정에 의하여 관할법원은 육군고등군법회의임이 분명한바, 원고는 육군보통군법회의에 형사보상신청을 하고 같은 군법회의는 이에 대하여 형사보상결정을 하였고 이에 대하여 불복신청을 하지 않아서 확정되었다는 것이므로 재판의 일종인 형사보상에 관한 결정이 관할법원이 틀렸다는 이유만으로서는 그 결정이 당연히 무효라고는 할 수 없으므로 원고에 대한 육군보통군법회의의 형사보상결정이 당연히 무효가 아니라는 원심판단이유는 정당하다고 할 것이다.

④ **청구방식** : ㉠ 보상청구는 서면(형사보상청구서)에 의하여야 하며, 보상청구서에 재판서의 등본(무죄 판결등본)과 그 재판의 확정증명서를 법원에 제출하여야 한다(형보 제9조 제1항). 여기에는 청구인의 인적사항(등록기준지·주소·생년월일) 및 청구의 원인사실과 청구액을 기재하여야 한다(동조 제2항). 청구액에는 액수를 기재하여야 하며 막연히 상당한 금액이라 기재하면 안 된다. ㉡ 상속인이 보상을 청구할 때에는 위 서류 외에 상속인과 본인의 관계 및 동순위 상속인 유무를 소명할 자료를 제출하여야 한다(동법 제10조). ㉢ 보상의 청구는 대리에 의하여도 할 수 있는데(동법 제13조), 이때에는 위임장을 제출하여야 한다.

⑤ **청구취소** : ㉠ 보상청구는 그에 대한 법원의 결정이 있을 때까지 취소할 수 있다(형보 제12조 제1항 단서). 다만, 일단 취소한 자는 다시 청구하지 못한다(취소 후 재보상청구 금지, 동조 제2항). 한편, ㉡ 같은 순위의 상속인이 여러 명인 경우에 보상청구를 한 자는 나머지 모두의 동의가 없으면 청구를 취소할 수 없다(동조 제1항 단서). 동의를 요하는 나머지 모두란 공동청구인이 되어 있는 자이건 아니건 묻지 아니한다. 한편 참가(동법 제11조 제2항)를 하였다가 참가신청을 취하하는 것은 청구의 취소와 달리 다른 동순위 상속인의 동의를 얻을 필요가 없다(법원실무II 751면).

(2) 보상청구에 대한 재판

① **보상청구사건의 심리**

(가) **심리법원·심리방법** : ㉠ 형사보상청구는 원판결을 내린 법원과 동일한 조직법상 의미의 법원의 합의부에서 재판한다(형보 제14조 제1항). [여경 04 1차] ㉡ 보상청구에 대하여는 법원은 검사와 청구인의 의견을 들은 후 결정하여야 한다(동조 제2항). ㉢ 보상청구의 원인된 사실인 구금일수 또는 형집행의 내용에 관하여는 법원은 직권으로 이를 조사하여야 한다(동법 제15조). 이러한 직권조사규정은, 형사보상청구권이 헌법상 기본권에 근거한 공권이므로 보상청구요건을 갖춘 청구자가 청구한 경우라면 보상의 대상인 구금일수·형집행에 대해서는 그 입증의 부담을 경감해주고자 함에 그

취지가 있다. 따라서 법원은 청구인의 주장·입증에 구애되지 않고 직권으로 자료를 탐지하여 청구원인보다 더 많은 사실을 인정할 수도 있다.[1]

(나) **보상청구의 중단과 승계** : ㉠ 청구절차 중 보상청구인이 사망하거나 상속인이 신분을 상실한 경우 다른 청구인이 없을 때에는 청구절차는 중단된다(형보 제19조 제1항). 다만, 참가인(동법 제11조 제2항)이 있을 때는 중단되지 않는다. ㉡ 청구절차 중단시, 청구한 자의 상속인 또는 보상을 청구한 자와 같은 순위의 상속인은 2개월 이내에 청구절차를 승계할 수 있다(동법 제19조 제2항). 이 승계의 기회를 부여하기 위하여 법원은 승계자격자로서 법원에 알려진 자에 대하여는 지체 없이 청구의 절차를 승계할 것을 통지하여야 한다(동조 제3항). 이 통지는 재판장의 명의로 한다. 중단된 후 2개월이 경과하도록 승계신청이 없을 때는 청구를 각하하는 결정을 하여야 한다(동조 제4항).

② **법원의 결정** : 보상청구에 대해서는 법원이 결정을 하여야 하는데(형보 제14조 제2항), 여기에는 청구각하·청구기각·보상결정이 있다.

(가) **청구각하의 결정**

㉠ **사유** : 보상청구가 법령상의 방식에 위반하여 – 위반사항이 보정 가능한 때는 상당한 기간을 정하여 보정을 명하는데(보정명령) 그럼에도 불구하고 – 보정(補正)할 수 없을 때, 청구인이 법원의 보정명령에 응하지 아니할 때 또는 청구기간 경과 후에 보상을 청구하였을 때에는 이를 각하하는 결정을 하여야 한다(형보 제16조). [경찰승진 04] 청구절차 중단 후 2월 이내 절차를 승계하는 신청이 없을 때에도 법원은 각하의 결정을 하여야 한다(동법 제19조 제4항).

㉡ **절차 및 불복** : 청구각하결정을 할 때는 검사와 청구인의 의견을 들을 것(형보 제14조 제2항)을 요하지 아니하며, 결정의 고지도 청구인에게만 하여도 족하다(동지 : 법원실무Ⅱ 752면). 다만, 청구각하결정에 대하여 불복할 수 있는 명문의 근거는 없으나, 청구기각결정에 준하여 즉시항고를 할 수 있다고 보는 것이 통설이다(실무의 입장도 같음, ibid.).

(나) **보상결정과 청구기각결정**

㉠ **보상결정** : 보상청구가 이유 있을 때에는 보상결정을 하여야 한다(형보 제17조 제1항). [경찰승진 04] 청구액의 일부를 보상결정하는 경우에도 주문과 이유에서 나머지 청구기각의 설시는 하지 않아도 무방하다.

㉡ **청구기각결정** : 보상청구가 이유 없을 때에는 청구기각의 결정을 하여야 한다(동조 제2항). [경찰승진 04] 청구가 이유 없는 경우에는 다른 법률의 규정에 의하여 받은 손해배상의 액이 보상액 이상인 경우(동법 제6조 제2항)도 포함된다.

㉢ **고지** : 보상결정 및 청구기각결정의 정본은 검사와 청구인에게 송달하여야 한다(형보 제14조 제3항).

㉣ **효과** : 보상청구를 할 수 있는 같은 순위의 상속인이 여러 명인 경우에 그 1명에 대한 보상결정 및 청구기각결정은 같은 순위자 모두에게 그 효력이 미친다(동법 제18조).

㉤ **보상결정의 공시** : 법원은 보상결정이 확정되었을 때에는 2주일 내에 보상결정의 요지를 관보에 게재하여 공시하여야 한다. 이 경우 보상결정을 받은 자의 신청이 있을 때에는 그 결정의 요지를 신청인이 선택하는 두 종류 이상의 일간신문에 각각 한 번씩 공시하여야 하며 그 공시는 신청일부터 30일 이내에 하여야 한다(동법 제25조). [법원9급 14]

(다) **결정에 대한 불복 – 즉시항고**

㉠ **헌법재판소의 위헌결정에 따른 법개정** : 2011.5.23. 전부개정 전 구형사보상법은 청구기각결정에 대해서만 즉시항고를 허용하고 보상결정에 대해서는 불복을 신청할 수 없도록 하였으나, 보상결

---

1) [참고 – 보상결정의 보상액] 보상청구금액에 관하여는 청구서에 기재된 청구액(형보 제9조 제2항 제2호)을 초과하는 금액의 보상결정을 할 수는 없지만, 구금에 관한 보상에 있어서 1일분의 보상금액을 청구원인보다 많게 인정하는 것은 최종결론인 보상액이 청구액을 초과하지 않는 이상 무방하다는 것이 실무의 입장이다(법원실무Ⅱ 755면). 법원실무에서 제시하는 계산례를 소개하면 다음과 같다. [계산례] 청구인이 구금일수를 400일로, 1일분 금액을 70,000원으로 주장하여 합계 28,000,000원의 청구를 한 경우, ① 구금일수를 500일로 인정하고, 1일분 금액을 80,000원으로 인정하여 합계 40,000,000원을 보상금액으로 정하고 그 중 청구범위 내에서 28,000,000원을 보상하는 것, ② 구금일수를 300일로 인정하고, 1일분 금액을 90,000원으로 인정하여 합계 27,000,000원을 보상하는 것, ③ 구금일수를 300일로 인정하고, 1일분 금액을 100,000원으로 인정하여 합계 30,000,000원을 보상금액으로 정하고 그 중 청구범위 내에서 28,000,000원을 보상하는 것은 모두 적법하다. ibid.

정에 대한 불복을 금지하는 조항에 대해서는 헌법이 보장하는 형사보상청구권 및 재판청구권의 본질적 내용을 침해하여 헌법에 위배된다는 **헌법재판소의 위헌결정**이 내려졌다[헌법재판소 2010.10.28, 2008헌마514·2010헌마220(병합)]. 또한 대법원에서도 보상청구인은 보상금액 등에 이의가 있는 경우 즉시항고를 할 수 있고, 검사도 보상결정에 대하여 즉시항고를 할 수 있다고 판시하였다(구 형사보상법하에서 검사의 즉시항고를 인정한 판례는 대법원 2010.9.30, 2010모1021). 이에 따라 2011.5.23. 개정 형사보상 및 명예회복에 관한 법률에서는 보상결정에 대해서도 즉시항고를 할 수 있도록 규정하게 된 것이다.

ⓒ 보상결정·청구기각결정에 대한 즉시항고 : **보상의 결정**(청구액 전부보상·일부보상)에 대하여는 **1주일 이내에 즉시항고**를 할 수 있으며, 보상의 청구를 기각한 결정에 대하여도 즉시항고를 할 수 있다(형보 제20조 제2항). [국가9급 21, 경찰승진 04/14, 경찰채용 12 1차] 즉시항고에 관하여는 형사보상법에 특별한 규정이 있는 것을 제외하고는 형사소송법의 규정을 준용한다(형보 제24조). 따라서 즉시항고에 대한 항고법원의 결정에 헌법·법률·명령·규칙의 위반이 있을 때에는 대법원에 즉시항고(재항고)를 할 수 있다(대법원 1965.5.18, 65다537).

(3) 보상금 지급의 절차

① 보상지급청구권 : 보상결정의 확정에 의하여 발생한다. 이 청구권은 **양도·압류할 수 없다**(형보 제23조). [경찰승진 03/11/14]

② 지급청구의 방식 : 보상의 지급을 청구하고자 하는 자는 **보상결정이 송달된 후 2년 이내**에 보상을 결정한 법원에 대응한 검찰청에 보상지급청구서를 제출하여야 한다(형보 제21조 제1항). 청구서에는 법원의 보상결정서를 첨부하여야 한다(동조 제2항). 2년 이내 청구를 하지 않으면 청구권이 상실되므로(동조 제3항), 이 기간은 제척기간(除斥其間)이다. 다만, 보상금을 받을 수 있는 자가 여러 명인 경우에는 그 중 1명이 한 보상금지급청구는 보상결정을 받은 모두를 위하여 그 전부에 대하여 보상금지급청구를 한 것으로 본다(동조 제4항).

③ 보상금 지급의 효과 : 보상금을 받을 수 있는 자가 여러 명인 경우에는 그 중 1명에 대한 보상금 지급은 그 모두에 대하여 효력이 발생한다(형보 제22조).

Ⅱ 피의자보상

1. 요 건

(1) 적극적 요건

① 불기소처분 : 형사피의자로서 구금되었던 자가 검사로부터 법률이 정하는 불기소처분을 받은 때에는 법률이 정하는 바에 의하여 국가에 상당한 보상을 청구할 수 있다(헌법 제28조). [경찰승진 03] 그러나 ㉠ 구금된 이후 불기소처분을 할 사유가 있는 경우, ㉡ 불기소처분이 종국적인 것이 아닌 경우, ㉢ **기소유예처분**(법 제247조)을 받은 경우에는 피의자보상이 허용되지 아니한다(형보 제27조 제1항). [교정9급특채 11]

② 구금 : 불기소처분을 받은 자가 구금되었을 때에 한하여 그 구금에 대한 보상청구가 허용된다.

(2) 소극적 요건 : 적극적 요건이 충족되어도, 다음의 경우에는 피의자보상의 전부 또는 일부를 하지 아니할 수 있다(형보 제27조 제2항).

① 본인이 수사 또는 재판을 그르칠 목적으로 허위자백을 하거나 다른 유죄의 증거를 만듦으로써 구금된 것으로 인정되는 경우(동 제1호)

② 구금기간 중에 다른 사실에 대하여 수사가 행하여지고 그 사실에 관하여 범죄가 성립한 경우(동 제2호)

③ 보상을 하는 것이 선량한 풍속 기타 사회질서에 반한다고 인정할 특별한 사정이 있는 경우(동 제3호)

2. 절 차

(1) 보상청구 : 피의자보상의 청구는 불기소처분의 고지·통지를 받은 날로부터 3년 이내에 보상청구서에 불기소처분을 받은 사실을 증명하는 서류를 첨부하여 제출하여야 한다(형보 제28조 제2항·제3항).

(2) 심사기관 : 피의자보상에 관한 사항을 심사·결정하기 위하여 **지방검찰청에 피의자보상심의회를 둔다**(동법 제27조 제3항). 심의회는 법무부장관의 지휘·감독을 받는다(동조 제4항). 심의회의 결정에 대하여는 행정심판법에 따른 행정심판을 청구하거나 행정소송법에 따른 행정소송을 제기할 수 있다(동법 제28조 제4항).

(3) 보상절차

① 피의자보상을 청구하고자 하는 자는 **불기소처분을 한 검사가 소속하는 지방검찰청의 심의회에 보상을 청구**하여야 한다(동법 제28조 제1항).

② 피의자보상을 청구하는 자는 보상청구서에 공소를 제기하지 아니하는 처분을 받은 사실을 증명하는 서류를 첨부하여 제출하여야 한다(동조 제2항).

③ 피의자보상에 대하여 특별한 규정이 있는 경우를 제외하고는 그 성질에 반하지 아니하는 범위 안에서 무죄의 재판을 받은 자에 대한 보상에 관한 규정을 준용한다(제29조 제1항).

---

04 무죄판결과 비용보상

Ⅰ 개념

국가는 **무죄판결이 확정된 경우**에는 당해 사건의 피고인이었던 자에 대하여 그 재판에 소요된 비용을 보상하여야 한다(제194조의2 제1항). [법원9급 09] 이와 같은 비용보상제도는 국가의 잘못된 형사사법권 행사로 인하여 피고인이 무죄를 선고받기 위하여 부득이 변호사 보수 등을 지출한 경우, 국가로 하여금 피고인에게 그 재판에 소요된 비용을 보상하도록 함으로써 국가의 형사사법작용에 내재한 위험성 때문에 불가피하게 비용을 지출한 비용보상청구권자의 방어권 및 재산권을 보장하려는 데 목적이 있다. 즉, 형사보상법이 무죄로 확정된 피고인의 구금에 대해서만 보상을 규정하고 있는 미비점을 보완하고자 재판에 소요된 비용보상에 관한 규정을 2007년 개정 **형사소송법(형사보상법 ×)**에 신설한 것이다.

형사보상법상 구금에 대한 형사보상과 형사소송법상 무죄판결확정시 재판소요비용보상은 법률적 근거는 서로 다르지만, 공무원의 고의·과실을 요건으로 하지 않는 일종의 손실보상청구권으로서 그 본질은 동일하다. 헌법재판소도 재판비용의 보상은 형사사법절차에 내재하는 불가피한 위험에 대하여 **형사사법기관의 귀책사유를 따지지 않고 소송비용을 보상**하는 것으로 본다(헌법재판소 2013.8.29, 2012헌바168).

> **헌법재판소 2012.3.29, 2011헌바19; 2013.8.29, 2012헌바168**
>
> 형사사법절차에서는 범죄의 혐의를 받은 피의자가 수사기관의 조사를 받고 법원에 기소되었다 하더라도 심리결과 무죄로 판명되는 경우가 발생할 수 있고, 이는 형사사법절차에 불가피하게 내재되어 있는 위험이다. 형사사법절차를 운영하는 국가는 그로 인한 부담을 무죄판결을 선고받은 자 개인에게 모두 지워서는 아니 되고, 이러한 위험에 의하여 발생되는 손해에 대응한 보상을 하지 않으면 안 된다(헌재 2010.10.28, 2008헌마514). 이에 따라 일찍부터 헌법은 구금되었던 자의 형사보상청구권을 기본권으로 인정해왔으며, 국가는 '형사보상법'을 제정해 무죄판결이 확정된 자에게 '구금에 대한 보상'과 '기타 형 집행에 대한 보상'을 할 것을 규정해왔다. 그러나 재판과정에서 발생한 변호인 보수를 비롯한 소송비용의 보상에 관해서는 특별한 규정을 두고 있지 않았는데, 2007. 6. 1. 형사소송법 개정을 통해 형사보상제도와는 별도로 무죄판결이 확정된 피고인이었던 자는 구금 여부와 상관없이 재판에 소요된 비용의 보상을 청구할 수 있도록 하였다.

Ⅱ 요건

1. 적극적 요건

피고인이 **무죄판결을 받아 확정**되었을 것을 요한다(제194조의2 제1항). 형사소송의 일반절차뿐 아니라 재심·비상상고, 상소권회복에 의한 상소절차에서 무죄판결을 받은 경우를 포함한다. 다만, 전술한 구금에 대한 보상(형사보상법상 형사보상)의 경우에는 면소나 공소기각의 재판을 받았더라도 면소·공소기각 사유가 없었더라면 무죄판결을 받을 만한 현저한 사유가 있었을 때에는 구금에 대한 보상을 청구할 수 있으나(형보

제26조), 형사소송법상 무죄판결확정에 의한 재판소요비용 보상의 경우에는 사유를 불문하고 **무죄판결 이외의 판결, 즉 형면제·면소·공소기각의 재판을 받은 경우에는 보상을 청구할 수 없다.**

2. 소극적 요건

적극적 요건을 충족하였다 하여도, 다음 각 호의 어느 하나에 해당하는 경우에는 비용의 전부 또는 일부를 보상하지 아니할 수 있다(제194조의2 제2항) : "① 피고인이었던 자가 수사 또는 재판을 그르칠 목적으로 거짓 자백을 하거나 다른 유죄의 증거를 만들어 기소된 것으로 인정된 경우 [법원9급 09], ② 1개의 재판으로써 경합범의 일부에 대하여 무죄판결이 확정되고 다른 부분에 대하여 유죄판결이 확정된 경우, ③ 형사책임능력 없음(형법 제9조 및 제10조 제1항)의 사유에 따른 무죄판결이 확정된 경우, ④ 그 비용이 피고인이었던 자에게 책임지울 사유로 발생한 경우."

위 ①, ②, ③의 사유는 구금에 대한 형사보상의 소극적 요건과 동일하다. 여기에서 ④의 '피고인이었던 자에게 책임지울 사유로 발생한 경우'라 함은 피고인이었던 자가 정당한 이유 없이 공판기일에 출석하지 아니하여 공판기일을 열 수 없었던 기일의 변호사의 비용이나 피고인의 신청으로 심리에 불필요한 증인을 소환하거나 고의로 심리를 지연시키는 등으로 불필요한 공판기일이 진행된 경우의 비용 등을 말한다. 다만, '피고인이었던 자에게 책임지울 사유로 발생한 경우'에 한정되므로, 변호인이었던 자에게 책임지울 수 있는 사유로 발생한 비용이라 하더라도 피고인이었던 자에게 책임지울 수 있는 사유가 없는 한 비용보상을 거부할 수 없다(법원실무Ⅱ 757면).

Ⅲ 절 차

1. 관할법원

피고인이었던 자의 청구에 따라 무죄판결을 선고한 법원의 합의부에서 결정으로 한다(단1/제기/다-참치보선/합결, 제194조의3 제1항). 즉, 비용보상청구의 관할법원은 무죄판결을 한 법원이며, 원재판의 사물관할과 관계없이 항상 **합의부**에서 재판한다. 만약 항소심에서 무죄판결을 선고하여 확정되었다면 항소심 법원에서 담당한다. [법원9급 09] 결국 비용보상청구의 관할법원은 전술한 구금 등에 의한 형사보상청구의 관할법원(합의부, 형보 제14조 제1항)과 동일하므로, 실무에서는 구속피고인에게 무죄의 판결이 확정된 경우에는 구금에 의한 보상과 비용보상을 함께 청구하는 경우가 많을 것으로 보고 있다(법원실무Ⅱ 762면).

2. 청구기간·불복·준용규정

비용보상청구는 무죄판결이 확정된 사실을 안 날부터 3년, 무죄판결이 확정된 때부터 5년 이내(6개월 ×)에 하여야 한다(안3확5, 2014.12.30. 개정 제194조의3 제2항, 법개정에 의해 형사보상청구기간과 동일하게 연장됨). [법원9급 09, 경찰채용 13 1차] 비용보상청구에 대한 법원의 결정에 대해서는 **즉시항고**가 가능하다(동조 제3항). [법원9급 09] 이외 비용보상청구·비용보상절차, 비용보상과 다른 법률에 따른 손해배상과의 관계, 보상을 받을 권리의 양도·압류, 피고인이었던 자의 상속인에 대한 비용보상에 관하여 형사소송법에 규정한 것을 제외하고는 형사보상법에 따른 보상의 예에 따른다(제194조의5).

Ⅳ 비용보상

비용보상의 범위는 피고인이었던 자 또는 그 변호인이었던 자가 공판준비 및 공판기일에 출석하는 데 소요된 여비·일당·숙박료와 변호인이었던 자에 대한 보수에 한한다. 이 경우 보상금액에 관하여는 형사소송비용 등에 관한 법률을 준용하되, 피고인이었던 자에 대하여는 증인에 관한 규정을, 변호인이었던 자에 대하여는 국선변호인에 관한 규정을 준용한다(제194조의4 제1항). 헌법재판소는 이 규정이 **과잉금지원칙에 위배되지 않아 재판청구권을 침해하지 않는다**고 판시한 바 있다.

법원은 공판준비 또는 공판기일에 출석한 변호인이 2인 이상이었던 경우에는 사건의 성질, 심리 상황, 그 밖의 사정을 고려하여 변호인이었던 자의 여비·일당 및 숙박료를 대표변호인이나 그 밖의 일부 변호인의 비용만으로 한정할 수 있다(동조 제2항).

★ 판례연구 형사비용보상 관련판례

1. 헌법재판소 2013.8.29, 2012헌바168

무죄판결이 확정된 형사피고인에게 국선변호인의 보수에 준하여 변호사 보수를 보상하여 주도록 규정한 형사소송법 제194조의4 제1항 후문의 '변호인이었던 자에 대하여는 국선변호인에 관한 규정을 준용한다.'는 부분 중 보수에 관한 부분(이 사건 법률조항)이 재판청구권을 침해하는지에 관하여, 이 사건 법률조항은 무제한적인 비용보상으로 인한 국가의 지나친 재정부담을 방지하고, 비용보상제도를 신속하고 안정적으로 운영하기 위한 것으로 입법목적이 정당하고, 수단의 적절성도 인정된다. 형사비용보상은 형사사법절차에 내재하는 불가피한 위험에 대하여 형사사법기관의 귀책사유를 따지지 않고 보상을 하는 것으로, 형사비용보상에서는 민사소송에서의 '소송목적의 값'과 같은 비용 상환기준을 제시하기가 어렵고, 국선변호인의 보수는 사안의 난이·수행직무의 내용 등을 참작하여 증액될 수도 있으며, 사법기관의 귀책사유가 있는 경우에는 국가배상청구 등을 통해 추가로 배상받을 수 있으므로 이 사건 법률조항은 침해최소성 및 법익균형성의 원칙에 반하지 않는다. 따라서 이 사건 법률조항은 과잉금지원칙에 위배하여 청구인의 재판청구권을 침해하지 아니한다.

2. 대법원 2019.7.5, 2018모906

형사소송법 제194조의2 제1항은 "국가는 무죄판결이 확정된 경우에는 당해 사건의 피고인이었던 자에 대하여 그 재판에 소요된 비용을 보상하여야 한다."라고 규정하고 있다. 이러한 입법 취지와 규정의 내용 등에 비추어 볼 때 판결 주문에서 무죄가 선고된 경우뿐만 아니라 판결 이유에서 무죄로 판단된 경우에도 재판에 소요된 비용 가운데 무죄로 판단된 부분의 방어권 행사에 필요하였다고 인정된 부분에 관하여는 보상을 청구할 수 있다고 보아야 한다. 다만 법원은 이러한 경우 형사소송법 제194조의2 제2항 제2호를 유추적용하여 재량으로 보상청구의 전부 또는 일부를 기각할 수 있다.

CHAPTER

04 특별절차

📂 **5개년 출제경향 분석**

구분	경찰간부					경찰승진					경찰채용					국가7급					국가9급					법원9급					변호사				
	19	20	21	22	23	20	21	22	23	24	20	21	22	23	24	19	20	21	22	23	20	21	22	23	24	19	20	21	22	23	20	21	22	23	24
제1절 약식절차		1	1			1	1		1	1	1	1						1	1								2	1							2
제2절 즉결심판절차	1		1				1	1				1							1				1												
제3절 소년형사절차									1	1																									
제4절 배상명령절차와 범죄피해자 구조제도	1	1							1	1										1									1						
출제율	6/200 (3.0%)					8/200 (4.0%)					5/160 (3.1%)					4/100 (4.0%)					1/115 (0.9%)					4/125 (3.2%)					2/200 (1.0%)				

제1절 | 약식절차

01 의의 및 취지

Ⅰ 의의

1. 개념

(1) **개념** : 약식절차(略式節次)란 공판절차를 거치지 아니하고 서면심리만으로 피고인에게 벌금·과료·몰수의 형을 과하는 간이한 형사절차를 말한다. 원래 독일의 과형명령절차(Strafbefehlsverfahren)에서 유래하는 제도이다. 약식절차에 의하여 재산형을 과하는 재판을 약식명령(略式命令)이라고 한다. 약식명령은 명령이라는 형식의 재판이 아니고 판결·결정·명령과는 다른 특별한 형식의 재판이다.

(2) **전자문서에 의한 약식절차의 도입** : 형사절차의 정보화를 촉진하고 신속성과 효율성을 높이기 위하여 형사절차 전자화가 약식절차에 처음으로 도입되었다. 즉, 2010년부터 시행된 약식절차에서의 전자문서 이용 등에 관한 법률은 약식절차에 따라 정형적으로 처리되고 있는 음주·무면허운전 등 도로교통위반사건에 한정하여 피의자가 동의하는 경우에 전자문서에 의한 약식절차(전자약식절차)를 진행할 수 있도록 규정하고 있다(약식절차에서의 전자문서 이용 등에 관한 법률 제3조 제1항).

2. 구별개념

(1) **간이공판절차** : 약식절차는 서면심리를 원칙으로 하는 절차라는 점에서, 공판절차인 간이공판절차와는 구별된다.

(2) **즉결심판절차** : 약식절차는 검사의 청구에 의하여 진행된다는 점에서, 경찰서장의 청구에 의하는 즉결심판절차와 구별된다.

Ⅱ 취지

약식재판의 존재의 의의는 경미한 사건을 신속히 처리할 수 있고(소송경제), 공개재판에 따른 피고인의 사회적·심리적 부담을 덜어줄 수 있다는 점(피고인 보호)에서 찾을 수 있다. 약식절차도 공정한 제3자인 법관에 의한 재판이고, 간략한 서면심리에 의하여 생길 수 있는 부당함은 법원의 공판절차에 의한 심리(제450조) 및 피고인의 정식재판청구(제453조)에 의하여 제거될 수 있으므로, 약식절차가 공정한 공개재판을 받을 권리를 침해하는 것으로 볼 수 없다는 점에서 합헌적 제도라 할 것이다.

02 약식명령의 청구

Ⅰ 청구권자

약식명령은 검사의 청구에 의한다. 따라서 검사의 약식명령청구 없이 법원 스스로 약식명령을 내릴 수 없다.

Ⅱ 청구의 대상

약식명령은 지방법원의 관할에 속하는 벌금·과료·몰수(구류 ×)에 처할 수 있는(선고형) 사건에 대해서 청구할 수 있다(제448조 제1항). [법원행시 03/04, 법원9급 05/08/16, 경찰승진 10/12, 경찰채용 12 2차] 지방법원의 관할은 단독판사 또는 합의부의 관할을 불문하고, **벌금·과료·몰수는 법정형에 선택적으로 규정되어 있으면 족하다.** [법원9급 06, 경찰채용 10 2차] 따라서 법정형이 징역·금고 등의 자유형만 규정되어 있거나 필요적 병과형으로 규정된 경우에는 약식명령을 청구할 수 없다.

III 청구의 방식

1. 공소제기와의 관계

(1) **공소장에 부기** : 약식명령의 청구는 검사가 공소제기와 동시에 서면으로 하여야 한다(제449조). [법원9급 13, 경찰간부 12, 경찰채용 08 3차] 검사는 약식명령청구서에 청구하는 벌금 또는 과료의 액수를 미리 기재한다.[1] 실무상으로는 공소장에 약식명령청구의 취지를 부기하는 방식(공소장에 약식명령청구의 뜻이 부기되고 검사의 구형까지 기재된 특수한 양식)이 사용되고 있으나, 약식명령의 청구는 공소제기와는 별개의 소송행위이다.

> **대법원 1955.9.22, 4288형상212**
>
> 약식명령청구는 공소제기와 동시에 서면으로 하여야 하며 공소의 제기는 공소장에 법 제254조 소정 사항을 기재하여야 하므로 약식명령청구서에도 동조 제3항 제3호의 공소사실을 기재하여야 한다. 약식명령청구서에 공소사실을 기재하지 아니하고 고발장의 기재사실을 인용함은 형사소송법의 소위 공소사실의 기재로는 볼 수 없다.

(2) **공소취소** : 공소의 취소(제255조)가 있으면 약식명령의 청구도 효력을 잃게 된다.

(3) **약식명령청구의 취소** : 약식명령을 청구한 후 공소제기의 효력을 유지하면서 약식명령의 청구만을 취소할 수 있는가에 대해서는 견해의 대립이 있으나, 이를 허용하는 명문규정이 없고, 공판절차에의 이행 여부는 법관이 결정하는 것이 바람직하며, 검사가 약식명령에 대하여 정식재판을 청구할 수 있다는 점을 고려할 때 허용되지 않는다고 해야 한다(소극설, 다수설 및 실무)(cf. 적극설은 배/이/정/이, 신양균, 신현주).

2. 증거물·증거서류의 제출

(1) **서류·증거물의 제출** : 검사는 약식명령의 청구와 동시에 약식명령을 하는 데 필요한 증거서류 및 증거물을 법원에 제출하여야 한다(규칙 제170조). 따라서 약식명령의 청구에는 공소장일본주의가 적용되지 않는다. [법원행시 04, 경찰간부 12, 경찰채용 10 1차/08 3차]

(2) **부본 첨부 불요** : 약식명령의 청구에는 공소장부본을 첨부할 필요가 없다. 서면심리에 의하는 약식절차에서는 공소장부본을 피고인에게 송달하지 않기 때문이다.

---

03 약식절차의 심판

I 법원의 심리

1. 서면심리 원칙

약식절차는 서면심리에 의함을 원칙으로 한다. [경찰채용 04 1차] 따라서 공소장일본주의·구두변론주의·직접심리주의 등은 적용되지 않는다. 또한 공소장변경은 공판심리절차에서만 허용되므로 약식절차에서는 공소장변경이 허용되지 아니한다. [경찰채용 10 1차] 즉, 약식명령 청구 후 검사가 공소장변경을 신청하는 경우에는 공판절차에 의하여 심리를 할 수밖에 없다. 다만, 약식절차에도 형사소송법의 총칙 규정(**ⓓ** 법원의 관할, 법관에 대한 제척·기피·회피, 변호, 재판, 서류의 송달 등)은 그 성질에 반하지 않는 한 적용될 수 있다.

---

1) [참고] 검사는 구속 중인 피의자에 관하여 제1항의 청구를 하는 경우에는 석방지휘서에 의하여 피의자를 석방하여야 한다(검찰사건사무규칙 제65조 제3항).

2. 사실조사

(1) **허용** : 약식명령도 형을 선고하는 특별한 형식의 재판이므로, 법원이 필요한 때에는 간단한 사실조사는 할 수 있다. [경찰채용 04 1차]

(2) **한계** : 사실조사가 가능하다 하더라도, 경미사건의 신속처리라는 약식절차의 성질에 반하지 아니하는 한 도에서 적당한 방법에 의하여 수사기록에 첨부된 서류의 진위와 내용을 확인하는 등 **간단한 사실조사에 국한된다**(예 검증조서에 기재된 오류를 간단한 검증에 의하여 보정하는 경우, 피해변상의 확인을 위해 피해자를 신문하는 경우). 따라서 피고인의 증거제출, 증인신문·검증·감정·피고인신문 등 통상의 증거조사나 압수·수색 등의 강제처분은 허용되지 아니한다.

3. 증거법칙

(1) **전문법칙·증거동의** : 서면심리 원칙인 약식절차에서는 공판절차를 전제한 전문법칙(제311~316조)·증거동의(제318조) 규정이 **적용되지 않는다.** [법원행시 02, 경찰채용 10 1차, 해경 15 3차]

(2) **증거재판주의·자유심증주의·자백배제법칙·위법수집증거배제법칙·자백보강법칙** : 약식절차에도 적용된다. [법원행시 02, 경찰간부 12, 경찰승진 10, 경찰채용 05 2차/10 1차, 해경 15 3차]

II 공판절차에의 회부

1. 회부의 사유

(1) **제450조** : "약식명령의 청구가 있는 경우에 그 사건이 약식명령으로 할 수 없거나 약식명령으로 하는 것이 적당하지 아니하다고 인정한 때에는 공판절차에 의하여 심판하여야 한다." [법원9급 09, 경찰승진 11, 경찰채용 15 3차] 후술하는 즉결심판제도는 판사의 청구기각결정(즉심법 제5조)이 있으나, 약식명령청구를 받은 법원에는 청구기각결정과 같은 제도는 존재하지 아니한다.

(2) **약식명령으로 할 수 없는 경우** : 법정형에 벌금·과료가 규정되어 있지 않거나 (필요적) **병과형**으로 규정되어 있는 경우, 소송조건이 결여되어 **면소·공소기각·관할위반**의 재판을 하여야 할 경우(즉, 당해 사건에 대하여 관할권이 없으면 통상재판으로 이행한 후 관할위반선고), **형면제·무죄판결**을 하여야 할 경우 등을 말한다. [법원행시 04] 또한 약식명령이 청구된 후 **치료감호**가 청구되었을 때에는 약식명령청구는 그 치료감호가 청구되었을 때부터 공판절차에 따라 심판하여야 한다(치료감호법 제10조 제3항). 따라서 치료감호는 약식명령에 의하여 선고될 수 없다.

(3) **약식명령으로 하는 것이 적당하지 아니한 경우** : (법률상은 약식명령이 가능하나) 사안이 복잡한 경우처럼 사건의 성질에 비추어 공판절차에 의한 신중한 심리가 타당하다고 인정한 경우, 벌금·과료·몰수 이외의 형을 선고하는 것이 적당하다고 인정한 경우 등을 말한다.

2. 회부 후의 절차

(1) **회부 및 공소장부본의 송달** : ① 공판절차에의 회부를 위하여 별도의 재판을 해야 하는가에 대하여 견해의 대립이 있으나,[1] 판례는 법원이 약식명령청구사건을 공판절차에 의하여 심판하기로 한 때에는 사실상 공판절차를 진행(예 공판기일지정, 공소장부본 송달, 피고인 소환 등)하면 되며 **특별한 형식상의 결정을 할 필요는 없다**는 입장이다(대법원 2003.11.14, 2003도2735, 법원실무II 669면). ② 법원(법원사무관 등)은 약식명령청구사건을 공판절차에 의하여 심판하기로 한 때에는 즉시 그 취지를 검사에게 통지하여야 한다(법원사무관 등이 공판회부통지서를 사용하여 검사에게 통지, 규칙 제172조 제1항). 통지를 받은 검사는 5일 이내 피고

---

1) [참고－약식명령 청구받은 법원의 공판절차회부조치는 재판의 형식을 요하는가 여부]
　① 적극설 : 약식명령에 의하지 못한다는 법원의 판단을 분명히 하고, 통상재판 회부로 인하여 법원의 업무분담에 변화가 생긴다는 점에서 통상재판회부결정을 별도로 하여야 한다는 입장이다(권오걸, 신동운, 신양균, 이은모, 진계호).
　② 소극설 : 공판절차 회부에는 특별한 형식의 재판을 할 필요가 없다는 입장이다(백형구, 손/신, 송광섭, 차/최). 판례도 소극설이다.
　③ 결론 : 실무에서도 별도의 재판만 아니할 뿐 공판절차 회부에 따른 일정한 사실상 조치가 행해지고 있음을 고려할 때(법원실무II 669~670면 참조), 절차의 형식적 확실성을 위해 공판절차회부결정이 내려져야 한다는 적극설이 타당하다고 생각된다. 다만, 본서의 특성상 본문에서는 판례를 따랐다.

인 수에 상응한 공소장부본을 법원에 제출하여야 하고(규칙 동 제2항), 법원은 **공소장부본을 지체 없이** 피고인 또는 변호인에게 송달하되 늦어도 제1회 공판기일 전 5일까지는 송달하여야 한다(규칙 동조 제3항, 법 제266조).

(2) 증거서류·증거물의 반환 : 약식명령청구사건을 공판절차에 회부하는 경우 **공소장일본주의**(규칙 제118조 제2항)에 비추어 검사가 제출한 증거서류·증거물을 검사에게 반환하여야 하는가에 대하여 견해가 대립하나, 판례는 반환할 필요가 없다고 본다(미반환 : 공소장일본주의 위반 ×, 대법원 2007.7.26, 2007도3906, 공소장일본주의 참조). [국가7급 18]

(3) 법관의 제척 여부 : 약식명령청구를 심사한 법관은 전심절차에 관여(제17조 제7호)한 것이 아니므로 제척사유는 되지 않는다. 다만, 기피사유는 될 수 있다.

III 약식명령

1. 원 칙

법원은 심사의 결과 공판절차에 회부할 경우가 아니면 약식명령을 하여야 한다. 약식명령은 그 청구가 있은 날로부터 14일 이내에 하여야 한다(소촉법 제22조; 규칙 제171조)(약식 숫자 : **14 + 7**). 다만, 이는 훈시규정이므로 기간 경과 후 발령한 약식명령도 유효하다. 한편, 약식명령이 공판절차에 회부된 후에는 이를 취소하고 약식명령을 발할 수 없다.

2. 방 식

(1) 주 문

① 원칙 : 약식명령에는 범죄사실·적용법령·주형·부수처분과 약식명령의 고지를 받은 날로부터 7일 이내에 정식재판의 청구를 할 수 있음을 명시하여야 한다(제451조). 정식재판과는 달리 **증거요지를 기재할 필요는 없다.** [법원행시 04, 법원9급 09/13, 경찰승진 11]

② 범죄사실 : 범죄사실이란 제323조의 범죄될 사실을 의미하고, 약식명령에 별지로 첨부한다. 따라서 단순히 고발장에 기재된 범죄사실을 인용한 것으로는 범죄사실을 기재하였다고 할 수 없다(대법원 1955.9.22, 4288형상212).

③ 주형 : 약식명령에 의하여 과할 수 있는 형은 **벌금·과료·몰수**에 한한다(제448조 제1항). 따라서 약식명령으로 **징역·금고·구류 등 자유형을 과할 수 없으며, 무죄·면소·공소기각·관할위반의 재판도 할 수 없다.** [법원9급 16, 경찰승진 10] 다만, 형사소송법상 약식명령으로 선고할 수 있는 벌금액의 다과(多寡)에 관한 제한은 없고, 약식명령을 발부하는 법관은 검사의 청구서 기재 벌금·과료 액수에 기속됨이 없이 벌금·과료액을 선고할 수 있다. 한편, 약식명령으로 **벌금형의 선고유예**를 할 수 있는가에 대해서는 견해의 대립이 있으나,[1] 선고유예의 요건(형법 제59조)을 살펴보려면 증인신문 등 증거조사나 피고인신문이 필요하다는 점에서 사건을 공판절차에 회부하여야 하므로, 이는 허용될 수 없다고 해야 한다.

④ 부수처분 : 약식명령을 하는 경우에 **추징**(형법 제48조 제2항 등) **기타 부수처분**을 할 수 있다(제448조 제2항). [법원행시 03, 경찰채용 05 2차] 기타 부수처분으로서 **압수물의 환부**(제333조)나 벌금·과료·추징금에 대한 **가납명령**(제334조, 제477조)이 포함되고, 미결구금일수는 전부 산입되며(형법 제57조 제1항), 벌금·과료를 납부하지 아니할 경우에 관한 **노역장유치**의 재판(형법 제70조)도 할 수 있다.

(2) 고지 : 약식명령의 고지는 검사와 피고인에 대한 재판서(약식명령등본)의 송달에 의한다(제452조, 제42조). [법원9급 10, 경찰승진 12] 재감자에 대한 송달은 교도소 등의 장에게 하여야 하며, 수감되기 전의 종전의 주·거

---

1) [참고-약식명령으로 벌금형의 선고유예를 내릴 수 있는가 여부]
  ① 긍정설 : 피고인에게 유리한 내용의 약식명령을 부정할 이유는 없으므로 허용된다는 입장이다(권오걸, 김재환, 배/이/정/이, 이/조, 정/백, 진계호, 차/최).
  ② 부정설 : 제448조 제1항에서는 선고유예를 명시하고 있지 않으며, 약식절차는 서면심리에 의하므로 피고인의 구체적 정상(情狀)을 고려해야 하는 선고유예는 허용되지 않는다는 입장이다(손/신, 신동운, 신양균, 이은모, 임동규, 법원실무).
  ③ 결론 : 약식절차에서 할 수 있는 간단한 사실조사로는 선고유예의 요건을 살피기에 적당하지 않다는 부정설이 타당하다고 생각된다.

소에 송달한 것은 부적법·무효가 된다(대법원 1995.6.14, 95모14, 제2편 중 소송서류의 송달 참조).

3. 확정과 효력

(1) **확정시기** : 약식명령은 정식재판의 청구기간이 경과하거나 그 청구의 취하 또는 청구기각의 결정이 확정된 때에는 **확정판결과 동일한 효력**이 있다(제457조). [법원9급 14, 경찰채용 12 2차]

(2) **효력의 내용** : ① 유죄의 확정판결과 동일한 효력이 있으므로 기판력과 집행력이 발생한다. [법원9급 14/15] 또한 재심과 비상상고의 대상이 된다. ② 약식명령이 확정된 경우 그 기판력은 그 약식명령을 받은 피고인에 대해서만 미치므로 성명모용의 경우 기판력은 모용자에 대하여만 미치고 피모용자에게는 미치지 않는다 (cf. 다만, 약식명령등본을 송달받은 피모용자가 정식재판을 청구하여 형식적 피고인이 되었다면 공소기각판결, 대법원 1992.4.24, 92도490). ③ 약식명령의 기판력이 미치는 물적 범위는 약식명령청구서에 기재된 **공소사실**과 동일성이 인정되는 범위와 일치한다. 따라서 포괄일죄 또는 과형상 일죄의 일부에 대하여 약식명령이 확정된 경우에 그 기판력은 그 전부에 미친다. ④ 약식명령에 대한 기판력의 시간적 범위는 약식명령의 발령시를 기준으로 한다(전술한 재판의 효력 중 기판력 참조). 따라서 포괄일죄·과형상일죄의 일부에 대하여 약식명령이 확정된 때에는 그 명령의 발령시까지 행하여진 행위에 대하여는 기판력이 미치므로 그 행위에 대하여 공소의 제기가 있으면 **면소판결**을 하여야 한다.

---

04   정식재판의 청구

I 의 의

정식재판의 청구란 약식명령에 대하여 불복이 있는 자가 법원에 대하여 통상의 공판절차에 의한 심판을 구하는 소송행위를 말한다. 정식재판의 청구는 원재판의 변경을 구하는 사법적 구제수단이라는 점에서 상소와 유사하므로 상소에 관한 규정도 일부 준용되나(제458조 제1항), 상급법원이 아닌 동일심급의 법원에 대하여 원재판의 시정을 구하는 것이라는 점에서 상소와는 차이가 있다. [경찰승진 02]

II 절 차

1. 청구권자

(1) **검사와 피고인** : 검사와 피고인은 정식재판의 청구를 할 수 있다. 다만, 검사는 정식재판청구를 포기할 수 있으나, **피고인은 포기할 수 없다**(제453조 제1항)(포기 × : 고환약진상). [법원9급 09/11, 교정9급특채 11, 경찰승진 10/11, 경찰채용 05 2차/09 1차/10 2차/12 1차] 검사는 자기의 구형대로 약식명령이 발하여진 경우에도 정식재판을 청구할 수 있다.

(2) **대리권자** : 피고인의 **상소대리권자**(법배직형원대변 : **법정대리인−명시의사 反 ○**,제340조, **배우자·직계친족·형제자매·원심대리인·원심변호인−명시의사 反 ×**,제341조)도 피고인을 위하여 정식재판을 청구할 수 있다(제458조 제1항에 의한 준용)(변호인의 묵反독 : 기/동/상 −정−). 약식명령이 고지된 후 선임된 변호인도 피고인을 대리하여 정식재판의 청구를 할 수 있다. 그러나 법정대리인·변호인·대리인 등의 청구권은 독립대리권에 불과하므로, 피고인이 정식재판청구권을 상실한 후에는 정식재판청구를 할 수 없다.

2. 청구의 기간·방식 및 상대방에 대한 통지

(1) **기간** : ① 정식재판의 청구는 약식명령의 고지를 받은 날로부터 **7일 이내**에 약식명령을 한 법원에 서면으로 하여야 한다. 이 경우 법원은 지체 없이 검사 또는 피고인에게 그 사유를 통지하여야 한다(**14 + 7**, 제453조). [법원9급 10/11/13, 교정9급특채 10/11, 경찰채용 05 2차/09 1차] 약식명령의 송달이 무효로서 송달의 효력이 발생하지 아니하는 경우에는 정식재판청구기간이 진행하지 아니한다. ② 정식재판청구에 관해서는 법정기간연장규정(제67조)이나 재소자특례규정(제344조)이 적용되므로, 교도소·구치소에 구금되어 있는 피고인은 위 기간 내에 교도소장·구치소장·직무대리자에게 정식재판청구서를 제출하면 된다(대법원 2006.10.13, 2005모552)(제출받은 교도소장 등은 제출받은 연월일을 청구서에 부기하여 즉시 관할법원에 송부, 규칙 제152조 제2항·

제1항). ③ 정식재판청구기간이 이미 경과된 것을 간과하고 통상의 공판절차에서 판결이 내려진 경우에는 그 재판절차에 위법이 있는 것이므로, 항소심에서 원판결을 취소하고 정식재판청구를 기각하여야 한다.

(2) **방식** : 정식재판청구는 약식명령을 한 법원에 서면으로 하여야 한다(제453조). 정식재판청구서에는 약식명령에 불복한다는 기재만 있으면 족하고 불복의 이유를 따로 기재할 필요는 없다. 피고인 등의 정식재판청구서에는 청구인이 기명날인(인장이 없으면 지장을 사용) 또는 서명하여야 하므로(제59조, 공무원 아닌 자의 서류), 청구인의 기명날인 또는 서명이 없는 경우에는 정식재판의 청구가 법령상의 방식을 위반한 것으로서 그 청구를 결정으로 기각하여야 한다. 정식재판의 청구를 접수하는 법원공무원이 청구인의 기명날인이 없는데도 이에 대한 보정을 구하지 아니하고 적법한 청구가 있는 것으로 오인하여 청구서를 접수한 경우에도 마찬가지이다(다만, 이 경우 정식재판청구권 회복 ○).

★ **판례연구** 정식재판청구의 방식

1. **대법원 2008.7.11, 2008모605**
청구인의 기명날인이 없는 정식재판청구서를 적법한 것으로 오인하여 접수한 경우, 법원이 취하여야 할 조치(= 기각결정) 및 위와 같은 사유로 정식재판청구기간을 넘긴 피고인의 구제방법
약식명령에 대한 정식재판의 청구는 서면으로 제출하여야 하고, 공무원 아닌 자가 작성하는 서류에는 연월일을 기재하고 기명날인하여야 하는 것이므로, 정식재판청구서에 청구인의 기명날인이 없는 경우에는 정식재판의 청구가 법령상의 방식을 위반한 것으로서 그 청구를 결정으로 기각하여야 하고, 이는 정식재판의 청구를 접수하는 법원공무원이 청구인의 기명날인이 없음에도 불구하고, 이에 대한 보정을 구하지 아니하고 적법한 청구가 있는 것으로 오인하여 청구서를 접수한 경우에도 마찬가지이다. 다만, 법원공무원의 위와 같은 잘못으로 인하여 적법한 정식재판청구가 제기된 것으로 신뢰한 채 정식재판청구기간을 넘긴 피고인은 자기의 '책임질 수 없는 사유'에 의하여 청구기간 내에 정식재판을 청구하지 못한 때에 해당하여 정식재판청구권의 회복을 구할 수 있을 뿐이다.

2. **[유사판례] 대법원 2023.2.13, 2022모1872**
청구인의 기명날인이나 서명이 없는 정식재판청구서가 적법한 것으로 오인되어 보정요구 없이 그대로 접수됨에 따라 정식재판청구기간을 넘긴 사건
정식재판청구서에 청구인의 기명날인 또는 서명이 없다면 법령상의 방식을 위반한 것으로서 그 청구를 결정으로 기각하여야 한다. 이는 정식재판의 청구를 접수하는 법원공무원이 청구인의 기명날인이나 서명이 없음에도 불구하고 이에 대한 보정을 구하지 아니하고 적법한 청구가 있는 것으로 오인하여 청구서를 접수한 경우에도 마찬가지이다(물론 정식재판청구권 회복 청구는 가능).

---

(3) **정식재판청구권의 회복** : ① 정식재판청구기간이 경과하면 정식재판청구권이 소멸한다. 다만, 책임질 수 없는 사유로 기간경과시 적용되는 상소권회복에 관한 규정(제345조 ~ 제348조)은 정식재판청구에 준용된다(제458조). 따라서 7일의 정식재판청구기간 내에 **책임질 수 없는 사유**로 정식재판을 청구하지 못한 때에는, 약식명령이 고지된 사실을 안 날로부터 7일 이내에 정식재판의 청구와 동시에 정식재판청구권의 회복청구를 할 수 있으며(**정식재판청구권회복청구시에는 정식재판청구를 동시에 하여야 함**, 제346조 제3항의 준용), 정식재판회복청구가 있으면 그 결정이 있을 때까지 재판을 정지하는 결정을 할 수 있다(임의적 집행정지, 제348조 제1항). [경찰간부 15] 또한 ② 정식재판청구권회복결정이 부당하더라도 이미 그 **결정이 확정되었다면 정식재판청구권 회복사유의 존부에 대하여 살펴볼 필요 없이** 통상의 공판절차를 진행하여 **본안에 관하여 심판**하여야 한다.

★ **판례연구** 정식재판청구권 회복결정 관련판례

1. **대법원 1983.12.29, 83모48**
약식명령에 대한 정식재판청구권의 회복청구를 하는 경우에는 약식명령이 고지된 사실을 안 날로부터 정식재판청구기간에 상당한 기간인 7일 이내에 서면으로 정식재판청구권 회복 청구를 함과 동시에 정식재판청구를 하여야 하므로 위 7일 이내에 정식재판청구권 회복청구만을 하였을 뿐 정식재판청구를 하지 아니하였다면 그 정식재판청구권 회복청구는 소정방식을 결한 것으로서 허가될 수 없다.

---

2. 대법원 2005.1.17, 2004모351 [법원9급 14]

정식재판청구권회복결정에 대하여는 형사소송법 제458조 제1항, 제347조 제2항에 규정되어 있는 즉시항고에 의하여서만 불복할 수 있고, 이러한 불복이 없이 확정된 정식재판청구권회복결정의 효력에 대하여는 더 이상 다툴 수 없다 할 것이므로, 설령 그 정식재판청구권회복결정이 부당하더라도 이미 그 결정이 확정되었다면 정식재판청구사건을 처리하는 법원으로서는 정식재판청구권회복청구가 적법한 기간 내에 제기되었는지 여부나 그 회복사유의 존부 등에 대하여는 살펴 볼 필요 없이 통상의 공판절차를 진행하여 본안에 관하여 심판하여야 할 것이다.

3. 대법원 2017.7.27, 2017모1557 [국가7급 19, 경찰채용 20 1차/21 2차]

변호인에게 약식명령 등본을 송달해야 하는 것은 아니라는 사례

① 형사소송법 제452조에서 약식명령의 고지는 검사와 피고인에 대한 재판서의 송달에 의하도록 규정하고 있으므로, 약식명령은 그 재판서를 피고인에게 송달함으로써 효력이 발생하고, 변호인이 있는 경우라도 반드시 변호인에게 약식명령 등본을 송달해야 하는 것은 아니다. 따라서 정식재판 청구기간은 피고인에 대한 약식명령 고지일을 기준으로 하여 기산하여야 한다(대법원 2016.12.2, 2016모2711). 또한 ② 변호인이 정식재판청구서를 제출할 것으로 믿고 피고인이 스스로 적법한 정식재판의 청구기간 내에 정식재판청구서를 제출하지 못하였더라도 그것이 피고인 또는 대리인이 책임질 수 없는 사유로 인하여 정식재판의 청구기간 내에 정식재판을 청구하지 못한 때에 해당하지 않는다(대법원 2007.1.12, 2006모658).

(4) 정식재판의 일부청구 : 정식재판의 청구는 공소불가분의 원칙에 반하지 않는 한 약식명령의 일부에 대하여도 할 수 있다(제458조 제1항, 제342조 – 일부상소). 즉, 약식명령의 주형이 2개 이상인 경우 등과 같이 가분적 판결일 때, 그 주형의 일부에 대해서만 정식재판을 청구하는 등 일부청구가 가능하다. 약식명령의 일부에 대하여 정식재판이 청구된 경우에 공판심리의 범위는 당연히 청구된 부분에 한정되고, 나머지 부분은 정식재판청구기간의 경과로 확정된다.

(5) 상대방에 대한 통지 : ① 정식재판의 청구가 있는 때에는 법원은 지체 없이 검사 또는 피고인에게 그 사유를 통지하여야 한다(제453조 제3항). 피고인에게 변호인이 선임되어 있는 경우라도 검사의 정식재판청구 사실을 피고인에게만 통지하면 된다. ② 정식재판청구통지서를 사용하여 통지만 하면 되고, 다시 공소장부본을 송달할 필요는 없다. 피고인에게는 공소장부본과 같은 내용의 약식명령서(범죄사실 · 적용법조 기재되어 있음, 제451조)가 이미 송달되어 있기 때문이다. 이는 약식명령청구를 받은 법원이 약식절차가 아닌 공판절차에 의하여 심판하기로 하는 경우 공소장부본을 송달해야 한다는 점과는 다르다(공소장부본송달 : 공판절차회부시 要, 정식재판청구시 不要).

3. 청구의 취하

(1) 시기 : 정식재판의 청구는 제1심판결 선고 전까지 취하할 수 있다(제454조). [법원9급 10/13/15/16, 교정9급특채 10/11, 경찰승진 11, 경찰채용 05 2차/12 2차] 따라서 1심판결 선고 후에는 재판확정 전이라도 정식재판청구를 취하할 수 없다.

(2) 동의 : 법정대리인이 있는 피고인은 법정대리인의 동의(동의는 서면에 의함, 규칙 제173조, 제153조 제1항)를 얻어 취하할 수 있고(단, 법정대리인 사망시 不要), 피고인의 법정대리인 또는 피고인을 위하여 정식재판청구를 할 수 있는 자는 피고인의 동의(동의는 역시 서면에 의함, 규칙 제173조, 제153조 제2항)를 얻어 취하할 수 있다(제458조 제1항, 제350조, 제351조)(피고인과 법정대리인은 상호 동의). [법원9급 14]

(3) 방식 : 정식재판청구의 취하는 서면으로 하여야 한다. 단, 공판정에서는 구술로써 할 수 있다(제458조, 제352조 제1항)(취포취, 예외-재정신청취소). 구술로써 정식재판청구를 취하한 경우에는 그 사유를 조서에 기재하여야 한다(제458조, 제352조 제2항).

(4) 재청구 금지 : 정식재판을 취하한 자는 다시 정식재판을 청구하지 못한다(제458조, 제354조). [법원9급 11, 경찰승진 10]

III 정식재판청구에 대한 재판

1. 정식재판청구기각결정

정식재판의 청구가 법령상의 방식에 위반하거나 청구권의 소멸 후인 것이 명백한 때에는 **결정으로 기각**하여야

한다(제455조 제1항, 법권-상기결).[1] [경찰승진 12, 경찰채용 12 2차] 결정은 청구인 및 통지를 받은 상대방에게만 고지하면 된다. 정식재판청구기각결정에 대하여는 즉시항고를 할 수 있다(동조 제2항). [경찰승진 10/12]

2. 공판절차에 의한 심판

(1) **심판의 대상** : 정식재판의 청구가 적법한 때에는 공판절차에 의하여 심판하여야 한다(제455조 제3항).[2] 따라서 통상의 공판절차에 관한 규정이 적용된다. [경찰승진 05] 이때 심판의 대상은 공소사실이지 약식명령의 당부가 아니므로, 법원은 약식명령에 구속되지 않고 사실인정·법령적용·양형에 관하여 자유롭게 판단할 수 있다. [경찰승진 05]

(2) **피고인의 불출석** : 약식명령에 대한 정식재판절차에서도 피고인의 출석 없이는 개정하지 못하나, 다음과 같이 불출석재판이 가능한 경우가 있다. 이때 법원이 피고인의 출정 없이 증거조사를 하는 경우 피고인의 증거동의가 간주된다(제318조 제2항, 대법원 2010.7.15, 2007도5776).

  ① **2회 연속 불출석** : 정식재판절차의 공판기일에 정식재판을 청구한 피고인이 불출석한 경우에는 다시 기일을 열어야 하고, 피고인이 정당한 사유 없이 다시 정한 기일에 불출석하면 피고인의 진술 없이 판결할 수 있다(2회 연속 불출석 = 항소심, 제458조 제2항, 제365조). [교정9급특채 10, 경찰채용 09 1차] 따라서 약식명령에 대한 정식재판청구사건에서 제1심은 **소촉법 제23조 및 그 시행규칙 제19조**가 정하는 "피고인에 대한 송달불능보고서가 접수된 때로부터 6개월이 지나도록 피고인의 소재를 확인할 수 없는 경우"에까지 **이르지 아니하더라도 공시송달의 방법에 의하여 피고인의 진술 없이 재판할 수 있다**(2012도12843 판례, 공판절차 중 불출석재판 참조).

  ② **형종상향금지원칙에 근거한 불출석재판** : 약식명령에 대하여 피고인만이 정식재판청구를 하여 판결을 선고하는 사건에서는 피고인의 출석을 요하지 아니한다. 이 경우 대리인을 출석하게 할 수 있다(제277조 제4호). 즉, 피고인만 정식재판청구를 하여 판결을 선고하는 기일에는 -아래의 형종상향금지원칙이 적용되므로- 피고인이 출석하지 않더라도 바로 판결만을 선고하는 것은 가능한 것이다. 다만, 피고인의 출석 없이 선고할 수 있었는데도 굳이 그 기일을 연기하고 선고기일을 다시 지정하는 경우에는 **새로 정한 기일에 대하여 적법한 기일소환의 통지**를 하여야 한다(공판절차의 선고기일에 피고인이 불출석하자 다시 선고기일을 지정하면서 소환장을 송달하지 아니하고 불출석 상태에서 판결선고는 위법, 대법원 2012.6.28, 2011도16166).

(3) **변호인의 지위** : 약식절차와 정식재판절차는 동일심급의 소송절차이므로 약식절차에서의 변호인은 당연히 정식재판절차에서도 변호인의 지위를 가진다.

(4) **형종상향의 금지**(제한적 불이익변경 금지) : 피고인이 정식재판을 청구한 사건에 대하여는 약식명령의 형보다 **중한 종류의 형**을 선고하지 못한다(2017.12.19. 개정 제457조의2 제1항). [법원행시 02/03, 법원9급 06/11/14, 국가9급 14, 경찰채용 05 2차/14 2차] 2017년 12월 개정법 이전의 구법에서는 '중한 형'을 선고하지 못하게 규정되어 있었으나, 2017년 12월 개정법에 의하여 '중한 종류의 형'만 선고하지 못하도록 개정된 것이다(동종의 형 내에서 중한 형의 선고는 허용, 중한 종류의 형의 선고는 금지 ∴ 제한적 불이익변경금지). 따라서 약식명령으로 벌금형이 내려져 이에 대하여 피고인이 정식재판을 청구한 사건에서는 약식명령의 벌금형보다 중한 벌금형의 선고는 가능하고, 벌금형보다 중한 종류의 형인 징역형 등의 선고만 금지되게 되었다. 다만, 개정법에 따르면 피고인의 정식재판청구권 행사가 위축될 우려가 있으므로, 법원은 피고인이 정식재판을 청구한 사건에 대하여 약식명령의 형보다 중한 형을 선고하는 경우에는 판결서에 **양형의 이유**를 적어야 한다(2017.12.19.

---

1) [참고] 정식재판청구기각결정은 약식명령을 발한 판사가 할 수도 있고 공판재판부가 할 수도 있으며, 방식위반의 이유로 정식재판청구가 기각된 경우에는 정식재판청구기간 내에 한하여 다시 청구할 수 있음은 물론이다. 법원실무Ⅱ 677면.

2) [참고] 약식명령 및 정식재판청구사건 등의 처리에 관한 예규(재판예규 제1214호)에서는, 정식재판청구사건이 단독사건인 경우, 정식재판청구사건의 제1회 공판기일은 통상의 공판사건과 구분하여 지정하고(동예규 제12조), 정식재판청구의 이유가 상당하지 아니하거나 벌금액수의 조정만으로 종결할 수 있는 사건은 될 수 있는 한 제1회 공판기일에 판결을 선고하고, 이 경우 재판장은 판결초고의 주문란에 선고내용을 기입하여 법정에서 법원사무관 등에게 교부한다(동 제14조). 이는 정식재판사건을 신속하게 처리하고자 하는 실무의 원칙을 보여주는 부분이다. 다만, 정식재판청구사건이 합의사건인 때에는 위와 같은 특례가 적용되지 아니한다(동 제15조).

신설 제457조의2 제2항). 위와 같은 형종상향금지원칙은 피고인이 정식재판을 청구한 사건과 다른 사건이 병합 · 심리되는 경우에도 정식재판청구사건에 대해서는 그대로 적용된다. 한편, 피고인뿐만 아니라 검사가 정식재판을 청구한 경우에는 형종상향금지원칙은 적용되지 않는다.

★ 판례연구 형종상향금지원칙 관련판례

1. 대법원 2020.1.9, 2019도15700

피고인이 절도죄 등으로 벌금 300만 원의 약식명령을 발령받은 후 정식재판을 청구하였는데, 제1심법원이 위 정식재판청구사건을 통상절차에 의해 공소가 제기된 다른 점유이탈물횡령 등 사건들과 병합한 후 각 죄에 대해 모두 징역형을 선택한 다음 경합범으로 처단하여 징역 1년 2월을 선고하자, 피고인과 검사가 각 양형부당을 이유로 항소한 사안에서, 형사소송법 제457조의2 제1항은 "피고인이 정식재판을 청구한 사건에 대하여는 약식명령의 형보다 중한 종류의 형을 선고하지 못한다."라고 규정하여 정식재판청구 사건에서의 형종 상향 금지의 원칙을 정하고 있는데, 제1심판결 중 위 정식재판청구 사건 부분은 피고인만이 정식재판을 청구한 사건인데도 약식명령의 벌금형보다 중한 종류의 형인 징역형을 선택하여 형을 선고하였으므로 여기에 형사소송법 제457조의2 제1항에서 정한 형종 상향 금지의 원칙을 위반한 잘못이 있고, 제1심판결에 대한 피고인과 검사의 항소를 모두 기각함으로써 이를 그대로 유지한 원심판결에도 형사소송법 제457조의2 제1항을 위반한 잘못이 있다.

2. 대법원 2020.3.26, 2020도355

형사소송법 제457조의2 제1항은 "피고인이 정식재판을 청구한 사건에 대하여는 약식명령의 형보다 중한 종류의 형을 선고하지 못한다."라고 규정하여, 정식재판청구 사건에서의 형종 상향 금지의 원칙을 정하고 있다. 위 형종 상향 금지의 원칙은 피고인이 정식재판을 청구한 사건과 다른 사건이 병합 · 심리된 후 경합범으로 처단되는 경우에도 정식재판을 청구한 사건에 대하여 그대로 적용된다.

3. 대법원 2020.12.10, 2020도13700

약식명령에 대하여 검사가 정식재판을 청구한 경우와 형종상향금지원칙

피고인뿐만 아니라 검사가 피고인에 대한 약식명령에 불복하여 정식재판을 청구한 사건에 있어서는 형사소송법 제457조의2에서 정한 '약식명령의 형보다 중한 종류의 형을 선고하지 못한다'는 형종 상향의 금지 원칙이 적용되지 않는다. 따라서 검사가 약식명령에 대한 정식재판을 청구한 사건이 정식 기소된 사건과 병합되어 심리되었고, 제1심이 정식재판청구 사건의 일부 범죄와 정식 기소된 사건의 범죄에 대하여 형종상향금지원칙을 적용하지 않고 징역형을 선택한 것에는 어떠한 잘못이 있다고 할 수 없다.

---

(5) 제척사유 : 약식명령을 발부한 법관이 제1심의 정식재판에 관여하였다고 하여 제척사유가 되는 것은 아니다(대법원 2002.4.12, 2002도944).

3. 약식명령의 실효

(1) 의의 : 약식명령은 정식재판의 청구에 의한 판결이 있는 때에는 그 효력을 잃는다(제456조). 판결이 있는 때란 정식재판의 판결이 확정된 때를 의미한다. [법원9급 09/10/11, 경찰채용 03 2차]

(2) 내용 : ① 정식재판청구가 부적법할지라도 일단 판결이 확정되면 약식명령은 실효된다. 여기의 판결에는 공소기각결정도 포함된다. 예컨대, 정식재판청구로 인한 공판절차에서도 검사의 공소취소가 허용되고 이로 인해 공소기각결정이 확정된 때에 약식명령은 실효된다. 그러나 ② 정식재판청구기간의 경과로 인하여 약식명령이 확정된 후에는 그 후 정식재판에 의한 판결이 있어도 약식명령의 효력에 영향이 없다.

01   의의 및 성질

I 의 의

1. 개념 및 구별개념

(1) **개념** : 즉결심판이란 범증이 명백하고 죄질이 경미한 범죄사건에 대하여 통상의 형사소송절차에 의하지 아니하고 간단하고 신속한 절차에 의하여 일정한 범위 내의 경미한 형을 선고하는 절차를 말한다. 즉결심판절차는 즉결심판에 관한 절차법(이하 '즉심')에서 규정하고 있는데, 지방법원, 지방법원지원 또는 시·군법원의 판사는 경찰서장의 청구가 있는 20만원 이하의 벌금·구류·과료에 처할 경미한 범죄사건에 관하여 공판절차에 의하지 아니하고 간이한 심판절차에 의하여 즉결심판을 선고하고 있다. 즉결심판절차는 심판의 청구, 심리절차, 증거조사 등에서 그 간이함이 나타나는데, 다만 부당한 심판에 대한 구제를 위하여 피고인에게 정식재판청구권이 보장된다.

(2) **약식절차와의 구별**

구 분		약식절차	즉결심판절차
공통점		• 경미사건의 신속한 처리를 목적으로 함 [경찰승진 01] • 확정판결과 동일한 효력(집행력·기판력) 인정 [경찰승진 01] • 법관이 공판절차회부 or 즉결심판청구기각으로 정식재판 회부 可 • 정식재판청구권 보장 [경찰승진 02] • 정식재판청구에 의한 판결확정시 실효 [경찰승진 05] • 제1심 판결선고 전까지 정식재판청구 취하 可 [경찰승진 04] • 불이익변경금지원칙 적용	
차 이 점	절차 전반	3단계 절차 경찰수사 – 검찰수사 – 법원재판 서면심리 위한 14일 대기기간 有 14 + 7	2단계 절차 경찰조사 – 즉결심판 즉시 + 7 약식절차보다 훨씬 빠른 절차
	청구권자	검사	경찰서장
	심 리	서면심리	공개법정에서 판사가 피고인신문 (벌금·과료 불출석·불개정심판 可)
	절차 부적당시	공판절차 회부	즉결심판청구기각(검찰송치명령)
	형의 범위	벌금, 과료, 몰수	벌금, 과료, 구류
	정재청구권 포기	피고인은 포기 불가	포기 가능
	관할법원	지방법원 합의부 또는 단독판사	지방법원·지법지원·시군법원 판사
	근거규정	형사소송법 제448조 이하	즉심법
	무죄·면소· 공소기각	약식명령으로는 불가 (공판절차 회부 要)	가능

2. 취 지

(1) **소송경제** : 즉결심판절차는 범증이 명백한 경미한 범죄사건을 정식의 공판절차나 약식절차에 의하지 않고 간단한 절차로 심판함으로써 재판의 신속과 소송경제를 도모하려는 데 주된 목적이 있다.

(2) 피고인 보호 : 일정한 범위의 경미사건에 관하여 경찰서장이 직접 판사에게 즉결심판을 청구하여 간이·신속하게 처리함으로써 피고인의 시간적·정신적 부담을 경감시켜주는 점은 피고인의 이익보호도 고려한 것이라 보통 설명된다.[1]

II 성 질

(1) 공판 전 절차 : 즉결심판절차는 피고인의 정식재판청구로 인하여 공판절차로 이행되고, 특히 판사의 기각 결정이 있을 때에는 검사에게 송치됨에 그친다는 점에서 형사소송법상의 공판절차가 아니라 공판 전 절차이다. [경찰간부 14]

(2) 형사소송특별법 : 즉결심판절차도 형벌을 과하는 절차이고, 즉결심판이 확정된 때에는 확정판결과 동일한 효력을 가진다(즉심 제16조). 따라서 즉심법은 형사소송법의 특별법에 해당한다. 다만, 즉결심판도 형사소송절차의 일부이므로 즉심법에 특별한 규정이 없는 한 형사소송법의 규정이 준용된다(즉심 제19조).

---

02 즉결심판의 청구

I 청구권자 및 관할법원

1. 청구권자

(1) 관할 경찰서장 : 즉결심판의 청구권자는 관할 경찰서장 또는 관할 해양경찰서장이다(즉심 제3조 제1항). [국가9급 14, 경찰간부 14, 경찰승진 09/11, 경찰채용 04 3차/15 2차]

(2) 기소독점주의의 예외 : 경찰서장의 즉결심판청구는 보통의 공판절차에서의 검사의 공소제기와 성질을 같이 하므로 검사의 기소독점주의에 대한 예외가 되고, 이에 즉결심판이 선고된 후 정식재판이 청구되어도 검사의 별도의 공소제기는 불필요하게 된다. 다만, 즉결심판청구가 기각되어 검찰에 송치된 경우에는 검사의 새로운 공소제기를 요한다.

> **판례연구** 범칙금 납부 통고처분 이후 공소제기는 불가하다는 사례
>
> **1. 대법원 2020.4.29, 2017도13409; 2020.7.29. 2020도4738**
> 경찰서장의 범칙금납부통고처분에서 정한 범칙금 납부기간 내의 즉결심판청구 및 검사의 공소제기 가능 여부
> 경범죄 처벌법은 제3장에서 '경범죄 처벌의 특례'로서 범칙행위에 대한 통고처분(제7조), 범칙금의 납부(제8조, 제8조의2)와 통고처분 불이행자 등의 처리(제9조)를 정하고 있다. 경찰서장으로부터 범칙금 통고처분을 받은 사람은 통고처분서를 받은 날부터 10일 이내에 범칙금을 납부하여야 하고, 위 기간에 범칙금을 납부하지 않은 사람은 위 기간의 마지막 날의 다음 날부터 20일 이내에 통고받은 범칙금에 20/100을 더한 금액을 납부하여야 한다(제8조 제1항, 제2항). 경범죄 처벌법 제8조 제2항에 따른 납부기간에 범칙금을 납부하지 않은 사람에 대하여 경찰서장은 지체 없이 즉결심판을 청구하여야 하고(제9조 제1항 제2호), 즉결심판이 청구되더라도 그 선고 전까지 피고인이 통고받은 범칙금에 50/100을 더한 금액을 납부하고 그 증명서류를 제출하였을 경우에는 경찰서장은 즉결심판 청구를 취소하여야 한다(제9조 제2항). 이와 같이 통고받은 범칙금을 납부한 사람은 그 범칙행위에 대하여 다시 처벌받지 않는다(제8조 제3항, 제9조 제3항). 위와 같은 규정 내용과 통고처분의 입법 취지를 고려하면, 경범죄 처벌법상 범칙금제도는 범칙행위에 대하여 형사절차에 앞서 경찰서장의 통고처분에 따라 범칙금을 납부할 경우 이를 납부하는 사람에 대하여는 기소를 하지 않는 처벌의 특례를 마련해 둔 것으로 법원의 재판절차와는 제도적 취지와 법적 성질에서 차이가 있다. 또한 범칙자가 통고처분을 불이행하였더라도 기소독점주의의 예외를 인정하여 경찰서장의 즉결심판 청구를 통하여 공판절차를 거치지 않고 사건을 간이하고 신속·적정하게 처리함으로써 소송경제를 도모하되, 즉결심판 선고 전까지 범칙금을 납부하면 형사처벌을 면할 수 있도록 함으로써 범칙자에 대하여 형사소추와 형사처벌을 면제받을 기회를

---

[1] [참고 – 즉결심판제도의 문제점] 원래 즉결심판은 검사의 기소독점주의의 예외로서 경찰서장에게 즉결심판청구권을 부여하여 폭주하는 경미사건에 대응하고자 하는 제도이나, 실제상에서는 경찰서장의 대리인인 일선 경찰관들에 의해 즉결심판청구가 남용될 수 있고, 실무상 즉결심판절차가 졸속으로 진행된 경우에도 최대 29일의 구류형 선고가 가능한 점 등 여러 문제가 노정되고 있다. 바로 여기에 현행 즉결심판제도의 개선의 필요성이 있으며, 이에 공감하는 것이 학계의 보편적인 방향이다(**예** 신동운 1737면 이하). 본서의 특성상 자세한 입법론은 생략한다.

부여하고 있다. 따라서 경찰서장이 범칙행위에 대하여 통고처분을 한 이상, 범칙자의 위와 같은 절차적 지위를 보장하기 위하여 통고처분에서 정한 범칙금 납부기간까지는 원칙적으로 경찰서장은 즉결심판을 청구할 수 없고, 검사도 동일한 범칙행위에 대하여 공소를 제기할 수 없다고 보아야 한다.

2. 대법원 2021.4.1, 2020도15194

(위 1번 판례의 경우) 특별한 사정이 없는 이상 경찰서장은 범칙행위에 대한 형사소추를 위하여 이미 한 통고처분을 임의로 취소할 수 없다.

2. 관할법원

즉결심판 관할법원은 청구권자인 경찰서장을 관할하는 지방법원, 지방법원지원 또는 시·군법원이며, 당해 법원의 판사가 심판권을 가진다(즉심 제2조, 법조 제33조). 형사소송법상 토지관할의 규정이 준용되므로, 즉결심판이 청구된 사건에 관하여 토지관할이 없고 피고인의 관할위반 신청이 있으면 관할위반의 선고를 하여야 한다(제319조, 제320조). 다만, 지방법원 또는 지원의 판사는 소속 지방법원장의 명령을 받아 소속법원의 관할사건과 관계없이 즉결심판청구사건을 심판할 수 있다(즉심 제3조의2).[1]

3. 대 상

즉결심판의 대상은 20만원 이하의 벌금 또는 구류, 과료에 처할 사건이다(즉심 제2조). [경찰간부 14, 경찰승진 09, 경찰채용 06 2차/ 14 2차/15 2차, 3차] 사건의 종류에는 제한이 없으므로 인지사건은 물론 고소·고발사건도 즉결심판의 대상이 되며, 경범죄처벌법·도로교통법 위반사건 이외의 형법상 범죄사건 및 행정범도 즉결심판의 대상이 될 수 있다. 다만, 20만원 이하의 벌금, 구류, 과료는 법정형이 아니라 선고형을 의미하므로 [경찰간부 13/14, 경찰채용 15 3차], 벌금·구류·과료가 징역형 등에 대한 (병과형이 아니라) 선택형으로 규정되어 있다고 하더라도 즉결심판의 대상이 된다. 또한 재산형의 부과만 가능한 약식절차와 달리, 즉결심판에서는 **30일 미만의 구류형의 선고가 가능**하다. [경찰간부 14, 해경 15 3차]

Ⅱ 청구의 방식

1. 즉결심판청구서의 제출

(1) 즉결심판청구서 : 즉결심판을 청구함에는 즉결심판청구서를 제출하여야 한다. 즉결심판청구서에는 피고인의 성명 기타 피고인을 특정할 수 있는 사항, 죄명, 범죄사실과 적용법조를 기재하여야 한다(즉심 제3조 제2항). [경찰승진 12] 다만, 약식절차와는 달리 즉결심판에 의해 선고할 형량은 즉결심판청구서의 기재대상이 아니다. [경찰간부 13]

(2) 즉결심판절차의 안내 : 즉결심판을 청구할 때에는 사전에 피고인에게 즉결심판의 절차를 이해하는 데 필요한 사항을 서면 또는 구두로 알려주어야 한다(2009.12.29. 개정 즉심 제3조 제3항). 즉결심판은 명백한 증거가 있는 경미한 범죄를 신속하고 적정하게 심판하기 위한 절차이나, 일반 국민은 그 절차를 제대로 이해하기 어려우므로, 경찰서장이 즉결심판을 청구할 때 사전에 피고인에게 즉결심판의 절차를 이해하는 데 필요한 사항을 서면 또는 구두로 알려주도록 하려는 취지의 개정조항이다.[2]

2. 서류·증거물의 제출

경찰서장은 즉결심판의 청구와 동시에 즉결심판을 함에 필요한 서류 또는 증거물을 판사에게 제출하여야 한다(즉심 제4조). [경찰승진 09, 경찰채용 14 2차] 따라서 공소장일본주의가 배제된다.

---

1) [참고] 이외에 즉결심판에도 법관의 제척·기피에 관한 규정이 준용됨은 물론이고, 즉결사건의 피고인이 현역군인, 군무원 등 군사법원법 제2조에 규정된 자로 판명된 때에는 그 사건을 군사법원으로 이송하여야 한다(즉심 제16조의2). 법원실무Ⅱ 688면.

2) [참고－즉결심판청구 취소제도] 도로교통법 제165조 제2항과 경범죄 처벌법 제9조 제2항은 범칙금 미납을 이유로 즉결심판이 청구된 사람이 통고받은 범칙금액과 가산금을 사후에 납부한 경우에 경찰서장이 즉결심판청구를 취소하는 제도를 두고 있다. 즉결심판청구의 취소가 있을 경우 별도의 결정 없이 그 사건에 관한 즉결심판절차는 취소시에 종료된다. 법원실무Ⅱ 689면.

3. 청구서부본 불요

청구가 있으면 즉시 심판하므로 청구서부본의 첨부가 필요 없다. 따라서 피고인에게 부본을 송달할 필요도 없다.

---

03   즉결심판청구사건의 심판

I   즉결심판청구사건의 심리

1. 청구기각결정과 경찰서장의 송치

(1) 즉결심판청구기각결정 : 판사는 사건이 즉결심판을 할 수 없거나 즉결심판절차에 의하여 심판함이 적당하지 아니하다고 인정할 때에는 결정으로 즉결심판청구를 기각하여야 한다(즉심 제5조 제1항). [경찰승진 10, 경찰채용 15 2차] 예컨대, 심판청구된 범죄의 법정형으로 벌금·구류·과료의 형이 규정되어 있지 않거나 징역·금고의 형이 선택형이 아니라 병과형으로 되어 있거나, 사안의 성질상 공판절차에 의한 판단이 필요한 경우 등을 말한다. 다만, 무죄·면소 또는 공소기각을 함이 명백한 경우에는 즉결심판을 선고할 수 있으므로(즉심 제11조 제5항) 즉결심판청구기각결정사유에 해당하지 아니한다. 전술한 약식절차와 비교해보면, 약식명령청구를 받은 법원은 이러한 경우 스스로 공판절차에 회부하나, 즉결심판절차에서는 공판절차 회부결정과 같은 제도는 없다.

(2) 경찰서장의 송치 : 즉결심판청구기각결정이 있는 때에는 경찰서장은 지체 없이 사건을 관할 지방검찰청 또는 지청의 장에게 송치하여야 한다(즉심 제5조 제2항). [경찰승진 14/15, 경찰채용 02/06/15] 이때의 송치는 일반형사사건의 송치와 달리 볼 것이 아니므로 송치된 사건은 정식 입건되고 일반사건과 같은 절차를 거쳐 검사의 처분을 기다리게 된다.

(3) 검사의 처분 : 사건을 송치받은 검사는 당해 사건에 대해 공소제기 여부를 독자적으로 결정하게 된다. 검사는 공소를 제기할 때에는 반드시 공소장을 제출해야 한다. 또한 검사는 판사의 기각결정에 의하여 경찰서장이 송치한 사건에 대해서 불기소처분을 할 수 있다(통설 및 법원실무). 이에 의하여 부당한 즉결심판을 시정할 수 있고, 판사의 기각결정에 의해서 즉결심판청구 이전의 상태로 돌아가기 때문이다.

대법원 2003.11.14, 2003도2735 [경찰채용 05 1차/15 2차/21 2차, 국가7급 22]

법원이 경찰서장의 즉결심판청구를 기각하여 경찰서장이 사건을 관할 지방검찰청으로 송치하였으나 검사가 이를 즉결심판에 대한 피고인의 정식재판청구가 있는 사건으로 오인하여 그 사건기록을 법원에 송부한 경우, 공소제기의 본질적 요소라고 할 수 있는 검사에 의한 공소장의 제출이 없는 이상 기록을 법원에 송부한 사실만으로 공소제기가 성립되었다고 볼 수 없다.

---

2. 심리상의 특칙

(1) 기일의 심리

① **즉시심판** : 즉결심판의 청구가 있는 때에는 청구기각의 결정을 한 경우 이외에, 즉 즉결심판의 청구가 적법하고 상당할 때에는 판사는 즉시 심판을 하여야 한다(즉심 제6조, 제5조 제1항). 여기서 '즉시 심판'의 의미는 즉일(卽日)심판의 의미로서, 공소장부본 송달, 제1회 공판기일 유예기간 등과 같이 통상의 공판절차에서 요구되는 준비절차들은 생략된다.[1]

② **공개주의** : 즉결심판절차에 의한 심리와 재판의 선고는 공개된 법정에서 행하되, 그 법정은 경찰관서 외의 장소에 설치되어야 한다(즉심 제7조 제1항). [경찰간부 16, 경찰승진 11/16, 경찰채용 05 3차/13 2차] 공개주의의

---

[1] [보충-즉시 심판의 의미] 즉결심판의 청구가 있으면 즉시 기일을 열어 심리하여야 한다는 의미이고, 심리 후 심판의 선고까지를 즉시 하여야 한다는 의미는 아니므로, 최초의 기일에 유·무죄의 심증이 형성되지 아니한 경우 등 필요한 때에는 기일을 속행 또는 변경할 수 있다고 보아야 한다. 법원실무Ⅱ 690면.

원칙이 적용되나 즉결심판의 장소가 법원의 구내에 있는 법정임을 요하지 아니한다는 점에서 공판절차와는 다른 것이다.

③ **즉결법정의 개정과 피고인의 출석**

(가) **개정**(開廷) : ㉠ 즉결법정은 판사 및 법원사무관 등이 출석하여 개정한다(즉심 제7조 제2항). 즉결심판의 성격상 검사와 경찰서장, 변호인의 출석은 개정요건이 아니다. [경찰채용 11 2차] 물론 변호인은 기일에 출석하여 증거조사에 참여할 수 있으며 의견을 진술할 수는 있다(즉심 제9조 제3항). 반면, ㉡ 즉결심판에서도 피고인의 출석은 개정요건이다. [경찰승진 13] 따라서 피고인이 기일에 출석하지 아니한 때에는 즉심법 또는 다른 법률에 특별한 규정이 없는 한 개정할 수 없다(즉심 제8조). 다만, 불개정심판이나 불출석심판이 가능한 경우는 아래와 같다.

(나) **불개정심판**(서면심리) : 즉결심판 담당판사는 상당한 이유가 있는 경우에는 **개정 없이** 피고인의 진술서와 제출된 서류 또는 증거물에 의하여 심판할 수 있다(즉심 제7조 제3항 본문). 이를 서면심리 또는 불개정심판이라 한다. 불개정심판은 피고인의 출석을 요하지 않는다는 점에서 불출석심판과 같지만, 개정을 요하지 않는다는 점에서 반드시 개정을 요하는 불출석심판과 다르다. 불개정심판은 반드시 공개된 법정에서 심리할 필요가 없고 피고인에게 기일의 통지도 할 필요가 없다.[1] 다만, **구류에 처하는 경우에는 불개정심판에 의할 수 없다**(동 단서). [경찰승진 14, 경찰채용 04 1차/15 2차] 즉결담당판사가 불개정심판을 한 경우에는 법원사무관 등은 7일 이내에 정식재판을 청구할 수 있음을 부기한 즉결심판서의 등본을 피고인에게 송달하여 고지한다(즉심 제11조 제4항).

(다) **불출석심판**(벌금 · 과료 or 불출석허가) : ㉠ 즉결담당판사는 즉결심판청구사건에서 **벌금 · 과료를 선고하는 경우**에는 피고인이 출석하지 아니하더라도 심판할 수 있다(직권에 의한 불출석심판, 즉심 제8조의2 제1항). [법원행시 04, 국가9급 13, 경찰승진 11/13, 경찰채용 06 2차/11 2차/13 2차/15 3차] 또한 ㉡ 피고인 또는 즉결심판출석통지서를 받은 자는 법원에 **불출석심판**을 청구할 수 있고, 법원이 이를 **허가**한 때에는 피고인이 출석하지 아니하더라도 심판할 수 있다(청구에 의한 불출석심판, 불출석허가사건, 동조 제2항)(불출석허가사건을 구체적으로 정한 대법원규칙은 즉결심판절차에서의 불출석심판청구 등에 관한 규칙 참조). [국가9급 13] 이와 같이 피고인의 출석 없이 즉결심판하는 것을 불출석심판이라 한다. 불출석심판은 개정한 상태에서의 심판이므로, 반드시 공개된 법정에서 법원사무관 등의 참여하에 행하여져야 한다. 다만, 즉결심판이 즉일선고되는 경우 **구류형을 선고할 때에는 불출석재판이 허용되지 아니한다**(cf. 공판절차의 불출석 : ⓐ 다액 500만원 이하의 벌금 또는 과료는 불출석 ○ – 제277조 제1호, ⓑ 자유형인 구류는 불출석허가사건이기는 하나 인정신문기일 · 판결선고기일에는 출석 要, 불출석 × – 동조 제3호). 실무의 입장도 같다.[2]

(라) **국선변호인의 선정 불요** : ㉠ 피고인이 미성년자이거나 70세 이상인 자, 듣거나 말하는 데 모두 장애가 있는 사람(2020.12.8. 우리말 순화 개정 구법상 농아자), 심신장애가 있는 것으로 의심되는 자 등인 경우(법 제33조 제1항) 법 제283조(필요적 변호)가 준용되어 국선변호인의 선정을 요하는지 문제되나, 즉결심판절차에서 변호인의 출석은 임의적일 뿐 개정요건이 아니므로 **국선변호인의 선정은 요하지 아니한다.** 다만, ㉡ 즉결심판을 받은 피고인이 **정식재판청구**를 함으로써 공판절차가 개시된 경우에는 법 제283조가 적용된다(96도3059, 후술).

④ **심리방법** : ㉠ 판사는 피고인에게 피고사건의 내용과 **진술거부권**이 있음을 알리고 변명할 기회를 주어야 한다(즉심 제9조 제1항). [국가9급 16] ㉡ 판사는 필요하다고 인정할 때에는 적당한 방법에 의하여 **재정**(在廷)하는 **증거**에 한하여 조사할 수 있다(재정증거에 한한 증거조사, 동 제2항)(따라서 '즉결심판절차에서 기

---

1) [참고] 피고인에게 기일의 통지를 하지 아니한다고 하더라도 즉결심판서등본을 피고인에게 송달하여 정식재판청구권이 있음을 고지하고 있으므로 피고인에게 변명의 기회를 주어야 한다는 즉결심판에 관한 절차법 제9조 제1항에 위반되는 것은 아니라는 것이 실무의 입장이다. 또한 실무상 불개정심판을 하는 경우는 많지 않으나 피고인의 출석이 가능하더라도 무죄 · 면소 또는 공소기각을 함이 명백한 사건, 벌금형이나 과료형에 처할 사건임이 명백하고 피고인이 소재불명인 경우 등에 주로 사용된다고 한다. 법원실무Ⅱ 692면.

2) [참고 – 구류형에 대한 불출석 즉결심판의 금지] 법원실무에서도, 피고인의 불출석심판청구를 법원이 허가하여 피고인의 출석 없이 심판하는 경우에도 구류형은 선고할 수 없다고 보고 있다. 즉, 이 경우 피고인을 구류형에 처할 만한 사안이면 즉결심판절차에서의 불출석심판청구 등에 관한 규칙 제4조 제1항의 특별한 사정이 있는 것으로 보아 피고인의 불출석심판청구를 불허하고 다음 기일을 정하여 피고인을 소환하여 출석시켜 심판하는 것이 일반적이라는 것이다. 법원실무Ⅱ 695면.

존 제출된 증거 외에는 새로운 증거조사를 할 수 없다'는 지문은 틀림). [법원승진 10, 경찰간부 16] 이는 즉결심판에서 심리의 신속을 위하여 증거조사의 대상을 재정증거로 한정한 것이다. 다만, '재정하는 증거'라면 수사기관의 증거에 한하는 것은 아니므로, 피고인이나 변호인도 재정증거에 한한 증거신청이 가능하다. 또한 ⓒ 판사는 피고인과 변호인에게 최종의 의견을 진술할 기회를 주어야 한다(즉심 제19조, 법 제303조).

(2) 증거에 관한 특칙

① **적용되지 않는 법칙** – 자백보강법칙×/내용부인사경작성피신조서·성립진정안된진술서○ – : 즉결심판절차에 있어서는 형사소송법 제310조(**자백의 보강법칙**)(헌법 제12조 제7항 : '정식재판'에 있어서 피고인의 자백이 그에게 불리한 유일한 증거일 때)와 제312조 제3항(**사법경찰관 작성 피의자신문조서의 증거능력**) 및 제313조(**진술서의 증거능력**)의 규정은 **적용하지 아니한다**(즉심 제10조). [국가9급 16, 경찰승진 11/14/16, 경찰채용 04 3차/05 2차/06] 즉결심판절차에서 과하는 형이 경미하고 절차의 신속과 적정을 요하기 때문이다. 따라서 피고인의 자백에 대하여 보강증거가 없을지라도 피고인의 자백만으로 유죄판결을 선고할 수 있고(즉결심판 : 자백보강법칙이 적용되지 않는 유일한 절차), 피고인이 즉결법정에서 사법경찰관이 작성한 피의자신문조서의 내용을 인정하지 않거나,[1] 피고인 또는 피고인 아닌 자가 작성한 진술서의 성립의 진정이 인정되지 않더라도 이를 유죄의 증거로 할 수 있다. [법원행시 04, 경찰승진 11, 경찰간부 16, 경찰채용 10 2차]

② **적용되는 법칙** : 자백배제법칙과 위법수집증거배제법칙은 즉결심판절차에도 적용된다. [경찰승진 10/11/16, 경찰채용 05 3차] 따라서 임의성이 의심되는 자백이나 위법수집증거는 즉결심판절차에서도 그 증거능력이 없다. 한편 피고인의 출석 없이 즉결심판을 할 수 있는 경우에는 **증거동의가 의제된다**(즉심 제19조, 법 제318조 제2항).

3. 형사소송법의 준용

즉결심판절차에 있어서 이 법에 특별한 규정이 없는 한 그 성질에 반하지 아니한 것은 형사소송법의 규정을 준용한다(제19조).

준용 ○	준용 ×	
• 국가소추주의 [경찰채용 09 2차]	• 공소장일본주의 [경찰채용 09 2차]	• 공소장부본 송달
• 제척·기피 [경찰채용 08 2차]	• 기소독점주의 [경찰채용 09 2차]	• 공판기일 유예기간
• 구두변론주의 [경찰채용 09 2차]	• 즉결심판청구기각결정	• 증거조사와 증거결정방법
• 자백배제법칙 [경찰채용 09 2차/11 2차]	• 필요적 변호	• 사경 작성 피신조서
• 위법수집증거배제법칙 [경찰채용 09 2차/11 2차]	• 국선변호	• 수사 외 진술서
• 자유심증주의 [경찰채용 09 2차]	• 검사의 모두진술	• 자백보강법칙 [경찰채용 09 2차]
		• 배상명령 [법원9급 13, 경찰승진 07]

Ⅱ 즉결심판의 선고와 효력

1. 즉결심판의 선고

(1) 선고·고지의 방식

① 선고 : 즉결심판으로 유죄를 선고할 때에는 (구두로) 형(刑)·범죄사실과 적용법조를 명시하고 피고인은 7일 이내에 정식재판을 청구할 수 있다는 것을 고지하여야 한다(즉심 제11조 제1항). 유죄의 즉결심판서에는 피고인의 성명 기타 피고인을 특정할 수 있는 사항, 주문, 범죄사실과 적용법조를 명시하고 판사가 서명·날인하여야 한다(즉심 제12조). [해경간부 12, 경찰채용 11 11차/15 3차]

② 고지 : 서면심리에 의한 불개정심판(즉심 제7조 제3항) 또는 불출석심판(즉심 제8조의2)의 경우에는 법원사무관 등은 7일 이내에 정식재판을 청구할 수 있음을 부기한 즉결심판서의 등본을 피고인에게 송달하여 고지한다(즉심 제11조 제4항). 다만, 피고인 불출석심판의 경우에 피고인 등이 미리 즉결심판서의 등본 송달을 요하지 아니한다는 뜻을 표시한 때에는 이를 송달할 필요가 없다(동 단서).

---

1) [참고] 다만, 사법경찰관 작성 피의자신문조서의 증거능력 제한을 배제한 것은 경찰관의 권한남용의 소지가 있어 입법론상 문제가 있다는 견해는 신동운, 1743면 참조.

PART 05 상소·비상구제절차·특별절차

(2) 선고할 수 있는 형

① 선고형 : 즉결심판에 의하여 선고할 수 있는 형은 **20만원** 이하의 벌금·구류·과료에 한한다(즉심 제2조, 법조 제34조 제1항 제3호). 벌금이나 과료를 선고할 경우에는, 위 금액을 납입하지 아니하는 경우의 유치기간을 정하여 동시에 선고하여야 한다(형법 제69조 제2항, 제70조).

② 무죄·면소·공소기각 : 판사는 사건이 무죄·면소 또는 공소기각을 함이 명백하다고 인정할 때에는 이를 선고·고지할 수 있다(즉심 제11조 제5항). [경찰간부 16, 경찰승진 11, 경찰채용 04 3차/10 2차/14 2차, 해경 15 3차]

③ 선고유예 : 선고유예는 1년 이하의 징역, 금고, 자격정지 또는 벌금의 형을 선고하는 경우에만 적용되므로(형법 제59조 제1항), **구류·과료형을 선고할 경우에는 선고유예를 할 수 없다**는 것이 판례이다(대법원 1993.6.22, 93오1).[1]

(3) 유치명령과 가납명령

① 유치명령(구류선고시 유치명령의 동시선고) : ㉠ 판사는 구류의 선고를 받은 피고인이 일정한 주소가 없거나 또는 도망할 염려가 있을 때에는 **5일을 초과하지 아니하는 기간** 경찰서유치장에 유치(留置)할 것을 명령할 수 있다(cf. 벌금·과료 선고시 경찰서유치장 유치명령 ×)(cf. 증인불출석제재 중 7일 이내의 감치와 혼동하지 말 것, 법 제151조 제2항). 따라서 형 확정 전에도 유치명령이 가능하다. [법원행시 02/04, 경찰승진 09, 경찰채용 05 2차/07 1차/15 3차] 원래 선고된 구류형은 재판이 확정된 후에만 집행할 수 있는데, 이러한 유치명령은 구류형의 집행을 확보하려는 목적에서 둔 제도이고 실무상 구류를 선고하는 경우 대부분 함께 선고된다. 다만, 이 기간은 선고기간을 초과할 수 없다(즉심 제17조 제1항). 집행된 유치기간은 본형의 집행에 산입한다(동조 제2항). ㉡ 유치명령은 선고와 동시에 집행력이 발생하므로, 판사의 유치명령이 있는 구류의 선고를 받은 자가 정식재판을 청구하더라도 석방되지 않는다. [경찰승진 11, 경찰채용 15 3차] ㉢ 유치명령에 대하여는 준항고로써 불복할 수 있다. 재판장이 고지한 구금에 관한 재판(제416조 제1항 제2호)으로 볼 수 있기 때문이다.[2]

② 가납명령 : 벌금 또는 과료를 선고하는 경우 즉결심판의 확정 후에는 집행할 수 없거나 집행이 곤란한 경우에는 가납(假納)을 명할 수 있다. 가납의 재판은 벌금·과료의 선고와 동시에 판결로 선고하여야 하며 그 재판은 즉시로 집행할 수 있다(유치명령과 마찬가지로 선고와 동시에 집행력 ○, 즉심 제17조 제3항). 가납명령이 있는 벌금·과료를 납부하지 않을 때에는 노역장유치를 할 수 있다(형법 제69조 제1항).

2. 즉결심판의 효력

(1) 즉결심판 확정의 효력 : ① 즉결심판은 정식재판의 청구기간의 경과, 정식재판청구권의 포기 또는 그 청구의 취하에 의하여 확정판결과 동일한 효력이 생긴다. [경찰간부 13, 경찰승진 09/13/16, 경찰채용 05 3차/15 2차] 정식재판청구를 기각하는 재판이 확정된 때에도 같다(제16조). [경찰채용 11 2차] 따라서 ② 즉결심판을 받은 범죄사실과 기본적으로 동일한 사실에 대하여 다시 공소가 제기되면 그 공소사실에 관하여는 이미 확정판결이 있는 것이 되므로 면소판결을 하여야 한다(**기판력,** 판례 상해치사의 공소사실이 즉결심판이 확정된 경범죄처벌법 위반의 범죄사실과 기본적 사실관계에 있어서 동일하다면 면소판결을 하여야 한다. [법원행시 04]). 또한 ③ 즉결심판이 확정되면 집행력이 발생하므로 형의 집행이 이루어진다(cf. 다만, 유치명령과 가납명령이 있는 때에는 그 선고와 동시에 이미 집행력 발생)(형집행은 아래 항목에서 설명). 이에 따라 ④ 재심·비상상고에 의한 구제만 허용될 수 있을 뿐이다.

(2) 관련서류와 증거의 보존 : 즉결심판의 판결이 확정된 때에는 즉결심판서 및 관계서류와 증거는 관할 경찰서 또는 지방해양경비안전관서가 이를 보존한다(즉심 제13조). [경찰승진 12, 경찰채용 11 1차] 이는 일반 형사사건의 재판확정기록을 검찰청에 보관하는 것의 예외이다.

---

1) [참고 – 즉결심판시 벌금형의 선고유예의 선고방법] 벌금형을 선고유예하는 경우 유예되는 본형이 표시되어야 한다. 그런데 즉결심판서에는 판결문과 달리 주문만 표시되고 이유의 기재가 없으므로, 실무에서는 주문에 선고유예라고 기재한 다음 유예하는 형을 괄호 안에 기재하는 것이 필요하다고 한다. 법원실무Ⅱ 702면.

2) [참고 – 유치명령에 대한 준항고] 유치명령은 원래 수소법원인 단독판사의 구금에 관한 재판이므로 법 제403조 제2항의 보통항고의 대상으로 볼 수 있다. 그러나 즉결심판에서 구류를 선고할 때 동시에 선고하는 유치명령은 5일 이하의 기간에 불과하므로, 피고인의 이익 보호를 위해 실무상 제416조에 의한 준항고(3일 이내 제기, 동조 제3항)가 허용되고 있다. 법원실무에서는, 만일 보통항고에 의해야 한다면 항고에 관한 의견서 작성, 기록송부 등을 하는 사이에 이미 유치기간이 도과하게 될 것이어서 불복의 실익을 달성할 수 없는 경우가 거의 대부분일 것이라고 설명하고 있다. 법원실무Ⅱ 703면.

3. 형의 집행

(1) 집행주체 : 형의 집행은 -확정판결에 의한 형의 집행과는 달리- 경찰서장이 하고, 그 집행결과를 지체 없이 검사에게 보고하여야 한다(즉심 제18조 제1항). [해경간부 12]

(2) 구류의 집행 : 구류는 경찰서유치장·구치소 또는 교도소에서 집행하며, 구치소·교도소에서 집행할 때에는 검사가 이를 지휘한다(동조 제2항).

(3) 벌금·과료·몰수의 집행 : 벌금·과료·몰수는 그 집행을 종료하면 지체 없이 검사에게 이를 인계하여야 한다. [여경 03 1차] 다만, 즉결심판 확정 후 상당기간 내에 집행할 수 없을 때에는 검사에게 통지하여야 한다. 통지를 받은 검사는 형사소송법 제477조에 의하여 집행을 할 수 있다(즉심 제18조 제3항).

(4) 집행정지 : 형의 집행정지는 사전에 검사의 허가를 얻어야 한다(동 제4항).

---

04 | 정식재판의 청구

I 청구의 절차

1. 피고인

(1) 정식재판청구서의 제출 : ① 정식재판의 청구권자는 즉결심판을 받은 피고인 또는 경찰서장인데(즉심 제14조), 그 중 정식재판을 청구하고자 하는 피고인은 즉결심판의 선고·고지를 받은 날부터 7일 이내에 정식재판청구서를 경찰서장에게 제출하여야 한다.[1] [국가9급 16, 경찰채용 04 1차/06 1차/12 1차] 청구기간의 기산일은 선고일의 익일(翌日)이고 청구기간이 경과하면 즉결심판은 확정된다(즉심 제16조). 정식재판청구기간이 경과하면 정식재판청구권은 소멸하지만, 일정한 사유가 있는 경우에는 상소권회복에 관한 규정이 준용되어 정식재판청구권의 회복이 인정될 수 있다(즉심 제14조 제4항, 법 제345조). ② 피고인의 법정대리인·배우자·직계친족·형제자매, 즉결심판절차의 대리인·변호인도 피고인을 위하여 정식재판청구할 수 있다(동조). 이 경우 피고인의 명시한 의사에 반하여 정식재판을 청구할 수 없다(즉심 제14조 제4항, 법 제340조·제341조). ③ 정식재판청구서에는 즉결심판에 대하여 불복한다는 취지의 기재가 있으면 족하고 그 이유의 기재는 필요 없다. ④ 즉결심판에 대한 정식재판청구는 즉결심판의 일부에 대하여도 할 수 있다(즉심 제14조 제4항, 법 제342조). 여기서 즉결심판의 일부라 함은 즉결심판의 주형이 2개 이상인 가분적인 경우 그 여러 개의 주형 중 일부를 말한다.

(2) 송부 : 정식재판청구서를 받은 경찰서장은 **지체 없이** 판사에게 이를 송부하여야 한다(제14조 제1항). [경찰채용 12 1차]

2. 경찰서장

(1) 정식재판의 청구 : 경찰서장은 즉결심판에서 **무죄·면소·공소기각**의 선고가 있는 때에는 선고·고지를 한 날부터 7일 이내에 정식재판을 청구할 수 있다(즉심 제14조 제2항). [경찰승진 10] 피고인은 무죄 또는 양형부당을 주장하여 정식재판을 청구할 수 있으나, 경찰서장은 양형부당을 이유로 하여서는 청구할 수 없고, 단지 무죄·면소·공소기각이 선고된 경우에 검사의 승인을 얻어 정식재판청구를 할 수 있을 뿐이다.

(2) 검사의 승인 : 경찰서장은 관할 지방검찰청 또는 지청의 검사의 승인을 얻어 정식재판 청구서를 판사에게 제출하여야 한다(동항). [경찰간부 13]

---

1) [참고-정식재판청구의 방식] 피고인이든 관할 경찰서장이든 정식재판의 청구는 서면으로 하여야 한다. 다만, 피고인이 즉결심판 선고 직후 공판정에서 판사에게 구두로 정식재판청구의 의사를 표시하였을 때에도 이를 적법한 정식재판청구로 볼 수 있는지 문제된다. 법원실무에서는 이 경우 즉결심판서에 기록하여야 한다는 즉심 제11조 제3항을 근거로 긍정하고 있다(법원실무II 707면). 학계에서도 피고인의 이익을 보호하기 위해 이를 긍정하는 견해가 있다(데 신동운 1747면). 본서도 이러한 긍정설을 따른다. 따라서 즉결법정에서는 피고인이 판사에게 구두로 정식재판을 청구할 수 있고 이 경우에는 별도로 정식재판청구서를 제출할 필요가 없다.

3. 정식재판청구권의 포기 · 취하

(1) **개념** : 정식재판청구권자는 정식재판청구권을 포기하거나(≠약식 − 피고인) **취하할 수 있고**, [경찰간부 16, 경찰승진 01/10/15/16] 포기 · 취하한 자는 다시 정식재판을 청구할 수 없다(즉심 제14조 제4항, 제354조). [경찰승진 09]

(2) **취하가능시기** : 제1심 판결선고 전까지 가능하다(즉심 제14조 제4항, 법 제349조 · 제454조).

Ⅱ 경찰서장 · 법원 · 검사의 처리

1. 정식재판청구서의 송부

피고인으로부터 정식재판청구서를 받은 경찰서장은 지체 없이 판사에게 이를 송부하여야 한다(즉심 제14조 제1항 후단).

2. 정식재판청구서와 사건기록 · 증거물의 송부

(1) **판사 · 경찰서장의 송부** : 경찰서장으로부터 정식재판청구서를 송부받거나(피고인이 경찰서장에게 정식재판청구서를 제출한 경우) 제출받은 경우(경찰서장이 정식재판청구서를 제출한 경우) 판사는 정식재판청구서를 받은 날부터 7일 이내에 경찰서장에게 정식재판청구서를 첨부한 사건기록과 증거물을 송부하고, 경찰서장은 지체 없이 관할 지방검찰청 또는 지청의 장에게 이를 송부하여야 한다(즉심 제14조 제3항).

(2) **검찰의 법원에의 송부** : ① 경찰서장으로부터 정식재판청구서와 사건기록 및 증거물 송부받은 관할 지방검찰청 또는 지청의 장은 지체 없이 관할법원에 이를 송부하여야 한다(즉심 제14조 제3항). 경찰서장의 즉결심판청구는 공소제기와 동일한 소송행위이므로 이 경우 **검사의 공소제기는 필요 없다.** 따라서 무죄 · 면소 등의 사유가 있어도 송부된 즉결심판청구사건에 대하여 검사는 불기소처분을 할 수 없다. 다만, 필요한 한도 내에서 증거수집은 할 수 있다. ② 이 경우 검사는 공소장일본주의에 의해 정식재판청구서와 즉결심판청구서만 법원에 송치하여야 하며, 사건기록과 증거물은 공판기일에 제출해야 한다는 견해가 있으나(예컨대, 이/조 871면), 즉심 제14조 제3항의 문언(文言)상 **공소장일본주의는 적용되지 않는다**고 해야 한다.

[여경 04 3차]

📌 판례연구 즉결심판에 대한 정식재판청구와 검사의 공소제기 요부 등 관련판례

1. **대법원 2011.1.27, 2008도7375** [경찰승진 12/13, 경찰채용 21 2차, 법원9급 20]

즉결심판에 관한 절차법이 즉결심판의 청구와 동시에 판사에게 증거서류 및 증거물을 제출하도록 한 것은 즉결심판이 범증이 명백하고 죄질이 경미한 범죄사건을 신속 · 적정하게 심판하기 위한 입법적 고려에서 공소장일본주의가 배제되도록 한 것이라고 보아야 한다. 피고인이 택시 요금을 지불하지 않아 경범죄처벌법 위반으로 즉결심판에 회부되었다가 정식재판을 청구한 경우, 위 정식재판청구로 제1회 공판기일 전에 사건기록 및 증거물이 경찰서장, 관할 지방검찰청 또는 지청의 장을 거쳐 관할법원에 송부된다고 하여 그 이전에 이미 적법하게 제기된 경찰서장의 즉결심판청구의 절차가 위법하게 된다고 볼 수 없고, 그 과정에서 정식재판이 청구된 이후에 작성된 피해자에 대한 진술조서 등이 사건기록에 편철되어 송부되었더라도 달리 볼 것은 아니다.

2. **대법원 2017.10.12, 2017도10368** [경찰채용 21 2차]

즉결심판에 대한 정식재판청구가 있는 경우와 검사의 공소제기 요부

즉결심판에 관한 절차법 제14조 제1항, 제3항, 제4항 및 형사소송법 제455조 제3항에 의하면, 경찰서장의 청구에 의해 즉결심판을 받은 피고인으로부터 적법한 정식재판의 청구가 있는 경우 경찰서장의 즉결심판청구는 공소제기와 동일한 소송행위이므로 공판절차에 의하여 심판하여야 한다(대법원 2012.3.29, 2011도8503). … 즉결심판에 대하여 피고인의 정식재판 청구가 있는 경우 경찰서는 검찰청으로, 검찰청은 법원으로 정식재판청구서를 첨부한 사건기록과 증거물을 그대로 송부하여야 하고 검사의 **별도의 공소제기는 필요하지 아니한데도,** 검사가 정식재판을 청구한 즉결심판 사건에 대하여 법원에 사건기록과 증거물을 그대로 송부하지 아니하고 즉결심판이 청구된 위반 내용과 동일성 있는 범죄사실에 대하여 약식명령을 청구하였다면, 이 사건 공소제기 절차는 법률의 규정에 위반하여 무효인 때에 해당하거나 공소가 제기된 사건에 대하여 다시 공소가 제기되었을 때에 해당한다(공소기각판결).

III 정식재판청구에 대한 재판

1. 정식재판청구기각결정

정식재판의 청구가 **법령상의 방식에 위반**하거나 **청구권의 소멸 후인 것이 명백한 때**에는 법원은 결정으로 그 청구를 기각하여야 한다(법권−상기결). 이 결정에 대하여는 즉시항고할 수 있다(즉심 제14조 제4항, 법 제455조 제1항·제2항).

2. 공판절차에 의한 심리

(1) 공판절차에 의한 심판 및 약식절차의 준용 : 정식재판청구가 적법한 때에는 공판절차에 의하여 심판하여야 한다(즉심 제14조 제4항, 법 제455조 제3항). 정식재판청구의 효과에 대해서는 형사소송법의 약식절차에 관한 규정이 준용된다(즉심 제19조).

(2) 제척사유 불해당 : 즉결심판을 한 법관도 그 처분에 대한 정식재판청구가 있는 경우 즉결심판을 전심재판이라 할 수 없으므로 **공판절차에 관여할 수 있다**(즉결사건의 처리에 관한 예규 제2조).

(3) 변호인 : 정식재판청구에 의한 공판절차는 즉결심판절차와 동일심급의 절차이므로 즉결심판절차에서 선임된 변호인은 정식재판청구권이 있을 뿐 아니라 정식재판청구 후의 제1심 공판절차에서도 당연히 변호인의 지위를 갖는다. 다만, 즉결심판을 받은 피고인이 정식재판청구를 함으로써 공판절차가 개시된 경우 사선변호인이 없는 경우에는 **통상의 공판절차와 마찬가지로 국선변호인의 선정**에 관한 법 제283조의 규정이 적용된다.

대법원 1997.2.14, 96도3059 [국가7급 22, 국가9급 16, 경찰승진 01/11, 경찰채용 08 2차]

즉결심판에 관한 절차법 제14조 제4항은 형사소송법 제455조의 규정은 정식재판의 청구에 이를 준용한다고 규정하고 있고, 형사소송법 제455조 제3항은 "정식재판의 청구가 적법한 때에는 공판절차에 의하여 심판하여야 한다."라고 규정하고 있는바, 위 각 규정 내용에 비추어 보면 즉결심판을 받은 피고인이 정식재판청구를 함으로써 공판절차가 개시된 경우에는 통상의 공판절차와 마찬가지로 국선변호인의 선정에 관한 형사소송법 제283조의 규정이 적용되는 것으로 보아야 할 것이다. 피고인은 도로교통법 위반의 범죄사실로 대구지방법원에서 벌금 30,000원의 즉결심판을 받은 다음 위 즉결심판에 대하여 정식재판을 청구하였는데, 정식재판청구를 할 당시에 이미 70세가 넘고 있었는데도 제1심법원은 피고인에 대하여 국선변호인을 선정하지 아니한 채 공판심리를 진행한 끝에 피고인에 대하여 벌금 30,000원을 선고하였고, 원심법원 역시 피고인에 대하여 국선변호인을 선정하지 아니한 채 공판심리를 진행하여 피고인의 항소를 기각하였다면, 원심판결에는 국선변호인의 선정에 관한 형사소송법 제283조를 위반한 위법이 있으므로 원심판결은 더 이상 유지될 수 없다 할 것이다.

---

(4) 심리 : ① 적법한 정식재판청구가 있으면 즉결심판이 선고된 사건에 대하여 전면적으로 제1심 공판절차가 진행되고, 정식재판청구에 의한 공판절차에서는 즉결심판의 사실인정 및 법령적용에 구속되지 아니한다. 이때 ② 심판대상은 즉결심판청구서에 기재된 범죄사실에 한하나, **공소장의 변경이 허용되므로** 위 범죄사실과 동일성이 인정되는 범위 내에서는 범죄사실 및 적용법조의 추가, 철회 및 변경이 허용된다. 또한 검사의 **공소취소도 가능하다.** [해경간부 12] 또한 ③ 즉결심판에 대하여 피고인만이 정식재판을 청구한 경우에도 불이익변경금지의 원칙이 적용되므로(즉심 제19조에 의한 약식절차에 관한 법 제457조의2의 준용) **즉결심판의 형보다 무거운 형을 선고하지 못한다고 보아야 한다**(대법원 1999.1.15, 98도2550). [국가9급 12, 경찰승진 05/11/13, 경찰채용 07 1차/11 2차]

3. 즉결심판의 실효

정식재판의 청구가 있었다고 하여 그 즉시 즉결심판의 효력이 상실되는 것은 아니지만, 정식재판의 청구에 의한 판결이 확정된 때에는 즉결심판은 그 효력을 잃는다(즉심 제15조). [경찰승진 15, 경찰채용 04 1차] 이때 확정판결의 판결에는 유·무죄 판결뿐만 아니라 공소기각·면소의 판결은 물론 공소기각의 결정 및 소년법에 의한 법원의 송치결정의 확정도 포함된다.

01 의 의

Ⅰ 소년법과 소년의 개념

1. 소년법

2007년 대폭 개정된 소년법(이하 법명 생략)은 소년의 형사사건을 처리하는 절차법이다. 소년에 대한 형사사건의 처리도 원칙적으로 형사소송법에 의하나(제48조), 소년법은 소년의 건전한 성장을 기함을 목적으로 반사회성 있는 소년을 보호·개선하기 위하여 특별조치를 규정하고 있다.

2. 소년의 의의

소년(少年)은 사실심판결선고시 기준 19세 미만인 자이다(제2조).

대법원 2009.5.28, 2009도2682

소년법이 적용되는 '소년'이란 심판시에 19세 미만인 사람을 말하므로, 소년법의 적용을 받으려면 심판시에 19세 미만이어야 한다. 따라서 소년법 제60조 제2항의 적용대상인 '소년'인지의 여부도 심판시, 즉 사실심판결 선고시를 기준으로 판단되어야 한다. 이러한 법리는 '소년'의 범위를 20세 미만에서 19세 미만으로 축소한 소년법 개정법률(2007. 12. 21. 법률 제8722호로 공포되어, 2008. 6. 22.에 시행되었다)이 시행되기 전에 범행을 저지르고, 20세가 되기 전에 원심판결이 선고되었다고 해서 달라지지 아니한다.

Ⅱ 소년의 종류

1. 범죄소년

(1) 개념 : 죄를 범한 '14세 이상 19세 미만'의 소년을 말한다(제4조 제1항 제1호).

(2) 소년법상 규율 : 소년법상 보호처분뿐만 아니라 형벌의 선고도 가능하다.

2. 촉법소년

(1) 개념 : 형벌법령에 저촉되는 행위를 한 '10세 이상 14세 미만'의 소년이다(동 제2호).

(2) 소년법상 규율 : 형벌의 선고는 불가능하고, 소년법상 보호처분만이 가능하다.

3. 우범소년

일정한 사유가 있고[1] 그의 성격이나 환경에 비추어 앞으로 형벌 법령에 저촉되는 행위를 할 우려가 있는 '10세 이상 19세 미만'의 소년이다(동 제3호).

Ⅲ 소년사건

1. 소년형사사건

14세 이상 19세 미만 소년으로서 금고 이상의 형에 해당하는 범죄를 범하였고, 그 동기·죄질이 형사처분을 할 필요가 있다고 인정되는 사건이다(제7조, 제49조 제2항).

---

1) [보충] ① 집단적으로 몰려다니며 주위 사람들에게 불안감을 조성하는 성벽이 있는 것, ② 정당한 이유 없이 가출하는 것, ③ 술을 마시고 소란을 피우거나 유해환경에 접하는 성벽이 있는 것을 말한다.

2. 소년보호사건

범죄소년, 촉법소년, 우범소년 중 보호처분을 할 필요가 있다고 인정되는 사건을 의미한다.[1] 소년법상 소년보호처분으로는, 보호자 또는 보호자를 대신하여 소년을 보호할 수 있는 자에게 감호위탁, 수강명령, 사회봉사명령, 보호관찰관의 (장기, 단기) 보호관찰, 아동복지법에 따른 아동복지시설이나 그 밖의 소년보호시설에의 감호위탁, 병원, 요양소 또는 '보호소년 등의 처우에 관한 법률'에 따른 소년의료보호시설에 위탁, (장기, 단기, 1개월 이내) 소년원 송치 등의 처분이 있다(제32조 제1항 각호). 소년보호사건의 심리와 처분결정은 가정법원(지방법원) 소년부 단독판사가 한다(제3조).

---

02 | 소년사건의 처리

Ⅰ 형사사건 처리(형벌/소년형사사건 → 소년보호사건)

1. 경찰서장의 소년부송치

촉법소년, 우범소년이 있는 때에는 경찰서장은 직접 관할 소년부에 송치하여야 한다(제4조 제2항). [국가7급 09, 경찰승진 11, 경찰채용 05 3차/10 2차]

2. 검사의 소년부송치

검사는 소년에 대한 피의사건을 수사한 결과 보호처분에 해당하는 사유가 있다고 인정한 때에는 사건을 관할 소년부에 송치하여야 한다(제49조 제1항). [국가7급 09, 경찰승진 10/11, 경찰채용 10 2차/12 1차]

3. 법원의 소년부송치

법원은 소년에 대한 피고사건을 심리한 결과 보호처분에 해당할 사유가 있다고 인정하면 결정으로써 사건을 관할 소년부에 송치하여야 한다(제50조). [국가7급 09, 경찰간부 14, 경찰승진 11, 경찰채용 10 2차] 형사피고사건에 대한 법원의 소년부 송치결정은 형사소송법 제403조의 판결 전의 소송절차에 관한 결정에 해당하지 아니하므로 동법 제402조에 의한 **보통항고는 가능**하다(대법원 1986.2.12, 86트1). 다만, 소년부는 제50조에 따라 송치받은 사건을 조사·심리한 결과 본인이 19세 이상인 것으로 밝혀지면 결정으로써 송치한 법원에 사건을 다시 이송하여야 한다(제51조).

Ⅱ 소년보호사건 처리(소년보호처분/소년보호사건 → 소년형사사건)

1. 개 관

소년심판절차에서 소년부 판사가 보호처분 여부와 종류를 결정함에 있어서는 비행사실과 보호의 필요성이 인정되어야 한다. 소년에게 비행사실이 인정되는 경우 소년부 판사는 보호 필요성의 유무와 그 정도에 따라 심리불개시(제19조 제1항), 불처분(제29조 제1항), 검사에의 송치(제7조 제1항, 제49조 제2항), 법원으로의 이송(제51조), 보호처분(제32조 제1항) 등 종국결정을 위한 처우선택을 하게 된다. 이러한 보호처분의 결정은 고지와 동시에 집행력이 생긴다(제32조 제5항, 제35조). 이는 반사회성이 있고 보호가 시급한 소년에 대하여 즉시 보호처분을 집행함으로써 성행을 교정하고 환경을 조정해야 할 필요가 있기 때문이다.[2] 다만,

---

1) [보충] 소년보호란 소년이 건전하게 성장하도록 돕기 위하여 반사회성이 있는 소년에 대하여 형사처벌 대신 보호처분을 행함으로써 성행을 교정하고 환경을 조정하여 소년을 교화하고 그 범죄적 위험성을 제거하여 반사회성을 예방하려는 일련의 활동을 말하고, 보호처분이란 소년보호의 이념 아래 비행소년의 환경조정 및 품행교정을 목적으로 하는 조치를 말한다. 소년에 대한 보호처분은 책임주의원칙에 입각하여 있는 형벌과는 달리 교정주의 내지 보호주의의 이념에 입각하여 있는 보안처분의 일종이다. 보호처분은 소년의 개선과 교화가 주목적이므로 책임주의보다는 소년의 환경과 개인적 특성을 고려하여 개별화된 처우를 하게 된다.

2) [보충] 소년법은 적법절차의 보장과 소년의 권리보호를 위하여 보호처분의 결정에 대한 항고제도를 두고 있으나, 항고가 있더라도 보호처분결정의 집행은 정지되지 아니한다(제46조). 보호의 필요성이 시급한 소년에 대하여 보호처분결정의 집행을 정지시키는 것은 소년보호사건의 교육적·복지정책적 이념에 부합하지 않기 때문이다. 항고법원은 항고가 이유 있다고 인정한 경우에는 원칙적으로 원결정을 취소하고 사건을 원소년부에 환송하거나 다른 소년부에 이송하여야 한다. 다만, 환송 또는 이송할 여유가 없이 급하거나 그 밖에 필요하다고 인정한 경우에는 원결정을 파기하고 불처분 또는 보호처분의 결정을 할 수 있다(제45조). 즉, 항고심은 소년의 권리보호를 위하여 신속한 사건 처리가 필요하거나 보호처분의 효과

소년보호처분이 아니라 금고 이상의 형사처분을 할 필요가 있거나 소년사건이 아닌 사건은 아래와 같이 송치절차를 밟게 된다.

2. 필요적 송치

소년부는 소년보호사건을 조사 또는 심리한 후 아래와 같이 처리한다.

(1) 형사처분의 필요성 인정시 : 소년부는 조사 또는 심리한 결과 금고 이상의 형에 해당하는 범죄사실이 발견된 경우 그 동기와 죄질이 형사처분을 할 필요가 있다고 인정하면 결정으로써 사건을 관할 지방법원에 대응한 검찰청 검사에게 송치하여야 한다(제7조 제1항). [경찰승진 11]

(2) 19세 이상인 경우 : 소년부는 조사 또는 심리한 결과 사건의 본인이 19세 이상인 것으로 밝혀진 경우에는 결정으로써 사건을 관할 지방법원에 대응하는 검찰청 검사에게 송치하여야 한다. 다만, 제51조에 따라 법원에 이송하여야 할 경우(소년부 → 형사법원)에는 그러하지 아니하다(동조 제2항).

3. 임의적 송치

소년부는 검사가 송치(제49조 제1항의 검사의 소년부송치)한 사건을 조사 또는 심리한 결과 그 동기와 죄질이 금고 이상의 형사처분을 할 필요가 있다고 인정할 때에는 결정으로써 해당 검찰청 검사에게 송치할 수 있다(제49조 제2항). [경찰간부 14, 경찰승진 10] 이 경우 **검사는 사건을 다시 소년부에 송치할 수 없다.**

---

03   소년형사절차의 특칙

I 구속의 제한

1. 구속영장 발부의 제한

소년에 대한 구속영장은 부득이한 경우가 아니면 발부하지 못한다(제55조 제1항). [경찰채용 10 2차]

2. 구속시 분리수용

소년을 구속하는 경우에는 특별한 사정이 없으면 다른 피의자나 피고인과 분리하여 수용하여야 한다(동조 제2항).

II 소년형사사건에 대한 공소제기

1. 검사의 결정 전 조사(소년법 제49조의2)

(1) 검사의 조사요구 : 검사는 소년 피의사건에 대하여 소년부송치, 공소제기, 기소유예 등의 처분을 결정하기 위하여 필요하다고 인정하면 피의자의 주거지 또는 검찰청 소재지를 관할하는 보호관찰소의 장, 소년분류심사원장 또는 소년원장(이하 "보호관찰소장 등"이라 한다)에게 피의자의 품행, 경력, 생활환경이나 그 밖에 필요한 사항에 관한 조사를 요구할 수 있다(제49조의2 제1항).

(2) 보호관찰소장 등의 조사 : 제1항의 요구를 받은 보호관찰소장 등은 지체 없이 이를 조사하여 서면으로 해당 검사에게 통보하여야 하며, 조사를 위하여 필요한 경우에는 소속 보호관찰관·분류심사관 등에게 피의자 또는 관계인을 출석하게 하여 진술요구를 하는 등의 방법으로 필요한 사항을 조사하게 할 수 있다(동조 제2항).

(3) 조사의 절차 : 조사를 할 때에는 미리 피의자 또는 관계인에게 조사의 취지를 설명하여야 하고, 피의자 또는 관계인의 인권을 존중하며, 직무상 비밀을 엄수하여야 한다(동조 제3항).

를 높이기 위하여 항고법원이 직접 적절한 보호처분결정을 하는 것이 바람직한 경우 등에는 원결정을 파기하고 불처분 또는 보호처분의 결정을 할 수 있다. 소년보호사건에 있어 항고심은 원결정의 당부를 판단의 대상으로 하고 원칙적으로 자판이 인정되지 않기 때문에 통상 사후심으로 해석되나, 보호처분의 본질에 비추어 항고심 재판을 할 때를 기준으로 다시 보호의 필요성에 관하여 판단하게 된다.

(4) **검사의 처분결정** : 검사는 보호관찰소장 등으로부터 통보받은 조사 결과를 참고하여 소년피의자를 교화·개선하는 데에 가장 적합한 처분을 결정하여야 한다(동조 제4항).

2. 선도조건부 기소유예

검사는 피의자에 대하여 ① 범죄예방자원봉사위원의 선도, ② 소년의 선도·교육과 관련된 단체·시설에서의 상담·교육·활동 등 선도(善導)를 받게 하고, 피의사건에 대한 공소를 제기하지 아니할 수 있다. 이 경우 소년과 소년의 친권자·후견인 등 법정대리인의 동의를 받아야 한다(소년법 제49조의3). [경찰간부 14, 경찰채용 20 2차]

3. 소년형사사건에 대한 공소제기의 제한

보호처분을 받은 소년에 대하여는 그 심리가 결정된 사건은 **다시 공소를 제기하거나 소년부에 송치할 수 없다**(공소제기 : 공소기각판결 ○, 면소판결 ×). [법원9급 16, 경찰간부 15] 다만, 보호처분 계속 중 피처분자가 **처분 당시 19세 이상인 것이 판명**된 경우(제38조 제1항 제1호)에는 공소를 제기할 수 있다(제53조). [경찰간부 15, 경찰승진 10]

4. 보호처분결정 확정시까지 공소시효 정지

소년부 판사는 송치서와 조사관의 조사보고에 따라 사건을 심리할 필요가 있다고 인정하면 심리개시결정을 하여야 하는데, 이에 따른 심리개시결정이 있었던 때로부터 그 사건에 대한 보호처분의 결정이 확정될 때까지 **공소시효는 그 진행이 정지**된다(제54조).

III 공판절차상의 특칙

1. 비공개원칙 및 필요국선

심리는 친절하고 온화하게 하여야 한다. 또한 심리는 공개하지 아니한다. 다만, 소년부 판사는 적당하다고 인정하는 자에게 참석을 허가할 수 있다(소년법 제24조). 또한 피고인은 19세 미만의 미성년자이므로 국선변호인의 선정을 요한다(법 제33조 제2항).

2. 다른 피의사건과 절차의 분리

소년에 대한 형사사건의 심리는 다른 피의사건(피고사건의 오기)과 관련된 경우에도 심리에 지장이 없으면 그 절차를 분리하여야 한다(제57조).

3. 조사의 위촉

법원은 소년에 대한 형사사건에 관하여 필요한 사항을 조사하도록 조사관에게 위촉할 수 있다(제56조).

IV 양형상의 특칙

1. 사형, 무기형의 완화

죄를 범할 당시 18세 미만인 소년에 대하여 사형 또는 무기형으로 처할 경우에는 15년의 유기징역으로 한다. 18세 미만인지는 범죄시(사실심판결선고시 ×)를 기준으로 판단한다(제59조)(cf. 특강범죄는 20년, 특강 제4조 제1항). [법원9급 13, 경찰승진 04/11, 경찰채용 05 3차]

대법원 1986.12.23, 86도2314

소년법 제53조 소정의 "사형 또는 무기형으로 처할 것인 때에는 15년의 유기징역으로 한다."라는 규정은 소년에 대한 처단형이 사형 또는 무기형일 때에 15년의 유기징역으로 한다는 것이지 법정형이 사형 또는 무기형인 경우를 의미하는 것은 아니다.

---

2. 부정기형의 선고(제60조)

① 소년이 법정형으로 장기 2년 이상의 유기형에 해당하는 죄를 범한 경우에는 그 형의 범위에서 장기와 단기를 정하여 선고한다. [법원9급 13] 다만, 장기는 10년, 단기는 5년을 초과하지 못한다(cf. 특강범죄는 장기 15년, 단기 7년 한도, 특강 제4조 제2항). [법원9급 13, 경찰간부 15, 경찰승진 03/11] 부정기형의 기준시점은 재판시이므로

[경찰승진 03/04], 소년이었던 피고인이 제1심판결선고시에 성년에 이른 경우 부정기형을 선고할 수 없다.

② 소년의 특성에 비추어 상당하다고 인정되는 때에는 그 형을 감경할 수 있다.

③ 형의 집행유예나 선고유예를 선고할 때에는 부정기형 규정을 적용하지 아니한다. [경찰승진 10/11, 경찰채용 05 3차]

✦ 판례연구 부정기형의 선고 관련판례

1. 대법원 1983.4.26, 83도210

법정형 중에서 무기징역을 선택한 후 작량감경한 결과 피고인에게 유기징역을 선고하게 되었을 경우에는 피고인이 미성년자라 하더라도 부정기형을 선고할 수 없는 것이다(∵ 법정형으로 장기 2년 이상 유기형 ×).

2. 대법원 1991.3.8, 90도2826

원심이 판결선고 당시 아직 미성년자인 피고인에 대하여 살인죄 등의 소정 형 중에서 각 유기징역형을 선택한 후 경합범가중을 하여 징역 20년을 선고한 것은 소년이 법정형 장기 2년 이상의 유기형에 해당하는 죄를 범한 때에는 장기와 단기를 정하여 선고하되 장기는 10년, 단기는 5년을 초과할 수 없도록 제한한 소년법 제60조 제1항에 위반된다.

---

3. 환형처분의 금지

18세 미만인 소년에게는 형법 제70조에 따른 유치선고(노역장유치선고)를 하지 못한다. 19세 미만이 아니라는 점에 주의해야 한다. [경찰간부 14] 다만, 판결선고 전 구속되었거나 제18조 제1항 제3호의 조치(보호사건의 조사·심리를 위하여 소년분류심사원에 위탁)가 있었을 때에는 그 구속 또는 위탁의 기간에 해당하는 기간은 노역장에 유치된 것으로 보아 형법 제57조(미결구금일수 산입)를 적용할 수 있다(제62조). [법원9급 13]

V 형의 집행상의 특칙

1. 분리수용과 집행의 순서

(1) 분리수용 : 징역 또는 금고를 선고받은 소년에 대하여는 특별히 설치된 교도소 또는 일반 교도소 안에 특별히 분리된 장소에서 그 형을 집행한다. 다만, 소년이 형의 집행 중에 23세가 되면 일반 교도소에서 집행할 수 있다(제63조).

(2) 집행의 순서 : 보호처분이 계속 중일 때에 징역, 금고 또는 구류를 선고받은 소년에 대하여는 먼저 그 형을 집행한다. [경찰간부 15]

2. 가석방 요건의 완화

일반 형사범의 경우와 달리 징역 또는 금고를 선고받은 소년에 대하여는 다음 각 호의 기간이 지나면 가석방을 허가할 수 있다(소년법 제65조 : 무-5, 15-3, 단기-3분의 1)(cf. 성인범의 경우에는 무기는 20년, 유기는 3분의 1, 형법 제72조 제1항). [경찰간부 15, 경찰승진 10/11, 경찰채용 05 3차]

(1) 무기형의 경우에는 5년

(2) 15년 유기형의 경우에는 3년

(3) 부정기형의 경우에는 단기(장기 ×)의 3분의 1

3. 성폭력범죄시 필요적 보호관찰

법원이 성폭력범죄를 범한 사람에 대하여 형의 선고를 유예하는 경우에는 1년 동안 보호관찰을 받을 것을 명할 수 있다. 다만, 성폭력범죄를 범한 사람이 소년인 경우에는 반드시 보호관찰을 명하여야 한다(성폭법 제16조). [경찰승진 10]

4. 자격에 관한 법령 적용

소년이었을 때 범한 죄에 의하여 형을 선고받은 자가 그 집행을 종료하거나 면제받은 경우 자격에 관한 법령을 적용할 때에는 장래에 향하여 형의 선고를 받지 아니한 것으로 본다(제67조).

01 배상명령절차의 의의

1. 개념 및 근거

배상명령(賠償命令)절차란 법원이 피고인에게 피고사건의 범죄행위로 인하여 피해자에게 발생한 손해를 배상할 것을 명하는 절차를 말한다. 배상명령절차는 민사소송의 일종이라기보다는 형사소송에 부수하는 특수한 소송형태라고 볼 수 있는데, 형사사건의 대상이 된 일정한 범죄행위의 피해자가 그 배상청구권을 당해 형사재판절차에 부대(附帶)하여 행사하는 제도라는 점에서 부대소송(附帶訴訟, Adhäsionsprozess) 또는 부대사소(附帶私訴, zivilrechtlicher Annex)라고도 한다.

배상명령은 1980년 공포·시행된 소송촉진 등에 관한 특례법에 의하여 도입된 제도로서, "제1심 또는 제2심의 형사공판절차에서 일정한 죄에 관하여 유죄판결을 선고할 경우에 법원은 직권 또는 피해자나 그 상속인의 신청에 의하여 피고사건의 범죄행위로 인하여 발생한 직접적인 물적 피해 및 치료비손해 및 위자료의 배상을 명할 수 있다."라는 소촉법 제25조 제1항에 근거하고 있다.

2. 취지

형사배상명령제도는 범죄행위로 인하여 피해자가 입은 일정한 손해를 번잡한 민사소송을 거치지 않고 형사절차와 병행하는 간이·신속한 절차에 의하여 배상받을 수 있게 함으로써 국민의 편의를 도모하는 데 그 취지가 있다.

3. 범죄피해자구조제도와의 구별

국가가 생활보호의 차원에서 피해자에게 보상을 하는 범죄피해자구조제도와 달리 배상명령절차는 범죄인에 의한 배상을 내용으로 하는 제도이다.

02 배상명령의 요건

Ⅰ 대상

1. 피고사건의 범위

(1) **법정사건**(상해·폭행치사상·과실치사상·성폭력·재산죄) : 배상명령은 상해죄(형법 제257조 제1항), 중상해죄(제258조 제1항·제2항), 특수상해죄(형법 제258조의2), 상해치사죄(제259조 제1항), 존속폭행치사상죄를 제외한 폭행치사상죄(제262조), [경찰승진 11, 경찰채용 12] 과실치사상의 죄(형법 제26장), 절도와 강도의 죄(제38장), 사기와 공갈의 죄(제39장), 횡령과 배임의 죄(제40장), 손괴의 죄(제42장), 위계에 의한 간음죄를 제외한 강간과 추행의 죄(형법 제32장)와 이들 범죄를 가중처벌하는 특별법상 범죄에 관하여 유죄판결을 선고할 경우에 할 수 있다(소촉 제25조 제1항). 이러한 범죄를 가중처벌하는 특별법상의 범죄에 대해서도 배상명령을 할 수 있다(또한 가정폭력범죄의 처벌 등에 관한 특례법 제56조, 제57조에서도 관련사건 배상명령 허용).

(2) **합의사건** : 위의 범죄 이외의 범죄에 대한 피고사건에 있어서 피고인과 피해자 사이에 합의된 손해배상액에 관하여도 배상을 명할 수 있다(동조 제2항). [경찰채용 07]

> **대법원 2021.7.8, 2021도4944**
>
> 피고인이 사기 피해자와 합의하여 합의서가 제출된 후 실제 피해변제를 하지 않은 경우 배상명령을 내릴 수 있다는 사례
>
> 제1심 또는 제2심의 형사공판 절차에서 사기죄 등에 관하여 유죄판결을 선고할 경우, 법원은 직권 또는 피해자 등의 신청에 의하여 피고사건의 범죄행위로 인하여 발생한 직접적인 물적 피해, 치료비 손해 및 위자료의 배상을 명할 수 있고, 피고인과 피해자 사이에 합의된 손해배상액에 관하여도 배상을 명할 수 있다(소촉법 제25조 제1항, 제2항). … 원심이 피고인에게 합의된 손해배상액 27,500,000원에 대한 배상명령을 선고한 것은 정당하다.

2. 판결의 범위

배상명령은 대상범죄에 대하여 **유죄판결을 선고하는 경우에 한하여** 할 수 있다. [경찰채용 12 3차/13 1차] 따라서 피고사건에 대하여 무죄·면소·공소기각의 재판을 할 경우에는 배상명령을 할 수 없다. 이 경우 민사재판에 의해 손해배상을 받을 수밖에 없다. [법원9급 13/16/21, 경찰채용 13 1차]

Ⅱ 범 위

1. 물적 피해 및 치료비손해

배상명령은 피고사건의 범죄행위로 인하여 발생한 **직접적인 물적 피해와 치료비손해 및 위자료의 배상**에 제한된다(소촉 제25조 제1항). 직접적인 물적 피해는 절도·사기 등 재산범죄에 있어서 불법으로 영득된 재물 또는 이익의 가액을 말하고, 손괴의 경우는 그 수리비 등이다. 상해 등 신체에 대한 범죄에 있어서는 치료비손해 및 위자료에 한정된다. 따라서 간접적 손해는 배상명령의 범위에 포함되지 않는다. [국가9급 09, 경찰승진 07/12, 경찰채용 13]

2. 기대이익의 상실

생명·신체를 침해하는 범죄로 인하여 발생한 기대이익의 상실은 배상명령의 범위에 포함되지 않는다. 직접적인 물적 피해라고 할 수 없고, 포함시킬 경우에는 그 산정과 관련하여 재판의 지연을 초래할 우려가 있기 때문이다.

3. 합의된 손해배상액

위 제한된 범죄 및 피해 유형에 속하지 않더라도 피해자와 피고인 사이에 합의된 손해배상금에 대하여는 배상명령을 할 수 있다(소촉 제25조 제2항).

Ⅲ 소극적 요건

법원은 ① 피해자의 성명·주소가 분명하지 아니한 때, ② **피해금액이 특정되지 아니한 때** [법원9급 08], ③ **피고인의 배상책임의 유무 또는 그 범위가 명백하지 아니한 때**, ④ 배상명령으로 인하여 공판절차가 현저히 지연될 우려가 있거나 형사소송절차에서 배상명령을 함이 상당하지 아니하다고 인정한 때에는 배상명령을 하여서는 아니 된다(동조 제3항). [경찰간부 15] 예컨대, **배상신청인과 피고인 사이의 합의서가 제출된 경우**는 그 배상책임의 유무 또는 범위가 명백하지 아니한 경우에 해당한다. 위 소극적 요건은 주로 직권배상명령의 금지를 위주로 하여 규정된 금지사유이지만, 한편으로는 배상신청의 각하사유에도 해당한다.[1]

> ⚖ **판례연구** 배상명령의 소극적 요건 관련판례
>
> **1. 대법원 1985.11.12, 85도1765** [경찰승진 10]
>
> 배상명령에 관한 소송촉진 등에 관한 특례법 제25조 제1항, 제3항 제2호 및 제3호 규정의 취지는 피고인의 범죄행위로 피해

---

[1] [참고] 상해 등 신체에 대한 범죄로 인한 위자료의 배상명령을 신청할 경우 배상액의 산정이 곤란하다는 등의 이유로 종래 실무상 이를 각하하는 경우가 많았으나, 이에 대해서는 성폭력범죄의 경우에서 보듯이 별도의 민사소송 절차를 통해 손해배상을 구하는 것이 현실적으로 쉽지 아니하므로 그 청구에 대한 적극적인 심리 및 판단이 필요하다는 비판이 적지 않았고, 이를 반영하여 최근에는 위자료의 배상을 명하는 사례들도 드물지 않은 것으로 보인다. 법원실무Ⅱ 449면.

자가 입은 직접적인 재산상 손해에 대하여 그 피해금액이 특정되고 피고인의 배상책임의 범위가 명백한 경우에 한하여 피고인에게 그 배상을 명함으로써 간편하고 신속하게 피해자의 피해회복을 도모하고자 하는 데에 있다. … 기망에 의한 의사표시는 민법상 당연히 무효가 아니라 취소의 대상이 되는 것뿐이므로 피해자가 피고인들과의 토지매매계약을 기망에 의한 의사표시임을 이유로 취소 또는 해제하지 않는 한 그 계약의 효력은 그대로 존속하는 것으로서 특단의 사정이 없는 한 그 대금전액의 반환을 구하거나 대금전액 상당의 손해배상을 구할 수는 없다.

2. 대법원 1996.6.11, 96도945 [경찰간부 16, 경찰승진 10]

배상책임의 유무 또는 범위가 명백하지 아니하여 배상명령을 할 수 없음에도 불구하고 이를 지나친 나머지 피고인에 대하여 편취금액 전액의 배상을 명한 원심판결의 배상명령 부분은 배상명령에 관한 법리를 오해한 위법이 있다(원심판결 중 배상명령 부분을 취소하고 배상명령 신청을 각하한 사례).

3. 대법원 2013.10.11, 2013도9616; 2011.6.10, 2011도4194 [경찰채용 20 2차]

피고인이 재판과정에서 배상신청인과 민사적으로 합의하였다는 내용의 합의서를 제출하였고, 합의서 기재 내용만으로는 배상신청인이 변제를 받았는지 여부 등 구체적인 합의 내용을 알 수 없는 경우 법원의 조치

소송촉진 등에 관한 특례법 제25조 제1항의 규정에 의한 배상명령은 피고인의 범죄행위로 피해자가 입은 직접적인 재산상 손해에 대하여 피해금액이 특정되고 피고인의 배상책임 범위가 명백한 경우에 한하여 피고인에게 배상을 명함으로써 간편하고 신속하게 피해자의 피해회복을 도모하고자 하는 제도로서, 위 특례법 제25조 제3항 제3호의 규정에 의하면 피고인의 배상책임의 유무 또는 그 범위가 명백하지 아니한 경우에는 배상명령을 하여서는 아니 되고, 그와 같은 경우에는 위 특례법 제32조 제1항에 따라 배상명령신청을 각하하여야 한다. 이러한 취지에 비추어 볼 때, 피고인이 재판과정에서 배상신청인과 민사적으로 합의하였다는 내용의 합의서를 제출하였고, 합의서 기재 내용만으로는 배상신청인이 변제를 받았는지 여부 등 피고인의 민사책임에 관한 구체적인 합의 내용을 알 수 없다면, 사실심법원으로서는 배상신청인이 처음 신청한 금액을 바로 인용할 것이 아니라 구체적인 합의 내용에 관하여 심리하여 피고인의 배상책임의 유무 또는 그 범위에 관하여 살펴보는 것이 합당하다.

---

03   배상명령의 절차

Ⅰ 직권 및 신청

배상명령은 피해자의 신청이 있는 경우에는 물론 요건에 해당하는 한 법원이 직권으로 배상을 명할 수 있다(소촉 제25조 제1항). 배상명령은 일정액의 금전의 지급을 명함으로써 한다(소촉 제31조 제2항).

1. 직권에 의한 배상명령

법원의 직권에 의한 배상명령도 가능하다 [법원9급 21](예 심리 중 피고인의 재산이 발견되어 배상명령을 함이 상당하다고 인정하는 경우). 피해자가 배상신청을 하지 않았음에도 불구하고 직권에 의하여 배상명령을 하는 것은 민사소송의 당사자처분권주의(민소 제203조)에 대한 중대한 예외에 속한다.

2. 배상명령의 신청

(1) 신청권자[1]

① **피해자 · 상속인** : 피해자나 그 상속인은 배상명령을 신청할 수 있다(소촉 제25조 제1항).[2] 피해자는 법원의 허가를 받아 그 배우자 · 직계혈족 · 형제자매에게 배상신청에 관하여 소송행위를 대리하게 할 수 있다(소촉 제27조 제1항).

② **손해배상청구 계속 중 신청금지** : 피해자는 피고사건의 범죄행위로 인하여 발생한 피해에 관하여 다른 절차에 의한 손해배상청구가 법원에 계속 중인 때에는 배상신청을 할 수 없다(소촉 제26조 제7항). [법원9급 11, 경찰승진 11]

③ **검사의 통지** : 검사는 배상명령 대상범죄로 공소를 제기한 경우에는 지체 없이 피해자 또는 그 법정대

---

1) [참고] 배상명령신청의 상대방은 형사공판절차의 피고인이므로 기소되지 아니한 다른 공범자나 약식명령이 청구된 피고인을 상대방으로 하여 배상신청을 할 수 없으나, 예외적으로 가정보호사건의 피해자는 가정보호사건이 계속된 제1심 법원에 가정폭력행위자를 상대로 배상명령을 신청할 수 있다(가정폭력범죄의 처벌 등에 관한 특례법 제56조 · 제57조). 법원실무Ⅱ 441면.

2) [참고] 또한 피해자와 피고인 사이에 합의된 손해배상금(소촉 제25조 제2항)에 대해서는 피고인과 손해배상액에 관하여 합의한 피해자나 그 상속인이 배상신청을 할 수 있다. 다만, 손해배상청구권의 특정승계인이나 법률상 대위권자는 이를 신청할 수 없다. 법원실무Ⅱ 440면.

리인(피해자가 사망한 경우에는 그 배우자·직계친족·형제자매 포함)에게 제1심 또는 제2심 공판의 변론이 종결될 때까지 사건이 계속된 법원에 배상신청을 할 수 있음을 통지하여야 한다(소촉 제25조의2). [경찰간부 16, 경찰채용 13 1차]

(2) 신청의 방법

① **신청기간 및 관할법원** : 피해자는 제1심 또는 제2심 공판의 변론종결시까지 당해 형사사건이 계속된 법원에 피해배상을 신청할 수 있다(소촉 제26조 제1항). [법원9급 10/13/16, 경찰채용 13 1차] 상고심에서는 허용되지 않는다.

② **신청서의 제출 및 부본의 송달** : ㉠ 피해자의 배상신청은 신청서에 소정 사항을 기재하고 서명·날인한 다음 상대방인 피고인의 수에 따른 부본을 첨부하여 제출함으로써 하는 것이 원칙이며, 인지는 첨부할 필요가 없다(소촉 제26조 제1항 ~제3항). [법원9급 12/13, 경찰승진 07/11] 신청서에는 필요한 증거서류를 첨부할 수 있다(동조 제4항). ㉡ 신청서 부본은 지체 없이 피고인에게 송달하여야 한다(소촉 제28조).

③ **구두신청** : 피해자가 증인으로 법정에 출석한 경우에는 말로써 배상을 신청할 수 있다. 이때에는 공판조서에 신청의 취지를 적어야 한다(동조 제5항). [법원9급 10/15, 법원승진 09] 그 이외의 구술신청은 허용되지 아니한다.

④ **신청의 취하** : 신청인은 배상명령이 확정되기까지는 언제든지 배상신청을 취하할 수 있다(동조 제6항).

(3) 신청의 효과

① 배상신청은 민사소송에 있어서의 소의 제기와 동일한 효력이 있다(동조 제8항). [법원9급 11, 경찰채용 03 3차] 따라서 시효중단 등의 효과도 발생한다.

② 피해자는 피고사건의 범죄행위로 인하여 발생한 피해에 관하여 다른 절차에 의한 손해배상청구가 법원에 계속 중인 때에는 배상신청을 할 수 없다(동조 제7항). 만일 배상신청이 접수되었다면 각하(却下)될 것이다.

대법원 1982.7.27, 82도1217 [경찰승진 10/11]
배상명령제도는 범죄행위로 인하여 재산상 이익을 침해당한 피해자로 하여금 당해 형사소송절차 내에서 신속히 그 피해를 회복하게 하려는 데 그 주된 목적이 있으므로 피해자가 이미 그 재산상 피해의 회복에 관한 채무명의를 가지고 있는 경우에는 이와 별도로 배상명령신청을 할 이익이 없다.

Ⅱ 심리

1. 기일통지·(신청인)불출석재판

(1) **기일통지** : 배상신청이 있으면 신청서 제출 직후에 도래할 공판기일과 그 이후의 공판기일을 신청인에게 통지하여야 한다(소촉 제29조 제1항). [법원9급 11/13, 경찰간부 16, 경찰채용 13 1차]

(2) **(신청인)불출석재판** : 신청인이 공판기일의 통지를 받고도 **출석하지 아니한 때에는 그 진술 없이 재판할 수 있다**(동조 제2항). [법원9급 11/12/13, 법원승진 10, 경찰간부 16, 경찰채용 12 3차/13 1차, 경찰특채 13] 즉, 배상명령 신청인이 공판기일에 출석할 권리가 있음은 당연하나 출석할 의무가 있는 것은 아니고, 법원으로서도 신청인의 출석 없이 개정하지 못한다는 제한이 있는 것도 아니다(출석권 ○, 출석의무 ×, ∴ **'배상신청인은 공판기일에 출석하여 피고인의 배상책임의 유무·범위를 입증하여야 한다.'는 지문은 틀림**).

2. 기록열람과 증거조사

(1) **신청인의 기록열람 및 증거신청 등** : 배상신청인 및 그 대리인은 공판절차를 현저히 지연시키지 않는 범위 안에서 재판장의 허가를 받아 소송기록을 열람할 수 있고 공판기일에 피고인 또는 증인을 신문할 수 있으며 기타 필요한 증거(예 치료비 금액이나 피해 견적액 등 손해배상액의 입증에 관한 증거)를 제출할 수 있다(소촉 제30조 제1항). [경찰채용 13 1차] 위 증거신청이나 신문을 불허하는 재판에 대하여는 불복할 수 없다(동조 제2항). [경찰채용 13 1차]

(2) 피고인의 의견진술 및 증거신청 등 : ① 피고인은 배상신청에 대하여 독립하여 의견을 진술할 수 있으며, 이를 입증하기 위하여 증거를 신청할 수도 있다(소촉 제30조, 소촉규 제24조). 또한 ② 피고인은 배상신청으로 인하여 형사절차가 지연될 우려가 있다고 주장하거나 형사소송절차에서 배상명령을 하는 것이 적당하지 않음을 이유로 정식의 민사소송절차에 의하여 해결할 것을 요구함으로써 법원의 직권발동을 촉구할 수 있고(소촉 제25조 제3항 제4호), 민사소송절차에서와 같은 각종 항변을 제출할 수 있다(법원실무II 444면). ③ 피고인의 변호인은 배상신청에 관하여 피고인의 대리인으로서 소송행위를 할 수 있다(제27조 제2항).

(3) 법원의 직권에 의한 증거조사 : 법원은 필요한 때에는 언제든지 피고인의 배상책임 유무와 그 범위를 인정함에 필요한 증거를 조사할 수 있고, 범죄사실에 관한 증거를 조사할 경우에는 피고인의 배상책임 유무와 범위에 관련된 사실을 함께 조사할 수 있다(소촉규 제24조 제1항·제2항). 피고사건의 범죄사실을 인정할 증거는 피고인의 배상책임 유무와 그 범위를 인정할 증거로 할 수 있고(동조 제3항), 그 외 증거를 조사할 경우에도 증거조사의 방식 및 증거능력은 모두 형사소송법의 관계규정에 의한다(동조 제4항).

III 배상명령신청에 대한 재판

1. 배상신청의 각하결정

(1) 각하결정 : 배상신청이 부적법한 때 또는 신청이 이유 없거나 배상명령을 함이 상당하지 아니하다고 인정될 때에는(제25조 제3항의 배상명령 불허사유에 해당함에도 배상신청을 한 경우) 결정으로 이를 각하하여야 한다(소촉 제32조 제1항). [법원9급 10] 예컨대, 피해자가 이미 그 피해회복에 관한 집행권원을 가지고 있는 경우도 신청의 이익이 없어 배상신청이 부적법한 때에 포함된다.

(2) 각하결정의 표시 : 유죄판결의 선고와 동시에 배상신청 각하결정을 할 때에는 이를 유죄판결의 주문에 표시할 수 있다(동조 제2항). 무죄·형식재판 선고의 경우도 같다.

(3) 각하결정의 효력 : 각하결정은 배상신청인에게 동일한 배상신청을 금지하는 효력을 가진다(소촉 제32조 제3항). 이에 배상신청인이 다시 배상신청을 하는 경우 이를 이유로 각하된다. 다만, 민사소송 등에 의하여 배상청구하는 것까지 금지되는 것은 아니다.

2. 배상명령의 선고와 불복

(1) 배상명령의 선고 : 배상신청이 이유 있다고 인정되는 경우 또는 직권으로 배상명령을 할 사유가 있다고 인정되는 경우에는 배상명령을 선고한다.

① **유죄판결 선고시에만 가능** : 배상명령은 유죄판결의 선고와 동시에 하여야 한다(소촉 제31조 제1항). 따라서 긴급을 요하는 경우라 하더라도 유죄판결선고 이전에 배상명령을 발령할 수는 없으며, 공소기각이나 면소의 재판을 할 경우에는 민사상 배상책임이 있다고 인정되는 경우에도 배상명령을 내릴 수 없고 배상신청을 각하하여야 한다.

② **내용** : 배상명령은 일정액의 금전지급을 명함으로써 하고, 배상의 대상과 금액을 유죄판결의 주문에 표시하여야 한다. 배상명령의 이유는 특히 필요하다고 인정되는 경우가 아니면 이를 기재하지 아니한다(동조 제2항).

③ **가집행선고** : 배상명령은 가집행할 수 있음을 선고할 수 있다(동조 제3항). [경찰채용 03 3차] 이에 관하여는 선고 방식, 선고의 실효와 원상회복, 강제집행정지 등에 관한 민사소송법 규정이 준용된다(동조 제4항).

④ **송달** : 배상명령을 한 때에는 유죄판결서의 정본을 피고인과 피해자에게 지체 없이 송달하여야 한다(동조 제5항).

(2) 배상명령에 대한 불복

① **불복의 금지** : 신청을 각하하거나 그 일부를 인용한 재판에 대하여 신청인은 **불복을 신청하지 못하며, 다시 동일한 배상신청을 할 수 없다**(소촉 제32조 제4항). [법원9급 13, 국가9급 09, 경찰간부 16, 경찰채용 03 3차/12 1차] 불복이 있으면 민사소송을 제기하면 되기 때문이다.

② **심판** : ㉠ 유죄판결에 대한 상소의 제기가 있는 때에는 배상명령은 (그 확정이 차단되고) 피고사건과 함께 상소심에 이심된다(소촉 제33조 제1항). 피고인이 배상명령에 대하여 다툴 의사를 가졌는지 여부는 묻지 않는다. ㉡ 상소심에서 원심의 유죄판결을 파기하고 피고사건에 대하여 무죄·면소 또는 공소기각의 재판을 할 때에는 원심의 배상명령을 취소하여야 한다. 이 경우 상소심에서 원심의 배상명령을 취소하지 아니한 때에는 이를 취소한 것으로 본다(동조 제2항). [법원9급 04/08] 다만, ㉢ 원심에서 피고인과 피해자 사이에 합의된 배상액에 대해서 배상명령을 한 때에는 이를 적용하지 않는다(동조 제3항). ㉣ 상소심에서 원심판결을 유지하는 경우에도 배상명령에 대하여는 이를 취소·변경할 수 있다(동조 제4항).
[경찰채용 12 3차]

③ **배상명령만에 대한 불복** : 피고인은 유죄판결에 대하여 상소를 제기함이 없이 **배상명령에 대하여만** 상소제기기간(7일) 내에 형사소송법의 규정에 의한 **즉시항고**를 할 수 있다. [법원9급 11, 국가9급 09, 경찰승진 10/11, 경찰채용 10 2차/ 13 1차] 다만, 즉시항고 제기 후 상소권자의 적법한 상소가 있는 때에는 즉시항고는 취하된 것으로 본다(동조 제5항). [경찰승진 10] 피고인이 즉시항고를 제기한 때에는 원심법원은 소송기록과 증거물을 14일 이내에 항고법원에 송부하여야 한다. 다만, 피고인에 대하여 사형을 선고한 판결이 확정된 때에는 그러하지 아니하다(소촉규 제25조).

[보충] 소촉법상 배상명령에 대한 즉시항고의 특징 : 소송기록과 증거물의 항고법원에 대한 송부가 임의적·예외적인 것(법 제411조)이 아니라 필요적인 점(소촉규 제25조)(이외에는 형사소송법 중 즉시항고에 관한 규정이 적용되므로 일반 형사항고사건과 동일하게 처리됨).

3. 배상명령의 효력

(1) **효력** : 확정된 배상명령 또는 가집행선고 있는 배상명령이 기재된 유죄판결서의 정본은 민사소송법에 의한 강제집행에 관하여는 집행력 있는 민사판결 정본과 동일한 효력이 있다(소촉 제34조 제1항). [법원9급 15, 경찰채용 03 3차]

(2) **다른 절차에 의한 손해배상과의 관계** : 배상명령이 확정된 때에는 그 인용금액 범위 안에서 피해자는 다른 절차에 의한 손해배상을 청구할 수 없다(동조 제2항). [경찰승진 12] 그러나 배상명령에 기판력이 인정되는 것은 아니기 때문에 인용금액을 넘어선 부분에 대해서는 별소(別訴)를 제기할 수 있다.

---

04 국가에 의한 범죄피해자구조제도

Ⅰ 의의

1. 개념

범죄피해자구조제도란 범죄행위로 인하여 생명·신체에 대한 피해(정신적 피해 ×, cf. 배상명령)를 입은 국

---

1) [보충] 따라서 제1심 법원으로서는 공판절차의 진행이나 배상신청에 대한 결정을 함에 있어 피해자의 배상신청이 소송촉진법이 정한 나머지 요건을 갖추었으나 변론종결 후에 접수되었다는 이유로 이를 각하하는 경우 피해자가 더 이상 배상명령 제도를 통해서는 구제받을 수 없다는 점을 유념할 필요가 있다(위 판례).

민이 국가로부터 구조를 받을 수 있는 제도를 말한다. 헌법 제30조는 범죄피해자구조청구권을 국민의 기본권으로 보장하고 있고, 이에 근거해 제정된 것이 **범죄피해자 보호법**(종래 범죄피해자구조법은 2010.8.15. 범죄피해자 보호법으로 흡수·폐지됨)이다.

2. 취 지

형벌권을 독점하고 있는 국가는 범죄로 인하여 야기된 피해를 구조할 책임이 있고, 국가가 잠정적으로 피해자구조를 맡아 행위자의 사회복귀를 촉진하는 것은 합리적인 형사정책이 될 수 있는 동시에 범죄피해자에 대한 사회부조의 성질을 가진다.

Ⅱ 범죄피해자구조의 요건

1. 적극적 요건

(1) 피해자가 대한민국의 영역 안에서 또는 대한민국의 영역 밖에 있는 대한민국의 선박·항공기 안에서 행하여진 사람의 생명 또는 신체를 해하는 죄에 해당하는 범죄행위로 인하여 **사망하거나 장해 또는 중상해**를 당해야 한다(범죄피해자 보호법 제3조 제1항).

※ 범죄행위 : 형사미성년자, 심신상실, 강요된 행위, 긴급피난에 따라 처벌되지 않는 행위는 범죄행위에 포함되나, 정당행위나 정당방위에 따라 처벌되지 않는 행위와 과실에 의한 행위는 범죄행위에 포함되지 않는다.

(2) 범죄피해구조금을 지급하기 위해서는 ① 구조대상 범죄피해를 받은 사람(구조피해자)이 피해의 **전부 또는 일부를 배상받지 못하거나**, ② 자기 또는 타인의 형사사건의 수사 또는 재판에서 고소·고발 등 수사단서를 제공하거나 진술, 증언 또는 자료제출을 하다가 **구조피해자가 된 경우**의 하나에 해당하여야 한다(동법 제16조).

2. 소극적 요건

① **친족관계 등에 의한 전부 지급 금지** : 범죄행위 당시 구조피해자와 가해자 사이에 부부(사실상의 혼인관계를 포함한다), 직계혈족, 4촌 이내의 친족, 동거친족의 관계에 있는 경우에는 구조금을 지급하지 아니한다(동법 제19조 제1항).

② **친족관계 등에 의한 일부 지급 금지** : 범죄행위 당시 구조피해자와 가해자 사이에 위 제1항 각 호의 어느 하나에 해당하지 아니하는 친족관계가 있는 경우에는 구조금의 일부를 지급하지 아니한다.

③ **전부 지급 금지** : 구조피해자가 해당 범죄행위를 교사 또는 방조하는 행위, 과도한 폭행·협박 또는 중대한 모욕 등 **해당 범죄행위를 유발하는 행위**, 해당 범죄행위와 관련하여 현저하게 부정한 행위, 해당 범죄행위를 용인하는 행위의 어느 하나에 해당하는 행위를 한 때에는 구조금을 지급하지 아니하며(동조 제3항 제1호 내지 제4호). 구조피해자가 집단적 또는 상습적으로 불법행위를 행할 우려가 있는 조직에 속하는 행위(다만, 그 조직에 속하고 있는 것이 해당 범죄피해를 당한 것과 관련이 없다고 인정되는 경우는 제외한다)나 범죄행위에 대한 보복으로 가해자 또는 그 친족이나 그 밖에 가해자와 밀접한 관계가 있는 사람의 생명을 해치거나 신체를 중대하게 침해하는 행위를 한 때에도 구조금을 지급하지 아니한다(동조 제3항 제5호·제6호).

④ **일부 지급 금지** : 폭행·협박 또는 모욕 등 해당 범죄행위를 유발하는 행위 [경찰간부 15] 또는 해당 범죄피해의 발생 또는 증대에 가공(加功)한 부주의한 행위 또는 부적절한 행위를 한 때에는 구조금의 일부를 지급하지 아니한다(동조 제4항).

⑤ **일반적 지급 금지 사유** : 구조피해자 또는 그 유족과 가해자 사이의 관계, 그 밖의 사정을 고려하여 구조금의 전부 또는 일부를 지급하는 것이 **사회통념에 위배된다고 인정될 때**에는 구조금의 전부 또는 일부를 지급하지 아니할 수 있다(동조 제6항).

⑥ 그럼에도 불구하고 구조금의 실질적인 수혜자가 가해자로 귀착될 우려가 없는 경우 등 구조금을 지급하지 아니하는 것이 사회통념에 위배된다고 인정할 만한 특별한 사정이 있는 경우에는 구조금의 전부 또는 일부를 지급할 수 있다.

Ⅲ 구조금의 종류

1. 종 류

구조금은 유족구조금·장해구조금 및 중상해구조금으로 구분하며, 일시금으로 지급한다(동법 제17조 제1항).

2. 유족구조금

유족구조금은 구조피해자가 사망하였을 때 제18조에 따라 맨 앞의 순위인 유족에게 지급한다. 다만, 순위가 같은 유족이 2명 이상이면 똑같이 나누어 지급한다(동조 제2항).

3. 장해구조금 및 중상해구조금

장해구조금 및 중상해구조금은 해당 구조피해자에게 지급한다(동조 제3항).

Ⅳ 범죄피해자구조금의 신청과 지급

1. 구조금의 신청

(1) 관할 : 구조금 지급에 관한 사항을 심의·결정하기 위하여 각 지방검찰청에 범죄피해구조심의회(지구심의회)를 두고 법무부에 범죄피해구조본부심의회(본부심의회)를 둔다(동법 제24조 제1항).

(2) 신청 및 신청기간 : 구조금을 지급받으려는 사람은 해당 구조대상 범죄피해의 발생을 안 날부터 3년 또는 해당 구조대상 범죄피해가 발생한 날부터 10년 이내에 법무부령으로 정하는 바에 따라 그 주소지, 거주지 또는 범죄 발생지를 관할하는 지구심의회에 신청하여야 한다(동법 제25조).

2. 구조금의 지급

(1) 결정 : 지구심의회는 제25조 제1항에 따른 신청을 받으면 신속하게 구조금을 지급하거나 지급하지 아니한다는 결정(지급한다는 결정을 하는 경우에는 그 금액을 정하는 것을 포함한다)을 하여야 한다(동법 제26조).

(2) 결정을 위한 조사 : 지구심의회는 구조금의 지급에 관한 사항을 심의하기 위하여 필요한 때에는 신청인 기타 관계인을 조사하거나 의사의 진단을 받게 할 수 있고 행정기관이나 공공기관이나 그 밖의 단체에 조회하여 필요한 사항을 보고하게 할 수 있다(동법 제29조 제1항). 지구심의회는 신청인이 정당한 이유 없이 위 조사에 따르지 아니하거나 의사의 진단을 거부하면 그 신청을 기각할 수 있다(동조 제2항).

(3) 청구권의 경합 : 구조피해자나 유족이 해당 구조대상 범죄피해를 원인으로 하여 국가배상법이나 그 밖의 법령에 따른 급여 등을 받을 수 있는 경우에는 대통령령으로 정하는 바에 따라 구조금을 지급하지 아니한다(동법 제20조). 국가는 구조피해자나 유족이 해당 구조대상 범죄피해를 원인으로 하여 손해배상을 받았으면 그 범위에서 구조금을 지급하지 아니한다(동법 제21조 제1항).

(4) 양도·압류 금지 : 구조금을 받을 권리는 양도하거나 담보로 제공하거나 압류할 수 없다.

부록

APPENDIX

APPENDIX

memo

memo

memo

memo

memo

memo